Stefan Finger

Franz Josef Strauß
Ein politisches Leben

Stefan Finger

Franz Josef Strauß
Ein politisches Leben

OLZOG

Bibliografische Information Der Deutschen Bibliothek

Die Deutsche Bibliothek verzeichnet diese Publikation in der
Deutschen Nationalbibliografie;
detaillierte bibliografische Daten sind im Internet
über http://dnb.ddb.de abrufbar.

Bildnachweis:
Archiv für christlich-soziale Politik der Hanns-Seidel-Stiftung, München:
S. 19, 33, 77 (ASCP NL Strauß Slg. Kray Foto Jugend bis 1939 (Sign.);
ACSP NL Strauß, Slg. Kray Foto Portrait im Kriege (Sign.); ASCP NL Strauß,
Slg. Kray Foto Protrait chronologisch (Sign.);
Getty-Images: S. 125; Keystone: S. 153, 225, 259; Picture-Alliance: S. 135, 531;
ullstein-bild, Berlin: S. 301, 321, 407, 457, 509, 520, 526; Privat: S. 174

ISBN 3-7892-8161-1
© 2005 Olzog Verlag GmbH, München
Internet: http://www.olzog.de

Alle Rechte, insbesondere das Recht der Vervielfältigung und Verbreitung sowie
der Übersetzung, vorbehalten. Kein Teil des Werkes darf in irgendeiner Form
(durch Fotokopie, Mikrofilm oder ein anderes Verfahren) ohne schriftliche Genehmigung
des Verlages reproduziert oder unter Verwendung elektronischer Systeme gespeichert,
verarbeitet, vervielfältigt oder verbreitet werden.
Umschlagentwurf: Gruber & König, Augsburg, unter Verwendung eines
Bildes von ullstein Bild, Berlin (ullstein–Dierker; Strauß-Porträt o.J)
Satz: Verlagsservice G. Pfeifer/EDV-Fotosatz Huber, Germering
Druck- und Bindearbeiten: Himmer-Druck, Augsburg
Printed in Germany

Meinen Eltern

Inhaltsverzeichnis

I. Zur Einführung 11

II. **Der junge Franz (Josef) Strauß (1915–45)** 17
 1. Der Lausbub aus der Schellingstraße 17
 2. Eine verkehrte Welt 26

III. **Schongauer Jahre (1945–49)** 43
 1. Die „Luftwaffengang" 43
 2. Vom „Ochsenclub" zum Frankfurter Wirtschaftsrat 52
 3. Ein neuer Staat entsteht 69
 4. Die „Rhöndorfer Regierungsbildung" 73

IV. **Vom Bundestagsabgeordneten zum Atomminister (1949–56)** 83
 1. Abgeordneter im ersten Deutschen Bundestag 83
 2. Bundesminister mit (und ohne) besonderem Aufgabenbereich 104
 3. „Minister für dat Atom" 119

V. **Das „undankbarste Amt":**
   Franz Josef Strauß als Bundesverteidigungsminister (1956–62) .. 131
 1. Neue Besen kehren gut 131
 2. Am Tisch der Großen 138
 3. Zwei folgenreiche Nächte 149
 4. Atlantiker wider Willen 156
 5. „Hitler Nummer zwei" 164
 6. Dem Kanzleramt zum Greifen nahe 177
 7. Der „Endkampf" 188
 8. „Etwas außerhalb der Legalität" 209

VI. **„Numquam minus otiosus sum, quam cum otiosus sum!"**
    Zäsur einer Karriere (1963–66) 247
 1. „Da Strauß kimmt!" 247
 2. Wandel durch Annäherung 254
 3. „Ludwig das Kind" 260
 4. Annäherung durch Wandel 266
 5. Das lange Ende einer kurzen Ära 275

VII.	**Finanzminister der Großen Koalition (1966–69)**	281
1.	Das gespenstische Kabinett	281
2.	Die „Außergesetzliche Opposition"	291
3.	Ein Stück Machtwechsel	302

VIII.	**Von der Regierungs- auf die Oppositionsbank:**	
	FJS in der Ära Brandt (1969–74)	317
1.	„Opposition auf Bewährung"	317
2.	Die rotgelbe Ostpolitik	322
3.	Konstruktives Mißtrauen	337
4.	Die „letzten freien Wahlen"	348
5.	Vom Nebeneinander zum Miteinander	355

IX.	**Kollegiale Kontrahenten:**	
	Die „Männerfreunde" Strauß und Kohl (1974–76)	365
1.	Das Mißverständnis von Sonthofen	365
2.	Eine spannungsreiche Freundschaft	391
3.	Der „Nichtzusammengehensbeschluß" von Wildbad Kreuth	402

X.	**„Stoppt Strauß!" – Schlammschlacht ums**	
	Kanzleramt (1976–80)	409
1.	Der deutsche Herbst	409
2.	Die erzwungene Kandidatur	418
3.	„Mensch, ist der Hitler fett geworden"	430
4.	Der verhinderte Kanzler	462

XI.	**Der „Alpenkönig" (1980–88)**	473
1.	Ein inszenierter Machtwechsel	473
2.	Die Milliardenbürgschaft	488
3.	In der Welt zu Hause, in Bayern daheim	504
4.	Der „Märchentod"	525

XII.	**Schlußwort**	535

Bibliographie 539
1. Archivalien 539
2. Veröffentlichte Quellen & Schrifttum (Auswahl) 541
3. Elektronische & audiovisuelle Medien (Auswahl) 545
4. Interviews 546

Personenregister 549

I. Zur Einführung

„Ich habe nie beschlossen, Politiker zu werden, aber ich bin es unter dem Zwang der Stunde geworden, um vielleicht in Erfüllung meiner instinktiv verstandenen Pflicht meinen Beitrag dafür zu leisten, daß die deutsche Politik nie wieder auf schreckliche Irrwege kommen solle, wie wir sie erlebt haben und daß dem deutschen Volk eine dritte Katastrophe im gleichen Jahrhundert und später erspart bleiben möge."[1]

So äußerte sich der bayerische Ministerpräsident Franz Josef Strauß im September 1979, zwei Monate nachdem er von den Unionsparteien zum Kanzlerkandidaten nominiert worden war. Neun Jahre darauf verstarb Strauß, in amerikanischer Manier oftmals „*FJS*" genannt, ohne den bundesdeutschen Kanzlerthron jemals bestiegen zu haben. Und doch löste sein unerwarteter Tod national wie international eine Welle der Erschütterung und Trauer aus, die einem Bundeskanzler, wenn nicht gar einem Monarchen angemessen gewesen wäre. Denn „der letzte König von Bayern"[2], wie Strauß von seinen Anhängern und Verehrern oft bezeichnet wurde, hatte es nicht nur vollbracht, in Bayern seit den 50er Jahren Tradition und technologische Entwicklung gekonnt miteinander zu verbinden und damit den Wandel des größten deutschen Bundeslandes vom Agrarland zum modernen Industriestandort entscheidend mitzugestalten.[3] Es war ihm, der von vielen Bewunderern wie ein Halbgott verehrt wurde, darüber hinaus in der Tat gelungen, seiner instinktiv verstandenen Pflicht nachzukommen und einen Beitrag für die Sicherheit und Einheit des deutschen Volkes zu leisten. Daß Deutschland und damit Europa eine dritte Katastrophe im gleichen Jahrhundert erspart blieb, ist nicht zuletzt der Politik und Person von Franz Josef Strauß zu verdanken, der aus heutiger Sicht „die alte Bundesrepublik wie kein anderer deutscher Nachkriegspolitiker" verkörperte; „Anfang und Ende seiner politischen Karriere fallen mit ihr zusammen."[4]

---

[1] Strauß, Franz Josef: Vorwort, in: Wald-Wagenburg, Helmut; Klein, Hans: Franz Josef Strauß. Grosser Bildband. Percha am Starnberger See 1979, S. 5.
[2] Stürmer, Michael: Der letzte König von Bayern. Vor zehn Jahren, am 3. Oktober 1988, starb Franz Josef Strauß, in: Die Welt vom 02.10.1998, o.S.
[3] Vgl. o.V.: Festakt zu Ehren von Strauß, in: Frankfurter Allgemeine Sonntagszeitung vom 04.10.1998, S. 2.
[4] Krieger, Wolfgang: Franz Josef Strauß. Der barocke Demokrat aus Bayern. Göttingen, Zürich 1995, S. 7.

Dennoch schlug dieser von vielen Bundesbürgern als „Verkörperung des deutschen Patrioten mit bayrischem Einschlag"[5] gepriesenen charismatischen Führungsfigur nicht nur Verehrung und Bewunderung entgegen: „Jeder andere Spitzenpolitiker, gleichviel welcher parteipolitischen Couleur, hatte Anhänger und Feinde, keiner aber löste bei den einen derart euphorische Verehrung und Bewunderung, bei den anderen solch tiefen Haß und Urängste aus. Selbst vielen seiner politischen Freunde war er unheimlich."[6] So wurde Franz Josef Strauß wie kein zweiter deutscher Politiker als allseits geschätzte Haßfigur über Jahrzehnte hinweg insbesondere von der politischen Linken, aber nicht selten auch von liberaler Seite aufs Schärfste bekämpft, diffamiert, verleumdet und in beleidigenden Verteufelungskampagnen dämonisiert. Vor allem den angestrebten Einzug ins Kanzleramt trachteten seine politischen Gegner, die den „Führer des rechten Konservativismus"[7] als „tödliche Gefahr für die Demokratie"[8] beschimpften, mit allen Mitteln zu verhindern und inszenierten eine regelrechte Treibjagd auf den „politischen Unhold".[9] Insbesondere in den Jahren 1979/80 wurden gegen den mitunter als konstitutionellen Faschisten und militanten Großmachtchauvinisten charakterisierten „Repräsentanten des Monopolkapitals"[10], gegen den als korrupt, erzreaktionär und nationalistisch beschimpften „Atomkriegstreiber" heftige „Anti-Strauß-Kampagnen" entfacht, deren Ausmaße und Intensität volksfrontähnliche Dimensionen annahmen.[11]

War Strauß also ein verhinderter Kanzler? Und was waren die Gründe für die ihm entgegengebrachte, hochgradig emotionalisierte Feindschaft? Vor allem: Auf wel-

---

[5] Strauß, Franz Josef: Die Erinnerungen. Berlin 1998, S. 2. Die Erinnerungen von Franz Josef Strauß erschienen erstmals im Jahre 1989. Die im folgenden verwendete Taschenbuchausgabe von 1998 weicht von der Originalausgabe nicht ab.

[6] Siebenmorgen, Peter: Franz Josef Strauß (1915–1988), in: Oppelland, Torsten (Hg.): Deutsche Politiker 1949–1969. Band 2: 16 biographische Skizzen aus Ost und West. Darmstadt 1999, S. 120–131, S. 127.

[7] Frenkin, Anatolij A.: Die Konservativen in der Bundesrepublik Deutschland in der Wende. Nach dem Besuch von Franz Josef Strauß und Lothar Späth in Moskau, in: Beiträge zur Konfliktforschung. Psychopolitische Aspekte, 18 (1988) H. 2, S. 47–62, S. 60.

[8] FDP-Bundesvorstand: Sitzung des Bundesvorstandes und der Bundestagsfraktion vom 01.04.1965, in: Schiffers, Reinhard (Bearb.): FDP-Bundesvorstand. Die Liberalen unter dem Vorsitz von Erich Mende. Sitzungsprotokolle 1960–1967. Quellen zur Geschichte des Parlamentarismus und der Politischen Parteien. Vierte Reihe: Deutschland seit 1945, Bd. 7/III. Düsseldorf 1993, S. 620–626, S. 623.

[9] Vgl. Emde, Heiner: Treibjagd auf Strauß, in: Quick vom 30. April 1980; Schönbohm, Wulf: Jagd auf den politischen Unhold. Sammelbesprechung der über Franz Josef Strauß erschienenen Bücher, in: Sonde, 13 (1980) H. 2/3, S. 102–113.

[10] Vgl. Jezek, Karl: „Adolf" Strauß. Das westdeutsche Monopolkapital präsentiert einen neuen „Führer", in: Volksstimme vom 06.05.1961.

[11] Vgl. Halfmann, Dieter: Das Konzept der deutschen Rechten. Aus Reden und Schriften des F. J. Strauß. Köln 1971, S. 12; Pirkl, Fritz: Volksfront gegen Strauß. München 1980.

che Weise gelang es seinen Widersachern, seinen Einzug ins Bundeskanzleramt zu vereiteln und ihm einen immerwährenden „sinister shadow"[12], einen unüberwindbaren Ruf des Gemeinen, Üblen und Verdächtigen anzuhängen? Wie war es möglich, daß Strauß, der „als Mann der ersten Stunde länger als alle anderen Politiker der Gründerzeit der Bundesrepublik aktiv"[13] war, der als Sonder-, Atom-, Verteidigungs- und Finanzminister jahrelange Regierungsverantwortung vorzuweisen hatte, der seit 1961 der Christlich-Sozialen Union vorsaß und seit 1978 das Amt des bayerischen Ministerpräsidenten bekleidete, vom jahrzehntelang angestrebten Einzug ins Bundeskanzleramt hatte abgehalten werden können? Oder hat er die Krönung seiner politischen Laufbahn möglicherweise selbst vereitelt? Hat sich dieser Vollblutpolitiker, wie Henry Kissinger einst vermutete, mit seinem widersprüchlichen Naturell nicht doch eher selbst im Wege gestanden, war er sich selbst vielleicht der böseste Feind? Haben das aufbrausende Temperament und die donnernde Wortgewalt dieses zornesgewaltigen Bayern nicht stets „mit der Kraft eines Naturereignisses"[14] zunichte gemacht, was er zuvor mit Talent und Tatkraft zustande gebracht hatte oder fast hätte zustande bringen können? War Strauß also, wie Willy Brandt einmal feststellte, „zwar eine der großen Begabungen in der Politik, aber eine, die mit dem Hintern oder dem Mundwerk wieder umstößt, was die Hände gerade aufgebaut haben"[15]? War dieser „letzte Volkstribun" somit womöglich eine historische Figur mit tragischen Zügen? Oder ist das Ausbleiben seines letzten großen Erfolges eher der ihm oft nachgesagten Zauderhaftigkeit zuzuschreiben? War er nicht ein Cunctator, der sich „im Gegensatz zu seinem Draufgänger-Image vor großen Entscheidungen erstaunlich zögerlich"[16] zeigte, der zwar gelegentlich mit dem Feuer spielte, die Streichhölzer letztlich aber doch immer wieder wegsteckte? Und wenn er tatsächlich ein verhinderter Kanzler gewesen ist, wem ist diese Verhinderung dann zuzuschreiben? „Wäre er selber daran schuld?" fragte Golo Mann bereits vor über 25 Jahren, oder „die Konstruktion der Unionsparteien, von denen er die kleinere, die nur bayerische führt? Oder ist es, viel eher, das verfälschende Denkmal, das seine Gegner ihm setzten?"[17]

---

[12] Schaffer, Gordon: Germany again! The sinister shadow of Franz Josef Strauß. London 1967.
[13] Benz, Wolfgang: Franz Josef Strauß (1915–1988), in: Sarkowicz, Hans (Hg.): Sie prägten Deutschland. Eine Geschichte der Bundesrepublik in politischen Portraits. München 1999, S. 97–110, S. 98.
[14] Kühne, Diethard: Franz Josef Strauß. „... mit der Kraft eines Naturereignisses". Dokumentarfilm. Erlangen 1989.
[15] Bickerich, Wolfram: Franz Josef Strauß. Die Biographie. Düsseldorf 1996, S. 9.
[16] Zimmermann, Friedrich: Kabinettstücke. Politik mit Strauß und Kohl 1976–1991. München, Berlin 1991, S. 81.
[17] Mann, Golo: Vorwort, in: Voss, Friedrich (Hg.): Franz Josef Strauß: Bundestagsreden und Zeitdokumente 1974–1979. Bonn 1979, o. S.

Diese Fragen gilt es zu beantworten. Denn wenngleich über Franz Josef Strauß in den vergangenen fünfzig Jahren zahlreiche Publikationen erschienen sind, entbehrt der größte Teil des verfügbaren Schrifttums jeglicher Wissenschaftlichkeit. Dies ist zum einen auf die oftmals zu beklagende ideologische Einfärbung und augenfällige Meinungsführung der Abhandlungen, zum anderen auf die unvollständige, weil willkürlich-selektive Auswertung der bereits vorhandenen Literatur zurückzuführen. Somit wurden über Franz Josef Strauß nicht selten politisch geprägte Darstellungen und Ergebnisse präsentiert, die bei umfassender Berücksichtigung des gesamten verfügbaren Schrifttums sowie der sachlichen Betrachtung der nachweislichen Fakten nicht länger zu halten sind. Zu Recht stellte Adenauer-Biograph Hans-Peter Schwarz bereits zu Beginn der 80er Jahre fest: Es „liegen über die wichtigen Politiker der Jahre nach 1949 nur jene meist kurz vor Wahlen oder anläßlich des innerparteilichen Aufstiegs eiligst zusammengehauenen Lebensbilder vor, die viel häufiger durch kritiklose Popularisierung oder blanken Haß gekennzeichnet sind als durch das Bestreben nach historischer Wahrheit. Sprechende Beispiele dieses Genres sind einige anläßlich der Bundestagwahl 1980 über Franz Josef Strauß veröffentlichte Bücher!"[18] An diesem Befund hatte sich in bezug auf das „Phänomen Strauß"[19] auch in der Mitte der darauffolgenden Dekade nichts geändert: „Das meiste ist entweder Schmeichelhaftes, größtenteils von Strauß selbst eingeflüstertes politisches Schmuckwerk, oder es ist niedermachende Polemik und daher ebenso wenig vertrauenswürdig. Man steht einer politischen Tendenzliteratur gegenüber, der man nicht einmal schlichte Fakten vorbehaltlos entnehmen darf. Von historischen Urteilen gar nicht zu reden. Und weil Strauß eine besonders kontroverse politische Figur war, ist das Ausmaß dieser Parteilichkeit besonders schlimm. Wer möchte sich beispielsweise auf die Strauß-Berichterstattung des *Spiegel* verlassen, dessen Begründer und lautstärkster Straußgegner Rudolf Augstein es nicht einmal im Nachruf auf seinen Idealgegner fertigbrachte, eine halbwegs nüchterne Bilanz zu ziehen?"[20] Hinzu kommt, daß Strauß' Erinnerungen trotz ihres beträchtlichen Umfanges lückenhaft blieben, da wichtige Ereignisse wie zum Beispiel die „Spiegel-Affäre" aufgrund seines unerwarteten Todes am 3. Oktober 1988 nicht mehr niedergeschrieben werden konnten.

Zu den wenigen seriösen und ausgewogenen Veröffentlichungen über Franz Josef Strauß zählen das „Porträt eines Politikers"[21] von Thomas Dalberg, das jedoch

---

[18] Schwarz, Hans-Peter: Geschichtsschreibung und politisches Selbstverständnis. Die Geschichte der Bundesrepublik Deutschland – Herausforderung für die Forschung, in: Aus Politik und Zeitgeschichte. Beilage zur Wochenzeitung Das Parlament. B 36/82 vom 11.09.1982, S. 3–16, S. 5.
[19] Grewe, Wilhelm G.: Rückblenden 1976–1951. Frankfurt am Main, Berlin, Wien 1979, S. 564.
[20] Krieger, Wolfgang: Franz Josef Strauß. Der barocke Demokrat aus Bayern. Göttingen, Zürich 1995, S. 11f.
[21] Vgl. Dalberg, Thomas: Franz Josef Strauß. Porträt eines Politikers. Gütersloh 1968.

bereits 1968 erschien und somit der nötigen Vollständigkeit und Aktualität entbehrt, und „Der barocke Demokrat aus Bayern"[22] von Wolfgang Krieger, ein Werk, das mit 104 Seiten jedoch recht kurz ausgefallen ist. Wenngleich sich darüber hinaus weitere Darstellungen mit Teilaspekten der Straußschen Biographie befassen,[23] so fehlt doch im Gegensatz zu anderen bedeutenden historischen Persönlichkeiten wie Konrad Adenauer, Ludwig Erhard, Willy Brandt oder Helmut Schmidt eine zuverlässige wissenschaftliche Gesamtdarstellung über die Politik und Persönlichkeit von Franz Josef Strauß. Dieses politologisch-zeithistorische Fakten- und Erkenntnisdefizit ist siebzehn Jahre nach dem Tod dieses wenn auch polarisierenden, so doch bedeutenden deutschen Politikers zu beheben oder zumindest zu verringern. Auf die Verwendung von Überlieferungsmaterial in Form von unveröffentlichten Quellen und Akten soll hierbei weitgehend verzichtet werden, denn einer „der großen Irrtümer der Historiker besteht darin, blind an Akten zu glauben, die zum Teil dafür geschrieben werden, daß sie hinterher in diesem Sinne ausgewertet werden"[24].

Im Fall von Franz Josef Strauß kommt erschwerend hinzu, daß große Teile des Nachlasses langjährigen Sperrfristen unterliegen, die Einsichtnahme fast aller Aktengruppen der Genehmigung der Familie bedarf und die umfangreiche Straußsche Stasi-Akte auf Anordnung des damaligen bayerischen Innenministers Edmund Stoiber im Frühjahr 1990 aus Gründen des Persönlichkeitsschutzes vernichtet wurde, ohne zuvor gesichtet oder ausgewertet worden zu sein.[25] Ausschlaggebend ist jedoch, daß sich die *entscheidenden* Merkmale der Persönlichkeit eines Menschen und die *großen Linien* der Politik eines Staatsmannes auf der Grundlage von Zeitzeugenberichten, Memoiren, Biographien, Kommentaren, allgemeinen historischen und politikwissenschaftlichen Abhandlungen, Fachliteratur zu tangierten Spezialgebieten und der zeitgenössischen Berichterstattung erschöpfend nachzeichnen und analysieren lassen. Die unabdingbare Voraussetzung besteht allerdings in der möglichst vollständigen Auswertung der gesamten relevanten Literatur. Hinzu kommen Interviews und Gespräche mit 22 Zeugen und Akteuren jener Zeit – darunter engen Weggefährten, Opponenten und Familienmitgliedern –, die auszugsweise in die Darstellung einfließen.

---

[22] Vgl. Krieger, Wolfgang: Franz Josef Strauß. Der barocke Demokrat aus Bayern. Göttingen, Zürich 1995.
[23] Vgl. Braun, Luitpold: Der unbekannte Strauß – Die Schongauer Jahre. Schongau 1992.
[24] Ehmke, Horst: Diskussionsbeitrag, in: Podiumsdiskussion. Kärrner und Zuchtmeister. Herbert Wehners Rolle in Partei und Parlament, in: Dowe, Dieter (Hg.): Herbert Wehner (1906–1990) und die deutsche Sozialdemokratie. Referat und Podiumsdiskussion eines Kolloquiums des Gesprächskreises Geschichte der Friedrich-Ebert-Stiftung am 23. September 1996. Bonn 1996, S. 35–64, S. 51.
[25] Vgl. o.V.: Strauß-Dossiers der Stasi vernichtet, in: Frankfurter Allgemeine Sonntagszeitung vom 09.04.2000, S. 1.

Die Relevanz der Beschäftigung mit dem Leben und Wirken des Franz Josef Strauß ergibt sich aus dem Anliegen, einen wichtigen Abschnitt der deutschen Politik und Zeitgeschichte anhand einer der Schlüsselfiguren jener Zeit aufzuarbeiten und darzustellen, die wie kaum eine andere von den ersten Tagen des Kondominiums bis fast zum Ende der sogenannten „Bonner Republik" politisch aktiv gewesen ist. Nicht zuletzt wird auch an aktuelleren Ereignissen wie beispielsweise der gescheiterten Kanzlerkandidatur von Edmund Stoiber im Jahre 2002 deutlich, daß gerade die politikwissenschaftliche Zeitgeschichtsforschung immer wieder aufschlußreiche Parallelen zur Gegenwart aufzuzeigen vermag, die sich sowohl für Politologen als auch für Politiker als außerordentlich lehrreich erweisen können. Zwar ist die Geschichte, wie Strauß meinte, „kein offenes Lehrbuch zur Anwendung", doch soll man aus ihr lernen. Aber nicht, „um das nächstemal gerissener zu sein, sondern für immer besser zu werden."[26]

---

[26] Strauß, Franz Josef: Einführung: Sich der Geschichte stellen, in: Scholder, Klaus: Über den Umgang mit unserer jüngsten Geschichte. München 1979, S. 7–9, S. 9.

II. Der junge Franz (Josef) Strauß (1915–45)

1. Der Lausbub aus der Schellingstraße

„Als der Erste Weltkrieg begann, war ich minus ein Jahr alt"[1], stellte Franz Josef Strauß Jahrzehnte später anläßlich eines Vortrages fest und verband somit den Tag seiner Geburt auf humorvolle Weise mit jenem wichtigen weltgeschichtlichen Datum, das den Anfang vom Ende des „langen 19. Jahrhunderts" einleiten und den Weg in eine neue, modernere Zeit bereiten sollte. Am 6. September 1915, dem 40. Geburtstag seines Vaters, war es schließlich soweit: Franz Josef Strauß wurde in München in der Maxvorstadt, dem südlichsten Teil Schwabings, geboren. Glaubt man seinen späteren Hofbiographen, so soll an jenem 6. September sogar das bayerische Wetter unter dem Einfluß dieses doppelten Geburtstages gestanden haben: „Seit zwei Wochen hatte es geregnet, war es für die Jahreszeit viel zu kühl gewesen. Und auch an diesem Montag war der Himmel morgens noch dicht bewölkt. Aber dann kam doch noch das, was die Meteorologen als ‚einen für München typischen Tag für den Übergang von einer Schlecht- in eine Schönwetter-Periode' bezeichnen: Der Luftdruck stieg urplötzlich von 723 auf 725 Millibar, und sanfter Südwind riß die Wolkendecke auf. Das Thermometer kletterte nachmittags noch von 9 auf 14 Grad. Zartweiße Föhn-Federn huschten plötzlich über den auf einmal blitzblauen Himmel: Gerade noch pünktlich hatte er sich zur Geburt des kleinen Franz Josef Strauß in seinen friedlich-fröhlichsten Bayern-Farben festlich herausgeputzt."[2] Den damals unmittelbar beteiligten Personen dürften diese himmlischen Zeichen allerdings entgangen sein, denn der kleine Franz Josef kam erst um 22.10 Uhr zu Welt – und die Sommerzeit wurde in Deutschland erstmals im Jahre 1916 eingeführt.

Sechs Tage nach seiner Geburt wurde der Sohn des Metzgermeisters Franz Josef Strauß und dessen Frau Walburga unter dem vollständigen Namen seines Vaters in das amtliche Geburts- und Taufregister eingetragen. Das sollte seine späteren politischen Gegner jedoch nicht von der Behauptung abhalten, der Franz Josef heiße eigentlich nur Franz und hätte sich den zweiten Vornamen allein aus kosmetischen

---

[1] Lohberger, Rudolf: Weltbild und politische Programmatik bei Franz Josef Strauß. Unter besonderer Berücksichtigung der Europa- und Wirtschaftspolitik und deren Niederschlag auf das Grundsatzprogramm der CSU von 1976. Salzburg 1984, S. 12.

[2] Zimmermann, Ulrich: Unvergessen, Franz Josef Strauß – das war sein Leben. 3. Auflage, Passau 1988, S. 13.

Gründen zugelegt. Zutreffend ist jedoch, daß der junge Strauß „der Kürze halber"[3] zumeist nur „Franz" gerufen wurde und einige Dokumente und amtliche Urkunden, etwa der Musterungsausweis aus dem Jahre 1935 oder die Ernennungsurkunde zum Beamten auf Lebenszeit vom April 1943, den „Josef" unterschlagen, da nach den Regeln der deutschen Namensgebung nur der erste Vorname als Rufname gilt, wenn kein Bindestrich vorhanden ist. Für das hart arbeitende und in einfachen Verhältnissen lebende Handwerker-Ehepaar Franz Josef sen. und Walburga war 1915 nicht abzusehen, daß das Nichtvorhandensein eben jenes Bindestrichs Jahrzehnte später Gegenstand zahlreicher polemischer Vorwürfe sein würde.

Franz Josef Strauß senior war am 6. September 1875 in Kemmathen, einem Dorf im mittelfränkischen Landkreis Feuchtwangen, als jüngster Sohn einer Familie kleiner Bauern und Müller geboren worden. Da der väterliche Hof traditionell nur vom ältesten Sohn übernommen werden konnte, machte sich Strauß sen. als Metzgermeister selbständig und übernahm im Jahre 1904 eine Metzgerei in der Münchener Schellingstraße. Zwei Jahre später heiratete er Walburga Schießl, die aus der Gemeinde Unterwendling im niederbayerischen Landkreis Kehlheim stammte und in München als Magd und Köchin arbeitete. Ein Jahr darauf wurde ihr erstes Kind geboren, die Tochter Maria. Eine weitere Tochter verstarb Anfang 1914 kurz nach der Geburt. Im Jahre 1915 folgte schließlich Franz Josef jun. Als Sohn eines aus Mittelfranken stammenden Vaters und einer niederbayerischen Mutter war Franz Josef Strauß also nur mütterlicherseits jener urige Altbayer, für den er später allgemeinhin gehalten wurde.

Maria und ihr kleines Brüderchen Franz (Josef) wuchsen im kleinbürgerlichen Milieu des südlichen Schwabing auf. Das „andere Schwabing, das der Künstler und Literaten gleich nebenan"[4], war nicht ihre Welt. Der Arbeitstag der Eltern umfaßte Tag für Tag an die 14 Stunden. „Die Arbeitswoche endete erst am späten Samstagabend. Sonntags ging's dann gemeinsam in die Kirche, als Sonntagsessen gab's anschließend gewöhnlich Schweinebraten mit Knödeln."[5] Später sagte Franz Josef Strauß über sein Elternhaus: „In all den Jahren, also bis 1943, als wir ausgebombt wurden und das Geschäft verlorenging, haben meine Eltern nie einen Tag Urlaub gehabt."[6] Franz Strauß war in eine schwierige Zeit hineingeboren worden. München wandelte sich in jenen Jahren rasant von einer provinziellen Residenz- zu einer industriellen Großstadt – eine chancen- und risikoreiche Entwicklung,

---

[3] Dalberg, Thomas: Franz Josef Strauß. Porträt eines Politikers. Gütersloh 1968, S. 9.
[4] Bickerich, Wolfram: Franz Josef Strauß. Die Biographie. Düsseldorf 1996, S. 17.
[5] Zimmermann, Ulrich: Unvergessen, Franz Josef Strauß – das war sein Leben. 3. Auflage, Passau 1988, S. 14.
[6] Bickerich, Wolfram: Franz Josef Strauß. Die Biographie. Düsseldorf 1996, S. 17.

Der kleine Franz (Josef) mit Mutter
Walburga und Schwester Maria.

die von erheblichen sozialen Verwerfungen und Spannungen begleitet wurde. Jene sozialen Spannungen, die sich während und unmittelbar nach dem Krieg noch verschärft hatten, entluden sich urplötzlich in der Revolution von 1918: Bayern wurde Freistaat. „Die Novemberrevolution 1918, die die konstitutionelle Monarchie beseitigte, einen gesellschaftlichen Strukturwandel zwar nicht durchsetzte, aber einleitete und die parlamentarische Demokratie auf der Grundlage der Volkssouveränität begründete, erfaßte zwar in verschiedener Stärke das ganze Land Bayern, entlud sich aber mit ganzer Dynamik und Tragweite in der Landeshauptstadt München."[7] Wenn man Franz Josef Strauß später nach seiner frühesten Kindheitserinnerung fragte, dann erzählte er, „daß ihm, – wahrscheinlich mehr in der Tiefe des Unbewußten, – aus dem Alter von drei Jahren etwas unvergessen geblieben sei, nämlich das stürmische Läuten der Münchner Kirchenglocken, die 1918 den Ausbruch der ‚Roten Revolution' verkündeten. Vermutlich hätten diese Tage der Räte-

---

[7] Bosl, Karl: Bayern. Modelle und Strukturen seiner Geschichte. München 1981, S. 281.

Revolution in den Häusern verschreckter Bürgerfamilien solche Angst verbreitet, daß sich ihre Atmosphäre auch dem Kind eingeprägt habe."[8] Diese im Kindesalter erfahrene Urangst vor Revolution, Umsturz, Chaos, Krieg und jeder sonstigen erdenklichen Bedrohung der bestehenden Ordnung sollte Wahrnehmung und Geisteshaltung von Franz Josef Strauß wie kaum ein anderes Erlebnis bis an sein Lebensende prägen.

Dem Elternhaus in der Schellingstraße 49 brachte die Novemberrevolution letztlich weder Vor- noch Nachteile. Der Lebensstil der Familie Strauß entsprach immer noch dem der einfachen Handwerker und Arbeiter der Münchner Prinzregentenzeit, man wohnte in „einem Hinterhof in einfachsten Verhältnissen"[9]. Der kleine Franz wurde wie alle anderen Kinder ein richtiger Lausbub, spielte in den Hinterhöfen und auf der Straße, hatte „heftige Kämpfe mit feindlichen Gruppen zu bestehen"[10] und sorgte mit seinen Altersgenossen dafür, daß der Kinderlärm in der Maxvorstadt nicht verstummte. Nicht selten trugen er und seine Kleidung unübersehbare Blessuren davon. Eine seiner feindlichen Begegnungen hingegen hätte Franz Strauß ohne die Hilfe seiner älteren Schwester womöglich nicht überlebt: Ein erwachsener Mann wagte eines Tages in aller Öffentlichkeit den Versuch einer Entführung des kleinen Metzgersohns. Doch Maria bemerkte diesen bis heute nicht aufgeklärten Übergriff. Durch lautes Geschrei gelang es ihr in letzter Sekunde, das Schlimmste zu verhindern.

In der Münchner Maxvorstadt der 20er Jahre lebte und arbeitete nicht nur einfaches Handwerkervolk, sondern auch wohlhabendes Bürgertum und so mancher Akademiker. Aber auch Künstler und „unverwechselbare Bohemiens wie Oskar Maria Graf hausen in der Gegend, ohne heute zu wissen, wie sie morgen ihr Essen bezahlen sollen"[11]. Dieses Problem hatte der damals hauptberuflich noch als Geflügelzüchter tätige Heinrich Himmler nicht. Tagtäglich ging er in der Schellingstraße Nummer 50, die direkt gegenüber der Metzgerei Strauß lag, aus und ein. Ein Lichtbildner namens Heinrich Hoffmann, der später einmal ein junges Mädchen mit Namen Eva Braun beschäftigen sollte, unterhielt dort ein Photo-Atelier. Im ersten Stock gehörte ihm eine Wohnung, die von der „Deutschen Arbeiterpartei" angemietet worden war und von ihr als Hauptquartier genutzt wurde.

---

[8] Akademie Kontakte der Kontinente (Hg.): Menschen unserer Zeit. Persönlichkeiten des öffentlichen Lebens, der Kirche, Wirtschaft und der Politik. Dr. h.c. Franz Josef Strauß. Bonn 1968, S. 4.
[9] Strauß, Franz Josef: Die Erinnerungen. Berlin 1998, S. 15.
[10] Zierer, Otto: Franz Josef Strauß. Ein Lebensbild. 9. Auflage, München, Berlin 1989, S. 21.
[11] Siebenmorgen, Peter: Franz Josef Strauß (1915–1988), in: Oppelland, Torsten (Hg.): Deutsche Politiker 1949–1969. Band 2: 16 biographische Skizzen aus Ost und West. Darmstadt 1999, S. 120–131, S. 121.

Mehrfach versuchte Himmler, der in der „Schlachterei Strauß gegenüber Leberkäs' und die Spezialität des Hauses, Leberstreichwurst, einkaufte"[12], Vater Strauß zur Mitgliedschaft in der neuen Partei zu überreden, die bald nach dem Eintritt Adolf Hitlers in „Nationalsozialistische Deutsche Arbeiterpartei" umgetauft worden war. Franz Josef sen. war jedoch ebenso wie seine Frau Walburga konservativ-katholisch gesinnt und Anhänger der Bayerischen Volkspartei, einer Art Schwesterpartei des katholischen Zentrums. Für beide waren die Nationalsozialisten gottlose und verabscheuungswürdige Fanatiker. „Bereits nach der Niederschlagung des Hitlerputsches vom 9. November 1923", so schrieb Strauß in seinen Memoiren, „wurde Hitler zum Inbegriff des politischen Hasses meiner Eltern." Zu jener Zeit wurde in unserer Familie „immer wieder über den Prozeß gegen Hitler und seine Mitmarschierer gesprochen, mein Vater war empört darüber, daß so milde Urteile gefällt wurden"[13]. Heinrich Himmler verließ das Geschäft des Fleischhauers Strauß also regelmäßig mit frischem Leberkäse, aber ohne Mitgliedsantrag des Inhabers, obwohl diesem für den Fall, daß die NSDAP an die Macht käme, lukrative Reichswehrlieferungen versprochen wurden. Adolf Hitler hingegen, dessen Opel-Laubfrosch die Kinder in der Schellingstraße wegen seines weit vorgewölbten Hinterteiles „Arschauto" nannten, hat die Metzgerei Strauß niemals betreten: Er war Vegetarier. Nur ein einziges Mal ließ sich Franz Josef jun. für die Propagandazwecke der Nationalsozialisten einspannen: „Als kleiner Bub, der noch nicht lesen konnte, dem aber wie allen Kindern bunte Bilder gut gefielen, bin ich an einem Samstagnachmittag im Hausgang des Ateliers Hoffmann gestanden, habe willig ein Paket Nazi-Flugschriften unter den Arm genommen, bin damit die Schellingstraße entlangmarschiert und habe die Propagandazettel verteilt. Eine alte Kundin unserer Metzgerei rannte aufgeregt zu meinem Vater und berichtete ihm von dem Treiben seines Sprößlings. Meine Schwester Maria wurde ausgeschickt, mich zu holen. Zu Hause setzte es dann eine gewaltige Maulschelle."[14] Die bunten Propagandaschriften wanderten in den Ofen. Nur wenige Jahre später hatte sich der politische Horizont des Metzgersohns nach dessen eigenem Bekunden bereits beträchtlich erweitert: „Ich habe damals Heinrich Himmler als Elfjähriger und erster Deutscher einmal eine Sau geheißen", denn „Himmler parkte seinen DKW manchmal vor unserem Laden. Als gescheiterter Diplomlandwirt betrieb er in Trudering eine kleine Hühnerfarm, weshalb sein Wagen, DKW Reichsklasse, meist ungewaschen und voll Dreck war. Da schrieb ich mit dem Finger einmal ‚Sau' auf Scheiben und Kar-

---

[12] Bickerich, Wolfram: Franz Josef Strauß. Die Biographie. Düsseldorf 1996, S. 18.
[13] Strauß, Franz Josef: Die Erinnerungen. Berlin 1998, S. 25f.
[14] Ebd., S. 27.

rosserie. Ich hab es beobachtet. Er hat sich sehr geärgert. Aber Gott sei Dank, man hat mich nicht erwischt."[15]

In der Familie Strauß wurde häufig und ausgiebig über die aktuellen politischen Entwicklungen gesprochen. Der Vater gab sich regelmäßig einer intensiven Zeitungslektüre hin und besprach mit seiner Familie die politischen Ereignisse, so daß Franz und Maria bereits früh Einblick in das aktuelle politische und gesellschaftliche Geschehen erhielten, das von Jahr zu Jahr unerfreulicher wurde. Die Jahre der Inflation vernichteten die mühsam erworbenen Ersparnisse, die wirtschaftliche Not wuchs unaufhaltsam und die nationalsozialistische Bewegung wurde zusehends mächtiger. „Mit behutsamer Strenge verstehen es Vater und Mutter indes, die Kinder erzieherisch an dem auszurichten, was ihnen selbst beim Aufstieg aus ärmlichsten bäuerlichen Verhältnissen immerhin in die niedrigste Kategorie des großstädtischen Bürgertums Halt und Hoffnung gab. Der überragende Fixpunkt im Leben der Familie Strauß ist nämlich ihr Glaube und die Autorität der katholischen Kirche."[16] Diese Autorität sollte den Lebensweg von Franz Strauß schon bald richtungsweisend beeinflussen.

Im Frühjahr 1922 wurde der sechsjährige Franz in die Münchner Volksschule an der Amalienstraße eingeschult. Für seinen Vater stand fest, daß er dort den Schulabschluß machen, anschließend eine Metzgerlehre beginnen und eines Tages Fleischhauermeister werden und das väterliche Geschäft übernehmen würde. Doch bereits in den ersten Schuljahren erwies sich Franz als überdurchschnittlich intelligent und außergewöhnlich gelehrsam: „Mein Vater hatte eine kleine regelmäßige Fleischlieferung an das Ottilien-Kolleg in der Königinstraße in München, eine Benediktiner-Niederlassung. So kam gelegentlich ein Benediktinerpater zu uns, und der hat dann festgestellt, daß mich die lateinische Sprache interessiert. Er gab mir ein lateinisches Lehrbuch, und damit habe ich im Alter von neun Jahren versucht, als Autodidakt Latein zu lernen, was ein mühsames Unterfangen war."[17] Bald empfahl der Religionslehrer, ein katholischer Pfarrer, den talentierten Jungen auf eine Realschule zu schicken, woraufhin Franz Josef jun. 1926 auf die Gisela-Oberrealschule am Elisabeth-Platz in München-Schwabing überwechselte. Auf der Realschule blieb er jedoch nur ein Jahr. „Er ministrierte nämlich zu dieser Zeit in der Ludwig-Kirche bei Monsignore Zellinger, einem bekannten Theologen und

---

[15] Lohmeier, Georg: G'schichten aus der Geschichte. Bayern von der Steinzeit zu Stoiber. 3. Auflage, München 2000, S. 377.
[16] Siebenmorgen, Peter: Franz Josef Strauß (1915–1988), in: Oppelland, Torsten (Hg.): Deutsche Politiker 1949–1969. Band 2: 16 biographische Skizzen aus Ost und West. Darmstadt 1999, S. 120–131, S. 121.
[17] Strauß, Franz Josef: Die Erinnerungen. Berlin 1998, S. 18.

Münchner Universitätsprofessor. Dem fiel schnell auf, daß sein Ministrant – ohne jemals Lateinunterricht gehabt zu haben – die schwierigsten lateinischen Meßgebete flüssig, fehlerfrei und in der absolut richtigen Betonung auswendig konnte. Das aber hatte der Professor zuvor noch nie erlebt. Er gab dem darüber begeisterten Buben deshalb privaten Lateinunterricht und riet dem verblüfften Vater schon nach wenigen Monaten, den Sohn aufgrund seiner außergewöhnlichen Begabung auf das renommierte Max-Gymnasium in München-Schwabing zu schicken"[18], wo er sofort und ohne besondere Prüfung in die Quinta aufgenommen wurde. „Mein Vater," so erinnerte sich Strauß Jahrzehnte später, „der ein gütiger Mann war, hat diesem Wechsel zugestimmt, auch wenn er nicht unbedingt seiner Vorstellung von der Zukunft seines Buben entsprach. Daß der Sohn einmal das Geschäft übernehmen werde, war wohl sein ursprünglicher Gedanke, aber als er merkte, daß ich mich dafür weder interessierte noch eignete, hat er meinen anderen schulischen Weg akzeptiert und unterstützt."[19]

Auch auf dem Gymnasium wollte Strauß von Anfang an immer der Erste sein und bessere Leistungen bringen als seine Mitschüler. Dies war seine einzige Chance, dem Hinterhof zu entwachsen. Denn gegenüber „dem Schwabinger Milieu meiner Volksschule und auch im Vergleich zur Gisela-Realschule, deren Zöglinge aus einfacheren, höchstens mittleren Schichten stammten, dominierte am Max-Gymnasium das gehobene Bürgertum. Die Väter waren Ärzte, Regierungsräte, höhere Beamte. In meiner Klasse gab es einen einzigen Arbeitersohn und nur zwei Söhne von Handwerkern."[20] Dennoch bereitete ihm seine Zeit auf dem Gymnasium kaum Probleme. Besonderes Interesse brachte er nach wie vor dem Lateinischen und nun auch dem Griechischen entgegen, weiterhin interessierte er sich für Englisch und Geschichte und – mit etwas Abstand – auch für den Deutschunterricht. Physik und Mathematik faszinierten ihn hingegen weniger. Franz Josef Strauß sen. war stolz auf seinen Sohn und freute sich, daß er nur einen Bruchteil des üblichen Schulgeldes zu zahlen hatte, da der größte Anteil aufgrund der ausgezeichneten Leistungen seines Kindes erlassen wurde. Trotzdem erwies sich der Bildungshunger des ehrgeizigen Gymnasiasten schon bald als recht kostspielig. Aus diesem Grunde begann Franz Strauß in der Obersekunda Nachhilfestunden in Latein und Griechisch zu geben. Damit gelang es ihm erstmals, mit seinen intellektuellen Fähigkeiten Geld zu verdienen, das er sofort in weitere Bücher investierte.

---

[18] Zimmermann, Ulrich: Unvergessen, Franz Josef Strauß – das war sein Leben. 3. Auflage, Passau 1988, S. 20.
[19] Strauß, Franz Josef: Die Erinnerungen. Berlin 1998, S. 19.
[20] Ebd., S. 31.

Im Alter von 13 Jahren wurde Franz Josef jun. von Franz Josef sen. als Anerkennung für die bislang erbrachten Leistungen ein Fahrrad der Marke „Mercedes" geschenkt – was ihn später zu dem nicht ganz ernst gemeinten Ausspruch verleitete, er sei bereits Mercedes gefahren, als die meisten anderen Menschen noch nicht einmal ein Auto besaßen. Jene großzügige Zuwendung, die die bisherige Motivation belohnen und die künftige anspornen sollte, erzielte aber genau den gegenteiligen Effekt, da Franz seine Freizeit nun fast ausschließlich mit Radfahren verbrachte. „Die Quittung waren eine Fünf in Geographie und eine Drei in Deutsch. Zu Hause gab es einen Mordskrach. Aber das Radfahren blieb seine große Leidenschaft bis in die Studentenzeit hinein."[21] Bald steigerte er seine Tagesleistung auf 200 Kilometer, trat in den Münchner Klub „RC Amor" ein und gewann 1934 die süddeutsche Straßenmeisterschaft. Auch im Amateurrennen „Quer durchs bayerische Hochland" siegte er, da er die 210 Kilometer lange Strecke mit der damaligen Bestzeit von fünf Stunden und 56 Minuten zurücklegte. Das Radfahren erweiterte seinen Horizont im wahrsten Sinne des Wortes, da es zu damaliger Zeit kaum andere Möglichkeiten gab, die Stadt zu verlassen und das Umland zu erkunden. Hinzu kam, daß auf diese Weise seine Leidenschaft für das Fahren auf motorisierten Zweirädern geweckt wurde – ein Umstand, der sich bald als äußerst vorteilhaft erweisen sollte. Denn die nationalsozialistische Bewegung wuchs unaufhaltsam. Strauß sen. machte keinen Hehl daraus, daß er die Nazis und ihre Ideologie verachtete. Am Abend des 30. Januar 1933, dem Tag von Hitlers Machtergreifung, wandte er sich bedrückt an seine Schwester Maria: „Ich möchte zwanzig Jahre älter sein und eine Position haben, um das verhindern zu können, was jetzt auf uns zukommt."[22] Auch öffentlich verbarg Strauß seine Abneigung nicht: „Als nach der Machtergreifung in jedem Schulzimmer Bilder von Hindenburg und Hitler aufgehängt und von den Schülern selbst bezahlt werden sollten, gehörte Franz Josef zu denen, die sich weigerten. Auf Drängen seines Klaßleiters, der Schwierigkeiten vermeiden wollte, war er schließlich bereit, ‚ein Anerkennungsmarkl für den Hindenburg' beizusteuern."[23] Als sich die volksverhetzende Nazi-Propaganda in den Jahren 1934/35 allmählich auf die Bevölkerung auszuwirken begann, zögerte Strauß nicht, sich im Rahmen seiner Möglichkeiten für die Betroffenen einzusetzen, wie sein damaliger Lehrer Kurt Vogel zu berichten wußte: „In der Klasse war eine Schülerin nicht voll ‚arischer' Abstammung. Als da einige Mitschüler sie dies mer-

---

[21] Dalberg, Thomas: Franz Josef Strauß. Porträt eines Politikers. Gütersloh 1968, S. 12.
[22] Zimmermann, Ulrich: Unvergessen, Franz Josef Strauß – das war sein Leben. 3. Auflage, Passau 1988, S. 36.
[23] Strauß, Maria: Herkunft und Familie, in: Carstens, Karl; Goppel, Alfons; Kissinger, Henry; Mann, Golo (Hg.): Franz Josef Strauß. Erkenntnisse, Standpunkte, Ausblicke. München 1985, S. 42–51, S. 50.

ken ließen oder sie verspotten wollten, griff Franz sofort ein und drohte: ‚Wer Hanni nicht in Ruhe läßt und sich gegen sie stellt, hat es mit mir zu tun!'"[24] Diese Haltung hatte Strauß jun. von Strauß sen. übernommen: „1918 war mein Vater Gründungsmitglied der Bayerischen Volkspartei gewesen, der er bis zu der von den Nazis erzwungenen Auflösung treu blieb. Auch meine sieben Jahre ältere Schwester Maria war politisch engagiert und vertrat lupenrein die gleiche Gesinnung wie die ganze Familie, ohne einen Millimeter von der Bahn abzuweichen."[25] Diese lupenreine Gesinnung mußte dem radelnden Zögling allerdings gelegentlich eingebleut werden. Eines Tages brachte der Siebzehnjährige nämlich einen Radsportfreund mit nach Hause, der ein Hakenkreuzabzeichen am Rockaufschlag trug. Ohne zu zögern warf Vater Strauß den Besucher hinaus und „kündigte seinem verdutzten Sohn an, er werde auch ihn auf die Straße setzen, wenn er es wagen sollte, noch einmal einen Hakenkreuzbruder ins Haus zu bringen"[26].

Im April 1935 legte Franz Strauß sein Abitur am humanistischen Max-Gymnasium ab. Es war das beste bayerische Abitur des Jahrgangs. In den Fächern Religion, Deutsch, Latein, Griechisch, Englisch, Mathematik, Physik, Geschichte und Geographie erhielt Strauß ein „hervorragend", also die Note 1. Nur im Turnen mußte sich das Radsporttalent mit einem „lobenswert" begnügen. Als erläuternde Bemerkung war hinzugefügt: „In der schriftlichen Prüfung erzielte er in allen Fächern die gleichen vorzüglichen Ergebnisse, wie sie schon der Jahresfortgang aufweist. Die mündliche Prüfung wurde ihm erlassen. Während seines Aufenthalts an der Anstalt hat er sich durch seinen ernsten, zielbewußten Fleiß, seine lebendige Teilnahme am Unterricht und seine sittliche Führung das volle Lob und Vertrauen aller seiner Lehrer erworben. Er verläßt die Schule mit einem durchweg sehr erfreulichen Maß gediegener Kenntnisse. Er ist körperlich gut entwickelt, ein gewandter Turner und Radfahrer. Besondere Erwähnung verdienen seine hervorragenden Leistungen in Kurzschrift."[27] Doch die Freude über dieses ausgezeichnete Reifezeugnis wurde schon bald getrübt. Seine Mitschülerin Leonore von Tucher erinnerte sich an die allgemeine Bestürzung, als am Abschiedsabend nach dem Abitur 1935 die Einführung der allgemeinen Wehrpflicht bekannt wurde: „Entsetztes Schweigen. Dann leise die verzweifelte Stimme von Strauß: ‚Das ist der Krieg.'"[28] Aufgrund seiner hervorragenden historischen Bildung hegte er längst

---

[24] Vogel, Kurt: Mein Schüler Strauß, in: Carstens, Karl; Goppel, Alfons; Kissinger, Henry; Mann, Golo (Hg.): Franz Josef Strauß. Erkenntnisse, Standpunkte, Ausblicke. München 1985, S. 54–58, S. 57.
[25] Strauß, Franz Josef: Die Erinnerungen. Berlin 1998, S. 20.
[26] Zierer, Otto: Franz Josef Strauß. Ein Lebensbild. 9. Auflage, München, Berlin 1989, S. 38.
[27] Strauß, Franz Josef: Die Erinnerungen. Berlin 1998, S. 33f.
[28] Zimmermann, Ulrich: Unvergessen, Franz Josef Strauß – das war sein Leben. 3. Auflage, Passau 1988, S. 22.

keinen Zweifel mehr daran, daß Hitler in absehbarer Zeit einen Krieg beginnen würde, der von einem einfachen Infanteristen nur schwerlich zu überleben war. Also leistete er sich von seinen Ersparnissen, die er als gefragter Nachhilfelehrer zusammengetragen hatte, noch im Abiturjahr 1935 einen Führerschein und ein Motorrad. Seiner Schwester, die diese Investition zunächst für völlig sinnlos hielt, soll er unter Hinweis auf Hitlers Kriegskurs geantwortet haben: „Meinst du, daß ich für den Deppen zu Fuß durch Europa marschiere!"[29]

2. Eine verkehrte Welt

Im Frühjahr 1935 stand endgültig fest, daß Franz Strauß nicht in die Fußstapfen des Vaters treten, sondern an der Münchner Ludwig-Maximilians-Universität die Fächer Altphilologie, Germanistik und Geschichte studieren wollte – ein kostspieliges Unterfangen, das sich die Familie Strauß unmöglich leisten konnte. Doch da Strauß jun. ein glänzendes Abitur vorzuweisen hatte, wurde ihm nach einer besonderen mündlichen Prüfung die unbedingte Aufnahme in die im 19. Jahrhundert gegründete Maximilianeums-Stiftung zuerkannt. Zunächst galt es jedoch, den sechsmonatigen „Freiwilligen Arbeitsdienst" zu absolvieren, der von den neuen Machthabern als Voraussetzung für die Immatrikulation eingeführt worden war. Die ersten vier Wochen verbrachte Strauß in einem Lager in Holzgünz bei Memmingen, die restliche Zeit in München-Freimann. Im Verlauf dieses „zwangsfreiwilligen" Dienstes wurde er beim Erdaushub für einen Kasernen-Komplex der „NS-Leibstandarte Adolf Hitler" sowie beim Einebnen eines neuen Rundfunkgeländes und bei der Erweiterung eines Wassergraben-Systems eingesetzt. Der Reichsarbeitsdienst „erwies sich als eine halb-militärische Angelegenheit, die den einzelnen hineinzwang in dumpfe Zwölfer- oder Vierundzwanzig-Mann-Stuben, die ihn uniformierte, die ihn zur Anpassung an den Jargon, die primitiven Lebensformen der Masse und zu den rauhen Manieren der letzten in der Marschkolonne zwang"[30]. Für den bisherigen Individualisten Strauß „war der Arbeitsdienst die erste unmittelbare Berührung mit einer Gemeinschaftseinrichtung, von der Schule und dem Sportverein abgesehen. Es fiel ihm schwer, sich an die Lebensumstände in dieser Gemeinschaft zu gewöhnen, und das nicht nur, weil es sich um eine Institution des Hitlerregimes mit allen einschlägigen Begleiterscheinungen handelte, sondern weil ihm jede Art von Massenbetrieb von jeher zuwider war"[31]. Diese

---

[29] Strauß, Franz Josef: Die Erinnerungen. Berlin 1998, S. 35.
[30] Zierer, Otto: Franz Josef Strauß. Ein Lebensbild. 9. Auflage, München, Berlin 1989, S. 73.
[31] Dalberg, Thomas: Franz Josef Strauß. Porträt eines Politikers. Gütersloh 1968, S. 15.

mangelnde Fähigkeit, sich ein- und unterzuordnen, bereitete Strauß ein ganzes Leben lang erhebliche Schwierigkeiten. Mitunter sollte ihm dieser Charakterzug aber auch zum Vorteil gereichen.

Trotz des anständig abgeleisteten Arbeitsdienstes wurde Franz Strauß die Immatrikulation an der Münchener Universität ohne Angaben von Gründen verweigert. Strauß vermutete, daß ihm die Einschreibung aufgrund der politischen Haltung seines Vaters verwehrt wurde, die Heinrich Himmler – inzwischen SS-Reichsführer – bestens bekannt war. Möglicherweise war aber auch bekannt geworden, wie sich Strauß jr. über die neuen Machthaber und ihre Politik zu äußern pflegte.[32] Erschwerend kam hinzu, daß er weder in der Hitlerjugend noch in einer der zahlreichen sonstigen NS-Gruppierungen Mitglied war. Erneut kam ihm das Schicksal in Form eines geistlichen Fürsprechers zu Hilfe. Der inzwischen zum Ordinarius für kirchliche Kunstgeschichte berufene Johannes Zellinger wandte sich an den Dekan der Philosophischen Fakultät und setzte mit Verweis auf das beste bayerische Abitur des Jahres, das elitäre Stipendium und den abgeleisteten Arbeitsdienst die Immatrikulation durch. So konnte Franz Strauß im Herbst 1935 sein Studium der Altphilologie, Germanistik und Geschichte aufnehmen.[33] Sein Ziel war, Gymnasiallehrer oder vielleicht sogar Universitätsprofessor zu werden, am liebsten für das Fach Geschichte. Doch die „Verhältnisse an der Alma mater waren wenig erfreulich, das ganze Klima war lähmend. Die Universität war fest in den Händen der Nazis und das nicht erst seit der Machtübernahme. Viele Universitäten waren Brutstätten des Nationalsozialismus. Unter den Professoren gab es viele stramme Anhänger der neuen Zeit. Professoren, von denen man wußte, daß sie dem Regime kritisch gegenüberstanden, waren der berühmte Romanist Karl Voßler, der an die Luft gesetzt wurde, und auch mein wichtigster akademischer Lehrer, der Althistoriker Walter Otto, der noch den Titel Geheimrat trug."[34] Aus diesem Grund belegte Strauß bald nach der Einschreibung zusätzlich das Fach Nationalökonomie, das er vier Semester lang studierte. Er fürchtete, später angesichts seiner bekannten Gesinnung keine Anstellung im Staatsdienst zu erhalten, und wollte sich auf diese Weise eine Hintertür in die Privatwirtschaft offen halten.

---

[32] Vgl. Strauß, Franz Josef: Politiker unter dem Zwang der Stunde, in: Schmid-Burgk, Sonja (Hg.): Ein Leben für die Politik? Briefe an jüngere Mitbürger. Freiburg im Breisgau 1988, S. 132–139, S. 133.
[33] Gelegentlich wird auch Archäologie als eines seiner Studienfächer genannt: Vgl. Brügmann, Claus: Die Korrespondenz Rodenstock im Nachlass Strauß, in: Archiv und Wirtschaft, 33 (2000) H. 1, S. 21–26, S. 21; Krause-Burger, Sibylle: Wer uns jetzt regiert. Die Bonner Szene nach der Wende. Stuttgart 1984, S. 87.
[34] Strauß, Franz Josef: Die Erinnerungen. Berlin 1998, S. 36.

Auch als Student wohnte Franz Strauß bei seinen Eltern. „Unsere Lebensverhältnisse waren nach wie vor bescheiden. Wein beispielsweise war weitgehend unbekannt, zum Essen trank man dunkles Bier, zwei bis drei Halbe waren die Familientradition."[35] Eine Tradition, die Strauß immer noch gerne pflegte, als sein Verdienst bereits an die Grenzen der familiären Bescheidenheit stieß. Denn der begabte Student „ragte nicht allein durch hohe Lern- und Studienleistungen hervor, die ihn zum Stipendiaten der Maximilianeums-Stiftung werden ließen, sondern verstand es auch, seine Kenntnisse und Fähigkeiten unmittelbar pekuniär auszunutzen"[36]. Diese Fähigkeit zur pekuniären Ausnutzung von Lern- und Studienleistungen konnte Strauß neben seiner Tätigkeit als Nachhilfelehrer vor allem im Rahmen der Mitarbeit an dem von Geheimrat Walter Otto herausgegebenen „Handbuch der Altertumswissenschaft" und der Betreuung zahlreicher Veröffentlichungen zur Alten Geschichte und zur Klassischen Philologie im Auftrag des Verlags C. H. Beck gewinnbringend einsetzen. Der von Strauß hochverehrte Geheimrat Walter Otto bot seinem Schüler später sogar eine Dissertation über „Die Weltreichsidee bei Justins Historiae Philippicae des Trogus Pompeius" an. „Schon antike Autoren hatten sich Gedanken gemacht über die wie Wellenschlag aufeinanderfolgende Kette der Imperien, die aus den Abgründen der Geschichte aufsteigen, um wieder hinabzusinken. Da hatte es das Ägyptische, Babylonische, das Perser- und Alexanderreich gegeben, das Römische Imperium war nachgefolgt, und mittelalterliche Kaiser hatten die Idee wieder aufgegriffen; die großen Weltimperien der Franzosen, Briten und Russen waren nachgefolgt. Was war der geistige Motor dieser Machtgebilde gewesen, warum konnten sie entstehen, und weshalb sanken sie zurück in die Vergessenheit?"[37] Ein angesichts der raumgreifenden Nazi-Pläne durchaus aktuelles Forschungsthema, dessen Erschließung auch heute noch nützlich wäre. Doch bereits frühzeitig wurde Strauß gewarnt, daß man ihm eine Promotion nicht gestatten, ja daß man ihm gar das Staatsexamen verweigern werde, falls er sich den neuen Machtverhältnissen nicht beugen würde. Einer seiner Kommilitonen, der später sehr bekannte Althistoriker Hermann Bengtson, erinnerte sich wie folgt an die Studentenzeit mit Franz Strauß: „Was an Strauß besonders auffiel, war sein selbständiges Urteil, die NS-Propaganda war von ihm wirkungslos abgeprallt. So äußerte er sich ganz positiv über das antike Judentum, ähnlich wie seinerzeit Theodor Mommsen. Überhaupt nahm Strauß kein Blatt vor den Mund,

---

[35] Ebd., S. 41.
[36] Behrend, Manfred: Die Rolle des CSU-Führers bei der Konzipierung, Formulierung und Durchsetzung der ultrareaktionären und expansiven Politik des westdeutschen Imperialismus, vornehmlich seit Beginn der sechziger Jahre. Berlin 1971, S. 12.
[37] Zierer, Otto: Franz Josef Strauß. Ein Lebensbild. 9. Auflage, München, Berlin 1989, S. 82f.

er ging den Dingen auf den Grund"[38] und war, wie er in der Rückschau bekannte, nicht bereit, sich unterzuordnen: „Die Frage, ob ich mir mit ein wenig mehr Selbstbeherrschung die riskanten Konfrontationen ersparen könnte, hat sich mir nicht gestellt. Mein Verhalten war impulsiv und eruptiv, da war keinerlei Filter vorgeschaltet."[39] Immer wieder wurde ihm von einem seiner akademischen Lehrer geraten, wenigstens pro forma Mitglied in einer nationalsozialistischen Organisation zu werden. Anderenfalls würde seinem weiteren wissenschaftlichen Werdegang angesichts seiner bekannten Geisteshaltung kein Erfolg beschieden sein. So trat Strauß am 1. Mai 1937 „halb im Sog, halb unter Druck der Verhältnisse"[40] zusammen mit seinem Schulkameraden Anton Fingerle dem Nationalsozialistischen Kraftfahrerkorps (NSKK) bei und wurde dem Sturm 23/M 86 München zugeteilt.[41] „Im NSKK waren im Gegensatz zur SS, wo es von eifernden Scharfmachern wimmelte, biedere Handelsleute, Prokuristen, Diplomingenieure, Architekten, Handwerker vertreten; ein Hafnermeister aus der Theresienstraße war unser Sturmführer." Man hatte einen kleinen Monatsbeitrag zu zahlen „und alle zwei Wochen war ,Sturmabend'; dabei ging es um die Verlesung irgendwelcher Organisationsinterna oder um die Vorbereitung der nächsten Geländefahrt. Um nicht in die peinliche Lage zu kommen, uns ideologische Vorträge anhören zu müssen, haben meine Freunde und ich beschlossen, den Posten des ,weltanschaulichen Referenten' mit einem aus unserer Mitte zu besetzen. Ich bin es dann geworden, und dies hat man mir später immer wieder vorgehalten. Dabei hatten meine gelegentlichen Vorträge mit allen möglichen historischen Themen zu tun, nur nichts mit den Nazis und ihrer Ideologie. Wäre ein anderer an meinem Platz gewesen, hätten wir uns die ganze nationalsozialistische und antisemitische Pseudophilosophie anhören müssen."[42] Übereinstimmend berichtete seine ältere Schwester Maria: „Als mein Bruder beim NSKK war, mußte er bei den Zusammenkünften öfter Vorträge halten. Ich habe sie nach seinem Konzept auf der Maschine geschrieben. Bei zwei Vorträgen – einmal über die Juden, einmal über England – sagte ich zu ihm: ,Das kannst Du nicht sagen, du riskierst ja das KZ.' Er erwiderte mir: ,Das verstehst Du nicht, aber sag das niemand: Anton Fingerle und ich wollen

---

[38] Zimmermann, Ulrich: Unvergessen, Franz Josef Strauß – das war sein Leben. 3. Auflage, Passau 1988, S. 23.
[39] Strauß, Franz Josef: Die Erinnerungen. Berlin 1998, S. 42.
[40] Mintzel, Alf: Franz Josef Strauß, in: Bernecker, Walther L.; Dotterweich, Volker (Hg.): Persönlichkeit und Politik in der Bundesrepublik Deutschland. Politische Porträts, Band II. Göttingen 1982, S. 196–208, S. 198.
[41] Vgl. Behrend, Manfred: Franz Josef Strauß. Eine politische Biographie. Köln 1995, S. 16.
[42] Strauß, Franz Josef: Die Erinnerungen. Berlin 1998, S. 38f.

nach und nach langsam eine Gegenströmung gegen die Nazis aufbauen.'"[43] Ein ehrenvolles, aber angesichts der Realitäten des Jahres 1937 unerreichbares Ziel. Wahrscheinlicher als die Anekdote vom Aufbau einer Gegenströmung scheint daher die Einschätzung Wolfram Bickerichs zu sein: „Er war kein Held, kein Widerstandskämpfer, aber er war auch kein Anhänger der neuen Zeit oder gar NS-Ideologe. Es gibt keinerlei Dokumente, Akten, Reden, Briefe, Hinweise, die das Gegenteil belegen könnten."[44] Mit gutem Grund also entschied sich Strauß für das NSKK, denn dort ging es in der Regel „um PS statt um NS"[45]. So konnte der begeisterte Zweiradfahrer und gesellige Biertrinker dank seiner Mitgliedschaft im NSKK (Parteijargon: „Nur Säufer, keine Kämpfer") sein Studium ohne weitere Belästigungen fortsetzen. Das Kraftfahrerkorps blieb die einzige NS-Organisation, der Franz Strauß beitrat. Die von Hans Frederik und Wolfram Bickerich vorgebrachte Behauptung, Strauß wäre am 1. November 1937 zusätzlich dem Nationalsozialistischen Deutschen Studentenbund (NSDStB) beigetreten, ist bislang durch nichts zu belegen.[46]

Im Juli 1939 wurde Strauß zum wiederholten Male gemustert. Der zuständige Oberstabsarzt stufte ihn aufgrund einer Knieverletzung als „bedingt tauglich" ein. Dies hätte die zweijährige Dienstzeit zwar auf eine viermonatige Grundausbildung reduziert, jedoch eine Versetzung zur Infanterie zur Folge gehabt – mit all ihren unwägbaren Folgen und Risiken. Nun sollte Strauß erstmals zugute kommen, daß er sich nur schwer ein- und unterordnen konnte. Obgleich er bereits bei der Tür angekommen war, machte er „entschlossen kehrt und marschierte, nur mit der Badehose angetan, wieder auf die Kommission zu. Die im Dienst ergrauten Musterungssoldaten erstarrten. FJS: ‚Entschuldigen Sie, Herr Oberst, aber ich hätte eigentlich ganz gerne zwei Jahre gedient. Dem Alter und der Gesundheit nach bin ich ja auch nicht bedingt tauglich, sondern nur wegen meiner Knieverletzung. Aber wenn ich zwei Jahre nicht tauglich bin für die Infanterie, bin ich auch vier Monate nicht tauglich.' Der Oberst: ‚Ja, was wollen Sie denn nun eigentlich?' FJS: ‚Herr Oberst, ich bin erstens beim NSKK, zweitens bin ich begeisterter Kraftfahrer.

---

[43] Schöll, Walter (Hg.): Franz Josef Strauß. Der Mensch und der Staatsmann. Ein Porträt. Percha am Starnberger See 1984, S. 53.
[44] Bickerich, Wolfram: Franz Josef Strauß. Die Biographie. Düsseldorf 1996, S. 24.
[45] Zimmermann, Ulrich: Unvergessen, Franz Josef Strauß – das war sein Leben. 3. Auflage, Passau 1988, S. 24.
[46] Vgl. dazu: Frederik, Hans: Franz Josef Strauß. Das Lebensbild eines Politikers. München-Inning 1965, S. 35; Dalberg, Thomas: Franz Josef Strauß. Porträt eines Politikers. Gütersloh 1968, S. 17; Brügmann, Claus; Hopfenmüller, Fritz: Franz Josef Strauß. Wesentliche Stationen seines Lebens. München 2003, S. 25.

Ich möchte zur motorisierten Truppe!"[47] Das Unfaßbare geschah: Obschon in der Deutschen Wehrmacht üblicherweise nicht diskutiert wurde, gab der Oberst nach und schrieb den couragierten Kradfahrer tauglich für die schwere Artillerie. Sein Weitblick, sein – im militärischen Sinne – disziplinloses Naturell und sein Mut, im richtigen Augenblick zu widersprechen, dürften ihm mit hoher Wahrscheinlichkeit das Leben gerettet, zumindest aber erhebliche Vorteile in den bald anbrechenden schwierigen Zeiten verschafft haben. Und daß ihm, seinem Land und vielen anderen europäischen Völkern schwere Zeiten bevorstanden, daran hegte er keinen Zweifel. Bereits im Mai 1939 soll er in kleinem Kreise gesagt haben: „Wenn der Krieg kommt, dann wird er verloren; der einzige Ausweg für uns sind die Vereinigten Staaten von Europa."[48]

Am 3. September 1939 – nur wenige Tage vor seinem 24. Geburtstag – wurde Franz Strauß eingezogen. Er hatte sich in Landsberg am Lech zu melden, wo er eine achtwöchige Ausbildung und Kraftfahrerschulung auf PKW und LKW machte. Ein doppelter Glücksfall, denn er erwarb in dieser Zeit nicht nur den für die weitere Zukunft wichtigen PKW- und LKW-Führerschein, sondern versäumte obendrein auch noch den gesamten Polenfeldzug. Gleich darauf beantragte er Studien- und Examensurlaub, der zunächst mit dem Hinweis „Jetzt wird Geschichte gemacht, nicht studiert"[49] abgelehnt, wenig später jedoch genehmigt wurde. Trotz der widrigen Lebensumstände jener Tage legte er im April 1940 die „Lehramtsprüfung für den Unterricht in den klassischen Sprachen und der Geschichte" mit der Gesamtnote 1,10 ab, der besten in Bayern vergebenen Bewertung seit 1919. An die soldatische Disziplin vermochte sich Strauß hingegen nur schwer zu gewöhnen. Als er sich aus seinem ersten Kurzurlaub im Winter 1939/40 verspätet zurückmeldete, wurde er mit fünf Tagen Arrest bestraft. Erneut gereichte ihm seine mangelhaft ausgeprägte Fähigkeit, sich an die Regeln zu halten, zum Vorteil, denn während er seinen Arrest in der warmen Wachstube absitzen durfte, wurden seine Kameraden auf den Eifelhöhen bei Schnee, Eis und 20 Grad Kälte mit Geschützexerzieren gedrillt. Auch mit seinen gewagten Äußerungen handelte er sich nach wie vor Ärger ein: „Im Dezember 1939 äußerte ich mich auf Munitionswache in einem einsamen Eifeldorf gegenüber meinen Kameraden über den Ernst der Lage: daß ich den Krieg für verloren hielte, daß Hitler, Göring, Goebbels und Himmler Kriegsverbrecher seien, daß ich die Steigerung ‚dumm, saudumm, kriegsfreiwillig' nur allzu richtig fände. Es kam, wie es kommen mußte. Als ich von einem Kurzurlaub aus München zurückkehrte, wurde ich zum Batterieoffizier befohlen. Das

---
[47] Dalberg, Thomas: Franz Josef Strauß. Porträt eines Politikers. Gütersloh 1968, S. 18.
[48] Strauß, Franz Josef: Die Erinnerungen. Berlin 1998, S. 36.
[49] Dalberg, Thomas: Franz Josef Strauß. Porträt eines Politikers. Gütersloh 1968, S. 22.

Verhör sollte fünf Stunden dauern. Pedantisch genau hatte ein Denunziant die defaitistischen Äußerungen des Kanoniers Strauß notiert und Meldung gemacht. Der Krach begann schon damit, daß ich nicht im Stahlhelm antrat, sondern mit dem ‚Schiffchen'. Vernehmender Offizier war Oberleutnant Helmut Münzing, der Batteriechef. Im Verhör bot ich alles auf, was mir an Dialektik zu Gebote stand, um die Vorwürfe zu entkräften. Einen Teil der Beschuldigungen bestritt ich, anderes führte ich auf Verwechslungen zurück. Dumm, saudumm, kriegsfreiwillig – das sei historisch zu verstehen. 1914 seien zwei Millionen Kriegsfreiwillige, die Besten der Nation, sinnlos verheizt worden. 1917 hätten diese Reserven vor allem bei den Offizieren gefehlt, und dies sei einer der wesentlichen Gründe für die Niederlage gewesen. Folglich sei es nicht nur dumm oder saudumm, sondern geradezu verbrecherisch gewesen, 1914 so viele Kriegsfreiwillige einzuziehen. Daß Hitler und Göring, Goebbels und Himmler Kriegsverbrecher seien, behaupte die Feindpropaganda, ebenso wie sie ständig behaupte, daß der Krieg für Deutschland verloren sei – ich hätte doch nur zitiert."[50] Nur mit Mühe gelang es Strauß, seine Haut zu retten. Dennoch war er auch künftig nicht gewillt, seinen Äußerungsdrang zu zügeln. Einem seiner Professoren schrieb er am 29. Mai 1940: „Was soll ich Ihnen erzählen von zerschossenen Tanks, ausgebrannten Ortschaften, Feuerüberfällen und dergleichen, ich glaube, es hat keinen Sinn. Wir stehen alle in der Hand der Vorsehung, und ohne den Willen Gottes fällt kein Haar von unserem Haupte. Um mit Rilke zu reden – ich weiß, daß ich Raum zu einem zweiten, zeitlos breiten Leben habe – im Reiche der humanitas und pietas christiana."[51]

Nach dem erfolgreichen Frankreichfeldzug wurde Strauß, der am 1. Mai 1940 trotz aller Unbotmäßigkeiten zum Gefreiten befördert worden war, als Hilfsfunker ausgebildet und am 1. November 1940 zum Unteroffizier befördert. Anschließend wurde seine Einheit nach Nordwesteuropa verlegt, um von dort aus an einer Landoperation gegen die britischen Inseln teilzunehmen, die jedoch nie erfolgen sollte. Am Ende eines weiteren Studienurlaubs im Winter 1940/41 legte er das zweite Staatsexamen ab und wurde mit Wirkung vom 1. April 1941 zum Studienassessor ernannt. An der Oberschule für Jungen in der Münchner Damenstiftstraße wirkte Strauß fortan als Lehrer, zumeist allerdings in absentia. Denn als er am 14. April 1941 zur Wehrmacht zurückkehrte, wurde er zur Heeresflak-Abteilung 277 beordert und auf Flak-Geschütze vom Kaliber 8 umgeschult. Die Heeresflak war eine mobile Luftabwehreinheit, die zum Schutz einer motorisierten Artillerieeinheit Luftangriffe abwehren sollte. An die Front kam Strauß erst wieder am 22. Juni

---

[50] Strauß, Franz Josef: Die Erinnerungen. Berlin 1998, S. 48f.
[51] Schöll, Walter (Hg.): Franz Josef Strauß. Der Mensch und der Staatsmann. Ein Porträt. Percha am Starnberger See 1984, S. 56.

Franz Strauß als Rekrut in Landsberg.

1941, dem Tag des Angriffs auf die Sowjetunion. Wieder einmal ahnte der examinierte Historiker, was nun auf ihn und seine Kameraden zukommen würde, denn nach Clausewitz mußte ein Krieg einer mitteleuropäischen Macht gegen das russische Reich unweigerlich in einer Niederlage enden.

Bereits im September 1941 wurde Franz Strauß auf einen Offiziersanwärterlehrgang abkommandiert. Den besonders strengen Winter 1941/42 verbrachte er somit in der geheizten und sicheren Truppen-Luftschutzschule in Altdamm bei Stettin, die er erst am 15. Februar 1942 als Leutnant wieder verließ. In der Abschlußbeurteilung hieß es: „Mehr zum Gelehrten als zum Offizier geeignet."[52] Dennoch wurde Strauß nun als Zugführer in der III. Batterie der in Gotha neu aufgestellten 289. Heeresflakartillerieabteilung eingesetzt. Die 289. war Bestandteil der 22. Panzerdivision, die zur 6. Armee gehörte und nach kurzem Aufenthalt in Dänemark, wo Scharfschießübungen stattfanden, nach Stalingrad in Marsch

---

[52] Dalberg, Thomas: Franz Josef Strauß. Porträt eines Politikers. Gütersloh 1968, S. 28.

gesetzt wurde. Laut Strauß' erstem Biographen Thomas Dalberg wurde die Abteilung „in der Kesselschlacht von Charkow eingesetzt, zog weiter nach Kupjansk und Isjum und war schließlich an der Einnahme von Rostow am Don beteiligt. Ein großes Rätselraten über das neue Einsatzgebiet hob an: Kaukasus oder Stalingrad? Es ging in Richtung Stalingrad. Als Schlußlicht der 6. Armee, deren Spitzen den Don in Richtung Stalingrad längst überschritten hatten, marschierte die 22. Panzerdivision, der die Heeresflakabteilung 289 zugeteilt war. Sie hatte die Aufgabe, den Landesschützendivisionen, die die linke Flanke sichern sollten, als Feuerwehr zur Seite zu stehen."[53] Am 19. November 1942 startete die Rote Armee im Gebiet um Stalingrad eine gigantische Gegenoffensive. Die gesamte 6. Armee wurde in einem riesigen Kessel eingeschlossen. Um die nachfolgende 22. Panzerdivision hatte sich ein kleinerer Kessel gebildet. Entgegen den sinnlosen Durchhaltebefehlen Hitlers wagte sie den Ausbruch. Die 289. erhielt von der Division den Befehl, zusammen mit einem Panzergrenadier-Bataillon eventuell nachdrängende russische Einheiten in Schach zu halten und so lange in Stellung zu bleiben, bis der Rückzugsbefehl eintreffen würde. „Ein Auftrag, aus dem leicht ein Himmelfahrtskommando werden konnte! Leutnant Strauß merkte bald, daß sein Abteilungskommandeur, ein anständiger und persönlich integrer Offizier, der von der schweren Artillerie kam und die Flakabteilung ohne Erfahrungen auf diesem Gebiet und ohne hinreichende Einarbeitungszeit übernommen hatte, unter falschen Voraussetzungen an die heikle Aufgabe heranging. Gegen vier Uhr nachmittags – es begann dunkel zu werden – sagte der Kommandeur zu seinem Ordonnanzoffizier: ‚Strauß, heute abend machen wir es uns mal gemütlich. Es ist noch eine Flasche Rotwein da, ein Huhn treiben wir auch noch auf, und außerdem möchte ich endlich mal wieder ein warmes Fußbad nehmen.' FJS, verblüfft: ‚Herr Hauptmann, das geht nicht. Wir müssen uns schleunigst von hier verdrücken. Wenn wir nicht in den ersten Nachtstunden noch hinauskommen, werden uns die Russen die weiteren Sorgen abnehmen, wie wir unser Dasein gestalten wollen.' Der Kommandeur widersprach heftig. Man habe den Befehl, bis zu einer neuen Order der Division auszuhalten. Strauß wies darauf hin, daß auch die Panzergrenadiere nicht eingetroffen seien. Davon wollte der Kommandeur nichts wissen. ‚Die kommen erst noch', behauptete er. FJS: ‚Nein, jetzt kommt nichts mehr. Wir sind die allerletzten. Nach uns kommen nur noch die Russen.' Die Batteriechefs erschienen auf dem Abteilungsgefechtsstand und bemühten sich, den Kommandeur zum Abzug zu veranlassen. Es half nichts. Auch der Hinweis war vergebens, daß die 8,8-cm-Geschütze auf freiem Feld ohne Infanterieschutz dem ersten besten Angriff zum Opfer fallen mußten. Als die Batteriechefs wieder gegangen waren, erklärte der

---

[53] Ebd., S. 29.

Leutnant Strauß, er werde jetzt den Befehl zum Stellungswechsel geben. Der Kommandeur lehnte ab. Auf eigene Faust befahl Strauß, den Stellungswechsel vorzubereiten. Gleichzeitig schickte er einen Kradmelder zur Division. Wenn nicht innerhalb einer Stunde – länger konnte sich die Abteilung kaum noch halten – ein ausdrücklicher Befehl zum Aushalten aufforderte, gedachte er die Abteilung abrücken zu lassen. In letzter Minute traf von der Division auf dem Funkweg das vereinbarte Stichwort für den Stellungswechsel ein."[54] Es stellte sich heraus, daß die ganze Einheit vergessen und zurückgelassen worden wäre, wenn Strauß den Kradmelder nicht zur Division geschickt hätte. Ein weiteres Mal war Strauß darin bestätigt worden, im Notfall die Initiative zu ergreifen und sich auf eigene Faust Gepflogenheiten, Regeln oder Richtlinien zu widersetzen – und sogar eindeutige Befehle zu verweigern. „Spielregeln" aller Art, so lernte er in jenen harten Zeiten, galt es zu mißachten, wenn vorrangige Ziele auf andere Weise nicht zu erreichen waren. Diesmal konnte er sich sogar zugute halten, mit seiner eigenmächtigen Entscheidung einer ganzen Einheit das Leben gerettet zu haben. Seine Kameraden, die den „Franzl Strauß" als klugen, stets gut informierten, zuverlässigen, aufrechten, immer hilfsbereiten und in kameradschaftlicher Runde gemütlichen Soldaten schätzten, dankten es ihm.[55] Denn ohne ihn wäre es ihnen höchstwahrscheinlich wie dem Großteil der 6. Armee ergangen, die im Laufe des Januars 1943 vollständig vernichtet wurde. Von den 90.000 Soldaten, die kapitulierten oder in Gefangenschaft gerieten, sollten nur die wenigsten die russischen Kriegsgefangenenlager überleben.

Noch während seine Einheit an einer Entlastungsoffensive teilnahm, indem sie den russischen Kessel, der die 6. Armee einschloß, von außen angriff, erhielt Strauß am 12. Januar 1943 einen Marschbefehl zu einem Lehrgang an der Feldflak-Artillerieschule XIII in Stolpmünde, wo er zu einem Entfernungsmeß- und Batterieoffizier ausgebildet werden sollte. Doch da auf der Fahrt in die Heimat bei einem Fliegerangriff die Lokomotive ausfiel und der Zug tagelang auf offener Strecke stehenbleiben mußte, erfror sich Strauß in der eisigen Kälte des russischen Winters die Füße und durfte zunächst einmal einen Genesungsurlaub in München antreten. Dort begegnete er im Februar 1943 seinem ehemaligen Studienkameraden Hermann Bengtson. Im Auditorium Maximum der Universität hatten sich stramm nationalsozialistisch ausgerichtete Studenten versammelt. Bengtson: „Da kam Franz Strauß in der Uniform eines Leutnants der Flakartillerie. Als er mich

---

[54] Ebd., S. 31.
[55] Vgl. Kohlmann, Gert: Begegnung mit Leutnant Strauß in Rußland, in: Carstens, Karl; Goppel, Alfons; Kissinger, Henry; Mann, Golo (Hg.): Franz Josef Strauß. Erkenntnisse, Standpunkte, Ausblicke. München 1985, S. 62–66, S. 63.

erblickte, grüßte er und sagte trocken, indem er auf die tobende Versammlung zeigte: ‚Die müssen alle weg.' Ich sah ihn an und sagte: ‚Aber Herr Strauß, dann geht der Krieg verloren.' Darauf Strauß: ‚Der Krieg ist schon verloren.' Er legte die Hand an die Mütze und verschwand mit einem ‚Grüß Gott'. Mir ist die Begegnung lange nachgegangen."[56]

Während seines Genesungsurlaubes wurde er zum Studienrat und außerplanmäßigen Beamten an der Oberschule für Jungen in der Münchner Damenstiftstraße ernannt. Damit war Strauß als Lehrer, Hochschulabsolvent und Offizier endgültig den kleinbürgerlichen Verhältnissen entwachsen, in die er einst hineingeboren worden war – und zwar auch finanziell: „Monatseinkommen von 150 bis 200 Mark waren die Regel, 250 Mark waren schon sehr viel. Mein erstes Monatsgehalt, nachdem ich am 1. Februar 1943 zum Studienrat ernannt worden war, betrug 390 Mark brutto, und mit einem solchen Einkommen war man schon ein ‚besserer Herr'"[57]. Nachdem die schweren Erfrierungen ausgeheilt waren, absolvierte er den vorgesehenen Lehrgang. „Die veränderte Kriegslage führte dazu, daß ich danach nicht mehr an die Front abkommandiert wurde. Der massiver werdende Luftkrieg gegen Deutschland erforderte eine verstärkte Luftabwehr. Die Flakverbände des Heeres sollten möglichst rasch vergrößert werden. Ausbildungsoffiziere wurden benötigt. So wurde ich als Ausbildungsoffizier zur Lehrgangsgruppe an der Flak-Artillerieschule IV in Altenstadt bei Schongau versetzt."[58] Die Flakschule im südwestbayerischen Altenstadt nahe der malerischen Lechstadt Schongau am Alpenrand genoß bei Spezialisten den Ruf einer „Flakuniversität". Dorthin als Ausbildungsoffizier abkommandiert zu werden galt als besondere Auszeichnung.

Während seiner Zeit in Altenstadt übernahm Strauß – seit Juni 1944 Oberleutnant – neben seinem Aufgabenbereich als Ausbildungsoffizier noch die Funktion des Abteilungsadjutanten und des Chefs der Stabsbatterie. Zwischenzeitlich wurde er kurzfristig nach Dänemark, Frankreich und zur Heimatluftverteidigung nach Mülheim an der Ruhr abkommandiert. Zumeist aber bildete er junge Soldaten an der Flak aus. An den Wochenenden radelte Strauß oft durch die idyllische Voralpenlandschaft, besuchte die Gasthäuser von Schongau, Peiting oder Hohenpeißenberg oder fuhr mit dem Zug nach München. Wieder einmal war Fortuna mit ihm gewesen, denn während alle großen, mittelgroßen und gelegentlich auch kleineren Städte des Reiches einem unaufhörlichen Bombardement ausgesetzt wurden, war in der Flakschule vom Kriegsgeschehen kaum etwas zu spüren. Doch

---

[56] Zimmermann, Ulrich: Unvergessen, Franz Josef Strauß – das war sein Leben. 3. Auflage, Passau 1988, S. 27.
[57] Strauß, Franz Josef: Die Erinnerungen. Berlin 1998, S. 41.
[58] Ebd., S. 55.

dann wurde Strauß mit der Wahrnehmung der Funktion eines „Offiziers für wehrgeistige Führung" betraut: „Noch Jahrzehnte später wurde von politischen Gegnern auf der linken Seite immer wieder der freilich völlig untaugliche Versuch unternommen, mich deswegen als Anhänger der nationalsozialistischen Ideologie zu diffamieren. Die Wirklichkeit sieht anders aus. Gerade weil meine eindeutig kritische Einstellung gegenüber dem Hitler-Regime bekannt war, wurde ich in Altenstadt von meinem Kommandeur, Hauptmann Willy Schnieber, bedrängt, diese Aufgabe zu übernehmen: ‚Strauß, das machen Sie! Wir wollen nicht jemanden kriegen, der nicht zu uns paßt. Wir wollen keinen Weltanschauungsheini.' Bei den Vorträgen, die ich zu halten hatte, beschränkte ich mich, ähnlich wie schon bei meinen Referaten vor dem NSKK, auf Themen zur Geschichte, durchaus im Sinne der Richtlinien, die noch manche Freiheit ließen, wenn man sie geschickt interpretierte."59 Hauptmann Schnieber bestätigte diesen Sachverhalt in einer eidesstattlichen Erklärung vom 5. Februar 1946: „Herr Strauß kam im Mai 1943 zur Flakschule Altenstadt und wurde dort zu meinem Adjutanten ernannt. In dieser Dienststellung kam er von selbst mit mir in engere Beziehung, so daß wir beide über die politische und militärische Lage unsere Gedanken austauschen konnten. Dabei stellte ich von vornherein fest, daß Strauß ein kompromißloser und radikaler Gegner des Nazisystems war, der dieses in jeder Hinsicht haßte und verabscheute. Ich merkte bald, daß Strauß bei seinen Untergebenen einen antinazistischen Einfluß auszuüben begann, weshalb er bei diesen sehr beliebt war. Im besonderen vertrat er die Überzeugung, daß dieser von den Nazis verbrochene Krieg unrettbar verloren sei und um jeden Preis beendet werden müßte. Außerdem stellte ich fest, daß er sehr oft nach München fuhr und von dort mit neuen Informationen zurückkam, bis es mir klar wurde, daß er dort mit Widerstandskreisen in Verbindung stand. Ich habe ihn gewähren lassen, weil ich seine Überzeugungen teilte, obwohl auch mir daraus schwere Folgen hätten erwachsen können. Von den Nazioffizieren, im besonderen von dem NSFO [dem Nationalsozialistischen Führungsoffizier] wurde er abgelehnt und angegriffen, so daß ich ihn mehrmals warnte, vorsichtiger zu sein. Trotz seiner geschickten Antinazi-Taktik stand er immer in Gefahr, wegen Hochverrats belangt zu werden." Ergo: „Alles in allem verkörperte Strauß den Typ des klaren, kompromißlosen und aktiven Antinazisten."60 Dies bezeugte auch der damalige NSFO und spätere Schriftsteller Hans Hellmut Kirst: „Ich bin Strauß in den letzten Wochen des Krieges in einer Schule begegnet und weiß also genau, wo er politisch gestanden ist … Es wurde

---

[59] Ebd., S. 56.
[60] Schnieber, Willy: Eidesstattliche Erklärung des Hauptmannes a.D. Willy Schnieber vom 5.2.1946, Blatt 13, Unterlagen Strauß, Stadtarchiv Schongau, zitiert nach: Braun, Luitpold: Der unbekannte Strauß – Die Schongauer Jahre. Schongau 1992, S. 6f.

über ihn gesagt, er sei ein scharfer Katholik und ein ziemlich lautstarker ‚Anti-Nazi'."[61]

Trotzdem unternahmen seine späteren politischen Gegner nicht nur den Versuch, Franz Josef Strauß aufgrund seiner Tätigkeit als „Offizier für wehrgeistige Führung" als Anhänger der nationalsozialistischen Ideologie zu stigmatisieren, sie unterstellten ihm auch, ein NS-Führungsoffizier gewesen zu sein.[62] Denn nach dem Attentat auf Adolf Hitler am 20. Juli 1944 wurde die Funktion des Offiziers für wehrgeistige Führung ob ihrer offenkundigen Untauglichkeit aufgehoben. Es folgte „die Einführung des nationalsozialistischen Führungsoffiziers. Derselbe Kommandeur [Hauptmann Schnieber] bat Herrn Strauß eindringlich, diese Aufgabe zu übernehmen. Herr Strauß erklärte sich außerstande, einmal wegen des Namens, zum anderen wegen der Tatsache, daß diese Stelle nur mit dem Einvernehmen mit der Partei besetzt werden könne und ihr Inhaber zur Zusammenarbeit mit dem Sicherheitsdienst und der Gestapo aller Wahrscheinlichkeit nach verpflichtet werden solle, also Denunziationsdienste zu leisten hätte."[63] In der Tat war der Posten des NSFO ausschließlich strammen Parteigenossen vorbehalten, während zum Offizier für wehrgeistige Führung vom Leutnant-Rang aufwärts jeder Armee-Angehörige ernannt werden konnte.

Im „Dritten Reich" herrschte eine verkehrte Welt, die von den nachfolgenden Generationen, denen „die Gnade der späten Geburt" beschieden war, oftmals nicht verstanden wurde. So mußte und wollte Strauß die Funktion eines „Offiziers für wehrgeistige Führung" übernehmen, um die Besetzung dieses Postens mit einem überzeugten und gefährlichen NS-Fanatiker zu vermeiden. Ähnliches galt für zahlreiche Beurteilungen, die Strauß als Adjutant auszufertigen hatte: „1942 wurde im Beurteilungsbogen für Offiziere eine neue Rubrik eingeführt, ‚Weltanschauung', in der es um die ‚nationalsozialistische Haltung' des Betreffenden ging. Ich habe die Personalpapiere in meiner Abteilung geführt, und als wir gegen Ende des Krieges auszusieben begannen, habe ich bei jedem überzeugten Nazi geschrieben: Ist weltanschaulich noch so wenig gefestigt, daß weitere Frontbewährung dringend notwendig ist. Bei denen, von denen man wußte, daß sie gegen Hitlers Herrschaft waren, schrieb ich: Ist so bewährt und ein so glühendes Vorbild, daß er

---

[61] Zimmermann, Ulrich: Unvergessen, Franz Josef Strauß – das war sein Leben. 3. Auflage, Passau 1988, S. 33.
[62] Vgl. statt vieler: Kommunistische Partei Deutschlands/Marxisten-Leninisten, Rote Garde (Hg.): Stoppt Strauß! Verhindert ein neues '33! Herne 1980.
[63] Knittel, Wilhelm: Aus einem deutschen Briefwechsel. Franz Josef Strauß läßt antworten: Wie man wehrgeistiger Führungsoffizier unter Hitler werden kann, ohne es eigentlich zu wollen, und alsdann politischen Widerstand leistete ..., in: Der Monat, 32 (1980) H. 1, S. 128–130, S. 129f.

in der Heimat unentbehrlich ist. So haben wir die Truppe ‚gesäubert'. Wenn dies hinterher jemand zu lesen bekam, mußte er zu völlig falschen Schlüssen gelangen – der größte Nazi hatte auf einmal einen Persilschein."[64] Soviel zur Aussagekraft von singulären historischen Quellen.[65]

Auch als Adjutant zögerte Strauß also nicht, Vorschriften zu mißachten und Regeln zu brechen, wenn dies einer übergeordneten legitimen Zielsetzung dienlich war – in diesem Fall der Bekämpfung des Nazismus qua Abkommandierung von überzeugten Anhängern des NS-Regimes an die Front. Wenn die Möglichkeit bestand, Leben zu retten, wagte er sogar noch mehr. Denn vor allem in den letzten Kriegsmonaten, als Wehrkraft und Wehrwille eine immer weiter voranschreitende Zersetzung erfuhren, waren zahlreiche „fliegende Standgerichte" der Waffen-SS unterwegs. Auch in Schongau wurde bald ein aus drei Mann bestehendes und mit Henkerswerkzeug ausgerüstetes Kommando gesichtet. „Durch das Aufgreifen und die Hinrichtung von Deserteuren sollte jenseits der Vernunft und Verantwortung Durchhaltegesinnung erzwungen werden."[66] Als einer seiner Soldaten, Martin Westermair, aus dem regulären Urlaub nicht zurückkehrte, gewährte ihm Strauß – wohlwissend, daß der Krieg bald vorüber sein würde – eine vierwöchige Urlaubsverlängerung. Als auch diese Frist verstrichen war, wurde der Deserteur von einem jener Standgerichte aufgegriffen. Bevor das schnell gefällte Urteil vollstreckt werden konnte, traf Strauß mit einer Handvoll Kameraden ein, sprach dem SS-Kommando die Zuständigkeit ab und ließ Westermair festnehmen, um ihn später laufen lassen zu können. Den erzürnten Schergen drohte er an, sie erschießen zu lassen, falls sie sich ihm widersetzen würden – ein selbst in den letzten Kriegstagen lebensgefährliches Husarenstück.

Strauß widersetzte sich nicht nur der SS, er befolgte auch nicht die irrsinnigen Befehle, die im Rahmen der verbrecherischen Strategie der „verbrannten Erde" erteilt wurden. Als beispielsweise die Bergwerke in der Nähe von Schongau gesprengt werden sollten, sorgte er zusammen mit anderen Offizieren dafür, daß dieser Befehl nicht ausgeführt wurde. „Die Bergwerke blieben erhalten, sie spielten bei der Brennstoffversorgung der Bevölkerung in den Notjahren der Nachkriegszeit eine entscheidende Rolle."[67] Ebenso hielt er es mit dem „Alarmplan Gneisenau", der vorsah, den heranrückenden Alliierten zwecklosen Widerstand zu leisten: „Um die Lehrgangsteilnehmer zu bewaffnen, standen lediglich Karabiner zur Verfügung. Die Amerikaner hingegen konnten Artillerie, Panzer und Flugzeuge in

---

[64] Strauß, Franz Josef: Die Erinnerungen. Berlin 1998, S. 39.
[65] Vgl. Anmerkung 24 des ersten Kapitels.
[66] Strauß, Franz Josef: Die Erinnerungen. Berlin 1998, S. 61.
[67] Dalberg, Thomas: Franz Josef Strauß. Porträt eines Politikers. Gütersloh 1968, S. 38.

Massen aufbieten. Hätte man versucht, entsprechend dem Befehl eine ‚Lechlinie' als Verteidigungsstellung aufzubauen, wäre, abgesehen von der militärischen Sinnlosigkeit einer solchen Aktion, ein Blutbad nicht zu vermeiden gewesen. Außerdem wäre Schongau mit Sicherheit zerstört worden."[68] Also wurde der vom zuständigen Gauleiter organisierte „Volkssturm", der ohnehin nur aus alten Männern mit Schrotflinten bestand, entwaffnet und nach Hause geschickt. Während der letzte NSFO der Luftwaffenflak in Schongau, Hans Hellmut Kirst, der später insbesondere in seinen Romanen „08/15" und „Die Nacht der Generale" eine ausgeprägte Antikriegs- und Antinazihaltung zum Ausdruck brachte, noch am 20. April 1945 Hitlers Geburtstag feierte und „eine schwungvolle Rede auf den ‚Führer', das Genie des Jahrtausends"[69] hielt, stellte Strauß für die zweieinhalbtausend Lehrgangsteilnehmer der Luftwaffe und der Heeresflak ordnungsgemäße Entlassungspapiere aus. „Falsch war lediglich der Hinweis auf die in solchen Fällen notwendige Verfügung des Oberkommandos des Heeres (OKH). Aber das konnte einstweilen niemand nachprüfen, am allerwenigsten konnten dies die Amerikaner. Niemand wußte, ob es überhaupt noch ein funktionsfähiges OKH gab. Zwei Wochen vor der Kapitulation und wenige Tage vor dem Anrücken der Amerikaner war die Flakschule auf diese Weise ziemlich leer geworden."[70] Strauß, der zum Wohl seiner Kameraden wieder einmal die Grenzen der Legalität überschritt und damit erneut die Todesstrafe riskierte, machte allerdings einen Fehler: Er trug den 20. April 1945 als Entlassungsdatum ein.

Als dann am 27. April die amerikanischen Panzerspitzen Schongau erreichten und etwa gegen 15.00 Uhr den Haupteingang des Militärgeländes passierten, verließ auch Strauß die Altenstädter Kaserne. Er dürfte zu diesem Zeitpunkt kaum geahnt haben, daß sie fast fünfzig Jahre später nach seinem Namen benannt werden sollte. Mit einem Fahrrad wollte er nach Schongau gelangen, begegnete jedoch schon bald einer endlosen Kolonne amerikanischer Panzer. Daraufhin machte er kehrt und flüchtete nach Schwabniederhofen, wo ihn der Dorfpfarrer mit Zivilkleidung versorgte. Für seine verräterischen Offiziersstiefel gab es jedoch keinen Ersatz. Am Mittag des folgenden Tages rückten die Amerikaner in Schwabniederhofen ein. Die gesamte männliche Bevölkerung mußte antreten. Das war Strauß' erste persönliche Begegnung mit den Amerikanern. Seine Papiere wurden kontrolliert und als korrekt akzeptiert. Doch dann konfiszierte einer der Soldaten seine Armbanduhr. Strauß, der des Englischen mächtig war, wußte sich zu wehren und erreichte, daß ihm die Uhr zurückgegeben wurde. Fortan hatte die Abkürzung „USA" für

---

[68] Strauß, Franz Josef: Die Erinnerungen. Berlin 1998, S. 59f.
[69] Dalberg, Thomas: Franz Josef Strauß. Porträt eines Politikers. Gütersloh 1968, S. 36.
[70] Strauß, Franz Josef: Die Erinnerungen. Berlin 1998, S. 59f.

den selbstbewußten Bayern eine ganz eigene Bedeutung: „Uhren stehl'ns a". Bei einer weiteren Kontrolle konnte er sich jedoch nicht mehr herausreden: „Zunächst verwickelte ich die Soldaten in ein Gespräch, in dem ich ihnen klarzumachen versuchte, daß sie sich jetzt zwar über den Sieg über die Deutschen freuen könnten, daß sie aber mit den Russen noch erheblichen Ärger bekommen würden. Dies wurde von den Soldaten unwillig als ‚Nazigeschwätz' abgetan. Während wir noch diskutierten, stoppte plötzlich ein Jeep neben uns, zwei Offiziere forderten mich auf, meine Papiere vorzuzeigen. Mein Wehrpaß wurde sorgfältig durchgeblättert. Das Entlassungsdatum erregte Mißtrauen und Anstoß – ich marschierte in die Gefangenschaft nach Schongau."[71]

Damit war Strauß' Zeit als Soldat der Deutschen Wehrmacht endgültig vorüber. In den vergangenen sechs Jahren hatte er, um mit den Worten seines letzten Kommandeurs General Hiller zu sprechen, „sicher seine Pflicht getan, aber kein Jota mehr! Von soldatischer Tradition könne bei Strauß keine Rede sein"[72]. Dennoch waren ihm das Eiserne Kreuz zweiter Klasse, das Sturmabzeichen, das Verwundetenabzeichen und das Kriegsverdienstkreuz verliehen worden. Und er „war aus einem ehrgeizigen Schüler und hochstrebenden Studenten zu einem Manne herangereift, der in Arbeitsdienst, Prüfungsstreß, in Militärdienst und fast sechs Jahren Krieg gehämmert worden war. Er war heute zielbewußter, energiegeladener und härter, als er es vordem gewesen, und das Hineingeworfensein in die große Masse und in das unausweichliche Kollektivschicksal hatten ihn auch viele Dinge gelehrt, die ihm zwanzig gleichgültige Friedensjahre nicht hätten vermitteln können. Niemals lernte man die Menschen besser und hintergründiger kennen, als in den Situationen, die zwischen Leben und Tod, zwischen Sein und Nichtsein schwankten."[73] Strauß selbst resümierte die hinter ihm liegenden Kriegsjahre wie folgt: „Zu meiner Prägung haben sechs Jahre Dienst in der Wehrmacht, davon mehrere Jahre Fronterlebnis, wesentlich beigetragen. Sie haben mein Verhältnis zu den außerbayerischen Deutschen verändert, haben bei der Formierung der Persönlichkeit und im Kameradschaftsgefühl gegenüber anderen deutschen Stämmen eine wesentliche Rolle gespielt. Das verpflichtende Bewußtsein, für das Ganze einstehen zu müssen, drang unauslöschlich in mich ein. Der Preis für diese Erfahrung ist natürlich überhaupt nicht nennbar. Wenn es denn schon unvermeidlich war, so kann ich nur sagen, daß ich dieser Zeit viel verdanke an Persönlichkeitsbildung, Führungsbefähigung und Bereitschaft zum Risiko."[74] Neben seiner Bereitschaft

---
[71] Ebd., S. 62.
[72] Frederik, Hans: Franz Josef Strauß. Das Lebensbild eines Politikers. München-Inning 1965, S. 37.
[73] Zierer, Otto: Franz Josef Strauß. Ein Lebensbild. 9. Auflage, München, Berlin 1989, S. 149.
[74] Strauß, Franz Josef: Die Erinnerungen. Berlin 1998, S. 63.

zum Risiko, seiner außergewöhnlichen Gelehrsamkeit, der Neigung zu feuchtfröhlicher Geselligkeit und der tief verwurzelten Urangst vor Revolution, Chaos, Umsturz und Krieg gehörten zu den wichtigsten charakterlichen Eigenschaften des nun fast dreißigjährigen Franz Strauß *erstens* die mangelnde Fähigkeit, sich in bestehende Hierarchien und Systeme ein- bzw. unterzuordnen, *zweitens* die nicht vorhandene Bereitschaft, die eigene Meinung zu verbergen, *drittens* die fest verinnerlichte Überzeugung, in fast jeder Lebenslage schlauer und weitsichtiger als alle anderen geurteilt und immer mit allen Einschätzungen recht behalten zu haben und *viertens* die unbedingte Entschlossenheit, die Grenzen des Erlaubten und Legalen zu überschreiten, wenn vorrangige legitime Güter auf andere Weise nicht zu bewahren oder übergeordnete legitime Ziele auf anderem Wege nicht zu erreichen sind. Eine außergewöhnliche charakterliche Disposition also, ohne die sein weiterer Lebensweg und das wechselnde Glück seiner einzigartigen Karriere weder denk- noch erklärbar wäre.

Zwei Tage nachdem Strauß in amerikanische Gefangenschaft geraten war, beging Adolf Hitler in seiner Reichskanzlei inmitten der immer noch umkämpften und inzwischen völlig zerbombten Reichshauptstadt Berlin Selbstmord. Am 7. Mai schließlich unterzeichnete Generaloberst Jodl in der Gewerbeschule von Reims, dem Hauptquartier der westalliierten Streitkräfte, um 2.41 Uhr die Gesamtkapitulation der deutschen Wehrmacht. Da die Sowjetunion auf einer Wiederholung der Kapitulationszeremonie in ihrem Hauptquartier in Berlin-Karlshorst bestand, unterzeichneten am 8. Mai – eigentlich am 9. Mai um 0.16 Uhr – Admiral von Friedeburg für die Marine, Generaloberst Stumpff für die Luftwaffe und Generalfeldmarschall Keitel für das Heer die bedingungslose Kapitulation erneut. In Europa hatte der Zweite Weltkrieg damit ein Ende gefunden. Wenngleich die deutsche Regierung unter Großadmiral Dönitz in Flensburg-Mürwick noch bis zum 23. Mai amtierte, war das Reich jeglicher Möglichkeit beraubt, irgendwelche Bedingungen zu stellen, da Hitler den Krieg weit über jenen Zeitpunkt hinaus fortgesetzt hatte, an dem er bereits offenkundig verloren gewesen war. Die „bedingungslose Kapitulation" stellte nicht nur eine militärische Übergabe, sondern eine staatlich-politische Gesamtkapitulation dar: „Deutschland war zum Spielball der Alliierten geworden."[75] Der totale Krieg hatte zu einer totalen Niederlage geführt. Franz Strauß zog aus diesen Erfahrungen eine ebenso schlichte wie ergreifende Konsequenz, die ihm zum Lebensmotto werden sollte: „Ich kenne den Krieg. Deshalb will ich den Frieden."[76]

---

[75] Görtemaker, Manfred: Kleine Geschichte der Bundesrepublik Deutschland. München 2002, S. 10f.
[76] Strauß, Franz Josef: Die Erinnerungen. Berlin 1998, S. 45.

III. Schongauer Jahre (1945–49)

1. Die „Luftwaffengang"

Der Zweite Weltkrieg, den zu gewinnen Franz Strauß nicht gewünscht, den zu verlieren er aber gefürchtet hatte, hatte Deutschland in eine Trümmerwüste verwandelt.[1] Von den etwa 55 Millionen Todesopfern, die der Krieg weltweit gefordert hatte, entfielen über sieben Millionen auf das Deutsche Reich. Weitaus mehr waren verletzt, verkrüppelt oder durch schwere Krankheit für immer gezeichnet. Rund 3,6 Millionen Wohnungen waren zerstört und etwa 7,5 Millionen Menschen hatten ihr Obdach verloren. Die Versorgungslage war katastrophal, denn die meisten Produktionsstätten waren vernichtet, alle wichtigen Transportwege waren unterbrochen und über 2.300 Brücken der Zerstörung anheimgefallen. Der größte Teil der Handelsflotte lag versenkt auf dem Boden der Ozeane und die Wagenzahl der Reichsbahn war auf ein Fünftel ihres Bestandes von 1944 geschrumpft. Auch Gas und Elektrizität waren kaum verfügbar. In ganz Europa waren Millionen von Menschen auf der Flucht. Die Gesamtzahl der Vertriebenen, die auf der Suche nach einem neuen Zuhause oft monatelang umherirrten, wird auf über 12 Millionen Menschen geschätzt. Dies war das schreckliche Ergebnis der „wahnwitzigen Illusion von einem Europa unter großdeutscher Führung"[2]. Die grausamste Folge des nationalsozialistischen Eroberungs- und Rassenwahns bestand jedoch in der industrialisierten Ermordung von etwa elf Millionen Menschen, unter ihnen fünf bis sechs Millionen Juden – ein in der Geschichte der Menschheit einzigartiges Verbrechen. Für Franz Strauß bestand kein Zweifel, daß die Ursachen dieser katastrophalen Entwicklung im zynischen Abfall der deutschen Politik von Gott und vom christlichen Sittengesetz, also dem Bruch der Nationalsozialisten mit der christlich-humanistischen Tradition des Abendlandes lagen.[3] Da Strauß sich vom

---

[1] Vgl. Strauß, Franz Josef: Die Erinnerungen. Berlin 1998, S. 256.
[2] Strauß, Franz Josef: Die Zukunft gehört der Freiheit, dem Recht und dem Frieden, in: Carstens, Karl; Goppel, Alfons; Kissinger, Henry; Mann, Golo (Hg.): Franz Josef Strauß. Erkenntnisse, Standpunkte, Ausblicke. München 1985, S. 15–41, S. 15.
[3] Vgl. Strauß, Franz Josef: Das Verhältnis des Christen zu Staat und Politik, in: Kuhn, Johannes (Hg.): Manchmal setzt der Himmel Zeichen. Die Bibel in meinem Leben. 2. Auflage, Stuttgart 1989, S. 276–284, S. 276; Strauß, Franz Josef: Angriff auf Eigentum und Familie ungebrochen. KNA-Interview vom 16.09.1976 (Auszug), in: Gorschenek, Günter (Hg.): Grundwerte in Staat und Gesellschaft. München 1977, S. 232–234, S. 232; Strauß, Franz Josef: Kirche und Politik aus der Sicht der CSU, in: Steinkämper, Manfred (Hg.): Kirche und Politik. Osnabrück 1966, S. 86–95, S. 91; Strauß, Franz-Josef: Sittengesetz, Freiheit, Verantwortungsethik, in: Plate, Manfred (Hg.): Was ist ein Christ in der Gegenwart? Standpunkte und Zeugnisse. Freiburg, Basel, Wien 1989, S. 143–144, S. 143.

christlich-humanistischen Sittengesetz zu keiner Zeit abgewandt hatte, war er der festen Überzeugung, weder für die nationalsozialistische Gewaltherrschaft noch für den Zweiten Weltkrieg oder den Holocaust in irgendeiner Weise mitverantwortlich oder daran mitschuldig zu sein: „Auch die Parole von der Kollektivschuld des deutschen Volkes wies ich stets scharf zurück." Schließlich hatte ich „einen gewaltigen Haß auf die Nazis, aber ich war auch verbittert über die Westmächte, weil sie Hitler nicht rechtzeitig das Handwerk gelegt hatten. Schon mein Vater klagte über die Appeasement-Politiker: ‚Diese Narren merken nicht, daß der Kerl den Krieg vorbereitet, bis es zu spät ist.' Später war ich empört über den sinnlosen Bombenkrieg gegen Deutschland. Ich war entsetzt über Ausmaß und Unmenschlichkeit der Verbrechen, die von Deutschen und in deutschem Namen begangen wurden."[4] Da Strauß sich seiner Einschätzung nach aber keine Handlungsweise vorzuwerfen hatte, die zu irgendeinem Vorwurf hätte Anlaß geben können, betrachtete er sich nach wie vor als völlig unbefangen und vertrat fortan immer wieder die Meinung, daß die Deutschen wieder den „aufrechten, normalen Gang lernen müßten" und aus dem Schatten Hitlers heraustreten sollten. „Geht es weiter wie bisher, dann wird man in hundert Jahren noch sagen, die Deutschen dürfen, weil sie einen Hitler gehabt haben, dieses nicht denken, jenes nicht sagen, ein Drittes nicht tun. So werden wir nie die Freiheit für Deutschland auf friedlichem Wege, die Freiheit für Europa erreichen."[5]

Während Strauß in Schongau in amerikanischer Kriegsgefangenschaft saß, unterzeichneten die Oberbefehlshaber der drei Siegermächte USA, Großbritannien und Sowjetunion sowie der „Ehrensiegermacht" Frankreich am 5. Juni 1945 in Berlin die „Erklärung in Anbetracht der Niederlage Deutschlands und der Übernahme der obersten Regierungsgewalt hinsichtlich Deutschlands durch die Regierungen des Vereinigten Königreiches, der Vereinigten Staaten von Amerika und der Union der sozialistischen Sowjet-Republiken und durch die provisorische Regierung der französischen Republik". Mit dieser „Berliner Erklärung" übernahmen die Siegermächte die oberste Regierungsgewalt in Deutschland. Da sich die Amerikaner, Briten und Sowjets im Februar 1945 auf Jalta darauf verständigt hatten, nach dem Sieg eine erneute Konferenz einzuberufen, um über die Neuordnung Europas und das künftige Schicksal Deutschlands zu beraten, trafen sich Harry S. Truman, Winston Churchill (am 28. Juli 1945 durch dessen Nachfolger Clement R. Attlee abgelöst) und Josef Stalin vom 17. Juli bis zum 2. August 1945 im Potsdamer

---

[4] Strauß, Franz Josef: Die Erinnerungen. Berlin 1998, S. 266.
[5] Ebd., S. 484. Vgl. dazu auch: Strauß, Franz Josef: „Es wird harte Verhandlungen geben": Der CSU-Vorsitzende Franz Josef Strauß über die Wahl, die Bonner Koalition und seine politischen Ziele, in: Der Spiegel, 41 (1987) H. 4, S. 24–29, S. 25.

Schloß Cecilienhof. Frankreich war auf der „Potsdamer Konferenz" nicht vertreten, trat dem „Potsdamer Abkommen" aber am 7. August 1945 (unter Vorbehalten) bei. Im Ergebnis wurden die deutschen Gebiete östlich von Oder und Lausitzer Neiße abgetrennt und polnischer bzw. sowjetischer Verwaltung unterstellt und der Rest des Deutschen Reiches in vier Besatzungszonen aufgeteilt, Berlin in vier Sektoren. Die endgültige Regelung der deutschen Grenzen vertagte man auf eine spätere friedensvertragliche Regelung. Jede der vier Mächte übernahm für die von ihr besetzte Zone die alleinige Verantwortung. Alle Angelegenheiten jedoch, die Deutschland als Ganzes betrafen, sollten durch einen Alliierten Kontrollrat, der sich aus vier Militärgouverneuren zusammensetzte, einstimmig entschieden werden. Gleiches galt für Berlin, das von einer Alliierten Kommandantur verwaltet werden sollte, wobei jeder Sektor einem Stadtkommandanten unterstellt wurde. Deutschland war ein Fragment seiner selbst geworden.[6]

Weiterhin wurde in Potsdam beschlossen, den besetzten Feindstaat zu demokratisieren, zu demilitarisieren, zu dezentralisieren, zu dekartellisieren, zu deindustrialisieren und zu denazifizieren. Mit der Entnazifizierung und Demokratisierung ging eine Umerziehung einher, die die historischen Wurzeln des deutschen Militarismus und Totalitarismus ein für allemal beseitigen sollte. Zunächst aber galt die Bestrafung als das wichtigste Mittel, den Deutschen die eigene Schuld vor Augen zu führen und eine moralische Umkehr zu bewirken. Aus diesem Grunde wurden die noch lebenden verantwortlichen Größen des NS-Regimes in Nürnberg vor einem internationalen Militärtribunal öffentlich angeklagt („Nürnberger Prozesse"). Trotz allem vermochte kaum jemand in Deutschland sich vorzustellen, „dass binnen weniger Jahre nicht nur ein wirtschaftlicher Neuanfang, sondern auch eine politische Wiederbelebung gelingen könnte. Zu groß war die moralische Schuld, zu tiefgreifend die Zerstörung der Fundamente von Staat und Gesellschaft, als dass eine baldige Erneuerung nach dem Ende des nationalsozialistischen Regimes denkbar schien."[7] Amerikanische Forscher waren zu jener Zeit sogar der Ansicht, daß es einhundert Jahre dauern könne, bis das deutsche Volk seine vordemokratische Kultur überwunden haben würde. Eine Annahme, die sich erfreulicherweise schon bald als Irrtum herausstellen sollte. Denn trotz der zwölfjährigen nationalsozialistischen Diktatur waren durchaus demokratische und republikanische Traditionen vorhanden, an die angeknüpft werden konnte: „Die praktische Ausgestaltung des seinerzeitigen Demokratiemodells in der Weimarer Reichsverfassung und im Weimarer Par-

---

[6] Vgl. Funke, Manfred: 1945: Ein Fragment namens Deutschland. Prägekräfte im Grenzraum zwischen Katastrophe und Neubeginn, in: Aus Politik und Zeitgeschichte. Beilage zur Wochenzeitung Das Parlament. B 1–2/1995 vom 06.01.1995, S. 11–17, S. 11.
[7] Görtemaker, Manfred: Kleine Geschichte der Bundesrepublik Deutschland. München 2002, S. 25.

teiensystem hatte sich zwar nicht bewährt, aber der grundlegende Ansatz – liberaler Verfassungsstaat mit Grundrechtsschutz, Gewaltenteilung, Parteienkonkurrenz, politischer und gesellschaftlicher Pluralismus – schien unverändert aktuell."[8]

Zunächst mußte aber mit der Demilitarisierung und Denazifizierung begonnen werden. Die erste dieser beiden Hürden hatte der entwaffnete und festgesetzte Oberleutnant Franz Strauß bereits genommen. Auch in amerikanischer Gefangenschaft unterließ Strauß es nicht, die ihm gesetzten Grenzen zu überschreiten. Josefine Zedelmaier, die damalige Vorsitzende des örtlichen Roten Kreuzes, erinnerte sich: „Ja, Strauß war in Schongau eingesperrt. Wie andere Gefangene auch, saß er im Ballenhaus ein. Wenn ich mein Haus verließ, winkte er mir oft. Er konnte vom Fenster seiner ‚Zelle' genau nach Süden, auf den Lindenplatz zu unserem Hauseingang blicken. Manchmal winkte er mich heran und gab mir durch das Fenster Zettel mit, auf denen er Nachrichten für irgendwelche Empfänger notiert hatte. Die amerikanischen Bewacher durften davon nichts merken. Leute, die davon wußten, prophezeiten mir, daß ich auch noch eingesperrt würde, wenn ich immer für den Strauß als Bote tätig wäre!"[9] Doch dazu kam es nicht. Denn während der Vernehmungen durch die Amerikaner berichtete Strauß von seinen Luftabwehrerfahrungen an der russischen Front. Strauß: „Daraufhin forderte mich ein gut deutsch sprechender Offizier auf, einen Erfahrungsbericht niederzuschreiben. Die Amerikaner interessierten sich weniger für militärische Geheimnisse des Deutschen Reiches, die es zu diesem Zeitpunkt ohnehin nicht mehr gab, als vielmehr für die Taktik der russischen Luftwaffe und für unsere Erfahrungen bei deren Bekämpfung mit der leichten und schweren Flak. Ich konnte daraus schließen, daß die Amerikaner einen militärischen Konflikt mit der Sowjetunion zu einem späteren Zeitpunkt nicht mehr völlig ausschlossen. Was ich als Voraussetzung für einen solchen Bericht verlangte, wurde anstandslos gewährt – erstens ein Zimmer, zweitens Papier und Schreibmaschine, drittens amerikanische Truppenverpflegung und viertens Bewegungsfreiheit in der Kaserne. Mit dem Ergebnis meiner Arbeit, 20 bis 25 Schreibmaschinenseiten, war man zufrieden."[10]

Bald darauf wurde Strauß aus der nur etwa fünfwöchigen Gefangenschaft entlassen. Da er nun endlich zu seiner Familie nach München zurückkehren wollte, wandte er sich an die amerikanische Militärregierung, um dort eine entsprechende Genehmigung zu erhalten. Aufgrund seiner bereitwilligen Zusammenarbeit war

---

[8] Schwarz, Hans-Peter: Entscheidung für den Westen. Sicherheit, Souveränität, Freiheit und Wiedervereinigung als Strukturelemente westdeutscher Außenpolitik 1949–1955, in: Funke, Manfred (Hg.): Entscheidung für den Westen. Vom Besatzungsstatut zur Souveränität der Bundesrepublik 1949–1955. Bonn 1988, S. 9–37, S. 13f.
[9] Braun, Luitpold: Der unbekannte Strauß – Die Schongauer Jahre. Schongau 1992, S. 19.
[10] Strauß, Franz Josef: Die Erinnerungen. Berlin 1998, S. 62f.

ihm ein bemerkenswertes Empfehlungsschreiben ausgestellt worden: „Through his length of service in this region he is known and apparently well thought of in Schongau and the surrounding villages. He speaks English passably well. He has shown himself so willing to cooperate that we have no hesitation in recommending him to the Allied Military Government for any services in which he may be found useful."[11] Diese Empfehlung gedachte er nun zum Zweck der Beantragung einer Reisegenehmigung vorzulegen. „Mich empfing ein ‚Private-first-class', zu deutsch: ein Obergefreiter. Ich wurde weitergereicht an einen Korporal, von dem an einen Sergeanten, von dem zu einem Lieutenant und von dem zu einem Captain. Ich habe mir gedacht, im Vergleich zur amerikanischen Militärbürokratie war die deutsche Militärbürokratie noch entscheidungsbesessen. Nach einem kurzen Gespräch, das ich mit diesem Captain, später Major Carlson, führte, eröffnete er mir, daß er mir leider keinen Paß nach München geben könne und zwar aus einem ganz besonderen Grund: Man habe wenige Tage vorher einen Landrat in Schongau ernannt, einen ehemaligen Verwaltungsbeamten, Mitglied der bayerischen Volkspartei, politisch verfolgt, aber der hätte einen Fehler, er könne leider kein Wort Englisch. Und da die Militärregierung viel mit dem Landratsamt zu tun habe, sei ihm in dem Gespräch mit mir der Gedanke gekommen, mich zum stellvertretenden Landrat von Schongau zu ernennen. So wurde ich einer der sicherlich phänomenalen Fälle: Ich habe mit der Bitte um einen ‚Passport' das Gebäude der Militärregierung betreten und mit einer Urkunde der Ernennung zum stellvertretenden Landrat verlassen."[12] Das Empfehlungsschreiben hatte seine Wirkung also nicht verfehlt, aber dafür zu einem völlig anderen als dem erwarteten Ergebnis geführt: Franz Strauß, Studienrat und Oberleutnant a.D., war mit sofortiger Wirkung vom 2. Juni 1945 zum „Assistant Landrat" ernannt worden.

Die Stelle des stellvertretenden Landrates war eigentlich eine ehrenamtliche Position, doch die Kreisverwaltung ordnete sie einem verwaisten Posten des Kreisjuristen im Range eines Regierungsrates zu, was Strauß monatlich 444,48 Reichsmark (brutto) einbrachte. Der Metzgersohn hatte sich wieder einmal verbessert. „Bereits die erste Station meiner politischen Karriere, stellvertretender Landrat, bedeutete einen gewaltigen Aufstieg für jemanden, der aus einem kleinbürgerlichen Haus stammt, in dem schon der Bezirksinspektor eine wichtige Person war und der Regierungsrat zu den ‚höheren Wesen' gehörte."[13] Zunächst schien er aber nicht davon auszugehen, daß diese Tätigkeit von längerer Dauer sein würde, wie er in

---

[11] Bickerich, Wolfram: Franz Josef Strauß. Die Biographie. Düsseldorf 1996, S. 32.
[12] Strauß, Franz Josef: Politische Grundlinien des Verhältnisses von Europa und Amerika, in: Blumenwitz, Dieter; Strauß, Franz Josef: Die deutsch-amerikanische Freundschaft. Zwei Vorträge. München 1983, S. 27–56, S. 29f.
[13] Strauß, Franz Josef: Die Erinnerungen. Berlin 1998, S. 170.

einem Schreiben an seine Familie am 6. Juni 1945 zum Ausdruck brachte: „Liebe Eltern, liebe Schwester! Hoffentlich habt Ihr inzwischen durch Herrn Hetz über mich schon Nachricht bekommen und seid der schlimmsten Sorge enthoben. Nachdem im Radio von schweren Kämpfen bei Schongau und Peiting die Rede war, seid Ihr möglicherweise in schlimmer Sorge gewesen, wenn Ihr es gehört habt. Aber diese Meldung war reiner Schwindel, wie das meiste bei den Nazis. Wir haben den Widerstand gründlich sabotiert und die Nazis so eingeschüchtert, daß sie froh waren, nicht erschossen zu werden. Leider ist unser Plan, die Schongauer Parteibonzen vorher zu verhaften, nicht in Erfüllung gegangen, da unsere Informationen über die Feindlage nicht stimmten. Ich habe große Angst um Euch und hoffe nur, daß Ihr alles gut überstanden habt. Wie geht es Euch denn? Wie ich glaube, nicht sehr gut, schon wegen der Ernährung. Meine Gedanken sind oft bei Euch. Kriegsgefangener bin ich bis jetzt nicht geworden, obwohl ich einige Tage festgesetzt war. Wahrscheinlich wird man uns noch durch ein Lager oder eine Kommission schleusen. Z.Zt. arbeite ich am Landratsamt hier und befinde mich im allgemeinen ganz wohl. In der Hoffnung Euch bald zu sehen grüßt Euch Euer Franz."[14] Weder wurde er im folgenden durch ein Lager noch durch eine Kommission geschleust. Nur die Entnazifizierung mußte er noch über sich ergehen lassen. Die Spruchkammer Schongau stellte ihm folgenden „Persilschein" aus: „Strauß hat sich zum Nationalsozialismus nicht nur passiv verhalten, sondern darüber hinaus in hohem Maße aktiv gegen die nationalsozialistischen Maßnahmen und Ideologien Widerstand geleistet. Bei Strauß handelt es sich um einen der schärfsten, überlegensten und erfolgreichsten Gegner des Nationalsozialismus. Strauß hat für seine Anschauungen an der Schule, an der Universität und während seiner Dienstzeit in der Wehrmacht leidenschaftlich geworben, seine antinationalsozialistischen Ansichten unter Gefahr weiterverbreitet, aktiv Widerstand geleistet und andere zu antinationalsozialistischer Denkweise und ebensolchen Handlungen zu überzeugen versucht und überzeugt. Er hat seine religiöse Überzeugung durch Teilnahme an öffentlichen kirchlichen Veranstaltungen gegenüber jedermann bekundet. Strauß hat seine aktive Teilnahme an der Widerstandsbewegung nachgewiesen. Er war in seiner Studienzeit und während seines Militärdienstes führend in der Bildung, Festigung und Fanatisierung antinationalsozialistischer Gruppen tätig. Es ist erwiesen, daß Strauß durch seine Haltung und seine Handlungen an der Universität und bei der Wehrmacht wesentliche Nachteile in materieller und seelischer Hinsicht erlitten hat. Er war 1940 verhaftet worden und entging nur knapp dem Kriegsgericht. In den letzten Jahren schwebte er ständig in Gefahr. Seit dem 20. Juli

---

[14] Strauß, Franz Josef: Brief an Eltern und Schwester vom 6. Juni 1945. Nachlaß Strauß, Familie-Feldpostbriefe, Archiv für Christlich-Soziale Politik, München, zitiert nach: Braun, Luitpold: Der unbekannte Strauß – Die Schongauer Jahre. Schongau 1992, S. 21–22.

1944 ist diese Gefahr zur höchsten Lebensgefahr geworden."[15] Ein recht überschwengliches Urteil, das von seinem letzten Kommandeur, Generalmajor Hiller, nicht geteilt wurde. Im Jahre 1957 sagte dieser aus: „Strauß ist mir dienstlich gut bekannt, da er Adjutant einer meiner Abteilungskommandeure an der Flak-Artillerieschule Schongau im Jahre 1944 und 1945 war... Wenn der Verteidigungsminister jetzt immer seine antinationalsozialistische Haltung hervorkehrt, so kann ich nur sagen, daß ich damals nichts davon gemerkt habe. Auch als gegen mich wegen einer offenen Kritik am Dritten Reich im Dezember 1944 ein kriegsgerichtliches Verfahren eingeleitet wurde, hat Strauß sich mir gegenüber nicht als ‚Widerstandskämpfer' zu erkennen gegeben. Andere Offiziere der Flakschule dagegen boten mir seinerzeit Hilfe und Unterstützung an."[16] Angesichts der Überzahl an Zeitzeugen, die Strauß eindeutig als Gegner des NS-Regimes einschätzten, bleibt jedoch fraglich, ob die Aussage des Generalmajors ernstzunehmen ist.

Als stellvertretender Landrat von Schongau hatte Franz Strauß nun zwischen dem Landrat Franz Xaver Bauer und den amerikanischen Besatzern zu dolmetschen und zu vermitteln.[17] Vor allem aber war es seine Aufgabe, „die primitivsten Daseinsgrundlagen zu schaffen."[18] Denn der Landkreis Schongau hatte zwar kaum Kriegsverluste oder Zerstörungen zu beklagen, mußte aber Tag für Tag zahlreiche Evakuierte und Vertriebene aus Böhmen und Mähren, Schlesien und Ostpreußen aufnehmen. Hinzu kamen die vom Nazi-Regime verschleppten Ausländer, die sogenannten „Displaced Persons". All diese geflüchteten und entwurzelten Menschen galt es zu versorgen und baldmöglichst in die Gesellschaft zu integrieren, wenn eine Verschärfung des ohnehin schon gravierenden sozialen Elends jener Tage verhindert werden sollte. So sah sich der stellvertretende Landrat zunächst mit einer kaum zu bewältigenden Aufgabe konfrontiert, denn es fehlte an Nahrung, Wohnraum, Baumaterial, Brennstoff, Treibstoff, Transportmitteln und Arbeitskräften. „Wie sollte man die Leute unterbringen? Wie sollte man sie ernähren? Das waren die Fragen, die mich Tag und Nacht beschäftigten."[19] Wieder einmal blieb Franz Strauß nichts anders übrig, als legitime Ziele mit illegalen Mitteln zu erreichen. Wenn die Menschen seines Landkreises, für die er verantwortlich war, nicht verhungern oder im kommenden Winter erfrieren sollten, mußte er wohl oder übel gegen Verbote, Richtlinien und Gesetze verstoßen: „Ich habe

---

[15] Bickerich, Wolfram: Franz Josef Strauß. Die Biographie. Düsseldorf 1996, S. 28f.
[16] Ebd., S. 28.
[17] Vgl. Loewenstern, Otto von: Gepriesen viel, noch mehr gescholten (I). Franz-Josef Strauß: der Minister, der Bayer, das Symbol – Die ersten Stationen auf seinem Weg nach oben, in: Die Zeit vom 28.09.1962, S. 3.
[18] Strauß, Franz Josef: Die Erinnerungen. Berlin 1998, S. 171.
[19] Ebd., S. 71.

damals, zum Wohl der Bürger meines Landkreises, so viel gestohlen und geschoben, daß ich aus dem Gefängnis nicht mehr herausgekommen wäre, wenn es nach Recht und Gesetz gegangen wäre. Die Kunst des ‚Organisierens', die man bei der Wehrmacht gelernt hatte, bewährte sich. Manches war Mundraub, manches ging weit darüber hinaus. Zur Bewältigung der allgemeinen Not war vieles im wahrsten Sinne des Wortes notwendig. Da wir Mangel an Kartoffeln und Getreide litten, dafür aber Überfluß an Käse hatten, haben wir Verbindung aufgenommen mit getreide- und kartoffelreichen Gebieten, hauptsächlich mit Niederbayern, und im Gegenzug Käse angeboten. Da sind unsere LKWs mit Holzvergaser dann gerollt. Weil unser Fuhrpark aber sehr dürftig war, beschlossen wir eine Aufbesserung. An den Grenzen des Landkreises Schongau, in der Gemeinde Habach" standen „von den Amerikanern erbeutete Fahrzeuge, PKWs, LKWs, Omnibusse, Reste von Trossen aller möglichen Verbände, in großer Zahl auf der grünen Wiese, sorgfältig sortiert und aufgereiht. Wir haben einige Spähtrupps ausgesandt, die die Lage an Ort und Stelle erkunden und feststellen sollten, was wir gebrauchen könnten. Unsere Spione haben herausgefunden, daß an den Wochenenden nur farbige Soldaten Wache hielten. Die waren verärgert, weil die weißen Kameraden sich dem Vergnügen, einschließlich der ‚Fräuleins', widmen konnten, während sie Wache schieben mußten. Diesen sozialen Konflikt haben wir ausgenutzt. Das Instrument war Schnaps, seltsamerweise Mangelware bei den Amerikanern. Da wir wiederum viele Schnapsbrennereien in unserer Gegend hatten, haben wir mit den Bewachern – das Fahrzeugkarree war nur mit Stricken umgeben – ‚angebandelt'. Mit Hilfe meiner ehemaligen Wachtmeister von der Flakschule, die sehr geschickt im Organisieren waren, haben wir in zwei Aktionen, jeweils von Samstag auf Sonntag, den Handel Schnaps gegen Kraftfahrzeuge durchgeführt. Als stellvertretender Landrat war ich dabei, als wir etwa 25 Lastwagen, einige Omnibusse und rund ein Dutzend PKWs abtransportieren. Hierbei wie auch bei anderen unbürokratischen Aktionen konnten wir auf geschultes Personal aus der ehemaligen Flakschule zurückgreifen – Werkmeister, Mechaniker, Kraftfahrer und Handwerker aller Art. Manche Schongauer hat es nicht wenig geärgert, daß mit uns sozusagen eine ortsfremde ‚Besatzung' die zivile Macht übernommen hatte, auch wenn dies durchaus im Interesse des Landkreises lag."[20] Strauß' Erinnerungen decken sich in diesem Punkt mit einem Bericht des amerikanischen Geheimdienstes, der besagt, daß der stellvertretende Landrat damals mitsamt seiner aus ehemaligen Offizierskollegen bestehenden „Luftwaffengang" den gesamten Landkreis kontrolliert haben soll –

---

[20] Ebd., S. 72ff.

obwohl Strauß nicht bei der Luftwaffe, sondern bei der Heeresflak gedient hatte.[21] Strauß war es also gelungen, seinen Aktions- und Wirkungsradius weit über den normalen Einflußbereich eines stellvertretenden Landrates auszudehnen. Nicht das Amt verlieh seiner Persönlichkeit die nötige Autorität, sondern seine Persönlichkeit verlieh sie dem Amt. Sein selbstbewußtes Auftreten, seine mehrjährigen Kriegserfahrungen, seine bemerkenswerten geistigen Fähigkeiten, seine ausgezeichneten Verbindungen und seine ehrgeizigen Ambitionen verhalfen ihm dazu, im Kampf gegen die allgegenwärtige Not die Grenzen seines Kompetenzbereiches zu überwinden und mit der Autorität seiner Persönlichkeit zu bewirken, was die Autorität seines Amtes allein niemals hätte bewirken können.

Zusätzlich zur Versorgung des Landkreises mit dem Nötigsten bemühte sich Strauß, die Schongauer vor Übergriffen seitens der Besatzer zu schützen. Denn einige der amerikanischen Etappen-Offiziere, die nach dem Abzug der Kampftruppen in den Raum Schongau verlegt worden waren, erwiesen sich bald als korrupt oder gar kriminell. Nicht selten beschlagnahmten sie unrechtmäßig Wertgegenstände, um sie anschließend auf dem Schwarzen Markt zum Verkauf anzubieten. Wer dagegen aufbegehrte, wurde eingesperrt – und wandte sich an den stellvertretenden Landrat. Auch von den *Displaced Persons* ging eine nicht zu unterschätzende Gefahr aus. Die Insassen eines Lagers, das unweit von Schongau eingerichtet worden war, waren während des Krieges zu Arbeitseinsätzen gezwungen worden und durchstreiften nun von Rachegelüsten getrieben die Gegend. So mußte Strauß auch noch eine unbewaffnete Hilfspolizeitruppe auf die Beine stellen, die der bewaffneten amerikanischen Militärpolizei bei ihrer Arbeit zur Seite zu stehen hatte. Als dann im Weiler Kreuth südöstlich von Schongau drei Morde begangen wurde, setzte er sich mit Nachdruck für eine bewaffnete Einwohnerwehr ein und forderte, „daß jeden Abend und die ganze Nacht hindurch sämtliche Straßen und Wege, sämtliche Gemeinden und Einödhöfe, sämtliche Brücken und Lech-Stege von schwerbewaffneten Polizeieinheiten kontrolliert werden, die stark genug sind, um jede auftretende Bande sofort im Feuerkampf niederzuschießen"[22]. Die sicherheitspolitischen Ambitionen und rhetorisch dramatisierten Bedrohungsszenarien des späteren Berufspolitikers Franz Josef Strauß warfen ihre Schatten bereits voraus.

---

[21] Vgl. Löhr, Hanns C.: Die Luftwaffengang. So brachte der frühe Franz Josef Strauß seine Spezln unter, in: Süddeutsche Zeitung vom 10./11. Mai 2003, S. 15.
[22] Bickerich, Wolfram: Franz Josef Strauß. Die Biographie. Düsseldorf 1996, S. 37.

2. Vom „Ochsenclub" zum Frankfurter Wirtschaftsrat

Obwohl Strauß' Arbeitstag zumeist 14 bis 16 Stunden umfaßte, verschrieb er sich schon bald einem zusätzlichen Tätigkeitsfeld. Denn im Herbst 1945 gestattete die amerikanische Militärregierung die Gründung politischer Parteien – allerdings nur auf Kreisebene. Schon im Sommer hatte Strauß häufig Gespräche politischen Inhaltes geführt und über eine Partei nachgedacht, die Arbeiter, Bauern und den Mittelstand ohne Beachtung der konfessionellen Unterschiede zusammenschließen und die „Christlich-Soziale Union" heißen sollte. So hielt Strauß im Herbst '45 vor einer Bauernversammlung seine erste politische Rede: „Was ich damals für ein Kauderwelsch dahergeredet habe, weiß ich heute nicht mehr."[23] Bald darauf, am 1. November 1945, genehmigten die Amerikaner auch Zusammenschlüsse auf Landesebene. Am selben Tag unterschrieb Strauß mit seinen Gesinnungsfreunden im Gasthof „Zur Glocke" den Antrag auf Gründung der Christlich-Sozialen Union (CSU), erhielt die Mitgliedsnummer 2 und wurde gleich im Anschluß zum stellvertretenden Vorsitzenden des CSU-Ortsverbandes in Schongau gewählt.[24] Die politische Karriere des Franz Strauß hatte begonnen. Allerdings wurden die großen Linien „hoch über den Köpfen der Deutschen bestimmt, wir waren in keiner Weise beteiligt. Unser Denken und Handeln wurde von der Not und dem Zwang des Alltags beherrscht. Wir waren von den täglichen Problemen und Notwendigkeiten so in Anspruch genommen, daß wir größere, weitergehende Zusammenhänge kaum wahrnehmen, geschweige denn beeinflussen konnten."[25] Dennoch erachtete es Franz Strauß als unerläßlich, sich bereits im Herbst und Winter 1945 politisch zu engagieren, an der Entwicklung einer programmatischen Orientierung der CSU teilzuhaben und somit an der Gestaltung eines neuen Gemeinwesens tatkräftig mitzuwirken: „In der physischen und moralischen Trümmerlandschaft nach der größten Katastrophe der deutschen Geschichte aus der Kraft der eigenen Überzeugung heraus und auf der Grundlage einer als richtig erkannten politisch-programmatischen Richtung, jener der CSU, anzupacken und aufzubauen, die Dinge in die Hand zu nehmen und Zerstörtes wieder in Ordnung bringen zu können – das war nicht nur eine Herausforderung, darin lag auch Faszination und nicht zuletzt Gnade."[26]

Diese Haltung blieb in Schongau nicht unbemerkt. Eines Tages erzählte eine russische Dolmetscherin, die bei der amerikanischen Militärregierung beschäftigt war,

---
[23] Dalberg, Thomas: Franz Josef Strauß. Porträt eines Politikers. Gütersloh 1968, S. 46.
[24] Strauß, Franz Josef: Die Erinnerungen. Berlin 1998, S. 81.
[25] Ebd., S. 68.
[26] Ebd., S. 170.

dem eifrigen Nachwuchspolitiker, in München habe sich rund um den Rechtsanwalt Dr. Josef Müller ein Kreis junger Leute gebildet, der sich ebenfalls politisch betätigen wolle. Dies wäre doch für Strauß eine Möglichkeit, sein Engagement und seine Kontakte über den Schongauer Bereich hinaus auszuweiten. Strauß bat die aufmerksame Russin, eine Verbindung zu jenem Kreis herzustellen. „Eines Tages sagte Frau Apuchtin, daß Josef Müller mich bei der nächsten Sitzung seines Kreises erwarte. So gewann ich im Frühjahr 1946 Anschluß an Dr. Josef Müller, den ‚Ochsensepp', und wurde Mitglied im sogenannten Gedonstraßen-Kreis, benannt nach der Gedonstraße in München, wo die Wohnung von Josef Müller lag – im Haus Nummer 4, erster Stock links, wohnte er bis zu seinem Tod 1979."[27] So erschien Franz Strauß im Winter 1945/46 erstmalig in der Münchener Gedonstraße 4 – mit einer abgetragenen Wehrmachtsuniform, ohne Achselstücke und Hoheitsabzeichen, aber mit „brillanten Ideen und analytischer Begabung."[28] Josef Müller, der seinen Spitznamen einst im erzbischöflichen Knabenseminar in Bamberg ob seiner bäuerlichen Herkunft erhalten hatte, beeindruckte den jungen Strauß außerordentlich. „Seine Erlebnisse im Dritten Reich, besonders bei der Abwehr, dann im Gefängnis, in Konzentrationslagern, haben uns junge Leute naturgemäß fasziniert. Ich habe aber auch erkannt, daß er einen weitreichenden politischen Instinkt hatte. Er hatte nicht nur eine viel zitierte und oft belächelte große Nase, deretwegen man ihn immer wieder aufgezogen hat, er hatte auch ein ausgesprochenes politisches Gespür."[29] Über den „Ochsen-Club"[30] kam Strauß in die aktive Parteipolitik, da er sich rasch zu Müllers Vorzugsschüler entwickelte. „Josef Müller kannte Tod und Teufel"[31] und nutzte seine zahllosen Verbindungen für den politischen Wiederaufbau. So stand er auch mit Adam Stegerwald, Konrad Adenauer und Jakob Kaiser in engster Verbindung. Die „G 4", wie Müllers Adresse damals kurz und knapp genannt wurde, sollte sich schon bald als das wichtigste Sprungbrett der Straußschen Karriere erweisen.

---

[27] Ebd., S. 75.
[28] Heubl, Franz: Jugend und Demokratie – Erfahrungen nach dem Zusammenbruch, in: Böhr, Christoph (Hg.): Jugend bewegt Politik. Die Junge Union Deutschlands 1947 bis 1987. Krefeld 1988, S. 69–80, S. 74. Vgl. dazu auch: Köhler, Karl: Der Mittwochskreis beim „Ochsensepp": Die Union wird geboren, in: Schröder, Michael: Bayern 1945: Demokratischer Neubeginn. Interviews mit Augenzeugen. München 1985, S. 67–87, S. 72.
[29] Strauß, Franz Josef: CSU 1945–1985. 40 Jahre Politik für Freiheit und Recht. Festrede anläßlich der Gründung der CSU vor 40 Jahren, gehalten auf dem 49. Parteitag der CSU am 22./23. November 1985 in München, in: Hanns-Seidel-Stiftung e.V. (Hg.): Geschichte einer Volkspartei. 50 Jahre CSU; 1945 – 1995. Grünwald 1995, S. 499–522, S. 505.
[30] Henke, Klaus-Dietmar; Woller, Hans (Hg.): Lehrjahre der CSU. Eine Nachkriegspartei im Spiegel vertraulicher Berichte an die amerikanische Militärregierung. Stuttgart 1984, S. 22.
[31] Strauß, Franz Josef: Die Erinnerungen. Berlin 1998, S. 75.

Wann genau und von wem die Christlich-Soziale Union gegründet wurde, ist schwer zu sagen, da die Bildung politischer Parteien zunächst nur auf der Kreisebene gestattet war. Daher entstand sie überall in Bayern fast gleichzeitig. Die Landespartei war bereits am 10. Oktober 1945 von dem christlichen Gewerkschaftler Adam Stegerwald gegründet, allerdings erst am 28. Oktober 1945 lizenziert worden. Die Zulassung und damit der offizielle Gründungsakt erfolgte am 8. Januar 1946 in München. Zuvor war ausgiebig darüber diskutiert und gestritten worden, welchen Namen die Partei tragen sollte. Dabei hatte man sich darauf geeinigt, daß das Attribut „christlich" nicht als Hinwendung zum Klerikalen oder als Ausdruck einer besonderen Religiosität zu verstehen war, sondern als Gegensatz zum antichristlichen Nationalsozialismus aufgefaßt werden sollte.[32] Auch das Wort „demokratisch" sollte vermieden werden, weil, wie Adam Stegerwald 1945 zur Diskussion über den Parteinamen schrieb, „vorauszusehen ist, daß in Deutschland in nächster Zeit sich viele Menschen demokratisch tarnen und undemokratisch handeln werden. Damit wird das Wort ‚Demokratie' in kurzer Zeit wieder ebenso diskreditiert sein wie die nach 1918 entstandenen ‚Volksparteien', die sich sehr schnell abgewirtschaftet hatten"[33]. Aus diesem Grund sollte auch auf den Begriff „Partei" als Namensbestandteil verzichtet werden. Josef Müller, der am 17. Dezember 1945 zum ersten Landesvorsitzenden gewählt wurde, schlug schließlich die Bezeichnung „Union" vor, um auch den evangelischen Mitbürgern gegenüber an Attraktivität zu gewinnen, da im 30jährigen Krieg die protestantischen Fürsten unter dem Namen „Union" gegen die katholische Liga gekämpft hatten. Josef Müller: „Mein Lizenzantrag lautete dann auf den Namen Bayerische Christlich-Soziale Union. Die Militärregierung hat die Streichung des Wortes ‚Bayerische' verlangt und nur die Fassung zugelassen, die uns allen heute geläufig ist: ‚Christlich-Soziale Union in Bayern.'"[34] Damit war Josef Müller und (dem bereits im Dezember verstorbenen) Adam Stegerwald gelungen, was Jakob Kaiser in Berlin und später auch Konrad Adenauer in Köln anstrebten, nämlich die Gründung einer überkonfessionellen und überregionalen demokratischen Massenpartei mit sozial-revolutionären Impulsen.

Angesichts der zu integrierenden Flüchtlingsmassen und der tiefgreifenden gesellschaftlichen und politischen Veränderungen jener Jahre sollte die überkonfessio-

---

[32] Vgl. Willke, Jochen: Ist Strauß die CSU – ist die CSU Bayern? Porträt einer Partei, die links von der Mitte gegründet wurde, in: Blätter für deutsche und internationale Politik, 10 (1965) H. 5, S. 431–436, S. 433.
[33] Strauß, Franz Josef: Rede des Bayerischen Ministerpräsidenten und Vorsitzenden der Christlich-Sozialen Union Franz Josef Strauß bei einer Gedenkveranstaltung aus Anlaß des 40. Todestages von Adam Stegerwald am 1. Dezember 1985 in Würzburg, in: Neugebauer, Hans (Hg.): Adam Stegerwald. Leben, Werk, Erbe. Würzburg 1995, S. 259–278, S. 269.
[34] Müller, Josef: Bis zur letzten Konsequenz. Ein Leben für Frieden und Freiheit. München 1975, S. 310.

nelle Ausrichtung der Union zu einem der wichtigsten Erfolgsrezepte der CSU und ihrer später gegründeten Schwesterpartei CDU werden.[35] Für Franz Strauß war die CSU „eine Partei für Bürgerinnen und Bürger, die sich zum christlichen Sittengesetz in der weitesten Auslegung dieses Begriffes bekennen. Ob der Betreffende praktizierender Christ, ob er überhaupt Mitglied einer Konfession ist, habe ich nie als unsere Angelegenheit angesehen."[36] Von Anfang an wurde Strauß als modern, progressiv und undogmatisch angesehen und zählte zum linken und liberalen Flügel der CSU.[37] Kurz nach Kriegsende soll sich Strauß zeitweilig sogar mit derartig linkslastigen Gedanken getragen haben, daß Markus Wolf, dem späteren Chef der DDR-Auslandsaufklärung, zugetragen wurde, Strauß hätte sich zunächst um die Mitgliedschaft in der Kommunistischen Partei Deutschlands beworben.[38] Dem von Müller und Strauß repräsentierten linksliberalen Flügel der CSU stand eine konservative Gruppierung gegenüber, die sich um Fritz Schäffer und Alois Hundhammer geschart hatte. Sie war deutlich klerikaler orientiert und neigte eher der konfessionellen, bürgerlichen und monarchistischen Tradition der früheren Bayerischen Volkspartei zu. Angesichts dieses immer noch lebendigen Gedankengutes aus der Zeit des Kaiserreiches und der Weimarer Republik wird deutlich, daß es eine „Stunde Null" auch auf der Ebene des Parteiensystems niemals gegeben hat. Nach dem Zusammenbruch der nationalsozialistischen Diktatur existierten noch immer bedeutende politische Strömungen, deren Wurzeln im vorigen Jahrhundert lagen. Der gelegentlich als „Stunde Eins" bezeichnete Beginn einer neuen Ordnung entfällt damit ebenso. Josef Müller gelang es bald, die rivalisierenden Gruppierungen in seinem Sinne zu einen. Unter seiner Führung setzte sich die CSU rasch von dem nicht mehr zeitgemäßen Geist der einstigen BVP ab.[39] Strauß, der Musterschüler des „Ochsensepps", hatte ihn dabei nach Kräften unterstützt: „Durch mein Lebensalter war ich weit getrennt von den Parteien der Weimarer

---

[35] Vgl. Kirchmann, Josef: Die Bedeutung christlicher Werte in Programm und Praxis der CSU. Sankt Ottilien 1985, S. 64; Krieger, Wolfgang: Strauß, Franz Josef, in: Kempf, Udo; Merz, Hans-Georg (Hg.): Kanzler und Minister 1949–1998. Biografisches Lexikon der Deutschen Bundesregierungen. Wiesbaden 2001, S. 690–696, S. 691.
[36] Strauß, Franz Josef: Die Erinnerungen. Berlin 1998, S. 588. Vgl. dazu auch: Strauß, Franz Josef: Mittelstand – Hoffnungsträger der Beschäftigungspolitik, in: Mittelstandsvereinigung der CDU/CSU (Hg.): Mit dem Mittelstand die Zukunft gestalten. Festschrift für Prof. Dr. Gerhard Zeitel zur Vollendung seines 60. Lebensjahres am 25. November 1987. Bonn 1987, S. 21–27, S. 27.
[37] Vgl. Bell, Wolf J.: CSU-Chef fühlt sich als Mahner und Warner bestätigt, in: General-Anzeiger vom 11.02.1976; Möller, Horst: Franz Josef Strauß. 1915–1988, in: Gall, Lothar (Hg.): Die grossen Deutschen unserer Epoche. Frankfurt am Main, Berlin 1995, S. 535–553, S. 537.
[38] Vgl. Wolf, Markus: Spionagechef im geheimen Krieg. Erinnerungen. 4. Auflage, München 2002, S. 164.
[39] Vgl. Mintzel, Alf: Die Christlich-Soziale Union in Bayern e.V., in: Stöss, Richard (Hg.): Parteien-Handbuch. Die Parteien der Bundesrepublik Deutschland von 1945–1980. Band 2, Opladen 1986, S. 661–718, S. 665f.

Republik. Aus deren Tun und Scheitern ließ sich allenfalls lernen, wie man es unter keinen Umständen machen durfte."[40]

Neben der auf Bayern beschränkten CSU bildeten sich in den Jahren 1945/46 in allen vier Besatzungszonen weitere, im wesentlichen christdemokratisch, sozialdemokratisch, liberal oder kommunistisch orientierte Parteien: die Christlich Demokratische Union (CDU), die Sozialdemokratische Partei Deutschlands (SPD), die zunächst zersplitterte Freie Demokratische Partei (FDP) und die Kommunistische Partei Deutschlands (KPD). Von diesen vier Parteien waren die beiden Linksparteien KPD und SPD Fortsetzungen aus der Vergangenheit, während es sich bei der CDU und FDP um Neugründungen handelte, die allerdings an die Tradition des Zentrums und der früheren liberalen Parteien anknüpften. Doch während die drei westlichen Siegermächte beabsichtigten, in ihren Besatzungszonen ein freiheitliches und pluralistisches parlamentarisches System mit demokratischen Parteien, eigenständigen Politikern und einer – irgendwann einmal – unabhängigen Regierung aufzubauen, war die Sowjetunion fest entschlossen, die Macht in ihrer Besatzungszone beizubehalten und auszubauen. Durch die bereits am 9. Juni 1945 erfolgte Einrichtung der „Sowjetischen Militäradministration für Deutschland" (SMAD), die ausschließlich den sowjetischen Weisungen Folge leistete, wurde dem Alliierten Kontrollrat jeglicher Einfluß von vornherein entzogen. Die Sowjetische Besatzungszone (SBZ) sollte unter dem Schutz und der Führung Moskaus zu einem Ableger des sowjetischen kommunistischen Systems umgestaltet werden. Demzufolge beabsichtigte die KPD, deren Führung sich bis zum 30. April 1945 im Moskauer Exil befunden hatte und die als erste Partei in der Sowjetischen Besatzungszone zugelassen worden war, alle weiteren sich in der Sowjetzone gründenden Parteien in eine „Einheitsfront", einen Block „antifaschistisch-demokratischer" Parteien zu integrieren und somit das gesamte politische Spektrum zu kontrollieren. So entstand bereits am 14. Juli 1945 der sogenannte „Antifa-Block", in dem sich unter der Führung der KPD die Parteien SPD, CDU und LDPD (Liberal-demokratische Partei Deutschlands) zusammenschlossen. Mit diesen Blockparteien sollten Bevölkerungsgruppen gebunden werden, auf die die KPD als Arbeiterpartei nicht zugreifen konnte. Walter Ulbricht, der Chef der gleichnamigen Initiativgruppe, die noch im Sommer 1945 den Aufbau der Berliner KPD organisiert hatte, ließ keinen Zweifel daran, welchen Charakter das neue Gemeinwesen haben würde: „Es ist doch ganz klar: es muß demokratisch aussehen, aber wir müssen alles in der Hand haben."[41] Da die zweite große Arbeiterpartei, die SPD, auch nach ihrer Einbindung in den Antifa-Block immer noch in nicht

---

[40] Strauß, Franz Josef: Die Erinnerungen. Berlin 1998, S. 78.
[41] Leonhard, Wolfgang: Die Revolution entläßt ihre Kinder. Köln 1955, S. 365.

ausreichendem Maße kontrolliert werden konnte, wurde sie im April 1946 mit der KPD zwangsvereinigt. Ergebnis dieser Fusion war die „Sozialistische Einheitspartei Deutschlands" (SED). In den westlichen Besatzungszonen verlor die KPD daraufhin bald jeglichen Rückhalt in der Bevölkerung. Die Entwicklung in der Ostzone wirkte auf viele Wähler beängstigend und abschreckend.

Die CSU hingegen erfreute sich in Bayern unter dem Vorsitz Josef Müllers wachsender Beliebtheit. In ihm hatte Strauß seinen bislang wichtigsten und einflußreichsten Förderer gefunden. Müller veranlaßte, daß der bis dahin weitgehend unbekannte Franz Strauß auf dem ersten Parteitag in Bamberg am 30./31. März 1946 eine Rede halten durfte. Sofort fiel den Zuhörern das rhetorische und politische Talent des gerade einmal 30jährigen stellvertretenden Landrates auf, der die einmalige Gelegenheit nutzte, sich in einer Zeit, in der die meisten Menschen kaum über die kommunale Ebene hinauszudenken wagten, auch zu den übergeordneten politischen Zusammenhängen zu äußern: „Uns geht es heute darum, daß wir als letzte Rettungsmöglichkeit gegenüber dem sozialistisch-kommunistischen Block, der in der Bildung begriffen und in ständiger Progression ist, ebenfalls eine Bewegung aufbauen, die uns retten kann."[42] Damit hatte Strauß früher als die Mehrzahl seiner Zeitgenossen erkannt, daß sich ein massiver Gegensatz zwischen Ost und West zu entwickeln begann, der schon bald bedrohliche Ausmaße annehmen mußte. Josef Müller, der in Bamberg zum ersten Parteichef gewählt wurde, war beeindruckt und sorgte für den Aufstieg seines jungen Gefolgsmannes in den engeren Parteivorstand. Mit der Straußschen Karriere ging es also weiterhin bergauf. Für die Kreistagswahl am 28. April 1946 reichte die CSU eine Vorschlagsliste mit 26 Namen ein. An vierter Stelle stand Franz Strauß. Spielend errang die CSU die absolute Mehrheit. 22 der 32 Sitze entfielen auf die Union, der Rest auf die Wirtschaftliche Aufbauvereinigung (WAV), die KPD und die enttäuschte SPD, die bei fast allen Gemeinde-, Kreis- und Landtagswahlen der Jahre 1946 und 1947 deutlich hinter der CSU zurückblieb. Auf der ersten Sitzung des neugewählten Kreistages am 4. Juni 1946 kandidierten Franz Strauß und der ortsfremde Oberregierungsrat Josef Hamberger aus Göggingen bei Augsburg um den begehrten Posten des Landrats. Der amtsmüde Franz Xaver Bauer trat nicht mehr an. Völlig unerwartet erhielt Hamberger 18 der 30 gültigen Stimmen. Damit hatte Strauß die erste Ämterwahl, an der er teilnahm, klar verloren. Seine kommunalpolitische Karriere schien zu enden, bevor sie überhaupt richtig begonnen hatte. Ursächlich

---

[42] Strauß, Franz Josef: Rede auf der Tagung des Erweiterten Vorläufigen Landesausschusses der Christlich-Sozialen Union am 30. und 31. März 1946 in Bamberg. Protokoll Nr. 12, in: Fait, Barbara; Mintzel, Alf (Hg.): Die CSU 1945–1948. Protokolle und Materialien zur Frühgeschichte der Christlich-Sozialen Union. Band I: Protokolle 1945–1946. München 1993, S. 47–184, S. 94.

war die damalige provisorische Gemeindeordnung, nach der die Landräte von den Kreistagen zu wählen waren. Die Direktwahl der Landräte wurde erst später eingeführt. Anderenfalls hätte Strauß, der sich mit überschäumender Energie in den Wahlkampf gestürzt hatte, mit höchster Wahrscheinlichkeit den Sieg davongetragen: „Niemand vermag abzuschätzen, wieviel Wähler er den anderen Parteien abspenstig machte, aber die Anziehungskraft dieses Vertreters der Frontgeneration, insbesondere auf Leute seines Alters, war außerordentlich. Die Zweifelnden, Irrenden, die Unentschlossenen, die Mißtrauischen jeglicher Kategorie erblickten vor sich einen gescheiten, frischen Demokraten, der nach einigem Suchen seine politische Heimat gefunden hatte und jetzt voll Überzeugung und Elan dafür warb."[43] Es hatte sich in jenen Tagen bereits herumgesprochen, daß die Wahlkampfreden des Franz Strauß eine Art Volksfestcharakter auszeichnete und man von ihm einiges zu hören bekam, was sich sonst kein Politiker zu sagen getraute. Beispielsweise schreckte er nicht davor zurück, die Deutschen ein ganz erbärmliches Volk zu nennen, das erst die Welt mit seinen Stiefeln zertrampele und anschließend „den Staub von den Schuhen der Sieger" schlecke; „vor den Türen der US-Militärregierung habe man bereits den Teppich auswechseln müssen, weil die Denunzianten ihn durchgetreten hätten."[44] Aber Strauß, so wußte man im Landkreis Schongau, war auch „mit einer raschen, außerordentlich vielseitigen Auffassungsgabe ausgestattet und mit einem vorzüglichen Gedächtnis begabt, dazu fleißig und deshalb immer bestens unterrichtet und hochpräsent. Er barst vor Ehrgeiz und vibrierte vor Streitlust."[45] Dementsprechend befaßte sich der stellvertretende Landrat rund um die Uhr mit seinen amtlichen Pflichten und der Politik. Für ein Privatleben blieb keine Zeit: „Das ist auch ein Grund dafür, daß ich spät, erst 1957, geheiratet habe. In den Aufbaujahren haben wir Tag und Nacht gearbeitet, haben die Partei auf- und ausgebaut, Bezirksverbände, Kreisverbände, Ortsverbände gegründet, die ersten großen Versammlungen gehalten und fast überall Neuland betreten."[46] Aber nun schien plötzlich alles ein Ende zu haben. Allerdings wurde Strauß gleich im Anschluß an die Landratswahl mit 29 zu 2 Stimmen zum „Amtsverweser" ernannt, da der neu gewählte Landrat noch einige Geschäfte in Augsburg abzuwickeln hatte. Ein Trostpflaster, das über den Verdruß des ambitionierten Jungpolitikers kaum hinwegzutäuschen vermochte. Doch erneut kam Franz Strauß das Glück zu Hilfe, denn nach zwei Monaten entschloß sich Ham-

---

[43] Loewenstern, Otto von: Gewöhnt, sich immer durchzusetzen. Franz-Josef Strauß: Gepriesen viel, noch mehr gescholten (II), in: Die Zeit vom 05.10.1962, S. 3.
[44] Bickerich, Wolfram: Franz Josef Strauß. Die Biographie. Düsseldorf 1996, S. 35.
[45] Hentschel, Volker: Ludwig Erhard. Ein Politikerleben. München und Landsberg am Lech 1996, S. 200.
[46] Strauß, Franz Josef: Die Erinnerungen. Berlin 1998, S. 172.

berger, der auch an einer Landratswahl in Augsburg erfolgreich teilgenommen hatte, auf den von Strauß verwesten Posten zu verzichten. In Schongau mußte nachgewählt werden. Daraufhin erhielt Strauß, dem sich diesmal keine Gegenkandidaten in den Weg stellten, am 31. August 1946 die absolute Mehrheit der Stimmen. Dieselben Kreisräte, die sich im Juni mehrheitlich für Hamberger entschieden hatten, votierten nun fast geschlossen für Strauß. Auf den Tag genau zwei Monate später wurde Franz Strauß von der amerikanischen Militärregierung als Landrat bestätigt.

Inzwischen hatte sich die CSU auch bei der Wahl zur Verfassunggebenden Landesversammlung im Juni 1946 als überaus erfolgreich erwiesen und die absolute Mehrheit erlangt. Bereits am 8. Februar 1946 war Wilhelm Hoegner, der Nachfolger des ersten Ministerpräsidenten Fritz Schäffer, von der amerikanischen Militärregierung beauftragt worden, einen Ausschuß zur Vorbereitung einer neuen bayerischen Verfassung zu bilden. Der in diesem Ausschuß erarbeitete Entwurf wurde nun der im Juni gewählten und von der CSU dominierten Verfassunggebenden Landesversammlung zur Beratung vorgelegt und bald darauf mit großer Mehrheit angenommen. Daraufhin durfte die bayerische Bevölkerung am 1. Dezember 1946 über ihre Verfassung per Volksentscheid befinden. Ein einmaliger historischer Vorgang. Über 70 Prozent der stimmberechtigten Bayern entschieden sich für die Annahme der neuen Verfassung. Zugleich wurde der erste Nachkriegslandtag gewählt. Auch hier entfiel die absolute Mehrheit der Stimmen auf die CSU.

Zusätzlich zu seinen Verpflichtungen als Landrat und CSU-Politiker widmete sich Franz Strauß seit dem 1. Juni 1946 als Referent für Jugendwesen der Tätigkeit eines Regierungsrates im bayerischen Kultusministerium. Eineinhalb Jahre später stieg er sogar zum Oberregierungsrat und anschließend zum Leiter des bayerischen Landesjugendamts im Innenministerium auf.[47] Seine wahre Leidenschaft galt aber nach wie vor der Politik. Seinem Mentor Josef Müller war dies nicht verborgen geblieben. Im Herbst 1946 sorgte er dafür, daß Strauß als Vertreter der jüngeren Generation in den geschäftsführenden Landesvorstand der CSU gewählt wurde. Fortan gehörte Strauß zum engsten Führungskreis der Partei. Der Widerstand, der Müller und Strauß aus den eigenen Reihen entgegenschlug, war mitunter erheblich. Doch ihre Entschlossenheit, sich durchzusetzen, überwog: Auf der ersten Sitzung der CSU-Landtagsfraktion am 9. Dezember 1946 meldete sich Strauß in der Diskussion über die Frage Alleinregierung oder Koalitionsregierung zu Wort.

---

[47] Vgl. Siebenmorgen, Peter: Franz Josef Strauß, in: Becker, Winfried; Buchstab, Günter; Doering-Manteuffel, Anselm; Morsey, Rudolf (Hg.): Lexikon der Christlichen Demokratie in Deutschland. Paderborn, München, Wien, Zürich 2002, S. 377–379, S. 377.

„Fraktionsvorsitzender Dr. Hundhammer stellt fest, Strauß wäre der nächste Redner, er sei jedoch nicht Mitglied der Fraktion und daher möchte er ausdrücklich die Fraktion fragen, ob Nichtmitglieder der Fraktion sprechen sollen. Aus der Fraktion erschallt der Zuruf ‚Nein'. Hundhammer erklärt, Nichtmitglieder der Fraktion, die Mitglieder der Landesvorstandschaft sind, könnten in den zuständigen Gremien sprechen. Parteivorsitzender Dr. Müller meldet sich zu Wort und verweist darauf, daß Strauß Mitglied des engeren Landesvorstandes ist: ‚Es ist doch eigentlich eine Selbstverständlichkeit, daß bei einer Zusammenarbeit zwischen Landesvorstand und Fraktion die Möglichkeit gegeben sein muß, daß ein Mitglied des Landesvorstandes in der Fraktion sprechen kann'. Als daraufhin aus der Fraktion wieder der Zuruf ‚Nein!' kommt, erläutert Dr. Müller weiter, Strauß werde, die Zustimmung der Landesvorstandschaft vorausgesetzt, von ihm als Vertreter für den ganzen internen Parteiapparat bestellt werden. Und es sei doch selbstverständlich, daß der Mann, der eine solche Verantwortung trägt, auch sein Wort dazu sagen darf. Und weiter: ‚Gerade weil Strauß als mein Vertreter die Verantwortung innerhalb der Partei mit mir teilen wird, wollte ich vorschlagen, daß er als einziger, der nicht zur Fraktion gehört, an Fraktionssitzungen teilnimmt'. Dagegen wendet sich Fraktionsvorsitzender Hundhammer, der darauf verweist, die Meinung der Partei werde ja durch den Parteivorsitzenden zum Ausdruck gebracht. Er läßt schließlich abstimmen. 34 Fraktionsmitglieder wollen Strauß das Rederecht in der Fraktion einräumen, die Mehrheit aber, 42, sind dagegen. Zu einem späteren Zeitpunkt der Sitzung schlägt Dr. Müller vor, daß Strauß zu seiner Entlastung an den Verhandlungen über die Regierungsbildung teilnimmt. Dr. Baumgartner setzt dem entgegen: ‚Wenn der Herr Parteivorsitzende eine Hilfe aus der Vorstandschaft braucht, schlage ich vor, daß ihm Dr. Horlacher beigegeben wird!' Das Protokoll vermerkt den Zuruf ‚Sehr richtig!'. Dazu Dr. Müller: Horlacher habe aufgrund seiner anderen Ämter dafür nicht die ausreichende Zeit: ‚Sie schätzen die Arbeit des Landesvorsitzenden so ein, als ob sie im Handumdrehen gemacht werden könnte.' Darauf Dr. Baumgartner: ‚Zu Koalitionsverhandlungen müssen Sie Zeit haben; sonst sind Sie kein Landesvorsitzender!' Dr. Müller weist dies zurück. Schließlich aber wird im Verlauf der weiteren Diskussion in der Fraktion Einigkeit darüber erzielt, daß Strauß seitens des Parteivorstandes in der Verhandlungsdelegation der CSU zur Regierungsbildung mit vertreten sein soll. Es wird jedoch vor der Abstimmung gebeten, man möchte ‚erfahren, wer Strauß ist'. Daraufhin stellt sich dieser wie folgt vor: ‚Ich bin Landrat im Kreis Schongau und Referent im Kultusministerium. Ich habe draußen einen Kreis der UNION aufgezogen und bin bisher von Nordbayern bis zum tiefsten Süden als Redner aufgetreten. Ich bin zu Gunsten eines Bauern, der neben mir sitzt, von einem todsicheren Mandat zurückgetreten, weil ich der Ansicht war, daß ohnedies zuviel Studierte im Parlament sitzen und zu wenig Bauern. Ich habe das Dr. Müller gegenüber, der mich vorschlug, ausdrücklich betont. Eines möchte ich noch dazu sagen, meine Herren. Ich habe 2 Ämter, die meine volle Arbeitskraft erfordern, auf dem Halse. Mir ist es vollkommen gleichgültig, ob ich reden darf oder nicht. Es geht mir überhaupt nicht darum, ob mir ein Maulkorb umgehängt wird oder nicht. Mir ist es auch gleichgültig, ob ich bei den Koalitionsverhandlungen dabei bin oder nicht. Ich habe mich zur Verfügung gestellt und leiste, was ich leisten kann. Wer mich nicht will, tut mir bestimmt keinen Abbruch damit, daß ich nicht reden darf. Eines aber möchte ich grundsätzlich sagen: Die Herren, die hier in der Fraktion sitzen – ich sitze deswegen nicht in der Fraktion, weil ich nicht gewollt habe –, sitzen deswegen drin, weil zahllose Hunderte und Tausende von Parteirednern sich landauf landab für sie und für die Partei eingesetzt und die Stimmen geworben haben. Es sind nicht allein die Abgeordneten gewählt worden, auch die Partei auf Grund der Redner, die für sie gesprochen haben. Es gibt nur eine Einigkeit, meine Herren. Ich warne vor der verhängnisvollen Entwicklung, daß zwischen Fraktion und Partei, zwischen Fraktion und Wählerschaft der Partei ein Unterschied auftreten sollte. Ich glaube, es ist noch nicht der Fall. Dieser Unterschied aber macht sich im Untergrund in einem leisen Donner und Grollen bemerkbar. Wenn er hervortreten sollte, würden Sie das mehr zu bereuen haben, als die anderen."[48]

Der besagte Unterschied trat nicht hervor. Und so schrieb die Christlich-Soziale Union in Bayern das erste Kapitel ihrer Erfolgsgeschichte, während in den anderen Ländern der amerikanischen, britischen und französischen Besatzungszone sowie in den westlichen Sektoren Berlins die Stellung der weitestgehend ähnlich orientierten Christlich Demokratischen Union ausgebaut und gefestigt wurde. Da diese im Gegensatz zu den sowjetzonalen Christdemokraten nicht in einem „Antifa-Block" gleichgeschaltet und entmündigt worden war, bemühten sich Vertreter von CDU und CSU um ein Treffen der beiden Parteien, um die künftige Zusammenarbeit abzustimmen. So tagte am 5. und 6. Februar 1947 die „Arbeitsgemeinschaft der Christlich-Demokratischen und Christlich-Sozialen Union Deutschlands" in Königstein im Taunus. Auch Josef Müller und Franz Strauß nahmen an diesem ersten „Reichstreffen" der Unionsparteien, denen eine gemeinsame Parteizentrale fehlte, teil. Den Vorsitz hatte der ehemalige Zentrumspolitiker und Kölner Oberbürgermeister Dr. Konrad (Hermann Josef) Adenauer inne, der im Vorjahr zum Vorsitzenden der CDU in der britischen Zone gewählt worden war. Laut Strauß war Josef Müller „kein besonderer Freund Konrad Adenauers. Weder persönlich noch politisch lagen sie auf der gleichen Wellenlänge. Müller war ein eigenständi-

---

[48] CSU-Fraktion im Bayerischen Landtag (Hg.): In Verantwortung für Bayern. 50 Jahre CSU-Fraktion im Bayerischen Landtag, 1946–1996. München 1996, S. 88f.

ger und widerspenstiger Kopf, der als Gründungsvorsitzender der CSU die von Adenauer anfangs verlangte Unterordnung strikt ablehnte."[49] Denn während sich alle regionalen Gruppierungen auf der Reichstagung vom 14.-16. Dezember 1945 in Bad Godesberg auf den gemeinsamen Namen CDU geeinigt hatten, beharrte die bayerische CSU, die zwar mit der CDU föderieren, aber nicht mit ihr fusionieren wollte, auf ihrer Sonderrolle. Daher wurde die parteipolitische Arbeitsgemeinschaft der CDU/CSU bald darauf durch die ersten Fraktionsgemeinschaften im Frankfurter Wirtschaftsrat, im Parlamentarischen Rat und später auch im Deutschen Bundestag ersetzt.[50] Die von vornherein institutionalisierte, instrumentalisierte und im abweichenden Parteinamen zum Ausdruck gebrachte Eigenständigkeit der CSU würde für den politischen Lebensweg des Franz Josef Strauß – und damit für die Geschichte der Bundesrepublik Deutschland – nicht ohne Folgen bleiben.

Nicht ohne Folgen blieb auch die in der Sowjetzone betriebene „antifaschistisch-demokratische Umwälzung". Bodenreform, Verstaatlichung der Produktionsmittel und faktische Einparteienherrschaft ließen keinen Zweifel an dem sozialistischen Charakter dieser tiefgreifenden politischen, gesellschaftlichen und wirtschaftlichen Umgestaltung. Die SBZ entwickelte sich offenkundig in eine grundlegend andere Richtung als die drei westlichen Besatzungszonen. „Aus der geteilten Kontrolle erwuchs allmählich eine kontrollierte Teilung."[51] Außerdem ließ der wirtschaftliche Aufschwung auf sich warten. Die als Ersatz für erlittene Kriegsschäden vorgenommenen Demontagen von Industrieanlagen sowie die gewaltsame Vierteilung eines im Verlauf vieler Jahrhunderte gewachsenen Wirtschaftsgebietes begann sich für Besatzer und Besetzte insbesondere in ökonomischer Hinsicht als äußerst unvorteilhaft zu erweisen. Als dann der strenge Winter 1946/47 das ganze Land an den Rand einer Hungersnot brachte, legten die USA und Großbritannien ihre Besatzungszonen am 1. Januar 1947 zur „Bizone" zusammen. Die Furcht vor einer Ausbreitung des Kommunismus in den wirtschaftlich darniederliegenden Zonen spielte dabei eine große Rolle. Die UdSSR protestierte gegen die Errichtung der Bizone ebenso wie Frankreich – durch dessen Beitritt die Bizone am 8. April 1949 schließlich zur Trizone erweitert wurde.

Bereits im Januar 1947 legten Briten und Amerikaner die Verwaltung des „Vereinigten Wirtschaftsgebietes" in die Hände eines deutschen Verwaltungsrates. An

---

[49] Strauß, Franz Josef: Die Erinnerungen. Berlin 1998, S. 83.
[50] Vgl. Strauß, Franz Josef: „Der Alte war ein Mann mit vielen Schichten ...", in: Kohl, Helmut (Hg.): Konrad Adenauer, 1876/1976. Stuttgart, Zürich 1976, S. 160–168, S. 160.
[51] Mai, Gunther: Der Alliierte Kontrollrat in Deutschland 1945–1948. Von der geteilten Kontrolle zur kontrollierten Teilung, in: Aus Politik und Zeitgeschichte. Beilage zur Wochenzeitung Das Parlament. B 23/1988 vom 3. Juni 1988, S. 3–14, S. 3.

der Spitze dieses Rates stand Dr. Hermann Pünder, der als Oberdirektor die Aufgabe hatte, die fünf Verwaltungsbereiche Wirtschaft, Finanzen, Verkehr, Post- und Fernmeldewesen sowie Arbeit, Ernährung und Landwirtschaft zu koordinieren. Diese fünf Direktorien bildeten zusammen mit Oberdirektor Pünder die „erste deutsche Nachkriegsregierung".[52] Ein halbes Jahr darauf wurde in Frankfurt ein Wirtschaftsrat gebildet, dem zunächst 52 Abgeordnete angehörten, welche von den acht Bizonen-Landtagen gewählt wurden. Zentrale Aufgabe dieses Wirtschaftsrates war die Schaffung einer wirtschaftspolitischen Ordnung, auf deren Grundlage ein neues Staatswesen errichtet werden konnte. Schritt für Schritt sollte das deutsche Volk zur Eigenverantwortung erzogen und mit den parlamentarischen Gepflogenheiten der westlichen Siegermächte vertraut gemacht werden. Insbesondere die Vereinigten Staaten hatten eingesehen, daß die Besetzung, Entmündigung und vor allem die Deindustrialisierung nicht nur Deutschland, sondern dem gesamten europäischen Westen schadete. Nicht zuletzt dank der umfassenden finanziellen und wirtschaftlichen Unterstützung ihres im Frühjahr 1948 angelaufenen „Marshall-Plans" (European Recovery Program) entwickelten sich die USA allmählich zu einem „freundlichen Feind". Alles in allem wurden die Westdeutschen im Vergleich zu den Ostdeutschen fortan von ihren Besatzern so stark begünstigt, daß man zweifeln mochte, ob beide denselben Krieg verloren hatten.[53]

Als Reaktion auf diverse Anlaufschwierigkeiten wurde der Frankfurter Wirtschaftsrat, der sich seit dem Herbst 1947 offiziell „Wirtschaftsrat für das Vereinigte Wirtschaftsgebiet" nannte, grundlegend reformiert und die Anzahl der Abgeordneten auf 104 erhöht. Der jüngste der 52 neuen Abgeordneten war Franz Strauß. Dank seines Gönners, dem „Ochsensepp", kam Strauß in Frankfurt nun in Berührung mit der „nationalen" Politik, denn der Wirtschaftsrat fungierte als eine Art Volksvertretung mit eingeschränkten Rechten. „Seine Parteifreunde haben ihn in Bayern schon als energischen, durchsetzungsfähigen, robusten Politiker kennengelernt; und so erhoffen sie sich in ihm einen eifrigen und zuverlässigen Kämpfer der besonderen bayerischen Interessen – vor allem in Landwirtschafts- und Wirtschaftsfragen."[54] Obgleich Strauß bereits Mitglied in anderen überregio-

---

[52] Vgl. Pünder, Hermann: Zusammenschluß der Westzonen im Wirtschaftsrat. Gespräche mit Hermann Pünder, in: Wucher, Albert: Wie kam es zur Bundesrepublik? Politische Gespräche mit Männern der ersten Stunde. Freiburg im Breisgau 1968, S. 105–114, S. 106.
[53] Vgl. Glaser, Hermann: Deutsche Kultur. Ein historischer Überblick von 1945 bis zur Gegenwart. 2., erweiterte Auflage, Bonn 2000, S. 71.
[54] Siebenmorgen, Peter: Franz Josef Strauß (1915–1988), in: Oppelland, Torsten (Hg.): Deutsche Politiker 1949–1969. Band 2: 16 biographische Skizzen aus Ost und West. Darmstadt 1999, S. 120–131, S. 124.

nalen Organisationen wie beispielsweise dem „Ellwanger Kreis"[55] war, reagierte er auf Müllers Vorschlag mit Verwunderung: „Weil ich meine vier Semester Volkswirtschaft bei Adolf Weber als unzureichende Voraussetzung ansah, war ich um so überraschter, als Josef Müller mir sagte, ich müßte nach Frankfurt in den Wirtschaftsrat gehen, er schlage mich der Landtagsfraktion vor, diese werde mich wählen. So bin ich als Landrat von Schongau im Februar 1948 in den Wirtschaftsrat gekommen." Diese „Wahl in den Frankfurter Wirtschaftsrat und die damit verbundene Bekanntschaft mit führenden Persönlichkeiten bedeuteten für mich den Aufbruch in eine fremde Welt"[56]. Das Leben eines Wirtschaftsratsabgeordneten war nicht gerade bequem, denn der Rat tagte häufig und meist für mehrere Tage „in einem provisorischen Sitzungssaal in einem Seitenflügel der Börse, der abends den Städtischen Bühnen als Aufführungsraum diente. Der Oberbürgermeister von Frankfurt, Walter Kolb, hat aus seiner Geringschätzung für uns keinen Hehl gemacht. Wenn er einen Empfang gab oder wenn Aufführungen stattfanden, mußten wir unsere Sitzungen abbrechen. Irgendwie kamen wir uns vor wie unerwünschte Gäste, wie arme Verwandte."[57]

Im Frankfurter Wirtschaftsrat verliefen die Fronten nicht nach Besatzungszonen, sondern nach Parteien. „Hier kam es zur ersten gemeinsamen Fraktion von CDU und CSU, weshalb auch die älteren Überlegungen über eine Arbeitsgemeinschaft der beiden Parteien in den Hintergrund traten." Die Arbeit im Wirtschaftsrat haben wir „von Anfang an bewußt als die Grundlegung eines neuen Staates durch Schaffung einer wirtschaftspolitischen Ordnung verstanden. Zwar hatten im Wirtschaftsrat CDU, CSU und FDP eine kleine Mehrheit gegenüber der kompromißlos auf eine zentralgelenkte Planwirtschaft eingeschworenen SPD, aber es gab auch in der CDU Persönlichkeiten, die noch ganz auf dem Boden des ‚Ahlener Programms' standen – jenem sozialistisch eingefärbten Wirtschaftsprogramm der CDU der britischen Zone von 1947 – und die das von Ludwig Erhard und Alfred Müller-Armack entworfene Konzept der Sozialen Marktwirtschaft verwarfen."[58] Dieses Konzept sah ein Wirtschaftsmodell vor, das bei grundsätzlicher Unterstützung der wirtschaftlichen Freiheit zugleich die Regulierungs- und Kontrollfunktion des Staates betont, um unsoziale Auswirkungen zu verhindern und „Wohlstand

---

[55] Der Ellwanger Kreis war ein loser Zusammenschluß süddeutscher Föderalisten der CDU/CSU, die sich zum Ziel gesetzt hatten, die Wiedervereinigung Deutschlands auf föderativer Grundlage in die Wege zu leiten. Der Gesprächskreis löste sich Ende der 60er Jahre auf.
[56] Strauß, Franz Josef: Die Erinnerungen. Berlin 1998, S. 90ff.
[57] Ebd. Vgl. dazu auch: Dahrendorf, Ralf: Liberal und unabhängig. Gerd Bucerius und seine Zeit. 2. Auflage, München 2000, S. 87.
[58] Strauß, Franz Josef: Die Erinnerungen. Berlin 1998, S. 93.

für alle" zu schaffen. Zu den staatlichen Aufgaben sollte vornehmlich der Schutz des freien Wettbewerbs, die Steuerung der Einkommens- und Vermögensverteilung und die Regelung der Struktur- und Finanzpolitik zählen. Strauß, der sich im Verkehrs- und im Hauptausschuß betätigte, war von diesem Wirtschaftsmodell auf Anhieb begeistert. Wenngleich er sich bis zum Ende des Jahres 1948 im Frankfurter Wirtschaftsrat weitgehend zurückhielt und sich während der ersten 110 Sitzungen vergleichsweise selten zu Wort meldete, unterstützte er den im März 1948 zum Direktor der Wirtschaftsverwaltung gewählten Erhard doch von Anfang an nach Kräften. Ludwig Erhard später: „So jung der Strauß damals war – im Frankfurter Wirtschaftsrat gehörte er zu den entscheidenden Politikern, mit denen ich gemeinsam die Widerstände gegen die Soziale Marktwirtschaft überwunden habe. Strauß hat die Bedeutung dieses freiheitlichsten aller Wirtschaftssysteme als einer der ersten Angehörigen der Frontgeneration begriffen."[59] Viele andere Angehörige der Front- und der vorherigen Generationen standen der Sozialen Marktwirtschaft hingegen skeptisch gegenüber. Die Ansicht, daß die Voraussetzungen für eine sich selbst lenkende Wirtschaft nicht oder noch nicht gegeben waren und daß derartige Experimente katastrophale Folgen zeitigen mußten, war weit verbreitet. Dementsprechend wurde in Frankfurt über die künftige Wirtschaftsordnung lange und lebhaft debattiert.

Unterdessen kandidierte Strauß in Schongau zum zweiten Male für das Amt des Landrates. „Die Wähler des Landkreises Schongau schätzten ihn wegen seiner Arbeitskraft und seines Mutes, mit möglichst wenig Bürokratie auszukommen. Sie schmunzelten über ihn, weil er ein offenes Wort liebte. Sie respektierten ihn, weil er nach Charakter und Wissen alle Voraussetzungen zu einem damals schweren Amt mitbrachte."[60] Dennoch verlor die CSU bei der Kreistagswahl am 25. April 1948 ihre fast schon obligatorische absolute Mehrheit. Die nur einen Monat zuvor landesweit zugelassene Bayernpartei (BP) hatte mit einem pronounciert monarchistischen Kurs und ihrem in der Forderung nach einem autonomen Bayern gipfelnden Regionalismus der Union zahlreiche Wähler abspenstig gemacht.[61] Trotzdem konnte sich Strauß gegen den Kandidaten der Bayernpartei durchsetzen und wurde am 5. Juni 1948 erneut zum Landrat gewählt.

---

[59] Schöll, Walter (Hg.): Franz Josef Strauß. Der Mensch und der Staatsmann. Ein Porträt. Percha am Starnberger See 1984, S. 75.
[60] Dalberg, Thomas: Franz Josef Strauß. Porträt eines Politikers. Gütersloh 1968, S. 50.
[61] Vgl. Senfft, Heinrich: Glück ist machbar. Der bayerische Spielbankenprozeß, die CSU und der unaufhaltsame Aufstieg des Doktor Friedrich Zimmermann. Ein politisches Lehrstück. Köln 1988, S. 59.

In Frankfurt stand der junge Abgeordnete weiterhin unerschütterlich an der Seite des umstrittenen Wirtschaftsdirektors. Sein ganzes Leben lang sollte Strauß stolz darauf sein, Ludwig Erhard, dem es im Sommer 1948 schließlich gelang, sich im Wirtschaftsrat durchzusetzen, bei seinem Kampf gegen die staats- und planwirtschaftlichen Alternativkonzepte sekundiert zu haben. Die damit verbundene historische Weichenstellung kann in ihrer Bedeutung kaum überschätzt werden.[62] Einhergehend mit der Umstellung von der Zwangs- auf die Marktwirtschaft sollte eine längst überfällige Währungsreform erfolgen, da den im Umlauf befindlichen 300 Milliarden Reichsmark kaum mehr ein Warenangebot gegenüberstand. Fast der gesamte Handel wurde auf dem „Schwarzen Markt" abgewickelt, auf dem die wertlose Reichsmark durch eine stabile Zigarettenwährung ersetzt worden war. Am Freitag, dem 18. Juni 1948, erfuhren die Deutschen plötzlich über den Rundfunk, daß die Reichsmark bereits am Montag, dem 21. Juni, ihre Gültigkeit verlieren sollte. Am Sonntag sollte jede natürliche Person der drei Westzonen die ersten 40 von insgesamt 60 neuen „Deutschen Mark" bei den Ausgabestellen für die Lebensmittelkarten im Umtausch gegen 40 Reichsmark abholen, die restlichen 20 Mark im August. Juristische Personen erhielten einen einmaligen Geschäftsbeitrag in Höhe von 60 Deutschen Mark. Die bisherigen Löhne und Gehälter sollten in unveränderter Höhe in der neuen Währung weitergezahlt werden. Bank- und Sparguthaben wurden auf 6,5 Prozent ihres Wertes, Verbindlichkeiten auf 10 Prozent reduziert. Nur Hypotheken wurden im Verhältnis von 1:1 umgestellt, um die ohnehin bevorteilten Besitzer von Sachwerten nicht noch stärker zu begünstigen. Außerdem gab Erhard über den Rundfunk eigenmächtig die weitgehende Aufhebung der Bewirtschaftung und Preisbindung bekannt. Laut Strauß hatten die Amerikaner „eine Riesenangst davor, daß Erhards Währungsreform und seine Wirtschaftspolitik scheitern könnten, daß es dann zu sozialen Unruhen und Tumulten käme und General Clay den Zusammenbruch der amerikanischen Besatzungspolitik melden müßte. Amerikaner wie Briten befürchteten, daß die Umstellung der Wirtschaft zu sozialen Härten und diese wiederum zu aufruhrähnlichen Erscheinungen, wenn nicht gar zur Revolution führen könnten, so daß möglicherweise alliiertes Militär hätte gegen die Bevölkerung eingesetzt werden müssen."[63] Das genaue Gegenteil geschah, denn erstaunlicherweise brachten die Deutschen der „D-Mark" sofort großes Vertrauen entgegen. Überall in den drei Westzonen löste die Währungsreform und der gleichzeitige Übergang zur Marktwirtschaft eine „Euphorie aus, die von der Hoffnung auf rasche Verbesse-

---

[62] Vgl. Möller, Horst: Franz Josef Strauß. 1915–1988, in: Gall, Lothar (Hg.): Die grossen Deutschen unserer Epoche. Frankfurt am Main, Berlin 1995, S. 535–553, S. 542.
[63] Strauß, Franz Josef: Die Erinnerungen. Berlin 1998, S. 99.

rung der trostlosen ökonomischen Gesamtsituation genährt war. Die sofortige, explosionsartige Vermehrung des Warenangebots, das überall in den Auslagen und Schaufenstern zu bestaunen war, ließ den Eindruck entstehen, dass Erhards entschlossene Wirtschaftspolitik praktisch über Nacht ein ‚Wunder' bewirkt habe."[64] Die illegalen Schwarzmärkte und das Bezugsscheinsystem hatten ein Ende, der einzige Bezugsschein war nun die Deutsche Mark. Und die Deutschen zögerten nicht, sie auszugeben. Franz Strauß leistete sich von seinen ersten 40 D-Mark eine bayerische Brotzeit, kaufte eine neue Hose, betankte seinen Mercedes 170 V und fuhr zu einer politischen Veranstaltung der CSU.[65] Am 23. Juni 1948 erfolgte auch in der Sowjetischen Besatzungszone eine Währungsreform. Da aufgrund der mangelnden Vorbereitung noch kein neues Geld verfügbar war, wurden die alten Reichsmarkscheine einfach mit Coupons beklebt. Jeder Bürger der Ostzone erhielt 70 DM-Ost. Die Zwangsbewirtschaftung wurde im Gegensatz zu den Westzonen jedoch beibehalten. Der Lebensstandard verbesserte sich infolgedessen nur gering. In West-Berlin galten zunächst sowohl die Deutsche Mark als auch die Ostmark. Erst am 20. März 1949 wurde die D-Mark auch dort zum alleinigen gesetzlichen Zahlungsmittel bestimmt. Mit der nun unwiderruflich vollzogenen Wirtschafts- und Währungstrennung waren die beiden deutschen Fragmente ihrer endgültigen staatlichen Teilung ein gutes Stück näher gerückt.

Dieser Ansicht war auch Josef Stalin. Da die in den westlichen Besatzungszonen getroffene und bereits umgesetzte ordnungspolitische Grundentscheidung unweigerlich zu deren Integration in die politische und wirtschaftliche Hemisphäre des imperialistischen Klassenfeindes führen mußte, ließ der sowjetische Diktator am 24. Juni 1948 die Zufahrtswege nach Berlin sperren und die Gas- und Stromversorgung drastisch einschränken. Da die Bildung eines westdeutschen Teilstaates seit der Londoner Sechsmächtekonferenz vom Februar und März 1948 auf diplomatischem Wege offensichtlich nicht mehr zu verhindern war und sich der Alliierte Kontrollrat bereits am 20. März 1948 aus eben diesem Grund auf unbestimmte Zeit vertagt hatte, beabsichtigte Stalin, die Westmächte durch die „Berlin-Blockade" auf erpresserische Weise von einer Staatsgründung abzuhalten. Zumindest aber gedachte er, die westlichen Alliierten aus Berlin zu vertreiben und seinen Herrschaftsbereich auf den Westteil der Stadt auszudehnen, der wie ein schmerzender Stachel mitten im Fleisch des bereits einverleibten Territoriums steckte. Damit war

---

[64] Görtemaker, Manfred: Kleine Geschichte der Bundesrepublik Deutschland. München 2002, S. 74. Vgl. dazu auch: Niclauß, Karlheinz: „Restauration" oder Renaissance der Demokratie? Die Entstehung der Bundesrepublik Deutschland 1945–1949. Berlin 1982, S. 73.
[65] Vgl. Schmidt-Klingenberg, Michael: Der schwere Abschied, in: Der Spiegel, 52 (1998) H. 18, S. 114–119, S. 115.

die Waffenbrüderschaft der Anti-Hitler-Koalition endgültig zerbrochen. Allmählich wurde den westlichen Siegermächten klar, daß sich ihre strategische Lage nicht entscheidend verbessert hatte. An die Stelle eines deutschen war nun ein sowjetischer Diktator getreten. Die Bedrohung für den Frieden Europas war damit nicht geringer geworden. Ebenso wie Großbritannien hatten auch die Vereinigten Staaten den Großteil ihrer Truppen bereits kurz nach Kriegsende vom europäischen Kontinent abgezogen. Hatte die Gesamtstärke der westlichen Alliierten in Europa im Mai 1945 etwa fünf Millionen Mann betragen, so waren es bereits ein Jahr später nur noch etwa 890.000 Soldaten. Die immer noch zur Weltherrschaft entschlossene Sowjetunion hingegen hielt ihre Streitkräfte mit etwa vier Millionen Mann auf Kriegsstärke und ließ darüber hinaus ihre Rüstungsindustrie weiterhin auf Hochtouren laufen. Außerdem gelang es der UdSSR, ihren Einflußbereich vor allem in Osteuropa in ungeheurer Weise zu erweitern und militärisch zu sichern. Wenn die Westmächte verhindern wollten, daß Stalin seine Gewaltherrschaft auch auf den Rest des europäischen Kontinents ausweitete, durften sie keinen Zweifel an ihrer Entschlossenheit aufkommen lassen, West-Berlin vor seinem Zugriff zu bewahren. Deshalb richteten sie auf Initiative von US-Militärgouverneur Lucius D. Clay eine „Luftbrücke" ein, die die Versorgung des strangulierten Westteils der Stadt sicherstellen sollte. Fast elf Monate lang landete alle zwei bis drei Minuten ein Flugzeug auf einem der drei West-Berliner Flughäfen. Insgesamt wurden bei über 270.000 Flügen 1,83 Millionen Tonnen Lebensmittel, Brennmaterial und Medikamente eingeflogen. So wurde die erste Schlacht des sogenannten Kalten Krieges um eine halbe Stadt geschlagen – und vom Westen durch den massiven Einsatz von „Rosinenbombern" gewonnen. Bald erwies sich Stalins Manöver „als glatte Fehlspekulation, die der Sowjetunion lediglich eine der schwersten politischen Niederlagen ihrer Geschichte einbrachte." Denn die „Sowjets, die einen Krieg gegen die Westmächte weder führen konnten noch wegen der Berlin-Frage führen wollten, mußten dieser Demonstration überlegener technischer Leistungsfähigkeit ohnmächtig zusehen. Die Streitkräfte der Westmächte konnten also allein mit der Blockade nicht aus Berlin vertrieben werden, und damit blieb auch der besondere rechtliche und politische Status der Stadt erhalten."[66] Außerdem hatte die Blockade im Westen Deutschlands eine nachhaltige Solidarisierung von Besatzern und Besetzten bewirkt: „Plötzlich sah man die Schwärme von großen amerikanischen und britischen Flugzeugen am Himmel voller Hoffnung statt Angst."[67]

---

[66] Graml, Hermann: Die Alliierten und die Teilung Deutschlands. Konflikte und Entscheidungen 1941–1948. Frankfurt am Main 1985, S. 213.
[67] Weinberg, Gerhard L.: Von der Konfrontation zur Kooperation. Deutschland und die Vereinigten Staaten 1933–1949, in: Trommler, Frank (Hg.): Amerika und die Deutschen. Die Beziehungen im 20. Jahrhundert. Opladen 1986, S. 41–53, S. 52.

Franz Strauß, der den Amerikanern bereits am 28. Mai 1945 prophezeit hatte, daß sie mit den Sowjets noch erheblichen Ärger bekommen würden, konnte das zur Bewältigung seiner vielen Aufgaben notwendige Arbeitstempo inzwischen kaum mehr durchhalten. Am 18. Dezember 1948 wurde er obendrein auch noch zum Landesgeschäftsführer (Generalsekretär) der CSU ernannt.[68] Angesichts der mit dieser Position verbundenen Verpflichtungen legte er das Amt des Landrates mit Ablauf des 31. Dezembers 1948 nieder, ließ sich aber – wahrscheinlich sicherheitshalber – zum stellvertretenden Landrat wählen. Offenbar brauchte er „noch einen Koffer in Schongau, gefüllt mit Erinnerungen an die ersten Jahre einer vielversprechenden Karriere."[69]

3. Ein neuer Staat entsteht

Aufgrund der seit Kriegsende zu beklagenden wirtschaftlichen Destabilisierung Europas und der wachsenden Bedrohung durch den Kommunismus hatten sich die Westmächte und die Benelux-Staaten bereits im Februar und März 1948 in London auf die Schaffung eines deutschen Teilstaates und die Einrichtung einer provisorischen westdeutschen Regierung geeinigt. Die Beschlüsse dieser Konferenz waren den Ministerpräsidenten der westdeutschen Länder am 1. Juli 1948 in Form der sogenannten „Frankfurter Dokumente" übergeben worden. Darin wurden die Ministerpräsidenten unter anderem aufgefordert, eine verfassunggebende Versammlung einzuberufen. Die Verfassung sollte kein zentralisiertes Reich wiederherstellen, sondern einen auf demokratischen Prinzipien beruhenden Rechtsstaat schaffen, dessen bundesstaatliche Regierungsform einen angemessenen Ausgleich zwischen den Befugnissen der Zentralgewalt und den Rechten der Gliedstaaten garantierten würde. Der zweite Versuch, auf deutschem Boden eine parlamentarische Demokratie aufzubauen, durfte nicht mißlingen.

Für die festliche Eröffnungsfeier des hochbedeutsamen Gremiums im Museum Alexander König am 1. September 1948 in Bonn waren zahlreiche ausgestopfte Tiere aus dem großen Saal des zoologischen Forschungs- und Ausstellungsinstitutes geschoben worden. Die präparierten Zebras und Giraffen hatten jedoch nicht einer verfassunggebenden Versammlung, sondern dem „Parlamentarischen Rat" zu weichen, der angesichts der künftigen staatlichen Teilung die Konzeption einer Verfassung ablehnte, dafür aber ein „Grundgesetz" auszuarbeiten bereit war. Bei seinen Beratungen stützte sich der Parlamentarische Rat auf einen umfassenden

---
[68] Vgl. o.V.: Das Geld, die Macht und FJS, in: Der Spiegel, 50 (1996) H. 30, S. 52–60, S. 54.
[69] Bickerich, Wolfram: Franz Josef Strauß. Die Biographie. Düsseldorf 1996, S. 42f.

Entwurf eines aus Verfassungsexperten bestehenden Konvents, der vom 10. bis zum 23. August auf der ruhigen, aber von Mücken geplagten Insel Herrenchiemsee, die damals noch Herrenwörth hieß, getagt hatte.[70] Die Sachverständigen empfahlen unter der Bezeichnung „Bund deutscher Länder" eine ausgeprägt föderale Struktur mit weitgehend dezentraler Gesetzgebung, Verwaltung, Justiz und Finanzhoheit sowie einer Zwei-Kammer-Legislative. Plebiszitäre Elemente, wie sie die Weimarer Verfassung gekannt hatte, sollten vermieden, Parlament und Regierung gestärkt und das Staatsoberhaupt faktisch entmachtet werden. Außerdem, so der Vorschlag des Verfassungskonvents, war das zu gründende Staatswesen als „Provisorium", zugleich aber auch als „Kernstaat" für ein späteres Gesamtdeutschland zu konzipieren.

„Mit den Beratungen des Parlamentarischen Rates begann jene Ära, die in der Geschichte der Bundesrepublik Deutschland untrennbar mit dem Namen Konrad Adenauers verbunden ist."[71] Dessen waren sich die damaligen Akteure allerdings nicht bewußt. Strauß: „Dem handelnden Politiker stellen sich Abläufe und Personen anders dar als später dem Historiker im Rückblick. So hatte meine Generation, 30 bis 35 Jahre alt und die Kriegsjahre hinter sich, nicht den Eindruck, am Beginn einer ‚Ära Adenauer' zu stehen."[72] Schließlich galt das Amt des Präsidenten des Parlamentarischen Rates, zu dem Adenauer am 1. September 1948 gewählt worden war, als Ehrenposten ohne Macht und Perspektive. Demgemäß erwartete man von dem ehemaligen Kölner Oberbürgermeister, daß er seine reiche politische Erfahrung aus der Weimarer Zeit allenfalls zur überparteilichen Ordnung der Plenarsitzungen nutzen und sich dann ehrenvoll aus der aktiven Politik zurückziehen würde. Doch Adenauer dachte nicht daran, sich zurückzuziehen und den Jüngeren das Feld zu überlassen – noch lange nicht.

Alles in allem herrschte im Parlamentarischen Rat ein breiter Grundkonsens zwischen den Parteien, denn den Müttern und Vätern des Grundgesetzes war die Erinnerung an den Untergang der ersten deutschen Demokratie immer noch präsent. Kontroversen ergaben sich unter den 65 Mitgliedern, die von den Landtagen der drei Westzonen entsendet worden waren, vor allem aus dem Streit um die Ausgestaltung des künftigen Föderalismus und den unterschiedlichen Vorstellungen

---

[70] Vgl. Strauß, Franz Josef: Staatsakt des Freistaates Bayern aus Anlaß der Einberufung des Verfassungskonvents auf Herrenchiemsee vor 40 Jahren am 21. September 1988 im Spiegelsaal des Neuen Schlosses Herrenchiemsee. Grußansprache des Bayerischen Ministerpräsidenten, Dr. h.c. Franz Josef Strauß, in: Bundesrat (Hg.): Stationen auf dem Weg zum Grundgesetz. Festansprachen aus Anlaß der 40. Jahrestage der Ritterturz-Konferenz, des Verfassungskonvents auf Herrenchiemsee und des Zusammentretens des Parlamentarischen Rates. Bonn 1988, S. 41–50, S. 41.
[71] Görtemaker, Manfred: Kleine Geschichte der Bundesrepublik Deutschland. München 2002, S. 39.
[72] Strauß, Franz Josef: Die Erinnerungen. Berlin 1998, S. 150.

im Zusammenhang mit der Hauptstadtfrage. Gemeinhin wird angenommen, daß Bonn als Tagungsort des Parlamentarischen Rates und als Hauptstadt des neuen Staates ausgewählt wurde, weil Konrad Adenauer im nahegelegenen Rhöndorf wohnte. Dies entspricht jedoch nicht den Tatsachen, denn „die Entscheidung über den Tagungsort des Parlamentarischen Rates war am 13. August 1948 ohne Adenauers Zutun in einer telefonischen Abstimmung zwischen den Ministerpräsidenten der Länder gefallen."[73] Da das geteilte und mitten in der Ostzone liegende Berlin nicht in Betracht kam und Bonn im Gegensatz zu Frankfurt weitab von der amerikanischen Militärregierung lag, günstige Verkehrsverbindungen vorzuweisen hatte und weitgehend unzerstört geblieben war, entschied man sich für die ruhige und überschaubare Universitätsstadt am Rhein. Im Oktober 1948 wurde schließlich der Ältestenrat des Parlamentarischen Rates mit der Aufgabe betraut, über den vorläufigen Sitz der Bundesorgane zu beraten. Erneut waren Frankfurt und Bonn die wichtigsten Bewerber. Während der SPD Frankfurt sympathischer war, weil es in einem sozialdemokratisch regierten Land lag, zogen die Abgeordneten der Unionsparteien das mitten im christdemokratisch dominierten Rheinland liegende Bonn vor, das von der New York Times damals als nur halb so groß, aber doppelt so still wie der New Yorker Zentralfriedhof beschrieben wurde. Letztendlich votierten die Abgeordneten des Parlamentarischen Rates im Mai 1949 mit 33 zu 29 Stimmen für Bonn als provisorischen Sitz von Parlament und Regierung.[74] Die endgültige Entscheidung blieb dem noch zu bildenden Bundestag vorbehalten. Strauß: „Die ganze Diskussion über Bonn als Hauptstadt habe ich nur am Rande, von Frankfurt aus miterlebt. Am Anfang wäre mir Frankfurt als alte Krönungsstadt des Heiligen Römischen Reiches Deutscher Nation und als Großstadt lieber gewesen. Bonn erschien mir als eine Beamten- und Pensionärsstadt von etwas altväterlichem Zuschnitt. Aber diese Einstellung hat sich dann schnell geändert, und im Bundestag war ich einer der Wortführer für die Entscheidung zugunsten von Bonn. Die ‚rote Umgebung' in Frankfurt war gewiß ein Motiv. Als weiterer handfester Grund kam die miserable Behandlung des Wirtschaftsrates durch den Frankfurter Oberbürgermeister Kolb hinzu."[75]

Bald darauf wurden erste Gerüchte in Umlauf gebracht, daß es sich bei der Entscheidung des Parlamentarischen Rates um das „Ergebnis eines machtpolitischen

---

[73] Görtemaker, Manfred: Kleine Geschichte der Bundesrepublik Deutschland. München 2002, S. 40.
[74] Vgl. Vogt, Helmut: Das Herzstück der jungen Bundeshauptstadt. Die Anfänge des Deutschen Bundestages in Bonn 1949/50, in: Aus Politik und Zeitgeschichte. Beilage zur Wochenzeitung Das Parlament. B 32–33/1999 vom 06.08.1999, S. 16–24, S. 16; Dreher, Klaus: Ein Kampf um Bonn. München 1979, S. 119.
[75] Strauß, Franz Josef: Die Erinnerungen. Berlin 1998, S. 112.

Intrigenspiels"⁷⁶ gehandelt habe. In dieser Situation verfiel die SPD auf die List, dem Oberdirektor der Zweizonenverwaltung, Dr. Hermann Pünder, vorzuwerfen, er habe für Frankfurt bestimmte Gelder nach Bonn verschoben, die dort verbaut worden wären, um die „Universitäts- und Rentnerstadt" im Sinne der Hauptstadtfrage attraktiver zu machen. Also müsse ein Untersuchungsausschuß des Wirtschaftsrates gebildet und die Angelegenheit unter den Augen der Öffentlichkeit aufgeklärt werden. Daraufhin schlug Franz Strauß vor, zum Gegenangriff überzugehen. Zufällig hatte er kurz zuvor einem Flugblatt entnommen, daß einer der SPD-Abgeordneten des Frankfurter Wirtschaftsrates ein Gestapo-Agent gewesen sein soll. Kampfeslustig formulierte er einen Antrag, der den Wirtschaftsrat zur Prüfung der Frage veranlassen sollte, ob das Ansehen des hohen Hauses durch diesen schweren Vorwurf in Mitleidenschaft gezogen wurde. „Mit knapper Mehrheit schloß sich die Fraktion schließlich dem Vorgehen von Franz Strauß an. Seine Sache war es, den Antrag in einer Rede vor dem Wirtschaftsrat zu begründen. Er formulierte sie so dramatisch und mit heiligem Zorn, daß die SPD vor Wut schäumte", wie Thomas Dalberg bereits vor über 35 Jahren in seinem Strauß-Porträt schrieb. „Seit diesem Tag gehörte Strauß für viele Jahre zu den intimsten Feinden der Sozialdemokraten. Der Untersuchungsausschuß begann sofort mit der Arbeit. Die SPD legte den größten Wert darauf, so schnell wie möglich zum Ende zu kommen, damit nicht noch mehr Staub aufgewirbelt wurde. Das hatte Franz Strauß mit seinem Gegenangriff erreicht. Pünder und der SPD-Abgeordnete wurden entlastet. Bald sprach kein Mensch mehr davon."⁷⁷ Der junge CSU-Abgeordnete jedoch hatte sich einen neuen Feind geschaffen.

Bald zeichnete sich ab, daß der Parlamentarische Rat mit seiner Arbeit zu einem Ergebnis kommen würde. Strauß: Zu jener Zeit „bin ich das erste Mal seit meiner Militärzeit – am 1. November 1939 war ich im Eisenbahntransport nach dem Westwall durch die Stadt gefahren – wieder in Bonn gewesen. Es war im Vorfeld der ersten Bundestagswahlen. Wir erkundigten uns, wo das künftige Parlament tagen werde, was Wohnungen kosteten und wo man eine bekäme, wie die Verkehrsverhältnisse seien. Ich mietete mich bei einer Witwe ein, deren Sohn Theologie studierte. Es war eine richtige Studentenbude."⁷⁸ Am 8. Mai 1949 war es schließlich soweit: Auf den Tag genau vier Jahre nach der bedingungslosen Kapitulation der Deutschen Wehrmacht wurde das Grundgesetz für die Bundesrepublik Deutschland vom Plenum des Parlamentarischen Rates in Dritter Lesung mit 53

---

[76] Ramge, Thomas: Die grossen Polit-Skandale. Eine andere Geschichte der Bundesrepublik. Frankfurt am Main, New York 2003, S. 12.
[77] Dalberg, Thomas: Franz Josef Strauß. Porträt eines Politikers. Gütersloh 1968, S. 59.
[78] Strauß, Franz Josef: Die Erinnerungen. Berlin 1998, S. 112.

zu 12 Stimmen angenommen. Nach der Genehmigung durch die drei Militärgouverneure mußte der Gesetzentwurf nun noch von den Landtagen ratifiziert werden. „Dies geschah zwischen dem 18. und 21. Mai, als zehn der elf Landtage das Grundgesetz billigten. Lediglich Bayern lehnte die Ratifizierung am 20. Mai nach einer stürmischen, teilweise von Tumulten begleiteten siebzehnstündigen Landtagssitzung in der Atmosphäre eines nächtlichen Gewitters unter Blitz und Donner mit 101 gegen 63 Stimmen ab, weil seinen Abgeordneten die Bestimmungen über den Föderalismus nicht weit genug gingen."[79] Auch Franz Strauß plädierte aus diesem Grund für eine Ablehnung der vorliegenden Fassung. Allerdings beschloß der bayerische Landtag, das Grundgesetz uneingeschränkt zu akzeptieren und als rechtsverbindlich zu betrachten, falls ihm zwei Drittel der Länder zustimmten. Demgemäß konnte auf der feierlichen Schlußsitzung des Parlamentarischen Rates vom 23. Mai 1949 die Annahme des Grundgesetzes durch die Landtage festgestellt werden. Daraufhin wurde es unterzeichnet, ausgefertigt und noch am selben Tage in der ersten Ausgabe des Bundesgesetzblattes verkündet. Der seit 1945 während Schwebezustand, das sogenannte Kondominium, hatte ein Ende gefunden, die „Bundesrepublik Deutschland" war gegründet. Als Reaktion auf die westdeutsche Staatsgründung ließ Moskau am 7. Oktober 1949 die Sowjetische Besatzungszone zur „Deutschen Demokratischen Republik" erheben. Damit stand der jungen Bundesrepublik fortan ein sozialistischer Konkurrenzstaat gegenüber.

4. Die „Rhöndorfer Regierungsbildung"

Der erste Bundestagswahlkampf war kurz und wurde mit verhältnismäßig bescheidenen Mitteln geführt. Das Gedränge auf dem Weg nach Bonn war nicht sehr groß, denn die „Länder waren vergleichsweise stark etabliert, ihre führenden Politiker deshalb nicht ohne weiteres dazu zu bewegen, nach Bonn zu gehen. Noch wußte man nicht, was aus diesem merkwürdigen Staatsgebilde, das da im Entstehen war, werden würde. Was 1949 für den Bundestag galt, galt zuvor erst recht für den Wirtschaftsrat und den Parlamentarischen Rat. Man traute diesem Zukunftsunternehmen nicht. Der Spatz in der Hand war vielen in den Ländern, auch in Bayern, lieber als die Taube auf dem Frankfurter oder Bonner Dach. Auch mangelndes Vertrauen in die Absichten und Pläne der Alliierten schlug hier durch. Nicht zuletzt wirkten auch die schlechten Erfahrungen mit dem Zentralstaat der Weimarer Republik noch nach. Die ungeklärte Situation in Bonn, eher gekenn-

---

[79] Görtemaker, Manfred: Kleine Geschichte der Bundesrepublik Deutschland. München 2002, S. 44.

zeichnet von vagen Hoffnungen und mancherlei Befürchtungen als von sicheren Erwartungen, bot auf der anderen Seite natürlich Mitwirkungsmöglichkeiten und Gestaltungschancen."[80] Franz Strauß, der sich nun seines zweiten Vornamens erinnerte, war entschlossen, diese Chancen zu nutzen. Bis zum Tode seines gleichnamigen Vaters am 7. Juni 1949 war Strauß zumeist nur „Franz" gerufen worden. Josef Müller hatte bereits während der ersten Treffen im Gedonstraßenkreis angeregt, Strauß möge „seinem damaligen Rufnamen Franz auch noch den zweiten im Taufregister eingetragenen Vornamen Josef" hinzufügen, „da der Doppelname gemütlicher klinge und sicher auch gut ankomme."[81] Außerdem gab es im Bayerischen Landtag einen Abgeordneten namens Franz Strauß, mit dem Verwechslungsgefahr bestand. Strauß war mit Müllers Vorschlag einverstanden, brauchte jedoch noch mehrere Jahre, bis er sich an den „Franz Josef" gewöhnt hatte. Noch 1953 unterschrieb er seine Briefe zumeist nur mit „Franz Strauß".[82] Die später immer wieder vorgebrachte Behauptung, er habe sich den zweiten Vornamen nachträglich zugelegt, um die Härte seines Namens zu mildern, um weniger plebejisch zu wirken oder um sich im Glanz eines kaiserlich-habsburgischen Doppelnamens sonnen zu können, entbehrte folglich jeder Grundlage und diente allein polemischen Zwecken. Daher ärgerte sich Franz Josef über einen absichtlich oder versehentlich eingefügten Bindestrich stets mehr als über manche politische Attacke.[83]

Franz Josef Strauß kandidierte nicht nur für den Wahlkreis Schongau-Weilheim, sondern betätigte sich auch als Wahlkampfmanager der CSU: „Morgens habe ich die Broschüren geschrieben und mittags den Rednerdienst bearbeitet, nachmittags die Plakate entworfen, abends in Wahlversammlungen gesprochen, und nachts mit den Leuten beim Bier zusammengesessen. Am nächsten Morgen begann der gleiche Turnus wieder von vorn."[84] Um die Erfolgsaussichten seiner Partei zu erhöhen, jene der erstarkten Bayernpartei zu verringern und eine verhängnisvolle Zersplitterung der Parteienlandschaft wie zu Zeiten der Weimarer Republik zu vermeiden, forderte er von Anfang an ein Mehrheitswahlrecht. Doch der Parla-

---

[80] Strauß, Franz Josef: Die Erinnerungen. Berlin 1998, S. 84.
[81] Müller, Josef: Bis zur letzten Konsequenz. Ein Leben für Frieden und Freiheit. München 1975, S. 359.
[82] Vgl. Strauß, Franz: Brief an Konrad Adenauer vom 20.10.1949. Stiftung Bundeskanzler-Adenauer-Haus, I/10.02; Strauß, Franz: Brief an Konrad Adenauer vom 26.09.1951. Stiftung Bundeskanzler-Adenauer-Haus, I/ 11.04; Strauß, Franz: Brief an Konrad Adenauer vom 11.06.1953. Stiftung Bundeskanzler-Adenauer-Haus, III/24. Vgl. dazu auch: Adenauer, Konrad: Brief an Franz Joseph Strauß vom 21.07.1952. Stiftung Bundeskanzler-Adenauer-Haus, I/11.04.
[83] Vgl. Finkenzeller, Roswin: Die arme CSU und ihr Chefpilot. Stoiber und Waigel denken an Strauß, in: Frankfurter Allgemeine Zeitung vom 08.09.2000, S. 5.
[84] Schöll, Walter (Hg.): Franz Josef Strauß. Der Mensch und der Staatsmann. Ein Porträt. Percha am Starnberger See 1984, S. 77.

mentarische Rat hatte ein (nur für die erste Bundestagswahl gültiges) Wahlgesetz verabschiedet, wonach 60 Prozent der Abgeordneten nach dem einfachen Mehrheitsprinzip direkt gewählt, die restlichen 40 Prozent der Mandate unter Anrechnung der Direktmandate über Listenplätze vergeben werden sollten – also ein mit Elementen der Persönlichkeitswahl vermischtes Verhältniswahlrecht. Allerdings verfügten alle Wahlberechtigten über einen in ganz (West-)Deutschland gültigen Stimmschein und konnten daher wählen, wo sie wollten – weshalb Josef Müller mit seiner Frau am Wahltag im eigenen Wagen nach Oberammergau fuhr, „dem strömenden Regen trotzend, um im Wahlkreis seines liebsten Zöglings Strauß persönlich zu einem guten Ergebnis zu verhelfen."[85]

Im Vordergrund des Wahlkampfes standen die Themen Wiederaufbau und Kriegsfolgenbewältigung. Vor allem aber wurden die gegensätzlichen Auffassungen der Unionsparteien und der SPD zur künftigen Wirtschaftsordnung thematisiert. Plakate mit der Aufschrift „Es geht um Deutschland: Christliche Freiheit oder marxistischer Zwang" und Wahlreden zum Thema: „Zwangswirtschaft oder soziale Marktwirtschaft" waren keine Seltenheit und prägten das Wahlkampfgeschehen. Die CSU, die in Bayern gleichzeitig gegen die planwirtschaftlich orientierte SPD und die zum übersteigerten Föderalismus neigende Bayernpartei zu kämpfen hatte, wählte den Slogan: „Was erzählt Euch der Heimkehrer vom sozialistisch-kollektivistischen Staat? Bleibt deshalb Eurer bayerischen Heimat treu! Wählt Christlich Soziale Union."[86] Franz Josef Strauß entschied sich für das etwas allgemeiner gehaltene Motto „Die Wirtschaft ist unser Schicksal" und stellte sich damit auf die Seite der außergewöhnlich erfolgreichen „Wahllokomotive" Ludwig Erhard.

Die am 14. August 1949 von 78,5 Prozent der wahlberechtigten Personen abgegebenen Stimmen summierten sich zu einem überraschenden Ergebnis: 31,0 Prozent entfielen auf die unerwartet erfolgreiche „Arbeitsgemeinschaft der CDU/CSU"[87] und 29,2 Prozent auf die tief enttäuschte SPD. Die wirtschaftsliberal gesinnte FDP konnte 11,9 Prozent der Wählerstimmen auf sich vereinigen. Immerhin 5,7 Prozent gingen an die KPD, 4,2 Prozent an die Bayernpartei, 4,0 Prozent an die Deutsche Partei (DP), 3,1 Prozent an das Zentrum und 1,8 Prozent an die rechtsextreme Deutsche Reichspartei (DRP). Damit zeigte der erste deutsche Bundestag „eine Parteienvielfalt und Kräfteverhältnisse, die den Weimarer

---

[85] Siebenmorgen, Peter: Franz Josef Strauß und die verborgene Prägekraft des Josef Müller, in: Hanns-Seidel-Stiftung (Hg.): Zum 100. Geburtstag. Josef Müller. Der erste Vorsitzende der CSU. „Politik für eine neue Zeit". Grünwald 1998, S. 167–179, S. 169.
[86] Toman-Banke, Monika: Die Wahlslogans von 1949 bis 1994, in: Aus Politik und Zeitgeschichte. Beilage zur Wochenzeitung Das Parlament. B 51–52/1994 vom 23. Dezember 1994, S. 47–55, S. 49.
[87] Gutjahr-Löser, Peter: CSU – Porträt einer Partei. München, Wien 1979, S. 49.

Reichstagen der späten zwanziger Jahre sehr ähnlich sahen: Keine Partei hatte auch nur ein Drittel der Wähler hinter sich."[88] Während die Arbeitsgemeinschaft der CDU/CSU bundesweit beachtlichen Zuspruch erfahren hatte, war das in Bayern erzielte Ergebnis der CSU eher enttäuschend ausgefallen. Strauß: „In Oberbayern und München sah es sehr trübe für uns aus. Die vier Münchner Wahlkreise waren nicht zu erobern und gingen an die SPD, im übrigen Oberbayern wurden nur Richard Jaeger in seinem Wahlkreis Dachau und ich in meinem Wahlkreis Weilheim, Schongau, Garmisch-Partenkirchen, Bad Tölz gewählt. Alle anderen ländlichen Direktmandate gingen an die Bayernpartei. In Niederbayern errang einzig und allein Fritz Schäffer aufgrund seines hohen persönlichen Ansehens das Direktmandat in seinem Wahlkreis Passau."[89] So zog Franz Josef Strauß bald darauf in dem Bewußtsein, in der Heimat die Bayernpartei und bundesweit die SPD zum Gegner zu haben, als einer der jüngsten Abgeordneten in den ersten Deutschen Bundestag ein.

Seit 1946 zählte der ehemalige Zentrumspolitiker Konrad Adenauer neben Jakob Kaiser und Josef Müller zu den wichtigsten Persönlichkeiten der Christlich Demokratischen Union. Bereits im Jahre 1948 hatte er beide Konkurrenten „um die Führung in der langsam zusammenwachsenden Partei überrundet."[90] Strauß: „Adenauer imponierte mir schon durch sein souveränes, selbstbewußtes Auftreten. Er strahlte Persönlichkeit, Charakterstärke und Führungskraft aus, und er vermochte, im großen wie im kleinen, kraftvoll mit dem politischen Handwerkszeug umzugehen."[91] Eine Woche nach der Bundestagswahl ergriff Konrad Adenauer die Initiative und lud 26 Honoratioren der Unionsparteien in sein Rhöndorfer Haus ein. In seinen Erinnerungen gab Adenauer an, seine Wohnung als Sitzungsort ausgewählt zu haben, damit die Versammlung „möglichst wenig ausgehorcht"[92] würde. Ein anderer Grund dürfte triftiger gewesen sein: Als Gastgeber und Hausherr konnte Adenauer den Vorsitz dieser inoffiziellen Konferenz naturgemäß für sich beanspruchen. „Für ihn stand es fest, daß er in diesem politischen Szenario der Hauptdarsteller sein werde. Darum hatte er zu sich nach Hause eingeladen, das Ganze gleich an sich gezogen. Auf jeden Fall hatte Adenauer bei seiner Einladung bewußt einkalkuliert, daß er eine zusätzliche Autorität besaß, wenn er in seinen

---

[88] Hartenstein, Wolfgang: Fünf Jahrzehnte Wahlen in der Bundesrepublik. Stabilität und Wandel, in: Aus Politik und Zeitgeschichte. Beilage zur Wochenzeitung Das Parlament. B 21/2002 vom 24. Mai 2002, S. 39–46, S. 39.
[89] Strauß, Franz Josef: Die Erinnerungen. Berlin 1998, S. 585.
[90] Schwarz, Hans-Peter: Vom Reich zur Bundesrepublik. Deutschland im Widerstreit der außenpolitischen Konzeptionen in den Jahren der Besatzungsherrschaft 1945–1949. Neuwied und Berlin 1966, S. 22f.
[91] Strauß, Franz Josef: Die Erinnerungen. Berlin 1998, S. 127.
[92] Adenauer, Konrad: Erinnerungen 1945–1953. 6. Auflage, Stuttgart 1987, S. 224.

Franz Josef Strauß im Jahre 1949.

eigenen Räumen Gesprächsteilnehmer als Gäste begrüßen konnte. Das war psychologisch gezielt. Er wollte die Zusammenkunft nicht in den Räumen des Parlamentarischen Rates, des späteren Bundestages, oder in irgendeinem Parteigebäude, er wollte sie bei sich zu Hause. Nur dort konnte er wie selbstverständlich die Runde leiten, das Wort erteilen, die Diskussion zusammenfassen."[93] Zweck der Zusammenkunft war, die anstehende Koalitions- und Regierungsbildung zu beraten, vor allem aber, die Entscheidungen der offiziellen Parteigremien vorwegzunehmen. Konrad Adenauer war fest entschlossen, die vielfach in Erwägung gezogene große Koalition mit der SPD zu verhindern und die im Frankfurter Wirtschaftsrat erprobte Zusammenarbeit der Unionsparteien mit den Liberalen fortzuführen. Eingeladen waren zwei Ministerpräsidenten, Oberdirektor Pünder, Ludwig Erhard, einige CDU-Abgeordnete des Frankfurter Wirtschaftsrates, mehrere Landesvorsitzende, der bayerische Landtagspräsident Horlacher und Franz Josef Strauß. Als „zusätzliche Augen und Ohren des Chefs"[94] waren auch Adenauers persönliche Referenten Herbert Blankenhorn und Josef Löns zugegen. Am Vortag der Konferenz hatte sich Adenauer bereits mit dem bayerischen Ministerpräsidenten und CSU-Chef Hans Ehard, der es ablehnte, sich nach Rhöndorf einbestellen

---

[93] Strauß, Franz Josef: Die Erinnerungen. Berlin 1998, S. 122.
[94] Schwarz, Hans-Peter: Adenauer. Der Aufstieg: 1876–1952. Stuttgart 1986, S. 624.

zu lassen, in Frankfurt getroffen.[95] Dort war es Adenauer gelungen, Ehard von der Notwendigkeit einer kleinen Koalition zu überzeugen.

Franz Josef Strauß und Michael Horlacher hatten verabredet, gemeinsam nach Rhöndorf zu fahren. Nach eigenem Bekunden wartete Strauß bis fünf Minuten vor Abfahrt des Zuges, doch Horlacher erschien nicht, weil er sich „mit seinem Wagen im Bayerischen Wald verirrt hatte."[96] Damit war Strauß neben dem eher zurückhaltenden Anton Pfeiffer, dem Chef der Bayerischen Staatskanzlei, in Rhöndorf der einzige Vertreter seiner Partei. Horlacher traf erst ein, als sich die Sitzung bereits ihrem Ende zuneigte. Zunächst gingen die Beratungen und Verhandlungen nur schleppend voran. Die Befürworter einer großen Koalition hatten angesichts der enormen Schwierigkeiten und Belastungen, die auf die erste Bundesregierung zukommen würden, gewichtige Argumente vorzubringen. Zur Mittagspause bat Adenauer seine Gäste zu einem kalten Buffet auf die Gartenterrasse seines auf halbem Berghang gelegenen, von Rosenbeeten umgebenen Hauses. Die großzügige Gastfreundschaft des Hausherrn, vor allem aber die edlen Tropfen seines Weinkellers, hoben die Stimmung und hinterließen insbesondere bei den ausgehungerten Großstädtern einen überwältigenden Eindruck. Anschließend wurden die Beratungen fortgeführt. Laut des von Dr. Gebhard Müller, dem Staatspräsidenten und CDU-Vorsitzenden von Württemberg-Hohenzollern, geführten Protokolls meldete sich Franz Josef Strauß nur ein einziges Mal zu Wort und nahm – sinngemäß – wie folgt Stellung: „Wenn wir mit dem Experiment soziale Marktwirtschaft begonnen haben, mit erstaunlichen Ergebnissen, aber noch lange nicht mit einem endgültigen Erfolg, dann könnten wir dieses Experiment mit den Sozialdemokraten nicht so fortsetzen, daß sich eine klare Schlußfolgerung daraus ergäbe. Erfolge würden dann von den Sozialisten beansprucht. Mißerfolge würden der CDU/CSU in die Schuhe geschoben." Ergo: „Wir springen ins kalte Wasser; gewinnen wir damit, können wir mit der sozialen Marktwirtschaft die Probleme lösen, werden wir lange an der Regierung bleiben. Wenn nicht, dann haben wir eben das Schicksal des Politikers zu tragen, der mit seiner Vorstellung nicht das Ziel erreicht hat. Die CSU könnte sich an einer Koalition mit der SPD nicht beteili-

---

[95] Vgl. Morsey, Rudolf: Die Bildung der ersten Regierungskoalition 1949. Adenauers Entscheidung von Frankfurt und Rhöndorf am 20. und 21. August 1949, in: Historisches Jahrbuch 97/98 (1978), S. 418–438, S. 423; Wengst, Udo: Adenauers erste Koalitions- und Regierungsbildung im Spätsommer 1949, in: Aus Politik und Zeitgeschichte. Beilage zur Wochenzeitung Das Parlament. B 18/1985 vom 04.05.1985, S. 3–18, S. 4.

[96] Strauß, Franz Josef: Honnefer Rede zum 100. Geburtstag von Konrad Adenauer am 5. Januar 1976. Bad Honnef 1976, S. 19.

gen."⁹⁷ Diese Ankündigung, ja Androhung einer Spaltung der bisher sehr erfolgreichen Arbeitsgemeinschaft von CDU und CSU wurde von Adenauer sofort erfaßt: „Wir haben nunmehr die Stellungnahme der CSU gehört. Damit ändert sich das Thema unserer Konferenz. Ging es bisher noch um die Frage, welche Koalition, geht es jetzt um die Frage: Sollen die beiden Unionsparteien beisammen bleiben? Und darum richte ich an Sie jetzt die Frage: Sind Sie für das Zusammenbleiben der beiden Unionsparteien? Dann müssen Sie gegen die Große Koalition sein. Sind Sie für die Trennung der beiden Unionsparteien? Dann können Sie für die Große Koalition sein. Und jetzt frage ich Sie: Wer ist für die Trennung der beiden?"⁹⁸ Niemand wagte es, die Hand zu heben. Denn so umstritten die Frage der Koalitionsbildung auch war, der Gedanke an eine Trennung der Unionsparteien behagte keinem der anwesenden Honoratioren und entschied damit die „Rhöndorfer Regierungsbildung" im Sinne von Adenauer und Strauß.⁹⁹ Der „Kreuther Geist" spukte also erstmals an den Hängen des Breiberges bei Bad Honnef am Rhein.

Dank der von Adenauer geschickt aufgegriffenen Argumentation des jungen CSU-Generalsekretärs konnte in Rhöndorf eine historische Weichenstellung vorgenommen werden, die sich „für die künftige politische Struktur und Entwicklung der Bundesrepublik als fundamental"¹⁰⁰ erweisen sollte. Demgemäß brüstete sich Franz Josef Strauß fortan, einen erheblichen Anteil an der Bildung der kleinen Koalition und damit an jener epochalen Weichenstellung gehabt zu haben, die Westdeutschland auf seinen einzigartigen Erfolgskurs führen sollte.¹⁰¹ In der Folgezeit wurde die Bedeutung des Straußschen Anteils an dieser schicksalhaften Entscheidung jedoch oft in Frage gestellt, da sich Adenauer – wie bereits erwähnt – am

---

[97] Wuermeling, Henric L.; Mautner, Paul (Hg.): Adenauer und die Deutschen. Gedanken und Erinnerungen. Stuttgart, München 1987, S. 37. Vgl. dazu auch: Aufzeichnung des Staatspräsidenten und CDU-Vorsitzenden von Württemberg-Hohenzollern, Dr. Gebhard Müller, über die Beratungen führender Unionspolitiker am 21. August 1949 in Rhöndorf, in: Morsey, Rudolf: Die Rhöndorfer Weichenstellung vom 21. August 1949. Neue Quellen zur Vorgeschichte der Koalitions- und Regierungsbildung nach der Wahl zum ersten Deutschen Bundestag, in: Vierteljahrshefte für Zeitgeschichte, 28 (1980) H. 4, S. 508–542, S. 513–529, S. 525f.

[98] Strauß, Franz Josef: „Der Alte war ein Mann mit vielen Schichten ...", in: Kohl, Helmut (Hg.): Konrad Adenauer, 1876/1976. Stuttgart, Zürich 1976, S. 160–168, S. 163.

[99] Diese „taktische Finte" (Strauß, Franz Josef: Die Erinnerungen. Berlin 1998, S. 121) Konrad Adenauers wird von Gebhard Müller in seinem Protokoll verschwiegen. Strauß, der darauf in seinen Erinnerungen hinweist, gibt hinsichtlich der Authentizität der Aufzeichnungen Müllers zu bedenken, daß dieser ein Anhänger einer großen Koalition war und „uns von der CSU nahezu feindselig gegenüberstand" (Ebd., S. 117).

[100] Möller, Horst: Franz Josef Strauß. 1915–1988, in: Gall, Lothar (Hg.): Die grossen Deutschen unserer Epoche. Frankfurt am Main, Berlin 1995, S. 535–553, S. 542.

[101] Vgl. statt vieler: Strauß, Franz Josef: Konrad Adenauer und sein Werk, in: Blumenwitz, Dieter; Gotto, Klaus; Maier, Hans; Repgen, Konrad; Schwarz, Hans-Peter (Hg.): Konrad Adenauer und seine Zeit. Politik und Persönlichkeit des ersten Bundeskanzlers. Band I: Beiträge von Weg- und Zeitgenossen. Stuttgart 1976, S. 85–98, S. 91.

Tage vor der Rhöndorfer Konferenz mit dem bayerischen Ministerpräsidenten Ehard auf eine gemeinsame Marschroute geeinigt hatte: „Strauß hatte in Rhöndorf also lediglich die Einhaltung einer bereits vereinbarten Linie zu überwachen."[102] Diese in der Tat weitverbreitete Einschätzung erscheint zweifelhaft, wenn man berücksichtigt, daß Strauß zwar von dem in Frankfurt arrangierten Treffen Kenntnis hatte, über die dort erzielten Ergebnisse aber nicht mehr informiert werden konnte.[103] Seines Wissens tendierte der bis dahin völlig unschlüssige Ehard also nach wie vor eher zu einer großen Koalition. Folglich war der mit einem Direktmandat ausgestattete und zur willenlosen Unterordnung ungeeignete CSU-Generalsekretär zwar als Gesandter Ehards auf der Rhöndorfer Konferenz erschienen, konnte jedoch unmöglich als unmündiges Sprachrohr des Parteivorsitzenden fungieren, da er dessen erst am Vortag gefaßten Entschluß nicht kannte. Rudolf Morsey: „Weil Franz Josef Strauß nichts davon wußte, glaubte er, am folgenden Tag hier eine entscheidende Rolle gespielt zu haben."[104] Das genaue Gegenteil ist zutreffend: Gerade weil Franz Josef Strauß nichts davon wußte, glaubte er nicht nur, am folgenden Tag eine entscheidende Rolle zu spielen, sondern spielte sie tatsächlich, indem er eine folgenschwere Entscheidung auf eigene Verantwortung vertrat: Ich „habe es auf meine Kappe genommen, daß durch mein Votum Bayern und die CSU für die Kleine Koalition sich aussprachen, wo doch Ehard wie Horlacher Anhänger der Großen Koalition waren."[105] Der Anteil von Strauß an der Bildung der ersten kleinen Koalition sollte daher keinesfalls unterschätzt werden. Viel eher ist die Bedeutung Ehards zu relativieren, denn bereits am 30. August 1949 rückte dieser von seiner Festlegung auf eine kleine Koalition wieder ab.[106] Bekanntlich blieb diese Meinungsänderung ohne jede politische oder historische Konsequenz. Die Haltung Ehards ist aber auch aus einem völlig anderen Grund als nebensächlich zu bewerten: Er nahm an der Rhöndorfer Konferenz nicht teil! Ganz gleich, welche Absprachen zwischen Adenauer und Ehard am Samstag, dem 20. August 1949, in Frankfurt getroffen wurden, die verbindlichen Entscheidungen waren auf der am folgenden Tag stattfindenden Rhöndorfer Konferenz herbeizuführen. Da der bayerische Ministerpräsident an dieser Konferenz nicht teilnahm

---

[102] Krieger, Wolfgang: Franz Josef Strauß. Der barocke Demokrat aus Bayern. Göttingen, Zürich 1995, S. 25.

[103] Vgl. Morsey, Rudolf: Föderalismus im Bundesstaat. Die Rolle des bayerischen Ministerpräsidenten Hans Ehard in der Vor- und Frühgeschichte der Bundesrepublik Deutschland, in: Historisches Jahrbuch, 108 (1988), S. 430–447, S. 441.

[104] Morsey, Rudolf: Gesprächsbeitrag, in: Pohl, Hans (Hg.): Adenauers Verhältnis zu Wirtschaft und Gesellschaft. Rhöndorfer Gespräche, Band 12. Bonn 1992, S. 67–70, S. 69.

[105] Schöll, Walter (Hg.): Franz Josef Strauß. Der Mensch und der Staatsmann. Ein Porträt. Percha am Starnberger See 1984, S. 78.

[106] Vgl. Gelberg, Karl-Ulrich: Hans Ehard. Die föderalistische Politik des bayerischen Ministerpräsidenten 1946–1954. Düsseldorf 1992, S. 283

und da Adenauer das Treffen mit Ehard nicht erwähnte, spielten auf dieser wichtigen Zusammenkunft weder Ehard noch die mit ihm im Vorfeld erfolgte Absprache auch nur die geringste Rolle. Entscheidend war nicht, was in Frankfurt von zwei Männern beschlossen wurde, entscheidend war, was in Rhöndorf von 26 Männern beschlossen wurde – und der einzige in Rhöndorf anwesende Vertreter der von Ehard geführten CSU war Franz Josef Strauß. Seine Ausführungen, insbesondere die in Aussicht gestellte Trennung der Unionsparteien, erleichterten es Adenauer erheblich, den Beschluß zur Bildung einer Kleinen Koalition herbeizuführen. Aus diesem Grund hat sich Strauß Zeit seines Lebens zu Recht gerühmt, einen wichtigen *Beitrag* zu einer Weichenstellung geleistet zu haben, die für die Geschichte der Bundesrepublik Deutschland von größter Bedeutung war. Daß Konrad Adenauer, der sich sowohl im Rahmen der konstituierenden Sitzung der CDU/CSU-Bundestagsfraktion vom 1. September 1949 als auch im Verlauf einer Aussprache mit Karl Arnold und Jakob Kaiser am 9. September d.J. auf die Straußsche Argumentation stützte,[107] in seiner „monomanischen Ich-Bezogenheit"[108] den entscheidenden Diskussionsbeitrag des bayerischen Nachwuchspolitikers in seinen Memoiren jedoch völlig unerwähnt läßt, steht hierzu nicht im Widerspruch.

Nachdem entschieden war, daß CDU/CSU und FDP eine kleine Koalition bilden und man der Deutschen Partei, einer 1947 aus der Niedersächsischen Landespartei hervorgegangenen, betont konservativ ausgerichteten Partei, anbieten würde, sich an dieser Koalition zu beteiligen, einigte man sich darauf, Konrad Adenauer zum Kanzlerkandidaten zu nominieren. Allerdings stieß die von fünf CDU-, drei CSU-, drei FDP- und zwei DP-Ministern gebildete Regierung insbesondere beim linken Unionsflügel, der bis zuletzt für eine Große Koalition gekämpft hatte, nicht auf Begeisterung. Franz Josef Strauß hingegen hatte allen Grund zur Zufriedenheit. In der festen Überzeugung, auf der Rhöndorfer Konferenz mit der vorsätzlichen Überschreitung seiner Befugnisse dem Wohl seines Landes gedient zu haben, stand er nun an der Schwelle eines neuen Lebensabschnitts: „Ich erinnere mich noch genau an den 1. September 1949. Zehn Jahre zuvor, am 1. September 1939, war der Zweite Weltkrieg ausgebrochen. Ich saß in der Pädagogischen Hochschule in Bonn, der Unterkunft des Bundestages, in dem kleinen Restaurant, das später für das Personal eingerichtet wurde, mit Blick zum Rhein. Da habe ich mir überlegt, was in meinem Leben schon alles passiert ist. Noch nicht einmal 35 Jahre alt,

---

[107] Vgl. Blankenhorn, Herbert: Verständnis und Verständigung. Blätter eines politischen Tagebuchs 1949 bis 1979. Frankfurt am Main, Berlin, Wien 1980, S. 55f; Stücklen, Richard: Mit Humor und Augenmaß. Geschichten, Anekdoten und eine Enthüllung. 2. Auflage, Forchheim 2001, S. 153ff.
[108] Dreher, Klaus: Der Weg zum Kanzler. Adenauers Griff nach der Macht. Düsseldorf, Wien 1972, S. 242.

sitzt du da als gewählter Abgeordneter im Deutschen Bundestag. Du bist Generalsekretär deiner Partei, also schon ein politischer ‚Würdenträger' der jüngeren Kategorie, und du bist de-facto-Vorsitzender der CSU-Landesgruppe. Das war die Stimmung dieses 1. September 1949, bei aller Trostlosigkeit des Hintergrundes eine Morgenröte."[109] Zwölf Tage später wurde Theodor Heuss, Bundesvorsitzender der FDP, als Ergebnis des ersten politischen Kuhhandels der Bundesrepublik zum Bundespräsidenten gewählt: CDU und CSU hatten zugesagt, Heuss zu unterstützen, da die FDP im Gegenzug garantiert hatte, Adenauers Wahl zum Bundeskanzler mitzutragen. So wurde Konrad Adenauer, der den meisten Bürgern außerhalb des Rheinlandes zu jener Zeit noch völlig unbekannt war, am 15. September 1949 im Alter von 73 Jahren mit einer Mehrheit von nur einer einzigen Stimme zum ersten Bundeskanzler der Bundesrepublik Deutschland gewählt. Ob ausgerechnet seine eigene Stimme den Ausschlag gab, wie oft vermutet wird, ist ungewiß. Franz Josef Strauß teilte diese Auffassung jedenfalls nicht: „Jeder kann für sich in Anspruch nehmen, ihn gewählt zu haben, weil er nur eine Stimme Mehrheit hatte."[110]

---

[109] Strauß, Franz Josef: Die Erinnerungen. Berlin 1998, S. 171f.
[110] Strauß, Franz Josef: Honnefer Rede zum 100. Geburtstag von Konrad Adenauer am 5. Januar 1976. Bad Honnef 1976, S. 20.

IV. Vom Bundestagsabgeordneten zum Atomminister (1949–56)

1. Abgeordneter im ersten Deutschen Bundestag

Vom ersten Tag der Legislaturperiode an ging der Bundestagsabgeordnete Strauß energisch und selbstbewußt an die Arbeit. Noch vor der ersten Sitzung des Bundestages am 7. September 1949 lud er seinen Kollegen Richard Stücklen zu einem bayerischen Essen in den „Salvator" in der Sürst in Bonn ein und schlug vor, daß Stücklen die organisatorischen Aufgaben der Landesgruppe übernehmen und dafür sorgen solle, daß bei allen Debatten, bei denen mehrere Sprecher einer Fraktion vorgesehen seien, zumindest die zweite Rede der Unionsfraktion von einem Abgeordneten der CSU gehalten werde. Alle großen Debatten, so fuhr Strauß voller Ehrgeiz und Tatendrang fort, wolle er gerne selbst übernehmen.[1] Außerdem regte er zusammen mit Fritz Schäffer den Zusammenschluß der 24 CSU-Abgeordneten zu einer „Landesgruppe der CSU im Deutschen Bundestag" an, um in der Fraktionsgemeinschaft mit der CDU ihre Eigenständigkeit behaupten zu können. Laut Strauß waren die Abgeordneten der CSU „eine verschworene Gemeinschaft, die sich von Vereinigungen der Parlamentarier aus anderen Bundesländern substantiell unterschied. Die Landesgruppe der CSU hatte eigene Farbe, eigenes Gewicht, eigene Qualität. Man hat uns allgemein als Organisation besonderer Art respektiert, obwohl auch die anderen versuchten, Landesgruppen zu bilden, was aber bis heute ziemlich lahme Versuche mit schwachen Ergebnissen geblieben sind."[2] So begann die politische Zweck- und Interessengemeinschaft der CDU und CSU im ersten Deutschen Bundestag in pragmatischer Harmonie. Die CSU ließ jedoch keinen Zweifel daran, daß sie sich mitsamt ihrer Landesgruppe als eine durchsetzungsfähige Kampftruppe verstand, die als Koalitions- und Unionspartei eine einzigartige institutionelle und politische Doppelrolle spielte. Schließlich war die CSU die einzige Partei, die trotz ihres begrenzten Einzugsbereiches einen regional unbeschränkten Einfluß beanspruchte. Auf diese Weise gelang es ihr, sich als eine das Bundesland Bayern schlechthin verkörpernde Landespartei zu etablieren, ihre Autonomie gegenüber der weitaus größeren Schwesterpartei zu bewahren und erheblichen Einfluß auf die Gestaltung der Bundespolitik auszuüben. Auch als die CDU im Oktober 1950 ihre Bundesorganisation gründete, änderte sich die-

---
[1] Vgl. Stücklen, Richard: Mit Humor und Augenmaß. Geschichten, Anekdoten und eine Enthüllung. 2. Auflage, Forchheim 2001, S. 177.
[2] Strauß, Franz Josef: Die Erinnerungen. Berlin 1998, S. 159.

ses Selbstverständnis nicht. Allerdings verpflichteten sich beide Unionsparteien, nicht gegeneinander zu konkurrieren. Manche Kritiker bewerteten diese eigentümliche Struktur schon damals als ideale, andere als manipulative Lösung, da CDU und CSU aufgrund ihrer unterschiedlichen politischen Profile breitere Wählerschichten anzogen, im Bundestag aber als *eine* Partei auftraten und sich damit erhebliche Vorteile verschafften.[3]

Noch im September 1949 wählte die „Fraktion in der Fraktion"[4] Fritz Schäffer zu ihrem Vorsitzenden und Franz Josef Strauß zu dessen Stellvertreter. Als Schäffer kurz darauf ein Ministeramt angeboten wurde, rückte Strauß nach und übernahm am 30. September den Vorsitz der CSU-Landesgruppe. Damit war er gleichzeitig stellvertretender Vorsitzender der CDU/CSU-Fraktion. Von Dienstag bis Freitag hielt sich Strauß nun in Bonn auf. Neben seinen Verpflichtungen als Landesgruppenvorsitzender arbeitete er im Ausschuß für Jugendfürsorge, dessen Vorsitz er im Jahr darauf übernahm, an der Entwicklung des Jugendschutzgesetzes und des späteren Bundesjugendplanes mit. Die Wochenenden verbrachte Strauß in seinem oberbayerischen Wahlkreis, wo er Besprechungen führte oder Reden hielt. Für seine ehrenamtliche Tätigkeit als Generalsekretär der CSU blieb nur der Montag. Trotz der enormen Arbeitsbelastung und der für sein Alter bemerkenswerten politischen Position blieb er sich und seiner einfachen Herkunft treu. Wenn er nach München kam, wohnte er im Hause seiner Eltern. Und wenn er sich wieder verabschiedete, bekam er von der Mutter mit Weihwasser ein Kreuz auf die Stirn gezeichnet. Auch Äußerlichkeiten maß er keine übermäßige Bedeutung zu: „Sein mehr vergrauter als grauer Mantel mag schon lange vor dem Krieg Dienst getan haben: Franz Josef Strauß legt nicht viel Wert auf derlei äußerliche Dinge, auch nicht in der Geschäftsstelle, die er als Generalsekretär der CSU aufgezogen hat. Dort führt man die Gespräche in Räumen, die mehr Kammern als Zimmer sind. Um so auffälliger, weil Straußens Worte durchaus nicht im Kammerton fallen. Wenn dieser Mann sich ausladend über den Schreibtisch beugt, sieht man ihn an irgend einem Stammtisch beim Tarockspielen, vielleicht in Schongau, wohin es ihn nach dem Krieg als Landrat verschlug. Ja, der Tarock. Den spielt Strauß eben auch in der Politik. Die Karten sind stets gut gemischt und werden erst dann auf den Tisch geknallt, wenn die anderen ihre Trümpfe hergezeigt haben."[5] Da auch sein Kreisverband voll hinter ihm stand und er sich bald darauf auch als Chef-

---

[3] Vgl. Alemann, Ulrich von: Das Parteiensystem der Bundesrepublik Deutschland. Bonn 2000, S. 51.
[4] Müchler, Günter: CDU/CSU. Das schwierige Bündnis. München 1976, S. 46. Vgl. dazu auch: Weber, Tim Matthias: Zwischen Nachrüstung und Abrüstung. Die Nuklearwaffenpolitik der Christlich Demokratischen Union Deutschlands zwischen 1977 und 1989. Baden-Baden 1994, S. 50.
[5] Schöll, Walter (Hg.): Franz Josef Strauß. Der Mensch und der Staatsmann. Ein Porträt. Percha am Starnberger See 1984, S. 84.

Redakteur und Mitherausgeber des „Bayernkurier" betätigte, vereinigte der nur 34 Lebensjahre zählende Franz Josef Strauß eine derartig außergewöhnliche Machtfülle auf sich, daß ihm bald der Ruf eines politischen Wunderkindes vorauseilte.[6] Dies blieb auch zahlreichen politisch interessierten Unternehmern nicht verborgen, die nun begannen, den talentierten CSU-Politiker finanziell zu unterstützen und als Hoffnungsträger der Privatwirtschaft aufzubauen. Bereits in den frühen fünfziger Jahren wurden Strauß somit Monat für Monat mehrere tausend Mark für politische Zwecke zur Verfügung gestellt.

Wider Erwarten fiel seine erste Wortmeldung im Bundestag, in der er zu Einzelfragen des von der Bundesregierung vorgelegten Programms zur Betreuung der Jugend Stellung nahm, nicht sonderlich spektakulär aus: „Ich möchte zur Berechtigung dieses Ausschusses nur ergänzend bemerken: Herr Abgeordneter Dr. Besold hat von einem Ausschuß für Jugendpflege und Jugendfürsorge gesprochen. Sein Einspruch gegen den Ausschuß für Jugendfürsorge im engeren Sinne wäre tatsächlich berechtigt, wenn so beantragt worden wäre. Die Jugendpflege fällt in fast allen deutschen Ländern in die Zuständigkeit der Kultusministerien. Kulturpolitische Angelegenheiten sind nach dem Grundgesetz Angelegenheit der Länder. Darum kann sich dieser Ausschuß mit Jugendpflege im kulturpolitischen Sinne nicht befassen. Darin würde ich mit Ihnen, Herr Dr. Besold, durchaus übereinstimmen. Allerdings hat die Jugendpflege und Jugendfürsorge heute in einem größeren Maße, als es früher der Fall war, Grenzgebiete, die sich überschneiden. Jugendpflege ist heute weitestgehend eine soziale Aufgabe geworden, die durchaus, bis zu einem gewissen Grade jedenfalls, in die Zuständigkeit des Bundes fällt. Hier möchte ich daran erinnern, dass ja nach dem Grundgesetz dem Bund die Möglichkeit gegeben ist, Dotationen für Zwecke der Wohlfahrtspflege, der Gesundheitspflege und der kulturellen Förderung zu machen. Wir wollen so Gott uns helfe, dafür sorgen, dass der Bund das Seine auf dem Gebiet Jugendfürsorge leistet und im Rahmen der ihm zur Verfügung stehenden Mittel auch etwas zur Förderung der Jugendpflege beiträgt."[7] Trotz dieses eher unscheinbaren Debüts wurde man bald auf das rhetorische Talent des jungen und auffällig ehrgeizigen Abgeordneten aufmerksam. Zum einen zeichneten sich seine Reden durch eine kraftvolle und ungewöhnlich schnelle Vortragsweise aus (sein Rekord lag bei 311 Silben in 20

---

[6] Vgl. CSU-Kreisverband Schongau (Hg.): Strauß – Ein Volksvertreter, wie er sein soll. Ein Rechenschaftsbericht 1949–1953. Schongau 1953; CSU-Kreisverband Schongau (Hg.): Der Mann unseres Vertrauens. Schongau 1961.

[7] Strauß, Franz Josef: Stellungnahme zur Berechtigung des Ausschusses für Jugendfürsorge, in: Verhandlungen des Deutschen Bundestages, 29. September 1949, 10. Sitzung, 1. Wahlperiode, Stenographische Berichte Band 1. Bonn 1950, S. 175–203, S. 190.

Sekunden),⁸ zum anderen brachte er mit seinen humorvollen Beiträgen und Wortspielen oft neue Frische in ermüdende Debatten:⁹ „Wenn ich dem Kollegen Fink [von der Bayernpartei] noch etwas erwidern darf, so möchte ich sagen, daß mir bei seiner Rede ein Stein vom Herzen gefallen ist. Es ist zwar nicht gut, Herr Kollege Fink, daß Sie in Ihrer Rede den Kater Heidigeigi erwähnt haben, denn wir vermuten nicht mit Unrecht, daß mit dem Kater Heidigeigi unser Fraktionskollege [Linus Kather] gemeint ist. (Heiterkeit) Es ist aber für einen Finken nicht gut, mit einem Kater anzubinden. (Große Heiterkeit) Wenn das überhaupt für einen Vogel möglich ist, dann muß er mindestens die Ausmaße eines Straußes haben."¹⁰ Das Plenum reagierte mit stürmischer Heiterkeit und anhaltendem Beifall.

Strauß lernte schnell, seine begrenzten Zuständigkeiten mit Fragen von übergeordneter Bedeutung zu verknüpfen: „Wird die Jugend trotz Schwierigkeiten, die bestehen, heute für die Grundsätze und für die Grundelemente der Demokratie in all ihren Ausprägungsmöglichkeiten gewonnen? Oder geht die Jugend infolge gewisser Erscheinungen in der Demokratie, infolge mancher ungünstiger Bilder und Nachteile, die die Demokratie im Vergleich zu der rascheren Arbeitsweise totalitärer Staaten zu haben scheint, wieder andere Wege? Sind Menschen am Werke, die in der Lage sind, die Jugend auf diese anderen Wege zu führen, auf denen wir sie nicht haben wollen? Das alte Ringen um die Seele, die Haltung, die Zukunft und der Weg unserer Jugend hat begonnen. Es ist der Weg zur Demokratie oder zur Diktatur."¹¹ Strauß, der nicht nur um den Weg der deutschen Jugend ringen wollte, sondern sich zu Höherem berufen fühlte, beherrschte schon damals zwei rhetorische Archetypen: Auf der einen Seite „die geschliffenen, schlagfertigen, meist sehr bildhaften, nach klassischen Vorbildern aufgebauten Reden vor dem Parlament oder vor Fachgremien der Parteien und der Wirtschaft, auf der anderen Seite die nicht weniger brillanten Volksreden, bei denen es an drastischen Vergleichen, polemischen Ausfällen, bayerisch-barocken Kraftworten und humorvollen

---

⁸ Vgl. Müller, Helmut: Ein politisches Schwergewicht. Kampf ist der Kern seiner Kraft: Franz Josef Strauß wird 60. Schumachers „tönendes Nichts" wurde ein Grundton der Bonner Szene, in: Tecklenburger Bote vom 6. September 1975.
⁹ Vgl. CDU/CSU-Bundestagsfraktion: 310. Fraktionssitzung vom 13. Mai 1952, in: Heidemeyer, Helge: Die CDU/CSU-Fraktion im Deutschen Bundestag. Sitzungsprotokolle 1949–1953. Düsseldorf 1998, S. 552–556, S. 553.
¹⁰ Wienand, Peter; Wirbelauer, Michael (Hg.): Lachen links, Heiterkeit rechts. Vergnügliches aus dem Bundestag. Düsseldorf 1974, S. 23. In den stenographischen Berichten der 124. Sitzung des Bundestages vom 8. März 1951 ist abweichend vom „Kater Hidigeigei", einer Figur aus Joseph Victor von Scheffels „Trompeter von Säckingen", die Rede.
¹¹ Schöll, Walter (Hg.): Franz Josef Strauß. Der Mensch und der Staatsmann. Ein Porträt. Percha am Starnberger See 1984, S. 79f.

Abschweifungen nicht fehlte."¹² Strauß selbst betrachtete sich hingegen als geborenen Anti-Rhetor: „Erstens rede ich nie kurz, zweitens bilde ich lange Sätze, drittens verwende ich viele Fremdwörter und fremdsprachige Zitate. Aber alle drei Dinge zusammengenommen führen offensichtlich zu einer rhetorischen Wirkung, über die ich mich, was Größe und Ausdauer meines Publikums angeht, nie zu beklagen habe. Nach Meinung meiner Kritiker rede ich deutsch, als ob CDU versuchte, das Latein Ciceros auf deutsch zu bieten, nämlich lange, verschlungene Satzkonstruktionen, die am Schluß dann doch wider alle Erwartungen aufgehen. Aufmerksamen Zuhörern stellt sich die Frage, ob ich das Satzende erreichen werde oder nicht – was für zusätzliche Spannung sorgt."¹³

Diese bemerkenswerten rhetorischen Fähigkeiten, die ihm auf der Seite seiner politischen Freunde und Kollegen schnell Respekt und Bewunderung einbrachten, ließen Strauß in den Augen seiner politischen Gegner schon früh als gefährlichen, weil intelligenten und wortgewandten Feind erscheinen. Bereits 1950 versuchte daher das seit drei Jahren erscheinende und zum linken politischen Spektrum tendierende Nachrichtenmagazin „Der Spiegel", eine Verbindung zwischen Franz Josef Strauß und der sogenannten „Hauptstadtaffäre" herzustellen. Denn nachdem der Bundestag am 3. November 1949 endgültig über den Sitz der Bundesorgane abgestimmt und Bonn mit 200 zu 176 Stimmen als Bundeshauptstadt bestätigt hatte, berichtete „Der Spiegel", Strauß und Schäffer hätten zahlreiche Abgeordnete der auf Frankfurt eingeschworenen Bayernpartei bestochen. Die nötigen finanziellen Mittel, so hieß es, hätte der vermögende Bankier Pferdmenges, ein enger Freund Konrad Adenauers, bereitgestellt.¹⁴ Auch soll im Gegenzug der Versuch gemacht worden sein, Abgeordnete der Unionsfraktion mit pekuniären Argumenten zu einem Votum für Frankfurt zu bewegen.¹⁵ Der darauf eingerichtete Untersuchungsausschuß, dem auch Franz Josef Strauß angehörte, vermochte den Fall jedoch nicht aufzuklären. Nicht ohne Grund also begann sich in diesem „Spiegel-Ausschuß" zwischen Strauß und Augstein „der glimmende Funke des permanenten Grolles zu entzünden – ohne allerdings schon zur haßerfüllten Brandfackel zu werden."¹⁶ Noch gab es mächtigere Gegner als den jungen Bundestagsabgeordneten aus Bayern.

---

[12] Dalberg, Thomas: Franz Josef Strauß. Porträt eines Politikers. Gütersloh 1968, S. 63.
[13] Strauß, Franz Josef: Die Erinnerungen. Berlin 1998, S. 181.
[14] Vgl. Bosch, Manfred: Der Kandidat F. J. Strauß. 14 Briefe an einige Jungwähler über die Verteidigung unserer demokratischen Möglichkeiten. Köln 1980, S. 19.
[15] Vgl. Adenauer, Konrad: Brief vom 06.10.1950 an den Vorsitzenden der CDU/CSU-Fraktion des Deutschen Bundestages, Dr. Heinrich von Brentano. Brief Nr. 324, in: Adenauer, Konrad: Briefe 1949–1951. Berlin 1985, S. 288.
[16] Frederik, Hans: Franz Josef Strauß. Das Lebensbild eines Politikers. München-Inning 1965, S. 69.

Bundeskanzler Adenauer vertrat nicht nur in der Hauptstadtfrage eine andere Meinung als die parlamentarische Opposition, sondern verfolgte auch in der Außen- und Sicherheitspolitik – insoweit für die Jahre 1949 bis 1955 angesichts der eingeschränkten Souveränität der Bundesrepublik von Außen- und Sicherheitspolitik die Rede sein kann – grundverschiedene Konzepte. Strauß: „In seiner Regierungserklärung markierte Bundeskanzler Konrad Adenauer seinen Kurs: deutsche Freiheiten und Zuständigkeiten Stück für Stück erweitern. Diese Politik des beharrlichen Schritt-für-Schritt wurde von der SPD heftig attackiert. Schumacher war ungeduldig, wollte im Grunde einen großen Sprung, wollte mit dem Kopf durch die Wand. Adenauer wußte, daß ohne die Zustimmung der Alliierten nichts zu machen war, und erkämpfte sich deren Zugeständnisse mit zähem Taktieren Millimeter für Millimeter. Für diesen Umgang mit den Besatzungsmächten, die es zu Verbündeten zu machen galt, fehlte Schumacher jedes Verständnis."[17] Als es Adenauer nach zähen Verhandlungen gelang, im „Petersberger Abkommen" vom 22. November 1949 die auf dem Petersberg bei Bonn residierenden Alliierten Hohen Kommissare zur Lockerung des „Besatzungsstatuts"[18] vom 21. September 1949 zu bewegen, dafür aber eine als diskriminierend empfundene internationale Kontrolle des Ruhrgebiets akzeptieren mußte, beschimpfte ihn der SPD-Chef und Oppositionsführer in der 18. Sitzung des Deutschen Bundestages als einen „Kanzler der Alliierten". Strauß reagierte zornig auf jenen Zwischenruf Schumachers, der zum Ausdruck bringen sollte, Adenauer sei ein Lakai der Besatzungsmächte, und rief: „Sie müssen sich jetzt entschuldigen, sonst ziehen wir aus dem Parlament!"[19] Dazu kam es nicht. Doch das Petersberger Abkommen, welches ohne die Beteiligung der Parteien und des Bundestages zustandegekommen war, blieb kein Einzelfall. Adenauer, so stellten Freund und Feind bald fest, wußte das Gewicht seines „ungewöhnlich hohen Alters, das die Brücke nicht nur zur Weimarer Republik, sondern bis zur wilhelminischen Epoche schlug"[20], zur Rechtfertigung eines unerwartet autoritären Regierungsstils zu nutzen. Wie es schien, hatte er ganz eigene Vorstellungen über Autorität und Position eines Kanzlers in der Demokratie.

---

[17] Strauß, Franz Josef: Die Erinnerungen. Berlin 1998, S. 152.
[18] Aufgrund des Besatzungsstatuts war die Bundesrepublik nur eingeschränkt souverän. Die drei Westmächte behielten sich zahlreiche Befugnisse und Zuständigkeiten in den Bereichen Außenpolitik, Entmilitarisierung, Reparationen, Dekartellisierung und Devisenwirtschaft vor. Die Westmächte behielten sich sogar das Recht vor, die Ausübung der vollen Regierungsgewalt ganz oder teilweise wieder aufzunehmen, falls sie dies für die Sicherheit oder zur Aufrechterhaltung der demokratischen Ordnung als unerläßlich erachten sollten.
[19] Weymar, Paul: Konrad Adenauer. Die autorisierte Biographie. München 1955.
[20] Bracher, Karl Dietrich: Die Kanzlerdemokratie, in: Löwenthal, Richard; Schwarz, Hans-Peter (Hg.): 25 Jahre Bundesrepublik Deutschland – Eine Bilanz. Stuttgart-Degerloch 1974, S. 179–202, S. 189.

Konrad Adenauers vordringlichste politische Ziele lagen in der politischen, wirtschaftlichen und kulturellen Integration Deutschlands in den Westen Europas, in der Sicherung der schutzbedürftigen Bundesrepublik vor dem sowjetischen Expansionismus und in der Erlangung ihrer Gleichberechtigung und Souveränität. Mit seinem Kurs der Wert- und Westbindung erhoffte Adenauer, sein Land vor nationalistischen Sonderwegen zu bewahren, eines Tages im Verbund mit den Westmächten die Wiederherstellung der deutschen Einheit realisieren zu können und Europa, das für ihn weniger ein geographischer als ein kultureller und geistigpolitischer Begriff war, zu einem großen, gemeinsamen Haus für alle Europäer zu formen. Dementsprechend lauteten die elementaren Prinzipien seiner Politik: Freiheit, Friede, Einheit. Ebenso wie der zu jener Zeit noch hauptamtlich mit den Fragen des Jugendschutzes beschäftigte Abgeordnete Strauß war Bundeskanzler Adenauer fest davon überzeugt, daß nur eine „Politik der Stärke" die Sowjetunion davon abhalten konnte, sich der Bundesrepublik in irgendeiner Form zu bemächtigen, und lehnte daher alle sonstigen Konzepte, die eine „Schaukelpolitik", eine „Mittlerfunktion", eine „Neutralität" oder einen wie auch immer gearteten „Dritten Weg" befürworteten, entschieden ab.

Die raumgreifende Politik des russischen Kolosses genauestens beobachtend, hatte sich Konrad Adenauer bereits lange vor der Gründung der Bundesrepublik ausführliche Gedanken über das asymmetrische Kräfteverhältnis in Europa gemacht. Bekanntlich standen der Sowjetunion in Westeuropa nur noch schwache militärische Verbände gegenüber.[21] Mit ihrem millionenstarken Heer wäre die Rote Armee schlagkräftig genug gewesen, Zentraleuropa vollständig zu überrennen. Erst hinter den Pyrenäen würde sich ihr Vormarsch aufhalten lassen. Wohlwissend, „daß der machtleere Raum die raumfremde Macht anzieht und daß Macht dazu neigt, sich, soweit sie kann, zu dehnen, bis sie auf Gegenmacht stößt"[22], begann Adenauer, einen Überfall der UdSSR oder der inzwischen militärisch ausgerüsteten („kasernierten") Volkspolizei der „Zone"[23] zu fürchten. In seinen Augen stand das kommunistische Rußland, der neue Erbfeind, bereits mit fester Ent-

---

[21] Vgl. Adenauer, Konrad: Sicherheitspolitisches Memorandum des Bundeskanzlers Konrad Adenauer vom 29.08.1950, in: Bührer, Werner (Hg.): Die Adenauer-Ära. Die Bundesrepublik Deutschland 1949–1963. München 1993, S. 65–68, S. 65.
[22] Isensee, Josef: „Recht und Freiheit des deutschen Volkes" – Legitimation und Schutzgut der Bundeswehr, in: Wellershoff, Dieter (Hg.): Frieden ohne Macht? Sicherheitspolitik und Streitkräfte im Wandel. Bonn 1991, S. 61–80, S. 74.
[23] Seit ihrer Gründung erhob die Bundesrepublik den Anspruch, als alleinige Rechtsnachfolgerin des Deutschen Reiches auch die einzige rechtmäßige Vertreterin deutscher Interessen zu sein. Demgemäß wurde die Staatlichkeit der DDR nicht anerkannt. Begründet wurde dieser Alleinvertretungsanspruch damit, daß nur in der Bundesrepublik eine frei gewählte Regierung im Amt sei, während in der „Zone" eine SED-Diktatur bestehe, zu der jeder offizielle Kontakt abgelehnt wurde.

schlossenheit an der Elbe, dem verkündeten weltrevolutionären Anspruch gemäß in Kürze das Wirtschaftspotential Westeuropas zu erobern. Daher konsultierte Adenauer den sicherheitspolitischen Experten Generalleutnant a.D. Hans Speidel, der in einer gemeinsam mit Generalleutnant a.D. Adolf Heusinger verfaßten Denkschrift zu dem Schluß kam, daß die Volkspolizei in der Sowjetischen Besatzungszone in der Tat mit dem Ziel auf- und ausgebaut werde, eine Armee aufzustellen, die nach dem Rückzug der ehemaligen Alliierten Westdeutschland in einem Bürgerkrieg erobern solle.[24] Außerdem könne die Rote Armee im Falle eines Angriffes theoretisch wie praktisch innerhalb von 48 Stunden am Rhein stehen. Zögerlich begannen nun auch die westlichen Sieger- und Besatzungsmächte, die sowjetische Bedrohung höher als die seit 1945 gebannte, aber dennoch gefürchtete deutsche Gefahr einzuschätzen. Vor allem in den Vereinigten Staaten setzte sich nach einer Phase der Ambivalenz und Unentschlossenheit die Auffassung durch, daß eine militärische Konfrontation mit der Sowjetunion auf dem europäischen Kontinent ohne einen substantiellen deutschen Beitrag nicht erfolgreich durchzustehen wäre. Offiziell wurde eine Remilitarisierung Deutschlands – übrigens auch von Adenauer selbst – zunächst allerdings scharf abgelehnt.[25]

Doch Konrad Adenauer, der eine tiefe Abneigung gegen alles Militärische hegte und stolz von sich sagte, nicht einen Tag gedient zu haben, wußte genau, daß Truppen und Waffen nicht nur der Verteidigung dienten, sondern als Ingredienzien staatlicher Macht zur Wiedergewinnung deutscher Handlungsfähigkeit unbedingt erforderlich waren. Die Gleichberechtigung und die Souveränität der Bundesrepublik, davon war er überzeugt, ließen sich nur auf dem Wege einer Remilitarisierung erreichen. Im übrigen ließen sich auf diese Weise die gewaltigen Summen, die Bonn für die Stationierung der westalliierten Streitkräfte aufzubringen hatte, in eine deutsche Rüstungsindustrie umlenken und damit für den eigenen wirtschaftlichen Wiederaufbau nutzen. Also begann der in seinen Möglichkeiten stark eingeschränkte Bundeskanzler, sich einer neuen diplomatischen Taktik zu bedienen, nämlich der außenpolitischen Einflußnahme mit Hilfe von Zeitungsinterviews. Schließlich konnte sich Adenauer aufgrund des Besatzungsstatuts und der daraus hervorgehenden sicherheitspolitischen Zuständigkeiten der Besatzungsmächte offiziell nicht zu Wehrfragen äußern. Daher nutzte er am 3. Dezember 1949 den

---

[24] Vgl. Rautenberg, Hans-Jürgen; Wiggershaus, Norbert: Die „Himmeroder Denkschrift" vom Oktober 1950. Politische und militärische Überlegungen für einen Beitrag der Bundesrepublik Deutschland zur westeuropäischen Verteidigung, in: Militärgeschichtliche Mitteilungen, 21 (1977) H. 1, S. 135–206.

[25] Vgl. Hahn, Karl-Eckhard: Wiedervereinigungspolitik im Widerstreit. Einwirkungen und Einwirkungsversuche westdeutscher Entscheidungsträger auf die Deutschlandpolitik Adenauers von 1949 bis zur Genfer Viermächtekonferenz 1959. Hamburg 1993, S. 48.

„Cleveland Plain Dealer", der, wie Adenauer wußte, von US-Präsident Truman regelmäßig gelesen wurde, als inoffizielles Sprachrohr, das seine Wirkung nicht verfehlte. Die Diskussion um den deutschen Verteidigungsbeitrag war eröffnet. Trotz der offensichtlichen Bedrohung durch die Sowjetunion reagierten die Alliierten betont zurückhaltend, gestatteten aber die Einrichtung einer deutschen militärischen Kontaktstelle, die sich allerdings nur mit dem Aufbau eines deutschen Nachrichtendienstes und der Aufstellung einer Polizeireserve des Bundes befassen sollte. Zu weitergehenden Konzessionen war man in Washington, London und vor allem in Paris noch nicht bereit. Doch dann wurde das gerade erst von den amerikanischen Truppen verlassene Südkorea am 25. Juni 1950 plötzlich vom kommunistischen Norden überfallen. Damit erwiesen sich die Warnungen des deutschen Bundeskanzlers, der seit längerem auf die Bedrohung seines Landes durch die Kasernierte Volkspolizei der Sowjetzone hingewiesen hatte, als wohlbegründet, denn die Parallelen zur politischen und militärischen Situation des geteilten Deutschlands waren unübersehbar – der Kalte Krieg war heiß geworden. Laut Strauß hatte der Überfall des kommunistischen Nordkorea auf ein verteidigungsunfähiges Südkorea „Adenauer in eine geradezu existentielle Angst versetzt. Dies saß tief bei ihm, und mehr als einmal habe ich von ihm gehört: ‚Herr Strauß, der Osten rüstet auf, er hat eine aufgerüstete Zone. Wir haben einen abgerüsteten Westen. Die Amerikaner sind schon abgezogen und werden weiter abziehen, und dann passiert genau das gleiche wie in Korea.' Das war ein Alptraum für ihn."[26]

Nur 48 Stunden nach Kriegsbeginn kam in Washington die nun ernsthaft gestellte Frage nach der Wiederbewaffnung Westdeutschlands auf. Und auch in Großbritannien und Frankreich begann man zögerlich, die koreanischen Verhältnisse gedanklich auf das geteilte Deutschland zu übertragen und die plötzlich omnipräsent erscheinende sowjetische Übermacht zu fürchten. Drei Wochen später lud der amerikanische Hohe Kommissar John McCloy einen handverlesenen Kreis von Unionspolitikern zum Abendessen ein. Nach Straußens eigenen Erinnerungen „waren unter anderem dabei Fritz Schäffer, der Bundesfinanzminister, ich für die CSU-Landesgruppe und als stellvertretender Vorsitzender der Unionsfraktion, außerdem Heinrich von Brentano, Kurt Georg Kiesinger und Theodor Blank sowie Josef Arndgen, Arbeitsminister in Hessen und dort stellvertretender CDU-Landesvorsitzender"[27]. Der Abend, so berichtete Strauß in seinen Erinnerungen, „verlief zunächst in durchaus angenehmer, gelockerter, unmilitärischer Stimmung. Es gab ein ausgezeichnetes Essen und hervorragende Weine. Dann – das Essen war vorbei, Whisky wurde gereicht, Zigarren wurden angeboten – kam

---

[26] Strauß, Franz Josef: Die Erinnerungen. Berlin 1998, S. 149.
[27] Ebd., S. 269.

McCloy zur Sache: ‚Meine Herren, Sie wissen, Nordkorea hat Südkorea überfallen, eine ernste politische Lage ist entstanden.'"[28] Damit war die Diskussion eröffnet. Nach einigen Wortbeiträgen stellte der Hohe Kommissar schließlich eine Frage, mit der keiner der deutschen Gäste gerechnet hatte: „Meine Herren, sind Sie bereit, wieder aufzurüsten, und wenn ja, unter welchen Bedingungen?' Die Stimmung in der Bundesrepublik war nicht nur antimilitärisch, die Deutschen wollten von Waffen überhaupt nichts mehr wissen. Zunächst herrschte Schweigen. Die Frage McCloys, wie aus der Pistole geschossen, hatte uns bis ins Mark getroffen. Ich meine, ich war der erste, der sich wieder gefaßt hat. Neben Blank war ich der einzige Deutsche in der Runde, der Soldat an der Front gewesen war, das war gerade fünf Jahre her. So ergriff ich das Wort: ‚Herr McCloy, bevor ich zu Ihrer Frage komme und über die Sache nachdenke, möchte ich Ihnen eine kleine geschichtliche Chronik bieten. Ich war 17 Jahre alt, als das tausendjährige Reich kam. Ich war 29 Jahre alt, als das tausendjährige Reich vorbei war. Da war ich 1017 Jahre alt. Noch während des Krieges habe ich eine Rede Ihres Präsidenten gehört, aus der mir sinngemäß ein besonderer Satz in Erinnerung ist: Wir sind nicht gekommen, die Deutschen zu unterdrücken, wir kommen auch nicht als Befreier, aber wir werden die Deutschen von einer Last befreien bis zum Ende der Geschichte, von der Last, ein Gewehr zu tragen. Als Sie uns eben gefragt haben, Herr Hochkommissar, ob die Deutschen wieder bereit sind zu rüsten, da ist mir schlagartig diese Rede Roosevelts eingefallen. Da muß also jetzt das Ende der Geschichte eingetreten sein. Dann weiß ich jetzt genau, wie alt ich bin: 17 Jahre plus tausend Jahre plus den Rest der Menschheitsgeschichte – so alt bin ich jetzt.' Da hat McCloy gelacht und gesagt: ‚So schnell ändern sich die Maßstäbe.' ‚So schwer es mir auch fällt', fuhr ich fort, ‚ich sage ja. Aber unter der Bedingung völliger Gleichberechtigung.'"[29]

Am 29. August 1950 ergriff Konrad Adenauer, gleichermaßen Erzzivilist und treibende Kraft bei der Befürwortung eines westdeutschen Verteidigungsbeitrages, wieder einmal die Initiative. Weder vom Kabinett beauftragt noch vom Parlament ermächtigt oder von einem entsprechenden Votum seiner Partei gestützt, sondern allenfalls von Winston Churchill, der am 11. August 1950 im Europarat die sensationelle Forderung nach der sofortigen Aufstellung einer Europa-Armee unter Einbeziehung Deutschlands vertreten hatte, ermutigt, übergab er der Alliierten Hohen Kommission zwei Sicherheitsmemoranden. In den Memoranden erklärte er seine Bereitschaft, im Falle der Bildung einer internationalen westeuropäischen

---

[28] Ebd., S. 269f.
[29] Ebd., S. 270f. Vgl. dazu auch: Kiesinger, Kurt Georg: Dunkle und helle Jahre. Erinnerungen 1904 bis 1958. Stuttgart 1989, S. 389; Gerstenmaier, Eugen: Streit und Friede hat seine Zeit. Ein Lebensbericht. 2. Auflage, Frankfurt am Main, Berlin, Wien 1982, S. 326.

Armee einen Beitrag in Form eines deutschen Kontingentes zu leisten, sofern sich die westlichen Alliierten zu einer Sicherheitsgarantie entschließen und der Bundesrepublik Gleichberechtigung gewähren und Souveränität ermöglichen würden. Eine Wiederbewaffnung Deutschlands durch Aufstellung einer eigenen nationalen militärischen Macht lehnte Adenauer hingegen entschieden ab. In der Tat kam die Regierung in Washington bald zu dem Schluß, ihren Mangel an konventionellen Streitkräften in Europa durch das militärische Potential der Bundesrepublik ausgleichen zu müssen. Während die Briten vor allem aufgrund der anderenfalls möglicherweise übermäßig wachsenden westdeutschen Wirtschaftskraft zögerlich einer Remilitarisierung zustimmten, blieben die Franzosen weiterhin skeptisch.[30]

In Adenauers Kabinett rief die eigenmächtige Bewaffnungsinitiative des Kanzlers insbesondere bei dem für Polizeifragen zuständigen Innenminister Heinemann große Verärgerung und Besorgnis hervor. Strauß: „Ich saß neben Gustav Heinemann in der ersten Fraktionssitzung nach der Sommerpause 1950. Adenauer hielt wie immer ein politisches Einleitungsreferat und begründete sein an die westlichen Besatzungsmächte gerichtetes Memorandum, in dem er die Aufstellung deutscher Streitkräfte anbot unter der Voraussetzung einer unbedingten Sicherheitsgarantie der Westmächte, vor allem der Amerikaner. Rechts von mir am Vorstandstisch saß Heinrich von Brentano, links von mir Heinemann. Er fragte mich, ob ich es für richtig halte, daß wir jetzt schon Militär aufstellen. Meine Antwort: Ich sei zwar auch nicht von heller Begeisterung beflügelt, aber dieser Schritt sei notwendig."[31] Diese Notwendigkeit stellte Heinemann in Frage, denn abgesehen davon, daß er in dieser wichtigen Angelegenheit ebenso wie seine Kabinettskollegen einfach übergangen worden war, vertrat der pazifistisch gesinnte Bundesinnenminister die Ansicht: „Nachdem es eines der vornehmsten Kriegsziele der Alliierten gewesen ist, uns zu entwaffnen und auch für die Zukunft waffenlos zu halten, nachdem die Alliierten in fünfjähriger Besatzungszeit alles darauf angelegt haben, das deutsche Militär verächtlich zu machen, unsere Wehrmöglichkeiten unter Einschluß sogar von Luftschutzbunkern zu zerstören und das deutsche Volk zu einer jedem Militärwesen abholden Geisteshaltung zu erziehen, ist es nicht an uns, irgendeine deutsche Beteiligung an militärischen Maßnahmen nachzusuchen

---

[30] Vgl. Lindemann, Helmut: Konrad Adenauer. München, Bern, Wien 1965, S. 15; Loth, Wilfried: Geschichte Frankreichs im 20. Jahrhundert. Stuttgart, Berlin, Köln, Mainz 1987, S. 145.
[31] Strauß, Franz Josef: Die Erinnerungen. Berlin 1998, S. 163. Vgl. dazu auch: Tönnies, Norbert: Der Weg zu den Waffen. Die Geschichte der deutschen Wiederbewaffnung 1949–1957. Mit einem Vorwort von Bundesminister für Verteidigung Franz Josef Strauß. Köln 1957, S. 9.

oder auch nur anzubieten."³² Außerdem fürchtete er, eine Remilitarisierung würde die Spaltung Deutschlands vertiefen und die Wiedervereinigung erschweren oder sogar verunmöglichen. Da Heinemann mit derselben Begründung auch den Beitritt der Bundesrepublik zum Europarat mißbilligt hatte und damit offenkundig in grundsätzlicher Opposition zur Politik des Bundeskanzlers stand, trat er am 9. Oktober 1950 von seinem Ministeramt zurück. Das erste Kabinett Adenauers stürzte in eine tiefe Krise.

Doch der Kanzler ließ sich nicht beirren und versuchte fortan, dem eigenen Volke den unpopulären Verteidigungsbeitrag schmackhafter zu machen, indem er ihn mit der Rückgabe der Souveränität verknüpfte. „Um die ablehnende Haltung der deutschen Bevölkerung zu überwinden", schrieb Adenauer in seinen Erinnerungen, „schien es mir notwendig, das deutsche Volk davon zu überzeugen, daß wir frei waren, oder zumindest, daß die Aussicht bestand, bald völlige Freiheit für die Bundesrepublik zu erlangen, daß es sich deshalb lohnen würde, Opfer für diese Freiheit zu bringen."³³ Doch zahlreiche Angehörige des deutschen Volkes waren nicht gewillt, sich überzeugen zu lassen und trugen im Rahmen der sogenannten „Ohne-mich-Bewegung" zu Tausenden Spruchbänder und Plakate durch die Straßen, auf denen zu lesen stand: „Mach's wie Adenauer, werde nie Soldat!"³⁴ Massive Unterstützung erfuhr diese erste Friedensbewegung der Bundesrepublik von den Sozialdemokraten, der evangelischen Kirche und dem Deutschen Gewerkschaftsbund. Aber auch Kommunisten, Pazifisten und eine Vielzahl ehemaliger Soldaten erhoben ihre Stimme und sorgten für beträchtliches Aufsehen. Schließlich waren Soldat und Armee seit dem Ende des Krieges „zum Schreckensbild verzerrt und zum Symbol eines zuchtlos entarteten Volkes verallgemeinert"³⁵ worden. Welch eine Ironie: In „1945 the Allies disarmed Germany; four years later, they offered the Germans arms, which the Germans did not want."³⁶ Viele Teilnehmer der „Ohne-mich-Bewegung" protestierten allerdings nicht aus politischen oder moralischen Motiven, sondern fürchteten angesichts des finanziell außerordentlich aufwendigen Aufbaus einer neuen Wehrmacht eine persönliche Benachteiligung durch die zu erwartende Kürzung von sozialen Leistungen.

---

[32] Meyer, Gerd: Innenpolitische Voraussetzungen der westdeutschen Wiederbewaffnung, in: Fischer, Alexander (Hg.): Wiederbewaffnung in Deutschland nach 1945. Berlin 1986, S. 31–44, S. 38.
[33] Adenauer, Konrad: Erinnerungen 1945–1953. Stuttgart 1965, S. 387f.
[34] o.V.: Dokumentation zur Geschichte der Wiederaufrüstung der Bundesrepublik. Sonderheft der „Blätter für deutsche und internationale Politik". Köln 1962, S. 3.
[35] Erhard, Ludwig: Erklärung, in: Presse- und Informationsamt der Bundesregierung (Hg.): Die Bundeswehr – Wichtiger Garant unserer Sicherheit. Erklärungen in der Sitzung des Deutschen Bundestages vom 25. Juni 1964 zur Illustrierten-Artikelserie des Wehrbeauftragten. Bonn 1964, S. 10.
[36] Lowry, Montecue J.: The Forge of West German Rearmament. Theodor Blank and the Amt Blank. New York, Bern, Frankfurt am Main, Paris 1989, S. 43.

Im Oktober 1950 brachte die bereits seit Monaten schwelende Korea-Krise, das „Pearl Harbor des Kalten Krieges"[37], endlich den ersehnten Durchbruch: Der französische Ministerpräsident René Pleven regte die Schaffung einer aus möglichst kleinen nationalen Einheiten bestehenden, vollintegrierten europäischen Armee an, die nicht von den vertragschließenden Staaten, sondern von einem supranationalen europäischen Verteidigungskommissariat befehligt werden sollte. Eine europäische Verteidigungsgemeinschaft also, die die Wehrhaftigkeit Westeuropas insbesondere gegenüber der Sowjetunion stärken und gleichzeitig eine erneute militärische Vorherrschaft Deutschlands verhindern sollte.[38] Daraufhin wurde noch im selben Monat die „Dienststelle Blank" eingerichtet. Theodor Blank, Mitbegründer der Gewerkschaften und der CDU in Westfalen, wurde zum „Beauftragten des Bundeskanzlers für die mit der Vermehrung der alliierten Truppen zusammenhängenden Fragen" ernannt und Adenauer direkt unterstellt. Der außen- und sicherheitspolitisch ambitionierte Franz Josef Strauß hatte bereits im Vorfeld dieser Entscheidung keinen Zweifel daran gelassen, daß er sich für geeigneter hielt, doch Adenauer zögerte, „die Vorbereitung der westdeutschen Verteidigung diesem jungen Mann zu übertragen. Das schien ihm zu riskant."[39] So entstand statt eines „Amtes Strauß" das „Amt Blank".

Nachdem die Außen- und Verteidigungsminister der NATO-Staaten am 19. Dezember 1950 die Teilnahme deutscher Kontingente an einer europäischen Armee gebilligt hatten und die Bundesrepublik am 26. Januar 1951 zur gleichberechtigten Teilnahme an den Verhandlungen zur Schaffung einer europäischen Armee eingeladen worden war, wurden im Februar 1951 erste Gespräche mit dem Ziel der Schaffung der Europäischen Verteidigungsgemeinschaft (EVG) geführt. Allerdings mußte als Vorbedingung der EVG zunächst die „Europäische Gemeinschaft für Kohle und Stahl" (EGKS) geschaffen werden. Dieser als „Montanunion" bezeichnete Zusammenschluß diente dem Zweck, die gesamte deutsche und französische Kohle- und Stahlproduktion einer gemeinschaftlichen Kontrolle zu unterstellen, die deren Verwendung zu kriegerischen Zwecken von vornherein ver-

---

[37] Schwartz, Thomas Alan: Die Atlantik-Brücke. John McCloy und das Nachkriegsdeutschland. Frankfurt am Main, Berlin 1992, S. 182.
[38] Vgl. Baudissin, Wolf Graf von: Dreißig Jahre Bundeswehr – Licht und Schatten, in: Borkenhagen, Franz H.U. (Hg.): Bundeswehr – Demokratie in oliv? Streitkräfte im Wandel. Bonn 1986, S. 15–32, S. 15.
[39] Baring, Arnulf: Außenpolitik in Adenauers Kanzlerdemokratie. Bonns Beitrag zur Europäischen Verteidigungsgemeinschaft. München, Wien 1969, S. 27.

unmöglichen sollte.[40] Außerdem sollte mit der Montanunion der Grundstein zu einer späteren europäischen Föderation gelegt werden – ein für Deutschland wichtiger Schritt auf dem Weg zur Gleichberechtigung und Integration in den europäischen Westen. Obwohl der NATO-Oberbefehlshaber General Eisenhower am 20. Januar 1951 in Bonn eine Ehrenerklärung für die Soldaten der ehemaligen deutschen Wehrmacht abgab und Adenauer mit der Revision des Besatzungsstatuts vom 6. März 1951, die der Bundesrepublik erstmals außenpolitische Handlungsfreiheit gewährte,[41] den Erfolg seiner Integrationspolitik eindrucksvoll unter Beweis stellen konnte, beharrten die Sozialdemokraten auf ihrer ablehnenden Haltung zur EVG. Von der SPD wurde der Einwand vorgebracht, daß eine Aufstellung bewaffneter Streitkräfte im Grundgesetz nicht vorgesehen und ein militärischer Beitrag der Bundesrepublik zu irgendeinem Verteidigungssystem einen verfassungsändernden Charakter habe und daher nur mit einer Zweidrittelmehrheit beschlossen werden könne. Der Bundestag, so hieß es weiterhin, sei jedoch zu solch umwälzenden Veränderungen nicht legitimiert, da zur Zeit der Wahl des Bundestages das Problem eines Verteidigungsbeitrages noch nicht absehbar gewesen sei. Eine Entscheidung für einen etwaigen deutschen militärischen Beitrag war nach Auffassung der SPD somit nur auf der Grundlage von Neuwahlen möglich. Die Bundesregierung war anderer Auffassung: Zum einen sei der Bund nach Artikel 24 GG ermächtigt, Hoheitsrechte per Gesetz auf zwischenstaatliche Einrichtungen zu übertragen. Ferner könne er sich zur Wahrung des Friedens einem System gegenseitiger kollektiver Sicherheit einordnen. Und zum anderen habe jeder Bundestag „den Auftrag und die Pflicht, die Aufgaben zu lösen, die im Laufe einer Legislaturperiode an ihn herantreten"[42], gleichgültig, ob diese Aufgaben bei der Wahl schon erkennbar waren oder nicht. Franz Josef Strauß, der die gleiche Ansicht vertrat, geriet mit der SPD immer wieder aneinander und entwickelte sich allmählich zur „bevorzugten Zielscheibe für die Angriffe der Sozialdemokraten."[43]

Am 7. und 8. Februar 1952 befaßte sich der Deutsche Bundestag zum erstenmal mit dem Problem der Wiederaufrüstung. Ausgerechnet in dieser wichtigen Debat-

---

[40] Vom 24. Juni 1954 an war auch Strauß Abgeordneter der Gemeinsamen Versammlung der Montanunion. Vgl. dazu: o.V.: o.T., in: Europa-Archiv, Zeitschrift für Internationale Politik, 9 (1954), Band 2, S. 6763.

[41] Am 15. März 1951 kam es daraufhin zur Wiedereinrichtung des „Auswärtigen Amtes", dessen Führung zunächst Konrad Adenauer übernahm. Vgl. dazu: Fröhlich, Stefan: Erste aussen- und sicherheitspolitische Herausforderungen der jungen Bundesrepublik, in: Elvert, Jürgen; Krüger, Friederike (Hg.): Deutschland 1949 – 1989. Von der Zweistaatlichkeit zur Einheit. Stuttgart 2003, S. 78–87, S. 85f.

[42] Adenauer, Konrad: Regierungserklärung vom 20.10.1953, in: Behn, Hans Ulrich: Die Regierungserklärungen der Bundesrepublik Deutschland. München, Wien 1971, S. 35–60, S. 37.

[43] Dalberg, Thomas: Franz Josef Strauß. Porträt eines Politikers. Gütersloh 1968, S. 66.

te, in der es die unbedingte Notwendigkeit eines deutschen Verteidigungsbeitrages zu begründen galt und die von der deutschen Öffentlichkeit an den Rundfunkempfängern aufmerksam verfolgt wurde, hielt sich Adenauer nicht an das vorbereitete Manuskript, verlor den Faden und kam ins Stottern. Offenbar war der Bundeskanzler „völlig überarbeitet und am Rande seiner Kräfte"[44]. Trotz des schallenden Gelächters der Opposition war keiner der Abgeordneten der Unionsfraktion bereit, in die Bresche zu springen und den Kanzler, der dringend eine breite Parlamentsmehrheit benötigte, in seinem wichtigen Vorhaben zu unterstützen. Dann meldete sich Franz Josef Strauß zu Wort. Ohne als Sprecher vorgesehen zu sein, hatte er sich zwei Tage und Nächte auf eine Rede vorbereitet. Niemand ahnte, daß der bislang im Bereich der Jugendfürsorge tätige CSU-Abgeordnete sich in den vergangenen zwei Jahren intensiv mit der zur Debatte stehenden Problematik befaßt hatte. „In einer glasklaren Analyse zeichnet er die weltpolitische, die europäische, die deutsche Situation, zieht daraus die zwingenden Schlußfolgerungen, auch im Hinblick auf die Bereitschaft und die Fähigkeit der Deutschen, zur Erhaltung des Friedens und der Freiheit einen eigenen Beitrag leisten zu können, zu müssen."[45] Seine Rede, die sachlich begann und das überraschte Plenum mit schnell anwachsender Emotionalität ergriff, wurde immer wieder von Beifallsstürmen aus den Reihen der Regierungskoalition unterbrochen. Nicht nur für einen deutschen Verteidigungsbeitrag, sondern auch für ein geeintes und starkes Europa sprach er sich aus: „Ich würde, so gerne ich die beiden mitsammen sprechen sehe, Herrn Dr. Adenauer und Herrn Dr. Schumacher nicht gerne hinterm Stacheldraht im Ural sich darüber unterhalten sehen, was sie hätten tun sollen im Frühjahr 1952. [Lebhafter Beifall] Dieses Europa kann nicht neutral sein, dieses Europa darf niemals aggressiv sein, aber dieses Europa muß durch seine Stärke und durch die Stärke seiner Bundesgenossen jeden Angriff für den Angreifer zum Selbstmord machen."[46] Strauß beendete seine Rede mit einem ebenso überzeugten wie überzeugenden „Es lebe Europa!" Dann geschah, was sich nach einer Strauß-Rede niemals wieder ereignen sollte: Die Abgeordneten der Unionsparteien erhoben sich und spendeten dem jungen Abgeordneten minutenlangen Beifall.

---

[44] Lenz, Otto: Im Zentrum der Macht. Das Tagebuch von Staatssekretär Lenz 1951–1953. Düsseldorf 1989, S. 249.
[45] Schöll, Walter (Hg.): Franz Josef Strauß. Der Mensch und der Staatsmann. Ein Porträt. Percha am Starnberger See 1984, S. 81.
[46] o.V.: Das Beste von Franz Josef Strauß. Compact Disk. München, Grünwald o.J. Vgl. dazu auch: Strauß, Franz Josef: Rückkehr zu internationaler Gleichberechtigung: Der Verteidigungsbeitrag der Bundesrepublik Deutschland. Rede am 7.2.1952 im Deutschen Bundestag, in: Ferdinand, Horst (Hg.): Reden, die die Republik bewegten. Freiburg, Basel, Wien 1988, S. 91–112.

Der tief beeindruckte Bundeskanzler, der diese vom Rundfunk in alle Welt übertragene parlamentarische Schlacht ohne seinen jungen Sekundanten mit hoher Wahrscheinlichkeit verloren hätte, ließ für den rednerischen Hilfseinsatz Anerkennung und Dank ausrichten. Strauß: Die Rede „hat entschieden, daß Adenauer mich zum Bundesminister machen wollte. Nicht aus Dankbarkeit, sondern zum einen, um meine Fähigkeiten auszunutzen, zum anderen, um mich unter Kontrolle zu halten. Der Bundeskanzler hat dies selbst gesagt. Noch im Plenarsaal war Bruno Heck, der damals schon sehr nahe mit Adenauer stand, auf mich zugekommen: ‚Franz Josef, jetzt bist du Bundesminister!' Meine Antwort war ungläubiges Staunen."[47] Strauß hatte sich völlig unerwartet auf die Ebene der großen Politik emporgeredet und galt nun nicht nur als wortmächtiger Rhetor, sondern auch als ein in Rüstungsfragen beschlagener Mitkämpfer Adenauers. Nun hatte der junge Abgeordnete dem alten Regierungschef bereits zum zweiten Mal gute Dienste geleistet. Wie Jahre zuvor in Rhöndorf hatte er auf eigene Verantwortung die Initiative ergriffen, die ihm vom Reglement vorgegebenen Grenzen eigenmächtig überschritten und in der Überzeugung, zum Wohle seines Landes zu handeln, einen beachtlichen Erfolg erzielt. Allmählich wurde es Strauß zur Gewohnheit, für seine Mitstreiter mit risikoreichen Vorstößen die Kastanien aus dem Feuer zu holen.

Auch die Presse war auf das „Schwert der Union"[48] aufmerksam geworden und berichtete ausführlich, was Strauß in seinen Erinnerungen nicht zu erwähnen vergaß: „Die ‚Neue Zeitung' zählte mich zu den besten und temperamentvollsten Rednern des Bundestages, die ‚Ruhr-Nachrichten' schreiben: ‚Er ist witzig, schlagfertig, hat einen sechsten Sinn für die Schwächen des Gegners und trägt auch Grundsätzliches mit der sympathischen Lebendigkeit eines großen politischen Temperaments vor.' Im ‚Hamburger Abendblatt' hieß es, Strauß rangiere in Bonn fortan in der ersten Reihe, was auch der ‚Münchner Merkur' meinte: ‚Franz Josef Strauß hat sich durch seine letzte Rede im Bundestag wahrscheinlich endgültig in die erste Garnitur der Bonner Hierarchie vorgespielt. Auch diejenigen, die ihn ablehnen, ‚rechnen' mit ihm.'"[49] Die Frankfurter Allgemeine Zeitung verglich ihn gar mit „einem Panzer, der alles niederrollt, was sich ihm in den Weg stellt"[50]. Doch der Vergleich hinkte. Denn die politischen Gegner, die sich ihm nun immer zahlreicher in den Weg zu stellen begannen, ließen sich nicht niederrollen. Bald zeich-

---

[47] Strauß, Franz Josef: Die Erinnerungen. Berlin 1998, S. 180.
[48] Henzler, Christoph: Fritz Schäffer 1945–1967. Eine biographische Studie zum ersten bayerischen Nachkriegs-Ministerpräsidenten und ersten Finanzminister der Bundesrepublik Deutschland. München 1994, S. 371.
[49] Strauß, Franz Josef: Die Erinnerungen. Berlin 1998, S. 179.
[50] Bickerich, Wolfram: Franz Josef Strauß. Die Biographie. Düsseldorf 1996, S. 57.

nete sich in ersten Umrissen ab, was später zu einem unaufhörlichen Trommelfeuer anwachsen sollte, denn vom Tage dieser Rede an nahm „in verschiedenen Medien eine (und wie heute nach Geheimdienstberichten feststeht, eindeutig von Moskau und Ost-Berlin unterstützte) Anti-Strauß-Welle ihren Ausgang"[51].

Nicht zuletzt dank der wortgewaltigen Intervention des CSU-Abgeordneten, der sich fortan bei jeder Gelegenheit zu Fragen der Sicherheits- und Verteidigungspolitik äußerte, stimmte der Bundestag dem deutschen Verteidigungsbeitrag am 8. Februar 1952 zu.[52] Josef Stalin, der seit dem Beginn der Beratungen über den Aufbau der EVG versucht hatte, die westeuropäischen Einigungsbestrebungen zu stören, startete nun eine breitangelegte Notenoffensive. Am 10. März 1952 bot er Frankreich, Großbritannien und den Vereinigten Staaten eine Konferenz der vier Siegermächte über die Deutschlandfrage an. Diesem Angebot ließ er den Entwurf zu einem Friedensvertrag mit Deutschland beifügen, der ein wiedervereinigtes und wiederbewaffnetes, aber neutralisiertes Deutschland in den Grenzen von 1945 vorsah. Adenauer, obgleich nicht Adressat der Note, bewertete das Angebot als Störmanöver und beschwor die Westmächte, keinesfalls darauf einzugehen. Er war zutiefst von der Überzeugung durchdrungen, daß das deutsche Volk weder politisch und militärisch, noch psychisch und charakterlich in der Lage sei, eine eigenständige „Freie-Mitte-Stellung" zwischen den Giganten in Ost und West einzunehmen. Für Adenauer war ein neutralisiertes Deutschland ebenso wie eine mögliche Wiederaufnahme der sogenannten „Rapallo-Politik" gleichbedeutend mit dem Verlust von Sicherheit und Freiheit aller Deutschen. So gab es seiner Ansicht nach angesichts der enormen Potentiale der Supermächte für eine nationale Verteidigungspolitik im Westeuropa der 50er Jahre keinen Spielraum und zu einer europäischen Integration in militärischer und politischer Hinsicht keine Alternative mehr.[53] Außerdem mißtraute Adenauer, der von der englischen Publizistik inzwischen „der kälteste der kalten Krieger" genannt wurde, dem scheinbar verlockenden Angebot des sowjetischen Diktators, und zwar aus den gleichen Gründen wie Franz Josef Strauß. Beide erachteten Stalins Notenoffensive als ein Störmanöver, mit welchem die fortschreitende Westintegration verhindert oder

---

[51] Zimmermann, Ulrich: Unvergessen, Franz Josef Strauß – das war sein Leben. 3. Auflage, Passau 1988, S. 47.

[52] Vgl. statt vieler: Strauß, Franz Josef: Verteidigungsbeitrag. Ja oder Nein? Rede auf der staatspolitischen Tagung der Gemeinschaft katholischer Männer Deutschlands in Bamberg am 19.–20. Juli 1952. Bonn 1952; Strauß, Franz Josef: Der deutsche Soldat unter europäischer Fahne, in: Politisches Jahrbuch der CDU/CSU, 1953/2, S. 67–72.

[53] Vgl. Strauß, Franz Josef: Allianz zwischen zwei Kontinenten. Dimensionen unserer Sicherheitspolitik – Eine logische Lösung für die NATO, in: von Raven, Wolfram (Hg.): Armee gegen den Krieg. Wert und Wirkung der Bundeswehr. Stuttgart-Degerloch 1966, S. 17–32, S. 17.

zumindest verzögert werden sollte.⁵⁴ Auch die westdeutsche Öffentlichkeit stand den Stalin-Noten weitestgehend ablehnend gegenüber. Die Legende von der verpaßten Chance kam erst wesentlich später auf. Jahrelang beherrschte nun die Frage, ob jene Note ernst gemeint war, oder ob sie nur die Wiederbewaffnung und den Beitritt der Bundesrepublik zur EVG verhindern sollte, die Diskussion. Unbegriffen blieb, daß, wie Manfred Funke meinte, „alle drei Westmächte die deutsche Einheit faktisch nicht wollten, dass Adenauers Nein zum deutschen Neutralitätsstaat nicht aus Desinteresse an der Wiedervereinigung kam, sondern im Gegenteil gerade daraus, dass diese Wiedervereinigung in Frieden und Freiheit auf Dauer nur erreichbar schien mittels Ausreizung deutscher Staatsräson, westlicher Disziplin und gemeinsamer Stärke. Oder anders: Worin hätte die Gewährleistung deutscher Sicherheit bei Neutralität bestanden? Im Falle der Neutralitätsverletzung durch Stalin hätten sich als potentielle Nothelfer die USA über 6000 km entfernt von Deutschland befunden, dagegen die Truppen Stalins 60 km östlich von Berlin an der Oder. Die Anrufung der UNO hätte zwischenzeitlich erfolgte Okkupationsmaßnahmen der Sowjets vielleicht reversibel gemacht – mit Deutschland als Trümmerfeld. Was Adenauer begriff und andere nicht begreifen wollten, war jene Tugend des Staatsmannes, niemals die Handlungsspielräume des eignen Landes der Entscheidungshoheit eines übermächtigen Nachbarn weder zum Guten noch zum Bösen zu übertragen. Zumal nicht einem totalitären System mit der Blutspur Stalins."⁵⁵ Inzwischen bestehen kaum noch Zweifel, daß es eine reelle und annehmbare Chance zur Wiedervereinigung auf der Basis der Stalin-Noten niemals gegeben hat.

Am 26. und 27. Mai 1952 unterzeichnete Konrad Adenauer den EVG-Vertrag und den damit in Verbindung stehenden Deutschlandvertrag, der die Ablösung des Besatzungsstatuts und die Wiederherstellung der deutschen Souveränität zum Inhalt hatte. Strauß: „Adenauer sprach von den auszuhandelnden Verträgen anfangs als von einem großen Sicherheitsvertrag, den es zu schließen galte. In der Presse wurde das Wort vom Generalvertrag bevorzugt, was auch der englischen Formulierung ‚General Convention' entsprach, und am Ende hieß das Werk offi-

---

54 Vgl. Strauß, Franz Josef: Die Erinnerungen. Berlin 1998, S. 199. Vgl. dazu auch: Strauß, Franz Josef: Für jede Lösung, die zu wahrem Frieden führt. Deutschland verbindet eine Politik der moralischen Grundsätze mit einer Politik der realistischen Erkenntnisse und Konsequenzen, in: Bulletin des Presse- und Informationsamtes der Bundesregierung, Nr. 90 vom 21. Mai 1959, S. 873–876, S. 873; Staritz, Dietrich: Die Gründung der DDR. Von der sowjetischen Besatzungsherrschaft zum sozialistischen Staat. München 1984, S. 26.
55 Funke, Manfred: Die Ära Adenauer: Eine Profilskizze zu Politik und Zeitgeist 1949–1963, in: Aretz, Jürgen; Buchstab, Günter; Gauger, Jörg-Dieter (Hg.): Geschichtsbilder. Weichenstellungen deutscher Geschichte nach 1945. Freiburg, Basel, Wien 2003, S. 33–51, S. 35f.

ziell Deutschlandvertrag."⁵⁶ Deutschland- und EVG-Vertrag mußten vor ihrem Inkrafttreten allerdings noch durch die Parlamente der Mitgliedstaaten ratifiziert werden. Die SPD, die sich „um der Wiedervereinigung Deutschlands willen"⁵⁷ in „vage Konzeptionen eines kollektiven Sicherheitssystems" verlor, „an dem ganz Deutschland in voller Gleichberechtigung teilnehmen sollte"⁵⁸, sprach sich nach wie vor gegen die Verträge aus und strengte eine Verfassungsklage an – vergeblich. Dem Vorwurf, die Verträge enthielten zu viele für die Bundesrepublik ungünstige Bestimmungen, begegnete Strauß mit der ihm eigenen Schlagfertigkeit: „Sie, meine Herren Sozialdemokraten, können doch nicht gut von Dr. Adenauer verlangen, daß er mit diesen Verträgen sieben Jahre nach Kriegsende auch noch nachträglich den Krieg gewinnt!"⁵⁹ Und weiter: „Meine Damen und Herren von der SPD, haben Sie denn nichts aus den zwölf Jahren des Dritten Reichs gelernt? Haben Sie vergessen, daß die Politik der Schwäche der Westmächte letzten Endes Hitler zum Krieg verführt hat?" Ergo: „Mit der Politik, die Sie wollen, kommen wir auf keinen grünen Zweig, aber vielleicht zu einer roten Regierung."⁶⁰ Der KPD gegenüber, die Strauß coram publico als „Schweinebande"⁶¹ bezeichnete, schlug er einen noch schärferen Ton an. Als der Abgeordnete Friedrich Rische in einer weiteren Debatte um den deutschen Beitrag zur europäischen Verteidigung rief: „Man sollte an Nürnberg denken", brüllte Strauß zurück: „Da haben's vergessen, Euch aufzuhängen."⁶² Obwohl die Opposition geschlossen bei ihrem Nein zu den Verträgen blieb, wurden sie vom Deutschen Bundestag am 19. März 1953 mit eindeutiger Mehrheit ratifiziert. Die Ratifizierung durch den amerikanischen Kongreß und das britische Unterhaus waren bereits erfolgt, die anderen Länder folgten rasch nach. Nur die Entscheidung der französischen Nationalversammlung stand noch aus.

Unterdessen ging es mit der Karriere des Franz Josef Strauß weiterhin steil bergauf. Im Juli 1952 übernahm er den Vorsitz des neugebildeten Bundestagsausschusses für die Europäische Verteidigungsgemeinschaft, aus dem später der Ausschuß für Fragen der europäischen Sicherheit und anschließend der Verteidi-

---

[56] Strauß, Franz Josef: Die Erinnerungen. Berlin 1998, S. 283.
[57] Pöttering, Hans-Gert: Die Verteidigungspolitische Konzeption der Bundesregierung von 1955–1963 unter besonderer Berücksichtigung der Militärstrategie der USA. Bonn 1974, S. 31.
[58] Sontheimer, Kurt: Die Adenauer-Ära. Grundlegung der Bundesrepublik. 2. Auflage, München 1996, S. 37.
[59] Adenauer, Konrad: Erinnerungen 1953–1955. 4. Auflage, Stuttgart 1984, S. 175.
[60] Dalberg, Thomas: Franz Josef Strauß. Porträt eines Politikers. Gütersloh 1968, S. 76.
[61] Pursch, Günter (Hg.): „Reizender" Bundestag. Zwischenrufe, Stilblüten und Sticheleien aus dem Bonner Parlament. Bonn 1980, S. 49.
[62] Kruttschnitt, Ernst Jörg: Kanzler der Alliierten. Zwischenrufe und Zwischentöne aus dem Bundestag. Baden-Baden 1970, S. 26.

gungspolitische Ausschuß hervorging.[63] Nun konnte Strauß erheblichen Einfluß auf die Gestaltung der Wehrverfassung nehmen, welche das künftige Verhältnis von Politik und Militär bestimmen sollte. Vor allem aber oblag nun das „Amt Blank" einer parlamentarischen Kontrolle, die der strebsame Wehrspezialist für seine Zwecke zu nutzen gedachte. Der übereifrige Versuch des CSU-Kronprinzen, Hans Ehard den Parteivorsitz der CSU noch im gleichen Sommer streitig zu machen, scheiterte allerdings. Dafür wurde Strauß zum stellvertretenden Vorsitzenden der Christlich-Sozialen Union gewählt. Noch war die Zeit für höhere Weihen offenbar nicht reif.

Während sich im Westen Deutschlands die allgemeinen Lebensbedingungen langsam aber stetig verbesserten, sank der Lebensstandard des Ostens nicht zuletzt aufgrund der rasanten Militarisierung unaufhaltsam unter den des Jahres 1947. Als dann im planwirtschaftlich geführten Arbeiter- und Bauernstaat auch noch die Arbeitsnormen erhöht und dadurch die Nominallöhne gesenkt werden sollten, steigerte sich die allgegenwärtige Unzufriedenheit am 16. Juni 1953 zu offenem Protest. Innerhalb von nur 24 Stunden schwollen die auf Berlin begrenzten Demonstrationen zu einem landesweiten Volksaufstand gegen die Politik Walter Ulbrichts an. Die Sowjetunion, die die DDR als den äußersten Vorposten ihres Machtbereiches und strategischen Pfeiler ihres Systems betrachtete, ließ den Aufstand von Einheiten der Volkspolizei und der Roten Armee brutal niederschlagen. Ebenso wie die Westmächte mußte auch die Bundesrepublik hilflos zusehen, wie der Freiheitswille der ostdeutschen Landsleute von Panzerketten zermalmt wurde. Immerhin wurde der Tag des Volksaufstandes bald per Bundesgesetz zum Feiertag und 1963 sogar zum „nationalen Gedenktag" erhoben, was allerdings zu der grotesken Situation führte, daß man in Westdeutschland am 17. Juni meist im Freibad lag oder ins Grüne fuhr, während die einst niedergeknüppelten Ostdeutschen ihr ganz normales Tagwerk zu verrichten hatten. Für Strauß „war der Volksaufstand vom 17. Juni 1953 ein Beweis dafür, daß weder das sowjetische Gesellschaftssystem noch die sowjetische Besatzung der Macht Walter Ulbrichts und seiner SED ein festes Fundament hatten geben können. Trotz gebetsmühlenhafter Indoktrination durch den Parteiapparat fehlte dem Ulbricht-Regime ganz einfach die Legitimität." In gewisser Weise hat der 17. Juni 1953 „die tragische Spaltung der Deutschen noch einmal vertieft. Die Deutschen jenseits des Eisernen Vorhangs verloren ein weiteres Mal den Zweiten Weltkrieg, im Westen wurde die Politik Adenauers

---

[63] Darüber hinaus gehörte Strauß in der ersten Legislaturperiode zeitweise vier weiteren Bundestagsausschüssen an, so z.B. dem Organisationsausschuß, dem Ausschuß für das Besatzungsstatut und auswärtige Angelegenheiten, dem Ausschuß für Angelegenheiten der inneren Verwaltung und dem Wahlrechtsausschuß.

bestätigt und bestärkt."[64] Letzteres vor allem durch die anstehende Bundestagswahl.

Am 6. September 1953, dem 38. Geburtstag von Franz Josef Strauß, fuhr die Union einen großen Wahlsieg ein. Zusammen mit dem „Gesamtdeutschen Block / Bund der Heimatvertriebenen und Entrechteten" (GB/BHE), der DP und der FDP kam die Union (45,2 Prozent) auf über zwei Drittel der Stimmen. Erneut wurde die SPD, die ein Kopf-an-Kopf-Rennen mit der CDU erwartet hatte, vom Wähler enttäuscht: Sie fiel mit 28,8 Prozent sogar noch hinter ihr Ergebnis von 1949 zurück. Adenauers Politik, die sich vor allem in der wirtschaftlichen Aufwärtsentwicklung niedergeschlagen hatte, erfuhr eine eindrucksvolle Bestätigung. Außerdem bestand seit dem 17. Juni außerhalb des linken politischen Spektrums kaum noch Zweifel daran, daß die Integration in ein internationales Verteidigungsbündnis unabdingbar war. Hinzu kam ein politischer Konzentrationsprozeß, der bald als „Parteienwunder" bezeichnet werden sollte, denn die meisten der kleinen Parteien wurden entweder vom Wähler nicht mehr beachtet oder durch die neue bundesweite Fünf-Prozent-Klausel vom Parlament ferngehalten. Strauß, dessen Wahlkampf diesmal weit über die Grenzen des Freistaates hinausgegangen war, hatte angesichts des guten Abschneidens seiner Partei, die in Bayern 47,8 Prozent erzielt hatte und in Bonn nun über mehr Mandate als die FDP verfügte, allen Grund zur Freude: „Die Stimmung bei uns nach diesem Wahlsieg war ausgezeichnet. Wir hatten zwar mit einem Erfolg gerechnet, waren aber von seinem Ausmaß vollkommen überrascht worden. Meinungsumfragen, obwohl in Anfängen vorhanden, spielten damals noch keine Rolle und wurden nicht sehr ernst genommen. Da auch die Computer noch nicht den Wahlabend beherrschten, hatten wir ein halbwegs zuverlässiges Gesamtergebnis erst am Montagmittag. Als Indikator für das Wahlergebnis dienten zu dieser Zeit noch andere Hilfsmittel – etwa das Hotel auf der Zugspitze, wo ein eigenes Wahllokal eingerichtet war, dessen Ergebnis sich immer als repräsentativ und aussagekräftig erwies."[65] Aussagekräftig war auch der unter fünf Prozent liegende Stimmenanteil der in den Reihen der CSU verhaßten und gefürchteten Bayernpartei. Die Konkurrentin aus der Heimat würde dem zweiten Deutschen Bundestag künftig nicht mehr angehören.

---

[64] Strauß, Franz Josef: Die Erinnerungen. Berlin 1998, S. 226.
[65] Ebd., S. 230.

2. Bundesminister mit (und ohne) besonderem Aufgabenbereich

Am 11. September 1953 bekundete Franz Josef Strauß die Bereitschaft seiner nach wie vor geschlossen hinter ihm stehenden Landesgruppe, auch im zweiten Deutschen Bundestag eine Fraktionsgemeinschaft mit der CDU eingehen zu wollen. Allerdings verlangte die CSU, nun mehr Ministerposten als die FDP zu erhalten, was diese harsch kritisierte: „Die CSU sei nur einfach die bayrische CDU und könne deshalb nicht als eigenständige Partei anerkannt werden."[66] Dies wiederum wies die CSU aufs Schärfste zurück, konnte sich letztlich jedoch nicht durchsetzen. Das Verhältnis zwischen Christsozialen und Liberalen begann sich zu verspannen. Auch Strauß erzielte einen gemessen an seinen Erwartungen nur mäßigen Erfolg. Sein unablässiges Drängen, Theodor Blank abzulösen und damit im Laufe der Legislaturperiode zum ersten Verteidigungsminister der Bundesrepublik Deutschland ernannt zu werden, stieß auf den entschlossenen Widerstand Konrad Adenauers. Auch dem Wunsch, zumindest Minister für Heimatverteidigung und Zivilschutz zu werden, erteilte der Kanzler einen abschlägigen Bescheid. Adenauer mißtraute „der Dynamik dieses jungen Mannes, der im Unterschied zu den meisten anderen Ministern über eine eigene politische Hausmacht verfügte"[67]. Außerdem war Strauß vorlaut und erlaubte sich gelegentlich Anflüge von Respektlosigkeit. Als Adenauer seine erste Rede vor der neuen CDU/CSU-Fraktion mit den Worten „Meine Damen und Herren, Fraktion kommt von fractio, Zusammenfügung..."[68] einleitete, wagte der fast 40 Jahre jüngere Besserwisser, ihn in Gegenwart von Ohrenzeugen zu korrigieren. ‚„Was Sie über die Herkunft des Wortes Fraktion gesagt haben, war falsch, Herr Bundeskanzler. Fraktion kommt von frangere, frango, fregi, fractum, und Fraktion heißt Brechung, nämlich eine Einteilung des Parlaments in verschiedene Gruppen. Das ist Fraktion.' Adenauers Antwort hätte souveräner und gelassener nicht sein können: ‚Herr Strauß, det hat außer Ihnen ohnehin keiner jemerkt!'"[69] Hinter der souveränen Fassade dürfte Adenauer jedoch alles andere als gelassen gewesen sein. Andererseits wußte er, daß die veränderte Koalitionsarithmetik (CDU, CSU, FDP, DP, GB/BHE) und die notwendige

---

[66] Domes, Jürgen: Mehrheitsfraktion und Bundesregierung. Aspekte des Verhältnisses der Fraktion der CDU/CSU im zweiten und dritten Deutschen Bundestag zum Kabinett Adenauer. Köln, Opladen 1964, S. 54.
[67] Bracher, Karl Dietrich; Eschenburg, Theodor; Fest, Joachim C.; Jäckel, Eberhard (Hg.): Geschichte der Bundesrepublik Deutschland. Band II: Schwarz, Hans-Peter: Die Ära Adenauer. Gründerjahre der Republik 1949–1957. Stuttgart, Wiesbaden 1981, S. 301.
[68] Strauß, Franz Josef: Die Erinnerungen. Berlin 1998, S. 229.
[69] Ebd., S. 230.

Verjüngung seines Kabinetts die Ernennung des bayerischen Abgeordneten zum Bundesminister unumgänglich machte. Hinzu kam, daß es einen solch ehrsüchtigen Heißsporn unbedingt in die Zucht des Kabinetts einzubinden galt. „Nicht auszudenken, wozu er sonst die 52 Abgeordnete zählende CSU-Riege in der Fraktion anstiftet!"[70] So bot der Kanzler dem unverheirateten 38jährigen das Familienministerium an, was der Junggeselle entschieden ablehnte. Er fürchtete mit gutem Grund, daß ihn Adenauer auf diese Weise der Lächerlichkeit preisgeben und damit ungefährlich machen wollte. Der Bundeskanzler reagierte gekränkt: „'Herr Strauß, ich mache Ihnen so ein gutes Angebot, und Sie befinden es nicht für nötig, es anzunehmen. Herr Strauß, ich bin enttäuscht von Ihnen.' – ‚Herr Bundeskanzler, ich habe nie verlangt, daß ich Mitglied der Regierung werden muß. Ich bin bereit, es zu werden, es ist eine hohe Ehre für mich. Aber Familienminister, so daß ich täglich Gegenstand von Karikaturen und spöttischen Bemerkungen werde, das geht nicht. Wenn, dann möchte ich eine politisch wichtige Aufgabe haben, die zu mir und in mein Metier paßt.'"[71] Doch Adenauer ließ sich nicht beirren und hielt am Namensgeber der „Dienststelle Blank" fest.

Bald darauf schlug der Kanzler vor, mehrere Sonderminister zu ernennen, die für eine engere Verbindung zwischen der Regierung und den Regierungsfraktionen bzw. den Regierungsparteien zu sorgen hätten. Strauß: „Also sollte ich Minister für besondere Aufgaben werden, und zwar mit dieser Zielrichtung. Begeistert war ich nicht. Dennoch sagte ich nicht länger nein und nahm das Angebot an. Das Sonderministerium schien mir keine Substanz zu haben, Minister für besondere Aufgaben hieß für mich eher Minister ohne besondere Aufgaben."[72] Insgesamt wurden vier Minister ohne Portefeuille berufen: Robert Tillmanns (CDU), Hermann Schäfer (FDP), Waldemar Kraft (GB/BHE) und Franz Josef Strauß. Die Opposition reagierte auf die kostspielige und aus ihrer Sicht überflüssige Ernennung von vier Sonderministern „für selbstgestellte Aufgaben"[73] am Tag der Vereidigung mit lautstarkem Gelächter. Dennoch setzte sich „Deutschlands höchstbezahlter Arbeitsloser"[74] gleich darauf mit ungebrochenem Selbstbewußtsein nicht auf die für Kabinettsneulinge reservierte hintere Regierungsbank, sondern nahm in der vorderen Reihe

---

[70] Schwarz, Hans-Peter: Adenauer. Band 2: Der Staatsmann. 1952–1967. München 1994, S. 110.
[71] Strauß, Franz Josef: Die Erinnerungen. Berlin 1998, S. 232.
[72] Ebd., S. 234. Vgl. dazu auch: Stücklen, Richard: Gesprächsbeitrag, in: Schwarz, Hans-Peter (Hg.): Konrad Adenauers Regierungsstil. Rhöndorfer Gespräche, Band 11. Bonn 1991, S. 11–28, S. 18; Hirscher, Gerhard: Die CSU als Koalitionspartner, in: Sturm, Roland; Kropp, Sabine (Hg.): Hinter den Kulissen von Regierungsbündnissen. Koalitionspolitik in Bund, Ländern und Gemeinden. Baden-Baden 1999, S. 96–119, S. 108.
[73] Strauß, Franz Josef: Die Erinnerungen. Berlin 1998, S. 232.
[74] Vgl. Strauß, Franz Josef: Brief an Konrad Adenauer vom 04.03.1955. Stiftung Bundeskanzler-Adenauer-Haus, I/11.06.

zwischen Schäffer und Erhard Platz. Bereits im Folgemonat schrieb die „Zeit": „Zu den einflußreichsten Akteuren des neuen Bundestages darf man den 38jährigen Abgeordneten Franz Josef Strauß zählen. Er gehörte schon im vorigen Parlament zu der ‚ersten Garnitur'. Im zweiten Bundestag wird er voraussichtlich eine noch wichtigere Rolle spielen: einmal, weil seine Partei, die CSU, eine viel stärkere Position besitzt als im vorigen Bundestag, und zum anderen, weil er eine starke natürliche Begabung für das politische Metier hat. Er hat, was den Erfolg in diesem Beruf ausmacht: politische Leidenschaft, eine volkstümliche Beredsamkeit, Verhandlungsgeschick, Mut, aber auch Anpassungsfähigkeit und Instinkt, der vor grobem Danebengreifen schützt. Sein Draufgängertum hat die typischen Akzente bajuwarischer Urwüchsigkeit. Er kann – nicht nur in Wahlversammlungen – deutlich bis zur Grobschlächtigkeit werden. Aber auch dann zeigt er noch Originalität und Treffsicherheit. Man nimmt ihm seine sprachliche Holzschnitt-Manier auch dort, wo sie hart an die Grenze des Zumutbaren geht, nicht übel, weil sie so voller Überraschungen ist... Das ist eine Seite seiner Beredsamkeit. Daneben versteht sich sein an den klassischen Sprachen geschulter Stil auf subtilste Nuancierungen. Diese zweite Seite zu Lasten der ersten mehr zu pflegen, Disziplin auch in Kampfsituationen zu wahren, wird ihm den Weg zum Staatsmann ebnen, der er werden kann."[75] Eine optimistische Weissagung, die insbesondere hinsichtlich der erwähnten Anpassungsfähigkeit und des vor grobem Danebengreifen schützenden Instinktes nicht minder grob danebengriff als die deutlich negativere Charakterskizze Walter Henkels', der das „Individuellste, was es neuerdings auf der langen Ministerbank" gab, mit den drastischen Worten beschrieb: „Er ist wie ein Panzer, der aus dem Unterholz hervorbricht und alles, was sich ihm in den Weg stellt, überrollt. Auf den Gegner schießt er keine ‚Fahrkarten'. Und er ist – die Bilder drängen sich förmlich auf – wie ein Gladiator angetan mit der Tunika, der in der riesigen Arena erscheint und, wie es bei den Römern üblich war, ein Täfelchen trägt, auf dem nach dem ersten Sieg das Wort ‚spectatus' – ‚erprobt' – steht."[76]

Die Unterbringung des neuen „Ministeriums" nahm sich äußerst bescheiden aus. Sonderminister Strauß residierte in einem kleinen Haus gegenüber dem Bundeskanzleramt, das einer Hohenzollernprinzessin gehörte, die in der oberen Etage wohnte, während Strauß mit seinem Stab im ersten Stock seinen Amtsgeschäften nachging. Bald darauf zog der Minister in das nahegelegene Museum Koenig um, wo er statt einer leibhaftigen Prinzessin mit ausgestopften Affen und Bären vorlieb nehmen mußte. Neben einem persönlichen Referenten standen ihm eine Sekretärin und ein Fahrer zur Verfügung. „Gewissermaßen zum Ausgleich für fehlende Kom-

---

[75] Dalberg, Thomas: Franz Josef Strauß. Porträt eines Politikers. Gütersloh 1968, S. 83.
[76] Ebd., S. 87.

petenzen und einen nicht vorhandenen Apparat hatte ich einen Ministerstander am Dienstwagen. Dem Arbeitsaufwand nach war das eine wunderbare Zeit. Ich bezog volles Ministergehalt, hatte keine Amtsverantwortung und einen weiten Spielraum. Aber irgendwie kam ich mir mit 38 Jahren wie pensioniert vor. Das Unbehagen, das ich schon bei Adenauers Angebot hatte, sah ich bestätigt. Ich konnte und wollte aber die zweite Offerte des Bundeskanzlers nicht ausschlagen, weil ich in undefinierbarer Ferne das Verteidigungsministerium sah. Ich wollte der erste Verteidigungsminister der Bundesrepublik werden."[77] Im Südwestfunk beschrieb er sein Ressort, das „in einem Aktenkoffer Platz" fand, mit den Worten: „Man kann es einfach so bezeichnen, daß die Tätigkeit der Sonderminister darin besteht, Fehlzündungen zu vermeiden, eine möglichst reibungslose und gut koordinierte Politik der Parteien, die hinter der Regierung stehen, und des Bundeskabinetts sicherzustellen."[78] Überdies beschäftigte sich Strauß mit auswärtigen und sicherheitspolitischen Belangen, bemühte sich um gute Verbindungen zu den wichtigsten Industriellenfamilien Deutschlands und versuchte, Kontakte zu den Regierungen der europäischen Nachbarländer zu knüpfen. Binnen kurzem schuf er sich ein beachtliches, aus vielfältigen Beziehungen und Freundschaften bestehendes Netzwerk. Im Auftrag des Kanzlers war er nun ständig im europäischen Ausland unterwegs, vor allem in Frankreich. Obgleich Strauß nun ein Amt erster Ordnung bekleidete, glich er mit seiner gutgenährten Erscheinung und seinem deutschnational anmutenden Haarschnitt, vor allem aber seinem bürgerlichen Habitus und seinem geselligen Naturell eher einem gewöhnlichen Beamten denn einem Minister.

Seine wichtigste Aufgabe erblickte Strauß in der Mitwirkung an der deutsch-französischen Aussöhnung und der Lösung der offenen Saarfrage. Das Saargebiet stand seit 1947 faktisch unter französischem Protektorat. Dabei wollte es der deutsche Bundeskanzler ebensowenig bewenden lassen wie die Bevölkerung des wirtschaftlich bedeutsamen Kohle- und Stahlreviers an der Saar. Also handelte er – nach vielen gescheiterten Anläufen – mit dem französischen Ministerpräsidenten Pierre Mendès-France ein Saarstatut aus. Frankreich machte die Unterzeichnung des EVG-Vertrages davon abhängig, daß Deutschland der „Europäisierung" der Saar und damit deren endgültiger Abtrennung von Deutschland zustimmte. Angesichts des höheren Zieles der europäischen Integration stimmte Adenauer zu. Während er sich öffentlich für die Europäisierung der Saar aussprach und dafür nicht nur von der Opposition, sondern auch von der FDP, deren Verhältnis zu den Unionsparteien sich zusehends verschlechterte, scharfe Kritik einstecken mußte, hoffte er insgeheim auf die vertraglich vereinbarte Volksabstimmung, in der die

---

[77] Strauß, Franz Josef: Die Erinnerungen. Berlin 1998, S. 234ff.
[78] Bickerich, Wolfram: Franz Josef Strauß. Die Biographie. Düsseldorf 1996, S. 66.

saarländische Bevölkerung über ihr politisches Schicksal würde entscheiden können. „Ein eigener Status oder Anschluß an die Bundesrepublik, das war die Alternative."[79] Außerdem setzte Adenauer einen Passus durch, der innerhalb von drei Monaten nach der Abstimmung freie Landtagswahlen im Saargebiet vorsah. Die Tragweite dieser Bestimmung wurde glücklicherweise weder auf französischer noch auf deutscher Seite erkannt, denn anderenfalls hätte die französische Nationalversammlung das Abkommen möglicherweise nicht ratifiziert. Sonderminister Strauß, der in die Pläne des Kanzlers eingeweiht worden war und öffentlich für die Europäisierung des Saargebiets bei gleichzeitiger Verwirklichung der europäischen Integration eintrat, leistete bei den schwierigen Gesprächen und Verhandlungen, die Adenauer zu führen hatte, wichtige Vermittlerdienste zwischen Bonn und Paris.[80] Beispielsweise ermöglichte es Strauß' Freundschaft zu Antoine Pinay, dem französischen Außenminister, eine rasche Einigung hinsichtlich der Abstimmung über das Saarabkommen und den bevorstehenden Wahlkampf im Saarland zu erleichtern.[81] Als dann das Saarstatut per Volksabstimmung, wie von Adenauer und Strauß erhofft, abgelehnt wurde, war der Weg zur Landtagswahl frei. Nun konnte „der Alte" eine Geheimwaffe zum Einsatz bringen, die den Ausgang der Wahl beeinflussen sollte: den „Reptilienfonds." Dabei handelte es sich um besondere finanzielle Mittel, die keiner parlamentarischen Kontrolle unterlagen. Diese etwa 10 oder 11 Millionen DM – eine zur damaligen Zeit beträchtliche Summe – wurden denjenigen politischen Kräften im Saargebiet zur Verfügung gestellt, die sich am lautstärksten gegen die Adenauer-Politik und für einen Anschluß des Saarlandes an Deutschland engagierten. Hierbei hatte Strauß im Auftrag des Kanzlers für den reibungslosen Informationsfluß zu sorgen. Bald darauf brachten die Landtagswahlen den gewünschten Erfolg: Am 1. Januar 1957 wurde das Saarland als elftes Bundesland politisch und wenig später auch wirtschaftlich wieder der Bundesrepublik Deutschland angegliedert.

Diesmal hatte Strauß die Kastanien nicht selbst aus dem Feuer holen müssen, aber er hatte unterstützend mitgewirkt und war damit in der „Konrads-Akademie" in seinen Erfahrungen und seiner Geisteshaltung bestärkt worden: Wenn Wohl und Wehe eines Landes und seiner Bevölkerung von der Verwendung illegitimer und öffentlich nicht vertretbarer Mittel abhängen, so gilt es keine Sekunde zu zögern, sondern alles nur Erdenkliche zu wagen, um den Betroffenen zu helfen und seinem Vaterland zu dienen. Und obwohl die Saarfrage nicht zuletzt dank seiner Beteili-

---

[79] Strauß, Franz Josef: Die Erinnerungen. Berlin 1998, S. 234.
[80] Vgl. o.V.: o.T., in: Europa-Archiv, Zeitschrift für Internationale Politik, 9 (1954), Band 1, S. 6484.
[81] Vgl. Brügmann, Claus: „Ich trete immer leise auf". Gedanken zum 15. Todestag von Franz Josef Strauß, in: Politische Studien, 54 (2003) H. 391, S. 5–12, S. 6.

gung am „Reptilienfonds-Coup" zu Lasten Frankreichs gelöst wurde, war es Strauß gelungen, in zahlreichen vertrauenschaffenden Gesprächen die Aussöhnung mit dem einstigen Erbfeind erheblich voranzutreiben und die noch junge deutschfranzösische Freundschaft zu vertiefen.[82] Dafür hatte sich in der Heimat die Anzahl seiner Gegner vergrößert. Zu den inzwischen altbekannten sozialdemokratischen Widersachern waren einige Liberale hinzugestoßen – auch in Bayern.

Während die Bayernpartei in der Bundestagswahl des Jahres 1953 auf unter fünf Prozent gefallen war, erhielt sie bei der bayerischen Landtagswahl vom 28. November 1954 immerhin noch 13,1 Prozent der Wählerstimmen. Damit lag sie weit hinter der CSU zurück, die mit 38 Prozent die größte Fraktion im neuen Landtag stellen konnte. Trotzdem mußten die siegesgewohnten Christsozialen auf den Oppositionsbänken Platz nehmen, da sich die BP zusammen mit der SPD (28,1 Prozent), dem GB/BHE (10,2 Prozent) und der FDP (7,2 Prozent) zu einer Viererkoalition unter Führung von Wilhelm Hoegner zusammenschloß. „Damit war es vorbei mit der kostenlosen und ziemlich effektiven Mitbenutzung staatlicher Institutionen für parteipolitische Zwecke. Die CSU war ohne organisatorisches Rückgrat"[83] und verlor aufgrund ihrer geschwächten Stellung in Bayern auch in Bonn an Einfluß. Strauß' Verachtung für die Bayernpartei steigerte sich ins Unermeßliche. Auch der SPD und FDP stand er nun feindseliger gegenüber als je zuvor. Bald darauf eröffnete die CSU einen regelrechten Vernichtungsfeldzug gegen die Bayernpartei. Trotz ihrer partikularistisch-separatistischen Neigungen und ihres verstockten radikalföderalistischen Provinzialismus wurde diese aufgrund der ansonsten ähnlichen Programmatik nach wie vor als die gefährlichste Rivalin erachtet. Gleichzeitig reorganisierte sich die CSU unter größten Anstrengungen zu einer Massen- und Apparatpartei modernen Typs. Letztendlich wurde die BP „in harten politischen Kämpfen von der CSU aufgerieben und aufgesogen."[84] Bereits im Oktober 1957 gelangte die Union, deren straff organisierte Führung nun in den Händen einer jüngeren und dynamischeren Politikergeneration lag, in Bayern wieder an die Regierungsverantwortung.[85]

Am 30. August 1954 waren die Augen der Welt auf die französische Nationalversammlung gerichtet. Nachdem die Parlamente aller beteiligten Signatarstaaten den

---

[82] Vgl. Harpprecht, Klaus: Mein Frankreich. Eine schwierige Liebe. Reinbek bei Hamburg 1999, S. 271.
[83] Burger, Werner: Die CDU in Baden-Württemberg und die CSU in Bayern. Eine vergleichende Analyse. Freiburg im Breisgau 1984, S. 102.
[84] Andersen, Uwe; Woyke, Wichard (Hg.): Handwörterbuch des politischen Systems der Bundesrepublik Deutschland. 4., völlig überarbeitete und aktualisierte Auflage. Bonn 2000, S. 278.
[85] Eisner, Erich: Das europäische Konzept von Franz Josef Strauß. Die gesamteuropäischen Ordnungsvorstellungen der CSU. Meisenheim am Glan 1975, S. 27.

Vertrag über die Europäische Verteidigungsgemeinschaft bereits ratifiziert hatten, war es nun an Frankreich, über eine integrierte europäische Verteidigung zu befinden. Doch da die Nationalversammlung mit einem Geschäftsordnungstrick dafür sorgte, daß die Abstimmung von der Tagesordnung verschwand, scheiterte das seit vielen Jahren diskutierte Vertragswerk. Zum einen waren die patriotischen Franzosen nicht bereit, die Verteidigung ihres Vaterlandes einer supranationalen Armee zu überlassen, zum anderen verbeugten sie sich vor der Sowjetunion, die kurz zuvor die Vermittlung eines Friedensschlusses in dem von Frankreich seit acht Jahren geführten Indochinakrieg unterstützt hatte.[86] Mit dieser diplomatischen Gefälligkeit errang Moskau auf dem europäischen Schauplatz des Kalten Krieges einen seiner größten Erfolge seit 1945. Während Franz Josef Strauß den Gedanken, möglicherweise EVG-Kommissar zu werden, enttäuscht aufgeben mußte, sprach Konrad Adenauer von einem „schwarzen Tag für Europa"[87]. Schließlich hatte die EVG den Grundstein zu einer späteren „Europäischen Politischen Gemeinschaft" (EPG) legen sollen. Außerdem drohte die Ablehnung des EVG-Abkommens die gesamte deutsche Europa-Politik zu untergraben und den Weg zur Souveränität und Gleichberechtigung der Bundesrepublik zu verbauen. Doch Adenauer blieb zuversichtlich: „Damals bin ich nicht verzweifelt. Das hat überhaupt keinen Zweck. Man muß eben wieder von neuem anfangen, und das haben wir ja auch getan."[88]

Vor allem dank der Unterstützung des amerikanischen Außenministers John Foster Dulles und seines britischen Kollegen Sir Anthony Eden gelang es schnell, eine für die Bundesrepublik konzeptionell günstigere Form der Integration zu realisieren. Die in London von Ende September bis Anfang Oktober 1954 tagende „Neun-Mächte-Konferenz" einigte sich angesichts des dringend zu lösenden europäischen Sicherheitsproblems zügig auf den Beitritt der Bundesrepublik zum „Brüsseler Pakt"[89], der sich damit zur „Westeuropäischen Union" (WEU) erweiterte, sowie auf die Aufnahme Deutschlands in die 1949 gegründete „North Atlan-

---

[86] Vgl. Kapferer, Reinhard: Charles de Gaulle. Umrisse einer politischen Biographie. Stuttgart 1985, S. 194; Seebacher-Brandt, Brigitte: Die deutsch-deutschen Beziehungen: Eine Geschichte von Verlegenheiten, in: Jesse, Eckhard; Mitter, Armin (Hg.). Die Gestaltung der deutschen Einheit. Geschichte – Politik – Gesellschaft. Bonn 1992, S. 15–40, S. 23.

[87] Görtemaker, Manfred: Kleine Geschichte der Bundesrepublik Deutschland. München 2002, S. 133.

[88] Adenauer, Konrad: Interview mit dem ZDF vom 04.01.1966, zitiert nach: Stiftung Bundeskanzler-Adenauer-Haus (Hg.): Konrad Adenauer. Dokumente aus vier Epochen deutscher Geschichte. Führer durch Ausstellung und Wohnhaus in Rhöndorf. Bad Honnef, Rhöndorf 1977, S. 145.

[89] Der „Brüsseler Pakt" („Brüsseler Fünf-Mächte-Vertrag", auch genannt „Westpakt" oder „Westunion") wurde am 17.03.1948 zwischen Großbritannien, Frankreich, Belgien, den Niederlanden und Luxemburg in Erweiterung des Dünkirchener Beistandspaktes vom 04.03.1947 (zwischen Großbritannien und Frankreich) geschlossen. Er sollte für den Fall eines Wiederauflebens der deutschen Aggressionspolitik oder einer Nichterfüllung der deutschen Kriegsauflagen die Bündnispflicht Großbritanniens sichern.

tic Treaty Organization" (NATO). Noch im Oktober wurden diese Grundsatzbeschlüsse in Paris in Vertragsform gebracht und unterzeichnet. Zusätzlich zu dem Beitritt der Bundesrepublik zum nordatlantischen Verteidigungsbündnis und zur WEU sahen die „Pariser Verträge" das Ende des Besatzungsstatuts vor und gestatteten die Wiederaufnahme des deutschen Passagierflugzeugbaus – was für das spätere Wirken von Franz Josef Strauß von größter Bedeutung sein sollte. Nachdem die Pariser Verträge am 27. Februar 1955 – freilich gegen die Stimmen der immer noch von einer baldigen Wiedervereinigung träumenden Opposition – vom Deutschen Bundestag gebilligt wurden, traten sie am 5. Mai 1955 zusammen mit dem modifizierten Deutschlandvertrag in Kraft. Zumindest der westliche Teil Deutschlands war nun wieder ein (weitgehend) souveräner Staat. In den darauffolgenden Tagen trat die Bundesrepublik der WEU und der NATO bei. Somit war es Konrad Adenauer nur zehn Jahre nach dem Ende des Zweiten Weltkrieges gelungen, sein Land auf dem Umweg über die Sackgasse einer Europäischen Verteidigungsgemeinschaft und im Tausch gegen die Wiederbewaffnung zur gleichberechtigten Mitgliedschaft im Kreise der freien Völker Westeuropas zu führen. Von einem politisch geeinten Europa konnte hingegen keine Rede sein.

Wie schon anläßlich der Währungsreform und der Gründung der Bundesrepublik folgte die Sowjetunion auch dieses Mal dem westlichen Beispiel mit leichter Verzögerung und gründete am 14. Mai 1955 ebenfalls ein kollektives Verteidigungsbündnis, den „Warschauer Pakt". Außerdem gewährte sie der DDR wenig später (formal) die volle Souveränität. Da sich die Integration Westdeutschlands in eine europäische bzw. atlantische Verteidigungsorganisation nicht hatte verhindern lassen, änderte die UdSSR nun ihre bisherige Deutschlandpolitik und propagierte die „Zwei-Staaten-Theorie", welche von einer dauerhaften Verfestigung der geteilten Staatlichkeit Deutschlands ausging. Konsequenterweise wurde im Rahmen der Moskaureise Konrad Adenauers im September 1955 auf dringenden Wunsch des Kreml die Aufnahme von diplomatischen Beziehungen vereinbart. Im Gegenzug gelang es Adenauer, die Freilassung der letzten deutschen Kriegsgefangenen und verschleppten Zivilpersonen auszuhandeln – ein weiterer Triumph des inzwischen 79jährigen Kanzlers. Doch die Medaille hatte auch eine Kehrseite. Die Bundesrepublik unterhielt nun diplomatische Beziehungen zu einem Land, das seinerseits diplomatische Beziehungen zur DDR unterhielt und diese als souverän anerkannte. Adenauer fürchtete, die „Zone" auf diese Weise aufgewertet zu haben und betonte daher, daß diese Kontaktaufnahme weder die Anerkennung des Status quo bedeute, noch den westdeutschen Alleinvertretungsanspruch beeinträchtige. Im übrigen rechtfertigte er die Aufnahme diplomatischer Beziehungen zur Sowjetunion mit dem Hinweis, daß diese eine der vier Siegermächte sei und daher für ganz

Deutschland eine besondere Verantwortung trage. In diesem Sinne wurde am 23. September 1955 eine nach Staatssekretär Walter Hallstein benannte Doktrin verkündet, die beabsichtigte, die diplomatische Anerkennung der DDR durch die internationale Staatengemeinschaft zu verhindern und deshalb allen Staaten, die eine Anerkennung der DDR vorzunehmen gedachten, mit dem Abbruch der diplomatischen Beziehungen drohte. Die Anerkennung der DDR, so hieß es, sei ein unfreundlicher Akt gegenüber der Bundesrepublik. Dies war die westdeutsche Antwort auf die russische „Zwei-Staaten-Theorie".

Kurz bevor Konrad Adenauer nach Moskau eingeladen wurde, unternahm die Sowjetunion noch einen letzten Versuch, die gerade erst vollzogene Aufnahme der Bundesrepublik in die NATO rückgängig zu machen oder zumindest zu lockern. Wie Franz Josef Strauß in seinen Erinnerungen schilderte, berichtete ihm Bundesfinanzminister Fritz Schäffer eines Tages, es sei ihm gelungen, einen Kontakt zu Vincenz Müller, dem stellvertretenden Innenminister der DDR aufzubauen. Müller habe ihm eröffnet, die Sowjetunion sei unter Umständen zu einer radikalen Änderung ihrer Politik gegenüber Deutschland bereit, wenn die Bundesregierung auf die Durchführung des Freiwilligengesetzes verzichte und ihr Verhältnis zur NATO lockere. Anschließend habe der ost- den westdeutschen Minister gebeten, in Ost-Berlin mit dem sowjetischen Botschafter zu sprechen, woraufhin sich Schäffer an Bundeskanzler Adenauer wandte. Laut Strauß erhielt Schäffer von Adenauer eine erstaunliche Antwort: „Fahren Sie ruhig hin, Herr Schäffer", soll er dem verdutzten Minister gesagt haben. „Wenn det aber bekannt wird, ich weiß nichts davon. In meinem Auftrag sind Sie nicht gefahren, aber fahren Sie ruhig hin!"[90] Und Schäffer fuhr. Doch da Schäffer ohne greifbare Ergebnisse wieder heimkehrte, muß, so Strauß, „das Ganze jedoch wohl als weiteres Störmanöver abgetan werden."[91] Besonders bemerkenswert an dieser mysteriösen Begebenheit, die von Markus Wolf, dem DDR-Spionagechef, in seinen Memoiren bestätigt wird, war die Haltung Adenauers, der Schäffer zwar gewähren ließ, im Falle eines Fehlschlages jedoch nicht bereit war, die Verantwortung zu übernehmen.[92] Strauß ahnte nicht, daß er dieser Taktik eines Tages selbst zum Opfer fallen sollte.

Während Adenauer mit seiner Politik von Erfolg zu Erfolg eilte, wurde sich Franz Josef Strauß allmählich bewußt, daß er auf der Karriereleiter bereits seit geraumer Zeit keine Sprosse mehr erklommen hatte. Von „Ehrgeiz getrieben wie von Furi-

---

[90] Strauß, Franz Josef: Die Erinnerungen. Berlin 1998, S. 208.
[91] Ebd.
[92] Vgl. Wolf, Markus: Spionagechef im geheimen Krieg. Erinnerungen. 4. Auflage, München 2002, S. 164–172.

en"[93] hatte er im Januar zum zweiten Male vergeblich versucht, sich zum Vorsitzenden der CSU aufzuschwingen. Auch mußten gewisse Überlegungen, Bundesminister für Luftfahrt zu werden, ergebnislos bleiben, da ein solches Ressort eine zu starke Assoziation mit Hermann Görings Luftfahrtministerium geweckt hätte. Zudem konnte nicht jeder denkbare Teilsektor ein eigenes Ministerium erhalten, schließlich gab es für die Schiffahrt auch kein Schiffahrtsministerium. Aus diesem Grunde ließ sich auch die von Strauß schon früh geforderte Einrichtung eines Europaministeriums nicht realisieren. Um so stärker bedrängte der „vor Energie und Tatendrang nahezu explodierende"[94] Minister fortan den Kanzler, mit der Führung des bald einzurichtenden Bundesverteidigungsministeriums (BMVg) betraut zu werden. Adenauer widerstand, bot Strauß aber das Arbeitsministerium an. „Die Antwort war zu erwarten. Das solle Blank werden und er dann Verteidigungsminister."[95] Am 31. März 1955 notierte Heinrich Krone in sein Tagebuch: „Strauß, das kommt deutlich zutage, will von Blank nichts mehr wissen; er selber will Verteidigungsminister werden. Ihm schwebt ein Verteidigungsrat vor, dem die an Verteidigungsfragen beteiligten Minister angehören und der dem Bundeskanzler unterstellt ist; dieser beauftragt seinerseits einen Minister ohne Portefeuille zum Geschäftsführer des Verteidigungsrates. Auch an dieser Aufgabe ist Strauß interessiert. Strauß und ich sollen mit dem Kanzler über diesen Plan sprechen. Ich weiß, daß der Kanzler gegen Blank als Verteidigungsminister Bedenken hat. Nur, wer soll es werden? Strauß nicht."[96] Wenig später schrieb Krone: „Ich schlage dem Kanzler vor, er solle Strauß für ein eigenes Amt, das der zivilen Verteidigung, in Aussicht nehmen. Strauß aber will Geschäftsführer des Verteidigungsrates im Ministerrang werden. Noch lieber Verteidigungsminister, wenn nicht beides."[97] Und am 29. April hieß es gar: „Mit Franz Josef Strauß gesprochen. Er glaubt, daß seine Stunde gekommen sei. Ihm schwebt die Idee eines engeren Kabinettsrates vor, da im Kabinett bei seiner Größe politische Fragen nicht hinreichend besprochen werden könnten. Nach wie vor will er die Arbeit eines Verteidigungsrates in die Hand bekommen. Wenn diese Pläne nicht bis zum Juni verwirklicht würden, scheide er aus dem Kabinett aus und werde wieder stellvertretender Fraktionsvorsitzender. Nun, so ein Wort fällt nicht das erste Mal."[98]

---

[93] Schlamm, William S.: Die Grenzen des Wunders. Ein Bericht über Deutschland. Zürich 1959, S. 78.
[94] Poppinga, Anneliese: „Das Wichtigste ist der Mut". Konrad Adenauer – die letzten fünf Kanzlerjahre. Bergisch Gladbach 1994, S. 338.
[95] Krone, Heinrich: Tagebücher. Erster Band: 1945–1961. Düsseldorf 1995, S. 161.
[96] Ebd., S. 168.
[97] Ebd., S. 171.
[98] Ebd., S. 174.

Im Verlauf seines von der CSU-Landesgruppe massiv unterstützten Nervenkrieges gegen Theodor Blank hatte Strauß eine Reihe von stichhaltigen Argumenten vorzubringen. Insbesondere der von Blank vorgesehene Aufbau der neuen Streitkräfte wurde von Strauß und einigen Wehrexperten als völlig undurchführbar kritisiert: „Im ersten Jahr sollten 90000 Mann, im zweiten 250000 Mann, im dritten 500000 Mann erreicht sein. Vom Nullpunkt an. Damit war ein schnelleres Aufrüstungstempo vorgeschrieben als einst beim Aufbau der Wehrmacht, die nicht vom Nullpunkt anfangen mußte. Ihr standen damals Reichswehr und Landespolizeien in einer Gesamtstärke von 200000 Mann zur Verfügung. Für die notwendige Propaganda war auch gesorgt: Presse und Rundfunk waren gleichgeschaltet. Sie hatten eine öffentliche Meinung zu schaffen, die die Massen für die Armee begeisterte. Zudem sorgte die diktatorische Staatsführung dafür, daß die Wehrmacht von der Wirtschaft vorrangig erhielt, was sie benötigte. Jetzt war alles anders: Die öffentliche Meinung war feindselig gegen eine Wiederbewaffnung eingestellt. Sie wurde darin – nicht durch alle, aber durch viele Massenmedien – bestärkt. Große Teile der politischen Opposition und der Gewerkschaften zeigten offen ihre Ablehnung. Die freie Wirtschaft war an der Rüstung wenig oder gar nicht interessiert."[99] Adenauer reagierte gereizt: „Wollen Sie mehr davon verstehen, Herr Strauß, als die Generale?" Strauß antwortete mit dem Zorn eines kriegserfahrenen Oberleutnants, der an vorderster Front erfahren hatte, zu welchen Fehlentscheidungen die Generalität fähig war: „Ja. Die Generale kennen die Bedeutung der Höhe 305, aber die Höhe 305 gibt es nicht mehr. Ich hingegen weiß, was militärische Organisation bedeutet, und davon haben die Generale keine Ahnung."[100] Abgesehen von sachbezogenen Argumenten wie diesen betonte Strauß mit Nachdruck, trotz seiner jahrelangen Beschäftigung mit verteidigungspolitischen Fragen nicht zum Militarismus zu neigen und sprach sich dementsprechend dezidiert gegen „eine Militarisierung des öffentlichen Lebens"[101] aus. Doch Adenauer schenkte den Straußschen Bemühungen keine Beachtung. Viel zu oft hatte er den energiegeladenen Sonderminister bereits zur Ordnung rufen und an die Kabinettsdisziplin erinnern müssen.[102] Für die macht- und verantwortungsvolle Position eines Wehrministers, der

---

[99] Schmückle, Gerd: Die Bundeswehr – vom Nullpunkt an, in: Zimmermann, Friedrich (Hg.): Anspruch und Leistung. Widmungen für Franz Josef Strauß. Stuttgart-Degerloch 1980, S. 69–81, S. 71.
[100] Strauß, Franz Josef: Die Erinnerungen. Berlin 1998, S. 298.
[101] Strauß, Franz Josef: Brief an Heinrich von Brentano vom 03.06.1955. Bundesarchiv Koblenz, Nachlaß Heinrich von Brentano, Nr. 239/181/1. Schriftwechsel Heinrich von Brentano mit Franz Josef Strauß 1955–1964.
[102] Vgl. Adenauer, Konrad: Brief vom 15.01.1954 an den Bundesminister für besondere Aufgaben, Franz Josef Strauß. Brief Nr. 49, in: Adenauer, Konrad: Briefe 1953–1955. Berlin 1995, S. 73; Köhler, Henning: Adenauer. Eine politische Biographie. Frankfurt am Main, Berlin 1994, S. 932.

die Befehls- und Kommandogewalt der gesamten Streitkräfte innehatte, schien Strauß nach Adenauers Dafürhalten nicht die nötige Besonnenheit und Zuverlässigkeit zu besitzen. So wurde das „Amt Blank" am 7. Juni 1955 unter der Führung seines Namensgebers zum „Bundesministerium für Verteidigung"[103] umgewandelt. Damit hatte Franz Josef Strauß trotz aller Anstrengungen sein großes Ziel, als erster Bundesverteidigungsminister in die Geschichte der Bundesrepublik einzugehen, verfehlt.

Trotz seiner Niederlage setzte Strauß die Angriffe auf Theodor Blank fort. Er wußte, daß sich der überforderte Verteidigungsminister in absehbarer Zeit verbrauchen würde, denn bereits im August 1955 lagen Blanks Nerven blank. Krone notierte in seinem Tagebuch: „Blank hat sich mit seiner militärischen Arbeit übernommen. Er ist gereizt und sieht überall Gegner. Fehlende Überlegenheit kompensiert er durch krampfhaftes Betonen seiner Position."[104] Also gab sich Strauß publikumswirksam als weit- und umsichtiger Verteidigungspolitiker und plädierte insbesondere mit Blick auf den Bundeskanzler, der immer noch davon überzeugt war, in „ein, zwei, drei oder vier Jahren 12, 24 oder 36 Divisionen"[105] aufstellen zu können, bei jeder sich bietenden Gelegenheit für Qualität statt Quantität. Zudem betonte er mit der ihm eigenen Beredsamkeit, daß eine Streitmacht im Atomzeitalter einen Krieg nicht mehr zu führen, sondern zu verhindern habe: „Die Technik hat begonnen, der Kontrolle der Menschen zu entgleiten. Mit der Produktion dieser Massenvernichtungswaffen in größeren Zahlen, wie sie jetzt möglich geworden ist, ist ohne Zweifel das apokalyptische Gespenst der Selbstvernichtung der Menschheit am Angsthorizont der menschlichen Kreatur aufgetaucht. Ohne Zweifel haben die Amerikaner einen qualitativen und quantitativen Vorsprung auf diesem Gebiete. Ohne Zweifel versuchen die Sowjets alles, um diesen Vorsprung einzuholen. Dabei kann eines Tages die Lage eintreten, daß ein quantitativer Unterschied nicht mehr von Bedeutung ist, wenn nämlich beide über so viel Massenvernichtungswaffen verfügen, daß sie kontinentale Verwüstungen in ausreichendem Umfang anrichten können, falls es ihnen gelingt, diese Waffen in das Land des Gegners zu tragen. Nach einer Auseinandersetzung mit solchen Mitteln – darin stimmen wir durchaus überein – gibt es keine politische Lösung mehr, das heißt der seinerzeit aufgestellte Grundsatz vom totalen Kriege hat sich dann selbst überlebt. Die Technik ist über den Sinn eines jeden Krieges, der mit totalen Mitteln

---

[103] Das Bundesministerium für Verteidigung wurde im Dezember 1961 in „Bundesministerium der Verteidigung" umbenannt.
[104] Krone, Heinrich: Tagebücher. Erster Band: 1945–1961. Düsseldorf 1995, S. 186.
[105] Adenauer, Konrad: Protokoll des CDU-Bundesvorstandes vom 13. Juni 1952. Protokoll Nr. 12, in: Buchstab, Günther (Bearb.): Adenauer: „Es mußte alles neu gemacht werden." Die Protokolle des CDU-Bundesvorstandes 1950–1953. Stuttgart 1986, S. 109–131, S. 115.

geführt würde, hinausgewachsen. Die alten militärischen Begriffe haben weitgehend ihren Wert verloren, die alten Ideale ihren Glanz eingebüßt. Es gibt keine schimmernde Wehr mehr, die begeisterungsfähige Herzen höher schlagen ließ. Es gibt nur mehr das todernste Problem der Sicherheit unseres Volkes an der Nahtstelle zweier Weltmächte, die beide über Massenvernichtungswaffen verfügen." Ergo: „Das oberste Ziel, auf das wir heute, in diesem Jahrhundert der Risiken, in diesem Jahrhundert der Entscheidungen, unsere Politik abstellen müssen, ist, alles, aber auch alles zu tun für die Verhinderung eines Krieges."[106]

Es war weniger die Redekunst des unbequemen Sonderministers, die Adenauer letztlich bewog, Strauß mit einem neuen Amt zu betrauen, als die ernsthafte Sorge um den Ausgang der nächsten Bundestagswahl. Schließlich zeigte sich immer deutlicher, daß die FDP für die Union kein verläßlicher Koalitionspartner mehr war. Adenauers Deutschlandpolitik wurde von ihr seit längerem heftig kritisiert. Ferner schien es nicht unmöglich, daß die Deutsche Partei und der GB/BHE, der mit der fortschreitenden Integration der Heimatvertriebenen und Entrechteten zusehends an Attraktivität verlor, an der Fünf-Prozent-Klausel scheiterten. Da eine absolute Mehrheit nach Ansicht des Kanzlers aber nicht zu erwarten war, galt es zu überlegen, auf welche Weise die Union ihre Regierungsarbeit ohne die bisherigen Koalitionspartner fortsetzen konnte. Adenauer schlug vor, die CSU ebenso wie zur Zeit der Saarabstimmung über die bayerischen Grenzen hinaus auszudehnen. Darauf antwortete sein Gesprächspartner Richard Stücklen: „Herr Bundeskanzler, diese Frage einer vierten Partei ist ja schon bei der Gründung der CSU behandelt worden und wurde abgelehnt. Die CSU an der Saar war ein Notbehelf und von vornherein zeitlich begrenzt. Inzwischen gab es zwar immer mal solche Überlegungen, sie waren aber nur von kurzer Dauer. Mit der vierten Partei ist es wie mit dem Seeungeheuer von Loch Ness. Es kommt und verschwindet, keiner hat es jemals gesehen. Zur Zeit wäre es auch schwer, eine solche Entscheidung der Öffentlichkeit verständlich zu machen. Wir haben gegenseitig keine Auseinandersetzungen, warum sollten wir der CDU Konkurrenz machen? Nicht einmal einen Streit haben wir!"[107] Adenauer darauf: „Dann machen wir Streit."[108]

---

[106] Strauß, Franz Josef: Die Erinnerungen. Berlin 1998, S. 218. Vgl. dazu auch: Baudissin, Wolf Graf von: Soldat für den Frieden. Entwürfe für eine zeitgemäße Bundeswehr. München 1969, S. 158; Strauß, Franz Josef: Oberstes Ziel: Verhinderung eines Krieges. Der Sinn der Pariser Verträge und ihrer Durchführung – Utopie der Bündnisfreiheit, in: Bulletin des Presse- und Informationsamtes der Bundesregierung vom 20. Juli 1955, Nr. 132, S. 1117–1122, S. 1117.
[107] Stücklen, Richard: Mit Humor und Augenmaß. Geschichten, Anekdoten und eine Enthüllung. 2. Auflage, Forchheim 2001, S. 204f.
[108] Ebd., S. 205. Vgl. dazu auch: Stücklen, Richard: Interview, in: Hanns-Seidel-Stiftung e.V. (Hg.): Geschichte einer Volkspartei. 50 Jahre CSU; 1945 – 1995. Grünwald 1995, S. 581–603, S. 598.

Konrad Adenauers Befürchtung, im Herbst 1957 in Ermangelung eines geeigneten Koalitionspartners in die Opposition verbannt zu werden, wurde durch eine Vorsprache des damaligen Leiters des Bundespresse- und Informationsamtes, Felix von Eckardt, noch verstärkt. Der Regierungssprecher machte den Kanzler darauf aufmerksam, daß die vier Sonderminister in der Öffentlichkeit recht unpopulär seien. Niemand wisse, welche Aufgaben diesen hochbezahlten Herren oblägen. Nur mit einem schlagkräftigen Kabinett, so von Eckardt, könne Adenauer in den Wahlkampf gehen. Anderenfalls werde er ihn verlieren. Daraufhin fragte Adenauer, ob er also einige Sonderminister entlassen solle, was von Eckardt bejahte. Außerdem sei auch Verteidigungsminister Blank nicht mehr länger tragbar. Adenauer war entsetzt: „Wissen Sie, was das bedeutet? Das bedeutet Franz-Josef Strauß als Verteidigungsminister! Er schießt aus allen Rohren gegen Blank. Wenn Blank geht, gibt es nur Strauß als neuen Verteidigungsminister!"[109] Darauf von Eckardt: „Allerdings, Herr Bundeskanzler, aber Strauß wird so oder so Verteidigungsminister, außer ein Herr der SPD übernimmt nach den Wahlen das Amt!"[110]

Unterdessen hatte sich die Unzufriedenheit des „Sonderministers mit (und ohne) besonderem Aufgabenbereich" zur Frustration gesteigert. Schon im Vorjahr hatte er dem Kanzler sein Leid geklagt: „Die Sonderaufgaben, die bisher erteilt worden sind, nämlich die Pflege der Wasserwirtschaft und die Ausarbeitung einer Zonengrenzdenkschrift, sowie die Betreuung des nichtselbständigen Teiles der geistig Schaffenden habe dazu beigetragen, diese Institution in den Ruf der Lächerlichkeit zu bringen. Echte Aufgaben besonderer Art sind bisher nicht erteilt worden."[111] Außerdem verfügte das „Ministerium" immer noch über keinen angemessenen Amtssitz, da es nach wie vor im ersten Stock des Zoologischen Museums Alexander Koenig untergebracht war. Stücklen: „Wenn er in sein Büro wollte, mußte er zwangsläufig an einer ganzen Reihe von präparierten Tieren aus aller Welt vorbeigehen. Diese präparierten Tiere wie Giraffen, Affen, Löwen, Bären usw. strahlten auch nach Jahren noch einen gewissen strengen Geruch aus. Es war unvermeidlich und nicht gerade angenehm. Wenn ich zu ihm kam, war das erste, was er zu mir sagte: ‚Hast' es gemerkt, wie die ausgestopften Viecher stinken?' Ich habe es runtergespielt und war der Meinung, das wäre wohl das wenigste, was er an seiner Tätigkeit als Sonderminister im Museum Koenig auszusetzen hätte. Eines Tages kam Franz Josef Strauß wutentbrannt zu mir in die Landesgruppe. Ich sah ihm die Verärgerung schon von weitem an. Kaum war er bei mir im Zimmer, begann er zu

---

[109] Eckardt, Felix von: Ein unordentliches Leben. Lebenserinnerungen. Düsseldorf, Wien 1967, S. 441.
[110] Ebd.
[111] Strauß, Franz Josef: Brief an Konrad Adenauer vom 08.10.1954. Faksimile, in: Adenauer, Konrad: Briefe 1953–1955. Berlin 1995, S. 168–173, S. 170.

schimpfen – das konnte er wie kaum ein anderer – und sagte, seine Geduld sei nun am Ende. Ich fragte ihn, was denn passiert sei. Da legte er los, er sei nicht mehr bereit, den ‚Grüß-Gott-August des Kabinetts' zu machen. Er bekäme Aufträge, da oder dort ein Grußwort zu sprechen. Dann solle er jeden Gast, den kein anderer Minister haben will, empfangen. Das seien alles Beschäftigungen, auf die er gern verzichten könne. ‚Wenn ich nicht bald eine andere Aufgabe bekomme, die wirklich meinen politischen Fähigkeiten und Neigungen entspricht, soll ein anderer den Sonderminister machen.'"[112] Nachdem Strauß sich wieder beruhigt hatte, bat er Stücklen, dem Bundeskanzler zwei Anliegen vorzutragen. Erstens wolle er Atomminister werden. Davon sei in letzter Zeit des öfteren die Rede gewesen und er sei nach reiflicher Überlegung zu dem Schluß gekommen, daß er sich in dieses interessante Aufgabengebiet gerne einarbeiten würde: „Wenn ein entsprechendes Ministerium mit einem Unterbau geschaffen ist, werde ich mich mit meiner ganzen Kraft dafür einsetzen, um in der Diskussion, die ja nun auf allen Ebenen, insbesondere im wissenschaftlichen Bereich, zur friedlichen Nutzung der Kernenergie entfacht wurde, meinen Beitrag zu leisten. Ich halte mich für intelligent genug, um dieses für mich neue Gebiet auch nach relativ kurzer Einarbeitung soweit zu beherrschen, daß ich mit den Herren aus der Wissenschaft, wie Carl-Friedrich von Weizsäcker, Werner Heisenberg und anderen, auch auf gleicher Ebene diskutieren kann."[113] Ferner trug Strauß dem Freund und Kollegen auf, den Bundeskanzler um seine Aufnahme in den Bundesverteidigungsrat, dem Vorläufer des späteren Bundessicherheitsrates, zu ersuchen. Als Richard Stücklen am 26. September 1955 schließlich von Konrad Adenauer empfangen wurde, gelang es ihm tatsächlich, den Kanzler im Sinne des unglücklichen Sonderministers zu bekehren: Strauß sollte nicht nur Atomminister, sondern auch stellvertretender Vorsitzender des Verteidigungsrates werden. Offenbar hatte sich der Kanzler die Bedenken des Presseamtschefs zu Herzen genommen. Da sich Stücklen mit Adenauer ausgezeichnet verstand, philosophierten beide im weiteren Verlauf des Gespräches über einen möglichen Nachfolger des Regierungschefs. Verschiedene Namen wurden genannt und kommentiert, bis Adenauer anmerkte, daß er von Stücklen noch einen anderen Namen erwartet habe. Als dann Franz Josef Strauß erwähnt wurde, schmunzelte Adenauer: „Wenn Herr Strauß sein Temperament etwas zurücknimmt und keine entscheidenden Fehler macht, ist er ein ernstzunehmender Bewerber für dieses Amt. Es hat aber noch einige Jahre Zeit."[114] Dann

---

[112] Stücklen, Richard: Mit Humor und Augenmaß. Geschichten, Anekdoten und eine Enthüllung. 2. Auflage, Forchheim 2001, S. 216f.
[113] Ebd., S. 217f.
[114] Ebd., S. 223.

fügte er noch hinzu, daß Herr Strauß heiraten solle, dann würde er schon etwas ruhiger werden. „Die Junggesellen sind alle etwas unruhige Geister."[115] Adenauer täuschte sich. Strauß sollte auch nach seiner Heirat ein unruhiger Geist bleiben – und einige entscheidende Fehler machen.

3. „Minister für dat Atom"

Auf die Frage, wie man sich als Historiker und Altphilologe zum Atomminister qualifiziere, antwortete Franz Josef Strauß nicht ohne Ironie: „a) indem man nichts von Naturwissenschaften versteht, b) indem man von anderen Ministerien ferngehalten werden soll und c) indem man verspricht, durch jugendlichen Eifer und organisatorischen Ehrgeiz trotzdem etwas zustande zu bringen."[116] Dieses Versprechen gedachte Strauß zu halten und „verschwand für acht Wochen aus jedermanns Blickfeld. Er saß hinter Bergen von Fachbüchern"[117], arbeitete sich mit der ihm eigenen Gründlichkeit in das neue Aufgabengebiet ein und machte sich „fast über Nacht sachkundig."[118] Die Bundestagsbuchhandlung, deren bester Kunde er seit langem war, konnte seine Nachfrage nach physikalischen Fachbüchern bald nicht mehr befriedigen.[119] Als er wenig später einen Vortrag zum Thema „Atom – Drohung oder Verheißung" hielt, zeigte sich Nobelpreisträger Professor Dr. Otto Hahn höchst beeindruckt: „Es gab Augenblicke, in denen ich im Zweifel war, wer mehr Physik studiert hatte – er oder ich."[120]

Am 20. Oktober 1955 war Franz Josef Strauß zum ersten Atomminister der Bundesrepublik Deutschland ernannt worden, am 1. Dezember nahm das BMAt seine Tätigkeit offiziell auf – allerdings sehr zum Unwillen von Ludwig Erhard, der die Einrichtung eines Atomministeriums für völlig überflüssig hielt und anmerkte, es gebe schließlich auch kein Dampfkesselministerium. Erhard grollte nicht zu unrecht, denn das Atomressort war in der Tat geschaffen worden, um Strauß von anderen Ministerämtern fernzuhalten. Bekanntlich gab es in Deutschland noch so

---

[115] Ebd. Vgl. dazu auch: o.V.: Interessantes aus Bonn, in: Bayernspiegel – Zeitpolitische Informationen, zitiert nach: Scholl, Heinz: Willy Brandt – Mythos und Realität. Die authentische Lebensgeschichte eines Berufssozialisten. Euskirchen 1973, S. 120.
[116] Strauß, Franz Josef: Die Erinnerungen. Berlin 1998, S. 246.
[117] Wald-Wagenburg, Helmut; Klein, Hans: Franz Josef Strauß. Grosser Bildband. Percha am Starnberger See 1979, S. 83.
[118] Karpf, Hugo, in: Deutscher Bundestag (Hg.): Abgeordnete des Deutschen Bundestages. Aufzeichnungen und Erinnerungen. Band 3. Boppard am Rhein 1985, S. 89–139, S. 124.
[119] Vgl. Wüst, Hans: Franz Josef Strauß. München, Köln 1957, S. 37.
[120] Bolesch, Hermann Otto: Franz Josef Strauß. Anekdotisch. München, Esslingen 1969, S. 22. Vgl. dazu auch: Zimmermann, Ulrich: Unvergessen, Franz Josef Strauß – das war sein Leben. 3. Auflage, Passau 1988, S. 47.

gut wie gar nichts Atomares zu verwalten. Deshalb rieten Strauß zu jener Zeit viele Freunde und Kollegen, er solle sich lieber verstärkt um die Fraktion kümmern und sich nicht auf das atomare Abstellgleis schieben lassen. Doch Strauß war anderer Auffassung. Bei Null beginnen zu müssen, forderte ihn geradezu heraus: „Als Atomminister konnte ich amtliche Pflicht und private Neigung auf das glücklichste verbinden." Außerdem sahen Regierung und Opposition „in der friedlichen Nutzung der Kernenergie ein wichtiges wissenschaftliches, technisches und wirtschaftliches Zukunftspotential. Persönlich hatte ich im Atomministerium eine Aufgabe gefunden, die mir rundum Freude machte, so daß ich mir mehr Zeit in diesem Amt gewünscht hätte, als ich dann hatte. Das Atomressort war keineswegs ein Verlegenheitsministerium, sondern ein Ministerium mit großer Perspektive, obwohl der Gedanke, das Amt zu einem Ministerium für Forschung und Technik auszubauen, damals noch nicht auftauchte. Für den Beginn wäre das zuviel gewesen. Man mußte erst auf dem Gebiet der Kernenergie Erfahrungen sammeln und Zeichen setzen."[121] Die FDP hingegen vermochte Strauß' Ernennung zum „Minister for Nuclear Affairs"[122] nicht zu begrüßen, da sie die damit einhergehende Verlagerung der politischen Gewichte im Kabinett als ungerechtfertigt empfand. Doch Adenauer, der erstaunlicherweise die sehr moderne Auffassung vertrat, daß die Bundesrepublik den durch Kriegs- und Nachkriegszeit eingetretenen Rückstand auf dem Gebiet der Kerntechnik aufholen müsse, wußte seine Entscheidung zu begründen und teilte dem Fraktions- und Bundesvorsitzenden der FDP am 20. Oktober 1955 anläßlich Strauß' Ernennung mit: „Ich darf zunächst bemerken, daß ich Herrn Bundesminister Strauß schon seit längerer Zeit den Auftrag gegeben habe, die Atomangelegenheiten zu bearbeiten (...). Es hat sich dann herausgestellt, daß auf dem Gebiete der Atomverwertung für friedliche Zwecke eine so den deutschen Interessen schädliche Zersplitterung eingetreten ist, daß es notwendig erschien, dem betreffenden Bundesminister dadurch, daß man ihn ausdrücklich als Bundesminister für Atomfragen bezeichnete, eine größere Autorität zu geben."[123] Strauß: „Adenauer war keineswegs so konservativ und unbeweglich, daß er Entwicklungen, deren Auswirkungen erst in der Zukunft lagen, nicht erkannt hätte. Eine Formulierung wie ‚Da jibt es wat Neues, und da müssen wir rein' habe ich öfter von ihm gehört. Selbstverständlich aber spielten bei der Gründung eines Atomministeriums auch politische Überlegungen eine Rolle. Vieles, was für den Bundeskanzler Strategie war, bewältigte er taktisch. So war der Aufbau eines Atomministeriums, neben allem wirtschaftlichen Nutzen, auch ein Stück

---

[121] Strauß, Franz Josef: Die Erinnerungen. Berlin 1998, S. 261.
[122] Ahonen, Pertti: Franz-Josef Strauß and the German Nuclear Question, 1956–1962, in: Journal of Strategic Studies, 18 (1995) H. 2, S. 25–51, S. 30.
[123] Adenauer, Konrad: Erinnerungen 1955–1959. 4. Auflage, Stuttgart 1989, S. 72.

Wiedergewinnung von Rang und Geltung, eine Möglichkeit, auf dem Umweg über die Technik Politik wieder selber gestalten, mit anderen von gleich zu gleich verhandeln zu können."[124]

Bereits am folgenden Tag erläuterte Strauß in einem ersten Rundfunkinterview, welche Ziele er als „Minister für dat Atom"[125], wie Konrad Adenauer ihn nannte, zu verfolgen beabsichtigte: „Ich bin persönlich der Überzeugung, daß die Ausnutzung der Atomenergie für wirtschaftliche und wissenschaftliche Zwecke einen ähnlichen Einschnitt in der Menschheitsgeschichte bedeutet wie die Erfindung des Feuers für die primitiven Menschen. Dieser Standpunkt wird von vielen erfahrenen Wissenschaftlern geteilt."[126] Tatsächlich glaubte man, am Beginn einer neuen Zeitrechnung zu stehen. Denn die Vorstellung, daß Uran eine Million Mal mehr Energie lieferte als die gleiche Menge Kohle und jene neuartige Technologie die Menschheit auf ewig von der Last schwerer Arbeit befreien würde, ließ die Atomenergie zum Symbol für eine bessere Zukunft avancieren. Auch aufgrund der völlig neuartigen Behandlungsmethoden, die man sich im Bereich der Nuklearmedizin erhoffte, erblickte man in der Atomforschung mehr als in irgendeiner anderen Technologie „jene oft beschworene Utopie der technologischen Modernität, welche vielerlei ökonomische Bedürfnisse befriedigen und damit auch gesellschaftliche Konflikte gleichsam wegzaubern könne. Führende westliche Sozialisten hofften sogar auf das Ende aller sozialen Verteilungskämpfe."[127] Strauß wußte aber auch weniger utopische Argumente anzuführen: „Die Kohle, für die Montanunion noch das zentrale Element, um Westeuropa zusammenzufügen, war unversehens dem Anbranden der Ölwoge ausgesetzt. Die Formeln der Macht begannen sich zu verändern. Mit dem Öl änderte sich eine wichtige Währung der Macht. Das Öl, scheinbar in beliebiger Menge vorhanden, ein Genuß ohne Reue, zu verbrennen, ohne daß irgendwelche Probleme entstehen – so wurde das damals gesehen –, das Öl war es, das im wesentlichen das deutsche Wirtschaftswunder trug. Das gilt in besonderer Weise auch für Bayern. Hier konnte durch das Öl der traditionelle Energienachteil ausgeglichen werden." Aber: „Uns war immer klar, daß beim Öl eine gefährliche Abhängigkeit mit all ihren politischen Unwägbarkeiten besteht."[128] Eine Abhängigkeit, in die Strauß sein Land nicht begeben wollte. Also kündigte er an, alle notwendigen Maßnahmen ergreifen zu wollen, damit die Bun-

---

[124] Strauß, Franz Josef: Die Erinnerungen. Berlin 1998, S. 246.
[125] Bickerich, Wolfram: Franz Josef Strauß. Die Biographie. Düsseldorf 1996, S. 87.
[126] Dalberg, Thomas: Franz Josef Strauß. Porträt eines Politikers. Gütersloh 1968, S. 107.
[127] Krieger, Wolfgang: Franz Josef Strauß. Der barocke Demokrat aus Bayern. Göttingen, Zürich 1995, S. 32.
[128] Strauß, Franz Josef: Die Erinnerungen. Berlin 1998, S. 251.

desrepublik Deutschland in absehbarer Zeit zum Kreise derjenigen Mächte zählte, die die Atomenergie für friedliche Zwecke zu nutzen wußten.

Dieses ehrgeizige Ziel war jedoch nur zu erreichen, wenn es der Bundesrepublik gelang, den enormen Rückstand aufzuholen, der „gegenüber den Vereinigten Staaten von Amerika etwa 15 Jahre, gegenüber Großbritannien mindestens 10 Jahre, gegenüber Frankreich 7 bis 8 Jahre, gegenüber der Sowjetunion ebenfalls mindestens 10 Jahre"[129] betrug. Strauß gab sich optimistisch und betrachtete es nicht als Schande, in der Kerntechnik zehn Jahre oder mehr versäumt zu haben. Schließlich konnte Deutschland nun über 90 Prozent von dem, was die Amerikaner in dieser Zeitspanne erreicht hatten, kostenlos übernehmen. Die verlorene Zeit wandelte sich nun in gewonnenes Geld und ermöglichte eine „umgekehrte Demontage". Folglich war der Atomminister davon überzeugt, daß es den deutschen Wissenschaftlern, die mit ihren Forschungen einst die moderne Kernphysik begründet hatten, gelingen würde, den Rückstand schnell aufzuholen: „In etwa fünf Jahren werden wir mit der wirtschaftlichen Anwendung in kleinem Maßstab beginnen können. In 15 Jahren wird das Atom aus dem Stromnetz, aus der Landwirtschaft und Medizin nicht mehr wegzudenken sein. Ich werde noch lange kein alter Mann sein, wenn ich mit dem ersten atomgetriebenen Schiff fahre."[130] Um diese hochfliegenden Pläne in die Tat umzusetzen, legte Strauß seinem Ministerium bereits im Dezember 1955 einen detaillierten Aufgabenkatalog vor, der die Verwendung der Kernenergie, die Koordinierung von Forschung und Entwicklung in Zusammenarbeit mit den einzelnen Bundesländern, die Heranbildung des wissenschaftlichen Nachwuchses, den Zusammenschluß der Montanunionstaaten zu einer Atomgemeinschaft und den Schutz von Arbeitskräften und Bevölkerung vor radioaktiven Stoffen behandelte. Letzteres lag ihm besonders am Herzen: „Nach meinem Gesetzentwurf und den sich daraus ergebenden Rechtsverordnungen wird die Erlaubnis zum Betrieb von Atomanlagen nur dann erteilt, wenn die geforderten Schutzvorrichtungen nach modernstem technischen Stand vorhanden sind. Andernfalls wird die Atomverwendung verboten, unter Umständen wird die Anlage ganz beseitigt. Außerdem enthält mein Entwurf so schwerwiegende haft- und versicherungsrechtliche Bestimmungen, daß jeder gern den staatlichen Vorschriften nachkommen wird."[131] Auch mit der damals noch in weiter Ferne liegenden Problematik der Lagerung und Wiederaufbereitung von abgebrannten Brenn-

---

[129] Strauß, Franz-Josef: Die Entwicklung der Atomenergiewirtschaft in Deutschland. Vortrag vor dem Übersee-Club am 23. April 1956. o.O. 1956, S. 3.
[130] Strauß, Franz Josef: In fünf Jahren erste Anwendung der Atomenergie. Bundesminister Strauß über den Zweck seiner Amerika-Reise, in: Bulletin des Presse- und Informationsamtes der Bundesregierung vom 12. Mai 1956, Nr. 87, S. 823.
[131] Ebd.

elementen befaßte sich Strauß eingehend. Trotz der energischen Forderungen der SPD, die Kernkraft baldmöglichst in allen nur erdenklichen Lebensbereichen in den Dienst der Menschen zu stellen, ließ er sich nicht zu überhasteten Entscheidungen hinreißen und lehnte den sofortigen Bau von Kernkraftwerken ab. Statt dessen gab Strauß der Forschung und der Ausbildung die Priorität, da er zunächst alle für den Bau eines kommerziellen Kernkraftwerkes notwendigen technischen und ökonomischen Voraussetzungen voll und ganz geklärt wissen wollte. Mehrere Auslandsreisen bestätigten ihn in dieser Haltung. Das sollte seine späteren Gegner nicht davon abhalten, ihn als ein gefährliches, weil zu unberechenbaren Kurzschlußreaktionen neigendes „Kraftwerk ohne Sicherungen" zu bezeichnen.

Im Dezember 1955 wurde die Gründung einer Atomkommission beschlossen, der führende Vertreter von Wirtschaft und Wissenschaft wie der Nobelpreisträger Otto Hahn und Werner Heisenberg angehörten, die dem Atomminister, der erster Vorsitzender war, beratend zur Seite stehen sollten. Als die Kommission am 26. Januar 1956 im Palais Schaumburg, dem Amtssitz des Bundeskanzlers, erstmalig zusammentrat, erläuterte Strauß den 25 Mitgliedern, welche Aufgaben man künftig zu bewältigen habe: „Es ist ohne Zweifel eine Tragik der Geschichte der Menschheit, daß der Begriff Atom nicht als heilende und helfende Kraft, sondern zuerst als Faktor von unvorstellbarer Zerstörungswirkung zum Bewußtsein der Allgemeinheit gekommen ist. Die Namen Hiroshima, Nagasaki, die Atom- und Wasserstoffbomben-Versuche im Stillen Ozean und in Sibirien haben in der Menschheit eine moderne Dämonenfurcht wachgerufen und das Gespenst der Selbstvernichtung der Menschheit durch die von ihr entfesselten Kräfte an den Rand unseres Erwartungshorizonts gerückt." Daher kommt auf uns „die Aufgabe zu, nicht nur den zehn- bis fünfzehnjährigen Rückstand aufzuholen, sondern der Menschheit zu zeigen, daß die Erforschung und Verwertung der Atomenergie für friedliche Zwecke geeignet ist, ein neues Zeitalter, eine wissenschaftliche und wirtschaftliche Umwälzung auf lange Sicht gesehen herbeizuführen. Es wäre angesichts der begleitenden Umstände töricht, von dem Beginn eines goldenen Zeitalters zu sprechen. Wohl aber kann das Leben der Menschheit auch in den sogenannten unterentwickelten Gebieten durch systematische Ausnutzung der Atomenergie für friedliche Zwecke in einem langsamen Entwicklungsprozeß gehoben werden. Wir sehen in der Arbeit an diesem Ziel eine große Aufgabe, an die wir alle mit der nötigen inneren Demut und mit der erforderlichen Bereitschaft gehen wollen."[132] Daß sich der vor Selbstbewußtsein strotzende Atomminister dieser großen Aufgabe mit der nötigen inneren Demut zuwandte, scheint in der Rück-

---

[132] Schöll, Walter (Hg.): Franz Josef Strauß. Der Mensch und der Staatsmann. Ein Porträt. Percha am Starnberger See 1984, S. 90.

schau unwahrscheinlich, die erforderliche Bereitschaft brachte er hingegen zweifelsohne auf. Binnen kurzem erwarb er sich durch seinen unermüdlichen Eifer, seine rasch wachsenden Kenntnisse und seine gute Zusammenarbeit mit den Experten der Atomkommission hohes Ansehen. Erneut war es seine Persönlichkeit, die dem nicht unumstrittenen Ministeramt Achtung und Respekt verlieh. Nicht das Amt verschaffte Franz Josef Strauß die nötige Autorität – Franz Josef Strauß verschaffte die nötige Autorität dem Amt.

Obwohl Franz Josef Strauß auch als Atomminister hin und wieder ermahnt werden mußte, sich an die Kabinettsdisziplin zu halten, hatte sich das zuvor gelegentlich angespannte Verhältnis zu Konrad Adenauer deutlich verbessert. Als dieser am 5. Januar 1956 im Palais Schaumburg seinen 80. Geburtstag feierte, erschien die von Strauß angeführte Delegation der CSU-Landesgruppe mit einem aufsehenerregenden Geschenk: einem jungen Löwen. „Die erste Reaktion Adenauers war der Ausruf: ‚Ach, der lebt ja!' Allem Anschein nach mußten vorwitzige Journalisten schon Andeutungen gemacht haben, daß das Geschenk der Bayern das bayerische Wappentier wäre. Der Löwe war gänzlich verschüchtert, denn der Kabinettssaal war voll von Gratulanten. Vor allem drängte sich dort eine Unzahl von Pressevertretern, meist mit Kameras bewaffnet. Augenscheinlich irritierten die grellen Blitzlichter das Tier, darum hob es der Tierpfleger auf, und es ruhte nun mit eingezogenem Kopf in seinen Armen. Adenauer lachte mit allen Anwesenden und kraulte den kleinen Löwen am Kopf. Nach einer Weile richtet er an die Journalisten die Frage, wie denn der Löwe getauft werden solle? Einige riefen: ‚Franz Josef.' Adenauer: ‚Nein, dafür ist er mir zu zahm.' Ziemlich einhellig wurde nun der Name ‚Conny' vorgeschlagen. Seitdem hieß er zu Ehren des Bundeskanzlers ‚Conny.'"[133] Bei aller humorigen Leichtigkeit wußte der Kanzler nur zu gut, daß der vorübergehend gezähmte bayerische Löwe schon bald wieder die Zähne fletschen konnte. Schließlich war er nach wie vor auf der Jagd nach dem immer gehetzter wirkenden Verteidigungsminister. Wenngleich Strauß in seinen Memoiren mehrfach betonte, daß er am BMVg nicht mehr interessiert war, nutzte er seine Position als stellvertretender Vorsitzender des außerordentlich einflußreichen Bundesverteidigungsrates, um Blanks unrealisierbare Aufbauplanungen immerfort zu kritisieren. Und das nicht zu unrecht, beispielsweise hatten von den ersten 101 Freiwilligen, denen am 12. November 1955 in einer früheren Bonner Infanteriekaserne in der Ermekeilstraße, dem Dienstsitz des Verteidigungsministeriums, die Ernennungsurkunden überreicht worden waren, nur zwölf in Uniform antreten können. Dieser ungemein abschreckenden Abwehrstreitmacht, die den Namen „Deutsche Bun-

---

[133] Stücklen, Richard: Mit Humor und Augenmaß. Geschichten, Anekdoten und eine Enthüllung. 2. Auflage, Forchheim 2001, S. 228.

Atomminister Franz Josef Strauß, Nobelpreisträger Niels Bohr u.a. bei der Eröffnung des ersten kommerziellen Atomreaktors im britischen Calder Hall (Oktober 1956).

deswehr" trug – nur die FDP hatte merkwürdigerweise für die Beibehaltung der Bezeichnung „Wehrmacht" plädiert – standen in der DDR bereits etwa 110.000 Mann der gut ausgerüsteten Kasernierten Volkspolizei gegenüber, die lediglich noch zur „Nationalen Volksarmee" umfirmiert werden mußten. Das hinderte die letzten versprengten „Ohne-mich-Bewegten" übrigens nicht daran, weiterhin gegen die Aufstellung westdeutscher Verteidigungskräfte zu demonstrieren.

Während Theodor Blank mit seinen Konzepten im Frühjahr 1956 allmählich in Verzug geriet und sich in der Ermekeilkaserne Nervosität auszubreiten begann, ging der Auf- und Ausbau des Bundesministeriums für Atomfragen planmäßig voran. Wie Strauß in seinen Erinnerungen bemerkte, war das Klima im Hause sehr gut. „Untergebracht waren wir im Hotel ‚Godesberger Hof'. Es ist mir deshalb in besonderer Erinnerung, weil es das einzige Ministerium war, in dem jeder Referent ein eigenes Bad hatte – schließlich waren es Hotelzimmer gewesen."[134] Mitte Januar umfaßte das Ministerium 27 Personen, am 1. April 1956 waren es bereits 85,

---

[134] Strauß, Franz Josef: Die Erinnerungen. Berlin 1998, S. 245.

und für das darauffolgende Haushaltsjahr wurde mit 114 Planstellen gerechnet.[135] Strauß reiste nach Frankreich, Großbritannien und in die USA, knüpfte Kontakte, schloß Kooperationen, beriet sich mit Atomphysikern und erweiterte sein Fachwissen in Atomforschungszentren und Isotopenanreicherungsanlagen. Darüber hinaus erwarb er zu Forschungszwecken Uran und vereinbarte die Lieferung mehrerer Hochschulforschungsreaktoren, was ihm die Vereinigten Staaten mit der Verleihung seiner ersten Ehrendoktorwürde dankten, die er im Juni 1956 von der juristischen Fakultät der Universität Detroit erhielt. Strauß verstand es, die Wissenschaftspolitik des Bundespolitikers mit der standortpolitischen Industrieförderung des CSU-Parteipolitikers zu verbinden und sorgte dafür, daß der erste deutsche Forschungsreaktor, das sogenannte „Atom-Ei", in Garching bei München errichtet wurde.[136] Adenauer hätte Karlsruhe bevorzugt, da die Rote Armee im Falle eines Krieges München eher als Karlsruhe erreichen konnte und ihnen die Geheimnisse des Atommeilers somit schneller in die Hände fallen würden. Strauß hielt dieses Argument fünf Jahre nach dem ersten sowjetischen Atombombentest für absurd und reagierte sarkastisch: „Bei einer solchen militärischen Einschätzung würde ich östlich des Lechs die Entwicklung und Produktion von Fahrrädern verbieten, denn sonst kämen die Russen bei ihrem Vormarsch in den Genuß des Geheimnisses der Zweiradindustrie."[137] Am Ende setzte sich der Atomminister durch: der erste deutsche Kernreaktor wurde in Garching gebaut, der zweite in Karlsruhe. Ein bedeutender Erfolg des Dr. h.c. Franz Josef Strauß, der an seinem Ressort viel Freude hatte. Nur der geplanten Europäisierung der Atomforschung stand er mit gemischten Gefühlen gegenüber. Zwar begrüßte Strauß die damit einhergehende europäische Integration, doch fürchtete er, daß „Euratom" – ein Zusammenschluß verschiedener europäischer Länder zur Koordinierung der Forschungs- und Entwicklungsbemühungen der nationalen Atomindustrien – die deutschen Fortschritte eher behindern denn beflügeln würde: „Ich glaubte, daß man uns auf dem Umweg über diese Organisation von der Atomforschung und ihren Ergebnissen ausschließen wollte, wobei ich gegen keinen Partner im besonderen, sondern gegen alle gleichermaßen mißtrauisch war." Später gab Strauß

---

[135] Vgl. Müller, Wolfgang D.: Geschichte der Kernenergie in der Bundesrepublik Deutschland. Band I: Anfänge und Weichenstellungen. Stuttgart 1990, S. 154; Strauß, Franz-Josef: Die Entwicklung der Atomenergiewirtschaft in Deutschland. Vortrag vor dem Übersee-Club am 23. April 1956. o.O. 1956, S. 10.

[136] Vgl. Strauß, Franz Josef: Grußwort des Bayerischen Ministerpräsidenten, in: Bayerisches Staatsministerium für Landesentwicklung und Umweltfragen (Hg.): Entsorgung von Kernkraftwerken. Düsseldorf, Wien, New York 1987, S. 13–21, S. 13; Kraushaar, Wolfgang: Die Protest-Chronik 1949–1959. Eine illustrierte Geschichte von Bewegung, Widerstand und Utopie. Band III: 1957–1959. Hamburg 1996, S. 1733.

[137] Strauß, Franz Josef: Die Erinnerungen. Berlin 1998, S. 245.

unumwunden zu, sich geirrt zu haben: „Meine Befürchtungen im Hinblick auf Euratom erwiesen sich als unbegründet. Die Atomgemeinschaft hat uns nicht behindert, sie hat aber auch keine besondere Rolle gespielt."[138]

Im Sommer 1956 war es dann soweit: Bundesverteidigungsminister Blank kam „an allen Ecken und Enden mit der Planung ins Schleudern, Kasernen waren nicht rechtzeitig renoviert worden, die Alliierten hatten Kasernen nicht freigegeben, der Neubau von Kasernen dauerte zu lange. Man hat Leute einberufen, für die es keine Uniformen, keine Waffen, keine Verwaltung, keine Infrastruktur gab. Wenn man Neckermann beauftragt hätte, die normale Ausrüstung zu liefern – vom Handtuch übers Bettuch bis zu Unterhosen – hätte es vielleicht funktioniert. Aber so erwies sich die ganze Hilflosigkeit und Unfähigkeit der militärischen Planung. Der perfekte Skandal!"[139] Also baute sich Strauß am 10. Juli 1956 mitsamt der Spitze seiner Landesgruppe vor den Augen des Bundeskanzlers auf und forderte angesichts der unhaltbaren Zustände und unübersehbaren Verzögerungen die sofortige Ablösung des nervenschwachen Verteidigungsministers: „Wir wollen Ihnen vortragen, daß die Planung der Bundeswehr unrealistisch ist, daß sich bereits jetzt die ersten Anzeichen eines völligen Durcheinanders anmelden, daß die Fortsetzung dieser Planung den deutschen Ruf, gute militärische Organisatoren zu sein, und damit den ganzen politischen Sinn dieses Unternehmens nachhaltig zerstören würden."[140] Adenauer, der davon überzeugt war, daß Blank die geforderten zwölf Divisionen rechtzeitig aufstellen würde, reagierte frostig: „Herr Strauß, ich habe Sie angehört. Nehmen Sie eines zur Kenntnis: Solange ich Kanzler bin, werden Sie nie Verteidigungsminister!"[141] Strauß, so Adenauer weiter, sei von enttäuschtem Ehrgeiz geplagt: „Sie merken, daß Sie nicht zum Zuge gekommen sind, und jetzt wollen Sie Herrn Blank hier heruntersetzen und schlecht machen, weil Sie glauben, auf diesem Wege noch Verteidigungsminister werden zu können. Und ich sage Ihnen, Sie werden es nicht!" Strauß: „Es war dunkel geworden im Raum. Adenauer hatte kein Licht gemacht, wir sind uns gegenüber gesessen wie Schatten, mit verdüsterten Mienen. Dann habe ich gesagt: ‚Gut, dann ist unsere Aufgabe erfüllt, ich wasche meine Hände in Unschuld. Herr Bundeskanzler, die Verantwortung liegt jetzt ausschließlich bei Ihnen.'"[142]

Außer sich vor Zorn fuhr Strauß in den Urlaub nach Spanien und ließ wochenlang nichts von sich hören. Im September mußte Adenauer einsehen, daß die Kritik des

---

[138] Ebd., S. 255.
[139] Ebd., S. 299.
[140] Ebd., S. 300.
[141] Ebd.
[142] Ebd., S. 301.

ehemaligen Oberleutnants berechtigt gewesen war: Die Einstellung freiwilliger Soldaten mußte gestoppt werden, weil man sie nicht mehr unterzubringen vermochte. Außerdem stimmte die Finanzplanung nicht, was zur Stornierung zahlreicher Beschaffungsaufträge führte. Obendrein war ein Beförderungsstopp angeordnet worden, weil die notwendigen Planstellen fehlten. Kurz: Der gesundheitlich angeschlagene Theodor Blank war nicht mehr Herr der Lage. Bis zuletzt hatte Adenauer zu seinem Verteidigungsminister gehalten. Doch als dem Kanzler schließlich zu Ohren kam, daß man in der NATO an der deutschen Zuverlässigkeit zu zweifeln begann, waren Blanks Tage gezählt. Adenauer: „Im Oktober 1956 sah ich mich gezwungen, ihn mit anderen Aufgaben zu betrauen und an seine Stelle den robusteren Franz Josef Strauß zu berufen. Ich hoffte, daß es Strauß gelingen würde, durch die Mauer des Widerstandes, die wir im Parlament und auch in der Öffentlichkeit zu überwinden hatten, durchzustoßen."[143] Außerdem hoffte Adenauer, auf diese Weise die in der SPD für den Atomminister aufkeimenden Sympathien zu untergraben, denn Strauß „habe die nötige Rücksichtslosigkeit und Vitalität, sich nach allen Seiten hin durchzusetzen und werde bei der Erfüllung seiner Aufgabe sich sicherlich so mit der SPD zerstreiten, daß der CSU die Lust auf eine große Koalition vergehe."[144] Ob die CSU, wie Adenauer vermutete, tatsächlich ein Interesse an einer großen Koalition mit der SPD hatte, sei dahingestellt. In jedem Fall läutete in den ersten Oktobertagen des Jahres 1956 das Kanzler-Minister-Telefon auf Straußens Schreibtisch: „‚Ja, hier Strauß.' – ‚Hier der Bundeskanzler. Haben Sie einen guten Urlaub verbracht, Herr Strauß?' – ‚Ja, ausgezeichnet. Ich habe mich auch wieder erholt.' Er: ‚Ja, wie geht es Ihnen, Herr Strauß?' Ich: ‚Mir geht es recht gut, ich sitze hier im Ministerium, wir bereiten jetzt den Haushalt vor, wir führen unsere Planung aus.' Er: ‚Tja, Herr Strauß, würden Sie vielleicht dann nicht einmal zu mir kommen? Ich habe mit Ihnen einiges zu besprechen.' – ‚Selbstverständlich, Herr Bundeskanzler, wann immer Sie wollen.' Adenauer: ‚Wollen wir nicht einen Termin ausmachen? Aber einen Termin, der Ihnen paßt, Herr Strauß. Ich würde großen Wert auf ein Gespräch mit Ihnen legen.' Der Termin wird vereinbart. Ich ging also zum Bundeskanzler. Er war die Freundlichkeit selbst, lud mich zum Tee ein. (...) ‚Tja, wissen Sie, ich muß Herrn Blank ablösen. Ich verliere meine Glaubwürdigkeit, ich kann sie nur durch eine Änderung der

---

[143] Adenauer, Konrad: Erinnerungen 1955–1959. 4. Auflage, Stuttgart 1989, S. 246. Vgl. dazu auch: Adenauer, Konrad: Bericht zur politischen Lage auf der Sitzung des Bundesparteivorstands der Christlich-Demokratischen Union in Bonn (Palais Schaumburg) vom 23. November 1956, in: Schwarz, Hans-Peter (Hg.): Konrad Adenauer. Reden 1917–1967. Eine Auswahl. Stuttgart 1975, S. 335–343, S. 341.

[144] Adenauer, Konrad; Heuss, Theodor: Gespräch Adenauer – Heuss vom 09.10.1956 (Gespräch Nr. 51), in: Adenauer, Konrad; Heuss, Theodor: Adenauer-Heuss. Unter vier Augen. Gespräche aus den Gründerjahren 1949–1959. Berlin 1999, S. 209–216, S. 210.

Personen wiederherstellen. Wären Sie bereit, dieses Amt zu übernehmen?' ‚Herr Bundeskanzler, jetzt fällt mir eine Antwort sehr schwer. Sie wissen, daß ich es werden wollte, das habe ich nie geleugnet. Sie haben mir dann das Atomministerium übertragen. Ich habe dann noch einmal einen Versuch gemacht im Sommer dieses Jahres, die Besprechung ist mir in unangenehmster Erinnerung. Ich wollte damit nichts mehr zu tun haben, und ich komme jetzt mit Ihrem Angebot nicht ganz zurecht. Im Juli haben Sie mir gesagt: Ende. Jetzt sagen Sie mir: ‚Wollen Sie das Amt übernehmen?"' Da kam eine Adenauersche Antwort, die mich aus dem Sattel hob: ‚Herr Strauß, wollen Sie es einem alten Mann übelnehmen, daß er noch in der Lage ist, seine Meinung zu ändern?'"[145] Es dauerte eine Weile, bis der verblüffte Franz Josef Strauß realisierte, daß es ihm endlich gelungen war, ein klassisches Ressort zu erobern und sich mit seinen gerade einmal einundvierzig Jahren offensichtlich auf dem besten Wege befand, eines Tages ins Palais Schaumburg einzuziehen. Die Öffentlichkeit reagierte auf Strauß' Ernennung zum Verteidigungsminister durchweg positiv. Nur wenige Kommentatoren kamen zu dem Schluß, der erfolgreiche Atomminister habe einen schweren politischen Fehler gemacht und prophezeiten, an „dieser Aufgabe werde er zugrunde gehen."[146]

Das ihm lieb gewordene Atomressort gab Franz Josef Strauß nur mit Bedauern auf. In weniger als einem Jahr hatte er die Grundlagen für den Aufbau der gesamten deutschen Atomwirtschaft gelegt und hinterließ seinem Nachfolger, dem Ingenieur-Professor Siegfried Balke, eine straff organisierte Behörde, zahlreiche auf den Weg gebrachte Projekte und weitreichende Planungen.[147] Im Jahre 1957 wurde das Bundesministerium für Atomfragen in „Bundesministerium für Atomenergie und Wasserwirtschaft" umbenannt. Diese Bezeichnung galt bis 1962, danach ging das Atomressort im „Bundesministerium für wissenschaftliche Forschung" auf. Dennoch wurde die von Strauß begründete Atompolitik fortgeführt und später auch von der sozialliberalen Koalition übernommen. Eine besonders positive Bilanz der Straußschen Amtszeit zog Professor Heinz Maier-Leibnitz, der für den Bau des Garchinger Forschungsreaktors zuständig war: Franz Josef Strauß „war in den Augen aller Beteiligten ein sehr guter Atomminister. Er war, wenn man so sagen will, der Erhard der Atomenergie."[148]

---

[145] Strauß, Franz Josef: Die Erinnerungen. Berlin 1998, S. 302f.
[146] Dalberg, Thomas: Franz Josef Strauß. Porträt eines Politikers. Gütersloh 1968, S. 126.
[147] Vgl. Löwenthal, Gerhard: Ich bin geblieben. Erinnerungen. 2. Auflage, München, Berlin 1987, S. 233.
[148] Schöll, Walter (Hg.): Franz Josef Strauß. Der Mensch und der Staatsmann. Ein Porträt. Percha am Starnberger See 1984, S. 92.

V. Das „undankbarste Amt": Franz Josef Strauß als Bundesverteidigungsminister (1956–62)

1. Neue Besen kehren gut

Der erste Verteidigungsminister der Bundesrepublik Deutschland war formell noch im Amt, da ließ Franz Josef Strauß bereits die wichtigsten Generale, Admirale und Staatssekretäre der Ermekeilkaserne im Atomministerium antreten. Er eröffnete den Experten, daß er die immer noch aktuelle Aufbauplanung für undurchführbar hielt und sie drastisch zu reduzieren beabsichtigte. Daraufhin gab General Heusinger zu bedenken, angesichts der außenpolitischen Glaubwürdigkeit müsse die bisherige Planung unbedingt eingehalten werden. Auf einen Einwand dieser Art hatte der selbstsichere Minister nur gewartet: „Kümmern Sie sich nicht um politische Dinge, weder um die innenpolitische Lage noch um außenpolitische Glaubwürdigkeit. Was ich von Ihnen will, meine Herren, ist ein verbindliches Urteil der verantwortlichen militärischen Führung, was nach Ihrem sachkundigen Urteil und den Erfahrungen, die Sie bisher gemacht haben, an Planung möglich ist. Das möchte ich von Ihnen wissen. Die politischen Bedenken, die kenne ich, denn ich muß die Entscheidung beim Kanzler durchsetzen, ich muß sie im Parlament vertreten, und ich muß sie in Paris verantworten. Von Ihnen will ich nichts anderes, als daß Sie mir sagen, was Sie heute, im Lichte geläuterter Erkenntnis, für möglich halten."[1] Die Generalität war ob der Vehemenz, mit der der neue Soldaten-Minister den politischen Führungsanspruch vertrat, ebenso erstaunt wie konsterniert. Strauß maß dem Primat der Politik höchste Bedeutung bei und respektierte die „siegreichen Heerführer des letzten Weltkrieges"[2], denen mehrfach der Mut gefehlt hatte, gegen die fehlerhaften oder verbrecherischen Planungen ihres Führers aufzubegehren, weitaus weniger als sein Vorgänger. General a.D. Hans Röttiger: „Wenn wir zu Blank gingen, hatten wir Generale immer ein Gefühl der leichten Überlegenheit. Wenn wir zu Strauß gerufen werden, kontrollieren wir vor der Tür des Ministerbüros noch rasch die Knöpfe an unseren Uniformen."[3] Auch im Verteidigungsministerium verlieh offensichtlich die Person dem Amt die

---

[1] Strauß, Franz Josef: Die Erinnerungen. Berlin 1998, S. 307.
[2] Strauß, Franz Josef: Protokoll des CDU-Bundesvorstandes vom 20.09.1956. Protokoll Nr. 16, in: Buchstab, Günter (Bearb.): Adenauer: „Wir haben wirklich etwas geschaffen." Die Protokolle des CDU-Bundesvorstandes 1953–1957. Düsseldorf 1990, S. 1014–1102, S. 1076.
[3] Bickerich, Wolfram: Franz Josef Strauß. Die Biographie. Düsseldorf 1996, S. 111.

nötige Autorität – und nicht umgekehrt. Nur der damalige Chef der Personalabteilung, Brigadegeneral Burkhart Müller-Hillebrand, war nicht bereit, sich dem Minister und damit der demokratisch legitimierten Regierung in vollem Umfang unterzuordnen. Beispielsweise weigerte er sich, einige der von Strauß bereits unterschriebenen Beförderungen gegenzuzeichnen. Daraufhin bestellte der Verteidigungsminister den General zum Rapport. Nach einer etwa viertelstündigen Wartezeit verließ Müller-Hillebrand das Vorzimmer mit der Begründung, „diese Warterei im Zimmer eines zivilen Ministers könne man ihm nicht zumuten."[4] Sofort sandte der zornesgewaltige Inhaber der Befehls- und Kommandogewalt Einheiten der Militärpolizei aus, ließ den unbotmäßigen General von den Feldjägern vorführen und erläuterte ihm in einem ebenso einseitigen wie lautstarken Gespräch seine Vorstellungen vom Primat der Politik. Trotz der ehrenhaften Zielsetzung, die Bildung eines „Staates im Staate", wie es ihn zur Zeit der Reichswehr gegeben hatte, zu verhindern und die vollständige Unterordnung des militärischen Instruments unter die parlamentarische Kontrolle sicherzustellen, beklagten die Gegner der Wiederbewaffnung alsbald die angeblich von Strauß vorangetriebene Restauration: „Ein geradezu wilhelminischer Militarismus, unter der Führung des hochintelligenten, aber impulsiven und unberechenbaren Franz Josef Strauß, schien einer Wiederkehr des Faschismus den Weg zu bereiten."[5] Strauß, der ob seiner notorischen Unpünktlichkeit und seiner prinzipiellen Unfähigkeit zur Ein- und Unterordnung als ein in vielerlei Hinsicht höchst unmilitärischer Charakter galt, bekundete immer wieder, daß ihm militaristisches Gedankengut jedweder Ausprägung völlig fremd war und betonte, der Soldat in der Demokratie sei als „Staatsbürger in Uniform" ein Diener seines Staates und all seinen Mitbürgern verpflichtet.[6] Doch seine politischen Widersacher hatten ihre Ohren längst verschlossen und hörten nur noch, was sie hören wollten. Strauß: „Ich kam mit einem entschieden anderen Stil in dieses Amt, und schon mein erster Tagesbefehl unterschied sich in Inhalt und Sprache von denen meines Vorgängers Blank. Ich habe, auch im Rückblick auf meine eigenen militärischen Erfahrungen, die Soldaten mit ‚Ihr' und ‚Euch' angeredet, habe einen kameradschaftlichen Ton gewählt. Deswe-

---

[4] Strauß, Franz Josef: Die Erinnerungen. Berlin 1998, S. 415.
[5] Baring, Arnulf: Gründungsstufen, Gründungsväter – Der lange Weg der Bundesrepublik Deutschland zu sich selbst, in: Scheel, Walter (Hg.): Nach dreissig Jahren. Die Bundesrepublik Deutschland – Vergangenheit, Gegenwart, Zukunft. Stuttgart 1979, S. 19–28, S. 21.
[6] Vgl. Strauß, Franz Josef: Zum Geleit, in: Bundesministerium der Verteidigung (Hg.): Schicksalsfragen der Gegenwart. Handbuch politisch-historischer Bildung, Band I. Tübingen 1957, S. 7–8, S. 7; Siebenmorgen, Peter: Militär und zivile Politik: Die Rolle von Franz Josef Strauß, in: Krieger, Wolfgang (Hg.): Adenauer und die Wiederbewaffnung. Rhöndorfer Gespräche, Band 18. Bonn 2000, S. 91–98, S. 91f.

gen wurde ich im Bundestag sofort kritisiert."[7] Obwohl sich Strauß nach Kräften bemühte, mit der Opposition in allen sein Ressort betreffenden Fragen zu kooperieren und jegliche Konfrontation zu vermeiden, nahmen die Sozialdemokraten die von Strauß gewählte Anrede zum Anlaß, ihn der Wiederbelebung des geächteten preußischen Militarismus zu verdächtigen.[8] Daß der eigentliche Inhalt der Ansprache einer Geisteshaltung entsprach, die dem preußischen Militarismus ferner nicht sein konnte, wurde von den Kritikern hingegen ignoriert. „Tut alles, was in Euren Kräften steht," hatte Strauß gesagt, „um der Bundeswehr Achtung und Vertrauen bei unserem Volk und im Ausland zu verschaffen. Vermeidet peinlich und sorgfältig jedes Wort und jede Handlung, die diesem Ziel schaden könnte. Ich habe volles Vertrauen zu Euch, daß Ihr diese Aufgabe meistern werdet. Als Euer oberster Vorgesetzter verlange ich Vertrauen und Zivilcourage von Euch und sichere Euch jede Unterstützung in der Durchführung der Euch übertragenen Pflichten zu. Wir sind uns gemeinsam unserer Sache bewußt, weil sich unsere Arbeit auf den Grundlagen von Sitte und Recht vollzieht."[9]

Obwohl Franz Josef Strauß nun als Verteidigungsminister ein in jener Zeit außerordentlich wichtiges Schlüsselressort innehatte, blieb er in Gestus und Habitus bescheiden. General a.D. Gerd Schmückle: „Das Vorzimmer eines Ministers hatte ich mir anders vorgestellt: geräumig, von dezenter Eleganz, mit einem Hauch von großer Welt. Was ich zu sehen bekam, war enttäuschend. Das Vorzimmer von Franz Josef Strauß hätte in jedes bayerische Landratsamt gepaßt. Zwei Sekretärinnen saßen sich an einem Schreibtisch gegenüber. Sie hantierten mit ihren Telefonhörern, als arbeiteten sie in einem kleinen Postamt. Eine Telefonanmeldung jagte die nächste. Die beiden Sekretärinnen, obwohl fieberhaft beschäftigt, schienen guter Laune. Mit einer freundlichen Kopfbewegung wiesen sie mich in eine Ecke. Dort möge ich warten. Gleich neben der Eingangstür. In dieser Ecke standen drei Stühle. Auf einem davon saß ein soignierter Herr. In elegantem Tuch. Das Haar graumeliert. Als ich mich vorstellte, begrüßte er mich mit der Grazie adliger Kavaliserziehung. Er war der französische Botschafter in Bonn. Als Wartender war er vor mir an der Reihe. Er verharrte stumm in dieser Arme-Leute-Ecke. Gelegentlich schenkte er mir ein mildes Lächeln, das andeutete, daß er sonst gewohnt war, anders empfangen zu werden – er, der Repräsentant eines gewaltigen Imperiums: des französischen Geistes, Waffenruhms und Gesetzeshandwerks. Noch immer konnte ich es nicht glauben, doch tatsächlich: Diese schäbige Ecke war das mini-

---

[7] Strauß, Franz Josef: Die Erinnerungen. Berlin 1998, S. 323f.
[8] Vgl. Soell, Hartmut: Fritz Erler. Eine politische Biographie. 2 Bände. Berlin, Bonn-Bad Godesberg 1976, S. 338 u. 732.
[9] Bickerich, Wolfram: Franz Josef Strauß. Die Biographie. Düsseldorf 1996, S. 101f.

sterielle Wartezimmer. Für jedermann."[10] Bald darauf wurde der französische Gast in das Ministerzimmer gerufen. „Das Gespräch der beiden dauerte eine knappe halbe Stunde. Als der Botschafter wieder herauskam, wirkte er erschöpft, wie ausgepumpt. Der Abschiedsgruß, den er mir schenkte, fiel zerstreut aus. Als er gegangen war, kam auf die Sekretärinnen erneut eine Welle von Telefonanmeldungen zu: ‚Den Außenminister, bitte…den Finanzminister, bitte…den Bundeskanzler, dankeschön.' Offensichtlich setzte Strauß alle Besuche unverzüglich in Aktion um. Schließlich war ich an der Reihe. Als ich das Ministerzimmer betrat, sah ich als erstes nur den gewaltigen Schädel, tief in die Schultern eingezogen. Strauß – körperschwer – schien das ganze Zimmer auszufüllen. Er saß hinter einem Schreibtisch, der vollgepackt war mit Büchern und Akten. Auf den zweiten Blick sah ich, daß die Wände des Zimmers bis zur Decke vollgestellt waren mit Büchern. Als arbeite der Minister in einer Bibliothek. Dritter Eindruck: Auf einem kleinen Tisch standen militärische Geschmacklosigkeiten herum, Modelle von Panzern, Schiffen und Flugzeugen. Auch einige Plaketten, Wimpel, Fähnchen. Ich ging auf Strauß zu, um ihn zu begrüßen. Er ließ mich – für den winzigen Bruchteil einer Sekunde – vor seinem Schreibtisch stehen, bevor er sich erhob. Der Augenblick war kurz genug, um nicht unhöflich zu wirken, und ausreichend lange, um zu verdeutlichen, wer hier Vorgesetzter, wer Untergebener sei. Die Begrüßung war freundlich, fast herzlich. Als wären wir alte Bekannte. Nun hatte ich das Gesicht dicht vor mir: eine Landschaft voller Höhen und Tiefen, die Augen klein, das Kinn wuchtig, Stiernacken, breite Schultern."[11]

Breite Schultern zeigte Strauß auch in Paris. Nachdem die für undurchführbar erklärten Aufbauplanungen des inzwischen ins Arbeitsministerium abgeschobenen Theodor Blank modifiziert worden waren, flog er zum NATO-Hauptquartier und verkündete dort am 29. Oktober 1956 die neue Devise „Qualität vor Quantität". Der deutsche Wehrminister wußte, wie sehr die NATO auf die Partnerschaft der Bundesrepublik angewiesen war und gab im Kreise der Freunde und Verbündeten ohne einen Anflug von Selbstzweifel bekannt, nun statt 500.000 Mann in drei Jahren nur noch etwa 360.000 Mann in fünf Jahren aufstellen zu wollen. Die in Paris versammelten NATO-Gewaltigen waren alles andere als begeistert. Mit ihren ablehnenden Stellungnahmen verleiteten sie Strauß, noch deutlichere Worte zu gebrauchen: Seit Karthago sei kein Land in einem Kriege derartig zerstört und obendrein mit jahrelangen Straf- und Umerziehungsmaßnahmen malträtiert worden wie Deutschland. „Ich habe ihnen gesagt: Sie sind es doch gewesen, die den

---

[10] Schmückle, Gerd: Ohne Pauken und Trompeten. Erinnerungen an Krieg und Frieden. Stuttgart 1982, S. 165.
[11] Ebd., S. 167f.

Bundesverteidigungsminister Strauß an seinem Schreibtisch in der Ermekeilkaserne in Bonn.

Menschen bei uns erklärt haben, mit dem Soldatenspielen sei es nun für alle Zeiten vorbei, jetzt gehe es nur noch an die friedliche Werkbank und auf den Acker, aber nicht mehr in die Kaserne. Glauben Sie, daß ich mit dem, was der verlorene Krieg und Ihre unglückselige Umerziehung angerichtet haben, jetzt in wenigen Wochen fertig werden kann? Herr Blank hat sein Bestes gegeben und ist darüber gestürzt worden. Mir kann das auch passieren. Entweder geben Sie mir jetzt grünes Licht für die Änderung der Planung, oder Sie suchen morgen den nächsten deutschen Verteidigungsminister. Aber ich sage Ihnen gleich, Sie werden nie einen finden, der 500 000 Mann in drei Jahren schafft. Nicht einmal 500 000 bewaffnete Briefträger kriegen Sie in der Zeit, geschweige denn eine modern ausgerüstete und ausgebildete, gut organisierte Armee."[12] Trotz seiner wortgewaltigen Argumentation waren die Vertreter Frankreichs, der Vereinigten Staaten und des Vereinigten Königreiches nicht bereit, die Modifikationen des Bundesverteidigungsministers zu akzep-

---

[12] Dalberg, Thomas: Franz Josef Strauß. Porträt eines Politikers. Gütersloh 1968, S. 122.

tieren und schlugen daher die Vertagung der Debatte vor. Doch Strauß war abgeneigt, sich in Paris länger aufhalten zu lassen: „Meinetwegen können Sie die Diskussion morgen fortsetzen, aber ohne mich, ich fliege nämlich heute nacht nach Hause, weil ich morgen arbeiten und nicht schwätzen muß. Morgen gehe ich daran, die Planung zu verwirklichen, die ich Ihnen heute vorgetragen habe. Im übrigen bin ich um acht Uhr zum Essen eingeladen, bis um Viertel vor acht haben Sie also Zeit, Fragen zu stellen."[13]

In Bonn machte sich Strauß wieder mit „unvorstellbarer Leidenschaft und Arbeitskraft"[14] ans Werk. Er straffte die Führungs- und Organisationsstruktur der Armee, paßte die Verwaltung den militärischen Erfordernissen an, verbesserte die Qualität der Ausrüstung und Ausbildung und zögerte die Einführung der allgemeinen Wehrpflicht hinaus, solange die personellen und materiellen Voraussetzungen fehlten. Schmückle: „Dies verlangte eine starke Hand. Dennoch war das Verhältnis zur obersten militärischen Führung weitgehend in Ordnung. Mit Strauß konnte man durchaus und anregend debattieren. Hatte jemand stichhaltige Argumente, dann ließ er sich überzeugen. Allerdings erst dann, wenn man seine bohrenden Fragen hatte sachkundig beantworten können. Widerreden störten ihn nur, wenn sie auf vagen und unbewiesenen Behauptungen beruhten. Wer zu ihm ging, mußte also gut vorbereitet sein und wissen, daß er einem Minister gegenübertritt, bei dem sich große Sachkenntnis mit einem phänomenalen Gedächtnis verbindet. Damit konnte Strauß unkundige Besucher unangenehm verblüffen. Zudem habe ich niemand sonst erlebt, der wie er andere Menschen – so differenziert – den Grad seines Wohlwollens oder seiner Abneigung spüren ließ. Für Untergebene war er ein anspruchsvoller, aber enorm großzügiger Vorgesetzter. Was er von seinen engsten Mitarbeitern verlangte, forderte er auch sich selbst ab. Oft arbeitete er bis tief in die Nacht."[15] Alle wichtigen Entscheidungen wurden sorgfältig geprüft, bevor sie gefällt und verkündet wurden. Wenn aber Eile geboten oder gar Gefahr im Verzug war, zögerte Franz Josef Strauß nicht, mit einer für Außenstehende beängstigenden Energie und Entschlossenheit zur Tat zu schreiten: „Wegen mangelhafter Unterbringung und Versorgung der Soldaten mußte ich kurz nach Amtsübernahme einige sehr unangenehme Erfahrungen machen. Es kam nämlich zu zwei Meutereien im Sinne des Strafgesetzbuches. Beide Male war es die Luftwaffe, der erste Tatort war Uetersen, der zweite, unmittelbar darauf, der

---

[13] Ebd.
[14] Rust, Josef: Streifzug mit Hans Globke durch gemeinsame Bonner Jahre, in: Gotto, Klaus (Hg.): Der Staatssekretär Adenauers. Persönlichkeit und politisches Wirken Hans Globkes. Stuttgart 1980, S. 27–38, S. 37.
[15] Interview mit General a.D. Gerd Schmückle am 27.10.2003 in München.

Fliegerhorst Memmingen. Die dortige Luftwaffenkompanie trat morgens zum Dienst an, der Spieß teilte ein: Waffenreinigen, Geländedienst, Sport und so weiter. Dann das Kommando: ‚Wegtreten!' Die Soldaten bleiben stehen, verweigern den Befehl. Der Vorgesetzte wiederholt den Befehl, die Männer verweigern ihn wieder. Das war Meuterei – geschlossene Befehlsverweigerung. Ein Sprecher der Soldaten erklärte: Man habe keine menschenwürdige Unterkunft, die Familien bekämen seit Wochen keinen Unterhalt, die ganze Verwaltung habe versagt, das sei ein unwürdiger Zustand, man wolle lieber aufhören und den Dienst quittieren. Der Vorfall wurde sofort an das Verteidigungsministerium gemeldet. Rust und Heusinger kamen aufgeregt zu mir: ‚Um Gottes Willen, nach dem Wehrstrafgesetz ist das Meuterei. Das kann nicht mehr disziplinarisch erledigt werden, das muß der Staatsanwaltschaft übergeben werden. Wenn wir nichts tun, bedeutet das Begünstigung.' Ich entschied kurzerhand: ‚Die Betreffenden werden nicht bestraft. Es erfolgt keine Anzeige bei der Staatsanwaltschaft. Bis jetzt ist das Ganze intern. Wenn das in die Presse kommt, ist das für die Gegner der Bundeswehr, für die Gegner der Aufrüstung und vor allem für die ewigen Kritiker einer überstürzten Aufstellung ein gefundenes Fressen. Was würden Sie sagen, meine Herren, die Sie hier Ihre Gehälter beziehen, wenn Sie acht Wochen kein Gehalt bekämen, wenn Sie keine menschenwürdige Unterkunft hätten, kein Bettuch? Würden Sie dann von Meuterei reden?' Ein Ministerialrat fuhr sofort nach Memmingen mit einem Koffer voll Bargeld und zahlte den Soldaten aus, was ihnen zustand. Es ist uns gelungen, den Zwischenfall zu meistern."[16] Offensichtlich war es auch gelungen, gleich in den ersten Wochen nach der Amtsübernahme einen eigenen „Reptilienfonds" anzulegen. Der ehemalige Wehrmachtssoldat, der Befehle verweigert hatte, um seinen Kameraden das Leben zu retten, der einstige Landrat, der die Einwohner seines Landkreises durch organisierte Schieberei vor dem Verhungern und Erfrieren bewahrt hatte, der vormalige Sonderminister, der im Auftrag des Kanzlers an undurchsichtigen finanziellen Transaktionen zur Befreiung des Saarlandes mitgewirkt hatte, zögerte also auch als Bundesverteidigungsminister nicht, die Grenzen der Legalität zu überschreiten, wenn es legitime Ziele zu verfolgen galt oder schwerwiegender Schaden für die in seiner Verantwortung liegenden Personen oder Institutionen abzuwenden war.

---

[16] Strauß, Franz Josef: Die Erinnerungen. Berlin 1998, S. 319.

2. Am Tisch der Großen

Am 23. Oktober 1956 brach in Ungarn ein Volksaufstand aus, der kurz darauf, am Blutsonntag, von der Roten Armee mit der üblichen Brutalität niedergeschlagen wurde. Strauß: „In Bonn war es der Tag nach dem Presseball, den ich nicht besucht hatte, weil alarmierende Meldungen aus Budapest vorlagen. Deshalb war ich auch am Sonntagvormittag ins Ministerium gegangen. Da läutet das Telefon. Die Vermittlung ist am Apparat: ‚Herr Minister, da meldet sich ein General aus Budapest, der Sie sprechen will.' Ich bin wie elektrisiert. Das Gespräch wird weiterverbunden. Ich höre das Geräusch von Panzerabschüssen, von Artilleriefeuer, von Einschlägen – die Erinnerung an Telefongespräche während des Krieges in Rußland ist beklemmend. So klang es, wenn man an der Front mit einer schießenden Batterie telefonierte. Dann, in sehr gebrochenem Deutsch: ‚Ich rufe an im Auftrag von General Maleter, der General ist gestern abend von den Russen verhaftet worden. Können die Deutschen uns noch helfen? Wir sind in höchster Not!' Ich bin mir meiner absoluten Ohnmacht bewußt, zerrissen im Inneren, ich kann nur sagen: ‚Wir sind erst am Beginn des Aufbaus unserer Streitkräfte, eine rechtzeitige Hilfe von deutscher Seite ist nicht zu erwarten, ich kann mich nur schleunigst an die Amerikaner wenden.' Das Geräusch von Schüssen und Einschlägen verstärkt sich, das Gespräch bricht ab. Ein paar Stunden später ist der ungarische Volksaufstand am Ende, blutig niedergeschlagen mit brutaler sowjetischer Waffengewalt. Zu den Opfern, die bald ihr Leben verlieren, gehört auch Verteidigungsminister General Pal Maleter. Ich habe sofort versucht, den amerikanischen Botschafter zu erreichen, er war unterwegs zu irgendeiner gesellschaftlichen Veranstaltung; auch der stellvertretende amerikanische Botschafter war nicht zu erreichen, ebensowenig der amerikanische Militärattaché, der meiner Erinnerung nach beim Tennisspielen war. Das paßte in mein Bild und in meine Einschätzung: Zuerst machen die Amerikaner den Ungarn Hoffnungen, und wenn es ernst wird, lassen sie das ungarische Volk völlig im Stich."[17]

Während der sowjetische Einfall in Ungarn nach Auffassung der deutschen Linken nicht als Beweis für den sowjetischen Expansionismus zu werten und die politische Bedeutung des ungarischen 17. Juni demgemäß als gering zu erachten war, bemühte sich Strauß, die an der Zonengrenze lebenden Menschen zu beruhigen. Im Rahmen einer Ansprache im fränkischen Hollfeld versicherte er den verängstigten Zuhörern, daß die Russen nicht wagen würden, auch in Westdeutschland einzumarschieren. „Die Bevölkerung könne in Ruhe arbeiten und in Frieden

---

[17] Ebd., S. 328f.

schlafen und brauche nicht die geringste Sorge zu haben, denn wir seien Mitglied eines Bündnisses, dessen technische Mittel stark genug seien, um im Falle eines Angriffs mit einem vernichtenden Gegenschlag zu antworten."[18] Die Stärke der Bündnispartner reiche aus, um die Sowjetunion von der Landkarte verschwinden zu lassen. Die Grenzlandbewohner waren froh, diese ermutigenden Worte zu hören – die Gegner der durch Franz Josef Strauß personifizierten Adenauerschen Politik der Stärke ebenfalls. Fortan wurde immer wieder behauptet, der säbelrasselnde Strauß träume davon, Rußland von der Landkarte zu tilgen. Eines Tages wurde ihm anläßlich einer Rede im Münchener Hofbräuhaus coram publico sogar ein Paket überreicht, das einen großen Radiergummi enthielt – perfiderweise nicht nur eine Anspielung auf die Hollfelder Rede, sondern auch auf den aggressiven Sprachgebrauch Adolf Hitlers.[19] Noch über vierzig Jahre später behauptete der „Stern": „Strauß hatte schon kurz nach seiner Amtsübernahme von den technischen Möglichkeiten geschwärmt, ‚das Reich der Sowjetunion von der Landkarte streichen zu können'. Daß dabei auch von Deutschland nur eine verstrahlte Wüste geblieben wäre, schien weder ihn noch seinen Kanzler zu schrecken."[20]

Die sowjetische Intervention in Ungarn beschleunigte einen gedanklichen Prozeß, mit dem sich Franz Josef Strauß bereits seit längerem trug und der um die Frage nach der Wirksamkeit des Prinzips der Abschreckung kreiste. Nur die absolute Gewißheit, daß jede Attacke auf ein Mitglied des Nordatlantikpaktes die vollständige Zerstörung des angreifenden Landes zur Folge haben würde, konnte potentielle Aggressoren von einem Überfall abhalten. Ein Rüstungsgefälle, Strauß erläuterte dies immer wieder anhand eines Beispiels aus der jüngeren deutschen Geschichte, kam einer Aufforderung zur Offensive gleich: „Hätte Hitler am 1. September 1939 gewußt, was das Ende seines Abenteuers sein wird, er hätte nicht angegriffen."[21] Da sich im Zeitalter der Atom- und der Wasserstoffbombe die notwendige Abschreckung jedoch nicht mehr allein durch konventionell ausgerüstete Truppenverbände erreichen ließ, mußte die Bundeswehr eine Teilhabe am nuklearen Schutzschild seiner Verbündeten erzielen. Denn Kernwaffen, so Strauß, sind politische Waffen: „Ich war in Hiroshima und Nagasaki gewesen, habe diese

---

[18] Strauß, Franz Josef: Die Erinnerungen. Berlin 1998, S. 330.
[19] Vgl. Kitzinger, Uwe Webster: Wahlkampf in Westdeutschland. Eine Analyse der Bundestagswahl 1957. Göttingen 1960, S. 91.
[20] Bittorf, Wilhelm: Bonn in Bombenstimmung. Wie Adenauer und Strauß die Bundeswehr mit Atomwaffen aufrüsten wollten und die erste große Protestbewegung entstand, in: Der Stern vom 11.11.1997.
[21] Strauß, Franz Josef: Interview des Bundesministers Strauß für den Hessischen Rundfunk vom 8. April 1957, in: Bundesministerium für Gesamtdeutsche Fragen (Hg.): Dokumente zur Deutschlandpolitik. III. Reihe, Band 3, Frankfurt am Main, Berlin 1967, S. 579–581, S. 580.

furchtbaren Mahnmale der Zerstörung gesehen,"[22] Waffen mit derartiger Vernichtungsgewalt setzt man nicht ein, sondern nutzt sie, um sich und die Bundesgenossen vor jedweder Erpreßbarkeit zu schützen und kriegerische Überfälle von vornherein zu verhindern.[23] Allerdings besaß der im Rahmen der Pariser Verträge geleistete deutsche Verzicht auf die Herstellung und den Besitz von Atomwaffen nach wie vor volle Gültigkeit. Die Ausrüstung der Bundeswehr mit Atomwaffen aus der Produktion anderer NATO-Staaten und die Verschleierung des Besitzes durch die Kombination von amerikanischen Bomben und deutschen Trägerwaffen blieb davon jedoch unberührt. Diese Überlegungen fielen in Washington auf den fruchtbaren Boden des „Radford-Plans". Der Plan des amerikanischen Admirals Arthur W. Radford sah vor, die konventionellen Streitkräfte aus Kostengründen zu verringern und die auf diese Weise eingebüßte Feuerkraft durch atomare Aufrüstung zu kompensieren. „Mehr Knall pro Dollar" und „Massive Vergeltung" lautete das Motto, welches den Frieden durch Abschreckung sichern sollte.[24] Radford: „If enemy attacks, regardless where, regardless when, regardless of what military strenghts, regardless with what military means so ever – if he will not be back to the point of departure until sunrise next morning, we shall hit back with all retaliation means we have."[25] Das war die offizielle Strategie der Vereinigten Staaten von Amerika. Da man jedoch aufgrund von lokal begrenzten Übergriffen schlecht den Dritten Weltkrieg mit all seinen apokalyptischen Folgen einleiten konnte und es dem angestrebten Abschreckungseffekt somit von vornherein an Wirkungskraft mangelte, ergänzte man die brachiale Vergeltungsstrategie bald durch die Einführung von taktischen Atomwaffen. Mit dieser dritten Waffenkategorie, die zwischen die strategischen Kernwaffen und die konventionellen Truppen geschoben wurde, sollten auch die deutschen Streitkräfte ausgerüstet werden, um die Rote Armee vor einem örtlichen Vorstoß abzuschrecken. Dies war ganz in Straußens und bald auch Adenauers Sinne, der die Reduktion der konventionellen Streitkräfte zunächst mit großer Sorge betrachtete, sich aber schließlich von Strauß überzeugen ließ. Beide wußten um die politische Dimension der nuklearen Teilhabe, wollten ein gleichberechtigtes Mitspracherecht erkämpfen und am „Tisch der Großen" sitzen, wenn dort über das Schicksal Deutschlands und Europas befunden wurde.

---

[22] Strauß, Franz Josef: Die Erinnerungen. Berlin 1998, S. 364.
[23] Vgl. Enders, Thomas: Franz Josef Strauß – Helmut Schmidt und die Doktrin der Abschreckung. Koblenz 1984, S. 7; Gerstenmaier, Eugen: Wiederbewaffnung und Entspannung – Notizen zu Franz Josef Strauß, in: Zimmermann, Friedrich (Hg.): Anspruch und Leistung. Widmungen für Franz Josef Strauß. Stuttgart-Degerloch 1980, S. 51–68, S. 61. Vgl. dazu auch: Strauß, Franz Josef: Die Nato und unsere Sicherheit. Köln 1961, S. 3.
[24] Vgl. Birke, Adolf M.: Nation ohne Haus. Deutschland 1945–1961. Berlin 1989, S. 456f.
[25] Strauß, Franz Josef: Die Erinnerungen. Berlin 1998, S. 354.

Vorerst hatte man in der Ermekeil jedoch zahlreiche konventionelle Probleme zu lösen. Beispielsweise benötigte man mehrere Tausend Truppentransporter, um die Soldaten an ihre Einsatzorte bringen zu können. Deshalb waren bereits zur Zeit Theodor Blanks 10.680 Schützenpanzer des Typs HS 30 bei der schweizerischen Firma Hispano-Suiza bestellt worden. Doch die überhastete Entscheidung forderte ihren Tribut:[26] Weder hatte die Anbieterfirma jemals zuvor Panzerfahrzeuge gebaut, noch war ein Prototyp entwickelt und vorgeführt worden. Die millionenschwere Bestellung basierte nur auf Konstruktionszeichnungen und einem Holzmodell. Als sich die ersten von Hispano-Suiza gelieferten Transporter als fehlerhaft und untauglich erwiesen, entschied Strauß angesichts des hohen Prozeßrisikos, die Verträge nicht zu kündigen, sondern einen Vergleich anzustreben. Die Auftragszahl wurde herabgesetzt und die ersten überarbeiteten Schützenpanzer im Herbst 1959 ausgeliefert. Natürlich wurde der Skandal dem amtierenden Minister angelastet. Strauß: „Schuld war eigentlich General Hellmuth Laegeler, erster interimistischer Heeresinspekteur. Die Entscheidung fiel in einer Periode politisch motivierter Expansion beim Aufbau der Bundeswehr, einer Phase, in der man noch die Panzertruppen als Rückgrat einer starken Offensiv-Verteidigung sah. Unter dem Schock des Koreakrieges hielt man einen Krieg auch in Europa für unmittelbar bevorstehend. Die Generale lebten in der Psychose, wir müßten fertig sein mit der Aufrüstung, wenn es losgeht. Sie waren noch geprägt von dem Rüstungsdenken der Vorkriegszeit und des Krieges. Schleunigst aufrüsten, das war ihre Parole. General Laegeler, so stand es in einem Protokoll, übernahm die volle Verantwortung für die Anschaffung des HS 30. Als dann die Sache schiefging, der Schützenpanzer nicht einsatzfähig war, wir viele Millionen verloren hatten, da war von der Verantwortung der Militärs nicht mehr die Rede. Da redete man nur noch von den dummen und korrupten Politikern."[27] In der Folgezeit behaupteten Teile der Medien und der Politik, Strauß sei bei der Beschaffung des Schützenpanzers in dunkle Machenschaften verwickelt gewesen, Bestechungsgelder seien geflossen und Vetternwirtschaft sei betrieben worden.[28] Im Verlauf mehrerer Prozesse vor den Landgerichten München I (16.09.1969 u. 30.04.1974), München II (17.05.1974) und Würzburg (18.09.1969) wurde inzwischen eindeutig geklärt, daß diese Behauptungen nicht den Tatsachen entsprachen.[29]

---

[26] Vgl. Schlotter, Peter: Militärpolitik und äußere Sicherheit, in: Beyme, Klaus von; Schmidt, Manfred G. (Hg.): Politik in der Bundesrepublik Deutschland. Opladen 1990, S. 99–123, S. 100f.
[27] Strauß, Franz Josef: Die Erinnerungen. Berlin 1998, S. 320.
[28] Vgl. Mechtersheimer, Alfred: Bestechende Beschaffungskonzepte. HS 30, Starfighter und so weiter, in: Hafner, Georg M; Jacoby, Edmund (Hg.): Die Skandale der Republik. Hamburg 1990, S. 44–52.
[29] Vgl. Zimmermann, Ulrich: Geliebt, verkannt und doch geachtet. Franz Josef Strauß, der Mensch, der Politiker, der Staatsmann von A–Z. 2. Auflage, Percha am Starnberger See 1980, S. 115.

Kaum hatte sich die Aufregung um den „HS-30–Skandal" wieder gelegt, da wurde bekannt, daß die deutschen Streitkräfte bis hinunter auf die Divisionsebene mit taktischen Atomwaffen ausgerüstet werden sollten. Rasch fanden sich die Marschierer der erfolglosen „Ohne-mich-Bewegung" wieder ein und tauften sich in „Anti-Atomtod-Bewegung" um. Daß es ihnen noch nicht wie den ostdeutschen Landsleuten am 17. Juni 1953 oder dem ungarischen Volk im November 1956 ergangen war, eben weil die amerikanische Schutzmacht über zahlreiche Atomwaffen verfügte, übersahen sie dabei natürlich gerne. Auch die Tatsache, daß die Bundeswehr nur die Verfügungsgewalt über die jeweiligen Trägerwaffen, also Artillerie, Flugzeuge und Raketen, erhalten sollte, während die eigentlichen Atomsprengköpfe durch ein Zwei-Schlüssel-System gesichert wurden und allein durch den Befehl des US-Präsidenten einsatzbereit gemacht werden konnten, hielten die Teilnehmer der „Kampf-dem-Atomtod-Bewegung" für vernachlässigenswert. Die Demonstranten vertraten ebenso wie die parlamentarische Opposition, der Deutsche Gewerkschaftsbund und einige Atomwissenschaftler die Ansicht, „Deutschland diene sich selbst und dem Weltfrieden am besten, wenn es keine atomaren Waffen besitze."[30] Die Sowjetunion stimmte in den Chor der Kernwaffengegner mit ein, forderte eine atomwaffenfreie Zone in Mitteleuropa und rüstete derweil weiterhin auf. Unter maßgeblicher Beteiligung der östlichen Geheimdienste wurde Strauß nun als Kriegstreiber und gefährlicher „Atommonomane"[31] diffamiert: „Nach Informationen des Bundesnachrichtendienstes hatte das Politbüro der SED sehr bald nach der Berufung von Franz Josef Strauß zum Verteidigungsminister (Oktober 1956) eine breit angelegte Diffamierungs- und Desinformations-Kampagne gegen den ‚Kriegs'-Minister (auch: ‚Atomkriegs'-Minister) Strauß in Gang gesetzt. In einer internen Anweisung vom 16. Juni 1957 bezeichnete das SED-Politbüro den Erfolg der Anfangsphase der gegen Strauß gerichteten Kampagne als ‚noch nicht ausreichend und befriedigend'; deswegen müsse ‚die Kampagne gegen Kriegsminister Strauß mit allen Mitteln' fortgesetzt werden, verlangte das SED-Politbüro von den Propaganda- und ‚Westarbeits'-Apparaten des SED-Staates."[32]

Dank der kommunistischen Rufmordkampagne und den bereitwilligen westdeutschen Mitläufern und medialen Helfershelfern, die sich des sowjetischen Geheimdienstmaterials manchmal wissentlich, manch anderes Mal unwissentlich bedien-

---

[30] Görtemaker, Manfred: Kleine Geschichte der Bundesrepublik Deutschland. München 2002, S. 143.
[31] Lohberger, Rudolf: Weltbild und politische Programmatik bei Franz Josef Strauß. Unter besonderer Berücksichtigung der Europa- und Wirtschaftspolitik und deren Niederschlag auf das Grundsatzprogramm der CSU von 1976. Salzburg 1984, S. 46.
[32] Bärwald, Helmut: SPIEGEL-Fechtereien. Ein Blick in (Des-)Informationspraktiken eines Nachrichtenmagazins. Herford 1987, S. 19. Vgl. dazu auch: o.V.: Franz Josef Strauß – Bonner Kriegsminister, in: Dokumentation der Zeit, 1957/143, S. 91–97.

ten, geriet der inzwischen zum Lieblingsfeind des gesamten linken politischen Spektrums avancierte „machthungrige Kriegsminister" zunehmend in den Verdacht, den „Finger am Auslöser" haben und einen Atomkrieg führbar und gewinnbar machen zu wollen.[33] Dabei galt sein Interesse „ausdrücklich nur taktischen Atomwaffen, die bereits in den NATO-Lagern vorhanden waren und deren Reichweite außerdem für eine Vergeltungsstrategie nicht ausreichte."[34] Die unentwegten Anwürfe und Unterstellungen setzten Strauß, der weitaus empfindsamer war als es nach außen hin schien, sehr zu. Sogar der nicht eben zimperliche Bundeskanzler erklärte, er mache sich große Sorgen. Die „massiven Angriffe, die von dem sowjetzonalen Propagandaapparat" gestartet worden seien, „hätten den Minister tief getroffen."[35] Folglich nutzte Strauß jede sich bietende Gelegenheit, um seine Positionen und Absichten zu erläutern: „Wir wollen doch keine Ausstattung der Bundeswehr mit Atomwaffen, damit die deutsche Nationalarmee in die großdeutsche Zukunft marschieren kann oder ähnliches. Wir wollen nicht mehr und nicht weniger, als notwendig ist, um eine einheitliche Verteidigung zu haben und eine Garantie für eine wirksame Verteidigung im Bereich ganz Europas geben zu können. Wir wollen keine Atomwaffen in deutschen Händen, wir wollen keine Atomwaffen in deutscher Verfügungsgewalt. Wir wollen sie auch nicht für die Bundeswehr, sondern für die der NATO unterstellten Einheiten aller europäischen Bundesgenossen."[36] Da zur Politik der Stärke auch die „Politik der starken Worte"[37] gehörte, sprach Strauß notgedrungen so häufig von nuklearen Waffen und nuklearen Kriegen, daß (dem späteren Franz Josef Strauß-Preisträger[38]) Henry Kissinger eines Tages entfuhr, was auch viele andere Beobachter zu bemerken glaubten: „You're nuclear obsessed!" Der damalige stellvertretende sowjetische Ministerpräsident Anastas Mikojan begrüßte Strauß auf einem Empfang der Bundesregierung mit den Worten: „Ach, Herr Strauß, Sie sehen so nett aus und sagen immer so böse

---

[33] Vgl. Jankus, Anneke: Franz Josef Strauß und sein Verhältnis zu dem Hamburger Nachrichtenmagazin ‚Der Spiegel', in: Publizistik, 47 (2002) H. 3, S. 295–308, S. 299.
[34] Kissinger, Henry A.: Was wird aus der westlichen Allianz? Wien, Düsseldorf 1965, S. 170.
[35] Adenauer, Konrad; Heuss, Theodor: Gespräch Adenauer–Heuss vom 22. Juli 1957 (Gespräch Nr. 55), in: Adenauer, Konrad; Heuss, Theodor: Adenauer–Heuss. Unter vier Augen. Gespräche aus den Gründerjahren 1949–1959. Berlin 1999, S. 220–225, S. 222.
[36] Dalberg, Thomas: Franz Josef Strauß. Porträt eines Politikers. Gütersloh 1968, S. 145. Vgl. dazu auch: Strauß, Franz Josef: Erklärung des Bundesministers Strauß auf der Tagung des Ministerrates der NATO in Paris vom 16. Dezember 1959 (Auszug), in: Bundesministerium für Innerdeutsche Beziehungen (Hg.): Dokumente zur Deutschlandpolitik. IV. Reihe, Band 3, Frankfurt am Main, Berlin 1972, S. 776–779, S. 779.
[37] Riehl, Hans: F.J.S. mit 60 – was hat er noch vor sich?, in: TZ München vom 05.09.1975.
[38] Vgl. dazu: Hanns-Seidel-Stiftung (Hg.): Franz Josef Strauß-Preis 1996. Dokumentation der Preisverleihung an Dr. Henry A. Kissinger am 21. Januar 1996. München 1996.

Dinge über die Sowjetunion"[39], während der FDP-Abgeordnete Reinhold Maier meinte: „Wer so spricht wie der Herr Verteidigungsminister, der schießt auch!"[40] Daraufhin erwiderte Strauß: Ein „Militär, das nicht schießen könne, sei sein Geld nicht wert. Es müsse schießen können, damit es nicht zum Schießen komme."[41] Und ein junger SPD-Abgeordneter namens Helmut Schmidt, der sich 20 Jahre später mit aller Kraft für die nukleare Nachrüstung im Rahmen des NATO-Doppelbeschlusses einsetzen sollte, prangerte nicht nur die „staatszerstörende" atomare Rüstung der Bundeswehr an, er behauptete sogar, der unberechenbare Verteidigungsminister sei ein gefährliches, weil nicht kontrollierbares Sicherheitsrisiko.[42]

Trotz der zahlreichen sachlichen und noch viel zahlreicheren unsachlichen Argumente gelang es den beiden mächtigsten Männern der Bundesregierung letztlich doch, die atomare Teilhabe der Bundeswehr gegen den geballten Widerstand der parlamentarischen Opposition durchzusetzen. Die „Kampf dem Atomtod"-Marschierer und deren Sympathisanten verliefen sich, ihre inzwischen zu Hass und Verachtung übersteigerte Gegnerschaft zur Person und Politik des Verteidigungsministers blieb. In dem ebenso rhetorisch wie demagogisch begabten Franz Josef Strauß hatte insbesondere die SPD genau jenen Antagonisten gefunden, nach dem sie sich gesehnt hatte: „Er ist aufs Haar die Zielscheibe, auf der die Sozialdemokratie nach Jahren einer verzweifelten Blindgängerei endlich ins Schwarze treffen könnte."[43]

Anstatt sich allgemeine Zurückhaltung aufzuerlegen, sein impulsives Naturell zu bändigen, sich in Disziplin zu üben, jedes mißverständliche Wort und alle auch nur im Ansatz kritikwürdigen Handlungen zu vermeiden, gebärdete sich Strauß weiterhin in gewohnt unvorteilhafter Art und Weise. Schmückle: „Ein deutscher Professor hatte ihn einen ‚bayerischen Alkibiades' genannt – ein glattes Fehlurteil. Alkibiades galt als ungewöhnlich schön, ungewöhnlich reich, ungewöhnlich hochmütig. Nichts davon traf auf Strauß zu. Doch mit wem ihn vergleichen? Die Gestalt kolossal, ohne eigentlich mächtig zu sein – die Augen klein, der Blick stechend, die Stimme gewaltig, die Sprache phantastisch und mitreißend, eine scharfe, praktische Sicht, eine ungeheure, rücksichtslose Energie, ein Mann großer, vielleicht zu großer Hilfsbereitschaft, ein Kämpfer, der Feinde brauchte, ein Politiker, der sich seine Gegner schuf, weil seine heftigen Antriebe immer ein Ziel benötig-

---

[39] Amerongen, Otto Wolff von: Der Weg nach Osten. Vierzig Jahre Brückenbau für die deutsche Wirtschaft. München 1992, S. 91.
[40] Dalberg, Thomas: Franz Josef Strauß. Porträt eines Politikers. Gütersloh 1968, S. 145.
[41] Ebd., S. 146.
[42] Vgl. Krause-Burger, Sibylle: Helmut Schmidt. Aus der Nähe gesehen. Düsseldorf, Wien 1980, S. 106.
[43] Schlamm, William S.: Die Grenzen des Wunders. Ein Bericht über Deutschland. Zürich 1959, S. 79.

ten, ein Kraftmensch wie Danton, ja wie Georges-Jacques Danton: blitzgescheit, hochbegabt, gefährdet – wie einst von dem Franzosen konnte auch von ihm eine plötzliche, unheimlich verdunkelnde Wirkung ausgehen. Ein Mann wie geschaffen für Umbruchzeiten, Neubeginn, Aufbau"[44], eine Projektionsfläche für Hoffnung, Glaube und Zuversicht, aber auch Angst, Abscheu und auf ewig unversöhnliche Feindschaft. Diejenigen, die ohnehin seiner Meinung waren, bestärkte er in ihrem Glauben, alle anderen bestärkte er in ihrer Ablehnung, denn „seine Wortgewalt wurde verehrt und bewundert, aber auch gefürchtet und bisweilen mißdeutet."[45] Der von Strauß häufig wiederholte Hinweis, er könne zwar laut und temperamentvoll reden, pflege aber kühl und sachlich zu denken, änderte daran wenig. Hinzu kamen glaubwürdige Bezeugungen, er spräche insbesondere in den Abendstunden in mitunter maßloser Weise dem Alkohol zu, sei in geselliger Runde alles andere als verschwiegen, lasse sich kaum in die Kabinettsdisziplin einbinden und mißachte bisweilen sogar die Richtlinienkompetenz des Bundeskanzlers. Daher klagte Adenauer insbesondere in seinen Gesprächen mit Bundespräsident Heuss regelmäßig über Strauß' schlechtes Betragen und dessen Hang zu alkoholischen Getränken.[46] Das ist insofern nicht ohne Ironie, als Adenauer und Heuss laut General a.D. Gerd Schmückle „selbst gerne dem Alkohol zugesprochen haben. Adenauer liebte ‚Kessler-Sekt' aus Esslingen, Heuss die württembergischen Weine. Beide konnten – wie auch Strauß – mit Ausdauer trinken. Natürlich suchte Adenauer, als geschickter Produzent von Sottisen, Heuss gegen den Verteidigungsminister einzunehmen. Dabei ist zuzugeben, daß Strauß als barocke Persönlichkeit, die er war, im Tagesgeschäft manche offene Flanke bot. Er sagte von sich selbst, er sei kein ausgeklügelt Buch, er sei ein Mensch mit seinem Widerspruch. Dann war da noch seine Lust zur Ironie, zum Spott und Wortspiel. Wenn er nach einem miesen Wahlausgang der CDU deren Repräsentanten nicht Trost spendete, sondern sie als ‚Nordlichter' rügte, dann wurde dies nicht humorig, sondern übel aufgenommen. Auch in der Umgebung von Adenauer. Die dortigen Strauß-Gegner achteten zudem peinlich-genau auf jeden Hinweis, Strauß könnte Kanzlerambitionen haben. Die entsprechenden Informationen wurden dann Adenauer hinterbracht.

---

[44] Schmückle, Gerd: Ohne Pauken und Trompeten. Erinnerungen an Krieg und Frieden. Stuttgart 1982, S. 156f. Der deutsche Professor, der Strauß mit Alkibiades verglich, war Theodor Eschenburg: Das Ärgernis Strauß. Ein Minister, der sich die Stolperdrähte selber spannt, in: Die Zeit vom 02.03.1962, S. 1–2.

[45] Streibl, Max: Ansprache am 7. Oktober 1988 im Herkulessaal der Residenz München, in: Bayerische Staatskanzlei (Hg.): Franz Josef Strauß zum Gedächtnis. Ansprachen bei den Trauerfeiern am 7. und 8. Oktober 1988. Stamsried 1988, S. 5–10, S. 6.

[46] Vgl. statt vieler: Adenauer, Konrad; Heuss, Theodor: Gespräch Adenauer – Heuss vom 18.10.1957 (Gespräch Nr. 58), in: Adenauer, Konrad; Heuss, Theodor: Adenauer-Heuss. Unter vier Augen. Gespräche aus den Gründerjahren 1949–1959. Berlin 1999, S. 243–250, S. 247.

Normales Intrigenspiel bei Hofe. Auch Adenauer selbst war bemüht, Strauß, den er für zu ehrgeizig hielt, von Zeit zu Zeit einen Dämpfer aufzusetzen. Verständlich. Kein Regierungschef schätzt Konkurrenten vom Kaliber eines Franz Josef Strauß."[47] Wenngleich Adenauers Informanten so manche Episode aus der damaligen „Sturm-und-Trank-Zeit" des Verteidigungsministers ausgeschmückt oder gar dramatisiert haben dürften, ist es doch nicht zuletzt der mangelnden Selbstdisziplin seiner zwar mit vielen Talenten, aber auch mit nicht eben wenigen Fehlern und Schwächen ausgestatteten Persönlichkeit anzulasten, daß sich Franz Josef Strauß immer wieder in die Schußlinie manövrieren ließ. Erwähnt sei nur der besagte Hang zu geistigen Getränken und sein für manche Zuhörer erschreckend kraftvoller, nicht selten auch polemischer und von unverstandener Ironie durchtränkter Brandredestil. Gerade vor dem Hintergrund seiner reichhaltigen Erfahrungen mit politischen Gegnern und der ihm seit vielen Jahren bekannten medialen Beeinflussung der öffentlichen Meinung erscheint die mangelnde Bereitschaft zu ernsthaftem „self-monitoring" beinahe als fahrlässig. Doch in Bayern, seinem „Wurzelgrund, ohne den er nicht zu verstehen war und nicht verstanden werden wollte"[48], gingen die Uhren anders. Deftige Ausdrucks- und gröbliche Umgangsformen gehörten zum alltäglichen Miteinander, zur leider oftmals mißverstandenen „bayerischen politischen Folklore"[49], wie auch Hans von Herwarth, der damalige deutsche Botschafter in London, meinte: „Es herrscht in Bayern ein anderer Ton, den man kennen muß, um sich darauf einzustellen. Daraus resultieren auch manche Verständigungsschwierigkeiten mit Norddeutschen, nicht wegen des Dialekts, sondern wegen der unterschiedlichen Mentalität. Deshalb hatte auch Franz Josef Strauß, als er in Bonn anfing, große Probleme. Auch mir gegenüber benutzte er am Telefon manchmal furchtbare Ausdrücke und wurde so laut, daß meine Kollegen es mithörten. Sie waren ganz konsterniert und meinten: ‚Das können Sie sich doch nicht gefallen lassen, das ist doch unmöglich, daß [sic!] ist eine Beleidigung.' Doch ich beruhigte sie: ‚Nein, das ist nicht beleidigend gemeint; wir kennen uns und verstehen uns schon, und irgendwie ist es auch ein Ausdruck des Vertrauens, wenn er so direkt wird und mich anbrüllt.'"[50] Nur selten traf Strauß, der es durchaus verstand, sich in „formvollendeter, geradezu österreichisch-ungarischer Höf-

---

[47] Interview mit General a.D. Gerd Schmückle am 27.10.2003 in München.
[48] Möller, Horst: Franz Josef Strauß. 1915–1988, in: Gall, Lothar (Hg.): Die grossen Deutschen unserer Epoche. Frankfurt am Main, Berlin 1995, S. 535–553, S. 536.
[49] Vgl. Schmid, Carlo: Erinnerungen. 1896–1972. 6. Auflage, Bern, München, Wien 1979, S. 632.
[50] Herwarth, Hans von: Von Adenauer zu Brandt. Erinnerungen. Berlin, Frankfurt am Main 1990, S. 41.

lichkeit"⁵¹ zu präsentieren, auf Individuen, die es an Lautstärke und polternder Lebhaftigkeit mit ihm aufnehmen konnten. Einer seiner wenigen ebenbürtigen Gesprächspartner war der ebenfalls mit einem schwer kontrollierbaren Temperament gestrafte britische Außenminister George Brown. Günter Diehl, seinerzeit Pressesprecher im Auswärtigen Amt: „Ich sehe ihn noch nach dem Abendessen beim Bundeskanzler im Palais Schaumburg mit Franz Joseph Strauß zusammen auf dem kleinen Verlobungssofa sitzen, das in der runden Nische an der Kopfseite des Saales stand. Beide Herren hatten ihren Normalpegelstand bereits weit überschritten und waren in eine lebhafte Diskussion politischer Grundfragen eingetreten. Die Debatte wurde laut und stürmisch, hin und wieder schrieben [sic!] die Herren sich an. Wir fingen an, uns Sorgen zu machen. Schließlich, als die meisten Gäste schon gegangen waren, erhoben sich die beiden, klopften sich auf die Schultern und gingen untergehakt zusammen den langen Flur zum Portal, umarmten sich, und versicherten sich gegenseitig, daß sie sich lange nicht mehr so gut unterhalten hätten."⁵²

Derartige Beobachtungen konnte aber nur machen, wer sich in Strauß' näherer Umgebung bewegte. Die Mehrzahl der Bundesbürger war auf die Berichterstattung des Rundfunks, der Presse oder des sich in jenen Jahren rasant verbreitenden Fernsehens angewiesen. „Mit dem Aussehen eines Bullen, 100 Kilo schwer, und mit kleinen blauen Augen in einem massiven Kopf" sah er „so deutsch aus wie ein Bierkrug"⁵³ und erschien auf den damals noch leicht verzerrenden Mattscheiben weitaus gedrungener und bedrohlicher als in natura. Marcel Hepp, Politiker und Publizist: „Politisch ist Franz Josef Strauß der scharfe, klare, oft aggressive Denker. Wer ihn nur politisch kennenlernt, über den Fernsehschirm, über Publikationen, bei seinen Reden, der hat einen ganz anderen Eindruck von ihm als derjenige, der ihm privat im kleinen Kreis begegnet. Den ‚offiziellen' Franz Josef Strauß scheint so etwas wie ein ‚furor politicus' zu packen, sobald er sich in einer Frage engagiert. Privat ist Strauß einer der höflichsten und zuvorkommendsten Menschen, die ich kenne. Da verhält er sich sehr kulant und liberal, da läßt er – auch bei seinen Mitarbeitern – jede Meinung gelten, so daß Leute, die ihn nur offiziell kennen, immer überrascht sind, wenn sie ihm im kleineren Kreis begegnen."⁵⁴ Denn im kleineren

---

[51] Stürmer, Michael: Der letzte König von Bayern. Vor zehn Jahren, am 3. Oktober 1988, starb Franz Josef Strauß, in: Die Welt vom 02.10.1998.
[52] Diehl, Günter: Zwischen Politik und Presse. Bonner Erinnerungen 1949–1969. Frankfurt 1994, S. 418.
[53] Remus, Bernhard: Franz-Josef Strauß: Sieger und Besiegter. Glanz und Elend des westdeutschen Verteidigungsministers, in: Die Weltwoche vom 30.11.1962, S. 5.
[54] Dalberg, Thomas: Franz Josef Strauß. Porträt eines Politikers. Gütersloh 1968, S. 219.

Kreis wirkt das „lebhafte und oft geistvoll verschmitzte Mienenspiel"[55], das vor großem Publikum oder auf dem Bildschirm kaum zur Geltung kam. „Eine Begegnung mit ihm kann man schwerlich vergessen. Er kommt in das Zimmer hereingeschossen wie eine Rakete, die von unsichtbaren Kräften angetrieben ist, und energiegeladene Wellen scheinen von ihm auszuströmen. Dann setzt er sich, und zwar so, wie es ein Leopard tät, der jeden Augenblick bereit ist, wieder aufzuspringen."[56] Doch seine außergewöhnliche physische Präsenz, jene geradezu magische Aura, die Franz Josef Strauß verströmte, mußte im Schatten der nun immer zahlreicher werdenden telegenen Glanzlichter unweigerlich verblassen – ebenso wie die Bedeutung rhetorischer Begabung. Mehr und mehr wurden die für das bayerische Redetalent vorteilhaften ausführlichen Hörfunkübertragungen von optisch dominierten Fernsehberichten verdrängt. Außerdem fuhren die straußfeindlichen Teile der Medien fort, sein einst so positives Image weiter zu verdüstern. Beispielsweise wurde behauptet, Strauß hätte den Nobelpreisträger Otto Hahn, der seine schweren Bedenken zur Atombewaffnung der Bundeswehr öffentlich kundgetan hatte, einen „alten Trottel" genannt, „der die Tränen nicht halten und nachts nicht schlafen kann, wenn er an Hiroshima denkt"[57]. Wieder mußte Strauß einen Prozeß anstrengen, denn in Wirklichkeit hatte er auf den Ausspruch Otto Hahns „Ich weiß schon, sie halten mich sicher für einen alten Trottel" erwidert: „Das nicht, aber für einen wirklichkeitsfremden und unpolitischen Menschen."[58] Weiterhin hieß es, Strauß habe vor seiner Zeit als Verteidigungsminister gesagt: Wer „noch einmal ein Gewehr in die Hand nehmen will, dem soll die Hand abfallen"[59]. Das Oberlandesgericht Nürnberg untersagte dem „Spiegel" am 8.3.1962 (2 U 228/61) rechtskräftig, dieses Zitat ohne den damals von Strauß gebrauchten und von den Medien unterschlagenen Zusatz „zum Zwecke eines Angriffskrieges" zu verwenden. Unterschlagen wurde auch, daß Strauß in der Folgezeit die Umsetzung des von der NATO geforderten übergroßen Umfanges der atomaren Ausrüstung der Deutschen Bundeswehr verweigerte, da er diese Pläne als schlichtweg unerfüllbar betrachtete. „Er wandte sich von vornherein gegen die viel zu große Zahl von atomaren Nike-Einheiten, Honest-John-, Sergeant- und Pershing-Verbänden, atoma-

---

[55] Borck, Berthold: Franz Josef – der Bayer. Von Vilshofen zum Pentagon, in: Christ und Welt vom 30.06.1961, S. 22.
[56] Sampson, Anthony: Die neuen Europäer. Männer und Mächte eines Kontinents. München 1969, S. 34.
[57] Bickerich, Wolfram: Franz Josef Strauß. Die Biographie. Düsseldorf 1996, S. 106.
[58] Loewenstern, Otto von: Gewöhnt, sich immer durchzusetzen. Franz-Josef Strauß: Gepriesen viel, noch mehr gescholten (II), in: Die Zeit vom 05.10.1962, S. 3.
[59] Zimmermann, Ulrich: Geliebt, verkannt und doch geachtet. Franz Josef Strauß, der Mensch, der Politiker, der Staatsmann von A–Z. 2. Auflage, Percha am Starnberger See 1980, S. 81. Vgl. dazu auch: Bahr, Egon: Der deutsche Weg. Selbstverständlich und normal. München 2003, S. 27.

ren Artillerieeinheiten und Luftwaffenverbänden, die man der Bundeswehr zumuten zu können glaubte."⁶⁰ Dennoch wurde Strauß von seinen und Adenauers Gegnern vorgeworfen, „er erpresse die Amerikaner geradezu, der Bundeswehr immer neue und immer noch mehr Atomwaffenträger zur Verfügung zu stellen."⁶¹ Während er in Paris regelmäßig darlegen mußte, aus welchen Gründen die deutsche Wiederbewaffnung so beklagenswert langsam vorangehe, wurde ihm daheim unentwegt vorgeworfen, die von ihm betriebene Aufrüstung sei überhastet. Allmählich begann sich das Amt des Bundesverteidigungsministers politisch als selbstmörderisch zu erweisen.

3. Zwei folgenreiche Nächte

Seit der „Hauptstadtaffäre" des Jahres 1950 hatte das wöchentlich erscheinende Nachrichtenmagazin „Der Spiegel" trotz mancher Kritik zumeist recht positiv über den kometenhaften Aufstieg des Franz Josef Strauß berichtet. Auch die erste Titelgeschichte, die am 2. Januar 1957 erschien, war relativ wohlwollend ausgefallen.⁶² Doch Rudolf Augstein, der Chefredakteur und Herausgeber des „Spiegel", suchte seit längerem einen Gegner, wenn möglich einen richtigen Feind, um sein bislang eher mäßig erfolgreiches Magazin als „Sturmgeschütz" stilisieren und somit höhere Auflagen erzielen zu können.⁶³ Denn einen Gegner bekommen, so formulierte es der deutsche Schriftsteller Otto Flake bereits im Jahre 1932, heißt Gesicht, Charakter, Inhalt und Sinn zu bekommen. Die Frage, wen oder was jenes Sturmgeschütz mit dem ihm eigenen aggressiven Enthüllungsjournalismus angreifen oder abwehren sollte, konnte erst in der Nacht vom 9. auf den 10. März 1957 geklärt werden, als Rudolf Augstein den geselligen Verteidigungsminister zu einem Herrenabend in sein Haus im Hamburger Maienweg Nr. 2 einlud.⁶⁴

Neben Gastgeber Augstein, der bereits im Vorjahr erklärt hatte, er „würde alles tun, um Strauß als Bundeskanzler zu verhindern"⁶⁵, waren im ehemaligen Haus des Boxweltmeisters Max Schmeling unter anderem die Redakteure Hans Schmelz,

---

60 Dalberg, Thomas: Franz Josef Strauß. Porträt eines Politikers. Gütersloh 1968, S. 147.
61 Ebd., S. 148.
62 Vgl. o.V.: Der Primus, in: Der Spiegel, 11 (1957) H. 1, S. 11–20.
63 Vgl. Halter, Hans; Bönisch, Georg; Hinrichs, Per u.a.: Spiegel-Affäre. „Dummheiten des Staates", in: Der Spiegel, 56 (2002) H. 43, S. 62–86, S. 67; Grosser, Alfred: Er brauchte Feindbilder, in: Der Spiegel, 56 (2002) H. 46, S. 35.
64 Vgl. Brawand, Leo: Rudolf Augstein. Düsseldorf 1995, S. 138.
65 Stücklen, Richard: Mit Humor und Augenmaß. Geschichten, Anekdoten und eine Enthüllung. 2. Auflage, Forchheim 2001, S. 326.

Dr. Horst Mahnke, Leo Brawand und Detlev Becker anwesend.[66] Allesamt wollten sie die interessante Persönlichkeit des Bajuwaren näher kennenlernen und im Anschluß darüber befinden, welche Haltung der „Spiegel" ihm gegenüber künftig einnehmen sollte und ob man Franz Josef Strauß tatsächlich als Bundeskanzler verhindern müsse. Während des gemütlichen Beisammenseins wurden Bier und Sekt gereicht. Auch gab es kleine Häppchen. Da der letzte Zug in Richtung Bonn bereits um 22.10 Uhr abfuhr, mußte Strauß die unterhaltsame Runde recht früh verlassen. Doch der redselige Minister konnte sich nicht lösen. Erst mit gehöriger Verspätung ließ er sich von Augstein zum Bahnhof chauffieren. Obwohl er seinem persönlichen Referenten den Auftrag erteilt hatte, vorauszufahren und den Zug aufzuhalten, trieb er Augstein zu höchster Eile an und verleitete ihn, trotz roter Ampel über eine Kreuzung zu fahren. Vergebens – vom Bahnsteig aus sahen sie die Lichter des Zuges in der Ferne entschwinden. Also wurde die feuchtfröhliche Herrenrunde kurzerhand fortgesetzt. Nachdem das Brathähnchen, das man Strauß für die lange Rückfahrt freundlicherweise mitgegeben hatte, wieder in der Küche abgeliefert worden war, wurde eine Schallplatte mit dem „Großen Zapfenstreich" aufgelegt.[67] Dann führte Strauß, der sich sehr für die Fliegerei interessierte und von Zeit zu Zeit im Cockpit saß, um sich über die fliegerischen Grundvorgänge zu informieren, mit höchster Dramatik vor, wie er vor kurzem aufgrund eines Triebwerksbrandes fast mit einem Flugzeug des Typs „Heron" abgestürzt wäre. Allmählich begann die kraftstrotzende und dröhnende Rhetorik des angetrunkenen Ministers die Redakteure zu irritieren. Als sich das Gespräch schließlich der Politik zuwandte, schlug die Stimmung endgültig um. Strauß, der das christliche Sittengesetz als unabdingbare Grundlage jeder zivilisierten Politik verstand, bezeichnete die Sowjets angesichts ihres atheistischen und sozialrevolutionären Weltbildes, vor allem aber aufgrund ihrer menschenverachtenden Politik und ihres gewissenlosen Expansionismus als Sittlichkeitsverbrecher. Hans Schmelz' Antwort fiel außerordentlich geistreich aus: „Dann schlagen Sie sie doch zusammen!"[68] Augstein, offensichtlich von Schmelz' Wortbeitrag peinlich berührt, schickte den Kollegen vor die Tür. Als Horst Mahnke kurz darauf eine mißverständliche Bemerkung über das Dritte Reich machte, flog auch er hinaus. Auf die Erklärung Detlev Beckers hin, Mahnkes Worte seien offenbar falsch ausgelegt worden, erwiderte Strauß: „Soso. Sonst, wenn S' so reden wollt, müßt S' euch Zuhälter oder Ganoven einladen, aber

---

[66] Vgl. Greiwe, Ulrich: Augstein. Ein gewisses Doppelleben. München 2003, S. 52.
[67] Hähnchen in Salsaverde, einer provencalischen Kräutersoße, war Strauß' Leibgericht. Vgl. dazu: Strauß, Franz Josef, in: Goyke, Ernst: Die 100 von Bonn, 1972–1976. Bergisch Gladbach 1973, S. 253–258, S. 257.
[68] Augstein, Rudolf: Wie Strauß dem SPIEGEL unentbehrlich wurde, in: Augstein, Rudolf (Hg.): Überlebensgroß Herr Strauß. Ein Spiegelbild. Reinbek bei Hamburg 1980, S. 7–38, S. 8.

nicht einen Minister der Bundesregierung."[69] Als sich Franz Josef Strauß um 3.30 Uhr in der Frühe schließlich auf den Weg zum Hamburger Hotel „Prem" machte, ahnte er nicht, welche schicksalhaften Folgen jene Nacht nach sich ziehen sollte. Denn die „Spiegel"-Redaktion hatte endlich ihren langersehnten Feind gefunden: Dieser „Alpenkrieger"[70], so wurde noch in den frühen Morgenstunden beschlossen, durfte niemals Kanzler werden![71] Die Fehde konnte beginnen. Bereits am 1. Mai 1957 erschien im „Spiegel" eine zweite, nun aber weitaus kritischere Titelstory über Bundesverteidigungsminister Strauß. Von „Abschreckung bis zum Letzten" war die Rede. Und von „Straußen-Eiern" mit „Hiroshima-Brisanz"[72]. Die Lektüre vermittelte den Eindruck, Franz Josef Strauß sei ein gefährlicher Mann, der „die Bundesrepublik zwecks Befriedigung seiner eigenen Machtinteressen in eine Atommacht umformen"[73] wolle. Damit begann sich die journalistische Dichtung ganz sachte von der Wahrheit zu entfernen.

Als nicht minder folgenreich – diesmal allerdings in einem positiven Sinne – erwies sich der Besuch eines Faschingsballs in der „Traumkulisse" im Deutschen Theater in München. In jener Nacht begegnete Franz Josef Strauß einer jungen Frau namens Marianne Zwicknagl. Bereits neun Jahre zuvor war Strauß der Tochter des CSU-Gründungsmitgliedes, Besitzers der „Kaiser-Brauerei" in Rott am Inn und deutschen Konsuls in Salzburg Dr. Max Zwicknagl, mit dem er sich zur Zeit des Wirtschaftsrates in Frankfurt gelegentlich Stube und Brotzeiten geteilt hatte, flüchtig vorgestellt worden.[74] Doch erst auf jenem Rosenmontagsball entflammte ihr Anblick das Herz des als venezianischer Troubadour verkleideten Junggesellen. Gleich für den nächsten Abend lud Strauß die Diplom-Volkswirtin, die auf dem Max-Gymnasium dieselben Schulbänke gedrückt hatte wie er, zum Essen ins Münchener „Bratwurstglöckl" ein. Anschließend ging es dann zum Faschingskehraus beim „Münchner Merkur". Bereits am Ostersamstag folgte das Verlöbnis. Die Verlobungsreise führte das Paar in Begleitung von Mariannes Eltern unter anderem nach Rom, wo die Braut und ihr bekannter Bräutigam von Papst Pius XII. empfangen wurden.

---

[69] Brawand, Leo: Die Spiegel-Story. Wie alles anfing. 2. Auflage, Düsseldorf, Wien, New York 1987, S. 171.
[70] Schröder, Dieter: Augstein. München 2004, S. 106.
[71] Vgl. Schirrmacher, Frank: „Expedition ins Herz der Finsternis", in: Der Spiegel, 55 (2001) H. 21, S. 210–214, S. 212.
[72] Daniel, Jens: Die Franz-Josefs-Legende, in: Der Spiegel, 11 (1957) H. 18, S. 8.
[73] Jankus, Anneke: Franz Josef Strauß und sein Verhältnis zu dem Hamburger Nachrichtenmagazin ‚Der Spiegel', in: Publizistik, 47 (2002) H. 3, S. 295–308, S. 297. Vgl. dazu auch: o.V.: Die kriegsverhindernde Philosophie, in: Der Spiegel, 11 (1957) H. 18, S. 16–23.
[74] Im Gegensatz zu Ulrich Zimmermann (Unvergessen, Franz Josef Strauß – das war sein Leben. 3. Auflage, Passau 1988, S. 45) behauptet Wolfram Bickerich (Franz Josef Strauß. Die Biographie. Düsseldorf 1996, S. 109), Dr. Zwicknagl sei Honorarkonsul in Innsbruck gewesen.

Am 4. Juni 1957, nur sechs Wochen nach der Verlobung, wurden der 41jährige Franz Josef und die 27jährige Marianne von Erzbischof Joseph Kardinal Wendel in der Sankt-Marinus-Kirche in Rott am Inn getraut. Strauß wollte vermeiden, daß seine Eroberung wegen einer angeblichen „Dauerfreundschaft" der gehässigen Bonner Gerüchteküche ausgesetzt wurde.[75] Denn schon damals fiel Marianne auf: „Wo er ist, ist immer Wirbel, irgendwie zieht er ihn an."[76] Zu den zahlreichen Hochzeitsgästen gehörten Bundeskanzler Konrad Adenauer, der gekommen war, obwohl ihm Heinrich Krone davon abgeraten hatte, Außenminister Heinrich von Brentano, Atomminister Siegfried Balke und Finanzminister Fritz Schäffer. Auch Hans Ehard und mehrere Generale waren anwesend. Die Sonne strahlte, und es hätte ein toller Tag werden können, wenn in der vorherigen Nacht nicht ein schweres Unglück geschehen wäre. Strauß: „Das Bundesministerium der Verteidigung ist für den verantwortlichen Minister ein Minenfeld, was nicht nur ich, sondern ohne Ausnahme bisher alle Inhaber dieses Amtes erfahren haben. Geht man abends ins Bett und glaubt, daß alles in Ordnung sei, kann man morgens um sechs Uhr, wenn nicht schon während der Nacht, eines Besseren belehrt werden. Die besondere Belastung und Beanspruchung gehört zur Natur des Geschäftes des Verteidigungsministers. Das schwerste Unglück während der sechs Jahre, die ich dieses Amt leitete, ereignete sich am 3. Juni 1957, einen Tag vor meiner Hochzeit. In der Iller, in der Nähe von Kempten, waren 15 Wehrpflichtige ertrunken."[77] Ein übereifriger Ausbilder hatte trotz des generellen Verbots solcher gefährlichen Eskapaden seinen Zug zur Mutprobe durch den reißenden Fluß führen wollen. Sofort begab sich Strauß an den Unglücksort, machte sich ein Bild von den Rettungsarbeiten und informierte um drei Uhr morgens die Presse.[78] Natürlich gab die inner- und außerparlamentarische Opposition dem Minister und seiner angeblich übereilten Aufbauplanung die Schuld an dem furchtbaren Unglück, obwohl es Franz Josef Strauß gewesen war, der das Aufstellungstempo deutlich verlangsamt hatte. Nicht umsonst also wurde die Bonner Ermekeilkaserne im Volksmund bald „Armekerlkaserne" genannt. Erst kurz vor dem angesetzten Trauungstermin „traf der Bräutigam dann wieder – völlig abgehetzt, übernächtigt und noch ganz unter dem Eindruck der schrecklichen Katastrophe – in Rott ein. Seiner Frau Marianne war wohl

---

[75] Vgl. Jendral, Hansjürgen (Hg.): Straußeneier. Geschichten, Glossen und Anekdoten um Franz Josef Strauß. Bergisch Gladbach 1986, S. 22.
[76] Scharnagl, Wilfried (Hg.): Marianne Strauß. Ein Buch der Erinnerung. Percha am Starnberger See 1984, S. 74.
[77] Strauß, Franz Josef: Die Erinnerungen. Berlin 1998, S. 322.
[78] Vgl. Strauß, Franz Josef: Das tragische Unglück an der Iller. Erklärung des Bundesministers für Verteidigung vor dem Deutschen Bundestag, in: Bulletin des Presse- und Informationsamtes der Bundesregierung vom 27. Juni 1957, Nr. 114, S. 1053–1057, S. 1053.

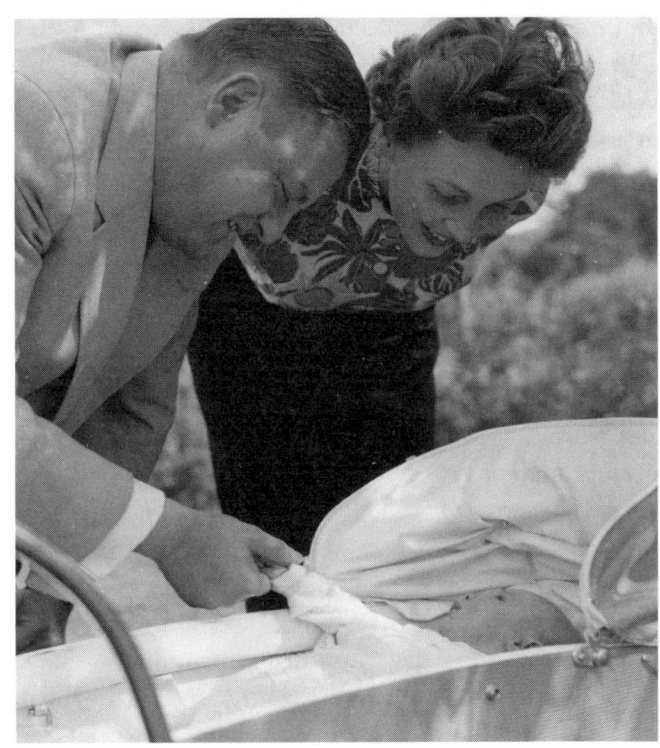

Franz Josef Strauß und Ehefrau Marianne beugen sich über den Kinderwagen des neugeborenen Sohnes Max Josef.

schon damals klar, daß es im gemeinsamen Familienleben mit Franz Josef Strauß keine Garantie auf Regelmäßigkeit geben würde."⁷⁹

Dennoch wurde an jenem 4. Juni 1957 eine glückliche Ehe begründet, aus der die beiden Söhne Max Josef und Franz Georg sowie die Tochter Monika hervorgehen sollten. Seine Bonner Junggesellenwohnung gab Strauß kurz nach der Trauung auf und bezog zusammen mit seiner Frau ein vom Bund gekauftes Haus auf dem Bonner Venusberg. Als der mit Strauß sehr gut befreundete CSU-Generalsekretär Friedrich Zimmermann während des Umzuges zufällig vorbeischaute, wurde er von Marianne gebeten, ihr beim Einräumen der hauseigenen Bibliothek zu helfen: „Die Bücherwände waren riesig, aber die Bücherbestände waren noch größer. Wenn wir sie in der Wohnung unterbringen wollten, mußten wir die Bücher in zwei Reihen hintereinander aufstellen. Ein Stapel Schwarten über Mathematik, Physik, Kybernetik lag da; ich schob sie nach hinten, bis Marianne plötzlich inter-

---

[79] Zimmermann, Ulrich: Unvergessen, Franz Josef Strauß – das war sein Leben. 3. Auflage, Passau 1988, S. 45.

venierte: ‚Was machst du denn da? Die gehören nach vorn!' – ‚Geh, hör auf', sagte ich. ‚Das Zeug liest er doch nicht mehr, das hat er vielleicht als Atomminister...' – ‚Doch, wenn ich dir sag', die liest er!' Die las er wirklich, ich habe mich davon überzeugt. Der gelernte Historiker Strauß las Bücher über Kybernetik oder Physik, wie andere ihre Zeitung lesen. Was konnte dieser unglaubliche Mann eigentlich nicht? In meinem Leben habe ich eine Menge intelligenter Menschen kennengelernt, aber eine Auffassungsgabe wie die von Strauß habe ich nie erlebt, geschweige denn, daß ich so jemanden in der Politik kennengelernt hätte. Atomwissenschaft, Militärfragen, Organisationsfragen – ob es sich um hunderttausende Parteimitglieder oder hunderttausende Soldaten handelte –, politische Strategie, militärische Strategie, Wirtschafts- und Finanzwissenschaft: in keine seiner Aufgaben ging er hinein wie der Normalpolitiker, der sich bestenfalls auf seinen Instinkt und die Genauigkeit seiner Referenten verläßt. Sondern gleichviel, was er anpackte, er konnte es in kürzester Zeit besser als alle Referenten."[80] Marianne Strauß hatte allen Grund, stolz auf ihren außergewöhnlich begabten Ehemann zu sein. Sie selbst war allerdings ebenfalls eine glänzende Partie. Zusammen mit ihren beiden Schwestern sollte sie später das ehemalige Benediktinerkloster in Rott am Inn erben, in dessen Mauern die Kaiserbrauerei, die Wohnung der Familie Zwicknagl und nun auch der Hauptwohnsitz der beiden Jungvermählten untergebracht war. Franz Josef Strauß hatte eine gute Wahl getroffen.

Als gute Wahl sollte sich auch diejenige zum dritten Deutschen Bundestag am 15. September 1957 erweisen. Trotz der heftigen Kontroverse um die Atombewaffnung der Bundeswehr erhielten die Unionsparteien mit 50,2 Prozent zum ersten – und bislang einzigen – Mal die absolute Mehrheit der Stimmen. In Bayern erzielte die CSU sogar 57,2 Prozent. Die SPD verbesserte sich nur um drei Prozentpunkte, die FDP sackte von 9,5 auf 7,7 Prozent herab, Deutsche Partei und GB/BHE fielen der gezielten Wählerabsorption der großen Parteien zum Opfer und scheiterten an der Fünf-Prozent-Hürde. „Keine Experimente!" hieß das erfolgreiche Motto der Adenauer-Partei, die auch mit den Slogans „Sicherheit für alle / Franz Josef Strauß / CDU"[81] und „Wohlstand für alle / CDU / Ludwig Erhard"[82] Werbung gemacht hatte. Als zusätzliche Wahlhelfer hatten sich der Einmarsch der Roten Armee in Ungarn, das um sich greifende Wirtschaftswunder, der „Ersatz des kümmerlichen,

---

[80] Zimmermann, Friedrich: Kabinettstücke. Politik mit Strauß und Kohl 1976–1991. München, Berlin 1991, S. 318f.
[81] CDU-Wahlplakat zur Bundestagswahl 1957. Ausstellungsstück im Haus der Geschichte der Bundesrepublik Deutschland. Stiftung Haus der Geschichte der Bundesrepublik Deutschland, Museumsmeile, Willy-Brandt-Allee 14, 53113 Bonn.
[82] Toman-Banke, Monika: Die Wahlslogans von 1949 bis 1994, in: Aus Politik und Zeitgeschichte. Beilage zur Wochenzeitung Das Parlament. B 51–52/1994 vom 23. Dezember 1994, S. 47–55, S. 50.

alten Rentensystems durch die Einführung der dynamischen Rentenversicherung im Jahre 1957"[83] und ferner auch die fortschreitende europäische Integration im Rahmen der Europäischen Wirtschaftsgemeinschaft (EWG) bezahlt gemacht. Denn der ökonomische Aufschwung der Bundesrepublik stand in engem Zusammenhang mit der wirtschaftlichen und politischen Westorientierung und der daraus resultierenden Modernisierung industrieller Strukturen. Strauß: „Das Gefühl, noch einmal davongekommen zu sein, das Gefühl, ohnmächtig der Gnade der Sieger ausgeliefert zu sein, ohnmächtiger und hilfloser zu sein als je zuvor, begann zu weichen. In den ersten Jahren hatten wir geglaubt, daß wir eine ganze Generation lang arbeiten müßten, um nur die gröbsten Schäden zu beseitigen, um nur ein halbwegs menschenwürdiges Leben führen zu können. Ein Automobil beispielsweise schien, außer für besonders Privilegierte, auf unabsehbare Zeit unerreichbar zu sein."[84] Doch der wirtschaftliche Aufschwung und die deutliche Verbesserung des allgemeinen Lebensstandards waren weitaus schneller und umfassender gekommen als erwartet. Ein unübersehbarer Erfolg von Adenauers Westpolitik sowie Erhards Sozialer Marktwirtschaft, der an der Wahlurne mit 50,2 Prozent der Stimmen auf spektakuläre Weise honoriert wurde.

Wenngleich CDU und CSU die absolute Mehrheit erlangt hatten, koalierten sie aufgrund ihrer vorherigen Absprachen mit der Deutschen Partei. Der SPD, die im Wahlkampf unter anderem für die Abschaffung der allgemeinen Wehrpflicht eingetreten war und die Ausrüstung der Bundeswehr mit Atomwaffenträgern ebenso abgelehnt hatte wie die Stationierung von amerikanischen Kernwaffen auf deutschem Boden, schien die Opposition zum politischen Schicksal zu werden. Da im Herbst 1957 erstmals auch die FDP auf den harten Oppositionsbänken Platz nehmen mußte, entfielen im dritten Kabinett Konrad Adenauers ganze zwölf Ministerposten auf die CDU, vier auf die CSU und zwei auf die DP. Der 81jährige Bundeskanzler befand sich auf dem Höhepunkt seiner Macht. Aber auch die Bonner Position von Franz Josef Strauß, dem alten und neuen Bundesverteidigungsminister, dem es tatsächlich gelungen war, die „flatternde Verteidigungspolitik in den Griff zu bekommen"[85], erfuhr durch das sensationelle Wahlergebnis in Bayern und das (zufälligerweise) gleichzeitige Ende der dortigen Viererkoalition eine spürbare Aufwertung. Der Zusammenarbeit mit seinem Kanzler sollte dies nicht zum Vorteil gereichen.

---

[83] Strauß, Franz Josef: Vorwort, in: Broschell, Heinz: Partner der Zukunft. Leitlinien für eine Partnerschaftliche Unternehmensverfassung. München 1979, S. 13–17, S. 13.
[84] Strauß, Franz Josef: Die Erinnerungen. Berlin 1998, S. 227.
[85] Schwarz, Hans-Peter: Adenauer. Band 2: Der Staatsmann. 1952–1967. München 1994, S. 278.

4. Atlantiker wider Willen

Am 4. Oktober 1957 wurde die Erde zum ersten Mal von einem künstlichen Satelliten umkreist – einem sowjetischen. Der „Sputnik" löste nicht nur in Amerika einen Schock aus, auch in Europa begann man, den Vorsprung der russischen Raketentechnologie zu fürchten. Scheinbar verfügte Moskau über die technischen Mittel, Atombomben mit Interkontinentalraketen bis auf das Territorium der Vereinigten Staaten tragen zu können. Die amerikanische Unverwundbarkeit hatte allem Anschein nach ein Ende. Während in Bonn der Bundesverteidigungsrat nun ohne Unterbrechung tagte, führte in Paris die Furcht vor den Sowjets und das Mißtrauen gegenüber den nun selbst bedrohten Amerikanern zu dem Entschluß, die bisherige Zusammenarbeit mit den solventen deutschen Nachbarn zu intensivieren. Zusätzlich zur ohnehin bereits angebahnten gemeinsamen Entwicklung von konventionellen Waffen und militärischem Gerät sollte die französisch-deutsche Freundschaft eine nukleare Dimension erhalten. Also kam der französische Verteidigungsminister Jacques Chaban-Delmas im Auftrag seiner Regierung gegen Ende des Jahres 1957 nach Bonn und bot seinem deutschen Amtskollegen eine Beteiligung an der Entwicklung und Produktion französisch-deutsch-italienischer Atomwaffen und entsprechender Trägerraketen im Verhältnis 45:45:10 an.[86] Franz Josef Strauß war nicht weniger überrascht als Konrad Adenauer. „Seine Reaktion war die gleiche wie bei Schäffers Ausflug nach Ost-Berlin: Machen Sie es, aber wenn es Ärger gibt, weiß ich von nichts."[87] Dennoch zeigte sich der Kanzler von den politischen Wirkungen der vertrauenschaffenden militärischen Kooperation höchst erfreut.[88] Dank der anvisierten Verbindung von deutscher Wirtschaftskraft und französischer Technologie schienen die nuklearen Insignien moderner Großmächte plötzlich zum Greifen nahe. Schon im Frühjahr 1958 wurde unter größter Geheimhaltung eine Vereinbarung über die trilaterale Grundlagenforschung von Franz Josef Strauß, Jacques Chaban-Delmas und dem italienischen Verteidigungsminister Paolo Emilio Taviani unterzeichnet. Von Kernwaffen konnte angesichts der eindeutigen Bestimmungen der Pariser Verträge offiziell natürlich nicht die Rede sein, weswegen die geplanten finanziellen Transaktionen im Bundeshaushalt als Beitrag zu einem „Europäischen Forschungsinstitut für Flugkörper"[89] getarnt werden mußten. Auch durfte die Produktion nicht auf deut-

---

[86] Vgl. Kelleher, Catherine M.: German Nuclear Dilemmas 1955–1965. Boston 1967, S. 325ff.
[87] Strauß, Franz Josef: Die Erinnerungen. Berlin 1998, S. 346.
[88] Vgl. dazu: Strauß, Franz Josef: Die neuen Waffen des Westens, in: Die politische Meinung, 4 (1959) H. 37, S. 9–12, S. 12; Grosser, Alfred: Frankreich und seine Außenpolitik. 1944 bis heute. München 1989, S. 176.
[89] Bickerich, Wolfram: Franz Josef Strauß. Die Biographie. Düsseldorf 1996, S. 115.

schem Boden erfolgen. Die Bundesrepublik war folglich von der Vertragstreue der Franzosen abhängig, die zugesichert hatten, der Bundeswehr die gemeinschaftlich finanzierten Atombomben im Krisenfalle zugänglich zu machen. Für Deutschland war der nukleare Dreibund also eine in jeder Hinsicht heikle Allianz.

Sinn und Zweck der Kernwaffen war es nach wie vor, mit ihrer abschreckenden Wirkung einen Krieg zu verhindern. Diese Strategie konnte jedoch nur zum Erfolg führen, wenn auch die Deutsche Bundeswehr in der Lage war, Atomsprengkörper mittels geeigneter Trägerwaffen im Land eines potentiellen Angreifers zum Einsatz zu bringen. Die westdeutschen Streitkräfte benötigten also ein Kampfflugzeug, das sowohl mit konventionellen als auch mit atomaren Waffen bestückt werden konnte.[90] Doch die der Luftwaffe bislang von Großbritannien und den USA als Erstausrüstung überlassenen Maschinen Republic F-84-F „Thunderstreak" und North American F-86 „Sabre" waren inzwischen überholt und nicht atomwaffentauglich. Eine Neuanschaffung von fliegendem Gerät war dringend erforderlich. Zur Debatte standen die amerikanische F-104 („Starfighter") von Lockheed, die Grumman F11F „Super Tiger" und die französische Dassault Mirage IIIA. Franz Josef Strauß, der sich schon als Sonderminister für die Vertiefung der deutsch-französischen Freundschaft eingesetzt hatte, befürwortete die Mirage. Angesichts der guten bisherigen Zusammenarbeit (beispielsweise hinsichtlich der Entwicklung des militärischen Transportflugzeuges „Transall") und der geplanten nuklearen Kooperation zog Strauß die westeuropäische Solidarität der amerikanischen Technik vor.[91] Deutsch-französische Atombomben von amerikanischen Flugzeugen tragen zu lassen, erschien ihm abwegig. Außerdem träumte er bereits in jenen Jahren von einer deutschen Luftfahrtindustrie, die in Zusammenarbeit mit den europäischen Nachbarstaaten militärische und später auch zivile Gemeinschaftsentwicklungen hervorbringen konnte.[92] Doch mit seiner politisch und wirtschaftlich motivierten Präferenz für die französische Mirage „stand er einer geschlossenen Front in Bonn gegenüber. Denn die Testpiloten, die Offiziere der Luftwaffe bis hinauf zum Inspekteur Kammhuber, die Rüstungstechniker, Rüstungswirtschaftler, auch die Finanzexperten, gaben dem Starfighter eindeutig den Vorrang. Sie zogen die Mirage nicht einmal als mögliche Alternative in Betracht, wenn sie von der Qualität

---

[90] Vgl. Crossman, R.H.S; Strauß, Franz Josef: A Talk with Franz Josef Strauß, in: New Statesman, 55 (1958) H. 1413, S. 460–462, S. 460.
[91] Vgl. Bölkow, Ludwig: Verdienste um die europäische Luftfahrtindustrie, in: Zimmermann, Friedrich (Hg.): Anspruch und Leistung. Widmungen für Franz Josef Strauß. Stuttgart-Degerloch 1980, S. 249–260, S. 252.
[92] Vgl. Ebert, Hans J; Kaiser, Johann B; Peters, Klaus: Willy Messerschmitt – Pionier der Luftfahrt und des Leichtbaues. Eine Biographie. Bonn 1992, S. 383.

beider Flugzeuge sprachen."[93] Schließlich war die Mirage zu klein ausgelegt und verfügte über einen für deutsche Zwecke nicht ausreichenden Aktionsradius. Außerdem war ihre Radartechnik noch nicht ausgereift. Hinzu kam, daß die Amerikaner im Gegensatz zu den Franzosen versprachen, alle Unterlagen über anfängliche Schwierigkeiten und Fehlentwicklungen sowie sämtliche Testergebnisse und Konstruktionspläne mitzuliefern, was für die rückständige deutsche Luftfahrtindustrie von größter Bedeutung war. Zu Gerd Schmückle sagte Strauß damals: „Wenn ich jetzt gegen den Rat aller Fachleute, angefangen vom Testpiloten bis zum Inspekteur der Luftwaffe, meinen Willen durchsetze und mich für die Mirage entscheide, werden alle dagegen sein und nur auf Weisung zeichnen. Wenn dann die erste Mirage in Deutschland abstürzt, wird mir aus verständlichem Grund vorgeworfen werden, daß der Minister, der kein Luftwaffenexperte ist, gegen den Rat aller Fachleute diese falsche Entscheidung getroffen habe."[94]

Die endgültige Entscheidung fiel jedoch erst, als in Frankreich die IV. Republik zusammenbrach und General Charles de Gaulle die Macht übernahm. Armeeminister Pierre Guillaumat, der Nachfolger von Jacques Chaban-Delmas, lud Franz Josef Strauß und mehrere Luftwaffenexperten des Bundesverteidigungsministeriums nach Paris ein, um ihnen auf dem Militärflughafen Melun-Villaroche die Mirage vorführen zu lassen. De Gaulle und sein Armeeminister hofften, die deutschen Gäste auf diese Weise doch noch zum Kauf des französischen Flugzeuges bewegen zu können. Strauß nutzte die Gelegenheit und erkundigte sich nach dem trilateralen Atomabkommen, woraufhin Guillaumat antwortete, der General habe es gleich nach der Übernahme der Regierungsgeschäfte gestoppt und lasse ausrichten, das Nukleare sei schwer teilbar: „Alles was Sie wollen an Zusammenarbeit, aber dieses nicht!"[95] Strauß, bestürzt und desavouiert, betrachtete die Entscheidung de Gaulles als glatten Affront und erwiderte Guillaumat, es „sei sein Vorgänger gewesen, der diesen Vertragsentwurf vorgelegt habe. Es sei sein Vorgänger gewesen, der zu den Gesprächen eingeladen habe. Wenn aus irgendwelchen Gründen, über die ich jetzt gar nicht reden wolle, die französische Seite der Meinung sei, daß dieses Abkommen vorerst bis auf weiteres nicht mehr verfolgt werden solle, dann wäre es ein Gebot der Höflichkeit, uns davon zu verständigen. Ob er es für korrekt halte, daß ich erst fragen müsse, um eine Auskunft zu bekommen, die man

---

[93] Schmückle, Gerd: Die Bundeswehr – vom Nullpunkt an, in: Zimmermann, Friedrich (Hg.): Anspruch und Leistung. Widmungen für Franz Josef Strauß. Stuttgart-Degerloch 1980, S. 69–81, S. 78f.
[94] Ebd., S. 79.
[95] Weisenfeld, Ernst: Gesprächsbeitrag, in: Schwarz, Hans-Peter (Hg.): Adenauer und Frankreich. Die deutsch-französischen Beziehungen 1958 bis 1969. Rhöndorfer Gespräche, Band 7. Bonn 1985, S. 34–37, S. 35.

mir längst hätte geben müssen. ‚Das empfinde ich als einen Bruch von Treu und Glauben. Ich sage Ihnen, vergessen Sie die Mirage für die deutsche Luftwaffe!'"[96] Gleich nach seiner Rückkehr in die Bonner Ermekeilkaserne ordnete Strauß an, die gesamte rüstungstechnische Zusammenarbeit mit Frankreich einzustellen und keine weiteren französischen Rüstungsgüter anzuschaffen. Enttäuscht wandelte sich der frankophile Bundesminister zum „Atlantiker wider Willen" und gab grünes Licht für die Beschaffung des amerikanischen Starfighters. Wenig später konnte General Speidel, der NATO-Oberbefehlshaber der Landstreitkräfte Europa Mitte mit Sitz in Fontainebleau, in Erfahrung bringen, daß die Sowjetunion der Regierung de Gaulle Unterstützung beim Bau der französischen Atombombe zugesagt hatte. Wie schon zur Zeit der EVG-Beratungen im Jahre 1954 hatte sich Paris des verlockenden Angebotes der Russen offenkundig nicht erwehren können. Das Verlangen der Franzosen nach atomarer Autonomie als Zeichen nationaler Souveränität war übermächtig.[97] Die Gegenleistung für die sowjetische Hilfe erbrachte Frankreich, als es 1966/67 aus der NATO austrat.

Der Starfighter war von Lockheed als Schönwetter-Abfangjäger konzipiert worden. Das bedeutete jedoch nicht, daß er nur bei „schönem" Wetter flugtüchtig war. Ein ehemaliger Starfighterpilot beschrieb die F-104 als phantastisches Fluggerät, das bei Tag und Nacht und auch bei Regen fliegen konnte. „Jedoch war der Pilot stets auf den Sichtflug angewiesen, auch bei Nacht. Doch nur die wenigsten Nächte sind so dunkel, daß man den Horizont nicht mehr sieht. Und gerade auf den kommt es an. Der Horizont ist für einen Piloten beim Sichtflug die wichtigste Orientierungshilfe. Das Wetter muß also nicht immer unbedingt schön sein, aber man muß etwas sehen können – vor allem eben den Horizont. Dies war über der Nord- und Ostsee bei diesiger Sicht mitunter ziemlich schwierig, denn bei grauem Wasser und grauem Himmel bzw. grauem Nebel und grauen Wolken ist der Horizont nur schwer zu erkennen. Sichtflug bedeutet also, daß man nicht nach Instrumenten fliegt. In der amerikanischen Version des Starfighters gab es keine Instrumente wie z.B. den künstlichen Horizont, erst recht keine modernen Navigationshilfen, wie sie bei den heutigen Flugzeugen üblich sind. Die Fliegerei war damals noch richtiges Handwerk, die Flugzeuge mußten noch vom Piloten und nicht vom Computer geflogen werden. Die Orientierung erfolgte durch Karten, Funkfeuer oder durch den Blick aus den Cockpitfenstern. Und das funktionierte hervorra-

---

[96] Strauß, Franz Josef: Die Erinnerungen. Berlin 1998, S. 349. Vgl. dazu auch: Marcowitz, Reiner: Option für Paris? Unionsparteien, SPD und Charles de Gaulle, 1958 bis 1969. München 1996, S. 22.
[97] Vgl. Mühle, Robert W.: Überraschendes Angebot. Trilaterales europäisches Atomwaffenprojekt 1957/ 58, in: Bundesministerium der Verteidigung (Hg.): IFDT – Informationen für die Truppe, 41 (1997) H. 11–12, S. 69–75, S. 75.

gend, jedenfalls in den USA. Als Abfangjäger war der Starfighter phantastisch. Gerade im Vergleich zu seinen Vorgängern war die F-104 G (G für Germany) ein Traum, ein atemberaubendes, wirklich sagenhaftes Flugzeug. Meine Kameraden waren ausnahmslos der gleichen Meinung. Aber man mußte ein wirklich guter Pilot sein, um diese Maschine sicher fliegen zu können, denn sie war sehr sensibel. Kampfflugzeuge mußte man damals noch zärtlicher behandeln als ... ja, als eine junge Braut. Ruckartige Bewegungen am Steuerknüppel oder Schubregler verziehen sie nur bedingt, insbesondere der Starfighter. Trotz aller Technik und aller Kenntnisse kam es vor allem auf eines an, auf das fliegerische Gefühl."[98] Eben jenes fliegerische Gefühl mußte sich bei den jungen Piloten, die oftmals von den völlig veralteten Übungsflugzeugen direkt in das Cockpit des hochmodernen Starfighter wechselten, erst einmal einstellen. Vielen von ihnen erschien dies wie ein Zeitsprung in eine andere Dimension der Fliegerei. Hinzu kam, daß die Luftwaffe nicht nur Abfangjäger, sondern vor allem Aufklärer und Jagdbomber benötigte, die allesamt ständig einsatzbereit sein mußten. „Man benötigte also eine allwettertaugliche Version des Starfighters. Dies führte dazu, daß die Modifikationen fast einer Neukonstruktion gleichkamen, wodurch sich Gewicht, Schwerpunkt und Aerodynamik enorm veränderten. Und Veränderungen dieser Art hatten bei einer Rakete mit Stummelflügeln wie dem Starfighter dramatische Auswirkungen. Die ohnehin schon sensible Maschine wurde noch empfindlicher. Es gab kaum noch einen Pilotenfehler, den der Starfighter verzieh. Man mußte stets hellwach sein, insbesondere beim Tiefflug. Ein zu hektisches Manöver hier oder ein zu heftig betätigter Regler dort führte extrem schnell zum *stall*, zum Abreißen des Luftstromes und somit zum Absturz. Wenn man zum Beispiel in 100 Metern Höhe den Steuerknüppel zu ruckartig anzog, zog die Maschine eben nicht nach oben, sondern sackte mit dem Hintern durch und berührte den Boden. Obwohl der Starfighter kunstflugtauglich war, stallte er doch recht schnell. Das wurde vielen meiner Kameraden zum Verhängnis. Insbesondere bei der Landung. Denn die Landung ist nichts weiter als ein kontrollierter Absturz. Beim geringsten Kontrollverlust kommt es zum stall und das Flugzeug zerschellt auf der Piste. Als ich damals in die USA zur Pilotenausbildung ging, sagte meine Mutter zu mir, ich solle bloß nicht so hoch und so schnell fliegen. Hoch und schnell zu fliegen war weder ein Problem noch ein Sicherheitsrisiko. Ganz im Gegenteil: Tief und langsam zu fliegen – das war gefährlich. Tief und schnell allerdings auch!"[99]

---

[98] Interview mit einem ehemaligen Starfighter-Piloten am 20.10.2003 in Bonn.
[99] Ebd.

Schon bald kam es zu den ersten von insgesamt weit über 200 Abstürzen der F-104 G.[100] Auch der Sohn des späteren Verteidigungsministers Kai-Uwe von Hassel kam beim Absturz mit seiner Maschine ums Leben. Die politischen Gegner des Verteidigungsministers, allen voran der „Spiegel", behaupteten schon bald, ebenso wie der Schützenpanzer HS 30 sei auch der Starfighter unter korruptionsverdächtigen Umständen beschafft worden.[101] Es konnten jedoch niemals Beweise vorgelegt werden, die belegten, daß Strauß sich in irgendeiner Form der Vorteilsnahme schuldig gemacht hätte. Im Gegenteil berichteten nach der Wende von 1989/90 zwei Stasi-Offiziere, wie sie entsprechend gefälschte Indizien in Umlauf gebracht hatten.[102] Außerdem hieß es, die Ausrüstung der Luftwaffe mit dem offensichtlich unausgereiften und untauglichen Starfighter sei eine überstürzte Fehlentscheidung des verantwortlichen Ministers gewesen. Daß sich Strauß nach den Gutachten seiner Luftwaffenexperten gerichtet hatte und sich in jener Zeit auch zahlreiche andere Länder wie Holland, Belgien, Dänemark, Norwegen, Japan und Kanada für den Starfighter entschieden, wurde dabei geflissentlich übersehen.

Nicht zu leugnen ist jedoch, daß sich die F-104 G bereits im Frieden als tödliche Waffe erwies. Der frühere Starfighterpilot bemängelte in diesem Zusammenhang, daß es gerade in der Anfangsphase zu wenige Trainingsmaschinen gab. „Vielen Piloten fehlte es an Erfahrung und Routine. Beispiel: Der Start. In wenigen Sekunden mußte man die Landeklappen und das Fahrgestell einfahren. Fuhr man die Landeklappen zu früh ein, stallte man. Fuhr man sie zu spät ein, beschädigte man sie und konnte später nicht mehr landen. Gleiches galt für das Fahrwerk. War der Anstellwinkel zu steil, stallte man ebenfalls. Alles mußte genau stimmen und passen, sämtliche Zeitfenster waren äußerst klein. Hinzu kam, daß der Starfighter gerade im Vergleich zu seinen Vorgängern weitaus mehr Power hatte. Bis die F-84 und F-86 mal in Bewegung kamen, mein Gott, da konnte schon eine Weile vergehen. Die F-104 hingegen war ein Kraftprotz. Wenn man nicht höllisch aufpaßte, flog man als Pilot sozusagen hinterher. Und das war tödlich. Bei einer Rakete wie der F-104 mußte man immer drei Schritte vorausdenken, andernfalls verlor man blitzschnell die Kontrolle. Dementsprechend hoch waren die Verluste. Und in den allermeisten Fällen war es menschliches Versagen."[103] Die vollständig modifizierten Jagdbomber stürzten am häufigsten ab, die vollausgereiften Aufklärer und Abfangjäger hingegen erlitten nur geringe Verluste. „Die Aufklärer und Abfangjä-

---

[100] Die Anzahl der abgestürzten deutschen Starfighter variiert in der Literatur zwischen 269 und 292 Maschinen.
[101] Vgl. Böhme, Erich: Ein Patriarch vom Rhein, in: Der Spiegel, 53 (1999) H. 20, S. 110–118, S. 113.
[102] Vgl. Bickerich, Wolfram: Franz Josef Strauß. Die Biographie. Düsseldorf 1996, S. 148.
[103] Interview mit einem ehemaligen Starfighter-Piloten am 20.10.2003 in Bonn.

ger flogen meist – ich vereinfache mal stark – recht hoch. Das ergab sich aus ihrer Aufgabenstellung, aufzuklären und feindliche Flugzeuge abzufangen. Die meisten Starfighter wurden jedoch als Jagdbomber eingesetzt. Die Jagdbomber hatten im Verteidigungsfall die Aufgabe, in den Luftraum des Feindes zu fliegen und dort Ziele zu bombardieren. Um der gegnerischen Luftabwehr zu entgehen, mußten sie möglichst tief und schnell fliegen. Und genau das galt es zu üben. Hierbei stürzten zahlreiche Maschinen – Stichwort Sensibilität – ab. Die Jagdbomber waren wesentlich schwieriger zu fliegen als die Aufklärer und Abfangjäger, da sie die komplizierte und damals sehr gewichtige Elektronik für die konventionelle und nukleare Bombenlast zu tragen hatten. Außerdem konnten die Bomben damals aus dem Tiefflug heraus nur durch einen sogenannten ‚Schulterabwurf' abgeworfen werden. Aus dem Tiefflug heraus mußte man die Maschine hochziehen, die Bombe abwerfen, die Maschine auf den Rücken legen und in eine Art Looping einschwenken, der einen in die Richtung zurückführte, aus der man gekommen war. Ein äußerst schwieriges Manöver, das ebenfalls häufig geübt werden mußte ... und Blutzoll verlangte."[104]

Idealerweise hätten also mehrere Flugzeugtypen beschafft werden müssen, die auf ihr jeweiliges Aufgabengebiet spezialisiert gewesen wären. Doch während die US-Luftwaffe aufgrund ihrer beachtlichen finanziellen Ausstattung problemlos imstande war, viele hochspezialisierte Flugzeugtypen anzuschaffen und mit individuellen Ersatzteil- und Instandsetzungsketten zu unterhalten, waren die deutschen Streitkräfte angesichts ihrer verhältnismäßig geringen Zahl an Stützpunkten und der geographischen Lage und Beschaffenheit der Bundesrepublik, die von feindlichen Überschallflugzeugen in wenigen Minuten erreicht und überflogen werden konnte, auf ein Mehrzweckflugzeug wie den Starfighter angewiesen. Strauß: „Eine Luftwaffe, die mit wenigen hundert Flugzeugen nach dem NATO-Konzept fünf militärische Aufgaben erfüllen muß", „steht nur vor der Wahl, entweder unter Inkaufnahme gewisser Unzulänglichkeiten, ich darf sagen, unter Verzicht auf perfektionistische Lösungen sich auf wenige Flugzeugtypen zu beschränken oder für jede der genannten Aufgaben das angebliche Idealflugzeug zu nehmen und damit nicht lösbare Aufgaben des Unterhalts, der Instandsetzung, auch der Ersatzteillagerhaltung mit all den damit verbundenen Problemen zu schaffen. Ich möchte nicht wissen, was ein Redner der Opposition hier von diesem Platz aus sagen würde, wenn die Luftwaffe für jede dieser genannten Aufgaben einen eigenen Flugzeugtyp genommen hätte mit einer eigenen Technik, einer eigenen

---

[104] Ebd.

Instandsetzungskette, einer eigenen Ersatzteillagerkette usw."[105] Während der Aufgabenbereich der amerikanischen F-104 also relativ begrenzt war, mußte die F-104 G beinahe den Anforderungen einer Allzweckwaffe gerecht werden. Dieses Schicksal wäre auch der Mirage nicht erspart geblieben, denn der französische Jagdbomber hätte seinerseits umfangreiche Modifikationen zum Aufklärer und Abfangjäger überstehen müssen, deren Auswirkungen möglicherweise nicht minder gravierend ausgefallen wären.

Trotz der zahlreichen Unglücks- und Todesfälle erwies sich der Starfighter für die deutsche Luftfahrtindustrie als Geschenk des Himmels, da die Lizenzproduktion des F-104 G durch deutsche Unternehmen den Anschluß an das hohe technische Niveau der amerikanischen Flugzeugproduktion ermöglichte. Dies war die unabdingbare Voraussetzung für eigene Flugzeugentwicklungen, die nun durch den „Entwicklungsring Süd" (EWR), einem von Franz Josef Strauß angeregten Zusammenschluß der süddeutschen Firmen „Bölkow-Entwicklungen KG", „Ernst Heinkel Flugzeugbau GmbH" und „Messerschmitt AG", projektiert werden konnten.[106] Obendrein gelang es dem EWR, die Ausfallrate des Starfighters in verhältnismäßig kurzer Zeit in einem solch beachtlichen Maß zu senken, daß er bald „qualitätsmäßig mit an der Spitze aller Kampfflugzeuge in der Welt lag"[107]. Durch seine maßgebliche Beteiligung an der Gründung und Förderung des Entwicklungsrings Süd wurde Franz Josef Strauß, der bereits seit Jahren argumentierte, eine moderne Volkswirtschaft benötige die Impulse einer umfangreichen Flugzeugindustrie, da sie anderenfalls auch in anderen wichtigen Technologiebereichen ins Hintertreffen gerate, zum politischen „Vater des Wiederaufbaus der deutschen Luftfahrt und zum Initiator der deutschen Raumfahrtindustrie."[108]

---

[105] Strauß, Franz Josef: Stellungnahme vor dem Deutschen Bundestag im Rahmen einer Aussprache über eine große Anfrage der FDP zur Lage in der Bundeswehr vom 20. Januar 1965, 4. Wahlperiode, 156. Sitzung, in: Wagner, Leo (Hg.): Strauß, Franz Josef: Bundestagsreden. Bonn 1968, S. 225–234, S. 228.
[106] Vgl. Gersdorff, Kyrill von: Ludwig Bölkow und sein Werk – Ottobrunner Innovationen. Koblenz 1987, S. 49 u. 103.
[107] Bölkow, Ludwig: Verdienste um die europäische Luftfahrtindustrie, in: Zimmermann, Friedrich (Hg.): Anspruch und Leistung. Widmungen für Franz Josef Strauß. Stuttgart-Degerloch 1980, S. 249–260, S. 253.
[108] Schmückle, Gerd: Die Bundeswehr – vom Nullpunkt an, in: Zimmermann, Friedrich (Hg.): Anspruch und Leistung. Widmungen für Franz Josef Strauß. Stuttgart-Degerloch 1980, S. 69–81, S. 80.

5. „Hitler Nummer zwei"

Franz Josef Strauß war nicht nur an einer gedeihlichen Freundschaft mit den französischen Nachbarn interessiert, ebenso wie Bundeskanzler Adenauer befürwortete er auch die Aussöhnung mit dem israelischen Volk: „Adenauer hat Kabinettssitzungen regelmäßig dazu benutzt, die Grundlinien seiner Politik in einprägsamer, holzschnittartiger Form darzulegen. Grundfragen der Sicherheit nahmen dabei stets einen besonderen Rang ein. Seine Vorträge im Kabinett hatten vor allem die Funktion, die Regierungsmitglieder auf seinen Kurs einzuschwören und sie dazu anzuhalten, diesen auch nach außen wirksam zu vertreten. Ständig hat er vor der sowjetischen Bedrohung gewarnt, ständig hat er uns die drei Grundpfeiler der deutschen Politik in Erinnerung gerufen: Aussöhnung mit Israel, Freundschaft mit Frankreich, Bündnis mit den USA."[109] Doch im Gegensatz zu seinem Kanzler lehnte Strauß, der stets in globalen Dimensionen dachte und die Gefährdung der guten deutschen Beziehungen zur arabischen Welt fürchtete, pauschale Entschädigungs- und Wiedergutmachungszahlungen an Israel ab. Als die Israelis aufgrund des militärisch erfolgreichen, aber politisch desaströsen Sinai-Feldzugs 1956/57 in erhebliche Schwierigkeiten gerieten und Deutschland um geheime Unterstützung baten, erklärte sich Verteidigungsminister Strauß jedoch sofort bereit, ihnen mit allen ihm zur Verfügung stehenden Mitteln zu helfen. Zwar hätte sich die israelische Regierung auch an die Vereinigten Staaten oder Frankreich wenden können, doch hoffte sie, die benötigten Rüstungsgüter in der Bundesrepublik, die sich im Gegensatz zur DDR zu ihrer schweren historischen Schuld gegenüber dem jüdischen Volk bekannte, günstiger oder vielleicht sogar kostenlos zu erhalten.

Franz Josef Strauß empfing die israelische Delegation unter Leitung von Shimon Peres, dem damaligen Generalsekretär des israelischen Verteidigungsministeriums, in der vertrauensvollen Atmosphäre seines Privathauses in Rott am Inn.[110] Dort wurde ihm die umfangreiche Liste der israelischen Wünsche überreicht: Transportflugzeuge, Hubschrauber, Artillerie und Panzerabwehrraketen. Strauß: „Peres und seine Begleiter fanden bei mir, in voller Kenntnis der für die deutsche Seite damit verbundenen Schwierigkeiten, ein offenes Ohr. Die Bundeswehr war zwar noch in der Aufbauphase und besaß selbst nur bescheidene Vorräte an Waffen und Gerät, aber ich war bereit, von dem wenigen zu geben, weil ich es als meine Pflicht ansah, Israel in einer schwierigen und bedrohlichen Situation zu helfen.

---

[109] Strauß, Franz Josef: Die Erinnerungen. Berlin 1998, S. 573f.
[110] Vgl. Strauß, Franz Josef: Die Erinnerungen. Berlin 1998, S. 378, Hansen, Niels: Aus dem Schatten der Katastrophe. Die deutsch-israelischen Beziehungen in der Ära Konrad Adenauer und David Ben Gurion. Düsseldorf 2002, S. 482.

Erleichtert durch meine Zusage, verabschiedeten sich die Israelis zu später Stunde." Gleich darauf informierte ich „Adenauer, der einverstanden war. Eingeweiht wurden Heinrich von Brentano, Heinrich Krone und Fritz Erler, auch ein Vertreter der FDP. Sie alle stimmten zu, die Verantwortung für diese Hilfsaktion aber blieb bei mir. So hatte ich wenig Rückendeckung für ein Vorgehen, das in allem dem Haushaltsrecht zuwiderlief. Wir haben die Israel zugesagten Geräte und Waffen heimlich aus den Depots der Bundeswehr geholt und hernach als Ablenkungsmanöver bei der Polizei in einigen Fällen Diebstahlanzeige erstattet. Hubschrauber und Flugzeuge wurden ohne Hoheitszeichen nach Frankreich geflogen und von Marseille aus nach Israel verschifft. Insgesamt haben wir Israel damals Lieferungen im Wert von 300 Millionen Mark – heutiger Wert 1,2 Milliarden – zukommen lassen, ohne Bezahlung dafür zu verlangen."[111] Im Gegenzug lieferten die Israelis Maschinenpistolen der Marke „Uzi" – allerdings auf Rechnung. Franz Josef Strauß, der schon als stellvertretender Landrat bereitwillig Kopf und Kragen riskiert hatte, um der ihm anvertrauten Bevölkerung in ihrer Not zu helfen, zögerte also auch als Bundesverteidigungsminister nicht, illegale Schiebereien zu organisieren, wenn es einem übergeordneten Ziel, in diesem Fall der Wiedergutmachungspolitik der Bundesregierung und der Unterstützung des bedrängten israelischen Volkes, dienlich war.

Angesichts der ebenso vertrauensvollen wie erfolgreichen Zusammenarbeit der beiden Verteidigungsministerien vereinbarten Konrad Adenauer und der israelische Regierungschef David Ben Gurion bald darauf ein Treffen. Die Begegnung der beiden alten Herren am 14. April 1960 im Waldorf-Astoria-Hotel in New York erwärmte das eisige Klima zwischen ihren jungen Staaten und schuf die Grundlage für die überfällige Aufnahme diplomatischer Beziehungen im Jahre 1965. Der eigentliche Grundstein war jedoch bereits Jahre zuvor im Hause von Franz Josef Strauß in Rott am Inn gelegt worden, wie ein Auszug aus einem Interview mit Shimon Peres bestätigt: „Frage: ‚Welche Bedeutung hatte Ihrer Meinung nach dieses Treffen mit Herrn Strauß für die Zusammenarbeit mit Deutschland?' Antwort: ‚Meiner Ansicht nach lag hierin der Ursprung für die politischen Kontakte zwischen uns und Deutschland, denn es handelte sich nicht vorwiegend um finanzielle Probleme, noch ausschließlich um die Vergangenheit. Deutschland unternahm in weiterem, umfassenderem Sinn eine Wiedergutmachung an Israel, das heißt, es versuchte dazu beizutragen, Israel gegen die Gefahren der Zukunft zu schützen.'

---

[111] Strauß, Franz Josef: Die Erinnerungen. Berlin 1998, S. 381f. Vgl. dazu auch: Schöllgen, Gregor: Die Akten zur Auswärtigen Politik der Bundesrepublik Deutschland. Traditionslinien, Aufbau, Themen, in: Möller, Horst; Wengst, Udo: 50 Jahre Institut für Zeitgeschichte. Eine Bilanz. München 1999, S. 459–467, S. 464.

Frage: ‚Würden Sie sagen, daß Herr Strauß diese Hilfe leistete, weil der Mittlere Osten über zahlreiche russische Waffen verfügte und der kommunistische Einfluß stark ist?' Antwort: ‚Ich beurteile Herrn Strauß anders als die meisten Menschen. Ich bin der Meinung, daß Herr Strauß die Bedeutung eines Brückenschlages zwischen Israel und Deutschland voll und ganz erfaßt hat. Gerade und vorwiegend in diesem Bereich erzielten wir volle Übereinstimmung unserer Absichten. Es ging nicht einfach nur um mathematische Überlegungen, wie ich schon vorher sagte, handelte es sich um eine grundlegende politische Auseinandersetzung mit Problemen, die zu jener Zeit und auch heute noch zwischen dem deutschen und israelischen Volk bestehen.'"[112] Später, als Franz Josef Strauß von einigen seiner politischen Gegner und publizistischen Feinde als „Hitler Nummer zwei"[113] beschimpft wurde, versicherten ihm seine israelischen Freunde, er sei mitsamt seiner Familie in Israel stets herzlich willkommen, „wenn er in Deutschland nicht mehr leben könne"[114]. Es war wohl eine Ironie der Geschichte, daß ausgerechnet Angehörige des jüdischen Volkes und hochrangige Vertreter des israelischen Staates dem „zweiten Hitler" Schutz und Zuflucht vor seinen eigenen deutschen Landsleuten anboten.

Seit Franz Josef Strauß im Oktober 1956 das Verteidigungsministerium übernommen hatte, ging der Aufbau der Bundeswehr zügig voran. Gegen Ende des Jahres 1958 hatten die deutschen Streitkräfte bereits eine Mannschaftsstärke von 180.000 Soldaten und 50.000 Mitarbeitern der Bundeswehrverwaltung aufzuweisen. Die Marine verfügte über mehr als 110 Kriegs- und Hilfskriegsschiffe und die Luftwaffe hatte mit der Aufstellung fliegender Verbände und Flugabwehrraketen-Batterien begonnen. Außerdem sollte in absehbarer Zeit die Ausstattung mit amerikanischen Atomwaffen erfolgen. Strauß: „Wir müssen die Strategie der abschreckenden Wirkung des eigenen Verteidigungssystems nach politischer Entwicklung und technischem Fortschritt jeweils einsatzfähig und glaubhaft erhalten."[115] Denn der Verteidigungsminister, so ließ Strauß verlauten, sei kein Reichskriegsminister, son-

---

[112] Vogel, Rolf (Hg.): Der deutsch-israelische Dialog. Dokumentation eines erregenden Kapitels deutscher Außenpolitik. Teil I: Politik. Band 1–3. München, New York, London, Paris 1987–88, S. 141.

[113] Bratanov, Dimitre: Europäische Sicherheit und Möglichkeit der Zusammenarbeit. Beitrag Nr. 102, in: Koerber-Stiftung (Hg.): 40 Jahre Bergedorfer Gesprächskreis 1961–2001. Band 36, S. 48. CD-Rom. Hamburg 2001. Vgl. dazu auch: Cube, Alexander von: Minister Strauß, in: Atomzeitalter, 1962/11, S. 271–272, S. 272; Lindemann, Helmut; Aretin, Karl Otmar Freiherr von; Wahrhaftig, Samuel W.: Die Bedeutung von Franz Josef Strauß. Keine Folgerungen aus dem Fall?, in: Frankfurter Hefte, 18 (1963) H. 9, S. 594–602.

[114] Dalberg, Thomas: Franz Josef Strauß. Porträt eines Politikers. Gütersloh 1968, S. 163.

[115] Strauß, Franz Josef: Sicherheit durch Abschreckung, in: Jacobsen, Hans-Adolf; Stenzl, Otto (Hg.): Deutschland und die Welt. Zur Außenpolitik der Bundesrepublik 1949–1963. München 1964, S. 407–414, S. 408.

dern ein Friedensminister, der auf seine Weise dafür zu sorgen habe, daß es nicht mehr zum Krieg komme – auch nicht zu einem konventionellen:[116] „Ich habe nicht den Eindruck, daß die in der Vergangenheit mit konventionellen Waffen geführten Kriege so niedlich gewesen seien, daß man sie sich ruhig wieder leisten oder sie provozieren könne."[117] Der Ausbruch eines Krieges ließ sich nach Auffassung von Franz Josef Strauß jedoch nur verhindern, wenn zunächst eine gegenseitige Abschreckung erreicht und anschließend – aus einer politischen und militärischen Position der Stärke heraus – eine allgemeine Abrüstung eingeleitet würde. Denn die Politik „kann eine Zeitlang – sie darf aber nicht dauernd – auf dem ‚Gleichgewicht des Schreckens' aufgebaut sein. Darum müssen wir die allgemeine kontrollierte Abrüstung mit aller Energie anstreben. Es bleibt meine Hoffnung, daß diesen Abrüstungsanstrengungen ein Erfolg und der Welt von morgen die Befreiung von der Atomangst beschieden sein möge."[118] In der Folgezeit sprach sich der angebliche „Hitler Nummer zwei" immer wieder für eine allgemeine kontrollierte Abrüstung und – Jahre vor Willy Brandt und Egon Bahr – für eine Normalisierung der Beziehungen zur Sowjetunion aus:[119] „Hauptziel unserer Politik muß die Abrüstung sein. Ich schlage vor: *Erstens* Einstellung aller Versuchsexplosionen mit Atomwaffen; *zweitens* Schluß mit der Produktion weiterer Atomwaffen; *drittens* Kontrolle aller Bestände an Atommunition; *viertens* Aufsicht einer internationalen Organisation über weitere Erzeugung und Verteilung spaltbaren Materials für friedliche Zwecke; *fünftens* Reduzierung der konventionellen Streitkräfte

---

[116] Vgl. Strauß, Franz Josef: Stellungnahme zur Großen Anfrage der FDP betr. Gipfelkonferenz und atomwaffenfreie Zone, in: Verhandlungen des Deutschen Bundestages, 21.03.1958, 19. Sitzung, 3. WP, Stenographische Berichte Band 40. Bonn 1958, S. 1003–1011, S. 1004. Vgl. dazu auch: Strauß, Franz Josef: Einheit für Deutschland – Freiheit für Europa – Frieden für die Welt. Den Weg der politischen Gemeinschaft mit unseren Bundesgenossen weitergehen! Gefahren politischer Abenteuer, in: Bulletin des Presse- und Informationsamtes der Bundesregierung vom 17. Mai 1957, Nr. 91, S. 817–819, S. 819.

[117] Strauß, Franz Josef: Sicherheit durch Abschreckung, in: Jacobsen, Hans-Adolf; Stenzl, Otto (Hg.): Deutschland und die Welt. Zur Außenpolitik der Bundesrepublik 1949–1963. München 1964, S. 407–414, S. 409.

[118] Strauß, Franz Josef: Für allgemeine kontrollierte Abrüstung. Die Atomkraft schon in absehbarer Zeit ein entscheidender Wirtschaftsfaktor, in: Bulletin des Presse- und Informationsamtes der Bundesregierung vom 19. Juli 1958, Nr. 129, S. 1373–1374, S. 1374. Vgl. dazu auch: o.V.: Minister Strauß nennt fünf Phasen für eine Abrüstung. Gleichgewicht des Schreckens keine Friedensgrundlage, in: Die Welt vom 20.06.1958.

[119] Vgl. Pöttering, Hans-Gert: Adenauers Sicherheitspolitik 1955–63. Ein Beitrag zum deutsch-amerikanischen Verhältnis. Düsseldorf 1975, S. 104; Schmidt, Helmut: Verteidigung oder Vergeltung. Ein deutscher Beitrag zum strategischen Problem der NATO. Stuttgart-Degerloch 1961, S. 183f; Strauß, Franz Josef: Deutschland und die Verteidigung der freien Welt, in: Ost-West-Kurier vom 02.09.1961, S. 5; Strauß, Franz Josef: Stellungnahme vom 29. März 1962 zum Verteidigungshaushalt 1962: Auswärtiges Amt (Hg.): Die Auswärtige Politik der Bundesrepublik Deutschland. Köln 1972, S. 466–468, S. 466f.

im Warschauer Pakt und in der NATO auf Gleichstand."[120] Öffentlich wies Strauß darauf hin, daß die Bundeswehr erst in etwa zwei Jahren mit atomaren Waffen ausgerüstet werde. „Es würde genügen, wenn man sich in diesem Zeitraum über wesentliche Elemente der Abrüstung einigen könnte und mit der Durchführung einiger Maßnahmen begänne."[121] Mit dieser Strategie, die der spätere US-Präsident Ronald Reagan mit den Worten „Wer sich den Russen mit der Friedenstaube in der Hand nähert, muß in der anderen ein Schwert haben"[122] beschrieb und die in der Rückschau auffallende Ähnlichkeiten zum späteren NATO-Doppelbeschluß aufweist, hoffte Strauß, den Frieden zu sichern und eine allgemeine Abrüstung einleiten zu können. Wohlwissend, daß Moskau stets aufmerksam mithörte, sagte er vor dem Deutschen Bundestag bereits am 10. Mai 1957: „Die Bundesregierung ist davon überzeugt, daß die großen Probleme der internationalen Sicherheit, der Entspannung, der Abrüstung und der Wiedervereinigung nur dann für alle beteiligten Völker zufriedenstellend gelöst werden können, wenn alle auf Gewaltanwendung, auf die Unterdrückung fremder Völker und auf eine imperialistische Politik verzichten, d.h. wenn die Spannungsgründe und Unruhequellen aus der Welt geschafft werden. Dann wird auch das Mißtrauen am leichtesten schwinden, das darauf zurückzuführen ist, daß die Machthaber der Sowjetunion, gestützt auf ihre Militärmacht, bis heute leider noch keine konkreten Beweise oder auch nur Ansatzpunkte dafür geliefert haben, daß sie bereit sind, auf die Weltrevolutions- und Welteroberungspläne der bolschewistischen Ideologie zu verzichten. (*Beifall bei den Regierungsparteien.*) Die Bundesregierung prüft, unter dem Gesichtspunkt ihrer Verantwortung und in ehrlicher Bereitschaft zu solchen Verhandlungen, laufend die internationale Lage darauf, ob Anhaltspunkte oder Ansätze dafür vorliegen, daß die Sowjetunion gewillt ist, von dieser Politik der Gewaltanwendung abzugehen und sich zu den sittlichen Normen und Grundsätzen zu bekennen, deren Beachtung das Mißtrauen in dieser Welt und damit Spannung und Wettrüsten beseitigen würde. (Sehr gut! *bei der CDU/CSU.*) Die Bundesregierung bekennt sich zu diesen sittlichen Normen und Grundsätzen der Politik, sowohl in der staatlichen Ordnung des eigenen Volkes wie auch im Verkehr mit anderen Völkern, gleichgültig, welche Regierungsformen und staatlichen Systeme dort gege-

---

[120] Schmückle, Gerd: Ohne Pauken und Trompeten. Erinnerungen an Krieg und Frieden. Stuttgart 1982, S. 229. Vgl. dazu auch: Strauß, Franz Josef: Der Weg zur Wiedervereinigung in Freiheit. Der Bundesminister für Verteidigung zur Deutschland-Frage und zum Berlin-Problem, in: Bulletin des Presse- und Informationsamtes der Bundesregierung vom 10. Oktober 1959, Nr. 188, S. 1899–1900, S. 1900.

[121] Schmückle, Gerd: Ohne Pauken und Trompeten. Erinnerungen an Krieg und Frieden. Stuttgart 1982, S. 229.

[122] Reagan, Ronald: Erinnerungen. Ein amerikanisches Leben. Berlin, Frankfurt am Main 1990, S. 296.

ben sind."[123] Trotz zahlreicher Bekundungen dieser Art wurde Strauß vor allem von der Opposition verdächtigt, großmachtchauvinistische Kriegsgelüste zu verspüren. Als er am 3. Juni 1958 in Beuel eine Rede zum nordrhein-westfälischen Wahlkampf hielt, kam es zum ersten Mal zu einer größeren Störung einer seiner öffentlichen Ansprachen. Eine Handvoll SPD-Anhänger hatte einen Lautsprecherwagen organisiert, der während der gesamten Wahlkampfrede das Luftangriffwarnsignal des letzten Krieges und den Hinweis „Jetzt kommt der Atomminister" abspielte.[124]

Am 10. und 27. November 1958 zeigte sich dann, aus welchem Grund mit der Sowjetunion tatsächlich nur aus einer Position der Stärke heraus verhandelt werden konnte und weswegen alle Entspannungs- und Abrüstungsinitiativen des Westens von vornherein zum Scheitern verurteilt waren: Moskau war nicht einmal ansatzweise bereit, seine aggressive Expansionspolitik aufzugeben. Der sowjetische Regierungschef Nikita S. Chruschtschow verkündete in einer Rede im Moskauer Sportpalast und in einer offiziellen Note an die Drei Mächte, die Westalliierten hätten das Potsdamer Abkommen gebrochen und der Viermächte-Status von Berlin sei hinfällig. Entweder würde West-Berlin binnen sechs Monaten entmilitarisiert, oder die Sowjetunion würde mit der DDR einen Separatfrieden schließen und ihr die Rechte über die Stadt und ihre Zugangswege übertragen. Die Ursache für diesen neuerlichen Erpressungsversuch lag in der sogenannten „Abstimmung mit den Füßen". Angesichts der Massenflucht von jährlich etwa 250.000 Menschen drohte die DDR auf lange Sicht auszubluten. Deshalb beabsichtigte Chruschtschow, Berlin gemäß seiner neuen „Drei-Staaten-Theorie" in eine selbständige Stadt zu verwandeln.[125] Doch die zweite Berlin-Krise endete wie die erste: Die Westmächte ließen sich weder erpressen noch provozieren. Auch Strauß, von dem insbesondere zahlreiche „Spiegel"-Leser erwartet hatten, daß er sich in einer Krisensituation als „unberechenbares Sicherheitsrisiko", als „Kraftwerk mit den Sicherungen eines Kuhstalls" und „als kriegstreiberischer Atommonomane" entpuppen würde, blieb ruhig und mahnte zur Besonnenheit. Erstmals konnte er öffentlich unter Beweis stellen, daß er trotz seiner Wortgewalt eher zur Vorsicht neigte und sich in brenzligen Situationen an die Worte des französischen Republikaners Léon

---

[123] Strauß, Franz Josef: Beantwortung der Großen Anfrage der Fraktion der SPD durch Bundesminister Strauß vom 10.05.1957, in: Bundesministerium für Gesamtdeutsche Fragen (Hg.): Dokumente zur Deutschlandpolitik. III. Reihe, Band 3, Frankfurt am Main, Berlin 1967, S. 790–805, S. 794.
[124] Vgl. Adenauer, Konrad: Brief vom 04.06.1958 an Wilhelm Johnen, Jülich. Brief Nr. 95, in: Adenauer, Konrad: Briefe 1957–1959. Paderborn, München, Wien, Zürich 2000, S. 106–107, S. 106.
[125] Vgl. Vogelsang, Thilo: Das geteilte Deutschland. 10. Auflage, München 1980, S. 158.

Gambetta hielt: „Man muß heftige Worte, aber maßvolle Taten gebrauchen!"[126] In letzter Konsequenz wäre Strauß sogar bereit gewesen, West-Berlin aufzugeben, wenn auf diese Weise ein Krieg mit all seinen schrecklichen, möglicherweise sogar apokalyptischen Folgen vermieden werden konnte.[127] Während der ganzen „Ära Adenauer", so urteilte Hans-Peter Schwarz, haben Strauß und auch Adenauer „keinen überzeugenderen Beweis ihrer überlegenen Friedensfähigkeit gegeben als in diesen Tagen"[128] des Berlin-Ultimatums. Das hielt den „Spiegel" nicht davon ab, seine im Mai 1957 eröffnete Jagd auf Franz Josef Strauß fortzusetzen.

Im Zuge des großen Kesseltreibens gegen Franz Josef Strauß behauptete Rudolf Augstein, der Verteidigungsminister, für dessen intellektuelle und physische Lebenskraft der „Spiegel"-Herausgeber insgeheim großen Respekt hegte, sei während eines Besuches in den USA vom Rüstungskonzern Lockheed mit einem „intimen Souper" mit Jayne Mansfield „belohnt" worden.[129] Doch der Versuch, Strauß den Ruch der Korruption anzudichten, mißlang. Denn in Bayern wurde er dadurch bei vielen seiner Landsleute nur noch populärer, weil man sich im Alpenland mitunter sogar freute, daß es „wenigstens einer von uns soweit gebracht hatte"[130], mit amerikanischen Hollywoodgöttinnen zu verkehren. Bald darauf stellte sich der rufschädigende Vorwurf jedoch als haltlos heraus: Jayne Mansfield beteuerte, sie habe nie von einem Herrn Strauß gehört und sei zur fraglichen Zeit im siebenten Monat schwanger gewesen. Ein angeblicher Zeuge gestand gegenüber der Staatsanwaltschaft später ein, „der ‚Spiegel' habe ihn zu diesen Aussagen mit massivem Druck genötigt"[131]. Dennoch gab Augstein nicht auf, seinen Idealgegner zu attackieren. Schmückle: „Zum Zuschlagen eignete sich der intelligente wie offenherzige, fromme wie sinnliche, zielstrebige wie lebenslustige Strauß vorzüglich. Seine Barocknatur – starkausladend, mit bayerischen Annäherungen ans Bizarre – verkörperte den schieren Gegensatz zu Augsteins zynischem Puritanismus. Als Journalist blieb Augstein – bis auf die Intelligenz – alles fremd, was zur

---

[126] Klein, Hans: Anekdoten über Franz Josef Strauß. 2. Auflage, Percha am Starnberger See 1988, S. 11. Vgl. dazu auch: Paeschke, Carl-Ludwig; Zimmer, Dieter: FJS – Störenfried oder Staatsmann? Zum 10. Todestag von Franz Josef Strauß. Dokumentarfilm, ZDF. Mainz 1998.

[127] Vgl. Schmidt, Wolfgang: Kalter Krieg, Koexistenz und kleine Schritte. Willy Brandt und die Deutschlandpolitik 1948 bis 1963. Wiesbaden 2001, S. 411.

[128] Bracher, Karl Dietrich; Eschenburg, Theodor; Fest, Joachim C.; Jäckel, Eberhard (Hg.): Geschichte der Bundesrepublik Deutschland. Band III: Schwarz, Hans-Peter: Die Ära Adenauer. Epochenwechsel 1957–1963. Stuttgart, Wiesbaden 1983, S. 146.

[129] Vgl. Kissinger, Henry: Moralist und Patriot, in: Der Spiegel, 56 (2002) H. 46, S. 68–69.

[130] Riehl-Heyse, Herbert: Ach, du mein Vaterland. Gemischte Erinnerungen an 50 Jahre Bundesrepublik. München 2000, S. 94.

[131] Zimmermann, Ulrich: Geliebt, verkannt und doch geachtet. Franz Josef Strauß, der Mensch, der Politiker, der Staatsmann von A–Z. 2. Auflage, Percha am Starnberger See 1980, S. 124f.

Natur von Strauß gehörte: der Widerspruch zwischen Mittel und Zweck, Form und Inhalt, Rede und Tat. Strauß benutzte diese Gegensätze, wie in der barocken Musik seltsame Tonverbindungen, fremdartige Modulationen, kontrastierende Rhythmen gehäuft werden, um Wirkung zu erzielen. Augstein stieß dies alles – scheinbar oder wirklich – ab."[132] Mit geradezu kindischer Freude versteckte er sich und seine Anti-Strauß-Artikel immer öfter hinter den Pseudonymen „Moritz Pfeil" und – in psychologisch aufschlußreicher Anlehnung an den obersten aller Zeichendeuter des alten Testaments – „Jens Daniel". Aus der Deckung heraus bediente er sich vorzugsweise „der gehässigen Abwertung der Persönlichkeit und der sogenannten Enthüllungsmethode, deren Rezepte die Halbwahrheit, das Verschweigen, der Tonfallschwindel, die bewußte Verzerrung des Lebensbildes sind. In wachsendem Maße gelang es mit diesen Methoden, die von der großen, meinungsbildenden Presse vielfach nachgeahmt wurden, breite Leserschichten anzusprechen und sie für diese Art von Pseudopublizistik geradezu süchtig zu machen. Aus dem Echo schöpfte Rudolf Augstein mit seinem sich von Jahr zu Jahr vergrößerndem Mitarbeiterstab eine Art von missionarischem Sendungsbewußtsein und spielte sich immer mehr in die Rolle eines publizistischen Robespierre hinein. Seinem publizistischen Ziel opferte Augstein auf, was einen verantwortungsvollen und demokratischen Publizisten in erster Linie auszeichnet: Verantwortungsgefühl für das Ganze."[133] Aus der Sicht von Franz Josef Strauß standen sich in diesem Streit „nicht nur zwei Männer gegenüber, die völlig gegensätzliche politische Einschätzungen und Urteile hatten, es handelt sich bei Augstein und mir auch um zwei völlig entgegengesetzte Charaktere. Augstein, von Komplexen geplagt, ist in der deutschen Politik und Publizistik das, was der listig-verschlagene Loki in der germanischen Sagen- und Götterwelt ist."[134] Der „Spiegel" ist „ein tiefer Ausdruck der Zerrissenheit und des Nihilismus der deutschen Seele, wobei er selbst zu dieser Zerrissenheit entscheidend beigetragen hat. Er ist Produkt und Produzent dieser Haltung gleichermaßen."[135] Erich Mende beschrieb Rudolf Augstein sogar als eine „eiskalte, brutale Kämpfernatur von rücksichtsloser Härte, voller Ironie und bissigen Spotts. Augstein entwarf als einzige Alternative der deutschen Politik das Bild einer gegen die CDU/CSU gerichteten Mehrheit aus SPD und FDP. Dabei steigerte er sich in einen solchen Haß gegen Konrad Adenauer und Franz-Josef Strauß, daß

---

[132] Schmückle, Gerd: Ohne Pauken und Trompeten. Erinnerungen an Krieg und Frieden. Stuttgart 1982, S. 258.
[133] Ziesel, Kurt: Der Deutsche Selbstmord. Diktatur der Meinungsmacher. Velbert 1963, S. 26f. Vgl. dazu auch: Robling, Franz-Hubert: Personendarstellung im „Spiegel" erläutert an Titel-Stories aus der Zeit der Großen Koalition. Tübingen 1983, S. 3ff.
[134] Strauß, Franz Josef: Die Erinnerungen. Berlin 1998, S. 467.
[135] Ebd., S. 468.

die sachlichen Überlegungen einschließlich der Einschätzung der allgemeinen Stimmung im Land zwangsläufig zurücktraten."[136] Mit anderen Worten: Der „Spiegel" wechselte bewußt von objektiver Information zu manipulativer Meinungsmache. Und die deutsche Linksintelligenz teilte die Meinung des Wochenblatts nur zu gern: „Nach dem seltsam eintönigen Denkschema dieser Leute darf es nicht vorkommen, daß ein Mann, der über hohe Intelligenz verfügt, au fonds nicht auch zu ihnen gehört. Der Geist steht links, das ist eine Art Grundgesetz. Weh dem, der dagegen verstößt! Die bayerische Abkunft und das vierschrötige Aussehen des Franz Josef verstärken noch die Komplexe seiner Gegner. Es wäre so einfach und so angenehm, wenn man diesen Mann als einen Bierkutscher der Politik, wenn man ihn als brutalen Metzgerssohn und gleichzeitig als makabren Liebhaber der Atombombe abtun könnte."[137] Doch das war nicht möglich, wie seine Gegner immer wieder voller Wut feststellen mußten. „Es sind ausgesprochen deutsche Komplexe, die sich derb und dumpf daran abreagieren, daß man gebildet, gescheit und wortgewandt sein kann und doch nicht zu jenen Coterien gehört, in denen die zweideutigen Geschäfte gemacht werden, die das ‚Neue Deutschland' Ostberlins zu geneigtem Beifall ermuntern."[138] In der Tat ließ sich das „Neue Deutschland" gerne zu geneigtem Beifall ermuntern und stützte sich im Rahmen seiner großangelegten Anti-Strauß-Hetze immer öfter auf die Berichte des „Spiegel", der dem SED-Regime ganz ohne Spionage zitierfähige Informationen lieferte.[139]

Allerdings bot Strauß dem „Spiegel" und seiner erbitterten Kampagne unvorsichtigerweise so manche offene Flanke. Ein besonders eindrucksvolles Beispiel hierfür war der „Hahlbohm-Zwischenfall". Auf dem Weg von der Bonner Ermekeilkaserne zum Bundeskanzleramt überquerte der graue Minister-BMW mit dem Kennzeichen BD 18–1 häufig die Kreuzung Reuterstraße/Koblenzer Straße.[140] Da es zu jener Zeit auf der vielbefahrenen Straßenkreuzung noch keine Ampelanlage gab, regelte ein Polizist namens Siegfried Hahlbohm per Handzeichen den Verkehr.[141] Als Strauß am 29. April 1958 von seinem Fahrer Leonhard Kaiser wie so oft ins Palais Schaumburg chauffiert wurde und Hahlbohm das dank Stander weithin

---

[136] Mende, Erich: Die neue Freiheit. Zeuge der Zeit, 1945–1961. München, Berlin 1984, S. 523f.
[137] Borck, Berthold: Franz Josef – der Bayer. Von Vilshofen zum Pentagon, in: Christ und Welt vom 30.06.1961, S. 22.
[138] Ebd.
[139] Vgl. statt vieler: o.V.: Strauß hat sich verrechnet. Hamburger „Spiegel": Lügen über DDR sollen Alibi für Rüstung sein, in: Neues Deutschland vom 02.01.1961.
[140] Die frühere Koblenzer Straße trägt in Höhe der besagten Kreuzung heute den Namen „Adenauer-Allee".
[141] Vgl. Höfl, Heinz: Der Mann aus dem Tal. Franz Josef Strauß und die bayerischen Sonderwege, in: Der Spiegel, 53 (1999) H. 20, S. 160–163, S. 162.

erkennbare Fahrzeug der Bundesregierung nicht sofort durchwinkte, mißachtete Kaiser kurzerhand das Haltezeichen des Polizeihauptwachtmeisters und überquerte eilig die Kreuzung. Strauß zeigte sich ob der Eigenmächtigkeit seines Fahrers, der im Straßenverkehr bereits des öfteren aufgefallen war, nicht gerade erfreut, zögerte aber nicht, sich demonstrativ auf die Seite seines Mitarbeiters zu stellen. Auf dem Rückweg vom Kanzleramt ließ er am Podest des Verkehrspolizisten halten und erkundigte sich, ob Hahlbohm seinen Fahrer anzuzeigen gedachte. Als Hahlbohm dies bejahte, erwiderte Strauß: „Geben Sie mir Ihren Namen. Ich werde dafür sorgen, dass Sie von dieser Kreuzung verschwinden."[142] Beim nordrhein-westfälischen Innenminister reichte Strauß gegen den Schutzmann eine Dienstaufsichtsbeschwerde ein. Doch seine Überreaktion zeitigte keinen Erfolg.[143] Letztlich mußte Leonhard Kaiser eine Geldstrafe in Höhe von 100 D-Mark bezahlen. Für den „Spiegel", der sich sofort als Skandalierer betätigte und den Zwischenfall als „Hahlbohm-Affäre" bekannt machte, war der Straußsche Fauxpas ein gefundenes Fressen. Während sich Kaiser in der Fahrbereitschaft der Ermekeil brüstete, das Haltezeichen des Verkehrspolizisten Hahlbohm, den alle seine Fahrerkollegen kannten, einfach ignoriert zu haben, dichtete der „Spiegel" die vorsätzliche Ordnungswidrigkeit des ungeduldigen Fahrers dem aufbrausenden Bundesminister an, der angeblich den Befehl zur Weiterfahrt gegeben hatte.[144] Wieder mußte Strauß vor Gericht ziehen, wieder bekam er Recht. Am 6. Februar 1959 untersagte das Oberlandesgericht München in einem Verfahren gegen den SPD-Landesverband Bayern (8 U 1976/58), diese nicht zutreffende Behauptung weiterhin zu verbreiten.[145] Prozesse dieser Art gewann zumeist Franz Josef Strauß. Den unterdessen entstandenen politischen und persönlichen Schaden vermochten die juristischen Siege jedoch kaum zu begleichen.

Als sich Leonhard Kaiser in der Folgezeit weitere Fehltritte leistete, einen anderen Verkehrsteilnehmer mit der Dienstpistole bedrohte und aufgrund von Nichtbeachtung der Vorfahrt und Überschreitung der vorgeschriebenen Höchstgeschwindigkeit einen schweren Verkehrsunfall verursachte, versetzte ihn Strauß nach München und bestellte seinen bisherigen Zweitfahrer Otto Finger zum alleinigen

---

[142] Ramge, Thomas: Die grossen Polit-Skandale. Eine andere Geschichte der Bundesrepublik. Frankfurt am Main, New York 2003, S. 73. Vgl. dazu auch: Heinz, Volker: Worte des Vorsitzenden Franz Josef. Selbstporträt eines nationalen Führers gestaltet aus seinen eigenen Worten. Hamburg 1972, S. 164.
[143] Vgl. o.V.: Polizist Hahlbohm freigesprochen, in: Frankfurter Allgemeine Zeitung vom 20.12.1962.
[144] Interview mit Otto Finger, dem Vater des Verfassers und damaligen Zweitfahrer von Franz Josef Strauß, am 15.09.2003 in Bonn.
[145] Vgl. Zimmermann, Ulrich: Geliebt, verkannt und doch geachtet. Franz Josef Strauß, der Mensch, der Politiker, der Staatsmann von A–Z. 2. Auflage, Percha am Starnberger See 1980, S. 103.

Franz Josef Strauß und Ministerfahrer Otto Finger in Marl (Juli 1962).

Cheffahrer.[146] Es sollte nicht lange dauern, bis auch Finger erste Erfahrungen mit der Berichterstattung des „Spiegel" machte. Auf dem Weg zu einer Kabinettssitzung hielt er an einer kreuzenden Vorfahrtstraße an, bis der Verkehr die Weiterfahrt zuließ. Just im Moment des Anfahrens bog ein Radfahrer, der sich auf der rechten Seite des BMW unbemerkt vorgeschoben hatte, verkehrswidrig links ab und wurde von dem Dienstwagen zu Fall gebracht. Sofort stieg Otto Finger aus und half dem jungen Mann, der zum Glück unversehrt geblieben war, auf die Beine. Auch das Fahrrad hatte keinen nennenswerten Schaden genommen. Dennoch notierte Finger seinen Namen sowie seine dienstliche Telefonnummer auf einen Zettel und übergab ihn dem Radfahrer, der versicherte, daß es ihm gut gehe und die Angelegenheit folgenlos bleiben werde. Schließlich habe er den Unfall selbst verschuldet. Der „Spiegel" stellte den Hergang des Vorfalls, der nicht unbeobachtet geblieben war, in seiner nächsten Ausgabe völlig anders dar: „Franz-Josef Strauß, 47, der seinen mit Unfall-Strafen reichlich versehenen Chauffeur Leonhard Kaiser unlängst nach München in die CSU-Zentrale abschob, erlitt mit Kaiser-Nachfolger Finger neuerliche Unbill: Der Strauß-Steuermann mißachtete

---

[146] Vgl. Frederik, Hans: Franz Josef Strauß. Weder Heiliger noch Dämon. 3. erweiterte Auflage, München 1969, S. 149.

beim Einbiegen in den Bonner Talweg die Vorfahrt und rammte den 16jährigen Radfahrer Heiner Platz. Strauß kletterte aus dem Fond seines BMW und versicherte dem jugendlichen Radler, der mit Platzwunden ins Krankenhaus gebracht wurde, es sei ‚ja noch einmal gut gegangen'."[147] Weder war der Ministerwagen in den Bonner Talweg eingebogen, noch saß Strauß im Fond. Vor allem aber erlitt der Radfahrer keine Platzwunde und mußte auch nicht ins Krankenhaus gebracht werden. Auch gab Strauß keine derartig zynische Bemerkung ab. Neben der allgemeinen Desinformation bewirkte der fast vollständig unwahre „Spiegel"-Artikel, daß Fahrer Finger einen „Strafbefehl" – also eine Geldstrafe – wegen des Verursachens eines Unfalles erhielt (der wenig später, nachdem der tatsächliche Hergang des Vorfalls amtlich ermittelt und das Verfahren eingestellt worden war, aufgehoben wurde). Als Strauß davon erfuhr, leitete er sofort eine entsprechende Erstattung in die Wege. Im Gegensatz zu manch anderem Vorgesetzten stand er immer auf der Seite seiner Untergebenen. Je niedriger ihr Rang war, desto entschlossener trat Strauß für sie ein. Auch im alltäglichen Umgang zeigte Strauß gerade den einfachen Bediensteten gegenüber Sympathie und warmherziges Mitgefühl. Beispielsweise entschuldigte er sich jedesmal bei seinem Fahrer, wenn eine Abendveranstaltung wieder einmal erst zu weit fortgeschrittener Stunde ein Ende gefunden hatte. Mit herzlichen Worten erläuterte er dann ausführlich, warum er die Gesellschaft nicht vorher hatte verlassen können und bedauerte, daß es erneut so spät geworden sei – als ob sich der Bundesminister der Verteidigung gegenüber seinem Fahrer hätte rechtfertigen müssen.[148] Auch für die Sorgen und Nöte der Bürger zeigte Strauß großes Interesse. Schmückle: „Ein Adjutant beklagte sich bei mir, wenn Strauß morgens das Zeitungsbild gelesen habe, dann verlange er, daß ihm alle eingegangenen Briefe und Postkarten vorgelegt würden. Sie lese er mit Inbrunst. Danach müßte dann der Brief einer Tante-Emma-Laden-Besitzerin in Schongau und eines Landpostbriefträgers in Hintertupfingen schriftlich beantwortet werden. Dies sei doch Zeitvergeudung, so der Adjutant. Aber Strauß waren die Verbindungen zum Volk ebenso wichtig wie die Studien, die ihm Wissenschaftler zukommen ließen."[149] Nichtsdestotrotz blieb die „Diktatur der Meinungsmacher"[150] ihrer verzerrenden Berichterstattung treu und fuhr erbarmungslos fort, die Kluft zwischen Dichtung und Wahrheit weiter zu vertiefen.

Die seit dem Jahre 1957 regelmäßig erfolgenden Begegnungen mit den Israelis erweckten in Franz Josef Strauß, der von Teilen der Publizistik ebenso wie von

---

[147] o.V.: Personalien – Franz Josef Strauß, in: Der Spiegel, 16 (1962) H. 38, S. 100.
[148] Interview mit Otto Finger am 15.09.2003 in Bonn.
[149] Interview mit General a.D. Gerd Schmückle am 27.10.2003 in München.
[150] Ziesel, Kurt: Der Deutsche Selbstmord. Diktatur der Meinungsmacher. Velbert 1963, S. 28.

politischen Gegnern nun immer öfter mit Adolf Hitler verglichen wurde, den Wunsch, sich näher mit der jüdischen Geschichte, insbesondere mit dem Verhältnis der deutschen Juden zum Militär zu beschäftigen.[151] Strauß beauftragte das Militärgeschichtliche Forschungsamt in Freiburg, das Schicksal der jüdischen Soldaten zu erforschen und sorgte für eine Neuausgabe der 1935 erschienenen „Kriegsbriefe gefallener deutscher Juden". Im Geleitwort zu diesem 1961 erschienenen Werk legte Strauß, der in den Augen mancher Kreise bereits den Typus des „konstitutionellen Faschisten"[152] verkörperte, ausführlich dar, er wolle „das von den Nationalsozialisten geschändete Bild des jüdischen Mitbürgers und Soldaten in Deutschland wieder in das rechte Licht"[153] rücken oder zumindest dazu beitragen. Die mit diesem Vorwort eingeleiteten Kriegsbriefe überreichte Franz Josef Strauß im Herbst 1961 im Waldorf-Astoria-Hotel in New York sowohl dem scheidenden als auch dem neuen Präsidenten der Liga der Jüdischen Veteranen. Vor deren Präsidium hatte er in der Hoffnung, ein Zeichen dafür zu setzen, „daß die Bundeswehr in einem anderen, in einem demokratischen Geist aufgebaut worden sei und aufgebaut werde"[154], eine Rede über die Geschichte der deutsch-jüdischen Beziehungen gehalten. Im gleichen Jahr erschien in der zeitweise von der DDR finanzierten Zeitschrift „konkret" ein von Ulrike Meinhof verfaßter Leitartikel mit dem Titel „Hitler in Euch", in dem es hieß: „Wie wir unsere Eltern nach Hitler fragen, werden wir eines Tages nach Herrn Strauß gefragt werden."[155] Als Franz Josef Strauß deswegen vor Gericht zog, bot sich Gustav Heinemann, der frühere Innenminister und spätere Bundespräsident, als Meinhofs Verteidiger an. „Der Streit Strauß gegen Meinhof fand in allen Zeitungen seinen Niederschlag, machte den Namen der Kolumnistin bundesweit bekannt. Und steigerte die Auflage der Zeitschrift."[156] Die Resonanz auf den „konkret"-Artikel übertraf jene auf die Neuauflage der von Strauß eingeleiteten Kriegsbriefe um ein Vielfaches, der Vergleich des

---

[151] Vgl. statt vieler: Strauß, Franz Josef: Verteidigungsminister Strauß zum Problem der atomaren Bundeswehr-Bewaffnung, in: Bulletin (Presse- und Informationsamt der Bundesregierung) Nr. 119 v. 05.07.1958, S. 1243–1245, zitiert nach: Lehmann, Hans Georg (Hg.): D-Dok. Deutschland-Dokumentation 1945–2004. Politik, Recht, Wirtschaft und Soziales. DVD. Bonn 2004; Krebs, Mario: Ulrike Meinhof. Ein Leben im Widerspruch. Reinbek bei Hamburg 1988, S. 90; Kuby, Erich: Der demagogische Funktionär, in: Kuby, Erich (Hg.): Franz Josef Strauß. Ein Typus unserer Zeit. Wien, München, Basel 1963, S. 11–92, S. 14.

[152] Kittel, Manfred: Die Legende von der „Zweiten Schuld". Vergangenheitsbewältigung in der Ära Adenauer. Frankfurt am Main 1993, S. 372.

[153] Strauß, Franz Josef (Bearb.): Kriegsbriefe gefallener deutscher Juden. Mit einem Geleitwort von Franz Josef Strauß. Überarbeitete Neuauflage der ersten Ausgabe von 1935, Stuttgart-Degerloch 1961, S. 5–13, S. 5.

[154] Strauß, Franz Josef: Die Erinnerungen. Berlin 1998, S. 376.

[155] Aust, Stefan: Der Baader Meinhof Komplex. 2. Auflage, Hamburg 1986, S. 46.

[156] Ebd.

Bundesverteidigungsministers mit Adolf Hitler war in aller Munde. Der bis dahin weitgehend unbekannten Journalistin (und späteren RAF-Terroristin) Ulrike Meinhof war es gelungen, Straußens Engagement für die Aussöhnung mit dem jüdischen Volk mit einer plumpen Beleidigung völlig zu überschatten.

6. Dem Kanzleramt zum Greifen nahe

Seit seinem Autounfall im Sommer 1958 stand es um die Gesundheit des bayerischen Ministerpräsidenten Dr. Hanns Seidel nicht mehr zum besten. Notgedrungen trat er im Januar 1960 von seinem Amt zurück. Heinrich Krone notierte in seinem Tagebuch: „Ein Verlust für Bayern, ein Verlust für die deutsche Politik. Ein Politiker von Tiefe und Format, ein christlicher Politiker. Strauß bekommt freie Bahn."[157] Als Seidel im Frühjahr 1961 auch den Parteivorsitz der CSU niederlegen mußte, ließ sich Franz Josef Strauß nominieren und wurde am 18. März von einer außerordentlichen Landesversammlung mit 546 von 576 abgegebenen gültigen Stimmen zum neuen CSU-Vorsitzenden gewählt. Nach zwei gescheiterten Anläufen in den Jahren 1952 und 1955 stand er nun auf der gleichen Stufe wie der CDU-Vorsitzende Konrad Adenauer, „endlich war er auf der vorletzten Sprosse der Leiter, die ins Bundeskanzleramt führt, angelangt. Sein Triumph schien, jedenfalls für ihn selber, fast vollkommen."[158] Bereits in seiner Antrittsrede wurde deutlich, daß der Mittelpunkt seiner politischen Arbeit im Gegensatz zu seinen Vorgängern weiterhin in Bonn und nicht in München liegen würde. Und mit Blick auf die nächste Bundestagswahl sagte er: „Ich schlage vor, daß der Bundeskanzler auch in den nächsten zehn Jahren wieder von der CDU/CSU und der Kanzlerkandidat wieder von der SPD gestellt wird, bis er sein Handwerk gelernt hat."[159] Die Chancen, daß der nächste oder spätestens der übernächste Bundeskanzler Franz Josef Strauß heißen würde, standen in der Tat nicht schlecht. Schließlich wußte er von seinem Ministersessel in der Ermekeilstraße aus seit Jahren Einfluß auf die Außenpolitik und andere wichtige Willensbildungs- und Entscheidungsprozesse der Bundesregierung zu nehmen.[160] Hinzu kam, daß Adenauers Ansehen durch die unglückli-

---

[157] Krone, Heinrich: Tagebücher. Erster Band: 1945–1961. Düsseldorf 1995, S. 398.
[158] Loewenstern, Otto von: „Spezis" in der Strauß-Bilanz. Gepriesen viel, noch mehr gescholten (Schluß), in: Die Zeit vom 19.10.1962, S. 3.
[159] Dalberg, Thomas: Franz Josef Strauß. Porträt eines Politikers. Gütersloh 1968, S. 168.
[160] Vgl. Schwarz, Hans-Peter: Die Bundesregierung und die auswärtigen Beziehungen, in: Schwarz, Hans-Peter (Hg.): Handbuch der deutschen Außenpolitik. München, Zürich 1975, S. 43–112, S. 60 u. 93.

che Regierungsfernsehen-Kontroverse der Jahre 1958–61 und die noch unglücklichere Bundespräsidentendebatte vom Frühjahr 1959 gelitten hatte. Der greise Bundeskanzler hatte geglaubt, nach dem Ausscheiden des populären Bundespräsidenten „Papa" Heuss selbst in die Villa Hammerschmidt einziehen und von dort aus als „Oberkanzler" das Palais Schaumburg kontrollieren zu können. Als er erkannte, daß sich sein Wunschkandidat, der Finanzminister Franz Etzel, nicht durchsetzen ließ und der seiner Meinung nach als Regierungschef völlig ungeeignete Ludwig Erhard in das Kanzleramt einzuziehen drohte, zog Adenauer seine Kandidatur zurück. Die Folge war ein enormer Prestigeverlust, der sich durch das im Februar 1961 endgültig gescheiterte Vorhaben, ein Zweites Deutsches Fernsehen als „Regierungsfernsehen" zu etablieren, noch vergrößerte. Doch je näher Strauß, der bereits während der Präsidentschaftsdebatte des Jahres 1959 gehofft hatte, baldiger Nachfolger von Etzel oder Erhard werden zu können, dem ersehnten Kanzlerthron kam, desto ungeduldiger wurde er.[161]

Unterdessen schwoll der Flüchtlingsstrom aus dem SED-Staat weiter an. Bereits über drei Millionen Menschen, darunter viele junge Arbeitskräfte, waren seit 1950 in die Bundesrepublik abgewandert. Der wirtschaftliche und politische Schaden war immens. Da die Staatsgrenze zwischen Ost- und Westdeutschland seit 1952 weitestgehend abgeriegelt war, konzentrierten sich Grenzverkehr und Flüchtlingsstrom auf das nur durch eine Sektorengrenze geteilte Berlin. Folglich erwartete man in Washington ebenso wie in Bonn eine baldige zweite Berlin-Blockade und spielte daher zur Vorbereitung verschiedene Abwehrszenarien durch. Im NATO-Hauptquartier in Paris gingen die Pläne laut Franz Josef Strauß dahin, „eine unbewaffnete Kolonne in Richtung Berlin in Marsch zu setzen, sollte sie aufgehalten und zurückgeschickt werden, würde sich ein bewaffneter Konvoi auf den Weg machen, der aber, wenn er angegriffen würde, keinen Widerstand leisten, sondern sich zurückziehen sollte. Als nächstes sollte eine Kampfgruppe mit Panzerverstärkung in Größenordnung einer Brigade losgeschickt werden, dann eine Division, dann mehrere Divisionen und so weiter." Strauß setzte sich gegen diese Pläne „mit allem Nachdruck zur Wehr und befahl dem Generalinspekteur, General Foertsch, seine bereits gegebene Zustimmung zurückzunehmen. Wenn der Ernstfall eintrete, so meine Bewertung, dann werde es keinen Krieg um die Autobahn und auf der Autobahn geben, keinen Krieg, den man gewissermaßen von einer Tribüne aus zu beiden Seiten der Autobahn als militärisches Spektakel verfolgen könne. Die durch ein solches Vorgehen ausgelöste militärische Entwicklung könne nicht unter Kontrolle gehalten werden. Vor allem aber sei eine Teilnahme deutscher Verbände in

---

[161] Vgl. Eschenburg, Theodor: Spielregeln der Politik. Beiträge und Kommentare zur Verfassung der Republik. Stuttgart 1987, S. 221.

diesem Stadium wegen der Rechtslage ausgeschlossen. Auch wegen der mangelnden militärischen Ausstattung der Bundeswehr seien diese Pläne undurchführbar und nicht zuletzt im Hinblick auf die sowjetische Propaganda, die dies zum Anlaß nehmen würde, die Deutschen auf die Anklagebank zu setzen. Die Deutschen dürften, so mein Standpunkt, nur in der Konsequenz der Ereignisse als NATO-Partner in Erscheinung treten, nicht aber in der ersten Phase. Denn das wäre ein Auftritt, der in der ganzen Welt eine neue antigermanische Kampagne entfesseln würde, selbst in den Reihen unserer Verbündeten: Die Deutschen hätten den Ersten Weltkrieg ausgelöst und verloren, den Zweiten Weltkrieg ausgelöst und total verloren – und ein paar Jahre später greifen sie schon wieder an!"[162] Franz Josef Strauß, „verbal immer entschlossener als im Handeln"[163], mahnte „entgegen seinem Ruf als politischer Feuerkopf"[164] auch in diesem Fall erneut zur Vorsicht und Zurückhaltung.[165] Schließlich könne man wegen einer halben Stadt unmöglich das Leben von 50 Millionen Bundesbürgern riskieren.[166] Der neue Präsident der Vereinigten Staaten, John F. Kennedy, den der fast doppelt so alte Adenauer mißtrauisch „eine Kreuzung zwischen einem jungen Marineoffizier und einem katholischen Pfadfinder"[167] nannte, war anderer Ansicht. Am 25. Juni 1961 erklärte er in einer Rundfunkansprache seine Bereitschaft, West-Berlin um jeden Preis zu verteidigen – notfalls auch atomar. Seine „three essentials" lauteten: *Erstens* Anwesenheit westlicher Truppen, *zweitens* der freie Zugang von und nach Berlin und *drittens* die Freiheit und Lebensfähigkeit der Stadt. Damit erteilte er dem Berlin-Ultimatum Chruschtschows eine endgültige Absage. Doch da sich seine Grundsätze nur auf West-Berlin bezogen, erkannten Moskau und das schon seit längerem auf den Bau einer Mauer drängende Pankow nur zu bald, daß der Status quo zwar nicht zu ändern war, sich dafür aber nun zementieren ließ.

In der Nacht vom 12. auf den 13. August 1961 geschah schließlich, was Walter Ulbricht kurz zuvor noch für völlig abwegig erklärt hatte: Einheiten der Volkspoli-

---

[162] Strauß, Franz Josef: Die Erinnerungen. Berlin 1998, S. 427f. Vgl. dazu auch: Wolf, Markus: In eigenem Auftrag. Bekenntnisse und Einsichten. 7.–9. Auflage, München 1991, S. 123.
[163] Dönhoff, Marion Gräfin: Deutschland, deine Kanzler. Die Geschichte der Bundesrepublik 1949–1999. 3. Auflage, München 1999, S. 247.
[164] Krieger, Wolfgang: Franz Josef Strauß und die zweite Epoche in der Geschichte der CSU, in: Hanns-Seidel-Stiftung e.V. (Hg.): Geschichte einer Volkspartei. 50 Jahre CSU; 1945 – 1995. Grünwald 1995, S. 163–193, S. 173.
[165] Vgl. Schwarz, Hans-Peter: Berlinkrise und Mauerbau, in: Schwarz, Hans-Peter (Hg.): Berlinkrise und Mauerbau. Rhöndorfer Gespräche, Band 6. Bonn 1985, S. 11–34, S. 20; Dufhues, Josef Hermann: Wortbeitrag, in: Protokoll des CDU-Bundesvorstandes vom 25.08.1961. Protokoll Nr. 22, in: Buchstab, Günter (Bearb.): Adenauer: „… um den Frieden zu gewinnen". Die Protokolle des CDU-Bundesvorstands 1967–1961. Düsseldorf 1994, S. 1003–1062, S. 1014f.
[166] Vgl. Krone, Heinrich: Tagebücher. Erster Band: 1945–1961. Düsseldorf 1995, S. 494.
[167] Prittie, Terence: Konrad Adenauer. Vier Epochen deutscher Geschichte. Stuttgart 1971, S. 401.

zei und der Nationalen Volksarmee der DDR begannen mit der Errichtung einer 45 Kilometer langen Mauer zwischen dem sowjetischen und den drei westlichen Sektoren Berlins. Außerdem wurde der Westteil der Stadt mit einer mehr als 120 Kilometer langen Befestigung vom Staatsgebiet der DDR getrennt. Über Nacht aufgestellte Panzersperren und Stacheldrahtverhaue unterbrachen die in Generationen gewachsenen Verbindungen zwischen beiden Teilen der Stadt. Ganz Deutschland war empört und von Kriegsangst ergriffen. Adenauer, der sich zusammen mit US-Vizepräsident Lyndon B. Johnson in West-Berlin zeigen wollte, wurde die Mitfluggelegenheit aus Furcht vor einer Hysterie verweigert. Noch am selben Tag appellierte Strauß auf einer CDU-Kundgebung in Schleswig-Holstein eindringlich an die besorgten ostdeutschen Menschen: „Nachdem Euch der letzte Weg in die Freiheit durch Stacheldrahtverhaue und Maschinengewehre versperrt worden ist, bleibt, wo Ihr seid und bewahrt unbedingt Ruhe!"[168] Schließlich würde ein zweiter Volksaufstand ein nicht weniger blutiges Ende nehmen als der erste. Der Bundeswehr gab Strauß den Befehl, sowjetische Hubschrauber, die grenznahes Territorium überflogen, nicht anzugreifen. Er ahnte, wie sehr die Russen militärische Gegenmaßnahmen fürchteten und wollte ihren Spähern nicht vorenthalten, daß diese Sorge ebenso unbegründet war wie jene des FDP-Abgeordneten Reinhold Maier, der einst prophezeit hatte: „Wer so spricht wie der Herr Verteidigungsminister, der schießt auch!"[169]

In den folgenden Wochen wurden die provisorischen Befestigungen des 13. August zu einem unüberwindlichen Hindernis ausgebaut. Der „antifaschistische Schutzwall" riegelte das Schlupfloch West-Berlin hermetisch ab. Flüchtlingsstrom und Grenzverkehr versiegten schlagartig. Das unmittelbar hinter der Mauer liegende Brandenburger Tor wurde zum Symbol der deutschen Teilung. Kennedy war heilfroh, daß seine drei unverrückbaren Grundsätze nicht berührt worden waren und sich die USA somit wegen einer eingekesselten Stadthälfte keinen Dritten Weltkrieg mit der Sowjetunion liefern mußten. Das zerrissene Deutschland war längst nicht mehr das einzige Problem der bipolar gespaltenen Welt, die Verhinderung einer nuklearen Apokalypse mit einer halben Milliarde Todesopfern hatte oberste Priorität. Während sich die Kluft zwischen Ost- und Westdeutschland in der Folgezeit unaufhaltsam vertiefte, mehrten sich die Stimmen, die Adenauers Politik der Stärke für gescheitert erklärten. Dabei war es die politische und wirtschaftliche Stärke des Westens gewesen, die die ostdeutschen Flüchtlinge angezogen hatte wie ein übermächtiger Magnet. Dieser Anziehungskraft von Demo-

---

[168] Zimmermann, Ulrich: Geliebt, verkannt und doch geachtet. Franz Josef Strauß, der Mensch, der Politiker, der Staatsmann von A–Z. 2. Auflage, Percha am Starnberger See 1980, S. 185.
[169] Dalberg, Thomas: Franz Josef Strauß. Porträt eines Politikers. Gütersloh 1968, S. 145.

kratie und Sozialer Marktwirtschaft konnte die ökonomisch kraftlose Parteidiktatur des Ostens nur eine stacheldrahtbewehrte Mauer entgegensetzen. Strauß: „Nur materiell gesehen war der Mauerbau ein Sieg der Russen, moralisch und psychologisch aber war er ein Offenbarungseid, der die Diskussion über die Vergleichbarkeit und Attraktivität der beiden Systeme eindeutig zugunsten des Westens entschied."[170] Das änderte jedoch nichts an der Enttäuschung der Westberliner Bevölkerung, fortan in einer umzäunten Enklave leben zu müssen. Die Supermacht Amerika hatte sich als ohnmächtig erwiesen. Willy Brandt, der Regierende Bürgermeister West-Berlins, verglich die auf symbolische Gesten beschränkte Reaktion der Amerikaner später mit einer leeren Bühne, die zum Vorschein gekommen war, nachdem man den Vorhang der Illusionen beiseite gezogen hatte. Hatte er denn tatsächlich angenommen, Washington würde wegen der Errichtung einer innerstädtischen Mauer und wegen eines zweigeteilten U-Bahn-Netzes einen Atomkrieg beginnen?

Bereits am 14. August begann Brandt mit der Inszenierung seines eigenen Bühnenstücks und kündigte an, eine „Politik der kleinen Schritte" zu betreiben, um ein Tor oder zumindest „kleine Fenster" in der Mauer zu öffnen. Im Verlauf eines wenig später mit Franz Josef Strauß in dessen Bonner Privatwohnung geführten Gespräches sicherte der Verteidigungsminister dem sozialdemokratischen Frontstadtkommandanten zu, ihm bei seinem Vorhaben mit Rat und Tat zur Seite stehen zu wollen und bekundete, im Falle eines allgemeinen Notstandes sogar zur Bildung eines Allparteien-Kabinetts bereit zu sein. Abschließend erklärte er, „man müsse sich doch einmal eingehender unterhalten" und fragte, ob Brandt „nicht einmal eine Einladung zum Essen bei ihm annehmen würde"[171], was dieser nicht ablehnte. Entgegen mancher Vorurteile war Strauß in der Stunde der Not durchaus bereit, die Grenzen der Parteipolitik zu überschreiten und mit dem ansonsten hart bekämpften politischen Gegner vertrauensvoll zusammenzuarbeiten.

Zunächst schien Willy Brandts Ankündigung einer „Politik der kleinen Schritte" die einzige Reaktion der westdeutschen Politik auf den Bau der Berliner Mauer zu sein. Kaum jemand ahnte, daß Bundeskanzler Adenauer, der seine Deutschlandpolitik offiziell „mit dem Rücken zum Osten" und „mit dem Gesicht nach Westen"[172] betrieb, sich insgeheim bereits seit Jahren um die Entwicklung flexibler

---

[170] Strauß, Franz Josef: Die Erinnerungen. Berlin 1998, S. 422.
[171] Brandt, Willy: Notiz des Regierenden Bürgermeisters von Berlin, Brandt, 20.09.1961. Dokument Nr. 39, in: Brandt, Willy: Auf dem Weg nach vorn. Willy Brandt und die SPD 1947–1972. Berliner Ausgabe, Band 4. Bonn 2000, S. 268ff.
[172] Narr, Wolf-Dieter: CDU – SPD. Programm und Praxis seit 1945. Stuttgart, Berlin, Köln, Mainz 1966, S. 99.

ostpolitischer Konzepte bemühte, die weit über die offizielle Regierungspolitik hinausgingen. Seine Sorge, die USA könnten sich aus der Verantwortung für Deutschland und Europa stehlen und eines Tages mit den Sowjets über die Köpfe der Deutschen hinweg zu einer Einigung gelangen, hatte längst alptraumhafte Züge angenommen. Zusätzlich zu der bereits im März 1958 entworfenen „Österreich-Lösung" für die DDR und einem im Jahre 1959 nach Staatssekretär Hans Globke, dem alter ego des Kanzlers, erdachten Stufenmodell zur Wiedervereinigung wurde im Sommer 1962 der „Burgfriedensplan" lanciert, der einen zehnjährigen deutschlandpolitischen Stillstand bei gleichzeitiger Verbesserung der Lebensbedingungen der in Ostdeutschland lebenden Menschen herbeiführen sollte. Während der weit über 80jährige Kanzler diese streng geheimen Pläne sondieren ließ und damit eine bemerkenswerte gedankliche und politische Flexibilität unter Beweis stellte, beharrte er offiziell weiterhin auf den bekannten Grundsatzpositionen der bundesdeutschen Nichtanerkennungsdoktrin.[173] Erst im Sommer 1962/63 drangen Teile seiner Arkanpolitik an die Öffentlichkeit. Dies mag einer der Gründe gewesen sein, warum Adenauers aufrichtige Bemühungen, einen ost- und deutschlandpolitischen Wandel einzuleiten, der Entspannung, Normalisierung und eine Verbesserung der Lebensbedingungen in dem laut Strauß größten „KZ Chruschtschows und Ulbrichts"[174] bringen sollte, letztlich ergebnislos blieb.

Seine grundsätzliche Bereitschaft zur Zusammenarbeit mit Willy Brandt hinderte Franz Josef Strauß nicht daran, ihn im Wahlkampf zur Bundestagswahl im Herbst 1961 persönlich anzugreifen. Bereits im Februar hatte Strauß im niederbayerischen Vilshofen direkt gegen Brandt, der 1933 vor den Nationalsozialisten nach Norwegen geflohen war, polemisiert: „Eines wird man doch aber Herrn Brandt fragen dürfen: Was haben Sie zwölf Jahre lang draußen gemacht? Wir wissen, was wir drinnen gemacht haben."[175] Auch äußerte er sich mitunter beleidigend über die Herkunft des unehelichen Sohnes einer Verkäuferin, dessen eigentlicher Name Herbert Ernst Karl Frahm war. Allerdings blickte jene deftige Politkost zumindest im Mündungswinkel zwischen Vils und Donau auf eine lange Tradition zurück. Seit dem 16. Jahrhundert fand in Vilshofen am Aschermittwoch ein Warenmarkt und später auch ein Hornvieh- und Roßmarkt statt, nach dessen Ende die Bauern ins Wirtshaus zogen, um ihre Geschäfte zu begießen. Die damaligen Politiker des Bayerischen Bauernbundes nutzten die günstige Gelegenheit, mischten sich unter

---

[173] Vgl. Funke, Manfred: Von wegen Betonpolitik. Adenauers Geheimkonzepte für eine deutsch-deutsche Annäherung, in: General-Anzeiger vom 17. Oktober 2003, S. 23; Barzel, Rainer: Gesichtspunkte eines Deutschen. Düsseldorf, Wien 1968, S. 276f.
[174] Zimmermann, Ulrich: Geliebt, verkannt und doch geachtet. Franz Josef Strauß, der Mensch, der Politiker, der Staatsmann von A–Z. 2. Auflage, Percha am Starnberger See 1980, S. 148.
[175] Koch, Peter: Willy Brandt. Eine politische Biographie. Berlin, Frankfurt am Main 1988, S. 231.

die durstige Gesellschaft und hielten im Wolferstetter Keller schwungvolle Reden.[176] Dies bekam vor allem der jeweilige politische Gegner zu spüren, der im Jahre 1961 von Willy Brandt, dem sozialdemokratischen Kanzlerkandidaten, personifiziert wurde. Noch weitaus schärfer als Franz Josef Strauß äußerte sich Bundestagsvizepräsident Richard Jaeger (CSU), der in bezug auf den nach Kriegsende beibehaltenen Tarnnamen des Herbert Frahm einen entwürdigenden Vergleich anstellte: „Wenn es ihm wie weiland Adolf Hitler, dessen Familienname eigentlich Schicklgruber war, danach gelüstet, unter einem fremden Namen in die Weltgeschichte einzugehen, so ist dies das geringste, was uns an seinem Vorhaben stören könnte."[177] Eine in zweierlei Hinsicht infame Behauptung, denn abgesehen von der beleidigenden Assoziation hatte nicht Hitler seinen Familiennamen geändert, sondern dessen Vater Alois, 13 Jahre vor Adolf Hitlers Geburt.

Im Bundestagswahlkampf 1961 wurde mit harten Bandagen gekämpft. Denn seitdem die SPD mit ihrem Godesberger Grundsatzprogramm von 1959 einen sichtbaren Wandel von der Klassen- zur Volkspartei eingeleitet hatte und fortan sowohl die inzwischen geschaffene Wirtschaftsordnung als auch die weit fortgeschrittene politische und militärische Westintegration akzeptierte, waren ihre Chancen auf eine Regierungsbeteiligung deutlich gestiegen. Initiator des Sinneswandels war der stellvertretende Bundesvorsitzende Herbert Wehner. Der ehemalige Kommunist hatte erkannt, daß sich die Mehrzahl der bundesdeutschen Wähler der 60er Jahre nicht mit dem ideologischen Monopolanspruch des klassenkämpferischen Heidelberger Programms von 1926 zur geneigten Stimmabgabe ermuntern ließ. Doch Strauß traute Wehners „Wandlung vom stalinistischen Kommunisten zum demokratischen Sozialisten" nicht: „Für mich war das kein Wechsel aus prinzipieller Einsicht", sondern eine „taktische Abkehr der SPD von einer Politik erwiesener Erfolglosigkeit."[178] Ob dieser Wandel nun ein Wechsel aus prinzipieller Einsicht oder eine taktische Abkehr war, sei dahingestellt. In jedem Fall versprach er einträglich zu werden. Schließlich war Adenauers Ansehen in jüngster Zeit rapide gesunken. Während die vier Jahre zuvor verstoßene FDP mit der Parole „Mit der

---

[176] Vgl. Burger, Hannes: Asche auf das Haupt der Ungläubigen. Eine Erinnerung an die unvergeßlichen Auftritte von Franz Josef Strauß anläßlich des politischen Aschermittwochs, in: Bayerland, 102 (1990) H. 2, S. 4–5, S. 4; Maschner, Wilhelm F.: „Dies ist keine krachlederne Schau". Franz Josef Strauß auf der traditionellen Aschermittwochstagung der CSU in Vilshofen, in: Die Welt vom 13.02.1964.
[177] Koch, Peter: Willy Brandt. Eine politische Biographie. Berlin, Frankfurt am Main 1988, S. 231.
[178] Strauß, Franz Josef: Die Erinnerungen. Berlin 1998, S. 447. Vgl. dazu auch: Strauß, Franz Josef: Was wir vom Kanzler erwartet hätten. Die Bundestagsrede des CSU-Vorsitzenden in der Europa-Debatte des Parlaments am 08.04.1976, in: Bayernkurier vom 17.04.1976, S. 9–10, S. 9; Strauß, Franz Josef: Begegnungen in Bonn, in: Oberndörfer, Dieter (Hg.): Begegnungen mit Kurt Georg Kiesinger. Festgabe zum 80. Geburtstag. 2., unveränderte Auflage, Stuttgart 1985, S. 335–340, S. 336.

CDU/CSU – ohne Adenauer" ins Feld zog, stilisierte die SPD ihren Kanzlerkandidaten nach dem großen Vorbild des jungen und dynamischen US-Präsidenten John F. Kennedy. Ein „Zugeständnis an den Publikumsgeschmack"[179], das so weit ging, „daß seine Frau während der Wahlkampfzeit schwanger wurde – wie Jackie Kennedy in Amerika ein Jahr zuvor."[180] CDU und CSU konterten mit einem konzentrierten Trommelfeuer. „Adenauer, Erhard und die bewährte Mannschaft" lautete das Motto, mit dem erneut der Sieg errungen werden sollte. Doch die bewährte Mannschaft war von Abtrünnigen und Meuterern durchsetzt. Im Wahljahr 1961 hofften erstmals nicht nur die Sozialdemokraten, sondern auch die Liberalen und die von Franz Josef Strauß geführte CSU, der Ära Adenauer ein baldiges Ende setzen zu können.

Am 10. Juli 1961 trafen sich Strauß und sein Generalsekretär Friedrich Zimmermann im Hause des Kaufhausbesitzers Helmut Horten mit Erich Mende, dem neuen Vorsitzenden der FDP. Auch Wolfgang Döring und Willi Weyer, der den nordrhein-westfälischen Liberalen vorsaß, waren bei dem geheimen Treffen anwesend. Ungeachtet der früheren Differenzen beschlossen sie, ein seit längerem unter Beteiligung von Eugen Gerstenmaier, Bruno Heck, Werner Dollinger und Josef Hermann Dufhues geplantes politisches Attentat zu verüben: Bundeskanzler Konrad Adenauer sollte gestürzt und Ludwig Erhard auf den Thron gehoben werden. Die Verschwörer kamen überein, daß die FDP öffentlich den Wechsel von Adenauer zu Erhard fordern und Strauß im Hintergrund die dazu nötigen Vorbereitungen treffen sollte. Erst in der Schlußphase des Wahlkampfes sollte die CSU in den Chor der Adenauer-Gegner einstimmen. Doch während die Liberalen hofften, ihre politischen Vorstellungen unter Ludwig Erhard besser durchsetzen zu können als in Adenauers Kanzlerdemokratie, favorisierte Franz Josef Strauß, der als Außenminister und Vizekanzler vorgesehen war, den für das Amt des Regierungschefs völlig ungeeigneten Repräsentanten von Marktwirtschaft und Wirtschaftswunder allein in der Absicht, einer kurzen „Episode Erhard" eine lange „Ära Strauß" folgen zu lassen.[181] Günstige Aussichten also, die durch den Bau der Berliner Mauer noch weitaus günstiger wurden. Denn Adenauers Entscheidung, Johnsons Verweigerung zu akzeptieren und zunächst den Wahlkampf fortzusetzen anstatt mit

---

[179] Zundel, Rolf: Macht und Menschlichkeit. ZEIT-Beiträge zur politischen Kultur der Deutschen. Reinbek bei Hamburg 1990, S. 51.

[180] Marshall, Barbara: Willy Brandt. Eine politische Biographie. Bonn 1993, S. 53. Vgl. dazu auch: Detterbeck, Klaus: Der Wandel politischer Parteien in Westeuropa. Eine vergleichende Untersuchung von Organisationsstrukturen, politischer Rolle und Wettbewerbsverhalten von Großparteien in Dänemark, Deutschland, Großbritannien und der Schweiz, 1960–1999. Opladen 2002, S. 134.

[181] Vgl. Krone, Heinrich: Tagebücher. Erster Band: 1945–1961. Düsseldorf 1995, S. 517; Hentschel, Volker: Ludwig Erhard. Ein Politikerleben. München und Landsberg am Lech 1996, S. 375f.

irgendeiner Maschine nach Berlin zu fliegen, kostete den betagten Kanzler viele Sympathien. Nun wähnte sich Franz Josef Strauß dem Kanzleramt zum Greifen nahe.

Im September 1961 erlebten die Bundesbürger eine völlig neue Form des Wahlkampfes. Kleine Fähnchen, bunte Hüte und zahllose Flugblätter amerikanisierten die Wahlwerbung und verdichteten sie zur Kampagne. Mehr als je zuvor setzten die Parteien nun auf ihre Spitzenkandidaten und deren persönliche Ausstrahlung, Sach- und Programmaussagen hingegen verblaßten im Hintergrund. Auch die Medien der DDR bemühten sich seit Monaten um eine möglichst personenorientierte Berichterstattung, vornehmlich in bezug auf „Adolf" Strauß, dem „Testamentsvollstrecker Hitlers".[182] In der Schlußphase schwenkte die CSU wie vereinbart auf die von der FDP vorgezeichnete Linie ein und favorisierte nun offen Ludwig Erhard, dessen Konterfei bereits in ganz Bayern plakatiert war. Als am späten Abend des 17. September 1961 die ersten Ergebnisse vorlagen, glaubten die Verschwörer, ihr Ziel erreicht zu haben. Nach Mitternacht verkündete Strauß in einem Fernsehinterview, die CSU sei entschlossen, die Ablösung Konrad Adenauers durch Ludwig Erhard mitzutragen. Wann dies geschehen solle, erwähnte er indes nicht. Bis tief in die Nacht hinein erfreuten sich Strauß, Erhard und Mende an dem offenkundigen Erfolg ihrer konspirativen Strategie. Adenauer hingegen ging früh zu Bett. Am nächsten Morgen ließ er sich bereits gegen sechs Uhr die Übersichten über das Wahlergebnis vorlegen. Mit 45,3 Prozent hatten CDU und CSU die absolute Mehrheit verloren. Selbst in Bayern war die Union von 57,2 auf 54,9 Prozent herabgesackt. Demgegenüber war die SPD mit einem Stimmenzuwachs von 4,4 Prozent für das Abschneiden der marxistischen Zöpfe (im Jahre 1959) und ihrem von Herbert Wehner veranlaßten Einschwenken auf die Politik der Westorientierung (im Jahre 1960) fürstlich belohnt worden. Mit 36,2 Prozent lag sie nun erstmals über der 35–Prozent-Marke. Auch im Lager der Liberalen gab es Grund zur Freude. Mit 12,8 Prozent hatte die FDP ihr bis dahin bestes Bundestagswahlergebnis erzielt. Des Kanzlers Tage schienen endgültig gezählt. Doch während das Triumvirat noch schlief, ergriff Konrad Adenauer die Initiative und wies Staatssekretär von Eckardt an, eine Pressekonferenz anzuberaumen. Der Kanzler war fest entschlossen, sich die Regierungsverantwortung nicht entreißen zu lassen. Als man ihm während des Frühstücks von Strauß' Äußerungen berichte-

---

[182] Vgl. statt vieler: Jezek, Karl: „Adolf" Strauß. Das westdeutsche Monopolkapital präsentiert einen neuen „Führer", in: Volksstimme vom 06.05.1961; o.V.: Wer Strauß wählt, wählt Atomkrieg. Der einfache Wähler sei sehr besorgt über die Brutalität des Kriegsministers, in: Neues Deutschland vom 18.05.1961; Winzer, Otto: Strauß als Testamentsvollstrecker Hitlers, in: Neues Deutschland vom 29.07.1961.

te, antwortete er lakonisch: „Der nimmt den Mund reichlich voll. Es gibt eben Leute, denen ihre Intelligenz zu schaffen macht."[183] Auf der Pressekonferenz verkündete Adenauer, er lehne die von der SPD geforderte Allparteienkoalition entschieden ab und halte die Fortsetzung der bisherigen Außenpolitik für die wichtigste Aufgabe der kommenden Regierung. Für ihre Bewältigung sei er der geeignete Mann. Daher wolle er die Regierungsgeschäfte als Bundeskanzler weiterführen. Am Abend jenes 18. September trafen sich die von Adenauers Husarenstreich völlig überrumpelten Umstürzler erneut im Hause Horten. Während Mende an Erhard festhielt, machte Strauß bereits erste Zweifel geltend.[184] Doch die „FDP kam von dem öffentlich bestiegenen hohen Roß freilich nicht so schnell runter, wie ihre verborgenen Steigbügelhalter losließen."[185] Schon am nächsten Morgen beschloß die Landesgruppe der CSU und anschließend auch die neuformierte Unionsfraktion im Beisein von Franz Josef Strauß, Adenauer solle Kanzler bleiben. Strauß, auch hier im Reden wieder einmal entschlossener als im Handeln, war umgefallen – als erster. Ebensowenig wie Erhard hatte er es gewagt, Adenauer direkt entgegenzutreten und den Dolch zum Kanzlermord zu erheben. Ein Zögern, das ihn noch teuer zu stehen kommen sollte. Nur Erich Mendes FDP zeigte keine Feigheit vor dem Feind und beschloß am selben Tage, unter einem Bundeskanzler Adenauer keinesfalls in ein Kabinett einzutreten.

Nun, da sich die Reihen der Unionsparteien – wenn auch mit einigem Zähneknirschen – wieder geschlossen hatten, galt es den anhaltenden Widerstand der FDP zu brechen. Also nahm Konrad Adenauer Kontakt zur koalitionsbereiten SPD auf, um Mende und seine Mannen gefügig zu machen. Als Adenauer schließlich Erich Ollenhauer, den Vorsitzenden der SPD, dessen Stellvertreter Herbert Wehner sowie den stellvertretenden Fraktionsvorsitzenden Fritz Erler zu Gesprächen einlud, fiel die FDP aus Angst vor einer großen Koalition um. Am 2. Oktober 1961 wurden Erich Mende und Willi Weyer von Konrad Adenauer und Franz Josef Strauß im Palais Schaumburg empfangen. Der Kanzler eröffnete das Gespräch mit den Worten: „Meine Herren, ich weiß, daß Sie mich nicht mehr als Bundeskanzler haben wollen, aber Sie müssen nun einmal damit rechnen, daß Sie ohne uns keine Mehrheit haben und wir ohne Sie auch nicht; nun wollen wir erstmal sehen, ob wir in der Sache klarkommen; wenn wir nämlich in der Sache über ein Regierungsprogramm nicht klarkommen, dann hat es gar keinen Sinn, über Personen

---

[183] Poppinga, Anneliese: „Das Wichtigste ist der Mut". Konrad Adenauer – die letzten fünf Kanzlerjahre. Bergisch Gladbach 1994, S. 334.
[184] Vgl. Wirz, Ulrich: Karl Theodor von und zu Guttenberg und das Zustandekommen der Großen Koalition. Grub am Forst 1997, S. 135.
[185] Hentschel, Volker: Ludwig Erhard. Ein Politikerleben. München und Landsberg am Lech 1996, S. 380.

zu sprechen; verhandeln wir daher zunächst einmal über die Sache, und dann werden wir zu der schwierigen Personalfrage Stellung nehmen!"[186] Gleich darauf begannen die schwierigsten und langwierigsten Koalitionsverhandlungen, die Union und Liberale je miteinander geführt hatten. Am 21. Oktober notierte Heinrich Krone entnervt in sein Tagebuch: „Eine armselige Partei, diese Freien Demokraten. Echt liberal; soviel Köpfe, soviel Sinne. Einig im Anti, sonst in nichts."[187] Letztlich gelang es den Liberalen jedoch, genügend Einigkeit zu erzielen, um dem Kanzler drei entscheidende Zugeständnisse abzuringen. Erstens erreichten sie die Ablösung von Außenminister Heinrich von Brentano, dem entschiedenen Verfechter der von den Liberalen abgelehnten Hallstein-Doktrin, durch Gerhard Schröder. Um sich des getreuen Paladins des Kanzlers zu entledigen, hatte die FDP zunächst sogar Franz Josef Strauß die Übernahme des Auswärtigen Amtes angeboten. Doch Adenauer wußte jene Aufwertung des verhinderten Königsmörders abzuwenden und umgarnte Strauß mit den Worten: „Herr Strauß, ich hätte Sie am liebsten als Nachfolger im Auswärtigen Amt. Aber jetzt", nur wenige Wochen nach der Berlin-Krise, „möchte ich den Verteidigungsminister nicht austauschen."[188] Strauß fiel auf diese List prompt herein und ließ sich den hochangesehenen Posten des Außenministers glatt entgehen. Zum zweiten nötigten die Liberalen Adenauer zur Unterzeichnung eines regelrechten Koalitionsvertrages. Und drittens setzten sie durch, daß Adenauer noch vor dem Ablauf der Legislaturperiode sein Amt aufzugeben hatte. Wenngleich der Termin des Rücktritts noch nicht festgelegt wurde, galt er fortan doch als Bundeskanzler auf Abruf, „der seine besten Tage als Regierungschef bereits hinter sich hatte."[189]

In den Wochen und Monaten vor der Bundestagswahl 1961 hatte sich Franz Josef Strauß dem Kanzleramt zum Greifen nahe gewähnt, nun war er weiter davon entfernt als je zuvor. Denn laut Hans-Peter Schwarz „darf man niemals der Königsmörder sein, wenn man in der Politik etwas werden möchte."[190] Denn der regierende Monarch mag zwar „bereits zu schwach sein, um solchen Widerstand im Keim zu ersticken, aber doch noch stark genug, jeden, der ihm unehrbietig in die Quere kommt, mit seinem lebenslangen Haß zu schädigen."[191] Und der alternde Herrscher

---

[186] Mende, Erich: Gesprächsbeitrag, in: Schwarz, Hans-Peter (Hg.): Konrad Adenauers Regierungsstil. Rhöndorfer Gespräche, Band 11. Bonn 1991, S. 187–201, S. 198.
[187] Krone, Heinrich: Tagebücher. Erster Band: 1945–1961. Düsseldorf 1995, S. 546.
[188] Strauß, Franz Josef: Die Erinnerungen. Berlin 1998, S. 452.
[189] Sontheimer, Kurt: Die Adenauer-Ära. Grundlegung der Bundesrepublik. 2. Auflage, München 1996, S. 63.
[190] Interview mit Prof. Dr. Hans-Peter Schwarz am 08.11.2003 in Bonn.
[191] Schwarz, Hans-Peter: Adenauers Kanzlerdemokratie und Regierungstechnik, in: Aus Politik und Zeitgeschichte. Beilage zur Wochenzeitung Das Parlament. B 1–2/1989 vom 6. Januar 1989, S. 15–27, S. 19.

wußte nur zu gut, daß Strauß den Dolch in der Wahlnacht bereits voller Ungeduld gezogen hatte, letztlich aber doch vom Mut verlassen worden war.[192] Mit seiner Zauderhaftigkeit hatte sich Strauß nicht nur den Kanzler zum Feind gemacht. Auch die FDP, die dank seines Wortbruches öffentlich zu Kreuze kriechen mußte, konnte ihm seine Treulosigkeit niemals verzeihen. Doch die Gelegenheit, Franz Josef Strauß seine Vergehen heimzuzahlen, sollte nicht allzu lange auf sich warten lassen.

7. Der „Endkampf"

Ein halbes Jahr vor der Bundestagswahl im Herbst 1961 – Franz Josef Strauß hatte soeben den Parteivorsitz der Christlich-Sozialen Union übernommen –, läutete Rudolf Augstein den „Endkampf" ein. In einem gleichnamigen „Spiegel"-Artikel hieß es am 5. April 1961: „Die nicht übergroße Chance, den Frieden zu erhalten, die noch geringere Chance, die deutsche Politik zu zivilisieren: beide Chancen sind an diesem 18. März 1961 gemindert worden, an dem sich Strauß als der mächtigste und machtbewußteste Politiker nächst dem Kanzler installieren konnte."[193] Fortan wurde Strauß unablässig als Gefährdung der Demokratie, des Friedens, ja der ganzen westlichen Zivilisation porträtiert: „Ob die CDU oder die SPD künftig Wahlen gewinnen wird, ist nicht mehr so sehr von Belang. Wichtig erscheint allein, ob Franz-Josef Strauß ein Stück weiter auf jenes Amt zumarschieren kann, das er ohne Krieg und Umsturz schwerlich wieder verlassen müßte."[194] Mit dem von persönlichen Verunglimpfungen gespickten Endkampf-Artikel eröffnete Augstein eine Fehde auf Leben und Tod. Franz Josef Strauß, so lautete das erklärte Ziel des „Spiegel"-Herausgebers, durfte niemals ins Bundeskanzleramt gelangen, ein Bundeskanzler namens Strauß mußte um jeden Preis verhindert werden. Ohne ein Mandat der Wähler erhalten zu haben, schwang sich der „Spiegel" zu einer Art Oppositionsersatz auf und versuchte, die deutsche Politik nach seinem Gutdünken zu beeinflussen. Dabei schreckte er auch vor niederträchtigen Methoden nicht zurück. Im „Fall Z." versuchte das Magazin beispielsweise, eine Verbindung zu einem verurteilten und inhaftierten Autohehler herzustellen, dem Strauß während seiner Soldatenzeit kurz begegnet war. Der damalige Kanonier Z., im Zivilberuf Metzgergeselle, hatte seinem bayerischen Kameraden im Jahre 1939 anvertraut,

---

[192] Vgl. Koerfer, Daniel: Kampf ums Kanzleramt. Erhard und Adenauer Stuttgart 1987, S. 608f; Poppinga, Anneliese: „Das Wichtigste ist der Mut". Konrad Adenauer – die letzten fünf Kanzlerjahre. Bergisch Gladbach 1994, S. 335.
[193] o.V.: Der Endkampf, in: Der Spiegel, 15 (1961) H. 15, S. 14–30, S. 14.
[194] Ebd., S. 30.

seine Verlobte erwarte ein Kind von ihm und er wisse nun vor lauter Verzweiflung nicht, was er tun solle. Strauß riet ihm zur Hochzeit. Als Z. seine Verlobte wenig später heiratete, wurde Strauß von seinem Vorgesetzten zum Trauzeugen bestimmt. Unmittelbar darauf verlor man sich aus den Augen. Strauß: „Der Kanonier Z. entschwand für immer aus meinem Leben. Ich habe weder mit ihm noch mit seiner Frau wieder zu tun gehabt, außer daß Z. nach dem Krieg einmal in München mit dem Lieferwagen an mir vorbeifuhr und schrie: ‚Strauß, wie geht's dir?'"[195] Als der „Spiegel" herausfand, daß Z. seit längerem im Zuchthaus saß, suchten zwei Journalisten die Frau des Strafgefangenen auf und drängten sie zu einer schriftlichen Erklärung: „1. Z. sei ein alter Freund von Minister Franz Josef Strauß; beide hätten seit dem Kennenlernen ständig miteinander in Verbindung gestanden, 2. Z. habe früher als Metzgergehilfe in der Metzgerei Strauß gearbeitet (was frei erfunden war), sei also ein alter Spezi von Franz Josef Strauß, 3. sie, Frau Z., halte es für möglich, daß Franz Josef Strauß von den Geschäften Z.s gewußt habe und an ihnen beteiligt gewesen sei."[196] Doch die „Spiegel"-Journalisten bemühten sich vergeblich. Statt eine Unterschrift zu leisten, nahm Frau Z. Verbindung zu Franz Josef Strauß auf und berichtete ihm von den unlauteren Methoden des „Sturmgeschützes der Demokratie".

Auch alle weiteren Versuche Augsteins, Franz Josef Strauß „korrupte Grundstücksgeschäfte"[197] oder schuldhafte Beteiligung an mehr oder minder hochgespielten Skandalen wie der „Poschardt-Affäre"[198], der „Granaten-Affäre"[199], der „Spanien-Affäre"[200] oder der Affäre um „Onkel Aloys"[201] anzudichten, scheiterten. Letztlich erwiesen sich all jene Vorwürfe – insbesondere diejenigen, die auf korruptes Verhalten abzielten – als haltlos. Denn in Wirklichkeit achtete Strauß, der nur in gravierenden Notlagen zur Übertretung von gesetzlichen und bürokratischen Schranken bereit war, selbst beim Zoll für sich auf die größte Korrektheit. In zahlreichen Gerichtsverfahren wurde Rudolf Augstein immer wieder zur Widerrufung seiner Behauptungen und zu hohen Schmerzensgeldern verurteilt.[202] Und doch

---

[195] Dalberg, Thomas: Franz Josef Strauß. Porträt eines Politikers. Gütersloh 1968, S. 187f.
[196] Ebd., S. 188.
[197] Vgl. Frederik, Hans: Franz Josef Strauß. Das Lebensbild eines Politikers. München-Inning 1965, S. 118.
[198] Vgl. ebd., S. 113–116.
[199] Vgl. ebd., S. 116–118.
[200] Vgl. ebd., S. 135–139.
[201] Vgl. Dalberg, Thomas: Franz Josef Strauß. Porträt eines Politikers. Gütersloh 1968, S. 192f.
[202] Vgl. statt vieler: Zimmermann, Ulrich: Geliebt, verkannt und doch geachtet. Franz Josef Strauß, der Mensch, der Politiker, der Staatsmann von A–Z. 2. Auflage, Percha am Starnberger See 1980, S. 165f.; o.V.: In Sachen Strauß gegen Augstein wegen Widerruf und Schadensersatz. Landgericht München, Aktenzeichen 180680/64. München 1965; Gritschneder, Otto: Fachlich geeignet, politisch unzuverlässig … Memoiren. München 1996, S. 152.

war Augsteins Methode außerordentlich erfolgreich, denn die Wirkung der Massenmedien besteht laut Elisabeth Noelle-Neumann ja gerade darin, „daß nach dem Prinzip ‚steter Tropfen höhlt den Stein' viele – isoliert betrachtet – nur leichte Eindrücke sich in einer bestimmten Richtung summieren."[203] Ergo: Calumniare audacter, semper aliquid haeret: Verleumde nur dreist, etwas bleibt immer hängen! Dieser von Plutarch geprägte Grundsatz wurde im Fall Strauß beispielsweise durch die Erfahrung des interviewten Starfighter-Piloten bestätigt. Auf die Frage, wie man in der Truppe damals Franz Josef Strauß als Verteidigungsminister empfand, antwortete er: „In der Truppe gab es meiner Erinnerung nach keine besondere Meinung über Strauß. Er war der Verteidigungsminister, wir die Soldaten. Und wir waren alle vollauf mit unseren Aufgaben beschäftigt. Wenngleich Strauß damals schon einen gewissen Bekanntheitsgrad erlangt hatte, gab es jedoch unter den Soldaten keinen besonderen Diskussionsbedarf. Man könnte sagen, Strauß war ein für die Truppe eher unauffälliger Verteidigungsminister. Dies änderte sich erst mit der Fibag- und wenig später mit der ‚Spiegel'-Affäre." Frage: „Man kann also sagen, daß es der ‚Spiegel' war, der Strauß ins Gerede brachte?" N.N.: „Insofern es die Truppe betrifft, ja. Strauß hatte bei uns Offizieren keinen schlechten Ruf damals. Dies änderte sich bei manchen erst durch die massive Berichterstattung des ‚Spiegels'."[204]

Der von Franz Josef Strauß höchst faszinierte und dennoch von fast schon „pathologischen Haßgefühlen"[205] getriebene Augstein nutzte jede Gelegenheit, um den Minister in gewittriges Licht zu stellen und den dunklen Schatten des schlechthin Bedrohenden, den er ihm bereits angedichtet hatte, weiter zu verfinstern.[206] So versuchte er im „Fall Barth" dem Verteidigungsminister Verstöße gegen rechtsstaatliche Prinzipien anzuhängen. Was war passiert? Drei Tage vor der Bundestagswahl im Herbst 1961 verflogen sich zwei Jagdbomber der Bundeswehr. Die Piloten der beiden „Thunderstreaks" hatten in einer Schlechtwetterfront die Orientierung verloren und bemerkten nicht, daß sie immer weiter in den Luftraum der DDR eindrangen. Als ihnen gewahr wurde, in welcher Gefahr sie schwebten, entschieden sie sich, den Flug fortzusetzen und in Berlin-Tegel notzulanden. Eine Umkehr schied aus, denn es waren bereits Abfangjäger aufgestiegen, die die beiden F-84 jedoch nicht einholen konnten – was zu einigen Strafverset-

---

[203] Noelle-Neumann, Elisabeth: Medieneinflüsse. Zur Wirkung einer Reportage über Franz Josef Strauß. Allensbach 1979, S. 6.
[204] Interview mit einem ehemaligen Starfighter-Piloten am 20.10.2003 in Bonn.
[205] Vgl. Bickerich, Wolfram: Franz Josef Strauß. Die Biographie. Düsseldorf 1996, S. 166.
[206] Vgl. Schaffer, Gordon: Germany again! The sinister shadow of Franz Josef Strauß. London 1967; Walser, Martin; Augstein, Rudolf: Erinnerung kann man nicht befehlen, in: Der Spiegel, 52 (1998) H. 45, S. 48–72, S. 66.

zungen bei der sowjetischen Luftabwehr führte. Strauß: „Es mußte sofort etwas unternommen werden, um den drohenden politischen Schaden in Ost und West zu begrenzen. Ich beauftragte [Staatssekretär Volkmar] Hopf, den Bundeskanzler und den Außenminister zu informieren und sich anschließend zu den Botschaftern der vier Mächte zu begeben, sich bei ihnen offiziell zu entschuldigen und zu erklären, es habe sich um einen Fehler in der Navigation gehandelt, der wahrscheinlich auf ein Versagen des elektronischen Systems zurückzuführen sei."[207] Schließlich war die politische Stimmung zwischen Ost und West wenige Wochen nach dem Mauerbau gefährlich gespannt. Sofort ordnete Strauß eine strenge Untersuchung des Vorfalles an. Die Frage, wie es zu einem solch gravierenden Navigationsfehler kommen konnte, beantwortete der ehemalige Starfighter-Pilot N.N. wie folgt: „Das war ganz klar menschliches Versagen. Damals flog man noch nach Funkfeuern. Es gab zahlreiche Funkfeuer, die auf verschiedenen Frequenzen sendeten. Diese Frequenzen mußte man einstellen. Tat man das, so zeigte eine Nadel in einem der Instrumente in Richtung auf das Funkfeuer. Dies funktionierte aber nur, wenn man nicht genau über dem Funkfeuer war. Über dem Funkfeuer gab es den sogenannten cone of silence. Die Nadel tanzte dementsprechend umher. Hatte man die Frequenz auf ein Funkfeuer eingestellt, hörte man im Kopfhörer die entsprechende Kennung, eine sich ständig wiederholende Melodie. Diese Melodien waren sich mitunter ähnlich. Auch der Unterschied zu jenen der DDR war nicht sehr groß. Und das Wetter war schlecht, die Orientierung schwierig. Die Kameraden werden sich schlichtweg verflogen haben, pilots error. Wie schon gesagt war die Fliegerei damals richtiges Handwerkszeug. Ständig war man am rechnen, überlegen und kontrollieren. Heute gibt es für alles Instrumente, Anzeigen und Computer. Früher mußte man noch nachrechnen, wenn man wissen wollte, wieviel Sprit man im Tank hatte oder welche Strecke man noch zurückzulegen hatte. Ein kleiner Fehler zog da meist die schlimmsten Konsequenzen nach sich. Tja, und als die Kameraden erst einmal merkten, daß sie sich im Luftraum der DDR befanden, taten sie das einzig Richtige, sie traten die Flucht nach vorne an. Sie wußten genau, daß sie nicht zurück konnten, denn hinter ihnen, das war ihnen klar, waren bereits die Abfangjäger aufgestiegen. Also flogen sie durch bis nach Berlin-Tegel."[208]

Als sich nur einen Tag darauf erneut zwei Jagdbomber verirrten und Rostock überflogen, ließ Strauß den zuständigen Luftwaffeninspekteur antreten. General Josef Kammhuber schlug vor, neue und schärfere Vorschriften zu erlassen und den

---

[207] Strauß, Franz Josef: Die Erinnerungen. Berlin 1998, S. 435.
[208] Interview mit einem ehemaligen Starfighter-Piloten am 20.10.2003 in Bonn.

verantwortlichen Kommodore, Oberstleutnant Siegfried Barth, bis zur Klärung des Vorfalls seines Dienstes zu entheben und gleichzeitig zu versetzen. Strauß: „Ich stimmte diesen Vorschlägen zu und wies Kammhuber an, alles Erforderliche zu veranlassen. Das war aber nicht möglich, weil ein Inspekteur nicht über die notwendigen Vollmachten verfügt, um einen Kommodore abzulösen. Außer dem Verteidigungsminister und seinem Staatssekretär hat nur die Personalabteilung diese Befugnis. Also forderte ich den Luftwaffeninspekteur auf, den entsprechenden Befehl sofort handschriftlich aufzusetzen, und ich unterschrieb."[209] Nachträglich stellte sich heraus, daß auch Strauß nicht befugt gewesen war, Oberstleutnant Barth des Dienstes zu entheben *und gleichzeitig* zu versetzen. Zwar war die Dienstenthebung gerechtfertigt, doch die Versetzung kam einer Disziplinarstrafe gleich, die erst nach dem Abschluß der Untersuchungen hätte angeordnet werden dürfen. Strauß: „In dieser Situation – Höhepunkt des Wahlkampfes, vier Wochen vorher Mauerbau, die Amerikaner toben, die Franzosen sperren in Berlin die beiden Flieger ein, die Engländer runzeln die Stirn, die Russen schreien: ‚Provokation, Provokation, jetzt fliegen sie schon nach Berlin' – ging es um Stunden, um den Schaden für die Bundesrepublik Deutschland so klein wie möglich zu halten. Ich mußte handeln, und ich mußte schnell handeln."[210] In jenen Jahren Bundesminister der Verteidigung zu sein, kam eben fast einem politischen Selbstmord gleich.

Wie zu erwarten war, klagte Oberstleutnant Barth vor dem Wehrdienstsenat in München mit dem Antrag, die Versetzung rückgängig zu machen. Für die Verhandlung benötigten alle vom Wehrdienstsenat beantragten Zeugen eine Aussagegenehmigung des Verteidigungsministers. Kurz nachdem Strauß die entsprechenden Schreiben unterzeichnet hatte, erschienen Staatssekretär Hopf, der Leiter der Personalabteilung Karl Gumbel sowie mehrere hohe Offiziere und bedrängten Strauß, die Genehmigungen zu widerrufen. Schließlich könne die Verhandlung anderenfalls ans Licht bringen, daß menschliches und nicht technisches Versagen ursächlich für den Vorfall gewesen war. Das Ansehen der Bundeswehr stehe auf dem Spiel. Strauß: „Da man sich den Botschaftern der vier Mächte gegenüber zunächst auf einen technischen Fehler herausgeredet habe, könne man nun in die unangenehme Situation geraten, einer falschen Auskunft bezichtigt zu werden. So wurde die Aussagegenehmigung wieder aufgehoben. Das Verteidigungsministerium stellte dem Wehrdienstsenat anheim, das Vorbringen des Klägers in vollem Umfang als Wahrheit zu unterstellen. Eine günstigere Rechtsposition konnte es für Oberstleutnant Barth gar nicht geben, denn das Verteidigungsministerium wäre in dem Verfahren vor dem Wehrdienstetat als Partei und nicht etwa als übergeordne-

---

[209] Strauß, Franz Josef: Die Erinnerungen. Berlin 1998, S. 436.
[210] Ebd., S. 438.

te Behörde aufgetreten. Es verzichtete darauf, seine Argumente geltend zu machen, und sorgte gleichzeitig dafür, daß die Situation des betroffenen Oberstleutnants durch die Verweigerung der Aussagegenehmigung nicht verschlechtert, sondern im Gegenteil verbessert wurde."[211] Und doch behauptete der „Spiegel", der sich zum Anwalt des Kommodores aufspielte, Strauß hätte sich mit seiner Entscheidung nicht nur rechts-, sondern sogar verfassungswidrig verhalten und gegen das Rechtsstaatsprinzip verstoßen. Die SPD, die mit dem „Spiegel" im „Fall Barth" eng zusammenarbeitete, sorgte für eine genaue Untersuchung im Verteidigungsausschuß, der zu dem wenig überraschenden Ergebnis kam: „Nach ausführlicher Sachdiskussion stellte der Verteidigungsausschuß einstimmig fest, daß keiner dieser Vorwürfe berechtigt ist, sondern daß im Gegenteil der Minister sich völlig korrekt verhalten hat."[212] Und doch war an Strauß, dem „Kriegsminister", der den „demokratischen Rechtsstaatsprinzipien ablehnend gegenüberstand", wieder etwas hängen geblieben.

Während Strauß' Ansehen durch die massive Verleumdungskampagne des „Spiegel" von Woche zu Woche sank, erfreute sich die Bundeswehr beim überwiegenden Teil der Bevölkerung einer wachsenden Beliebtheit. Insbesondere der selbstlose, zum Teil heldenhafte Einsatz von 40.000 Soldaten, die im Verlauf der Hamburger Flutkatastrophe vom Februar 1962 über tausend Menschenleben retten konnten, brachte der Bundeswehr viele Sympathien ein. Ohne die von Franz Josef Strauß aufgebauten deutschen Streitkräfte wäre es dem damaligen Hamburger Innensenator Helmut Schmidt, der sich einst ebenso wie seine Parteigenossen gegen die Aufstellung deutscher Truppen ausgesprochen hatte, nun auf selbige aber dankbar zurückgriff, kaum möglich gewesen, sich als „Krisenmanager" zu profilieren. Auch Schmidt übertrat in der Stunde der Not zahlreiche Gesetze und Verordnungen und setzte sich über die klar definierten Grenzen seiner Zuständigkeiten einfach hinweg. Im Gegensatz zu Strauß saß ihm jedoch kein wöchentlich erscheinendes Nachrichtenmagazin im Nacken, das seine guten Taten in schlechtes Licht rückte. Im Gegenteil wurde Schmidt noch Jahrzehnte später in höchsten Tönen gelobt: „Unvergessen auch Ihr entschlossenes Handeln, Ihr unbürokratisches Zupacken als Innensenator bei der Flutkatastrophe von 1962."[213] Die nicht minder entschlossene unbürokratische Unterstützung des Verteidigungsministers hingegen wurde mit keinem Wort erwähnt.

---

[211] Ebd.
[212] Dalberg, Thomas: Franz Josef Strauß. Porträt eines Politikers. Gütersloh 1968, S. 176.
[213] Runde, Ortwin, Bürgermeister der Freien und Hansestadt Hamburg, in: Friedrich-Ebert-Stiftung (Hg.): Helmut Schmidt zum 80. Geburtstag. Thalia Theater am 6. Januar 1999. Dokumentation. Bonn 1999, S. 20–21, S. 20.

Dank der unaufhörlichen Kampagne, an der auch andere Magazine und Zeitungen wie der „Stern", die „Süddeutsche" und die „Frankfurter Rundschau" sowie einige regierungskritische Polit-Magazine des „Ersten Deutschen Fernsehens" beteiligt waren, entwickelte sich Franz Josef Strauß zu einer immer größer werdenden Belastung der ohnehin instabilen CDU/CSU-FDP-Koalition und der von ihr getragenen Bundesregierung. Außerdem wollte Konrad Adenauer seinem Verteidigungsminister den versuchten Königsmord nicht vergessen. Im Gegenteil hatte sich des Kanzlers Mißtrauen dank der tatkräftigen Mithilfe Heinrich Krones inzwischen fast zur Furcht gesteigert. Im Dezember 1961 notierte Adenauers Intimus in sein Tagebuch: „Der Kanzler hat mir gegenüber mehr als einmal gesagt, daß er wegen Strauß beunruhigt sei. Er habe die Soldaten, und wohin sein Weg gehe, wisse man nicht."[214] Am 9. April 1962 schrieb er: „Strauß müsse gehen; der Kanzler ist besorgt, was dieser kluge, aber unbeherrschte Mann einmal anrichten könne."[215] Bereits am 18. Juli 1960 hatte Adenauer gegenüber Krone seine schlimmsten Befürchtungen artikuliert: „Man wisse doch nicht," so Adenauer mit Blick auf einen kurz zuvor in der Türkei erfolgten Militärputsch, „was eines Tages in Strauß fahren könne und was dann aus der Wehrmacht würde."[216] Und im Mai des darauffolgenden Jahres schrieb Krone: „Strauß ist der mächtigste Mann in der deutschen Politik. Er hat die Soldaten; doch sind die korrekt. Er hat die CSU, die ihm folgt. Er hat einen Nachrichtendienst für das Ausland und für das Inland und erfährt mehr als jeder andere Minister."[217] Beim Gedanken an Franz Josef Strauß schien Heinrich Krone geradezu von alptraumhaften Urängsten heimgesucht zu werden, denn er litt, so General a.D. Schmückle, unter einem „Reichswehr-Trauma'. Er kam von seinen Erinnerungen an die Weimarer Republik nicht los. Er befürchtete, die Generale der Bundeswehr könnten die gleichen Machtansprüche erheben wie einst General von Seeckt mit der Reichswehr. Ich erlebte, wie Strauß am Telephon ironisch zu Krone sagte, er ängstige sich wohl noch zu Tode, daß er von Bundeswehrgenerälen auf eine ferne Insel verdammt werden würde. Krone fand dies gar nicht lustig, Strauß dagegen neigte zu solchem Schabernack. Seine humorigen Äußerungen entwickelten aber manchmal ein fatales Eigenleben. Dann schlugen sie auf ihn zurück."[218]

---

[214] Krone, Heinrich: Tagebücher. Zweiter Band: 1961–1966. Düsseldorf 2003, S. 9; Wengst, Udo: Willy Brandt und Franz Josef Strauß – Ihre „Erinnerungen" im Vergleich, in: Historische Zeitschrift, Band 252, Juni 1991, Heft 3, S. 627–641, S. 637.
[215] Krone, Heinrich: Tagebücher. Zweiter Band: 1961–1966. Düsseldorf 2003, S. 56.
[216] Ebd., S. 435.
[217] Ebd., S. 496.
[218] Interview mit General a.D. Gerd Schmückle am 27.10.2003 in München.

Nun hatte das dramatische Ende der langwierigen Berlin-Krise insbesondere dem Bonner Verteidigungsminister vor Augen geführt, daß dem jungen Staatswesen einige überlebenswichtige Regelungen und Vorkehrungen für einen wie auch immer gearteten Notstand fehlten. Strauß: „Im März 1962 hatte ich mit dem CDU-Ministerpräsidenten von Nordrhein-Westfalen, Franz Meyers, ein vertrauliches Gespräch, über das wir Stillschweigen vereinbarten. Es ging um die Frage, ob wir in der Bundesrepublik Deutschland eine Notstandsgesetzgebung brauchten. Das Thema lag damals in der Luft. Aber niemand wagte, das heiße Eisen anzupacken, obwohl viele Staatsrechtler immer wieder betont hatten, daß eine solche Regelung nach dem Deutschlandvertrag und nach dem Truppenvertrag evident und unabweisbar sei. Ich habe Meyers, Regierungschef des größten Bundeslandes, gefragt, wie er sich in einem solchen Notstandsrecht die Rolle des Militärs vorstelle. In allen demokratischen Staaten sei ja das Militär im Notstandsfall die ultima ratio. Meine Hoffnung auf Diskretion trog. Franz Meyers zog aus dieser Unterredung und aus den von mir gebrauchten Formulierungen völlig falsche Schlüsse und erstattete Adenauer offensichtlich alarmiert Bericht."[219] Adenauer und vor allem Heinrich Krone sahen all ihre schlimmen Befürchtungen bestätigt. Sofort nutzte Adenauer die Gunst der Stunde und ersuchte den Bundespräsidenten Heinrich Lübke, Verteidigungsminister Strauß auf der Stelle zu entlassen. Der Soldatenminister plane einen Staatsstreich. Doch anstatt die Entlassungsurkunde zu unterzeichnen, wandte sich Lübke an Strauß und konfrontierte ihn mit dem finsteren Verdacht des Kanzlers. Der entgeisterte Verteidigungsminister konnte das Mißverständnis jedoch schnell aufklären. Damit war der erste Versuch Adenauers, sich für Strauß' Treulosigkeit zu rächen und ihn in Verbindung mit einem angeblich geplanten Staatsstreich politisch auszuschalten, gescheitert. Doch der zweite sollte schon bald folgen.

Ebenso wie im „Fall Barth" konspirierten der „Spiegel" und die SPD auch in der „Fibag-Affäre" Hand in Hand gegen Franz Josef Strauß. In einem Bericht über die Finanzierung von Kasernenbauten brachte das Magazin indirekte Korruptionsvorwürfe derartig geschickt mit dem Verteidigungsminister in Zusammenhang, daß dessen Ruf trotz fehlender Beweise nachhaltig geschädigt wurde. Ursächlich war der Wohnungsbedarf der in Deutschland stationierten 7. US-Armee, die dringend 5.500 Unterkünfte für ihre Soldaten benötigte. Als der Münchner Architekt Lothar Schloß von diesem 300-Millionen-Mark-Projekt erfuhr, bereitete er umgehend die Gründung einer „Finanzbau Aktiengesellschaft" (Fibag) vor. Den bekannten Passauer Zeitungsverleger Hans K. Kapfinger, der gute Beziehungen zur CSU unterhielt, gewann Schloß als Mitgesellschafter. Kapfingers Aufgabe war

---

[219] Strauß, Franz Josef: Die Erinnerungen. Berlin 1998, S. 454.

es, die nötigen Empfehlungsschreiben beizubringen, um den Zuschlag für den von vielen Bauunternehmern heiß begehrten Auftrag zu erhalten. Strauß, dessen Menschenkenntnis nicht die beste war und der trotz vieler „Spezis" nur wenige echte Freunde hatte, stellte Kapfinger ein solches Empfehlungsschreiben aus. Denn trotz all seiner außergewöhnlichen Begabungen mangelte es dem ambitionierten Minister am Gespür für die Seriosität seiner Zeitgenossen. Nicht ohne Grund schrieb Friedrich Zimmermann in seinen Erinnerungen, man habe in seiner direkten Umgebung manchmal Leute angetroffen, die er, Zimmermann, nicht ohne Zeugen in seine Nähe gelassen hätte.[220] Straußens Tochter Monika Hohlmeier erklärte dies mit seiner treuherzigen Gutmütigkeit, die von manchen zwielichtigen Gestalten eiskalt ausgenutzt worden sei.[221] Denn während er den Machthabern der großen Mächte, vor allem der Sowjetunion, stets zutiefst mißtraute, ließ er es gegenüber Personen aus seinem unmittelbaren Umfeld häufig an Argwohn fehlen. Und als er daher schließlich dem besagten Zeitungsverleger ein Empfehlungsschreiben ausstellte, waren die Hauptrollen für eine neue „Spiegel"-Story vergeben. Nun mußte nur noch der Plot verfeinert werden. Augstein ließ durch geschickt formulierte Artikel und Berichte den Eindruck entstehen, Strauß habe sich als Gegenleistung für das Empfehlungsschreiben eine private Beteiligung in Millionenhöhe versprechen lassen. Einen direkten Korruptionsvorwurf erhob er hingegen nicht. Dennoch lieferte er der SPD-Fraktion im Bundestag mit seinen „Enthüllungen" eine solide Grundlage für die Einsetzung eines parlamentarischen Untersuchungsausschusses, der die ministerielle Amtsführung in der Fibag-Affäre prüfen sollte. Außerdem wurde bald bekannt, daß zwischen Lothar Schloß und Dr. Hans Kapfinger eine finanzielle Verbindung bestand, die letzterer bewußt verschwiegen hatte. Des weiteren hätte sich Schloß genaugenommen gar nicht als Architekt, sondern bestenfalls als Inhaber eines Architektenbüros ausgeben dürfen. Diesmal schien der „Spiegel" ins Schwarze getroffen zu haben. Bemerkenswerterweise gab sich Augstein ob seiner erfolgreichen Skandalierung der Fibag-Story einer geradezu kindlichen Freude hin: „Als ich den Antrag auf Erlaß einer Einstweiligen Verfügung durchgelesen hatte, lief ich wie von einer Wespe gestochen im Zimmer umher und summte: ‚Der Kampf ist entbrannt und es blitzt und es kracht und es tobt eine blutige Schlacht.'"[222] Franz Josef Strauß hingegen wirkte niedergeschlagen und bedrückt.[223] Die ewigen Angriffe begannen ihn zu zermürben.

---

[220] Vgl. Zimmermann, Friedrich: Kabinettstücke. Politik mit Strauß und Kohl 1976–1991. München, Berlin 1991, S. 328.
[221] Interview mit Staatsministerin Monika Hohlmeier am 30.04.2004 in München.
[222] Augstein, Rudolf: Wie Strauß dem SPIEGEL unentbehrlich wurde, in: Augstein, Rudolf (Hg.): Überlebensgroß Herr Strauß. Ein Spiegelbild. Reinbek bei Hamburg 1980, S. 7–38, S. 28.
[223] Vgl. Krone, Heinrich: Tagebücher. Zweiter Band: 1961–1966. Düsseldorf 2003, S. 51.

Vor dem Untersuchungsausschuß nahm Strauß schriftlich wie folgt Stellung: „Dem Verteidigungsminister und den Dienststellen seines Ministeriums war und ist es unbekannt, daß zwischen dem Inhaber des Architekturbüros Schloß und Herrn Dr. Kapfinger irgendwelche finanziellen oder wirtschaftlichen Verbindungen bestehen. Das gilt auch für die angebliche Gründung einer Aktiengesellschaft mit Beteiligung Dr. Kapfingers. Dr. Kapfinger hat auf Befragen dem Verteidigungsministerium schriftlich mitgeteilt, daß er bei der Befürwortung dieses Projektes keinerlei Angaben über finanzielle oder wirtschaftliche Zusammenhänge gemacht habe. Es ist dem Verteidigungsministerium nicht möglich, bei der Vielzahl von Petitionen und Interventionen, die laufend eingehen, im einzelnen zu prüfen, ob zwischen dem Befürworter und dem befürwortenden Vorhaben irgendein Interessenzusammenhang besteht. Diese Prüfung ist weder rechtlich möglich noch technisch durchführbar. Für das Verteidigungsministerium ist lediglich von Bedeutung, ob das vorgesehene Projekt jeweils vom sachlichen Standpunkt aus richtig ist, den Interessen des Bundes entspricht und befürwortet werden kann oder nicht."[224] Schließlich sollten die nötigen finanziellen Mittel weder vom Verteidigungsministerium noch von einer anderen Dienststelle des Bundes, sondern von privaten Kreditinstituten aufgebracht werden. Und da das Banken-Konsortium ohnehin eine scharfe Prüfung der Fibag und der an ihr beteiligten Personen vornehmen würde, bestand für Strauß keine Veranlassung, dieser erwartungsgemäß gründlichen Durchleuchtung vorzugreifen. Seine Beteiligung beschränkte sich daher allein auf die Unterzeichnung eines Empfehlungsschreibens, mit dem er zur raschen Beendigung des seit längerem offenen „Rental Guarantee Housing Project" beitragen wollte. Strauß: „Wenn die Leute wüßten, von wieviel Menschen mit wieviel Bitten man als Abgeordneter überlaufen wird: Anstellung, Kredit, finanzielle Hilfe, Aufträge. Was sich im Fall Schloß ereignet hat, nämlich eine Befürwortung gegenüber einer Dienststelle, das kann man bei mir mal tausend unterstellen – bis auf den heutigen Tag. Nur formuliere ich heute vorsichtiger."[225]

Strauß' einziger Fehler bestand in dieser von Rudolf Augstein „zur reinsten Fibag-Orgie"[226] aufgebauschten Angelegenheit also darin, auf Bitte des ihm bekannten Kapfinger einem ihm unbekannten angeblichen Architekten eine Empfehlung auszustellen, mit der letztlich Mißbrauch betrieben wurde. Nach Bekanntwerden der dubiosen Zusammenhänge distanzierte sich Strauß sofort von Kapfinger und Schloß, doch da war die Fibag-Affäre bereits in aller Munde. Am 7. April 1962 notierte Heinrich Krone in seinem Tagebuch: Der Kanzler „will, daß Strauß geht.

---

[224] Dalberg, Thomas: Franz Josef Strauß. Porträt eines Politikers. Gütersloh 1968, S. 181.
[225] Ebd., S. 182.
[226] Ebd., S. 195.

Freiwillig, nach Abschluß der Fibag-Affäre."[227] Doch der Abschluß der Affäre sollte sich noch ein wenig hinauszögern, denn Rudolf Augstein beließ es nicht dabei, die deutsche Politik mit Hilfe seines Sprachrohres zu beeinflussen, sondern nutzte auch seine guten persönlichen Verbindungen zur FDP, um am 28. Juni 1962 die Verabschiedung des Abschlußberichtes des parlamentarischen Untersuchungsausschusses zu verhindern. Auf Augsteins Anregung stimmte die FDP erstmals mit der Opposition und bedankte sich auf diese Weise für Strauß' Wortbruch im vorherigen Herbst. Mit nur 226 zu 224 Stimmen wurde der Abschlußbericht, der Strauß eindeutig entlastet hätte, abgelehnt und die „Fibag-Affäre" künstlich am Leben gehalten. Die FDP hatte allen Grund, den unaufhaltsam erscheinenden Aufstieg des Franz Josef Strauß zu torpedieren und einen früher oder später zu erwartenden Einzug in das Bundeskanzleramt zu verhindern. Schließlich konnte sich der entschiedene Verfechter des Mehrheitswahlrechtes eines Tages zu einer ernstzunehmenden Gefahr für die kleine liberale Partei entwickeln. Außerdem gedachte sich die FDP mit Blick auf die baldige Landtagswahl in Nordrhein-Westfalen auf Kosten des korruptionsverdächtigten Verteidigungsministers zu profilieren. Damit war das Tischtuch zwischen Franz Josef Strauß und den Liberalen endgültig und für alle Zeit zerschnitten.

Wenige Wochen nach dem schnell entkräfteten Staatsstreich-Vorwurf unternahm Konrad Adenauer den zweiten Versuch, seinen Verteidigungsminister zu Fall zu bringen. Auf einer Reise in die Vereinigten Staaten hatte Strauß erfahren, daß das Pentagon intensiv über die Möglichkeit eines „preemptive strike" nachdachte. Im Gegensatz zum geächteten Präventivkrieg, unter dem man eine breit angelegte Offensive verstand, handelte es sich beim „preemptive strike" um einen atomaren Erstschlag, der im Spannungsfall den zuvor eindeutig ausgemachten Vorbereitungen eines unmittelbar bevorstehenden Angriffes des Warschauer Paktes in konzentrierter Form begegnen sollte. Strauß: „Die Amerikaner und ihre westlichen Verbündeten sind von jedem Präventivkrieg-Denken frei. Das möchte ich einmal ganz klar hervorheben! Aber heute liegen die Dinge so, daß ein Vorsprung von Stunden für den Ausgang eines Krieges entscheidend sein kann."[228] Also beauftragte Strauß den Führungsstab der Bundeswehr, eine Planung auszuarbeiten, um auf den Fall eines „preemptive strike" der Amerikaner vorbereitet zu sein. In seinen Erinnerungen schilderte er diesen Vorgang wie folgt: „In seiner nächsten Sitzung befaßt sich der Bundesverteidigungsrat mit dem Thema. [General] Foertsch leitet kurz

---

[227] Krone, Heinrich: Tagebücher. Zweiter Band: 1961–1966. Düsseldorf 2003, S. 55.
[228] Strauß, Franz Josef: Finanzen, Rüstung und Wirtschaft, in: Dräger, Heinrich; Heye, Hellmuth; Sackmann, Franz: Probleme der Verteidigung der Bundesrepublik. Ihre Betrachtung unter Berücksichtigung wirtschaftlicher und technischer Belange. Berlin, Frankfurt am Main 1959, S. 126–149, S. 147.

ein, [General] Schnez gibt eine etwa einstündige Darstellung. Dann der Bundeskanzler: ‚Haben Sie das schriftlich?' Foertsch: ‚Ja, aber nicht in ausgearbeiteter Form, nur als Rohmaterial für meinen Vortrag, Herr Bundeskanzler.' Adenauer: ‚Das ist so wichtig, das muß ich schriftlich haben, das möchte ich gründlich nachlesen.' Die Generale arbeiten mit ihren Mitarbeitern diese Denkschrift aus, ich richte ein Geheimschreiben an den Bundeskanzler, daß ich seinem Auftrag entsprechend den Inhalt der mündlichen Vorträge der Generale Foertsch und Schnez in schriftlicher Form übermittle."[229] Kurz darauf wurde Strauß zu Heinrich Lübke gerufen. Der Bundespräsident eröffnete dem Verteidigungsminister, der Kanzler bezichtige ihn der Vorbereitung eines atomaren Angriffskrieges und habe daher erneut seine Entlassung beantragt. Strauß war fassungslos. Nur wenige Monate zuvor hatte ihn Adenauer verdächtigt, einen Staatsstreich zu planen. Und nun hieß es sogar, er bereite ein ungeheuerliches Kriegsverbrechen vor. Wutentbrannt marschierte Strauß mitsamt der Bonner CSU-Spitze ins Palais Schaumburg: „‚Herr Bundeskanzler, Sie werfen mir die Vorbereitung eines Präventivkrieges vor. Das ist eine ausgemachte Lüge, eine unerhörte Diffamierung. Wie kommen Sie zu dieser Behauptung?' Ich dachte mir, jetzt ist es ohnehin vollkommen gleichgültig, was du sagst, und habe den Bundeskanzler angenommen, wie kein Mensch glaubt, daß Adenauer jemals von einem seiner Minister angeredet worden ist. Ich war wütend und fest entschlossen, aufs Ganze zu gehen. Adenauer sagte: ‚Sie haben doch eine Denkschrift eingereicht, in der Sie den Präventivkrieg empfehlen.' – ‚Auch Ihnen, Herr Bundeskanzler, ist es nicht erlaubt, sich so töricht zu dieser Frage zu äußern. Sie wissen doch ganz genau, was ich Ihnen berichtet habe. Was mir die Amerikaner auf meine konkrete Frage über einen möglichen preemptive strike mitgeteilt haben, das haben im Verteidigungsrat die Generale Foertsch und Schnez in einem Vortrag erläutert. Sie haben über das Kriegesbild anhand der vertraulichen Informationen gesprochen, die man mir in Washington persönlich gegeben hat. In der Denkschrift steht, daß die Amerikaner einen Präventivkrieg unter allen Umständen ablehnen, daß sie sich aber den preemptive strike vorbehalten. Und das, was in der Denkschrift steht, stammt aus dem Pentagon, als Information, als Grundlage für unsere Überlegungen. Den Vortrag der Generale Foertsch und Schnez haben Sie selbst gehört, die schriftliche Ausarbeitung ist nur die exakte Wiedergabe des mündlichen Vortrages. Sie haben sie ja um Übermittlung des Textes gebeten, und meine Mitwirkung hat sich darauf beschränkt, daß ich in einem Anschreiben Sie von der Erfüllung Ihres Wunsches oder Ihres Auftrages unterrichtet habe.' Adenauer: ‚Ja, da steht das drinnen von dem Präventivkrieg.' – ‚Herr Bundeskanzler, das ist eine Lüge. Sie haben die beiden Schreiben.' Ich merke, wie Globke sich ver-

---

[229] Strauß, Franz Josef: Die Erinnerungen. Berlin 1998, S. 406.

färbt, er spürt, daß Adenauers Stellung nicht zu halten ist. Ich setze nach: ‚Ich verlange, daß die Denkschrift hier auf den Tisch gelegt wird, dann reden wir darüber. Das lasse ich mir nicht gefallen, daß Sie mich als Verbrecher hinstellen.' Globke eilt hinaus, bringt das Papier. ‚Herr Bundeskanzler, aus welcher Zeile dieser Denkschrift entnehmen Sie den Präventivkrieg?' Adenauer: ‚Globke, wo steht denn das?' Ich werde lauter: ‚Herr Bundeskanzler, da steht drin, daß ein Präventivkrieg ausgeschlossen ist. Offen bleibt die Möglichkeit eines preemptive strike. Herr Bundeskanzler, wer könnte denn einen solchen preemptive strike auslösen, den ich als möglich bezeichnet habe aufgrund der amerikanischen Information? Den kann doch nicht der deutsche Verteidigungsminister auslösen! Ich kann vielleicht ein paar verrückte Bataillonskommandeure anhalten, an der Grenze herumzuschießen, aber einen preemptive strike mit nuklearen Waffen, wie stellen Sie sich denn das vor? Nur der amerikanische Präsident kann diesen Befehl geben. Ich bin doch nicht der amerikanische Präsident!' Dann wurde ich beleidigend: ‚Wissen Sie was, Herr Bundeskanzler? Sie haben ein Lexikon aus dem Jahre 1890, als Sie in die Schule gegangen sind, dort steht das Wort preemptive strike noch nicht. Sie haben keine Ahnung, was preemptive strike bedeutet. Sie haben keine Ahnung von den Begriffen der modernen Verteidigungstechnik. Bevor Sie so absurde Vorwürfe erheben, sollten Sie mich fragen, was preemptive strike ist. Es steht sogar drin, in der Denkschrift, was das ist, und auch, daß es keinen Präventivkrieg gibt, steht ausdrücklich drin. Wie können Sie dann behaupten, daß ich einen Präventivkrieg will? Wenn Ihr Wissen nicht ausreicht, den Begriff preemptive strike zu verstehen, ist es Ihre Sache, Ihre Unzulänglichkeit. Aber das erlaubt Ihnen nicht, mir verbrecherische Pläne zu unterstellen.' Adenauer vollzog eine Kehrtwendung um 180 Grad: ‚Ja, dann ist die Angelegenheit damit erledigt. Ich nehme den Vorwurf zurück.'"[230]

Dies war bereits der zweite Anlauf des nachtragenden Kanzlers gewesen, Franz Josef Strauß aus Bonn zu vertreiben und seiner bundespolitischen Karriere ein jähes Ende zu setzen. Der Präventivkriegsvorwurf fungierte dabei nur als Vorwand. In Wahrheit lag Strauß nichts ferner, als eine Krise zu provozieren oder einen Krieg vom Zaun zu brechen. Im Gegenteil setzte er sich für Entspannung und Normalisierung der Verhältnisse zu den Ostblockstaaten ein. Im „Tagesspiegel" vom 28. März 1962 erklärte er, es sei sogar die endgültige politische Liquidation des Zweiten Weltkrieges möglich, falls sich in Moskau zwei Gesichtspunkte durchsetzten: „1. die Überzeugung, daß durch die Politik der Bundesregierung –

---

[230] Ebd., S. 406ff. Vgl. dazu auch: Siebenmorgen, Peter: Gesprächsbeitrag, in: Krieger, Wolfgang (Hg.): Adenauer und die Wiederbewaffnung. Rhöndorfer Gespräche, Band 18. Bonn 2000, S. 125–127, S. 125.

Vereinigung Europas und Solidarität der NATO – weder ein gewaltsamer noch ein politischer sowjetischer Vormarsch zum Atlantik möglich und damit das Ziel der Weltrevolution nicht mehr erreichbar ist, und 2. die Überzeugung, daß die Aufgaben und die Zukunft der Sowjetunion – auch im Verhältnis zu China gesehen – eine Normalisierung der Verhältnisse in Mitteleuropa wünschenswert machen. Wenn die Grundvoraussetzungen gegeben sind, die dem moralischen Anspruch auf Sicherheit und Selbstbestimmung Gesamtdeutschlands in einem vereinten friedlichen Europa gerecht werden, so erklärte Strauß, könne über alle anderen Probleme, die einer endgültigen Liquidierung des Zweiten Weltkrieges entgegenstehen, verhandelt werden. ,Hier wird sich der Bogen von der rein materiellen Liquidation bis zur Normalisierung der Verhältnisse zu den östlichen Nachbarländern spannen, wobei zum Beispiel ein starkes, friedliches Polen, das in freier Selbstbestimmung sein Leben gestalten darf, einen wesentlichen Faktor für ein ausgeglichenes, befriedetes Europa darstellt.' Strauß betonte, daß die deutsche Bereitschaft zur politischen Liquidierung des Zweiten Weltkrieges politische und materielle Opfer fordern würde. Wenn sich aber ein Status erreichen lasse, der es erlaube, einen Großteil der heute für Sicherheitszwecke auszugebenden Mittel einzusparen, dann könnten diese Gelder zur materiellen Liquidation des Zweiten Weltkrieges verwendet werden."[231] Damit trat Strauß deutlich vor Willy Brandt und Egon Bahr für Ausgleich, Entspannung und Normalisierung ein und bot der Sowjetunion eine mit finanzieller Wiedergutmachung verknüpfte Abrüstung an. Dies hielt die straußfeindliche Presse jedoch nicht davon ab, den Verteidigungsminister weiterhin als eine Gefahr für den Weltfrieden darzustellen. Unbeachtet blieb auch, daß Strauß die Soldaten der sowjetzonalen Volksarmee und die Angehörigen der Volkspolizei immer wieder aufforderte, so zu handeln, daß sie vor ihrem Gewissen bestehen könnten. Zum Weihnachtsfest 1961 rief er ihnen zu, sie sollten sich in dieser schweren Zeit ihren menschlichen Anstand und ihr kritisches Urteil bewahren. „Denken Sie daran, daß Sie eines Tages vor einem menschlichen Richter stehen können und auf alle Fälle einmal vor einem göttlichen Richter stehen werden!"[232] Die Weihnachtsbotschaft fordere alle Menschen auf, über den Sinn des Wortes „Ehre sei Gott in der Höhe und Friede den Menschen auf Erden" nachzudenken. Doch die Machthaber des DDR-Regimes waren nicht geneigt, über Gott in der Höhe oder den Frieden auf Erden nachzudenken und beantworteten den

---

[231] o.V.: Voraussetzungen eines Ausgleichs. Strauß über die Normalisierung des Verhältnisses zum Ostblock, in: Der Tagesspiegel vom 28.03.1962.

[232] Vgl. o.V.: Strauß appelliert an die Soldaten der Sowjetzone. „Bewahren Sie sich Anstand" / Ein tiefer Riß in der Volksarmee, in: Frankfurter Allgemeine Zeitung vom 23.12.1961. Vgl. dazu auch: o.V.: Strauß appelliert an die Soldaten der Sowjetzone, in: Frankfurter Allgemeine Zeitung vom 01.09.1962.

Aufruf mit der Veröffentlichung eines Heftes mit dem Titel „Strauß und Brandt mobilisieren die SS. Drahtzieher der Revanchehetze um Westberlin."[233]

Franz Josef Strauß hatte eine viel dünnere Haut, als allgemeinhin angenommen wurde. Verletzende Vorwürfe – und derer gab es viele – blieben jahrelang darin stecken. Im Rheinischen Merkur vom 6. Juli 1962 schrieb Adolf Süsterhenn: „Die persönliche Diffamierung des Gegners war schon im klassischen Altertum eine beliebte Form des politischen Kampfes. Daß die politischen Sitten inzwischen nicht besser geworden sind, sondern daß auch heute noch die Dreckschleuder in der Hoffnung bewegt wird, irgend etwas bleibe am politischen Gegner schon hängen, muß Bundesverteidigungsminister Franz-Josef Strauß in eigener Person zu Genüge erfahren, da er seit geraumer Zeit das Objekt einer weltweiten Diffamierungscampagne darstellt."[234] Unter der politischen Hexenjagd hatte auch seine im Grunde völlig unbeteiligte Familie zu leiden, wie seine Tochter Monika Jahre später zu berichten wußte: „Ich weiß von meiner Mutter Marianne Strauß, dass es für unsere Familie ausserordentlich schwierige Jahre waren. Als wir Kinder größer waren, hat sie uns immer wieder davon erzählt. Die Kampagnen gegen meinen Vater haben bei ihr tiefe Wunden hinterlassen. Ein ,normales' Leben mit drei kleinen Kindern – zu der Zeit lebten wir noch in Bonn – war zudem kaum mehr möglich. Beim Einkaufen würdigten sie manche Menschen keines Blickes mehr oder wechselten demonstrativ die Bürgersteigseite. Kleine Dinge, die den Alltag jedoch unerträglich machen können."[235] So mag es nicht verwundern, daß Strauß im Spätsommer 1962 in seiner nächsten Umgebung einen immer deprimierteren Eindruck hinterließ. Sein Presseoffizier Gerd Schmückle „beobachtete Stimmungsschwankungen, wie sie erfolgreiche Männer in der Lebensmitte heimsuchen, wenn sie glauben, ihrem Beruf zu viel geopfert zu haben. Öfter als nötig spielte er mit dem Gedanken, die Last des Amtes abzuwerfen und denen zu übergeben, die doch alles besser wüßten. Er träumte vom Leben eines Ministerpräsidenten oder gar eines einfachen Abgeordneten."[236] Dies war ein Traum, der schon bald Wirklichkeit werden konnte. Denn die Landesvorstandschaft der CSU gedachte Strauß anläßlich der im November anstehenden Landtagswahl als Ministerpräsidenten nach München zu holen. Die Bonner CSU-Landesgruppe hingegen wollte einen Weggang aus Bonn unbedingt vermeiden. Auch mehrere Generale und Generalinspekteure baten ihren Minister zu bleiben. Strauß selbst war unschlüssig. Sollte er

---

[233] Vgl. Nationale Front des demokratischen Deutschland (Hg.): Strauß und Brandt mobilisieren die SS. Drahtzieher der Revanchehetze um Westberlin. Berlin 1962.
[234] Süsterhenn, Adolf: „Großkorruptionär" Strauß?, in: Rheinischer Merkur vom 06.07.1962.
[235] Hohlmeier, Monika: Hass gegen meinen Vater geschürt. Der Spiegel, 56 (2002) H. 46, S. 38.
[236] Schmückle, Gerd: Ohne Pauken und Trompeten. Erinnerungen an Krieg und Frieden. Stuttgart 1982, S. 260.

zurück nach Bayern gehen und damit dem entwürdigenden Dauerbeschuß des „Spiegel" und anderer Blätter entgehen? Oder sollte er weiterhin Verteidigungsminister bleiben und Angriffe erdulden, „die weit das Maß überstiegen, das im politischen Geschäft üblich"[237] war? Wie wenig er zur Vermeidung weiterer Anwürfe und Diffamierungen beitragen konnte, hatte sich kurz zuvor während eines dienstlichen Aufenthaltes in den USA gezeigt, als plötzlich das Ableben seiner 85jährigen Mutter drohte. „Was sollen wir nun tun?", hatte sich seine Schwester Maria zu jener Zeit verzweifelt gefragt. „Holen wir ihn zurück, dann wird die Presse schreiben, daß er wegen seiner Privatinteressen die Dienstpflichten vernachlässigt. Holen wir ihn aber nicht zurück, und die Mutter lebt nicht mehr, wenn er kommt, wird es heißen, ‚er ist vom Ehrgeiz besessen, daß er die Mutter einsam sterben läßt.'"[238] Glücklicherweise gelang es Strauß, seine dienstlichen Aufgaben rasch zu erledigen und noch rechtzeitig am Sterbebett seiner Mutter einzutreffen.

Bonn oder München? Den Ausschlag gab Bundeskanzler Adenauer, der bereits zweimal versucht hatte, Strauß in die Verbannung zu schicken. Denn merkwürdigerweise war Adenauer plötzlich daran gelegen, Strauß in Bonn zu behalten. In mehreren Unterhaltungen machte er dies seinem Verteidigungsminister deutlich, ja er bat ihn geradezu, keine voreiligen Entschlüsse zu fassen.[239] Als Strauß sich daraufhin entschied, das Angebot der CSU-Landesvorstandschaft dankend abzulehnen, schrieb ihm Konrad Adenauer: „Lieber Herr Strauß, ich freue mich, daß Sie sich entschieden haben, in Bonn zu bleiben. Ich glaube, der Entschluß war richtig – und zwar in jeder Beziehung. In einem Gespräch, das ich am vergangenen Sonntag mit Herrn Stikker [Dirk Stikker, NATO-Generalsekretär] und General [Lauris] Norstad im Hause Stikkers am Comer See hatte, haben mich die Herren in dieser meiner Überzeugung noch bestärkt. Mit herzlichen Grüßen – auch an Ihre Frau – verbleibe ich Ihr Adenauer."[240] Ein denkwürdiger Sinneswandel des greisen Kanzlers, der nur wenige Monate zuvor gewagt hatte, Strauß die Planung eines Staatsstreiches und sogar die Vorbereitung eines atomaren Angriffskrieges anzuhängen, um dessen politische Karriere – zumindest auf Bundesebene – ein für allemal zu beenden. Warum also mochte er den bayerischen Löwen nun nicht friedlich ziehen lassen? Die plausi-

---

[237] Becker, Winfried: Franz Josef Strauß (1915–1988), in: Aretz, Jürgen; Morsey, Rudolf; Rauscher, Anton: Zeitgeschichte in Lebensbildern. Aus dem deutschen Katholizismus des 19. und 20. Jahrhunderts, Band 7. Mainz 1994, S. 227–255, S. 227.
[238] Zimmermann, Ulrich: Unvergessen, Franz Josef Strauß – das war sein Leben. 3. Auflage, Passau 1988, S. 40.
[239] Vgl. o.V.: Die Stellung von Strauß in der Union ist gestärkt, in: Frankfurter Allgemeine Zeitung vom 23.07.1962; o.V.: Adenauer warnt Strauß vor voreiligem Entschluß, in: Frankfurter Allgemeine Zeitung vom 19.07.1962, S. 3.
[240] Adenauer, Konrad: Brief an Franz Josef Strauß vom 18.09.1962. Stiftung Bundeskanzler-Adenauer-Haus, III/43.

belste Erklärung hierfür lautet: Konrad Adenauer wollte Franz Josef Strauß nicht nur loswerden, sondern endgültig diskreditieren. Schließlich hätte Strauß dem Regierungschef als bayerischer Ministerpräsident in vielerlei Hinsicht unangenehm werden können, denn in München wäre er kaum noch zu kontrollieren gewesen. Außerdem hätte er als Landesfürst beste Chancen gehabt, früher oder später Adenauers Nachfolger zu werden. Folglich dürfte der Kanzler darauf erpicht gewesen sein, daß Strauß Bonn erst verließ, wenn eine Rückkehr völlig ausgeschlossen war.[241] Nur die passende Gelegenheit zu Straußens Verbannung galt es noch abzuwarten. Noch vor Ablauf des Jahres sollte sie sich bieten.

Unmittelbar nach seiner Entscheidung, sich in Bonn weiterhin dem Verteidigungsressort zu widmen, verstärkte der „Spiegel" seine Anti-Strauß-Kampagne ein weiteres Mal. Daraufhin schrieb Strauß dem Bundeskanzler am 12. Oktober 1962: „Der Entschluß, auf eine Kandidatur als bayerischer Ministerpräsident zu verzichten, ist mir aus politischen wie persönlichen und familiären Gründen nicht leicht gefallen. Anderseits [sic!] wäre ich nicht gerne aus dem Bereich der internationalen militärpolitischen Diskussion und aus dem vertrauten engeren Kreis ausgeschieden. Ich glaube, daß wir mit der Entscheidung für Goppel eine brauchbare Wahl getroffen haben und daß wir gute Aussichten für die Landtagswahlen haben. Inzwischen haben – für mich nicht überraschend, weil zur Beeinflussung meiner Entscheidung angekündigt, – neue Angriffe gegen mich begonnen, die eine raffinierte Vermengung richtiger Details mit falschen Behauptungen und Kombinationen darstellen. Die hier angewandte Methode sollte Gegenstand einer ernsten Untersuchung und Ausgangspunkt energischer Maßnahmen werden. Der publizistische Terror ist genau so eine kriminelle Angelegenheit wie der gewaltsame. Besonders bezeichnend war die Festlegung, daß man diese Angriffe nicht unternommen hätte, wenn ich nach München gegangen wäre. Im übrigen kann man mit diesen Methoden <u>jeden</u> Minister angreifen und diffamieren. Die Frage ist nur, gegen wen diese Methoden angewandt werden und warum?"[242] Im Fall von Franz Josef Strauß lautete die Antwort: Weil Rudolf Augstein seinen Aufstieg zum Bundeskanzler aus persönlichen, politischen und pekuniären Gründen mit allen Mitteln verhindern wollte. Also setzte er seine in enger Zusammenarbeit mit dem „Stern", der „Süddeut-

---

[241] In den bisher erschienenen Publikationen wurde Adenauers ambivalente Haltung gegenüber Franz Josef Strauß vorwiegend mit parteipolitischen Motiven begründet, beispielsweise im Zusammenhang mit der FDP, die sich erneut als schwieriger Koalitionspartner erwies. Außerdem habe Adenauer den zunehmend eigensinniger werdenden Außenminister Gerhard Schröder kabinettsintern ausbalancieren müssen.

[242] Strauß, Franz Josef: Brief an Konrad Adenauer vom 12.10.1962. Stiftung Bundeskanzler-Adenauer-Haus, III/43. Vgl. dazu auch: Adenauer, Konrad: Brief an Franz Josef Strauß vom 16.10.1962. Stiftung Bundeskanzler-Adenauer-Haus, III/43.

schen", der „Frankfurter Rundschau" und einigen Sendeformaten der ARD initiierte Anti-Strauß-Kampagne fort und ließ zusätzlich zu den wöchentlichen Breitseiten eine Auswahl der bislang zur Fibag-Affäre erschienenen Karikaturen veröffentlichen. Bald darauf wurden auch aus anderen Federn stammende Anti-Strauß-Publikationen in Buchform gepreßt.[243] Mit dem Phänomen Strauß, so bemerkten vor allem feindlich gesinnte Autoren, ließ sich gutes Geld verdienen.

Aber nicht nur der Hamburger „Spiegel"-Redaktion und ihren publizistischen Mitläufern war Franz Josef Strauß ein Dorn im Auge, auch in Washington mehrten sich seit dem Amtsantritt John F. Kennedys seine Gegner. Denn Strauß machte keinen Hehl daraus, daß er an der Zuverlässigkeit der amerikanischen Sicherheitsgarantien seit geraumer Zeit zweifelte: „Die letzten kriegerischen Handlungen auf amerikanischem Boden ereigneten sich im Bürgerkrieg zwischen den Nord- und den Südstaaten in den Jahren 1861 bis 1865 oder, wenn man noch weiter zurückgehen will, bei der Zerstörung Washingtons im Jahre 1814 durch britische Soldaten. Seit dieser Zeit war das Territorium der USA nie mehr Kriegsschauplatz. Im Gegenteil, die Amerikaner waren die moralischen, politischen und militärischen Sieger in zwei Weltkriegen, ohne daß ein Ziegel von einem amerikanischen Dach gefallen wäre. Mit dem Aufkommen der Atommacht Sowjetunion und mit dem Start des sowjetischen Weltraumsatelliten ‚Sputnik' war für das amerikanische Bewußtsein hinsichtlich eines möglichen Krieges eine neue Zeit angebrochen. Die Vereinigten Staaten sahen sich plötzlich mit der Tatsache konfrontiert, daß ihr Territorium nicht mehr ‚sanctuary', unverletzlich war, sondern im Ernstfall Kriegsschauplatz sein könnte."[244] Da einer „massive retaliation" der Vereinigten Staaten, in denen beispielsweise in Pearl Harbor sehr wohl einige Ziegel vom Dach gefallen waren, nun offenbar ein nicht minder massiver Gegenschlag der Sowjetunion folgen konnte, tendierte die Kennedy-Administration mehr und mehr zu einer Strategie der „flexible response". Flexible militärische Antworten auf sowjetische Übergriffe erhöhten aber nach Ansicht von Franz Josef Strauß die Gefahr eines großen Krieges. Schließlich mußte einem Aggressor, der an Stelle einer massiven Vergeltung mit flexibler Erwiderung zu rechnen hatte, das Risiko eines Vorstoßes kalkulierbarer erscheinen. Ein zunächst unbedeutendes Scharmützel konnte sich bei entsprechender Überreaktion der Verteidiger schnell zum Dritten Weltkrieg aufschaukeln.

Im Rahmen ihrer neuen Strategie forderten die Amerikaner insbesondere die europäischen Verbündeten auf, ihre konventionellen Beiträge zu verstärken. Für die

---

[243] Vgl. SPIEGEL-Verlag (Hg.): ... mit und ohne Ausschuß. Karikaturen zur Fibag-Affäre. Hamburg 1962; Hermann, Lutz: Die Trommel im Ohr. Franz-Josef Strauß von Fall zu Fall. Bonn 1962; Kuby, Erich: Im Fibag-Wahn oder Sein Freund der Herr Minister. Reinbek bei Hamburg 1962.
[244] Strauß, Franz Josef: Die Erinnerungen. Berlin 1998, S. 394.

Bundeswehr bedeutete dies eine Aufstockung auf 750.000 bis 800.000 Mann, was Franz Josef Strauß, die „Inkarnation des deutschen Militarismus", entschieden ablehnte.[245] Eine derartige Vergrößerung der Bundeswehr war weder politisch durchsetzbar noch wirtschaftlich verkraftbar. Vor allem aber war sie militärisch unsinnig, da auch 800.000 deutsche Soldaten für die vielfache konventionelle Übermacht des Warschauer Pakts keine ernstzunehmende Abschreckung darstellten. Strauß: „1. Das oberste Ziel einer gemeinsamen Verteidigungspolitik müsse es sein, den Krieg als Mittel der politischen Auseinandersetzung ‚in jedweder Form mit geeigneten Mitteln unmöglich zu machen'. Das erfordere vor allem, daß es für einen potentiellen Angreifer kein kalkulierbares Risiko gebe, sondern daß er sich im Fall aggressiver Absichten einer Ungewißheit gegenübersehe, die ihn zwinge, auf die Anwendung von Waffengewalt zu verzichten. 2. Das nächste – ‚aber erst mit Abstand nächste – Ziel müsse es sein, einen trotzdem – aus welchem Grund auch immer – ausbrechenden Konflikt hinsichtlich seiner zeitlichen Ausdehnung, seines geographischen Umfangs und der Größenordnung der eingesetzten Streitkräfte unter Wiederherstellung des Status quo ante mit so geringen Schäden wie nur möglich zu beenden'. 3. Die militärtechnischen Bestrebungen müßten dahin gehen, ein ausgewogenes Verteidigungssystem ‚aus starken konventionellen und differenzierten atomaren Mitteln – beides moderner Art und gestaffelt von vorn nach hinten – verfügbar zu haben'. Ein solches System müsse dem Verteidiger die Freiheit in der Wahl der Mittel zur Erwiderung eines Angriffs lassen und trotzdem dem Angreifer keine Chance geben, sich an die Schwelle eines Risikos erst heranzutasten. ‚Dafür sind wir immer eingetreten, dafür werden wir auch in der nächsten NATO-Periode eintreten.'"[246] Außerdem wandte sich Strauß gegen die nun dank des amerikanischen Strategiewechsels erneut zu verzeichnende Tendenz, konventionelle Kriege angesichts der infernalischen Vernichtungsgewalt nuklearer Waffen als harmlos und riskierbar zu erachten: „Wenn Sie von konventionellen Mitteln sprechen, möchte ich daran erinnern, daß der erste und der zweite Weltkrieg rein konventionell geführte Kriege waren. Ich glaube, ihr Verlauf und ihr Endergebnis waren schrecklich genug. Deshalb würde ich eine Politik, die darauf abstellt, den Atomkrieg zu verhindern, und dafür die Möglichkeit konventioneller Kriege bewußt in Kauf nimmt, für außerordentlich gefährlich halten. Damit könnte die Entstehung von Kriegen vielleicht sogar erleichtert und begünstigt werden. Niemand hat ein größeres Interesse daran als wir, die Anwendung atomarer Waffen auf deutschem Boden zu verhindern. Niemand hat ein größeres Interesse daran, die Anwendung

---

[245] Vgl. Dormann, Manfred: Demokratische Militärpolitik. Die alliierte Militärstrategie als Thema deutscher Politik 1949–1968. Freiburg im Breisgau 1970, S. 214.
[246] Dalberg, Thomas: Franz Josef Strauß. Porträt eines Politikers. Gütersloh 1968, S. 198f.

dieser Waffen, wenn immer es möglich ist, auszuschalten. Aber es geht nicht darum, den Atomkrieg in Europa verhindern zu wollen, und das um den Preis zu tun, daß man dafür den konventionellen Krieg in jeder Größenordnung in Kauf nimmt. Die Aufgabe auf militärischem Gebiet heißt für uns, den Krieg, gleichgültig in welcher Form, zu verhindern. Das Schießen darf niemals mehr zum Mittel einer politischen Auseinandersetzung werden. Das Stopp-Schild an dieser Grenze ist die Doktrin der Abschreckung. Sie hat sich bereits bewährt."[247]

Trotz mehrerer Besuche in den USA ließen sich John F. Kennedy und dessen Verteidigungsminister Robert S. McNamara von Franz Josef Strauß und Konrad Adenauer, der den Amerikanern ebenfalls kein Vertrauen mehr entgegenbrachte, nicht von ihrer neuen Strategie abbringen. Statt dessen wurde dem deutschen Verteidigungsminister vorgeworfen, er bemühe sich nicht in ausreichendem Maße um die konventionelle Verteidigung seines Landes und verlasse sich zu sehr auf die amerikanischen Atomwaffen. Strauß: „Den Amerikanern genügte keineswegs, daß wir erst im Dezember 1961 die Dauer der Wehrpflicht von zwölf auf achtzehn Monate verlängert hatten. Auch mein Argument, daß Washington völlig falsche Vorstellungen von der deutschen Leistungsfähigkeit habe – finanziell, personell und strukturell –, beeindruckte nicht. Wenn es auch nicht offen gesagt wurde, so war doch zu spüren, daß McNamara und [Paul] Nitze, [McNamaras Staatssekretär,] mir und der Bundesregierung, für die ich stellvertretend als der böse Bube stand, schlechterdings den guten Willen absprachen. Ich war wieder einmal in der mir bekannten und vertrauten Lage – die Sowjets attackierten mich, weil ich angeblich eine auf Angriff ausgerichtete starke deutsche Armee haben wollte, die Amerikaner kritisierten mich, weil ich angeblich eine schwache deutsche Armee haben wollte, um die USA möglichst früh in einen nuklearen Schlagabtausch globalen Ausmaßes hineinzuziehen."[248]

Infolge mehrerer Gespräche dieser Art erkannte Strauß, daß es für Deutschland allmählich gefährlich wurde, vom guten Willen der Amerikaner abhängig zu sein. Schließlich gewährte ihm Washington nicht einmal in die atomare Zielkartei Einblick. Selbst die auf deutschem Boden liegenden Zielorte waren dem deutschen Verteidigungsminister nicht bekannt: „Auf den Flugplätzen, auf denen Atomwaffen der Amerikaner gelagert waren, standen jeweils zwei deutsche Jagdbomber, atomar munitioniert, 365 Tage rund um die Uhr startbereit; sie hatten deutsche Piloten. Zuerst handelte es sich um Bomber vom Typ F-84-F, später dann um Star-

---

[247] Strauß, Franz Josef: Abschreckung – echte Friedenspolitik, in: Bulletin des Presse- und Informationsamtes der Bundesregierung vom 14.06.1961, Nr. 107, S. 1031–1033.
[248] Strauß, Franz Josef: Die Erinnerungen. Berlin 1998, S. 400.

fighter." Diese „Alarmbomber mußten vom Alarm an in 600 Sekunden in der Luft sein. Amerikanisches Personal hätte im Ernstfall nach einem komplizierten Verfahren die Waffen einsatzfähig gemacht. Der Pilot, der bis zu diesem Augenblick nicht wußte, welches der vorgesehenen Ziele er anfliegen sollte, bekam, während er seine Maschine startklar machte, einen Umschlag überreicht, aus dem die Zielkoordinaten" hervorgingen. „Die Tatsache, daß ich die atomare Zielkartei für den Ernstfall nicht einmal kannte, wird ergänzt durch die Tatsache, daß ich nie einen der blauen Briefe, die unseren Piloten beim Alarmeinsatz überreicht wurden, in der Hand gehabt, geschweige denn gelesen habe. Die Übergabe der Briefe mit den Zielkoordinaten war eine Sache zwischen den Amerikanern und den Piloten. Auch der Führungsstab der Bundeswehr war nur zum Teil eingeweiht."[249] Ergo: Die Entscheidung über Leben und Tod des deutschen Volkes lag in den Händen von Politikern und Militärs anderer Länder. Strauß schlußfolgerte, die Bundesrepublik könne zwischen der sowjetischen Großmacht, die ihren Weltherrschaftsanspruch weiterhin aufrecht erhielt, und der amerikanischen Supermacht, deren nuklearer Schutzschild bereits erste Risse und Löcher zeigte, dauerhaft nur überleben, wenn der europäische Teil der NATO eine eigenständige Verfügungsgewalt über Kernwaffen erhielt.[250] Demgemäß sprach er sich fortan immer öfter für die NATO als vierte Atommacht neben den USA, Großbritannien und der Sowjetunion aus.[251] Seine Gegner interpretierten diese Forderung nur zu gern als machthungrigen Griff nach der Bombe, obwohl Strauß nach wie vor für eine integrierte europäische Verteidigung ohne nationale Alleingänge, aber eben mit souveräner atomarer Kompetenz plädierte.[252] Immer lauter und vernehmlicher wurde sein Ruf nach Beteiligung und Mitbestimmung, bis er schließlich am 6. April 1962 im Bundestag seine drei „essentials" verkündete: *Information* über Art und Lagerung der amerikanischen Nuklearwaffen in Europa, *Garantie*, daß die in Europa stationierten

---

[249] Strauß, Franz Josef: Die Erinnerungen. Berlin 1998, S. 417.
[250] Vgl. Strauß, Franz Josef: Verteidigung stärken, um zu verhandeln, in: Aussenpolitik, 12 (1961) H. 2, S. 77–81, S. 77.
[251] Vgl. Gallois, Pierre M; Modesti, Girolamo: Europas Schutz. Eine Lebensfrage der Sicherheit im Widerstreit der Meinungen. Karlsruhe 1962, S. 90; Gablik, Axel F.: Strategische Planungen in der Bundesrepublik Deutschland 1955–1967: Politische Kontrolle oder militärische Notwendigkeit? Nuclear History Programm (NHP): Baden-Baden 1996, S. 241.
[252] Vgl. Dittgen, Herbert: Deutsch-amerikanische Sicherheitsbeziehungen in der Ära Helmut Schmidt. Vorgeschichte und Folgen des NATO-Doppelbeschlusses. München 1991; Strauß, Franz Josef: Keine Isolierung zwischen Ost und West, in: Frankfurter Allgemeine Zeitung vom 10.04.1957; Strauß, Franz Josef: Sicherheit und Wiedervereinigung, in: Außenpolitik, 8 (1957) H. 3, S. 140–147; Strauß, Franz Josef: Die Garantie des Friedens, in: Der Europäische Osten, 4 (1958), H. 8, S. 451–453; Strauß, Franz Josef: Glaubhafte Sicherheit durch Abschreckung, in: Außenpolitik, 12 (1961) H. 8, S. 515–519; Osterheld, Horst: „Ich gehe nicht leichten Herzens ..." Adenauers letzte Kanzlerjahre – ein dokumentarischer Bericht. Mainz 1986, S. 130.

Nuklearwaffen nicht gegen den Willen der betroffenen Länder abgezogen werden, und ein *Mitspracherecht* ‚positiver und negativer Art' über den Einsatz von Kernwaffen, die auf eigenem Territorium stationiert sind."[253] Den Amerikanern, die Forderungen dieser Art entschieden ablehnten, wurde der unbequeme deutsche Verteidigungsminister zunehmend hinderlich. Sogar auf amerikanischem Boden hatte er sich im Rahmen öffentlicher Ansprachen bereits erlaubt, für die NATO als vierte Atommacht zu werben.[254] Außerdem wußte man in Washington aus zuverlässiger Quelle, daß Franz Josef Strauß entschlossen war, einen gegen den Willen der Bundesregierung befohlenen Einsatz der auf deutschem Boden stationierten Atomwaffen auf seine Weise zu unterbinden. Falls die Vereinigten Staaten nicht bereit waren, der Bundesrepublik ein wirksames Vetorecht einzuräumen, gedachte Strauß, den entsprechenden Einheiten der Bundeswehr einfach den Befehl zu geben, die Bewacher der amerikanischen Munitionslager zu überwältigen und den Einsatz der Atomwaffen somit zu verhindern.[255] Im Weißen Haus herrschte folglich kein Zweifel daran, daß Strauß, wenn er noch lange Verteidigungsminister blieb oder in absehbarer Zeit womöglich sogar das Amt des deutschen Bundeskanzlers eroberte, eine empfindliche Störung der amerikanischen Sicherheitspolitik darstellen würde. Um seinen Forderungen zunächst den Wind aus den Segeln zu nehmen, schlug Washington den Aufbau einer aus Schiffen, atomgetriebenen Unterseebooten und landgestützten Raketen bestehenden Multilateralen Atomstreitmacht (MLF) vor, die dem europäischen NATO-Oberbefehlshaber unterstellt werden sollte. Ein Vorschlag, den sogar Teile der SPD-Opposition guthießen. Doch genau wie Franz Josef Strauß, der weiterhin einer „Europäischen Nuklear-Streitmacht" (ENF) den Vorzug gab, erwartete, wurde er niemals in die Tat umgesetzt.

8. „Etwas außerhalb der Legalität"

Am 10. Oktober 1962 stand im „Spiegel" ein langatmiger Artikel mit dem Titel „Bedingt abwehrbereit" zu lesen, der all jene Schwachpunkte verriet, die während der kurz zuvor beendeten NATO-Übung „Fallex 62" zutage getreten waren.[256] Die pro-

---

[253] Nerlich, Uwe: Die nuklearen Dilemmas der Bundesrepublik Deutschland, in: Europa-Archiv, Zeitschrift für Internationale Politik, 20 (1965) Band 1, S. 637–652, S. 646. Vgl. dazu auch: Afheldt, Horst: Atomkrieg. Das Verhängnis einer Politik mit militärischen Mitteln. München 1987, S. 243.
[254] Vgl. Mahncke, Dieter: Nukleare Mitwirkung. Die Bundesrepublik Deutschland in der Atlantischen Allianz 1954–1970. Berlin, New York 1972, S. 111.
[255] Vgl. Bahr, Egon: Zu meiner Zeit. Berlin 1999, S. 203.
[256] Vgl. o.V.: Bedingt abwehrbereit, in: Der Spiegel, 16 (1962) H. 41, S. 32–53. Diese „Spiegel"-Ausgabe wurde bereits am Samstag, dem 8. Oktober 1962, also zwei Tage vor dem offiziellen Erscheinungstermin, verkauft.

funden Kenntnisse des hauptsächlich von Conrad Ahlers, dem stellvertretenden Chefredakteur des „Spiegel", recherchierten Artikels „Bedingt abwehrbereit" deuteten darauf hin, daß die detaillierte Analyse der angewandten Strategie und der simulierten militärischen wie zivilen Manöververluste auf geheimen Regierungsakten beruhte. Wenngleich über Verlauf und Ergebnis des Fallex-Manövers bereits von anderen Blättern berichtet worden war, warf die Lektüre der auffallend ausführlichen Reportage bei einigen Lesern die Frage auf, ob sich das Wochenmagazin mit der Veröffentlichung dieser offenbar aus Regierungskreisen stammenden Geheiminformationen des Landesverrats schuldig machte und wie es an die entsprechenden Unterlagen gelangt war.[257] Einem Würzburger Hochschullehrer und Obersten der Reserve ließ diese Frage keine Ruhe mehr. Auf seine Anzeige hin leitete die Bundesanwaltschaft Ermittlungen ein und erbat hierfür ein Gutachten des Verteidigungsministeriums. Diese Expertise, die, wie der Gutachter später vor Gericht eindeutig klarstellte, ohne Beteiligung von Franz Josef Strauß erstellt wurde, kam zu dem Ergebnis, daß ein Verrat militärischer Geheimnisse durch Bundeswehrangehörige vorliege.[258] Daraufhin ergingen aufgrund dringenden Verdachts des Landesverrates von der Bundesanwaltschaft am 26. Oktober 1962 mehrere Haft- und Durchsuchungsbefehle.

Als das Verfahren gegen den „Spiegel", mit dessen Ingangsetzung Franz Josef Strauß also nachweislich nichts zu tun hatte, eröffnet wurde, stand die Menschheit an der Schwelle des dritten und vermutlich letzten Weltkrieges. Nur wenige Wochen zuvor hatte die UdSSR begonnen, atomare Mittelstreckenraketen auf Kuba zu stationieren, die allesamt auf die USA gerichtet waren. Die von den landgestützten, schwimmenden und fliegenden Verbänden der Amerikaner völlig eingekreisten Sowjets hofften auf diese Weise ihre strategische Lage verbessern zu können. Vergeblich! Denn als kein Zweifel mehr bestand, daß die Russen ihre Raketen tatsächlich unmittelbar vor der Haustür der Vereinigten Staaten stationierten, forderte US-Präsident Kennedy den vollständigen Abzug der nuklearen Waffen und erklärte seine Bereitschaft, anderenfalls umfassende militärische Maßnahmen zu ergreifen.[259] Während im Deutschen Bundestag immer noch über die Fibag-Affäre diskutiert – und Strauß endgültig vom Vorwurf einer Verletzung sei-

---

[257] Vgl. Löffler, Martin: Der Verfassungsauftrag der Presse. Modellfall SPIEGEL. Karlsruhe 1963, S. 60; Ehmke, Horst: Mittendrin. Von der Großen Koalition zur Deutschen Einheit. Reinbek bei Hamburg 1996, S. 37.

[258] Vgl. Zimmermann, Ulrich: Unvergessen, Franz Josef Strauß – das war sein Leben. 3. Auflage, Passau 1988, S. 51.

[259] Letztlich lenkte Chruschtschow ein und zog die bereits stationierten Atomraketen wieder ab. Vgl. dazu: Löwenthal, Richard: Vom kalten Krieg zur Ostpolitik. Stuttgart-Degerloch 1974, S. 62; Maizière, Ulrich de: Zur Mitwirkung der Bundesrepublik Deutschland an der Nuklearstrategie der NATO (1955–1972), in: Bracher, Karl Dietrich; Funke, Manfred; Schwarz, Hans-Peter (Hg.): Deutschland zwischen Krieg und Frieden. Beiträge zur Politik und Kultur im 20. Jahrhundert. Bonn 1990, S. 277–290, S. 283.

ner Amtspflichten entlastet – wurde, stand die Welt am Abgrund eines Atomkrieges. Und das nicht zuletzt aufgrund der bedingten Abwehrbereitschaft der europäischen Verbündeten, mit deren Bekanntmachung einige Herausgeber vom Schlage Augsteins ihr Geld verdienten. Schließlich konnte dem „Spiegel" nicht verborgen geblieben sein, daß die internationale Lage seit längerem bedrohlich gespannt war und die Sowjetunion fieberhaft nach Sicherheitslücken suchte, um sich einen strategischen Vorteil zu verschaffen. In solchen Zeiten eine 21seitige Analyse über die Schwachstellen der westdeutschen Streitkräfte und damit der westeuropäischen Verteidigung in hunderttausendfacher Auflage zu verbreiten, war – wenn auch nicht juristisch, so aber doch moralisch – im höchsten Maße verwerflich.

Wie von der Bundesanwaltschaft angeordnet, stürmten am 26. Oktober 1962 um kurz nach 21 Uhr etwa fünfzig Polizisten die Hamburger „Spiegel"-Redaktion. In Augsteins Panzerschrank fanden sie zahlreiche amtlich eindeutig als „Geheim" gekennzeichnete Photos von militärischen Objekten, mehrere vertrauliche Briefwechsel und andere klassifizierte Unterlagen von höchster Bedeutung. Sogar jene nuklearen Zielkarteien, die nicht einmal der Verteidigungsminister zu Gesicht bekommen durfte, lagerten im Tresor des „Spiegel"-Herausgebers.[260] Mehrere Redakteure wurden umgehend verhaftet. Nur Rudolf Augstein, der an jenem Tag früher nach Hause gegangen war, und Conrad Ahlers, der sich auf einem Spanien-Urlaub befand, konnten nicht ergriffen werden. Bereits wenige Stunden später ergaben die Ermittlungen, daß Ahlers in Kürze nach Marokko zu fliegen gedachte.[261] Aus Sicht der Staatsanwaltschaft bestand also Flucht- und Verdunkelungsgefahr des wichtigsten Tatverdächtigen. In höchster Sorge um die Sicherheit des Landes kontaktierte Franz Josef Strauß den Bundeskanzler, um die brisante Situation zu beraten. Denn auf dem Höhepunkt der Kuba-Krise drohte der Verfasser des als landesverräterisch inkriminierten „Spiegel"-Artikels, der mit großer Wahrscheinlichkeit die dringend benötigte Auskunft über die undichte Stelle im Verteidigungsministerium geben konnte, in Tanger unterzutauchen. Angesichts der beklemmenden Vorstellung, möglicherweise bereits in wenigen Stunden militärische Maßnahmen für die Verteidigung West-Berlins oder gar der gesamten Republik ergreifen zu müssen, ohne die gefährliche Sicherheitslücke im Verteidigungsministerium, die Millionen von Bundesbürgern das Leben kosten konnte,

---

[260] Vgl. Krieger, Wolfgang: Franz Josef Strauß. Der barocke Demokrat aus Bayern. Göttingen, Zürich 1995, S. 50; Schöll, Walter (Hg.): Franz Josef Strauß. Der Mensch und der Staatsmann. Ein Porträt. Percha am Starnberger See 1984, S. 98f.

[261] Vgl. Seifert, Jürgen: Die SPIEGEL-Affäre, in: Kuby, Erich (Hg.): Franz Josef Strauß. Ein Typus unserer Zeit. Wien, München, Basel 1963, S. 233–314, S. 263.

geschlossen zu haben, wies der Kanzler seinen Wehrminister an, „ohne Ansehen von Namen und Person"[262] alles zu tun, „was er für möglich, für nötig und für verantwortlich halte"[263], um die bevorstehende Flucht des mutmaßlichen Vaterlandsverräters zu unterbinden. Adenauer war über die bevorstehende Amtshilfe zur Verhaftung Conrad Ahlers' also nicht nur umfassend informiert, er hat sie sogar ausdrücklich verlangt.[264] Schließlich war allem Anschein nach höchste Gefahr im Verzug. Nachdem Strauß sich nochmals der vollen Rückendeckung durch den Bundeskanzler versichert hatte, rief er um 1.25 Uhr den deutschen Militärattaché in Madrid, Oberst Achim Oster, an. In der festen Überzeugung, über die entsprechende Legitimation zu verfügen, sagte er: „Herr Oberst Oster! Ich komme soeben vom Bundeskanzler, und dies ist ein dienstlicher Befehl zugleich im Namen des Bundeskanzlers. Augstein ist in Kuba, und deshalb kann der Generalbundesanwalt nur durch Herrn Ahlers erfahren, wo das Loch im Verteidigungsministerium ist. Es ist von entscheidender Bedeutung, dass Ahlers so schnell wie möglich festgesetzt wird. Der Haftbefehl ist auf dem Interpolweg unterwegs."[265] Letzteres entsprach nicht der Wahrheit, denn der Haftbefehl wurde vom Bundeskriminalamt erst etwa 10 Stunden später aufgegeben. Dies konnte Strauß jedoch nicht ahnen, denn Staatssekretär Volkmar Hopf hatte ihn falsch informiert.[266] Oster erwiderte dem Verteidigungsminister, daß er sich in dieser Angelegenheit aufgrund der geltenden Bestimmungen nicht direkt an die spanischen Behörden wenden könne. Er werde sich aber an die dafür zuständige Konsularabteilung der deutschen Botschaft in Madrid wenden.[267] Daraufhin gelang es den spanischen Behörden noch in derselben Nacht, Conrad Ahlers in Torremolinos festzunehmen. Nachdem Strauß entsprechend unterrichtet worden war, ließ er sich gegen sechs Uhr in der Früh zu seinem Haus auf dem Venusberg fahren. Kaum hatte er den grauen Dienstwagen bestiegen, da schlug er sich mit unbändiger Freude auf die Schenkel und rief: „Die Schweine – jetzt haben wir sie endlich!" Anschließend berichtete er seinem Fahrer Otto Finger, was sich ereignet hatte. Der wichtigste Verräter sei in Spanien ergriffen worden, er und die anderen Beteiligten könnten bald vernom-

---

[262] Schwarz, Hans-Peter: Adenauer. Band 2: Der Staatsmann. 1952–1967. München 1994, S. 779.
[263] Bickerich, Wolfram: Franz Josef Strauß. Die Biographie. Düsseldorf 1996, S. 182.
[264] Vgl. Abs, Hermann J.: Gesprächsbeitrag, in: Schwarz, Hans-Peter (Hg.): Konrad Adenauers Regierungsstil. Rhöndorfer Gespräche, Band 11. Bonn 1991, S. 202–215, S. 212; Schwarz, Hans-Peter: Adenauer. Band 2: Der Staatsmann. 1952–1967. München 1994, S. 781.
[265] Ramge, Thomas: Die grossen Polit-Skandale. Eine andere Geschichte der Bundesrepublik. Frankfurt am Main, New York 2003, S. 79. Vgl. dazu auch: o.V.: „Augstein ist in Kuba", in: Der Spiegel, 51 (1997) H. 5, S. 102–109, S. 109.
[266] Vgl. Seifert, Jürgen: Die SPIEGEL-Affäre, in: Kuby, Erich (Hg.): Franz Josef Strauß. Ein Typus unserer Zeit. Wien, München, Basel 1963, S. 233–314, S. 267f.
[267] Vgl. Schmückle, Gerd: Ohne Pauken und Trompeten. Erinnerungen an Krieg und Frieden. Stuttgart 1982, S. 260.

men werden. Damit könne er, Strauß, endlich beweisen, daß es sich bei den „‚Spiegel'-Banditen" um vaterlandslose Gesellen handele, die erst Staatsgeheimnisse verraten und sich anschließend abgesetzt hätten.[268]

Wenig später mußte Strauß erkennen, wie sehr er sich mit seiner Einschätzung geirrt hatte. Rudolf Augstein war nicht nach Kuba geflüchtet, sondern hatte sich völlig unbehelligt in seiner Hamburger Wohnung aufgehalten. Und Ahlers war tatsächlich auf einer Urlaubsreise gewesen, als er in den frühen Morgenstunden geweckt und verhaftet wurde. Sein geplanter Flug nach Marokko sollte allein touristischen Zwecken dienen. Dementsprechend empört reagierten große Teile der Medien und der Öffentlichkeit auf jenen Vorfall, der bald als „Spiegel"-Affäre in die Geschichte der jungen Bundesrepublik eingehen sollte. Allgemeinhin war man der Ansicht, der „Adenauer-Staat" habe das kritische Magazin mundtot machen und aus Rache für die ungezählten Vorwürfe und Beleidigungen der vergangenen Jahre eliminieren wollen. Dementsprechend groß waren die für den „Spiegel" aufgebrachten Sympathien. Immerhin schien die Pressefreiheit auf dem Spiel zu stehen. Als dann Konrad Adenauer im Bundestag auch noch von einem „Abgrund von Landesverrat" sprach und die verhafteten Redakteure damit ebenso wie die im Zuge der Ermittlungen ebenfalls festgesetzten Bundeswehr-Offiziere unzulässigerweise vorverurteilte, brach ein öffentlicher Sturm der Entrüstung los, der nicht nur die üblichen linksliberalen Protestgruppen erfaßte. Die bereits seit 13 Jahren währende Ära Adenauer schien im Sog der „Spiegel"-Affäre ein jähes Ende zu finden. Jahre später erklärte Adenauer dem Journalisten und Fernsehmoderator Gerhard Löwenthal, sein Ausspruch sei mißverstanden worden. „Damals, so Adenauer, habe er aus einem zusammenfassenden Bericht über die Ergebnisse der Durchsuchung der Räume des ‚Spiegel' entnehmen müssen, daß Hunderte von geheimen und vertraulichen Informationen aus dem Regierungsbereich gefunden worden wären. Darauf und nicht etwa auf eine einzelne ‚Spiegel'-Veröffentlichung habe sich seine Bemerkung bezogen."[269] Zu Recht – denn später gab Conrad Ahlers zu, daß er von einem Obersten des Verteidigungsministeriums bereits seit März 1962 regelmäßig geheime Informationen erhalten habe und daß der Kontakt durch Josef Augstein, den Bruder des „Spiegel"-Herausgebers, hergestellt worden war.[270] Damit war der Tatbestand des Landesverrates eindeutig erfüllt.

Im Oktober 1962 lagen diese Informationen allerdings noch nicht vor. Dafür wurde bekannt, daß Franz Josef Strauß die Koordinierung der gemeinschaftlichen

---
[268] Interview mit Otto Finger am 15.09.2003 in Bonn.
[269] Löwenthal, Gerhard: Ich bin geblieben. Erinnerungen. 2. Auflage, München, Berlin 1987, S. 331.
[270] Vgl. Prittie, Terence: Konrad Adenauer. Vier Epochen deutscher Geschichte. Stuttgart 1971, S. 423.

Vorgehensweise von Verteidigungs- und Justizministerium an Justizminister Wolfgang Stammberger (FDP), der auch für die Bundesanwaltschaft zuständig war, vorbeigelenkt hatte. Nun wurde Strauß verdächtigt, die Rechtsstaatlichkeit mit Füßen getreten und seine Befugnisse eigenmächtig überschritten zu haben, getrieben von der ihm seit Jahren nachgesagten Machtbesessenheit. Vor dem Hamburger Untersuchungsgefängnis, in dem Rudolf Augstein einsaß, skandierten demonstrierende Studenten: „Jeder Bürger muß es schrei'n – Augstein raus, und Strauß muß rein!"[271] Dabei hatte Strauß nur auf den Rat von Reinhard Gehlen, dem Präsidenten des BND, gehört. Gehlen hatte Strauß informiert, Wolfgang Stammberger sei während des Zweiten Weltkrieges von einem Militärgericht wegen Unterschlagung und Urkundenfälschung verurteilt worden und der „Spiegel" habe belastendes Material gegen ihn gesammelt. Stammberger, dem dies bekannt sei, wäre folglich erpreßbar und damit ein potentielles Sicherheitsrisiko.[272] Daraufhin wies Strauß seinen Staatssekretär Volkmar Hopf an, sich mit dem Staatssekretär des Justizministeriums Walther Strauß in Verbindung zu setzen, um die Vorgehensweise direkt unterhalb der ministeriellen Ebene zu koordinieren. Auch hierzu gab Bundeskanzler Adenauer sein Einverständnis.[273] Doch Gehlen spielte eine Doppelrolle. Auf der einen Seite verführte er Strauß dazu, den Justizminister zu umgehen, auf der anderen Seite informierte er höchstwahrscheinlich die „Spiegel"-Redaktion über die bevorstehende Durchsuchung. Schließlich war der Verteidigungsminister seit längerem bemüht, die Befugnisse des bisher auf die Spionageabwehr beschränkten Militärischen Abschirmdienstes (MAD) auf Kosten des Bundesnachrichtendienstes (BND) zu erweitern.[274] Am liebsten hätte er den schwer kontrollierbaren BND vollständig durch einen eigenen Geheimdienst ersetzt. Damit hatte er sich neben dem politisch fast gemeuchelten Konrad Adenauer und der vor einem möglichen späteren Mehrheitswahlrecht zitternden FDP einen weiteren gefährlichen Feind geschaffen, der obendrein beste Kontakte zu den Vereinigten Staaten von Amerika unterhielt. Und die USA zählten, wie bereits dargelegt, ebenfalls nicht mehr zu den zuverlässigsten Freunden des Bonner Verteidigungsministers, der immer noch mit Nachdruck für eine von Washington unabhängige vierte Atommacht kämpfte. Daher kann als sicher gelten, „daß 1962

---

[271] Schmidt, Helmut: Weggefährten: Erinnerungen und Reflexionen. Berlin 1996, S. 232.
[272] Vgl. Hentschel, Volker: Ludwig Erhard. Ein Politikerleben. München und Landsberg am Lech 1996, S. 398.
[273] Vgl. Halter, Hans; Bönisch, Georg; Hinrichs, Per u.a.: Spiegel-Affäre. „Dummheiten des Staates", in: Der Spiegel, 56 (2002) H. 43, S. 62–86, S. 64.
[274] Vgl. Krüger, Dieter; Wagner, Armin (Hg.): Konspiration als Beruf. Deutsche Geheimdienstchefs im Kalten Krieg. Berlin 2003, S. 232; Zolling, Hermann; Höhne, Heinz: Pullach intern. General Gehlen und die Geschichte des Bundesnachrichtendienstes. Hamburg 1971, S. 277.

nicht nur der Spiegel-Herausgeber, sondern auch das Weiße Haus an der politischen Ausschaltung des Ministers interessiert gewesen waren."[275] Mitte November notierte der immer bestens informierte Heinrich Krone in sein Tagebuch: „Gehlen hatte am 17. Oktober von dem zu erwartenden Verfahren gegen den ‚Spiegel' durch Minister Strauß erfahren. Am 18. Oktober warnte Oberst Wicht vom Bundesnachrichtendienst in Hamburg den ‚Spiegel'."[276] Eine Warnung, auf die das Magazin klugerweise hörte. Im Kölner Stadt-Anzeiger vom 11. November 2002 stellte sich Eike Meyer, die langjährige Sekretärin des „Spiegel"-Herausgebers Augstein, einem Interview: „KStA: Sie haben die Spiegel-Affäre, als die Polizei die Redaktionsräume durchsuchte, hautnah miterlebt. Eike Meyer: Ja, das war am 26. Oktober 1962. Ich hatte mit meiner Mutter das Schauspielhaus besucht. Bei der Durchsuchung der Redaktionsräume war ich nicht dabei. Aber halten Sie sich fest: Die brisanten Rechercheunterlagen von Conrad Ahlers, der die Bundeswehr-Geschichte ‚Bedingt abwehrbereit' geschrieben hatte, lagen bei mir zu Hause. KStA: Wie bitte? Wie kamen die denn dorthin? Eike Meyer: Ahlers hatte mir Tage vorher, als er in den Urlaub nach Spanien gefahren war, einen verschlossenen Umschlag gegeben. Ich soll den mit nach Hause nehmen, hat er gesagt. Er hatte wohl eine Ahnung. Warum gerade ich den Umschlag bekommen hab', weiß ich nicht. Vielleicht weil unsere Büros Wand an Wand lagen. Ich versteckte die Papiere nicht einmal, ich hatte keine Ahnung, was da drinnen war. KStA: Wann haben Sie denn erfahren, was es mit dem Umschlag auf sich hat? Eike Meyer: Noch am selben Abend. Rudolf Augstein war zur Zeit der Durchsuchung nicht in der Redaktion anwesend. Sonst hätte die Polizei ihn auch direkt festgenommen. Er rief mich in der besagten Nacht an. Als ich ihm von Ahlers' Umschlag erzählte, sagte Augstein, dass die Polizei diesen wahrscheinlich suchen würde. Da wusste ich, was bei mir zu Hause lag: die Papiere, nach denen die Bundesanwaltschaft suchte, aus denen die Adenauer-Regierung den Vorwurf Landesverrat gestrickt hatte. Ich bekam schon etwas Angst. KStA: Wie ging die Geschichte weiter? Eike Meyer: Wir vereinbarten, dass Augsteins Bruder Josef, der neben Horst Ehmke sein Anwalt war, die heißen Unterlagen bekommen sollte. Mit ihm verabredete ich mich in einer der kommenden Nächte am Altonaer Bahnhof. Das war wie im Krimi. Ich versteckte Ahlers' Rechercheunterlagen unter der Fußmatte in meinem Auto. Da hatte ich unheim-

---

[275] Küntzel, Matthias: Bonn und die Bombe. Deutsche Atomwaffenpolitik von Adenauer bis Brandt. Frankfurt am Main, New York 1992, S. 64. Vgl. dazu auch: Brandstetter, Karl J.: Allianz des Mißtrauens. Köln 1989, S. 300ff; Bracher, Karl Dietrich; Eschenburg, Theodor; Fest, Joachim C.; Jäckel, Eberhard (Hg.): Geschichte der Bundesrepublik Deutschland. Band III: Schwarz, Hans-Peter: Die Ära Adenauer. Epochenwechsel 1957–1963. Stuttgart, Wiesbaden 1983, S. 295.

[276] Krone, Heinrich: Tagebücher. Zweiter Band: 1961–1966. Düsseldorf 2003, S. 115.

lich Angst. Aber alles ging letztlich gut."[277] Daß neben Eike Meyer auch „ein BND-Beauftragter während der Besetzung" der Redaktionsräume „außerdem noch kompromittierendes Material beiseite schaffte"[278], wurde erst 1982 bekannt.

Offenbar gab es also tatsächlich Material, das noch viel belastender gewesen wäre als jenes, das bei der Durchsuchung der „Spiegel"-Redaktion gefunden wurde. Geliefert hatte es laut Franz Josef Strauß ein Oberst namens Alfred Martin, der aufgrund seiner schweren Kriegsverletzung nicht zum Brigadegeneral befördert werden konnte. Da ihm ein Bein fehlte, war er nicht voll verwendungsfähig. Strauß: „Diese Ablehnung fraß innerlich an Martin. Dann wurde er angeblich zum Überzeugungstäter, und obwohl ich ursächlich mit seiner Nichtbeförderung nicht das geringste zu tun hatte, sah er nur noch ein Zerrbild – Strauß, der Atomwaffenpolitiker, Strauß, der Atomkriegstreiber, Strauß, der den ordentlichen Soldaten sozusagen das Gewissen stiehlt und sie zu unmoralischen Handlungsweisen verleiten will. Gegen diesen Strauß müsse mit allen Mitteln Widerstand mobilisiert werden. Hier bildete sich eine Fronde im Führungsstab der Bundeswehr, was ich jedoch erst im Zusammenhang mit der ‚Spiegel'-Krise in seiner ganzen Tragweite erfaßte. Oberst Martin war jener Gesinnungstäter, der dem ‚Spiegel' – außer dem klassifizierten Bericht über die Übung FALLEX 62 – wahrscheinlich auch die berüchtigte Zielkartei überließ."[279] Hinter Martin stand eine Gruppe von Offizieren, „die das Eindringen der Atomenergie in die militärische Welt für eine verdammenswerte und wieder zu eliminierende Angelegenheit hielt. Zu dieser konventionellen, restaurativen, traditionellen Gruppe gehörten zum Teil die alten Panzerfahrer, die verhinderten Guderians. Sie haben mich gehaßt wie die Pest wegen meines Standpunktes, daß der Krieg heute kein Mittel der Politik mehr sei, daß die atomare Abschreckung Vorrang habe, daß die konventionelle Kampfführung demgegenüber von minderrangiger Bedeutung sei. Der Vorwurf gegen mich lautete: Strauß degradiert uns Heeressoldaten zu Nachtwächtern auf seinen Atomflugplätzen. Wir brauchen weniger Flugzeuge, weniger Schiffe und mehr konventionelle Einheiten. In diesem Sinn schrieb der Dreisternegeneral Müller-Hillebrand aus Paris an den Generalinspekteur der Bundeswehr, General Foertsch. Der Inhalt dieses Briefes, den mir Foertsch vorenthalten hat, fand sich im Panzerschrank von Augstein, weil die reaktionäre Offiziersgruppe den ‚Spiegel' eingeschaltet hatte,

---

[277] o.V.: Augsteins ehemalige Sekretärin: „Das war wie im Krimi", in: Kölner Stadt-Anzeiger vom 11. November 2002.
[278] Bracher, Karl Dietrich; Eschenburg, Theodor; Fest, Joachim C.; Jäckel, Eberhard (Hg.): Geschichte der Bundesrepublik Deutschland. Band III: Schwarz, Hans-Peter: Die Ära Adenauer. Epochenwechsel 1957–1963. Stuttgart, Wiesbaden 1983, S. 272.
[279] Strauß, Franz Josef: Die Erinnerungen. Berlin 1998, S. 419.

um meine ‚Leben, Land und Volk bedrohende' atomare Planung zu Fall zu bringen."[280] Allerdings hatte der „Spiegel" augenscheinlich „soviel Instinkt, nicht alles zu veröffentlichen, was ihm zugespielt worden war. Hätte er alles publiziert, was nachher im Panzerschrank von Augstein gefunden wurde, dann wäre dieser unter fünf Jahren wohl nicht weggekommen."[281] Der „Spiegel" hatte offenbar nicht nur Instinkt, sondern auch gute Berater. Denn vor der Veröffentlichung des brisanten Artikels erkundigte sich Conrad Ahlers bei Helmut Schmidt, ob er „Bedingt abwehrbereit" für publizierbar halte. Schmidt riet von einer Veröffentlichung ab, „weil er an mehreren Punkten ‚Geheimhaltungsbedenken' hatte."[282] Die Polizei oder die Staatsanwaltschaft informierte der Hamburger Innensenator und SPD-Sicherheitsexperte hingegen nicht. Später behauptete der „Spiegel", er habe den Artikel vor der Veröffentlichung vom Bundesnachrichtendienst überprüfen lassen. Dabei sei der BND zu dem Ergebnis gekommen, „Bedingt abwehrbereit" beinhalte keine militärischen Geheimnisse von Rang – eine unzutreffende Behauptung, der Gehlen erst in seinen Memoiren widersprach.[283] Schenkt man dem damaligen Geheimdienstchef Glauben, so hat der „Spiegel" seinen Artikel also keineswegs zuvor auf die unverantwortliche Preisgabe von militärischen Geheimnissen prüfen lassen. Wenngleich sich die ganze Tragweite des doppelbödigen Spieles des verschlagenen BND-Präsidenten wahrscheinlich niemals mehr vollständig erschließen lassen wird, so spricht doch einiges dafür, daß Franz Josef Strauß dank Gehlens maßgeblicher Beteiligung in eine Falle gelockt wurde.

Anfang November 1962 geriet Strauß mehr und mehr unter Beschuß. Es war bekannt geworden, daß er bereits Tage vor dem 26. Oktober im Bonner Hotel „Bergischer Hof" sowie auf einem Empfang des Bundespräsidenten im Schloß Augustusburg in Brühl unter Alkoholeinfluß angekündigt hatte, bald würden wirkungsvolle Maßnahmen gegen den „Spiegel" ergriffen werden.[284] Nun, warum auch nicht? Schließlich war dem Verteidigungsminister gemeldet worden, daß eine Anzeige wegen Landesverrates vorlag und Experten seines Ministeriums mit dem Verfassen eines Gutachtens betraut worden waren. Wenngleich er das Gutachten nicht beeinflußt hatte, wird er dennoch gewußt haben, zu welchem Ergebnis es

---

[280] Dalberg, Thomas: Franz Josef Strauß. Porträt eines Politikers. Gütersloh 1968, S. 206.
[281] Strauß, Franz Josef: Die Erinnerungen. Berlin 1998, S. 419.
[282] Leugers-Scherzberg, August H.: Die Wandlungen des Herbert Wehner. Von der Volksfront zur Großen Koalition. Berlin, München 2002, S. 275.
[283] Vgl. Gehlen, Reinhard: Der Dienst. Erinnerungen 1942–1971. Mainz, Wiesbaden 1971, S. 290.
[284] Vgl. Weber, Petra: Carlo Schmid. 1896–1979. Eine Biographie. Frankfurt am Main 1998, S. 655. Vgl. dazu auch: Sommer, Theo: „Bald wird etwas passieren!" Nächste Woche: Wie die Affäre die Republik veränderte, in: Die Zeit vom 17. Oktober 2002; Henkels, Walter: Die leisen Diener ihrer Herren. Regierungssprecher von Adenauer bis Kohl. Düsseldorf, Wien 1985, S. 180.

gekommen war. Was sprach also dagegen, sich im kleinen Kreis darüber zu freuen, daß das verhaßte Nachrichtenmagazin, welches ihn mit unzähligen persönlichen Beleidigungen, verleumderischen Unterstellungen und rufschädigenden Behauptungen malträtiert hatte, bald eines schweren Verbrechens überführt und damit ein für allemal zum Schweigen gebracht werden würde? Bis auf den heutigen Tag wird gerne übersehen, was doch so offensichtlich ist: Franz Josef Strauß hatte zwar Kenntnis von dem Verfahren gegen den „Spiegel", aber er hat dieses Verfahren weder in Gang gesetzt noch in irgendeiner Form beeinflußt oder kontrolliert. Dies ist ein Faktum, das nicht einmal „Spiegel"-Autor Wolfram Bickerich leugnen konnte, dafür aber wortreich zu vertuschen suchte: Der „Urlaubsheimkehrer Strauß ergriff – so schildern es bisher alle einschlägigen Abhandlungen und auch der offizielle Bericht der Bundesregierung über die Affäre – die Chance, die sich ihm bot. Er bat am 16. Oktober den Staatssekretär, seine persönlichen Mitarbeiter, den mit dem Gutachten betrauten Oberregierungsrat Heinrich Wunder und dessen Chef, den Referatsleiter Hans-Günther Schwenk, zur Lagebesprechung in sein Zimmer. Wunder referierte, was er bisher an Verdachts- oder gar an ‚zum Teil äußerst wichtigen' Verratsmomenten eruiert hatte. Strauß gab Anweisung, alle sollten sich nun mit aller Kraft für die Unterstützung des Gutachters und seiner Expertise einsetzen, die wunschgemäß drei Tage später fertiggestellt wurde."[285] Laut Bickerich ließ Strauß sich also berichten und befahl, dem Gutachter jede notwendige Unterstützung zukommen zu lassen. Von einer Manipulation der Expertise oder einer anderweitigen Beeinflussung des Verfahrens ist hingegen keine Rede. Damit gesteht der „Spiegel"-Redakteur in seiner 1996 erschienenen Biographie nolens volens ein, daß Strauß sich im Zusammenhang mit der Erstellung des für die Haft- und Durchsuchungsbefehle ausschlaggebenden Gutachtens völlig korrekt verhalten hat.

Diese späte Erkenntnis nutzte Franz Josef Strauß im November 1962 jedoch wenig. Denn die Opposition im Bundestag wollte wissen, wie es zu Ahlers' Verhaftung gekommen war und welche Behörden daran beteiligt gewesen waren. Schließlich hatte sich inzwischen herausgestellt, was weder Adenauer noch Strauß hatten wissen können: Die Amtshilfe zur Festnahme Conrad Ahlers' war unrechtmäßig gewesen, da der vorgeschriebene Dienstweg nicht eingehalten worden war. Erschwerend kam hinzu, daß es sich um ein politisch motiviertes Vergehen gehandelt hatte. Außerdem hatten bundesdeutsche Behörden ihre Kontakte zur Polizei des spanischen Diktators Francisco Franco genutzt, was unangenehme Erinnerungen an die „Legion Condor" und die unheilvolle Kooperation von Berlin und

---

[285] Bickerich, Wolfram: Franz Josef Strauß. Die Biographie. Düsseldorf 1996, S. 170f.

Madrid zur Zeit des Dritten Reiches wachrief. Aufgrund der aufgeregten Berichterstattung entstand in der deutschen Öffentlichkeit allmählich der Eindruck, höchste Regierungsämter hätten die rechtsstaatliche Ordnung mißachtet, um ein mißliebiges Magazin mundtot zu machen. Die immer drängender werdenden Fragen nach den verantwortlichen Beteiligten wandelten die „Spiegel"-Krise unaufhaltsam in eine „Strauß-Krise", denn anstelle des mutmaßlichen Landesverrates wurden nun die bekanntgewordenen Verfahrensfehler in den Vordergrund des öffentlichen Interesses geschoben. Bislang hatte Franz Josef Strauß seine Beteiligung an Ahlers' Verhaftung verschwiegen, doch noch war es nicht zu spät. Mehrere Freunde und Kollegen rieten ihm, er solle die Gelegenheit nutzen und seine Beteiligung nun offen eingestehen, denn es sei an der Zeit, Farbe zu bekennen und Roß und Reiter zu nennen. Karl Carstens, zu jener Zeit Staatssekretär im Auswärtigen Amt und ständiger Stellvertreter des Bundesaußenministers, erklärte in einer Besprechung mit Bundeskanzler Konrad Adenauer, Innenminister Hermann Höcherl, Heinrich Krone und Hans Globke, „Strauß habe nicht korrekt gehandelt, da er sich unmittelbar an den deutschen Militärattaché in Madrid gewandt hatte. Weisungsberechtigt gegenüber der Botschaft Madrid sei in dieser Sache nur das Auswärtige Amt. Aber wenn Strauß sich in der fraglichen Nacht an mich gewandt hätte, hätte ich meinerseits die Botschaft Madrid über den in Deutschland gegen Ahlers ergangenen Haftbefehl unterrichtet. Ahlers wäre also auch dann verhaftet worden. Nach meinem Vorschlag sollte Strauß seinen formalen Fehler zugeben, in der Sache würde ich ihm volle Deckung geben."[286] Daraufhin beschworen Hermann Höcherl und Richard Stücklen ihren Freund und Parteikollegen Franz Josef Strauß, in der parlamentarischen Fragestunde vom 8. November eine Erklärung zu verlesen und die Motive seines Handelns offenzulegen. Er solle dem Parlament mitteilen, er „ginge davon aus, daß es, ob geschrieben oder nicht geschrieben, mit zu seinen Amtspflichten gehöre, alles zu unternehmen, die undichte Stelle seines Ministeriums ausfindig zu machen, um sie trockenzulegen."[287] Weiterhin solle er sich für die Überschreitung seiner Kompetenzen entschuldigen. Stücklen: „Es vergingen Stunden, bis wir Strauß soweit hatten, diese Erklärung abzugeben. Gegen 2 Uhr 30 morgens am 8. November war es soweit. Er hat uns zugesagt: Ja, er sieht zwar nicht ein, daß er falsch gehandelt habe, aber wenn man dies so auslegt, wie wir ihm das auch klar gemacht haben, dann sei er bereit, eine Erklärung in diesem Sinne abzugeben. Zu Beginn der Fragestunde am 8. November saß ich neben

---

[286] Carstens, Karl: Erinnerungen und Erfahrungen. Boppard am Rhein 1993, S. 237. Vgl. dazu auch: Carstens, Karl: Gesprächsbeitrag, in: Schwarz, Hans-Peter (Hg.): Konrad Adenauers Regierungsstil. Rhöndorfer Gespräche, Band 11. Bonn 1991, S. 218–221, S. 218.
[287] Stücklen, Richard: Mit Humor und Augenmaß. Geschichten, Anekdoten und eine Enthüllung. 2. Auflage, Forchheim 2001, S. 327.

Strauß auf der Regierungsbank. Ich wollte ihn ermuntern, diese Erklärung, wie wir sie in der Nacht zuvor abgesprochen hatten, abzugeben. Als die Fragestunde aufgerufen wurde, habe ich Franz Josef Strauß angestoßen und ihm noch gesagt: ‚Franz Josef, jetzt.' Leider hat er in dieser schicksalhaften Stunde nicht die Größe und den Mut aufgebracht, diese Erklärung abzugeben."[288]

Wie schon im Jahr zuvor, als er sich gemäß seinen Absprachen mit der FDP offen gegen Konrad Adenauer hätte stellen müssen, mangelte es ihm im entscheidenden Augenblick an der nötigen Courage. Nicht zu unrecht fürchtete er, seine Amtshilfe könnte als persönlicher Rachefeldzug gegen das verfeindete Wochenblatt fehlinterpretiert werden. Also schwieg er. Und als die ersten unangenehmen Fragen gestellt wurden, wich er aus: „Erler (SPD): Herr Minister, nachdem sich auf Grund Ihrer gestrigen Schilderung herausgestellt hat, daß das mit der Telefonbezeichnung ‚Interpol' an die spanischen Behörden gerichtete Telegramm erst nach der Festnahme von Ahlers dort eingegangen ist und dann die Grundlage bot für die Verhandlungen über die Art der ‚freiwilligen' Rückkehr und nachdem ja wohl die spanischen Behörden den Auftrag nicht von sich aus erfunden haben können, möchte ich von Ihnen gern wissen: wer hat auf wessen Weisung in welcher dienstlichen Zuständigkeit auf welcher Rechtsgrundlage und auf welche Weise (Zuruf von der CDU/CSU: Das sind fünf Fragen!) erstmalig und damit entscheidend von den spanischen Behörden die Festnahme des deutschen Staatsbürgers Ahlers erbeten? Höcherl, Bundesminister des Innern: Herr Kollege Erler, ich bin der Sache noch einmal in sehr mühsamer Arbeit nachgegangen und habe alle mir zur Verfügung stehenden Beamten, vor allem den Herrn stellvertretenden Präsidenten Dickopf und den Leiter der Einsatzgruppe bei der Sicherungsgruppe eingehend gehört. Ich muß wiederholen, was ich gestern gesagt habe, daß Herr Dickopf nicht, wie es von der spanischen Seite behauptet worden ist, früh um 2 Uhr – so hieß es ja in der ersten Meldung – telefoniert oder einen solchen Auftrag gegeben hat und daß auch Herr Saevecke das nicht gemacht hat. Ein Beamter steht noch aus, Herr Erler; er ist dienstlich im Ausland. Ich habe ihn zurückrufen lassen, konnte ihn aber noch nicht befragen. Es besteht also die Möglichkeit, ohne daß ich jetzt etwas Bestimmtes sagen könnte. Ich habe auch versucht, bei der Post nach den Telefonzetteln usw. zu ermitteln; das war aber in der ganz kurzen Zeit auch nicht festzustellen. Obwohl es gar nicht in meinem Dienstvertrag steht, daß ich jeden Tag bis 24 Uhr arbeiten muß, (Heiterkeit in der Mitte) habe ich bis abends 12 Uhr festzustellen versucht, ob nun an Hand eines Telefonnachweises usw. das genau festgestellt werden könnte. Das ist nicht möglich. Aber nach meinen Vermutungen

---

[288] Ebd. Vgl. dazu auch: o.V.: Höcherl spricht von „Aasgeiern". Der Minister stellt sich vor den CSU-Vorsitzenden Strauß, in: Die Welt vom 28.02.63.

besteht noch die Möglichkeit, die ich noch nicht so konkretisieren kann. Ich bin fortgesetzt an der Sache, um Ihnen die gewünschte ganz genaue Auskunft geben zu können. (...) Erler (SPD): Ist Ihnen etwas davon bekannt, oder haben Sie eine Vermutung, daß vielleicht der Militärattaché Oster diese Festnahme veranlaßt haben könnte? Höcherl, Bundesminister des Innern: Herr Kollege Erler, ich nehme an, daß Sie diese Frage an das zuständige Ressort richten wollen und daß der Herr Verteidigungsminister auf diese Frage antwortet. Erler (SPD): Bitte. Strauß, Bundesminister der Verteidigung: Ich kann auf diese Frage nach meinen Feststellungen folgendes antworten. Das Bundesverteidigungsministerium ist durch die Sicherungsgruppe des Bundeskriminalamtes am 27. Oktober zwischen 1 und 2 Uhr morgens wie folgt verständigt worden: Bei dem erfolglosen Versuch der Festnahme des Herrn Ahlers in seiner Hamburger Wohnung habe sich ergeben, daß sich Herr Ahlers in Spanien oder Tanger aufhalte. Der deutsche Militärattaché in Madrid sei über diese Reise unterrichtet. Auf dem Wege der Amtshilfe für die Strafverfolgungsbehörden hat das Verteidigungsministerium den Militärattaché in Madrid gefragt, ob diese Mitteilung zutreffe. Der Militärattaché bestätigte die Mitteilung, er könne aber nicht sagen, ob sich Herr Ahlers in Spanien oder Tanger aufhalte. Der spanische Aufenthaltsort des Herrn Ahlers sei ihm bekannt. Daraufhin wurde dem Militärattaché erklärt, daß gegen Ahlers ein höchstrichterlicher Haftbefehl wegen des dringenden Verdachts eines landesverräterischen Verbrechens vorliege. Der Haftbefehl sei mit Flucht- und Verdunkelungsgefahr begründet. Der Attaché wurde in der bei Behörden üblichen Weise angewiesen, diese Tatsache den spanischen Behörden mitzuteilen. Diese seien außerdem bereits auf dem polizeilichen Wege von dem vorliegenden Haftbefehl unterrichtet. Der Attaché sollte den spanischen Behörden den ihm bekannten Aufenthaltsort angeben. Er solle außerdem auch eventuelle polizeiliche Ersuchen bei der spanischen Behörde unterstützten."[289] Und weiter: „Dr. Mommer (SPD): Wer hat die Weisung an Herrn Oster gegeben, die Festnahme von Herrn Ahlers zu veranlassen? Strauß, Bundesminister der Verteidigung: In der Fragestellung steckt eine Behauptung, die in dieser Form wohl nicht zutrifft. (Beifall bei der CDU/ CSU. – Abg. Dr. Schäfer: Irgend jemand muß es doch gewesen sein! – Abg. Erler: Die haben doch den Auftrag nicht geträumt, Herr Minister!) Strauß, Bundesminister der Verteidigung: Eine deutsche Behörde kann diese Veranlassung überhaupt nicht treffen, weil alle Maßnahmen dieser Art nach dem in dem jeweiligen Lande geltenden nationalen Recht von der nationalen Behörde getroffen werden. (Abg. Erler: Wer hat denn die spanischen

---

[289] Fragestunde vom 8. November 1962 zur Festnahme des „Spiegel"-Redakteurs Ahlers in Malaga, in: Verhandlungen des Deutschen Bundestages, 8. November 1962, 46. Sitzung, 4. Wahlperiode, Stenographische Berichte Band 51, Bonn 1962, S. 2013–2026, S. 2013f.

Behörden aufgefordert? – Abg. Dr. Schäfer: Die Spanier haben es doch nicht von sich aus getan!) Vizepräsident Dr. Schmid: Meine Damen und Herren, wir müssen Ordnung halten in dieser Fragestunde. Strauß, Bundesminister der Verteidigung: Ich habe aber vorher in meiner Antwort vermerkt, daß die Sicherungsgruppe des Bundeskriminalamts das Bundesverteidigungsministerium in der Nacht zwischen 1 und 2 Uhr verständigt habe, daß sich bei der erfolglosen Festnahme des Herrn Ahlers ergeben habe, daß sich Herr Ahlers in Spanien oder Tanger aufhalte. Ferner wußte die Sicherungsgruppe bereits in der Nacht, daß der deutsche Militärattaché in Madrid über diese Reise unterrichtet war. Nun ist folgendes bekannt. Der Verfasser des Artikels, der immerhin wahrscheinlich im Mittelpunkt des Ermittlungsverfahrens steht, ist Herr Ahlers. Herr Ahlers war früher Pressereferent bei der sogenannten Dienststelle Blank. Herr Ahlers ist die wichtigste Auskunftsperson, nicht nur als Beschuldigter, sondern auch für die Informanten, die im Verteidigungsministerium eventuell Unterlagen oder Dokumente geliefert haben könnten. Wenn das Verteidigungsministerium diesem Hinweis nicht nachgeht, dann würde mit Recht der Vorwurf erhoben oder zumindest die Frage gestellt werden: Warum weiß der deutsche Militärattaché nichts von der Ausreise des Mannes, der am besten über Informanten Auskunft geben kann? Darum sind wir diesem Hinweis pflichtgemäß nachgegangen. (Beifall bei der CDU/CSU.) Vizepräsident Dr. Schmid: Zusatzfrage des Abgeordneten Ritzel. Ritzel (SPD): Ich weiß nicht, welchen der Herren Minister ich ansprechen soll. Die Frage, die ich zu stellen habe, ergibt sich aus einem heutigen Bericht in der Bonner oder Kölnischen Rundschau mit einer Fotokopie des Telegramms, das am 27. von Wiesbaden an die Interpol Madrid ergangen ist, und aus der Erläuterung, die der Informationsminister Spaniens dazu gegeben hat. Danach ist festzustellen – und ich frage nun: was kann die Bundesregierung dazu sagen? –, daß bereits 12 Stunden vor dem Eingang dieses Telegramms – das also jetzt zugegeben werden muß, denn es liegt in Fotokopie vor – der Bundeskriminalpolizei Wiesbaden an Interpol Madrid die Verhaftung des Herrn Ahlers erfolgt war. Wer, welche Stelle, welches Ministerium haben diese Verhaftung 12 Stunden vorher bereits bewirkt? Das ist bis jetzt noch nicht klar; ich bitte um Klarstellung."[290] Daraufhin antwortete Höcherl: „Ich habe schon erklärt, daß ich nun seit Stunden und seit Tagen und bis herein in die Morgenstunden von heute festzustellen versuche, wer noch zusätzlich von der Sicherungsgruppe – so wie das spanische Informationsministerium es behauptet – in der Frühe um 2 Uhr, also am 27., das wären diese 12 Stunden vorher – durchtelefoniert hat. Ich konnte es noch nicht feststellen, habe ich erklärt, weil ein entscheidender Beamter sich

---

[290] Ebd., S. 2014f.

dienstlich im Ausland befindet und von mir zurückgerufen worden ist. Ich muß annehmen, der Herr Verteidigungsminister hat in seinem Bereich solche Feststellungen getroffen. Ich muß annehmen, daß noch etwas dazwischen liegt, was, sobald es aufgeklärt ist, mit minutiöser Genauigkeit Ihnen und dem ganzen Hause bekanntgemacht wird."[291] Dr. Kohut (FDP): „Warum ist es eigentlich so maßlos schwer, von der Bundesregierung eine klare Auskunft darüber zu bekommen, auf welchem legalen Wege ein deutscher Staatsbürger im Ausland verhaftet wurde?"[292] Strauß: „Gerade angesichts der ungeheuren Bedeutung dieses Verfahrens" muß „hervorgehoben werden, daß es dem Verteidigungsministerium – ich darf das hier ganz offen und klar feststellen – nicht in erster Linie um Redakteure, sondern darum geht, daß die durchlässigen Stellen im Ministerium (Sehr gut! bei der CDU/CSU) in hohen Kommandobehörden oder anderswo endlich einmal bekannt werden, worum wir uns seit Jahren bemühen. (Lebhafter Beifall bei der CDU/CSU. – Zuruf von der CDU/CSU: Die fallen uns in den Rücken!) Aus diesem Grunde ist der deutsche Militärattaché" in der Nacht vom 26. auf den 27. Oktober „verständigt und gefragt worden, ob er etwas von dieser Reise wisse. Denn wenn Herr Ahlers – was in der Nacht in keiner Weise zu übersehen war – nach Marokko weitergereist wäre, ein Urlaubsziel, das er angegeben hatte, und nicht mehr zurückgekehrt wäre – was zu verhindern das Ziel der Bemühungen war –, dann wäre der Schatten eines Verdachts hängengeblieben, daß mit Hilfe einer Stelle oder einer Person aus dem Dienstbereich des Verteidigungsministeriums ein Mann nicht mehr zur Auskunft hätte veranlaßt werden können, der nach unserer Kenntnis der Dinge am besten über viele Informanten Bescheid weiß. (Beifall bei der CDU/CSU.) Ich glaube, unser Bemühen, nicht im eigenen Bereich – wenn der Verdacht landesverräterischer Verbrechen vorliegt – zu vertuschen, sondern auch nur jeden Ansatz aufzuklären, sollte gerade in diesem Hohen Hause honoriert werden. (Beifall bei der CDU/CSU.) Ich entsinne mich jetzt eines Zeitungsartikels, den ich vor wenigen Tagen gelesen habe. Aus ihm war zu entnehmen, daß mein britischer Kollege wegen eines Spionagefalles im Parlament heftig getadelt worden ist, nicht, weil er sich mit allen Mitteln bemüht hat, den Fall aufzuklären und weil er dabei alle ihm zu Gebote stehenden Möglichkeiten ausgenutzt hat, sondern weil man kritisiert hat, daß eventuell nicht alle Möglichkeiten ausgenutzt worden seien. (Hört! Hört! bei der CDU/CSU.) Ich wäre sehr dankbar dafür, Herr Kollege Metzger, wenn die Debatte einmal darum ginge – auch in der Kritik an mir und meinen Mitarbeitern –, ob alle Möglichkeiten ausgenutzt worden sind, um den Landesverrat zu verhindern, (Beifall bei der CDU/CSU) und nicht darum, wie in einem Not-

---

[291] Ebd., S. 2016.
[292] Ebd., S. 2017.

fall von den Dienststellen des Innenministeriums und von den Dienststellen des Verteidigungsministeriums verfahren worden ist."²⁹³ Daraufhin Metzger (SPD): „Ich stelle die Zusatzfrage, indem ich meine konkrete Frage wiederhole, ob nämlich Herr Oster veranlaßt hat, daß Herr Ahlers von der spanischen Regierung festgenommen wurde. Die Frage ist nicht beantwortet."²⁹⁴

Am 9. November 1962 konnte Strauß seine Position nicht mehr halten und mußte seine Beteiligung an Ahlers' Festnahme gegenüber den hartnäckig fragenden Abgeordneten der Opposition eingestehen. Landauf landab hieß es nun, er hätte das Parlament belogen – ein Vorwurf, den er mit aller Entschiedenheit zurückwies. Er habe allenfalls einen entscheidenden Aspekt der Wahrheit verschwiegen, da er sich nicht selbst belasten und auch nicht in ein laufendes Verfahren eingreifen wollte: „Widersprüche sind in der nachträglichen Darstellung eines so komplizierten Vorgangs, bei dessen Wiedergabe auch bestimmte Tendenzen zugrunde liegen mögen, selbstverständlich. Ich darf Sie an ein ganz einfaches Beispiel erinnern. Lassen Sie von vier Zeugen einen verhältnismäßig einfachen Verkehrsunfall vor Gericht rekonstruieren, und Sie werden erleben, daß alle subjektiv die Wahrheit sagen und trotzdem gewisse Widersprüche aufweisen. Und das führt mich zu der Feststellung, daß man zwischen Unrichtigkeit und Lüge endlich einmal den richtigen Unterschied ziehen muß. Lüge heißt, in Kenntnis der Wahrheit – also bewußt – die Unwahrheit sagen. Etwas Unrichtiges kann jeder sagen, der nach dem jeweiligen Stand seiner Erkenntnis das wiedergibt, was er weiß, aber später in Einzelheiten etwas korrigieren muß. Ich habe auch im Parlament das gesagt, was mir in diesem Augenblick – bei der nur kurzen Frist, die wir hatten – an Angaben zuverlässig erschien, und habe das nicht gesagt, was noch in Prüfung war."²⁹⁵ Friedrich Zimmermann vertrat die gleiche Ansicht: „Strauß hatte damals nicht gelogen. Aber man konnte es ihm anhängen, weil er aufgetreten war, als hätte er etwas zu verbergen. Nur: er hatte nichts zu verbergen, schon gar nicht etwas Rechtswidriges oder Unehrenhaftes, sein Verhalten war völlig korrekt gewesen, ebenso wie das seines Hauses, ebenso wie das der Bundesanwaltschaft."²⁹⁶ Und doch behauptete die gegnerische Publizistik mit unüberhörbarer Entrüstung, Strauß hätte „Ahlers in Spanien verhaften lassen". Nur Konrad Adenauer und Gerhard Schröder hätten den Verteidigungsminister von diesem Vorwurf entlasten können. Doch Adenauer zog sich wie üblich aus der Affäre und Schröder, auch nicht eben einer der besten

---

²⁹³ Ebd., S. 2019.
²⁹⁴ Ebd.
²⁹⁵ Bickerich, Wolfram: Franz Josef Strauß. Die Biographie. Düsseldorf 1996, S. 194f.
²⁹⁶ Zimmermann, Friedrich: Kabinettstücke. Politik mit Strauß und Kohl 1976–1991. München, Berlin 1991, S. 16.

Bundesverteidigungsminister Strauß während der Fragestunde des Deutschen Bundestages zur „Spiegel"-Affäre am 8. November 1962.

Freunde des Franz Josef Strauß, sprach von der „weißen Weste des Auswärtigen Amtes"[297], obwohl es die Konsularbeamten der deutschen Botschaft in Madrid gewesen waren, die den Kontakt zu den spanischen Behörden aufgenommen und die Verhaftung in die Wege geleitet hatten. Im Grunde hatte der deutsche Militärattaché nichts anderes getan, als auf Weisung des Bundesverteidigungsministers einer deutschen Behörde im spanischen Ausland Informationen über ein deutsches Ermittlungsverfahren zukommen zu lassen. Hätte Strauß diesen Sachverhalt frühzeitig bekanntgemacht, wäre ihm der Vorwurf, er habe den Bundestag und „die öffentliche Meinung Deutschlands und außerdem noch die spanische Regierung hinters Licht geführt"[298], zweifellos erspart geblieben. So aber hieß es nun, die Staatsmacht sei bei „Nacht und Nebel" überfallartig in die „Spiegel"-Zen-

---

[297] Schmückle, Gerd: Ohne Pauken und Trompeten. Erinnerungen an Krieg und Frieden. Stuttgart 1982, S. 266.
[298] Schmidt, Helmut: Weggefährten: Erinnerungen und Reflexionen. Berlin 1996, S. 233.

trale einmarschiert und habe das oppositionelle Magazin mit einem unverhältnismäßigen Polizeieinsatz mundtot machen wollen.[299] Von Machtmißbrauch und massiven Eingriffen in die Pressefreiheit war die Rede – obgleich die Staatsanwaltschaft rechtmäßige Haft- und Durchsuchungsbefehle erwirkt hatte. Es kam zu Massenkundgebungen, Protesten, Diskussionsveranstaltungen und studentischen Sitzstreiks. Nie zuvor hatte ein politisches Ereignis breiteres Interesse gefunden. Mitunter wurde die „Spiegel"-Affäre sogar mit der „Dreyfus-Affäre" verglichen, die in Frankreich von 1895 bis 1903 erhebliches Aufsehen erregt hatte.[300] Strauß, so war allenthalben zu vernehmen, hätte für den Rechtsstaat „weder Sinn noch Respekt"[301] und habe wissentlich gegen die Verfassung verstoßen, als er Justizminister Stammberger überging – dabei war der Staatssekretär des Justizressorts, also der unmittelbar nach dem Minister ranghöchste Beamte des Ministeriums, eingeweiht und vollständig informiert worden. Strauß: „Ich bin damals behandelt worden wie ein Jude, der es gewagt hätte, auf dem Reichsparteitag der NSDAP aufzutreten. Es gab Anzeichen eines ausgesprochenen Massenwahns – ohne Rücksicht auf die Fakten wurde für den ‚Spiegel' und damit gegen mich agiert und agitiert. Unter einer Woge einseitiger Stimmungsmache sollte der Kern der Affäre verborgen werden, nämlich der ungeheuerliche Verrat brisanter militärischer Geheimnisse durch Augsteins Blatt."[302] Noch 30 Jahre nach den staatsanwaltschaftlich angeordneten Maßnahmen ließen sich in der Literatur Formulierungen und Behauptungen finden, die das von der straußfeindlichen Publizistik gezeichnete Zerrbild munter weiterkolportierten. So habe die „Spiegel"-Affäre, „Straußens versuchter kleiner Staatsstreich"[303], bei der „Verteidigungsminister Franz Josef Strauß 1962 eine illegale Durchsuchungsaktion in den Räumen des bekanntesten deutschen Nachrichtenmagazins anordnete"[304], deutlich gemacht, „wie schnell der Polizeiapparat zu handeln bereit war, wenn ein Minister auch nur den Finger rührte."[305] Strauß vertrat hierzu bis an sein Lebensende freilich eine abweichende

---

[299] Vgl. Hoffmann, Jochen; Sarcinelli, Ulrich: Politische Wirkungen der Medien, in: Wilke, Jürgen (Hg.): Mediengeschichte der Bundesrepublik. Bonn 1999, S. 720–748, S. 725. Vgl. dazu auch: Geppert, Dominik: Die Ära Adenauer. Darmstadt 2002, S. 137.

[300] Vgl. Gilcher-Holtey, Ingrid: Vorwort, in: Liehr, Dorothee: Von der Aktion gegen den SPIEGEL zur SPIEGEL-Affäre. Zur gesellschaftspolitischen Rolle der Intellektuellen. Frankfurt a. Main 2002, S. 9.

[301] Augstein, Rudolf: „Deutscher Berlusconi", in: Der Spiegel, 48 (1994) H. 15, S. 26.

[302] Strauß, Franz Josef: Die Erinnerungen. Berlin 1998, S. 469.

[303] Fischer, Joschka: Raufbolzen und Lästermaul. Der Grünen-Politiker Joschka Fischer über „Mittendrin", die Memoiren des Horst Ehmke, in: Der Spiegel, 48 (1994) H. 11, S. 54–59, S. 54.

[304] Markovits, Andrei S.; Gorski, Philip S.: Grün schlägt Rot. Die deutsche Linke nach 1945. Hamburg 1997, S. 80.

[305] Valentin, Veit: Geschichte der Deutschen. Beigefügtes Werk: Klöss, Erhard: Deutsche Geschichte 1945–1990. Köln 1991, S. 701.

Auffassung: „Dank der durch die pseudoliberale Negertrommel einer gewissen Negativpublizistik betriebenen Tatsachenverfälschung hat sich die Vorstellung festgefressen, daß durch Organe des Verteidigungsministeriums, alias Militärpolizisten, unschuldige Redakteure verhaftet wurden und ihre Redaktion bei Nacht und Nebel auf den Kopf gestellt worden ist. Diese Meinung hält sich, vor allem im Ausland, wie eine biblische Legende. Dazu wäre anzumerken: 1. Niemand will von diesen Leuten zur Kenntnis nehmen, daß hier vom Ermittlungsrichter des höchsten deutschen Gerichtshofes Haftbefehle ausgestellt worden sind. Ein solcher Haftbefehl kann zu Recht oder zu Unrecht ausgestellt sein, aber daß der Ermittlungsrichter beim Bundesgerichtshof zur Unterstützung der Privatrache Strauß kontra Augstein Haftbefehle ausstellt, das kann doch nur jemand glauben, der die Hose mit der Beißzange anzieht. 2. Man nimmt nicht zur Kenntnis, daß das Ermittlungsverfahren der Bundesanwaltschaft schon tagelang lief, bevor ich die betreffende ‚Spiegel'-Nummer überhaupt in die Hand bekam, weil ich noch in Urlaub in Frankreich war. 3. Der Gutachter des Verteidigungsministeriums, Regierungsdirektor Wunder, hat in einer mehrstündigen Einvernahme vor dem Bundesverfassungsgericht, ausgequetscht wie eine Zitrone, erklärt, er habe für die Abfassung des Gutachtens außer dem Auftrag zur Abfassung keinerlei Weisungen oder Direktiven bekommen. Niemand habe den Inhalt des Gutachtens beeinflußt. In dem Gutachten habe sich ausschließlich seine in langjähriger Praxis als Staatsanwalt und seine in Staatsschutzsachen im Ministerium erworbene Erfahrung niedergeschlagen. 4. Das Bundesverfassungsgericht hat [in einem späteren Verfahren] mit einstimmigem Votum festgestellt, daß das Verteidigungsministerium das Verfahren weder in Gang gesetzt noch aus unsachgemäßen Motiven gefördert habe."[306]

Auch zur Verhaftung Conrad Ahlers', die ebenso wie die Durchsuchung der „Spiegel"-Redaktion in einem späteren Gerichtsverfahren genauestens durchleuchtet wurde, wußte sich Strauß zu erklären: „In der Sache ‚Festnahme von Ahlers' stand damals Rechtsauffassung gegen Rechtsauffassung. Was die Bonner Staatsanwaltschaft sagte, war nach Meinung meiner Berater und nach meiner Meinung einfach falsch. Die Staatsanwaltschaft vertrat den Standpunkt, wir hätten einen von deutschen Gerichten erlassenen Haftbefehl auf spanischem Boden vollzogen. Der Vollzug eines deutschen Haftbefehls könnte nur durch deutsche Organe geschehen – wir hätten also Feldjäger nach Spanien schicken und Ahlers festnehmen lassen müssen. Das ist nicht erfolgt. Die spanische Polizei hat Ahlers festgenommen. Sie steht in keinem Abhängigkeitsverhältnis zu einer deutschen Behörde. Also kann

---

[306] Dalberg, Thomas: Franz Josef Strauß. Porträt eines Politikers. Gütersloh 1968, S. 203f.

die spanische Polizei nicht einen Auftrag ausführen, sondern sie kann nur eine Bitte erfüllen oder nicht erfüllen, jemanden vorläufig festzunehmen, weil er in Deutschland unter Haftbefehl steht und am nächsten Tag nach Marokko auszureisen droht. Wenn aber die spanische Polizei jemanden vorläufig festnimmt, dann tut sie das auf ihrem Hoheitsgebiet, auf Grund ihrer eigenen Zuständigkeit, im Rahmen ihrer Vollmachten und nach eigenem Ermessen handelnd. Keine deutsche Behörde hat die Möglichkeit, einem spanischen Polizisten zu sagen: ‚Da, nehmen S' den fest!' Geprüft wurde schließlich auch die Frage, ob die spanische Polizei getäuscht worden sei. Wir haben ihr nur gesagt, daß Ahlers unter Haftbefehl steht, und zwar wegen des dringenden Verdachts des militärischen Landesverrats, und daß er am nächsten Tag von Gibraltar aus nach Marokko fliegen will. Die Flugkarten dazu hatte er in der Tasche. Und wir haben ausrichten lassen, uns wäre es angenehm, wenn Ahlers festgehalten werden könnte, bevor er uns entschwindet. Von Täuschung also keine Rede. Die Bonner Staatsanwaltschaft schloß sich dieser Auffassung nicht an, sie zog sich auf die salomonische Formel zurück, es liege objektiv Amtsanmaßung und Freiheitsberaubung vor, subjektiv aber nicht. Das Verfahren gegen mich wurde eingestellt. Das muß man sich einmal vorstellen: Eine Staatsanwaltschaft, die ein Strafverfahren einleitet, weil ein unter Haftbefehl des Bundesgerichtshofes stehender, zufällig im Ausland befindlicher Deutscher vorläufig polizeilich festgenommen wird!"[307]

Außerordentlich zornig war Franz Josef Strauß nicht nur auf die „publizistische Negertrommel", die den Takt zur nationalen Hexenjagd schlug. Auch an Bundeskanzler Adenauer entlud er seinen Groll. Am 19. November 1962 schrieb Strauß, der in den letzten Wochen „einen Großteil der gegen Konrad Adenauer gerichteten Anwürfe auf sich gezogen" hatte, dem Regierungschef deutliche Zeilen:[308] Wenn man mir vorwirft, „dass ich selbst nicht sofort gewisse Einzelheiten der Öffentlichkeit mitgeteilt und im Parlament erst den Sachverhalt nach und nach und das noch unvollständig geschildert hätte, so darf ich dazu bemerken, dass es weder mein Recht noch meine Pflicht war, Einzelheiten aus einem streng geheimen Staatsvorgang, der im übrigen in der Hand des Generalbundesanwaltes liegt, von mir aus der Öffentlichkeit mitzuteilen." Und ich „darf hier nochmals bemerken, dass ich nicht durch eine Anzeige oder durch eine andere Veranlassung das Verfahren der Bundesanwaltschaft ausgelöst habe, sondern dass der Generalbundesanwalt ex officio das Verfahren eingeleitet hat. Ausschliesslich darauf bezieht sich meine Erklärung, dass ich mit der Angelegenheit nichts zu tun habe. Denn bereits im

---

[307] Ebd., S. 204f.
[308] Vgl. Klein, Hans: Ludwig Erhard. Ein biographischer Essay, in: Klein, Hans (Hg.): Die Bundeskanzler. 2. Auflage, Berlin 1994, S. 91–164, S. 126.

nächsten Satz dieser Erklärung habe ich wahrheitsgemäss festgestellt, dass das Verteidigungsministerium Amtshilfe geleistet hatte, wozu es verpflichtet war und eigens ersucht wurde. Die Einzelheiten der Amtshilfe wurden von Staatssekretär Hopf geregelt." Außerdem, so fuhr Strauß in seinem Schreiben an den Bundeskanzler fort, müsse die Rolle des BND aufgeklärt werden: „Ich habe am 17. Oktober 1962 den Präsidenten des BND unter vier Augen verständigt, dass der Generalbundesanwalt ein Ermittlungsverfahren gegen Spiegel-Redakteure wegen Landesverrats eingeleitet habe und dass Gutachter aus dem Dienstbereich des Verteidigungsministeriums dem Generalbundesanwalt dazu ein Gutachten erstatten sollen. Am 18. Oktober hat Oberst Wicht, Mitarbeiter des BND, nach der Mitteilung des Generalbundesanwalts dem SPIEGEL eine Warnung zukommen lassen. Ihnen gegenüber hat der Präsident des BND festgestellt, dass er seinen Vizepräsidenten und einen weiteren Mitarbeiter hohen Ranges informiert habe. Nach meiner Kenntnis haben beide bei der Vernehmung durch den Generalbundesanwalt abgestritten, vom Präsidenten des BND über die Einleitung eines Ermittlungsverfahrens verständigt worden zu sein. Der Präsident des BND hält auch diese Behauptung nicht mehr aufrecht, sondern deutet an, dass Herr Wicht von anderer Seite informiert worden sein könnte, z.B. aus dem Verteidigungsministerium." Und weiter: „Die Tatsache der Einleitung eines Ermittlungsverfahrens und die bevorstehende Erstattung eines Gutachtens schien mir von so weittragender politischer Bedeutung zu sein, dass ich Sie am Donnerstag, den 18. Oktober, abends 18.00 Uhr verständigte und mit Ihnen die Angelegenheit eingehend besprochen habe. Ich weiss nicht, ob ein Minister eines anderen beteiligten Ressorts Sie informiert hat. Im Zweifelsfall hätte es der Justizminister tun müssen, denn dem Justizminister war die Einleitung eines Ermittlungsverfahrens und das Gutachtenersuchen bekannt. Ich jedenfalls war und bin der Auffassung, dass der Verteidigungsminister gemäss GGO den Bundeskanzler, wenn es sich um den Verdacht des Verrats militärischer Geheimnisse handelt, informieren muss. Denn diese Angelegenheit geht den Regierungschef noch mehr an als die zuständigen Ressortminister. Sie haben meine Information entgegengenommen und erklärt, dass ich alles, was zur Aufklärung des Verrats militärischer Geheimnisse notwendig ist, veranlassen und dabei ohne Ansehen von Namen und Person vorgehen solle. Ausserdem haben Sie mich ersucht, Sie auf dem laufenden zu halten. Wir waren uns beide darüber einig, dass der Kreis der einzuweihenden Personen auf das dienstlich unumgänglich notwendige Mass beschränkt werden müsse, weil sonst ein Verrat zu befürchten sei. Wie berechtigt diese Befürchtung war, ergibt sich aus dem Verhalten des Oberst Wicht. Ausserdem habe ich bei dieser Besprechung Ihnen die schwerwiegenden Bedenken gegen die Personen des Bundesjustizministers, die mir bekannt geworden seien, mitgeteilt und darauf hingewiesen, dass nach meiner Information der

,SPIEGEL' hier Einzelheiten kenne, die sicherlich gegen Minister Stammberger gebraucht werden könnten. Denn ich wisse aus eigener Erfahrung, dass der SPIEGEL aus nichts vieles und aus einer Kleinigkeit alles machen kann. Sie haben dafür volles Verständnis gezeigt, ohne dass ich diesem unter ,streng geheim' laufenden Brief Näheres anvertrauen möchte. Am Montag, den 22. Oktober, habe ich Sie telefonisch auf der Sonderleitung verständigt, dass das Gutachten, das ich im übrigen weder damals noch bis zur Stunde gelesen habe, beim Generalbundesanwalt abgeliefert sei und dass Staatssekretär Hopf Einzelheiten, auch die grundsätzliche Frage der Amtshilfe, in Karlsruhe besprochen habe. Ich habe Ihnen weiter mitgeteilt, dass ich die Angelegenheit für schwerwiegend halte, weil sie an den Grundfesten unseres Staates rühre. Das trifft jetzt nach den Eindrücken und Erlebnissen der letzten Tage noch mehr zu, als ich damals geahnt hätte. Ich habe Sie weiter gefragt, ob Sie als Bundeskanzler und Regierungschef mit Ihrer vollen Autorität die Massnahmen, die zur Strafverfolgung der Beschuldigten und zur Aufdeckung des Sachverhalts notwendig sind, decken und ob ich mich darauf verlassen und im gegebenen Falle berufen könne. Sie haben diese Frage mit ja beantwortet und hinzugefügt, dass ich jederzeit sogar eine schriftliche Bestätigung von Ihnen darüber haben könnte. Ich habe erwidert, dass mir das klare Wort des Regierungschefs genüge und dass ich deshalb auf eine schriftliche Bestätigung verzichte. Im Vertrauen hierauf habe ich in Ergänzung dessen, was Staatssekretär Hopf auf seiner Ebene tun konnte, gehandelt und das nach bestem Wissen und Gewissen im Bewusstsein der Verpflichtung, die wir für die Sicherheit unseres Staates haben. (...) In der Nacht vom 26. zum 27. Oktober habe ich Sie, nachdem mich Staatssekretär Hopf von dem Anlaufen der bundesanwaltschaftlichen Massnahmen unterrichtet hatte, in Rhöndorf angerufen und davon unterrichtet. Sie haben um laufende Informationen in den folgenden Tagen ersucht und Ihren bei den vorerwähnten Gesprächen betonten Standpunkt bekräftigt. Ich darf abschliessend bemerken, dass in mindestens zwei Phasen des Ablaufs der Dinge echte Gewissensnotstände eingetreten sind." Abschließend schrieb Strauß: „Ich stehe für das ein, was ich getan habe, einschliesslich der möglichen Konsequenzen, die sich daraus ergeben können, muss aber auch Sie, Herr Bundeskanzler, bitten, in dieser schwerwiegenden Angelegenheit die Gesamtheit der Dinge in Ihr Urteil einzubeziehen und danach zu verfahren. Jetzt ist Ihre Stunde gekommen, weil die ganze Regierung und unsere ganze Politik angesprochen sind und auf dem Spiele stehen. Mit freundlichen Grüssen Ihr sehr ergebener Strauß."[309]

---

[309] Strauß, Franz Josef: Brief von Bundesverteidigungsminister Dr. h.c. Franz Josef Strauß an Bundeskanzler Dr. Konrad Adenauer vom 19.11.1962, in: Bickerich, Wolfram: Franz Josef Strauß. Die Biographie. Düsseldorf 1996, S. 328–335. Vgl. dazu auch: Schwarz, Hans-Peter: Adenauer. Band 2: Der Staatsmann. 1952–1967. München 1994, S. 780ff.

In der Tat stand die ganze Regierung auf dem Spiel. Und wenn Franz Josef Strauß die Beteiligung des Bundeskanzlers öffentlich ausgebreitet hätte, wäre die Ära Adenauer im Spätjahr 1962 zu Ende gegangen. Denn da Strauß keine Anstalten machte, sein Amt wie von den Liberalen und der Opposition gefordert niederzulegen, traten die Minister der immer noch mit dem Odium des „Umfallens" belasteten FDP am 19. November 1962 geschlossen zurück. Doch Strauß dachte nicht daran, sein Amt aufzugeben, zumindest nicht vor der bayerischen Landtagswahl am 25. November – ein taktisch geschickter Schachzug, der sich voll auszahlte, denn in Bayern gingen die Uhren offensichtlich anders.[310] In ihrer Wahlkampagne nahm die CSU direkten Bezug auf die „Spiegel"-Affäre und plakatierte „Verrat oder Sicherheit: CSU" oder auch „Chruschtschow, Ulbricht, Wehner und Mende reichen sich im Geist die Hände". Gleichzeitig taten ganzseitige Zeitungsanzeigen kund, Strauß sei für den „Spiegel" die „Zielscheibe des Vernichtungs- und Selbstvernichtungswillens der deutschen verlorenen Generation"[311]. Ergebnis: Die CSU fuhr mit 47,5 Prozent bei einer Landtagswahl erstmals die absolute Mehrheit ein. Die FDP, die nur mit knapper Not den Einzug in den Landtag schaffte, wurde „für den Angriff auf ihren prominentesten, in seiner Derbheit geschätzten politischen Repräsentanten"[312] abgestraft, Strauß hingegen mit Treue und Trotz zum Durchhalten ermuntert. Offenbar hatte die „Spiegel"-Krise im Alpenland eine Art Solidarisierungseffekt ausgelöst.[313] Strauß verbarg seine Genugtuung darüber nicht: „Unter den Parteivorsitzenden Hans Ehard und Hanns Seidel hatten wir nie die Mehrheit der Mandate gewonnen – und ich, gerade erst anderthalb Jahre im Amt des Parteivorsitzenden und in der härtesten Auseinandersetzung meiner Laufbahn stehend, sozusagen als der Prügelknabe der Nation, konnte erleben, daß die Bayern uns mit der absoluten Mehrheit der Mandate ausstatteten. Meine Gegner hatten in ihrem Kampf gegen mich überzogen und in der Wahl ihrer Mittel danebengegrif-

---

[310] Vgl. Falter, Jürgen W.: Bayerns Uhren gehen wirklich anders. Politische Verhaltens- und Einstellungsunterschiede zwischen Bayern und dem Rest der Bundesrepublik, in: Zeitschrift für Parlamentsfragen, 13 (1982) H. 4, S. 504–521, S. 519ff. Vgl. dazu die abweichende Einschätzung Mintzels: Mintzel, Alf: Gehen Bayerns Uhren wirklich anders?, in: Zeitschrift für Parlamentsfragen, 18 (1987) H. 1, S. 77–93.

[311] Schoenbaum, David: Ein Abgrund von Landesverrat. Die Affäre um den „Spiegel". Wien, München, Zürich 1968, S. 138. Vgl. zum Landtagswahlkampf in Bayern auch: Käsler, Dirk; Albers, Hans Peter; Castello, Leonarda u.a.: Der politische Skandal. Zur symbolischen und dramaturgischen Qualität von Politik. Opladen 1991, S. 110. Geiss, Imanuel: Politische Selbstanzeige, in: Frankfurter Hefte, 18 (1963) H. 10, S. 658–660, S. 659.

[312] Hentschel, Volker: Ludwig Erhard. Ein Politikerleben. München und Landsberg am Lech 1996, S. 402.

[313] Vgl. Höller, Franz: Der Fall Strauß sieht in Bayern ganz anders aus, in: Christ und Welt vom 23.11.1962, S. 4; Kock, Peter Jakob: Der Bayerische Landtag. Eine Chronik. Würzburg 1996, S. 147.

fen – Bayern stand gewissermaßen gegen den Rest der Welt, und es stand für mich."[314]

Aber auch Konrad Adenauer stand nicht allein. Während sich Strauß über das wohlwollende Plebiszit seiner Landsleute freute, baute sich die Bundestagsfraktion der CDU hinter dem angeschlagenen Bundeskanzler auf. Am 29. November verabschiedete sie eine Erklärung, die besagte, der Kanzler habe im Zusammenhang mit der „Spiegel"-Affäre keine Weisungen erteilt, auch nicht in bezug auf die Nichtunterrichtung des Justizministers. Erst jetzt erkannte Strauß die Ausweglosigkeit seiner Lage. Nun die Flucht nach vorne anzutreten, hätte bedeutet, eine gigantische Schlammschlacht zu eröffnen, in der letztendlich die Aussage des Verteidigungsministers gegen jene des Bundeskanzlers gestanden hätte. Damit hätte Strauß seine Chancen, Adenauer oder seinen Nachfolger eines Tages beerben zu können, ein für allemal verspielt. Folglich ließ er am 30. November über den CSU-Landesvorstand verkünden, daß er einem neuen Kabinett Adenauer nicht mehr angehören werde. Er glaube, „damit der gemeinsamen Verantwortung im gegenwärtigen Zeitpunkt am besten dienen zu können."[315] Am 11. Dezember 1962 trat Franz Josef Strauß schließlich vom Amt des Bundesministers für Verteidigung zurück. Adenauer nutzte die Gelegenheit zu einer fast vollständigen Umbildung seines Kabinetts. Bereits am 14. Dezember 1962 wurde es vereidigt. Strauß war darin nicht mehr vertreten. Aber auch Adenauers Ära würde nicht mehr von langer Dauer sein, mußte er sich doch im Zuge der Bildung seines 5. Kabinetts schriftlich verpflichten, das Palais Schaumburg im Herbst des folgenden Jahres zu räumen.

Am 19. Dezember 1962 wurde Franz Josef Strauß mit einem Großen Zapfenstreich, einer „Form der Würdigung, die beim Militär das höchste der Gefühle bedeutet"[316], für seine Verdienste um den Aufbau der Bundeswehr geehrt. Rund 100 Generale und Admirale der Bundeswehr, die Spitzenbeamten des Verteidigungsministeriums sowie das Diplomatische Korps wohnten der ebenso feierlichen wie betrüblichen Veranstaltung bei. Schmückle: „Die Abschiedsfeier für Strauß fand in Wahn, im Luftwaffenoffiziersheim statt. Viel zu schwache Glühbirnen erleuchteten den kalt wirkenden Raum. In ihrem fahlen Licht sahen die Gäste aus wie eine Gespenstergesellschaft. Adenauer saß, aufrecht wie immer, am Ehrentisch, neben ihm Strauß. Links von ihm der Staatssekretär, dann General Foertsch.

---

[314] Strauß, Franz Josef: Die Erinnerungen. Berlin 1998, S. 477. Vgl. dazu auch: Schollwer, Wolfgang: FDP im Wandel. Aufzeichnungen 1961–1966. München 1994, S. 81.
[315] o.V.: o.T., in: Europa-Archiv, Zeitschrift für Internationale Politik, 17 (1962), Band 3, S. 249.
[316] Abs, Hermann J.: Gesprächsbeitrag, in: Schwarz, Hans-Peter (Hg.): Konrad Adenauers Regierungsstil. Rhöndorfer Gespräche, Band 11. Bonn 1991, S. 202–215, S. 212.

Politischer Leichenschmaus? Nein, eher ein Beisammensein am Krankenlager der Regierung Adenauer."[317] In seiner Tischrede tröstete der Bundeskanzler den scheidenden Verteidigungsminister mit den Worten: „Wer niemals bittere Stunden hat überstehen müssen, ist kein Mensch, der allen Aufgaben gerecht wird. Bittere Stunden gehören zur Formung des Mannes."[318] Außerdem sagte er voraus, Strauß werde „in Zukunft im politischen Leben des deutschen Volkes noch eine große und entscheidende Rolle spielen"[319]. Kaum jemand im Saal glaubte daran. „Ganz offensichtlich sollte eine derart pflegliche Behandlung verhindern, daß sich der gestürzte Verteidigungsminister, der Kabinettsdisziplin ledig, nun als Unruhestifter betätigte."[320] Vielleicht war es aber auch eine Geste des Dankes, mit der Adenauer die loyale Verschwiegenheit seines Ministers würdigte. Anschließend sprach Generalinspekteur Foertsch: „,Wir werden den Weg zu einer modernen Bundeswehr weitergehen, den Weg, den Sie uns gewiesen haben' sagte der General und überreichte dem Minister einen Degen jenes bayerischen Königs, von dem es heißt, daß er sich nach größeren Reisen in andere Länder in Bayern zurückgezogen habe, um nur noch mit Künstlern und Gelehrten zu verkehren. Es war Maximilian II. Joseph, der das Maximilianeum in München begründete, das hundert Jahre später Franz Josef Strauß ein Stipendium gewährte."[321] Zuletzt erhob sich Strauß, der mit Adenauers Erlaubnis vom Protokoll abwich und den Toast nicht auf den Kanzler, sondern auf die Zukunft der Bundeswehr aussprach. „Als alles vorüber war, erhob man sich, um für den Zapfenstreich ins Freie zu gehen. Da geschah etwas Überraschendes: Die jungen Soldaten, die uns bedient hatten, ließen ihre Arbeit stehen. Sie rannten auf Adenauer und Strauß zu, umringten sie, klatschten Beifall, baten um Autogramme. Mit einem Schlag war die triste Stimmung erhellt. Für einen kurzen Augenblick sah es so aus, als befänden sich beide Politiker – von der Jugend gefeiert – auf dem Höhepunkt ihrer Macht. Wenn Fakten – wie Cervantes sagt – die Wahrheit verderben, dann stimmte dies nie mehr als für diesen Augenblick."[322] Auf dem Rollfeld war unterdessen das Wachbataillon der Bundeswehr angetreten. „Das militärische Schauspiel konnte beginnen: Der

---

[317] Schmückle, Gerd: Ohne Pauken und Trompeten. Erinnerungen an Krieg und Frieden. Stuttgart 1982, S. 267.
[318] Bolesch, Hermann Otto: Franz Josef Strauß. Anekdotisch. München, Esslingen 1969, S. 48.
[319] Bickerich, Wolfram: Franz Josef Strauß. Die Biographie. Düsseldorf 1996, S. 188.
[320] Bracher, Karl Dietrich; Eschenburg, Theodor; Fest, Joachim C.; Jäckel, Eberhard (Hg.): Geschichte der Bundesrepublik Deutschland. Band III: Schwarz, Hans-Peter: Die Ära Adenauer. Epochenwechsel 1957–1963. Stuttgart, Wiesbaden 1983, S. 283.
[321] Henkels, Walter: Adenauers gesammelte Bosheiten. Eine anekdotische Nachlese. 2. Auflage, Düsseldorf, Wien 1983, S. 92.
[322] Schmückle, Gerd: Ohne Pauken und Trompeten. Erinnerungen an Krieg und Frieden. Stuttgart 1982, S. 268.

‚Große Zapfenstreich' im Lichte der Flak-Scheinwerfer und bei Fackelschein, ‚Bayerischer Defiliermarsch' für das Heer, ‚Starfighter-Marsch' für die Luftwaffe und ‚Panzerkreuzer Deutschland' für die Marine. Vier Minuten lang stand Adenauer barhäuptig da, um dem Choral ‚Ich bete an die Macht der Liebe' und dem Deutschlandlied zuzuhören. Die Menschenmenge hinter dem Zaun nahm die Hüte ab. Die Offiziere salutierten." Als das mystische Ritual vorüber war, „schwang sich Franz-Josef Strauß in seinen grauen BMW. Seine Frau ging vor den Blitzlichtern der Fotografen in die linke hintere Wagenecke in Deckung. Als das schwere Fahrzeug anfuhr, klopfte Strauß seiner Frau Marianne kameradschaftlich-zärtlich auf den Rücken." Die Zeit der schlimmen persönlichen Anwürfe und Beleidigungen war vorüber – vorerst. „Wenig später lag das von Starfightern, Panzern, Haubitzen, Schützenpanzern und Transportflugzeugen gerahmte Karree verlassen da. Über das Rollfeld senkte sich wieder die trübe regnerische Dunkelheit der Dezembernacht."[323]

Sechs Jahre lang hatte Franz Josef Strauß „das undankbarste Amt"[324], das in der Bundesrepublik Deutschland zu vergeben war, innegehabt. Es war in der Tat so undankbar, daß manche Leute ihm nicht einmal einen würdigen Abschied gönnen wollten. „Der sozialdemokratische Pressedienst meinte, die pompöse Abschiedsfeier sei völlig überflüssig gewesen."[325] Die FDP vertrat die gleiche Ansicht. Die führenden Vertreter der Liberalen waren nicht einmal bereit, sich im Rahmen eines versöhnlichen Abendessens im Kanzleramt mit Franz Josef Strauß an einen Tisch zu setzen. Dabei hatte Strauß die Bundeswehr von ein paar tausend schlecht ausgerüsteten und mangelhaft ausgebildeten Soldaten auf eine Stärke von über 450.000 Mann gebracht und darüber hinaus jahrelang eine maßgebliche Rolle in der deutschen Außen- und Sicherheitspolitik gespielt. Alles in allem hatte Strauß trotz massiver innenpolitischer Gegenwehr eine „organisatorische und politische Meisterleistung"[326] vollbracht, an deren Ende eine in der demokratischen Gesellschaft Westdeutschlands fest verankerte Bundeswehr stand, die mit ihrem nationalsozialistischen Erbe angemessen umzugehen wußte, im westlichen Bündnis anerkannt und geachtet wurde und sich dem Primat des Zivilen unterwarf. „Die-

---

[323] Michel, Siegfried: „Strauß wird eine große Rolle spielen". Der Große Zapfenstreich mit Adenauer und der deutschen Generalität, in: Der Tag vom 21.12.1962.
[324] Gaus, Günter: Zur Person. Franz-Josef Strauß im Gespräch mit Günter Gaus. TV-Interview vom 29. April 1964.
[325] Taler, Conrad: Die Wiederkehr des Franz Josef Strauß, in: Blätter für deutsche und internationale Politik, 12 (1967) H. 6, S. 569–589, S. 569.
[326] Siebenmorgen, Peter: Franz Josef Strauß (1915–1988), in: Oppelland, Torsten (Hg.): Deutsche Politiker 1949–1969. Band 2: 16 biographische Skizzen aus Ost und West. Darmstadt 1999, S. 120–131, S. 127.

sen Primat der Politik bei der Bundeswehr durchgesetzt zu haben gehört zu den historischen Verdiensten von Franz Josef Strauß."[327] Daß eine solch ungeheure Aufbauleistung nicht ohne Fehler und Irrtümer vonstatten gehen konnte, war der inner- und außerparlamentarischen Opposition jedoch nicht einsichtig. Laut Gerd Schmückle ist weitgehend unbekannt geblieben, wie sehr diese Fehler und Irrtümer „Ergebnis einer in solchen Großprojekten noch unerfahrenen Bürokratie gewesen waren. Das ist ohne Vorwurf gesagt. Zeitweise kam es in den Abteilungsleitersitzungen zu turbulenten Szenen, wenn FJS den verantwortlichen Militärs und den für die Vertragsgestaltung zuständigen Beamten die heftigsten Vorwürfe machte. Doch nach außen nahm er sie in Schutz."[328] Überhaupt trat Strauß nach außen hin stets entschlossener und angriffslustiger auf, als er in Wirklichkeit war. Nur zu gerne wurden seine kraftvolle Rhetorik und seine düsteren Bedrohungsszenarien für bare Münze genommen und mit journalistischer Geschicklichkeit – nicht selten wider besseres Wissen – fehlinterpretiert. „Es zählt zu den agitatorischen Verzerrungen der Politik des zeitweiligen Atomministers und vor allem des Verteidigungsministers Strauß – bei denen oftmals ein Stück kommunistischer Propaganda abfärbte –, wenn man ihm besondere Aggressivität oder Militarismus attestierte. Wer die Lektion der ‚Entfesselung' des Zweiten Weltkrieges gelernt hatte, wer die verhängnisvolle Rolle der Appeasement-Politik kannte, der mußte sich konsequent für die innere Wehrhaftigkeit und die äußere Verteidigungsfähigkeit der westlichen Demokratien einsetzen. Genau das tat Strauß, und damit leistete er einen Beitrag zur Friedenspolitik und zur Sicherheit der Bundesrepublik Deutschland, zu denen ein plakativ zur Schau getragener Pazifismus hingegen nichts beiträgt."[329]

Franz Josef Strauß war niemals nur ein reiner Bundeswehrminister gewesen, sondern stets Außen- und Verteidigungspolitiker in Personalunion. Und doch war es ihm gelungen, sich immerfort für sein bayerisches Heimatland einzusetzen. Beispielsweise hatte er dafür gesorgt, daß die Entwicklung und Produktion des Kampfpanzers Leopard II von dem Lokomotivenhersteller Krauss-Maffei in Bayern und nicht von Harald Quandt in Hamburg vorgenommen wurde.[330] In der

---

[327] Köhler, Henning: Adenauer. Eine politische Biographie. Frankfurt am Main, Berlin 1994, S. 938.
[328] Schmückle, Gerd: Die Bundeswehr – vom Nullpunkt an, in: Zimmermann, Friedrich (Hg.): Anspruch und Leistung. Widmungen für Franz Josef Strauß. Stuttgart-Degerloch 1980, S. 69–81, S. 78. Vgl. dazu auch: Meyer, Georg: Adolf Heusinger. Dienst eines deutschen Soldaten 1915 bis 1964. Hamburg, Berlin, Bonn 2001, S. 648.
[329] Möller, Horst: Franz Josef Strauß. 1915–1988, in: Gall, Lothar (Hg.): Die grossen Deutschen unserer Epoche. Frankfurt am Main, Berlin 1995, S. 535–553, S. 538.
[330] Vgl. Jungbluth, Rüdiger: Die Quandts. Ihr leiser Aufstieg zur mächtigsten Wirtschaftsdynastie Deutschlands. Frankfurt am Main, New York 2002, S. 264ff.

„Ära Strauß" wurden Standorte wie München, Augsburg, Nürnberg und Erlangen zu Zentren der Rüstungs-, Raketen-, Flugzeug-, Fahrzeug-, Elektronik- sowie der zivilen Nuklearindustrie oder sonstiger damit einhergehender Hochtechnologien (Satellitenbau, Chemie, Mineralölwirtschaft, Kunststoffverarbeitung etc.), die für den wirtschaftlichen Fortschritt Bayerns von epochaler Bedeutung waren. „Daß Bayern, bis in die sechziger Jahre ein armes Bundesland, heute von den Haushaltszahlen bis zu der geringen Arbeitslosigkeit, von der Wissenschaftslandschaft bis zur Infrastruktur glänzend dasteht," schrieb Michael Stürmer zum zehnten Todestag von Franz Josef Strauß, „ist nicht zuletzt dem unbefangenen Verhältnis des FJS zur Industriepolitik zu danken"[331] – und seiner bundespolitischen Position, die er für landespolitische Zwecke zu nutzen wußte, obwohl er sich als Bundesminister nicht von „regionalpatriotischen" Erwägungen hätte leiten lassen dürfen. Dies gilt umso mehr, als er in diesem Zusammenhang zumeist „gesamtkonzeptionelle Lösungen" anstrebte, die ihn schon bald neuen Angriffen aussetzen sollten. Ein Beispiel: Der Flugzeugmotorenproduzent BMW stand Ende der fünfziger Jahre nahezu vor dem endgültigen Aus. Nun war Strauß zufälligerweise mit einem Anwalt befreundet, der sich auf die Sanierung von angeschlagenen Unternehmen verstand. Ergo: „BMW bekommt ein bestimmtes Auftragskontingent, das fürs erste die fortlaufende Produktion und langfristig die wirtschaftliche Überlebensfähigkeit sichert – dies aber nur unter der Voraussetzung, daß sein Freund als Aufsichtsratsvorsitzender bzw. als Oberaufseher mit weitgehenden operativen Befugnissen, die einem Aufsichtsrat nach Aktienrecht ohnedies nicht zustehen, akzeptiert wird. Das sind die ‚gesamtkonzeptionellen Lösungen', die das Gute mit vergleichsweise Nützlichem verbinden"[332] – und Strauß immer wieder in den Verdacht der Korrumpierbarkeit und der Vetternwirtschaft brachten. Und doch würde sich gerade heute so mancher Politiker wünschen, wieder einen Kollegen vom Schlage des Franz Josef Strauß zu haben, der persönliche Beziehungen, politische Interessen und großes Geschäft gewinnbringend miteinander zu verquicken wußte. Selbst Bundeskanzler Gerhard Schröder, im Wahlkampf 1979/80 als Juso-Vorsitzender einer der ärgsten Strauß-Gegner, gestand vor nicht allzu langer Zeit ein, man bräuchte insbesondere für Ostdeutschland eine Industrie- und Standortpolitik, wie sie einst vom damaligen Verteidigungsminister betrieben wurde.[333]

---

[331] Stürmer, Michael: Der letzte König von Bayern. Vor zehn Jahren, am 3. Oktober 1988, starb Franz Josef Strauß, in: Die Welt vom 02.10.1998.
[332] Siebenmorgen, Peter: Gesprächsbeitrag, in: Krieger, Wolfgang (Hg.): Adenauer und die Wiederbewaffnung. Rhöndorfer Gespräche, Band 18. Bonn 2000, S. 125–127, S. 126f.
[333] Vgl. Dohnanyi, Klaus von: Das Falsche wollen, in: Der Spiegel, 48 (1994) H. 28, S. 26–27, S. 26.

Zehn Jahre vor seinem Rücktritt vom undankbarsten Amt der Bundesrepublik hatte Franz Josef Strauß auf der staatspolitischen Tagung der Gemeinschaft der katholischen Männer Deutschlands in Bamberg gesagt: „Politik wird von Menschen gemacht. Und Menschen machen Fehler."[334] Im Oktober 1962 hatte Strauß in seiner Eigenschaft als Politiker gleich mehrere Fehler gemacht, mehrere große sogar. Der erste war, seinem Kanzler uneingeschränktes Vertrauen entgegenzubringen. Strauß hätte wissen müssen, daß Adenauer nur auf eine Gelegenheit wartete, sich für den versuchten Königsmord zu rächen.[335] Er hätte vorausahnen müssen, daß der alte Fuchs seinen Kopf längst aus der Schlinge gezogen haben würde, wenn sie sich zuzog. So wie er Fritz Schäffer im Jahre 1955 mit der Bemerkung „Wenn det aber bekannt wird, ich weiß nichts davon. In meinem Auftrag sind Sie nicht gefahren, aber fahren Sie ruhig hin!"[336] auf eine heikle Mission nach Ostdeutschland geschickt hatte, so wie er Jahre zuvor mit Blick auf die Waffenlieferungen an Israel prophezeite, wenn es schlecht ausgehe, trage der Verteidigungsminister die Schuld, und wenn es gut ausgehe, sei es der Erfolg des Bundeskanzlers gewesen, so hielt er es auch mit den Vollmachten, die er Franz Josef Strauß im Verlauf der Affäre erteilt hatte. Wäre alles gutgegangen, hätte sich Adenauer ruhmreich als Initiator einer europaweiten Fahndung präsentiert; doch da alles schiefgegangen war, brachte er seinem Verteidigungsminister „nicht gerade übertriebene Loyalität"[337] entgegen. Dies war verständlich, schließlich hatte sich Strauß mit seiner unentschlossenen Zögerlichkeit, seiner mitunter ängstlichen Zauderhaftigkeit im Herbst 1961 gleich zwei nachtragende Feinde geschaffen: den Bundeskanzler, der den Verschwörern in letzter Sekunde mit List und Tücke von der Klinge gesprungen war, und die Liberalen, denen Strauß entgegen allen Absprachen einfach den Rücken gekehrt hatte. Im Spätjahr 1962 sorgte die vielbeschworene ausgleichende Gerechtigkeit dafür, daß nun Strauß entgegen allen Absprachen und Zusagen der Rücken zugewandt wurde. Ob Franz Josef Strauß in jenen hektischen Tagen tatsächlich in eine Falle lief, die Konrad Adenauer möglicherweise sorgfältig aufgestellt hatte, um dem unbotmäßigen Minister einen irreparablen Karriereknick zu bescheren, ist bislang zwar nicht nachweisbar, aber keinesfalls unwahrscheinlich. Schließlich hätte Adenauer das komplizierte Verfahren der Festnahme mutmaßlicher politischer Verbrecher im Ausland und die daraus resultierende

---

[334] Strauß, Franz Josef: Politische Fehlentwicklungen und ihre Überwindung. Rede auf der staatspolitischen Tagung der Gemeinschaft der katholischen Männer Deutschlands in Bamberg 19. und 20. Juli 1952. Augsburg 1952, S. 3.
[335] Vgl. Mentz, Karsten: Autobiographien und Biographien von Politikern. Untersuchung der Franz Josef Strauß und Herbert Wehner betreffenden Literatur. Köln 1995, S. 9.
[336] Strauß, Franz Josef: Die Erinnerungen. Berlin 1998, S. 208.
[337] Ebd., S. 454.

Unrechtmäßigkeit seiner Pauschalermächtigung überhaupt nicht kennen müssen, um den ungeliebten Minister über einen Fallstrick stolpern zu lassen. Es genügte bereits zu wissen, daß Strauß, der aufgrund der üblen Attacken des „Spiegel" in dieser Angelegenheit keineswegs objektiv sein konnte, sich hätte „sofort zurückziehen müssen, als er und sein Ministerium mit dem Blatt in Streit kamen."[338] Nachdem es Adenauer mit dem Vorwurf des Staatsstreiches und der Anschuldigung nuklearer Präventivkriegsplanungen nicht gelungen war, Strauß' politischer Karriere schweren Schaden zuzufügen und er im Herbst 1962 gerade noch hatte verhindern können, daß der Minister seinen Sessel in der Ermekeilstraße räumte, um sich am Alpenrand als Ministerpräsident zu einem gefährlichen Konkurrenten aufzubauen, scheint es nur folgerichtig, daß er die goldene Gelegenheit der „Spiegel"-Krise nutzte, um Strauß – wenn auch nicht als Ergebnis sorgfältiger Planungen, sondern aufgrund instinktiver Intuition – „ohne Ansehen von Namen und Person"[339] in sein Verderben rennen zu lassen. Und Strauß rannte! Denn als Franz Josef Strauß in der schicksalhaften Nacht vom 26. auf den 27. Oktober 1962 zum Telefonhörer griff und Oberst Achim Oster zur Amtshilfe anwies, wähnte er sich in dreifacher Hinsicht im Recht. Zum einen glaubte er an die Verbindlichkeit der von Adenauer gegebenen Vollmacht, zum anderen überblickte er nicht die Komplexität des gesetzlich vorgeschriebenen Verfahrens. Daher handelte er in der festen Überzeugung, einen rechtmäßigen Beitrag zum Vollzug eines höchstrichterlichen Haftbefehls und zur Aufklärung eines landesverräterischen Verbrechens zu leisten – ein „unvermeidbarer Verbotsirrtum", wie die Staatsanwaltschaft Jahre später feststellte.[340] Hinzu kam sein individuelles Rechtsverständnis, das er subjektiv zweifellos als dritte Rechtsgrundlage empfand. So wie er einst seinen Kameraden mit eindeutiger Verweigerung von Befehlen das Leben rettete, die Schongauer Bevölkerung rechtswidrig mit Brennstoff und Lebensmitteln versorgte, den Israelis in der Stunde der Not auf strafbare Weise Waffen verschaffte und viele andere mehr oder minder illegale Methoden anwandte, um legitime Ziele zu verfolgen, so leistete er in den frühen Morgenstunden des 27. Oktober 1962 in der festen Überzeugung, auf dem Höhepunkt der Kuba-Krise das einzig Richtige zu tun und seinem Land zu dienen, telefonische Amtshilfe zur Ergreifung eines mutmaßlichen Verräters. Selbst wenn er von der Ungesetzlichkeit seines Tuns gewußt hätte, wäre seine Güterabwägung mit höchster Wahrscheinlichkeit zugunsten der von Krieg und Untergang bedrohten Allgemeinheit ausgefallen. „Ich habe aus Gewissen gehandelt", bekannte er am 27. November 1962 vor dem Vorstand der CDU/CSU-

---

[338] Bucerius, Gerd: Der Adenauer. Subjektive Beobachtungen eines unbequemen Weggenossen. Hamburg 1976, S. 101.
[339] Schwarz, Hans-Peter: Adenauer. Band 2: Der Staatsmann. 1952–1967. München 1994, S. 779.
[340] Vgl. Bickerich, Wolfram: Franz Josef Strauß. Die Biographie. Düsseldorf 1996, S. 193.

Fraktion.[341] Und einige Jahre später antwortete Strauß auf die Frage, ob er in einer ähnlichen Situation wieder so handeln würde: „Da müßte man in die Details gehen. Wenn der ernsthafte Verdacht besteht, der von den Gutachtern bestätigt worden ist, daß militärische Geheimnisse und damit Sicherheitsprobleme des Landes, obendrein in einer größeren Situation, auf dem Spiele stehen, ist der Minister verpflichtet, alles zu tun, um die Sache aufzuklären, auch um größeren Schaden zu verhindern. Ob alle dabei eingesetzten Mittel richtig waren, das ist eine andere Frage. Aber ich würde es für einen wesentlich größeren Fehler halten, aus Opportunitätsgründen sich scheuen das zu tun, was man nach eigener Überzeugung für richtig hält. Das würde ich für den größten Fehler halten, das wäre auch ein echter Charakterfehler."[342] Ein Charakterfehler, den Franz Josef Strauß nicht zu beklagen hatte – solange er dem Feind nicht direkt in die Augen sehen mußte. Schließlich hatte er sich im Herbst 1961 aus Gründen der Opportunität sehr wohl gescheut, das zu tun, was er nach eigener Überzeugung für richtig gehalten hatte. Am 27. Oktober 1962 jedoch fügten sich Pflicht, Neigung und Opportunität aufs Wunderbarste zusammen. Damit war der Weg frei für den zweiten großen Fehler, den Strauß in jenen Tagen und Wochen begehen sollte.

Wenn Franz Josef Strauß wenige Tage nach der Verhaftung Conrad Ahlers' oder spätestens anläßlich der drei parlamentarischen Fragestunden vom 7., 8. und 9. November 1962 seine Beteiligung an der Festnahme offen eingestanden und seine Motivation begründet hätte, wenn er sich vor dem Bundestag erhoben und eine umfangreiche Erklärung abgegeben hätte, wie ihm noch in der Nacht zuvor von Richard Stücklen und Hermann Höcherl dringend angeraten worden war, so wäre er – auch ohne Konrad Adenauer belasten zu müssen – vielleicht noch einmal mit einem blauen Auge davongekommen. „Aber so war Strauß eben", schrieb Friedrich Zimmermann in seinen Erinnerungen. „Es konnte passieren und es passierte nicht selten, daß er in gewissen Momenten, wo ein Heraustreten und Bekennen fällig war, in sich verschlossen blieb."[343] Diesem so untypischen Charakterzug stand sein entschlossenes Auftreten gegenüber, seine markante Rhetorik, seine robuste Natur und seine notorische Ungeduld, mit der er tagtäglich seine Aufgaben anging – jene Eigenschaften also, derentwegen er von Adenauer zum Verteidigungsminister berufen worden war. Wenige Tage vor Strauß' Ernennung im Jahre

---

[341] Vgl.: CDU/CSU-Bundestagsfraktion: 109. Fraktionsvorstandssitzung vom 27.11.1962, in: Franz, Corinna (Bearb.): Die CDU/CSU-Fraktion im Deutschen Bundestag. Sitzungsprotokolle 1961–1966. Düsseldorf 2004, S. 424–425, S. 425.
[342] ZDF/3Sat: Fernsehen als Zeitgeschichte. Vor 20 Jahren: Franz-Josef Strauß in der DDR. 3Sat-Sendung vom 4. Juli 2003.
[343] Zimmermann, Friedrich: Kabinettstücke. Politik mit Strauß und Kohl 1976–1991. München, Berlin 1991, S. 16.

1956 hatte der Kanzler dem Bundespräsidenten berichtet, „an Stelle Blanks biete sich Atomminister Franz Josef Strauß sehr dringend als Verteidigungsminister an. Er habe die nötige Rücksichtslosigkeit und Vitalität, sich nach allen Seiten hin durchzusetzen und werde bei der Erfüllung seiner Aufgabe sich sicherlich so mit der SPD zerstreiten, daß der CSU die Lust auf eine große Koalition vergehe."[344] Und einige Wochen später hatte Adenauer vor dem Bundesvorstand der CDU erklärt: „Stellen Sie sich vor, daß wir nach den Vorschriften des Bundestages – die nach meiner Meinung übrigens verfassungswidrig sind – nicht einmal eine Teekanne kaufen können für die Leute, die wir eingezogen haben, ohne daß das ausgeschrieben und hierfür ein unendlich kompliziertes Verfahren angewendet wird. (Zurufe: Hört! Hört!) Ich nehme das nur als Beispiel. Das ist doch für ein Volk wie wir, das doch – ich übertreibe nicht – auf den guten Willen seiner Freunde vollkommen angewiesen ist, geradezu ein Irrsinn, so etwas zu machen. Wie wir da noch durchkommen, weiß ich nicht. Ich hoffe, daß es dem Herrn Strauß – der viel robuster ist, als es Herr Blank war, nachdem er sich verbraucht hatte – gelingen wird, durch diese Schallmauer des Widerstandes, die wir im Parlament und auch in der Öffentlichkeit haben, durchzustoßen."[345]

Sechs Jahre später bestand kein mehr Zweifel daran, daß es Strauß gelungen war, die Schallmauer des Widerstandes zu durchstoßen und teilweise sogar niederzureißen. Tragischerweise aber hatten eben jene charakterlichen Fähigkeiten, die ihm zu seinen großen Erfolgen verholfen hatten, seinen Gegnern eine von Anfang an viel zu breite Angriffsfläche für ihre unaufhörlichen Attacken geboten. Trotzdem greift die häufig dargebrachte Schlußfolgerung, Franz Josef Strauß wäre über seinen eigenen Charakter gestürzt oder hätte sich selbst ein Bein gestellt, letztlich zu kurz.[346] Denn wenngleich er seinen zahlreichen Widersachern (darunter der Kanzler, die SPD, die FDP, der BND und auch die USA) mit seinen charakterlichen Schwächen (wie beispielsweise seinem Hang zu mißverständlicher Ironie, dem übermäßigen Genuß alkoholischer Getränke, seinen vor allem durch die „Hahl-

---

[344] Adenauer, Konrad; Heuss, Theodor: Gespräch Adenauer – Heuss vom 9. Oktober 1956 (Gespräch Nr. 51), in: Adenauer, Konrad; Heuss, Theodor: Adenauer-Heuss. Unter vier Augen. Gespräche aus den Gründerjahren 1949–1959. Berlin 1999, S. 209–216, S. 210.

[345] Adenauer, Konrad: Bericht zur politischen Lage auf der Sitzung des Bundesparteivorstands der Christlich-Demokratischen Union in Bonn (Palais Schaumburg) vom 23. November 1956, in: Schwarz, Hans-Peter (Hg.): Konrad Adenauer. Reden 1917–1967. Eine Auswahl. Stuttgart 1975, S. 335–343, S. 341.

[346] Vgl. Bölling, Klaus: Die zweite Republik. 15 Jahre Politik in Deutschland. Köln, Berlin 1963, S. 310; Stürmer, Michael: Der letzte König von Bayern. Vor zehn Jahren, am 3. Oktober 1988, starb Franz Josef Strauß, in: Die Welt vom 02.10.1998; Henkels, Walter: 99 Bonner Köpfe. Düsseldorf, Wien 1964, S. 300; Halter, Hans: „Es war ein Kampf". Interview mit Rudolf Augstein über die Spiegel-Affäre und ihre Folgen, in: Der Spiegel, 56 (2002) H. 43, S. 90–93, S. 90.

bohm-Affäre" bekannt gewordenen gelegentlichen Überreaktionen aus nichtigen Anlässen, seinen ihn in den Verdacht der Korrumpierbarkeit zerrenden „gesamtkonzeptionellen Lösungen", seiner brachialen, manchmal sogar verängstigenden Rhetorik und seiner schlechten Menschenkenntnis, die ihm die aufsehenerregende Fibag-Affäre eintrug) so manche offene Flanke bot und darüber hinaus im September 1961 und im Oktober 1962 mehrere gravierende Fehlentscheidungen traf, hätte er darüber nicht zu Fall gebracht werden können, wenn ihn der „Spiegel", dem es eindeutig „an Achtung vor menschlichen Persönlichkeiten"[347] mangelte, nicht zuvor mit seinen unentwegten Diffamierungen, Verleumdungen und falschen Verdächtigungen ins Straucheln gebracht hätte. Die ebenso böswillige wie geschickte Vermischung von Fakten und Vermutungen, Halbwahrheiten und Wertungen, Gerüchten und Unterstellungen war von Augstein & Co. im Laufe der Jahre zu einem politischen Kesseltreiben ausgeweitet worden, dem Strauß nicht mehr hatte entrinnen können.[348] Nur vor dem Hintergrund der jahrelangen Verleumdungskampagne, die Franz Josef Strauß eine bedrohlich wirkende Aura angedichtet hatte, war es der seit dem mißglückten Kanzlersturzversuch verfeindeten FDP möglich gewesen, ihre Minister im November 1962 geschlossen zurücktreten zu lassen. Schließlich hätten sich die Liberalen ohne die vom „Spiegel" betriebene Verzerrung und Verdüsterung der Person und der Politik des nach (noch) höheren Weihen strebenden Verteidigungsministers kaum auf dessen Kosten profilieren können. Denn ein Wehrminister, der sich höchstwahrscheinlich immer noch jenes guten Rufes erfreut hätte, den er sich als Sonder-, vor allem aber als Atomminister erworben hatte, wäre aufgrund einer zu Unrecht geleisteten Amtshilfe (zur Ergreifung eines mutmaßlichen Landesverräters) und einer unzureichenden Information des Parlamentes (über ein laufendes bundesanwaltschaftliches Verfahren) kaum zu Fall zu bringen gewesen. Die Wähler hätten den in diesem Fall völlig überzogen erscheinenden Rücktritt der FDP-Minister und die damit einhergehende Destabilisierung der amtierenden Regierung sicherlich nicht gebilligt. Dies gilt auch für Adenauers Versuche, den allein aufgrund der unaufhörlichen Pressekampagne untragbar gewordenen Verteidigungsminister mit abwegigen Staatsstreichs- und Angriffskriegsvorwürfen aus dem Amt zu jagen. Jene geradezu abenteuerlich anmutenden Unterstellungen wären vor dem Hintergrund einer seriöseren Berichterstattung überhaupt nicht glaubhaft, ja nicht einmal vorstellbar gewesen. Der Vorwurf, Franz Josef Strauß plane einen Staatsstreich, und die Behauptung, er bereite einen atomaren Angriffskrieg vor, ließen sich nur erheben, weil die strauß-

---

[347] Bergner, Gert: Rudolf Augstein und die „Spiegel" Affäre. 2. Auflage, Berlin 1964, S. 63.
[348] Vgl. Bracher, Karl Dietrich; Eschenburg, Theodor; Fest, Joachim C.; Jäckel, Eberhard (Hg.): Geschichte der Bundesrepublik Deutschland. Band III: Schwarz, Hans-Peter: Die Ära Adenauer. Epochenwechsel 1957–1963. Stuttgart, Wiesbaden 1983, S. 271.

feindliche Presse ihren Lieblingsgegner seit Jahren als machtbesessenen und kriegstreiberischen Atomwaffenfanatiker porträtierte, der angeblich davon träume, die Sowjetunion von der Landkarte zu tilgen.

Aus diesem Grunde ist die Einflußnahme des „Spiegel" und der ihn sekundierenden Zeitungen und Magazine nicht zu unterschätzen. Unter der Führung Rudolf Augsteins ebneten „Stern", „Süddeutsche", „Frankfurter Rundschau" und mehrere regierungskritische Polit-Magazine der ARD gemeinschaftlich den Weg, auf dem Franz Josef Strauß von seinen politischen Gegnern im November 1962 schließlich ins Abseits befördert werden konnte. Und selbst wenn sich Franz Josef Strauß im Verlauf seiner Amtszeit als Verteidigungsminister weniger gravierende Fehler geleistet hätte, wenn er beispielsweise seine Mitverschwörer im Herbst 1961 nicht im Stich gelassen und sich im Jahr darauf die Amtshilfe zur Ergreifung von Conrad Ahlers versagt bzw. selbige dem Parlament rechtzeitig dargelegt und begründet hätte, so wäre er über kurz oder lang doch über irgendeinen von der Presse hochgespielten und von seinen politischen Gegnern instrumentalisierten Vorfall gestolpert. Insofern ist Franz Josef Strauß weniger an sich selbst gescheitert, als an einer publizistischen Hexenjagd, einer kommerziell orientierten, aber politisch verbrämten journalistischen Inquisition, die ihn mit ihren bohrenden Fragen und anklagenden Vorwürfen so lange verteufelte, bis es seinen politischen Widersachern schließlich ein Leichtes war, ihn ob einer Handlungsweise, die unbekannterweise „etwas außerhalb der Legalität"[349] lag, zu Fall zu bringen. Hierbei war von entscheidender Bedeutung, daß auch diejenigen Zeitungen und Zeitschriften, welche die Politik der Unionsparteien massiv unterstützten, dem von Augstein perfektionierten Skandaljournalismus kaum etwas entgegenzusetzen hatten. Denn war irgendein Vorkommnis vom „Spiegel" erst einmal erfolgreich skandaliert, ließ sich die Weste des Betroffenen von den sich zwangsläufig in der Defensive befindlichen Anti-Anti-Strauß-Medien nicht wieder reinwaschen. Schließlich war (und ist) die Skandalierung eines geeigneten Vorfalles relativ leicht zu bewerkstelligen, eine vollständige „Ent-skandalierung" in den meisten Fällen jedoch so gut wie unmöglich.[350] Denn selbst wenn die zugefügten Wunden wieder verheilen, so bleiben doch die Narben bestehen. Zwar waren die strauß- und unionskritischen Medien außerstande, die politischen Präferenzen der Wähler in ausschlaggebender Weise zu beeinflussen – anderenfalls hätten CDU und CSU die Bundestagswahlen des Jahres 1961 kaum gewonnen –, doch waren sie durchaus in der Lage, den Ruf einer

---

[349] Höcherl, Hermann, zitiert nach: Halter, Hans; Bönisch, Georg; Hinrichs, Per u.a.: Spiegel-Affäre. „Dummheiten des Staates", in: Der Spiegel, 56 (2002) H. 43, S. 62–86, S. 84.
[350] Vgl. Kepplinger, Hans Mathias: Die Kunst der Skandalierung und die Illusion der Wahrheit. München 2001, S. 123ff.

einzelnen Person durch eine koordinierte Kampagne dauerhaft zu schädigen und ihr einen düsteren Schatten anzudichten, der sich niemals wieder abstreifen lassen sollte.[351]

Juristisch hatte die „Spiegel"-Affäre keine gravierenden Konsequenzen. Rudolf Augstein wurde nach drei Monaten als letzter der festgesetzten Redakteure aus der Untersuchungshaft entlassen. Wenngleich im Safe des „Spiegel"-Herausgebers belastendes Material gefunden worden war, lehnte der Bundesgerichtshof die Eröffnung des Hauptverfahrens gegen Ahlers und Augstein wegen Mangel an Beweisen ab. Auch die Bundeswehroffiziere kamen ungeschoren davon. Im Jahr darauf stellte das Bundesverfassungsgericht abschließend fest, daß die Bundesregierung entgegen anderslautenden Behauptungen nicht gegen die Pressefreiheit und damit auch nicht gegen die Verfassung verstoßen habe. Ebenso wurde das Ermittlungsverfahren gegen Franz Josef Strauß und seinen ehemaligen Staatssekretär wegen Freiheitsberaubung und Amtsanmaßung eingestellt, „weil angesichts der besonderen Situation ein subjektives Unrechtsbewußtsein nicht zwingend vorauszusetzen gewesen sei."[352] Alles in allem hatte Strauß damit juristisch gesehen nur eine geringe Schuld auf sich geladen. Denn schließlich, so formulierte es Hermann Höcherl Jahre später, stehe es jedem Staatsbürger eigentlich gut an, „wenn ein Haftbefehl des obersten Gerichtes gegen eine Person existiert, diesen Haftbefehl vollziehen zu helfen."[353] Außerdem, so Dr. Wilhelm Knittel, späterer Büroleiter des CSU-Vorsitzenden und Bayerischen Ministerpräsidenten, gebe es hinsichtlich des nächtlichen Anrufes „ein Privatgutachten eines Oberstaatsanwaltes mit dem Ergebnis, daß die ganze Angelegenheit eben doch nicht so rechtswidrig war, wie sie allgemeinhin dargestellt wurde."[354]

Als Franz Josef Strauß von seinem Posten als Bundesverteidigungsminister zurücktrat, trug seine Person – und nicht etwa sein Amt – die ganze Schmach. Nachdem Strauß das Ministeramt im Lauf der vergangenen sechs Jahre geprägt und mit Leben gefüllt hatte, fielen die Fehler, die ihm unterlaufen waren, naturgemäß auf ihn und nicht auf das Amt zurück. Der langanhaltende Streit der Historiker, ob Männer wirklich Geschichte machen oder ob es eher kollektive Mächte und verflochtene Strukturen sind, die das Individuum zum Erfüllungsgehilfen der

---

[351] Vgl. James, Peter: Franz Josef Strauß – Lasting Legacy or Transitory Phenomenon?, in: German Politics, 7 (1998) H. 2, S. 202–210, S. 206.
[352] Kleßmann, Christoph: Zwei Staaten, eine Nation. Deutsche Geschichte 1955–1970. 2., überarbeitete und erweiterte Auflage, Bonn 1997, S. 164.
[353] Vogel, Reiner: Hermann Höcherl. Annäherung an einen politischen Menschen. Regensburg 1988, S. 121.
[354] Interview mit Staatssekretär a.D. Dr. Wilhelm Knittel LL.M. am 20.01.2004 in Grünwald bei München.

verlaufsbestimmenden gesellschaftlichen Antriebskräfte degradieren, hätte anhand der Biographie von Franz Josef Strauß schnell beendet werden können. Denn Strauß hat sich nie zum Agenten zeitgenössischer Strömungen gemacht. Vor allem als Verteidigungsminister stand er den mächtigen – aber eben nicht verlaufsbestimmenden – gesellschaftlichen Antriebskräften gegenüber, baute trotz jahrelanger Proteste eine neue deutsche Streitmacht auf und setzte ihre nukleare Bewaffnung durch. Dabei hat er sich stets über die Grenzen seiner Zuständigkeiten und Befugnisse hinausgelehnt und die von strukturellen Determinanten eingezäunten Handlungsspielräume, die ihm seine Ämter und Positionen boten, kraft seiner Persönlichkeit erfolgreich überwunden. Wie bereits erwähnt waren es niemals die Ämter, die seiner Person Respekt und Macht eintrugen, sondern stets war es seine Person, die den Ämtern Achtung und Autorität verschafften. Franz Josef Strauß ist das Paradebeispiel für eine Persönlichkeit, die mit ihren Erfahrungen, ihren Kenntnissen und Fähigkeiten, ihrem Ruf und ihren persönlichen Verbindungen alle Beschränkungen, die ihr vom gesellschaftlichen oder politischen System aufgezwungen wurden, bei weitem überschritt und doch – oder gerade deswegen – innerhalb eben jenes Systems außerordentlich erfolgreich war. Wenn Franz Josef Strauß Geschichte gemacht hat – und daran dürfte selbst bei seinen ärgsten Kritikern kein Zweifel bestehen –, dann vor allem kraft seiner außergewöhnlichen Persönlichkeit!

Als Nachfolger im undankbarsten Ministeramt der Republik wurde der schleswig-holsteinische Ministerpräsident Kai-Uwe von Hassel berufen. Da von Hassel erst zum 9. Januar 1963 abkömmlich war, beabsichtigte Konrad Adenauer Bundesratsminister Hans-Joachim von Merkatz interimistisch mit der Leitung des Verteidigungsministeriums zu betrauen. Eine solche Demütigung konnte Franz Josef Strauß jedoch unter keinen Umständen hinnehmen. Im Palais Schaumburg schrie Strauß den 86jährigen Kanzler eine Dreiviertelstunde lang an und hielt ihm bei dieser Gelegenheit nochmals seine Beteiligung an der „Spiegel"-Affäre vor. Trotz seiner verbindlichen Zusagen habe ihn Adenauer „feige im Stich gelassen"[355]. Daraufhin lenkte Adenauer ein und ließ Strauß bis zum 9. Januar 1963 die Geschäfte des Verteidigungsministers führen. Kurz nachdem Franz Josef Strauß seinen Ministersessel in der Ermekeilkaserne endgültig geräumt hatte, wurde sein bisheriger Presseoffizier Gerd Schmückle zum neuen Amtsinhaber von Hassel gerufen. Sein erster Eindruck war bezeichnend: „Das Ministerzimmer war auf eine enthüllende Weise verändert: Die Bücherregale, bislang vollgepfropft, waren leer. Wo bislang die stumme Beredsamkeit von tausend Titeln wirkte, herrschte nun Sprachlosig-

---

[355] Möller, Horst: Franz Josef Strauß. 1915–1988, in: Gall, Lothar (Hg.): Die grossen Deutschen unserer Epoche. Frankfurt am Main, Berlin 1995, S. 535–553, S. 549.

keit. Strauß hatte seine Bibliothek mitgenommen. Es hieß, der neue Minister habe bereits eine Bundesbehörde angewiesen, ihm ihre Broschüren zur Verfügung zu stellen, um die Leere zu füllen."[356]

---

[356] Schmückle, Gerd: Ohne Pauken und Trompeten. Erinnerungen an Krieg und Frieden. Stuttgart 1982, S. 273.

VI. „Numquam minus otiosus sum, quam cum otiosus sum!" Zäsur einer Karriere (1963–66)

1. „Da Strauß kimmt!"

„Ich bin niemals weniger untätig, als wenn ich untätig bin", sagte einst Scipio Africanus der Ältere.[1] Der römische Feldherr und Staatsmann wollte damit zum Ausdruck bringen, daß er sich gerade dann, wenn er nicht in Amt und Würden war, in noch viel zahlreichere Aktivitäten stürzte. So auch Strauß. Wenngleich er den Hauptwohnsitz seiner Familie kurz nach dem Rücktritt vom Amt des Verteidigungsministers nach Rott am Inn verlegte, führte sein Ausscheiden aus der Bundesregierung weder zu Ruhe und Abgeschiedenheit, noch zu Besinnung und Einkehr. Denn bereits am 21. Januar 1963 wurde er von der CSU-Landesgruppe im Deutschen Bundestag mit 36 von 45 Stimmen zu ihrem Vorsitzenden gewählt.[2] Außerdem trat er im Folgemonat dem Ausschuß für auswärtige Angelegenheiten bei. Auch wenn Franz Josef Strauß, dessen Ruf nun landesweit „zwischen Bewunderung und Abscheu schwankte"[3], für eine Weile ins zweite Glied zurücktreten mußte, so ließ doch die Politik, die ihm „nie Beruf, sondern immer Berufung war"[4], nicht von ihm ab. Der zum Regierungs- und Parlamentssitz aufgemöbelten Provinzstadt Bonn konnte und wollte er nicht den Rücken kehren. Also nutzte er den Landesgruppen- und stellvertretenden Fraktionsvorsitz, vor allem aber seine „massenmobilisierende Kraft als Parteiführer"[5], um einen kräftigen Anspruch auf politische Mitsprache anzumelden: „Unser Ziel muß sein und bleiben, daß ohne und gegen die CSU in Bayern, sowie ohne und gegen die CDU/CSU in Deutschland nicht das politische Geschick Bayerns und Deutschlands gestaltet werden

---

[1] Publius Cornelius Scipio Africanus Maior lebte von 236 bis 183 v. Chr., war römischer Konsul, princeps senatus und bezwang im Jahre 202 Hannibal in Nordafrika.
[2] Vgl. Hopfenmüller, Fritz; Brügmann, Claus: Franz Josef Strauß. Eine kurze Biographie. München 1992, S. 13; o.V.: Strauß Vorsitzender der CSU-Landesgruppe in Bonn, in: Frankfurter Allgemeine Zeitung v. 23.01.1963.
[3] Bavendamm, Dirk: Bonn unter Brandt. Machtwechsel oder Zeitenwende. Wien, München, Zürich 1971, S. 97.
[4] Streibl, Max: Ansprache am 7. Oktober 1988 im Herkulessaal der Residenz München, in: Bayerische Staatskanzlei (Hg.): Franz Josef Strauß zum Gedächtnis. Ansprachen bei den Trauerfeiern am 7. und 8. Oktober 1988. Stamsried 1988, S. 5–10, S. 5.
[5] Mintzel, Alf: 21 Thesen zur Entwicklung der CSU. Ergebnisse einer parteiensoziologischen Analyse, in: Zeitschrift für Parlamentsfragen, 6 (1975) H. 2, S. 218–233, S. 232. Vgl. dazu auch: Wahrhaftig, Samuel: Franz Josef Strauß. München, Bern, Wien 1965, S. 27.

kann."⁶ Unter Strauß' Führung trieb die inzwischen zur Massen- und Apparatpartei umstrukturierte CSU die Vollindustrialisierung und Modernisierung Bayerns voran. Dabei verfolgte sie das ehrgeizige Ziel, „die Entwicklung Bayerns zu einem Industriestaat mit zukunftsträchtiger Industrie durch eine konservative Gesellschafts- und Kulturpolitik so abzusichern, daß größere soziale Spannungen nicht entstanden. Diese für Bayern charakteristische Gleichzeitigkeit ungleichzeitiger historisch-gesellschaftlicher Prozesse zu ermöglichen, d.h. Tradition und moderne Industriegesellschaft miteinander in Einklang zu bringen, verlieh der CSU gegenüber anderen Parteien eine stärkere Anziehungskraft auf die Wähler"⁷. Eine Anziehungskraft, die Strauß selbst zu personifizieren glaubte: „Vermutlich gehört es zu den ungeschriebenen und vielen gar nicht bewußten Geheimnissen meiner Wahlerfolge, daß die verschiedenen Seiten, die das heutige Bayern und die CSU bestimmen, in mir integriert sind – mit allen Widersprüchen und Rissen. Ich bin eine Identifikationsfigur für viele und auch für Gegensätzliches. Das geht, auf Bayern bezogen, schon bei der Geographie an. Ich bin Franke und Altbayer zugleich, mein Vater stammte aus Franken, meine Mutter aus Altbayern. Vom Elternhaus bin ich ein strenger Katholik, aber durch ein fast freidenkerisches Gymnasium und durch sechs Jahre Militär, bei dem Konfessionsfragen überhaupt keine Rolle spielten, bin ich ein liberaler Katholik geworden. Auf der einen Seite bin ich ein überzeugter, seine Heimat liebender und in ihr verwurzelter Bayer, auf der anderen Seite war und bin ich ein Gegner separatistischen Denkens, einer, der nach dem furchtbaren Erlebnis des Zweiten Weltkrieges bewußt und unerschütterlich in der nationalen Verantwortung für ganz Deutschland steht."⁸ Zusammenfassend stilisierte sich Strauß in seinen Erinnerungen mit einer in die dritte Person hineingesteigerten Selbstverliebtheit: „Strauß, der im öffentlichen Urteil als der große Polarisator erscheint, ist in Wirklichkeit – nicht nur was seine Partei angeht, aber vor allem für seine Partei – der große Integrator, der alle Strömungen und Flügel in sich zusammenfaßt und Gegensätze zum Ausgleich zu bringen weiß."⁹

Zusätzlich zu seinen Parteiämtern übernahm „der große Integrator" im Jahre 1963 die alleinige Herausgeberschaft des „Bayernkurier" und baute ihn zu einem „poli-

---

⁶ Strauß, Franz Josef: Die CSU zwischen gestern und morgen. Referat des Landesvorsitzenden auf der Landesversammlung in München am 6. Juli 1963 (Auszug), in: Flechtheim, Ossip K. (Hg.): Dokumente zur parteipolitischen Entwicklung in Deutschland 1945. Band IV: Aufbau und Arbeitsweise der deutschen Parteien. Berlin 1965, S. 282–286, S. 283.
⁷ Ismayr, Wolfgang; Kral, Gerhard: Bayern, in: Hartmann, Jürgen (Hg.): Handbuch der deutschen Bundesländer. 3., erweiterte und aktualisierte Neuausgabe, Frankfurt am Main, New York 1997, S. 84–126, S. 110.
⁸ Strauß, Franz Josef: Die Erinnerungen. Berlin 1998, S. 42f.
⁹ Ebd., S. 44.

tisch einflußreichen Wochenblatt mit Breitenwirkung in konservativen Kreisen der ganzen Bundesrepublik"[10] aus. Darüber hinaus widmete sich Strauß nun mehr als je zuvor seiner Familie und seinen privaten Interessen. Beispielsweise legte er im Herbst '63 in Niedersachsen eine Jagdprüfung ab. Da es nun im Zusammenhang mit *FJS* kaum noch belangvolle politische Ereignisse zu thematisieren gab, verlegte sich der „Spiegel" auf persönliche Angriffe und stellte die unzutreffende Behauptung auf, Strauß habe seinen Jagdschein auf unrechtmäßige Weise erworben. Außerdem schmücke er sich selbstverliebt mit seinen zahlreichen Ehrendoktortiteln und lasse sich stets mit „Herr Dr. Strauß" anreden. Eine Unterstellung, die sein späterer Büroleiter Wolfgang Maurus nicht bestätigen konnte: „Als ich Strauß das erstemal begegnete, sagte ich zu ihm: ‚Grüß Gott Herr Dr. Strauß'. Da sagte er zu mir: ‚Das mit dem Doktor stimmt schon, aber der Name, den ich bekommen habe, ist Strauß und das reicht mir. Ich heiße Herr Strauß!' Diejenigen, die ihn ‚Herr Dr. Strauß' nannten, standen ihm nicht sehr nahe. Und später sagte er einmal, daß er keinen Wert darauf lege, daß auf seinem Grabstein Bundeskanzler, Bundesminister a.D. oder Ministerpräsident steht. Er war in diesem Zusammenhang überhaupt nicht eitel."[11] Ganz im Gegensatz zu Rudolf Augstein, der Strauß immer noch mit außerordentlicher Hartnäckigkeit verfolgte. „Die anhaltende Vehemenz seines so offenkundigen Hasses haben Psychologen und Publizisten wiederholt zu analysieren versucht. Viele von ihnen sehen die eigentlichen Wurzeln dieser tiefen Feindseligkeit bei Augstein auch in den so unterschiedlichen geistigen, körperlichen, mentalen, weltanschaulichen, ethischen und charakterlichen Eigenschaften der beiden so ungleichen Männer, glauben, daß bei Augstein aufgrund dieser so gravierenden Unterschiede unbewußt latente Minderwertigkeitskomplexe in Agression [sic!] umgeschlagen seien, vermuten, daß Augstein an Strauß eigentlich nur all das verfolgt, was er selbst nicht hat – was er sich aber im Unterbewußtsein wohl heiß ersehnen würde: – Auf der einen Seite Strauß, vital, offen, aus echtem politischen Urgestein, mit positiver Grundeinstellung zum Leben, zu den Menschen, absolut uneitel, mit herzlichem Humor ausgestattet, in klaren Wertstrukturen lebend, in erster Ehe glücklich verheiratet, gläubiger – wenn auch nicht klerikaler – Christ. – Auf der anderen Seite Augstein, von recht unscheinbarem Wuchs, immer irgendwie bläßlich, weich, ja fast etwas aufgeschwemmt aussehend, ziemlich eitel, verschlossen und oft auch überheblich wirkend, ‚erfüllt von Trauer und Pessimismus' (Erich Kuby), ‚eine rettungslose Skepsis, ein vor sich selbst nicht haltmachendes Mißtrauen' (Paul Sackarndt) verbrei-

---

[10] Wolf, Konstanze: CSU und Bayernpartei. Ein besonders Konkurrenzverhältnis, 1948–1960. Köln 1982, S. 17.
[11] Interview mit Wolfgang Maurus am 03.11.2003 in Bonn.

tend, Untergebene oft herrisch mit negativ-ätzendem Zynismus abkanzelnd, sein Humor eher sarkastisch, in seinem Buch ‚Jesus Menschensohn' (1972) zu dem Schluß kommend, daß die Kirche sich auf einen Jesus berufen würde, den es nie gegeben habe. Der bekannte Publizist Kurt Wessel schrieb einmal über Augstein: ‚Seine geistige Grundhaltung erscheint ... als schwarzer Nihilismus an der Grenze der Verzweiflung ...'"[12]. Eine Verzweiflung, in die er auch seinen Wahlgegner treiben wollte. Allein zwischen 1961 und 1970 mußte Strauß vierzehn Prozesse gegen den „Spiegel"-Herausgeber führen, um den rufschädigenden Verleumdungen des Hamburger Wochenblattes entgegenzutreten. Denn Augstein schreckte auch vor den unsäglichsten Unterstellungen und Schlußfolgerungen nicht zurück. Beispielsweise behauptete er: „Solange die CSU eine Führer-Partei ist, droht auch dem Staat von Bonn die Gefahr, ein Führer-Staat zu werden."[13]

Im Sommer 1963 wurde der angebliche „Führer" ein weiteres Mal von seinen israelischen Freunden empfangen und führte Gespräche mit Ministerpräsident David Ben Gurion und anderen hochrangigen Regierungsvertretern. In mehreren Reden sprach sich Strauß für die Aufnahme diplomatischer Beziehungen zwischen Israel und der Bundesrepublik Deutschland aus, nutzte aber auch die Gelegenheit, den „Spiegel" als die „Gestapo unserer Tage" zu bezeichnen. Schließlich könne das Magazin „mit Akten aus der NS-Zeit fast jeden Deutschen erpressen."[14] Mit polemischen Überspitzungen dieser Art begab sich Strauß viel zu häufig auf das Niveau des „Spiegel" herab. Anstatt sich von seinem gewichtigsten publizistischen Gegner mit gemäßigten Formulierungen und sachlichen Argumenten abzuheben, demonstrierte Strauß bei jeder sich bietenden Gelegenheit, welche große Verärgerung, welche erbitterte Wut in ihm rumorte. Menschlich war dies zwar nachvollziehbar, von politischer Klugheit hingegen zeugte es nicht.

In der Folgezeit bereiste Strauß Ostasien, Südafrika, den Iran und viele andere Länder, wurde mit höchster Gastfreundschaft empfangen und hielt zahlreiche Vorträge. Aber auch in Deutschland war er als Redner nach wie vor beliebt: „Er redet drastisch und plastisch. Noch immer vermag es Franz Josef Strauß wie kaum jemand sonst in der Bundesrepublik, komplizierte Zusammenhänge in griffige Bilder zu bringen, mit einer saftigen aufrüttelnden Diktion die Zuhörer emotional

---

[12] Zimmermann, Ulrich: Geliebt, verkannt und doch geachtet. Franz Josef Strauß, der Mensch, der Politiker, der Staatsmann von A–Z. 2. Auflage, Percha am Starnberger See 1980, S. 39f.
[13] Augstein, Rudolf: Kommt er wieder?, in: Der Spiegel, 17 (1963) H. 29, S. 12–13, S. 12.
[14] Ramge, Thomas: Die grossen Polit-Skandale. Eine andere Geschichte der Bundesrepublik. Frankfurt am Main, New York 2003, S. 86; Augstein, Rudolf: Vorwort, in: Schoenbaum, David: Ein Abgrund von Landesverrat. Die Affäre um den „Spiegel". Reprint der 1968 erschienenen Ausgabe. Berlin 2002, S. 7–9, S. 7.

zu packen. Zudem half ihm seine Anpassungsfähigkeit. Auf ländlichen Wahlveranstaltungen redete er betulich, in krachledernem Dialekt. Mittelständische Versammlungen beglückte er mit platten Phrasen und Witzchen. Vor gebildeten Gremien bediente er sich einer aufgeputzten, mit Zitaten gespickten Akademikersprache, gewürzt mit folkloristischen Einsprengseln."[15] Auch ohne eines Ministeramtes teilhaftig zu sein, gelang es dem erprobten Debattenredner immer noch, zahlreiche Hörer an die Rundfunkempfänger zu locken. Und wenn „der letzte Bauernführer Europas"[16], der es auf unnachahmliche Weise verstand, sich mit den Herrschenden zu verbinden und gleichzeitig mit den Beherrschten zu rebellieren, eine seiner berühmt-berüchtigten Volksreden hielt, herrschte am Ort des Geschehens beinahe der Ausnahmezustand. Manchmal warteten so viele Menschen auf ihn, daß er, wie beispielsweise in der Zuchtviehhalle in Straubing, mit Klimmzügen durchs Fenster einsteigen mußte, um ans Rednerpult gelangen zu können.[17] Und in Ruhstorf, einem Pfarrdorf in Niederbayern, versechsfachte sich die Einwohnerzahl einen Abend lang sogar. Die Atmosphäre dieses volksfestähnlichen Ereignisses beschrieb Carl Schmöller wie folgt: Über 4.000 Menschen „drängen sich im Bierzelt und warten auf Franz Josef Strauß. Sie sind aus allen Gegenden des Vilstales und des Rottales herbeigeeilt, als der Speck Philipp, seines Zeichens Bundeswahlkreisgeschäftsführer aus Eggenfelden, bekanntgab: ‚Da Strauß kimmt!' Die jungen Männer der Ruhstorfer Feuerwehr haben sich in ihre Paradeuniformen geworfen und weisen die paar hundert PKW sorgsam auf den Parkplatz auf einer riesigen Wiese ein. ‚Heit geht's bei uns ärger zua wia in München', meint einer der jungen Männer, der jede Woche in die Landeshauptstadt ‚pendelt' und es deshalb wissen muß. ‚Im ganzen Landkreis find'st heit koan Polizist'n mehr', verkündet ein anderer und zeigt auf die Schar Grünuniformierter, die auf dem Festplatz patrouillieren. Es ist der große Tag für Ruhstorf, alt und jung sind auf den Beinen und haben ihre herzliche Freude daran, daß ihr Heimatdorf für einige Stunden Mittelpunkt des niederbayerischen Landes geworden ist. Die Temperatur im Bierzelt klettert allmählich auf den Siedepunkt, die Kellnerinnen können kaum genug Bier heranschaffen, Brauer und Wirt sind zufrieden. Die Stimmung steigt mit der Temperatur, und als Strauß auf dem Festplatz eintrifft, geleitet ihn die Festkapelle mit den Klängen des bayerischen Defiliermarsches in das Zelt. Der einheimische Abgeordnete, der Eggenfeldener Rechtsanwalt Fritz Kempfler, begrüßt den CSU-Chef, und der Beifall will kein Ende nehmen. Der Beifall steigert sich zum Orkan, als Strauß

---

[15] Leinemann, Jürgen: Macht: Psychogramme von Politikern. Frankfurt am Main 1983, S. 88.
[16] Boenisch, Peter: Kohl und Strauß, in: Appel, Reinhard (Hg.): Helmut Kohl im Spiegel seiner Macht. Bonn 1990, S. 161–167, S. 164.
[17] Vgl. Lutzeyer, August (Hg.): Persönlichkeiten der Gegenwart. Franz Josef Strauß. Freudenstadt 1968, S. 56.

sich als niederbayerischer Landsmann vorstellt und seine Zuhörer wissen läßt, daß 50 Prozent seiner Vorfahren aus Niederbayern stammen. Die Zuhörer, zum größten Teil in irgendeiner Form mit der Landwirtschaft verbunden, freuen sich, als ihnen bestätigt wird: ‚Wir bejahen das Bauerntum, das das Gesündeste darstellt, was ein Volk zu bieten hat und das ein Volk nicht aufgeben darf, ohne sich selbst aufzugeben.' Die Männer und Frauen im Festzelt spüren, daß diese Worte nicht eine leere Phrase sind, daß sie von Herzen kommen, daß sie den Willen der Christlich-Sozialen Union beweisen, der deutschen Landwirtschaft auch im umfassenden Rahmen der Europäischen Wirtschaftsgemeinschaft ihren Platz zu sichern. Franz Josef Strauß kann ein zustimmendes Kopfnicken vermerken, als er den Bauern vorrechnet, daß es ihnen halt doch nicht so schlecht gehe, wie manche gern jammern, daß es aber auf der anderen Seite auch beileibe nicht so gut um sie bestellt sei, wie der oder jener glauben möchte, der die Landwirtschaft und ihre Sorgen nicht wirklich kennt. Das sind die richtigen Worte, denn der niederbayerische Bauer hat die Notwendigkeit des europäischen Bündnisses sehr wohl erkannt und weiß, daß kein Politiker mit einem Allheilmittel alle Sorgen und Nöte über Nacht wegwischen kann. Lieber als leere Versprechungen ist ihm dann schon ein ehrliches Wort! Es wird später Abend, bis Franz Josef Strauß den wohlverdienten ersten Schluck des süffigen Festbieres genießen kann. Aber nun stürmt die erste Welle der Autogramm-Jäger heran. Vom Teenager bis zum Opa umlagern sie den Gast aus München eine Stunde lang, um den begehrten Namenszug als Erinnerung mit nach Hause zu bringen. Es ist fast Mitternacht, als Strauß, wie man so sagt, endlich zum Schnaufen kommt. Mit einem schneidigen Marsch wurde die Kundgebung eingeleitet, und mit Marschmusik soll sie auch ausklingen. Der Birnbacher Gastwirt und Viehhändler Franz Xaver Unertl, ein äußerst populärer Bundestagsabgeordneter, setzt sich den grünen Hut mit dem weißen Boschen auf und greift zum Taktstock. Der bayerische Defiliermarsch erklingt, und Unertl steht vor den Musikern, als hätte er sein Lebtag nichts anders getan als den Taktstock geschwungen. Die Kundgebungsbesucher sitzen noch eine Weile beisammen und bestellen sich noch eine frische Maß. Alte Bekannte und Leute, die sich bis vor zwei oder drei Stunden noch nie gesehen hatten, haben jetzt ein gemeinsames Gesprächsthema. ‚Er hat scho recht mit dem, was er g'sagt hat', klingt es an den langen Tischen immer wieder auf. Und nicht weniger oft ist zu vernehmen: ‚Mit'm Strauß an da Spitz'n bleibt d'CSU schon vorn!' Es sind die Männer und Frauen des Volkes, die hier beieinander sitzen, Männer und Frauen eines gesegneten Landstriches mit uralter, bester christlicher Tradition, Männer und Frauen, die zu den vielzitierten ‚Stammwählern' der Union gehören. Um sie braucht sich die Union keine Sorgen zu machen, denn sie haben sich ihr gesundes Urteilsvermögen, Gut und Bös, Aufrecht und Falsch zu unterscheiden, bewahrt; sie erkennen auch die falschen Propheten. Der Ruf ‚Da Strauß kimmt!' ist längst verstummt. Die vielen PKW haben eine zerschundene Wiese zurückgelassen, im Bierzelt verlöschen die Lichter, die letzten Ruhstorfer machen sich auf den Heimweg. Zufrieden unterhält man sich darüber, wie groß und mit wievielen Bildern wohl die Heimatzeitung die Ruhstorfer Veranstaltung und den Massenbesuch, den sie erfuhr, für immer schwarz auf weiß festhalten wird. Ein großer Tag für ein kleines, verstecktes Pfarrdorf klingt aus ..."[18]

Parallel zu seinen Tätigkeiten als Parteichef, Landesgruppenvorsitzender, Ausschußmitglied, Familienvater, Weltreisender, Rhetor und Jäger nahm der nun 47jährige Strauß in Innsbruck bei Professor Clemens-August Andreae das Studium der Finanzwissenschaft auf. „Typisch", wie seine Frau Marianne später befand. Bei jeder Betätigung erarbeitete er sich „immer gleich den ganzen wissenschaftlich-theoretischen Unterbau"[19]. Andreae vertrat später die Ansicht, „daß Franz Josef Strauß bereits vor Beginn dieses Studiums davon überzeugt war, innerhalb kurzer Zeit wieder in die Bundesregierung zurückzukehren."[20] Schließlich war er im Sommer 1963 mit 86,8 Prozent der Delegiertenstimmen als Parteivorsitzender der CSU bestätigt worden. Die Neue Zürcher Zeitung kommentierte am 7. Juli 1963: „Franz-Josef Strauß hat eine wichtige Etappe in seinem mit verbissener Energie betriebenen politischen Comeback geschafft. Die bayrische Christlich-Soziale Union, seine Hausmacht, hat ihm am Samstag mit einer Stimmenzahl, die einer Demonstration gleichkommt, wieder zu ihrem Vorsitzenden gewählt. Von 706 abgegebenen und 644 gültigen Delegiertenstimmen des CSU-Parteitages fielen 559 auf ihn; einen ernstzunehmenden Gegenkandidaten hatte er nicht."[21] Es war wohl nur eine Frage der Zeit, bis Franz Josef Strauß ins Bundeskabinett zurückkehren und sich der vielzitierte Karriereknick als eine überdehnte Zäsur erweisen würde.

---

[18] Schmöller, Carl: Kennen Sie eigentlich die CSU? Bonn 1964, S. 8ff.
[19] Strauß, Marianne: Was ich meinem Mann zum 60. Geburtstag wünsche, in: Deutschland-Magazin, 7 (1975) H. 4, S. 18–19, S. 19.
[20] Lohberger, Rudolf: Weltbild und politische Programmatik bei Franz Josef Strauß. Unter besonderer Berücksichtigung der Europa- und Wirtschaftspolitik und deren Niederschlag auf das Grundsatzprogramm der CSU von 1976. Salzburg 1984, S. 50.
[21] Luchsinger, Fred: Bericht über Bonn. Deutsche Politik 1955–1965. Zürich 1966, S. 160.

2. Wandel durch Annäherung

Die Kuba-Krise hatte die Welt im Oktober 1962 an den Rand eines Atomkrieges geführt. Nur um Haaresbreite war die Menschheit ihrer Vernichtung entgangen. Da Moskau und Washington angesichts der atomaren Pattsituation vermeiden wollten, daß der Kalte Krieg ein weiteres Mal heiß wurde, leiteten sie eine Politik der Konfliktbegrenzung, des wechselseitigen Interessenausgleichs und der friedlichen Koexistenz ein. Adenauers „cauchemar des coalitions" schien Wirklichkeit zu werden. Denn die Amerikaner waren offensichtlich bereit, die Deutsche Frage zugunsten einer weltweiten Entspannung dauerhaft unbeantwortet zu lassen. Wenn die Bundesregierung nicht den Anschluß verpassen wollte, mußte sie wohl oder übel ost- und deutschlandpolitische Initiativen ergreifen. Doch mit Ausnahme einiger mehr oder minder geheimer Ansätze und Vorstöße fehlte dem 87jährigen „Kanzler auf Abruf" die Kraft für einen nachhaltigen Gezeitenwechsel in der Ostpolitik. Außerdem wirkte die Hallstein-Doktrin wie eine selbstangelegte Fessel. Dennoch gelang es Außenminister Gerhard Schröder, in den Jahren 1963/64 in Polen, Rumänien, Ungarn und Bulgarien Handelsmissionen zu errichten. Obschon die Anerkennung der Oder-Neiße-Grenze und der DDR sorgsam vermieden wurde, war ein wichtiger Schritt zur vorsichtigen Öffnung nach Osteuropa getan. Die Handelsvertretungen fungierten als Ersatz für die durch die Hallstein-Doktrin ausgeschlossenen diplomatischen Beziehungen und sollten zum Wegbereiter für spätere kulturelle und politische Verbindungen werden. Schröder hoffte, die DDR mit dieser Strategie der Umklammerung langfristig isolieren und zu einem unhaltbaren Anachronismus degradieren zu können.

Doch nicht nur in Bonn wurde nach ost- und deutschlandpolitischen Lösungen der Deutschen Frage gesucht. Auch Egon (Karl-Heinz) Bahr, der Chef des Westberliner Presse- und Informationsamtes, stellte innovative Überlegungen an, die allerdings weniger aus der „theoretischen Durchdringung eines komplexen geschichtlichen Sachverhalts" resultierten, sondern vielmehr „der Tatsache der physischen und politischen Nähe zum Problem"[22] entsprangen. Am 15. Juli 1963 verkündete er vor der Evangelischen Akademie in Tutzing das gemeinsam mit Willy Brandt erarbeitete Konzept vom „Wandel durch Annäherung". Es beinhaltete einen bemerkenswerten deutschlandpolitischen Ansatz, der erfolgreich darüber hinwegtäuschte, daß Bahr und Brandt nur wenige Jahre zuvor noch zu den energischsten Befürwortern einer nationalstaatlichen Wiedervereinigung gehört hatten[23] – übrigens ganz im Gegensatz zu Franz Josef Strauß, der bereits seit 1957 für die Überwindung des national-

---

[22] Görtemaker, Manfred: Kleine Geschichte der Bundesrepublik Deutschland. München 2002, S. 233.
[23] Vgl. ebd., S. 233f.

staatlichen Denkens und für die Europäisierung der deutschen Frage plädierte.[24] In diesem Sinne urteilte auch der deutschlandpolitische Experte Jens Hacker: „Drei markante Persönlichkeiten, die immer wieder über ‚Deutschland' nachgedacht haben und vor unkonventionellen Positionswechseln nicht zurückgeschreckt sind, verdienen eine besondere Betrachtung: Franz Josef Strauß, Willy Brandt und Egon Bahr. Strauß gehört insoweit der Vortritt," weil er schon im Jahre 1957 „den Gedanken an eine nationalstaatliche Lösung der deutschen Frage zu den Akten gelegt hatte."[25] Dies räumte in der Rückschau auch Horst Ehmke, der spätere Leiter des Bundeskanzleramtes unter Willy Brandt, ein: „Ich habe es immer als ein Verdienst – das ist nicht ironisch gemeint – von Herrn Kollegen Strauß angesehen, daß er in der Debatte frühzeitig darauf hingewiesen hat, daß es sehr ungeschichtlich wäre, die deutsche Frage nur als Frage der Rückkehr zu einem deutschen Nationalsaat zu verstehen."[26] Dieser Ungeschichtlichkeit waren sich nun auch Brandt und Bahr gewahr geworden. Im Schatten der Mauer folgten sie fortan dem Licht ihrer neuen Erkenntnis und strebten eine entideologisierte Neuordnung der Beziehungen zwischen West und Ost an (*Annäherung*), die eine Linderung der menschlichen Folgen der staatlichen Teilung bewirken und letzten Endes die „Transformation der Zone" herbeiführen sollte (*Wandel*). Eine „Politik der kleinen Schritte" also, deren erster das Passierscheinabkommen vom 17. Dezember 1963 war, welches den Westberlinern erstmals seit dem Mauerbau einen Besuch ihrer Verwandten und Freunde in Ost-Berlin ermöglichte. Während sich Außenminister Gerhard Schröder im Namen der Bundesregierung aktiv um die Verbesserung der Beziehungen zu den Ländern des Ostblocks bemühte, die DDR aber bewußt ausschloß, waren Brandt und Bahr bereit, die Staatlichkeit der DDR anzuerkennen und den westdeutschen Alleinvertretungsanspruch aufzugeben. Die Mauer, so Bahr, könne nur durchlässiger gemacht werden, wenn Moskau und Ost-Berlin die Angst vor dem Zusammenbruch ihres Systems genommen würde. „Das kam einer Existenzgarantie nahe. Nicht der Sturz des Regimes, sondern die Zusammenarbeit mit ihm sei der allein gangbare Weg"[27]. Denn die Zone, so Bahr, müsse mit Zustimmung der Sowjets transformiert werden. Die DDR, die sich verständlicherweise nicht transformieren lassen wollte,

---

[24] Vgl. CDU/CSU-Bundestagsfraktion: 291. Fraktionssitzung vom 26. September 1956, in: Heidemeyer, Helge: Die CDU/CSU-Fraktion im Deutschen Bundestag. Sitzungsprotokolle 1953–1957. Düsseldorf 2003, S. 1208–1233, S. 1214.

[25] Hacker, Jens: Deutsche Irrtümer. Schönfärber und Helfershelfer der SED-Diktatur im Westen. 3. Auflage, Berlin, Frankfurt am Main 1992, S. 180f.

[26] Ehmke, Horst: Rede vor dem Deutschen Bundestag am 24. Februar 1972, in: Dettke, Dieter (Hg.): Das Portrait. Horst Ehmke. Reden und Beiträge. Bonn 1980, S. 164–184, S. 174.

[27] Link, Werner: Détente – Entspannungs- und Ostpolitik der siebziger Jahre im Widerstreit, in: Aretz, Jürgen; Buchstab, Günter; Gauger, Jörg-Dieter (Hg.): Geschichtsbilder. Weichenstellungen deutscher Geschichte nach 1945. Freiburg, Basel, Wien 2003, S. 103–121, S. 108.

bezeichnete Bahrs Leitgedanken als „Aggression auf Filzlatschen" und – um mit den Worten Klaus Hildebrands zu sprechen – „nahm künftig jede Gelegenheit wahr, im Zuge weiterer Passierschein-Verhandlungen *peu à peu* Terrain zu gewinnen, Forderungen anzumelden und eine Aufwertung ihrer Position zu erreichen. Daß die Bundesregierung dadurch in Schwierigkeiten geriet, zeigte sich bereits, als es Ostern 1964 nicht zu einer Wiederholung der weihnachtlichen Vereinbarung kam. Der Bevölkerung war schwer verständlich, daß zu Ostern unzumutbar sein sollte, was zu Weihnachten vertretbar erschien. Politiker wie Franz Josef Strauß und Gerhard Schröder, die ansonsten im Hinblick auf die Gestaltung deutscher Außenpolitik sehr unterschiedliche Ansichten vertraten, erkannten das Dilemma solcher Passierschein-Aktionen im Zusammenhang der deutschen Ost- und Deutschlandpolitik sehr klar. Solange es sich bei einem Passierschein-Abkommen um eine einmalige Angelegenheit handle, umschrieb Außenminister Schröder das Problem, liege der moralische Effekt durchaus auf seiten der Bundesrepublik Deutschland. Erneuere man die Vereinbarung jedoch häufiger, so sei unübersehbar, ‚daß der Wiederholungseffekt die menschliche Seite stark herunterschneidet, aber die politische Seite vergrößert'."[28] Demgemäß lehnten CDU und CSU den beabsichtigten „Wandel durch Annäherung" ab, da offensichtlich „jederzeit zurücknehmbare menschliche Erleichterungen mit unwiderruflich gewährten politisch-rechtlichen Konzessionen erkauft"[29] würden. Die daraus resultierende Stabilisierung der DDR mußte einem Wandel zu mehr Demokratie, Freiheitlichkeit und Rechtsstaatlichkeit zwangsläufig eher abträglich sein. Folglich blieb Franz Josef Strauß bei seiner Überzeugung, den Status quo trotz Mauerbau, Kuba-Krise und atomarer Pattsituation nur aus einer Position der Stärke heraus überwinden zu können: „Die Erkenntnis, daß Angriff heute Selbstmord bedeutet, gibt uns die reelle Chance, durch die Bereitschaft zur Verteidigung und eine vernünftige, im großen Rahmen planende und handelnde Politik jene Voraussetzungen zu schaffen, die letzten Endes auch in der Normalisierung der Beziehungen zwischen Deutschland und der Sowjetunion den Frieden in Zukunft sichern."[30] Wie diese im großen Rahmen planende und handelnde Politik ausgestaltet werden sollte, erläuterte Strauß zunächst jedoch nicht.

Im Vergleich zu Schröders realer Außenpolitik stellten die visionären Konzeptionen und die gelegentlich aufsteigenden Versuchsballons der angehenden Entspannungsarchitekten eine zu vernachlässigende, weil auf Berlin beschränkte Rander-

---

[28] Bracher, Karl Dietrich; Eschenburg, Theodor; Fest, Joachim C.; Jäckel, Eberhard (Hg.): Geschichte der Bundesrepublik Deutschland. Band IV: Hildebrand, Klaus: Von Erhard zur Großen Koalition 1963–1969. Stuttgart, Wiesbaden 1984, S. 94.
[29] Ebd.
[30] Strauß, Franz Josef: Stellungnahme vom 29. März 1962 zum Verteidigungshaushalt 1962: Auswärtiges Amt (Hg.): Die Auswärtige Politik der Bundesrepublik Deutschland. Köln 1972, S. 466–468, S. 466f.

scheinung dar. Weitaus belangvoller war, daß sich Gerhard Schröder, Ludwig Erhard und Kai-Uwe von Hassel mitsamt einiger anderer „Atlantiker" an der von den USA mitbestimmten politischen Großwetterlage orientierten, während Franz Josef Strauß, der von der amerikanischen Beteiligung an der „Spiegel"-Affäre nach wie vor überzeugt war, Konrad Adenauer, Heinrich von Brentano, Heinrich Krone, Eugen Gerstenmaier und viele andere Politiker der Unionsparteien einer europazentrierten Außenpolitik zuneigten und eine engere Zusammenarbeit mit dem von General de Gaulle geführten Frankreich befürworteten. Das deutsche Gewicht mußte gemäß den Vorstellungen dieser „Gaullisten" durch eine deutsch-französische Partnerschaft vergrößert und die Abhängigkeit von den Vereinigten Staaten verringert werden. Denn Deutschland durfte der amerikanisch-sowjetischen Entspannungspolitik unter keinen Umständen zum Opfer fallen. Allerdings waren die Gaullisten keinesfalls auf „national-reaktionäre Art anti-amerikanisch. Es ging ihnen vielmehr darum, Westeuropa, nachdem es sich wirtschaftlich von den Kriegsschäden erholt hatte, nicht für immer und ewig zum Juniorpartner der USA zu machen. Europäische Fragen sollten nicht durch die Supermächte präjudiziert oder gar entschieden werden, und sie sollten nicht dem politischen Diktat des nuklearen Gleichgewichts unterworfen werden. Das war der Kern des Gaullismus, in Frankreich wie auch in Westdeutschland."[31] Persönlich lehnte Franz Josef Strauß die Bezeichnung „Gaullist" allerdings entschieden ab: „Wir spalten uns nicht auf in ein Lager der Gaullisten und in ein Lager der Atlantiker. Wir ringen um die Einheit Europas in den heute möglichen Formen und um die langfristige Stabilisierung der nordatlantischen Bündnisgemeinschaft, das heißt um echte Partnerschaft in der atlantischen Gemeinschaft. Wir haben keine Wahl zu treffen zwischen Washington und Paris. Die deutsche Außenpolitik muß sowohl auf die europäische Einheit wie auf die atlantische Gemeinschaft ausgerichtet sein, wenn sie ihre legitimen Ziele erreichen will. Nach meiner Überzeugung führt jeder Weg zur Einheit Europas und zur langfristigen Stabilisierung der NATO über eine besonders enge Verbindung zwischen Frankreich und Deutschland. Ich möchte nach der amerikanischen Hilfe für Europa in den entscheidenden Nachkriegsjahren den engen Zusammenschluß zwischen Frankreich und Deutschland als die rettende Entscheidung für Europa bezeichnen, ohne damit die Bedeutung anderer europäischer Länder herabsetzen zu wollen."[32]

---

[31] Krieger, Wolfgang: Franz Josef Strauß. Der barocke Demokrat aus Bayern. Göttingen, Zürich 1995, S. 56.
[32] Dalberg, Thomas: Franz Josef Strauß. Porträt eines Politikers. Gütersloh 1968, S. 229f. Vgl. dazu auch: Zimmermann, Hubert: Franz Josef Strauß und der deutsch-amerikanische Währungskonflikt in den sechziger Jahren, in: Vierteljahreshefte für Zeitgeschichte, 47 (1999) H.1, S. 57–85, S. 80.

Diese rettende Entscheidung gedachte Konrad Adenauer in Form einer deutsch-französischen Union herbeizuführen. Doch nachdem Franz Josef Strauß im Dezember '62 zum Rücktritt vom Amt des Verteidigungsministers gezwungen worden war, hatte der Kanzler massiv an Autorität verloren. Ohne das kabinettsinterne Gegengewicht des gaullistischen Bajuwaren war es dem Atlantiker Gerhard Schröder ein leichtes, den „Elysée-Vertrag" vom 22. Januar 1963 durch Hinzufügung einer Präambel zu verwässern. In seinen Erinnerungen erläuterte Strauß: „Die Präambel war das Mittel, mit dem Schröder und seine Freunde, die natürlich keinen Bruch mit Frankreich wollten, den Elysée-Vertrag formal zwar am Leben ließen, in seiner wesentlichen Substanz aber abtöteten. Adenauer hatte nicht mehr die Kraft oder die Entschlossenheit, dieser Fehlentwicklung erfolgreich entgegenzutreten."[33] Auch einer anderen Fehlentwicklung vermochte sich Konrad Adenauer nicht mehr erfolgreich entgegenzustellen: der Nominierung Ludwig Erhards zu seinem Nachfolger im Kanzleramt. Trotz seines energischen Widerstandes beschloß die CDU/CSU-Bundestagsfraktion am 23. April 1963, den Vater des Wirtschaftswunders auf den Kanzlerthron zu heben, sobald Adenauer das Palais Schaumburg geräumt haben würde. Strauß: „Adenauer hatte zwei Bedenken gegen Erhard. Das eine war dessen völlige Ahnungslosigkeit auf dem Gebiete der Außenpolitik – ‚Ludwig das Kind' hieß er in der Umgebung Adenauers, ein Beiname, der bis zu mir gedrungen ist. Die andere Besorgnis Adenauers, der ja sehr stark vom Zentrum und von christlich-sozialer Gewerkschaftspolitik geprägt war, galt der Wirtschaftspolitik. Er fürchtete, daß die Union unter Erhard zu stark akzentuierte wirtschaftsliberale Züge aufweisen und den Bezug zum christlichen Arbeitnehmerlager verlieren könnte. Damit würde, so Adenauers Angst, die Mehrheitsfähigkeit und die breite Basis, über die die CDU damals auch in Nordrhein-Westfalen noch verfügte, gefährdet."[34] Obwohl Franz Josef Strauß die Befürchtungen Konrad Adenauers teilte, sah er keinen Grund, den scheidenden Kanzler in seinem letzten Kampf zu unterstützen. Schließlich hatte ihm „der Alte" zur Zeit der „Spiegel"-Affäre ebenfalls keine Unterstützung zukommen lassen. So schien nun einzutreten, was sich Franz Josef Strauß bereits seit Jahren erhoffte: Eine kurze „Ära Erhard" als Wegbereiter einer möglichst langen „Ära Strauß".

Am 9. September 1963 fand die letzte Kabinettssitzung unter dem Vorsitz Konrad Adenauers statt, am 11. Oktober nahm Bundespräsident Lübke seine Rücktrittserklärung entgegen und am 15. Oktober wurde der nun beinahe 88jährige Bundeskanzler in einer Feierstunde des Deutschen Bundestages würdig verabschiedet. Ganz ohne Pathos sagte er: „Ich möchte denjenigen Mitgliedern dieses Hauses, die

---

[33] Strauß, Franz Josef: Die Erinnerungen. Berlin 1998, S. 460.
[34] Ebd., S. 458f.

Ludwig Erhard und Franz Josef Strauß am 10. August 1963 unweit von Erhards Ferienhaus am Tegernsee.

mit mir gearbeitet haben, dafür danken, dass sie die ganzen 14 Jahre hindurch mit mir gearbeitet haben, und ich möchte auch der Opposition dafür danken, dass sie da war und die Pflicht der parlamentarischen Opposition erfüllt hat. Diese Opposition in parlamentarisch regierten Staaten, diese Pflicht der Opposition ist notwendig für das Parlament, für das Volk und für dessen Regierung. Wir brauchen alle eine Kontrolle, ob wir auf dem richtigen Wege sind. Und es ist wirklich nicht so – das darf ich in diesem Augenblick sagen –, als ob ich allen und jeden Satz, der von der linken Seite des Hauses gekommen ist, ohne weiteres beiseite geschoben hätte. (Heiterkeit). Keineswegs, meine Damen und Herren! Erstens ist das Dasein der Opposition prophylaktisch. (Heiterkeit). Dieses prophylaktische Wirken der Opposition wird leider in der Öffentlichkeit zu wenig veranschlagt. Aber es ist da. Das Vorhandensein einer Opposition äußert sich nicht nur in Zeitungsartikeln oder etwa in Reden hier im Parlament, sondern jeder Regierungschef, der ein Volk führen will, muss sowohl darauf achten, dass er eine Mehrheit hat, wie darauf, dass er eine Opposition hat. (Heiterkeit)." Ein „guter Teil des Erfolges ist auch darauf zurückzuführen, dass die Opposition milder geworden ist (Heiterkeit) – auch das, meine Damen und Herren, ist ein Erfolg des Parlaments – und dass sich die Parlamentsmehrheit auch daran gewöhnt hat zuzuhören, wenn die Opposition spricht. (Erneute Heiterkeit). Denn nur vom Sprechen und dem Zuhören kann etwas

Gutes werden, nicht vom Sprechen allein; das Zuhören gehört dazu. (Beifall). Ich werde ja wieder in Ihre Reihen zurückkehren – da ist mein Platz –, und ich werde zuhören. Ich hoffe, ein wenig zu sprechen."[35] Bald darauf war es an der Zeit, das Kanzleramt zu räumen. Dieser Schritt fiel dem alten Mann am schwersten, wie seine langjährige Sekretärin Anneliese Poppinga beobachten konnte: „Konrad Adenauer ging langsam, schon im Mantel, den Hut und seinen Spazierstock in der Hand, durch seine Arbeitsräume im ersten Stockwerk des Palais Schaumburg. Er nahm Abschied von den Räumen, mit denen er in den vergangenen vierzehn Jahren eng verwachsen war. Die Mitarbeiter seines Nachfolgers Ludwig Erhard, des neugewählten Bundeskanzlers, hatten zu verstehen gegeben, daß man Wert darauf legte, nun doch endlich Einzug halten zu können. Man muß verstehen, es waren schon zwei volle Tage seit dem 15. Oktober vergangen, und die Zeit drängte wohl."[36]

3. „Ludwig das Kind"

Während sich der neue Bundeskanzler sichtlich bemühte, einen vom kanzlerdemokratischen Habitus seines Vorgängers klar unterscheidbaren Regierungsstil zu etablieren, intensivierte Franz Josef Strauß seine finanzwissenschaftlichen Studien bei Professor Andreae in Innsbruck. Als er dann am 9. Januar 1964 im Deutschen Bundestag eine Grundsatzrede zum Bundeshaushalt hielt, brillierte er „mit einer wirtschafts- und finanzpolitischen Rede, die im Inland wie im Ausland auf außerordentlich große Beachtung und Aufmerksamkeit stieß. Strauß habe, so notierte die ‚Süddeutsche Zeitung', ein ‚von allen Fraktionen mit Aufmerksamkeit aufgenommenes volkswirtschaftliches Kolleg' gehalten. ‚Die Welt' meinte, ‚der neue Strauß' hätte ‚seine Kollegen verblüfft; wie aus der Maschinenpistole schoß er mit den Früchten seiner volkswirtschaftlichen Studien den Finanzexperten der Sozialdemokraten, Alex Möller, zu Boden'. Diese Rede von Strauß ist allen, die sie als Abgeordnete oder als Beobachter erlebt haben, als ‚Put-Put-Rede' im Gedächtnis und in der Erinnerung geblieben. Strauß hatte sich in diesem Debattenbeitrag in umfänglicher Weise wirtschafts- und finanztechnischer Ausdrücke, auch in englischer Sprache, bedient. Von SPD-Seite brachte dies dem Redner den Zwischenruf ‚Wollen Sie nicht mal deutsch sprechen?' ein. Die Replik von Strauß: ‚Ich rede so gut deutsch wie Ihr Kol-

---

[35] Roegele, Otto B.: Der Rosenspezialist. Konrad Adenauer. Vor 40 Jahren trat der große Staatsmann vom Amt des Bundeskanzlers zurück, in: Rheinischer Merkur vom 09.10.2003, S. 6.
[36] Poppinga, Anneliese: Meine Erinnerungen an Konrad Adenauer. Die langjährige Mitarbeiterin des legendären Politikers erzählt. 2. Auflage, Stuttgart 1997, S. 11.

lege Alex Möller. Ich bitte um Entschuldigung, ich muß seine Terminologie übernehmen, um auf der gleichen Etage zu bleiben.'" Die Erklärung, was Strauß an diesem Themengebiet so sehr faszinierte, lieferte er in seiner Rede gleich mit: „Haushalt ist nicht nur Lenkung von Einnahme- und Ausgabeströmen aufgrund der Einnahmeerwartungen und der Ausgabeschätzungen, sondern Haushalt ist – ich glaube, das darf man in aller Deutlichkeit und Klarheit feststellen – Abbild und Spiegelbild einer Politik."[37] Einer Politik, für deren Mitgestaltung er sich mit seiner bemerkenswerten „Put-Put-Rede" publikumswirksam empfohlen hatte.

Unterdessen stellte sich unübersehbar heraus, was Konrad Adenauer befürchtet und Franz Josef Strauß erhofft hatte: „Ludwig das Kind" erwies sich als „merkwürdig unpolitischer Politiker"[38], der für „jede Form machtpolitischer Auseinandersetzung ungeeignet" war, „da ihm der entschlossene Umgang mit den Instrumenten der Macht seinem Charakter nach tief zuwider war."[39] Dies wurde erstmalig deutlich, als zwischen den Koalitionspartnern der Streit um die Frage der Verjährung von NS-Verbrechen entbrannte. Nach dem damals geltenden Recht trat für die Verbrechen der Nationalsozialisten genau zwanzig Jahre nach der bedingungslosen Kapitulation die Verjährung ein. Während die FDP den Standpunkt vertrat, eine über den 8. Mai 1965 hinausgehende Verfolgung der NS-Verbrechen sei ausgeschlossen, sprachen sich die Sozialdemokraten ebenso wie große Teile der Unionsparteien für eine Verlängerung der Verjährungsfrist bzw. ihre Aufhebung aus. Die Bundesregierung lehnte jedoch beides wegen des im Grundgesetz verankerten Verbots rückwirkender Gesetze ab. Eine günstige Gelegenheit also, um Franz Josef Strauß einen bitterbösen Ausspruch in den Mund zu schieben: „Ein Volk, das diese wirtschaftlichen Leistungen vollbracht hat, hat ein Recht darauf, von Auschwitz nichts mehr hören zu wollen."[40] Erst Jahre später räumte der Urheber dieses Zitats ein, daß er es nicht zweifelsfrei belegen konnte. Zwar hatte sich Strauß mehrfach zu diesem heiklen Thema geäußert, allerdings stets nur im Sinne einer „unteilbaren Gerechtigkeit". Denn ganz abgesehen „von den scheußlichen Verbrechen, die von Angehörigen der Roten Armee bei der Besetzung Ost- und Mitteldeutschlands, aber auch Ungarns und der Tschechoslowakei begangen wurden, von der Vergewaltigung von Millionen Frauen, von Tausenden Morden und Zehntausenden Verschleppungen, ganz abgesehen davon, daß Millionen deutscher Kriegsgefangener in den von Stalin erfundenen und

---

[37] Schöll, Walter (Hg.): Franz Josef Strauß. Der Mensch und der Staatsmann. Ein Porträt. Percha am Starnberger See 1984, S. 122.
[38] Koerfer, Daniel: Ludwig Erhard (1897–1977), in: Oppelland, Torsten (Hg.): Deutsche Politiker 1949–1969. Band 1: 17 biographische Skizzen aus Ost und West. Darmstadt 1999, S. 152–162, S. 162.
[39] Strauß, Franz Josef: Die Erinnerungen. Berlin 1998, S. 453.
[40] Zimmermann, Ulrich: Geliebt, verkannt und doch geachtet. Franz Josef Strauß, der Mensch, der Politiker, der Staatsmann von A–Z. 2. Auflage, Percha am Starnberger See 1980, S. 83.

eingerichteten Schweigelagern spurlos verschwunden sind, gibt es gut beglaubigte Dokumentationen über die Greueltaten, die in der Tschechoslowakei, in Jugoslawien und Polen an deutschen Verwundeten, deutschen Gefangenen und an Hunderttausenden Volksdeutschen begangen wurden."[41] Dementsprechend sei die „einseitige Verfolgung deutscher Täter bei gleichzeitiger Amnestierung der zahlreichen Gewaltverbrecher der anderen Seite" unerträglich: „Die Gerechtigkeit muß unteilbar sein, sonst wird sie zur Karikatur. Wir lehnen es entschieden ab, uns von Leuten, die Morde an Deutschen als Heldentaten prämieren, über die Aufgaben des Rechtsstaates belehren zu lassen."[42] Nach heftigen inner- und überparteilichen Auseinandersetzungen, in deren Verlauf sich Erhards eklatante Führungsschwäche offenbarte, einigte man sich schließlich auf einen Kompromiß. Nicht der 8. Mai 1945, sondern das Gründungsjahr der Bundesrepublik sollte zur Grundlage der Fristberechnung erhoben werden. Damit verlängerte sich die Verjährung der nationalsozialistischen Untaten um vier Jahre. Nach erneuerter Diskussion wurde die Verjährungsfrist für Völkermord im Jahre 1969 schließlich ganz aufgehoben. Nicht aufgehoben wurden hingegen die rufschädigenden Äußerungen über Franz Josef Strauß, deren verjährungsfreie Wirkung sich in den meisten Fällen völlig ungesühnt entfalten konnte.

Seit der Verabschiedung des Elysée-Vertrages hatte sich der französische Staatspräsident Charles de Gaulle mehrfach bemüht, das bilaterale Abkommen mit Leben zu füllen. Frankreich und Deutschland sollten endlich eine Union bilden, die 110 Millionen Menschen in politischer, wirtschaftlicher, kultureller und militärischer Hinsicht vereinen würde. Dieses „Kern-Europa" ließe sich nach den Vorstellungen de Gaulles auf bis zu sechs Mitgliedsstaaten erweitern. Doch Ludwig Erhard favorisierte eine möglichst große europäische Union mit weit mehr als nur sechs Mitgliedsländern – eine Vision, die de Gaulle als Utopie abtat. Erschwerend kam hinzu, daß sich der deutsche Bundeskanzler und der französische Staatspräsident nicht viel zu sagen hatten, was vor allem auf Erhards mangelnde außenpolitische Eignung zurückzuführen war. „Beobachter vermuteten bereits damals, dass er sich über die hohen Anforderungen, die das Amt an ihn stellte, selbst nicht im Klaren war. Jedenfalls wurde er ihnen weder mit der erforderlichen Energie noch mit dem nötigen Fleiß gerecht. Politik als zähe Arbeit am Detail, die umfassende und präzise Kenntnisse verlangte, lag Erhard nicht. ‚Er präpariert sich nicht, so weiß er eben nichts', notierte Heinrich Krone schon 1964 resigniert. Auch für viele Besucher brachte Erhard kein wirkliches Interesse auf. In Gesprächen mit ausländischen Gästen,

---

[41] Strauß, Franz Josef: Grundfragen deutscher Politik. Ein Streifzug durch das politische Geschehen der Gegenwart. München 1965, S. 19.
[42] o.V.: Strauß spricht von niederträchtigen Angriffen, in: Frankfurter Allgemeine Zeitung vom 12.04.1965.

sofern es nicht gerade die Botschafter der großen Mächte waren, ging oft schon nach wenigen Minuten der Gesprächsstoff aus, und die Unterhaltung wurde vorzeitig beendet."[43] Als Erhard einst in de Gaulles privatem Wohnsitz in Colombey-les-deux-Églises weilte und man nach kurzer Zeit „nicht mehr wußte, was man miteinander reden sollte, hat der Gastgeber einen Farbfilm über Tiefseefische vorführen lassen. Erhard hat das noch als Zeichen besonderen Vertrauens gesehen."[44] Dennoch unternahm de Gaulle im April 1964 einen letzten Versuch, den eigentümlichen Bundeskanzler zu einer deutsch-französischen Entente zu bewegen. Vergeblich, Erhard und Schröder lehnten ab. Die im Januar 1963 geschlossene Ehe wurde nicht vollzogen. „Je suis resté vierge"[45], soll General de Gaulle im Anschluß verbittert geäußert haben. Auch Bundeskanzler in spe Franz Josef Strauß und Altkanzler Konrad Adenauer verhehlten ihre tiefe Enttäuschung nicht. Ein Zusammengehen beider Länder, so Strauß, hätte die Wiedergeburt Europas bedeutet; Deutschland habe eine historische Sternstunde ungenutzt verstreichen lassen!

Trotz der offenkundigen Untauglichkeit Erhards als Regierungschef blieben CDU, CSU und FDP dem gemütlichen Franken treu und präsentierten ihn anläßlich der Bundestagswahl 1965 als ihren Kanzlerkandidaten. Als Gegenkandidat wurde erneut Willy Brandt aufgestellt. Der sympathische Außenseiter von 1961 hatte inzwischen den Parteivorsitz der SPD übernommen und war zu einem ernstzunehmenden Gegner herangewachsen. Die FDP, die sich unter dem liberal gesinnten Erhard nicht recht zu profilieren wußte, verlegte sich in Ermangelung anderer griffiger Wahlkampfthemen auf die offensive Bekämpfung der „bête noire"[46]. Mit Franz Josef Strauß, so ließen die Liberalen verlauten, werde sich kein Mitglied der FDP an den Kabinettstisch setzen. Schließlich sei er laut Klaus Dehler, dem Landesvorsitzenden der FDP in Bayern, „eine tödliche Gefahr für die Demokratie"[47]. Vor allem war er eine tödliche Gefahr für die FDP, favorisierte er doch nach wie vor das für kleinere Parteien vernichtende Mehrheitswahlrecht. Außerdem sprach er sich immer öfter für die Bildung einer Großen Koalition aus und befand sich obendrein auf dem besten Wege, bald wieder als ministrabel anerkannt zu werden. Seine auf dem CSU-Parteitag vom April 1965 mit großer Mehrheit erfolgte Wie-

---

[43] Görtemaker, Manfred: Kleine Geschichte der Bundesrepublik Deutschland. München 2002, S. 166.
[44] Strauß, Franz Josef: Die Erinnerungen. Berlin 1998, S. 478.
[45] Bracher, Karl Dietrich; Eschenburg, Theodor; Fest, Joachim C.; Jäckel, Eberhard (Hg.): Geschichte der Bundesrepublik Deutschland. Band IV: Hildebrand, Klaus: Von Erhard zur Großen Koalition 1963–1969. Stuttgart, Wiesbaden 1984, S. 105.
[46] Ebd., S. 147.
[47] FDP-Bundesvorstand: Sitzung des Bundesvorstandes und der Bundestagsfraktion vom 1.4.1965, in: Schiffers, Reinhard (Bearb.): FDP-Bundesvorstand. Die Liberalen unter dem Vorsitz von Erich Mende. Sitzungsprotokolle 1960–1967. Quellen zur Geschichte des Parlamentarismus und der Politischen Parteien. Vierte Reihe: Deutschland seit 1945, Bd. 7/III. Düsseldorf 1993, S. 620–626, S. 623.

derwahl zum Ersten Vorsitzenden hatte ihm das hierzu notwendige politische Gewicht verschafft. Hinzu kam, daß sich seine innerparteiliche Stellung durch seine Wahl zum Landesgruppenvorsitzenden im Januar 1963 weitaus verbessert hatte. „Unter den maßgebenden Entscheidungsträgern vereinte er – wie Erich Mende im Jahre 1961 – als einziger die führende Rolle in Partei und Fraktion. Aufgrund der Fraktionsgemeinschaft mit der CDU konnte er nun, anders als Mende es je vermocht hatte, die taktischen Vorteile seiner Position nach Bedarf entfalten. Ohne auf nennenswerten Widerspruch zu stoßen, war Strauß in der Lage, einmal als Repräsentant einer selbständigen Partei und ein anderes Mal als führender Vertreter der Fraktionsgemeinschaft auf die Koalitionsverhandlungen Einfluß zu nehmen."[48] Mit dementsprechender Verbissenheit wurde er im Wahlkampf 1965 von der FDP, aber auch vom „Spiegel", „Stern" und anderen Magazinen dieser Art angegriffen. In Ermangelung neuer Sünden wärmten sie zum wiederholten Male die alten Affären und Skandale auf und starteten gleich im Anschluß Umfragen, die erwartungsgemäß zu dem Ergebnis kamen, daß die Mehrheit der Befragten Strauß' Rückkehr ins Bundeskabinett ablehnte.[49] Zu den wenigen differenzierten Urteilen jener Tage gehört jenes von Herbert Blankenhorn, dem deutschen Botschafter in London. Am 4. September 1965 notierte er in seinem Tagebuch: „Man rechnet mit Strauß für die Zukunft. Man freut sich über Klarheit und Unabhängigkeit seines Urteils. Man ist nur unsicher, ob dieser so vielfach begabte Mann in all den Jahren hinzugelernt hat und ob es ihm gelingt, die Unberechenbarkeit und Heftigkeit seines Temperaments zu zügeln und in Behandlung von Menschen und Dingen das Maß aufzubringen, das nun einmal allein den wirklichen Staatsmann ausmacht."[50]

Obwohl zunächst ein Kopf-an-Kopf-Rennen prognostiziert worden war, brachte die Bundestagswahl vom 19. September 1965 mit 47,6 Prozent der Wählerstimmen einen klaren Sieg der Unionsparteien. Die Sozialdemokraten mußten sich mit 39,3 Prozent der Stimmen begnügen. Trotz der Verbesserung um über 3 Prozentpunkte zeigte sich Willy Brandt tief enttäuscht und lehnte die ihm angetragene Führung der parlamentarischen Opposition frustriert ab. Die eigentlichen Verlierer waren jedoch die Freien Demokraten, die von 12,8 auf 9,5 Prozent herabfielen und damit im Bundestag von der CSU, die in Bayern triumphale 55,6 Prozent

---

[48] Dexheimer, Wolfgang F.: Koalitionsverhandlungen in Bonn 1961, 1965, 1969. Zur Willensbildung in Parteien und Fraktionen. Bonn 1973, S. 91.
[49] Vgl. Strauß, Franz Josef: „Wer mir Lüge vorwirft ..." Eine Dokumentation. Dr. h.c. Strauß in eigener Sache vor dem Deutschen Bundestag. Hamburg 1965; o.V.: Franz Josef Strauß – Minister in Bonn? Umfragen unter Bundesbürgern, in: Der Spiegel, 19 (1965) H. 29, S. 24–30, S. 24.
[50] Blankenhorn, Herbert: Verständnis und Verständigung. Blätter eines politischen Tagebuchs 1949 bis 1979. Frankfurt am Main, Berlin, Wien 1980, S. 487.

erreicht hatte, von der zweit- zur drittstärksten Regierungspartei deklassiert wurden. Dementsprechend schwierig gestalteten sich die Koalitionsverhandlungen. Strauß: „In einer Runde mit der FDP ging es um die Zusammensetzung der neuen Bundesregierung. Knut Freiherr von Kühlmann-Stumm, damals stellvertretender Fraktionsvorsitzender, bestätigte die Position der FDP – kein Kabinett mit Strauß. Ludwig Erhard rührte keinen Finger, um auf die FDP einzuwirken, war offensichtlich sogar im Hintergrund tätig, sie in dieser Haltung gegen mich zu bestärken, was Kühlmann-Stumm bestätigte, vielleicht eher ungewollt und weil es ihm herausrutschte. Als der Ton des FDP-Vertreters immer feindseliger und unerträglicher wurde, platzte mir der Kragen: ‚Glauben Sie, weil Sie vom deutschen Geldadel sind, daß Sie mich hier mit Ihrem schnarrenden preußischen Offizierston abqualifizieren können? Ich bin der Vorsitzende einer Koalitionspartei, die ein hervorragendes Ergebnis erzielt hat und verbitte mir ein für allemal Ihren Ton, sonst verlassen wir den Raum, und dann gibt es noch ganz andere Sorgen für Sie!' Von Ludwig Erhard, dem ich auf seinem Weg ins Kanzleramt geholfen hatte, war keinerlei Unterstützung für mich zu erwarten."[51] Letztlich gelang es, einen Kompromiß zu vereinbaren: Erhard trug Strauß pro forma das Amt des Innenministers an, das dieser jedoch dankend ablehnte. Auf diese Weise war Strauß, der nicht im Traum daran dachte, „in einer Regierung Erhard, deren frühzeitiges Ende als beschlossen erschien, bevor sie im Amt war, neben Schröder und Mende das undankbare Innenministerium zu verwalten"[52], eine öffentlichkeitswirksame Genugtuung widerfahren, die der Bildung einer Regierungskoalition mit den Liberalen nicht im Wege stand. Seine Ausgangsposition für die nächste Regierungsbildung konnte besser nicht sein. Als nach über 30 Verhandlungstagen das aus 13 CDU-, 5 CSU- und 4 FDP-Ministern bestehende zweite Kabinett Erhard endlich vereidigt werden konnte, sagte Klaus Scheufelen, der Vorsitzende des CDU-Landesverbandes Nordwürttemberg, zu seinem bayerischen Kollegen: „In dieser Zusammensetzung hält die Regierung kein Jahr." Daraufhin erwiderte Franz Josef Strauß: „So pessimistisch bin ich nicht, ich gebe ihr ein bis eineinhalb Jahre."[53]

---

[51] Strauß, Franz Josef: Die Erinnerungen. Berlin 1998, S. 470ff.
[52] Hentschel, Volker: Ludwig Erhard. Ein Politikerleben. München und Landsberg am Lech 1996, S. 586.
[53] Scheufelen, Klaus H.: Erinnerungen an meine Zeit mit Ludwig Erhard, in: Ermrich, Roland: 100 Jahre Ludwig Erhard. Das Buch zur Sozialen Marktwirtschaft. Düsseldorf 1997, S. 25–29, S. 29.

4. Annäherung durch Wandel

Kurz nach der Bundestagswahl 1965 zeichnete sich nach eineinhalb Jahrzehnten ununterbrochenen Aufschwungs die erste Rezession der westdeutschen Wirtschaft ab. Die Bundesbank sah sich aufgrund von plötzlichen Überhitzungserscheinungen zu Diskonterhöhungen veranlaßt, die die Zahl der Arbeitslosen rasch auf etwa 100.000 hochschnellen ließ – bei 600.000 offenen Stellen. Trotz der faktischen Vollbeschäftigung griff in der Bevölkerung bald eine Krisenangst um sich, die aufgrund von hohen Lohn- und Preissteigerungsraten fast in eine Panik umschlug. Wenngleich die Stimmung schlechter als die Lage war, hatte die vom langjährigen Wirtschaftsminister Ludwig Erhard geführte Bundesregierung der retrospektiv allenfalls als leichte Konjunkturdelle erscheinenden Rezession nichts entgegenzusetzen. Franz Josef Strauß, der keine Gelegenheit ausließ, Erhard lautstark zu kritisieren, faßte die Stimmung im Lande mit „fünf U" zusammen: Ungewißheit, Unsicherheit, Unbehagen, Unruhe und potentielle Unzufriedenheit. Auch aus dem Bereich der Ost- und Deutschlandpolitik gab es kaum etwas Erfreuliches zu vermelden, denn während sich die DDR zusehends stabilisierte, baute die Sowjetunion unter Leonid Iljitsch Breschnew und Alexej Nikolajewitsch Kossygin ihre militärische Potenz als Welt- und Seemacht aus und sicherte ihre Machtsphäre in Europa. Im Frühjahr 1966 unternahm die glücklose Regierung Erhard einen letzten Versuch, Bewegung in die erstarrte Ostpolitik zu bringen und richtete eine „Friedensnote" an die Sowjetunion und zahlreiche andere Staaten in Ost und West. Den Empfängern der „Note zur Abrüstung und Sicherung des Friedens" wurden unter anderem – nomen est omen – Abrüstung und Gewaltverzicht angeboten. Allein die DDR zählte nicht zum Kreise der Adressaten. „Gerade dies war aber für die Sowjetunion unakzeptabel und gab ihr einen konkreten Anlaß, erneut massive Angriffe gegen die BRD zu richten und sie propagandistisch als revanchistisch und revisionistisch zu bezeichnen."[54]

Auch Franz Josef Strauß wurde von der DDR gerne als revanchistisch und revisionistisch beschimpft. Vor allem im Zusammenhang mit seinen ost- und deutschlandpolitischen Überlegungen bezeichnete man ihn nicht nur im Osten häufig als nationalkonservativ und nationalistisch, obwohl er bereits seit Jahren für die Überwindung des Nationalstaates eintrat. „Ein deutscher Nationalist müßte die Einheit des Vaterlandes über alles stellen. Strauß hat das nie getan."[55] Er träumte

---

[54] Moarref, Mohammad Bagher: Die Ost- und Deutschlandpolitik der Regierung der Großen Koalition. Beharrung und Wandel. München 1978, S. 37f.
[55] Bandulet, Bruno: Strauß ante portas. Die Angst vor einem, der etwas will, in: Epoche, 3 (1979) H. 8, S. 8–14, S. 9.

vielmehr davon, die europäischen Staatsgrenzen eines Tages in einem föderativen Sinne entwerten und die Nationalstaaten zu einem großen Kontinentalstaat vereinen zu können.[56] Ausgehend von einem Staatenbund sollte sich Europa schrittweise zu einem großen Bundesstaat formieren, zu den auf gemeinsamen abendländischen Werten basierenden „Vereinigten Staaten von Europa".[57] Denn die „bloße Wiederherstellung des deutschen Nationalstaates kann nicht das vorrangige oder gar einzige Ziel unserer Deutschlandpolitik sein. Die Zukunft auch der deutschen Nation liegt allein in einer europäischen Ordnung der Freiheit, des Rechts und des Friedens, in der die Frage nach staatlichen Grenzen zweitrangig geworden ist."[58] Deshalb ist das Ziel eine „europäische Föderation. Ihr werden stufenweise souveräne nationale Rechte übertragen. Die heutigen Nationalstaaten würden mit der Zeit etwa den Status der einzelnen Bundesländer des deutschen Bundesstaates erhalten. Gleichzeitig muß eine demokratisch legitimierte Zentralgewalt gebildet werden. Sie wird von der Mehrheit des europäischen Parlaments getragen, das schließlich in Urwahl zu bestimmen ist. Der gesamte Prozeß, dessen Etappen hier skizziert wurden, kann nicht von heute auf morgen vonstatten gehen. Wir müssen aber den politischen Willen aufbringen, endlich einen Anfang zu machen, um diesen Prozeß dann organisch voranzutreiben."[59] Wie zahlreiche Belege beweisen, blieb Strauß, der sich als „deutscher Europäer" und zugleich als „europäisch denkender Deutscher"[60] verstand, dieser Überzeugung bis an sein Lebensende treu und sprach sich nicht nur in seinen Publikationen, sondern in nahezu jeder seiner Reden für ein in Frieden und Freiheit geeintes Europa aus.[61] Nicht zu Unrecht befand die Londoner Tageszeitung „Daily Mail": „Dieser Mann,

---

[56] Vgl. Bloemer, Klaus: Abschied vom Nationalstaat. Die Zukunft der deutsch-französischen Union. Bonn 1996, S. 42.
[57] Vgl. o.V.: Ostpolitik hat den Vorrang. Franz-Josef Strauß legt neue Pläne vor, in: Bonner Rundschau vom 02.02.1965; Waigel, Theodor: Franz Josef Strauß – Berufen zum Dienst am Staat, in: Bossle, Lothar (Hg.): Deutschland als Kulturstaat. Festschrift für Hans Filbinger zum 80. Geburtstag. Paderborn 1993, S. 378–382, S. 381.
[58] Strauß, Franz Josef: Die Zukunft gehört der Freiheit, dem Recht und dem Frieden. Akademie für Politische Bildung. Vorträge und Aufsätze, September 1985, Heft 4. Tutzing 1985, S. 19.
[59] Strauß, Franz Josef: Entwurf für Europa. Stuttgart-Degerloch 1966, S. 19f.
[60] Gaus, Günter: Zu Protokoll. Interview mit FJS. Sendedatum: 08.09.1968, Südwestfunk.
[61] Vgl. statt vieler: Strauß, Franz Josef: Vom Nationalstaat zum Kontinentalstaat, in: Rheinischer Merkur vom 02.02.1968; Strauß, Franz Josef: Grundfragen Europas, in: Huber, Ludwig (Hg.): Bayern, Deutschland, Europa. Festschrift für Alfons Goppel. Passau 1975, S. 101–113, S. 104; Strauß, Franz Josef: Vorrang für Europa!, in: Politische Studien, 23 (1972), Sonderheft: „Bilanz und Prognose 1972", S. 3–9; Strauß, Franz Josef: Europa – Faktor in der Weltpolitik, in: Jenninger, Philipp (Hg.): „Unverdrossen für Europa". Festschrift für Kai-Uwe von Hassel zum 75. Geburtstag. Baden-Baden 1988, S. 89–96; Strauß, Franz Josef: Europa – eine weltpolitische Dimension, in: Die Weltkugel, 1979/1, S. 6–10; Strauß, Franz Josef: Europas unvergleichliche Ausstrahlungskraft, in: Stimme der Pfalz, 30 (1979) H. 1, S. 1–2.

der in den Augen vieler Ausländer den deutschen Nationalismus verkörpert, denkt in Wahrheit internationaler als die Mehrheit seiner Verleumder."[62] Denn die deutsche Nationalidee, so Strauß, „müsse mit dem europäischen Gedanken zur Synthese gebracht werden"[63], da sich die deutsche Einheit nur unter einem europäischen Dach realisieren lasse.[64] Dieses europäische Dach sollte jedoch nicht am Eisernen Vorhang enden, sondern – ein für die damalige Zeit kühner Gedanke – auch die osteuropäischen Staaten mit einbeziehen: „Nur ein vereintes Europa wird die Weltgeltung der europäischen Völker für die Zukunft wiederherstellen, erhalten und ausbauen. Die Vereinigten Staaten Europas müssen geschaffen werden. Ein in föderalistischer Ordnung vereintes Europa, auf Freiheit, Recht und Selbstbestimmung gegründet, steht auch osteuropäischen Ländern offen."[65] Denn wir Deutschen „sollten mehr als unsere westlichen Verbündeten erkennen und betonen, daß es sich nicht nur um die Wiedervereinigung Deutschlands, sondern um die Wiedervereinigung Europas handelt. Polen, die Tschechoslowakei, Ungarn, Rumänien, Bulgarien gehören genauso zu Europa wie Holland, Belgien und die Schweiz."[66]

Die unabdingbare Voraussetzung für die Wiedervereinigung Europas sah Strauß allerdings in der unverbrüchlichen Einheit des Westens.[67] Schließlich sei nicht einzusehen, „warum 300 Millionen NATO-Europäer sich von 180 Millionen Amerikanern beschützen lassen müssen, um vor 200 Millionen friedfertigen Russen nicht zittern zu müssen."[68] Daher müsse die historische Antwort auf die Herausforderung des Kommunismus die „Einheit des atlantischen Westens gegenüber

---

[62] Zimmermann, Ulrich: Unvergessen, Franz Josef Strauß – das war sein Leben. 3. Auflage, Passau 1988, S. 28.
[63] CDU/CSU-Bundestagsfraktion: 291. Fraktionssitzung vom 26. September 1956, in: Heidemeyer, Helge: Die CDU/CSU-Fraktion im Deutschen Bundestag. Sitzungsprotokolle 1953–1957. Düsseldorf 2003, S. 1208–1233, S. 1214.
[64] Vgl. Strauß, Franz Josef: Vergangenheit, Gegenwart, Zukunft, in: Generalsekretariat der Christlich-Sozialen Union in Bayern (Hg.): Es geht um Deutschland und Europa. Landesversammlung der Christlich-Sozialen Union in Bayern am 9./10. April 1965 in München. München 1965, S. 3–27, S. 20f.
[65] Christlich-Soziale Union: Grundsatzprogramm der CSU. Verabschiedet vom CSU-Parteitag am 14. Dezember 1968, in: Hergt, Siegfried (Hg.): Parteiprogramme. SPD, CDU, CSU, FDP, DKP, NPD. Eine Dokumentation der Grundsatzprogramme und aktueller politischer Ziele. 7. aktualisierte Auflage, Opladen 1975, S. 231–241, S. 232f.
[66] Springer, Axel: Berlin und die Einheit Deutschlands, in: Zimmermann, Friedrich (Hg.): Anspruch und Leistung. Widmungen für Franz Josef Strauß. Stuttgart-Degerloch 1980, S. 143–150, S. 145.
[67] Vgl. Skalweit, Peter W.: Die Strategische Verteidigungskonzeption von Franz Josef Strauß und Helmut Schmidt, in: Gegenwartskunde, 19 (1970) H. 3, S. 263–281, S. 281.
[68] Bolesch, Hermann Otto: Franz Josef Strauß. Anekdotisch. München, Esslingen 1969, S. 34.

dem vom Bolschewismus regierten Osten sein."[69] Europa, so Strauß, müsse „als zweiter Sprecher der freien Welt in einer mit den USA koordinierten Politik"[70] der Abrüstung und Entspannung in Erscheinung treten.[71] Schließlich glaube er nicht, „daß die Sowjetführer etwa das Ziel der Weltrevolution aufgegeben haben, daß sie vielleicht nur mehr auf russische Selbsterhaltung bedacht sind, gewissermaßen einen defensiven Imperialismus an den Tag legen."[72] Die atlantische Allianz stünde „sehr viel gesünder und stärker"[73] da, wenn Europa mit einer Stimme sprechen könnte. Der Atlantische Ozean könnte dabei wie das Mittelmeer im Altertum zu einer Art „mare nostrum" avancieren. Also forderte Franz Josef Strauß bereits 1962 „die Erweiterung der militärischen atlantischen Gemeinschaft auf den wirtschaftlichen Bereich"[74] als Kernstück einer späteren politischen Föderation. Zusätzlich wiederholte er regelmäßig seine bereits in den 50er Jahren erhobene Forderung, die Bundesregierung müsse endlich ein Europaministerium einrichten.[75] Ein koordiniertes Vorgehen würde weitaus „mehr politische Kraft und Glaubwürdigkeit besitzen als ein isoliertes deutsches Bemühen."[76] Strauß: „Ich hielte es für ein weltpolitisches Ereignis, wenn der deutsche Bundeskanzler und de Gaulle gemeinsam nach Moskau reisen würden und wenn das System der Kontakte mit den osteuropäischen Ländern zwischen Frankreich und Deutschland abgesprochen wäre – im Negativen und im Positiven."[77] Als positiv befand Franz Josef Strauß vor allem die von Gerhard Schröder aufgebauten wirtschaftlichen Kontakte: „Es war richtig, die Handelsmissionen in Bulgarien, Ungarn, Polen zu errichten. Und zum Schluß auch in der Tschechoslowakei. Wir müssen mit diesen Völkern nicht nur einen modus vivendi finden zum recht und schlecht zusammenleben,

---

[69] Strauß, Franz Josef: Rede des Bundesministers für Verteidigung, Franz Josef Strauß, vor dem Economic-Club in New York am 16. Januar 1961 (Auszug), in: Auswärtiges Amt (Hg.): Die Auswärtige Politik der Bundesrepublik Deutschland. Köln 1972, S. 424–426, S. 426.
[70] Strauß, Franz Josef: Erklärung des Abgeordneten Strauß (CDU/CSU) im 4. Deutschen Bundestag vom 15. Oktober 1964 (Auszug), in: Bundesministerium für Innerdeutsche Beziehungen (Hg.): Dokumente zur Deutschlandpolitik. IV. Reihe, Band 10, Frankfurt am Main 1980, S. 1070–1079, S. 1077.
[71] Vgl. Strauß, Franz Josef: Rede im Bundestag anlässlich der Parlamentsdebatte zur Regierungserklärung der Bundesregierung am 30. November 1965. München 1966, S. 10.
[72] Strauß, Franz Josef: Zurück ins Kabinett? Ein Interview mit dem Vorsitzenden der CSU, in: Die Zeit vom 08.04.1966, S. 9–11, S. 10.
[73] Sampson, Anthony: Die neuen Europäer. Männer und Mächte eines Kontinents. München 1969, S. 38.
[74] Kuper, Ernst: Frieden durch Konfrontation und Kooperation. Die Einstellung von Gerhard Schröder und Willy Brandt zur Entspannungspolitik. Stuttgart 1974, S. 289.
[75] Vgl. Bloemer, Klaus: Nachhilfe in Deutsch bei F. J. Strauß, in: Die neue Gesellschaft. Frankfurter Hefte, 36 (1989) H. 12, S. 1065–1071, S. 1067.
[76] o.V.: o.T., in: Europa-Archiv, Zeitschrift für Internationale Politik, 20 (1965) Band 3, S. 25.
[77] Ebd.

sondern wir müssen diese Völker als Bestandteile einer größeren europäischen Architektur sehen, auch wenn sie in absehbarer Zeit gar keine politischen Formen in dieser Größenordnung annehmen kann. Aber wir müssen auch wissen, daß bei diesem Versuch, Europa wieder zu versöhnen, wieder zusammenzuführen, Moskau unser erbitterter Gegner ist. Wir haben sicherlich nicht die Absicht damit verfolgt, sozusagen unter der Hand die Polen und die Tschechen und die Ungarn aus der sowjetischen Umarmung sozusagen auf dem Wege der List oder der Schläue oder einer boshaft angelegten Politik zu befreien. Aber jede Annäherung dieser Völker an den Westen, was gar nicht jetzt militärischen oder unmittelbar politischen Sinn zu haben braucht, ist zwangsläufig ein Verstoß gegen die Moskauer Machtinteressen in der Sicht der kommunistischen Herrschaft von dort."[78] Denn Handelsbeziehungen zwischen West und Ost könnten diesen Staaten eine stärkere wirtschaftliche Unabhängigkeit verschaffen und vorhandene Liberalisierungstendenzen fördern – und wären somit ein „wesentliches Merkmal für eine richtig verstandene Politik der Entspannung"[79]. Folglich forderte Strauß unentwegt eine stärkere wirtschaftliche Kooperation mit möglichst vielen Ostblockstaaten. In diesem Sinne gab er der „Zeit" am 8. April 1966 ein bemerkenswertes Interview. Auf die Frage, ob man etwas tun könne, was eine Änderung des kommunistischen Machtgefüges herbeiführen würde, antwortete Strauß: „Ich war und bin der Meinung, daß wirtschaftliche Hilfe unter rein wirtschaftlichen Gesichtspunkten allein nicht ausreicht, genauso wenig wie eine wahllose Anwendung eines Sammelsuriums von allen möglichen Kontakt-Instrumenten. Aber im Osten gehen beträchtliche Veränderungen vor sich: die geistig-soziologischen Folgen der zwangsläufigen Gesetze der modernen Technisierung. Neue Schichten kommen auf, technokratische, bürokratische Schichten. Das sind weder fanatische Kommunisten noch patentierte Liberaldemokraten, aber sie sind irgendwas dazwischen. Und da ist etwas im Gange." Deshalb benötigen wir „eine politische Generalstabsarbeit, die in den Osten hineinwirkt, um den Osten für uns zu gewinnen, mit uns zu versöhnen, um den Osten wieder näher an den gesamteuropäischen Kulturkreis und Wirtschaftskreis heranzuziehen." Kurz: „Koordinieren, kooperieren! Anders ist die Änderung im Machtgefüge der heutigen Sowjetsphäre nicht erzielbar."[80] Und weiter: „Was wir brauchen, darf ich noch einmal zu einem früheren Wort von mir zurückkommen, das ist etwa ein politischer Generalstabs-Rahmenplan, zu dessen Erarbeitung der Apparat einer in Ressorts eingeteilten Regierungsroutinemaschine nicht ausreicht. *Zeit:* Wie würden Sie es organisieren? *Strauß:* Einen Stab wis-

---

[78] Gaus, Günter: Zu Protokoll. Interview mit FJS. Sendedatum: 08.09.1968, Südwestfunk.
[79] Strauß, Franz Josef: Interview, in: Stuttgarter Nachrichten vom 11.07.1964.
[80] Strauß, Franz Josef: Zurück ins Kabinett? Ein Interview mit dem Vorsitzenden der CSU, in: Die Zeit vom 08.04.1966, S. 9–11, S. 10.

senschaftlicher Spezialisten, einen Stab von praktischen Wirtschaftspolitikern. *Zeit:* Der Stab würde wo lokalisiert? Im Bundeskanzleramt? *Strauß:* Der kann nur unter dem Bundeskanzler tätig sein. *Zeit:* Und warum haben wir einen solchen Stab noch nicht? Es ist ja in den letzten Jahren wiederholt kritisiert worden, daß unsere Deutschlandpolitik so unkoordiniert ist zwischen den Ressorts. *Strauß:* Es ist wohl noch, wenn ich Verständnis dafür suche, zu früh gewesen dafür. Die Frage hat sich noch nicht als so drängend erwiesen, daß man solche weitgehenden Konsequenzen hätte ziehen müssen."[81]

Franz Josef Strauß, der „nationalistische kalte Krieger", der die Bundesrepublik laut „Spiegel" mit seiner Führer-Partei zu einem Führer-Staat zu verwandeln drohte, setzte sich in Wahrheit also für die Überwindung des verhängnisvollen europäischen Nationalismus, die Gründung der „Vereinigten Staaten von Europa" und eine generalstabsplanmäßig koordinierte wirtschaftliche Zusammenarbeit mit der Sowjetunion und den anderen Ostblockstaaten ein.[82] Sogar einer gemeinschaftlich mit den Sowjets betriebenen Isotopentrennanlage hätte er nachweislich seinen Segen gegeben.[83] Im Jahre 1966 faßte Strauß seine Grundüberzeugungen in einem „Entwurf für Europa" zusammen. Er basierte auf der ein Jahr zuvor im Londoner Verlag Weidenfeld & Nicolson erschienenen Urfassung „The Grand Design"[84], war „gewandt geschrieben" und hielt sich „frei von jeder Demagogie."[85] Strauß betonte in seinem Entwurf, daß gegenüber dem Osten „eine echte Auflockerungspolitik"[86] betrieben und die bestehenden Handelsbeziehungen intensiviert und ausgebaut werden müßten. Denn „Automation und Wachstum der industriellen Produktion haben soziologische Auswirkungen gehabt: Es ist eine Mittelklasse von technischen Funktionären und Beamten, von Technikern und Automationsexperten entstanden. Sie haben eine neue Dynamik ausgelöst, die der Westen unterstützen sollte. Zwar wäre es falsch, im Zusammenhang mit dem Marxismus von einer neuen Bourgeoisie zu sprechen; das Entstehen einer neuen, unabhängigeren Führungsschicht aber ist in Osteuropa kaum mehr zu übersehen. Die Verstärkung der Kultur- und Handelsbeziehungen mit diesen Staa-

---

[81] Ebd., S. 11.
[82] Vgl. Baukloh, Friedhelm: Strauß auf dem Wege nach Bonn, in: Frankfurter Hefte, 20 (1965) H. 6, S. 375–376, S. 375.
[83] Vgl. Bloemer, Klaus: Außenpolitische Vorstellungen und Verhaltensweisen des F. J. Strauß, in: Liberal, 22 (1980) H. 7/8, S. 609–624, S. 618.
[84] Strauß, Franz Josef; Connell, Brian: The grand Design. A European solution to German reunification. New York, Washington 1965.
[85] Rasch, Harold: Europa à la Strauß, in: Blätter für deutsche und internationale Politik, 11 (1966) H. 12, S. 1171.
[86] Strauß, Franz Josef: Entwurf für Europa. Stuttgart-Degerloch 1966, S. 38.

ten könnte solche Tendenzen fördern."[87] Außerdem solle die Europäische Wirtschaftsgemeinschaft „eine gemeinsame Politik für den Osthandel"[88] entwickeln – ein Vorschlag, den Strauß im gleichen Jahr auch in Brüssel und London unterbreitete:[89] „Je enger die Bindungen der westeuropäischen Nationen untereinander werden, je mehr sich durch wirtschaftliche Verflechtung die Kräfte Westeuropas potenzieren und einem gemeinsamen politischen Willen Ausdruck verleihen, desto größer werden auch die Attraktivität und die Faszination sein, die der westliche Teil unseres Kontinents auf die Völker Osteuropas ausübt. Eine solche Entwicklung läßt sich in der Praxis durch eine gemeinsame Osthandelspolitik der EWG, für die ein außenpolitisches Gemeinschaftskonzept erst die richtige Voraussetzung schafft, vorantreiben. Besonders mit einer gemeinschaftlichen Kredit- und Investitionspolitik gegenüber unseren osteuropäischen Nachbarländern können wir steigenden Einfluß auf deren innere Strukturen und auf deren außenpolitisches Verhalten gewinnen. Großbritannien und die übrigen EFTA-Länder sollten ihre Wirtschaftspolitik gegenüber Osteuropa mit den Sechs koordinieren, um so eine Zusammenarbeit einzuleiten, die in die größere politische Gemeinschaft hineinführt. Das gilt auch für den speziellen Fall des Handels und sonstiger wirtschaftlicher Verbindungen mit Ost-Berlin"[90], erläuterte Franz Josef Strauß siebzehn Jahre vor dem legendären und vielfach unverstandenen „Milliardenkredit" als Gast des Royal Institute of International Affairs in London.

Wenn sich die wirtschaftlichen Beziehungen schließlich gefestigt und bewährt hätten, könnte, so das Straußsche Grand Design, der nächste Schritt „die Umgestaltung der Handelsmissionen, welche die Bundesrepublik Deutschland in mehreren osteuropäischen Ländern errichtet hat, in diplomatische Vertretungen sein."[91] Aber – und in diesem Punkt unterschied sich Strauß fundamental von Gerhard Schröder, Willy Brandt und Egon Bahr: „Politische Annäherung an den Osten, sei sie nun wirtschaftlicher oder diplomatischer Natur, kann nur positive Ergebnisse zeitigen, wenn sie von einer festgefügten westeuropäischen Grundlage ausgeht. Bilaterale Vereinbarungen haben zwar auch ihren Nutzen, vor allem, wenn sie aus traditionellen Beziehungen zwischen den europäischen Ländern des westlichen

---

[87] Ebd., S. 41f.
[88] Ebd., S. 42.
[89] Vgl. Stücklen, Richard: Chance im Osteuropahandel der EWG. Wirtschaftskontore statt Militärmissionen. Zukunft im Rahmen einer Staatenordnung, in: Bayernkurier vom 28. Oktober 1967, S. 3.
[90] Strauß, Franz Josef: Rede des Vorsitzenden der Christlich-Sozialen Union, Franz-Josef Strauß, vor dem Royal Institute of International Affairs in London am 17. Juni 1966, in: Europa-Archiv, Zeitschrift für Internationale Politik, 21 (1966) Band 2, S. 396–403, S. 403.
[91] Strauß, Franz Josef: Entwurf für Europa. Stuttgart-Degerloch 1966, S. 43.

und östlichen Lagers hervorgehen; aber hinter ihnen muß eine koordinierte westeuropäische Politik stehen. Sonst besteht die Gefahr, daß der Osten die individuellen Kontakte mißbraucht, um die Einheit des Westens zu untergraben."[92] Ergo: „Es gilt, unsere östlichen Nachbarn näher an Europa heranzuziehen. Es wäre aber falsch zu glauben, daß durch mittel- und langfristige Kredite, mit denen allein die Handelsbeziehungen verstärkt werden können, daß durch technische Beratung, betriebswirtschaftliche Unterstützung und wirtschaftliche Hilfe diese Länder allmählich aus Diktaturen in Demokratien überführt werden können. Wir müssen daneben mit offenen Augen die Gefahr sehen, daß diese wirtschaftliche Zusammenarbeit den kommunistischen Regierungen auch die Möglichkeit bietet, ihr Regime zu konsolidieren und die Bevölkerung mit den harten Bedingungen der Diktatur eher zu versöhnen. Unser Bestreben muß darauf gerichtet sein, eine dort in den ersten Ansätzen erkennbare Entwicklung zu fördern und zu dem Punkte zu bringen, von dem aus es keine Rückkehr mehr zu den alten Methoden des Terrors gibt, wie er zu Zeiten Stalins praktiziert wurde."[93]

Dieser nicht nur ost- und deutschland-, sondern auch europa- und entspannungspolitische Ansatz, den man als eine Weiterentwicklung der altbekannten Magnettheorie begreifen könnte, ließ sich auf die Formel „Annäherung durch Wandel" bringen. Denn im Gegensatz zum Konzept des „Wandels durch Annäherung" machte er zur Voraussetzung, was Brandt und Bahr als Ergebnis anstrebten: eine freiheitliche Entwicklung innerhalb der DDR bzw. im Machtbereich des osteuropäischen Kommunismus. Noch im Jahre 1987 zeigte sich Franz Josef Strauß davon überzeugt, daß die deutsche Wiedervereinigung erst am Ende eines langwierigen Prozesses des Umbaus und der systemischen Umstrukturierung stehen könne. Auf die im Deutschlandfunk gestellte Frage „Also nicht Wandel durch Annäherung, sondern Annäherung durch Wandel?" antwortete er: „Wandel durch Annäherung war die Formulierung, die Herr Bahr geprägt hat und die die Meinung seines Herrn und Meisters Willy Brandt wiedergegeben hat. Annäherung durch Wandel, so wie Sie es nach meinen Ausführungen wohl verstanden haben,

---

[92] Ebd., S. 44f.
[93] Strauß, Franz Josef: Entwurf für Europa. Stuttgart-Degerloch 1966, S. 45. Vgl. dazu auch: Strauß, Franz Josef: „Die deutsche Aufgabe Bayerns", in: CSU-Landesleitung (Hg.): „Die deutsche Aufgabe Bayerns". Dokumentation Landesversammlung 1966. München 1966, S. 13–36, S. 25; Strauß, Franz Josef: Der Weg in die Zukunft – An der Schwelle einer neuen Zeit. Rede vor der Landesversammlung 1964 der Christlich-Sozialen Union in Bayern am 10. Juli 1964 in München. München 1964, S. 19f; Taschler, Daniela: Vor neuen Herausforderungen. Die außen- und deutschlandpolitische Debatte in der CDU/CSU-Bundestagsfraktion während der großen Koalition (1966–1969). Düsseldorf 2001, S. 65.

ist durchaus sinnvoll."[94] Konsequenterweise taufte die DDR, die einen „organischen Einbau des deutschen Potentials in eine umfassende europäische Architektur"[95] naturgemäß als wenig erfreulich empfand und darüber hinaus weder eine Annäherung durch Wandel noch einen Wandel durch Annäherung befürwortete, den Straußschen „Entwurf für Europa" in „Sein Kampf" um und ließ verlauten:[96] „Verallgemeinern wir die Ziele der Straußschen Politik, so tritt als ihr Wesen der durch das kapitalistische Europa potenzierte deutsche Imperialismus Bonner Prägung in jener Spielart hervor, für die die gegenwärtigen materiellen sowie politischen und psychologischen Gegebenheiten der Bundesrepublik als zu eng und die Hoffnung auf das Einspannen der USA für die Aggressionsbestrebungen als zu vage empfunden werden."[97] Diese Einschätzung kam einer Auszeichnung gleich, bedeutete sie in der Übersetzung doch nichts anderes, als daß Strauß seine ernstgemeinten entspannungspolitischen Vorstellungen zu einem wohldurchdachten Konzept verdichtet hatte, das den Machthabern im sozialistischen Osten durchaus gefährlich werden konnte – und überdies weder die Staatlichkeit der DDR anerkannte, noch den bundesdeutschen Alleinvertretungsanspruch aufgab. Doch obwohl Franz Josef Strauß mit seinem „Grand Design", seinem unentwegten Eintreten für einen europäischen Bundesstaat und seinem vornehmlich ökonomisch orientierten Entspannungsprinzip „Annäherung durch Wandel" zu den wichtigsten ost- und deutschlandpolitischen Vordenkern der Bundesrepublik zählte, blieb sein „Entwurf für Europa" nicht im kollektiven Gedächtnis der Bundesrepublik haften. Denn zum einen sollte er im Gegensatz zu Willy Brandt und Egon Bahr nicht die Gelegenheit erhalten, seine konzeptionellen Vorstellungen in reale politische Maßnahmen umzusetzen, und zum anderen wurde er von den Medien nach wie vor eher mit angeblichen oder echten Skandalen und Affären in Zusammenhang gebracht. Wenn Strauß von den „Vereinigten Staaten von Europa" sprach, schrieb der „Spiegel" von einem an Adolf Hitler gemahnenden Großmachtchauvinismus; wenn er vorschlug, dem Osten versöhnlich die Hand zu reichen, berichteten die Medien von „Strauß' Griff nach der Macht"; sprach er vom Frieden, so

---

[94] Frank, Henning: Interview der Woche im Deutschlandfunk mit Franz-Josef Strauß, Bayerischer Ministerpräsident und Vorsitzender der CSU. Köln 1987.
[95] Bloemer, Klaus: Abschied vom Nationalstaat. Die Zukunft der deutsch-französischen Union. Bonn 1996, S. 58.
[96] Vgl. Aldus, Rolf: Der „Publizist" Franz-Josef Strauß. „Sein Kampf" ist vorerst in einem englischen Verlag erschienen, in: Der Morgen vom 26.10.1965. Vgl. dazu auch: o.V.: Atom heißt sein Schlüsselwort. Eine bemerkenswerte Analyse der Strauß-Programmschrift „Entwurf für Europa", in: Neue Zeit vom 04.08.1967, S. 3; Verlag Zeit im Bild (Hg.): Die Konzeption von Franz Josef Strauß als Grundlage der expansionistischen Politik der Bonner Regierung. Berlin 1967, S. 6ff.
[97] Bertsch, Herbert: Strauß und die westdeutsche Publizistik, in: Neue Deutsche Presse, 19 (1965) H. 5, S. 27–29, S. 29.

erinnerte die Presse an „Fibag", redete er von Kooperation, so verstanden viele Korruption. Der finstere Schatten, der ihm angedichtet worden war, wollte sich einfach nicht abschütteln lassen.

5. Das lange Ende einer kurzen Ära

Seit Beginn des Jahres 1966 belauerten sich die führenden Persönlichkeiten der Unionsparteien gegenseitig. Während Rainer Barzel, der im fünften und letzten Kabinett Konrad Adenauers als Minister für Gesamtdeutsche Fragen gedient hatte und seit Ende 1964 der CDU/CSU-Bundestagsfraktion vorsaß, nicht zu unrecht befürchtete, Franz Josef Strauß wolle Ludwig Erhard insgeheim nur als „Übergangskanzler" dulden, um sich schließlich selbst auf den Sessel des Regierungschefs zu schwingen, argwöhnte Strauß, der weitaus jüngere und nicht minder ehrgeizige Barzel könne ihm mit einem ähnlichen Plan zuvorkommen. „Da jeder der beiden potentiellen Erben überzeugt war, der andere strebe die Nachfolge an, und jeder von ihnen bestrebt war, ihm den Weg zu verstellen, verständigten sie sich darauf, gemeinsam Erhard zu demontieren, nicht in der Absicht, sich die Beute zu teilen, sondern jeder darauf bedacht, nach vollbrachter Arbeit den anderen auszumanövrieren und sich an die Stelle des Entmachteten zu setzen."[98] Leidenschaftliche Unterstützung erfuhren Strauß und Barzel von Konrad Adenauer, der nicht nur Bundeskanzler Erhard, sondern auch Außenminister Schröder bekämpfte. Da der alte taktische Meister den Feind seiner Feinde als Freund betrachtete, setzte er sich zugleich für die Rehabilitation seines früheren Verteidigungsministers ein. Bereits 1965 hatte er im Vorwort zu einer Dokumentation über Franz Josef Strauß beteuert: „Ich habe die Angriffe, die konzentrisch gegen F.J. Strauß gerichtet werden, bedauert. Ich habe nichts gefunden, was diese konzentrischen Angriffe rechtfertigt. Herr Strauß ist ein kluger und einfallsreicher Politiker. Ich finde es nicht richtig, wenn man über ihn herfällt und ihn beschimpft, ohne daß man die Vorwürfe mit sachlichem Material untermauert. In einer Demokratie muß es üblich sein, politische Gegensätze mit sachlichen Argumenten auszutragen. Würden die politischen Gegner des Herrn Strauß dies tun und würden sie sich in sachlicher Form mit seiner politischen Konzeption auseinandersetzen, würde das jeder in Ordnung finden. Daß man ihn statt dessen persönlich mit Unterstellungen und Diffamierungen angreift, kann ich nur schärfstens verurteilen."[99]

---
[98] Dreher, Klaus: Helmut Kohl. Leben mit Macht. 2. Auflage, Stuttgart 1998, S. 93.
[99] Studiengesellschaft für staatspolitische Öffentlichkeitsarbeit in Frankfurt am Main (Hg.): Apropos Strauß. Eine Dokumentation. Stuttgart 1965, S. 9.

Bald gesellte sich auch Bundestagspräsident Eugen Gerstenmaier zu dem ehrenwerten Triumvirat, das zwar – wie zu erwarten war – eine offene Konfrontation nicht wagte, dafür aber zunehmend lauter und schärfer werdende Kritik übte. In einem nicht enden wollenden Strom von Briefen, Reden und Interviews griff Strauß den führungsschwachen Kanzler an, stellte ihn bloß und überzog ihn mit Spott und Häme. Die CSU-Landesgruppe wußte er hierbei wie eine kampferprobte Prätorianergarde einzusetzen. Mal fungierte sie als Schwert, mal als Schild und manchmal gar als Speerspitze. Doch Erhard unternahm nichts, was die Vorwürfe hätte entkräften können. Die von Strauß zur Linderung der Rezession dringend angeratene aktive Wirtschafts- und Finanzpolitik lehnte er ab, sie widersprach seinem Konzept vom freien Spiel der ökonomischen Kräfte. Und da er weder das Kabinett noch den Apparat des Bundeskanzleramtes zu kontrollieren verstand, verfügte er über kein wirksames Mittel der Verteidigung. Als es dann auch noch zu außenpolitischen Verstimmungen mit den USA kam und die CDU, deren Vorsitzender er seit dem 14. Bundesparteitag im März war, im Juli 1966 obendrein die Landtagswahl in ihrer bisherigen Hochburg Nordrhein-Westfalen verlor, bestand kein Zweifel mehr daran, daß die Regierung Erhard die Legislaturperiode nicht mehr überdauern würde. Schließlich hatte der Kanzler höchstselbst die Landtagswahl zur Testwahl für seine Politik erklärt. Von allen Seiten wurde Erhard nun unter Beschuß genommen. „Doch nichts geschah. Erhard zögerte, wie so oft vorher. Er tat nichts, um seinen Abstieg aufzuhalten, trat aber auch nicht zurück, weil er meinte, dass man ihn nicht ohne weiteres gegen seinen Willen stürzen könne."[100] Franz Josef Strauß war anderer Ansicht, wagte es aber wieder nicht, seinem Gegner bekennend unter die Augen zu treten. Statt dessen versuchte er, die CSU zu einem Rückzug ihrer Minister aus dem Kabinett Erhards zu bewegen und den Kanzler somit blitzartig zu stürzen.[101] Doch da der Parteivorstand unkalkulierbare Folgen für die Unionsparteien befürchtete, verweigerte dieser sich seinem ungeduldigen Vorsitzenden. Der bald darauf einsetzende Streit über den defizitären Bundeshaushalt 1967 brachte das Faß schließlich zum Überlaufen. Da die FDP nicht bereit war, die von Ludwig Erhard anvisierten Steuererhöhungen zum Ausgleich des kommenden Haushaltes mitzutragen, zog sie am 27. Oktober 1966 ihre Minister aus der Bundesregierung zurück. Doch Erhard „regierte" mit dem verbliebenen Minderheitenkabinett ungeniert weiter. „Aus dem möglichen Rücktritt wurde ein Sturz. Im CDU-Parteivorstand am Nachmittag des 8. November, in dem zunächst wiederum lange um klare Schlussfolgerungen herumgeredet wurde,

---

[100] Görtemaker, Manfred: Kleine Geschichte der Bundesrepublik Deutschland. München 2002, S. 173.
[101] Vgl. Mintzel, Alf: Franz Josef Strauß, in: Bernecker, Walther L; Dotterweich, Volker (Hg.): Persönlichkeit und Politik in der Bundesrepublik Deutschland. Politische Porträts, Band II. Göttingen 1982, S. 196–208, S. 203.

war es schließlich der erst 36jährige rheinland-pfälzische Landesvorsitzende Helmut Kohl, der dem Spuk mit unbekümmerter Direktheit ein Ende bereitete. ‚Jeder weiß, um was es geht', erklärte er zur Erleichterung beinahe aller Anwesenden. Das Parteivolk erwarte, dass der Vorstand Klarheit schaffe: ‚Deswegen meine ich, wir sollten jetzt schlicht und einfach die Namen auf den Tisch bringen.' Dann nannte Kohl – in alphabetischer Reihenfolge – die Namen, von denen jeder wusste, dass es die Kandidaten für die Nachfolge Erhards waren: Barzel, Gerstenmaier, Kiesinger und Schröder."[102] Der erst vier Jahre zuvor vom Amt des Verteidigungsministers zurückgetretene Franz Josef Strauß gehörte nicht zu den potentiellen Nachfolgekandidaten. Denn angesichts der hohen Wellen, die die „Spiegel"-Affäre geschlagen hatte, hatte er zunächst einmal unter Beweis zu stellen, daß er der hohen Verantwortung eines Ministeramtes gewachsen war. Vorher war an höhere Weihen nicht zu denken.

Am 10. November 1966 wählte die Bundestagsfraktion der Unionsparteien Kurt Georg Kiesinger im dritten Wahlgang zu ihrem Kanzlerkandidaten. Da Kiesinger „seit 1958 als Ministerpräsident von Baden-Württemberg amtierte und in Stuttgart der Bonner Szenerie weit entrückt war, hatte er in der Fraktion kaum Anhänger, aber noch weniger Feinde. Für Barzel, Gerstenmaier und Schröder galt genau das Gegenteil."[103] Deren mächtigster Feind hörte auf den Namen Franz Josef Strauß und verfügte über eine fast fünfzigköpfige Leibgarde, die den langjährigen Freund ihres Vorsitzenden massiv unterstütze: „Meine erste Begegnung mit Kurt Georg Kiesinger fällt in die Zeit nach der ersten Bundestagswahl am 14. August 1949. Wir trafen uns eines Abends auf dem Bahnsteig in Bonn, jeder in der Absicht, den Zug in seine Heimat zu besteigen. Dabei haben wir uns miteinander bekannt gemacht und auch bald eine politische und persönliche Freundschaft geschlossen. Nicht nur, daß wir Abgeordnete schon der ersten Legislaturperiode im Deutschen Bundestag waren, wir hatten auch noch mehr gemeinsam: er war Landesgeschäftsführer der CDU im damaligen Bundesland Württemberg-Hohenzollern, ich war Generalsekretär der bayerischen CSU. Sehr bald stellten wir fest, daß wir in allen wesentlichen Fragen der deutschen Innen- und Außenpolitik weitestgehend übereinstimmten."[104] Übereinstimmungen gab es neuerdings auch mit der SPD. Denn nachdem die kleine Koalition von CDU/CSU und FDP gescheitert war und eine „Mini-Koalition" von SPD und FDP aufgrund der viel zu geringen

---

[102] Görtemaker, Manfred: Kleine Geschichte der Bundesrepublik Deutschland. München 2002, S. 173.
[103] Ebd. Vgl. dazu auch: Ziegler, Gerhard: Kurt Georg Kiesinger (1904), in: Sternburg, Wilhelm von (Hg.): Die Deutschen Kanzler von Bismarck bis Schmidt. Königstein i. T. 1985, S. 407–417, S. 407.
[104] Schöll, Walter (Hg.): Franz Josef Strauß. Der Mensch und der Staatsmann. Ein Porträt. Percha am Starnberger See 1984, S. 126.

Mehrheit von nur sechs Stimmen ausschied, drängte sich die Bildung einer großen Koalition förmlich auf. Eine der Voraussetzungen war jedoch, daß Franz Josef Strauß, der „Steigbügelhalter" Kurt Georg Kiesingers, an den Kabinettstisch zurückkehren durfte. Denn nicht nur er selbst war an einem Ministerposten interessiert, sondern auch die CSU-Parteizentrale in München, wie Theodor Eschenburg in Erfahrung bringen konnte: „Der Schwiegervater meiner ältesten Tochter kam eines Abends nach Hause und fand die ganze Straße vollgeparkt, lauter Wagen mit Münchner Kennzeichen. Ihm gegenüber wohnte ein ehemaliger Diplomat, der sich nach dem Krieg als Marmeladenimporteur durchgeschlagen hatte und inzwischen Vorstandsmitglied eines großen Tiefbauunternehmens war. Am nächsten Tag fragte er ganz arglos und aus privater Neugier, was denn die vielen BMWs mit Münchner Kennzeichen vor seinem Haus zu suchen gehabt hätten. ‚Sie haben ja eine regelrechte Invasion aus Bayern gehabt!' ‚Ach', sagte der Nachbar, von dem man wußte, daß er mit Kiesinger auf freundschaftlichem Fuß stand, ‚die sind von der CSU, die wollten mit dem Kiesinger sprechen. Die wollen unbedingt, daß der Strauß Bundesminister wird. Sie haben Angst, daß er bayerischer Ministerpräsident wird.' Es war die Spitze der CSU gewesen, die sich mit Kiesinger getroffen hatte. In München, so erfuhr ich noch am gleichen Tag, wolle man sichergehen, daß Kiesinger, im Falle seiner Wahl zum Kanzler, Strauß in sein Kabinett hole. Und Kiesinger habe das im Verlauf des Abends fest zugesagt."[105] Wenig später lud Kiesinger seinen bayerischen Kollegen zu einem Spitzengespräch in ein Gästehaus der baden-württembergischen Landesvertretung in der Bonner Argelanderstraße ein. Im Nebenraum saßen Manfred Rommel, der spätere Oberbürgermeister von Stuttgart, und Kiesingers Pressesprecher Ulrich Weber. Rommel: „Besonders wichtig war, Franz Josef Strauß als Bundesfinanzminister zu gewinnen, denn dieser gescheite, temperamentvolle, phantasievolle, nie um eine Formulierung verlegene Machtmensch galt für den Fall, daß er nicht ins Kabinett eintrat, als Sicherheitsrisiko. In dieser Nacht erklärte sich Strauß offensichtlich bereit, Bundesfinanzminister zu werden, was die Stimmung, wie man durch die Tür hören konnte, erheblich verbesserte. Anschließend verschlechterte sie sich, nach den durch die Tür dringenden Geräuschen zu urteilen, wieder etwas. Da erschien Kiesinger im Nebenzimmer und fragte nach einer Denkschrift des Präsidenten des Bundesrechnungshofes, Hopf, der unter anderem vorgeschlagen hatte, zur Vorbereitung qualifizierter Nachwuchspolitiker die Institution des parlamentarischen Staatssekretärs zu schaffen. Wir hatten diese Denkschrift, fanden sofort die richtige Seite, der Kanzler begab sich zurück zu seinen Gesprächspartnern, und bald ertönten durch die Tür Laute, die auf eine erneute und nachhaltige Aufhellung der

---

[105] Eschenburg, Theodor: Letzten Endes meine ich doch. Erinnerungen 1933–1999. Berlin 2002, S. 186.

Stimmung hindeuteten. Offenbar schienen die Personalfragen gelöst zu sein, Fröhlichkeit kam auf, es wurde sogar gelacht. Kiesinger sagte am nächsten Morgen, Strauß hätte gesagt, am liebsten wäre er kein Minister, sondern ein Playboy, aber einer mit Niveau. Man müsse sich einmal vorstellen, was in diesem Kopf vorgehe."[106]

Nun galt es nur noch, den Sozialdemokraten die Regierungsbeteiligung des verhinderten „Playboys mit Niveau" schmackhaft zu machen. Herbert Wehner, der Vorsitzende der Bundestagsfraktion, war sich bereits seit langem darüber im klaren, daß sich die SPD, wenn sie denn jemals an die Macht gelangen wollte, eines Tages mit dem CSU-Parteivorsitzenden würde arrangieren müssen. Klugerweise hatte er sich gelegentlich entsprechend geäußert: „Ich halte es für ein Lebensgesetz in der Demokratie, den Gegner nicht vernichten, nicht eliminieren, nicht – wie dieses schreckliche Wort, das ich nicht in den Mund nehme, lautet – ausmerzen zu wollen. Ich halte dafür, ihn zu überwinden, ich halte dafür, ihn politisch zu schlagen, ihn geistig zu widerlegen, und ich halte dafür, ihm die Chance zu geben, sich zu ändern. Im Falle Strauß könnte ein Wiederkommen nach meiner Meinung und der Meinung meiner Partei nur nach einer Änderung in seinem Verhältnis zu den demokratischen Grundregeln möglich sein."[107] Strauß hingegen hatte sich in der Folgezeit der „Spiegel"-Affäre weniger versöhnlich gezeigt und die SPD immer wieder angegriffen oder zumindest verspottet: „Wenn ich die hundert Jahre Parteigeschichte der SPD überdenke, dann komme ich zu der Bilanz, daß sie davon sechsundneunzig Jahre in Opposition gewesen ist und an die Macht gewollt hat. Ich kann deshalb bei der SPD verstehen, wenn sie alles nur noch unter dem Komplex der Macht sieht."[108] Doch nun, da sich dank der „Machtkomplexe" der SPD für ihn die Chance bot, an den Kabinettstisch zurückzukehren, gab sich Strauß versöhnlich und ließ Helmut Schmidt, den stellvertretenden Vorsitzenden der SPD-Bundestagsfraktion, wissen, er sehe die „Spiegel"-Affäre inzwischen mit anderen Augen und würde sich heute anders verhalten – obschon er sicher sei, nicht gegen das Gesetz verstoßen zu haben.[109] Trotz dieses Zugeständnisses fiel es der SPD nicht leicht, die bayerische Kröte zu schlucken. Erst als Schmidt vor-

---

[106] Rommel, Manfred: Trotz allem heiter. Erinnerungen. 2. Auflage, München 2001, S. 160f.
[107] Gaus, Günter: Zur Person: Herbert Wehner. Interview im Zweiten Deutschen Fernsehen am 08.01.1964, in: Jahn, Gerhard (Hg.): Herbert Wehner: Zeugnis. Köln 1982, S. 299–321, S. 320. Vgl. dazu auch: Freudenhammer, Alfred; Vater, Karlheinz: Herbert Wehner. Ein Leben mit der Deutschen Frage. München 1978, S. 226.
[108] o.V.: Der Fall Wessel. Wir müssen Schluß machen. Auszüge aus dem Protokoll einer „Unter-uns-Sendung", in: Sonntag vom 21.09.1963.
[109] Vgl. Soell, Hartmut: Helmut Schmidt, 1918–1969. Vernunft und Leidenschaft. München 2003, S. 574f.

schlug, zum Ausgleich das frühere „Strauß-Opfer" Conrad Ahlers zum stellvertretenden Regierungssprecher ernennen zu lassen, fand sich die SPD-Bundestagsfraktion bereit, der Elefantenhochzeit zuzustimmen. Zeitzeugen berichteten, Franz Josef Strauß hätte daraufhin Champagner auftragen lassen und bis zum nächsten Morgen gefeiert.

Am 30. November 1966 ließ sich Ludwig Erhard, der von der eigenen Partei seit Wochen schlichtweg ignoriert wurde, vom Bundespräsidenten seine Entlassungsurkunde überreichen und räumte den Kanzlerbungalow, den er nur zwei Jahre zuvor im Park des Palais Schaumburg als neues Wohn- und Empfangsgebäude hatte erbauen lassen. Der lange Niedergang einer kurzen Ära hatte ein unrühmliches Ende gefunden. Am Tag darauf wurde Kurt Georg Kiesinger mit überwältigender Mehrheit zum dritten Bundeskanzler der Bundesrepublik Deutschland gewählt – und Franz Josef Strauß zum Finanzminister der Großen Koalition ernannt.

VII. Finanzminister der Großen Koalition (1966–69)

1. Das gespenstische Kabinett

Nach vier langen Jahren der Verbannung durfte Franz Josef Strauß seit Dezember 1966 wieder an den Sitzungen des Bundeskabinetts teilnehmen, das sich aus drei CSU-, sieben CDU- und neun SPD-Ministern zusammensetzte. Für die Außenpolitik war Vizekanzler und Außenminister Willy Brandt zuständig, für die Wirtschaft Professor Karl (August Fritz) Schiller, für die Justiz der 1950 aus Protest gegen Adenauers Wehrbeitragsoffensive zurückgetretene damalige Innenminister Gustav Heinemann und für die Verteidigung Gerhard Schröder, der Kai-Uwe von Hassel ins Bundesministerium für Vertriebene, Flüchtlinge und Kriegsgeschädigte abgedrängt hatte. Im Landwirtschaftsministerium saß Hermann Höcherl, im Bundesministerium für Angelegenheiten des Bundesrates und der Länder Carlo Schmid, im Forschungsministerium Gerhard Stoltenberg und im Ministerium für gesamtdeutsche Fragen Herbert Wehner. Für den ehemaligen Kommunisten, dem die Große Koalition in erster Linie zum Zweck der Demonstration der Regierungsfähigkeit seiner Partei am Herzen lag, kam die Ernennung zum Bundesminister einer bürgerlichen Ehrenerklärung gleich.[1] Nicht ohne Grund also nannte man die von dem ehemaligen NSDAP-Mitglied Kurt Georg Kiesinger geführte Ministerriege auch das „Kabinett der historischen Versöhnung"[2], vereinte es doch so viele „widersprüchliche, zugleich profilierte, politisch durchsetzungsstarke und in ihrem Sachgebiet kompetente Minister"[3]. Konrad Adenauer hingegen, der wenige Monate später im Alter von 91 Jahren verstarb, kam zu einem skeptischeren Befund: „Na, die Zusammensetzung, wenn ich dat so sehe – ein bißchen jespenstisch."[4]

Sofort nach Straußens Rückkehr in die Bundesregierung meldeten sich auch die Karikaturisten zurück und stürzten sich mit Begeisterung auf den neuen Finanzminister. Mehr als 50.000 Karikaturen existierten bereits über den archetypischen

---

[1] Vgl. Görtemaker, Manfred: Kleine Geschichte der Bundesrepublik Deutschland. München 2002, S. 178; Gaus, Günter: Bonn ohne Regierung? Kanzlerregiment und Opposition. Bericht, Analyse, Kritik. München 1965, S. 61.
[2] Merseburger, Peter: Willy Brandt 1913–1992. Visionär und Realist. Stuttgart 2002, S. 496.
[3] Glaser, Hermann: Deutsche Kultur. Ein historischer Überblick von 1945 bis zur Gegenwart. 2., erweiterte Auflage, Bonn 2000, S. 316.
[4] Knopp, Guido: Kanzler. Die Mächtigen der Republik. München 2000, S. 198.

Bajuwaren, ein Vielfaches dieser Zahl sollte noch folgen.[5] Strauß war wieder in aller Munde. In Bayern hatte seine CSU erneut die Landtagswahlen gewonnen und sich von 47,5 auf 48,1 Prozent verbessert. Und in Innsbruck hatte der Träger von vier Ehrendoktorhüten bereits mit den Vorbereitungen einer Dissertation über ein volkswirtschaftliches Thema begonnen, die jedoch ebenso wie das 1944 verbrannte Werk über die Weltreichsidee bei Justins Historiae Philippicae des Trogus Pompeius unvollendet bleiben sollte. Die größte Aufmerksamkeit erregte er jedoch aufgrund seiner überraschend harmonischen Zusammenarbeit mit dem sozialdemokratischen Kabinettskollegen Karl Schiller, mit dem er sich allen parteipolitischen Unterschieden zum Trotz nicht nur dienstlich, sondern auch persönlich ausgezeichnet verstand. Es dauerte nicht lange, bis sich das äußerlich so ungleiche Paar großer Beliebtheit erfreute und frei nach Wilhelm Busch „Plisch und Plum" genannt wurde.

Kiesingers „Superregierung" hatte große Aufgaben zu bewältigen. Die beunruhigende Rezession mußte schnell überwunden, der Bundeshaushalt ausgeglichen, die Währung stabilisiert und eine umfassende Finanzreform in die Wege geleitet werden. Mit dementsprechendem Elan machte sich das „doppelte Lottchen" an die Arbeit. Strauß und Schiller waren Anhänger des britischen Nationalökonomen John Maynard Keynes, dessen Theorie von der Globalsteuerung des Wirtschaftsprozesses besagte, daß der Staat die Konjunktur mit wirtschaftspolitischen Instrumenten beeinflussen könne. Die sich weitestgehend selbst regulierende Marktwirtschaft sollte durch eine antizyklische Finanzpolitik und eine staatliche Rahmenplanung stabilisiert werden. Drohte ein zu starker konjunktureller Aufschwung, hatte der Staat einer gefährlichen Überhitzung durch die Erhöhung von Steuern, die Verteuerung von Krediten oder die Beschränkung von öffentlichen Ausgaben antizyklisch entgegenwirken. Zeichnete sich hingegen eine breite Nachfragelücke ab, so war die erlahmende Wirtschaft durch Steuersenkungen, Konjunkturprogramme und öffentliche Investitionen anzukurbeln. Mit diesem Konzept schienen sich die bisher unkontrollierbaren konjunkturellen Zyklen des freien Marktes endlich stabilisieren zu lassen. Um der Bundes- und den Landesregierungen sowie der Bundesbank das nötige Instrumentarium in die Hand zu geben, verabschiedete der Deutsche Bundestag bereits im ersten Halbjahr 1967 das „Kreditfinanzierungsgesetz" und das „Gesetz zur Förderung der Stabilität und des Wachstums der Wirtschaft". Das „Stabilitätsgesetz" schuf die rechtliche Grundlage für die konjunkturpolitische Erhöhung oder Senkung der Einkommenssteuersätze und die Einrichtung eines Eventualhaushaltes, der die konjunkturfördernden Mehrausgaben decken und die konjunkturdämpfenden Mehreinnahmen auffan-

---

[5] Vgl. statt vieler: Hahn, Eduard (Hg.): Hoppla – Franz Josef Strauß. Bad Kissingen 1966.

gen sollte. Darüber hinaus verpflichtete es den Staat, die „Stabilität des Preisniveaus zu garantieren, das außenwirtschaftliche Gleichgewicht zu halten, zu stetigem und angemessenem Wirtschaftswachstum beizutragen und einen hohen Beschäftigungsstand zu gewährleisten"[6]. Auf diese Weise fiel dem Finanzminister „eine entscheidende Verantwortung auf dem Gebiet der allgemeinen Konjunktur- und Wachstumspolitik zu, die ihm zugleich die Verpflichtung auferlegte, jenseits des Bereiches von Haushalts-, Steuer- und Schuldenpolitik auf die allgemeine Wirtschaftspolitik sowie die hierfür notwendigen Beschlußfassungen der Regierung maßgeblich einzuwirken."[7] Mit anderen Worten: Franz Josef Strauß wachte über die „Lebensnerven des Staates"[8], wie schon Marcus Tullius Cicero die Finanzen der res publica genannt hatte. Und die Lebensnerven der Bundesrepublik krankten an einem milliardenschweren Defizit. Folglich galt es, möglichst rasch den Bundeshaushalt zu konsolidieren. Also setzte Strauß, der angebliche Militarist, umgehend enorme Einsparungen im Verteidigungsetat durch. Auch einige Subventionen für die Wirtschaft und die Landwirtschaft wurden gestrichen, bei gleichzeitiger maßvoller Erhöhung der Mineralöl-, der Tabak- und der Umsatzsteuer.[9] Parallel dazu wurden zwei Investitionsprogramme mit einem Volumen von zusammen 7,8 Milliarden DM aufgelegt.[10] Nach nur sechs Wochen vermochte Franz Josef Strauß einen Haushaltsentwurf für das Jahr 1967 vorzulegen, der all jene Deckungslücken zu schließen wußte, an denen die Regierung Erhard so kläglich gescheitert war.[11]

Unterdessen bemühte sich Karl Schiller um eine Modernisierung der Wirtschaftspolitik. Im Rahmen der „Konzertierten Aktion" konnte er sich mit Vertretern der Arbeitgeber, der Arbeitnehmer, der Gewerkschaften und der Bundesbank schnell auf eine gemeinsame Vorgehensweise zur Meisterung der wirtschaftlichen Krise einigen. Auch Wissenschaftler nahmen beratend teil. In kürzester Zeit gelang es

---

[6] Abelshauser, Werner: Wirtschaftsgeschichte der Bundesrepublik Deutschland (1945–1980). Frankfurt am Main 1983, S. 112.

[7] Vogel, Horst: Solide Finanzpolitik. Franz Josef Strauß als Bundesfinanzminister, in: Zimmermann, Friedrich (Hg.): Anspruch und Leistung. Widmungen für Franz Josef Strauß. Stuttgart-Degerloch 1980, S. 93–108, S. 95.

[8] Bundesministerium der Finanzen (Hg.): Von der Reichsschatzkammer zum Bundesfinanzministerium. Geschichte, Leistungen und Aufgaben eines zentralen Staatsorganes. Mit einem Geleitwort von Franz Josef Strauß, Bundesminister der Finanzen. Köln 1969, S. 7.

[9] Vgl. Strauß, Franz Josef: Neue Akzente in der Finanzpolitik, in: Schneider, Ernst; Schiller, Karl; Strauß, Franz Josef: 1967 und danach. Erwartungen, Befürchtungen, Berechnungen. Bonn 1967, S. 29–52, S. 33.

[10] Vgl. Voss, Friedrich: Franz Josef Strauß – Der Finanzminister der großen Koalition, in: Schmidhuber, Peter M; Müller, Lothar; Münnich, Frank E.; Spary, Peter (Hg.): Beiträge zur Politischen Ökonomie. Festschrift für Clemens-August Andreae. Bonn 1989, S. 283–292, S. 284.

[11] Vgl. Schröck, Rudolf: Franz Josef Strauß. Eine Bildbiographie. München 1990, S. 153.

dem neuen Korporatismus, allerorten hoffnungsfrohen Optimismus zu verbreiten. Bald sprach die ganze Republik von „antizyklischer Finanzpolitik", „wirtschaftlicher Globalsteuerung", dem „magischen Viereck" oder einem „Aufschwung nach Maß". Strauß und Schiller, die beiden „deficit brothers", avancierten dank ihrer Sachkompetenz, ihrer enthusiastischen Reformfreudigkeit und ihrer reibungslosen Zusammenarbeit bald zu den „Stars" der neuen Regierung. Auch im Amt des Finanzministers war Franz Josef Strauß also ein Neuerer und Modernisierer, der sich fachlich auf der Höhe seiner Zeit befand. Ihn einen rückwärtsgewandten Konservativen zu nennen, konnte unpassender nicht sein. Schließlich hatte er sich neben der Einführung der hochmodernen Globalsteuerung des Wirtschaftsprozesses auch einer grundlegenden Reform der veralteten bundesdeutschen Finanzverfassung verschrieben, die trotz mehrerer Änderungen des Grundgesetzes in den Jahren zwischen 1953 und 1963 zu einem Mißverhältnis von Einnahmen und Ausgaben der auf konjunkturabhängige Steuerzuflüsse angewiesenen Länder und Gemeinden geführt hatte. Strauß: „Diese Reform bedeutet letztlich nichts anderes als eine Modernisierung unseres Staatswesens. Es muß dem technischen Fortschritt von morgen aufgeschlossen sein. Deshalb müssen wir den Blick auf das 21. Jahrhundert richten, auf die Erfordernisse einer industriellen Massengesellschaft in dieser Zeit, und wir müssen erreichen, daß der Staatsapparat instand gesetzt wird, die dazu notwendigen Funktionen zu erfüllen."[12] Ergänzt wurde die Finanzreform durch die Einführung einer Mittelfristigen Finanzplanung, die die voraussichtliche Einnahmen- und Ausgabenentwicklung für mehrere Jahre vorzeichnen sollte, ohne planwirtschaftliche Dimensionen anzunehmen. „Ich bin kein Planwirtschaftler", tat Strauß damals kund. „Auch mein Kollege Schiller stellt sich unter wirtschaftlicher Zielprojektion keine vollzugsverbindliche und dirigistische Staatsplanung vor, sondern vorausschaubare wirtschaftliche Entwicklungen."[13] Die Ziele der „Mifrifi" lagen in der Sicherung eines längerfristigen Haushaltsgleichgewichtes, der vorausschauenden Gestaltung des öffentlichen Haushalts und der Festlegung einer zeitlichen und sachlichen Regelung für die Erfüllung der öffentlichen Aufgaben. Denn: „Wir sind verpflichtet, nicht alles, was wir verdienen, für den Konsum unseres Tages auszugeben, sondern den notwendi-

---

[12] Schöll, Walter (Hg.): Franz Josef Strauß. Der Mensch und der Staatsmann. Ein Porträt. Percha am Starnberger See 1984, S. 129. Vgl. dazu auch: Strauß, Franz Josef: Die Finanzverfassung. München, Wien 1969, S. 9; Strauß, Franz Josef: Finanzreform – Auf dem Wege zum modernen Bundesstaat, in: Schwebler, Robert; Föhrenbach, Walter (Hg.): Jahre der Wende. Festgabe für Alex Möller zum 65. Geburtstag. Karlsruhe 1968, S. 73–79, S. 73.

[13] Strauß, Franz Josef: Mittelfristige Finanzplanung in Bund, Ländern und Gemeinden. Göttingen 1968, S. 20. Vgl. dazu auch: Strauß, Franz Josef: Zwischen Konsolidierung und Konjunkturbelebung. Vortrag auf der Vollversammlung des Deutschen Industrie- und Handelstages am 15. Februar 1967 in Bonn. Bonn 1967, S. 24.

gen Teil abzuzweigen, damit die Generation von morgen in der Welt von morgen unter den Bedingungen von morgen und mit den Möglichkeiten von morgen ebenfalls ihre gesicherte Existenz hat. Das ist der Sinn – ich darf ruhig sagen: der nationale Sinn dieser Finanzplanung, daß hier Grundlagen geschaffen werden, daß hier Weichen gestellt werden und daß hier Zukunftsziele gesteckt werden, die die kommende Generation erreichen muß."[14]

Ein Zukunftsziel, das nicht erst die kommende, sondern bereits die seinerzeit gegenwärtige Generation erreichte, war die von Strauß betriebene Einführung der „Gemeinschaftsaufgaben" von Bund und Ländern. Hierzu zählten vor allem der Ausbau der deutschen Hochschulen und die Koordinierung der regionalen Wirtschafts- und Agrarstrukturpolitik. Des weiteren sorgte er für die Neuverteilung der Steuereinnahmen zwischen Bund, Ländern und Gemeinden sowie für die Abschaffung der umständlichen Brutto-Allphasen-Umsatzsteuer. An ihre Stelle trat eine wettbewerbsneutrale und investitions- sowie beschäftigungsfreundliche Mehrwertsteuer. Darüber hinaus betätigte sich der Finanzminister auf dem Gebiet der Sozialpolitik und ersetzte den steuerlichen Kinderermäßigungssatz durch direkte Kindergeldzahlungen. Dadurch entfiel die bisherige Begünstigung der Besserverdienenden, deren Kinder fiskalisch gesehen „mehr wert" gewesen waren als die Sprößlinge weniger gut betuchter Eltern, was nach Straußens Ansicht gegen das Gleichheitsgebot des Grundgesetzes verstieß.[15] In dieser Hinsicht lag Franz Josef Strauß mit dem späteren Bundesminister für Arbeit und Sozialordnung Norbert Blüm auf einer Linie, wie dieser im Rahmen eines Interviews am 11. November 2003 bekannte: Es „gab durchaus Bereiche, in denen wir eine vergleichbare Haltung einnahmen. Strauß hatte beispielsweise immer ein Herz für Rentner und für Kriegsopfer."[16] Letzteres stellte Strauß bereits am 1. Januar 1967 unter Beweis. Von jenem Tage an bescherte das 3. Neuordnungsgesetz für die Kriegsopferversorgung den 2,8 Millionen Kriegsversehrten eine deutliche Rentenerhöhung.[17]

In seinem neuen Ressort fühlte sich Franz Josef Strauß wie zu Hause. Jahre später schrieb Willy Brandt: „Er wollte und konnte beweisen, daß er – wie vieles andere – auch ein guter Finanzminister sein könne." Persönlich hatte ich „mit Strauß wenig zu schaffen. Wenn wir uns begegneten, zeigte er Respekt. Am Kabinettstisch hielt er sich zurück, wenn er sich nicht für sein gewichtiges Ressort zu äußern hatte. Bei Pro-

---

[14] Dalberg, Thomas: Franz Josef Strauß. Porträt eines Politikers. Gütersloh 1968, S. 247.
[15] Vgl. Brauchitsch, Eberhard von: Der Preis des Schweigens. Erfahrungen eines Unternehmers. 3. Auflage, Berlin 1999, S. 282.
[16] Interview mit Bundesminister a.D. Dr. Norbert Blüm am 11.11.2003 in Bonn.
[17] Vgl. Müller, Roland: Strauß: Trotz Sparmaßnahmen neue Steuererhöhungen, in: Frankfurter Rundschau vom 23.12.1966.

blemen des Alltags bewies er sachliche Hilfsbereitschaft (sogar als für Egon Bahr die Stelle eines Sonderbotschafters ausgehandelt werden mußte). Vermutlich betrachtete er das Finanzministerium als eine Art politischen Prüfstand für größere Taten."[18] Vor allem aber betrachtete er das Finanzministerium als eines der zentralen Ressorts eines modernen Staatswesens. Daher führte er es weniger unter parteipolitischen, sondern vielmehr unter fachlichen und sachlichen Gesichtspunkten. Beispielsweise tauschte er nach seinem Amtsantritt die der FDP zugehörigen Spitzenbeamten entgegen allen Gepflogenheiten nicht gegen unionsnahes Personal aus. Als sich CDU-Generalsekretär Bruno Heck darüber beklagte und forderte, er solle gefälligst an die eigene(n) Partei(en) denken, antwortete Strauß, er verbitte sich „solche Handreichungen. Er sei jederzeit bereit, Unionsleute zu fördern, wenn sie in der Sache höher qualifiziert seien als die, die er vorgefunden habe."[19] Daß sich der neue Finanzminister allein an der Qualifikation und nicht am Parteibuch seiner führenden Ministerialbeamten orientierte, konnte auch Dr. Friedrich Voss bestätigen, der im Juli 1968 vom Düsseldorfer Finanzgericht in die Presseabteilung des Finanzministeriums wechselte und von dort aus zu Strauß' persönlichem Referenten aufstieg: „In Bonn wundern sich viele Journalisten, daß Franz Josef Strauß (FJS) die von seinem FdP-Vorgänger Rolf Dahlgrün hinterlassenen Mitarbeiter fast vollständig übernimmt. Ich habe den Eindruck, es fällt FJS schwer, jemandem, mit dem er – einige Zeit – in persönlichem Kontakt gearbeitet hat, das Ende zu verkünden. Dies paßt keineswegs zu dem Bild, das ich von FJS habe. Allerdings sind Veröffentlichungen des ‚Spiegel' und ‚Stern' vorwiegend meine bisherige Quelle zur Einschätzung seines Charakters. Danach ist er eher zum Fürchten, ein veritabler Berserker. Dieses Negativimage von FJS ist stark verbreitet. Mangels anderer zugänglicher Informationsquellen glaubt man den ‚Spiegel'- und ‚Stern'-Darstellungen und verbindet sie mit dem Gefühl der Angst."[20] Genau diesen Effekt wollten die beiden Magazine mit ihren Kampagnen ja auch erreichen – wohlwissend, daß Strauß ihrer rufschädigenden Berichterstattung macht- und hilflos ausgeliefert war. Gegen eine erklärtermaßen verfeindete Publizistik war eben immer noch kein Kraut gewachsen. Dafür bestand für den ehemaligen Verteidigungsminister aber Grund zur Hoffnung, sich im Rahmen der Großen Koalition wenigstens unliebsamer Kleinparteien wie der FDP entledigen zu können. Auch der in jüngster Zeit erschreckend erfolgreichen „Nationaldemokratischen Partei Deutschlands" (NPD) mußte dringend Einhalt geboten werden. Schließlich war

---

[18] Brandt, Willy: Begegnungen und Einsichten. Die Jahre 1960–1975. Hamburg 1976, S. 178f. Vgl. dazu auch: Henkels, Walter: Der Kanzler hat die Stirn gerunzelt. 35 Jahre Bonner Szene. 2. Auflage, Düsseldorf, Wien 1984, S. 68.

[19] Siebenmorgen, Peter: Gesprächsbeitrag, in: Krieger, Wolfgang (Hg.): Adenauer und die Wiederbewaffnung. Rhöndorfer Gespräche, Band 18. Bonn 2000, S. 137–139, S. 138.

[20] Voss, Friedrich: Den Kanzler im Visier. 20 Jahre mit Franz Josef Strauß. Mainz, München 2000, S. 7.

sie mit ihren rechtsradikalen und nationalistischen Parolen in Hessen und Bayern bereits bis in den Landtag vorgedrungen. Also setzte sich Franz Josef Strauß für die Einführung eines relativen Mehrheitswahlrechtes ein, das zwangsläufig zu einem Zweiparteiensystem führen mußte. Es traf sich gut, daß auch die SPD mit der Abschaffung des Verhältniswahlrechtes liebäugelte. Strauß' Chancen, den ersehnten Kanzlerthron eines Tages doch noch besteigen zu können, schienen sich allmählich wieder zu verbessern.

Während Strauß und Schiller an der Heimatfront für den wirtschaftlichen Aufschwung kämpften, bemühte sich Außenminister Brandt um einen ostpolitischen Wandel durch Annäherung. Doch da Bundeskanzler Kiesinger trotz seiner Bereitschaft zu außenpolitischer Klimaverbesserung und kleineren ost- und deutschlandpolitischen Vorstößen an den „klassischen" bundesdeutschen Rechtspositionen wie dem Alleinvertretungsanspruch und der Nichtanerkennung des Status quo festhielt, blieb die Annäherung – und damit der Wandel – weit hinter Brandts Erwartungen zurück. Wenngleich die Hallstein-Doktrin unter Hinweis auf die recht konstruiert wirkende „Geburtsfehlertheorie"[21] bis zur Bedeutungslosigkeit aufgeweicht, der Austausch von gegenseitigen Gewaltverzichtserklärungen angeregt und ein erster amtlicher deutsch-deutscher Notenwechsel vorgenommen werden konnte, spielte der oftmals völlig deprimierte Außenminister mehrfach mit dem Gedanken, sein Amt niederzulegen und das „Kabinett der Köpfe" zu verlassen. Derartige Erwägungen waren Franz Josef Strauß vollkommen fremd. Hätten die Richtlinien des Bundeskanzlers nicht seinen Vorstellungen entsprochen, so wäre er im Kabinett sicher nicht in tiefgründigem Schweigen versunken, wie es Brandts Art war. Doch trotz ihrer verschiedenartigen Mentalitäten gab es zwischen Brandt und Strauß mit Ausnahme ihrer unterschiedlichen Haltung zum Atomwaffensperrvertrag[22], den der ehemalige Verteidigungsminister als ein „Versailles mit kosmischen Ausmaßen" bezeichnete, keine Reibereien. Brandt auf dem „auswärtigen Feld zu behindern, versuchte er gar nicht erst."[23] Warum auch? Schließlich verfolgten zu jener Zeit beide eine weitgehend identische ost- und deutschlandpolitische Konzeption, nämlich eine großangelegte europäische Friedensordnung, in welche die Wiedervereinigung Deutschlands eingebettet werden sollte.

---

[21] Gemäß der „Geburtsfehlertheorie" sollten alle Staaten, die schon vor der 1955 ausgerufenen Hallstein-Doktrin diplomatische Beziehungen mit der DDR hatten, von selbiger ausgenommen werden.
[22] Der insbesondere von den Vereinigten Staaten favorisierte Nichtverbreitungsvertrag sollte die Proliferation von Kernwaffen verhindern, welche die Bundesrepublik ohnehin nicht besitzen oder herstellen durfte („Pariser Verträge"). Im Gegensatz zu Brandt fürchteten Strauß, Adenauer und Kiesinger, daß auf diese Weise auch ein wiedervereinigtes und souveränes Deutschland bis in alle Ewigkeit von den modernen Insignien staatlicher Macht ferngehalten werden sollte.
[23] Brandt, Willy: Erinnerungen. 2. Auflage, Frankfurt am Main 1989, S. 293.

Brandt: „Wir brauchen eine Orientierung, die die deutsche Frage einordnet in den europäischen Zusammenhang, und dazu brauchen wir ein Konzept, das Grundzüge einer europäischen Friedensordnung enthält."[24] Diese Forderung erhob Strauß wie erwähnt bereits seit Jahren. Allerdings basierte Straußens „Grand Design" auf einer stärkeren Betonung der militärischen Komponente. Seine Überzeugung war nach wie vor, nur aus einer Position der Stärke heraus verhandeln zu können und auf jenen fundamentalen deutschen Rechtspositionen beharren zu müssen, die Brandt in der Hoffnung, sich damit das barmherzige Wohlwollen der Sowjets zu erkaufen, lieber gestern als heute aufgegeben hätte.[25] Hinsichtlich der Ost- und Deutschlandpolitik lagen die Unterschiede zwischen Strauß („Annäherung durch Wandel") und Brandt („Wandel durch Annäherung") also eher im *Wie* und nicht im *Was*, eher in der Methode und nicht in der Zielvorstellung.

Um diesen Sachverhalt zu unterstreichen, brachte Strauß 1968 eine erweiterte Fassung seines zwei Jahre zuvor erschienenen „Entwurf für Europa" heraus. In dem „Herausforderung und Antwort – Ein Programm für Europa" betitelten Buch führte er nochmals aus: „Europäische Politik muß gleichzeitig so gestaltet werden, daß die Einflüsse der sowjetischen Politik auf das Schicksal unserer Völker zurückgedrängt werden und daß sie ihre Wirkungskraft einbüßen. Erst mit einer geschlossenen politischen Konzeption, die uns ein zielbewußtes Spiel mit verteilten Rollen gestattet, kommen wir Europäer in die Lage, auf eine Auflockerung gegenüber dem Osten hinzuarbeiten."[26] Denn wir werden „nur dann Franzosen, Deutsche, Italiener, Engländer und was auch immer bleiben können, wenn wir wirklich und rechtzeitig Europäer werden"[27]. Weiterhin schlug Strauß zum wiederholten Male vor, in Berlin ein Ostwirtschaftsbüro der EWG zur Koordination der wirtschaftlichen Beziehungen zwischen Ost und West einzurichten und Bewegung in die verkrustete Ost- und Deutschlandpolitik zu bringen:[28] „Im jetzt erreichten Stadium der europäischen Entwicklung, das dem Westen Initiativen zur innerdeutschen Entspannung abverlangt, dürfen wir den deutschen Bereich, in dem sich die Spaltung unseres Kontinents am katastrophalsten auswirkt, nicht

---

[24] Link, Werner: Détente – Entspannungs- und Ostpolitik der siebziger Jahre im Widerstreit, in: Aretz, Jürgen; Buchstab, Günter; Gauger, Jörg-Dieter (Hg.): Geschichtsbilder. Weichenstellungen deutscher Geschichte nach 1945. Freiburg, Basel, Wien 2003, S. 103–121, S. 109.
[25] Vgl. Görtemaker, Manfred: Kleine Geschichte der Bundesrepublik Deutschland. München 2002, S. 234f.
[26] Strauß, Franz Josef: Herausforderung und Antwort. Ein Programm für Europa. Vorwort von Jean-Jacques Servan-Schreiber. Stuttgart-Degerloch 1968, S. 113.
[27] Servan-Schreiber, Jean-Jacques: Die amerikanische Herausforderung. Vorwort von Franz Josef Strauß. Sonderausgabe, Hamburg 1969, S. 18.
[28] Vgl. Bloemer, Klaus: Zwei Deutschlands, ein Europa. Modell für die Europäisierung der deutschen Frage, in: Die Zeit vom 05.01.1968, S. 6.

aussparen. Die beiden Teile Deutschlands dürfen nicht zu einer Zone der Erstarrung in Mitteleuropa werden, wenn überhaupt eine Annäherung zwischen dem westlichen und östlichen Teil unseres Kontinents möglich werden soll. An einer Erhaltung der gegenwärtigen Situation kann nur das kommunistische Regime in Ost-Berlin interessiert sein, das im Auftrage Moskaus die Straße zu europäischen Gemeinschaftslösungen blockieren möchte. Wir müssen hingegen unsere ganze Kraft darauf konzentrieren, die menschlichen Kontakte, die wirtschaftliche und wissenschaftliche Zusammenarbeit und die verkehrsstrukturelle Koordination zwischen den beiden deutschen Teilen zumindest auf den gleichen Stand zu bringen, wie er zwischen dem übrigen West- und Osteuropa besteht. Um ein solches auf die europäischen Belange abgestelltes Nebeneinander der beiden deutschen Teilstaaten zu erreichen, sind wir bereit, das Gespräch mit den Machtorganen von drüben aufzunehmen, wobei die Ebene, auf der sich diese Verhandlungen abspielen, natürlich von deren Gegenstand und von der Aussicht auf einen Erfolg bestimmt sein muß. Wir betrachten es als unsere vornehmste Aufgabe, auf die Herstellung menschenwürdiger Verhältnisse für den von uns getrennten Teil des deutschen Volkes hinzuwirken, wobei wir von der Zielvorstellung ausgehen, die Einheit der Nation unter einem rechtsstaatlichen Dach europäischer Bauart zustande zu bringen. Unsere Politik ist von der Absicht getragen, die Spannungen zwischen Ost und West, also auch zwischen den beiden Teilen Deutschlands nach den Grundsätzen einer durch überstaatliche Zusammenarbeit entstehenden Friedensordnung Europas zu vermindern. Ein wichtiges Instrument für eine solche Politik steht uns mit der EWG zur Verfügung, die mehr und mehr in die Rolle eines Wirtschaftspartners für die osteuropäischen Staaten hineinwachsen muß."[29] Am 8. März 1968 bekundete Strauß in einem Rundfunkinterview ein weiteres Mal seine Bereitschaft, jene wirtschaftlichen Partnerschaften mit den „mittelbaren und unmittelbaren östlichen Nachbarn"[30] auch auf dem Wege der Finanzhilfen und

---

[29] Strauß, Franz Josef: Rede des Bundesministers Strauß auf einer Veranstaltung des Kuratoriums „Unteilbares Deutschland" in München zum „Tag der deutschen Einheit" vom 16. Juni 1967, in: Bundesministerium für Innerdeutsche Beziehungen (Hg.): Dokumente zur Deutschlandpolitik. V. Reihe, Band 1, Frankfurt am Main 1984, S. 1304–1308, S. 1306f. Vgl. dazu auch: Strauß, Franz Josef: Rede des Bundesministers Strauß in Madrid anläßlich des 50jährigen Bestehens der Deutschen Handelskammer für Spanien vom 30. Oktober 1967 (Auszug), in: Bundesministerium für Innerdeutsche Beziehungen (Hg.): Dokumente zur Deutschlandpolitik. V. Reihe, Band 1, Frankfurt am Main 1984, S. 1914–1919, S. 1916; Strauß, Franz Josef; Augstein, Rudolf; Brawand, L.: Spiegel-Gespräch mit Bundesminister Strauß, in: Der Spiegel, 21 (1967) H. 1, zitiert nach: Bundesministerium für Innerdeutsche Beziehungen (Hg.): Dokumente zur Deutschlandpolitik. V. Reihe, Band 1, Frankfurt am Main 1984, S. 244–247; Strauß, Franz Josef: Deutsche Ostpolitik für den Frieden in Europa, in: Deutschland Archiv, 1 (1968) H. 8, S. 804–805, S. 805.

[30] Strauß, Franz Josef: Interview des Bundesministers Strauß für den Süddeutschen Rundfunk vom 08.03.1968 (Auszug), in: Bundesministerium für Innerdeutsche Beziehungen (Hg.): Dokumente zur Deutschlandpolitik. V. Reihe, Band 2, Frankfurt am Main 1987, S. 336–338, S. 338.

der Kreditgewährung sowie durch die Lieferung von Kapital-, Investitions- und Anlagegütern zu unterstützen. Kurzum: „Wirtschaft, Austausch von Nichtangriffserklärungen, Gewaltverzichterklärung"[31] und ein starkes, weil geeintes westliches Europa als unüberwindbare, friedenstiftende Großmacht! Auf keinen Fall aber durften die elementaren deutschen Rechtspositionen wie beispielsweise die Nichtanerkennung eines zweiten deutschen Staates erschüttert werden. Wenn „wir uns mit einer Deklassierung der deutschen Nation auf die Dauer als sozusagen unvermeidliches historisches Ergebnis des Zweiten Weltkrieges abfinden würden", dann wären das „Vorleistungen, die auf die Dauer uns belasten würden und zu keinem Ergebnis zu führen geeignet sind."[32] Denn: „Vorleistungen ohne Gegenleistungen sind kein praktikables Mittel der Politik, schon gar nicht in der Situation, in der sich das geteilte Deutschland befindet."[33]

Trotz seines anationalen, friedfertigen und auf wirtschaftlicher Zusammenarbeit basierenden gesamteuropäischen Entwurfes wurden Teile der linken und liberalen Publizistik nicht müde, Franz Josef Strauß in die Nähe Hitlers zu zerren und ihm kriegstreiberische Intentionen zu unterstellen. Beispielsweise urteilte Sebastian Haffner über das Straußsche „Programm für Europa": „In dreierlei Hinsicht weckt diese außenpolitische Konzeption des Franz Josef Strauß für die Bundesrepublik fatale Erinnerungen an Hitlers außenpolitische Konzeption für das Deutsche Reich. Erstens hat sie dieselbe gefährliche Plausibilität, Kühnheit und Großzügigkeit, dieselbe Attraktion für die imperiale Phantasie und dieselbe Fähigkeit, einem bereitliegenden und wartenden außenpolitischen Ehrgeiz Inhalt und Gestalt zu geben. Zweitens versucht sie ebenso wie einst die Hitlersche auf das im vorigen Krieg schon beinahe Erreichte zurückzugreifen und es für den nächsten nachträglich fruchtbar zu machen: Im Ersten Weltkrieg hatte Deutschland schon einmal Rußland, im Zweiten Europa besiegt, ohne aus der Chance, die darin lag, jeweils das Bestmögliche herauszuholen; Hitler griff auf die erste, Strauß greift auf die zweite versäumte Chance zurück. Drittens aber ist die Strauß-Konzeption von 1968 ebenso wie die Hitler-Konzeption von 1924 eine Rechnung ohne den Wirt."[34] Ergo: „Die Strauß-Doktrin ist nicht nur ein unverkennbares Kriegsrezept: Sie ist, genau wie einst die Hitler-Doktrin, auch wieder ein Rezept für den ‚falschen' Krieg."[35] Kaum

---

[31] Heizler, Rudolf: Vorschlag zur deutschen Ostpolitik: „Mit den Sowjets über Friedensordnung reden!", in: Bonner Rundschau vom 02.12.1967.
[32] Strauß, Franz Josef: Interview des Bundesministers Strauß für den Süddeutschen Rundfunk vom 08.03.1968 (Auszug), in: Bundesministerium für Innerdeutsche Beziehungen (Hg.): Dokumente zur Deutschlandpolitik. V. Reihe, Band 2, Frankfurt am Main 1987, S. 336–338, S. 337.
[33] Strauß, Franz Josef: Rechtspositionen nicht aufgeben, in: Ost-West-Kurier vom 13.05.1967.
[34] Haffner, Sebastian: Der Selbstmord des Deutschen Reiches. Bern, München, Wien 1970, S. 148.
[35] Ebd., S. 149.

eine andere Gedankenführung belegt eindrucksvoller, auf welche abstruse Weise die im Grunde völlig unmißverständlichen politischen Konzeptionen des Franz Josef Strauß umgedeutet wurden – nicht selten wider besseres Wissen. Auf Haffners Argumentation näher einzugehen verbietet sich daher von selbst.

2. Die „Außergesetzliche Opposition"

Nur ein halbes Jahr nach Bildung der Großen Koalition gelang es Franz Josef Strauß und Karl Schiller, die Rezession zum Stillstand zu bringen. Damit hatte das Ministergespann ein Meisterstück vollbracht, kam eine auf Sparmaßnahmen basierende Konsolidierung des Haushaltes bei gleichzeitiger Anregung der Konjunktur durch milliardenschwere Investitionsprogramme doch der Quadratur des Kreises gleich. Auch der Diskontsatz war dank erfolgreicher Verhandlungen mit der Bundesbank bereits gesunken, ebenso die Zahl der Erwerbslosen, die in wenigen Monaten um über 300.000 Personen verringert werden konnte. Doch trotz ihrer unbestreitbaren Erfolge stieß die Große Koalition in manchen Kreisen auf Ablehnung. Schließlich stand den beiden großen Bundestagsfraktionen eine ohnmächtig schwache Opposition gegenüber. „SPD liebt CDU – Opposition legt sich zur Ruh"[36], hatten empörte Demonstranten, die fürchteten, wesentliche Elemente eines funktionierenden Parlamentarismus würden nun außer Kraft gesetzt, bereits am 26. November 1966 in der Frankfurter Innenstadt skandiert. Angesichts der mangelnden innerparlamentarischen Opposition gegen die als Machtkartell, unheilige Allianz und demokratische Todsünde geschmähte Regierungskoalition formierten sich ihre schärfsten Gegner zu einer „Außerparlamentarischen Opposition" (APO). Die vornehmlich linken Studentenorganisationen, Schüler, Lehrlinge, Künstler und Intellektuellen „konnten nicht verstehen, wie sich Herbert Wehner und Willy Brandt auf dieses Regierungsbündnis einlassen, mit Franz Josef Strauß an einen Tisch setzen konnten. Sie gingen daher auf Distanz zu ihrer Partei und, allgemeiner, zu dem, was sie so pauschal wie verächtlich das *Establishment* nannten."[37] Dabei bemühte sich vor allem das Bonner Establishment um eine konsensuelle „government by discussion"[38], die mit der autokratischen Kanzlerdemokratie Konrad Adenauers nichts mehr gemein hatte. Kanzler Kiesinger regierte wie ein wandelnder Vermittlungsausschuß, der die Gegensätze der übergroßen

---

[36] o.V.: „Strauß und Wehner – das will keener" und „Schäm' dich, Willy!" Frankfurt vor 30 Jahren: Proteste gegen Bonner Große Koalition, in: Frankfurter Allgemeine Zeitung vom 27.11.1996, S. 52.
[37] Baring, Arnulf: Machtwechsel. Die Ära Brandt-Scheel. Stuttgart 1982, S. 363.
[38] Görtemaker, Manfred: Kleine Geschichte der Bundesrepublik Deutschland. München 2002, S. 178.

Koalition mit brillanter Eloquenz auszugleichen vermochte. Allerdings überstieg die plauderhafte Beredsamkeit des girlandenredenden „König Silberzunge", der sich im Kabinett vor allem mit dem nicht minder schöngeistigen Bundesratsminister Carlo Schmid duellierte, nicht selten die Geduld der anderen Ressortchefs. Eines Tages forderte Franz Josef Strauß ebenso amüsiert wie gelangweilt den Justizstaatssekretär Horst Ehmke auf, „ein paar Haken und einen Hammer mitzubringen. Er würde Hängematten beisteuern"[39], dann könnte man es sich gemütlich machen. Zumeist verliefen die Sitzungen harmonisch. Nur selten mußte Kiesinger eingreifen, um Zusammenstöße zu vermeiden. In seinen Memoiren berichtete der damalige Regierungssprecher Günter Diehl: „Wenn er sah, daß eine Fortführung der Debatte im großen Kreis des Kabinetts nicht weiterhalf, dann unterbrach er die Sitzung und bat den Widersacher zu einem Gespräch unter vier Augen. Oft war Franz Joseph Strauß derjenige, dem diese Sonderbehandlung widerfuhr. Nach einer meist längeren Pause kamen die beiden wieder herein, die Kabinettssitzung nahm ihren Fortgang. Kiesinger sprach dann selbst nicht, sondern erteilte Strauß das Wort. So mußte Strauß selbst über die in dem Gespräch erzielte Einigung berichten. Er erläuterte dann, warum er jetzt zustimmte, obwohl er noch vor einer halben Stunde abgelehnt hatte. Offensichtlich hatte Kiesinger eine erfolgreiche Methode entdeckt, mit Strauß ins reine zu kommen."[40] Welcherart diese Methode war, übermittelte Diehl der Nachwelt leider nicht.

Die wichtigsten Beschlüsse der Großen Koalition wurden im „Kressbronner Kreis" vorentschieden, einem nach Kiesingers damaligem Urlaubsort benannten Führungszirkel, dem Willy Brandt, Herbert Wehner, Franz Josef Strauß, Helmut Schmidt und Rainer Barzel angehörten. Dieser Kreis der Stärksten unter den Starken der Großen Koalition wurde von den Anhängern der APO als Inbegriff der undemokratischen Gewaltenakkumulation empfunden. Als noch viel undemokratischer empfand die APO jedoch die Einführung einer Notstandsgesetzgebung. Im Gegensatz zu den meisten anderen Staaten verfügte die zum Teil noch unter alliierten Vorbehaltsrechten stehende Bundesrepublik über keine umfassende gesetzliche Regelung für den Katastrophen- oder Verteidigungsfall. Auch gegen massive Angriffe auf die demokratische Verfassungsordnung von innen war sie nicht gewappnet. Diese gravierenden Sicherheitslücken sollten von einer Notstandsverfassung endgültig geschlossen werden. Denn wird „die Sicherheit der BRD bedroht, sind rasche Entscheidungen notwendig, und alle verfügbaren Kräfte müssen zusammengefasst werden. Hierfür ist der normale Prozess der Staatswil-

---

[39] Ehmke, Horst: Mittendrin. Von der Großen Koalition zur Deutschen Einheit. Reinbek bei Hamburg 1996, S. 50.
[40] Diehl, Günter: Zwischen Politik und Presse. Bonner Erinnerungen 1949–1969. Frankfurt 1994, S. 403.

lensbildung nicht geeignet. Er ist langsam und [zu] umständlich, um Macht zu begrenzen."[41] Aus eben jenem Grund fürchtete die APO, die von einem ehemaligen NSDAP-Mitglied geführte Große „Staatsnotstands"-Koalition könnte die geänderte Gesetzeslage zur Herstellung einer informellen Diktatur nach Bedarfslage nutzen. Von einem zweiten Ermächtigungsgesetz war die Rede, von einer „Aushöhlung wesentlicher Schranken, die im Grundgesetz 1949 gegen Machtmißbrauch eingebaut waren"[42]. Auf zahllosen Demonstrationen, die vor allem von studentischer Seite einen immer größeren Zulauf erfuhren, wurde gegen die „NS-Gesetze" protestiert. Auch gegen den Krieg in Vietnam, die vorherrschende Gesellschaftsordnung und den angeblich als soziale Markwirtschaft getarnten ausbeuterischen Kapitalismus der großen Konzerne glaubte man aufbegehren zu müssen. Aber nicht nur in Deutschland kam es zu mitunter gewalttätigen Protesten, auch in anderen Ländern der westlichen Welt rüttelten massive Studentenrevolten das „verschlafene Bürgertum" auf. Selbst in Polen, Jugoslawien und der Tschechoslowakei wagten sich die vorwiegend jungen Menschen auf die Straße und protestierten gegen die autoritären Strukturen ihrer Staaten. Die Ursache dieses für die älteren Generationen so ungewohnten Aufbegehrens lag in der rasanten Entwicklung neuer Lebens- und Verhaltensmuster, die von Modernisierung und Mobilisierung sowie Massenkonsum und Massenkommunikation bestimmt wurden. Arbeitsleben und Freizeitgestaltung erfuhren angesichts des nie zuvor gekannten allgemeinen Wohlstandes einen derartig fundamentalen Wandel, daß die alten gesellschaftlichen Milieus und die noch viel älteren religiösen Bindungen ihre richtungsweisenden Prägekräfte binnen kurzem verloren. Die durch die Verbreitung der Anti-Baby-Pille ausgelöste sexuelle Revolution tat ein übriges. Immer öfter kam es zu Demonstrationen und Protestaktionen, doch erst die Bildung der Großen Koalition brachte das mit diffusen Sehnsüchten gefüllte Faß vollends zum Überlaufen. Unter der Führung des rhetorisch begabten (Alfred Willi) Rudolf Dutschke trugen die zumeist von kommunistischen Utopien beeinflußten Jugendlichen und Studenten nun einen hochgradig politisierten Generationenkonflikt aus den heimischen Wohnzimmern hinaus auf die offene Straße. Laut Arnulf Baring ging es bei diesem Generationskonflikt im wesentlichen „nicht um materielle Interessen, nicht primär um Geld, Posten oder Berufschancen, überhaupt eigentlich um nichts Greifbares, nichts Konkretes, sondern um etwas so Abstraktes und gleichzeitig Totales wie *Weltanschauung* oder noch besser *Weltschmerz*, um es mit diesen schwer übersetzbaren Ausdrücken zu sagen. Es geht um einen ganz neuen Anfang,

---

[41] Benda, Ernst: Notstandsverfassung, in: Andersen, Uwe; Woyke, Wichard (Hg.): Handwörterbuch des politischen Systems der Bundesrepublik Deutschland. 4., völlig überarbeitete und aktualisierte Auflage. Bonn 2000, S. 410.
[42] Wassermann, Rudolf: Die Zuschauerdemokratie. Düsseldorf, Wien 1986, S. 156.

einen anderen Stil, in allem, um weitgespanntes Streben, hochherzigste Erwartungen. Angesichts einer verfetteten, verkrusteten, verfestigten, ja versteinerten und vereisten Gesellschaft, einer als starr, muffig, leblos empfundenen Umgebung entdecken die Jungen in sich Gefühle der Leere, des Unbehagens, der Protestneigung, einer hektischen Unrast, für die sie die Älteren verantwortlich machen, deren Zwängen sie zu entrinnen trachten – durch Elan, Engagement, Einsatzbereitschaft, durch Offenheit, Dynamik, Mobilisierung. Expressionistischer Aufbruch, Bewegung an und für sich. Kult der Praxis, der befreienden Tat."[43] Manche Gruppen dieser anti-autoritären Bewegung demonstrierten für Reformen, andere für weitreichende Veränderungen. Einige strebten sogar die Abschaffung des bestehenden Regierungs- und Gesellschaftssystems an. Eines jedoch hatten alle Gruppierungen der APO gemein: Sie alle betrachteten Franz Josef Strauß als das „Gespenst einer übermächtigen, lauernden Reaktion"[44].

Prinzipiell hatte Strauß für die seiner Ansicht nach desorientierte Jugend des Jahres 1968 sogar Verständnis: „Von Platon über Rousseau bis zu Marx und Lenin zieht sich gleich einem roten Faden geometrisches Ordnungsdenken von Utopisten wie eine Gegenmelodie zur Individuation durch die Geistesgeschichte unseres Kontinents. Diese Modellzeichner einer sogenannten vollkommenen Gesellschaft wähnen sich alle im Besitz eines überhöhten, gleichsam künstlerischen Wirklichkeitsbewußtseins. Als Gesamtlösungen tragen ihre kollektivistischen Staats- und Gesellschaftsentwürfe zwangsneurotische Züge und müssen als Symptome einer aberratio mentis verstanden werden, von der eine gefährliche Wirkung ausgeht. Vor allem jene, meist jungen Menschen, die sich geistig noch nicht der Macht der Wirklichkeit gebeugt haben und sie idealistisch überfliegen möchten, sind gegen solche Ansteckungsgefahren kaum gefeit. Ideal und ideologisches Modell sind wahlverwandt. Allzu leicht verwechselt der von den Teufeln des Details noch nicht geschundene junge Geist die beiden. Deshalb ist es ja für Ideologien nicht allzu schwer, gerade die jungen Menschen für sich zu begeistern. Wer sich an fernen Sternen orientiert, der stolpert allzu leicht über Fallstricke, die ihm eine ständig undurchschaubar [sic!] werdende Wirklichkeit zu spannen scheint. Das komplizierte Leben, das dem jungen Menschen, und das ist verständlich, eher in seiner Bedrohlichkeit als in seinen vielfältigen Möglichkeiten erscheint, wird ihm zu einer Quelle meist unbestimmten Mißbehagens."[45] Ein Mißbehagen, das die zu vergleichbaren Analysen zumeist nicht befähigten jungen Straußgegner durch die

---

[43] Baring, Arnulf: Machtwechsel. Die Ära Brandt-Scheel. Stuttgart 1982, S. 88.
[44] Koenen, Gerd: Das rote Jahrzehnt. Unsere kleine deutsche Kulturrevolution 1967–1977. Frankfurt am Main 2002, S. 392.
[45] Strauß, Franz Josef: Verantwortung tragen, in: Bossle, Lothar (Hg.): Hans Filbinger. Ein Mann in unserer Zeit. Festschrift zum 70. Geburtstag. München 1983, S. 43–51, S. 44.

Störung von Vorlesungen, Verspottung von Professoren, Besetzung von Instituten und Beschädigung oder Zerstörung von öffentlichem Eigentum abreagierten. Gewalt gegen Sachen, so hieß es, sei als ein „Mittel im Kampf von Minderheiten gegen Repression und gegen die Institutionen, die Repression verbürgten"[46], gerechtfertigt. Doch schon bald blieb auch Gewalt gegen Personen nicht mehr aus.

Als Ende Mai 1967 der Schah von Persien für mehrere Tage die Bundesrepublik besuchte und von Bundespräsident Lübke mit höchsten Ehren empfangen wurde, kam es in West-Berlin zu gewalttätigen Unruhen. Die Anhänger der Studentenbewegung, die Mohammed Reza Pahlewi vorwarfen, in seinem Land Oppositionelle zu unterdrücken und Menschenrechte zu mißachten, demolierten Fensterscheiben, schleuderten Steine und griffen Polizisten an. Einer der Beamten setzte sich mit Schüssen zur Wehr und tötete den unbeteiligten Studenten Benno Ohnesorg, der an jenem 2. Juni 1967 zum ersten Mal an einer Demonstration teilgenommen hatte. Die Nachricht vom Tod des 26jährigen verbreitete sich wie ein Lauffeuer. Die bis dahin weitestgehend auf West-Berlin begrenzte Revolte weitete sich auf fast alle Universitäten der Bundesrepublik aus, der „Schuss eines Polizisten wurde zum blutigen Synonym für staatliche Repression."[47] Einige Anhänger der APO mochten sich mit Demonstrationen und Sprechchören fortan nicht mehr zufrieden geben. Am 2. April 1968 wurde in zwei Kaufhäusern der Frankfurter Innenstadt Feuer gelegt. Acht Minuten, nachdem die Brände bemerkt wurde, ereignete sich im nur zweihundert Meter entfernten Kaufhof eine Explosion. Bereits am nächsten Tag konnten die 27jährige Pfarrerstochter Gudrun Ensslin und der freie Journalist Andreas Baader mitsamt zwei Komplizen festgenommen werden. Sie hatten mit ihren Taten gegen den „Konsumterror" protestieren und auf den Vietnam-Krieg aufmerksam machen wollen. Auf dem Nährboden der ursprünglich unpolitischen Sattheitsrebellion war ein staatsfeindlicher Terrorismus aufgekeimt, der nicht länger zwischen Gewalt gegen Sachen und Gewalt gegen Menschen unterschied. Für Franz Josef Strauß bestand kein Zweifel mehr, bei den Teilnehmern der APO handelte es sich ausnahmslos um „Außergesetzliche"[48]. Die ganze Bewegung war keine außerparlamentarische, sondern eine „außergesetzliche Opposition". Der Finanzminister der Großen Koalition fühlte sich „in erschreckender Weise an Weimarer Zeiten erinnert."[49]

---

[46] Kahl, Werner: Akteure und Aktionen während der Formationsphase des Terrorismus, in: Funke, Manfred (Hg.). Terrorismus. Untersuchungen zur Strategie und Struktur revolutionärer Gewaltpolitik. Bonn 1977, S. 272–290, S. 275.

[47] Ramge, Thomas: Die grossen Polit-Skandale. Eine andere Geschichte der Bundesrepublik. Frankfurt am Main, New York 2003, S. 108.

[48] Koenen, Gerd: Das rote Jahrzehnt. Unsere kleine deutsche Kulturrevolution 1967–1977. Frankfurt am Main 2002, S. 176.

[49] Strauß, Franz Josef: Die Erinnerungen. Berlin 1998, S. 162.

Anders als in der Weimarer Republik kam es in der Bundesrepublik des Jahres 1968 allerdings mitunter zu – wie Ludwig Erhard zutreffend formulierte – widerwärtigen Entartungserscheinungen.[50] Beispielsweise verrichteten in Bamberg einige Studenten ihre Notdurft mitten im zuvor erstürmten Landratsamt. Empört bezeichnete Strauß die Verursacher der Schweinerei öffentlich als Tiere, „auf die die Anwendung der für Menschen gemachten Gesetze nicht möglich ist."[51] Sofort sah sich Willy Brandt an die düsteren Zeiten zwischen 1933 und 1945 erinnert. Auch der Deutsche Richterbund bezichtigte Strauß eines nationalsozialistischen Vokabulars. Doch Strauß ließ sich nicht einschüchtern: „Hierzu bemerke ich, daß Mitglieder der Gruppe, die sich gern außerparlamentarische Opposition nennt, Verhaltensweisen zeigen, die sonst für Geisteskranke bezeichnend sind. Ich habe aber nicht verlangt, daß Leute, die sich wie Tiere benehmen, auch wie Tiere behandelt werden sollen. Ich habe lediglich festgestellt, daß die Anwendung der für Menschen gemachten Gesetze nicht möglich sei, weil diese Gesetze auch bei Rechtsbrechern noch mit Reaktionen rechnen, die der menschlichen Kreatur eigentümlich sind. Es ist daher schwer verständlich, daß ausgerechnet der Deutsche Richterbund derart menschenunwürdiges Verhalten zu rechtfertigen versucht und mich angreift, wenn ich mich bemühe, ein Mindestmaß an Autorität gerade der Justiz zu erhalten."[52] Auch in der Folgezeit wollte Strauß nicht einsehen, daß er sich im Ton vergriffen und sich mit seiner drastischen Einlassung wieder einmal eher ins rechte denn ins richtige Licht gestellt hatte. Schließlich bleibt der Mensch (nicht nur vor dem Gesetz) auch dann noch Mensch, wenn er sich nicht mehr wie ein Mensch verhält – selbst wenn er wie die besagten Bamberger Studenten in animalische Primitivität verfällt. Doch es sollte noch schlimmer kommen. Denn als am 11. April 1968 der Studentenführer Rudi Dutschke auf offener Straße niedergeschossen wurde und Bundeskanzler Kiesinger an Dutschkes Ehefrau ein mit tröstenden Worten und besten Genesungswünschen angefülltes Beileidstelegramm schickte, ließ der Vorsitzende der Christlich-Sozialen Union verlauten, mit „diesen Kerlen habe man nichts zu schaffen, nichts zu bereden; bei solchen Leuten sei jedes Wort zuviel"[53] – ein für den sich der christlichen Sittenlehre verpflichtet fühlenden Politiker auffallend unchristlicher Standpunkt. Ein Jahr später sprach Strauß auf dem

---

[50] Vgl. Erhard, Ludwig: Der Auftrag der CDU in der Welt von heute. Festrede auf dem Landesparteitag der CDU Nordwürttemberg in Ulm am 8. März 1969. Bonn 1969, S. 12.
[51] Bickerich, Wolfram: Franz Josef Strauß. Die Biographie. Düsseldorf 1996, S. 226.
[52] Ebd., S. 226f.
[53] Baring, Arnulf: Machtwechsel. Die Ära Brandt-Scheel. Stuttgart 1982, S. 77. Vgl. dazu auch: Wesel, Uwe: Die verspielte Revolution. 1968 und die Folgen. München 2002, S. 35; Kiesinger, Kurt Georg: Warnung an Gewalttäter. Fernseherklärung zu den Studentenunruhen in Bonn vom 13. April 1968, in: Oberndörfer, Dieter (Hg.): Kurt Georg Kiesinger. Die Große Koalition 1966–1969. Reden und Erklärungen des Bundeskanzlers. Stuttgart 1979, S. 186–187, S. 186.

politischen Aschermittwoch in Vilshofen: Ich bin „der Meinung, daß die Voraussetzung für die Durchführung von Reformen, bei denen wir unter den europäischen Ländern wahrlich nicht an letzter Stelle stehen, die Bereitschaft zur Diskussion, zur ruhigen Klärung der Probleme, und nicht das Schmeißen von Pflastersteinen, das Besudeln von Universitäten, das zwangsweise Besetzen von Instituten, die Zerstörung von Einrichtungen und die physische Behinderung von Professoren ein geeignetes Mittel der Diskussion ist."[54] Populäre Studentenführer am hellichten Tage mit Kopfschüssen niederzustrecken war aber ebensowenig ein geeignetes Mittel der Diskussion. Dies sollte die ganze Republik in den nun folgenden Ostertagen zu spüren bekommen.

Nach dem Attentat auf Rudi Dutschke fühlte sich die APO in ihrer Ansicht über den Staat bestätigt. Das „faschistische Gebilde", so glaubten sie, habe seine demokratisch-parlamentarische Maske abgelegt. Das Regime müsse gestürzt werden. Der Zeitungszar Axel Cäsar Springer, dessen BILD-Zeitung nach Ansicht der Aktivisten mit ihrer Berichterstattung den Boden für den Mordanschlag vom Gründonnerstag bereitet hatte, sollte als erster fallen. Denn die „wirklichen Täter sitzen in den Redaktionsstuben des Springerkonzerns, im Senat und im Abgeordnetenhaus. Die Dreckschleuder von Franz Josef Strauß, die Durchhaltebefehle des Herrn Jäger und die Hetzparolen des Wehner haben das Attentat vorbereitet."[55] Springer, der Adenauers westorientierter „Politik der Stärke" bis zu seiner Begegnung mit Chruschtschow im Jahre 1958 eher skeptisch gegenüberstand, hatte sich insbesondere durch den Bau der Berliner Mauer und der unmittelbar darauffolgenden Ankündigung Brandts, eine „Politik der kleinen Schritte" wagen zu wollen, zu einer unionsnahen Berichterstattung durchgerungen und sich damit den Argwohn des gesamten linken politischen Spektrums zugezogen. Mit sogenannten „Springer-Blockaden" versuchte der Mob noch in der Nacht zum Karfreitag, die nächste Auslieferung der Zeitungen und Zeitschriften des Konzerns zu verhindern. Unter der Führung des späteren RAF-Terroristen Horst Mahler probierten die Demonstranten sogar, das 18geschossige Verlagshochhaus zu stürmen. „Zeitungsautos gingen in Flammen auf, aus Pflastersteinen wurden Barrikaden errichtet, bis es einem starken Polizeiaufgebot gelang, den Kern der Angreifer, etwa 1000 Studenten und Jugendliche, abzudrängen und aufzulösen."[56] Alles in allem waren

---

[54] o.V.: Das Beste von Franz Josef Strauß. Compact Disk. München, Grünwald o.J.
[55] SDS, Gruppe Frankfurt am Main: Mordanschlag auf Rudi Dutschke, zitiert nach: Schneider, Michael: Demokratie in Gefahr? Der Konflikt um die Notstandsgesetze: Sozialdemokratie, Gewerkschaften und intellektueller Protest (1958–1968). Bonn 1968, S. 240.
[56] Kahl, Werner: Akteure und Aktionen während der Formationsphase des Terrorismus, in: Funke, Manfred (Hg.). Terrorismus. Untersuchungen zur Strategie und Struktur revolutionärer Gewaltpolitik. Bonn 1977, S. 272–290, S. 276.

während der Ostertage bei Demonstrationen in 27 und Verkehrsbehinderungen in 50 deutschen Städten mehrere Hunderttausend Randalierer auf den Beinen. Zwei Menschen starben, 400 wurden verletzt. Die Osterunruhen 1968 stellten alles in den Schatten, was die Bundesrepublik Deutschland in ihrer knapp zwanzigjährigen Geschichte an gewalttätigen Straßenschlachten erlebt hatte. Franz Josef Strauß war davon überzeugt, es hier mit einer kaum noch kontrollierbaren revolutionären Situation zu tun zu haben. Bereits am Ostersamstag rief er dazu auf, der Staat solle alle seine legitimen Machtmittel einsetzen, um das Leben und das Eigentum seiner Bürger zu schützen: „Hier heißt es wirklich: ‚Wehret den Anfängen'"[57]. Angesichts dieser für die älteren Generationen nur schwer begreiflichen Entwicklungen, die darin kulminierten, daß Bundeskanzler Kiesinger am 7. November 1968 in der Berliner Kongreßhalle von einer jungen Frau namens Beate Klarsfeld als Nazi beschimpft und geohrfeigt wurde, bezeichnete sich Franz Josef Strauß erstmals als konservativ. Am Anfang seiner politischen Karriere war er als liberal, mitunter gar als links eingestuft worden.[58] Und im Grunde verstand er sich immer noch als liberalen, als modernen, als fortschrittlichen Politiker. Doch das politische Spektrum, so Strauß, hatte sich verschoben.[59] Ohne eigenes Zutun war er aus der Mitte an den rechten Rand gedrückt worden.

Während Strauß den Anhängern der „Außergesetzlichen Opposition" als „Inbegriff des Demagogen" galt, „der Haß und Ressentiments schürte"[60], bemerkten diejenigen, die ihn besser kannten, er habe sich in den vergangenen Jahren gewandelt und sei nun „ein anderer, ein gereifter Strauß"[61]. Keine Spur mehr von Unbeherrschtheit, von unberechenbarer Gefährlichkeit. Er erwies sich „zwar als hart in der Sache, aber als verbindlich in der Form."[62] Außerdem beachtete er die Spielregeln, übertrat keine Vorschriften und mißachtete keine Verbote. Niemals wieder sollte er für irgend jemanden die Kastanien aus dem Feuer holen, niemals wieder wissentlich oder unwissentlich gegen Recht und Gesetz verstoßen müssen, um Leben zu retten, Not zu lindern oder in instinktiv verstandener Pflichterfüllung seinem Land zu dienen.

---

[57] Grossmann, Heinz: Demokratie für Springer, in: Grossmann, Heinz; Negt, Oskar (Hg.): Die Auferstehung der Gewalt. Springerblockade und politische Reaktion in der Bundesrepublik. Frankfurt am Main 1968, S. 14–18, S. 18.
[58] Vgl. dazu die Ausführungen des Kapitels 3.2 („Vom ‚Ochsenclub' zum Frankfurter Wirtschaftsrat").
[59] Vgl. Bell, Wolf J.: CSU-Chef fühlt sich als Mahner und Warner bestätigt, in: General-Anzeiger vom 11.02.1976.
[60] o.V.: Faß auf, Augen zu, in: Der Spiegel, 50 (1996) H. 10, S. 22–29, S. 23.
[61] ZDF/3Sat: Fernsehen als Zeitgeschichte. Vor 20 Jahren: Franz-Josef Strauß in der DDR. 3Sat-Sendung vom 4. Juli 2003. Vgl. dazu auch: Risse, Heinz Theo: Strauß ante portas, in: Atomzeitalter, 1966/10, S. 287–288, S. 288.
[62] Dalberg, Thomas: Franz Josef Strauß. Porträt eines Politikers. Gütersloh 1968, S. 248.

Auch der „gereifte Strauß" zeigte sich als kompetenter Kenner seines Aufgabenbereiches. Innerhalb von fünfzehn Jahren hatte sich der ehemalige Atom- und Verteidigungsminister nun zum dritten Male in eine völlig neue Materie eingearbeitet, ohne sein eigentliches Lieblingsgebiet, die Außenpolitik, aus den Augen zu verlieren. „Nicht der geringste Vorzug des Politikers Strauß war, daß seine Urwüchsigkeit nie hinter dem jeweiligen Amt verschwand, sosehr er sich ihm jeweils verschrieb."[63] Was immer er also gerade tat, Franz Josef Strauß blieb stets er selbst – auch als er gemeinsam mit dem genialen, aber exzentrischen und allürenhaften Karl Schiller die Wirtschaft ankurbelte und die Staatsfinanzen sanierte. Trotz Schillers Superstar-Image war der Name des Finanzministers im Bewußtsein weiter Kreise der Bevölkerung fest mit dem Stabilitätsgesetz verbunden.[64] Seine moderne keynesianische Finanzpolitik und seine erklärte Offenheit für neue Beziehungen zum Osten „ließen ihn als einen liberalen, ‚aufgeschlossenen', dynamischen Führer im Unionslager erscheinen, der sich deutlich von der alten CDU-Garde absetzte. Nie vorher und nie danach konnte er sich so weit entfernen von jenem Image des Skandalumwobenen aus der miefigen bayerischen Provinz, welches große Teile der deutschen Presse sonst so durchgängig pflegten."[65] Außerdem war er immer noch ein im Ausland gern gesehener Gast. Auf einer Amerikareise im Juli 1968 wurde er von US-Präsident Lyndon B. Johnson empfangen, sprach mit Finanzminister Henry H. Fowler und traf mit Außenminister Dean Rusk zusammen. Auch als Rhetor genoß er nach wie vor größtes Ansehen, erinnerte sich der Abgeordnete Hans Dichgans: „Der Finanzminister pflegt einmal im Jahr den Finanzausschuß des Bundestages ausführlich über seinen Haushaltsplan zu unterrichten. Ich habe fünf Finanzminister mit solchen Reden erlebt. Sie lasen traditionell lange Manuskripte ab, mit einer Unmenge von Zahlen, die niemand akustisch aufzunehmen vermochte. Franz-Josef Strauß sprach jedoch auch bei dieser Gelegenheit frei. Sein imponierendes Gedächtnis gestattete ihm, selbst auf einen Zettel mit Stichworten zu verzichten. Er hatte alle Zahlen, die er für seinen Vortrag brauchte, im Kopf. Und es war faszinierend zu erleben, wie er daraus dann eine rhetorisch höchst wirksame Rede machte. Zuweilen erwies sich allerdings sein Gedächtnis als eine Belastung. Während seiner Reden kamen ihm immer wieder neue Gedanken, und sein Gedächtnis lieferte dazu auch sofort die einschlägigen Zahlen. So kam es, daß er die Redezeit, die er angemeldet hatte, fast immer über-

---

[63] Möller, Horst: Franz Josef Strauß. 1915–1988, in: Gall, Lothar (Hg.): Die grossen Deutschen unserer Epoche. Frankfurt am Main, Berlin 1995, S. 535–553, S. 535.
[64] Vgl. Osterwald, Egbert: Die Entstehung des Stabilitätsgesetzes. Eine Studie über Entscheidungsprozesse des politischen Systems. Frankfurt am Main, New York 1982, S. 90.
[65] Krieger, Wolfgang: Franz Josef Strauß. Der barocke Demokrat aus Bayern. Göttingen, Zürich 1995, S. 62.

schritt. Aber er hatte trotzdem bis zu Ende stets die volle Aufmerksamkeit der Zuhörer, ob sie ihm nun zustimmten oder nicht. Bei keinem anderen Redner habe ich ähnliche Leistungen erlebt."[66] Allerdings konnte es durch die intensive Beschäftigung mit den endlosen Zahlenkolonnen gelegentlich zu kleineren Verwirrungen kommen. Seiner Sekretärin rief Strauß einmal zu: „Stellen Sie mal meiner Frau einen Scheck über 300 Millionen aus"[67]. Gemeint waren natürlich nur 300 Mark.

Wer sich im direkten Umfeld des Finanzministers bewegte, konnte sich der Faszination seiner Persönlichkeit nicht entziehen. Und wer eine Charakterisierung nur auf der Grundlage wöchentlich erscheinender Dämonisierungen hatte stützen können, wurde eines Besseren belehrt. Friedrich Voss: „In bleibender Erinnerung ist mir seine Art, wichtige Entscheidungen zu treffen. Am Anfang stand die gründliche Analyse des Problems in möglichst allen in Frage kommenden Schattierungen und Nuancen. Daran schlossen sich Gespräche über Lösungsmöglichkeiten mit kompetenten Mitarbeitern an, wobei jeder durchdachte und in sich schlüssige Lösungsvorschlag – auch wenn er sich mit der Meinung von Franz Josef Strauß nicht deckte – positiv gewürdigt und oft zur Grundlage der Entscheidung gemacht wurde, die dann zügig und keinesfalls cunctatorisch erfolgte. Tief beeindruckt hat mich vor allem auch die noble menschliche Art, mit der Franz Josef Strauß allen Mitarbeitern – völlig unabhängig von Dienststellung und Dienstrang – gegenüber trat. Dies trug entscheidend dazu bei, daß sich alle mit Franz Josef Strauß in einem Boot fühlten und ihr Bestes gaben."[68] Auch der sozialdemokratische Bundesratsminister Carlo Schmid gedachte der Zusammenarbeit mit Franz Josef Strauß in seinen Memoiren mit Lob und Anerkennung: „Ich war Mitglied des Finanzausschusses und des Wirtschaftsausschusses sowie des Innenausschusses des Kabinetts. Dies ergab die Notwendigkeit, häufig mit dem Finanzminister zu konferieren, um mich über seine Absichten zur Finanzreform unterrichten zu lassen. Er erwies sich dabei als ein sehr kooperativer Kollege. Es traten bei diesen Zusammenkünften gewisse Eigenschaften nicht in Erscheinung, die Franz Josef Strauß in der öffentlichen Meinung so oft als eine Art Berserker der deutschen Politik erscheinen lassen."[69]

---

[66] Dichgans, Hans, in: Deutscher Bundestag (Hg.): Abgeordnete des Deutschen Bundestages. Aufzeichnungen und Erinnerungen. Band 1. Boppard am Rhein 1982, S. 81–253, S. 123.
[67] Krause-Brewer, Fides: Vom Brahmsee bis Shanghai. Begegnungen mit Leuten von Format. München, Hamburg 1987, S. 97.
[68] Voss, Friedrich: Franz Josef Strauß – Der Finanzminister der großen Koalition, in: Schmidhuber, Peter M; Müller, Lothar; Münnich, Frank E.; Spary, Peter (Hg.): Beiträge zur Politischen Ökonomie. Festschrift für Clemens-August Andreae. Bonn 1989, S. 283–292, S. 291f.
[69] Schmid, Carlo: Erinnerungen. 1896–1972. 6. Auflage, Bern, München, Wien 1979, S. 824.

Bundesfinanzminister Franz Josef Strauß und Medienzar Axel C. Springer beim Filmball in München (1967).

Alles in allem dürften die ersten beiden Jahre der Großen Koalition Strauß' glücklichste Zeit gewesen sein – auch wenn er, wie er einmal mit humorigem Unterton gesagt haben soll, Zahlen im Gegensatz zu Soldaten nicht anschreien konnte. Von der Finanzwissenschaft war er derartig fasziniert, daß er sich fortan in zahllosen Reden und Publikationen immer wieder mit ihr auseinandersetzte.[70] Die feindliche Publizistik ließ ihn in den Jahren 1967 und 1968 weitestgehend in Ruhe. Und seine gelegentlichen Kontakte zu dem einflußreichen Verleger Axel Springer entwickelten sich allmählich zu einer vertrauensvollen Freundschaft. Doch nicht nur

---

[70] Vgl. statt vieler: Strauß, Franz Josef: Die öffentliche Hand trägt die Konjunktur. Interview mit dem Bundesminister der Finanzen Dr. h.c. Franz Josef Strauß, in: Wirtschaftsdienst, 48 (1968) H. 4, S. 167–178; Strauß, Franz Josef: Finanz- und Steuerpolitik des modernen Staates, in: Finanznachrichten, 1969/100, S. 1–33; Strauß, Franz Josef: Finanzpolitik in unserer Wirtschaftsordnung. Teil 1, in: Eigentum aktuell, 1 (1976) H. 8, S. 4–5; Strauß, Franz Josef: Finanzpolitik in unserer Wirtschaftsordnung. Teil 2, in: Eigentum aktuell, 1 (1976) H. 9, S. 6–7.

in Bonn feierte Franz Josef Strauß Erfolge, auch in Bayern wurde er von seiner CSU im Dezember 1968 erneut mit weit über 95 Prozent der Stimmen zum Parteivorsitzenden gewählt. Außerdem soll er in jenen Jahren – wie Wolfram Bickerich in seiner Strauß-Biographie behauptet – eine Liebesbeziehung zu einer hübschen Abiturientin unterhalten haben.[71] Doch da der „Spiegel"-Autor hierfür keine Belege vorzuweisen hat, läßt sich seine Behauptung nicht überprüfen.

3. Ein Stück Machtwechsel

Trotz seiner mannigfaltigen Verpflichtungen und Betätigungen nahm Franz Josef Strauß zur Zeit der Großen Koalition privaten Flugunterricht. Von der Fliegerei war er – spätestens – begeistert, seitdem er am 28. April 1960 an Bord eines Kampfflugzeuges des Typs „Hunter" als Co-Pilot die Schallmauer durchbrochen hatte. Nun galt es jedoch, erst einmal die Lizenz für einmotorige Sportmaschinen zu erwerben – im Alter von über 50 Jahren. Fluglehrer Günther Schmidt, dessen Strauß-Bild ebenfalls von „Stern" und „Spiegel" geprägt worden war, nahm vor der ersten Flugstunde „allen Mut zusammen" und schärfte dem als herrisch verschrieenen Politiker ein, „beim Fliegen sei er der Chef und Lehrer und der Herr Strauß sei der Schüler."[72] Doch nach „einiger Zeit habe er sich geschämt, dies gesagt zu haben, denn es wäre überhaupt nicht nötig gewesen. Strauß wäre einer seiner diszipliniertesten Schüler, die er je gehabt habe, und dazu sei er noch ein sehr begabter Pilot. Nichts sei ihm zuviel in bezug auf Theorie, Flugvorbereitung, Flugzeugcheck und die langwierigen Funksprechübungen."[73] Im September 1967 konnte Strauß seinen ersten Alleinflug absolvieren. Fluglehrer Schmidt: „Ölkontrolle, Tanken, ‚Drainen' – FJS nimmt keine Hilfe an. Dies gehört zu seinen Aufgaben als verantwortlicher Flugzeugführer, und die schmutzigen Finger, die man sich dabei holt, gehören mit dazu und sind für ihn Ehrensache. Dann kommt der große Augenblick: Makellos hebt die Maschine vom Boden ab und setzt nach einer präzise geflogenen Platzrunde ebenso makellos wieder auf. Anschließend wird nach altem Fliegerbrauch die Krawatte abgeschnitten und FJS muß sich bücken, um

---

[71] Vgl. Bickerich, Wolfram: Franz Josef Strauß. Die Biographie. Düsseldorf 1996, S. 221.
[72] Bölkow, Ludwig: Verdienste um die europäische Luftfahrtindustrie, in: Zimmermann, Friedrich (Hg.): Anspruch und Leistung. Widmungen für Franz Josef Strauß. Stuttgart-Degerloch 1980, S. 249–260, S. 253. Vgl. dazu auch: Scheel, Walter: Erinnerungen und Einsichten. Mit einem Beitrag von Arnulf Baring und zwei Reden von Walter Scheel. Stuttgart, Leipzig 2004, S. 117.
[73] Bölkow, Ludwig: Verdienste um die europäische Luftfahrtindustrie, in: Zimmermann, Friedrich (Hg.): Anspruch und Leistung. Widmungen für Franz Josef Strauß. Stuttgart-Degerloch 1980, S. 249–260, S. 253f.

sich von den anwesenden Fliegerkameraden das sogenannte ‚fliegerische Gefühl' dort einimpfen zu lassen, wo es angeblich sitzt."[74] Im Folgejahr erhielt Strauß den Luftfahrerschein für Privatflugzeugführer. Als sich ein Freund erkundigte, ob ihm das „Bedienen von Höhen- und Seitenruder sowie das sanfte Aufsetzen Mühe bereite", antwortete Strauß lachend: „Das Ausgleichen des Bundeshaushalts ist schwieriger."[75] Aus eben diesem Grund zeigte sich Strauß trotz seiner fliegerisch-technischen Begeisterung zunächst äußerst skeptisch und zurückhaltend, als die deutsche Flugzeugindustrie mit der Bitte um staatliche Finanzierung eines europäischen Gemeinschaftsprojektes an ihn herantrat.

Der entscheidende Anstoß zum Bau eines europäischen Verkehrsflugzeuges war im Jahre 1965 erfolgt. Flugzeugkonstrukteur Ludwig Bölkow: „Ich war wieder einmal auf dem Pariser Aerosalon, zusammen mit meinem Kollegen Weinhardt. Im Juni waren dort alle zwei Jahre die Luft- und Raumfahrtfirmen der Welt in Le Bourget vereint, um sich zu treffen und um der Welt ihre Produkte zu zeigen. Auf dem Stand von Boeing ärgerten wir uns sehr über deren Hochnäsigkeit, denn sie ließen jeden spüren, daß sie fast 70 Prozent des Weltmarkts an Passagierflugzeugen beherrschten. Ich bemerkte zu Weinhardt: ‚Denen müßte man einmal eins draufgeben.' Er darauf: ‚Machen wir doch zusammen mit den Franzosen ein eigenes Verkehrsflugzeug!'"[76] Daraufhin richtete Bölkow-SIAT (Siebelwerke-ATG) zusammen mit den Dornier-Werken, der Messerschmitt AG, der Ernst Heinkel Fahrzeugbau GmbH und der VFW (Vereinigte Flugtechnische Werke GmbH) am 2. Juli 1965 ein „Studienbüro" im Deutschen Museum in München ein und begannen, ihr Großvorhaben zu konzipieren. Bölkow und sein Kollege kümmerten sich um die Finanzierung und besuchten als erstes den Bundesfinanzminister, da die Flugzeugproduzenten nicht imstande waren, die enormen Belastungen und Risiken ohne staatliche Unterstützung zu tragen. Strauß begrüßte den kühnen Versuch, gegen die Vormachtstellung von Boeing, Douglas und Lockheed aufzubegehren. Schließlich plädierte er schon seit Jahren aus politischen, wirtschaftlichen und technischen Gründen für eine enge europäische Zusammenarbeit im militärischen wie zivilen Flugzeugbau: „Meine Damen und Herren, es ist keine Animosität gegen die Amerikaner, aber ein Konzern von der Größe der Boeing kann etwa zweimal soviel technische Großprojekte bewältigen wie sämtliche europäischen Nationalstaaten zusammengenommen. Und ich bitte, diese meine Worte nicht als Vorwurf gegen Boeing aufzufassen, ich fliege fast täglich mit ihr und bin froh darüber, daß sie eine gute Technik hat und hoffentlich immer haben wird, aber es ist

---

[74] Ebd., S. 254.
[75] Bolesch, Hermann Otto: Franz Josef Strauß. Anekdotisch. München, Esslingen 1969, S. 11.
[76] Bölkow, Ludwig: Erinnerungen. Aufgezeichnet von Brigitte Röthlein. München, Berlin 1994, S. 275.

doch erschütternd für uns Europäer, daß sämtliche Nationalstaaten zusammen nicht einmal mehr die Hälfte von dem aufbringen können, was ein einziger amerikanischer Großkonzern auf einem spezifischen Gebiet der Wachstumsindustrie und Zukunftsentwicklung aufzubringen in der Lage ist. Hier spricht einfach die Notwendigkeit dafür, daß wir aus diesem jämmerlichen Schrebergärtnerdenken herauskommen."[77]

Die zahlreichen Gegenargumente kannte Strauß nur zu gut: „Die meisten europäischen Luftverkehrsgesellschaften kauften amerikanische und englische Flugzeuge. Das Hinzukommen eines neuen Flugzeugtyps würde die geplante Vereinfachung bei der Ausbildung des Flugpersonals, bei der Ersatzteilhaltung und beim technischen Dienst erschweren." Und: „Die Flugzeugfabriken in den USA, in Großbritannien und Frankreich reichten für die Versorgung der zivilen Luftfahrt der westlichen Länder aus. Diese Fabriken konnten nur deshalb rationell arbeiten, weil sie große Serien produzierten. Durch das Hinzukommen bundesdeutscher Zivilflugzeuge würde das Produktionsprogramm zersplittert werden und die Kosten je Flugzeug wahrscheinlich steigen. Ferner wurde für die heimische Flugzeugindustrie keine Rentabilität erwartet."[78] Aus diesem Grund hielt Franz Josef Strauß den Herren Bölkow und Weinhardt die Regeln der damals noch so bezeichneten Reichshaushaltsordnung vor, als diese wegen eines Darlehens für die Entwicklungsphase vorsprachen. „Er selbst könne von sich aus nichts tun. Das für unseren Antrag zuständige Ministerium sei das Wirtschaftsministerium. Wir müßten die Herren dort interessieren, natürlich würde er im Kabinett dafür stimmen."[79] Fortan setzte sich Strauß mit aller Kraft für die Entwicklung und den Bau jenes Flugzeuges ein, das schon bald „Airbus" genannt wurde. Er bestand jedoch darauf, daß das finanzielle Risiko für die steuerzahlende Allgemeinheit minimiert und das Gemeinschaftsprojekt dementsprechend umsichtig geplant wurde. „Für ein solches Mammutprogramm, bei dem die Bundesrepublik Deutschland die Rolle des Juniorpartners übernehmen sollte, waren ihm die anfänglich erarbeiteten Informationen nicht ausreichend. Die Vorlage ging zurück und wurde erneut bearbeitet. Entgegen der landläufigen Meinung war Strauß damals keineswegs ein Airbus-Fan, sondern sah neben den einzigartigen Kooperationsmöglichkeiten, die ein solches Großprogramm zwar bot, die nahezu unüberwindlichen Schwierigkeiten einer multinationalen Zusammenarbeit auf diesem Gebiet und die ungewöhnlich

---

[77] Strauß, Franz Josef: Chance und Risiko des europäischen Großraums. Vortrag von Bundesfinanzminister Dr. Franz Josef Strauß vor dem Deutsch-Französischen Kreis e.V. am 9. Februar 1968 in Düsseldorf. Düsseldorf 1968, S. 18.
[78] Kirchner, Ulrich: Geschichte des bundesdeutschen Verkehrsflugzeugbaus. Der lange Weg zum Airbus. Frankfurt am Main, New York 1998, S. 72.
[79] Bölkow, Ludwig: Erinnerungen. Aufgezeichnet von Brigitte Röthlein. München, Berlin 1994, S. 277.

hohe Belastung – auch für den deutschen Steuerzahler – voraus."[80] Von finanzieller Risikofreudigkeit, technologischem Größenwahn oder gar einer Vermischung von privaten Neigungen und amtlichen Belangen keine Spur! Das hinderte den „Spiegel" nicht daran, den Ablauf der Ereignisse später verfälscht darzustellen und von der Idee einer „schlagkräftigen Euroallianz der Konzerne" zu sprechen, die „einst von CSU-Chef Franz Josef Strauß ausgeheckt" worden sei.[81]

Bereits im Jahr 1967 genehmigte die Bundesregierung eine 25prozentige Beteiligung der deutschen Luftfahrtindustrie an dem deutsch-französisch-britischen Gemeinschaftsprojekt. Die französische und die britische Regierung unterzeichneten ebenfalls. Die Grundzüge der Finanzierung und der industriellen Zusammenarbeit waren damit vertraglich geregelt, das Airbus-Programm war nun offiziell. Doch kurz darauf stiegen die Briten wieder aus und kündigten das „Bonner Protokoll". Franz Josef Strauß war tief enttäuscht. Erfreulicherweise gelang es Karl Schiller innerhalb von nur sechs Wochen, mit dem französischen Verkehrsminister Jean Chamant eine neue Vereinbarung auszuhandeln. Der Airbus, das „größte zivile Entwicklungsprojekt unter deutscher Federführung nach Kriegsende"[82], wurde nun ein deutsch-französisches Gemeinschaftsvorhaben. Der lange Kampf des europäischen David gegen den amerikanischen Goliath konnte beginnen.

Etwa zur gleichen Zeit kam es in Osteuropa zu einem etwas anders gearteten Kampf, denn der sowjetische Goliath verlor angesichts der provozierenden Reformfreudigkeit des tschechoslowakischen David seine seit längerem strapazierte Geduld. Es geschah, was Franz Josef Strauß bereits befürchtet und prophezeit hatte. Die Rote Armee walzte wieder einmal Menschen, Träume und Hoffnungen nieder. Strauß: „Etwa drei Wochen vor dem Einmarsch der Russen am 20./21. August 1968 war ich als Finanzminister der Großen Koalition auf Dienstreise in den USA. Ich habe dort Offset-Kosten-Verhandlungen geführt und dabei in Washington auch meinen alten Freund, Außenminister Dean Rusk, besucht. Nach der Begrüßung kam sofort das alle anderen Themen überragende Problem Tschechoslowakei zur Sprache"[83]. Das Problem bestand in den militärischen Vorbereitungen der Russen und ihren massiven Drohungen gegenüber Alexander Dubček, dem Chef der tschechoslowakischen Kommunistischen Partei, der die Liberalisie-

---

[80] Bölkow, Ludwig: Verdienste um die europäische Luftfahrtindustrie, in: Zimmermann, Friedrich (Hg.): Anspruch und Leistung. Widmungen für Franz Josef Strauß. Stuttgart-Degerloch 1980, S. 249–260, S. 255.
[81] Vgl. o.V.: „Sind das noch Freunde?", in: Der Spiegel, 50 (1996) H. 21, S. 100–103, S. 101.
[82] Kirchner, Ulrich: Geschichte des bundesdeutschen Verkehrsflugzeugbaus. Der lange Weg zum Airbus. Frankfurt am Main, New York 1998, S. 165.
[83] Strauß, Franz Josef: Die Erinnerungen. Berlin 1998, S. 331.

rung seines Landes vorantrieb und einen „Sozialismus mit menschlichem Antlitz" zu etablieren suchte. Auf die Frage hin, was die Sowjets wohl in absehbarer Zeit unternehmen würden, antwortete Strauß: „Es gibt zwei Möglichkeiten: sie tun nichts und lassen den Spaltpilz Tschechoslowakei weiter wuchern, oder sie greifen zu. Im ersten Fall riskieren sie die Erosion ihres Imperiums, im zweiten Fall riskieren sie ihren Ruf als Friedensmacht in der Welt." Dean Rusk erwiderte: „Ich sage Ihnen, sie werden nicht eingreifen. Die Weltmeinung, die sich zu ihren Gunsten entwickelt hat, ist der Sowjetunion mehr wert." Doch Strauß war anderer Ansicht: „Lieber Kollege und Freund, wenn die Russen vor der Alternative stehen, entweder die Erosion ihres Imperiums mit der Gefahr des späteren Zusammenbruchs oder den Verlust einer guten Weltmeinung hinzunehmen, werden sie sich entscheiden, die Erosion zu verhindern, und werden auf die Weltmeinung pfeifen."[84] Dann stellte Strauß eine erschreckende Frage, deren Antwort er bereits kannte: „Angenommen, die Rote Armee ist einmarschiert, und nun wird die Intelligenzia liquidiert – nur als Hypothese –, der Rest der Bevölkerung wird nach Sibirien deportiert, weil die Russen das Problem Tschechoslowakei ein für allemal gründlich lösen wollen. Nicht daß ich das glaube, aber gehen Sie einmal davon aus, daß das passiert. Ich male das absichtlich so deutlich, damit Sie ihre Antwort darauf einstellen können. Was werden die Amerikaner tun?" „Nichts", entgegnete Rusk. „We cannot risk nuclear war!"[85] Damit war das Schicksal der Tschechoslowaken besiegelt. Ebenso wie jenes der Ungarn im Jahre 1956 und das der Ostdeutschen drei Jahre zuvor.

Wenig später überrollten sowjetische, polnische, ungarische, bulgarische und auch ostdeutsche Panzereinheiten die Grenzen der ČSSR und beendeten den „Prager Frühling". Die „Legitimation" dieser völkerrechtswidrigen Intervention erfolgte nachträglich durch eine Grundsatzerklärung des sowjetischen Staats- und Parteichefs Leonid Breschnew, der am 12. November 1968 die beschränkte Souveränität der sozialistischen Staaten propagierte und daraus das Recht ableitete, jederzeit eingreifen zu können, wenn in einem dieser Staaten der Sozialismus bedroht werde („Breschnew-Doktrin"). Hinzu kam, daß knapp zwei Monate nach dem jähen Ende des Prager Frühlings die dauerhafte Stationierung sowjetischer Streitkräfte in dem besetzten Land vertraglich besiegelt wurde. Damit war es der UdSSR gelungen, die Anzahl ihrer in Mitteleuropa stationierten Divisionen von etwa 25 auf 31 zu erhöhen. Ergo: Die Ostblockstaaten waren bis an die Zähne bewaffnet und den konventionellen Truppen des Westens haushoch überlegen. Dementsprechend blieb Franz Josef Strauß bei seiner Überzeugung, jede nichtwirtschaftliche

---
[84] Ebd., S. 331f.
[85] Ebd., S. 332.

Annäherung sei nur durch vorherigen Wandel zu rechtfertigen. Willy Brandt und Egon Bahr hingegen ließen sich trotz der gewaltsamen Intervention vom 20./21. August nicht von ihren Visionen abringen und hofften weiterhin, den russischen Bären durch unterwürfige Gesten besänftigen und zur Herausgabe seiner ostdeutschen Kriegsbeute bewegen zu können. Allein die Richtlinienkompetenz Kurt Georg Kiesingers hinderte sie an der Umsetzung ihrer ostpolitischen Vorstellungen. Doch wie lange würde Kiesinger noch über die Richtlinien der bundesdeutschen Politik zu befinden haben?

Ein wichtiges Indiz für einen baldigen Machtwechsel lieferte die vorzeitige Wahl des dritten deutschen Bundespräsidenten am 5. März 1969. Zum Nachfolger Heinrich Lübkes, der sich seiner Aufgabe altersbedingt nicht mehr gewachsen gefühlt hatte und kurz vor Ablauf seiner zweiten Amtszeit zurückgetreten war, wurde der von SPD und FDP favorisierte Gustav Heinemann gewählt. Heinemann, einst CDU-Mitglied und Innenminister im ersten Kabinett Adenauer, war nach seinem erfolglosen Engagement in der von ihm mitbegründeten Gesamtdeutschen Volkspartei in die SPD eingetreten. Mit ihm bekleidete nun zum ersten Mal ein Sozialdemokrat das höchste Amt des Staates. Seinen von CDU und CSU unterstützten Konkurrenten Gerhard Schröder hatte er erst im dritten Wahlgang mit hauchdünner Mehrheit überrunden können. Die Vorzeichen eines möglichen sozialliberalen Regierungsbündnisses bei der Bundestagswahl im September waren unübersehbar. Bewußt sprach Gustav Heinemann von einem „Stück Machtwechsel", das sich mit seiner Wahl zum Staatsoberhaupt vollzogen habe. Ein Postulat, das Kurt Georg Kiesinger freilich sofort zu relativieren suchte und mit Nachdruck darauf verwies, daß der Bundespräsident als, wie es einst Hans-Peter Schwarz formulierte, „Redner zu allem und jedem" bestenfalls die „Rolle des ranghöchsten Essayisten des Staates zu spielen"[86] hatte: „Die Wahl des Bundespräsidenten war eine wichtige Entscheidung. Wichtiger aber wird die Bundestagswahl im September dieses Jahres sein; denn dabei werden die Wähler die Entscheidung darüber treffen, welcher Bundeskanzler die Bundesregierung in den nächsten vier Jahren führen wird. In unserem Lande bestimmt der Bundeskanzler die Richtlinien der Politik."[87] Auch Franz Josef Strauß hörte das Wort vom stückweisen Machtwechsel nicht gern. Viel zu sehr fühlte er sich dabei an Hitlers „Machtergreifung" vom 30. Januar 1933

---

[86] Schwarz, Hans-Peter: Von Heuss bis Herzog. Der Bundespräsident im politischen System der Bundesrepublik, in: Jäckel, Eberhard; Möller, Horst; Rudolph, Hermann (Hg.): Von Heuss bis Herzog. Die Bundespräsidenten im politischen System der Bundesrepublik. Stuttgart 1999, S. 17–41, S. 17.
[87] Kiesinger, Kurt Georg, zitiert nach: Lindemann, Helmut: Gustav Heinemann. Ein Leben für die Demokratie. München 1978, S. 240f.

erinnert.[88] Und viel zu deutlich knirschte und knackte es nun im Gebälk der Großen Koalition. Die „miese Ehe"[89] stand offenbar kurz vor ihrer Scheidung.

Im Verlauf des Jahres 1969 trat immer deutlicher zutage, was in den Jahren zuvor nur gelegentlich angeklungen war: Franz Josef Strauß und Karl Schiller harmonierten zwar, konkurrierten aber auch miteinander – vor allem hinter verschlossenen Türen: „Kiesinger ruft in Kabinettssitzungen stets zunächst Strauß auf, worauf Schiller auf die Uhr sieht. Ist Strauß fertig, kommt Schiller an die Reihe und achtet peinlich genau darauf, dass seine Vorträge fünf Minuten länger dauern als die von Strauß."[90] Rechtzeitig zur Bundestagswahl 1969 kehrte auch die „vierte Gewalt" im Staate, die in den Jahren 1967 und 1968 mit Rücksicht auf die sozialdemokratische Regierungsbeteiligung eine eher sachliche Berichterstattung geliefert hatte, zu ihren alten Stereotypen zurück. Strauß ärgerte es gewaltig, daß ein Gutteil der gemeinsam mit Schiller errungenen Erfolge nun dem sozialdemokratischen Professor zugeschrieben wurde: „Ich bin nicht der wirtschaftliche Halbtrottel, der sich neben dem Genie Schiller wie ein kleiner Bub ausnimmt, der mit der Blechtrommel neben der Militärkapelle herläuft"[91], schimpfte er. Strauß, der als Finanzminister einen erheblichen Anteil an der erfolgreichen Wirtschaftspolitik der Bundesregierung hatte, war es leid, den Koch zu spielen, der in der Küche „unbemerkt und unbedankt"[92] arbeitete, während Schiller den Kellner abgab und das Trinkgeld kassierte.

Richtig in Streit gerieten Strauß und Schiller, als letzterer die Aufwertung der D-Mark zu fordern begann, um die überbordende Konjunktur zu dämpfen. Strauß war dagegen, da Auf- oder Abwertungen der Währung seiner Einschätzung nach kein geeignetes Mittel der wirtschaftlichen Globalsteuerung waren. Dr. Friedrich Voss, in späteren Jahren Staatssekretär im Bundesfinanzministerium: „FJS hat völlig recht, wenn er sagt, Änderungen der Währungsparität sind kein geeignetes Mittel der Konjunktursteuerung, denn sonst müßte bei einer vom Export beeinflußten Hochkonjunktur stets aufgewertet und bei nachlassender Konjunktur die DM

---

[88] Vgl. Scholz, Günther; Süskind, Martin E.: Die Bundespräsidenten. Von Theodor Heuss bis Johannes Rau. 4., neu durchgesehene, überarbeitete und ergänzte Ausgabe, München 2003, S. 235.
[89] So bezeichnete Günter Grass einst die Koalition der beiden großen Volksparteien. Vgl. hierzu: Knopp, Guido: Kanzler. Die Mächtigen der Republik. München 2000, S. 196.
[90] Rupps, Martin: Troika wider willen. Wie Brandt, Wehner und Schmidt die Republik regierten. Berlin 2004, S. 142.
[91] Bickerich, Wolfram: Franz Josef Strauß. Die Biographie. Düsseldorf 1996, S. 25.
[92] Strauß, Franz Josef: Die Politik des Ministerpräsidenten Fritz Schäffer (1945) aus der Sicht des heutigen Bayerischen Ministerpräsidenten, in: Hartmann, Claus; Altendorfer, Otto (Hg.): 100 Jahre Fritz Schäffer. Politik in schwierigen Zeiten. Katalog der Ausstellung im Museum Kloster Asbach, 12. Mai – 15. August 1988. Passau 1988, S. 37–44, S. 39.

stets abgewertet werden. Damit gäbe es ständige Unruhe in unserer sehr empfindlichen Exportwirtschaft."[93] Dies war Karl Schiller natürlich bewußt. Ihm ging es in Wirklichkeit gar nicht um die Beeinflussung der sich allmählich überhitzenden Konjunktur. Ganz im Gegenteil schlug er 1968 und sogar noch im Februar 1969 gegen jede wirtschaftswissenschaftliche Vernunft weitere Maßnahmen zur Anregung der Konjunktur vor. Auch scherte er sich nicht um den vorgeschützten außenpolitischen Aufwertungsdruck, der aus dem komplexen Währungssystem von Bretton Woods resultierte. Vielmehr steckte hinter seiner Forderung eine profane, aber öffentlichkeitswirksame Überlegung. Zu jener Zeit „fuhren schon Millionen Deutsche in das Ausland in Urlaub. Bei einer Aufwertung verbilligte sich ihr Urlaub, denn sie bekamen für die D-Mark mehr als bisher. Diese Tatsache, Verbilligung des Auslandsurlaubsaufenthalts spielte bei den Urlaubern eine große Rolle."[94] Schillers populistischer Ausflug in Nachbars Garten sollte der SPD beim nächsten Urnengang zusätzliche Stimmen bringen. Der Finanzminister hingegen ließ sich hinsichtlich der Aufwertungskontroverse weiterhin nur von Sachfragen leiten. Schließlich dürften Paritätsänderungen kein Mittel der Konjunktursteuerung sein, für die Globalsteuerung stünden die vom Stabilitätsgesetz vorgesehenen Instrumente zur Verfügung. Außerdem geriete die deutsche Landwirtschaft im Falle einer Aufwertung ebenso wie die Exportwirtschaft in ernsthafte Schwierigkeiten. So beschloß die Bundesregierung auf sein Betreiben hin wirkungsvolle „Maßnahmenpakete zur Dämpfung der konjunkturellen Überhitzungstendenzen: Die Steuervorauszahlungen wurden an die rasch gestiegenen Gewinne angepaßt, konjunkturbedingte Steuermehreinnahmen in Höhe von fast 3 Milliarden DM wurden in eine von Bund und Ländern bei der Bundesbank zu bildende Konjunkturausgleichsrücklage abgeführt, die darüber hinausgehenden Steuermehreinnahmen zur vorzeitigen Schuldentilgung verwendet. Zudem wurde beim Bund eine Ausgabensperre in Höhe von 1,8 Milliarden DM, das waren rund 2,2 vom Hundert der Gesamtausgaben, erlassen."[95] Strauß wußte die Werkzeuge der antizyklischen Finanzpolitik einzusetzen wie ein erfahrener Chirurg seine Instrumente. Eine folgenschwere Überhitzung der Konjunktur blieb aus.

Die Aufwertungsdiskussion wurde zu einem der wichtigsten Themen des laut Herbert Wehner bislang politischsten aller Wahlkämpfe. Von diesem sehr speziellen Sachthema abgesehen beschränkten sich die Parteien weitestgehend auf die

---

[93] Voss, Friedrich: Den Kanzler im Visier. 20 Jahre mit Franz Josef Strauß. Mainz, München 2000, S. 18.
[94] Stücklen, Richard: Mit Humor und Augenmaß. Geschichten, Anekdoten und eine Enthüllung. 2. Auflage, Forchheim 2001, S. 345.
[95] Voss, Friedrich: Franz Josef Strauß – Der Finanzminister der großen Koalition, in: Schmidhuber, Peter M; Müller, Lothar; Münnich, Frank E.; Spary, Peter (Hg.): Beiträge zur Politischen Ökonomie. Festschrift für Clemens-August Andreae. Bonn 1989, S. 283–292, S. 286.

gewohnten Allgemeinplätze. Die CDU setzte mit der Parole „Auf den Kanzler kommt es an" auf Kurt Georg Kiesinger, woraufhin die SPD listig mit „Auf den Wähler kommt es an" konterte. Da der Aussagewert dieses Slogans jedoch gegen Null tendierte, fügten die Sozialdemokraten das Motto „Wir haben die richtigen Männer" hinzu. Eine für Willy Brandt nicht eben schmeichelhafte Maxime. Bekanntlich war man im linken Lager von der Zugkraft des ewigen Kanzlerkandidaten nur noch mäßig überzeugt. „Da er schon 1961 und 1965 im Rennen gewesen war, ging es um seinen dritten Anlauf. Sein Image 1969 war schlecht, seine Popularität sogar gesunken. Im September sprachen sich lediglich 28 Prozent der Wähler für ihn als Regierungschef aus. Den ganzen Sommer 1969 über waren es sogar nur 19 Prozent gewesen. Zwar erkannte man allgemein an, daß er ein ruhiger, geduldiger Mensch guten Willens sei. Aber man hielt ihn weithin für hölzern und schwerfällig, fand ihn phlegmatisch unentschlossen und leicht zu entmutigen, sah ihn als miserablen Redner, ja als Mann ohne Charisma. Außerdem bewiesen Meinungsumfragen immer noch verbreitete Vorurteile und persönliche Ressentiments gegen ihn. Er sei unehelich geboren. Er habe im Zweiten Weltkrieg zeitweilig eine norwegische Uniform getragen. Sein Lebenswandel sei unsolide."[96] Massive Unterstützung erfuhr Brandt hingegen von zahlreichen Fernsehstars, Künstlern und Intellektuellen, die sich eigens zur „Sozialdemokratischen Wählerinitiative" (SWI) zusammengeschlossen hatten, um sich tatkräftig für ihren Hoffnungsträger zu engagieren. Auch im Umfeld des bekannten Schriftstellers Günter Grass hatte sich eine Wählerinitiative gebildet, „darunter Arnulf Baring, Günter Gaus, Kurt Sontheimer, Siegfried Lenz und Eberhard Jäckel."[97]

Unterdessen schoß sich die Presse wieder auf Franz Josef Strauß ein. Viele Journalisten hefteten sich „an seine Fersen und bekämpften ihn bis auf Messer, was ihn natürlich pausenlos herausforderte, mit gleicher Münze heimzuzahlen."[98] Laut Friedrich Voss waren insbesondere die Methoden des „Spiegel" hinterhältig und infam, „jedenfalls, wenn es um FJS geht. Unter dem Titel ‚Herzog Doppelzunge' [vom 19. Mai 1969] fabuliert der ‚Spiegel' über mehr als ein Dutzend Seiten Andeutungen, Äußerungen, Mutmaßungen und Meinungen, aus dem bisherigen Zeitraum der großen Koalition seit 1966, die FJS als unberechenbar, unzuverlässig und gefährlich abstempeln sollen. Damit wollen die ‚Spiegel'-Macher Angst schüren und die Bundestagswahl zuungunsten von CDU/CSU beeinflussen. Da

---
[96] Baring, Arnulf: Machtwechsel. Die Ära Brandt-Scheel. Stuttgart 1982, S. 137.
[97] Merseburger, Peter: Willy Brandt 1913–1992. Visionär und Realist. Stuttgart 2002, S. 569.
[98] Ackermann, Eduard: Politiker. Vom richtigen und vom falschen Handeln. Bergisch Gladbach 1996, S. 111.

sie wissen, daß ihre Methode noch besser greift, wenn sie FJS Ambitionen auf die Kanzlerschaft nachweisen können, lassen sie keine noch so bescheidene Gelegenheit vergehen, ihn ständig zu fragen, wann er denn Kanzler werden wolle. Von den Antworten, die FJS meist ironisch gibt – er sei kein hechelnder Hund vor dem Palais Schaumburg oder Kanzler zu werden, sei ihm heute ein Gegenstand des Horrors oder er würde lieber Ananas in Alaska züchten –, halten sie von weiteren Bemühungen nicht ab."[99] Kein Zweifel: Rudolf Augstein zog immer noch alle journalistischen Register, um einen Bundeskanzler namens Franz Josef Strauß zu verhindern. Ebenso wie die DDR, deren Publizistik auch diesmal wieder ins gleiche Horn stieß.[100] Der Schriftsteller und Journalist Bernt Engelmann, der, wie später bekannt wurde, für seine Recherchen häufig auf die freundliche Unterstützung der Stasi zurückgriff, hatte bereits im Jahre 1967 ein Anti-Strauß-Pamphlet veröffentlicht.[101] Seine Gesinnungsgenossen lieferten ihre Texte im Folgejahr, zumeist aber im Wahljahr 1969 ab.[102]

Auch die APO meldete sich auf ihre Weise zu Wort und störte zahlreiche Wahlkampfveranstaltungen, vornehmlich jene von CDU und CSU. Schließlich waren Kurt Georg Kiesinger und Franz Josef Strauß einer Fortführung der Großen Koalition gegenüber nicht abgeneigt. Offiziell hatte sich der Bundeskanzler jedoch nicht auf eine Verlängerung des brüchigen Zweckbündnisses festgelegt. Die SPD und die inzwischen zur F.D.P. mutierte FDP hatten ebenfalls auf eine Koalitionsaussage verzichtet, näherten sich aber seit einiger Zeit insbesondere auf dem Gebiet der Ost- und Deutschlandpolitik verdächtig an.[103] Ebenso wie Brandt und Bahr waren nun auch führende Persönlichkeiten der FDP der Ansicht, die Bundesrepublik solle ihre wichtigsten Rechtspositionen aufgeben, um die Sowjetunion, die knapp

---

[99] Voss, Friedrich: Den Kanzler im Visier. 20 Jahre mit Franz Josef Strauß. Mainz, München 2000, S. 16f.
[100] Vgl. Barth, Herbert: Bonner Ostpolitik gegen Frieden und Sicherheit. Zur Ostpolitik des westdeutschen Imperialismus von Adenauer und Erhard bis zu Strauß/Kiesinger. Berlin (Ost) 1968; Bundesvorstand des Freien Deutschen Gewerkschaftsbundes (Hg.): Dithgen, W.H.: Außenpolitik ohne Mitbestimmung? Was hat das Konzept von Strauß mit der Mitbestimmung zu tun? o.O. Januar 1969; Behrend, Manfred: Strauß und das neue Bonner Expansionsprogramm, in: Dokumentation der Zeit, 1969/12, S. 21–27; Jeske, Reinhold: Die Ostexpansion der deutschen Monopolbourgeoisie und die Europakonzeption von Franz Josef Strauß, in: Deutsche Außenpolitik, 14 (1969) H. 4, S. 408–423; Nobel, Genia: Der Bankrott der USA-Globalstrategie in Asien und die Pläne des Franz Josef Strauß in Europa, in: Einheit, 23 (1968) H. 6, S. 744–756.
[101] Vgl. Engelmann, Bernt: Schützenpanzer HS 30, Starfighter F-104 G oder Wie man unseren Staat zugrunde richtet. München 1967.
[102] Vgl. statt vieler: o.V.: Das Programm, die Hintermänner und die Gehilfen des Franz Josef Strauß. Berlin 1968; Sonnemann, Ulrich: Strauß oder Die Erreichung des Klassenziels, in: Sonnemann, Ulrich (Hg.): Wie frei sind unsere Politiker? München 1968, S. 158–166.
[103] Vgl. Strauß, Franz Josef: Rechtspositionen nicht aufgeben, in: Ost-West-Kurier vom 13.05.1967.

ein Jahr zuvor die Tschechoslowakei überrannt hatte, zur Aufgabe ihres vorbildlichsten Vasallenstaates zu ermuntern. Als der Vorstand der sozialdemokratischen Bundestagsfraktion unter der Führung des Vorsitzenden Helmut Schmidt schließlich genau zum Jahrestag der blutigen Invasion nach Moskau reiste und sich dort ehrenvoll empfangen ließ, platzte Strauß der Kragen. In einer Wahlkampfanzeige im Bayernkurier vom 23. August 1969 ließ der CSU-Chef verlauten: „Was muß noch alles passieren. Prag, 21. August. Ein Volk will Freiheit. Wieder rollen Sowjetpanzer. Angst, Schrecken, Gewalt. Wie 1956 in Ungarn, 1953 in Berlin. Das ist sowjetische Machtpolitik. Ein Jahr später pilgern SPD- und FDP-Kandidaten nach dem Osten. Um ein Breschnew-Lächeln. Auch im Juli 1968 verkannte Brandts Sendbote in Prag die eiskalte Machtpolitik der Sowjets. Illusionen sind gefährlich. Unsere Sicherheit, auch gegen die Opposition der SPD und FDP: Stärkung der Nato, Festigung der westlichen Bündnisse, Freundschaft mit den USA, Zusammenschluß Europas. Das will die CSU, das will Strauß. Genau wie Sie. Entschlossen die Zukunft sichern. CSU."[104]

In den meisten Umfragen lagen SPD und Unionsparteien mehr oder minder gleichauf. Der Wahltag, es war der 28. September 1969, versprach spannend zu werden. Die ersten Hochrechnungen lösten bei den siegessicheren Unionsparteien einen selbstgefälligen Jubel aus, denn man lag deutlich vor der SPD. Die absolute Mehrheit der Mandate war nur knapp verfehlt, die NPD war an der Fünf-Prozent-Hürde gescheitert, die FDP hatte sie mit Mühe und Not übersprungen und die zeitweilig befürchtete kleine Koalition von Sozialdemokraten und Liberalen schien ausgeschlossen. Das Experiment der Großen Koalition hatte CDU und CSU offenbar nicht zum Nachteil gereicht. Die Junge Union feierte Kurt Georg Kiesinger mit einem Fackelzug. Und wenig später gratulierte US-Präsident Nixon telefonisch zum Wahlsieg.[105] Noch um 23.05 Uhr zeigte sich Strauß in München davon überzeugt, ohne oder gegen die Unionsparteien könne keine Koalition gebildet werden. Doch die Auszählungsergebnisse begannen sich bereits geringfügig zu verändern. Schon bald bescherte eine sich immer stärker abzeichnende Tendenz der von Willy Brandt favorisierten Koalition von Sozialdemokraten und Liberalen einen Vorsprung von wenigen Sitzen. Mit erstaunlichem Wagemut griff der ansonsten oft so unschlüssige und von Selbstzweifeln geplagte Kanzlerkandidat schließlich zum

---

[104] Lehmann, Hans Georg: Öffnung nach Osten. Die Ostreisen Helmut Schmidts und die Entstehung der Ost- und Entspannungspolitik. Bonn 1984, S. 90.

[105] Als Bundeskanzler Willy Brandt im April 1970 im Verlauf einer Amerikareise mit Richard Nixon zusammentraf, entschuldigte sich der US-Präsident und sagte, „er werde von jetzt an seine Telefongespräche nur noch über die Vermittlung laufen lassen, denn bei seinem Anruf in der Nacht nach den deutschen Bundestagswahlen habe er die falsche Nummer gewählt." Kissinger, Henry A.: Memoiren. 1968–1973. Band 1–3. München 1981, S. 541.

Telefon und rief den FDP-Vorsitzenden Walter Scheel an. Scheel, völlig am Boden zerstört und angesichts des desaströsen Wahlergebnisses, bereits vom Ende seiner politischen Laufbahn überzeugt, traute seinen Ohren nicht, als Brandt kundtat, er werde noch in jener Nacht seine feste Entschlossenheit bekanntgeben, eine sozialliberale Regierung zu bilden. Gegen Mitternacht trat Brandt schließlich vor die Mikrofone und erklärte: „Ich habe die F.D.P. wissen lassen, daß wir zu Gesprächen mit ihr bereit sind. Dies ist der jetzt fällige Schritt von unserer Seite, über alles andere wird morgen zu reden sein."[106]

Als das amtliche Endergebnis bekanntgegeben wurde, war in den Führungsetagen der Unionsparteien die Sektlaune längst verflogen. CDU und CSU hatten zusammen 46,1 Prozent der Stimmen erhalten, die SPD 42,7 Prozent und die FDP 5,8 Prozent. Damit verfügte die von Willy Brandt proklamierte kleine Koalition über eine knappe, aber ausreichende Mehrheit von zwölf Bundestagsmandaten. Bald darauf war die erste sozialliberale Regierungskoalition unter Dach und Fach, der erste wirkliche Machtwechsel in der Bundesrepublik Deutschland war vollzogen. CDU und CSU hatten sich nach 20jähriger Regierungsverantwortung auf die harten Bänke der Opposition zurückzuziehen – obwohl sie die größte Bundestagsfraktion stellten. Richard Stücklen zeigte sich noch über dreißig Jahre später davon überzeugt, daß die von Schiller geschickt instrumentalisierte Aufwertungsdiskussion eben jene Stimmenverluste bewirkt hatte, die den Unionsparteien nun zur absoluten Mehrheit fehlten: „Es gibt keinen Zweifel, Karl Schiller hat mit der Aufwertungskampagne die Wahl gegen die CDU/CSU entschieden."[107] Offensichtlich war es doch nicht auf den Kanzler angekommen, zumindest nicht auf den amtierenden.

Am 21. Oktober 1969 wählte der Deutsche Bundestag Willy Brandt mit knapper Mehrheit zu Kiesingers Nachfolger. „Ja, Herr Präsident, ich nehme die Wahl an"[108], sagte Brandt mit fester Stimme, bevor er sich wieder auf seinen Abgeordnetenstuhl setzte. „Rainer Barzel zupfte Kiesinger am Ärmel, der Amtsvorgänger solle seinem Nachfolger als erster gratulieren. Kiesinger zögerte ein wenig zu lange, Barzel und sein CSU-Kollege Stücklen gingen voran. Helmut Schmidt, Brandts Sitznachbar zur Linken und als amtierender Fraktionsvorsitzender rangmäßig herausgehoben, kam ihnen zuvor und drückte Brandt als erster die Hand. Beide standen jetzt. Die FDP-Spitzenleute Scheel, Genscher, Mischnick und Werner Mertes waren nach

---

[106] http://www.dhm.de. Internetseite des Deutschen Historischen Museum, Berlin, LeMO (Lebendiges virtuelles Museum Online), Stichwort „Bundestagswahl 1969" vom 24.01.2004.
[107] Stücklen, Richard: Mit Humor und Augenmaß. Geschichten, Anekdoten und eine Enthüllung. 2. Auflage, Forchheim 2001, S. 345.
[108] Koch, Peter: Willy Brandt. Eine politische Biographie. Berlin, Frankfurt am Main 1988, S. 331.

dem Unionstrio dran. Dann erst kam Wehner. Seine Gratulation wurde zur Umarmung. Franz Josef Strauß drehte sich weg und gratulierte demonstrativ nicht."[109] Brandts Kabinett gehörten elf Minister seiner eigenen Partei und drei Minister der FDP sowie ein Parteiloser an. Außenminister und Vizekanzler wurde Walter Scheel, dessen Partei den vor Wut schäumenden Franz Josef Strauß nun schon zum zweiten Mal um das Amt eines Bundesministers gebracht hatte.

Summa summarum fiel die Bilanz der Großen Koalition trotz der zahlreichen Schmähungen außerordentlich positiv aus. Fast alle Ziele, die Kurt Georg Kiesinger in seiner Regierungserklärung anvisiert hatte, waren erreicht worden: die Überwindung der Rezession, die Minimierung der Arbeitslosigkeit, die Konsolidierung der Staatsfinanzen, die Einführung der mittelfristigen Finanzplanung, die gesetzliche Verankerung der antizyklischen Konjunkturpolitik, die Ablösung der Bruttoallphasenumsatzsteuer durch die moderne Mehrwertsteuer, die Steigerung des Bruttosozialproduktes, die Senkung der Inflationsrate, die Reformierung wichtiger Bereiche des Rechts- und Justizwesens, der Ausbau des sozialen Netzes und die Verabschiedung der im Krisenfall überlebenswichtigen Notstandsgesetze. Nur die vor allem von Franz Josef Strauß so heiß ersehnte Wahlrechtsreform war letztlich am Widerstand der einst zugeneigten Sozialdemokraten gescheitert. Die Genossen hatten sich nach langem Hin und Her ausgerechnet, auf Dauer mit dem bestehenden personalisierten Verhältniswahlrecht bessere Siegeschancen zu haben. Auch die Ost- und Deutschlandpolitik hatte keine wirkliche Bewegung in die erstarrten außenpolitischen Fronten bringen können. Es ist jedoch fraglich, ob schnelle Veränderungen angesichts der nach wie vor unnachgiebigen Westpolitik des immer noch nach der marxistisch-leninistischen Weltrevolution gierenden Kreml überhaupt im Bereich des Möglichen gelegen haben.

Einer der wichtigsten Aktivposten der Großen Koalition war zweifelsohne Franz Josef Strauß gewesen. Er hatte im Verlauf der vergangenen drei Jahre nicht nur das Rauchen aufgegeben und einen Flugschein gemacht, sondern – weit wichtiger – als erster und bislang einziger Finanzminister der Bundesrepublik Deutschland einen Haushaltsüberschuß in Höhe von 1,5 Milliarden DM erwirtschaftet – „trotz Schuldentilgung in Höhe von 1,8 Milliarden DM allein in den ersten neun Monaten des Jahres 1969"[110]. Bis auf den heutigen Tag ist Franz Josef Strauß der einzige Bundesfinanzminister geblieben, der „beim Ausscheiden aus seinem Amt weniger Staatsschulden hinterließ, als er beim Amtsantritt vorgefunden hatte."[111] Darüber hin-

---

[109] Ebd., S. 332.
[110] Görtemaker, Manfred: Kleine Geschichte der Bundesrepublik Deutschland. München 2002, S. 182.
[111] Strauß, Franz Josef: Die Erinnerungen. Berlin 1998, S. 576. Vgl. dazu auch: Strauß, Franz Josef: Vorwort, in: Bundesministerium der Finanzen (Hg.): Drei Jahre neuer Finanzpolitik. Bonn 1969, S. 5–6, S. 6.

aus konnte Strauß seinem sozialdemokratischen Nachfolger Alex Möller einen mit sieben Milliarden DM gefüllten Reservefonds übergeben. Ohne die solide Finanzpolitik des vielgeschmähten Bajuwaren hätte die neue Bundesregierung niemals mit ihrer kostenintensiven Reformpolitik beginnen können, die die gefüllten Kassen in den nun kommenden Jahren schneller leeren sollte, als sie der Finanzminister der Großen Koalition hatte füllen können.[112]

Abschließend läßt sich feststellen, daß sich die „unheilige Allianz" für die SPD in jeder erdenklichen Hinsicht als Himmelsleiter ins Regierungsamt erwiesen hat. Für Franz Josef Strauß, der sich eine Himmelsleiter ins Kanzleramt erträumt hatte, blieb nur der Absturz in die Ohmacht der Opposition. In einem Werbespot zur Wahl hatte er vorhergesagt, es gehe bei dieser Bundestagswahl um eine Weichenstellung auf lange Zeit. Er ahnte nicht, wie sehr er mit dieser schon damals abgedroschenen Wahlkampfphrase Recht behalten sollte.[113]

---

[112] Vgl. Heubl, Franz: Interview, in: Hanns-Seidel-Stiftung e.V. (Hg.): Geschichte einer Volkspartei. 50 Jahre CSU; 1945 – 1995. Grünwald 1995, S. 541–561, S. 557.
[113] Vgl. http://www.hss.de/2146.shtml. Internetseite der Hanns-Seidel-Stiftung vom 25.01.2004.

VIII. Von der Regierungs- auf die Oppositionsbank: FJS in der Ära Brandt (1969–74)

1. „Opposition auf Bewährung"

Willy Brandts Husarenstück vom 28. September 1969 vertrieb die erfolgsverwöhnten Unionsparteien praktisch über Nacht aus den Zentren der Macht. Dementsprechend ungeordnet vollzog sich der Rückzug, begleitet von Murren und Wehklagen, durchdrungen aber von der hochmütigen Überzeugung, den „unrechtmäßigen Eindringlingen" die soeben eroberten Fleischtöpfe bald wieder entreißen zu können. Als Franz Josef Strauß im Bundesfinanzministerium seinen Abschied nahm meinten viele, vom Pförtner bis zum Abteilungsleiter: „In drei Monaten sind Sie wieder hier"[1]. Strauß vermochte daran nicht zu glauben, ganz im Gegenteil. Im Oktober 1969 notierte Friedrich Voss in seinem Tagebuch: „Die Bildung der sozialliberalen Koalition führt auch bei FJS zu Enttäuschung und Lähmung. Für einige Tage trägt er sich mit dem Gedanken, die Politik an den Nagel zu hängen und als Bürger ohne mißgünstige Pressebegleitung sein Leben zu gestalten. Aber derartige Stimmungen entsprechen nicht seinem Naturell und sind daher letztlich ohne Bedeutung. Auf die Opposition – auf deren sprichwörtlich harten Bänken wir uns politisch regenerieren sollen – sind wir in keiner Weise vorbereitet. Viele halten die Opposition für einen Betriebsunfall, dessen widrige Folgen innerhalb kurzer Zeit behoben sein werden. Die Zahl der Auguren, die dem Bestand der SPD/FDP-Koalition nur einige Monate zubilligen, ist nicht gering. Der Umzug aus dem Bundesministerium der Finanzen in die dreizehnte Etage des Abgeordnetenhauses ‚Langer Eugen' gleicht mehr einem chaotischen als einem geregelten Rückzug. Die Räume der Ministeretage müssen in wenigen Tagen geräumt sein, doch das Abgeordnetenbüro von FJS ist viel zu klein, um die große Zahl von Akten und Ordnern aus den Ministerzeiten aufzunehmen."[2]

Genau einen Monat nach der Bundestagswahl verlas Bundeskanzler Willy Brandt vor dem sechsten Deutschen Bundestag seine Regierungserklärung. Es war die anspruchsvollste und hochfliegendste Verlautbarung, die das Parlament jemals vernommen hatte. „Wir wollen mehr Demokratie wagen"[3], verkündete Brandt

---
[1] Voss, Friedrich: Den Kanzler im Visier. 20 Jahre mit Franz Josef Strauß. Mainz, München 2000, S. 24.
[2] Ebd., S. 22. Vgl. dazu auch: Buchhaas, Dorothee: Die Volkspartei. Programmatische Entwicklung der CDU 1950–1973. Düsseldorf 1981, S. 140.
[3] Brandt, Willy: Regierungserklärung vom 28. Oktober 1969, in: Beyme, Klaus von (Hg.): Die großen Regierungserklärungen der deutschen Bundeskanzler von Adenauer bis Schmidt. München, Wien 1979, S. 251–312, S. 252.

und beschwor die Notwendigkeit umfassender Reformen. Die Bundesregierung habe ein schwieriges wirtschaftspolitisches Erbe übernommen, sagte er, das zu raschem Handeln zwinge. Dabei sah sich die Bundesrepublik „in einer hervorragenden wirtschaftlichen Lage. Die im sogenannten Stabilitätsgesetz verankerten vier Ziele waren weitgehend verwirklicht: die Stabilität des Preisniveaus, ein hoher Beschäftigungsgrad, das außenwirtschaftliche Gleichgewicht und ein angemessenes Wachstum. Die Wachstumsrate der Wirtschaft erreichte mit 7,5 Prozent des realen Bruttosozialprodukts eine seit bald zehn Jahren nicht mehr erzielte Höhe"[4]. Doch Brandt schien davon keine Notiz genommen zu haben: „Vieles in der Brandtschen Regierungserklärung liest sich so, als stände die Regierung vor der Aufgabe, alles neu machen zu müssen, als übernehme sie nicht die Regierungsverantwortung in einem Land, das 20 Jahre eines beispiellosen wirtschaftlichen und gesellschaftlichen Entwicklungsprozesses hinter sich hatte, in dem der Wiederaufbau der zerstörten Städte, die Eingliederung der Vertriebenen, die Versorgung der Kriegsopfer, die Gewinnung einer führenden wirtschaftlichen Stellung in der Weltwirtschaft nicht gelungen wäre."[5] Statt die wirtschaftlichen, politischen und gesellschaftlichen Fakten minutiös zu analysieren und die entsprechenden Schlußfolgerungen zu ziehen, stilisierte sich Brandt mit moralischen Überhöhungen wie beispielsweise „Erst jetzt hat Hitler den Krieg endgültig verloren!" – als ob die Wahlergebnisse der Jahre 1949, 1953, 1957, 1961 und 1965 mitsamt der daraus resultierenden Regierungskoalitionen ein posthumer Siegeszug Adolf Hitlers gewesen wären.[6]

Obwohl es dank der umfassenden Reformtätigkeit der Großen Koalition mit Ausnahme des Gebiets der Rechts- und Bildungspolitik kaum noch etwas zu modernisieren gab, kündigte Brandt weitreichende, fast umwälzende Reformvorhaben an. „Die wenigen konkreten Ankündigungen der Regierungserklärung verbargen nicht, daß die neue Regierung zwar weitreichende Absichten, aber kein Konzept für eine umfassende Politik der inneren Reformen hatte."[7] Nicht so im

---

[4] Jäger, Wolfgang: Die Innenpolitik der sozial-liberalen Koalition 1969–1974, in: Bracher, Karl Dietrich; Eschenburg, Theodor; Fest, Joachim C.; Jäckel, Eberhard (Hg.): Geschichte der Bundesrepublik Deutschland. Band V/I: Bracher, Karl Dietrich; Jäger, Wolfgang; Link, Werner: Republik im Wandel 1969–1974. Die Ära Brandt. Stuttgart, Wiesbaden 1986, S. 13–160, S. 46.

[5] Scherf, Harald: Enttäuschte Hoffnungen – vergebene Chancen. Die Wirtschaftspolitik der Sozial-Liberalen Koalition 1969–1982. Göttingen 1986, S. 12.

[6] Vgl. Besier, Gerhard: 1968 und die Sakralisierung der Politik, in: Aretz, Jürgen; Buchstab, Günter; Gauger, Jörg-Dieter (Hg.): Geschichtsbilder. Weichenstellungen deutscher Geschichte nach 1945. Freiburg, Basel, Wien 2003, S. 145–166, S. 157.

[7] Jäger, Wolfgang: Die Innenpolitik der sozial-liberalen Koalition 1969–1974, in: Bracher, Karl Dietrich; Eschenburg, Theodor; Fest, Joachim C.; Jäckel, Eberhard (Hg.): Geschichte der Bundesrepublik Deutschland. Band V/I: Bracher, Karl Dietrich; Jäger, Wolfgang; Link, Werner: Republik im Wandel 1969–1974. Die Ära Brandt. Stuttgart, Wiesbaden 1986, S. 13–160, S. 27.

Bereich der Außenpolitik. Dort sollten Kontinuität und Erneuerung unter einen Hut gebracht werden, insbesondere hinsichtlich der Ost- und Deutschlandpolitik. Es war vor allem das Wort von der in zwei Staaten aufgeteilten deutschen Nation, welches die Opposition aufhorchen ließ. Denn in der Hoffnung, schnelle deutschlandpolitische Erfolge präsentieren zu können, war Willy Brandt bereit, die Nichtanerkennungspolitik der vorherigen Bundesregierungen aufzugeben und die Staatlichkeit der DDR – wenn auch nicht de jure, so aber doch de facto – zu akzeptieren. In diesem Sinne war das bisherige Gesamtdeutsche Ministerium bereits im Rahmen der Regierungsbildung zum Ministerium für innerdeutsche Beziehungen umgetauft worden. Außerdem sollte eine Politik des Gewaltverzichtes, welche die territoriale Integrität des jeweiligen Vertragspartners zu berücksichtigen hatte, eingeleitet und damit unter anderem die Ostgrenze der DDR bzw. die Westgrenze Polens vertraglich garantiert werden. All das, was Franz Josef Strauß als Endergebnis einer von ihm initiierten gesamteuropäischen Annäherung-durch-Wandel-Politik angestrebt hätte, machte Willy Brandt zur Vorleistung seines unilateralen Wandel-durch-Annäherung-Konzepts. Anstatt die von Strauß immer wieder beschworene Europäisierung der deutschen Frage voranzutreiben und die nationalstaatlichen Grenzen im Zuge der Schaffung der Vereinigten Staaten von Europa zu überwinden, war Brandt gewillt, die gegenwärtigen Grenzverläufe in Mittel- und Osteuropa vertraglich zu garantieren und damit auf die Wiedervereinigung Deutschlands in den Grenzen von 1937 zu verzichten. Die sozialliberale Koalition, so begann man in den Reihen der beiden verhinderten Staats- und Regierungsparteien zu murmeln, mußte bezwungen werden, bevor sie irreversiblen Schaden anrichten konnte.

Um die Möglichkeiten eines koordinierten Angriffes der „Opposition auf Bewährung" auf die als illegitim empfundene Koalition zu sondieren, traf sich Franz Josef Strauß, der kurz nach der Bundestagswahl das Amt des finanzpolitischen Sprechers der CDU/CSU-Bundestagsfraktion[8] übernommen hatte und „in weiten Teilen der Öffentlichkeit als der eigentliche Ideen- und Wortgeber der parlamentarischen Opposition"[9] galt, einen Monat nach Brandts Regierungserklärung mit einigen Großindustriellen, darunter Herbert Quandt, Friedrich Karl Flick und Eberhard von Kuenheim, in New York. Laut des von Flick angefertigten

---

[8] Darüber hinaus gehörte Franz Josef Strauß dem Finanzausschuß und dem Auswärtigen Ausschuß des Deutschen Bundestages an.
[9] Siebenmorgen, Peter: Franz Josef Strauß (1915–1988), in: Oppelland, Torsten (Hg.): Deutsche Politiker 1949–1969. Band 2: 16 biographische Skizzen aus Ost und West. Darmstadt 1999, S. 120–131, S. 129.

Protokolls erläuterte Strauß, der Vorsitzende der SPD-Bundestagsfraktion Herbert Wehner habe seine marxistische Überzeugung keineswegs abgelegt. Falls die SPD aus den nächsten Bundestagswahlen im Jahre 1973 siegreich hervorginge und sich der bremsenden FDP entledigen könne, stünde einer sozialistischen Umwälzung nichts mehr im Wege. Die Regierungskoalition habe bereits mit einer verhängnisvollen Politik der Vorleistungen ohne Gegenleistung begonnen. Ihr müsse gnadenlos Einhalt geboten werden.[10] Abschließend vereinbarten die Herren, entsprechende Maßnahmen in die Wege zu leiten und Franz Josef Strauß finanzielle Hilfe zur Verfügung zu stellen.[11]

Die Bundesregierung ließ sich von dieser durch den „Spiegel" bald darauf bekannt gemachten Verschwörung nicht beeindrucken. Mit seinen elf sozialdemokratischen, drei liberalen und einem parteilosen Minister(n) machte sich Bundeskanzler Willy Brandt voller Enthusiasmus ans Werk. Auf der Grundlage des finanziellen Überschusses, den Franz Josef Strauß mit Sachverstand und Disziplin erwirtschaftet hatte, wurden zahlreiche kostenintensive Reformen in Gang gesetzt. „Der Begriff der Reformpolitik wurde zum Allerweltswort und umfaßte bald die gesamte Tätigkeit der sozial-liberalen Regierung"[12], freilich sehr zum Ärger des ehemaligen Finanzministers: „Willy Brandt, der mit der Ankündigung angetreten war, jetzt fange die Demokratie erst wirklich an, löste mit seinem Reformgerede, das von einer hochschäumenden publizistischen Woge bis in die letzten Winkel unseres Landes getragen wurde, einen besessenen Eifer aus, Altes abzuschaffen und Neues an seine Stelle zu setzen, ohne daß gefragt und gründlich geprüft wurde, ob das Neue denn auch das Bessere sei. Es fehlte nur noch die Erfindung einer neuen Zeitrechnung."[13] Um der Geister, die Brandt gerufen hatte, Herr werden zu können, wurde das Personal des Kanzleramtes rasch von etwa 250 auf über 400 Beschäftigte aufgestockt. „In allen Ministerien wurden Planungsbeauftragte im Rang eines Abteilungsleiters ernannt, die unter dem Vorsitz des Leiters der Planungsabteilung im Bundeskanzleramt einen ressortübergreifenden Verbund bildeten. Die wichtigste Neuerung war wohl die Einführung eines ‚Vorhabeninfor-

---

[10] Vgl. o.V.: „Man muss die FDP zerstören". Industrielle paktieren mit Franz Josef Strauß, in: Der Spiegel, 24 (1970) H. 45, S. 31.
[11] Vgl. Jungbluth, Rüdiger: Die Quandts. Ihr leiser Aufstieg zur mächtigsten Wirtschaftsdynastie Deutschlands. Frankfurt am Main, New York 2002, S. 293. Vgl. dazu auch: Hoffmann, Volker: „Geheimes Zusammenspiel zielt auf Regierungssturz", in: Frankfurter Rundschau vom 03.11.1970.
[12] Jäger, Wolfgang: Die Innenpolitik der sozial-liberalen Koalition 1969–1974, in: Bracher, Karl Dietrich; Eschenburg, Theodor; Fest, Joachim C.; Jäckel, Eberhard (Hg.): Geschichte der Bundesrepublik Deutschland. Band V/I: Bracher, Karl Dietrich; Jäger, Wolfgang; Link, Werner: Republik im Wandel 1969–1974. Die Ära Brandt. Stuttgart, Wiesbaden 1986, S. 13–160, S. 28.
[13] Strauß, Franz Josef: Die Erinnerungen. Berlin 1998, S. 596.

Franz Josef Strauß auf dem 19. Bundesparteitag der CDU mit einer Ausgabe der Zeitschrift „Capital".

mationssystems', das Grundvoraussetzung für jegliche Aufgabenplanung, Frühkoordinierung und Ablaufsteuerung sein sollte."[14]

Inneren Reformen mußte sich auch die größere der beiden neuen Oppositionsparteien unterziehen. Denn während sich die CSU seit dem heilsamen Schock der bayerischen Viererkoalition der Jahre 1954 bis 1957 längst zu einer modernen und straff organisierten Massenpartei entwickelt hatte, war die CDU ein träger Kanzlerwahlverein geblieben, der keinerlei Oppositionserfahrung vorzuweisen hatte. Erst auf dem Mainzer Parteitag im November 1969 setzte die verbitterte Honoratiorenpartei eine Reformkommission ein, um die „Ergebnisse der Bundestagswahl analysieren und Vorschläge zur personellen und organisatorischen Umstrukturie-

---

[14] Jäger, Wolfgang: Die Innenpolitik der sozial-liberalen Koalition 1969–1974, in: Bracher, Karl Dietrich; Eschenburg, Theodor; Fest, Joachim C.; Jäckel, Eberhard (Hg.): Geschichte der Bundesrepublik Deutschland. Band V/I: Bracher, Karl Dietrich; Jäger, Wolfgang; Link, Werner: Republik im Wandel 1969–1974. Die Ära Brandt. Stuttgart, Wiesbaden 1986, S. 13–160, S. 29.

rung der Partei ausarbeiten"[15] zu können. „Die bisher auf den Regierungsapparat und die mit diesen Ressourcen verbundenen Teilhabemöglichkeiten gestützte Partei mußte nun andere tragfähige Mechanismen der innerparteilichen Integration entwickeln."[16] Um der Modernisierung und der damit einhergehenden Verjüngung nicht im Wege zu stehen, bot Kurt Georg Kiesinger großmütig seinen Rücktritt an. Dies brachte Franz Josef Strauß in eine schwierige Lage. Denn sollte der „sozialliberale Spuk" tatsächlich ein vorzeitiges Ende finden, wäre der neue Vorsitzende der großen Schwesterpartei automatisch für das Amt des Bundeskanzlers prädestiniert. Der immer noch ambitionierte Gerhard Schröder und der aufstrebende pfälzische Ministerpräsident Helmut Kohl durften den Parteivorsitz also keinesfalls erlangen. Folglich unterstützte Strauß mit Nachdruck den Vorsitzenden der CDU/CSU-Bundestagsfraktion Rainer Barzel, den er für kontrollierbar hielt. Wenngleich sich Barzel als Fraktionsvorsitzender zur Zeit der Großen Koalition sehr verdient gemacht und an Reife und Erfahrung gewonnen hatte, war er doch bereits in so manche politische Falle getappt.[17] Überdies fehlte ihm „bei aller Wortgewandtheit, Informiertheit und Urteilssicherheit" die Gabe, „die Menschen für sich einzunehmen, Sympathie zu erringen. Das Charisma eines populären Oppositionsführers, der gegen Brandt, den Kanzler, hätte bestehen können, besaß er nicht."[18] Damit stellte Barzel für Strauß die ideale Marionette dar, deren Fäden er im Ernstfall leicht zu durchtrennen können glaubte. Zur atmosphärischen Vorbereitung verschärfte Strauß nun dauerhaft den Ton gegenüber der CDU-Führung. Bei jeder passenden und unpassenden Gelegenheit unterstrich er die Bedeutung und damit die Ansprüche der von ihm kontrollierten Partei, deren Landesgruppe er dabei nach wie vor wie eine Speerspitze zu führen wußte.

2. Die rotgelbe Ostpolitik

Eine der ersten außenpolitischen Maßnahmen der sozialliberalen Regierung war die Unterzeichnung der „Non-Proliferation Treaty". Mit diesem Beitritt zum Atomwaffensperrvertrag verpflichtete sich die Bundesrepublik Deutschland, nukleare Sprengsätze weder herzustellen noch zu erwerben. Dieser Auftakt zu der nun folgenden Verzichtspolitik der Bundesregierung freute den Kreml, der inzwischen bereits

---

[15] Schmidt, Ute: Die Christlich Demokratische Union Deutschlands, in: Stöss, Richard (Hg.): Parteien-Handbuch. Die Parteien der Bundesrepublik Deutschland von 1945–1980. Band 1, Opladen 1986, S. 490–660, S. 512.
[16] Ebd., S. 656.
[17] Vgl. Dreher, Klaus: Rainer Barzel. Zur Opposition verdammt. München 1972, S. 84–87.
[18] Kleinmann, Hans-Otto: Geschichte der CDU 1945–1982. Stuttgart 1993, S. 321.

über eine atomare Zweitschlagskapazität verfügte, ungemein. Zwar wäre es der Bundesrepublik durch die Pariser Verträge ohnehin nicht gestattet gewesen, Atomwaffen herzustellen oder zu besitzen, doch war aufgrund der Unterzeichnung des „Nicht-Verbreitungs-Vertrages von Kernwaffen" nun auch einem später möglicherweise einmal souveränen und wiedervereinigten Deutschland der Weg zur Bombe versperrt, was Strauß unter außen- wie sicherheitspolitischen Gesichtspunkten als katastrophal bewertete: „Für mich war dieser Atomsperrvertrag ein, wie ich es nannte, ‚Super-Versailles'"[19], ein „Versailles kosmischen Ausmaßes"[20]. Außerdem gingen Deutschland auf diese Weise auch die von Strauß seit langem erhofften und geforderten supranationalen Optionen verloren, da sich die NATO ohne eigene Atomwaffen kaum zu einer vierten Atommacht entwickeln konnte. Die Unterzeichnung des Atomwaffensperrvertrages war Brandts erste Morgengabe, das erste Opfer auf dem Altar der Ostpolitik, dargebracht ohne jede Gegenleistung, geweiht aber in der träumerischen Hoffnung, die Moskauer Götter milde zu stimmen.

Noch schlimmer als das „nukleare Versailles" quälte Strauß die nun einsetzende neue Ostpolitik. Die sozialliberale Koalition war ebenso wie die von ihr getragene Regierung der Auffassung, die Wiedervereinigung sei ein Fernziel, das nur über zahlreiche Zwischenstationen erreichbar sei. Insofern stimmte Strauß mit der ost- und deutschlandpolitischen Strategie der neuen Machthaber noch überein. Der fundamentale Unterschied lag jedoch in der Brandtschen Taktik: Während die „Rotgelben"[21], wie Strauß die Regierungskoalition zu nennen pflegte, in der Annäherung die Voraussetzung für einen Wandel erblickten, begriff Strauß den Wandel als unabdingbare Voraussetzung für jedwede Annäherung.[22] Auf diese wollten Bundeskanzler Willy Brandt und Außenminister Walter Scheel jedoch nicht länger warten und arrangierten noch im Dezember 1969 die ersten Gespräche über einen deutsch-sowjetischen Gewaltverzicht in Moskau. Anfang Februar folgten in Warschau Verhandlungen über einen Grenz-, Normalisierungs- und Gewaltverzichtsvertrag mit der Volksrepublik Polen. Am 19. März 1970 traf sich Willy Brandt sogar mit dem Vorsitzenden des Ministerrates der DDR Willi Stoph in Erfurt, am 21. Mai 1970 ein weiteres Mal in Kassel, wo der Kanzler ungeniert die in der Bundesrepublik geächtete „Spalterflagge" der DDR hissen ließ. Dank dieser ersten beiden Begegnungen der Regierungschefs beider deutscher Staaten durfte sich die DDR fast schon anerkannt fühlen. Inhaltliche Ergebnisse

---
[19] Strauß, Franz Josef: Die Erinnerungen. Berlin 1998, S. 294.
[20] Bickerich, Wolfram: Franz Josef Strauß. Die Biographie. Düsseldorf 1996, S. 98.
[21] Winter, Franz Florian: Offene Briefe. Meine politische Korrespondenz. Tegernsee 1990, S. 7.
[22] Vgl. Ronneburger, Uwe: Die deutsch-deutschen Beziehungen in den siebziger Jahren, in: Aus Politik und Zeitgeschichte. Beilage zur Wochenzeitung Das Parlament. B 50/82 vom 18. Dezember 1981, S. 17–25, S. 19.

gab es freilich keine. Demgemäß verlegte man sich nach den Gipfeltreffen auf eine „Denkpause", womit die Regierung nolens volens eingestand, daß es im Vorfeld offensichtlich an gedanklichen Vorbereitungen gemangelt hatte.

Da die Informationspolitik der neuen Bundesregierung trotz der Ankündigung, mehr Demokratie wagen und „unsere Arbeitsweise öffen und dem kritischen Bedürfnis nach Information Genüge tun"[23] zu wollen, aus Sicht der Opposition zu wünschen übrig ließ, breitete sich in der ersten Jahreshälfte 1970 in den Reihen der Unionsparteien eine rasch zunehmende Unruhe aus. Hinsichtlich der von Brandt und Bahr eifrig betriebenen ostpolitischen Geheimdiplomatie war nur bekannt, daß an Gewaltverzichtsverträgen mit der Sowjetunion und Polen gearbeitet wurde. Sogleich fürchtete der seit seiner Studienzeit von der Idee eines geeinten Europas faszinierte Franz Josef Strauß, die neue Hinwendung nach Osten könnte eine sträfliche Vernachlässigung der nach seiner Überzeugung überlebenswichtigen Integration des Westens zur Folge haben. Bereits am 14. Januar 1970 forderte er die Regierung auf, „Annäherungsversuche an den Osten nur aus der Sicherheit des westlichen Bündnisses heraus zu unternehmen" und warnte davor, „in Osteuropa Hoffnungen auf eine völkerrechtliche Anerkennung der DDR zu wecken. Die Bundesregierung müsse den Unterschied zwischen staatsrechtlicher und völkerrechtlicher Anerkennung klarlegen, wenn sie im Westen und im Osten nicht mißverstanden werden wolle."[24] Im März 1970 verkündete er: „Ich werde die Sorge nicht los, daß die jetzige Bundesregierung in der verspäteten Erkenntnis der vollen Härte der östlichen Gesprächspartner versucht sein könnte, aufgrund ihrer überschwenglich eingeleiteten Ostpolitik Lösungen anzusteuern, die letzten Endes nur der langfristigen Konzeption der Sowjetunion und ihrer Freunde Nutzen bringen. Wir werden, getreu unserer Pflicht als Opposition, darauf achten, daß solche verhängnisvolle Torheit nicht obsiegen wird. Eine Bundesregierung, die innenpolitische Schwäche durch außenpolitische Scheinerfolge und Geländeverluste verdecken wollte, verdiente nicht das Vertrauen unseres Volkes."[25] Und im Folgemonat prophezeite Strauß auf dem Parteitag der CSU in München, die Bundesregierung werde sich schon bald vor die Alternative gestellt sehen, „sich den kommunistischen Vorstellungen zu beugen oder die Sowjetunion zu enttäuschen und damit neue Spannungen zu provozieren."[26] Noch im Juli 1970 notierte Strauß' persönli-

---

[23] Brandt, Willy: Regierungserklärung vom 28. Oktober 1969, in: Beyme, Klaus von (Hg.): Die großen Regierungserklärungen der deutschen Bundeskanzler von Adenauer bis Schmidt. München, Wien 1979, S. 251–312, S. 252.
[24] o.V.: o.T., in: Europa-Archiv, Zeitschrift für Internationale Politik, 25 (1970) Band 3, S. 27.
[25] Schöll, Walter (Hg.): Franz Josef Strauß. Der Mensch und der Staatsmann. Ein Porträt. Percha am Starnberger See 1984, S. 134.
[26] o.V.: o.T., in: Europa-Archiv, Zeitschrift für Internationale Politik, 25 (1970) Band 3, S. 91f.

cher Referent Dr. Friedrich Voss in sein Tagebuch: „Die von der Regierung Brandt betriebene ‚neue Ostpolitik' sorgt für Unsicherheit und politischen Wirbel. Eine zutreffende Beurteilung der Regierungspläne ist nahezu unmöglich, weil alles mit einem dichten Schleier von Staatsgeheimnis umgeben wird. Dies läßt Spekulationen, eine sozialistisch-kommunistische Internationale plane den Ausverkauf Deutschlands und führe zur Zementierung der deutschen Teilung, breiten Raum. Die dünnen Geheiminformationen der wenigen uns nahestehenden Wissensträger in den Ministerien vermögen keine Beruhigung zu geben, sondern schüren eher den Argwohn. FJS stellt sich selbst und seiner Umgebung fast permanent die Frage: ‚Was will die SPD, was wollen Brandt, Bahr und Genossen erreichen? Was ist die Ratio, was ist der Sinn der geplanten Verträge? Welche Gedankengänge liegen diesen Verträgen zugrunde? Was verbirgt sich unter der sichtbaren Oberfläche? Kann es überhaupt Verträge zwischen so ungleichen Partnern geben? Darf es sie in der derzeitigen weltpolitischen Lage geben? Dienen diese Verträge der Versöhnung, dem Selbstbestimmungsrecht der Völker, der Freiheit des Individuums oder festigen sie die Herrschaft der Sowjetunion über den militärischen Bereich hinaus? Geraten wir nicht in eine zusätzliche unheilvolle Abhängigkeit von diesem kraft- und waffenstrotzenden Ostblock? Wird der Schatten Moskaus über Europa nicht bedrohlich länger?' Es gibt zahllose Fragen, die nicht eindeutig zu beantworten sind."[27]

Nicht nur Franz Josef Strauß und Friedrich Voss fühlten sich unzureichend informiert. Rainer Barzel sah sich von der sozialliberalen Regierung sogar vorsätzlich betrogen: „Wir wurden hinters Licht geführt. Während Egon Bahr in Moskau schon Papiere austauschte und besprach, wurde mir erklärt, es gebe da nichts. Die Einsicht in Protokolle wurde mir verwehrt, obwohl Konrad Adenauer der damaligen Opposition bei den Verhandlungen über die Westverträge volle Einsicht gewährt hatte. Ich habe fast wöchentlich die Einsicht in diese Moskauer Gesprächsaufzeichnungen verlangt. Das tat seine Wirkung in der Öffentlichkeit: Was macht dieser Bahr da eigentlich in Moskau so lange und so geheim?"[28] Als die Illustrierte „Quick" schließlich eine Gesprächsnotiz des Sondergesandten Egon Bahr veröffentlichte, schlugen die Sorgen und Bedenken in Empörung und Entsetzen um. Durch diese Indiskretion wurde bekannt, daß der in Kürze mit der Sowjetunion zu schließende Vertrag weder die Berlin-Frage noch die deutsche Teilung thematisieren würde. Auch ein förmlicher friedensvertraglicher Vorbehalt

---

[27] Voss, Friedrich: Den Kanzler im Visier. 20 Jahre mit Franz Josef Strauß. Mainz, München 2000, S. 34f.
[28] Emde, Heiner: „Wir wurden hinters Licht geführt". Der ehemalige CDU-Vorsitzende Rainer Barzel wirft der SPD in der Ostpolitik Fahrlässigkeit und Täuschung vor, in: Focus, 11 (2003) H. 10, S. 60.

würde nicht enthalten sein. Außerdem sollte der westdeutsche Alleinvertretungsanspruch aufgegeben werden. Haarsträubend wurden die Ausführungen des Papiers aber vor allem hinsichtlich eines geplanten Grundlagenvertrages mit der DDR. Dieser Vertrag solle „volle völkerrechtliche Qualität haben". Ferner werde die Bundesrepublik „ihre Beziehung zur DDR auf der Grundlage der vollen Gleichberechtigung, der Nicht-Diskriminierung und der Achtung der inneren und äußeren Souveränität gestalten"[29].

Die Abgeordneten der Unionsparteien, vor allem aber Franz Josef Strauß, waren fassungslos: „Noch im Wahlkampf beteuerte Brandt, eine Anerkennung der ‚DDR' lehne er ab. Wer ihm im Vertrauen auf dieses Programm seine Stimme gab, sah sich schon am ersten Tage der Kanzlerschaft Brandts betrogen, als beiläufig von zwei deutschen Staaten gesprochen wurde. Gleichzeitig erklärte Brandt jedoch, eine völkerrechtliche Anerkennung der ‚DDR' komme nicht in Betracht. Dennoch ist diese Regierung bereit, völkerrechtliche Verträge mit der ‚DDR' abzuschließen, und Herbert Wehner, die graue Eminenz im Hintergrund, hat sich zur völkerrechtlichen Anerkennung schon durchgerungen."[30] Natürlich bestritt die Regierung die Authentizität des sogenannten „Bahr-Papiers". Erst als 30 Jahre später die Geheimhaltungsfrist verstrichen war und die Moskauer Archive geöffnet wurden, stellte sich heraus, daß das „Bahr-Gromyko-Papier" keine Fälschung gewesen war. In der Tat wäre Bahr im Namen der Bundesregierung bereit gewesen, sich dem Druck der russischen Verhandlungspartner zu beugen und sämtliche deutschen Rechtspositionen aufzugeben, nur um schnelle ostpolitische Fortschritte präsentieren zu können. „Da hat Egon Bahr nichts ausgehandelt, da hat er uns was eingehandelt!"[31] empörte sich Strauß, denn im Grunde „sind wir schon verkauft worden, aber nur noch nicht geliefert."[32] In diesem Sinne sprach er bald darauf bei Kanzleramtsminister Horst Ehmke vor. Strauß sagte, es sei die Aufgabe aller Deutschen, den Kommunismus „hinter die legitimen Grenzen der Sowjetunion" zurückzudrängen. Die Sozialdemokraten aber „kröchen vor den Kommunisten zu Kreuze." Ehmke antwortete, Strauß hinge „konservativen Hirngespinsten an. Die Konservativen hätten mit ihrer sogenannten ‚Politik der Stärke' den kommunisti-

---

[29] Link, Werner: Außen- und Deutschlandpolitik in der Ära Brandt 1969–1974, in: Bracher, Karl Dietrich; Eschenburg, Theodor; Fest, Joachim C.; Jäckel, Eberhard (Hg.): Geschichte der Bundesrepublik Deutschland. Band V/I: Bracher, Karl Dietrich; Jäger, Wolfgang; Link, Werner: Republik im Wandel 1969–1974. Die Ära Brandt. Stuttgart, Wiesbaden 1986, S. 161–282, S. 184.
[30] Strauß, Franz Josef: „Wir können uns auf etwas gefaßt machen …" Exklusiv-Interview mit Franz Josef Strauß, in: Deutschland-Magazin, 2 (1970) H. 1/2 S. 5–8, S. 5.
[31] Emde, Heiner: Späte Aufklärung. Das geheime „Bahr-Papier" von 1970 war echt: Die SPD klammerte die deutsche Einheit aus, in: Focus, 11 (2003) H. 10, S. 58.
[32] Interview mit Bundesminister a.D. Prof. h.c. Egon Bahr am 04.12.2003 in Berlin.

schen Block einerseits in Schach gehalten, andererseits aber auch zusammengeschweißt. Jetzt ginge es darum, ihn aufzulockern."[33]

Trotz aller Kritik – und trotz eines von der CSU wenige Tage zuvor vorgelegten Gegenentwurfes – wurde am 12. August 1970 der „Vertrag zwischen der Bundesrepublik Deutschland und der Union der Sozialistischen Sowjetrepubliken" geschlossen.[34] Im Kern des sogenannten „Moskauer Vertrages" stand die Verpflichtung, Streitfragen ausschließlich mit friedlichen Mitteln zu lösen und auf jedwede Androhung von Gewalt zu verzichten. Außerdem stimmten die Bundesrepublik Deutschland und die Sowjetunion darin überein, daß der Friede in Europa nur erhalten werden könne, wenn niemand die gegenwärtigen Grenzen antaste und die territoriale Integrität aller Staaten in Europa in ihren heutigen Grenzen uneingeschränkt beachtet werde. Dementsprechend seien die Grenzen aller Staaten in Europa, wie sie am Tage der Unterzeichnung dieses Vertrags verliefen, unverletzlich – einschließlich der Oder-Neiße-Linie, die die Westgrenze der Volksrepublik Polen bildet, und der Grenze zwischen der Bundesrepublik Deutschland und der Deutschen Demokratischen Republik. Einvernehmliche Grenzkorrekturen seien jedoch nicht ausgeschlossen. Ergänzt wurde der Vertrag durch einen „Brief zur deutschen Einheit", in dem es hieß: „Im Zusammenhang mit der heutigen Unterzeichnung des Vertrages zwischen der Bundesrepublik Deutschland und der Union der Sozialistischen Sowjetrepubliken beehrt sich die Regierung der Bundesrepublik Deutschland festzustellen, daß dieser Vertrag nicht im Widerspruch zu dem politischen Ziel der Bundesrepublik Deutschland steht, auf einen Zustand des Friedens in Europa hinzuwirken, in dem das deutsche Volk in freier Selbstbestimmung seine Einheit wiedererlangt."[35] Der Brief wurde von der Sowjetunion widerspruchslos entgegengenommen.

Ein in den wesentlichen Punkten gleichlautender Vertrag wurde am 7. Dezember 1970 mit Polen geschlossen. Auch in diesem „Vertrag zwischen der Bundesrepublik Deutschland und der Volksrepublik Polen über die Grundlagen der Normalisierung ihrer gegenseitigen Beziehungen" wurde die Oder-Neiße-Linie als unantastbar anerkannt und der Verzicht auf etwaige Gebietsansprüche für die Gegenwart und die Zukunft festgeschrieben. Allerdings war die Bundesrepublik recht-

---

[33] Ehmke, Horst: Mittendrin. Von der Großen Koalition zur Deutschen Einheit. Reinbek bei Hamburg 1996, S. 134f.
[34] Vgl. Stücklen, Richard: Bonner Kontakt. Informationen der CSU-Landesgruppe im Deutschen Bundestag. Nr. 73 vom 4. Februar 1972, S. 1.
[35] Brief der Bundesregierung an die sowjetische Regierung zur deutschen Einheit. Überreicht anläßlich der Unterzeichnung des Moskauer Vertrages am 12. August 1970. Bulletin des Presse- und Informationsamtes der Bundesregierung vom 12. August 1970, Nr. 107, S. 1057–1058.

lich gar nicht in der Lage, für Deutschland als Ganzes zu sprechen. Doch auch ein wiedervereinigtes und vollkommen souveränes Deutschland würde die politischen Verbindlichkeiten der beiden Ostverträge niemals mißachten können, zumal sich die Bundesregierung vertraglich verpflichtete, auch im Vorfeld der Schaffung eines gesamtdeutschen Souveräns, also im Rahmen von Friedensvertragsverhandlungen, keinerlei Gebietsansprüche zu erheben. Damit hatte die sozialliberale Regierung nach Auffassung der Opposition einen wichtigen Verhandlungsgegenstand ohne jede Not verschenkt.[36] Insbesondere durch die Aufgabe von Gebietsansprüchen und die Anerkennung von Grenzverläufen sei ein unschätzbar wertvolles politisches Pfund verschleudert worden, mit dem die Bundesregierung oder ihre Nachfolger im Rahmen von friedensvertraglichen oder sonstigen wichtigen Verhandlungen hätten wuchern können – und das ohne nennenswerte Gegenleistung. Schließlich mußte der im Gegenzug zugesagte Gewaltverzicht letztlich gegenstandslos bleiben, da die Sowjetunion angesichts der Schlagkraft des Nordatlantischen Bündnisses ohnehin nicht imstande gewesen wäre, gewaltsam gegen die Bundesrepublik vorzugehen. Die einzige Errungenschaft der Ostverträge bestand also in der nun schriftlich fixierten Hoffnung der Herren Brandt und Bahr, durch eine normalisierende Annäherung an den Ostblock irgendwie einen Wandel bewirken zu können. Doch dieser sollte noch viele Jahre auf sich warten lassen.

Nicht auf sich warten lassen sollte hingegen die vom linken und liberalen politischen Lager ausgehende massive Kritik an den Unionsparteien, vor allem aber an Franz Josef Strauß, der nun als ewiggestriger Kalter Krieger und friedensbedrohender Entspannungsfeind dargestellt wurde. Dabei bekämpfte er die Ostverträge aufgrund seiner aufrichtigen politischen Überzeugung, die er schon seit Jahren kundtat, wie ein Interview aus der Zeit der Großen Koalition belegt: „*Frage*: Sind Sie der Meinung, daß die Bundesregierung auf dem von ihr angestrebten Weg der Entspannung Vorleistungen erbracht hat, die als zu einseitig angesehen werden müssen? *Antwort*: Ich möchte bis zur Stunde diese Frage mit nein beantworten. Ich bin auch heute noch der Meinung, daß es richtig war, diplomatische Beziehungen mit Rumänien einzurichten, Handelsmissionen mit der Tschechoslowakei auszutauschen und – ich sage das trotz mancher Bedenken – die diplomatischen Beziehungen mit Jugoslawien wiederaufzunehmen, verstärkte wirtschaftliche Beziehungen zu den meisten Ländern dieses Bereiches aufzunehmen, sie durch

---

[36] Vgl. Strauß, Franz Josef: Staatspolitische Entwicklung der Bundesrepublik Deutschland und die Deutsche Frage, in: o.V.: Es geht um Deutschland in Europa. München 1986, S. 33–65, S. 45; Strauß, Franz Josef: Staatspolitische Entwicklung der Bundesrepublik Deutschland und die Deutsche Frage, in: Schmidhuber, Peter M.: Orientierungen. 40 Jahre danach – eine vorläufige Bestandsaufnahme. München 1986, S. 9–42, S. 22.

Erhöhung des Kreditrahmens zu verstärken usw. Das sind keine Vorleistungen, die geeignet sind, unsere Rechtspositionen zu erschüttern oder unsere Aussicht für spätere politische Verhandlungen zu verschlechtern. Anders lägen die Dinge, wenn wir Leistungen erbringen würden in Richtung Anerkennung eines zweiten deutschen Staates, Leistungen erbringen würden in Richtung Anerkennung einer besonderen Stellung Berlins im Sinne der von den Sowjets gewünschten besonderen Verwaltungseinheit und wenn wir uns mit einer Deklassierung der deutschen Nation auf die Dauer als sozusagen unvermeidliches historisches Ergebnis des Zweiten Weltkrieges abfinden würden. Das wären Vorleistungen, die auf die Dauer uns belasten würden und zu keinem Ergebnis zu führen geeignet sind."[37] An dieser schon im Jahre 1968 geäußerten Überzeugung hielt Franz Josef Strauß unerschütterlich fest, zumal er die neue Ostpolitik der sozialliberalen Koalition mit einer für Deutschland und Europa bedrohlichen sowjetischen Westpolitik gleichsetzte:[38] „1. Diese Verträge dienen nicht der Versöhnung mit den Völkern, sondern der Befriedigung der Wünsche ihrer Machthaber. 2. Sie bieten keine humanitären Erleichterungen, sondern zunächst Verschärfung der Unterdrückung. 3. Die Verträge dienen nicht der Entspannung, wenn man unter Entspannung die Beseitigung der Spannungsursachen versteht. 4. Die Verträge sind eine Festigung des sowjetischen Besitzstandes. 5. Diese Verträge sind auch eine Ermutigung für die Linksradikalen, die diese Politik seit 20 Jahren in unserem Lande gefordert haben. 6. Diese Verträge stehen nicht für sich allein da, sie sind Baustein einer sowjetischen Weststrategie. 7. Die europäische Friedensordnung sowjetischer Vorstellung steht im unauflöslichen Gegensatz zur Bildung einer westeuropäischen politischen Gemeinschaft. 8. Diese Verträge sollen nach der Vorstellung der Sowjets die Bundesrepublik Deutschland stärker in ihr Machtsystem und dessen Zielsetzungen einbinden. 9. Diese Verträge sollen verhindern, daß die Entwicklung vom Dreieck zum Fünfeck der Weltpolitik sich weiter vollzieht. Und diese Verträge machen

---

[37] Strauß, Franz Josef: Interview des Bundesministers Strauß für den Süddeutschen Rundfunk vom 8. März 1968 (Auszug), in: Bundesministerium für Innerdeutsche Beziehungen (Hg.): Dokumente zur Deutschlandpolitik. V. Reihe, Band 2, Frankfurt am Main 1987, S. 336–338, S. 337. Vgl. dazu auch: Strauß, Franz Josef: Eugen Gerstenmaier, ein Deutscher und Europäer, der Recht behalten hat, in: Heck, Bruno (Hg.): Widerstand, Kirche, Staat. Eugen Gerstenmaier zum 70. Geburtstag. Frankfurt am Main, Berlin, Wien 1976, S. 109–120, S. 113.

[38] Vgl. Strauß, Franz Josef: Deutschland Deine Zukunft. Stuttgart-Degerloch 1975, S. 79; Strauß, Franz Josef: Einmal wird das Ende aller SPD-Träume kommen, in: Deutschland-Magazin, 6 (1974/75) H. 1, S. 6–15, S. 13. Vgl. dazu auch: Hacke, Christian: Die ost- und deutschlandpolitische Konzeption der parlamentarischen Opposition des 6. Deutschen Bundestages im Spannungsfeld zwischen Adaption und Alternative, in: Jahn, Egbert; Rittberger, Volker (Hg.): Die Ostpolitik der Bundesrepublik. Triebkräfte, Widerstände, Konsequenzen. Opladen 1974, S. 29–52, S. 45; Zirngibl, Willy: Gefragt: Walter Scheel. Bonn 1972, S. 16f.

nicht den Frieden sicherer, sondern sie sichern den Sowjets die Rückenfreiheit in der globalen Konstellation, von der ich in der Kürze der Zeit nur kurz sprechen konnte."[39]

Trotz zahlreicher Erläuterungen dieser Art konnte oder wollte die Mehrzahl seiner Gegner nicht zur Kenntnis nehmen, daß sich Franz Josef Strauß nicht gegen das entspannungspolitische Engagement der Bundesregierung *als solches* wandte, sondern die *Art und Weise* ablehnte, wie diese Maßnahmen konzipiert und umgesetzt wurden. Strauß kritisierte nicht, *daß* in ostpolitischer Hinsicht etwas unternommen wurde, sondern *wie* es unternommen wurde.[40] Und natürlich ärgerte es ihn auch, *wer* diese neue Ostpolitik gestaltete. Schließlich hegte er seit Jahrzehnten den Wunsch, seine immer wieder dargelegten außen-, ost- und deutschlandpolitischen Vorstellungen und Konzepte, sein „Grand Design", seinen „Entwurf für Europa", sein ökonomisch orientiertes Prinzip vom „Annäherung durch Wandel" in die Tat umsetzen zu können. Dennoch: Das letztlich Entscheidende war nicht das *Wer* sondern das *Wie*. Friedrich Voss: „Das *wie* kam noch vor dem *wer*. Denn wenn er von einer Sache überzeugt war, konnte er sich ohne weiteres auch mit dem politischen Gegner an einen Tisch setzen und gemeinschaftliche Politik betreiben."[41] Eine derartige Kooperation wurde ihm aber angesichts der seiner Meinung nach schlampigen Art und Weise, mit der die Rotgelben ihre neue Ostpolitik ausgestalteten, vollkommen verunmöglicht. Dabei stimmten Strauß' Ansichten in vielerlei Hinsicht mit jenen der sozialliberalen Regierung überein, beispielsweise hinsichtlich der Gewaltverzichtspolitik.[42] In den Grundzügen wäre eine Straußsche Ostpolitik daher mit der Brandtschen durchaus vergleichbar gewesen, „wäre aber in den Details und der Umsetzung weitaus weniger der sozialliberalen Politik des ‚Ausverkaufes' gleichgekommen."[43] Vor allem aber hätte sich Strauß zunächst einmal um die europäische Einigung bemüht, um der Sowjetunion aus einer gefestigten Position der Stärke heraus gegenübertreten zu können, denn seiner Ansicht nach gab es „kurz- und mittelfristig keine tragfähige Grundlage für eine mit der Sowjetunion betriebene westdeutsche Ostpolitik. Diese muss in Verzicht, Zugeständnis und Niederlage enden, solange die westdeutschen Positionen nicht mit gebührender Stärke vertreten werden können. Vor der Aufnahme aktiver Ostpolitik mit der

---

[39] o.V.: ZeitZeichen. Thema: 12.08.1970. Sendedatum: 12.08.1985, Westdeutscher Rundfunk.
[40] Interview mit Manfred Frühauf am 09.11.2003 in Bonn.
[41] Interview mit Staatssekretär a.D. Dr. Friedrich Voss am 29.10.2003 in Bonn.
[42] Vgl. Strauß, Franz Josef: Ausführungen zum vorgelegten Entwurf für einen Gewaltverzichtsvertrag vom 31.01.1972, in: Politische Studien, 23 (1972) H. 202, S. 202–204, S. 202. Vgl. dazu auch: o.V.: Strauß offeriert „bessere Ostpolitik". Ablehnung der Ostverträge, aber unbedingter Gewaltverzicht, sagt der CSU-Chef, in: Süddeutsche Zeitung vom 13.12.1971.
[43] Interview mit Staatssekretär a.D. Dr. Friedrich Voss am 29.10.2003 in Bonn.

Sowjetunion muß eine intensive Westpolitik getrieben werden, die, indem sie ganz Europa als westliche Macht eint und die deutschen Forderungen nach Wiedervereinigung und Rückgabe der Ostgebiete mit in den Zielkatalog der europäischen Politik überführt, die Voraussetzungen effektiver Ostpolitik erst schafft."[44] Strauß selbst faßte seine Vorstellungen von aktiver Ost- und Friedenspolitik in vier Punkten zusammen: „Erhaltung und Stärkung des Atlantischen Bündnisses; politische und militärische Einheit der Westeuropäer auf der Grundlage freiwilligen Zusammenschlusses; Gewaltverzicht gegenüber dem Osten, nicht aber ‚politische Besitzgarantie'; Bereitschaft zur Zusammenarbeit auf wirtschaftlichem, wissenschaftlichen und technischem Gebiet."[45]

Doch nun, da Franz Josef Strauß nicht mehr wie in früheren Jahren als Bundesminister sondern nur noch als Oppositionspolitiker bzw. CSU-Parteichef sprach, fiel es seinen Gegnern noch leichter, die Ohren für seine Warnungen, Erläuterungen und Argumente zu verschließen. Nicht zuletzt dank der nach wie vor straußfeindlichen Medienlandschaft blieb der poltrige Bajuware im Bewußtsein der weitgehend desinformierten Öffentlichkeit ein unverbesserlicher Kommunistenhasser und gefährlicher Entspannungsfeind, der niemals bis ins Bundeskanzleramt vordringen durfte. Da nutzte es nicht das geringste, daß Strauß immer wieder seiner Hoffnung Ausdruck verlieh, auf die jetzige „Zeit der Konfrontation der Gesellschaftssysteme"[46] möge eine Zeit der Kooperation kommen. Die selektive Wahrnehmung vor allem der „Spiegel"- und „Stern"-Redaktion nahm diese auf Frieden und Verständigung abzielenden Äußerungen einfach nicht zur Kenntnis. Allerdings sorgte Strauß für die Aufmunitionierung seiner Gegner gelegentlich selbst, da er als ein unter parteipolitischen Zwängen stehender Oppositionspolitiker die Arbeit der Regierung nicht nur aus inhaltlichen Gründen, sondern auch aus wahltaktischen Motiven zu kritisieren hatte. Es entsprach seinem Oppositionsverständnis, die sozialliberale Ostpolitik trotz prinzipieller Gemeinsamkeiten mit polemischer Aggressivität zu attackieren. Nur wenige Eingeweihte wußten, daß der bayerische Löwe stets gefährlicher brüllte als er biß.[47] Wer seine Meinung jedoch

---

[44] Kuper, Ernst: Frieden durch Konfrontation und Kooperation. Die Einstellung von Gerhard Schröder und Willy Brandt zur Entspannungspolitik. Stuttgart 1974, S. 370. Vgl. dazu auch: Just, Dieter; Röhrig, Peter: Was wollen die Parteien? Ein synoptischer Vergleich der programmatischen Erklärungen. Bonn 1972, S. 26; Bischoff, Detlef: Franz Josef Strauß, die CSU und die Außenpolitik. Konzeption und Realität am Beispiel der Großen Koalition. Meisenheim am Glan 1973, S. 61.
[45] o.V.: o.T., in: Europa-Archiv, Zeitschrift für Internationale Politik, 27 (1972) Band 3, S. 55.
[46] Strauß, Franz Josef: Rede des CSU-Vorsitzenden Strauß zu dem „Bericht über die Lage der Nation" am 15.01.1970 (Auszüge), in: Meissner, Boris (Hg.): Die deutsche Ostpolitik 1961–1970. Kontinuität und Wandel. Köln 1970, S. 434–438, S. 434.
[47] Vgl. Burger, Hannes: Gut gebrüllt, Franz Josef. München 1989, S. 16.

ausschließlich auf der Grundlage wöchentlich erscheinender Magazine bilden konnte, erblickte in Franz Josef Strauß zwangsläufig einen gefährlichen und skrupellosen Hardliner. Die bekannte deutsche Meinungsforscherin Elisabeth Noelle-Neumann kam aufgrund ihrer jahrelangen Untersuchungen und Analysen zu dem Ergebnis: Franz Josef Strauß „war schon Ende der fünfziger Jahre, noch als Atomminister zum Negativstereotyp geworden. Nur zweieinhalb Jahre lang, als er Bundesminister in einer Koalition mit den Sozialdemokraten war, zwischen 1967 und 1969, änderte sich sein Image schlagartig; für diese kurze Zeitspanne wurde er zu einem der populärsten deutschen Politiker der Nachkriegszeit. Gleich nach dem Ende der großen Koalition, 1970, war das vorbei, das alte Strauß-Negativstereotyp kehrte zurück. Es ist kaum anzunehmen, daß solche Verwandlungen nicht auf Medienwirkung beruhen."[48]

Selbst völlig unpolitische Ereignisse wurden stets zu Strauß' Ungunsten ausgelegt. Als er im März 1971 in New York von zwei Frauen ausgeraubt wurde, dichteten ihm feindlich gesonnene Blätter sofort einen angeblichen Umgang mit Prostituierten an: „Don Hart besitzt noch seinen alten Notizblock und erinnert sich gut. ‚Um Viertel vor Drei haben wir einen Mann namens Franz Josef Strauß aufgenommen. Er war gerade von zwei schwarzen Frauen ausgeraubt worden, die in einem gelben Ford, Jahrgang 71, geflüchtet sind.' Es ist die Nacht vom 14. auf den 15. März 1971. Der CSU-Vorsitzende befindet sich mit Wienerwald-Chef Friedrich Jahn auf einer Privatreise in New York. Im Dunkeln verlässt FJS sein Hotel und wird in der 50. Straße von zwei Prostituierten mit einem Steak-Messer bedroht und ausgeraubt. Don Hart und sein Kollege Donald Herlihy nehmen Strauß mit auf das Revier. Später werden Linda Philips (Tänzerin) und Lisa Gonzales (Hausfrau) als Täterinnen gestellt. Das Diebesgut (180 Dollar, 300 Mark, Führerschein, Impfausweis sowie blauer Diplomaten-Pass) wird sichergestellt. Für die deutsche Öffentlichkeit ist der Fall klar: Der Kontakt ist vom Fußgänger Strauß ausgegangen. Nicht umgekehrt. Da kann er auch noch so oft erklären, die ‚Negerin' (dpa), a ‚Dürre greißlige Henn' (Strauß) habe zuvörderst ihn angesprochen. Wienerwald-Chef Jahn äußert laut Spiegel Verständnis für die Freudenmädchen-Ablehnung: ‚Man weiß ja nie, ob die krank sind.' Strauß eine Hurengeschichte anzudichten sei ‚falsch und ungenau', meint hingegen Ex-Cop Hart und mag damit auch heute noch manch ein CSU-Mitglied beglücken: ‚Normalerweise sitzen die Männer im Auto und die Prostituierten stehen auf der Straße.' Wenn in New York eine Prostituierte im Auto

---

[48] Noelle-Neumann, Elisabeth: Öffentliche Meinung in der Bundestagswahl 1980, in: Kaase, Max; Klingemann, Hans-Dieter (Hg.): Wahlen und politisches System. Analysen aus Anlaß der Bundestagswahl 1980. Opladen 1983, S. 540–599, S. 549f.

halte, so suche sie Geld, sei auf Ausrauben aus."⁴⁹ Letztlich war es nichts als ein ärgerlicher Zufall, daß es die beiden Damen ausgerechnet auf einen deutschen Politiker abgesehen hatten, der hoffte, eines Tages doch noch Regierungschef werden zu können und dementsprechend von einigen Magazinen unentwegt aufs Korn genommen wurde. Aber so war er eben, der Franz Josef. Ärgerliche Zufälle zog er an wie das Licht die Motten: „Strauß sorgt immer für Stoff. Wenn er nicht gerade etwas sagt, dann tut er etwas, und wenn er nichts tut, dann passiert ihm etwas, besonders nachts in New York. Aber wenn auch wirklich gar nichts mit ihm ist, dann sieht es doch so aus."⁵⁰

Trotz allem gab Franz Josef Strauß die Hoffnung niemals auf, die Redakteure des „Spiegel" und des „Stern" eines Tages vielleicht doch eines Besseren belehren zu können und gewährte beiden Magazinen immer wieder Interviews, um sie und ihre Leser von seiner charakterlichen Zuverlässigkeit und seinen lauteren politischen Absichten zu überzeugen. Vergeblich! Die Agitationen gegen ihn wurden immer geschmackloser und beleidigender. Inzwischen tauchten sogar Plakate auf, die Strauß in der Pose des Führergrußes mit Hakenkreuz und Reichsadler zeigten.⁵¹ Derartige Verunglimpfungen stimmen den oft als starken Mann auftretenden, in Wahrheit aber sehr empfindsamen Berufspolitiker nicht nur wütend, sondern entgegen allen Erwartungen auch zutiefst traurig. Trotz aller Bemühungen um eine gute, fortschrittliche Politik und eine faire Behandlung durch die Medien immer wieder von aufgestachelten, haßerfüllten Menschenmengen ausgebuht zu werden, bedrückte Franz Josef Strauß sehr. Dies mußte auch sein Büroleiter erleben, der Strauß im März 1970 zu einer Veranstaltung in Bonn begleitete. Voss: „Als FJS von mir begleitet zum vereinbarten Zeitpunkt vor dem Beueler Rathaus ankommt, ist alles schwarz vor Menschen. Die Polizei hat den Veranstaltungsraum wegen Überfüllung und das Rathaus wegen Einsturzgefahr bereits gesperrt. Wir bahnen uns mühsam einen Weg durch die Menge und haben es der Führung eines freundlichen Rathausbeamten zu verdanken, daß wir uns über eine Hintertreppe und einige Umwege dem Veranstaltungsraum nähern können."⁵² Als daraufhin „die Menge im Saal FJS erblickt, bricht ein ohrenbetäubendes Geschrei los. ‚Strauß raus, Strauß raus', quillt es – nicht enden wollend – aus den bartumrankten Keh-

---

[49] Zips, Martin: Die späte Geliebte und der New Yorker Cop. Neues über Strauß: Renate Piller spricht über ihre Beziehung – ein Polizist klärt die Central-Park-Affäre auf, in: Süddeutsche Zeitung vom 27.11.2003, S. 29. Vgl. dazu auch: Winkler, Willi: Die unverruchte Republik. Staatsmänner und Affären: Deutschland kriegt einfach keinen richtigen Skandal hin, in: Süddeutsche Zeitung vom 24. Juni 2003, S. 11.
[50] Bender, Peter: Unverzichtbarer Strauß, in: Liberal, 17 (1975) H. 10, S. 758–759, S. 758.
[51] Vgl. Kühnl, Reinhard: Die von F.J. Strauß repräsentierten politischen Kräfte und ihr Verhältnis zum Faschismus. Ein Gutachten. Köln 1972, S. 7.
[52] Voss, Friedrich: Den Kanzler im Visier. 20 Jahre mit Franz Josef Strauß. Mainz, München 2000, S. 32.

len. Ein langhaariger Dirigent in schwarzer Lederjacke – wie fast alle in diesem Raum – läßt das Geschrei auf- und abschwellen und bündelt es zu einem stechenden Staccato. Die warmen, herzlichen Begrüßungsworte, die Josef Rösing [, der Geschäftsführer der CDU/CSU-Bundestagsfraktion,] FJS zugedacht hat, gehen im Gejohle unter. Den Mitorganisatoren, die versuchen – unter Beschwörung des Hausrechtes und der Androhung strafrechtlicher Verfolgung wegen Hausfriedensbruches – Ruhe zu schaffen, ergeht es ebenso. Selbst der unerschütterliche Glaube Rösings an die Autorität von FJS fruchtet nicht. Wenn FJS sich nur dem Mikrofon nähert, schwillt das Getöse orkanartig an. Es gibt in diesem Stadium keine erfolgversprechende Möglichkeit, die Rabauken zum Schweigen zu bringen. Die wenigen normalen Veranstaltungsbesucher hocken verängstigt auf ihren Plätzen und scheiden als Hilfe aus. Obwohl es mir sehr gegen den Strich geht, den Krawallbrüdern die Genugtuung zu gönnen, die Veranstaltung gesprengt zu haben, bleibt nur der Abgang. Die Erklärung für diesen unrühmlichen Vorgang: Jusos aus Nah und Fern werden mit Bussen herangekarrt, um politische Veranstaltungen mit FJS zu sprengen. Sie reisen frühzeitig vor Beginn der Veranstaltung an und belegen alle Plätze. Wenn die Besucher kommen, um die Rede von FJS zu hören, ist alles besetzt. Die Top-Organisatoren bemerken dies zu spät. Als ich mit FJS nach dieser Misere wieder im Wagen sitze, schaut er mich wütend und traurig zugleich an und sagt: ‚Herr Voss, so etwas wie hier, will ich nicht wieder erleben!'"[53]

Im Ausland hingegen war Franz Josef Strauß wie eh und je ein gerngesehener Gast. Als er 1971 Angola besuchte, um Großwild zu jagen, wurde er von einer Ehrenkompanie empfangen, die von der portugiesischen Kolonialregierung entsandt worden war. Auch „der Präsident der Kolonie war zur Stelle. Als schließlich das Flugzeug landete und ausrollte, wurde der Landeplatz der Maschine mit Scheinwerfern beleuchtet. Inmitten der Scheinwerfer erschien F.J. Strauß mit Tropenhelm und zwei Jagdgewehren an der Gangway. Was immer noch am Flugplatz war – es war ja bald Mitternacht geworden – jubelte ihm zu."[54] Doch während die Pose des Jägers bei seiner bayerischen Stammwählerklientel in der Regel sehr gut ankam, sahen sich seine Gegner in ihren Vorurteilen bestätigt: Strauß liebte es offenbar tatsächlich, den Finger am Abzug zu haben – ganz gleich, ob an einem kleinen oder großen! Überhaupt legte sich der Kanzler in spe zu wenig Selbstdisziplin auf und umgab sich nicht selten mit fragwürdigen Gestalten. In seinen Erinnerungen notierte Ludwig Bölkow, er habe ihn immer sehr hoch eingeschätzt, aber Strauß habe sich leider oft mit falschen Freunden umgeben: „Zu seinen runden

---

[53] Ebd., S. 33.
[54] Heydte, Friedrich August Freiherr von der: „Muß ich sterben – will ich fallen ..." Ein ‚Zeitzeuge' erinnert sich. Berg am See 1987, S. 236.

Geburtstagen wurde ich immer eingeladen und hatte Gelegenheit, diese Leute kennenzulernen. Es war fast immer der gleiche Kreis, ein richtiger Männerkreis mit allem, was dazugehört: Trinken, Jagen, Männerwitze usw. Ich habe nie begreifen können, wie ein so intelligenter und charmanter Mann wie F.J. Strauß solche Leute um sich haben konnte. Was hätte ein solcher Mann, wenn er die richtigen Berater gehabt hätte, aus Bayern, aus Deutschland und aus Europa machen können! Ein Mann mit unglaublichen Begabungen."[55]

Eine dieser Begabungen lag auf dem Gebiet der Luftfahrt. Im Jahre 1971 erweiterte er den 1968 erworbenen Luftfahrerschein für einmotorige Maschinen um die Berechtigung für zweimotorige Flugzeuge, wenig später folgte dann auch noch die Blindflugschulung. Die 250 Stunden theoretischen Unterricht und das umfangreiche Trainingsprogramm absolvierte er in bemerkenswert kurzer Zeit. Doch seine Leidenschaft galt nicht nur kleinen Sportflugzeugen, sondern auch großen Passagiermaschinen. Daher nahm er dankend an, als ihm alle am Airbus-Konsortium beteiligten Firmen den Vorsitz des Aufsichtsrates der im Dezember 1970 gegründeten internationalen „Airbus Industrie" antrugen. Zum Aufsichtsratsvorsitzenden der Deutschen Airbus GmbH war er angesichts seiner großen Verdienste um die deutsche Luftfahrtindustrie bereits zur Zeit der Großen Koalition ernannt worden.[56] Seine Erfahrung mit „Parlamentariern und ausländischen Regierungsvertretern half, auf den verschiedensten Ebenen schnell zu Ergebnissen zu kommen und durch informelle Gespräche ins Stocken geratene Verhandlungen erfolgreich abzuschließen."[57] So gelang es Strauß innerhalb kürzester Zeit, „die Weichen für eine effiziente Programm-Abwicklung" neu zu stellen und „mit seiner Erfahrung und Routine ein Klima des Vertrauens für eine integrierte Zusammenarbeit von Industrie und Verwaltung"[58] zu schaffen. Damit wurde Strauß, den Insider schon damals als einen der Väter des Airbus-Projektes verehrten, zu einem inte-

---

[55] Bölkow, Ludwig: Erinnerungen. Aufgezeichnet von Brigitte Röthlein. München, Berlin 1994, S. 283.
[56] Vgl. Voss, Friedrich: Den Kanzler im Visier. 20 Jahre mit Franz Josef Strauß. Mainz, München 2000, S. 57; Brügmann, Claus; Hopfenmüller, Fritz: Franz Josef Strauß. Wesentliche Stationen seines Lebens. München 2003, S. 29. Vgl. dazu auch: http://www.airbus.com. Internetseite des Airbus-Konsortiums vom 27.01.2004; Strauß, Franz Josef: „Wir haben den Fuß in der Tür". Spiegel-Interview mit Airbus-Aufsichtsratschef Franz Josef Strauß über den Europa-Jumbo, in: Der Spiegel, 31 (1977) H. 20, S. 115–119, S. 115. Vgl. auch die abweichende Darstellung von Mark Milosch, Strauß sei erst im Jahre 1970 zum „Vorsitzenden des neuen Aufsichtsrates der Deutsche Airbus GmbH" ernannt worden: Milosch, Mark: Die Rolle von Franz Josef Strauß bei der Ansiedlung der Luftfahrtindustrie in Bayern, in: Höpfinger, Renate (Hg.): Bayerische Lebensbilder 2. Biographien – Erinnerungen – Zeugnisse. München 2004, S. 14–55, S. 52.
[57] Bölkow, Ludwig: Verdienste um die europäische Luftfahrtindustrie, in: Zimmermann, Friedrich (Hg.): Anspruch und Leistung. Widmungen für Franz Josef Strauß. Stuttgart-Degerloch 1980, S. 249–260, S. 256.
[58] Ebd.

grierenden Faktor für Europas Luftfahrtindustrie. Der erste Flug eines „A 300", dessen Großbauteile von fünf europäischen Ländern produziert wurden, fand am 28. Oktober 1972 statt. Wenn man bedenkt, in welchem Zustand sich insbesondere die deutschen Flugzeugbauer noch wenige Jahre zuvor befunden hatten, so kam dieser Jungfernflug des ersten europäischen Passagierflugzeuges der legendären Auferstehung des Phoenix aus der Asche gleich.

Während sich Franz Josef Strauß auf dem Gebiet der Luftfahrtindustrie um die wirtschaftliche Zusammenarbeit in Europa und damit auch um die politische Einigung der beteiligten europäischen Länder bemühte, setzte die sozialliberale Regierungskoalition ihre scharf kritisierte Ostpolitik unverdrossen fort. Nach Abschluß des Moskauer und des Warschauer Vertrages, deren Gebiets- und Grenzgarantien auch West-Berlin miteinschlossen, fehlte nun noch eine praktikable Regelung für den Zugang zu der allein lebensunfähigen Stadt. Nach langen Verhandlungen wurde am 3. September 1971 das Viermächte-Abkommen über Berlin unterzeichnet. Dieses nicht zu den Ostverträgen der Bundesregierung zählende Abkommen bestätigte den Fortbestand der Verantwortung der vier Siegermächte für die geteilte Stadt. Ferner wurde klargestellt, daß West-Berlin weder ein Bundesland der Bundesrepublik Deutschland noch ein autonomes Gebilde war, sondern eine unter westalliierter Oberhoheit stehende Stadt blieb, die von der Bundesrepublik allerdings nach außen hin vertreten wurde. Auch hier geizte Franz Josef Strauß nicht mit Kritik: „Nach unserer Auffassung ist das Abkommen als nicht befriedigend zu bewerten, weil die Leistungen der sowjetischen Seite ihrer Natur nach widerruflich, die Leistungen des Westens hingegen, nämlich die Statusverschlechterung, mehr oder weniger unwiderruflich sind."[59] Das Abkommen sah vor, daß die näheren Einzelheiten, insbesondere die Regelung des Personen- und des Güterverkehrs zwischen der Bundesrepublik Deutschland und West-Berlin sowie von West- nach Ost-Berlin, durch die beiden deutschen Staaten auszuhandeln waren. Daraufhin unterzeichneten am 17. Dezember 1971 die Staatssekretäre Egon Bahr und Michael Kohl in Bonn das Transitabkommen. Es war die erste deutsch-deutsche Vereinbarung auf Regierungsebene. Wenn auch nicht völkerrechtlich, so doch faktisch war der DDR seitens der Bundesrepublik nun zweifelsfrei Staatsqualität attestiert worden. Daran änderte auch die Tatsache nichts, daß der erste Staatsvertrag von zwei Staatssekretären und nicht von den zuständigen Ministern unterzeichnet wurde. Für Strauß bestand längst kein Zweifel mehr, daß die Bundesregierung eine verhängnisvolle Politik des Verzichts und des Ausverkaufs betrieb: „Mit der Geschichtslüge, daß die ‚Neue' Deutschland- und Ostpoli-

---

[59] Springer, Axel: Berlin und die Einheit Deutschlands, in: Zimmermann, Friedrich (Hg.): Anspruch und Leistung. Widmungen für Franz Josef Strauß. Stuttgart-Degerloch 1980, S. 143–150, S. 149.

tik nur eine Anerkennung der ‚Realitäten', nur eine Wiedergutmachung der deutschen Kriegsschuld sei, wurden Rechtspositionen aufgegeben, die zuvor von keiner Bundesregierung aufgegeben worden waren und die nur deshalb von der Sowjetunion angegriffen wurden, weil sie zu Recht bestanden. In Wahrheit ist nicht der Zweite Weltkrieg liquidiert, sondern die Macht der Sowjetunion um einen rechtlichen Raum erweitert worden. Durch die Wahl von Begriffen, die vieldeutig und dehnbar waren, durch vage Formulierungen, durch Übersetzungsspielräume versuchte man so zu tun, als ob kein zweiter deutscher Staat und keine Grenzen anerkannt worden sein, während die Vertragspartner in Moskau, Warschau und Ostberlin und fast die gesamte öffentliche Meinung der Welt dieselben Texte als endgültige völkerrechtliche Anerkennung und als unwiderruflichen Schlußstrich unter die Teilung auslegten, auslegen mußten."[60] Ein – scheinbar – unwiderruflicher Schlußstrich, der Willy Brandt im Oktober 1971 den Friedensnobelpreis einbringen sollte. Die Oppositionsparteien waren entsetzt. Voss: „Die Nachricht von der Verleihung des Friedensnobelpreises an Bundeskanzler Brandt trifft uns wie ein Keulenschlag. Wir sehen darin ein schurkenhaftes Komplott des Internationalen Sozialismus gegen unsere harte und konsequente Bekämpfung der ‚Neuen Ostpolitik.' Diese Sichtweise wird dadurch bestärkt, daß ein Mitglied des Nobelpreiskommitees eine kämpferische Kommunistin sein soll. Kaum einer von uns vermag in der Verleihung an einen Deutschen eine Auszeichnung und Ehre für Deutschland zu sehen."[61]

3. Konstruktives Mißtrauen

Im September 1969 hatte die Große Koalition der ersten sozialliberalen Bundesregierung ein blühendes Land übergeben. Nur zwei Jahre darauf begann die florierende Pracht jedoch in mancherlei Hinsicht zu welken, denn die unzähligen Reformen hatten die Grenzen des finanziell Vertretbaren schnell überstiegen. Strauß: „Das Wort Reform war zu einer Art pseudotheologischer Beschwörungsformel geworden, zu einem rituellen Symbol, ganz im Sinne der neuen Vorstellungen von Emanzipation und Selbstverwirklichung."[62] Außerdem hatte die gleich nach der Wahl vorgenommene Aufwertung der D-Mark um 8,5 Prozent die Agrar- und die

---

[60] Strauß, Franz Josef: Gebote der Freiheit. München 1980, S. 88f. Vgl. dazu auch: Guttenberg, Karl Theodor Freiherr zu: Im Interesse der Freiheit. Vorwort von Franz Josef Strauß. Stuttgart-Degerloch 1970, S. 10.
[61] Voss, Friedrich: Den Kanzler im Visier. 20 Jahre mit Franz Josef Strauß. Mainz, München 2000, S. 56.
[62] Strauß, Franz Josef: Die Erinnerungen. Berlin 1998, S. 597.

Exportwirtschaft wie von Franz Josef Strauß prophezeit in eine schwere Krise gestürzt; Arbeitslosigkeit und Inflation waren sprunghaft angestiegen und die konjunkturelle Entwicklung ohne das maßvolle Einwirken eines kompetenten und durchsetzungsfähigen Finanzministers bald außer Kontrolle geraten. Das seit dem Machtwechsel immer wieder artikulierte Mißtrauen der Oppositionsparteien schien sich zu bestätigen, denn „der von der Regierung angesteuerte Kurs brachte das Staatsschiff allmählich ins Schlingern."[63] Selbst Helmut Schmidt, inzwischen als Verteidigungsminister tätig, ermahnte nun die Genossen, den Staat nicht zu einem „Selbstbedienungsladen" umzufunktionieren. Und Franz Josef Strauß, der den seiner Meinung nach insgeheim immer noch mit dem Marxismus liebäugelnden Sozialdemokraten ohnehin nie getraut hatte, forderte die Bundesregierung auf, „im Inneren zu einer ‚Politik des Möglichen' zurückzukehren." Die Regierung habe sich mit ihrem Reformprogramm übernommen, verheiße der Bevölkerung aber immer noch Utopien und betreibe ihre Informationspolitik wie „eine Art Reichspressekammer, die einen Linksdrall hat, wie er sich schlimmer kaum mehr vorstellen läßt"[64].

Einem weitaus schlimmeren Linksdrall unterlag die verbrecherische „Rote Armee Fraktion". Der mit der Bildung der sozialliberalen Koalition einhergehende Zerfall der Außerparlamentarischen Opposition hatte zur Gründung zahlloser linksextremer Organisationen geführt. „Das Spektrum reichte vom orthodoxen Kommunismus/Marxismus/Leninismus über den Trotzkismus und Maoismus, die sogenannten K-Gruppen, bis zu unterschiedlichen Formen des Anarchismus und des Terrorismus."[65] Die gefährlichste dieser Verbindungen war die „Baader-Meinhof-Gruppe", die sich selbst als „RAF" bezeichnete und die im Kern aus Andreas Baader, Gudrun Ensslin, Holger Meins, Jan-Carl Raspe, Irmgard Möller und der Journalistin Ulrike Meinhof bestand. Die untergetauchten Terroristen hatten eine ausgefeilte Logistik aufgebaut, die ihnen die Beschaffung von Wohnungen, Garagen, Kraftfahrzeugen, Personalausweisen, Reisepässen, Führerscheinen, Kraftfahrzeugpapieren, Rotaprint-Maschinen, Waffen, Sprengstoffen und Medikamenten ermöglichte. Die notwendigen finanziellen Mittel wurden durch mehrere bewaffnete Raubüberfälle beschafft. Die zu äußerster Gewalt bereiten Umstürzler hatten sich zum Ziel

---

[63] Jäger, Wolfgang: Die Innenpolitik der sozial-liberalen Koalition 1969–1974, in: Bracher, Karl Dietrich; Eschenburg, Theodor; Fest, Joachim C.; Jäckel, Eberhard (Hg.): Geschichte der Bundesrepublik Deutschland. Band V/I: Bracher, Karl Dietrich; Jäger, Wolfgang; Link, Werner: Republik im Wandel 1969–1974. Die Ära Brandt. Stuttgart, Wiesbaden 1986, S. 13–160, S. 49.

[64] o.V.: o.T., in: Europa-Archiv, Zeitschrift für Internationale Politik, 26 (1971) Band 3, S. 56.

[65] Jäger, Wolfgang: Die Innenpolitik der sozial-liberalen Koalition 1969–1974, in: Bracher, Karl Dietrich; Eschenburg, Theodor; Fest, Joachim C.; Jäckel, Eberhard (Hg.): Geschichte der Bundesrepublik Deutschland. Band V/I: Bracher, Karl Dietrich; Jäger, Wolfgang; Link, Werner: Republik im Wandel 1969–1974. Die Ära Brandt. Stuttgart, Wiesbaden 1986, S. 13–160, S. 77f.

gesetzt, die ihrer Ansicht nach faschistische Bundesrepublik zu zerstören. Für den Kampf gegen den „ausbeuterischen Kapitalismus" bedurfte es jedoch der Mithilfe der angeblich eingeschläferten Bevölkerung, die durch Anschläge auf Institutionen und gezielte Attentate auf bekannte „Exponenten des Systems" wachgerüttelt werden sollte. Demgemäß setzte die RAF zahlreiche führende Persönlichkeiten aus Wirtschaft und Politik auf ihre Todeslisten. Auf einem der ersten Plätze dieser neuzeitlichen Proskription stand – natürlich – Franz Josef Strauß.

Am 14. April 1972 hätten die Terroristen den inzwischen stets von Sicherheitsbeamten beschützten Parteichef beinahe von ihrer Abschußliste streichen können, ohne selbst aktiv geworden zu sein. Denn auf einem Flug von München nach Friedrichshafen wäre Franz Josef Strauß seine ausgeprägte fliegerische Leidenschaft fast zum Verhängnis geworden, da bei der Landung die Arretierung des Bugrades versagte und die Maschine infolgedessen auf die Nase fiel und funkensprühend über die Landebahn rutschte. Manche Teile der Presse reagierten auf diesen Vorfall wie gewohnt, stellten Franz Josef Strauß als untalentierten Bruchpiloten dar und konstruierten einige hanebüchene Parallelen zur Straußschen Oppositionspolitik. Doch die regelmäßigen Salven der journalistischen Sturmgeschütze konnten nicht darüber hinwegtäuschen, daß auch innerhalb der Regierungskoalition ein großes Maß an Unzufriedenheit und Enttäuschung über die mäßigen innenpolitischen Erfolge und die fragwürdigen außenpolitischen Errungenschaften herrschte. Bereits wenige Monate nach dem Machtwechsel waren die ersten Abgeordneten der Koalitionsparteien zur Opposition übergelaufen. In kürzester Zeit war der ohnehin geringe Vorsprung von 12 Mandaten auf sechs zusammengeschrumpft. Voss: „Die aus ihren früheren Parteien aus- und zum Teil zu uns übergetretenen Abgeordneten lehnen – wie wir – eine Deutschlandpolitik ab, die auf eine staatliche Anerkennung der DDR hinausläuft, weil dies als Zementierung des SED-Regimes und damit als Bestandsgarantie für einen Unrechtsstaat erscheint. Hinzu kommt eine unsolide Finanzpolitik, die die Staatsverschuldung aus konsumtiven Gründen mächtig nach oben treibt, was die Preissteigerungsraten und die Zinsen ebenfalls nach oben zieht. Die Folgen sind Finanzkrise und Staatsbankrott."[66]

Im Januar 1972 standen den nur noch 250 Abgeordneten des Regierungslagers bereits 246 Oppositionelle gegenüber. Als die „Mini-Links-Koalition" am 23. April 1972 aufgrund massiver Abwerbungsversuche seitens der Unionsparteien schließlich endgültig ihre Mehrheit verlor, drängte Strauß den im Oktober 1971 zum Par-

---

[66] Voss, Friedrich: Den Kanzler im Visier. 20 Jahre mit Franz Josef Strauß. Mainz, München 2000, S. 69.

teivorsitzenden der CDU gewählten Rainer Barzel zum Angriff.[67] Strauß, der im Falle eines Regierungswechsels Vizekanzler und Finanzminister werden sollte, wußte nur zu gut, wie wenig er sich selbst zum Chef einer Regierung eignete, die nur von einer hauchdünnen Mehrheit getragen würde. Bekanntermaßen gab es in den Reihen der CDU einige Abgeordnete, die unter einem Bundeskanzler Strauß früher oder später zur Gegenseite überlaufen würden. Und auch für eine etwaige Koalition mit der FDP war er nicht der richtige Mann. Die Zeit für den großen Sprung war eben immer noch nicht reif. Also schickte er Rainer Barzel ins Feuer. Glückte das risikoreiche Unternehmen, konnte Strauß endlich wieder exekutive Verantwortung tragen. Mißlang es, so würde man Barzel auf irgendein politisches Abstellgleis schieben und einen neuen Aspiranten nominieren. Nicht ohne Grund also wies Strauß bereits seit längerem mit schöner Regelmäßigkeit darauf hin, daß der Vorsitzende der CDU nicht automatisch auch der Kanzlerkandidat der Unionsparteien sei.

Am 24. April 1972 stellten die Abgeordneten der CDU/CSU-Fraktion Annemarie Griesinger, Hans Katzer, Detlef Struve, Richard Stücklen, Heinrich Windelen und Manfred Wörner den Antrag, der Bundestag wolle beschließen: „Der Bundestag spricht Bundeskanzler Willy Brandt das Mißtrauen aus und wählt als seinen Nachfolger den Abgeordneten Dr. Rainer Barzel zum Bundeskanzler der Bundesrepublik Deutschland. Der Bundespräsident wird ersucht, Bundeskanzler Willy Brandt zu entlassen."[68] Dieses als „konstruktives Mißtrauensvotum" bezeichnete Instrument war die einzige Möglichkeit des Parlaments, den Regierungschef – und damit die gesamte Bundesregierung – abzusetzen. Denn angesichts der verhängnisvollen Instabilität der Weimarer Republik hatten die Mütter und Väter des Grundgesetzes der zweiten deutschen Demokratie anstelle des destruktiven Mißtrauensvotums ein konstruktives Mißtrauensvotum mit auf den ungewissen Weg gegeben, um eine Abberufung des Regierungschefs nur bei gleichzeitiger Wahl eines Nachfolgers zu ermöglichen. Von dieser absolut legalen, allgemeinhin aber als illegitim empfundenen Möglichkeit des Kanzlersturzes wollten die Unionsparteien am 27. April 1972 Gebrauch machen. An jenem Tage der Generalabrechnung mit der sozialliberalen Regierung ging kaum jemand „in Ruhe seiner Arbeit nach. In Büros, Hörsälen, Fabrikhallen tönten die Radios, standen Disku-

---

[67] Vgl. Zudeick, Peter: Willy Brandt, in: Klein, Hans (Hg.): Die Bundeskanzler. 2. Auflage, Berlin 1994, S. 221–286, S. 264.

[68] Antrag zum Konstruktiven Mißtrauensvotum gegen Bundeskanzler Willy Brandt nach Artikel 67 des Grundgesetzes. Anlage zu den stenographischen Berichten „Verhandlungen des Deutschen Bundestages", 24. April 1972, 6. Wahlperiode, Bibliothek des Deutschen Bundestages, Bonn 1972.

tierende herum."[69] Vielerorts kam es zu Protesten und solidarischen Kundgebungen des Deutschen Gewerkschaftsbundes, der wie eh und je auf der Seite der Sozialdemokraten stand. Vereinzelt erlaubte man sich auch Warnstreiks. Und in Hamburg und Berlin skandierten aufgebrachte Demonstranten: „Strauß und Barzel üben fleißig für ein neues Dreiunddreißig"[70]. Unterdessen bat der siegessichere Kanzlerkandidat das Bundespräsidialamt, seine Ernennungsurkunde im voraus drucken zu lassen. Noch am „selben Tag um 17 Uhr will er ins Palais Schaumburg einziehen, wo Kanzleramtschef Ehmke vorsorglich die wichtigsten Akten in Kisten verstauen läßt."[71] Doch es sollte anders kommen. Noch bevor Bundestagspräsident von Hassel das bereits bekannt gewordene Ergebnis der Abstimmung offiziell verkünden konnte, wurde Willy Brandt, der den Plenarsaal während der Auszählung verlassen hatte, von Dutzenden Abgeordneten der Koalitionsparteien umringt, mit Glückwünschen überhäuft und unter lautem Jubel zu seinem Platz auf der Regierungsbank geführt. Als von Hassel eröffnete, von den stimmberechtigten Abgeordneten hätten nur 247 für den Antrag der CDU/CSU gestimmt, schüttelte der gescheiterte Herausforderer fassungslos den Kopf. Barzel hatte die notwendige absolute Mehrheit um zwei Stimmen verfehlt.

Es konnte nie restlos aufgeklärt werden, wer die Dissidenten waren, die ihrem Fraktionsvorsitzenden die so sicher geglaubten Stimmen verweigert hatten. Da Franz Josef Strauß bei der Verkündung des Ergebnisses erstaunlich ruhig und gelassen geblieben war, geriet er schnell unter Verdacht, Barzel absichtlich demontiert zu haben.[72] Weiterführende Hinweise auf eine wie auch immer geartete Beteiligung an der rätselhaften Angelegenheit tauchten jedoch niemals auf. Letzteres schließt freilich nicht aus, daß Strauß möglicherweise mehr wußte als andere und daher kommen sah, was ansonsten kaum jemand vermutet hätte. Schließlich verfügte er über ausgezeichnete Kontakte zum Bundesnachrichtendienst. Nicht selten erreichten ihn wichtige Informationen aus Pullach weitaus früher als das Kanzleramt in Bonn. Franz Josef Strauß hatte seine Augen und Ohren überall. In fast allen wichtigen Ministerien, Behörden, Institutionen und Konzernen saßen Freunde und Gefolgsleute, die ihm irgend etwas zu verdanken hatten – meist ihren beruflichen oder politischen Aufstieg. Und so manches Mal kam ihm auch der Zufall zu Hilfe, wie er in seinen Memoiren bekannte: „Am Tag der Abstimmung über das

---

[69] Jäger, Wolfgang: Die Innenpolitik der sozial-liberalen Koalition 1969–1974, in: Bracher, Karl Dietrich; Eschenburg, Theodor; Fest, Joachim C.; Jäckel, Eberhard (Hg.): Geschichte der Bundesrepublik Deutschland. Band V/I: Bracher, Karl Dietrich; Jäger, Wolfgang; Link, Werner: Republik im Wandel 1969–1974. Die Ära Brandt. Stuttgart, Wiesbaden 1986, S. 13–160, S. 71.
[70] Marshall, Barbara: Willy Brandt. Eine politische Biographie. Bonn 1993, S. 125.
[71] Merseburger, Peter: Willy Brandt 1913–1992. Visionär und Realist. Stuttgart 2002, S. 644.
[72] Vgl. Lotze, Gerd: Karl Wienand. Der Drahtzieher. Köln 1995, S. 108.

konstruktive Mißtrauensvotum saß meine Frau auf der Diplomatentribüne, wo sie sich nie sehr wohl gefühlt hat und wo sie deshalb auch selten erschien. So haben die anderen Damen dort in der Aufregung des Tages die Frau des Abgeordneten Strauß zunächst übersehen. Meine Frau konnte deshalb hören, wie Mildred Scheel zu Rut Brandt sagte, jetzt sei alles verloren, jetzt sei es aus. Frau Brandt hat darauf Mildred Scheel beruhigt und gesagt, es sei alles in Ordnung gebracht und es werde gut gehen. Daneben saß die Frau des Abgeordneten Strauß, und als sie ‚entdeckt' wurde von Frau Brandt, hat diese sofort abwiegelnde, beschwichtigende Handbewegungen gemacht."[73]

Nachdem sich die vereinzelten Spekulationen, Franz Josef Strauß habe im Hintergrund die Fäden gezogen, schnell zerstreut hatten, geriet plötzlich der Abgeordnete Julius Steiner in den Verdacht, seine Stimme für 50.000 D-Mark verkauft zu haben. Steiner gab an, vom parlamentarischen Geschäftsführer der Sozialdemokratischen Bundestagsfraktion Karl Wienand bestochen worden zu sein, was Wienand allerdings energisch bestritt. Erst seitdem der damalige DDR-Geheimdienstchef Markus Wolf seine Memoiren veröffentlichte, besteht kaum mehr Zweifel daran, daß Steiner tatsächlich bestochen worden war. Laut Peter Merseburger hatte Steiner ebenso wie der CSU-Abgeordnete Leo Wagner eine beträchtliche finanzielle Zuwendung erhalten, die aus der Hauptverwaltung Aufklärung des Staatssicherheitsdienstes der DDR stammte.[74] Wolf: „Ich stellte aus unserer Kasse 50 000 DM zur Verfügung, um Steiner zur Stimmabgabe gegen das Mißtrauensvotum zu bewegen. Später behauptete Steiner, von Wienand 50 000 DM erhalten zu haben. Der Sachverhalt wurde nie geklärt, und deshalb ist auch die Frage nicht zu beantworten, ob der CDU-Mann möglicherweise zweimal kassiert hat."[75] Das zufällig von Marianne Strauß auf der Diplomatentribüne des Deutschen Bundestages mitgehörte Gespräch von Rut Brandt und Mildred Scheel spricht dafür. In jedem Fall kann „heute als gesichert gelten, daß Willy Brandt sein Überleben als Regierungschef im Frühjahr 1972 dem DDR-Staatssicherheitsdienst verdankt"[76].

Wie sich bereits am 28. April 1972 herausstellte, verfügte Willy Brandt trotz seines Triumphes über keine stabile Mehrheit mehr. Bei der Abstimmung über den Kanzlerhaushalt votierten zwar 247 Abgeordnete für den „Einzelplan 04", ebenso viele Mandatsträger stimmten jedoch dagegen: eine Pattsituation. Angesichts der Handlungsunfähigkeit seiner Regierung und der inzwischen ebenfalls eingebüß-

---

[73] Strauß, Franz Josef: Die Erinnerungen. Berlin 1998, S. 494.
[74] Vgl. Merseburger, Peter: Willy Brandt 1913–1992. Visionär und Realist. Stuttgart 2002, S. 691.
[75] Wolf, Markus: Spionagechef im geheimen Krieg. Erinnerungen. 4. Auflage, München 2002, S. 261.
[76] Merseburger, Peter: Willy Brandt 1913–1992. Visionär und Realist. Stuttgart 2002, S. 692.

ten Mehrheit im Bundesrat lud Willy Brandt noch am selben Tage Herbert Wehner, Karl Schiller, Helmut Schmidt, Horst Ehmke, Walter Scheel, Hans-Dietrich Genscher, Wolfgang Mischnick, Rainer Barzel, Gerhard Schröder, Richard Stücklen und Franz Josef Strauß in den Kanzlerbungalow ein. Im Laufe des Abends verständigte man sich darauf, zunächst einmal die umstrittenen, aber nichtsdestotrotz eminent wichtigen Ostverträge zu ratifizieren. Hierzu bedurfte es der Stimmen der Opposition. Anschließend wollte Brandt nach Artikel 68 GG die Vertrauensfrage stellen und den Bundespräsidenten im Falle einer Niederlage ersuchen, Neuwahlen anzuberaumen. Rainer Barzel, dem an einer Kooperation von Regierung und Opposition gelegen war, zeigte sich hocherfreut. Er wußte um die Bedeutung der Ostverträge. Sie scheitern zu lassen schien ihm trotz der von den Unionsparteien beanstandeten Mängel völlig unmöglich, da der Moskauer und der Warschauer Vertrag mit dem für Berlin überlebenswichtigen Viermächteabkommen verknüpft waren. Beide Ostverträge mußten den Bundestag unbedingt passieren, sollten aber durch eine „Gemeinsame Entschließung" des Parlaments eine verbindliche Interpretation erfahren. Der Text dieser Gemeinsamen Entschließung wurde von einem Redaktionskomitee verfaßt. Ihm gehörten Horst Ehmke, Hans-Dietrich Genscher, Werner Marx und Franz Josef Strauß an.

Am 9. Mai 1972 präsentierte das Komitee einen Entschließungstext, der auch von Franz Josef Strauß als optimal bewertet wurde. „Er war gewissermaßen das Gegenstück zu den zehn Leitsätzen des Bahr-Gromyko-Papiers. Er interpretierte die Ostverträge als ‚wichtige Elemente des Modus vivendi, den die Bundesrepublik Deutschland mit ihren östlichen Nachbarn herstellen will' und schrieb alle kritischen Punkte im deutschen Sinne fest: den Friedensvertragsvorbehalt; das Selbstbestimmungsrecht; die Fortgeltung des Deutschland-Vertrages, des Moskauer Abkommens von 1955 sowie der Rechte und Verantwortlichkeiten der Vier Mächte in bezug auf Deutschland als Ganzes und auf Berlin, das Bekenntnis zum Atlantischen Bündnis und zur europäischen Einigung (verbunden mit der Erwartung, ‚daß die Sowjetunion und andere sozialistische Länder die Zusammenarbeit mit der EWG aufnehmen werden'); die Berlin-Bindungen und die Normalisierung der Beziehungen zur DDR (mit der Maßgabe, ‚daß die Prinzipien der Entspannung und der guten Nachbarschaft in vollem Maße auf das Verhältnis zwischen den Menschen und Institutionen der beiden Teile Deutschlands Anwendung finden werden')."[77]

---

[77] Link, Werner: Außen- und Deutschlandpolitik in der Ära Brandt 1969–1974, in: Bracher, Karl Dietrich; Eschenburg, Theodor; Fest, Joachim C.; Jäckel, Eberhard (Hg.): Geschichte der Bundesrepublik Deutschland. Band V/I: Bracher, Karl Dietrich; Jäger, Wolfgang; Link, Werner: Republik im Wandel 1969–1974. Die Ära Brandt. Stuttgart, Wiesbaden 1986, S. 161–282, S. 211.

Franz Josef Strauß, dem schon bald eine destruktive Blockadepolitik vorgeworfen werden sollte, hatte sich in den „Verhandlungen über die Entschließung leidenschaftlich engagiert" und signalisierte nun, daß „ein Ja zu den Verträgen im Bereich des Möglichen liegen könnte."[78] Rainer Barzel erinnerte sich, wie Franz Josef Strauß der Fraktion am 9. Mai „voller Stolz" über diesen Erfolg berichtete: „‚Ich bin der Auffassung, daß sich ... nicht mehr herausholen läßt, als wir hier herausgeholt haben.' Zwei Punkte seien entscheidend. Einmal: ‚Die Verträge schaffen keine Rechtsgrundlage für bestehende Grenzen.' Zum anderen: Die Verträge ‚stellen wichtige Elemente eines ‚Modus vivendi' dar'"[79]. Doch als die Ostverträge schließlich zusammen mit der Gemeinsamen Entschließung verabschiedet werden sollten, hatte Franz Josef Strauß seine Meinung grundlegend geändert. Die CSU, so verkündete Strauß der Bundestagsfraktion am 16. Mai, werde zwar der Gemeinsamen Entschließung zustimmen, die beiden Verträge jedoch ablehnen. Barzel war entsetzt. Nun bekam er zu spüren, wer der eigentliche Führer der Opposition war. Denn dem Vorsitzenden der Schwesterpartei und seiner auf ihn eingeschworenen Prätorianergarde hatte der formal gleichrangige, faktisch jedoch unterlegene Fraktionsvorsitzende nichts entgegenzusetzen. Barzel war, wie der Journalist Günter Gaus schon damals schrieb, in jeder Hinsicht eine Nummer zu klein. Ihm blieb nur der Versuch, die Landesgruppe in stundenlangen Diskussionen zu einer Enthaltung zu bekehren – was wider Erwarten glückte.

Am 17. Mai 1972 stimmten für den Moskauer Vertrag von den 496 Abgeordneten 248 mit Ja, zehn mit Nein. 238 Abgeordnete enthielten sich. Dem Warschauer Vertrag wurde ebenfalls von 248 Abgeordneten zugestimmt, 17 Abgeordnete votierten dagegen, 231 enthielten sich der Stimme. Die Gemeinsame Entschließung hingegen erhielt nur fünf Enthaltungen, 491 Ja-Stimmen und kein einziges Nein. Somit konnten die Ostverträge durch die von Rainer Barzel erkämpften Stimmenthaltungen ratifiziert werden. Anderenfalls wären sie am Willen von Franz Josef Strauß gescheitert. Doch warum diese abrupte Kehrtwendung? Aus welchem Grunde hatte Strauß, der am 9. Mai angesichts der nun endlich optimierten Vertragslage vor der CDU/CSU-Bundestagsfraktion ins Schwärmen geraten war, seine Meinung so plötzlich geändert? Allgemeinhin wird diese Frage mit dem Verweis auf die mächtigen Vertriebenenverbände beantwortet, denen sich Franz Josef Strauß am Wochenende zwischen dem 9. und 17. Mai 1972 zu stellen hatte. Wie

---

[78] Jäger, Wolfgang: Die Innenpolitik der sozial-liberalen Koalition 1969–1974, in: Bracher, Karl Dietrich; Eschenburg, Theodor; Fest, Joachim C.; Jäckel, Eberhard (Hg.): Geschichte der Bundesrepublik Deutschland. Band V/I: Bracher, Karl Dietrich; Jäger, Wolfgang; Link, Werner: Republik im Wandel 1969–1974. Die Ära Brandt. Stuttgart, Wiesbaden 1986, S. 13–160, S. 64.
[79] Barzel, Rainer: Die Tür blieb offen. Mein persönlicher Bericht über Ostverträge – Mißtrauensvotum – Kanzlersturz. Bonn 1998, S. 129.

viele andere Politiker auch war er nach getaner Arbeit in seinen Wahlkreis gefahren. Dort war ihm von der heimatlichen Parteibasis, der bayerischen Landtagsfraktion und den erzürnten Vertriebenenverbänden ausnahmsweise einmal kein warmherziger Empfang bereitet worden. Vielmehr hatte sich Strauß harsche Kritik gefallen lassen müssen. Es sollte nicht das letzte Mal gewesen sein, daß sich die CSU in ost- und deutschlandpolitischer Hinsicht als weitaus weniger flexibel und pragmatisch als ihr Vorsitzender erweisen sollte.

Einen völlig anderen Erklärungsansatz vertrat Strauß' damaliger Büroleiter Dr. Friedrich Voss. In einem Interview am 29. Oktober 2003 erläuterte er: „Wissen Sie, bei Strauß hörte der Denkprozeß nicht auf, nur weil eine Entscheidung gefällt worden war. Ich habe es oft erlebt, daß er auch im nachhinein noch lange überlegte, ob man denn den richtigen Entschluß gefaßt hätte und ob es hier oder da nicht doch noch Möglichkeiten der Verbesserung gäbe. So wird es auch im Mai 1972 gewesen sein. Sicherlich war er erfreut, daß man sich in dieser Kommission hatte einigen können. Aber damit hatte sich diese Angelegenheit für ihn nicht erledigt. Ich bin sicher, daß er übers Wochenende weiter nachgedacht und letztlich eingesehen hat, daß es doch nicht so ratsam wäre, geschlossen für die Verträge zu stimmen."[80] Strauß selbst begründete den Sinneswandel mit den bereits am 9. Mai bekannt gewordenen sowjetischen Vorbehalten gegenüber der Gemeinsamen Entschließung und einer am 10. Mai von Willy Brandt gehaltenen Rede, die in seinen Augen den Inhalt der Entschließung entwertete, bevor diese überhaupt in Kraft getreten war.[81] Deshalb schrieb er in einem Brief an Kanzleramtsminister Horst Ehmke: „Laut Mitteilung von Bundesaußenminister Scheel in seinem Brief vom 10. Mai 1972 wird Sowjetbotschafter Falin bei Entgegennahme der Entschließung erklären: ‚Die sowjetische Seite geht ebenfalls davon aus, daß die Entschließung des Deutschen Bundestages die Rechte und Verpflichtungen, die sich aus den Verträgen ergeben, nicht berührt.' Deutlicher kann die völkerrechtliche Bedeutungslosigkeit der Entschließung nicht ausgedrückt werden. Die Tatsache, daß die Entschließung laut Mitteilung von Bundesaußenminister Scheel ausdrücklich nicht als die deutsche Interpretation des Vertrages dargestellt wird, liegt auf der Linie der Feststellung des Sowjetbotschafters. Nach dieser veränderten Lage der Dinge ist es uns nicht möglich, aufgrund der gemeinsamen Resolution den Verträgen von Moskau und Warschau zuzustimmen."[82] Außerdem gab Franz Josef Strauß in sei-

---

80 Interview mit Staatssekretär a.D. Dr. Friedrich Voss am 29.10.2003 in Bonn.
81 Vgl. Tiggemann, Anselm: CDU/CSU und die Ost- und Deutschlandpolitik 1969–1972. Zur „Innenpolitik der Außenpolitik" der ersten Regierung Brandt/Scheel. Frankfurt am Main 1998, S. 119.
82 Schöll, Walter (Hg.): Franz Josef Strauß. Der Mensch und der Staatsmann. Ein Porträt. Percha am Starnberger See 1984, S. 147.

nen Memoiren an, er habe sich plötzlich von Rainer Barzel getäuscht gefühlt. Denn ursprünglich habe ihm der Partei- und Fraktionsvorsitzende sogar sein Ehrenwort gegeben, gegen die Ostverträge stimmen zu wollen. Im Laufe der langwierigen Debatte sei er jedoch von seinem *Nein* über ein *So nicht!* zu einem *Ja* abgerutscht.[83] Dieser Wort- und Vertrauensbruch sei, so Strauß, inakzeptabel gewesen. Daher habe er die Ablehnung der Verträge empfohlen.

Neben diesen rein inhaltlichen Motiven mögen auch taktische Gründe eine nicht unwesentliche Rolle gespielt haben. Schließlich würde eine Ablehnung der Verträge nicht nur für die sozialliberale Koalition eine schwere Niederlage bedeuten; auch der offizielle Oppositionsführer wäre völlig desavouiert. Doch ob Franz Josef Strauß tatsächlich beabsichtigte, Rainer Barzel auf diesem doch etwas aufsehenerregenden Wege „in die Resignation zu treiben"[84], ist umstritten. Sein langjähriger Vertrauter Friedrich Voss hielt diesen Gedanken für vollkommen abwegig: „Strauß ging es immer um die Sache. Die politische Qualität der Ostpolitik war Strauß zu wichtig, als daß er sich aus Gründen, die sich gegen Barzel richteten, dagegen ausgesprochen hätte. Politische Fragen von dieser Größenordnung hätte er nicht mit persönlichen oder ‚personalpolitischen' Fragen geringerer Größenordnung vermischt."[85] Dies sah der noch viel langjährigere Vertraute Dr. Friedrich Zimmermann jedoch völlig anders. Er glaubte, „daß es allein taktische Gesichtspunkte waren, die zu diesem Meinungswechsel geführt haben. In der Politik sind Taktik und Strategie oftmals wichtiger als die zur Debatte stehenden Sachfragen."[86] Und auf die Frage hin, ob es seiner Ansicht nach möglich wäre, daß Strauß in der Zeit vom 9. bis zum 17. Mai erkannt hatte, daß er Barzels Position würde schwächen können, wenn er sich mitsamt der CSU-Landesgruppe gegen die Verträge aussprach oder eine Enthaltung bewirkte, erwiderte er: „Durchaus! Rainer Barzel genoß in der CSU-Landesgruppe kein sonderlich hohes Ansehen. Für uns war er in der Frage der Ostverträge ein Opportunist. Und wir trauten ihm nicht!"[87]

Welche Beweggründe Franz Josef Strauß letztlich zu seiner urplötzlichen Meinungsänderung getrieben haben mögen, wird sich wohl niemals mehr vollständig

---

[83] Strauß, Franz Josef: Die Erinnerungen. Berlin 1998, S. 490ff.
[84] Roth, Reinhold: Der Konflikt um die Strategie und den Kanzlerkandidaten in der CDU/CSU, in: Kaack, Heino; Roth, Reinhold (Hg.): Handbuch des deutschen Parteiensystems. Struktur und Politik in der Bundesrepublik zu Beginn der achtziger Jahre. Band II: Programmatik und politische Alternativen der Bundestagsparteien. Opladen 1980, S. 119–145, S. 140.
[85] Interview mit Staatssekretär a.D. Dr. Friedrich Voss am 29.10.2003 in Bonn.
[86] Interview mit Bundesminister a.D. Dr. Friedrich Zimmermann am 19.01.2004 in Planegg bei München.
[87] Ebd.

aufklären lassen. Sicher ist jedoch, daß die von ihm und seiner Partei vorgebrachte schonungslose Kritik konstruktiv in die Gemeinsame Entschließung des Bundestages vom 17. Mai 1972 eingeflossen ist und damit „eine Vertragsinterpretation zuwege gebracht hatte, die der nationalen Interessenlage entsprach und geeignet war, die Kontinuität deutscher Ostpolitik über die Ära der sozial-liberalen Koalition hinaus zu gewährleisten."[88] Sicher ist aber auch, daß die Verträge trotz der gemeinsam erzielten Verbesserungen immer noch dem Straußschen Konzept einer zunächst ökonomisch orientierten und erst später politisch ausgestalteten Annäherung widersprachen. Außerdem waren die Abkommen nicht mit seinem ausgeprägten Logikverständnis und seinem praxisbewährten Rechtsempfinden vereinbar. Unterschiedlich auslegbare Verträge zu schließen, deren Inhalte durch ergänzende Begleitschreiben in wesentlichen Punkten ad absurdum geführt wurden, war dem verhinderten Außenpolitiker unerträglich. So betrachtete er die gesamte Architektur der Ostverträge, die von manchen Bewunderern als filigranes Meisterwerk der Diplomatie gerühmt wurde, als den „Pfusch und Murks"[89] eines „dilettantischen Amateurdiplomaten"[90]. Nicht zuletzt aufgrund eben solcher Attacken und der für manchen Zuhörer beängstigenden Aggressivität seiner wortgewaltigen Brandreden stand Franz Josef Strauß in den Augen all derjenigen, die von Haus aus nicht zu seinen Verehrern gehörten, erwiesenermaßen *gegen* die allgemeinhin als gut und richtig empfundene Entspannungs- und Friedenspolitik der Bundesregierung, nicht aber *für* eine als besser und richtiger angepriesene Entspannungs- und Friedenspolitik der Opposition. Folglich haftete ihm spätestens seit dem 17. Mai 1972 das Image des ultrakonservativen Blockadepolitikers an, dessen anscheinend entspannungsfeindliche Gesinnung friedensbedrohliche Züge trug. Seinen düsteren Schatten weiter zu verfinstern, sollte den straußfeindlichen Medien daher künftig noch leichter fallen als zuvor.

Nachdem die Opposition ihren Teil der Abmachung vom 28. April 1972 mehr schlecht als recht erfüllt hatte, stellte Bundeskanzler Willy Brandt am 20. September die Vertrauensfrage. Zwei Tage darauf sprachen ihm von den 482 stimmberechtigten Bundestagsabgeordneten, die an der Abstimmung teilnahmen, nur 233 ihr Vertrauen aus. Daraufhin schlug er dem Bundespräsidenten vor, den Bundes-

---

[88] Link, Werner: Außen- und Deutschlandpolitik in der Ära Brandt 1969–1974, in: Bracher, Karl Dietrich; Eschenburg, Theodor; Fest, Joachim C.; Jäckel, Eberhard (Hg.): Geschichte der Bundesrepublik Deutschland. Band V/I: Bracher, Karl Dietrich; Jäger, Wolfgang; Link, Werner: Republik im Wandel 1969–1974. Die Ära Brandt. Stuttgart, Wiesbaden 1986, S. 161–282, S. 213.
[89] Zimmermann, Ulrich: Geliebt, verkannt und doch geachtet. Franz Josef Strauß, der Mensch, der Politiker, der Staatsmann von A–Z. 2. Auflage, Percha am Starnberger See 1980, S. 43.
[90] o.V.: Strauß: Deutschland wird nicht nur ausverkauft, sondern verschenkt, in: Die Welt vom 12.02.1970.

tag aufzulösen und die Bundestagswahlen für den 19. November 1972 anzuberaumen. Das Staatsoberhaupt wandte sich sogleich an die Spitzen der drei Bundestagsfraktionen, die sich mit dieser Regelung einverstanden erklärten. Damit hatte die erste Amtsperiode der sozialliberalen Koalition ein vorzeitiges Ende gefunden.

4. Die „letzten freien Wahlen"

Im Bundestagswahlkampf 1972 hatten CDU und CSU von vornherein einen schweren Stand. Die Sozialdemokraten genossen dank ihrer populären Ostpolitik größte Sympathien. Vor allem aber der Friedensnobelpreisträger Willy Brandt, der wie kein anderer Politiker die junge Generation faszinierte, erfuhr eine fast schon religiöse Verehrung. Dies hielt Franz Josef Strauß nicht davon ab, den Kanzlerkandidaten als „Partisan von Norwegen"[91] zu verunglimpfen und ihn öffentlich zu verhöhnen: „Ich bestreite nicht gewisse Fähigkeiten an ihm, auch [nicht] die Fähigkeit der einschmeichelnden Rede, die Fähigkeit, an sich sehr primitive Formulierungen durch die Art ihrer sprachlichen Darbietung als große Weisheiten zu verkaufen. Wenn man immer etwas so im Stile eines politischen Burgschauspielers mühsam gepreßt mit vielen Kunstpausen und sichtlich mit der eigenen Bedeutung ringend von sich gibt, dann ist das für manche Leute zunächst einmal eine ungeheure Wirkung, weil sie sagen, was gehen für vulkanische Dinge in diesem Manne vor sich (...). Man meint, daß in ihm sich faustische Naturereignisse abspielen. Und der ganze Chor der Hofschranzen und Bewunderer um ihn herum hat dann immer zur rechten Zeit die Hand an den Mund gelegt: Pssst, der Kanzler denkt!"[92] Doch die SPD wußte sich zu wehren und bezichtigte die Union einer unverantwortlichen Blockadepolitik. Nur aufmerksamen Beobachtern war bekannt, daß das genaue Gegenteil zutreffend war; schließlich hatten die Oppositionsparteien 93 Prozent aller im 6. Deutschen Bundestag verabschiedeten Gesetzentwürfe zugestimmt. Niemals zuvor waren in Deutschland von einer Opposition mehr eigenständige Gesetzesinitiativen in das parlamentarische Verfahren eingebracht worden waren als von der CDU/CSU in den Jahren 1969 bis 1972. „Es war in jeder Hinsicht die fleißigste Opposition, die es je gab. Sie setzte die ihr seit 20 Jahren gewohnte Tätigkeit der Erfüllung legislativer Funktionen unter den administrativ

---

[91] Seebacher, Brigitte: Willy Brandt. München, Zürich 2004, S. 231.
[92] o.V.: Das Beste von Franz Josef Strauß. Compact Disk. München, Grünwald o.J.

erschwerten Bedingungen der Oppositionsrolle fort."[93] Auch für die bekämpften Ostverträge hatten die Unionsparteien Gegenentwürfe vorgelegt und damit konstruktive Alternativvorschläge gemacht. Dies war weiten Teilen der Bevölkerung jedoch nicht bewußt. Wie schon am Tage des Mißtrauensvotums betrachtete man die Kanzlerkandidatur Rainer Barzels als illegitimen Angriff auf die Regierung Brandt/Scheel. Dementsprechend vergiftet war die Atmosphäre. Allenthalben kam es zu Anfeindungen gegenüber bekennenden CDU-Anhängern. Aber auch Parolen wie „Herbert Wehner, Willy Brandt, Volksverräter an die Wand!" waren häufig zu vernehmen. Franz Josef Strauß wurde nicht minder heftig verleumdet und beschimpft.[94] Dies seien möglicherweise die „letzten freien Wahlen"[95] in Westdeutschland, konterte er gereizt. Denn wenn die SPD, die mit ihrer Ostpolitik das Vaterland verkauft habe, die Wahl gewänne, wäre der Siegeszug des Sozialismus durch nichts mehr aufzuhalten. Schon jetzt handle es sich „nicht mehr in vollem Umfang" um freie Wahlen. Als Begründung nannte Strauß: „Erstens: Die Einschüchterung des Bundesbürgers durch die Parolen des Bundeskanzlers, daß es sich hier um eine Entscheidung für oder gegen die Friedenspolitik handele. Zweitens: Seine drohende Ankündigung, daß im Falle eines Wahlsieges der CDU/CSU mit schweren sozialen Erschütterungen zu rechnen sei. Drittens: Die Tatsache, daß die Bundesregierung in diesem Jahr 250 Millionen Mark aus einem nicht genehmigten Haushalt für Zwecke der Öffentlichkeitsarbeit und der Dokumentation, das heißt, praktisch für Wahlkampfzwecke ausgibt. Viertens: Die Tatsache, daß der DGB seine parteipolitische Unabhängigkeit aufgegeben hat und sich als Transmissionsriemen der SPD betätigt. Auch dafür bleibe ich keinen Beweis schuldig. Während der DGB die Regierung Erhard bei drei Prozent Preissteigerung zur Alleinschuldigen an der Inflation gestempelt hat, behauptet jetzt der DGB, daß bei der 6,4prozentigen Preissteigerung die Bundesregierung keine Verantwortung trage, sondern das böse Ausland daran schuld sei. Ich habe nicht gesagt, daß diese Wahlen nicht mehr frei sind, aber ich habe gesagt, daß in diesen Wahlen nicht

---

[93] Kaltefleiter, Werner: Zwischen Konsens und Krise. Eine Analyse der Bundestagswahl 1972. Köln, Berlin, Bonn, München 1973, S. 29. Vgl. dazu auch: Strauß, Franz Josef: Eckstein unserer föderativen Ordnung, in: Pressestelle des Bundesrates (Hg.): 30 Jahre Bundesrat, 1949–1979. Beiträge zum dreißigjährigen Bestehen des Bundesrates der Bundesrepublik Deutschland. Bonn 1979, S. 19–20, S. 19.

[94] Vgl. statt vieler: Strauß, Franz Josef: „Ich lasse mir nur nicht alles bieten." Der CSU-Vorsitzende Franz Josef Strauß im „Kreuzfeuer"-Interview bei „Monitor". Der Wortlaut eines bemerkenswerten Interviews, in: Frankfurter Allgemeine Zeitung vom 11.10.1972, S. 12–13; Spall, Peter van: Franz Josef Strauß und das bundesdeutsche Rechtskartell, in: Bulletin des Fränkischen Kreises, 1972/152, S. 19–23; Hirsch, Kurt: Zur Veröffentlichung des „Schwarzbuches". Franz Josef Strauß, ein Sicherheitsrisiko für die Demokratie. München 1972; Behrend, Manfred: Zum politischen Entwicklungsweg von Franz Josef Strauß, in: Zeitschrift für Geschichtswissenschaft, 20/1972, S. 550–564.

[95] Brauchitsch, Eberhard von: Der Preis des Schweigens. Erfahrungen eines Unternehmers. 3. Auflage, Berlin 1999, S. 80.

mehr die Chancengleichheit besteht. Dazu trägt auch bei, daß diese Regierung sich in größerem Umfange auf Ambulanzdienste großer Teile der Publizistik verlassen kann. Man hat früher, vor allem bei den Massenmedien Rundfunk und Fernsehen, uns gesagt: Wir behandeln die Regierung immer schlechter als die Opposition, weil wir den Machtvorteil der Regierung durch eine bessere Behandlung der Opposition ausgleichen müssen. Seit die SPD an der Regierung ist, verhält man sich genau umgekehrt."[96]

Ein großer Teil des von vielen Beobachtern als Schlammschlacht empfundenen Wahlkampfes wurde wie eh und je über Plakate ausgetragen. Die CDU präsentierte beispielsweise die Photographie einer Deutschen Mark, die im Stile Salvador Dalis fließender Zeit im Begriff war, sich aufzulösen und zu zerlaufen. Unterschrift: „Jetzt aber CDU".[97] In die gleiche Richtung stieß auch der Slogan: „Machen Sie es wie die Preise, laufen Sie der SPD davon." Natürlich wurde auch die Ostpolitik thematisiert: „The Daily Telegraph schreibt ‚Moscow votes for Brandt' / auf gut deutsch / Moskau wählt Brandt / ... und Sie?"[98] Unterstützt wurden CDU und CSU von Teilen der Großindustrie, die eine Fülle von Zeitungsanzeigen und Wahlwerbespots finanzierten. Die SPD reagierte gewitzt: „Warum einige Großindustrielle Barzels Wahlkampf finanzieren? – Ganz einfach. Die Regierung Brandt gibt den Arbeitnehmern mehr Rechte."[99] Wie schon im Jahre 1969 engagierten sich auch diesmal wieder zahlreiche Prominente und Intellektuelle für die Sozialdemokratische Partei. Vor allem Günter Grass, Hardy Krüger, Inge Meysel und Sebastian Haffner warben für Willy Brandt, in dessen Person sie den ewig beklagten Unterschied zwischen Macht und Moral aufgehoben wähnten. Auch die der sozialliberalen Koalition zuneigende Presse rührte kräftig die Werbetrommel – ebenso wie die unionsnahen Springer-Medien auf der Gegenseite. Ein Novum war die im November 1972 erstmals arrangierte Fernsehdebatte. Die letzte der drei Diskussionsrunden, an der Willy Brandt, Rainer Barzel, Walter Scheel und Franz Josef Strauß teilnahmen, fand vier Tage vor der Wahl statt und wurde in 60 Prozent der Fernsehhaushalte mitverfolgt. Dem „Spiegel" erklärte Strauß, was die bundesdeutsche Bevölkerung im Falle eines Wahlsieges der Unionsparteien von ihm als Finanzminister zu erwarten hätte: „Zwei Dinge: erstens, kurz nach Bildung einer

---

[96] Strauß, Franz Josef: „... dann ist Willy Brandt ein Großvater". Der CSU-Vorsitzende über einen Wahlkampf, in: Frankfurter Rundschau vom 16.11.1972, S. 23. Vgl. dazu auch: o.V.: Strauß hält freie Wahl für gefährdet, in: Die Welt vom 24.10.1972.
[97] Vgl. Langguth, Gerd (Hg.): Politik und Plakat. Fünfzig Jahre Plakatgeschichte am Beispiel der CDU. Bonn 1995, S. 134.
[98] Toman-Banke, Monika: Die Wahlslogans von 1949 bis 1994, in: Aus Politik und Zeitgeschichte. Beilage zur Wochenzeitung Das Parlament. B 51–52/1994 vom 23. Dezember 1994, S. 47–55, S. 52.
[99] Vgl. Merseburger, Peter: Willy Brandt 1913–1992. Visionär und Realist. Stuttgart 2002, S. 652.

CDU/CSU-Regierung, die volle und ungeschminkte Wahrheit über den Zustand unserer öffentlichen Finanzen; zweitens die Anwendung aller stabilitätspolitischen Instrumente, was die Mitwirkung der gesamten Bundesregierung, der parlamentarischen Mehrheit und der gesellschaftlich relevanten Kräfte erfordert, mit dem Ziel, die Inflationsrate – die in Lebenshaltungskosten ausgedrückt sechs Prozent mit steigender Tendenz aufweist, in der absoluten Verteuerung des Sozialproduktes acht Prozent überschritten hat – wieder auf ein erträgliches Maß zu senken."[100] Eine mutige Ankündigung, denn Inflation und Lebenshaltungskosten bewegten sich in der Tat auf schwindelerregend hohem Niveau, das Wirtschaftswachstum war rapide gesunken, die Haushaltslage desolat und das Mißverhältnis zwischen versprochenen und verwirklichten Reformen gravierend. Nicht ohne Grund waren der Finanzminister Alex Möller und schließlich auch Superminister Karl Schiller von ihren Ämtern zurückgetreten. Doch die wirtschaftliche Lage bewegte die Bevölkerung weit weniger als die populäre Ostpolitik der sozialliberalen Bundesregierung. So war die Zustimmung groß, als Willy Brandt am 12. Oktober 1972 auf einem außerordentlichen Parteitag der SPD in Dortmund sagte: „Im Augenblick scheint es mir, die deutsche Politik, zumal die deutsche Außenpolitik, sei eine zu ernste Angelegenheit, um Dr. Barzel und seiner Mannschaft mit F.J. Strauß als Geheimkanzler überlassen zu werden."[101]

Am Sonntag, dem 19. November 1972, wußte man bereits um 19.10 Uhr, daß auch die Wähler die deutsche Außen- und Ostpolitik als eine zu ernste Angelegenheit betrachteten, um sie einer Bundesregierung zu überlassen, die de jure von Barzel, de facto aber von Strauß geführt würde. Als die ersten Hochrechnungen eine klare Niederlage der Unionsparteien ergaben, sendete Rainer Barzel ein Glückwunschtelegramm an Willy Brandt. Vor laufenden Fernsehkameras räumte der zum zweiten Mal gescheiterte Herausforderer ein, sein Ziel nicht erreicht zu haben. „Damit war Barzels Sturz besiegelt, offen war nur noch, wie lange er sich hielt und worüber ihn die Parteifreunde am Ende stolpern ließen."[102] Am Tage nach der Wahl lag das amtliche Endergebnis vor: Die Wahlbeteiligung war mit 91,1 Prozent die höchste aller Zeiten. Von den 37.761.589 Stimmen, die von den 41.446.302 wahlberechtigten Bürgern abgegeben worden waren, erhielt die SPD 45,8 und die FDP 8,4 Prozent. Die Unionsparteien mußten sich mit enttäuschenden 44,9 Prozent begnü-

---

[100] Strauß, Franz Josef: „Das ist Nick-Knatterton-Romantik". CSU-Vorsitzender Franz Josef Strauß über seine politischen Pläne, in: Der Spiegel, 26 (1972) H. 46, S. 27–32, S. 27.
[101] Brandt, Willy: Rede auf dem Außerordentlichen Parteitag der SPD am 12. Oktober 1972 in Dortmund, in: Presse- und Informationsamt der Bundesregierung (Hg.): Bundeskanzler Brandt. Reden und Interviews (II). Bonn 1973, S. 430–450, S. 448.
[102] Dreher, Klaus: Helmut Kohl. Leben mit Macht. 2. Auflage, Stuttgart 1998, S. 162.

gen. Nur die CSU hatte zulegen und sich in Bayern von 54,4 auf 55,1 Prozent verbessern können. Im weiß-blauen Freistaat gingen die Uhren eben immer noch anders. Alles in allem wurde die Bundestagswahl als ein Triumph, ja als ein Plebiszit für Willy Brandt und seine Ostpolitik bewertet. Damit war für Franz Josef Strauß die Frage, ob seine Politik richtig oder falsch gewesen sei, jedoch keinesfalls geklärt. Denn diese Frage, so Strauß, werde nicht vom Wähler, sondern von der Zukunft entschieden: „Ich bin der Auffassung, daß wir recht hatten, aber wir haben bei der Wahl von der Mehrheit der Wähler nicht recht bekommen."[103] Dies mag unter anderem daran gelegen haben, daß das aktive Wahlalter bereits im Jahre 1970 von 21 auf 18 und das passive von 25 auf 21 Jahre herabgesetzt worden war. Außerdem hatte die Regierung diejenigen Demonstranten, die sich im Rahmen der Studentenunruhen zu Ausschreitungen hatten hinreißen lassen, amnestiert. Daraufhin hatte die Mehrzahl aller Jungwähler für ihren euphorisch umschwärmten Hoffnungsträger gestimmt. Strauß hingegen erfreute sich inzwischen nur noch in der Generation der über Fünfzigjährigen einer überzeugten Anhängerschaft. Nur die Älteren sahen in ihm „noch immer den dynamischen jungen ‚Senkrechtstarter', der mit 33 Jahren Generalsekretär seiner Partei, mit 38 Jahren zum ersten Mal Minister wurde."[104] In den Augen der jugendlichen Wähler erschien Franz Josef Strauß eher als ultrakonservativer Repräsentant des Establishments denn als junggebliebener Modernisierungspolitiker. Schließlich würde er in nur drei Jahren seinen 60. Geburtstag feiern.

Am 14. Dezember 1972 wählte der Bundestag mit 269 gegen 223 Stimmen zum zweiten Mal Willy Brandt zum Bundeskanzler. Sein Kabinett bestand aus 12 SPD- und fünf FDP-Ministern. Da die Sozialdemokraten nun über die stärkste Bundestagsfraktion verfügten, konnten sie erstmals den Bundestagspräsidenten stellen. Mit dem zweithöchsten Amt im Staate wurde Annemarie Renger, die einstige Sekretärin Kurt Schumachers, betraut. Und Franz Josef Strauß? Der konnte dankbar sein, daß Richard Stücklen ihm vor der Bundestagswahl dringend abgeraten hatte, gegen Willy Brandt zu kandidieren. Stücklen: „Als er mich aufforderte, auf die CDU einzuwirken, damit er der Kanzlerkandidat für die Bundestagswahl 1972 würde, habe ich in richtiger Einschätzung seiner Chancen Strauß die Frage gestellt, ob er glaube, gegen Brandt gewinnen zu können? Er hat daraufhin eindeutig mit Nein geantwortet. Meine Antwort war darauf, warum er denn kandidieren wolle, wenn er selbst nicht an einen Erfolg glaube? Ich habe dann noch hinzugefügt, nur um zu kandidieren, damit man einmal das Gefühl gehabt hat, Kanzlerkandidat

---

[103] Strauß, Franz Josef: „Die Mitte liegt nicht zwischen Marx und Lenin", in: Die Welt vom 14.02.1973, S. 8.
[104] Noack, Paul: Franz Josef der Einzige?, in: Der Monat, 22 (1970) H. 266, S. 9–14, S. 13.

gewesen zu sein, mache doch keinen Sinn. Dieses Erlebnis könne er ruhig anderen überlassen."[105]

Wer glaubte, der triumphale Wahlerfolg würde der Bundesregierung zu einem dynamischen Start in die zweite Legislaturperiode verhelfen, sah sich bald getäuscht. Der Kanzler und seine Mannschaft wirkten erschöpft, fast ausgezehrt. Nach nur drei Jahren Regierungsarbeit verfügte der 58jährige Willy Brandt erkennbar über weniger Kraftreserven als einst der 83jährige Konrad Adenauer nach zehn Jahren nicht minder aufreibender Kanzlerschaft. Schon bald nach dem Wahltag bekam der erkrankte und ohnehin zur Melancholie und zu Selbstzweifeln neigende Willy Brandt „nichts mehr hin". Er „zögerte und zauderte und regierte lustlos. Er ließ Regierungsmitgliedern ebenso wie den jungen Leuten in der Partei freie Hand; Regierung und Partei entfernten sich immer weiter voneinander. Brandt moderierte bestenfalls, aber er führte nicht mehr. Es gelang ihm nicht, Regierung, Fraktion und Partei zu einer Handlungseinheit zusammenzufügen, was ein Regierungs- und Parteichef im parlamentarischen System aber, will er nicht scheitern, schaffen muß."[106] Dementsprechend nüchtern fiel die Regierungserklärung vom 18. Januar 1973 aus. Von den hochfliegenden Plänen des Jahres 1969 war kaum mehr etwas zu vernehmen. Dennoch zelebrierte Brandt „die Überhöhung der sozial-liberalen Ära als einer qualitativ höheren Stufe der deutschen Demokratie" noch salbungsvoller als drei Jahre zuvor. „Die sozial-liberale Koalition sah sich nicht einfach in der Dynamik wechselnder Regierungen auf Zeit, sondern als historische Kraft eines fortschreitenden demokratischen Geistes."[107] Die Antwort von Franz Josef Strauß, immer noch einer der besten Volks- und Debattenredner Deutschlands, ließ nicht lange auf sich warten: „Frau Präsidentin! Meine sehr verehrten Damen und Herren! Wer die Regierungserklärung angehört und dann noch genau nachgelesen hat, mußte von einem zwiespältigen Gefühl erfüllt sein; und das nicht nur vom Standpunkt der Opposition, sondern vom Standpunkt jedes kritischen Beobachters aus, und zwar unter mehreren Gesichtspunkten. Sie war mit vielen schönen Reden und spannungserzeugenden Sondermeldungen angekündigt worden. So wurden wir am 18. Januar morgens im Rundfunk unterrichtet, in drei Stunden sei es so weit; eine Stunde später hieß es, in zwei

---

[105] Stücklen, Richard: Mit Humor und Augenmaß. Geschichten, Anekdoten und eine Enthüllung. 2. Auflage, Forchheim 2001, S. 362.
[106] Walter, Franz: Die SPD. Vom Proletariat zur Neuen Mitte. Berlin 2002, S. 199.
[107] Jäger, Wolfgang: Die Innenpolitik der sozial-liberalen Koalition 1969–1974, in: Bracher, Karl Dietrich; Eschenburg, Theodor; Fest, Joachim C.; Jäckel, Eberhard (Hg.): Geschichte der Bundesrepublik Deutschland. Band V/I: Bracher, Karl Dietrich; Jäger, Wolfgang; Link, Werner: Republik im Wandel 1969–1974. Die Ära Brandt. Stuttgart, Wiesbaden 1986, S. 13–160, S. 94.

Stunden sei es so weit. (Zuruf von der SPD: Logisch! – Heiterkeit und Beifall bei der CDU/CSU.) (...) Man wußte nicht: war es die Vorbereitung für die Bescherung der Kinder zu Weihnachten oder der Count down der Regierungsrakete. Man erwartete demgemäß einen großen Entwurf, in Gemeinschaftsarbeit auf Stromlinienform gebracht," doch statt dessen „haben wir eine lange Abfolge von unverbindlichen Ankündigungen, vagen Absichtserklärungen, Zielbeschreibungen und Leitlinien vernommen, dazu ein wohlgerüttelt Maß an hochstehenden sittlichen Forderungen, die plakatmäßig formuliert worden sind, sich durchaus auch als Aufschriften für Spruchbänder eignen würden. Ein kritischer, und zwar sonst regierungsfreundlicher Kommentator hat mit Recht vermerkt, das sei ein Warenhauskatalog ohne Maße, Preise und Liefertermine und, wie ich hinzufüge, auch ohne klare Angabe darüber, ob überhaupt eine Liefermöglichkeit besteht." Daher wiederhole ich, „was ich früher gesagt habe: Es gibt eine normative Kraft des Faktischen. Sie ist mächtig und unter Umständen gefährlich. Aber es gibt keine faktenersetzende Kraft des Phraseologischen. (Beifall bei der CDU/CSU.) In der Regierungserklärung vom Oktober 1969 handelte es sich um angeblich 423 Versprechen, Ankündigungen, Anregungen, die meistens mit dem anspruchsvollen, in der Zwischenzeit leider abgegriffenen Wort ‚Reform' in die Welt gesetzt wurden. Diesmal ist es eine Mischung von Problemkatalog, allgemein ethischen Imperativen und losen Absichtsbekundungen."[108]

Strauß' Büroleiter Friedrich Voss konnte beobachten, wie gut die ebenso ironische wie stichhaltige Stellungnahme bei den Abgeordneten der Unionsparteien ankam: „Es ist eine sehr prägnante Grundsatzrede, die ihn in den Augen vieler Parlamentarier in den Rang des eigentlichen Sprechers der Opposition hebt. Nach dieser Rede kommen sehr viele CDU-Abgeordnete – sogar solche, die nicht unbedingt zu seinen Anhängern und Freunden zählen – auf FJS zu und bitten ihn, auch in Zukunft den Schwerpunkt seiner politischen Arbeit in Bonn zu sehen, statt sich – wie es da und dort kolportiert werde – nach München zurückzuziehen. Dieser Vorgang zeigt deutlich, wie sehr die Reputation Barzels in der Fraktion gelitten hat und daß er kaum noch zur Führungsfigur in einer aggressiven Opposition geeignet ist."[109] Somit hatte Franz Josef Strauß mit der Schwesterpartei nun leichtes Spiel. Unter Androhung der Auflösung der Fraktionsgemeinschaft zwang er die CDU, eine konfrontativere Oppositionsstrategie an den Tag zu legen und sich

---

[108] Strauß, Franz Josef: Stellungnahme zur Regierungserklärung vom 18. Januar 1973, in: Verhandlungen des Deutschen Bundestages, 24. Januar 1973, 8. Sitzung, 7. Wahlperiode, Stenographische Berichte Band 81. Bonn 1972/73, S. 160–172, S. 160f. Vgl. dazu auch: CSU-Landesleitung (Hg.): Franz Josef Strauß: Traum und Wirklichkeit einer Regierungserklärung. München 1973.
[109] Voss, Friedrich: Den Kanzler im Visier. 20 Jahre mit Franz Josef Strauß. Mainz, München 2000, S. 78.

inhaltlich stärker an der CSU auszurichten. Schließlich hatte die Barzelsche Kooperationstaktik ihre Erfolglosigkeit am Wahltag eindrucksvoll unter Beweis gestellt. Wenn die Unionsparteien jemals wieder an die Regierungsverantwortung gelangen wollten, so mußten sie sich – davon war Franz Josef Strauß überzeugt – als klar unterscheidbare Alternative zur gegenwärtigen Koalition präsentieren und die amtierende Regierung hart und schonungslos attackieren. Nur so glaubte Strauß eine Chance zu haben, den seit dem 19. November 1972 wieder in weite Ferne gerückten Kanzlerthron eines Tages doch noch besteigen zu können.

5. Vom Nebeneinander zum Miteinander

Trotz aller Kraft- und Schwunglosigkeit war Willy Brandt fest entschlossen, sein Lebenswerk zu vollenden und die Ostverträge um einen Kontrakt mit der DDR zu ergänzen. Ein weiteres Auseinanderleben der deutschen Nation, so hatte er bereits in seiner ersten großen Regierungserklärung verkündet, müsse um jeden Preis verhindert werden. Man müsse von einem geregelten Nebeneinander zu einem Miteinander kommen.[110] Zu diesem Zweck wurde am 21. Dezember 1972 der bereits vor der Bundestagswahl paraphierte „Vertrag über die Grundlagen der Beziehungen zwischen der Bundesrepublik Deutschland und der Deutschen Demokratischen Republik" unterzeichnet. Franz Josef Strauß war alles andere als begeistert. Bereits am 10. November hatte er verlauten lassen, bevor man mit der DDR ins Gespräch komme oder gar Verträge schließe, solle der Mauerstaat als Zeichen des guten Willens zuerst einmal „die Tötungsmaschinen an der Grenze zur Bundesrepublik beseitigen"[111]. Doch ein solches „do ut des" entsprach nicht der Wandeldurch-Annäherung-Politik der Bundesregierung.

Das deutsch-deutsche Vertragswerk war noch unübersichtlicher als die beiden mit Moskau und Warschau geschlossenen Ostverträge. Es bestand aus dem Text des Grundlagenvertrages, einem Zusatzprotokoll, Erklärungen zum Zusatzprotokoll und einigen Briefwechseln und Erläuterungen. Der Grundlagenvertrag beinhaltete die Aufnahme von gutnachbarlichen Beziehungen, sicherte gegenseitigen Gewaltverzicht zu, regelte einige humanitäre und praktische Fragen und garantierte die Unverletzlichkeit der europäischen Grenzen. Die deutsche Wiedervereinigung und

---

[110] Vgl. Brandt, Willy: Regierungserklärung vom 28. Oktober 1969, in: Beyme, Klaus von (Hg.): Die großen Regierungserklärungen der deutschen Bundeskanzler von Adenauer bis Schmidt. München, Wien 1979, S. 251–312, S. 253.

[111] o.V.: Strauß: Menschliche Erleichterungen zählen nicht, in: Frankfurter Allgemeine Zeitung vom 10.11.1972.

die Bindung Westberlins an die Bundesrepublik wurden im eigentlichen Vertragstext jedoch wieder unterschlagen. Darüber hinaus gab die Bundesrepublik den deutschen Alleinvertretungsanspruch auf. Außerdem wurde es Ost-Berlin aufgrund der vertraglichen Formulierungen ermöglicht, an der Zwei-Nationen-These festzuhalten, während die Bundesrepublik bei der Auslegung „Zwei Staaten – eine Nation" blieb. Vor allem aber stand nun dem von Pankow seit langem ersehnten Beitritt zu den Vereinten Nationen und damit ihrer außenpolitischen Anerkennung nichts mehr im Wege. Damit hatte die DDR mit Ausnahme ihrer völkerrechtlichen Anerkennung durch die Bundesrepublik all ihre wesentlichen Ziele erreicht.

Die Bedenken der Union gegen den Grundlagenvertrag, der im Ausland weithin als Teilungsvertrag aufgenommen wurde, wogen noch schwerer als jene gegen die beiden Ostverträge. Schließlich bestätige der Vertrag in aller Form die Existenz zweier selbständiger, voneinander unabhängiger deutscher Staaten und vertiefe die Teilung Deutschlands. Auch die vertragliche Hinnahme des Staats- und Gesellschaftssystems der DDR und der damit verbundenen Unfreiheit und Unmenschlichkeit wurde scharf kritisiert. Vor allem aber beanstandete die Union die mangelnde Ausgewogenheit von Leistung und Gegenleistung. Demgemäß stellte Franz Josef Strauß bereits am 24. Januar 1973 eindeutig klar: „Es ist auch unser ehrlicher Wunsch und unser ernstes Bestreben, Spannungen abzubauen und zu einem geregelten Nebeneinander zu kommen, aber wir können uns nichts unter dem von Ihnen, Herr Bundeskanzler, empfohlenen Miteinander mit einem kommunistischen Zwangsstaat vorstellen. Wir schätzen menschliche Erleichterungen und menschliche Begegnungen, auch wenn sie ein kanalisiertes und kontrolliertes Rinnsal darstellen, sehr hoch ein, sind aber nicht bereit, den Preis zu unterschätzen, den wir dafür bezahlen, den Ernst der Lage zu verkennen, in die wir hineinsteuern, und – ich nehme an, auch Sie nicht – das kommunistische System für etwas anderes zu halten, als was es ist."[112] Als es im Bundestag am 11. Mai 1973 schließlich zur Abstimmung kam, lehnte die faktisch von Strauß geführte Opposition den Grundlagenvertrag wie angekündigt ab. Doch da die sozialliberale Koalition über die Mehrheit der Stimmen verfügte, konnte das Ratifizierungsgesetz verabschiedet und dem Bundesrat vorgelegt werden, der es mit den Stimmen der CDU/CSU-geführten Länder wiederum ablehnte. Anschließend wurde es gegen den Willen Bayerns dem Vermittlungsausschuß zugeführt. Als der Grundlagenver-

---

[112] Strauß, Franz Josef: Rede des CSU-Vorsitzenden Strauß in der Bundestagsdebatte über die Regierungserklärung am 24.01.1973 (Auszug), in: Meissner, Boris (Hg.): Moskau – Bonn. Die Beziehungen zwischen der Sowjetunion und der Bundesrepublik Deutschland 1955–1973. Dokumentation. Köln 1975, S. 1583f.

trag schließlich trotz seines energischen Widerstandes endgültig verabschiedet wurde, zeigte sich Franz Josef Strauß verärgert und empört.

Es dauerte nicht lange, da war Strauß' Zorn dem deprimierenden Gefühl einer ohnmächtigen Hilflosigkeit gewichen. Weder im Bundestag noch im Bundesrat hatte sich die seiner Ansicht nach vertraglich festgeschriebene Zementierung der deutschen Teilung aufhalten lassen. Nichts schien die von einer sicheren Mehrheit getragene Regierung mehr von ihrer Verzichts- und Ausverkaufspolitik abhalten zu können. Die einzige noch verbleibende Möglichkeit bestand in einer Klage vor dem Bundesverfassungsgericht in Karlruhe. „Wir Bayern", hatte Strauß schon vor Monaten erklärt, „dürfen uns nicht scheuen, die letzten Preußen zu sein, wenn die Historie dies von uns verlangt."[113] Die deutsche Teilung dürfe auf keinen Fall vertraglich besiegelt werden; die deutsche Einheit als Fernziel jeder Ost- und Deutschlandpolitik müsse weiterhin mit aller Kraft angestrebt werden. Doch die Chancen, das Inkrafttreten des „Teilungsvertrages" auf juristische Weise in letzter Sekunde verhindern zu können, standen nicht zum besten. Niemand aus dem Unionslager war bereit, das hohe Risiko einer schmachvollen Niederlage einzugehen. Nicht einmal alte Kämpfer wie der baden-württembergische Ministerpräsident Hans Filbinger wagten sich an das heiße Eisen heran. Doch dann erfuhr Strauß von Eugen Gerstenmaier, der in freundschaftlicher Verbindung zu einem Verfassungsrichter stand, „daß das Bundesverfassungsgericht angesichts seiner bisherigen Rechtsprechungspraxis auch im Falle der Abweisung der Klage eine verbindliche Auslegung des Vertragstextes im gesamtdeutschen Sinn festschreiben würde. Der Kläger konnte also gar nicht verlieren, denn selbst die Abweisung der Klage würde durch eine verbindliche Vertragsauslegung im Sinne des Grundgesetzes zum erwünschten Erfolg führen. Von dieser Perspektive war Strauß derartig fasziniert, daß er daraufhin den bayerischen Ministerpräsidenten Goppel und jeden einzelnen Angehörigen des zunächst mehrheitlich widerstrebenden Kabinetts so lange ‚bearbeitete', bis sich die Staatsregierung entschloß, in Karlsruhe gegen den Grundlagenvertrag zu klagen"[114].

Der Antrag der Bayerischen Staatsregierung setzte ein Normenkontrollverfahren des Bundesverfassungsgerichts in bezug auf den Grundlagenvertrag zwischen der Bundesrepublik Deutschland und der DDR in Gang. Begründung: „1. Der Grund-

---

[113] Vgl. Behrend, Manfred: Franz Josef Strauß. Eine politische Biographie. Köln 1995, S. 151. Vgl. dazu auch: Strauß, Franz Josef: Rede in der Berliner Eissporthalle vom 25. August 1974, in: Bund Freies Deutschland (Hg.): Berlin/Prag: Kampf um die Freiheit. Berlin 1974, S. 29–43, S. 29.
[114] Interview mit Staatssekretär a.D. Dr. Wilhelm Knittel LL.M. am 20.01.2004 in Grünwald bei München.

lagenvertrag verstoße gegen das Gebot der Wahrung der staatlichen Einheit Deutschlands. 2. Der Vertrag verletze das Wiedervereinigungsgebot des Grundgesetzes. 3. Die Rechte der anderen Teile Deutschlands auf Beitritt zur Bundesrepublik seien verletzt. 4. Der Grundlagenvertrag sei mit den Vorschriften des Grundgesetzes betreffend Berlin unvereinbar. 5. Die der Bundesrepublik obliegende Schutz- und Fürsorgepflicht gegenüber den Deutschen in der DDR sei verletzt."[115] Am 31. Juli 1973 wies das Bundesverfassungsgericht die Klage der Bayerischen Staatsregierung zurück und bestätigte die Verfassungsmäßigkeit des Grundlagenvertrages. Gleichzeitig beseitigte das Gericht aber „die gröbsten Unklarheiten und Verzerrungsmöglichkeiten"[116] und bestimmte wie von Franz Josef Strauß erhofft, „in welcher Auslegung diese Verträge mit dem Grundgesetz vereinbar sind."[117] Die deutsche Frage, so hieß es, bleibe weiterhin unbeantwortet und der Auftrag des Grundgesetzes zur Vollendung der Einheit Deutschlands in freier Selbstbestimmung behalte seine volle Gültigkeit. Kein Verfassungsorgan der Bundesrepublik Deutschland dürfe die Wiederherstellung der staatlichen Einheit Deutschlands als politisches Ziel aufgeben, alle Verfassungsorgane seien verpflichtet, in ihrer Politik auf die Erreichung dieses Zieles hinzuwirken. Dies schließe auch die Forderung ein, den Wiedervereinigungsanspruch im Innern wachzuhalten und nach außen beharrlich zu vertreten. Des weiteren sei das Deutsche Reich nach dem Zusammenbruch im Jahre 1945 weder durch die bedingungslose Kapitulation noch durch die Ausübung fremder Staatsgewalt untergegangen. Demgemäß sei die Bundesrepublik Deutschland nicht der Rechtsnachfolger des Deutschen Reiches, sondern als Staat identisch mit dem Deutschen Reich. Hinsichtlich seiner räumlichen Ausdehnung sei sie jedoch teilidentisch.[118] Daher gehöre die DDR zu Deutschland und dürfe im Verhältnis zur Bundesrepublik nicht als Ausland angesehen werden. Die völkerrechtliche Anerkennung eines zweiten deutschen Staates und die Akzeptanz einer zweiten deutschen Staatsbürgerschaft sei somit nicht verfassungskonform. Damit hatte Franz Josef Strauß sein Ziel erreicht. Das „gefährliche Ausufern der liberal-sozialistischen Vertragspolitik"[119] war beendet. In seinen Erinnerungen schrieb Strauß: „Es galt, durch Auslegung und Klarstellung den Vorrang des Grundgesetzes vor dem Grundlagenvertrag zu bestätigen. Nicht der Buchstabe

---

[115] Kohl, Helmut: Erinnerungen, 1930–1982. München 2004, S. 315.
[116] Strauß, Franz Josef: Rede über Deutschland, in: Kulturreferat der Landeshauptstadt München (Hg.): Reden über das eigene Land: Deutschland. München 1984, S. 103–138, S. 126.
[117] Blumenwitz, Dieter; Zieger, Gottfried (Hg.): Die deutsche Frage im Spiegel der Parteien. Köln 1989, S. 167.
[118] Vgl. Säcker, Horst: Das Bundesverfassungsgericht. 6. Auflage, Bonn 2003, S. 125.
[119] Strauß, Franz Josef: Die Bilanz einer Moskaureise, in: Blätter für deutsche und internationale Politik, 33 (1988) H. 2, S. 244–246, S. 245.

war zu Fall zu bringen, sondern der Geist, in dem und mit dem er niedergeschrieben war. Nicht darum ging es, das Objekt als solches auszulöschen, sondern darum, seine verhängnisvolle Vieldeutigkeit einzugrenzen. Der Grundlagenvertrag war nun an die Leine eines Interpretationszwanges gelegt worden, der die deutsche Verfassungswirklichkeit berücksichtigte, den Begriff Deutschland am Leben erhielt und künftige Regierungen verpflichtete, die Verfassung nicht nach jeweils opportunistischem Gutdünken zu unterlaufen. Vor allem war die Regierung Brandt gehalten, sich in dem von Karlsruhe gezogenen Rahmen zu bewegen, wenn sie nicht offenen Verfassungsbruch begehen wollte. Damit hatte Bayern einen entscheidenden Schlag gegen die von Brandt und Bahr entwickelte Politik des doppelten Bodens geführt, die bis dahin mit großer Unverfrorenheit betrieben worden war, nämlich dem Vertragspartner DDR gegenüber die eigene Interpretation gar nicht ernsthaft zu verteidigen und damit dessen Interpretation gelten zu lassen, zu Hause aber mit Entrüstung das Gegenteil für sich in Anspruch zu nehmen."[120]

Noch Jahre später rühmte Strauß sich immer wieder gerne jener Verfassungsklage, die er als eine der wichtigsten Leistungen seines Lebens betrachtete: „Ein Politiker soll sich nicht überschätzen – dennoch halte ich diesen von mir durchgesetzten Gang nach Karlsruhe für einen Markstein der Deutschlandpolitik. Bayern und die CSU sind damit ihrer geschichtlichen Aufgabe für Deutschland gerecht geworden, was um so schwerer wiegt, als beide dabei allein geblieben waren. Damit war weiterem Mißbrauch und einer fortgesetzten Fehlentwicklung der ‚Neuen Ostpolitik' im Sinne sowjetischer Westpolitik ein Ende gesetzt worden."[121] Kein Ende war damit hingegen dem Straußschen Image als Blockadepolitiker gesetzt worden. Denn nicht eben wenige Bürger der mit dem Deutschen Reich (teil-)identischen Bundesrepublik betrachteten das von Strauß erwirkte Gerichtsurteil nicht als Bekräftigung der oppositionellen Bemühungen um die Wiedererlangung der deutschen Einheit, sondern als Bestätigung der Rechts- und Verfassungsmäßigkeit der sozialliberalen Ost- und Deutschlandpolitik. Strauß: „Meine Initiative zu einer Klage gegen den Grundlagenvertrag erfolgte zu einer Zeit, in der die Gefahr wuchs, daß jede Politik, die unter dem Etikett Entspannung, Sicherheit, Frieden angeboten wurde, sich ungeprüft zum Zeitgeist erhob, zum Mythos verklärte. Wer immer sich gegen diese Politik zur Wehr setzte, geriet in das Räderwerk der Verteufelungspropaganda, wurde zum Feind der Entspannung, der Sicherheit und des Friedens

---

[120] Strauß, Franz Josef: Die Erinnerungen. Berlin 1998, S. 505f.
[121] Strauß, Franz Josef: Gebote der Freiheit. München 1980, S. 90.

gestempelt. Es fehlte nur noch ein Schritt, um als negative Symbolfigur feierlich zum Volksfeind ernannt zu werden."[122]

Schon bald sollte sich zeigen, was vom politischen Wert des deutsch-deutschen „Vom-Nebeneinander-zum-Miteinander-Vertrags" zu halten war: Nur wenige Wochen nach seinem Inkrafttreten schottete sich die DDR rigoros ab. Da das SED-Regime die heiß begehrte internationale Statusverbesserung nun endlich bekommen hatte, sah es keinen Grund mehr, weiterhin die vertraglich vereinbarten gutnachbarlichen Beziehungen anzustreben und verdoppelte völlig unerwartet den Mindestumtauschbetrag für Besucher aus Westdeutschland. Auch an der Unmenschlichkeit der mit Tötungsmaschinen gespickten Grenzbefestigungen wurde nichts geändert; nicht einmal der jeder guten Nachbarschaft entgegenstehende Schießbefehl wurde ausgesetzt. Vor allem die ostdeutsche Bevölkerung, die sich vom Grundlagenvertrag eine Verbesserung ihrer Lebensbedingungen erhofft hatte, wurde tief enttäuscht. Zahlreiche „Kofferdeutsche", denen noch kurz vor Vertragsabschluß die Ausreise avisiert, dann aber ohne Angabe von Gründen verwehrt worden war, saßen immer noch auf ihren Koffern und durften das Land nicht verlassen. Ähnlich erging es den zumeist willkürlich inhaftierten politischen Gefangenen. Der schon zu Adenauers Zeiten praktizierte Häftlingsfreikauf wurde kurz nach der Unterzeichnung des Grundlagenvertrages ohne Angabe von Gründen gestoppt.[123] Gleiches galt übrigens für die im Warschauer Vertrag geregelten deutsch-polnischen Familienzusammenführungen. Auch in Polen war die Genehmigung von Ausreiseanträgen kurz nach Inkrafttreten des Vertrages spürbar gedrosselt worden. Mitunter hatten die Behörden gegen Ausreisewillige zum Zwecke der Abschreckung sogar drastische administrative Maßnahmen wie beispielsweise die Entlassung aus dem Arbeitsverhältnis verhängt. Franz Josef Strauß hatte recht behalten: Die vertraglich geregelten Annäherungen hatten weder einen als positiv zu bewertenden Wandel bewirkt noch von einem geregelten Nebeneinander zu einem gutnachbarlichen Miteinander geführt. Die voreilig aufgegebenen deutschen Rechtsgüter jedoch waren unwiederbringlich verloren.

Angesichts dieser Begebenheiten mag es nicht verwundern, daß sich Franz Josef Strauß auch hinsichtlich der im Frühjahr 1973 erstmals tagenden „Konferenz über Sicherheit und Zusammenarbeit in Europa" (KSZE) skeptisch äußerte. Das Ziel dieser von fast allen europäischen Staaten mitgetragenen Konferenz lag in der Entwicklung eines über den Eisernen Vorhang hinausgreifenden politisch-morali-

---

[122] Strauß, Franz Josef: Die Erinnerungen. Berlin 1998, S. 498.
[123] Vgl. Ast, Jürgen: Die gekaufte Freiheit. Häftlingsfreikauf im geteilten Deutschland. Teil I u. II. ARD-Sendung vom 30.08. u. 06.09.2004.

schen Verhaltenskodex, der den Ausbruch europäischer Kriege verhindern helfen sollte. Strauß erblickte darin jedoch einen alten sowjetischen Plan, „der bis auf den Anfang der 50er Jahre und die Zeit von Stalins Außenminister Molotow zurückgeht. Moskau hat mit dieser Konferenz eines der größten Täuschungsmanöver dieses Jahrhunderts in Szene gesetzt. Es soll dem Westen und der unbefangenen öffentlichen Meinung vorgegaukelt werden, es breche nun der ewige Friede in Europa aus, um die psychologische Grundlage dafür zu schaffen, daß der Westen – trotz der fortdauernden sowjetischen Aufrüstung – seine Sicherheit vernachlässigt, die Einigung des freien Europas verzögert und den von Moskau betriebenen Abzug Amerikas aus Europa hinnimmt."[124] Für Franz Josef Strauß bestand kein Zweifel: Die KSZE, überhaupt das ganze Jahr 1973 „war für Europa ein Sargnagel"[125]. Mit dieser irrigen Annahme stand er nicht allein.[126] Schließlich erschien es nicht unwahrscheinlich, daß die USA im Verlauf der Entspannungspolitik ihre Truppen aus Europa zurückziehen könnten. Und wären die amerikanischen Verbände erst einmal abgezogen, so stünde der Durchsetzung der sowjetischen Hegemoniestellung über Europa kaum noch etwas im Wege. Aus diesem Grunde war noch nicht vorhersehbar, daß das genaue Gegenteil eintreten und sich die KSZE im Laufe der folgenden eineinhalb Jahrzehnte zu einem Sargnagel der Sowjetunion und des osteuropäischen Kommunismus entwickeln würde.

Nicht nur auf außen-, ost- und deutschlandpolitischem Gebiet sahen die Unionsparteien immerwährenden Anlaß zu mannigfaltiger Kritik, auch innenpolitisch gab es einiges zu beanstanden. Weder war es der Regierung gelungen, der steigenden Inflation Herr zu werden, noch vermochte sie die konjunkturelle Entwicklung zu kontrollieren.[127] Außerdem war der zur Zeit der Großen Koalition erwirtschaftete Haushaltsüberschuß durch die mit der einstigen Reformeuphorie verbundenen gestiegenen Verwaltungskosten und die erheblich ausgeweiteten Sozialleistungen längst aufgebraucht worden. Während Staatsverschuldung und Arbeitslosigkeit stiegen und das Wirtschaftswachstum sank, forderten Arbeitnehmer und

---

[124] Strauß, Franz Josef: Bürgerkrieg oder Wiedervereinigung in Deutschland?, in: Mytze, Andreas W. (Hg.): Europäische Ideen. Berlin 1976, S. 24–26, S. 24. Vgl. dazu auch: CSU-Landesgruppe im Deutschen Bundestag (Hg.): Realpolitik gegen Entspannungsillusionen. Franz Josef Strauß in der Auseinandersetzung mit der SPD. Eine Dokumentation. Bonn 1980, S. 14.
[125] o.V.: Strauß: Das Jahr 1973 war für Europa ein Sargnagel, in: Süddeutsche Zeitung vom 04.02.1974.
[126] Vgl. Seebacher-Brandt, Brigitte: Die deutsch-deutschen Beziehungen: Eine Geschichte von Verlegenheiten, in: Jesse, Eckhard; Mitter, Armin (Hg.). Die Gestaltung der deutschen Einheit. Geschichte – Politik – Gesellschaft. Bonn 1992, S. 15–40, S. 33.
[127] Vgl. Merseburger, Peter: Willy Brandt 1913–1992. Visionär und Realist. Stuttgart 2002, S. 601. Vgl. dazu auch: Strauß, Franz Josef: Die Leistungen der Sozialen Marktwirtschaft, in: Decher, Helmuth; Gassner, Alois (Hg.): Die deutsche Wirtschaft. Sonderband: 25 Jahre Soziale Marktwirtschaft. Bielefeld 1974, S. 99–102, S. 99.

Gewerkschaften Lohnsteigerungen von über zehn Prozent. Verschärft wurde die miserable wirtschaftliche Lage durch die von den erdölexportierenden Staaten anläßlich des Jom-Kippur-Krieges verringerten Fördermengen, die den Ölpreis völlig unerwartet vervielfachten. Die allgemeine gesellschaftliche und wirtschaftliche Situation war insbesondere für konservative Politiker derartig beängstigend, daß Franz Josef Strauß darin bereits die Vorboten einer sozialistischen Revolution zu erblicken glaubte: „Die Todfeinde einer Marktwirtschaft heißen Inflation und Marxismus. Beide sind gegenwärtig ein lebensbedrohendes Bündnis eingegangen. Die Inflation des Geldes als Ausdruck der Inflation der Wünsche hat neben tiefreichenden wirtschaftlichen Schäden den geistigen Nährboden für sozialistische Ideologien des Neides und der Gleichmacherei aller Schattierungen geschaffen, die über die Tarnworte ‚Verbesserungen', ‚Reformen' bis hin zur ‚Systemüberwindung', Umverteilung und eine funktionärsgesteuerte staatliche Verwaltungswirtschaft zum Ziele haben."[128] Für Willy Brandt, den er längst als „Inkarnation des Sozialismus" betrachtete, konnte Strauß nur noch Geringschätzung erübrigen. Immer häufiger griff er ihn als den „am meisten überschätzten Kanzler nach dem Zweiten Weltkrieg" an. Die von Marxisten und Sozialisten durchsetzte SPD sei, so Strauß, zu einer „Wanderdüne oder Wanderbühne geworden, auf der Brandt mit seiner flexiblen Mitte immer mehr nach links abrutscht"[129]. Er unterstellte den Sozialdemokraten sogar, sie würden mit voller Absicht versuchen, „das hier", also die soziale Marktwirtschaft mitsamt der freiheitlichen Gesellschaftsordnung der Bundesrepublik, „wieder kaputt zu kriegen"[130]. Dem Gegenvorwurf der lautstark agitierenden Jungsozialisten, die Bundesrepublik sei ein kapitalistischer Bonzenstaat, dessen Bürger unter unerträglichen Klassengegensätzen zu leiden hätten, hielt er entgegen, daß es doch die soziale Marktwirtschaft gewesen sei, die die „früher üblichen Gegensätze zwischen oben und unten in der Lebenshaltung"[131] weitgehend abgebaut habe: „Nirgendwo in der Welt und nirgendwann in der Geschichte hat jemals die Verwirklichung eines sozialistischen Gesellschaftsmodells und einer sozialistischen Gesellschaftsordnung, gleichgültig unter welchem Vorzeichen sie stand, zu einer solchen Verbesserung der Lebenshaltung, der Einkommensverhältnisse, der Eigentumsbildung, des Zutritts immer größerer Kreise

---

[128] Strauß, Franz Josef: Geleitwort, in: Pohle, Wolfgang; Lutzke, Hans-Hermann (Hg.): Marktwirtschaft als Programm. Ein Kursbuch der modernen Wirtschaft. München 1974, S. 19–21, S. 19.
[129] Neurath, Wolf-Rüdiger: Bei Strömen von Bier fand Franz Josef Strauß starke Worte, in: Frankfurter Rundschau vom 20.03.1974.
[130] Strauß, Franz Josef: Faschismus und industriegesellschaftliche Demokratie, in: Bossle, Lothar; Goldberg, Gerhard W. (Hg.): Sozialwissenschaftliche Kritik am Begriff und an der Erscheinungsweise des Faschismus. Würzburger Studien zur Soziologie, Band 2. Würzburg 1979, S. 13–32, S. 13.
[131] Strauß, Franz Josef: Grundlagen freiheitlicher Politik, in: Wolff, Dieter (Hg.): Glaube und Gesellschaft. Festschrift für Wilhelm F. Kasch. Bayreuth 1981, S. 293–301, S. 299.

des Volkes zu den gehobenen Mitteln der Daseinsgestaltung und zu den höheren Verbrauchsgütern geführt wie bei uns die Politik der Sozialen Marktwirtschaft."[132]

Wenn den politischen Gegnern des Franz Josef Strauß in Auseinandersetzungen wie diesen die Argumente ausgingen, griffen sie in ihrer Not zumeist auf die alten Skandale und Affären zurück oder bemühten einen wie auch immer gearteten Vergleich mit Adolf Hitler.[133] Im fünften Jahr der sozialliberalen Koalition begannen die ewigen An- und Vorwürfe Franz Josef Strauß allmählich zuzusetzen. Im Februar 1974 notierte Friedrich Voss in sein Tagebuch: „Manchmal spüre ich deutlich, daß FJS das Bonner Oppositionsgeschäft anödet. In der Tat fehlt völlig eine realistische Perspektive für eine Rückkehr in die Regierungsverantwortung und die damit verbundene Möglichkeit des kreativen Handelns." Und weiter: „Deutlich spüre ich, daß FJS mehr und mehr von der Position des bayerischen Ministerpräsidenten angezogen wird. Einige Kenner seiner kraftvollen Persönlichkeit glauben zwar, daß FJS ‚diese schönste aller politischen Tätigkeiten auf dieser Welt' niemals anstreben werde, weil er den Rahmen der politischen Möglichkeiten, respektive Unmöglichkeiten, zu genau kenne und daher wisse, daß er bald aus Langeweile und Wut die Bilder von den Wänden der Staatskanzlei reißen werde. Mir erscheint dies maßlos übertrieben. Ich fürchte, wenn sich in Bonn in den nächsten Jahren nichts ändert, kann nichts und niemand FJS daran hindern, nach München zu gehen."[134] Doch dann geschah etwas völlig Unerwartetes. Es wurde bekannt, daß der Bundesverfassungsschutz bereits im Vorjahr einen ostdeutschen Agenten namens Günter Guillaume enttarnt hatte, der seit Jahren als persönlicher Referent des Bundeskanzlers tätig war. Aus Mangel an Beweisen hatte man den Spion jedoch weiterhin gewähren lassen. Willy Brandt hatte diesem Verfahren ausdrücklich zugestimmt. Dies war der perfekte Skandal: Ein enttarnter, aber eben noch nicht überführter Stasi-Spitzel, der mit Genehmigung des Bundeskanzlers weiterhin über ungehinderten Zugang zu den geheimsten Regierungsakten verfügte. Als die Last der Beweise schließlich keinen Zweifel mehr erlaubte, wurde Guillaume verhaftet. Doch noch ging der schwer angeschlagene Kanzler, dem seit längerem von seinen eigenen Parteigenossen Herbert Wehner und Helmut Schmidt Führungsschwäche und Inkompetenz vorgeworfen wurde, nicht zu Boden. Erst als

---

[132] Strauß, Franz-Josef: Ludwig Erhard und das Generationenproblem, in: Schröder, Gerhard; Müller-Armack, Alfred; Hohmann, Karl u.a. (Hg.): Ludwig Erhard. Beiträge zu seiner politischen Biographie. Festschrift zum fünfundsiebzigsten Geburtstag. Frankfurt am Main, Berlin, Wien 1972, S. 632–636, S. 636.

[133] Vgl. statt vieler: Behrend, Manfred: Zur Gesellschaftspolitik der CSU und des Franz Josef Strauß, in: Jahrbuch für Geschichte, 10 (1974), S. 445–505, S. 472.

[134] Voss, Friedrich: Den Kanzler im Visier. 20 Jahre mit Franz Josef Strauß. Mainz, München 2000, S. 81f.

im Zuge der Ermittlungen ans Tageslicht kam, daß Guillaume pikante Details über Brandts außereheliches Intimleben zu berichten wußte, trat die einst gerühmte Personalunion von Macht, Geist und Moral vom Amt des Bundeskanzlers zurück. So ging am 6. Mai 1974 die Ära Brandt zu Ende, begleitet von der hämischen Schadenfreude des Franz Josef Strauß. „Aufstieg und Niedergang des Willy Brandt," hatte er bereits zwei Monate zuvor gespottet, „vom vielumjubelten Staatsmann zu einer beklagenswerten Figur, ist das bemerkenswerteste Ergebnis dieser vier Jahre."[135] Denn die Guillaume-Affäre hatte ein Faß zum Überlaufen gebracht, das seit geraumer Zeit unter anderem von der unseligen Steiner-Wienand-Affäre und den von Herbert Wehner und Helmut Schmidt forcierten innerparteilichen Streitereien angefüllt worden war. Strauß: „Was hätte man gesagt, wenn ich vor vier Jahren das vorausgesagt hätte? Ich hätte es gar nicht voraussagen können, denn daß er sich so schnell widerlegt, habe auch ich nicht angenommen."[136]

Eines jedoch hatte Franz Josef Strauß nicht nur angenommen, sondern auch mehrfach vorausgesagt: Willy Brandts Traum, mit der DDR durch eine Politik der freundlichen Annäherung von einem geregelten Nebeneinander zu einem gutnachbarlichen Miteinander zu gelangen, hatte sich nicht erfüllt. Wieder einmal war die Bühne leer geblieben, nachdem der Vorhang der Illusionen beiseite gezogen worden war. Genau aus diesem Grunde hatte Franz Josef Strauß jahrelang vor einer Politik der freigiebigen Vorleistungen und des wohlmeinenden Verzichts gewarnt. Trotz allem bedeutete das Ende der Ära Brandt keineswegs das Ende der sozialliberalen Koalition. Ganz im Gegenteil: Letzteres sollte noch lange auf sich warten lassen.

---

[135] Strauß, Franz Josef: Für eine andere Politik!, in: Bayernkurier vom 09.03.1974, S. 1–7, S. 2.
[136] Ebd.

IX. Kollegiale Kontrahenten: Die „Männerfreunde" Strauß und Kohl (1974–76)

1. Das Mißverständnis von Sonthofen

Nur zehn Tage nach dem Rücktritt Willy Brandts wurde Helmut Schmidt mit 267 von 518 Stimmen zum fünften Bundeskanzler der Bundesrepublik Deutschland gewählt. Mit seinem Kabinett, das aus elf SPD- und vier FDP-Ministern bestand, steuerte Schmidt sogleich einen Regierungskurs, der mit den träumerischen Visionen seines Vorgängers radikal brach. An die Stelle der hochfliegenden Weltentwürfe trat nun ein nüchterner Pragmatismus und ein kühles Krisenmanagement. „Die Fähigkeiten, die man an Brandt zuletzt so sehr vermisst hatte, zeichneten Schmidt in hohem Maße aus. Er war eine starke Führungspersönlichkeit, besaß große Kompetenz in Fragen der Finanz- und Wirtschaftspolitik und war ein unermüdlicher, geradezu besessener Aktenarbeiter, der sich mit asketischer Disziplin auch in die kleinsten Details vertiefte."[1] In seiner Regierungserklärung vom 17. Mai 1974 kündigte Schmidt an, die bisherige sozialliberale Politik fortsetzen und sich in realistischer Einschätzung der Möglich- und Notwendigkeiten auf das Wesentliche konzentrieren zu wollen. „Kontinuität und Konzentration" lautete demgemäß das Motto, welches die kommenden vier Jahre prägen sollte. Keine Kontinuität sollte es hingegen im Bundespräsidialamt geben, denn nur zwei Tage zuvor war Walter Scheel, der Außenminister der Ära Brandt, als Nachfolger Gustav Heinemanns zum vierten Präsidenten der Republik gewählt worden. Aber auch in der Opposition war nicht alles beim alten geblieben. Bereits im Vorjahr hatte der ehemalige Staatssekretär Professor Dr. Karl Carstens den im Zusammenhang mit einer Abstimmung über den UNO-Beitritt der Bundesrepublik endgültig gescheiterten Rainer Barzel abgelöst und den Vorsitz der CDU/CSU-Bundestagsfraktion übernommen. CDU-Parteivorsitzender war nun der rheinland-pfälzische Ministerpräsident Dr. Helmut (Josef Michael) Kohl. Doch falls Franz Josef Strauß geglaubt haben sollte, den fast fünfzehn Jahre jüngeren Pfälzer ebenso kontrollieren zu können wie dessen Vorgänger, so täuschte er sich gewaltig.

Es dauerte nicht lange, bis sich Franz Josef Strauß auf den neuen Bundeskanzler eingeschossen hatte und ihn mit spitzer Zunge zu verhöhnen begann: Helmut Schmidt „erinnert mich in peinlichster Weise an seinen Vorgänger Willy Brandt, der auch damals gesagt hat, vier Prozent Preisanstieg wären unerträglich, ‚bei vier

---
[1] Görtemaker, Manfred: Kleine Geschichte der Bundesrepublik Deutschland. München 2002, S. 307.

Prozent wird's ernst, dann greife ich persönlich ein!' Jetzt weiß ich nicht, sind es sechs und sieben geworden, weil er eingegriffen hat oder obwohl er eingegriffen hat [Beifall], oder weil er nicht eingegriffen hat [Beifall], oder obwohl er nicht eingegriffen hat."[2] In der Tat hatte auch die neue Regierung mit der wirtschaftlichen Lage ihre liebe Müh'. Der durch den Ölschock ausgelöste Konjunktureinbruch weitete sich langsam aber stetig zur schärfsten Rezession seit Gründung der Bundesrepublik aus. Verschuldung, Inflation und Arbeitslosigkeit stiegen ebenso schnell wie das Bruttosozialprodukt sank. Auch die Bekämpfung des immer gefährlicher werdenden Linksterrorismus gestaltete sich schwieriger als zunächst angenommen. Für die Oppositionsparteien, vor allem aber für den streitlustigen Franz Josef Strauß, gab es also nach wie vor genügend Anlaß zur Kritik. In Bayern hingegen war die Welt noch in Ordnung. Jedenfalls für Strauß und seine CSU. Denn bei den Landtagswahlen im Herbst 1974 verbesserte sich die Christlich-Soziale Union von 56,4 auf sagenhafte 62,1 Prozent. Dies war das bis dahin mit Abstand beste Ergebnis der „bayerischen Staatspartei", deren Vorsitzender sich und seine Politik nun abermals bestätigt sah. Mit der viel zu zaghaften und auf servile Kooperation ausgerichteten bisherigen Oppositionsstrategie mußte seiner Ansicht nach ein für allemal Schluß gemacht werden. Als die CSU-Landesgruppe am 18. und 19. November 1974 im Kurhotel Sonnenalp in Ofterschwang bei Sonthofen tagte, nahm Strauß wie üblich kein Blatt vor den Mund und ließ seinem verbitterten Zorn über die seiner Ansicht nach dilettantische Regierungspolitik und den bislang völlig erfolglosen Oppositionskurs der Schwesterpartei freien Lauf:

„Vielleicht darf ich mit einem kurzen Bericht über das gestrige Gespräch beginnen, das unter Vorsitz von Kollegen Carstens stattgefunden hat, ein Gespräch über die wirtschafts- und finanzpolitische Situation, die Konjunkturpolitik usw. Dieses Gespräch ist unterteilt worden in zwei Komponenten: das eine ist, was ist das taktisch richtige Verhalten und das andere ist, was ist von der Sache her gesehen notwendig. Das letzte unterteilt sich allerdings dann wieder – um nicht zu sagen ‚zerfällt in' wie das Gewehr K 98. Es lagen vor an Papieren ein Papier des Planungsstabes, ein Kurzpapier von Müller-Hermann, ein Papier von Biedenkopf mit einem ordnungspolitischen Programm mittelfristiger Art, und dann noch zwei Papiere von Prof. Dr. Vogel – ich möchte ohne den eigenen Laden zu beunruhigen sagen, daß diejenigen, die am wenigsten zersprungen waren, die am wenigsten sich in ordnungspolitische Grundsatzbegriffe geflüchtet haben, mit denen man ja alles vertreten kann, die beiden Papiere von Professor Vogel gewesen sind. Die anderen haben die Argumente so vertreten, wie sich manche die Füße vertreten. Zur taktischen Situation gleich das

---

[2] o.V.: Das Beste von Franz Josef Strauß. Compact Disk. München, Grünwald o.J.

Wesentlichste: Es ist gestern auch auf mein Betreiben hin keine Verlautbarung erfolgt. Der gleiche Kreis trifft sich Anfang Januar nocheinmal, dann wird man versuchen, für das neue Jahr zu einer kurzen Verlautbarung zu kommen. Ich habe das u.a. damit begründet, daß es jetzt keinen Sinn hat, von uns aus irgendein konjunkturpolitisches Rezept zu erarbeiten und zu empfehlen. Erstens, ist der Patient in einem Zustand, wo er unter zwei großen Beschwerden leidet, nämlich Zerrüttung der Staatsfinanzen und Inflation mit steigender Arbeitslosigkeit, d.h. es gibt kein Rezept, das der Bekämpfung beider Krankheiten dient. Man kann immer nur einer Krankheit zu Leibe rücken, und jedes Rezept, das der einen Krankheit zu Leibe rückt, vermehrt das Übel auf der anderen Seite, so daß man also hier auch eines Tages zu einem dosierten Einsatz von Mitteln über längere Zeit hinweg kommen muß. Mein zweites Argument gestern war, noch ist das Bewußtsein der Öffentlichkeit nicht auf die wirkliche große Krise so vorbereitet, daß es aus politischen Gründen richtig wäre, mit eigenen Rezepten zu kommen und dabei dann natürlich über Allgemeinplätze hinweg auch zu konkreten Empfehlungen zu kommen. Ich persönlich habe die Auffassung gestern vertreten, der sich dann die Mehrheit angeschlossen hat, daß wir erst am Anfang der großen Krise stehen; ich denke, daß die Zerrüttung der Staatsfinanzen unaufhaltsam weitergeht mit unübersehbaren Folgen, und daß auch nicht allein unter Einfluß der weltwirtschaftlichen Krisenverhältnissen [sic!], die natürlich zurückschlagen auch auf uns, aber auch aufgrund der fünf Jahre begangenen Fehler und Versäumnisse, Mißachtung auch unserer Vorschläge und Warnungen, die Zerrüttung der einheimischen Wirtschaft ebenfalls schrittweise weitergeht, wenn auch regional und sektoral und dimensional unterschiedlich, wobei am stärksten die kleinen und mittleren Bereiche betroffen sind, weniger stark die großen Bereiche, obwohl es da natürlich auch einige gibt, die Not leiden werden. Also auch in diesen Größenordnungen ist man vor Überraschungen nicht sicher, wobei es hier allerdings auch Fehler des Managements sind – aber hier möchte ich mich jetzt nicht in Einzelheiten verlieren. Aber der Grundgedanke, den ich hier vertreten habe, war der: Erstens kann man jetzt überhaupt kein Rezept empfehlen ohne sich in große politische Schwierigkeiten zu begeben und zweitens ist das Bewußtsein der Öffentlichkeit noch nicht soweit bzw. ist die Öffentlichkeit noch nicht so stark schockiert, daß sie bereit wäre, die Rezepte, die wir zur langsamen Heilung der Krise für notwendig halten, in Kauf zu nehmen. Auch Helmut Schmidt schiebt sie das ganze Jahr vor sich her. Wir würden Gefahr laufen, wenn wor [sic!] vorschlagen, es muß jetzt konkret geschehen a, b, c, d usw., daß die es nicht tun. Lieber eine weitere Inflationierung, weitere Steigerung der Arbeitslosigkeit, weitere Zerrüttung der Staatsfinanzen in Kauf nehmen, als das anzuwenden, was wir als Rezept für notwendig halten mit der Maßgabe, daß sie sagen: ‚Seht, solange wir da sind, ist unser Leiden ja nicht gar so schlimm. Wenn die aber hinkommen, die muten euch eine Roßkur zu. Soweit sind wir noch nicht.' Es muß wesentlich tiefer sinken bis wir Aussicht haben, politisch mit unseren Vorstellungen, Warnungen, Vorschlägen gehört zu werden. Es muß also eine Art Offenbarungseid und ein Schock im öffentlichen Bewußtsein erfolgen. Wir können uns gar nicht wünschen, daß dies jetzt aufgefangen wird, sonst ist es ja nur eine Pause, und nach der Pause geht es ja doch in der falschen Richtung dann wieder weiter. Die Auflösung der jetzigen Bundesregierung ist das vorrangige Ziel und hier besteht durchaus die Möglichkeit, daß noch vor dem Jahr 1976 es zu einer Änderung kommt. Ich sage nur, daß die Möglichkeit besteht. Der entscheidende Tag wird die Landtagswahl in Nordrhein-Westfalen sein. Es besteht ein gerütteltes Maß an Aussicht, daß wir die rheinland-pfälzischen und die schleswig-holsteinischen Wahlen gewinnen. Aber all das ist nicht entscheidend. Es sei denn, Kohl oder Stoltenberg, je nachdem welche Prozente sie kriegen, setzten sich in neue Rivalität zueinander. Aber die Landtagswahlen in Nordrhein-Westfalen sind das Entscheidende. Denn sie sind ja schon eine Art Barometerwahl oder auch eine Testwahl für die künftige Bundestagswahl. Ich möchte mich mit dem dämlichen Geschwätz von Leisler-Kiep, dem ich also gestern 'mal meine Meinung gesagt habe, nicht näher befassen. Es gibt ja wirklich in der CDU die Krankheit, die kenne ich schon seit 8 Jahren, die äußert sich also immer wieder in selbstmörderischen Äußerungen nur aus Gründen interner Feindseligkeit und interner Rivalität oder neidhammelhafter Haltung. Es geht also gar nicht darum, wem kann man einen Wahlerfolg zuschreiben. Da wird niemand sagen, der Wahlerfolg ist trotz der Bayerischen Staatsregierung erkämpft worden. Im Gegenteil: Bei meinen sämtlichen Reden und bei sämtlichen Analysen wurde hernach gesagt, der einwandfrei Hintergrund der bayerischen Landespolitik hat ja die Voraussetzung geliefert, daß wir überhaupt dann mit unseren Argumenten zum Zug gekommen sind. Aber aus der Landespolitik kommt – mit Ausnahme, bitte nicht falsch zu verstehen, das ist gar keine falsche Zuteilung von positiven oder negativen Überlegungen, – aus der Landespolitik kommt nur eine Emotionalisierung der Wähler, die betrifft die Schulpolitik. Alles was damit zusammenhängt, Schulpolitik, Berufsschulpolitik oder Berufsausbildung, Universitätspolitik usw. dann noch Fragen der inneren Sicherheit, soweit sie Landesfragen sind. Aber die vielen nüchternen harten Fragen der Landespolitik, also der Strukturpolitik, der Regionalpolitik usw. wo man viel Sachkunde braucht, viel Detailkunde braucht, unendliches Maß an Fleiß aufwenden muß und trotzdem keine rauschenden Feste damit feiern kann, all das macht nicht die Wahlergebnisse für morgen aus, sondern die Emotionalisierung der Bevölkerung, und zwar die Furcht, die Angst und das düstere Zukunftsbild sowohl innenpolitischer wie außenpolitischer Art. Es ist geradezu Wahnsinn, wenn Leisler-Kiep sagt: Die bundespolitischen Themen usw., die Franz Josef Strauß vertreten hat, die haben bei dem Wahlerfolg keine Rolle gespielt, sondern es war die Person Goppel und es war die bayerische Landespolitik, irgendwie auf Hessen bezogen. Es ist einfach Wahnsinn! Denn mit der bayerischen Landespolitik oder der hessischen Landespolitik können wir im Jahr 1976 nicht die Wende herbeiführen. Da geht es uns darum, daß wir alle Landtagswahlen gewinnen und in der Bundestagswahl dann auf einmal wieder abends erschüttert vor einem Ergebnis stehen, das eine Fortsetzung der sozialistisch-pseudo-liberalen Koalition für weitere 4 Jahre ermöglicht. Wir müssen die Auseinandersetzung hier im Grundsätzlichen führen. Da können wir nicht genug an allgemeiner Konfrontierung schaffen. Ich kenne ja diese Stichworte: Wir kämpfen für die Freiheit, gegen den Sozialismus, für die Person und das Individuum, gegen das Kollektiv, für ein geeinigtes Westeuropa, gegen eine sowjetische Hegemonie über ganz Europa. Da muß man die anderen immer identifizieren damit, daß sie den Sozialismus und die Unfreiheit repräsentieren, daß sie das Kollektiv und die Funktionärsherrschaft repräsentieren und daß ihre Politik auf die Hegemonie der Sowjetunion über Westeuropa hinausläuft. Daß es bei den anderen eine ganze Menge von Leuten gibt, die das nicht wollen, soll uns nicht daran hindern, unter einem Übermaß an Objektivität zu leiden und das hier zu sagen. Aber allmählich haben sie es begriffen. So wie man jetzt sagt, daß nach der Radikalendebatte im Bundestag, nach diesen scheußlichen Vorgängen in Berlin jetzt ein Mann bei der SPD/FDP sagt: Das stimmt gar nicht, bei denen dämmert es gar nicht. Nur wenn sie merken, daß sie Wähler verlieren, dann tun sie vorübergehend so als ob, und wenn der Wähler wieder beruhigt ist, dann auf der alten Bahn wieder weiterzufahren, dann möchte ich wissen, wieviele Sympathisanten der Baader-Meinhof-Verbrecher in der SPD- und FDP-Fraktion in Bonn drinsitzen. Es ist ein ganzer Haufen. Hier komme ich zu den drei überragenden Themen, das eine Thema, das heute vielleicht an der Spitze steht und in den nächsten Tagen noch mehr an der Spitze stehen wird, das ist die Innere Sicherheit. Ich sage das trotz meiner sonstigen Priorität für wirtschaftliche Dinge. Eine vertrauliche Mitteilung: Beim ZDF ist also ein Brief eingelaufen, der angeblich von dieser Roten-Armee-Fraktion, Fallgruppe sowieso, ist. Sie verlangen je eine Stunde Sendung beim ZDF für Ulrike Meinhof, für Andreas Baader und für die Enslin [sic!], ansonsten bis Ablauf des Ultimatums 22. November zwei führende Politiker erschossen werden. Es kann also sein, daß es a) Spinner sind, sog. Infektionstäter, die also infiziert sind, es kann sein, daß es eine Erpressung der wirklichen Verbrecher ist, aber trotzdem ohne die ernsthafte Absicht, es zu tun, es kann aber auch etwas Ernstes dahinterstecken. Wer also in Zukunft sagt, diese SPD und FDP sind nicht mehr fähig, unseren Staat und unsere Gesellschaft vor Verbrechern zu schützen, trifft den Kern. Es geht quer durch alle Bereiche, die Verherrlichung der Verbrechen schon in der Schulpolitik angefangen, wo sie dann politisch verbrämt werden, dann geht's in die Medienpolitik hinein – was neulich schon passiert ist, war schon unerhört – die Sendung über Holger Meins. Im Zusammenhang damit dann z.B. Beispiel haben sie diesen Verbrecheranwälten – anders kann man das ja nicht nennen –, das sind ja doch die, die die Gefangenen steuern und nicht betreuen, das sind doch die, die sie mit Preludin versorgen, damit sie ihre Hungerstreiks *durchführen können, und dann Hunger plus Preludin plus Alkohol plus Hunger ergibt den sicheren Tod. Das kommt ja bei U-Haft-Gefangenen vor. Das sind die Anwälte hier, die das schon steuern, mit vielleicht schon willenlos gewordenen Gefangenen. Das sind reine Verbrecher, diese Anwälte. Die tanzen doch dem Rechtsstaat auf der Nase herum. Da wird eine Pressekonferenz dieser Anwälte im Fernsehen gezeigt, und da darf einer sagen: ‚dieser Mörderstaat' im Zusammenhang mit Holger Meins. Am Grab dürfen sie Rache schwören. In Berlin dürfen 5000 Demonstranten im Kampf gegen 1000 Polizisten [sic!]; die Polizei kann die Personenschäden nicht mehr verhindern, Sachschäden überhaupt nicht mehr verhindern. Hier sammelt sich ein solcher Zorn in unserem Volke an. Und jetzt hier in demokratischer Gemeinsamkeit zu sagen, wir Demokraten in SPD/FDP und CDU/CSU, wir halten also jetzt nun zusammen in dieser Situation, hier müssen wir den Rechtsstaat retten, – das ist alles blödes Zeug! Wir müssen sagen, die SPD und FDP überlassen diesen Staat kriminellen und politischen Gangstern. Und zwischen kriminellen und politischen Gangstern ist nicht der geringste Unterschied, sie sind alle miteinander Verbrecher. Und wenn wir hinkommen und räumen so auf, daß bis zum Rest dieses Jahrhunderts von diesen Banditen keiner es mehr wagt, in Deutschland das Maul aufzumachen. Selbst wenn wir es nicht ganz halten können. Aber den Eindruck müssen wir verkörpern. Der zweite Komplex, der die Öffentlichkeit natürlich stark in Anspruch nimmt, ist nicht einmal so sehr die Inflation als die Angst vor der Arbeitslosigkeit, vor einer allgemeinen Wirtschaftskrise, dann, wenn man dahinter die Inflation sieht, – natürlich, die beiden sind ja irgendwie kausal miteinander verbunden – und dann spielt wahrscheinlich auch eine wachsende Rolle, die dem Einzelnen noch nicht genug ins Bewußtsein gedrungen ist, die unaufhaltsame Zerrüttung der Staatsfinanzen. Die Zahl 60 Milliarden stimmt schon nicht mehr. Gestern sprach man in Bonn schon von 70 Milliarden im Zusammenhang mit der Sanierung der Rentenversicherungsträger, mit der Sanierung der öffentlich-rechtlichen Krankenkassen, mit der Sanierung der Nürnberger Bundesanstalt, die ja natürlich ihre Mittel dafür ausgegeben hat, daß eine Lehrerin Komputerrechnerin werden kann, um dann später wieder Mittelschullehrer zu werden, um vielleicht auf Fußballtorwart umsteigen zu können. Das ist natürlich jetzt übertrieben dargestellt. Wir haben also hier – auch wir selber – die Dinge überzogen. Wir müssen jetzt demgegenüber als die Partei der Solidität, der Seriosität und der Wirklichkeitsnähe dastehen. Das kommt vielmehr an, als wenn wir jetzt nur sagen: Vermögensbildung und da diese Reform und dort jene Reform usw. Da sitzen wir im falschen Dampfer, der Dampfer ist weg. Wir haben uns ja weitgehend also wieder aus dem Dampfer herausbegeben, aber wie ich gestern festgestellt habe, noch nicht ganz. Zur Taktik jetzt: nur anklagen und warnen, aber keine konkreten Rezepte etwa nennen. Da bleibt uns auch der Blödsinn erspart, wie wir ihn mit den 3 Milliarden erlebt haben. Der Kohl hat recht. 3 Milliarden sind zu wenig. Der*

Stoltenberg hat auch recht, 3 Milliarden sind zu viel. Nicht einmal, ob wir es an einem Punkt ansetzen, sondern es ist überhaupt jetzt alles falsch, was man tut. Wir haben eine Situation herbeigeführt, wo jedes Rezept, je nachdem, auf welche Wirkung hin man es untersucht, einfach falsch ist. Da haben doch wir uns gar nicht hineinbegeben. Aber ich komme nocheinmal darauf zurück, was ich Herrn Barzel schon gesagt habe und Herrn Carstens gesagt habe, das wagt ja keiner zu lösen. Ohne eine aus hauptamtlich Bediensteten unserer Fraktion bestehende – und zwar nicht neue, die sind ja alle da – Clearingstelle ist dieses Problem widersprüchlicher Meinungen und widersprüchlicher Aussagen nicht zu lösen. Und das scheitert bisher an der mangelnden Entscheidungsfähigkeit 1. der Fraktionsführung, des Vorsitzenden, 2. an der Rivalität der angeblich führenden oder prominenten Wirtschafts- und Finanzpolitiker, wo jeder auf seine Souveränität und Autonomie Wert legt und 3. an dem Konkurrenzneid der hauptamtlich Bediensteten, vor allen Dingen auch des Herrn Frank, der also auf keinen Fall den Prof. Vogel irgendwie mitverantwortlich in seinem Planungsstab einbauen will. In einer Versammlung bei einer Diskussion kann man natürlich nicht sagen, ich frage vorher in Bonn an. Aber bevor man eine Stellungnahme abgibt, sollte der Inhalt dieser Stellungnahme bei einem Büro, das von morgens bis abends besetzt ist – kein neues Büro, ich denke, hier bauen die Leute wie Vogel, Frank, Zavelberg und drumherum, einlaufen, damit der sagen kann: Hallo, gestern abend hat Herr Kohl eine Stellungnahme abgegeben, da steht das Gegenteil von dem drin, was hier vorgeschlagen wird. Denn es ist ja auch unmöglich, jeweils einen Kreis so wie gestern zusammenzurufen, bevor man eine Stellungnahme abgibt. Das ist eine rein technische Angelegenheit. Ich setze die konjunkturpolitische Lage einmal als bekannt voraus. Habe über Zerrüttung der Staatsfinanzen ja eine neue Zahl genannt. Die 60 Milliarden-Grenze ist bereits überschritten, was den Kreditbedarf, den Neukreditbedarf, der öffentlichen Hand anbetrifft für das Jahr 1975. Der Teufelskreislauf wird also immer enger. In der Situation haben wir natürlich gar keinen Grund, etwa uns nun an der Verantwortung zu beteiligen oder uns um irgendeine Koalition zu reißen, sei es um die große, sei es um die kleine. Natürlich, die große Koalition, ich habe es einmal gesagt, mit einem Teil der SPD, das ist natürlich ein Gruselvexierspiel. So etwas darf man nicht ernst nehmen. Das kann auch nicht ein jeder nachmachen, sondern das beherrschen nur ein paar, wenn ich das so sagen darf, der Kanzler z.B. Das dient aber dann der Erzeugung von Vexierreaktionen. Das Spiel muß man können, muß man beherrschen. Der Brandt hat ja prompt gesagt, nein, das dient nur den machtpolitischen Plänen von Franz Josef Strauß. Der Wehner hat gleich prompt positiv reagiert, aus drei Gründen a) um dem Brandt eins auszuwischen, weil die zwei nicht mehr miteinander reden, b) um das Thema ‚große Koalition' für sich selbst zu besetzen und c) in dem Wissen oder in der angstvollen Ahnung, wenn die SPD scheitert, wegen Regierungsunfähigkeit im Jahr 1976 vom Wähler, trotz der miserablen inneren Struk-

tur der Unionsparteien, davongejagt wird, könnte das für die SPD bedeuten, daß sie bis zum Jahr 2000 unter dem Experiment der 7 Jahre bei den Wählern in Verschiß geraten, nicht mehr an die Regierung kommen kann. Das sind also nach Meinung eines Experten, der der FDP-Fraktion angehört und der mit allen Beteiligten gesprochen hat, die Gründe, warum der Wehner sich denn dazu gemeldet hat. Täuschen wir uns nicht, das 2000 von Schmidt ist nicht ernst gemeint. Er würde schon ganz gerne, er würde gerne einen Teil Ballast bei sich abwerfen, und mit einem Teil bei uns ankommen. Es gibt auch einen maßgebenden Politiker oder besser ex-maßgebenden Politiker der CDU, der neulich Helmut Schmidt aufgesucht hat und ihm gesagt hat, ob man denn nicht wiederum oder sogar auf eine vierte Partei hinarbeiten sollte und zwar in Richtung etwa, daß die CDU dann etwa eine Art Zentrum wieder wird und das Zentrum dann als Dauerkoalitionspartner für die SPD sich empfehlen würde, dann wären wir die FDP und die CSU los. Das war ja Rainer Barzel, der hier mit Helmut Schmidt gesprochen hat. Kohl hat nur sondiert, aber nicht in diesem plumpen Sinne mit ihm gesprochen. Es ist auch nicht damit zu rechnen, daß die FDP etwa jetzt vom Karren springt, weil sie das infolge ihrer inneren Verhältnisse nicht tun kann. Bei der FDP kann man sich auf eines verlassen, nämlich eine berechenbare Komponente, ihre Charakterlosigkeit. Wenn sie in der Dummheit noch treu wäre, wäre es für uns schlimmer als so, wo sie in der Dummheit unzuverlässig ist. Denn, wenn es ihr an den Kragen geht, kann man sich darauf verlassen, daß sie noch mit zum Schwur erhobener Hand der SPD Treue gelobt und mit uns den Koalitionsvertrag zu unterschreiben bereit wäre. Die Charakterlosigkeit der FDP verbunden mit ihrem Selbsterhaltungstrieb ist eine der zuverlässig berechenbaren Komponenten. Aber wir haben jetzt überhaupt keinen Grund für das nächste halbe Jahr ungefähr, aus der Deckung herauszugehen. Nur zu beobachten, zu schimpfen, zu mahnen, zu warnen, genügt nicht überall. Wir müssen schon konkret werden. Aber in der politischen Großwetterlage, in der wirtschaftlichen Großwetterlage, dürfen wir jetzt nicht aus der Deckung herausgehen. Wer herausgeht, wird angeschossen oder erschossen. Er kann überhaupt nichts Gescheites vorschlagen. Was im einzelnen gestern genannt worden ist, ist a) Auf keinen Fall sollten wir – da wird auch in der Fraktion darauf eingeschworen werden, da noch negative Beispiele von früher vorliegen –, der Regierung irgendwelche Hilfe bei Steuererhöhungen zusagen. Also eine politische Mitverantwortung bei Steuererhöhungen zusagen, das auf keinen Fall. Ich sage das deshalb, weil ja auch Kohl, aber auch andere im Laufe der letzten Wochen mehrmals ihre Bereitschaft erklärt haben, mit der Bundesregierung konstruktiv zur Überwindung der Krise zusammenzuarbeiten. All dieses Gerede hat keinen Sinn. Da gab es auch beim Bundespresseball einige interessante Szenen: im Hintergrund der Bar sitzend, Kohl mit Scheel in einem lauschigen Gespräch, anschließend Kohl mit Genscher, anschließend Helmut Schmidt auf dem Gang mit Kohl, so diese Gardinendiplomatie – die Hintergardinendiplomatie. Ich habe also den Eindruck der irdischen Geschäftigkeit mit taktisch großgesteckten Zielen. Das hat jetzt alles gar keinen Sinn. Wir müssen hier sehr distanzieren, sehr kühl uns denen gegenüber verhalten, nicht mit diesem Spiel einer etwas doch zu plumpen Anbiederung. Also keine Steuererhöhung. Wir dürfen uns auf keinen Fall aus falschem sachpolitischem Verantwortungsbewußtsein, als die ewige Ersatzregierung, die wir darstellen, einspannen lassen. Dann wurde auch vorgeschlagen, wir sollten eine differenzierte Tarifpolitik verlangen. Ich sagte, wir sollten überhaupt nichts verlangen auf dem Gebiet der Tarifpolitik außer konjunkturgerechte Tarifabschlüsse. Wir haben jetzt a) weder Grund, die Forderungen der Gewerkschaften anzuheizen, um damit die Schwierigkeiten der Regierung zu erhöhen. Wir machen uns bloß alle unglaubwürdig. Wir haben aber auch b) keinen Grund, uns mit den Gewerkschaften anzulegen, denn die Situation, die ja die Gewerkschaften mit den Lohnforderungen veranlaßt, sind ja von unseren Nachfolgern nach 1969 herbeigeführt worden. Es ist verlangt worden: Abbau der Hochzinspolitik. Das ist natürlich nur möglich, wenn gleichzeitig die öffentlichen Haushalte einer ganz radikalen Abmagerungskur unterworfen werden. Außerdem können wir mit unserem Zinsniveau uns nicht vom internationalen Zinsniveau völlig abhängen. Das ist in Italien, Frankreich, England sehr hoch, USA baut etwas ab, in Österreich ist es bedeutend niedriger, aber Österreich hat ja für uns in dem Zusammenhang keine Bedeutung. Grundsätzlich ist die Forderung auf Abbau der Hochzinspolitik richtig. Aber wir können sie jetzt auch noch nicht von uns aus etwa auf unsere Fahne schreiben. Das ist etwa, weil die Voraussetzungen dafür fehlen. Dann natürlich die Forderungen der Umstrukturierung der öffentlichen Haushalte, d.h. mehr öffentliche Investitionen und ein Anwachsen der Investitionsrate und ein Rückgang der Konsumrate im Anteil der öffentlichen Haushalte. Furchtbar leicht gesagt, unendlich schwer durchzuführen. Wir müssen sie soweit treiben, daß sie ein Haushaltssicherungsgesetz vorlegen müssen oder den Staatsbankrott erklären müssen oder drastische Steuererhöhungen mit abermals einschneidenden negativen Folgen für die Wirtschaft. Vorher haben wir gar [keinen] Grund mehr öffentliche Investitionen und Anreiz für private Investitionen zu verlangen. Ich habe gesagt, ich stimme diesen Grundsätzen zu, bloß soll man sie jetzt nicht verkünden. Wir haben durch zuwarten gar nichts verloren. Das blöde Gerede, ihr habt ja keine Alternativen, mit denen dann wir uns immer hineintreiben lassen, also in eine Mitverantwortung, interessiert ja doch die 95 % der Wähler nicht. Ich will überhaupt nicht im kleinen sagen, was wir uns vorstellen mit der Krankenhausfinanzierung, mit der Berufsausbildung, mit der Sanierung der öffentlich-rechtlichen Krankenkassen usw. Wir müssen sagen: ‚Ihr seid doch an der Regierung. Ihr habt doch in diesem Staat seit 5 Jahren diese Wirtschaft ruiniert.' Außerdem, wenn ich jetzt die Grundsätze genannt habe, dann kommt mir sofort die Frage, wie wollt ihr denn das verwirklichen. Wie soll man private Investitionsreize geben? Konkret, man sollte vom 26 a, Stabilitäts- und Wachs-

tumsgesetz, Gebrauch machen, also eine Investitionsprämie aussetzen. 5 % bis 7 1/2 %. Nun, dies ist genauso wie auch bei der Abschreibung, wer allerdings verdient, kann nicht mehr abschreiben. Aber wer die restlichen 95 oder 92,5 % nicht zusammenbringt, der macht dann von den 5 oder 7,5 % keinen Gebrauch. Was passierte gestern? Angelockt von Pieroth haben auch andere, darunter auch der Narjes diesen Punkt als besonders wichtig gefunden, nämlich die Investitionsprämie, also wenn einer 100 000 DM investiert und kriegt dann 7500 DM Investitionsprämie, diese Investitionsprämie als Arbeitnehmereigentum im Betrieb einzubringen. Ich kenne ja nicht die Urheber. Ich habe dem Carstens ins Gesicht gesagt: ‚Ja, sind denn die wahnsinnig geworden.' Ja, sagt er, ich habe selber so ein beklemmendes Gefühl dabei gehabt.'[sic!] Denn, wenn einer schon 95 500 DM investiert, meist geht es ja um größere Beträge, er braucht eine Investitionssumme von 1 Million. Dann würde er kriegen 75 000 DM. Und die 75 000 DM muß er dann als Beteiligung – die zahlt zwar der Staat – aber die kriegt nicht er, sondern die kommt dann als Beteiligungskapital in sein Unternehmen hinein. Dann müßte ich doch blöde sein, dann überhaupt noch zu investieren. Wir müssen doch jetzt endlich mal Schluß machen, das Risiko zu privatisieren, die Gewinne zu sozialisieren und die Entscheidungen zu kollektivieren. Das sind die 3 Schlagworte. Damit ist diese allmählich immer kränker gewordene Wirtschaft nicht mehr zu retten. Damit komme ich zu einem Punkt, d.h. Anreiz zu privater Investition. Wir haben gestern über lauter materielle Dinge gesprochen. Wir haben gesprochen über Haushalte, über Hochzinspolitik, über Tarifpolitik, keine Steuererhöhungen, usw. Aber all das sind nur materielle Faktoren. Ich habe gesagt, wir müssen bei unserer Auseinandersetzung, aber auch in der Analyse der Lage die psychologischen Faktoren vor die materiellen Faktoren setzen. Die materiellen Faktoren waren ja 1966 auf 1967 auch einmal nicht gerade angenehm, aber bei weitem nicht so bedrückend wie heute. Aber die psychologische Situation, die Vertrauenssituation, war damals am Anfang der Großen Koalition mit einem relativ vernünftigen, wenn auch sehr schwierigen Schiller ja ganz anders. Heute ist das Vertrauen weg. Der Selbständige sagt, es hat ja doch keinen Sinn mehr! Dies zeigen die Betriebsaufgaben, die jetzt immer zunehmenden Verkäufe an die Ausländer, die schwindende Risikobereitschaft, und das betrifft einfach die ständig wachsende Quote der öffentlichen Handelslast, sowohl bei der Steuerlastquote, die ja die 24 % überschritten hat, bei 24,5 ist, wie auch die Soziallastquote. Hier müssen wir auch in unseren eigenen Reihen einmal aufhören, in den Kategorien zu denken, das zahlt ja der Arbeitgeber. Dies ist häufig alles, was ihnen einfällt auf diesem Gebiet. An Ausschmückungen des eigenen Hauses heißt es, ja das kostet ja nichts, das zahlt ja der Arbeitgeber. Wenn man einmal sieht, daß heute noch in Italien, Frankreich, England, Holland und Belgien die Erträge je Umsatz wesentlich höher sind als bei uns. Von USA und Kanada in diesem Zusammenhang erst gar nicht zu reden. Wenn man sieht, wie die Erträge bei uns im Laufe der Jahre trotz steigender Umsätze geschrumpft sind.

Ich habe eine Zahl schon einmal in diesem Kreise genannt, in 10 Jahren ist der Ertrag der Lohnsteuer gestiegen von der Marke 100 auf die Marke 460. In den gleichen 10 Jahren ist der Ertrag der Körperschaftsteuer gestiegen von der Marke 100 auf die Marke 130. Trotz Verdoppelung der Umsätze haben die Kapitalgesellschaften nur ein Plus von 30 % Körperschaftsteuer. Dabei ist die Körperschaftsteuer ja eher mehr geworden in den zehn Jahren mit der Ergänzungsabgabe als weniger geworden dem Steuersatz nach. Und auch bei der veranlagten Einkommensteuer, je nachdem welche zehn Jahre man rechnet, liegt der Zuwachs zwischen 60 und 80 % und nicht bei 350 % wie bei der Lohnsteuer. Das sage ich auch im Hinblick, z. B. wenn man auf die Idee kommen sollte, den Unternehmen das Erziehungsgeld aufzulasten, für das sowieso jede finanzielle Verwirklichungsmöglichkeit auf unabsehbare Zeit überhaupt fehlt. Wenn man anfangen würde, eine Berufsausbildungsabgabe, ein Ausbildungssteuergesetz etwa zu erlassen, – dies ist alles recht und schön – wären wir immer in der undankbaren Lage ‚Nein' dazu sagen zu müssen, und dann prompt als Reaktionäre, als Arbeitnehmerfeinde, als Unternehmerinteressenvertreter zu gelten. Aus dem Grunde können wir unsere Warnungen und unser Nein nur pauschal aussprechen, denn die Krise muß so groß werden, daß das, was wir für die Sanierung notwendig halten, dann auf einem psychologisch besseren Boden beginnen kann als noch heute. Noch heute leben die meisten über ihre Verhältnisse. Noch heute haben sie nicht begriffen, wie ernst die Situation ist. Noch heute besteht nicht ernsthaft die Bereitschaft dazu, den Gürtel enger zu schnallen und an die Sanierung von Wirtschaft, Gesellschaft und Staat heranzugehen. Ich sagte dann, die psychologischen Faktoren sind m.E. das Entscheidende und hier müssen wir einfach davon ausgehen, daß ohne eine Rückkehr der CDU/CSU eine Änderung der psychologischen Lage nicht erfolgen kann. Wir haben auch gar keine Angebote. Wir müssen schlechthin von dem Axiom ausgehen, die können Wirtschaft, Gesellschaft und Staat nicht mehr in Ordnung bringen. Sie haben 5 Jahre alles getan, um eine im Kern gesunde Wirtschaft systematisch aber absolut sicher zu ruinieren und damit den Boden für eine modernere Zukunftsgesellschaft verdorben. Im übrigen ist es ja gar nicht so ohne, wenn man sieht, daß z. B. die Neue Heimat an öffentlichen Aufträgen allein in Bayern von öffentlichen Auftraggebern in diesem Jahr 118 Millionen bekommen hat. Nur in Bayern! Und davon sind auch unsere Landräte und Oberbürgermeister erheblich beteiligt. Ich hatte mit dem Herrn Hanauer einen heftigen Zusammenstoß, weil er als Vorsitzender des Verwaltungsrates mir nachweisen wollte, daß der Neubau auf dem rundfunkeigenen Grundstück des Bayerischen Rundfunks – Bauwert 40 – 50 Millionen DM – nicht durch eine private Bauträgerschaft, sondern nur durch die Neue Heimat durchgeführt werden konnte. Im Ingolstädter Raum ist das ähnlich. Im Augsburger Raum ebenso. Die freuen sich drüber. Denn die haben eine solch ungeheure Substanz und haben in der Vergangenheit soviel auch an Substanz ansammeln können, daß die endlos aus-

halten, bis einer nach dem anderen kaputtgeht. Die größten Bauträger Bayerns sind heute alle klinisch tot und sind aktuell tot, wenn die Banken von ihren Rechten Gebrauch machen. Und daran schließen sich dann Tausende von Handwerkern, die ihre Rechnungen nicht mehr zahlen können, Baufirmen usw. an. Die drei größten Münchner sind tot, sind klinisch tot. Nur da die Banken in der Hoffnung auf eine Wiederbelebung der Baukonjunktur immer noch stunden, die Zinsen wieder der Kreditsumme zuschreiben und immer wieder Moratorien gewähren, kommen sie noch über die Runden. Aber sie sind tot, wenn die Banken heute zugreifen. Die Banken können auch diese Politik nicht ewig fortsetzen. Einmal müssen sie von ihren Rechten Gebrauch machen, schon weil sie aufgrund der Aktiengesetze usw. der Einlagensicherung, dazu verpflichtet sind. Dann beginnt ja erst die zweite Welle des großen Sterbens. Nun sagte Katzer gestern, das war ja ganz interessant, also bei Mitbestimmung sei er dafür, jetzt keinen Entwurf einzureichen. Er sei immer dafür gewesen, um die Regierungskoalition nicht aus ihren Schwierigkeiten zu vertreiben. Ich habe mir dann erlaubt ihm zu sagen, das stimmt nicht ganz. Denn die Sozialausschüsse haben ja ihren Widerspruch gegen die Hamburger Beschlüsse erklärt und haben mit der Fraktion doch den Burgfrieden damit erkauft, daß die Fraktion verzichtet hat, ihren Entwurf einzubringen und dafür haben sie darauf verzichtet, einen Entwurf der Sozialausschüsse einzubringen. Nachträglich gibt man die Not als eine Tugend aus. Gut, macht nichts. Aber wir müssen wissen, wo die eigene Kausalität, wo Ursache und Wirkung hier liegen. Dies ist auch ein Thema, das zur Unsicherheit in der Wirtschaft beiträgt, ohne daß es bei der Arbeitnehmerschaft wesentliche Pluspunkte bringt. Es ist nun natürlich völlig falsch, wenn wir sagen, wir sind gegen Mitbestimmung. Aber ich warne hier vor einem falschen Zungenschlag. Der Herr Barzel sagte ja, wenn Sie es gelesen haben, – vor ein paar Tagen sind ein paar norddeutsche Zeitungen erschienen – er sei gegen den Regierungsentwurf, weil der zu wenig Mitbestimmung bringe. Die CDU und CSU seien für mehr Mitbestimmung. Natürlich, man kann hier mehr Winter sein oder nachts ist es kälter als draußen oder die Beine der Ente sind gleich lang, besonders das linke. Das hat alles keine Aussagekraft. Wir müssen für die richtige Mitbestimmung sein. Für eine funktionsgerechte Mitbestimmung, die die Interessengemeinschaft Unternehmen im Interesse der beiden Partner zu den höchsten Leistungen und zu den größten Erträgen befähigen. Dann sprach Barzel weiter, er sprach, das Unternehmen müsse ein Sozialverband werden. Was ist das für eine geistige Epidemie. Ein Unternehmen kann doch nie ein Sozialverband werden. Da muß ein Krankenhaus ein Diskussionsforum über Vietnam oder über die gerechte Lösung der Nah-Ost-Frage werden. Das sind alles zweckfremde Vorstellungen. Betriebe sind Institutionen der Gesellschaft, der Produktion, der Dienstleistungen. Sie haben eine ganz bestimmte Aufgabe. Und sie haben diese Aufgabe bei einer Pluralität der Interessen optimal zu erfüllen. Die kann man gar nicht auf einen einzigen Nenner bringen. Aber

Sozialverband Unternehmen, da sind wir ja bei jugoslawischen Kooperativen angelangt. Auch das, was hier der Brandt gesagt hat, mehr Mitbestimmung, da muß ich sagen – ich komme ja weder von industrieller noch von Großgrundbesitzerseite her – wenn das stimmen würde, dann muß man 100 % Mitbestimmung einführen, und wenn es ginge, 150 %. Denn wenn der Fortschritt von 33 auf 50 % erstens einmal ungeheuer ist und zweitens nur eine Übergangsstufe darstellt weil ja in den Betrieben der Kampf um die gesellschaftliche Macht ausgefochten werden muß. Dann soll man sich doch gleich die Zwischenstation 50 ersparen, dann gehen wir gleich auf 100 % Mitbestimmung, wie es der DGB ja doch in seinem Referentenmaterial als Fernziel zwischen den Zeilen angekündigt hat. Das hat aber dann mit Arbeitnehmer nichts mehr zu tun. Wir sind für die Mitbestimmung des Arbeitnehmers im Betrieb. Für die richtige Mitbestimmung, für die funktionsgerechte Mitbestimmung. Ich gehe so weit zu sagen, daß der Unternehmer heute nicht einfach das Recht hat, über seinen Betrieb so zu verfügen, daß auch damit gegen die Sozialpflichtigkeit verstoßen werden kann. Vermögensbildung, da kann ich nur sagen: zur Zeit nichts. Zur Zeit fehlen sämtliche Voraussetzungen für eine Vermögensbildungspolitik. Man soll ja nicht sagen, da ist nichts geschaffen worden. Die einzige Voraussetzung, die ich sehe und die man verwirklichen kann ist auf dem Gebiet des Wohnungseigentums. Auf dem Gebiet des Wohnungseigentums ist die Sache auch am griffigsten und am konkretesten. Und jetzt müssen wir uns auch lösen von dieser von mir immer für dämlich gehaltenen, – aber ich habe von dem Urteil nur einen relativ sparsamen Gebrauch gemacht, aber wer es in kleinem Kreis erlebt hat, weiß, was ich dazu gesagt habe – Beteiligung am Produktivkapitalvermögen. Eine der dümmsten Vorstellungen, die man haben kann, den Arbeitnehmer am Produktivkapital unbedingt beteiligen zu müssen. Solange man in der Wachstumsphase lebte, jedes Jahr 10 % mehr, ich lege 10 000 DM ein, dann habe ich im nächsten Jahr 11 000 DM oder 12 000 DM! Das ist doch die IOS Verkaufsstrategie gewesen. Aber, ich habe gestern auch darauf hingewiesen, das klassische Eigentumspapier ist doch die Aktie. Was sagen wir denn den armen Volksaktionären, die seinerzeit die VW-Aktie gekauft haben, die VEBA-Aktie gekauft haben, die Preußag-Aktie gekauft haben, die heute auf dem Kurs von 60 und 65 draufsitzen, und das in einem Fall, nachdem sie zweimal 120 oder 130 dafür bezahlt haben. Das hindert aber die Vermögenspolitiker à la Pieroth nicht daran, Beteiligung am Produktivkapital zu verlangen. Das beste, was einer tun konnte in der Zeit war, ganz kurzfristige hochverzinsliche Wertpapiere zu kaufen, sie sofort wieder umzuschichten, damit er den nächst hohen Zinssatz bekommen kann. Diese Idioten von Aktienkäufern, ich schließe mich hier ein wenn auch nur in kleinem Umfange. Da hat man Kurse bezahlt mit 200/250 und hat nun 90 und 100. Zum Schenken ist es noch zuviel und zum Halten ist es fast nicht mehr interessant. Wir müssen eine Politik betreiben, daß das Produktivkapital sich wieder rentiert. Und dann hat eine Beteiligung der Arbeitnehmer am Produktiv-

kapital einen Sinn und nicht vorher. Sehr interessant war gestern dann die Bemerkung von Katzer, nunmehr hat die Wirtschaft versagt, ganz gleich wer schuldig ist. Aber in Köln allein bekommen 8000 Jugendliche keinen Lehrlingsplatz, da die Wirtschaft jetzt offensichtlich nicht mehr in der Lage ist, die Berufsausbildung zur Verfügung zu stellen. Ich habe dann allerdings zwar schon in einer Randgruppe gesagt, man bedrohe eine Wirtschaft, man beschimpfe eine Wirtschaft, man beute eine Wirtschaft aus, treibe ihr die Lehrlingsausbildung als Jugendschinderei, als Ausbeutung usw. aus, man erlasse ein Jugendarbeitsschutzgesetz, wo es also 4 Wochen Urlaub gibt und dann darf er bloß noch mit Herr angeredet werden und mittags muß er zwei Stunden geregelte Ruhezeit haben und dann eine Stunde Hobbyjob betreiben dürfen! Ja, wer soll denn da noch einen Lehrling einstellen, der steht doch immer schon mit einem Fuß im Gefängnis, wenn der Gewerbeinspektor von der Gewerbeüberwachung, vom Gewerbeaufsichtsamt, dann daherkommt und nachdem er es soweit gebracht hat, sagt man, ganz gleich, wer schuld ist. Unsere Kinder können doch nicht ohne Berufsausbildung in das Leben treten. Erziehungsgeld sei von Grund auf richtig, könne nicht verwirklicht werden. Es wissen die Kinderpsychologen am besten, daß vom 1. bis zum 3. Lebensjahr das Kind für das Leben endgültig geformt würde und in den Jahren müsse eben dann das Erziehungsgeld gezahlt werden. Das hätte die Fraktion beschlossen und dabei müsse man auch bleiben. Kinderpsychologie! Aber die müssen dann wissen, wieviele Frauen verlassen den Arbeitsplatz, wer kann sie ersetzen. Sind die Männer bereit, eine Stunde mehr zu arbeiten in Zukunft, um das an Sozialprodukt zu ersetzen, was auf diese Weise dann durch Verringerung der Arbeitskräfte eben eingespart wird. Da heißt es nur, das muß geschehen, jenes muß geschehen, ein drittes muß geschehen. Ja wer soll denn das Geld verdienen, um die 4 oder 5 Milliarden zu bezahlen, wo der Staat im offenen Bankrott ist, die Rentenversicherungsträger in Milliardendefiziten dahinschleichen. Wer soll denn das bezahlen. Das hat doch so keinen Sinn. Dann kam er mit einer Vorstellung von der Rentenreform daher. Er hat nicht die 13. Rente gestern gebracht, sondern man sollte jetzt eine Einheitsrente bringen, – oder wenn der Mann stirbt oder die Frau stirbt, soll der restliche Ehegatte etwa die gleiche Rente bekommen, wie sie vorher beide zusammen gehabt haben. Das würde natürlich dann bedeuten, daß sie zuerst dann weniger bekommen, damit der Überbleibende dann mehr bekommt. Ich möchte zur Außenpolitik nur eine Bemerkung machen: Wir müssen sicherlich die europäische Idee am Leben halten, aber sind heute von jeder Möglichkeit einer Europäischen Union auch einer echten Europäischen Wirtschaftsgemeinschaft weiter weg als wir im Jahr 1950 gewesen sind. Im Jahre 1955, 1960, 1965 oder wann auch immer, ist man in einem fast hoffnungslosen Zustand angelangt, wobei der moralische Zustand Europas schlimmer ist als der materielle oder der politische oder der militärische. Die Europäer sind total degeneriert. Sie sind ausgetreten aus der Geschichte, erwarten, daß die Amerikaner wenigstens für sie noch Wache hal-

ten, verschließen die Augen vor der sowjetischen Gefahr, begreifen nicht, daß das Kooperationsangebot der Sowjetunion einen Hegemonieanspruch bedeutet. Deutsche Kraftwerke an der Wolga oder in Ostpreußen, die den Strom von Arabern zu uns hineinbringen. Ich kann nur sagen, man weiß schon bald nicht mehr, welches Land auf der Welt man zur Emigration empfehlen soll. Zwischenzeitlich kann man Neuseeland, Australien oder Kanada vielleicht noch nennen, auch Palästina, das sind aber auch nur Übergangsstationen. Nur summa summarum: Für uns heißt die Summe, dieses Europa kann nicht gesund werden, wenn die Bundesrepublik nicht wieder wirtschaftlich, gesellschaftlich, politisch, militärisch ein Stabilitätsfaktor erster Ordnung wird. Wenn das von der Bundesrepublik wieder ausgeht. Das kann aber nur ausgehen, da bin ich jetzt wirklich am Ende, wenn die Krise so stark wird, daß aus der Krise ein heilsamer Schock erwächst und damit die Bereitschaft, die Konsequenzen aus dieser Zeit auch tatsächlich auf sich zu nehmen. Sonst läuft sich jeder Kanzlerkandidat tot. Und darum hat es auch gar keinen Sinn, wenn wir jetzt in den nächsten Monaten uns überlegen, wer ist am telegensten, wer wirkt am besten, wer hat nach der Umfrage von Wickert, Ifas oder wie die da alle heißen, die meisten Chancen. Es ist alles belanglos oder cura posterior, zuerst müssen wir wissen, was machen wir, wenn wir hinkommen, mit diesem Staat. Und das nächste ist dann, wer ist geeignet, diese Maßnahme glaubhaft an der Spitze einer aktionsfähigen Regierungs- und Parlamentsgruppe dann auch tatsächlich durchzuführen. Und damit wird dann das Karussell der Eitelkeit für eine Zeit lang gestoppt sein."[3]

Nachdem Franz Josef Strauß seine Rede unter dem Beifall der anwesenden Abgeordneten der CSU-Landesgruppe beendet hatte, wurde über die von ihm skizzierte Oppositionsstrategie nur noch kurz debattiert. Seit längerem herrschte Einigkeit darüber, daß sich die bisherige Vorgehensweise als untauglich erwiesen hatte und man nun den Weg der verschärften Konfrontation gehen müsse. Die Union müsse wieder eine Alternative darstellen, nicht nur eine Variante. „Irgend jemand fragte schließlich, ob man diese hochinteressante Rede nicht schriftlich haben könne, um sie noch einmal in Ruhe genießen zu können. Nun hatte Strauß kein Redemanuskript; er hatte völlig frei gesprochen, nicht einmal Notizen hatte er sich gemacht. Aber ein Tonband war mitgelaufen, und so wurde beschlossen, daß das Tonband abgeschrieben und der Text jedem Mitglied der Landesgruppe zugesandt werden solle. So geschah es denn auch in den nächsten Wochen. Die Briefe lagen offen in den Postfächern, niemand sah einen Grund zur Geheimhal-

---

[3] Strauß, Franz Josef: Referat des Landesvorsitzenden Dr. h.c. Franz Josef Strauß auf der Tagung der CSU-Landesgruppe in Sonthofen am 18. und 19. November 1974. Bonn 1975. (Rechtschreib- und Zeichensetzungsfehler wurden aus dem Originaltext übernommen.)

tung."⁴ Vor allem aber sah niemand einen Grund darin, die Sonthofener-Rede in den folgenden Wochen oder Monaten in irgendeiner Form hervorzuheben oder gar zur Diskussion zu stellen. Es war eine ganz normale Strauß-Rede gewesen, in der er ganz normale Oppositionsrezepte empfohlen hatte. Außerdem wurden schon bald darauf alle parteipolitischen Strategiedebatten von einem Ereignis überlagert, das als diplomatische Sensation weltweit Schlagzeilen machte: Franz Josef Strauß, der „kriegstreiberische Kommunistenhasser", der „ewiggestrige Kalte Krieger", wurde in die Volksrepublik China eingeladen.

Zusammen mit seiner Frau Marianne, seinem persönlichen Referenten Dr. Friedrich Voss und dem Journalisten Wolfgang Horlacher begab sich Franz Josef Strauß am 11. Januar 1975 auf die weite Reise in das fernöstliche Land. In Peking wurde Strauß sogleich von einem vielköpfigen Empfangskomitee begrüßt und wie ein Staatsoberhaupt herumgeführt. Die chinesische Staatspresse druckte das Strauß-Photo im gleichen Format wie jenes von US-Präsident Richard Nixon, der China einige Jahre zuvor besucht hatte. Außerdem war das Besuchsprogramm von chinesischer Seite mit hochkarätigen Gesprächspartnern angefüllt worden – eine für einen westeuropäischen Oppositionspolitiker, der zu jener Zeit keine staatstragenden Ämter bekleidete, einzigartige Würdigung.⁵ So traf Strauß auch mit dem stellvertretenden Ministerpräsidenten Teng Xiaoping zusammen, wie Friedrich Voss in seinen tagebuchartigen Erinnerungen berichtet: „Nach mehr allgemeinen politischen Betrachtungen zur Weltlage, die sich von den bisherigen Gesprächsinhalten nicht wesentlich unterscheiden, wird es bei der Wirtschaftspolitik hochinteressant. Teng vertritt dezidiert die Meinung, China könne seine Unabhängigkeit nur bewahren, wenn es autark bleibe und sich insbesondere vor ausländischen Krediten hüte. FJS versucht ihm zu verdeutlichen, daß die wirtschaftliche Entwicklung Chinas ohne ausländisches Kapital sehr lange dauern werde, wenn sie überhaupt möglich sei. FJS weist auf die ungeheuren Bodenschätze Chinas hin, für deren Förderung den Chinesen die Mittel fehlten, die aber mit ausländischem Kapital zum wirtschaftlichen Nutzen aller Beteiligten gefördert werden könnten. Im Laufe des Gesprächs ist festzustellen, daß Teng an seiner bisher festgefügten Meinung zu zweifeln beginnt. Aber als überzeugter ‚Antikapitalist' bleibt er fest und standhaft. Bei späteren Chinabesuchen, die stets Gespräche mit Deng [sic!]

---

⁴ Zimmermann, Friedrich: Kabinettstücke. Politik mit Strauß und Kohl 1976–1991. München, Berlin 1991, S. 40.
⁵ Die Niederschriften der Gespräche mit den wichtigsten chinesischen Persönlichkeiten finden sich allesamt im Anhang des Buches von: Voss, Friedrich: Den Kanzler im Visier. 20 Jahre mit Franz Josef Strauß. Mainz, München 2000.

vorsehen, vertieft FJS seine Auffassung, und – was kaum zu glauben ist, tritt ein – er vermag Teng zu überzeugen, der dann zu einem der markantesten Verfechter einer wirtschaftlichen Öffnung Chinas nach Westen wird."[6]

Bald darauf ging es zur chinesischen Mauer, die sich an einigen Stellen als außerordentlich steil erwies. Doch Franz Josef Strauß war gewillt, den naheliegenden höchsten Punkt zu erreichen, um von dort aus den herrlichen Blick über die weite Steppe genießen zu können. In richtiger Einschätzung seiner Kräfte verwandte er eine Methode, die ihm von den heimatlichen Hochgebirgsjagden gut bekannt war: 50 Schritte gehen, dann ein Weilchen stehen, dann wieder 50 Schritte gehen und ein weiteres Mal verschnaufen. Auf diese Weise gelang es ihm im Gegensatz zu anderen Staatsgästen (wie beispielsweise Richard Nixon) rasch, den höchsten Punkt der Mauer zu erreichen.[7] Als die Delegation wenig später zu ihrem Gästehaus zurückgebracht wurde, erwartete sie bereits der Protokollchef des Außenministeriums. Er bat Strauß und seine Begleiter, in fünf Minuten abmarschbereit zu sein. Für ihn sei ein weiteres wichtiges Gespräch anberaumt worden: der Parteivorsitzende Mao Tse-tung habe ihm eine Audienz gewährt. Voss: Nach einer Flugzeit von eindreiviertel Stunden und einer 30minütigen Autofahrt empfängt uns Mao Tse-tung „in einem Raum, der kleiner ist als die sonst üblichen Empfangshallen. Er versucht aus seinem Sessel aufzustehen, schafft es nicht ganz aus eigener Kraft. FJS stützt ihn. Mao ist 81 Jahre alt und erweckt den Eindruck eines sehr alten und kranken Mannes. FJS sagt zur Begrüßung in englisch: ‚Es ist eine große Ehre für mich, Sie zu sehen, Herr Vorsitzender!' Um 17.15 Uhr beginnt das eigentliche Gespräch der beiden Parteivorsitzenden. Marianne Strauß und Wolfgang Horlacher wären gerne während des Gesprächs im Raum geblieben. Aber unerbittlich werden sie vom Protokoll hinausgeleitet. Unsere Gastgeber bedauern, nur ins Englische und nicht ins Deutsche dolmetschen zu können. FJS bestreitet 95 Prozent des Gespräches, der Vorsitzende Mao beschränkt sich auf knappe Äußerungen: ‚Dies ist auch unsere Ansicht. – Das ist das gleiche in Asien. – Das ist der Grund, daß sie die Mauer bauten. – So ist es. – Das ist sehr gefährlich.'"[8] Natürlich nutzte Strauß die Gelegenheit, Mao seine außen- und ostpolitischen Vorstellungen zu erläutern: „Seit Jahren habe ich die Meinung verfochten, daß die deutsche Ostpolitik nicht in Moskau enden darf; sie muß den Fernen Osten und die Volksrepublik China einschließen. Dafür bin ich angegriffen worden als Architekt der Achse. Es gibt keine Achse, aber das chinesische und das deutsche Volk waren immer gute Freunde und jetzt haben wir einen neuen Aspekt. Wir können unsere Zusammen-

---

[6] Ebd., S. 98.
[7] Vgl. ebd., S. 99.
[8] Ebd., S. 101f.

arbeit auf wirtschaftlichem Gebiet zu beiderseitigem Nutzen entwickeln und ausbauen. Wenn wir einen Beitrag zur Entwicklung Chinas leisten können, wollen wir es tun, denn ein starkes China ist eine Garantie für den Frieden."⁹

In der Heimat schlug die Nachricht, daß Franz Josef Strauß als erster deutscher und als dritter westeuropäischer Politiker von Mao Tse-tung empfangen worden war, ein wie eine Bombe. Schließlich war diese als hohe Ehre zu betrachtende Audienz bis dahin nur dem einstigen französischen Außenminister Robert Schuman und dem englischen Politiker Edward Heath gewährt worden.¹⁰ Normalerweise empfing Mao nur Staats- und Regierungschefs und höchste Parteifunktionäre befreundeter kommunistischer Staaten. Damit war die oft kolportierte Unterstellung, Strauß sei für kommunistische Machthaber kein Gesprächspartner und verfüge daher nicht über die nötigen Voraussetzungen für das Amt des Außenministers oder das des Bundeskanzlers, auf eindrucksvolle Weise widerlegt. Strauß, der insgesamt fünf Mal nach China reisen sollte, hatte sozusagen noch vor der Bundesrepublik Deutschland diplomatische Beziehungen zum Reich der Mitte aufgenommen.¹¹ Dank seiner „Liebesgrüße aus Peking"¹² rückte der Kanzlerthron nun wieder in greifbare Nähe.¹³ Entsprechend verärgert reagierten seine politischen Gegner. Die von der sowjetischen Staats- und Parteiführung kontrollierte Tageszeitung „Prawda" beispielsweise verurteilte die deutsch-chinesische Annäherung aufs Schärfste. Und auch die zahlreichen maoistischen Gruppen, die es in Deutschland seit einigen Jahren gab, äußerten sich über das sensationelle Ereignis vornehmlich mit wutentbrannter Fassungslosigkeit. Daß ihr Idol ausgerechnet den ihrer Ansicht nach faschistoiden Atomwaffenimperialisten empfangen und ihn obendrein wie seinesgleichen als „Dju Hsi", als „Vorsitzenden" angesprochen hatte, war ihnen unbegreiflich.¹⁴ Sie wollten nicht akzeptieren, was doch so offen-

---

⁹ Strauß, Franz Josef: Gespräch mit dem Vorsitzenden der KP Chinas Mao Tse-tung vom 16. Januar 1975, in: Voss, Friedrich: Den Kanzler im Visier. 20 Jahre mit Franz Josef Strauß. Mainz, München 2000, S. 374–377, S. 376. Vgl. dazu auch: Strauß, Franz Josef: Analyse der weltpolitischen Situation, in: Bossle, Lothar (Hg.): Konservative Bilanz der Reformjahre. Kompendium des modernen christlich-freiheitlichen Konservatismus. Würzburg 1981, S. 157–179, S. 162; Ströhm, Carl Gustaf: Die Audienz bei Mao, in: Die Welt v. 18.01.1975.

¹⁰ Vgl. Weggel, Oskar: Franz Joseph Strauß in der VR China, in: China aktuell, 4 (1975), S. 65–70, S. 65; o.V.: CSU-Vorsitzender Strauß von Mao Tse-tung empfangen, in: Frankfurter Allgemeine Zeitung vom 17.01.1975; Mao und Strauß, in: General-Anzeiger vom 17.01.1975.

¹¹ Vgl. Haefs, Hanswilhelm: Dokumentarische Berichte. China; Januar bis März 1976, in: Weltgeschehen, 1976/1, S. 5–50, S. 18; Nieh, Yu-hsi: Gespräch des CSU-Vorsitzenden F.J. Strauß mit der chinesischen „Volkszeitung", in: China aktuell, 5 (1976), S. 445–446.

¹² Bandulet, Bruno: Liebesgrüße aus Peking, in: Zeitbühne, 2 (1975) H. 4, S. 12–20.

¹³ Vgl. Steffen, Jochen: Mao, der Kanzlermacher. Über Strauß in Peking, in: Das Da, 1975/3, S. 38–39.

¹⁴ Vgl. Meier-Walser, Reinhard C.: Politischer Realismus im Denken und Handeln – theoriebildende Elemente im außenpolitischen Werk von Franz Josef Strauß, in: Politische Studien, 49 (1998) H. 361, S. 3–9, S. 7.

sichtlich war: Für die Chinesen, so Wolfgang Horlacher, war „Strauß der interessanteste deutsche Alternativpolitiker."[15]

Auch Bundeskanzler Helmut Schmidt, der von Mao Tse-tung erst im Oktober 1975 empfangen wurde, hatte allen Grund, aufgebracht zu sein. Nicht minder desavouiert durfte sich Außenminister Hans-Dietrich Genscher fühlen, der die mißliche Angelegenheit auch fast 30 Jahre später immer noch herunterzuspielen versuchte: Straußens „China-Reise von 1975 lag durchaus in der Logik seines außenpolitischen Denkens. Schließlich war er der Meinung, die Sowjetunion durch einen Besuch in Peking politisch unter Druck setzen oder doch zumindest beeindrucken zu können. Diese Auffassung teilte ich nicht. Aber sein Empfang durch Mao Tse-tung hat mich auch keineswegs gestört."[16] Letzteres darf bezweifelt werden. Vorletzteres übrigens auch, wie Franz Josef Strauß immer wieder betonte.[17] Ihm gehe es in erster Linie um eine Verbesserung der deutsch-chinesischen Beziehungen, um eine Erweiterung der deutschen Ost- und Außenpolitik bis in den fernöstlichen Raum hinein und um eine Miteinbeziehung der Atommacht China in eine weltweite Entspannungs- und Friedensarchitektur, an der er als Bundeskanzler vorrangig arbeiten würde. Und tatsächlich standen die Chancen, sich seinem gedanklich inzwischen zu einem „Entwurf für die Welt" ausgebauten „Entwurf für Europa" bald mit der Machtfülle eines Regierungschefs widmen zu können, dank Maos großer Geste gar nicht mehr so schlecht. Denn plötzlich erfreute sich Franz Josef Strauß sogar im Norden der Republik einer größeren Beliebtheit.[18] Umfragen ergaben, daß nun auch zahlreiche Wechselwähler geneigt waren, dem CSU-Chef ihre Stimme zu geben. Die deutsche Linke war entsetzt. Helmut Kohl freilich auch. Vom „Spiegel" gar nicht zu reden. Wenn nicht bald etwas geschah, war der Siegeszug des durch Maos Empfang außenpolitisch aufgewerteten Wirtschafts- und Finanzexperten durch nichts mehr aufzuhalten. Da entsann sich der „Spiegel" einer Rede von Franz Josef Strauß, die er vier Monate zuvor gehalten hatte. Eigentlich war es ein ganz normales Referat gewesen, das im November 1974 außerhalb der CSU-Landesgruppe keinerlei Beachtung gefunden hatte. Doch wenn man die richtigen Stellen hervorhob und entsprechend kommentierte, würde sich schon etwas daraus machen lassen.

---

[15] Horlacher, Wolfgang: Mit Strauß in China. Tagebuch einer Reise. Stuttgart-Degerloch 1975, S. 170.
[16] Interview mit Bundesminister a.D. Prof. Dr. h.c. Hans-Dietrich Genscher am 02.03.2004 in Bonn.
[17] Vgl. Strauß, Franz Josef: Analyse der weltpolitischen Situation. Würzburg 1978, S. 14. Vgl. dazu auch: o.V.: Strauß: Die deutsche Ostpolitik muß auch China einschließen, in: Die Welt vom 02.01.1975.
[18] Vgl. Wiedemeyer, Wolfgang: Helmut Kohl. Porträt eines deutschen Politikers. Eine biographische Dokumentation. Bad Honnef 1975, S. 134.

Am 9. März 1975 ließ der „Spiegel" die Bombe schließlich platzen. In einer Vorabmeldung veröffentlichte er Ausschnitte aus der Sonthofen-Rede, die Strauß am 18. November 1974 auf der Klausurtagung seiner Landesgruppe im Hochzeitssaal des Ofterschwanger Kurhotels Sonnenalp gehalten hatte. Dort, so war den geschickt gewählten Auszügen zu entnehmen, habe Strauß in einer „Geheimrede" eine „totale Verweigerungsstrategie"[19] entwickelt. Er habe davon gesprochen, der Staat müsse vollständig herabgewirtschaftet werden, damit die Unionsparteien endlich wieder die Macht übernehmen und so richtig aufräumen könnten, „daß bis zum Rest dieses Jahrhunderts von diesen Banditen keiner es mehr wagt, in Deutschland das Maul aufzumachen."[20] Damit, so hieß es, habe Strauß seine politischen Gegner gemeint und folglich zu einem „kalten Staatsstreich" aufgerufen.[21] „Die Aufregung war ungeheuer. Herbert Wehner sprach von geistigem Terrorismus, der Vorsitzende der Münchner SPD, [Rudolf] Schöfberger, fühlte sich an Hitler erinnert, und Willy Brandt glaubte, dass wer so rede wie Strauß, den Staat gefährde."[22]

Mit seiner mitten ins Wochenende hineinplatzenden Meldung erwischte der „Spiegel" die völlig unvorbereitete CSU auf dem falschen Fuß. In seinen Memoiren schilderte der damalige stellvertretende Landesgruppenvorsitzende Dr. Friedrich Zimmermann: Alle Politiker waren „nach Hause oder zu politischen Veranstaltungen gereist. Irgendein verzweifelter Stallwächter, durch Anrufe der Agenturen alarmiert, versucht erst einmal herauszukriegen: was ist das für ein Redemanuskript, auf das sich der ‚Spiegel' stützt? Was steht da drin? Was hat Strauß damals wirklich gesagt? Anruf bei Strauß, unwirsche Reaktion: Was weiß denn ich, glauben Sie, ich hab' alle meine Reden im Kopf; da soll sich der Stücklen drum kümmern, es war eine Veranstaltung der Landesgruppe, er ist Landesgruppenvorsitzender. Anruf bei Stücklen, unwirsche Reaktion: Was weiß denn ich, hab' ich geredet oder der Franz Josef? Entsprechend hilflos fielen schließlich die Erwiderungen aus"[23], wie auch der damalige CSU-Abgeordnete Wighard Härdtl, Zimmermanns späterer persönlicher Referent, bestätigen konnte: „Die CSU wurde von

---

[19] Vgl. Schmidt, Helmut: Freiheit verantworten. Düsseldorf, Wien 1983, S. 355.
[20] Strauß, Franz Josef: Referat des Landesvorsitzenden Dr. h.c. Franz Josef Strauß auf der Tagung der CSU-Landesgruppe in Sonthofen am 18. und 19. November 1974. München 1974. Vgl. dazu auch: Gessenharter, Wolfgang: Kippt die Republik? Die Neue Rechte und ihre Unterstützung durch Politik und Medien. München 1994, S. 52.
[21] Wie Franz Josef Strauß später klarstellte, bezog sich die Bezeichnung „Banditen" ausschließlich auf die Terroristen der Baader-Meinhof-Bande. Vgl. dazu: o.V.: Strauß stellt klar: Mit „Banditen" die Terroristen gemeint, in: Süddeutsche Zeitung vom 14.07.1979.
[22] Gauland, Alexander: Franz Josef Strauß '74. Als Sonthofen Geschichte schrieb, in: Die Neue Gesellschaft. Frankfurter Hefte, 48 (2001) H. 1–2, S. 54–57, S. 54.
[23] Zimmermann, Friedrich: Kabinettstücke. Politik mit Strauß und Kohl 1976–1991. München, Berlin 1991, S. 40.

diesem Überraschungsangriff völlig unvorbereitet getroffen und wußte sich zunächst gar nicht zu helfen. Bevor man sich formieren und Stellung beziehen konnte, hatten sich bei unseren Gegnern bereits gewisse Sichtweisen verfestigt. All unsere Versuche der Erläuterung und Erklärung kamen schlichtweg zu spät. Wenn man in der Politik nicht sofort eine Gegenoffensive startet oder ein passendes Dementi zur Hand hat, wird man von einem gegnerischen Angriff schnell überrollt."[24]

Und so rückte die Kanzlerkandidatur des Franz Josef Strauß erneut in weite Ferne.[25] Laut Helmut Kohl war das Bekanntwerden der Klausurrede „ein Geschenk des Himmels. In der Propaganda für die bevorstehenden Landtagswahlen in Schleswig-Holstein, Nordrhein-Westfalen und im Saarland wurde die Strauß-Rede denn auch weidlich ausgeschlachtet und gegen die Unionsparteien ins Feld geführt."[26] Kurz: Das alte Strauß-Feindbild stimmte wieder! Rasch ließ das wiederbelebte Image des gefährlichen Blockade-Politikers, dessen „Machtergreifung" unbedingt verhindert werden mußte, die seit längerem zerstrittene sozialliberale Koalition wieder zusammenrücken. „Bei der ersten Lektüre der Strauß-Suada schien Bundeskanzler Helmut Schmidt so viel Glück für die SPD/FDP-Koalition unfaßbar: ‚Das kann der Mann doch gar nicht gesagt haben!' SPD-Wirtschaftsexperte Herbert Ehrenberg jubelte: ‚Davon werde ich bis 1976 leben.' Und Parteigeschäftsführer Holger Börner griff in seiner Euphorie zu einem gewagten Bild: ‚Wir werden die Rede in Erz gießen und immer damit klappern.'"[27] Der nordrhein-westfälische Regierungschef Heinz Kühn brachte die Wirkung der Sonthofener Rede schließlich auf den Punkt: „Franz Josef Strauß ist ein Sonderhonorar wert". Seine „Sonthofener Meditationen sind eine der wirkungsvollsten Wahlhilfen."[28]

Mit seinen geschickt arrangierten Vorabmeldungen und der Veröffentlichung von ausgewählten Rede-Auszügen war es dem „Spiegel" ein weiteres Mal gelungen, Straußens Bemühungen, ins Bundeskanzleramt einzuziehen, zu torpedieren. Allerdings hatte es die Mißverständlichkeit des Sonthofen-Referats und all seiner Begleitumstände den Redakteuren diesmal leicht gemacht, Strauß die schlimmsten Absichten zu unterstellen. Die Wahrheit war indes eine ganz andere. *Erstens:* Es hatte sich in Sonthofen um eine ganz normale Klausurtagung der CSU-Landesgruppe und nicht um ein konspiratives Treffen einer subversiven Organisation

---

[24] Interview mit Staatssekretär a.D. Wighard Härdtl am 06.01.2004 in Bonn.
[25] Vgl. Zodel, Chrysostomus: Im Meinungsstreit der Deutschen ist Franz Josef Strauß eine Scheidemarke, in: Schwäbische Zeitung vom 5. September 1975.
[26] Kohl, Helmut: Erinnerungen, 1930–1982. München 2004, S. 368.
[27] o.V.: Fall Strauß: „Die Stimmung ist prima", in: Der Spiegel, 29 (1975) H. 12, S. 21–25, S. 21.
[28] o.V.: „Strauß ist ein Sonderhonorar wert", in: Der Spiegel, 29 (1975) H. 13, S. 19–20, S. 19.

gehandelt. Dementsprechend war die Rede des Parteivorsitzenden zu keiner Zeit als geheim deklariert worden. *Zweitens:* Franz Josef Strauß hatte sein Referat völlig frei gehalten. Nicht einmal spärlichste Notizen hatte er verwendet. *Drittens:* Nur ein Bruchteil der Rede hatte sich mit strategischen Fragen beschäftigt. Der überwiegende Teil hatte Schilderungen und Analysen der politischen und wirtschaftlichen Lage gegolten. Außerdem hatte Strauß in längeren Passagen den politischen Gegner und die Oppositionspolitik der Schwesterpartei kritisiert. *Viertens:* Die in den wenigen Abschnitten, die strategische Fragen zum Inhalt hatten, geäußerten Ansichten vertrat Strauß in mehr oder minder abgewandelter Form schon seit Jahren. *Fünftens:* Keiner der damals Anwesenden empfand die Rede als Aufruf zu einer destruktiven Blockadepolitik. Laut Wighard Härdtl führte Strauß nur aus, „daß alle bisherigen Bemühungen der Oppositionsparteien, den Bürgern die gegenwärtige Talfahrt vor Augen zu führen, vergeblich gewesen waren. Die Bürger würden der amtierenden Bundesregierung erst dann die Gefolgschaft versagen, wenn der sprichwörtliche Karren für alle deutlich sichtbar an die Wand gefahren sei. Dies stellte jedoch keinen Aufruf dar, den Karren absichtlich an die Wand zu fahren, um auf diesem Wege an die Macht zu gelangen. Derartiges hat Strauß weder gesagt, noch gemeint oder intendiert."[29] Dieser Meinung schloß sich auch Dr. Wilhelm Knittel an, der seit Mai 1974 das Büro des CSU-Vorsitzenden leitete: „Eine der hervorragendsten Eigenschaften des Franz Josef Strauß war die Fähigkeit zur freien Rede. Er sprach gerne offen, klar und unverblümt, mitunter auch recht drastisch und mit einem Hang zur Ironie. Er war eben einfach nicht der Typ, der sich seine Texte von drei Ministerialräten und zwei Volljuristen vorher absegnen ließ. Außerdem muß man auf einer Klausurtagung, wenn man nur von politischen Freunden umgeben ist, auch einmal kräftig vom Leder ziehen und sich einer deftigen Ausdrucksweise bedienen können. Golo Mann kam nach einer Analyse der Sonthofener Rede zu dem Schluß, daß es sich dabei um nicht mehr und nicht weniger als eine klassische Oppositionsrede handelte, in der eine ganz normale Oppositionsstrategie vertreten wurde. Ich sehe das übrigens genauso. Doch Strauß wurden stets die böswilligsten Absichten unterstellt: hier also die Verfälschung der Analyse, die Union werde erst bei einer weiteren drastischen Verschlechterung der wirtschaftlichen Lage die Chance der Regierungsübernahme bekommen, in eine *Absicht*, die Verhältnisse zum Zweck des Regierungswechsels zu verschlechtern."[30] *Sechstens:* Die Abschrift der Tonbandaufzeichnung war nicht redigiert worden. Zimmermann: „Abgesehen nun davon, daß ein großer Teil des Textes holprig blieb –

---

[29] Interview mit Staatssekretär a.D. Wighard Härdtl am 06.01.2004 in Bonn.
[30] Interview mit Staatssekretär a.D. Dr. Wilhelm Knittel LL.M. am 20.01.2004 in Grünwald bei München.

der ganze Inhalt ließ sich nun so präsentieren, als habe Strauß die Zustände, die er beschrieben und beklagt hatte, in Wirklichkeit auf das deutsche Volk herabgewünscht. Der unverzeihliche Fehler des Strauß-Bürochefs – oder von Strauß selber, in so delikaten Dingen überprüft man am besten mit eigenen Augen – lag darin, daß er aus dem gesprochenen Wort, bestimmt zum Hören, kein geschriebenes Wort machte, bestimmt zum Lesen. Texte, die zum Lesen bestimmt sind, müssen anders abgefaßt werden als Texte, die vorgetragen werden sollen."[31] Anderenfalls werden sie mit an Sicherheit grenzender Wahrscheinlichkeit mißverständlich. *Siebtens:* Die Rede war völlig bedenkenlos an alle CSU-Landesgruppen-Mitglieder verschickt worden. *Achtens:* Der „Spiegel" druckte in seiner Vorabmeldung vom 9. März und seiner regulären Ausgabe vom 10. März nur Auszüge der Rede ab. Insbesondere die von Strauß gemachten konstruktiven Verbesserungsvorschläge wie beispielsweise die angesichts der schweren wirtschaftlichen Krise dringend angeratene Anwendung des § 26 a des Stabilitäts- und Wachstumsgesetzes und die Einrichtung einer parteiinternen Clearingstelle wurden unterschlagen. Auch fehlten einige wichtige Erläuterungen zu den Themen Tarifpolitik, Zinsniveau, Neue Heimat und Produktivkapitalbeteiligung.[32] Durch die vom „Spiegel" nicht gekennzeichneten Auslassungen fehlte den Straußschen Schlußfolgerungen nicht nur jedwede sachliche Begründung, sie wirkten alles in allem auch wesentlich aggressiver, gefährlicher und – vor allem – mißverständlicher.

Natürlich bemühte sich Franz Josef Strauß in der Folgezeit nach Kräften, sich und seine Rede zu verteidigen. Am 19. März 1975 wies er vor dem Plenum des deutschen Bundestages die ihm unterstellte Blockadestrategie entrüstet von sich: „In den letzten Tagen läuft in konzertierter Aktion eine Verfälschungs- und auch Verleumdungskampagne ungeheuren Ausmaßes gegen mich. Ihre Methoden sind vielfältig, raffiniert, zum Teil schäbig, auf alle Fälle rücksichtslos; sie stammen aus dem Instrumentarium der psychologischen Kriegsführung. Ich frage jetzt nicht, was ist richtig, was ist falsch von den aus meiner Rede wiedergegebenen Worten; das frage ich gar nicht. Ich zitiere – und berufe mich dabei auf das angebliche Wortprotokoll – zwei daraus immer wieder herangezogene Sätze: ‚Wir müssen die Auseinandersetzung hier im Grundsätzlichen führen. Da können wir nicht genug an allgemeiner Konfrontation schaffen.' Ich habe mich nie für eine totale oder obstruktive Opposition ausgesprochen, werde aber das, was ich unter diesen Äußerungen hier verstanden habe – auch wenn sie so wiedergegeben worden sind –,

---

[31] Zimmermann, Friedrich: Kabinettstücke. Politik mit Strauß und Kohl 1976–1991. München, Berlin 1991, S. 41.
[32] Vgl. Strauß, Franz Josef: Aufräumen bis zum Rest dieses Jahrhunderts. Franz Josef Strauß über die Strategie der Union, in: Der Spiegel, 29 (1975) H. 11, S. 34–41.

ganz deutlich sagen: Ich habe in diesem Hohen Hause fünf Jahre vor Fehlern und Versäumnissen gewarnt, Vorschläge gemacht und Lösungen empfohlen, z.B. das steuerliche Inflationslastenausgleichsgesetz ab 1. Januar 1974 statt der verkorksten Steuer-Schein-Reform zum 1. Januar 1975. Ich habe mich in meiner Fraktion dafür eingesetzt, daß auch dieses von uns auf dem Gesetzgebungsweg ein wenig verbesserte Werk – es ist nur wenig verbessert und weist zahlreiche strukturelle Fehler und Schwächen auf – von der CDU/CSU-Opposition angenommen wird, damit der Bürger nicht noch ein weiteres Jahr auf eine steuerliche Entlastung – die zum Teil eingetreten ist – zu warten hat. Wir haben befürchtet, daß die katastrophale Finanzlage – wir sprechen ja nur von Zerrüttung der Finanzen, noch nicht von der Finanzkatastrophe –, die sich im Laufe des Jahres 1975 entwickelt, steuerliche Entlastungen im Jahre 1976 überhaupt nicht mehr möglich machen würde, der Unfug einer progressiven Explosion der Lohnsteuer mit ihren verhängnisvollen Auswirkungen auf die Arbeitnehmereinkommen sich weiterhin ausbreiten würde und daß dies in Verbindung mit unvermeidbaren Lohnforderungen zu einer neuen Eskalation mit inflationären Wirkungen führen würde. Wir haben ein besseres Konjunkturprogramm vorgeschlagen – ich nehme es persönlich auf meine eigene Kappe – als die hektischen Methoden der Bundesregierung mit Bestrafung der Investitionen durch eine besondere Steuer und kurz darauf wieder mit einer finanziellen Belohnung derselben. Die Zahl unserer früheren Vorschläge umfaßt eine stattliche Reihe. Wir haben auch den Mut gehabt, die Regierung zu unterstützen, und haben vor gefährlichen Steuersenkungen mit dem Mut zur Unpopularität in den Jahren 1969 und 1970 gewarnt. Wir haben reihenweise Vorschläge für eine sparsame Haushaltsgestaltung gemacht. Wir haben am 6. November 1974 – ich war dabei in meiner Fraktion federführend – als Signale für den Ernst der Lage und als Hilfe für die Regierung einen befristeten Stopp aller finanzwirksamen Anträge von uns aus vorgenommen und dieses Angebot an die Regierungsparteien gestern ohne Frist in unserer Fraktion verlängert. In meinen Reden vor dem Hohen Hause bin ich ohne Billigung meiner Fraktion an kooperativer Haltung sogar noch weit darüber hinausgegangen. Wir haben am 5. November 1974 Kürzungsvorschläge zum Haushalt 1975 in Höhe von 3,2 Milliarden DM vorgelegt. Wir haben Alternativen zur Krankenhausfinanzierung, zur Städtebauförderung, zum Betriebsverfassungsgesetz und auf anderen Gebieten vorgelegt. Allerdings haben wir mit unsren Mahnungen, Warnungen und Vorschlägen große Enttäuschungen erlebt, weil die Regierungsparteien nicht das Maß an Bereitschaft zur Kooperation mit der Opposition bewiesen haben, das bei ihren verbalen Bekundungen über gemeinsame Verantwortung hätte erwartet werden dürfen. Alle unsere Vorstöße und Vorschläge sind ohne überzeugende Argumentation – aus Besserwisserei, Rechthaberei, zum Teil aber auch in ausgesprochener

Verhöhnung der CDU/CSU – zurückgewiesen worden. Ich darf hier auch daran erinnern, daß wir bei dem Konjunkturprogramm der Bundesregierung keine obstruktive Opposition betrieben und von der uns zustehenden Fristeinrede angesichts des skandalösen Gesetzgebungsverfahrens, in dem Milliarden in wenigen Stunden verplant, verfügt und zur Ausgabe freigestellt werden mußten, keinen Gebrauch gemacht haben, weil das eine Verzögerung von Monaten bei einem geordneten Gesetzgebungsverfahren, wie man es bei einem solchen Ausgabenvolumen fordern kann, mit sich gebracht hätte. Das ist doch die Wahrheit! Aber ich scheue mich nicht, zu sagen: Es gibt eine grundsätzliche Auseinandersetzung, bei der die Konfrontation unvermeidlich ist; ihre Unterlassung wäre ein semantischer und moralischer Betrug am Bundesbürger. Konfrontation heißt nicht Obstruktion, Konfrontation heißt nicht Sabotage, heißt nicht Destruktion; Konfrontation heißt Gegenüberstellung klarer Fronten, wie ich sie im Einvernehmen mit allen Mitgliedern meiner Fraktion gefordert habe."[33]

In der Tat hatte Franz Josef Strauß ebenso wie die führenden Politiker der CDU in den vergangenen Jahren immer wieder vor den Folgen der von der sozialliberalen Koalition betriebenen Finanz-, Wirtschafts- und Innenpolitik gewarnt.[34] Immer wieder hatte er sich für Nachbesserungen und Korrekturen eingesetzt.[35] Im Jahre 1972 hatte er in Zusammenarbeit mit Albert Leicht und Wolfgang Pohle sogar eine Monographie mit dem Titel „Der Weg in die Finanzkrise. Die Alternativen, Warnungen und Analysen der CDU/CSU zur Finanzpolitik der Regierung Brandt-Scheel in Dokumenten"[36] herausgebracht. Und doch hatte er feststellen müssen, daß sich die wirtschaftliche und finanzielle Lage der Bundesrepublik weiter verschlechtert und die Aussichten auf einen Machtwechsel trotz der konstruktiven Mitwirkung von CDU und CSU nicht verbessert hatten. Offensichtlich nutzte die Kooperationsbereitschaft der Opposition nur der Bundesregierung, nicht jedoch den Unionsparteien – eine für Strauß wenig überraschende Erkenntnis: „Ich habe stets gegen die falsche These gekämpft, daß die Opposition ein Anhängsel der

---

[33] Strauß, Franz Josef: Sagen, worum es geht! Auszüge aus der Rede des CSU-Vorsitzenden in der Haushaltsdebatte des Deutschen Bundestages am 19.03.1975, in: Bayernkurier vom 29.03.1975, S. 9–10, S. 10.

[34] Vgl. Strauß, Franz Josef; Narjes, Karl-Heinz: Stabilität durch Soziale Marktwirtschaft. Wir bauen den Fortschritt auf Stabilität. Reden auf dem 20. Bundesparteitag der CDU am 10. Oktober 1972 in Wiesbaden. Bonn 1972; o.V., o.T.: Strauß, Franz Josef: Zur Lage. Bonn 1971.

[35] Vgl. Strauß, Franz Josef: „Wem die Stunde schlägt." Der Deutsche Standort in der Politik von heute. München 1971; Scharnagl, Wilfried (Hg.): Strauß, Franz Josef: Signale. Beiträge zur deutschen Politik 1969–1978. München 1978.

[36] Strauß, Franz Josef; Leicht, Albert; Pohle, Wolfgang: Der Weg in die Finanzkrise. Die Alternativen, Warnungen und Analysen der CDU/CSU zur Finanzpolitik der Regierung Brandt-Scheel in Dokumenten. Bonn 1972.

jeweils herrschenden Regierungskoalition sei. Denn die Opposition wird in dem Maße nicht mehr gefragt sein, in dem sie sich in selbstgeißlerischer Weise dazu verurteilt, mehr oder weniger den Parolen der Regierung nachzumarschieren."[37] Doch das traditionell harmoniesüchtige und obrigkeitsgläubige deutsche Volk goutierte es nicht, wenn die Opposition allzu viel Konfrontation schaffte und mit einer kompetitiven Strategie Unruhe stiftete. Schließlich wurde in Deutschland die Regierung von je her mit dem Staat gleichgesetzt, die zu Bismarcks Zeiten erstmals auftauchenden Parteien hingegen als störende Vertreter partikularistischer Sonderinteressen geschmäht. Dies war eine für Franz Josef Strauß überaus tragische Besonderheit der deutschen politischen Kultur: Weder eine kooperative noch eine kompetitive Oppositionsstrategie führ(t)en zum Erfolg. Denn Wahlen wurden und werden niemals von der Opposition gewonnen, sondern stets von der Regierung verloren. Doch darauf konnte der inzwischen 59jährige Politiker kaum mehr länger warten.

Letztendlich läßt sich in der Rückschau feststellen, daß die Sonthofener Rede in ihrer tatsächlichen Bedeutung schlichtweg überschätzt wurde: „Die Partei, die in internen Sitzungen nicht eine deutlichere und krassere Sprache pflegt als vor der Öffentlichkeit, gibt es nicht. Inhaltlich enthält die Rede nichts, was der CSU-Vorsitzende nicht auch für jedermann hörbar öffentlich gesagt hat, und die Oppositionsstrategie, die Regierung im eigenen Saft schmoren zu lassen, sie also zum Offenbarungseid, zum Eingestehen des eigenen Scheiterns zu zwingen, ist zwar nicht besonders fein, im politischen Geschäft aber durchaus gebräuchlich und beispielsweise vor der Großen Koalition auch von Herbert Wehner zu Zeiten des Bundeskanzlers Erhard betrieben worden."[38] Inzwischen begreift man mancherorts, wie sehr Franz Josef Strauß dereinst in verleumderischer Absicht mißverstanden worden ist. So schrieb der nun wahrlich nicht zur Strauß-Fangemeinde zählende Journalist Robert Leicht im Februar 2004: „Als weiland Franz Josef Strauß im November 1974 in seiner Sonthofener Rede beklagte, es müsse in Deutschland alles erst noch viel schlimmer kommen, bevor Politiker gewählt würden, die etwas Grundlegendes bessern wollen, jaulte das Land auf – als wünsche sich Strauß die Katastrophe, nicht etwa die Veränderung herbei. Aber können wir nach etwa 30 Jahren Reformstau nicht langsam zugeben, dass der Polterer mit seiner Diagnose unserer politischen Psyche eher Recht hatte?"[39]

---

[37] Strauß, Franz Josef: Die letzten Dinge werden schlimmer sein ..., in: Bayernkurier vom 01.09.1973.
[38] Capell, Gottfried: Strauß nimmt keine Rücksicht auf sich und seine Kritiker. Kein Mann von Kompromissen im politischen Kampf, in: General-Anzeiger vom 13.03.1975.
[39] Leicht, Robert: Geliebter Katzenjammer. Von Toll Collect bis zur Praxisgebühr: Pechsträhnen sind unsere Lust, in: Die Zeit vom 19.02.2004.

2. Eine spannungsreiche Freundschaft

Die in Sonthofen gehaltene Rede nutzte nicht nur den politischen Gegnern des Franz Josef Strauß, sie half auch seinen Kollegen und „Freunden", dem nach der China-Reise unaufhaltsam erscheinenden Einzug ins Kanzleramt entgegenzuwirken. Als besonders eifrig erwies sich der Mainzer Regierungschef Helmut Kohl, mit dem Franz Josef Strauß eine kollegiale Freundschaft verband. Wolfgang Bergsdorf, zu jener Zeit als Leiter des Büros des CDU-Vorsitzenden tätig, beschrieb diese Freundschaft mit den Worten: „Helmut Kohl und Franz Josef Strauß waren auf der einen Seite Parteikollegen, auf der anderen jedoch Konkurrenten um das höchste Amt im Staate. Ihr Verhältnis zueinander läßt sich daher als das zweier rivalisierender Partner beschreiben, die zugleich miteinander und gegeneinander agieren mußten. Ihre unter anderem bei gelegentlichen Wanderungen zur Schau gestellte Freundschaft war eine politische Freundschaft. Die Presse hat hierfür den einprägsamen Begriff der ‚Männerfreundschaft' erfunden"[40]. Strauß nutzte die sonntäglichen Bergwanderungen und Spaziergänge stets, um Kohl mit endlosen Monologen zu malträtieren. Doch alle Versuche, den weitaus jüngeren Pfälzer auf seinen politischen Konfrontationskurs einzuschwören, scheiterten. Denn Helmut Kohl, der Strauß in intellektueller und rhetorischer Hinsicht zwar deutlich unterlegen war, dafür aber über einen ausgeprägten Machtinstinkt, Mut, Stehvermögen und eine große taktische und strategische Begabung verfügte, war davon überzeugt, daß die Unionsparteien auf einen Koalitionspartner angewiesen waren. Schließlich würde sich eine absolute Mehrheit bestenfalls vier Jahre lang aufrechterhalten lassen. Wenn CDU und CSU an die Regierungsverantwortung gelangen und dauerhaft dort bleiben wollten, mußten sie wohl oder übel mit einer der beiden anderen etablierten Parteien koalieren. Und da die SPD angesichts ihrer „sozialistischen" Politik als potentieller Partner ausschied, verblieb nur noch die FDP. Folglich befürwortete Helmut Kohl eine Oppositionspolitik, die die Sozialdemokraten in aller Schärfe kritisierte, die Freien Liberalen jedoch weitestgehend verschone. Er hoffte, die FDP damit früher oder später zum „Sprung" ermuntern zu können. Doch wenn sich Kohl mit seiner gewagten Oppositionsstrategie durchsetzen wollte, mußte er zunächst einmal den Widerstand seines kollegialen Kontrahenten aus der bayerischen Schwesterpartei überwinden. Hierzu kam ihm der vom „Spiegel" angezettelte Sonthofen-Skandal gerade recht.

---

[40] Interview mit Prof. Dr. Wolfgang Bergsdorf am 24.11.2003 in Bonn. Vgl. dazu auch: Herles, Helmut: Erprobte Dramaturgie, in: General-Anzeiger vom 20./21. Juli 2002; Lamby, Stephan; Rutz, Michael: Helmut Kohl – Ein deutscher Kanzler. NDR-Sendung (ARD) vom 5. Januar 2004. o.O. 2004.

Die Diskussion über den von Franz Josef Strauß in Ofterschwang skizzierten Oppositionskurs war noch im allerbesten Gange, da bemühte sich der erst 45jährige rheinland-pfälzische Ministerpräsident bereits um die Kanzlerkandidatur für die Bundestagswahl 1976. Strauß, der seiner Partei schon seit 14 Jahren vorsaß und volle zwölf Jahre lang der Bundesregierung angehört hatte, reagierte überaus verärgert. Er betrachtete es als unverfrorene Respektlosigkeit, von dem bundespolitischen homo novus schlichtweg übergangen zu werden und erklärte daher mit einer für seine Verhältnisse bemerkenswerten Dezenz: „Helmut Kohl ist ein erfolgreicher Ministerpräsident, der seine eigenen Grenzen erkennen muß." Mit anderen Worten: „Seine politischen Fähigkeiten überschreiten nicht die Grenzen eines kleinen Bundeslandes."[41] Doch der Pfälzer ließ sich nicht einschüchtern. Er war eben kein Rainer Barzel, den Strauß mitsamt seiner Landesgruppe stets hatte unter Druck setzen können. Schon am 12. Mai 1975 ließ sich Kohl vom CDU-Parteivorstand einstimmig zum Kanzlerkandidaten der Christdemokraten wählen. Dies wollte Strauß jedoch keinesfalls auf sich sitzen lassen und ging mit dem Landesausschuß seiner Partei, der ihn am 7. Juni 1975 zum Kanzlerkandidaten der CSU bestimmte, auf Konfrontationskurs. Schließlich, so Strauß, war es kein Naturgesetz, daß stets nur die größere der beiden Schwesterparteien den Kanzlerkandidaten stellten durfte. Insgeheim jedoch wußte Franz Josef Strauß nur zu gut, daß er nach seiner mißverstandenen Sonthofen-Rede keine Chance mehr hatte, sein revitalisiertes Blockierer-Image rechtzeitig zur Bundestagswahl ablegen zu können. Viel zu eindeutig waren die Ergebnisse der einschlägigen Meinungsumfragen, viel zu gering die Hoffnungen auf eine absolute Mehrheit der Wählerstimmen. „Der CSU-Chef hätte überhaupt nur Aussichten gehabt, wenn ihm starke Kräfte in der CDU zu Hilfe gekommen wären. Dafür gab es keinerlei Anzeichen. Im Gegenteil, die Reihen schlossen sich von Tag zu Tag dichter um den Vorsitzenden [Helmut Kohl]. Strauß war sich dessen bewußt."[42] Aus diesem Grunde lenkte er bereits am 20. Juni 1975 ein. An jenem Tage erklärte die CSU, sie sei nun bereit zur Kenntnis zu nehmen, „daß die CDU als die größere Partei den Anspruch erhebe, den Kanzlerkandidaten zu stellen. Sie selbst halte aber an ihrer Bewertung fest, daß Strauß der geeignete Kandidat sei."[43]

---

[41] Vernet, Daniel: Kohl aus Paris betrachtet, in: Appel, Reinhard (Hg.): Helmut Kohl im Spiegel seiner Macht. Bonn 1990, S. 45–57, S. 45.
[42] Jäger, Wolfgang: Die Innenpolitik der sozial-liberalen Koalition 1974–1982, in: Bracher, Karl Dietrich; Eschenburg, Theodor; Fest, Joachim C.; Jäckel, Eberhard (Hg.): Geschichte der Bundesrepublik Deutschland. Band V/II: Jäger, Wolfgang; Link, Werner: Republik im Wandel 1974–1982. Die Ära Schmidt. Stuttgart, Wiesbaden 1987, S. 7–272, S. 41.
[43] Busche, Jürgen: Helmut Kohl. Anatomie eines Erfolgs. Rheda-Wiedenbrück 1998, S. 81. Vgl. dazu auch: Bandulet, Bruno: Strauß-Kohl: Vertagte Entscheidung, in: Epoche, 1 (1977), S. 4–7.

Wie schon im Jahre 1972 sollte Franz Josef Strauß im Falle eines Wahlsieges zum Vizekanzler ernannt werden und den verantwortungsvollen Posten des Finanzministers übernehmen. Doch schon bald begann er zu zweifeln, ob diese Ämter überhaupt noch erstrebenswert waren. Schließlich war er von seiner Partei erst ein Jahr zuvor wieder mit über 95prozentiger Zustimmung zu ihrem Vorsitzenden gewählt worden. Außerdem hatte die bayerische Landtagswahl der CSU im Oktober 1974 das Rekordergebnis von 62,1 Prozent der Stimmen eingebracht. Warum sich also noch länger in Bonn herumärgern, wenn in der Heimat doch so paradiesische Zustände herrschten? Voss: „Dieser Tage fragt er mich, was ich davon hielte, wenn er erklären würde, er wolle in einer Regierung Kohl nicht als Minister vertreten sein, sondern werde sich als Ministerpräsident nach Bayern zurückziehen, wo ihn wichtige Aufgaben erwarteten. Ich rate entschieden ab, weil dies eine deutliche Schwächung der Union sei und als Knüppel zwischen die Beine der eigenen Truppe gewertet werde."[44] Überlegungen wie diese hielten „Spiegel", „Stern" und „Süddeutsche" jedoch nicht davon ab, Strauß weiterhin bei jeder Gelegenheit als „machtlüstern" oder als auf rücksichtslose Weise „machtbesessen" zu porträtieren. Dementsprechend kritisch fielen auch die Kommentare zu seinem 60. Geburtstag aus. Fast zwei Wochen lang wurde Strauß wie ein Barockfürst gefeiert. Die für den Jubilar von seinen Anhängern und Parteifreunden ausgerichteten Festivitäten waren derartig pompös, daß sich am zehnten Tage der Feierlichkeiten selbst der straußkritische CSU-Vize Franz Heubl von der Euphorie beflügeln ließ und dem Parteichef anläßlich des großen Geburtstagsempfangs im Brunnenhof der Münchner Residenz zujubelte: „Franz Josef, die CSU, das bist Du!"[45]

Bald nach dem Ende der volksfestähnlichen Ereignisse bestimmten wieder die harten innen- und außenpolitischen Realitäten das politische Tagesgeschäft. Die Bundesregierung hatte mit der fast bankrotten Volksrepublik Polen ein Abkommen zur Renten- und Unfallversicherung geschlossen, das mit einem Finanzkredit und einem Protokoll über Ausreisen gekoppelt war. Franz Josef Strauß war dagegen. Ganz wie in den alten Zeiten opponierte er nicht gegen das *Was* sondern gegen das

---

[44] Voss, Friedrich: Den Kanzler im Visier. 20 Jahre mit Franz Josef Strauß. Mainz, München 2000, S. 129.

[45] Heubl, Franz, zitiert nach Voss, Friedrich: Den Kanzler im Visier. 20 Jahre mit Franz Josef Strauß. Mainz, München 2000, S. 129. Vgl dazu auch: Skierka, Volker: Der 60. Strauß-Geburtstag dauert gut zwei Wochen, in: Westfälische Rundschau Dortmund vom 05.09.1975; CSU-Pressestelle (Hg.): Franz Josef Strauß. Der 60. Geburtstag im Spiegel der Presse. 2 Bände, München 1975; Kießling, Andreas: Die CSU. Machterhaltung und Machterneuerung. Wiesbaden 2004, S. 150; Brauksiepe, Werner: Strauß-Bild schwankt zwischen Zustimmung und Ablehnung. Heute wird der Ur-Bayer Franz-Josef Strauß 60 – Viele Mißverständnisse, in: Die Glocke vom 6. September 1975; Franzmann, Edgar: F.-J. Strauß: Geburtstag wie zu Kaisers Zeiten. Nur schulfrei gibt es nicht, in: Expreß vom 06.09.1975.

Wie: „Am 12. März mußte der Bundesrat zustimmen. Der Ausgang dieser Entscheidung war offen, weil die Mehrheit im Bundesrat damals bei den unionsregierten Ländern lag. Durch die Übernahme der Regierungsverantwortung durch Ernst Albrecht in Niedersachsen war im Januar diese Mehrheit sogar noch ausgebaut worden. Bei einem Spaziergang hatten sich der CDU-Vorsitzende Helmut Kohl und ich noch einmal auf die von uns bis dahin vertretene Ablehnung der Vereinbarungen festgelegt und abgemacht, an dieser Linie festzuhalten. Unsere Bedenken gründeten vor allem darauf, daß die Gegenleistung der polnischen Seite, nämlich die Ausreiseerlaubnis für 120.000 Angehörige der deutschen Volksgruppe innerhalb von vier Jahren, nicht ausreichend sei. Ferner waren wir uns darüber einig, daß finanzielle Leistungen der Bundesrepublik Deutschland im Zusammenhang mit Rentenzahlungen nicht zu dem von uns gewünschten Ziel führen konnten, nämlich einzelnen polnischen Bürgern Unterstützung zukommen zu lassen, sondern lediglich eine Großeinnahme für das Regime in Warschau bedeuteten. So ist es dann auch gekommen – die von deutscher Seite erbrachten Leistungen hat der polnische Staat vereinnahmt, die polnischen Rentner, um die es angeblich ging, haben davon keinen Pfennig gesehen. Unser drittes Bedenken richtete sich dagegen, daß die Bedingungen für den Kredit in Höhe von einer Milliarde Mark für beide Seiten beschämend seien. Kreditgeber war die Bundesrepublik Deutschland durch die ‚Kreditanstalt für Wiederaufbau'. Bei einer Laufdauer von zwanzig Jahren, was an sich nicht ungewöhnlich war, wurde ein Zinssatz von zweieinhalb Prozent vereinbart, die Differenz zum Zinssatz des Kapitalmarktes mußte über den Bundeshaushalt ausgeglichen werden; über einen Zeitraum von zwanzig Jahren konnte dies Zinssubventionen bis zu einer Milliarde Mark bedeuten. Nicht zuletzt haben wir damals auch von dem Risiko gesprochen, daß die Zahlung an Polen eine Fülle von Anschlußforderungen anderer Staaten auslösen könnte. Es ging also um das Stichwort offene oder versteckte Reparationen."[46] Trotz all jener von Franz Josef Strauß geäußerten Bedenken bestand jedoch keinesfalls die Absicht, „den Vertrag zu Fall zu bringen, sondern ihn unter veränderten Bedingungen, das heißt unter für die deutsche Seite günstigeren Bedingungen, in Kraft treten zu lassen."[47] Fraglich ist allerdings, ob Helmut Kohl während des besagten Spazierganges mit seinem Männerfreund inhaltlich tatsächlich auf einer Linie gelegen hatte. Schließlich hatte der Pfälzer schon in jenen Jahren die hölzerne, aber höchst wirkungsvolle Taktik entwickelt, den Wortschwall seines kollegialen Kontrahenten widerspruchs-

---

[46] Strauß, Franz Josef: Die Erinnerungen. Berlin 1998, S. 508f.
[47] Ebd., S. 512. Vgl. dazu auch: Strauß, Franz Josef: Worauf es ankommt, in: Bayernkurier vom 20.03.1976, S. 1–2, S. 1; o.V.: In entscheidenden Punkten Zukunftsrisiken. Der Brief des CSU-Vorsitzenden Strauß zu den Vereinbarungen mit Polen im Wortlaut, in: Süddeutsche Zeitung vom 28.10.1975.

los an sich abgleiten zu lassen, um auf diese Weise den Eindruck zu erwecken, mit allem Gesagten einverstanden zu sein: er blieb unverbindlich. Laut Wilhelm Knittel fertigte Strauß im Anschluß an Besprechungen und gemeinsame Wanderungen häufig umfangreiche Gesprächsprotokolle an. Doch Kohl „ließ viele von den vorgebrachten Aufforderungen, Ratschlägen, Anmerkungen und Mahnungen einfach an sich abgleiten und wich bei späteren Protokoll-Vorhalten in Ausflüchte aus."[48] Peter Boenisch brachte die Kohlsche Taktik noch griffiger auf den Punkt: „Sprach Strauß allein mit Kohl, dann hielt er für fest zugesagt, was er verlangt hatte. Kohl hingegen meinte, die Forderungen des Bayern sich nur angehört zu haben."[49] So war es Helmut Kohl ein leichtes, sich im Bundesrat für die Zustimmung zum Polen-Abkommen einzusetzen und Bundesaußenminister Hans-Dietrich Genscher, dem Parteivorsitzenden der FDP, in der Hoffnung auf eine baldige Gegenleistung einen politischen Gefallen zu tun. Franz Josef Strauß wertete Kohls Anbiederung an die verhaßten Liberalen natürlich als Verrat. Schließlich hätte ein Scheitern des Abkommens nach Strauß' Auffassung nicht nur eine mögliche Verbesserung (wie z.B. weitaus mehr Ausreisegenehmigungen und eine für die Bundesrepublik günstigere Verzinsung) des dann zu überarbeitenden Vertragswerkes bedeutet, sondern auch die ersehnte Niederlage der Regierungskoalition bei den bevorstehenden Bundestagswahlen herbeigeführt. So aber war es allein Franz Josef Strauß, der eine Niederlage zu erleiden hatte. Nach der unglücklichen Nominierungsdiskussion des Vorjahres war es bereits die zweite, die ihm von Helmut Kohl beigebracht worden war. Und die dritte sollte schon bald folgen.

Der Herbst 1976 stand ganz im Zeichen der bevorstehenden Bundestagswahl. Für Franz Josef Strauß bestand – wie immer – kein Zweifel: Bei dieser Wahl handelte es sich um eine grundlegende geistesgeschichtliche Entscheidung von schicksalhafter Bedeutung. „Freiheit oder Sozialismus" lautete demgemäß das an den kämpferischen Geist der 50er Jahre erinnernde Motto, mit dem die CSU in den Wahlkampf zog. Strauß: „Die Frage ‚Freiheit oder Sozialismus' wird das geistesgeschichtliche Grundthema der politischen Auseinandersetzung im letzten Viertel dieses Jahrhunderts sein und möglicherweise darüber hinaus."[50] Schon seit Jahren war er davon überzeugt, die SPD plane, „hinter Godesberg zurückzugehen. Unsere Staats- und Gesellschaftsordnung, der Demokratiebegriff des Grundgesetzes, der Parlamentarismus, die Leistungsgesellschaft, das Privateigentum an den Produkti-

---

[48] Interview mit Staatssekretär a.D. Dr. Wilhelm Knittel LL.M. am 20.01.2004 in Grünwald bei München.
[49] Boenisch, Peter: Kohl und Strauß, in: Appel, Reinhard (Hg.): Helmut Kohl im Spiegel seiner Macht. Bonn 1990, S. 161–167, S. 165.
[50] Strauß, Franz Josef: Lage und Konsequenz, in: Bayernkurier vom 16.10.1976.

onsmitteln und am Grund und Boden, Ehe und Familie", so hatte Strauß bereits im Jahre 1970 gewarnt, „werden durch die Neue Linke und nun auch bereits in der SPD und FDP ideologisch in Frage gestellt, verneint und bekämpft."[51] Im Wahlkampf 1976 baute er das Thema im Sinne des „Freiheit oder Sozialismus"-Slogans noch ein wenig aus: „Was würde man heute über einen Ingenieur sagen, der einen großen Planungsauftrag erhält – sagen wir: eine moderne Parkstadt zu bauen – und der diese Planung auf den technisch-wissenschaftlichen Grundlagen der Mitte des 19. Jahrhunderts errichten würde? Er würde nicht lange seines Auftrages walten können. Aber manche, die die Parole ausgegeben haben, man traue keinem über 30jährigen, zimmern sich selbst ein Weltbild, das von einem 150jährigen stammt, nämlich von Karl Marx. Ein Weltbild von jemandem, der seine Hauptwerke geschrieben hat, als Verbrennungsmotor, Elektromotor, moderne Nachrichtentechnik, Kybernetik, Datenverarbeitung, moderne Energietechniken noch unbekannt waren. Die Welt, in der er gelebt hat, mag ihm Anlaß gegeben haben zu seinen Irrlehren – angesichts der damaligen Gestaltung der industriellen Verhältnisse. Aber diese Welt hat doch nichts mehr mit der modernen arbeitsteiligen Welt einer offenen, freien, demokratischen Gesellschaft zu tun, die wir – ein fleißiges Volk unter dem Zeichen einer guten Politik – mit der sozialen Marktwirtschaft gemeinsam aufgebaut haben."[52] Dieser Überzeugung blieb Franz Josef Strauß bis an sein Lebensende treu. Immer wieder ächtete er in seinen Reden und Schriften die rückwärtsgewandten Wirtschafts- und Gesellschaftsordnungen, vor allem aber die menschenverachtende Gleichmacherei aller totalitären Systeme: „Als Karl Marx das sogenannte gesellschaftliche Sein des Menschen, seine zweckbestimmte Existenz also, zum Prägestempel seines Bewußtseins machen wollte, bedeutete dies einen Abfall von Geschichte und Zielsetzung des europäischen Geistes. Denn nur der kann den Menschen als einen Reflex der Gesellschaft begreifen, wer ihn seiner Individualität beraubt sieht oder berauben möchte. Ein im Kollektiv eingebundenes, das Kollektiv begründende Selbstwertgefühl und Selbstverständnis, die Rangerhöhung des ‚Wir' über das ‚Ich' – das ist die Spur, die der Verrat am abendländischen Menschenbild hinterläßt. In dieser geistigen Verwirrung wurzeln alle Ideologien und totalitären Machtsysteme. Der ein- und ersetzbare Mensch, der nur so viel wert ist, wie er eine Lücke in der Marschkolonne der Gleichgeschalteten ausfüllt, erlaubt es Despoten, unbegrenzt Macht auszuüben. Durch Terror verwandelt

---

[51] Rollmann, Dietrich: Die CDU in der Opposition, in: Rollmann, Dietrich (Hg.): Die CDU in der Opposition. Eine Selbstdarstellung. Hamburg 1970, S. 148–153, S. 152. Vgl. dazu auch: Strauß, Franz Josef, in: Birkl, Rudolf; Olzog, Günter (Hg.): Erwartungen. Kritische Rückblicke der Kriegsgeneration. München, Wien 1980, S. 253–254, S. 254.
[52] Strauß, Franz-Josef: Die letzte Chance für Europa. Die Rede des CSU-Vorsitzenden bei der Adenauer-Preisverleihung am 10. Mai 1975 in Ludwigsburg, in: Deutschland-Stiftung e.V. (Hg.): Mut zur Freiheit. Die Dankreden der Konrad-Adenauer-Preisträger 1975. Prien 1975, S. 11–16, S. 11f.

der ideologische Gewaltherrscher den Staat in ein Zuchthaus, durch Propaganda die Insassen zu ergebenen Fanatikern. Hinter der Freiheit riegeln die Machthaber Eisentüren zu, die nur von außen zu öffnen sind, wie wir es im freien Teil unseres Vaterlandes 1945 erlebt haben."[53]

Aus diesen Gründen hat sich der Sozialismus, so Strauß, „nirgendwo bewährt. Und wo immer er versucht hat, Marx in die Wirklichkeit umzusetzen, ist Murks daraus geworden. Nirgendwo ist dem arbeitenden Menschen durch den Marxismus und durch seine Verwirklicher ein Mehr an Freiheit, ein Mehr an Rechten, ein Mehr an materiellem Wohlstand oder ein Mehr an individueller psychischer Lebenserfüllung zuteil geworden, sondern überall ein Minus. Und darum ist es auch so unglaublich, daß man heute versucht, konservativ schlechthin als reaktionär abzustempeln. Die einzigen Reaktionäre in unserem Lande sind, abgesehen von ein paar unverbesserlichen alten Nazis, in Wirklichkeit die Marxisten."[54] Und deshalb „bin ich der Meinung, und ich sage das auch denen in den eigenen Reihen, die immer vom ‚dritten Weg' reden: Der ‚dritte Weg' wird von uns seit 1948 gegangen! Wer immer nach dem ‚dritten Weg' zwischen der heutigen Wirklichkeit und dem Kommunismus ruft, der landet zum Schluß auf dem Weg der Infinitesimalapproximation in der Politik beim Marxismus, der landet beim Kommunismus. Der ‚dritte Weg' zwischen Kapitalismus und Sozialismus ist der Weg der Sozialen Marktwirtschaft."[55] Insofern empfand Strauß das Motto „Freiheit oder Sozialismus" nicht als einen „Wahlslogan, den man von einer Werbeagentur bezieht, also der ‚weiße Riese' oder ‚Persil wäscht alles' oder ‚Chlorodont hält die Zähne weiß'". Vielmehr wollte er mit dieser Formel „noch rechtzeitig in eine geistesgeschichtliche Auseinandersetzung über die Klärung der grundsätzlichen Begriffe menschenwürdigen Zusammenlebens eintreten" und einen Beitrag leisten, „damit nicht der Kollektivismus, den wir in der rechtsradikalen Ausstattung im Jahre 1945 losgeworden sind, nunmehr in linksradikaler Verbrämung und intellektueller Einrahmung uns von der anderen Seite der politischen Landschaft her wiederum als die

---

[53] Strauß, Franz Josef: Verantwortung tragen, in: Bossle, Lothar (Hg.): Hans Filbinger. Ein Mann in unserer Zeit. Festschrift zum 70. Geburtstag. München 1983, S. 43–51, S. 43.
[54] Strauß, Franz-Josef: Die letzte Chance für Europa. Die Rede des CSU-Vorsitzenden bei der Adenauer-Preisverleihung am 10. Mai 1975 in Ludwigsburg, in: Deutschland-Stiftung e.V. (Hg.): Mut zur Freiheit. Die Dankreden der Konrad-Adenauer-Preisträger 1975. Prien 1975, S. 11–16, S. 12.
[55] Strauß, Franz Josef: Was will die CSU? Politische Position und Aufgabe in Bayern, Deutschland und Europa, in: Faltlhauser, Kurt; Stoiber, Edmund (Hg.): Politik aus Bayern. Stuttgart 1976, S. 10–24, S. 17f. Vgl. dazu auch: Strauß, Franz Josef: Freiheit oder Sozialismus, in: Bayernkurier vom 03.07.1976, S. 17–19, S. 17; Strauß, Franz Josef: Ansprache, in: Industrie- und Handelskammer Frankfurt am Main (Hg.): Festakt anläßlich des 30. Jahrestages der in Frankfurt am Main erarbeiteten und verkündeten Währungs- und Wirtschaftsreform am 20. Juni 1978 in der Frankfurter Paulskirche. Frankfurt am Main 1978, S. 31–36, S. 36.

angeblich allein mögliche und zukunftsträchtige Lebensform beschert werden kann."[56]

Obwohl Helmut Kohl inhaltlich mit Franz Josef Strauß völlig übereinstimmte und ebenfalls der Ansicht war, es gehe am 3. Oktober 1976 um die endgültige Entscheidung über Freiheit oder Sozialismus, empfand er die Formulierung als zu plakativ und favorisierte daher die Variante „Freiheit statt Sozialismus". Damit stand Kohl nun schon zum dritten Male im direkten Widerspruch zu seinem Männerfreund, der es wutschnaubend auf einen Streit ankommen ließ. Anstatt also einträchtig gegen den politischen Gegner vorzugehen, stritten CDU und CSU zunächst einmal um die epochale Frage, ob sie in ihrem Wahlkampfslogan „statt" oder „oder" oder „oder" statt „statt" verwenden sollten.[57] Ergebnis: Die CSU beharrte auf ihrem „oder" und die CDU plakatierte ihr „statt". Dennoch war es letztlich wieder Franz Josef Strauß, der einlenkte und sich versöhnlich zeigte: „Ich bin froh darüber, daß wir den Wahlkampf gemeinsam im Grundsätzlichen führen. Dabei mag es gleich sein, ob die einen den ‚Oder'-Wahlkampf und die anderen den ‚Statt'-Wahlkampf führen. Wir meinen ja dabei das Gleiche."[58] Die sozialliberale Koalition hingegen trat von vornherein mit vorbildlicher Geschlossenheit auf. Schließlich hatte sie einen gemeinsamen Feind: den „destruktiven Blockade-Politiker" Franz Josef Strauß. Zu jener Zeit war die Ansicht, Helmut Kohl würde ein Kanzler von Straußens Gnaden werden, noch weit verbreitet. Ergo zogen SPD und FDP mit Anti-Strauß-Parolen ins Feld und konzentrierten sich auf die Präsentation ihres Gegenkandidaten Helmut Schmidt. Unterstützung erfuhr die von Strauß inzwischen als „liberal-sozialistisch" bezeichnete Koalition erneut von der „Sozialdemokratischen Wählerinitiative", die von dem nüchternen Pragmatismus des amtierenden Bundeskanzlers allerdings weitaus weniger euphorisiert wurde als von dem visionären Charisma seines gescheiterten Vorgängers. Dafür meldeten sich um so mehr Unions- und Strauß-Gegner zu Wort, die in ihren zum Teil außerordentlich geschmacklosen Veröffentlichungen das Image des unberechenbaren „Brachial-"[59] und „Gewaltpolitikers"[60] auffrischten und den Regierungsparteien damit willkom-

---

[56] Strauß, Franz Josef: Vortrag, in: Evangelischer Arbeitskreis der CSU (Hg.): Christliche Grundwerte und die Freiheit. Landesversammlung 1977 des Evangelischen Arbeitskreises der CSU in Bayern am 19. März 1977 in München. München 1977, S. 21–46, S. 24. Vgl. dazu auch: Strauß, Franz Josef: Ziele der Finanzpolitik in unserer Wirtschaftsordnung. Vortrag, gehalten auf der Mitgliederversammlung des Instituts „Finanzen und Steuern" am 7. April 1976. Institut „Finanzen und Steuern", Brief 158. Bonn 1976, S. 5–29, S. 5.
[57] Vgl. Böll, Heinrich: Gefahren von falschen Brüdern. Politische Schriften. München 1980, S. 114.
[58] Strauß, Franz Josef: Redebeitrag, in: Christlich Demokratische Union Deutschlands (Hg.): 24. CDU-Bundesparteitag. Düsseldorf, 24.-26. Mai 1976. Niederschrift. Bonn 1976, S. 74–90, S. 76.
[59] Stiller, Michael: Edmund Stoiber. Der Kandidat. 2. Auflage, München 2002, S. 102.
[60] Vgl. o.V.: „Strauß wird Kreide fressen", in: Der Spiegel, 33 (1980) H. 28, S. 17–24, S. 17.

mene Schützenhilfe leisteten.[61] Doch Franz Josef Strauß wußte sich zu wehren und ließ seine Getreuen zum publizistischen Gegenschlag ausholen.[62] Außerdem wiederholte er seine Behauptung aus dem Jahre 1972, es gebe in Deutschland längst keine in vollem Umfange freien Wahlen mehr: „Bei den bevorstehenden Bundestagswahlen handelt es sich nicht allein darum, wer in den nächsten vier Jahren die Bundesrepublik regiert, d.h. welche parlamentarische Mehrheit zustande kommt und welche Regierung von dieser parlamentarischen Mehrheit gebildet wird, sondern es handelt sich weitgehend schon darum, ob die Koalition der SPD/FDP, die sich ja in zunehmendem Maße als Block-Parteien zueinander verhalten, überhaupt noch abgelöst werden kann. Ich habe deshalb auch in einem Rundfunkinterview Anfang 1976 davon gesprochen, daß Wahlen nicht mehr in vollem Umfange frei sind, wenn die Bürger – sei es aus falscher Information, sei es aus Angst vor allem möglichen angedrohten Übel – nicht mehr in der Lage sind, die Regierung zu wählen, die sie eigentlich haben wollen. Wenn z.B. der Vorsitzende der SPD die beiden Unionsparteien als Sicherheitsrisiko bezeichnet, wenn Helmut Schmidt die Gewerkschaften mißbrauchen will, indem er für den Fall eines Wahlsieges der CDU/CSU ‚soziale Unruhen' in Aussicht stellt, wenn die Sowjetunion eine drohende Note auf ungewöhnlichem Wege, nämlich über die TASS, veröffentlicht, in der sie die Deutschen in der Bundesrepublik in gute und schlechte Deutsche einteilt – die guten Deutschen sind die Anhänger der Ostpolitik der Bonner Regierung seit 1969 und die schlechten Deutschen, das sind die Kritiker dieser Ostpolitik – wenn es dann weiterhin in gleichem Zusammenhang noch heißt, die Deutschen hätten zu wählen zwischen Krieg und Frieden, dann bezeichne ich dies zusammengenommen nicht nur als eine grobe Irreführung der Bürger, die auf allen Gebieten betrieben wird, sondern schon als den Versuch einer Einschüchterung der Bürger."[63]

Wenngleich die Slogans „Freiheit oder Sozialismus" und „Freiheit statt Sozialismus" bei der Bevölkerung weniger gut ankamen als erhofft und der im Vergleich zum weltmännischen Bundeskanzler auf belustigende Weise ungeschlacht wirken-

---

[61] Vgl. statt vieler: Halfmann, Dieter: Lebensweg und Karriere des Franz Josef Strauß, in: Blätter für deutsche und internationale Politik, 20 (1975) H. 1, S. 43–56; Staeck, Klaus; Adelmann, Dieter: Die Kunst findet nicht im Saale statt. Politische Plakate. Reinbek bei Hamburg 1976; Börst, Ludwig: Der Star-fighter aus Bayern. Bio-Grafisches um Franz Josef Strauß in Versen. Lollar an der Lahn 1976; Schmidt, Stephan; Presseausschuß Demokratische Initiative (Hg.): Schwarze Politik aus Bayern. Ein Lesebuch zur CSU. Darmstadt, Neuwied 1974, S. 135–137, S. 135.
[62] Vgl. statt vieler: CSU-Landesleitung (Hg.): In Sachen Strauß. München 1975; Dönges, Detlev: F. J. Strauß, Gesichter eines Menschen. München 1976.
[63] Strauß, Franz Josef: „Eine Partei des irdischen Lebensglücks …", in: Belser-Verlag Stuttgart (Hg.): Zur Wahl gestellt. Ansichten, Absichten, Befürchtungen und Versprechungen von Hans-Dietrich Genscher, Helmut Kohl, Helmut Schmidt und Franz Josef Strauß. Stuttgart 1976, S. 94–109, S. 94.

de Herausforderer zur bevorzugten Zielscheibe der Karikaturisten wurde, standen die Chancen auf eine knappe absolute Mehrheit der Unionsparteien nicht schlecht. Laut Helmut Kohl zeigte die SPD/FDP-Koalition „nach den sieben Jahren ihrer Regierungszeit starke Verschleißerscheinungen. Seit 1969 hatte diese Regierung neun parlamentarische und fünfzehn beamtete Staatssekretäre, zehn Minister und einen Bundeskanzler verloren. Schon jetzt standen weitere Kabinettsmitglieder auf der Abschußliste. Die Regierungszeit hatte die SPD aufgerieben."[64] Vor allem aber hatte die von Helmut Schmidt geführte Bundesregierung in den vergangenen zwei Jahren nur mäßige wirtschaftspolitische Erfolge erzielt. Nicht nur die Arbeitslosenzahl war weiter angestiegen, auch Staatsverschuldung und Haushaltsdefizit brachen alle Rekorde. Dementsprechend ungehalten reagierte der Souverän, als er am 3. Oktober 1976 zur Wahlurne gerufen wurde. Die SPD fiel von 45,8 auf 42,6 und die Liberalen von 8,4 auf 7,9 Prozent. Dafür verbesserten sich die Unionsparteien von 44,9 auf 48,6 Prozent. Nur noch 350.000 Stimmen trennten sie von der absoluten Mehrheit. In Bayern gelang es der CSU sogar, mit 60,0 Prozent ihr bis dahin bestes Bundestagswahlergebnis zu erzielen. Und doch sollte es nicht für einen Machtwechsel reichen, denn SPD und FDP kamen zusammen auf eine Mehrheit von zehn Bundestagsmandaten. Der eigentliche Gewinner der Bundestagswahl hatte nicht gesiegt. Noch in der Wahlnacht erklärte Kohl, der sich mit dem ebenso erfreulichen wie enttäuschenden Ergebnis nicht abfinden wollte: „Für ein Koalitionsgespräch werde ich entsprechende Einladungen an die Freien Demokraten ergehen lassen. Wir haben den moralischen Auftrag des Wählers, die Regierungsbildung zu versuchen. Ich erhebe den Anspruch, eine Regierung zu bilden. Ich will Bundeskanzler werden in dieser konkreten Situation."[65] Vergebens! Trotz der vorangegangenen Freundlichkeiten weigerte sich die FDP zu „springen" und verharrte in ihrer „babylonischen Gefangenschaft" an der Seite der Sozialdemokratischen Partei. In München legte Franz Josef Strauß derweil „in einem bajuwarischen Temperamentsausbruch, der nicht für die Öffentlichkeit bestimmt war und nur durch Indiskretion bekannt wurde, die Karten auf den Tisch. Die Münchner Illustrierte *Quick* zitierte den CSU-Vorsitzenden," der sich angesichts des hervorragenden Ergebnisses seiner Partei um den Sieg in Bonn betrogen sah, mit den Worten: „Wir haben ein Traumergebnis. Was sollen wir eigentlich noch alles

---

[64] Kohl, Helmut: Nach Bonn, in: Frankfurter Allgemeine Zeitung vom 27. Februar 2004, S. 7–8, S. 7. Vgl. dazu auch: Strauß, Franz Josef: Das Grundgesetz aus der Sicht des Politikers. Politische Studien, Sonderdruck. München 1979, S. 4.
[65] Jäger, Wolfgang: Die Innenpolitik der sozial-liberalen Koalition 1974–1982, in: Bracher, Karl Dietrich; Eschenburg, Theodor; Fest, Joachim C.; Jäckel, Eberhard (Hg.): Geschichte der Bundesrepublik Deutschland. Band V/II: Jäger, Wolfgang; Link, Werner: Republik im Wandel 1974–1982. Die Ära Schmidt. Stuttgart, Wiesbaden 1987, S. 7–272, S. 63.

gewinnen. Wenn es anderswo weiterhin so aufgeblasene Arschlöcher gibt, die nicht in der Lage sind, Wahlkampf zu führen, dann werden wir auf dreißig Jahre hinaus keine Mehrheit mehr bekommen ... Die Kameraden da oben, diese Nordlichter, haben doch versagt. In Niedersachsen, in Hamburg, in Bremen, in Schleswig-Holstein. Zum Teil auch in Rheinland-Pfalz und dann noch in Saarbrücken ... Wer jetzt noch weiter der FDP hinten reinkriecht, der schwebt doch in Wirklichkeit in einem Heißluftballon – ob das Helmut Kohl ist oder sonstwer ... Aber die FDP kommt nicht zu uns, sie kann gar nicht kommen. Da können einige ihr noch vier Jahre in den Hintern kriechen, wie sie es noch kurz vor dem Wahltag getan haben. Ich bin die devote Haltung dieser Kameraden gegenüber der FDP jetzt einfach satt. Es kommt der Tag, wo alle begreifen müssen, worauf es ankommt – oder die Wege trennen sich. Muß es eigentlich immer eine einzige Unionsfraktion geben? Soll ich mich jetzt wieder hinstellen und mir sagen lassen, daß unsere Wahlkampfführung den Sieg gekostet hat?"[66]

Als Helmut Schmidt am 15. Dezember 1976 mit knapper Mehrheit zum zweiten Male zum Bundeskanzler der Bundesrepublik Deutschland gewählt wurde und mit elf SPD- und vier FDP-Ministern in die 8. Wahlperiode startete, hatte Helmut Kohl längst die wahrscheinlich mutigste Entscheidung seiner Karriere getroffen. Bereits am 4. Oktober hatte er sich dazu durchgerungen, das Amt des rheinland-pfälzischen Landesfürsten aufzugeben, um in Bonn den Vorsitz der CDU/CSU-Bundestagsfraktion zu übernehmen und sich somit an die Spitze der Oppositionsparteien zu setzen. Der bisherige Vorsitzende Karl Carstens übernahm dafür das Amt des Bundestagspräsidenten, das nun wieder der Union zustand, die mit ihren 48,6 Prozent stärkste Fraktion geworden war. Auch als offizieller Oppositionsführer wich Helmut Kohl kein Jota von seiner bisherigen Strategie ab und bemühte sich weiterhin um die Gunst der Liberalen, ohne die es offenkundig keinen Machtwechsel geben konnte. Demonstrativ zog der promovierte Historiker zusammen mit seiner Frau Hannelore nach Pech, einem Bonner Vorort, in dem auch das Eigenheim von Hans-Dietrich Genscher lag. Kohl war davon überzeugt, daß es nur noch eine Frage der Zeit sein konnte, bis die instabile Regierungskoalition auseinanderbrechen würde. Auf diesen Tag galt es mit standhafter Beharrlichkeit hinzuarbeiten. Mit gutem Grund also antwortete er auf die Frage der Stuttgarter Zeitung, in welchem Punkt er sich seinem kollegialen Konkurrenten Franz Josef

---

[66] Jäger, Wolfgang: Die Innenpolitik der sozial-liberalen Koalition 1974–1982, in: Bracher, Karl Dietrich; Eschenburg, Theodor; Fest, Joachim C.; Jäckel, Eberhard (Hg.): Geschichte der Bundesrepublik Deutschland. Band V/II: Jäger, Wolfgang; Link, Werner: Republik im Wandel 1974–1982. Die Ära Schmidt. Stuttgart, Wiesbaden 1987, S. 7–272, S. 68f.

Strauß überlegen fühle, mit der entwaffnend schlichten Feststellung: „Ich bin sechzehn Jahre jünger. Ich kann warten."[67]

3. Der „Nichtzusammengehensbeschluß" von Wildbad Kreuth

Als sich die Landesgruppe der CSU sieben Wochen nach der knapp verlorenen Bundestagswahl im alpenländischen Wildbad Kreuth zu einer Klausurtagung traf, war die allgemeine Stimmung sehr gedrückt. Wie sich am 3. Oktober 1976 gezeigt hatte, konnten die Unionsparteien die absolute Mehrheit der Stimmen in ihrer gegenwärtigen Verfassung unmöglich erreichen. Einen Koalitionspartner aber gab das momentane Dreiparteiensystem nicht her. Was also war zu tun? Franz Josef Strauß kannte die Antwort schon seit Jahrzehnten: die Trennung der Fraktionen und die bundesweite Ausweitung der CSU zu einer vierten Partei. Immer wieder hatte er der CDU erfolgreich mit diesem Schreckgespenst gedroht, zum ersten Male im Jahre 1949 auf der Rhöndorfer Konferenz. Konrad Adenauer höchstselbst soll in den fünfziger Jahren zu ihm gesagt haben: „Wenn wir einmal keinen Koalitionspartner mehr haben sollten, Herr Strauß, dann muß die CSU unser Koalitionspartner sein!"[68] Offensichtlich war es nun so weit. Die Union hatte keinen Verbündeten mehr. Wenn sie jemals wieder an die Macht kommen wollte, dann, so Strauß, mußte sie endlich lernen, getrennt zu marschieren, aber vereint zu schlagen. Die CSU mußte über Bayern hinauswachsen und im ganzen Land als die konservativere der beiden Unionsparteien auftreten.[69] Dann konnte sich die CDU der politischen Mitte zuwenden und den rechten Flügeln von SPD und FDP das Wasser abgraben. Durch ein solches „Mitte-rechts-Lager" würde auch den rechten Splitterparteien wie der NPD ein für allemal der Garaus gemacht. Strauß glaubte fest daran, daß dieses Vorgehen, dieses „getrennte Marschieren" einen Zuwachs von etwa zwei Prozentpunkten erbringen und somit einer dann zu bildenden CDU/CSU-Koalition ein „vereintes Schlagen" mit über 50 Prozent der Wählerstimmen ermöglichen würde. Schließlich hatten sich in den vergangenen Jahren zahlreiche „CSU-Freundeskreise" gebildet, die angesichts der sozialliberalen

---

[67] Fehrenbach, Oskar: Kohl – Strauß. Der Verlierer war der Gewinner, in: Die neue Gesellschaft. Frankfurter Hefte, 47 (2000) H. 1/2, S. 30–31, S. 30.
[68] Zimmermann, Friedrich: Kabinettstücke. Politik mit Strauß und Kohl 1976–1991. München, Berlin 1991, S. 21; Bickerich, Wolfram: Franz Josef Strauß. Die Biographie. Düsseldorf 1996, S. 264.
[69] Eine von Franz Josef Strauß in den vorangegangenen Jahren häufig angedachte Alternative zu einer bundesweiten CSU bestand in der Gründung einer unabhängigen vierten Partei auf der Basis zahlreicher bereits bestehender rechtskonservativer Organisationen.

Regierungspolitik im ganzen Land für eine konservative Wende warben. Noch im Jahre 2004 zeigte sich Friedrich Zimmermann davon überzeugt, daß er es damals innerhalb von sechs Monaten geschafft hätte, eine flächendeckende Ausdehnung der CSU organisieren zu können.[70] Seiner Einschätzung nach hätte es nur des Mutes des Parteivorsitzenden bedurft, die CSU zur vierten Partei zu erklären, die notwendigen Maßnahmen mit überzeugter Entschlossenheit zu ergreifen und das „friendly fire" aus der CDU mit aufrichtiger Standhaftigkeit auf sich zu ziehen. Doch an eben diesem Mut mangelte es Franz Josef Strauß. „Rational ist es nicht zu erklären. Aber instinktiv konnte er zuklappen wie eine Muschel, wenn es so weit war, daß er sich eröffnen sollte."[71] Also eröffnete er die Klausurtagung der CSU-Landesgruppe vom 18./19. November 1976 mit einem recht langweiligen Referat über die bayerische Lehrerbildung. Damit bezog er, „wie oft in solchen Situationen, eine abwartende, stimmungstestende Haltung"[72]. Denn Strauß hatte, wie Klaus Harpprecht, der einstige Berater und Redenschreiber Willy Brandts, schon im Mai 1973 in sein Tagebuch notiert hatte, stets „Angst vor der ersten Linie, vor der unmittelbaren Verantwortung". Mehr noch: Harpprecht hielt Strauß, „der sich in der Herausforderung des Augenblicks bravourös zu verhalten vermag und vor allem über eindrucksvolle intellektuelle Präsenz verfügt, für im Grunde feige. Vermutlich ist er sogar auch physisch feige."[73]

Als weniger feige zeigte sich hingegen der Abgeordnete Franz Handlos, der einige Jahre später aus der CSU austreten und mit der Gründung der „Republikaner" zu trauriger Berühmtheit gelangen sollte. Handlos sprach offen an, was alle anwesenden Landesgruppenmitglieder dachten: die Trennung der Bonner Fraktionen. „Damit wurden die Schleusen der Beredsamkeit geöffnet, nur derjenige, der das Thema am Wahlabend aufgebracht hatte, beteiligte sich nicht an der Aussprache."[74] Während sich im Laufe der nun folgenden Stunden fast alle der anwesenden Abgeordneten zu Wort meldeten und zur Trennung der Bundestagsfraktionen Stellung bezogen, beschränkte sich Franz Josef Strauß auf gelegentliche Zwischenrufe und vereinzelte Kommentare. Am Ende wurde mit 30 zu 18 Stimmen beschlossen, im 8. Deutschen Bundestag mit der CDU-Fraktion nicht wieder zusammengehen, sondern eine eigene Fraktion bilden zu wollen. Wighard Härdtl:

---

[70] Interview mit Bundesminister a.D. Dr. Friedrich Zimmermann am 19.01.2004 in Planegg bei München.
[71] Zimmermann, Friedrich: Kabinettstücke. Politik mit Strauß und Kohl 1976–1991. München, Berlin 1991, S. 327.
[72] Ebd., S. 21.
[73] Harpprecht, Klaus: Im Kanzleramt. Tagebuch der Jahre mit Willy Brandt. Januar 1973 – Mai 1974. Reinbek bei Hamburg 2001, S. 133.
[74] Dreher, Klaus: Helmut Kohl. Leben mit Macht. 2. Auflage, Stuttgart 1998, S. 191.

„Ich saß damals bei der Stimmenauszählung neben Strauß und habe daher heute noch seinen Ausspruch im Ohr: ‚So, jetzt ist wieder Bewegung in der Politik!'"[75] Dennoch war die „Stimmung in der Gruppe nach dem Votum keineswegs euphorisch, eher zuversichtlich-abwartend. Denn sowohl zahlenmäßig als auch qualitativ hat es beachtliche Gegenstimmen gegeben."[76] Außerdem galt es nun, die große Schwester von dem soeben gefaßten „Nichtzusammengehensbeschluß"[77] in Kenntnis zu setzen. Härdtl: „Strauß sagte zu Zimmermann, daß er den Kohl anrufen solle. Es ginge ja schließlich um die Fraktion und Zimmermann wäre ja der stellvertretende Fraktionsvorsitzende. Zimmermann hingegen erwiderte, daß es doch um viel mehr als nur um die Fraktion ginge, nämlich um die Parteien, also solle doch der Parteivorsitzende Strauß den Kohl anrufen. Doch Strauß setzte sich durch. Irgendwie hatten nun alle ein wenig Angst vor der eigenen Courage und trauten sich nicht recht, zu ihrer Entscheidung mit all den daraus resultierenden Konsequenzen zu stehen. Zimmermann schildert in seinen Memoiren sehr ausführlich, aus welchen sachlichen und technischen Gründen es ihm nicht möglich war, Kohl von Kreuth aus zu informieren. Doch wenn er es wirklich gewollt hätte, wäre es ihm durchaus gelungen. Ich habe ihn mehrfach daran erinnern müssen, den Vorsitzenden der CDU/CSU-Fraktion über diese wichtige Entscheidung in Kenntnis zu setzen. Doch erst als wir Stunden später in seiner Münchener Privatwohnung ankamen, setzte er sich mit Kohl in Verbindung. Doch da war Kohl bereits bestens informiert."[78] Bereits am Vorabend hatte den im Weinkeller der Mainzer Staatskanzlei Abschied feiernden Ministerpräsidenten die erschreckende Nachricht aus einem der an diesem Wochenende gut besuchten Kreuther Bierkeller erreicht.

Helmut Kohl war außer sich. Für ihn stellte sich der Trennungsbeschluß als grober Vertrauensbruch dar, dem umgehend mit der nötigen Entschlossenheit zu begegnen war. Bereits drei Tage nachdem ihm der bittere Kreuther Likör eingeschenkt worden war, ließ er das CDU-Präsidium beschließen, „daß auf eine Ausbreitung der CSU außerhalb Bayerns unweigerlich die Kandidatur von CDU-Bewerbern in Bayern folgen werde."[79] Sollte die CSU tatsächlich auf ihrem Beschluß beharren, der CDU bundesweit Konkurrenz machen zu wollen, so würde sie dies im Heimat-

---

[75] Interview mit Staatssekretär a.D. Wighard Härdtl am 06.01.2004 in Bonn.
[76] Voss, Friedrich: Den Kanzler im Visier. 20 Jahre mit Franz Josef Strauß. Mainz, München 2000, S. 163.
[77] Zimmermann, Friedrich: Kabinettstücke. Politik mit Strauß und Kohl 1976–1991. München, Berlin 1991, S. 29.
[78] Interview mit Staatssekretär a.D. Wighard Härdtl am 06.01.2004 in Bonn.
[79] Interview mit Staatsminister a.D. Prof. Dr. Dr. h.c. mult. Hans Maier, schriftliches Interview vom 14.01.2004.

land mit dem Verlust von – laut Umfragen – bis zu 50 Prozent ihrer bisherigen Wählerstimmen zu bezahlen haben.[80] Dementsprechend kampfeslustig rüstete sich die brüskierte Schwesterpartei binnen weniger Tage zum Bruderkrieg. Die Vorbereitungen für die Gründung eines CDU-Landesverbandes kamen derartig rasch voran, daß zahlreiche CSU-Politiker die sofortige Rücknahme des Nichtzusammengehensbeschlusses forderten. Schließlich schienen die Nachteile einer Fraktionstrennung deren Vorteile bei weitem zu überwiegen. Vorteilhaft waren beispielsweise die bessere finanzielle Ausstattung und die günstigeren Redezeiten der künftig eigenständigen CSU-Fraktion. Nachteilig war hingegen, daß die etwa 50 Abgeordneten erhebliche Schwierigkeiten haben würden, alle Parlamentsausschüsse paritätisch zu besetzen. Außerdem konnten weder CDU noch CSU jemals wieder das wichtige Amt des Bundestagspräsidenten besetzen, da die SPD in einem Vierparteiensystem vermutlich stets die stärkste Fraktion stellen würde. War es überhaupt möglich, so fragte man sich in den Reihen der verunsicherten Partei, durch getrenntes Marschieren und vereintes Schlagen bessere Wahlergebnisse erzielen zu können? Lief man auf diese Weise nicht Gefahr, getrennt zu marschieren und vereint geschlagen zu werden?[81] Wären die Reibungsverluste, wie der spätere Bundesfinanzminister Theo Waigel noch im November 2003 vermutete, nicht wesentlich größer gewesen als der Trennungsgewinn?[82] Und wer garantierte überhaupt für die künftige Koalitionsbereitschaft der CDU? Lag es nicht zumindest im Bereich des Möglichen, daß die in den letzten Jahren ohnehin nach links abdriftenden Christdemokraten eines Tages mit der SPD koalierten und die CSU demzufolge zusammen mit der FDP auf den Oppositionsbänken Platz nehmen durfte? Konnte sich der linke Flügel der CDU nicht sogar abspalten und damit das bundesdeutsche Parteiensystem vollständig destabilisieren? Vor allem aber: Wie viele Stimmen würde es die CSU kosten, wenn die CDU in die geliebte Heimat einmarschierte? Könnten die Nordlichter tatsächlich auf Anhieb 30 Prozent erreichen, wie eine Emnid-Umfrage bereits ergeben hatte?[83] Wie viele Hinterbänkler würden wohl auf ihr Mandat verzichten müssen? Und mußte eine bundesweite CSU nicht zwangsläufig ihren bayerischen Einschlag verlieren? Könnte dies nicht zur Wiederauferstehung der verhaßten Bayernpartei führen?

---

[80] Vgl. Noelle-Neumann, Elisabeth (Hg.): Allensbacher Jahrbuch der Demoskopie. Band VII: 1976–1977. Wien, München, Zürich 1977, S. 110.
[81] Vgl. Pauly, Wolfgang: Christliche Demokraten und Christlich-Soziale. Untersuchung zum interparteilichen Bündnisverhalten von CDU und CSU 1969–1979. Trier 1981, S. 381; Dollinger, Werner: Interview, in: Hanns-Seidel-Stiftung e.V. (Hg.): Geschichte einer Volkspartei. 50 Jahre CSU; 1945–1995. Grünwald 1995, S. 525–540, S. 537.
[82] Interview mit Bundesminister a.D. Dr. Theodor Waigel am 11.11.2003 in München.
[83] Vgl. o.V.: Unions-Spaltung: „Kampf auf Leben oder Tod", in: Der Spiegel, 30 (1976) H. 49, S. 23–30, S. 30.

Fragen über Fragen, auf die vor allem die Junge Union in Bayern schlüssige Antworten hören wollte und daher die Einberufung eines Sonderparteitages verlangte. Doch da der Verlauf einer solchen Veranstaltung schwer vorhersagbar war, gedachte Strauß einen Sonderparteitag um jeden Preis zu verhindern. In der Absicht, ihm gründlich die Leviten zu lesen, lud er den Vorstand der Jungen Union zu einem Gespräch in die Wienerwald-Zentrale in der Münchner Elsenheimerstraße ein. Dort machte er am Abend des 24. November 1976 seiner seit langem aufgestauten Verärgerung über die erwiesenermaßen erfolglose Oppositionsstrategie der CDU-Führung Luft. Er bezeichnete die Opposition als Faschingszug und beschimpfte die führenden Köpfe der Schwesterpartei als politische Pygmäen, als Zwerge im Westentaschenformat und Reclam-Ausgabe von Politikern. „Herr Kohl," donnerte Strauß in den Saal, „den ich nur im Wissen, den ich trotz meines Wissens um seine Unzulänglichkeit um des Friedens willen als Kanzlerkandidaten unterstützt habe, wird nie Kanzler werden. Er ist total unfähig, ihm fehlen die charakterlichen, die geistigen und die politischen Voraussetzungen. Ihm fehlt alles dafür." Der wird „mit 90 Jahren die Memoiren schreiben: ‚Ich war 40 Jahre Kanzlerkandidat. Lehren und Erfahrungen aus einer bitteren Epoche.' Vielleicht ist das letzte Kapitel in Sibirien geschrieben oder wo. Die CDU wird nie mehr an die Regierung kommen, und die FDP denkt überhaupt nicht daran [zu springen]."[84]

Obwohl Franz Josef Strauß mehrfach auf die Vertraulichkeit seiner Rede hingewiesen hatte, ließ einer der Anwesenden ein Tonbandgerät mitlaufen und übergab die Abschrift – wie könnte es anders sein – anschließend dem „Spiegel", der Straußens Tiraden sehr zur Freude seiner Gegner schon am darauffolgenden Montag veröffentlichte. Die Rede, die er in der Zentrale des Wienerwald-Imperiums seines „Bundesgeflügeladjutanten" Friedrich Jahn gehalten hatte, wurde allgemeinhin nicht nur als schallende Ohrfeige für Helmut Kohl empfunden, sondern auch als der ohnmächtige Zornesausbruch eines schlechten Verlierers. Da nutzte es auch nichts mehr, daß Strauß die Nordlichter im „Spiegel"-Interview als „irisierende Erscheinung"[85] verspottete und das Kreuz des Südens als „festes Sternbild" pries.[86] Denn als schließlich die CSU-Landtagsfraktion und bald darauf auch der CSU-Landesvorstand mit dem Hinweis auf die Parteisatzung, welche die Ausdehnung der CSU eindeutig auf Bayern beschränkte, ultimativ die Rücknahme des Trennungsbeschlusses forderten und mehrere Bezirksverbände die Einberufung

---

[84] Strauß, Franz Josef: Die Rede im „Wienerwald" in München vom 24. November 1976, in: Bickerich, Wolfram: Franz Josef Strauß. Die Biographie. Düsseldorf 1996, S. 355–365, S. 361ff. Die Abschrift der Rede wurde von Franz Josef Strauß nicht autorisiert!
[85] Irisierende Erscheinungen wie Nord- oder Polarlichter schillern unstet in Regenbogenfarben.
[86] Vgl. Strauß, Franz Josef: „Ich kann die CDU nur warnen". CSU-Chef Franz Josef Strauß über die Spaltung der Bonner Unions-Fraktion, in: Der Spiegel, 30 (1976) H. 49, S. 36–45, S. 38.

Franz Josef Strauß und Helmut Kohl geben bei einer Erklärung vor der Presse am 12. Dezember 1976 die „Überlagerung" des Kreuther Trennungsbeschlusses bekannt.

eines Sonderparteitages verlangten, waren es nicht die Nordlichter, die irisierten, sondern es war der „große Integrator" Strauß, der es wieder einmal nicht wagte, für seine Überzeugung einzustehen und sich dem Kreuzfeuer mutig zu stellen, sondern unter dem Druck seiner eigenen Partei umkippte und seinem kollegialen Kontrahenten unterlag.[87] Franz Josef Strauß war eben kein ausgeklügelt' Buch, sondern, wie er selbst einmal sagte, ein Mensch mit seinem Widerspruch.

Am 12. Dezember 1976, zwei Tage vor der konstituierenden Sitzung des 8. Deutschen Bundestages, vereinbarten die Verhandlungskommissionen von CDU und CSU, die traditionelle Fraktionsgemeinschaft fortführen zu wollen. Offiziell ist der Trennungsbeschluß der CSU-Landesgruppe niemals aufgehoben oder zurückgenommen worden. Vielmehr wurde er, wie Franz Josef Strauß fortan zu sagen pflegte, durch den Abschluß des neuen Fraktionsvertrages „überlagert". Nicht überlagert werden konnte hingegen der inzwischen bundesweit ausgedehnte Eindruck, daß es Helmut Kohl gelungen war, den gefürchteten bayerischen Löwen coram publico zu bändigen. Der Pfälzer hatte mit Mut und Entschlossenheit gezeigt, was passierte, wenn man sich von dem lauten Gebrüll nicht einschüchtern ließ und trotz der angedrohten Bisse und Prankenhiebe standhaft blieb: nichts. Der Löwe zog sich knurrend in sein Gehege zurück und maulte dort zornig vor sich hin. Helmut Kohl hatte ihn dem applaudierenden Publikum vorgeführt wie ein erfahrener Dompteur. Sehr zum Ärger von Friedrich Zimmermann, der sich vor Kohls Peitsche nicht im geringsten gefürchtet hatte: „Im Gegensatz zu uns, die wir beinahe in jedem Kreisverband von Schleswig-Holstein bis ins Rheinland

---

[87] Vgl. Mintzel, Alf: Geschichte der CSU. Ein Überblick. Opladen 1977, S. 407.

genug Anhänger hatten, um eine bundesweite CSU zu gründen – und ich hätte es mir zugetraut, dies in einem halben Jahr flächendeckend zu schaffen! – hat die CDU in Bayern nichts dergleichen gehabt. Deren ‚Einmarsch' hätte und habe ich überhaupt nicht gefürchtet. Zumal ich davon überzeugt bin, daß es aus unseren Reihen nur wenige Überläufer gegeben hätte."[88] Dies sah der damalige Mitarbeiter und Vertraute von Helmut Kohl, Horst M. Teltschik, freilich ganz anders: Für Kohl war „von Anfang an klar, daß er diesen Beschluß nicht akzeptieren würde. Er war gewillt, alles Notwendige zu tun, um diese ‚Ehescheidung' zu verhindern bzw. rückgängig zu machen. Insofern traf er alle erforderlichen Maßnahmen, einen bayerischen Landesverband der CDU zu gründen. Und wir wären durchaus in der Lage gewesen, in Bayern aus dem Stand heraus einen vollständigen Landesverband zu gründen – zumal eine ganze Reihe von CSU-Mitgliedern und CSU-Wählern bereit war, zu uns überzulaufen."[89]

Noch heute also sind die damaligen Strategen von CDU und CSU von ihrer haushohen Überlegenheit im beinahe ausgebrochenen Bruderkampf ebenso überzeugt wie die Befürworter und Gegner des Trennungsbeschlusses von ihren früheren Standpunkten und Argumenten. Dabei wird sich die Frage, ob den Unionsparteien der Kreuther Likör tatsächlich bekommen wäre, wohl niemals mit letzter Sicherheit beantworten lassen. Sehr wahrscheinlich erscheint dies angesichts des Erfolgs einer wenige Jahre später aufkommenden Ökologiepartei indes nicht. Die möglicherweise durch das getrennte Marschieren und vereinte Schlagen von CDU und CSU erreichte absolute Mehrheit der Wählerstimmen wäre den Unionsparteien von den „Grünen" spätestens in den 90er Jahren wieder entzogen worden. Völlig unzweifelhaft ist jedoch, daß Helmut Kohl alles andere als ein total unfähiger Zwerg im Westentaschenformat war, wie sein bayerischer Männerfreund behauptet hatte. Und noch etwas steht inzwischen außer Frage: Franz Josef, die CSU, das warst wohl doch nicht (nur) Du![90]

---

[88] Interview mit Bundesminister a.D. Dr. Friedrich Zimmermann am 19.01.2004 in Planegg bei München.
[89] Interview mit Prof. Dr. h.c. Horst M. Teltschik am 19.02.2004 in Berlin.
[90] Vgl. Großkopf, Rudolf: Noch eine Überraschung von Strauß. Reaktionen auf massiven Widerstand innerhalb der CSU, in: Der Tagesspiegel vom 11.12.1976.

X. „Stoppt Strauß!" – Schlammschlacht ums Kanzleramt (1976–80)

1. Der deutsche Herbst

Nachdem Bundeskanzler Helmut Schmidt am 16. Dezember 1976 vor dem Plenum des Deutschen Bundestages seine zweite große Regierungserklärung verlesen hatte, konnte Franz Josef Strauß seine Angriffe wieder gegen die sozialliberale Regierung richten und von den unionsinternen Widersachern ein Weilchen ablassen: „Frau Präsidentin! Meine sehr verehrten Damen und Herren! Zur Debatte steht primär die Regierungserklärung, in Verbindung damit einige andere Probleme, die heute der Kollege Willy Brandt angeschnitten hat. Zur Regierungserklärung muß ich leider sagen – ich habe seit dem Jahre 1949 alle gehört: Das war die längste, banalste und inhaltsloseste Regierungserklärung, die je ein deutscher Bundeskanzler vor diesem Hause abgegeben hat. (Beifall bei der CDU/CSU). Einige Exemplare sind vorweg verteilt worden. Ich gehörte auch zum Kreis der gesegneten Empfänger; ich hatte auch darum gebeten und bin bedient worden. Auf der Seite null der vorab verteilten Exemplare stand als Überschrift: ‚Regierungserklärung'. Der Verdacht, daß es sich um diese handelte, konnte bei der Lektüre der folgenden 182 Seiten nicht bestätigt werden. (Beifall bei der CDU/CSU – Wehner [SPD]: Das sollte ein Witz sein! Ha! Ha!). Der einzig erkennbare – vielleicht versöhnt Sie das Bild jetzt – rote Faden, [Wehner [SPD]: Sogar der Knoten drin, Herr Strauß! Sie sind heute ziemlich voll!) der sich durch diese Regierungserklärung zog, war die Buchbindersynthese. Das Konglomerat unverbindlicher Feststellungen – etwa: ‚wir werden den Gesamtfragenkomplex prüfen' – wurde durch Heftklammern zusammengehalten. Der Herr Bundeskanzler hat in seiner Regierungserklärung nicht die Lösung von Problemen angeboten, sondern nach der Lösung von Problemen gefragt, von denen ein großer Teil ohne ihn und ohne die SPD/FDP-Regierung der letzten Jahre überhaupt nicht bestehen würde."[1]

Es dauerte nicht mehr lange, da war auch Franz Josef Strauß kaum noch zum Scherzen aufgelegt. Der deutsche Linksterrorismus hatte eine neue Dimension angenommen. Während Andreas Baader, Gudrun Ensslin, Irmgard Möller und Jan-Carl Raspe in einer Justizvollzugsanstalt im Stuttgarter Stadtteil Stammheim unter luxuriösen Bedingungen ihre lebenslangen Haftstrafen verbüßten, schlugen

---

[1] Strauß, Franz Josef: Stellungnahme zur Regierungserklärung vom 16. Dezember 1976, in: Verhandlungen des Deutschen Bundestages, 17.12.1976, 6. Sitzung, 8. Wahlperiode, Stenographische Berichte Band 100. Bonn 1977, S. 86–99, S. 86.

die Angehörigen der zweiten RAF-Generation mit einer bis dahin nicht gekannten Brutalität zu. Das erste Opfer des Jahres 1977 wurde Generalbundesanwalt Siegfried Buback, der am 7. April zusammen mit seinem Fahrer Wolfgang Göbel und dem Justizbeamten Georg Wurster in Karlsruhe auf einer Fahrt zum Bundesgerichtshof erschossen wurde. Drei Monate später folgte ein Attentat auf den Vorstandsvorsitzenden der Dresdner Bank Jürgen Ponto. Im Herbst erreichte die Terrorwelle schließlich ihren Höhepunkt. Am späten Nachmittag des 5. September 1977 stoppten vier Terroristen des RAF-Kommandos „Siegfried Hausner" in der Vincenz-Statz-Straße in Köln-Braunsfeld den Dienstwagen des Präsidenten der Bundesvereinigung Deutscher Arbeitgeberverbände Hanns-Martin Schleyer sowie das Fahrzeug der ihn begleitenden Personenschützer.[2] Ohne Vorwarnung eröffneten die Angreifer mit drei vollautomatischen Waffen und einer Schrotflinte das Feuer und töteten Schleyers Fahrer Heinz Marcisz sowie die drei Polizisten Reinhold Brändle, Roland Pieler und Helmut Ulmer. Anschließend zerrten sie Schleyer aus dem durchlöcherten 450er Mercedes und verschleppten ihn in einem weißen VW-Bus in eine Wohnung in Erftstadt-Liblar. Ihre Forderung: Unverzügliche Freilassung von elf inhaftierten RAF-Mitgliedern, anderenfalls werde Hanns-Martin Schleyer sterben. Ganz Deutschland reagierte mit Bestürzung und Trauer auf die brutale Entführung des Arbeitgeberpräsidenten. Vor allem aber die kaltblütige Ermordung seines Fahrers und des Begleitkommandos versetzte die Republik in Angst und Schrecken. Auch Franz Josef Strauß, der zeitweilig ganz oben auf der Abschußliste der Roten Armee Fraktion stand und stets eine Waffe bei sich trug, war entsetzt. Sein früherer Fahrer Otto Finger, zu jener Zeit immer noch im Verteidigungsministerium tätig, erinnerte sich 26 Jahre später noch sehr gut an die angsterfüllte Atmosphäre des deutschen Herbstes: „Das Schleyer-Attentat konfrontierte alle gefährdeten Personen und deren Fahrer und Begleitkommandos mit einer neuen Angriffstaktik: Die Fahrzeuge wurden zum Anhalten gezwungen und dann von der Seite oder von vorn unter Beschuß genommen. In den späten fünfziger und frühen sechziger Jahren, als Franz Josef Strauß noch Verteidigungsminister gewesen war, hatte man eher mit einer Verfolgung und einem Beschuß von hinten gerechnet. Demgemäß lag die Maschinenpistole, die ich als Fahrer von Strauß immer im Fahrzeug mitführen mußte, unter einer Wolldecke auf der Hutablage des Dienstwagens. Strauß und ich hatten abgesprochen, daß ich im Falle eines Angriffes den Versuch unternehmen sollte, die Verfolger abzuschütteln, während er sich auf die Rückbank werfen und mit der Maschinenpistole aus dem Heckfenster feuern würde. Erfreulicherweise mußte man in jenen Jahren jedoch noch nicht ernsthaft mit einem solchen Attentatsversuch

---

[2] Nicht selten ist in der Literatur auch von fünf Terroristen die Rede.

rechnen."³ Daß sich die Gefährdung führender Persönlichkeiten aus Wirtschaft, Justiz und Politik inzwischen vervielfacht hatte, kam, so Strauß, nicht von ungefähr: „Ohne jede Rechthaberei können wir heute die Feststellung treffen, daß es zu einer terroristischen Gefahr des jetzt gegebenen Ausmaßes nicht gekommen wäre, wenn man rechtzeitig auf uns gehört, unsere Warnung ernst genommen und unsere Vorschläge in praktische Politik umgesetzt hätte. Statt dessen wurde seit 1969 in Bonn eine Politik des gefährlichen Gegenteils getrieben. Eine falsch verstandene Liberalisierung ließ den Staat immer schwächer, seine Gegner immer frecher und stärker werden. Rechtschaffene Bürger wurden immer unsicherer, linke Systemveränderer immer dreister."⁴

Noch am Abend des 5. September rief Schmidt das Bundeskabinett und einen großen politischen Beratungskreis zusammen, der unter anderem aus den Partei- und Fraktionsvorsitzenden der drei Bundestagsparteien, den Vorsitzenden der Innen- und der Justizministerkonferenz und den Vertretern der vier Landesregierungen bestand, in deren Haftanstalten jene elf RAF-Terroristen einsaßen, die mit Schleyers Entführung freigepreßt werden sollten. Da Helmut Schmidt die Verantwortung für die nun zu ergreifenden Maßnahmen nicht alleine schultern wollte, bat er alle Anwesenden um Vorschläge. Von jenem Tage an wurde immer wieder behauptet, Franz Josef Strauß habe lautstark gefordert, „Standgerichte zu schaffen und für jede erschossene Geisel einen RAF-Häftling zu erschießen."⁵ Alternativ könne auch einer nach dem anderen aus den Gefängnissen herausgelassen und dann in einer Art Ausnahmezustand die Jagd eröffnet werden.⁶ Noch heute wird Strauß gerne unterstellt, diese mit rechtsstaatlichen Prinzipien unvereinbaren Empfehlungen gegeben zu haben. Zu den wenigen Zeitzeugen, die es besser wissen, gehört Hans-Dietrich Genscher. S. Finger: „Im deutschen Herbst soll Strauß im Rahmen des großen Krisenstabes vorgeschlagen haben, stündlich einen der RAF-Terroristen zu erschießen. Können Sie das bestätigen?" Prof. Genscher: „Nein. Als Bundesaußenminister habe ich an allen Beratungen des großen Krisenstabes teilgenommen und kann mich an einen solchen Vorschlag oder an eine solche Bemerkung nicht erinnern. Eine Wortmeldung von derartiger Schärfe und Tragweite wäre mir weder entgangen noch entfallen. Daher halte ich es für ausgeschlossen, daß diese Behauptung zutrifft. Nicht ausschließen kann ich hingegen,

---

3 Interview mit Otto Finger am 15.09.2003 in Bonn.
4 Strauß, Franz Josef: Die Zeit der Entscheidung ist da, in: Althammer, Walter; Rombach, Bert: Gegen den Terror. Texte – Dokumente. München 1977, S. 22–30, S. 23.
5 Aust, Stefan: Der Baader Meinhof Komplex. 2. Auflage, Hamburg 1986, S. 472.
6 Vgl. Schreiber, Hermann: Die Lehren aus Mogadischu. Es lohnt sich, füreinander einzustehen. (Der Spiegel vom 14.11.1977), in: Berkhan, Karl Wilhelm; Dönhoff, Marion Gräfin; Klasen, Karl u.a. (Hg.): Hart am Wind. Helmut Schmidts politische Laufbahn. Hamburg 1979, S. 224–227, S. 226.

daß sich Strauß am Rande der Beratungen entsprechend geäußert hat und angesichts der angespannten Situation und der bereits zu beklagenden Todesopfer einen solchen Gedanken artikulierte. Schließlich handelte es sich in der Tat um einen großen Krisenstab mit vielen Teilnehmern. Es scheint mir nicht unwahrscheinlich, daß er, falls er derartiges zu einem Parteifreund oder einem Vertrauten gesagt hat, von einem der Teilnehmer gehört und später entsprechend zitiert wurde."[7] Ein offizieller Vorschlag aber war es nicht.

Fünfeinhalb Wochen nach seiner Entführung befand sich Hanns-Martin Schleyer immer noch in der Hand der RAF. Die Bundesregierung war standhaft geblieben und hatte sich von den Terroristen nicht erpressen lassen. Im Gegenteil hatte sie beschlossen, bis zum Jahre 1981 zusätzliche 870 Millionen DM für die Bekämpfung des Terrorismus aufzuwenden. Um die Rote Armee Fraktion in ihrem Kampf gegen die israelfreundliche Bundesrepublik zu unterstützen, entführten palästinensische Terroristen am 13. Oktober 1977 die von Palma de Mallorca nach Frankfurt fliegende Lufthansa-Maschine „Landshut" via Zypern, Bahrain, Dubai und dem Jemen nach Mogadischu. Die Forderung der Palästinenser deckte sich mit jener der Schleyer-Entführer, ihr Druckmittel aber wog weitaus schwerer. Denn entweder würden die elf RAF-Mitglieder freigelassen oder das gekaperte Flugzeug mit allen Passagieren, darunter Frauen und Kinder, in die Luft gesprengt. Dies war der Höhepunkt des sich seit Wochen hinziehenden Nervenkrieges. Nun ging es nicht mehr nur um das Schicksal von Hanns-Martin Schleyer, nun ging es um das Leben von über 80 unschuldigen Menschen. Während in Bonn der große Krisenstab tagte, begab sich Franz Josef Strauß, der sich in jenen Tagen zufällig in Riad aufhielt, am Vormittag des 17. Oktober 1977 zu König Chalid und Kronprinz Fahad von Saudi-Arabien.[8] Strauß ersuchte den König, seinen Einfluß auf den somalischen Diktator Siad Barre geltend zu machen, damit sich dieser der Bonner Bitte um Zusammenarbeit nicht länger verschloß. Denn Barre lehnte es ab, die auf die Befreiung von Geiseln spezialisierte GSG 9, eine schwerbewaffnete deutsche Eliteeinheit, in sein Land zu lassen. Erst als die Bundesregierung mit dem Entzug der Entwicklungshilfe drohte, lenkte der Diktator ein. Ob und inwieweit der Straußsche Beitrag für Barres Sinneswandel belangvoll war, ist heute kaum mehr nachzuvollziehen. Sicher aber ist, daß Strauß alles in seiner Macht Stehende getan hat, um ein noch dramatischeres Ende des deutschen Herbstes zu vermeiden.

---

[7] Interview mit Bundesminister a.D. Prof. Dr. h.c. Hans-Dietrich Genscher am 02.03.2004 in Bonn.
[8] Presse- und Informationsamt der Bundesregierung (Hg.): Dokumentation zu den Ereignissen und Entscheidungen im Zusammenhang mit der Entführung von Hanns-Martin Schleyer und der Lufthansa-Maschine „Landshut". 2. Auflage, Bonn 1977, S. 109. Vgl. dazu auch: Wischnewski, Hans-Jürgen: Mit Leidenschaft und Augenmaß. In Mogadischu und anderswo. Politische Memoiren. München 1989, S. 222.

Am 18. Oktober 1977 gab Helmut Schmidt um 0.05 Uhr den Befehl zur Erstürmung der „Landshut" durch die GSG 9. Etwa zwei Stunden später war alles vorbei. Die Kidnapper waren getötet oder überwältigt, die Geiseln weitestgehend unversehrt befreit. Noch am gleichen Tag begingen die im „Hochsicherheitstrakt" einsitzenden RAF-Terroristen Andreas Baader, Gudrun Ensslin und Jan-Carl Raspe mit eingeschmuggelten Schußwaffen Selbstmord. Nur Irmgard Möller überlebte ihren Suizidversuch schwerverletzt. „Wieso am Ende trotz aller Durchsuchungen und Kontrollen Waffen in den Zellen bereitlagen und Selbstmorde begangen werden konnten," fragte sich nicht nur der spätere Innenminister Friedrich Zimmermann, „ist ungeklärt. Man hätte solchen Waffenlieferungen vorbeugen können. Aber die FDP hat verhindert, was mehr als neunzig Prozent des Bundestages wollten: die ständige Überwachung von Gesprächen terroristischer Häftlinge (oder vergleichbarer Schwerverbrecher) auch mit ihren Anwälten; die SPD nahm zähneknirschend Rücksicht auf ihren Koalitionspartner, der sich als ‚liberaler' Verteidiger des heiligen Rechts auf ungestörte Beratung mit dem Anwalt berief."[9] Und Hanns-Martin Schleyer? Der wurde am Tag darauf irgendwo im Elsaß im Kofferraum eines grünen Audi 100 gefunden, getötet durch mehrere Schüsse in den Hinterkopf. Der blutige deutsche Herbst war vorbei, der Terror der Roten Armee Fraktion hingegen nicht.

Im November 1977 flog Franz Josef Strauß nach Chile. Der Anlaß seines Besuches in dem lateinamerikanischen Land war die 125-Jahr-Feier zur Ankunft deutscher Kolonisten am südlich gelegenen Llanquihue-See. Diese Reise, in deren Verlauf er von der Universidad de Chile eine Ehrenprofessur erhielt, war mehr als nur Wasser auf die niemals stillstehenden Mühlen seiner politischen Gegner, diese Reise war ein Sturzbach, der bis heute nicht versiegt ist. Strauß, so hieß und heißt es immer noch, habe sich in Chile von dem faschistischen Folterer Augusto Pinochet hofieren lassen und diesem zur vorbildlichen Demokratisierung seines Landes gratuliert. Die Wahrheit war indes eine ganz andere, wie Dr. Wilhelm Knittel erläuterte: Auf seiner Chile-Reise wurde Franz Josef Strauß „von Norbert Schäfer, dem damaligen Pressesprecher der CSU-Landesgruppe, begleitet. Schäfer erzählte mir, wie beeindruckt die deutschen Reisebegleiter waren, als Strauß im Verlauf seiner Rede vor dem Denkmal der deutschen Einwanderer den anwesenden Gastgeber Pinochet in aller Öffentlichkeit zu mehr Demokratie aufforderte. Allerdings sprach Strauß aus diplomatischen Gründen von ‚weiterer Demokratisierung', was von seinen Gegnern natürlich wieder negativ ausgelegt wurde. Man unterstellte ihm aufgrund dieser Formulierung die Auffassung, es gäbe in Chile bereits eine beacht-

---

[9] Zimmermann, Friedrich: Kabinettstücke. Politik mit Strauß und Kohl 1976–1991. München, Berlin 1991, S. 187.

liche Demokratie. Auch hier wurde wieder einmal mit zweierlei Maß gemessen, denn die eindrucksvolle Ermahnung des Gastgebers durch Strauß wurde schlichtweg übergangen."[10] Dieser Ansicht war auch der damalige Chefredakteur des Bayernkurier Wilfried Scharnagl: „Ohne aufrechnen oder relativieren zu wollen, muß ich doch darauf aufmerksam machen, daß auch hier wieder einmal mit zweierlei Maß gemessen wurde. Wenn ich bedenke, daß der hochverehrte und inzwischen zur allgemeinen Anbetung freigegebene ehemalige Bundespräsident Richard von Weizsäcker seinerzeit einem der größten Verbrecher Afrikas, Herrn Mugabe, die Hand gegeben hat, sich in entsprechender Pose photographieren ließ und ihn als die demokratische Zukunft Afrikas rühmte, ohne daß sich jemals jemand darüber beklagt hätte, dann kann ich es nur als große Ungerechtigkeit bemängeln, wenn Franz Josef Strauß noch heute posthum Vorwürfe gemacht werden, weil er einmal zur Besichtigung eines Denkmales in Chile war, dort zu deutschstämmigen Einwanderern gesprochen hat und bei dieser Gelegenheit von Staatspräsident Pinochet empfangen wurde."[11] Zumal Strauß im Gegensatz zu Weizsäcker seinem Gastgeber gegenüber offene Worte keineswegs gescheut hatte. Gerold Tandler, ehemals CSU-Generalsekretär und bayerischer Innenminister: „Ich bin bei dem Besuch in Chile nicht dabei gewesen, habe Strauß aber nach Südafrika begleitet, wo er dem damaligen Staatspräsidenten Botha die Leviten gelesen und auch das System der Apartheid massiv kritisiert hat. Auch im Verlauf der anderen Reisen, auf denen ich ihn begleitet habe, hat er niemals ein Blatt vor den Mund genommen. In diplomatischen Kreisen wird den Gastgebern nicht selten nach dem Mund geredet, Strauß hingegen hat das nie getan."[12] Nicht einmal im Gespräch mit Leonid Breschnew, der im Mai 1978 nach Bonn kam, hielt sich Strauß zurück, woraufhin der sowjetische Staats- und Parteichef den deutschen Oppositionspolitiker bis zu seinem Wagen begleitete, was in aller Welt als besondere Geste des Respekts gewertet wurde.[13]

In der Rückschau auf die damaligen Akteure und Ereignisse darf im übrigen nicht vergessen werden, daß der Weltkommunismus zu jener Zeit in voller Blüte stand und sich in Teilen Südasiens, Afrikas und Lateinamerikas sogar auf dem Vormarsch befand. Straußens größte Sorge war, eines Tages in einem von der sowjetischen Ideologie völlig eingekreisten Europa aufzuwachen. Dieser, so Strauß, russi-

---

[10] Interview mit Staatssekretär a.D. Dr. Wilhelm Knittel LL.M. am 20.01.2004 in Grünwald bei München. Vgl. dazu auch: o.V.: Strauß-Äußerung vor den Bundestag. SPD-Anfrage wegen der Chile-Reise, in: Süddeutsche Zeitung vom 26. November 1977.
[11] Interview mit Wilfried Scharnagl am 11.11.2003 in Allershausen.
[12] Interview mit Staatsminister a.D. Gerold Tandler am 02.12.2003 in Altötting.
[13] Vgl. Strauß, Franz Josef: Die Erinnerungen. Berlin 1998, S. 11ff; Möller, Alex: Genosse Generaldirektor. München, Zürich 1978, S. 404; Schmidt, Helmut: Menschen und Mächte. Berlin 1987, S. 98.

schen Globalstrategie galt es mit allen Mitteln entgegenzuwirken. Anderenfalls würde das christliche Bollwerk Europa eines Tages fallen, ohne daß auch nur ein einziger Schuß abgefeuert worden wäre. Der Sowjetisierung südostasiatischer, afrikanischer und lateinamerikanischer Länder mußte also um jeden Preis Einhalt geboten werden, selbst wenn sich dies nur auf dem Wege einer wie auch immer gearteten Unterstützung rechtsgerichteter Diktaturen bewerkstelligen ließ, die Franz Josef Strauß im Grunde aber zutiefst anwiderten.[14] Zu den wenigen Zeitgenossen, die diesen zumeist völlig verkannten Sachverhalt durchschauten, gehörte der ehemalige Arbeits- und Sozialminister Dr. Norbert Blüm: „Der globale Ost-West-Gegensatz hat für Strauß alles dominiert. Im Sinne der Eindämmung des Kommunismus war er mitunter auch bereit, dem Teufel die Hand zu reichen."[15] Ob der jeweilige Teufel nun eher rechts oder links vom abendländischen Ideal des demokratischen Rechtsstaates stand, spielte dabei eine eher untergeordnete Rolle. Daher besuchte Franz Josef Strauß auch immer wieder kommunistische Länder wie zum Beispiel Albanien, wo er sinngemäß sagte, daß es Westeuropa gleichgültig sei, welche politische Farbe das Land habe, solange es keine Basis der Sowjets werde.[16] Ähnliches galt für die rote Volksrepublik China. Und genau an dieser Stelle wurden die „außenpolitischen" Aktivitäten des Franz Josef Strauß mit zweierlei Maß gemessen: Als er dem rechten Diktator Pinochet die Hand schüttelte, schrieen die linksgerichteten Teile der deutschen Medienlandschaft auf, Strauß habe sich mit einem faschistischen Diktator verbrüdert, der bereits Zehntausende Chilenen gefoltert und gemordet habe. Als Strauß aber (wie vor ihm Richard Nixon und nach ihm Helmut Schmidt) von dem despotischen Mao Tse-tung empfangen worden war, dessen Kulturrevolution schätzungsweise 20 Millionen Menschen zum Opfer gefallen waren, hatte sich niemand empört.[17]

Die Aufregung über die scharf kritisierte Chile-Reise hatte sich kaum gelegt, da wurde von der „Süddeutschen Zeitung" der Wortlaut eines angeblich vom Bundesnachrichtendienst abgehörten Telefongespräches veröffentlicht, das Franz Josef

---

[14] Vgl. Oladé Paraïso, Jean-Yves: Franz Josef Strauß et le tiers monde, in: Allemagnes d'aujourd'hui. Revue française d'information sur les deux Allemagnes, 108 (1989), S. 30–39, S. 38; Voigt, Karsten Dieter: Die Außen- und Sicherheitspolitik in den Vorstellungen von Franz Josef Strauß, in: Frankfurter Hefte, 5 (1980) H. 6, S. 13–19, S. 15; Gorkow, Alexander: Die Realität unter Pinochet und wie Strauß sie sah, in: Süddeutsche Zeitung vom 7. November 1998, S. 41.
[15] Interview mit Bundesminister a.D. Dr. Norbert Blüm am 11.11.2003 in Bonn.
[16] Vgl. Kraske, Marion: Stippvisite im Skipetarenreich. Franz Josef Strauß besuchte in den achtziger Jahren Albanien – um seiner außenpolitischen Passion nachzugehen, in: Der Spiegel, 58 (2004) H. 15, S. 136.
[17] Vgl. Margolin, Jean-Louis: Ein langer Marsch in die Nacht, in: Courtois, Stéphane; Werth, Nicolas; Panné, Jean-Louis u.a.: Das Schwarzbuch des Kommunismus. Unterdrückung, Verbrechen und Terror. 2. Auflage, München 1998, S. 511–608, S. 511.

Strauß am 28. September 1976 mit Wilfried Scharnagl geführt hatte. Im Verlauf jenes Telefonates habe Strauß von Akten gesprochen, die rechtzeitig vernichtet worden wären, um dem seit langem bestehenden aber durch nichts zu beweisenden Korruptionsverdacht im Zusammenhang mit der vor fast 20 Jahren erfolgten Beschaffung des Starfighters jedwede Grundlage zu entziehen.[18] Hätte dies den Tatsachen entsprochen, wäre Strauß persönlich wie politisch endgültig diskreditiert gewesen. Doch schon bald stellte sich heraus, daß das besagte Telefonat nicht vom BND sondern vom ostdeutschen Ministerium für Staatssicherheit mitgeschnitten und anschließend mit frei erfundenen Passagen aufbereitet worden war.[19] Um Franz Josef Strauß zu Fall zu bringen, war seinen politischen Gegnern im In- und Ausland offenkundig jedes Mittel recht. Vor allem wurde man nicht müde, Strauß in die Nähe Hitlers zu zerren. Als im Sommer 1978 der Schriftsteller Bernt Engelmann, der sich in den vorangegangenen Jahren bereits mehrfach mit Anti-Strauß-Publikationen in Szene gesetzt hatte, dem CSU-Chef eine Nazi-Vergangenheit anzudichten versuchte und Strauß daraufhin von einem Journalisten gefragt wurde, ob er Engelmann nicht verklagen wolle, antwortete Strauß mit einem, so Wilhelm Knittel, „geradezu alttestamentarischen Sprachbild: ‚Mit Ratten und Schmeißfliegen führt man keine Prozesse!' Diese Äußerung war eindeutig nur auf Engelmann bezogen. Bald darauf hieß es jedoch allenthalben, Strauß habe die deutschen Schriftsteller als Ratten und Schmeißfliegen bezeichnet."[20] Bernt Engelmann, der wenig später wegen Scheckbetruges rechtskräftig verurteilt wurde, steuerte in den Jahren 1977 bis 1984 als Vorsitzender des Verbandes deutscher Schriftsteller einen derartig prokommunistischen Kurs, daß er in seinem Fanatismus zahlreichen verfolgten ostdeutschen Schriftstellern die gebotene Solidarität verweigerte und sich sogar an deren Diskreditierung beteiligte.[21] Und doch war Franz Josef Strauß gegen die ewige üble Nachrede solcher Individuen praktisch

---

[18] Vgl. Kipke, Rüdiger: Die Untersuchungsausschüsse des Deutschen Bundestages. Praxis und Reform der parlamentarischen Enquete. Berlin 1985, S. 155; Knabe, Hubertus: Der diskrete Charme der DDR. Stasi und Westmedien. München 2002, S. 290.
[19] Vgl. Schmidt-Eenboom, Erich: Schnüffler ohne Nase. Der BND – die unheimliche Macht im Staate. 3. Auflage, Düsseldorf, Wien, New York, Moskau 1993, S. 264.
[20] Interview mit Staatssekretär a.D. Dr. Wilhelm Knittel LL.M. am 20.01.2004 in Grünwald bei München. Vgl. dazu auch: Strauß, Franz Josef: Auswärtige Kulturpolitik – Ziele und Wege. Grundsatzreferat des CSU-Vorsitzenden und Bayerischen Ministerpräsidenten anläßlich der Regionalbeauftragtenkonferenz des Goethe-Instituts am 12.06.1986 in München. München 1986, S. 14; Pressedienst Demokratische Initiative (Hg.): Eine Dokumentation über Ratten und Schmeißfliegen. München 1980; Heidenreich, Gert: Die ungeliebten Dichter. Die Ratten- und Schmeißfliegen-Affäre. Eine Dokumentation. Frankfurt am Main 1981.
[21] Vgl. Zimmermann, Ulrich: Geliebt, verkannt und doch geachtet. Franz Josef Strauß, der Mensch, der Politiker, der Staatsmann von A–Z. 2. Auflage, Percha am Starnberger See 1980, S. 75; Neubert, Ehrhart: Ein politischer Zweikampf in Deutschland. Die CDU im Visier der Stasi. Freiburg, Basel, Wien 2002, S. 130.

machtlos. Knittel: „Er konnte ja schließlich – zumal angesichts der Vielzahl derartiger Veröffentlichungen – nicht tagaus und tagein Prozesse führen. Ein weiteres Beispiel: Beim Politischen Aschermittwoch in Passau 1975 sagte Strauß, ‚daß diejenigen, die ausgezogen waren, Deutschland zu reformieren, einen Saustall ohnegleichen angerichtet haben'. Willy Brandt behauptete daraufhin in Wahlkampfreden mehrfach, Strauß hätte die Bundesrepublik Deutschland einen Saustall genannt. Daraufhin hat der Parteivorsitzende der CSU den Parteivorsitzenden der SPD auf Unterlassung verklagt. Sie glauben gar nicht, wieviel Arbeitskraft und -zeit von Prozessen wie diesen gebunden wurde. Wir haben von einem Philologie-Professor ein Sprachgutachten über die richtige Auslegung dieses Zitates erstellen lassen. Daraufhin hat die Gegenseite dann ebenfalls ein Sprachgutachten erstellen lassen, übrigens von Walter Jens. Letztlich waren wir aber mit unserer Unterlassungsklage in beiden Instanzen (LG Bonn und OLG Köln) erfolgreich. Dennoch: Strauß wurde nie mit demselben Maß gemessen wie andere Spitzenpolitiker. Helmut Schmidt war als junger Leutnant einmal zu einem Prozeß im Volksgerichtshof unter Roland Freisler abkommandiert; auch in Schmidts Kanzlerzeit wurde diese Tatsache praktisch nie erwähnt und war in der Öffentlichkeit völlig unbekannt. Stellen Sie sich vor, Strauß hätte einmal einem solchen Nazi-Schauprozeß beigewohnt. Auf ewig wäre behauptet worden, er hätte dort freiwillig und mit Begeisterung gesessen. Ein anderes Beispiel: Der Vater von Richard von Weizsäcker war wegen seiner Arbeit als Staatssekretär unter Ribbentrop in Nürnberg als Kriegsverbrecher verurteilt worden. Wenn dies dem Vater von Franz Josef Strauß widerfahren wäre, hätte ihn die Publizistik bei jeder erdenklichen Gelegenheit in Sippenhaft genommen. Oder bedenken Sie, wie häufig das verfälschte Zitat aus dem Bundestagswahlkampf 1949 ‚Dem Deutschen soll die Hand abfallen, der noch einmal ein Gewehr in die Hand nimmt!' gegen ihn verwendet wurde. Da half es wenig, daß das Oberlandesgericht Nürnberg schon 1962 dem ‚Spiegel' durch rechtskräftige Einstweilige Verfügung untersagt hatte, dieses Zitat ohne die Hinzufügung ‚zum Zwecke eines Angriffskrieges' zu verwenden."[22] So mag es nicht verwundern, daß Franz Josef Strauß der ewigen Anwürfe allmählich überdrüssig wurde und sich nach einer ruhigeren, zugleich aber auch verantwortungsvolleren politischen Tätigkeit in der bayerischen Heimat sehnte, am besten als Landesfürst. Allerdings wurde das angesehene Amt des bayerischen Ministerpräsidenten bereits seit 16 Jahren von dem allseits beliebten, aber längst noch nicht amtsmüden „Landesvater" Alfons Goppel bekleidet. Doch Goppel gehörte nicht zu jenen politischen Kalibern, die einen Franz Josef Strauß lange aufzuhalten vermochten.

---

[22] Interview mit Staatssekretär a.D. Dr. Wilhelm Knittel LL.M. am 20.01.2004 in Grünwald bei München.

2. Die erzwungene Kandidatur

Am 6. November 1978 wurde Franz Josef Strauß im Alter von 63 Jahren zum Ministerpräsidenten des Freistaates[23] Bayern gewählt. Ganze 29 Jahre lang, vom 7. September 1949 bis zum 29. November 1978, war er ununterbrochen Mitglied des Deutschen Bundestages gewesen. Und doch, so berichtet Friedrich Voss in seinen Erinnerungen, war ihm von Wehmut nichts anzumerken, als er sein Mandat niederlegte, um sich in Bayern zum Landesfürsten krönen zu lassen. Schließlich behielt Strauß als Landesvorsitzender der CSU das ständige Gastrecht der Bundestagsfraktion. Außerdem empfand er es „von der menschlichen und der politischen Seite her" als „ebenso schöne wie große Aufgabe", für „Bayern an erster Stelle Verantwortung zu tragen"[24]. Versüßt wurde diese schöne und große Aufgabe noch durch das Ergebnis der Landtagswahl vom 15. Oktober, die seiner Partei 59,1 Prozent der Wählerstimmen beschert hatte. Dies waren zwar exakt drei Prozentpunkte weniger als zu Goppels Zeiten im Jahre 1974, doch um sich im Licht der absoluten Mehrheit zu sonnen genügte es allemal. Immerhin verfügte die CSU mit 129 von 204 Sitzen nach wie vor über eine größere Parlamentsmehrheit als irgendeine andere Partei in einem deutschen Landtag.

Nun war Franz Josef Strauß Regierungschef und Staatsoberhaupt des ältesten, flächenmäßig größten und, wie Golo Mann meinte, lebenskräftigsten deutschen Bundeslandes, für dessen Förderung und Entwicklung er sich seit über zwanzig Jahren nach Kräften einsetzte. Schon als Atom- und Verteidigungsminister hatte er dafür gesorgt, daß sich in seiner Heimat jene Industrien ansiedelten, die er für zukunftsträchtig hielt.[25] Strauß: „Der unverdächtigste Zeuge dafür, daß meine Politik schon damals Früchte für Bayern getragen hat, ist Helmut Schmidt, der in jenen Jahren in Wahlversammlungen zu sagen pflegte, die Arbeitsplätze, die anderswo fehlten, habe der Verteidigungsminister Strauß um München herum geschaffen. Schon bevor es zur Gründung von MBB kam, hatte ich Ludwig Bölkow

---

[23] „Mit der Bezeichnung Freistaat will Bayern keineswegs zum Ausdruck bringen, daß es irgendwelche Sonderrechte innerhalb der Bundesrepublik Deutschland gegenüber den anderen Ländern beansprucht. Das Wort Freistaat ist nichts anders als ein altes deutsches Wort für Republik, mit dem sich bis zur Gleichschaltung durch den Nationalsozialismus die meisten Länder des Deutschen Reiches bezeichnet haben. Bei der Wiederherstellung des bayerischen Staates nach 1945 sah man keinen Grund, die Kontinuität bayerischer Staatstradition zu leugnen und auf diese Bezeichnung zu verzichten." Strauß, Franz Josef, zitiert nach: Schöll, Walter (Hg.): Franz Josef Strauß. Der Mensch und der Staatsmann. Ein Porträt. Percha am Starnberger See 1984, S. 26.
[24] Strauß, Franz Josef: Für Bayern an erster Stelle Verantwortung zu tragen, ist von der menschlichen und der politischen Seite her eine ebenso schöne wie große Aufgabe. München 1978.
[25] Vgl. Schwarz, Hans-Peter: Nach der „deutschen Revolution" vom Herbst 1989 – Blick zurück auf die Memoiren von Willy Brandt und Franz Josef Strauß, in: Rheinischer Merkur (Hg.): Die 40 Jahre. Dokumente und Impressionen aus dem Rheinischen Merkur. Bonn 1990, S. 80–87, S. 85.

von Stuttgart nach München geholt und systematisch unterstützt. Bölkow war der große, begabte, kreative Ingenieur, den immer der Mut zu neuen Wegen auszeichnete. Ich leistete bei der Gründung der Bölkow GmbH Hilfe und habe sie durch zwei Krisen hindurch gerettet. Dann haben wir Messerschmitt zu einem Zusammenschluß mit Bölkow veranlaßt, später kam aus dem Norden noch Blohm hinzu. Während meiner Bonner Ministerzeit haben wir einiges für den BMW-Motorenbau in München-Allach getan. Für MAN waren die großen Aufträge für Militärlastwagen von großer Wichtigkeit. In Gestalt der MTU entstand ein leistungsfähiges Unternehmen für Großmotoren, für stationäre Motoren ebenso wie insbesondere für Flugmotoren. Auch die Firma Diehl in Nürnberg, die schon im Zweiten Weltkrieg im Rüstungsgeschäft tätig war und während des Koreakrieges für die Amerikaner Munition fertigte, habe ich dabei unterstützt, wieder in der Wehrtechnik Fuß zu fassen. Meine Grundidee war, mit dem Aufbau der Bundeswehr eine Kombination von militärischer und ziviler Technik zu schaffen und zu nutzen, die insgesamt einer modernen Wirtschaftsstruktur zugute kam."[26] Eine Grundidee, die sich längst als goldrichtig herausgestellt hatte, denn die Industriedichte war in Bayern in den Jahren 1952 bis 1973 um sagenhafte 45,1 Prozent gestiegen, während sie im landesweiten Durchschnitt nur um 14 Prozent angewachsen war: „Der Münchner Raum überrundete das Ruhrgebiet und wurde zum Zentrum der Rüstungsproduktion in der BRD. Werke der Atom-, Chemie- und Elektronikindustrie entstanden. Die Fahrzeugindustrie mit Produktion vom Pkw bis zum Panzer nahm einen Aufschwung. Erheblicher noch war der Aufstieg der Luft- und Raumfahrt. Hier wurde Messerschmitt-Bölkow-Blohm Großkonzern der Branche und größtes Rüstungsunternehmen der BRD."[27] Straußens eindrucksvollster Erfolg blieb jedoch das zivile Airbus-Projekt, das mit dem im Jahre 1978 einsetzenden Investitionsboom der Fluggesellschaften seinen eigentlichen take-off erfuhr. Da sich der A 300 rasch als äußerst zuverlässig erwies und im Vergleich zu den amerikanischen Maschinen deutlich weniger Treibstoff verbrauchte, entschied sich die Airbus-Industrie zur Entwicklung eines zweiten Modells mit der Bezeichnung A 310. Daraufhin kehrte auch Großbritannien zu dem europäischen Großprojekt zurück. Als wenige Jahre später der A 320 in Dienst gestellt wurde, konnte die Airbus-Industrie bereits mit einer kleinen Flugzeugfamilie aufwarten.

---

[26] Strauß, Franz Josef: Die Erinnerungen. Berlin 1998, S. 601f. Vgl. dazu auch: Siemens, Peter von: Die Wandlung Bayerns zu einem modernen Industriestaat bei Erhaltung der Umwelt, in: Carstens, Karl; Goppel, Alfons; Kissinger, Henry; Mann, Golo (Hg.): Franz Josef Strauß. Erkenntnisse, Standpunkte, Ausblicke. München 1985, S. 208–221, S. 213; Nixdorf, Heinz: Bayern – bevorzugter Industriestandort mit gepflegter Umwelt, in: Carstens, Karl; Goppel, Alfons; Kissinger, Henry; Mann, Golo (Hg.): Franz Josef Strauß. Erkenntnisse, Standpunkte, Ausblicke. München 1985, S. 222–229, S. 223.

[27] Institut für Internationale Politik und Wirtschaft der DDR (Hg.): Parteien in der BRD. Berlin 1989, S. 127.

Aus gutem Grund also legte Franz Josef Strauß auch als Ministerpräsident den Schwerpunkt seiner Tätigkeit auf wirtschaftspolitische Fragestellungen, die er durch intensive Auslandskontakte und direkte Verbindungen zu den großen deutschen Industrieunternehmen zu beantworten suchte: „Bayerische Politik ist keine arkadische in dem Sinn, daß sie in provinzieller Selbstgenügsamkeit an den weißblauen Grenzpfählen endet. Bayerische Politik ist im Gegenteil in vielfältiger Weise mit der Bundes- und der europäischen Politik verwoben." Folglich kommt es „der bayerischen Landespolitik sicher zugute, wenn der Ministerpräsident sich nicht nur als Landesvater, sondern als Anwalt bayerischer Belange und Interessen selbst bei scheinbar landesfernen Institutionen, Gremien und Persönlichkeiten des wirtschaftlichen, politischen und kulturellen Lebens versteht und danach handelt. Einem bayerischen Ministerpräsidenten dürfen die wirtschaftlichen Interessen Japans oder Chinas, um nur zwei besonders entfernt gelegene Staaten zu nennen, auf dem europäischen Markt nicht fremd sein, denn sie gehen auch die bayerische Wirtschaft an."[28] Trotz seiner industriefreundlichen Technologiebegeisterung verlor Franz Josef Strauß weder die Umwelt, zu deren Schutz Bayern bereits im Jahre 1970 als erstes deutsches Bundesland ein eigenes Ministerium eingerichtet hatte, noch den wirtschaftlichen Mittelstand aus den Augen, für den es in Bayern seit längerem vorbildliche Förderungsgesetze gab.[29] Wenn die Uhren in Bayern also, wie oft behauptet wurde, in wirtschaftlicher und politischer Hinsicht tatsächlich anders gingen, dann nur deshalb, weil, so Strauß, „sie von uns anders gestellt wurden."[30]

Nicht eben wenige Beobachter jener Tage vermuteten jedoch, Franz Josef Strauß sei nicht nach München gegangen, um dort die landespolitischen Uhren für Bayern, sondern die bundespolitischen Weichen für seine Rückkehr nach Bonn zu stellen.[31] Der Bundestagsabgeordnete Klaus Gärtner (FDP) stichelte gar, die Staatskanzlei würde wohl „als so etwas wie eine Wiederaufbereitungsanlage für

---

[28] Schöll, Walter (Hg.): Franz Josef Strauß. Der Mensch und der Staatsmann. Ein Porträt. Percha am Starnberger See 1984, S. 15. Vgl. dazu auch: Späth, Lothar: Die politische Stabilität des deutschen Südens, in: Carstens, Karl; Goppel, Alfons; Kissinger, Henry; Mann, Golo (Hg.): Franz Josef Strauß. Erkenntnisse, Standpunkte, Ausblicke. München 1985, S. 398–408, S. 406.
[29] Vgl. Schnitker, Paul: Franz Josef Strauß – ein Freund des Handwerks, in: Zimmermann, Friedrich (Hg.): Anspruch und Leistung. Widmungen für Franz Josef Strauß. Stuttgart-Degerloch 1980, S. 237–247, S. 243.
[30] Strauß, Franz Josef: Die Erinnerungen. Berlin 1998, S. 606.
[31] Vgl. statt vieler: Ude, Christian: Ein Mann des Anstoßes, in: Süddeutsche Zeitung (Hg.): Jahrhundert-Münchner. Eine Serie der Süddeutschen Zeitung. München 2000, S. 173–177, S. 176; Richter, Saskia: Die Kanzlerkandidaten der CSU. Franz Josef Strauß und Edmund Stoiber als Ausdruck christdemokratischer Schwäche? Hamburg 2004, S. 52.

abgebrannte politische Brennelemente benutzt."[32] Eine Unterstellung, die Strauß natürlich mit Entschiedenheit zurückwies: „Das Amt des bayerischen Ministerpräsidenten ist kein Durchgangsposten für höhere Ehren."[33] Dieser Ansicht war auch Dr. Wilhelm Knittel, der vom Mai 1974 an der Leiter des Büros des CSU-Vorsitzenden gewesen war und seit dem 6. November 1978 das Büro des bayerischen Ministerpräsidenten in der Staatskanzlei leitete: „Die Übernahme des Amtes des Bayerischen Ministerpräsidenten war meiner Meinung nach Bestandteil einer ganz natürlichen politischen Entwicklung. Denn als Bundestagsabgeordneter und CSU-Vorsitzender war Strauß seit längerem gleichzeitig in der Bundes- und in der Landespolitik tätig. Nun war es für einen so erfahrenen und tatkräftigen Politiker wie Strauß aber nicht sehr angenehm, jahraus jahrein auf der harten Oppositionsbank zu sitzen. Also entschied er sich, für das Amt des Bayerischen Ministerpräsidenten zu kandidieren, um auf diesem Wege nicht nur die bayerische Landespolitik, sondern auch die Bundespolitik, nun zusätzlich im Bundesrat, intensiver mitgestalten zu können. Dabei ging es Strauß weniger darum, sich mit dem Amt des Ministerpräsidenten zu schmücken oder aufzuwerten – denn nicht das Amt prägte Strauß, sondern Strauß prägte das Amt. Er war stets mehr als das Amt, das er gerade bekleidete. Ein Beispiel: Als sein Büroleiter fragte ich ihn einmal im Hinblick auf die Abrechnung einer Dienstreise, ob er nun als Bayerischer Ministerpräsident, als CSU-Vorsitzender, als Vorstandsmitglied der Hanns-Seidel-Stiftung oder als Aufsichtsratsvorsitzender der Airbus-Industrie gereist war. Seine Antwort war: ‚Als Franz Josef Strauß!' Natürlich war es für ihn auch interessant, sich des Apparates und der Infrastruktur nicht nur der Staatskanzlei, sondern der gesamten Staatsregierung bedienen zu können. Schließlich wußte er auch, dass er in der Rolle des Landesvaters in der öffentlichen Meinung auch bundesweit nur gewinnen konnte. Im übrigen kann man eine politische Karriere mit dem Ziel Bundeskanzler nicht wie eine normale berufliche Laufbahn durch Einschaltung von Zwischenstationen planen; zu viele Voraussetzungen, Umstände und Unwägbarkeiten spielen mit."[34]

Dennoch läßt sich nicht von der Hand weisen, daß der „Rückzug nach Bayern" ein wohlüberlegter Schachzug auf dem langen Marsch ins Bonner Kanzleramt gewesen sein könnte. Manfred Frühauf, der ehemalige Leiter des Bonner Büros des bayerischen Ministerpräsidenten und CSU-Vorsitzenden: „Strauß war der Vorsitzende einer regional begrenzten Partei mit bundesweitem Einfluß. Seit der Bun-

---

[32] Falke, Jutta; Kaspar, Ulrich: Politiker beschimpfen Politiker. 2., durchgesehene Auflage, Leipzig 1998, S. 191.
[33] Reuther, Helmut (Hg.): Bonner Zitatenschatz. Frankfurt am Main 1984, S. 78.
[34] Interview mit Staatssekretär a.D. Dr. Wilhelm Knittel LL.M. am 20.01.2004 in Grünwald bei München.

destagswahl von 1969 machte er Jahr für Jahr die Erfahrung, daß man sich als Oppositionspolitiker zunehmend abnutzt. Persönlicher Aufwand und politischer Ertrag standen aus seiner Sicht in keinem rechten Verhältnis mehr. Für ihn war es somit kein Rückzug, sondern vielmehr ein Umweg auf dem Weg nach Bonn. Er wußte, daß er als bayerischer Ministerpräsident beispielsweise über den Bundesrat mehr Einfluß auf die Regierungspolitik nehmen konnte, als er dies als Abgeordneter einer Oppositionspartei vermocht hätte. Hinzu kam die günstigere Ausgangsbasis für eine möglichere spätere Kanzlerkandidatur."[35] Schließlich konnte sich Franz Josef Strauß, der glaubte, die Weltkugel wie Herkules auf den Rücken heben und „vor den heranstürmenden Feinden der Freiheit" ganz allein davontragen zu müssen, dem „eigentlich alle in Bonn erreichbaren Ämter zu klein erscheinen" mußten, wohl „kaum als Miniaturpolitiker nach München zurückziehen."[36] Kein Wunder also, daß der damalige bayerische Staatsminister für Unterricht und Kultus Hans Maier bei der ersten Sitzung der CSU-Landtagsfraktion in November 1978 beobachtete, wie Strauß „immer wieder zu der niedrigen Decke im Fraktionszimmer des Maximilianeums aufschaute: alles war ihm zu eng, zu klein."[37] Doch die einzige Möglichkeit, diesem goldenen, aber für Straußens Verhältnisse viel zu winzigen Käfig zu entfliehen, bestand in der Verwirklichung seines jahrzehntealten Lebenstraumes: der Besteigung des bundesdeutschen Kanzlerthrons.

Nur wenige Monate nachdem Franz Josef Strauß in die Bayerische Staatskanzlei eingezogen war, begann sich das Kandidaten-Karussell für die anstehende Wahl des Bundespräsidenten zu drehen. Im Rahmen seiner FDP-freundlichen Oppositionspolitik hätte Helmut Kohl dem amtierenden Staatsoberhaupt Walter Scheel gerne zu einer zweiten Amtszeit verholfen, doch Franz Josef Strauß favorisierte Karl Carstens, der bereits seit zwei Jahren das protokollarisch zweithöchste Staatsamt bekleidete. Als ehemals scharfer Kritiker der sozialliberalen Ostpolitik war Carstens ein Mann genau nach Straußens Geschmack. Das Angebot, es könne nach einem CDU-, einem SPD- und zwei FDP-Politikern doch auch mal ein CSU-Mann zum Bundespräsidenten gewählt werden, schlug Strauß nicht ohne Hintergedanken aus. Denn die im Oktober 1980 stattfindende neunte Bundestagswahl war mit höchster Wahrscheinlichkeit seine allerletzte Chance, das Bundeskanzleramt im Alter von 65 Jahren vielleicht doch noch zu erobern. Wenn aber das ranghöchste Amt im Staate zu jener Zeit bereits von der CSU besetzt wurde, konnte

---

[35] Interview mit Manfred Frühauf am 09.11.2003 in Bonn.
[36] Leicht, Robert: Dem alternden Herkules gefügig?, in: Frankfurter Hefte, 32 (1977) H. 3, S. 4–5, S. 4; Riehl-Heyse, Herbert: CSU – Die Partei, die das schöne Bayern erfunden hat. München 1979, S. 65.
[37] Interview mit Staatsminister a.D. Prof. Dr. Dr. h.c. mult. Hans Maier, schriftliches Interview vom 14.01.2004.

Strauß unmöglich die Kandidatur für das protokollarisch dritthöchste Amt in Anspruch nehmen. Aus diesem Grunde unterstützte er den amtierenden Bundestagspräsidenten nach Kräften – und mit Erfolg. Am 23. Mai 1979 wurde Carstens von der Bundesversammlung zum Nachfolger Walter Scheels gewählt, der klugerweise frühzeitig auf eine Kandidatur verzichtet hatte. Die Freude über diesen Triumph währte allerdings nur kurz. Denn noch während die CSU ihren Doppelsieg über Freund (CDU) und Feind (SPD & FDP) feierte, verbreitete sich das Gerücht, das Präsidium der Schwesterpartei wolle schon in zwei Tagen den niedersächsischen Ministerpräsidenten Ernst Albrecht zum Kanzlerkandidaten nominieren. Friedrich Zimmermann war außer sich: „Das kann nicht wahr sein, sagte ich zu mir und zu meinen Freunden und Mitarbeitern. Die können doch nicht, nachdem sie für die Wahl 1976 schon Helmut Kohl hinter unserem Rücken als Kanzlerkandidaten der Union benannten, uns schon wieder ungefragt und ohne Rücksicht auf unsere Wünsche einen Kandidaten nach ihrem Gusto über die Ohren ziehen."[38] Eine solche Demütigung konnte die CSU unmöglich hinnehmen. Wenn der bayerische Löwe nicht vollends zum handzahmen Streicheltier mutieren wollte, mußte er eine Kandidatur des „Strahler '80", wie Albrecht wegen seines ewigen Lächelns in Anlehnung an eine damals bekannte Zahnpastamarke genannt wurde, unbedingt verhindern. Anderenfalls war die lange genug verkündete Überzeugung, Franz Josef Strauß wäre der beste Mann des konservativen Lagers, nicht länger als glaubwürdig zu erachten. Also zerrten Friedrich Zimmermann und der neue CSU-Generalsekretär Edmund Stoiber ihren Herrn und Meister mitsamt einiger anderer Mitglieder der engeren CSU-Führung in ein Godesberger Edelrestaurant. Dort, in den „Klopfstuben", stellten sie Strauß dann vor die Frage: „Wann, wenn nicht jetzt? Das klingt verblüffend; schließlich war Strauß ja lange genug ‚im Gespräch', nicht selten hatte er sich selbst ins Gespräch gebracht. Aber immer im Konjunktiv; Strauß war im Gegensatz zu seinem Draufgänger-Image vor großen Entscheidungen erstaunlich zögerlich. Er spielte stets mit dem Feuer, aber dann steckte er die Streichhölzer immer wieder weg, und so war es auch hier. Wir alle redeten auf ihn ein, wir alle sagten ihm, daß nunmehr die Zeit des Mundspitzens vorbei und der Pfiff fällig sei, aber Strauß verweigerte erst einmal – wie ein Pferd vor der Hürde"[39]. Und das aus gutem Grund. Denn Strauß wußte, daß er die Wahl nicht gewinnen konnte. Auf die Frage, warum er die Kandidatur letztlich trotzdem übernahm, antwortete Wilhelm Knittel: „Was wäre ihm denn anderes

---

[38] Zimmermann, Friedrich: Kabinettstücke. Politik mit Strauß und Kohl 1976–1991. München, Berlin 1991, S. 77.
[39] Zimmermann, Friedrich: Kabinettstücke. Politik mit Strauß und Kohl 1976–1991. München, Berlin 1991, S. 81. Vgl. dazu auch: Strauß, Franz Josef: Jetzt oder nie. Gespräch mit Franz Josef Strauß über seine Kanzlerkandidatur, in: Wirtschaftswoche, 33 (1979) H. 35, S. 50–52.

übrig geblieben? Hätte er die Kandidatur dem damaligen ‚Greenhorn' Albrecht überlassen sollen, der die politische Bühne erst drei Jahre zuvor betreten hatte? Strauß war seit 18 Jahren Parteivorsitzender und hatte zwölf Jahre Regierungserfahrung vorzuweisen. Im Grunde war allein der Gedanke an eine Nominierung Albrechts für ihn und alle Beobachter eine Provokation. Strauß und die CSU waren bereits 1976 von der CDU durch die einseitige Ausrufung des Kanzlerkandidaten Helmut Kohl durch den damaligen Generalsekretär Biedenkopf im Auswahlprozeß übergangen worden. Ein zweites Mal konnten er und die CSU sich das aber aus Selbstachtung als eigenständige Partei unmöglich bieten lassen. Nicht nur er wäre desavouiert worden, sondern auch seine Partei. Folglich war er es nicht nur sich selbst, sondern auch der CSU schuldig, auf angemessener Mitwirkung im Prozeß der Auswahl des Kanzlerkandidaten zu bestehen. Im übrigen konnte er die Kandidatur als eine Auszeichnung betrachten. Sie war jedenfalls in den eigenen Reihen nicht nur der CSU, sondern auch der CDU die Bestätigung seiner Führungs- und Kanzlerfähigkeit. Und doch wußte er, daß er die Wahl nicht würde gewinnen können, denn die FDP stand für eine Koalition nicht zur Verfügung und die absolute Mehrheit war nicht zu erreichen. Deswegen hatte er ja die vierte Partei gewollt!"[40]

Franz Josef Strauß wußte also nur zu gut, warum er sich in der „Klopfstuben" so zögerlich zeigte; nicht etwa, weil er von Natur aus zur Zauderhaftigkeit neigte, sondern weil er voraussah, daß er die Bundestagswahl ohne einen Koalitionspartner unmöglich gewinnen, auf eine Kandidatur aber ebenso unmöglich verzichten konnte. Bereits Jahre zuvor hatte Strauß in einem Fernseh-Interview angekündigt, wenn man ihm eine Kandidatur antrüge, dann würde er sich „das sehr gründlich überlegen"[41]. Gleichwohl stellt Friedrich Zimmermann Franz Josef Strauß noch heute als notorischen Zauderer dar, der ohne erkennbaren Grund zu unentwegter Zögerlichkeit neigte: „Jemand hat mal über ihn gesagt, er wäre ein Kraftwerk ohne Sicherungen. Das Gegenteil traf zu: Er war ein Kraftwerk mit vielen Sicherungen. Strauß war ein Cunctator."[42] Eine Einschätzung, die General a.D. Gerd Schmückle, auf dessen Rat Franz Josef Strauß auch in den späten siebziger Jahren immer noch größten Wert legte, für absolut unzutreffend hält: „Strauß war vorsichtig, er war ein begabter Analytiker. Er durchdachte alles ganz genau und holte sich auch sachkundigen Rat ein. Wenn er ein Zauderer gewesen wäre, hätte er wohl kaum gegen

---

[40] Interview mit Staatssekretär a.D. Dr. Wilhelm Knittel LL.M. am 20.01.2004 in Grünwald bei München.
[41] Herles, Helmut: Fürchtet Euch nicht. Von Kanzlern und Komödianten, von Parlamentariern und Vaganten, von Menschen und Leuten im Staatstheater Bonn. Pfullingen 1984, S. 140.
[42] Interview mit Bundesminister a.D. Dr. Friedrich Zimmermann am 19.01.2004 in Planegg bei München.

den geballten Widerstand jener Tage eine Armee von 475.000 Mann aufstellen können. Wenn Zimmermann von Zögerlichkeit spricht, dann nur, weil Strauß die Kandidatur eigentlich gar nicht wollte. Strauß wußte, daß er die Wahl nicht gewinnen konnte. Doch Zimmermann trieb ihn in diese Geschichte hinein. Ich habe das immer für einen großen Fehler gehalten."[43] Genau wie Friedrich Voss: „Strauß war niemals zögerlich. Er war vorsichtig. Wenn es wichtige Entscheidungen zu fällen galt, so durchdachte er den Sachverhalt mit bemerkenswerter Gründlichkeit." Und wenn „Zimmermann ihn als Cunctator charakterisierte, so hatte das durchaus seine Gründe, wollte er doch seine Rolle bei der Übernahme der Kanzlerkandidatur rechtfertigen und relativieren. In Wirklichkeit wollte er Strauß kaltstellen, und das habe ich ihm in meinem Buch ja auch angekreidet. Daß Kohl die gleichen Ziele verfolgte, konnte ich ihm nicht übelnehmen. Kohl war kein Freund, er war ein Konkurrent aus der Schwesterpartei. Zimmermann hingegen war ein langjähriger Freund und gab sich auch oft genug als solcher aus. Vor allem aber hätte Zimmermann ohne Strauß niemals eine solche Karriere gemacht. Nein, Strauß war kein Zauderer. Wenn er zögerte, dann aus gutem Grund."[44]

Diese Unterstellung ließ Friedrich Zimmermann freilich nicht auf sich sitzen und konterte erbost: „Es ist eine Frechheit, daß dieser Quereinsteiger, der niemals ein wirkliches Parteimitglied war, der sich in der CSU-Landesgruppe niemals zu Wort gemeldet hat, der im Grunde nur der Aktenträger von Strauß war, eine solche Behauptung aufstellt. Wenn diese Behauptung zuträfe, müßte sie ja auch für den heutigen Bayerischen Ministerpräsidenten Edmund Stoiber gelten. Denn Stoiber hat die Kandidatur von Franz Josef Strauß nicht minder energisch unterstützt als ich. Außerdem ist es lachhaft zu glauben, man hätte Strauß zu einer Kandidatur überreden können, wenn er sie selbst nicht gewollt hätte. Der tatsächliche Grund, weswegen der damalige Generalsekretär Stoiber und ich die Kanzlerkandidatur forcierten, war folgender: Wenn der vom CDU-Präsidium nominierte ‚Fähnleinführer' Ernst Albrecht als Kanzlerkandidat der CDU/CSU aufgestellt worden wäre, dann hätte sich der bayerische Löwe als zahnloser Papiertiger erwiesen. Strauß mußte einfach kandidieren, um gegenüber der CDU und den Wählern nicht das Gesicht zu verlieren."[45] Doch nicht nur Quereinsteiger wie Friedrich Voss, sondern auch gestandene CSU-Politiker wie Gerold Tandler bezichtigten Zimmermann im Zusammenhang mit der erzwungenen Kanzlerkandidatur des rücksichtslosen Eigennutzes: „In die Kanzlerkandidatur ist Strauß mehr hineingedrängt worden,

---

[43] Interview mit General a.D. Gerd Schmückle am 27.10.2003 in München.
[44] Interview mit Staatssekretär a.D. Dr. Friedrich Voss am 29.10.2003 in Bonn.
[45] Interview mit Bundesminister a.D. Dr. Friedrich Zimmermann am 19.01.2004 in Planegg bei München.

als daß er sie haben wollte. Insbesondere Friedrich Zimmermann tat sich damals als treibende Kraft mit fragwürdigen Motiven hervor. Seine angebliche Freundschaft zu Franz Josef Strauß war bei weitem nicht so ernsthaft und intensiv wie jene zu Helmut Kohl, wie sich dann nach 1982/83 sehr deutlich gezeigt hat."[46]

Ob Franz Josef Strauß nun von Friedrich Zimmermann und Edmund Stoiber bewußt oder unbewußt ins Verderben geschickt worden ist, sei dahingestellt. Entscheidend ist vielmehr, daß er im Grunde tatsächlich nicht zur Zögerlichkeit neigte, sondern einen „bestimmten Sachverhalt und die daraus möglicherweise resultierenden Konsequenzen aus mehreren Blickwinkeln zu überdenken" vermochte und daher, wie Dr. Friedrich Wilhelm Rothenpieler, der spätere Pressereferent des bayerischen Ministerpräsidenten, in einem Interview am 2. Dezember 2003 erläuterte, „wie ein geübter Schachspieler stets zahlreiche Verlaufsvarianten einer möglichen Weiterentwicklung in Betracht zu ziehen" hatte. „Eine bemerkenswerte Fähigkeit, die von Beobachtern jedoch mitunter als Zögerlichkeit fehlinterpretiert wurde."[47] Denn wenn seine eingehenden und daher gelegentlich zeitintensiven Analysen zu einer praktikablen Lösungsmöglichkeit führten, zögerte Strauß in den allermeisten Fällen nicht eine einzige Sekunde, sich für die als gut, richtig und notwendig erkannte Sache mit aller Kraft einzusetzen. So leistete er als junger Offizier gegen die in seinem Umfeld verhinderbaren nationalsozialistischen Auswüchse unter Einsatz des eigenen Lebens Widerstand, bewerkstelligte auf illegale Weise die Versorgung der notleidenden Schongauer Bevölkerung, stritt zusammen mit Ludwig Erhard für die Soziale Marktwirtschaft, wagte auf der Rhöndorfer Konferenz die eigenverantwortliche Befürwortung einer kleinen Koalition, warb für die unpopuläre Remilitarisierung seines kriegsgezeichneten Vaterlandes, reduzierte gegen den Willen der NATO das Aufbautempo der deutschen Streitkräfte, setzte die umstrittene Atombewaffnung der Bundeswehr durch, sorgte für den Wiederaufbau der deutschen Flugzeugindustrie, initiierte die Entwicklung und den Bau des europäischen Gemeinschaftsprojektes Airbus, kämpfte gegen die sozialliberale Ostpolitik und bewegte die bayerische Staatsregierung zum Gang nach Karlsruhe.

Unerklärlicherweise mangelte es Franz Josef Strauß jedoch so manches Mal am nötigen Mut, sich für das einzusetzen, was er aufgrund seiner eingehenden Analysen als gut, richtig und notwendig erkannt hatte. Beispielsweise wagte er es im Jahre 1961 nicht, Bundeskanzler Konrad Adenauer gegenüberzutreten, ihm in die Augen zu blicken und sich zu der von ihm angezettelten Kanzlersturz-Ver-

---

[46] Interview mit Staatsminister a.D. Gerold Tandler am 02.12.2003 in Altötting.
[47] Interview mit Dr. Friedrich Wilhelm Rothenpieler am 02.12.2003 in München. Vgl. dazu auch: Lorenz, Jürgen: Die Herausforderung Franz Josef Strauß. Ein Vollblutpolitiker, groß in seinen Talenten und groß in seinen Widersprüchen, in: Badische Neueste Nachrichten vom 6. September 1975.

schwörung zu bekennen. Auch im Verlauf der Fragestunde zur „Spiegel"-Affäre im November 1962 fehlte Strauß die Courage, für die von ihm geleistete Amtshilfe zur Ergreifung Conrad Ahlers' geradezustehen, obgleich er zu jenem Zeitpunkt zutiefst davon überzeugt war, auf dem Höhepunkt der Kuba-Krise pflichtgemäß gehandelt zu haben. Des weiteren verzagte er auch im Spätjahr 1966, als er sich trotz der massiven Kritik an Ludwig Erhard nicht getraute, beherzt zur Tat zu schreiten und öffentlich dessen Rücktritt zu fordern, obwohl er den glücklosen Kanzler als schwere Belastung für die deutsche Politik empfand. Statt aufzustehen und das Visier zu öffnen, versuchte Strauß vergeblich, die CSU-Spitze zu einem blitzartigen Kanzlersturz zu überreden, um sich in der Nacht der langen Messer hinter seiner Partei verstecken zu können. Am deutlichsten zeigte sich seine gelegentliche Mutlosigkeit jedoch in Wildbad Kreuth, denn anstatt vor der eigenen Landesgruppe entschlossen die Initiative zu ergreifen und die von ihm ersehnte Trennung der Bundestagsfraktionen zu fordern, ließ er sich auf der Woge der allgemeinen Unzufriedenheit so lange zur Jagd tragen, bis er schließlich angesichts der eigentlich vorauszusehenden Widerstände zum schmachvollen Rückzug blasen mußte. Warum es Franz Josef Strauß in diesen vier Fällen an der nötigen Furchtlosigkeit mangelte, obgleich er doch schon so viele weitaus schwierigere und riskantere Herausforderungen mit dem Schneid eines Hasardeurs gemeistert hatte, ist bis heute nicht zu erklären. All diese Begebenheiten aber einfach über einen Kamm zu scheren und pauschal auf eine charakterlich bedingte Zögerlichkeit zurückzuführen, dürfte seinem ebenso facettenreichen wie widersprüchlichen Naturell jedoch kaum gerecht werden. Denn nicht einmal die von Friedrich Zimmermann in dessen Memoiren wie ein Schlüsselereignis dargestellte Zögerlichkeit vom 23. Mai 1979 entsprang einer prinzipiellen Zauderhaftigkeit. Auch läßt sie sich keinesfalls mit der gelegentlich auftretenden mysteriösen Mutlosigkeit erklären. Jene am Tage der Bundespräsidentenwahl mit zahlreichen alkoholischen Getränken hinfortgespülte Unentschlossenheit resultierte vielmehr aus Straußens glasklarer Analyse, daß er in einer hoffnungslosen Zwickmühle steckte, da er die Bundestagswahl 1980 in Ermangelung eines Koalitionspartners mit absoluter Sicherheit verlieren würde und dennoch kandidieren mußte.

Während Franz Josef Strauß angesichts seiner unausweichlichen Niederlage in eine schwermütige Nachdenklichkeit verfiel, pflegten die Medien weiterhin sein Image der, wie Horst M. Teltschik meinte, „schnell zubeißenden politischen Bulldogge"[48]. So lautete die Mehrzahl der Pressemeldungen nicht, Strauß habe seine Kandidatur in Aussicht oder sich als Kandidat zur Verfügung gestellt, sondern er

---
[48] Interview mit Prof. Dr. h.c. Horst M. Teltschik am 19.02.2004 in Berlin.

werde der Kanzlerkandidat der Unionsparteien, er wolle das Kanzleramt nun erobern und er müsse den Griff nach der Macht jetzt wagen. Daraufhin ließ Strauß sofort von der Bayerischen Staatskanzlei fernschriftlich verbreiten, er habe nicht gesagt, er werde, wolle oder müsse kandidieren, sondern er habe auf Anfrage erklärt, er stehe zur Verfügung, wenn man ihn dafür brauche. Manch einer wertete diese Klarstellung als erneutes Zeichen seiner angeblich zauderhaften Wesensart. Dabei hatte Strauß schon zwei Jahre zuvor am politischen Aschermittwoch in der Passauer Nibelungenhalle, die man seit 1975 dem viel zu eng gewordenen Wolferstetter Keller in Vilshofen vorzog, kundgetan: „Für mich, der ich zwölf Jahre Bundesminister gewesen bin, davon neun Jahre in sehr kritischen Ämtern, Verteidigung und Finanz, sind Ämter eine Aufgabe, aber kein erstrebenswertes Ziel mehr. Ich möchte mich an diesem Ämterschacher, an dieser Ämterspekulation, an dieser Ämterastrologie nicht beteiligen. Ich werde an jeder Stelle, wo man mich braucht und wohin man mich ruft, bayrische, deutsche und europäische Politik machen."[49] Doch die einzigen, die ihn gerufen hatten, waren Zimmermann und Stoiber gewesen. „Ihr alle saht, wie am Lupercusfest ich dreimal ihm die Königskrone bot, die dreimal er geweigert", zitierte der Landesgruppenvorsitzende in seinen Memoiren den Shakespeareschen Marcus Antonius. „War das Herrschsucht?"[50] Wohl kaum! Doch ebensowenig war es Zögerlichkeit.

Nun, da sich Franz Josef Strauß in den Prestigezwängen „seiner" Entscheidung verstrickt hatte, gab es kein Zurück mehr. Um die Kandidatur gegenüber der eigensinnigen Schwesterpartei durchzusetzen, ließ er noch einmal das Kreuther Gespenst spuken.[51] Scheinbar mit Erfolg, denn diesmal lenkte Helmut Kohl ein. Es war jedoch weniger die Angst vor dem schon einmal gebannten Poltergeist, die Kohl nachgeben ließ, sondern vielmehr die Sorge um seine zu jener Zeit gefährlich geschwächte Position. In den vergangenen beiden Jahren hatte seine Autorität erheblich gelitten. Schließlich war man es inzwischen auch in großen Teilen der CDU leid, auf den Sprung der unberechenbaren FDP zu warten. Denn wie beispielsweise die Landtagswahl in Hessen im Oktober 1978 gezeigt hatte, blieben die Liberalen ihrem sozialdemokratischen Partner treu. Dementsprechend enttäuschend fiel im Frühjahr 1979 Kohls Wiederwahl zum Parteivorsitzenden aus; nur 83 Prozent der Delegierten gaben ihm ihre Stimme. Hinzu kamen die ewigen Sti-

---

[49] Strauß, Franz Josef: Für Bayern, Deutschland und Europa. Die Rede des CSU-Vorsitzenden am Politischen Aschermittwoch in der Passauer Nibelungen-Halle, in: Bayernkurier vom 05.03.1977, S. 17–20, S. 20.
[50] Zimmermann, Friedrich: Kabinettstücke. Politik mit Strauß und Kohl 1976–1991. München, Berlin 1991, S. 83.
[51] Vgl. Schneider, Christian: Strauß verhandelt mit Fredersdorf. Im Mittelpunkt des vertraulichen Gespräches steht die Rolle einer vierten Partei, in: Süddeutsche Zeitung vom 6. Februar 1979.

cheleien von Helmut Schmidt: „Wo und wann immer der Kanzler die Möglichkeit sieht, Kohl herabzusetzen, tut er es. Im Bundestag benimmt er sich gern demonstrativ herablassend gegenüber Kohl und versucht, ihn beispielsweise dadurch dem Spott preiszugeben, daß er sich der Opposition zuwendet, Franz Josef Strauß anblickt und ihn mit ‚Herr Oppositionsführer' anredet."[52] Ursächlich hierfür war die fehlende Sachkompetenz des ehemaligen Ministerpräsidenten, der von der provinziellen Landes- in die Bundespolitik gewechselt war und daher nicht auf den Erfahrungsschatz eines gestandenen Bundesministers zurückgreifen konnte. Außerdem war Kohl im Gegensatz zu Helmut Schmidt kein begnadeter Rhetor. Auch lag es ihm nicht, sich medial in Szene zu setzen. So begann der Stern des Parteivorsitzenden allmählich zu sinken. Als am 14. Juni 1979 mehrere CDU-Landesverbände dem CSU-Vorsitzenden ihre Unterstützung zusicherten und Ernst Albrecht am 2. Juli im Rahmen einer Probeabstimmung der CDU/CSU-Bundestagsfraktion deutlich unterlag, gab Helmut Kohl seinen Widerstand schließlich auf. Angesichts der vierfachen Übermacht der CDU-Abgeordneten gegenüber den Mitgliedern der CSU-Landesgruppe war Albrecht mit 102 Stimmen kläglich gescheitert. Strauß hingegen „bekam mit 135 Stimmen einen überwältigenden Vertrauensbeweis. Bei 53 CSU-Abgeordneten erhielt er mehr Stimmen aus der Schwesterpartei als seine eigene aufbrachte."[53] Wer nun den Rücktritt oder zumindest einen Wutausbruch des Fraktionsvorsitzenden erwartet hatte, mußte erstaunt feststellen, wie dieser völlig unverdrossen zur Tagesordnung überging. Denn was außer Helmut Kohl zu jenem Zeitpunkt kaum jemand ahnte: Seine offensichtliche Niederlage war im Grunde sein größter Erfolg. An jenem 2. Juli räumte er nicht nur seinen potentiellen Konkurrenten Ernst Albrecht, sondern auch seinen kollegialen Kontrahenten Franz Josef Strauß aus dem Weg, indem er eine in Frankreich äußert beliebte Methode anwandte, für deren Bezeichnung es keine deutsche Übersetzung gibt: „lever l'hypothèque, (‚die Hypothek tilgen'), d.h. einen Machtanwärter endgültig dadurch auszuschalten, daß man seine Chancenlosigkeit durch das Scheitern seiner Kandidatur unter Beweis stellt."[54] Und davon, daß Franz Josef Strauß mit seiner Kandidatur scheitern mußte, war Helmut Kohl felsenfest überzeugt.

---

[52] Maser, Werner: Helmut Kohl. Der deutsche Kanzler. Biographie von Werner Maser. Berlin, Frankfurt am Main 1990, S. 137.
[53] Dreher, Klaus: Helmut Kohl. Leben mit Macht. 2. Auflage, Stuttgart 1998, S. 231.
[54] Grosser, Alfred: Das Deutschland im Westen. Eine Bilanz nach 40 Jahren. München 1988, S. 160. Vgl. dazu auch: Zundel, Rolf: Eine Strategie der Zermürbung, in: Die Zeit vom 8. Juni 1979, S. 1.

3. „Mensch, ist der Hitler fett geworden"

Die Kanzlerkandidatur des Franz Josef Strauß stand vom ersten Tage an unter einem schlechten Stern. Unmittelbar nach seiner Nominierung ließ die Junge Union durchblicken, daß sie weder mit dem Nominierungsverfahren noch mit dem Nominierten einverstanden war und sich im Wahlkampf daher nur mäßig engagieren werde. Auch die Sozialausschüsse der CDU waren über die Kandidatur des unternehmerfreundlichen Bajuwaren alles andere als erfreut, zumal auf Seiten der Christdemokraten bereits seit Juli 1979 sinkende Umfragewerte und zahlreiche Kündigungen der Parteimitgliedschaft zu beklagen waren. So fehlte dem nur schleppend anlaufenden Wahlkampf von vornherein jener Schwung und Optimismus, der den Unionsparteien vier Jahre zuvor zu ihrem vorzüglichen Ergebnis verholfen hatte. Nur die Mittelstandsvereinigung der CDU/CSU, die sich als Kerntruppe der Union zur Verteidigung der Marktwirtschaft verstand, trat mit hoffnungsstiftender Überzeugung für ihren antisozialistischen Gralshüter ein. Dennoch blieb der „gemeinsame" Kanzlerkandidat umstritten. Da half es auch nichts, daß die Börse am Morgen nach der offiziellen Verkündung seiner Nominierung kräftig anzog und Strauß im September 1979 von 99 Prozent der Delegierten in seinem Amt als CSU-Parteivorsitzender bestätigt wurde. Der Auftakt zum Bundestagswahlkampf 1979/80 war unwiderruflich verpatzt.

Die Nominierung des „liberal-sozialistischen" Gegenkandidaten verlief indes völlig unproblematisch. Schließlich befand sich Helmut Schmidt zu jener Zeit im Zenit seiner politischen Karriere. „Sein Ansehen als Staatsmann und seine Popularität erklommen einsame demoskopische Spitzenwerte, die an die Bestzeiten seiner Vorgänger Konrad Adenauer und Ludwig Erhard erinnerten. Von der Presse wurde der Kanzler geradezu umjubelt. Sowohl seine Partei wie die sozial-liberale Koalition insgesamt schwammen im Sog der Kanzlerpopularität. Im Laufe des Jahres 1978 wuchs die Zahl der Bürger, die die Koalitionsregierung positiv beurteilten, um fast 20 Punkte von 45 Prozent auf 64 Prozent. Die Regierung Brandt hatte diese Werte selbst in ihren besten Tagen nicht erreicht."[55] So erscheint es nur folgerichtig, daß die Koalitionsaussage der FDP erneut zugunsten der Sozialdemokraten ausfiel. Angesichts der seit den frühen sechziger Jahren bestehenden Blutfehde mit dem wie einen Antichristen gefürchteten Buhmann gab es für die Liberalen keine Alternative. Franz Josef Strauß, so war gelegentlich zu vernehmen,

---

[55] Jäger, Wolfgang: Die Innenpolitik der sozial-liberalen Koalition 1974–1982, in: Bracher, Karl Dietrich; Eschenburg, Theodor; Fest, Joachim C.; Jäckel, Eberhard (Hg.): Geschichte der Bundesrepublik Deutschland. Band V/II: Jäger, Wolfgang; Link, Werner: Republik im Wandel 1974–1982. Die Ära Schmidt. Stuttgart, Wiesbaden 1987, S. 7–272, S. 112.

stehe einer Annäherung zur Union im Wege. Auf diese unbedachte Äußerung reagierte der Geschmähte wie es kein langjähriger „Stern"- und „Spiegel"-Leser erwartet hätte. Öffentlich bot der „rücksichtslose und machtbesessene Brachialpolitiker" die Niederlegung seiner Kanzlerkandidatur an, wenn die FDP ihre Koalitionsaussage zugunsten der Unionsparteien revidieren würde. Daraufhin qualifizierten die bloßgestellten Liberalen die Straußsche Rücktrittsbereitschaft verlegen als taktisches Scheinangebot ab. Auf die Frage hin, wie es um die Ernsthaftigkeit jenes Vorschlages bestellt gewesen ist, antwortete Dr. Friedrich Voss: „Wie bereits erwähnt ging es Strauß immer um die Sache. Er klebte nicht an der Kanzlerkandidatur. Natürlich wäre er gerne Bundeskanzler geworden, das war sein Lebenstraum. Wichtiger war ihm jedoch, daß die Union wieder an die Macht kam, damit die wirklich katastrophale Politik der sozialliberalen Koalition ein Ende fand. Und um dieses Ziel zu erreichen, war er durchaus bereit, die Kandidatur aufzugeben, wenn die FDP im Gegenzug in eine Koalition mit der CDU/CSU einwilligte. Dieses Angebot machte er im Verlauf des Wahlkampfes in einer öffentlichen Rede. So gesehen würde ich es als staatsmännische Geste bewerten, denn er zog den Sieg der eigenen Partei dem persönlichen Streben vor."[56] Der gleichen Ansicht war auch der damalige persönliche Referent in Strauß' Münchner Büro Wolfgang Maurus: „Strauß verfügte über sehr viele und gute Informationen quer durch die Parteien, durch alle Parteien. Er kannte also auch Hintergrundgespräche, die führende Vertreter anderer Parteien miteinander geführt hatten. Der Versuch, die FDP zu einer Aussage zu bewegen, war in der Tat geprägt durch das Wissen über führende Vertreter jener Partei, die hinter vorgehaltener Hand gesagt hatten, daß man durchaus wieder mit der CDU/CSU koalieren könne, aber eben nicht mit Strauß. Aufgrund dieser Informationen wollte Strauß vermeiden, daß der mögliche Koalitionspartner behaupten konnte, eine mögliche Koalition sei an der Kandidatur von Strauß gescheitert. In der Tat kann man dieses Verhalten von Strauß als staatsmännische Geste bezeichnen."[57] Die Kameraden aus der Schwesterpartei hingegen betrachteten Strauß' Rücktrittsvorschlag als ein rein taktisch motiviertes Scheinangebot. Wolfgang Bergsdorf: „Meiner Einschätzung nach war dieses Angebot nicht wirklich ernst zu nehmen, denn wem wäre ein Rücktritt von Strauß zugute gekommen? Helmut Kohl! Und das lag sicher nicht im Interesse von Strauß. Er wird gewußt haben, daß die FDP im Jahre 1980 nicht bzw. noch nicht zum Wechsel des Koalitionspartners bereit war und konnte dieses Angebot somit bedenkenlos öffentlich artikulieren."[58] Eine Überzeugung, die auch die spätere Bundesministe-

---

[56] Interview mit Staatssekretär a.D. Dr. Friedrich Voss am 29.10.2003 in Bonn.
[57] Interview mit Wolfgang Maurus am 03.11.2003 in Bonn.
[58] Interview mit Prof. Dr. Wolfgang Bergsdorf am 24.11.2003 in Bonn.

rin für Bildung und Wissenschaft Dr. Dorothee Wilms teilte: „Dieses Angebot scheint mir ein ‚Auf-die-Probe-stellen' der FDP gewesen zu sein, insbesondere um den Vertretern der Kohlschen Linie zu beweisen, daß die FDP eben nicht zu einer Koalition mit der Union bereit war, nicht einmal dann, wenn Strauß von seiner Kandidatur zurücktreten würde. Mir schien es mehr ein taktisches Spielchen gewesen zu sein, um die FDP bloßzustellen."[59] Und das mit Erfolg! Denn ob taktische Finte oder staatsmännische Geste – die FDP war blamiert. Kein Wunder also, daß sich Hans-Dietrich Genscher an das unerwartete Rückzugsangebot des unterschätzten Buhmannes gar nicht mehr entsinnen mochte: „An dieses Angebot kann ich mich nicht erinnern."[60]

Gemeinhin wurde erwartet, daß sich der Bundestagswahlkampf vor allem in seiner Endphase wie eine gigantische Schlammschlacht ausnehmen würde. Um die schlimmsten Auswüchse zu verhindern, unterzeichneten CDU, CSU, SPD und FDP ein Wahlkampfabkommen, das zu Fairneß und Sparsamkeit verpflichtete. Den Vorsitz einer Schiedskommission, die über die Einhaltung des Abkommens zu wachen hatte, sollte der evangelische Bischof Hermann Kunst übernehmen. Als Mitglieder der überparteilichen Schiedsstelle wurden der ehemalige Bundestagspräsident Eugen Gerstenmaier (CDU), der frühere Bundesfinanzminister Alex Möller (SPD), der ehemalige bayerische Landtagspräsident Rudolf Hanauer (CSU) und der ehemalige Justizminister von Schleswig-Holstein Bernhard Leverenz (FDP) ernannt. Ein solches Abkommen samt unionsinterner Schiedsstelle hätte sicher auch den während des gesamten Wahlkampfes völlig uneinigen Oppositionsparteien zum Vorteil gereicht. Denn die beiden Generalsekretäre und Wahlkampfstrategen Edmund Stoiber („das blonde Fallbeil"[61]) und Heiner Geißler („der mit dem Gesicht wie ein ungemachtes Bett"[62]) waren sich nicht grün: „Strauß brauchte in Bayern keine eigene Werbung, darum musste sich Stoiber also nicht kümmern. Dringend erforderlich wäre es aber gewesen, das Strauß-Bild außerhalb Bayern zu retuschieren, seinem Rabauken- und Raffke-Image die Anmutung eines inzwischen gereiften Staatsmanns und gütigen bayerischen ‚Landesvaters', der aber in der großen Welt zu Hause ist, entgegenzusetzen. Es kam zu keiner programmatischen oder sonstigen Klärung, weil die Wahlkampfstrategen Geißler und Stoiber nicht miteinander konnten. Was der eine, gestützt durch seine Parteigremien, vorschlug, lehnte der andere, gestützt durch seine Parteigremien, ab. Geißler wollte einen sachbezogenen, unaufgeregten Wahlkampf, der mit

---

[59] Interview mit Bundesministerin a.D. Dorothee Wilms am 05.11.2003 in Köln.
[60] Interview mit Bundesminister a.D. Prof. Dr. h.c. Hans-Dietrich Genscher am 02.03.2004 in Bonn.
[61] Zimmermann, Friedrich: Kabinettstücke. Politik mit Strauß und Kohl 1976–1991. München, Berlin 1991, S. 97.
[62] Ebd.

Strauß nicht zu machen war. Stoiber argwöhnte, dass die CDU den bayerischen Spitzenkandidaten verstecken wolle. Er setzte auf einen ganz auf Strauß zugeschnittenen Wahlkampf, auf Angriff und Emotion."[63]

Doch Strauß griff nicht an. Zunächst jedenfalls nicht. Denn nach seiner Wahl zum Kanzlerkandidaten geschah erst einmal nichts. Dabei hatte Strauß die besten Voraussetzungen, „um 1980 zum Kanzler gewählt zu werden: Als Bundesverteidigungs- und Bundesfinanzminister", so schrieb Helmut Kohl in seinen Erinnerungen, „hatte er eine Menge politischer Erfahrungen gewonnen. Er war lange Jahre als Bundestagsabgeordneter in Bonn gewesen und kannte die politische Szene in der Bundeshauptstadt wie kaum ein anderer."[64] Außerdem hatte er, wie Peter März ausführte, „als Bundesverteidigungs- und Bundesfinanzminister Kompetenzen in zwei Schlüsselmaterien gewonnen, nämlich in der Außen- und Sicherheitspolitik wie in der Finanzpolitik. Dazu hatte er die für Kanzlerkandidaten (…) immer klassischer werdende „Laufbahn" des Ministerpräsidenten in einem Land eingeschlagen. Von administrativen Aspekten ganz abgesehen, vereinte er so in seiner Person zwei Betrachtungsweisen, die eher unitarische, wie sie auch bei der Finanzreform der Großen Koalition zum Tragen gekommen war, und die föderale."[65] Nach Meinung der „Stern"- und „Spiegel"-Redakteure stellte Strauß jedoch nach wie vor eher eine Gefahr denn einen Gewinn dar. Also feuerten die von der „Frankfurter Rundschau" und der „Süddeutschen Zeitung" flankierten Wochenmagazine noch im Juli 1979 die ersten Breitseiten ab. Mit Ausnahme der finanziellen und konjunkturellen Erfolgsstorys aus den Jahren der Großen Koalition wurden alle alten Strauß-Geschichten wieder aufgewärmt, ganz gleich, ob sie sich inzwischen als wahr oder falsch herausgestellt hatten. Ein vom „Spiegel" bald darauf in Umlauf gebrachtes Strategiepapier, das unter dem Titel „Rückbesinnung auf Kreuth" erneut die Trennung von CDU und CSU empfahl, erwies sich noch während des Bundestagswahlkampfes als Fälschung des Ministeriums für Staatssicherheit.[66] Kein Einzelfall, wie man heute weiß. Denn die Hauptverwaltung Aufklärung der Staatssicherheit „kooperierte direkt mit einer Anzahl von Verlagen, Zeitungen, Zeitschriften und Illustrierten. Dort platzierte das MfS über seine inoffiziellen Mitarbeiter und Kontaktpersonen Nachrichten und Desinformationen aller Art. Häufig kamen Journalisten nach Ostberlin, um sich dort mit Material versorgen zu lassen. Zugleich waren zahlreiche inoffizielle Mitarbeiter in Redak-

---

[63] Stiller, Michael: Edmund Stoiber. Der Kandidat. 2. Auflage, München 2002, S. 124.
[64] Kohl, Helmut: Erinnerungen, 1930–1982. München 2004, S. 525.
[65] März, Peter: An der Spitze der Macht. Kanzlerschaften und Wettbewerber in Deutschland. 2., überarbeitete Auflage, München 2003, S. 247.
[66] Vgl. Neubert, Ehrhart: Ein politischer Zweikampf in Deutschland. Die CDU im Visier der Stasi. Freiburg, Basel, Wien 2002, S. 125.

tionen und Rundfunkanstalten tätig. Vor allem war es der „Stern", der häufig mit Informationen versorgt wurde und damit wissentlich wie auch willentlich zum wichtigsten Lancierungskanal des MfS und des sowjetischen Geheimdienstes wurde. In seiner prokommunistischen Rolle übertraf der „Stern" die Propagandaeffekte der Ostmedien um ein Vielfaches, weil er den Bonus einer westlichen Illustrierten nutzen konnte. Seine Mittelsmänner haben vor allem solches Material erhalten, das zur Bekämpfung der CDU oder ihrer Politik geeignet erschien. Betroffen waren in den sechziger Jahren Lübke und Gerstenmaier. In den siebziger Jahren traf es unter anderem Helmut Kohl, Kurt Biedenkopf, Werner Marx und Franz Josef Strauß."[67] Denn nicht nur für Pankow, sondern auch für Moskau stellte Strauß ein besonderes Schreckgespenst dar, das es mit allen Mitteln zu bekämpfen galt. So heißt es im Protokoll einer Begegnung der KGB- und Stasi-Chefs Jurij W. Andropow und Erich Mielke im Juli 1979: „Es wurde festgestellt, daß Strauß ein ernsthafter Gegner Schmidts bei den Bundestagswahlen von 1980 ist. Es ist deshalb wichtig, Strauß und seine Anhänger zu kompromittieren."[68] Doch wenn Strauß öffentlich behauptete, er sei das Opfer einer konzertierten Verfälschungs- und Verleumdungskampagne ungeheuren Ausmaßes, dann wurde nur laut gelacht.

Der „Spiegel" begnügte sich nicht damit, kompromittierende Inhalte zu verbreiten. Auch die sprachliche Darbietung jener oftmals verleumderischen Berichterstattung gestalteten Augsteins Redakteure zumeist zu Straußens Nachteil, wie Christina Erbrecht im Rahmen ihrer Untersuchung zur Darstellung von Helmut Schmidt und Franz Josef Strauß im Verlauf des Bundestagswahlkampfes 1980 feststellte: „Die Verwendung der Adjektive im SPIEGEL zeigt eine Personalisierungsstrategie, die auf eine Emotionalisierung der Kommunikation ausgerichtet ist. Mit Hilfe der Adjektive werden tendenziöse Politikerbilder gezeichnet. Die Protagonisten der SPIEGEL-Posse mit dem Titel – Wahlkampf '80 – sind Schmidt und Strauß. Der semantische Raum des Stücks ist klar gegliedert: Vernunft und Besonnenheit gegen Emotion und Affekte – der rationale Erfolgsmensch gegen den emotionalen Versager, dessen Linie darin besteht, keine zu haben. Die Sprache ist dabei nicht nur formale Wichtigtuerei, sondern Mittel für subtile Wertungen durch Assoziationen und Suggestionen"[69], die ihre beabsichtigte Wirkung keinesfalls verfehlten, wie die junge Monika Strauß am eigenen Leib erfahren mußte:

---

[67] Ebd., S. 127. Vgl. dazu auch: Huyn, Hans Graf: Sieg ohne Krieg. Moskaus Griff nach der Weltherrschaft. München 1984, S. 193.
[68] Andrew, Christopher; Mitrochin, Wassili: Das Schwarzbuch des KGB. Moskaus Kampf gegen den Westen. 3. Auflage, München 2002, S. 563.
[69] Erbrecht, Christina: Die Darstellung von Schmidt und Strauß im Spiegel während des Bundestagswahlkampfes 1980. Sprachpartikel als Indikatoren für publizistische Vermittlung. München 1982, S. 85.

„Von einem Tag auf den anderen wurde ich von Mitschülern gemieden oder sogar angefeindet. Man kann sich vorstellen, wie fassungslos ich war, weil ich den plötzlichen Sinneswandel nicht verstehen konnte. Der Grund waren nicht selten Artikel des SPIEGEL, die meinen Vater als machtbesessenes Monster, als demokratiefeindlichen Tyrannen oder skrupellosen Alleinherrscher darstellten."[70] Dieses Zerrbild vermochten auch die Springer-Medien nicht zu korrigieren, die Franz Josef Strauß auch im Bundestagswahlkampf 1979/80 nach Kräften unterstützten. Schließlich war es, wie bereits erwähnt, völlig unmöglich, einer bewußt rufschädigenden Berichterstattung gewinnbringend entgegenzuwirken.

Da die Gegner der eigenen Feinde in Washington immer noch als Freunde angesehen wurden und man im Weißen Haus längst andere Sorgen hatte als die von Franz Josef Strauß dereinst geforderte nukleare Souveränität der NATO, lud US-Präsident Jimmy Carter den bayerischen Kanzlerkandidaten am 13. März 1980 zu einem Gespräch ins Weiße Haus ein. Die „Bild am Sonntag" schrieb über dieses Treffen: Was im Cabinet-Room „mit einem langen herzlichen Händedruck begann, war offensichtlich von so starker beiderseitiger Sympathie getragen, daß die beiden Männer bereits nach wenigen Schritten, als sie im berühmten Oval-Room zu ihrem ersten Vier-Augen-Gespräch verschwanden, wie alte Freunde wirkten'. Und Henry Rosen, politischer Chefreporter von ‚Washington Weekly' staunte: ‚Ich habe so etwas bei Carter noch nie erlebt. Bei dem Besuch eines Oppositionspolitikers war dies hier wirklich ganz erstaunlich'. In der Tat: Der Strauß-Besuch brachte das sonst so gestrenge Protokoll des Weißen Hauses in größere Schwierigkeiten, wurde doch die ursprünglich vorgesehene Besuchszeit durch den intensiven Meinungsaustausch der beiden Politiker kräftig überzogen – für Washington ein recht ungewöhnlicher Vorgang. Und: Das Weiße Haus veröffentliche anschließend ein offizielles Besuchs-Kommuniqué – nach dem Besuch eines Oppositions-Politikers ebenfalls sehr ungewöhnlich. Durch all diese Besonderheiten wurde auf alle Fälle aber ganz deutlich, wie sehr Präsident Carter und der Kanzlerkandidat der Union politisch konform gingen. Nach dem Besuch erklärte Strauß: ‚In Carter habe ich einen energischen und verantwortungsbewußten US-Präsidenten kennen- und schätzen gelernt, der fest entschlossen ist, den anstehenden Weltproblemen in aller politischen Klarheit zu begegnen und der sich meine Überlegungen dazu aufmerksam und aufgeschlossen angehört hat.' Und Carter meinte offenkundig verblüfft: ‚Ich wünschte, das amerikanische Volk hätte die letzten 20 Minuten dem bayerischen Ministerpräsidenten zuhören können..."[71]

---

[70] Hohlmeier, Monika: Hass gegen meinen Vater geschürt. Der Spiegel, 56 (2002) H. 46, S. 38.
[71] Zimmermann, Ulrich: Geliebt, verkannt und doch geachtet. Franz Josef Strauß, der Mensch, der Politiker, der Staatsmann von A–Z. 2. Auflage, Percha am Starnberger See 1980, S. 61f.

Noch immer überragte Strauß' Persönlichkeit also das gerade von ihm bekleidete Amt. Daher getraute sich der „Spiegel" erst vierzehn Jahre später zu melden, was er 1980 im Rahmen seiner Anti-Strauß-Kampagne publizistisch kaum hätte verwerten können: „Es war Franz Josef Strauß, der schwere Held aus München, dieser nicht besonders aussichtsreiche Herausforderer des SPD-Kanzlers, der im März 1980 länger als Helmut Schmidt im Oval Office verweilen durfte – ganze 45 Minuten. Und hinterher hatte das Weiße Haus den Bayern auch noch durch ein Kommuniqué geehrt, in welchem die ‚Übereinstimmung' zwischen Strauß und dem Demokraten Jimmy Carter in Entspannungsfragen betont wurde. Ein solches Geschenk hat außer Strauß kein oppositioneller Kanzlerkandidat je in Washington erhalten."[72]

Franz Josef Strauß reiste im Verlauf des Bundestagswahlkampfes 1979/80 nicht nur in westliche Staaten, auch Ostblockländern wie Rumänien und Bulgarien oder Nahost-Staaten wie Ägypten stattete er einen Besuch ab.[73] Sogar im Vatikan wurde Strauß empfangen. Doch alle Mühen schienen vergebens. Denn die zum Vorlauf auf die Bundestagswahl genutzte Endphase des nordrhein-westfälischen Landtagswahlkampfes im Mai 1980 zeitigte desaströse Ergebnisse. Trotz – oder wegen – zahlreicher Wahlkampfauftritte des barocken Kanzlerkandidaten erreichte die SPD im bevölkerungsreichsten Bundesland die absolute Mehrheit der Mandate. „Viele CDU-Wähler waren ‚lieber ins Grüne' gefahren; sie reagierten mit Wahlenthaltung auf die Kanzlerkandidatur von Strauß und die darauf abgestellte Angst-Kampagne der SPD."[74] Bereits die Kommunalwahl vom Vorjahr hatte im Wählervolk eine große Unzufriedenheit zurückgelassen. Immer wieder war es zu schweren Ausschreitungen und Krawallen gekommen; vor allem in Essen, wo Strauß die pöbelnden und eierwerfenden Demonstranten am 14. September 1979 als die „besten Nazis, die es je gegeben hat"[75] beschimpft hatte. „Ihr könnt einem ja leid tun, mit eurer erbärmlichen Dummheit", hatte er gegen das anbrandende Gejohle und Gepfeife geschrieen. „Ihr wärt die besten Schüler von Joseph Goebbels gewesen."

Nicht nur in Nordrhein-Westfalen verlor die Union im Laufe des Bundestagswahlkampfes an Boden, auch die Ergebnisse der Landtagswahlen in Bremen, Baden-

---

[72] o.V.: Der Pilger in der Kirschblüte, in: Der Spiegel, 48 (1994) H. 16, S. 20–21, S. 20.
[73] Vgl. Strauß, Franz Josef: Rumänien hofft auf eine ehrliche Entspannungspolitik. Viele wesentliche Gemeinsamkeiten, in: Deutschland-Union-Dienst. Pressedienst der CDU, CSU und der CDU/CSU-Bundestagsfraktion. Nr. 1/1980 vom 8. Februar 1980, Seite 2–4, S. 2; Strauß, Franz Josef: Gegensätze zwischen Israel und Ägypten sind überbrückbar. Europa muß Camp-David-Plan unterstützen, in: Deutschland-Union-Dienst. Pressedienst der CDU, CSU und der CDU/CSU-Bundestagsfraktion. Nr. 23/1980 vom 11. Juli 1980, Seite 2–3, S. 2.
[74] Kleinmann, Hans-Otto: Geschichte der CDU 1945–1982. Stuttgart 1993, S. 381.
[75] Bickerich, Wolfram: Franz Josef Strauß. Die Biographie. Düsseldorf 1996, S. 127.

Württemberg und im Saarland gaben kaum Anlaß zur Hoffnung. Strauß' düsterer Schatten ließ sich eben weder abstreifen noch aufhellen. Umfragen ergaben, daß sich im Falle einer Direktwahl über 60 Prozent der Wähler für Helmut Schmidt entscheiden würden. Nur etwa 25 Prozent gäben Franz Josef Strauß den Vorzug. Zwar hielten 83 Prozent der Befragten Franz Josef Strauß für den wichtigsten Politiker der Union, doch stieß er bei den meisten Wahlberechtigten auf Ablehnung. Sogar im Lager der angestammten Unionswähler wünschte sich ein gutes Drittel einen anderen Kanzlerkandidaten, am besten den äußerst beliebten Helmut Schmidt, der aber leider, wie damals in Unionskreisen oft zu hören war, der falschen Partei angehörte. Alles in allem fiel der Sympathie-Vorsprung von Helmut Schmidt vor Franz Josef Strauß genauso groß aus wie jener von Willy Brandt vor Rainer Barzel im Jahr 1972. Hinzu kam, daß CDU und CSU im Wahlkampf '79/80 mit dem Motto „Freiheit oder Sozialismus" erneut jene ideologische Karte spielten, mit der sie vier Jahre zuvor nicht eben die besten Erfahrungen gemacht hatten. Bereits Ende September 1979 hatte CSU-Generalsekretär Edmund Stoiber in der Öffentlichkeit eine heftige Debatte ausgelöst, weil er in einem Interview mit der „Frankfurter Rundschau" behauptet hatte, auch die Nationalsozialisten seien in erster Linie Sozialisten gewesen. Doch anstatt sich angesichts der daraufhin aufkommenden allgemeinen Empörung auf gemäßigtere Aussagen zu verlegen, bediente sich die Union weiterhin alter und längst abgegriffener Negativ-Slogans wie „Mit Optimismus gegen Sozialismus"[76], „Den Sozialismus stoppen"[77], „Roter Filz / hat / ausgelatscht"[78] und „Endstation Volksfront / Es ist Zeit für den Wechsel: Strauß / muß Kanzler / werden. / CSU"[79]. Die SPD reagierte gewitzt: „Bundeskanzler Schmidt: Sie können etwas für Ihr Land tun. Geben Sie Ihre Stimme meiner Partei. SPD"[80]. Die Liberalen hingegen trommelten vorwiegend für den Fortbestand der Regierungskoalition, kämpften aber auch für ein möglichst gutes eigenes Ergebnis und – natürlich – gegen die Person des christlich-sozialen Kanzlerkandidaten: „Für die Regierung Schmidt/Genscher – Gegen die Alleinherrschaft einer Partei – Gegen Strauß. Diesmal F.D.P."[81]

Im Getöse dieser nicht sonderlich aussagekräftigen Pauschalisierungen ging unter, wofür Franz Josef Strauß eigentlich stand und was eine von ihm geführte Bundesregierung zu ändern gedachte. Auch in seinen zahlreichen Reden und Ansprachen

---

[76] Schindler, Peter: Datenhandbuch zur Geschichte des Deutschen Bundestages 1949 bis 1999. Gesamtausgabe in drei Bänden. Band I: Kapitel 1–6. Baden-Baden 1999, S. 148.
[77] Ebd.
[78] Toman-Banke, Monika: Die Wahlslogans der Bundestagswahlen 1949–1994. Wiesbaden 1996, S. 289.
[79] Ebd.
[80] Schindler, Peter: Datenhandbuch zur Geschichte des Deutschen Bundestages 1949 bis 1999. Gesamtausgabe in drei Bänden. Band I: Kapitel 1–6. Baden-Baden 1999, S. 148.
[81] Ebd.

flüchtete sich Strauß zunächst in die von ihm meisterhaft beherrschte viel- und deshalb nichtssagende Wahlkampfrhetorik: „Wir stehen jetzt am Vorabend eines Bundestagswahlkampfs, an dessen Ende eine Wahlentscheidung liegt, die in ihrer Bedeutung den Wahlentscheidungen der Jahre 1949 – wo es um die Einführung der Sozialen Marktwirtschaft oder der sozialistischen Planwirtschaft ging – und der Wahlkämpfe 1953/57 – als es um den Eintritt in die westlichen Gemeinschaften, um die Pariser Verträge, die Römischen Verträge, den Eintritt in die NATO und den Aufbau der Bundeswehr ging – in keiner Weise an Bedeutung nachsteht."[82] Viel zu spät wurde Strauß konkreter und kündigte eine steuerliche Entlastung der Betriebe zur Stärkung der Investitionskraft, die Schaffung neuer Arbeitsplätze, die Senkung der Steuern für Arbeitnehmer, eine familienfreundlichere Gestaltung des Steuerrechtes, eine Anhebung der Kinderfreibeträge und die Einführung eines Mutterschafts- und Erziehungsgeldes an. Außerdem sollte der Beruf der Hausfrau und der Mutter sozial abgesichert, ihre Altersversorgung verbessert und die Gleichberechtigung von Mann und Frau im Rentenrecht sichergestellt werden.[83] Die für diese Themenfelder notwendige sozialpolitische Kompetenz – bislang nicht gerade das charakteristischste Merkmal des langjährigen Verteidigungs- und Finanzexperten – versuchte Franz Josef Strauß aus seiner einfachen familiären Herkunft abzuleiten: „Ich stehe dem kleinen Mann – ob es der Kumpel an Rhein und Ruhr ist, ob es der Arbeiter am Flugplatz in Berlin ist, ob es der Taxichauffeur in Hamburg ist oder ob es die breite Schicht der Hausfrauen ist – näher als die meisten der hohen Funktionäre und Manager, gleichgültig, in welchem politischen Lager sie stehen. Ich komme aus dem Milieu einer Arbeitervorstadt. Ich bin mit seinen Problemen großgeworden. Ich kenne die Sprache des Volkes. Ich kenne die Mentalität und Psychologie der breiten Schichten, der breiten Massen unseres Volkes, nicht deshalb, weil ich studiert habe, oder weil ich auf Schauspieler getrimmt worden bin, sondern deshalb, weil das meine Natur ist, weil das meine Herkunft ist, weil ich dort mehr politische Heimat habe als in manchen Häusern der Vornehmen und der Reichen, die heute um Helmut Schmidt herumscharwenzeln."[84]

Zusätzlich zu den von Franz Josef Strauß angekündigten finanzintensiven Wahlgeschenken sollten der Staatshaushalt saniert und der Schuldenberg abgebaut wer-

---

[82] Strauß, Franz Josef: Mit aller Kraft für Deutschland. Rede vor dem CSU-Parteitag am 29. September 1979 in München. Bonn 1979, S. 4.
[83] Vgl. Kohl, Helmut: Erinnerungen, 1930–1982. München 2004, S. 564; Strauß, Franz Josef: Frieden in Freiheit statt Unterwerfung und Risiko, in: Juling, Peter: Politik für die 80er Jahre – was steht zur Wahl? Gerlingen 1980, S. 33–39, S. 37f.
[84] Strauß, Franz Josef: Rede des Kanzlerkandidaten der CDU/CSU, in: Christlich Demokratische Union Deutschlands (Hg.): 28. CDU-Bundesparteitag. Berlin, 19.-20. Mai 1980. Niederschrift. Bonn 1980, S. 159–187, S. 185.

den. Eine schwierige Aufgabe, schließlich hatten den Staatseinnahmen in Höhe von 172,2 Milliarden DM im Jahre 1979 bereits über 203 Milliarden DM an Ausgaben gegenübergestanden.[85] Außerdem sollte die Umwelt geschützt, die Energieversorgung gesichert, die ausufernde Bürokratie abgebaut, der Föderalismus gestärkt, die aus der modernen Industriegesellschaft entstandenen neuen sozialen Fragen in Angriff genommen, die Eigenverantwortung der Bürger erweitert und der „technologische Fortschritt mit menschlichem Gesicht" angegangen werden.[86] Im Bereich der Außenpolitik gedachte Strauß die europäische Integration voranzutreiben, einen deutschen Beitrag zu Frieden und Freiheit in der Welt zu leisten, die Entwicklungspolitik auszuweiten und für die Wahrung der Menschenrechte in aller Welt zu kämpfen. Vor allem aber wollte er die Anstrengungen zur Erlangung der deutschen Wiedervereinigung vervielfachen. In diesem Zusammenhang kündigte Strauß an, was wenige Jahre später landauf, landab für große Verwunderung sorgen sollte: „BILD: Würde sich ein Bundeskanzler Strauß auch mit SED-Chef Honecker treffen? Strauß: Wenn nach den Vorgesprächen mit konkreten Ergebnissen, mit wirklichen menschlichen Erleichterungen zu rechnen wäre, dann würde ich mich auch mit Honecker treffen. BILD: In der SPD heißt es, Gespräche mit Honecker seien schon ein Wert an sich... Strauß: Das ist politischer Schwachsinn. Ich sehe keinen Sinn darin, lediglich eine blutbefleckte Hand mehr zu schütteln. Als ich Helmut Schmidt bat, er möge bei seinem Treffen mit Honecker die Selbstschußanlagen an der innerdeutschen Grenze zur Sprache bringen, da wurde das als untragbare Zumutung für den anderen Gesprächspartner bezeichnet. Soweit ist die Moral schon verfallen."[87] Bereits am 10. November 1972, wenige Wochen vor der Wahl zum siebten Bundestag, hatte Strauß gefordert, die DDR solle als Zeichen ihres guten Willens „die Tötungsmaschinen an der Grenze zur Bundesrepublik beseitigen"[88], *bevor* man Gespräche mit Ost-Berlin führe oder gar Verträge schließe. Nun, wenige Wochen vor der Wahl zum neunten Bundestag, erhob er diese Forderung erneut. Schließlich hatte die sozialliberale Ost- und Deutschlandpolitik wie von Strauß prophezeit nicht zu nennenswerten entspannungspolitischen Verbesserungen geführt. Die Berliner Mauer stand immer noch und die

---

[85] Vgl. Rodenstock, Rolf: Freiheit, Leistung, Ordnung. Franz Josef Strauß als Markwirtschaftler, in: Zimmermann, Friedrich (Hg.): Anspruch und Leistung. Widmungen für Franz Josef Strauß. Stuttgart-Degerloch 1980, S. 221–235, S. 230. Vgl. dazu auch: Herrmann, Eric: Franz Josef Strauß – Ein Mann für die Wirtschaft, in: Mittelstands-Magazin, 5 (1980) H. 9, S. 31–33, S. 32.
[86] Vgl. CDU-Bundesgeschäftstelle (Hg.): Für Frieden und Freiheit in der Bundesrepublik Deutschland und in der Welt. Wahlprogramm der CDU/CSU für die Bundestagswahl 1980. Einstimmig verabschiedet am 28. Bundesparteitag der CDU vom 18. – 20.05.1980 in Berlin. Bonn 1980.
[87] Strauß, Franz Josef: Interview, in: BILD-Zeitung (Hg.): Worte zur Wahl. Sonderdruck der BILD-Zeitung. o.O. 1980, o.S.
[88] o.V.: Strauß: Menschliche Erleichterungen zählen nicht, in: Frankfurter Allgemeine Zeitung vom 10.11.1972.

Sowjetunion hatte ihre zeitweilig ausgesetzte expansive Gewaltpolitik wieder aufgenommen und das bürgerkriegsgeplagte Afghanistan überfallen. Mit gutem Grund also schrieb Richard Stücklen im Vorfeld der Bundestagswahl 1980: „Wie lange wurde Strauß als ein Mann beschimpft, der in verantwortungsloser Weise Krisen herbeizureden versuche und so die auf internationalen Ausgleich, auf Entspannung und Frieden gerichteten Bemühungen störe. Auf die wahre Natur der Sowjetunion als einer imperialistischen, auf Expansionskurs befindlichen Macht hinzuweisen, kam über Jahre einer Gotteslästerung gleich. Die Sowjetunion wolle nur ihren eigenen Bereich sichern und sei im übrigen an friedlicher Zusammenarbeit interessiert, hieß es. Wer auf ihre weltweiten, teils machtpolitisch-militärischen, teils subversiv-revolutionären Bemühungen hinwies, ihren Einflußbereich systematisch und ohne Rücksicht auf den Willen der betroffenen Völker auszuweiten, wurde geziehen, weiße Mäuse zu sehen. So auch Strauß"[89], der ausnahmsweise einmal nicht nur Recht *hatte*, sondern auch Recht *bekam*: Strauß: „Ich bin weder von Schadenfreude noch von Rechthaberei erfüllt, bitte aber hier, vor dem Deutschen Bundestage, sagen zu dürfen: Lesen Sie die von mir in diesem Hause gehaltenen Reden nur der letzten zehn Jahre in den einschlägigen Ausschnitten durch, und stellen Sie dann die Frage: Wer hat die Möglichkeiten der Entspannungspolitik realistisch eingeschätzt? Wer hat die politische Entwicklung einigermaßen zutreffend eingeschätzt? Der Unterschied zwischen Helmut Schmidt und mir besteht darin, daß ich ungenau richtig liege und er immer exakt falsch liegt."[90] Dennoch bekräftigte Strauß, die Gültigkeit aller von der sozialliberalen Regierung geschlossenen Ostverträge nicht antasten zu wollen. Sein damals häufig zu vernehmendes „pacta sunt servanda" wurde fast zum geflügelten Wort: „Wir werden diese Verträge ehrlich halten, aber wir werden niemals unter diesen Verträgen die Anerkennung der Teilung Deutschlands und damit die Anerkennung der Teilung Europas auf immer und ewig verstehen und uns danach einrichten."[91]

Am 7. Juni 1980 stellte der Kanzlerkandidat die zu seinen politischen Plänen passende Regierungsmannschaft vor. Insgesamt 23 Köpfe, darunter Alfred Dregger,

---

[89] Stücklen, Richard: Parlamentarier der ersten Stunde, in: Zimmermann, Friedrich (Hg.): Anspruch und Leistung. Widmungen für Franz Josef Strauß. Stuttgart-Degerloch 1980, S. 13–31, S. 29.

[90] Strauß, Franz Josef: Rede vor dem Deutschen Bundestag vom 17. Januar 1980, in: Kohl, Helmut; Strauß, Franz Josef: Der sowjetische Überfall auf Afghanistan – die Konsequenzen für die freie Welt. Reden von Helmut Kohl und Franz Josef Strauß vor dem Deutschen Bundestag. Bonn 1980, S. 21–43, S. 22.

[91] Referat Öffentlichkeitsarbeit der CSU-Landesleitung (Hg.): Der Mann. München o.J., S. 6. Vgl. dazu auch: Eisenmann, Peter: Aussenpolitik der Bundesrepublik Deutschland. Von der Westintegration zur Verständigung mit dem Osten. Ein Studienbuch in Dokumentation und Analyse. Krefeld 1982, S. 143.

Manfred Wörner, Friedrich Zimmermann, Helga Wex, Walther Leisler Kiep, Heiner Geißler und Hans Maier, sollten ihn bei seinen ambitionierten Vorhaben unterstützen. Die endgültige Ressortverteilung wollte Strauß jedoch erst nach der Wahl vornehmen. Nur Helmut Kohl, der in kluger Voraussicht Fraktionsvorsitzender bleiben wollte, und der schleswig-holsteinische Ministerpräsident Gerhard Stoltenberg konnten sich mit präzisen Rollen präsentieren. Stoltenberg: „Am 20. Januar 1980 besuchte mich Strauß in Lübeck-Travemünde. Er bat mich zu meiner Überraschung, als Kandidat für den Vizekanzlerposten und das Finanzministerium mit ihm in den Wahlkampf zu gehen. Strauß sagte, er sei sich darüber im klaren, daß es im evangelischen Bevölkerungsteil nördlich der Mainlinie und insbesondere in Norddeutschland erkennbare Vorbehalte gegen ihn gebe. Gemeinsam hätten wir eine wesentlich bessere Chance."[92]

Um seine Chance noch zu erhöhen, gab sich Strauß über weite Phasen des Wahlkampfes zurückhaltend. Erst in der Endphase fand er zu seinem polemischen Stil zurück. Dies bekam vor allem Helmut Schmidt, der „Generaldirektor der Bundesrepublik", zu spüren, den Strauß als „Oberkanzler, Weltkanzler, Abkanzler, Lehrer aller Völker, der weise Hirte aller Schafe, aller Nationen, praeceptor mundi, doctor europae, magister germaniae"[93] verspottete. „Dieser leitende Angestellte der marxistischen Führungsgruppe der SPD"[94], brüllte Strauß auf einer Wahlkampfveranstaltung, „ist reif für die Nervenheilanstalt."[95] Dabei machte der stets temperamentgefährdete Herausforderer häufig selbst den Eindruck, bald die Nerven zu verlieren und Opfer seiner schwer zu bändigenden Impulsivität zu werden. Während Schmidts „polemische Reden ihrer Präzision nach wie Maschinengewehrfeuer abliefen, so wirkten die von Strauß eher wie Sprengladungen – er streute breit möglicherweise tödliche Munition, in der Hoffnung, daß zumindest ein Teil sein Ziel finden würde."[96] Dabei hatte Franz Josef Strauß „im Grunde eine hohe Meinung von Helmut Schmidt, zumindest hielt er ihn für den einzigen SPD-Politiker, mit dem man sich wenigstens in Wirtschafts-, Finanz- und Verteidigungsfragen ernsthaft auseinandersetzen konnte. Was Strauß an ‚Gernegroß' Schmidt auszusetzen hatte, war erstens dessen hanseatische Arroganz und emotionslose Kühle, zweitens störte Strauß die Tatsache, daß Schmidt mit vielen durch-

---

92 Stoltenberg, Gerhard: Wendepunkte. Stationen deutscher Politik 1947 – 1990. Berlin 1997, S. 263.
93 Knopp, Guido: Kanzler. Die Mächtigen der Republik. München 2000, S. 305.
94 Falke, Jutta; Kaspar, Ulrich: Politiker beschimpfen Politiker. 2., durchgesehene Auflage, Leipzig 1998, S. 167.
95 Beste, Ralf; Hogrefe, Jürgen: Das letzte Mal, in: Der Spiegel, 55 (2001) H. 12, S. 30.
96 Carr, Jonathan: Helmut Schmidt. Aktualisierte und erweiterte Neuauflage, Düsseldorf, Wien, New York, Moskau 1993, S. 49.

aus richtigen Ansichten bei der falschen Partei war und für die SPD genau den Sessel im Kanzleramt besetzt hielt, der eigentlich für ihn gedacht war."[97]

Was Helmut Schmidt im Gegenzug über Franz Josef Strauß zu sagen hatte, unterschied sich nur unwesentlich von dem, was er bereits in den fünfziger Jahren von sich gegeben hatte: Strauß mangele es an Selbstkontrolle und sei daher ein Sicherheitsrisiko.[98] „Einer, der sich selbst nicht in der Gewalt hat, dem darf nicht die Regierungsgewalt über ein ganzes Volk ausgeliefert werden."[99] Denn Strauß sei bestenfalls friedenswillig, nicht aber friedensfähig. Im Grunde aber hatte Schmidt von Strauß eine ebenso hohe Meinung wie Strauß von Schmidt, der später in seinen „Erinnerungen und Reflexionen" schrieb: Als „unmittelbare Wahlkampfgegner 1980 haben wir uns gegenseitig nichts geschenkt. Aber wir hatten uns doch inzwischen oft genug auch privat unterhalten und hatten voneinander begriffen, daß auch der Gegner ein pflichtbewußter Mann war; wir hatten uns aus Anlaß von runden Geburtstagen oder familiären Todesfällen freundliche, kollegiale Briefe geschrieben. Das persönliche Verhältnis war intakt. Keiner trug dem anderen alte Kontroversen nach; und selbst die von Strauß angezettelte Spiegel-Affäre, in der ich zeitweilig wegen Beihilfe zum Landesverrat verfolgt worden war, hatte ich beinahe schon vergessen. Ich habe Strauß immer für einen hoch bedeutsamen Mann gehalten. Aus dem Jahre 1966 gibt es eine Antwort von mir auf eine Frage von Günther Gaus nach meinem Urteil über Strauß: ‚Strauß ist ein ungeheuer begabter Mann, ein Mann mit großen Fähigkeiten, ein Mann mit einer großen Palette von Fähigkeiten, einer ganz guten Bildung, einem guten Gedächtnis, einer glänzenden Beredsamkeit – er kann ein Gremium von Professoren genauso hinreißen wie eine riesenhafte Volksversammlung –, Entschlußkraft, Energie, auch wohl Mut. Auf der anderen Seite steht dieser großen Zahl von Fähigkeiten, die an und für sich alle wünschenswert sind für einen Politiker und die Strauß eben auch zu diesem Energiebündel machen, ein Mangel an Selbstkontrolle gegenüber. Ich bin nicht ganz sicher, ob Strauß vorher weiß, was er sagt … Manchmal bin ich auf diesen Mann sehr zornig gewesen, manchmal habe ich ihn für eine ganz gefährliche Kraft gehalten. Ich glaube, daß er auch in Zukunft, wenn er Fehler macht, gefährlich sein kann. Andererseits sehe ich, daß er sich Mühe gibt, sich in den Griff zu kriegen. Und ich muß gestehen, daß mir in all diesen vielen Jahren doch eine

---

[97] Burger, Hannes: Asche auf das Haupt der Ungläubigen. Eine Erinnerung an die unvergeßlichen Auftritte von Franz Josef Strauß anläßlich des politischen Aschermittwochs, in: Bayerland, 102 (1990) H. 2, S. 4–5, S. 5.
[98] Vgl. o.V.: Schmidt nennt Strauß einen Menschen ohne Anstand, in: Süddeutsche Zeitung vom 28. September 1977.
[99] Kempski, Hans Ulrich: Um die Macht. Sternstunden und sonstige Abenteuer mit den Bonner Bundeskanzlern 1949 bis 1999. 2. Auflage, Berlin 1999, S. 285.

gewisse Antenne für den Charme geblieben ist, den er bisweilen hat'. Auch heute, dreißig Jahre später, würde ich mich ähnlich äußern."[100] Inzwischen ist sogar mehrfach vorgekommen, „daß ich zur Begrüßung zu ihm gesagt habe: ‚Na, Sie alter Gauner?', worauf der bayerische Ministerpräsident regelmäßig geantwortet hat: ‚Na, Sie alter Lump!'"[101]

Daß Franz Josef Strauß ein unberechenbarer und damit gefährlicher Mann war, wurde nicht nur von Helmut Schmidt, sondern von all seinen politischen Gegnern behauptet. Egon Bahr beispielsweise ist noch heute davon überzeugt, Strauß habe eine Gefahr dargestellt, „da es ihm nicht immer gelang, sein impulsives Temperament unter Kontrolle zu halten. Ihm fehlte das nötige Maß an Selbstkontrolle. Ich habe einmal formuliert, er sei ein Kraftwerk mit den Sicherungen eines Kuhstalls, vor allem, wenn er einen zuviel getrunken hatte. In kritischen Situationen hätte dies gefährlich sein können."[102] Dies fürchtete auch der damalige bayerische Staatsminister für Unterricht und Kultus Hans Maier: „Ich habe erlebt, wie seine ungeheure analytische Fähigkeit, seine wissenschaftliche Begabung, seine Intelligenz plötzlich wie in einem Sturm der Emotionen untergehen konnte und für wenige Minuten – dann fing er sich wieder – war er eine Beute der Leidenschaften; und der Zorn, der Hass, auch gegen andere, brach dann so durch, daß ich entsetzt war und das Gefühl hatte, der Mann hat sich nicht in der Hand."[103] Eine Einschätzung, die Friedrich Zimmermann hingegen als völlig unbegründet abtat: „Niemals gab es eine dümmere Charakterisierung von Strauß als die, er sei ein ‚Kraftwerk ohne Sicherungen'; keine Verdächtigung war abwegiger als die, Strauß sei ‚gefährlich', weil er die Bundesrepublik auf ‚Abenteuer' führen könnte – womöglich gar kriegerische. In dem Mann waren mehr Sicherungen eingebaut als in zehn Kernkraftwerken."[104] Diese Ansicht vertrat auch Wilhelm Knittel: „Ein besonders häufig vorgebrachter Vorwurf besagte, er wäre ein Kraftwerk ohne Sicherungen und damit eben ein ‚gefährlicher Mann'. Das genaue Gegenteil traf zu. Je wichtiger eine Entscheidung war, die er zu treffen hatte, desto zögerlicher verlief der Entscheidungsprozeß. Ein Beispiel: Als Strauß 1978 sein erstes bayerisches Kabinett bildete, wollte er Gerold Tandler, den damaligen CSU-Generalsekretär, mit dem Amt des Innenministers betrauen. Doch Tandler war kein Jurist. Also beauftragte Strauß seinen Bonner Büroleiter Manfred Frühauf mit der Recherche, ob, wann und wo

---

[100] Schmidt, Helmut: Weggefährten: Erinnerungen und Reflexionen. Berlin 1996, S. 507f.
[101] Ebd., S. 508.
[102] Interview mit Bundesminister a.D. Prof. h.c. Egon Bahr am 04.12.2003 in Berlin.
[103] Paeschke, Carl-Ludwig; Zimmer, Dieter: FJS – Störenfried oder Staatsmann? Zum 10. Todestag von Franz Josef Strauß. Dokumentarfilm, ZDF. Mainz 1998.
[104] Zimmermann, Friedrich: Kabinettstücke. Politik mit Strauß und Kohl 1976–1991. München, Berlin 1991, S. 324.

in Deutschland jemals zuvor ein Nichtjurist Innenminister geworden war. Volle 14 Tage lang überdachte er diese Angelegenheit und befragte mehrfach unterschiedliche Gesprächspartner, bis er sich letztlich entschloß, Tandler zu seinem Innenminister zu berufen. Wenn man bedenkt, wie kurzentschlossen und zuweilen ungeprüft manch andere Politiker ihre Ämter vergeben, wird deutlich, daß Strauß eigentlich nicht über zu wenige, sondern nicht selten über zu viele Sicherungen verfügte."[105] Eine Sicht der Dinge, die von Theodor Waigel voll und ganz bestätigt wurde: „Franz Josef Strauß war ganz sicher kein gefährlicher Mann, sondern ein leidenschaftlicher Politiker, der seine Gegner in Debatten und argumentativen Auseinandersetzungen regelrecht niedermachen konnte. Vor allem im Bundestag kam seine kraftvolle Rhetorik oft zum Einsatz. Es gab einmal eine sehr schöne und zutreffende Karikatur. Dort sah man Strauß schweißgebadet vom Rednerpult weggehen, während die Mitglieder der Regierung auf der Regierungsbank saßen und alle den Kopf einzogen wie eine Schnecke. Und darunter stand: ‚Das Wort hatte der Abgeordnete Strauß.' Mit dieser Fähigkeit hat sich Strauß bereits in den 50er Jahren, als die Macht der Rede noch weitaus wichtiger war als heute, unglaublich viel erarbeitet. Aber er hat sich mit seiner eruptiven Natur auch den Ruf einer angeblichen Gefährlichkeit eingehandelt, obgleich schon damals bekannt war, daß er in allen wirklich brisanten Situationen nachdenklich, manchmal sogar zögerlich war. Daß ihm gelegentlich Formulierungen durchgingen, die nicht ganz der political correctness entsprachen, ist sicher richtig. Die Behauptung jedoch, er stelle eine Gefährdung für die Demokratie dar und dürfe daher nicht bestimmte Positionen und Ämter übernehmen, war und ist schlichtweg grotesk."[106]

Die These, daß Franz Josef Strauß seine rednerischen Fähigkeiten nicht nur zum Vorteil gereichten, unterstützte auch Friedrich Voss: „Strauß hatte eine große rhetorische Begabung. Diese Gabe in Verbindung mit seiner starken, kraftvollen Persönlichkeit und seiner bemerkenswerten Zielstrebigkeit ließ manche Zuhörer erschaudern. Sie fürchteten sein Temperament. Andere hingegen waren von eben jenen Eigenschaften und Fähigkeiten begeistert. Ich persönlich habe in all den Jahren nicht ein einziges Mal den Eindruck gehabt, Strauß wäre oder könnte gefährlich sein. Er war stets sehr engagiert, hat sich immer für die Sache eingesetzt, die es gerade zu behandeln galt und konnte zu diesem Zweck enorme Energien freisetzen. Im persönlichen Umgang war er immer sehr freundlich und herzlich. Wenn er jedoch vor großem Publikum Reden hielt, hat er wohl auf manche Naturen eher bedrohlich gewirkt. Im Grunde war dies ein großes Mißverständnis. Strauß wurde

---

[105] Interview mit Staatssekretär a.D. Dr. Wilhelm Knittel LL.M. am 20.01.2004 in Grünwald bei München.
[106] Interview mit Bundesminister a.D. Dr. Theodor Waigel am 11.11.2003 in München.

von weiten Teilen der Bevölkerung falsch eingeschätzt."[107] Eine Fehleinschätzung, die, wie Gerold Tandler meinte, von politischen Widersachern und voreingenommenen Journalisten eiskalt ausgenutzt wurde: „Die Einschätzungen der politischen Gegner waren keine objektiven Betrachtungen oder Beurteilungen, sondern dienten politischen Zwecken. Die Behauptung, Strauß sei gefährlich, diente seinen Kontrahenten als Waffe, um ihn in den Augen der Wähler zu diskreditieren, um seinem Ruf zu schaden, um ihm Wählerstimmen abzuringen. Dies hielt viele seiner Gegner jedoch nicht davon ab, mit ihm in mancherlei Hinsicht einer Meinung zu sein oder vertrauensvoll mit ihm zusammenzuarbeiten. Helmut Schmidt beispielsweise hielt Strauß plötzlich gar nicht mehr für so gefährlich, als es um das Thema Airbus ging. Bei anderer Gelegenheit stellte er Strauß dann wieder als unberechenbar dar. Dies mag verdeutlichen, was von diesen Vorwürfen zu halten ist: Es war Feindpropaganda. Die Ostblockstaaten und deren Geheimdienste hatten einen nicht unerheblichen Anteil daran. Von Seiten der DDR wurden sogar ganze Desinformationskampagnen gesteuert."[108] Und das mit Erfolg, denn Strauß war aufgrund seines hohen Intellekts, seines kaum zu bändigenden Temperaments und seiner gedrungenen körperlichen Statur das perfekte Opfer. So antwortete Wolfgang Maurus auf die Frage, ob Strauß seiner Ansicht nach ein gefährlicher Mann war: „Strauß war zunächst einmal ein gebildeter Mann. Inwieweit die Schärfe des Intellekts allgemeinhin als Gefahr angesehen wird, weiß ich nicht. Aber es kann durchaus sein, daß seine Fähigkeit zu scharfer und guter Analyse für viele politische Gegner eine Gefahr dargestellt hat. Das war meines Erachtens ein Punkt, der viele Politiker sehr schnell zu einer Reaktion gebracht hat, die eher oberflächlich war. Und die oberflächliche Reaktion besteht ja immer darin, nicht in der Sache zu widersprechen, sondern persönliche Vor- oder Nachteile eines Menschen hervorzuheben. Bei Strauß können Sie anhand von Karikaturen entdecken, daß er immer dargestellt wurde als der Stiernackige, der Gedrungene, der Bullige und damit der Angriffslustige. Das heißt, man hat gar nicht versucht, seine intellektuelle Kompetenz nach außen darzustellen, sondern hat sich beschränkt auf die Überzeichnung seiner körperlichen Erscheinung. Und diese war gerade in der Überzeichnung mit Gefährlichkeit verbindbar."[109] S. Finger: „Erwuchs diese Einschätzung der vermeintlichen Gefährlichkeit von Strauß möglicherweise aus einem Gefühl der eigenen intellektuellen Unterlegenheit seiner Gegner heraus?" W. Maurus: „Durchaus. Im übrigen auch aus der Tendenz der Medien heraus, schnelle Urteile zu bilden, schnelle Antworten zu finden. Strauß war kein Mann der schnel-

---

[107] Interview mit Staatssekretär a.D. Dr. Friedrich Voss am 29.10.2003 in Bonn.
[108] Interview mit Staatsminister a.D. Gerold Tandler am 02.12.2003 in Altötting.
[109] Interview mit Wolfgang Maurus am 03.11.2003 in Bonn.

len Antworten, sondern der präzisen Analyse und der Sachdarstellung. Diese hat er natürlich vehement und wortgewaltig dargestellt. Aber wenn man einmal untersucht, wie er gehandelt hat in schwierigen Fällen und brenzligen Situationen, dann stellt man plötzlich fest, daß er sehr überlegt, sehr vorsichtig, sehr zurückhaltend gehandelt hat. Nehmen wir zum Beispiel einmal den Bau der Berliner Mauer. Wenn man recherchiert, wer in jenen Tagen was gesagt hat, dann wird man überrascht sein, daß es von Strauß keine aggressiven Stellungnahmen zu hören gab. Also die Fähigkeit zur präzisen Analyse war eine seiner Stärken. Doch die Art und Weise, wie er seine Analysen und deren Ergebnisse vortrug, machte ihn angreifbar und erschien manchen Zeitgenossen manchmal als bedrohlich."[110]

Nicht nur die Art und Weise, wie er Analysen und Ergebnisse vortrug, ließ Franz Josef Strauß gelegentlich bedrohlich erscheinen, auch sein Auftreten und Aussehen gereichte ihm im Zeitalter allabendlicher TV-Übertragungen längst nicht mehr zum Vorteil. Denn der Sohn eines bayerischen Metzgers, so schrieb David Southern wenige Monate vor der Bundestagswahl, „looks as if he succeeded his father in the business."[111] Außerdem, so berichtete seine Tochter Monika Hohlmeier, war Strauß „das Outfit völlig egal! Da kämpfte die ganze Familie um die richtige Krawatte, ums richtige Hemd und um den richtigen Anzug"[112], was dazu führte, „daß wir ihn im Wahlkampf nie ohne Begleitung eines Familienmitgliedes loszielen ließen. Mein Vater hat die Bedeutung der äußeren Erscheinung im Fernsehzeitalter immer unterschätzt. Ihm kam es auf die Argumente und die Inhalte an, er wollte, daß ihm die Leute zuhören. Es ging ihm stets um die Sache, nicht um die telegene Optik."[113] Denn Franz Josef Strauß war weder eitel noch Narziß.[114] Obendrein mangelte es ihm ausgerechnet an jenen Selbstüberwachungstendenzen, die inzwischen „Self-monitoring" genannt werden und die ihm die Kontrolle seines Erscheinungsbildes hätten erleichtern können. Deswegen hätte Strauß die Fernsehkameras am liebsten nicht nur aus dem Wahlkampf, sondern auch aus dem Bundestag verbannt: „Die englische Regelung, kein Fernsehen im Parlament, hat viel für sich. Als alter Parlamentarier kann ich nicht aus meiner Haut; ich sehe eine Denaturierung des Bundestages oder auch der Landtage darin, daß das Publikum, an das man sich wendet, im Grunde nicht mehr die Kollegen im Parlament sind.

---

[110] Ebd.
[111] Southern, David: Franz Josef Strauß and the West German Election, in: Contemporary Review, 237 (1980) H. 1376, S. 143–150, S. 143.
[112] Prill, Meinhard: Bayern, Bier & Politik. Edmund Stoibers Aufstieg auf dem Nockherberg. Bayerischer Rundfunk 2004, Sendung vom 07.03.2004.
[113] Interview mit Staatsministerin Monika Hohlmeier am 30.04.2004 in München.
[114] Vgl. Augstein, Rudolf: Tod und Verklärung des F.J.S. Rudolf Augstein über Franz Josef Strauß in seiner Zeit, in: Der Spiegel, 42 (1988) H. 41, S. 18–27, S. 24.

Der Oppositionsredner spricht nicht mehr an die Adresse der Regierung, der Regierungsredner nicht mehr an jene der Opposition – für beide sind Millionen oder Hunderttausende am Bildschirm die Zielgruppe. Dieses Publikum hat keine Möglichkeit zur Gegenrede, kann keine Zwischenfragen stellen und keine Zwischenrufe machen, es ist lediglich der Konsument. Das verändert das Auftreten der Redner. Die Gestik muß einstudiert sein, die Farbe der Krawatte, die Frisur, die Wahl des Anzuges gewinnen eine Bedeutung, die ihnen nicht zukommen dürfte."[115]

Aufgrund seiner Aversion gegen Fernsehkameras bestritt Franz Josef Strauß den größten Teil des Bundestagswahlkampfes, der erst im Sommer 1980 richtig in Fahrt kam, auf die klassische Tour. Mit Bundesgrenzschutzhubschraubern, gepanzerten Limousinen und den von seinem Freund und Multimillionär Eduard Zwick zur Verfügung gestellten Privatflugzeugen, welche auf die am Leitwerk prangenden Kennungen „FJS" und „EWK" (für „Er wird Kanzler") zugelassen waren, bereiste er das ganze Land und sprach zu über zwei Millionen Menschen.[116] Unterstützt wurde Strauß dabei von seiner Frau Marianne, die gelegentlich selbst ans Mikrofon trat. Seit Jahren schon zahlte man für Strauß-Reden Preise wie für sportliche Spitzenveranstaltungen. Nicht selten wurden die Karten sogar auf dem Schwarzmarkt gehandelt.[117] Denn der „Besuch einer Strauß-Veranstaltung kombiniert vieles: Politik, Theater, Zirkus – ja, für viele seiner Anhänger ist es zusätzlich noch eine Art Kirchgang."[118] Alle anderen Teilnehmer betrachteten solche Inszenierungen zumeist eher als „eine beklemmende Mischung aus politischem Rock 'n' Roll und Erweckungsfeier"[119], bei der Strauß genügend Hitze erzeugte, um „auf der eigenen Thermik durch den Saal schweben"[120] zu können. „,Davon zehre ich ein ganzes Leben!' bekannte ein Teilnehmer mittleren Alters in die Fernsehkamera, nachdem es ihm auf einer Wahlkundgebung vergönnt gewesen war, Franz Josef Strauß die Hand zu drücken. Und das war ernst gemeint."[121] Denn bei seinen mitreißenden Ansprachen bediente sich der studierte Historiker und passionierte Altphilologe jener Redekunst, die schon den großen Rednern des Altertums zur

---

[115] Strauß, Franz Josef: Die Erinnerungen. Berlin 1998, S. 195.
[116] Vgl. o.V.: Aufgelegter Bockmist, in: Der Spiegel, 48 (1994) H. 16, S. 38; Höfl, Heinz: Der Mann aus dem Tal. Franz Josef Strauß und die bayerischen Sonderwege, in: Der Spiegel, 53 (1999) H. 20, S. 160–163, S. 163.
[117] Vgl. o.V.: 80 Mark gezahlt, um Strauß zu hören, in: Die Welt vom 24.04.1975.
[118] Rollmann, Dietrich-Wilhelm, in: Deutscher Bundestag (Hg.): Abgeordnete des Deutschen Bundestages. Aufzeichnungen und Erinnerungen. Band 3. Boppard am Rhein 1985, S. 297–408, S. 348.
[119] Zundel, Rolf: Macht und Menschlichkeit. ZEIT-Beiträge zur politischen Kultur der Deutschen. Reinbek bei Hamburg 1990, S. 203.
[120] Gross, Johannes: Phönix in Asche. Kapitel zum westdeutschen Stil. Stuttgart 1989, S. 139.
[121] Giordano, Ralph: Die zweite Schuld *oder* Von der Last Deutscher zu sein. Hamburg, Zürich 1987, S. 245.

Euphorisierung der Massen verholfen hatte.[122] Außerdem wußte er seine von geschichtlichen (Er-)Kenntnissen aufbereiteten politischen Prinzipien geschickt in eine volkstümliche Sprache zu kleiden, die jedermann verstand. Beispiel: „Wir reden dem Bürger nicht nach dem Mund, aber ‚wir schauen ihm aufs Maul'."[123] Mit einer Metapher, so resümierte Norbert Blüm, konnte Strauß mehr ausdrücken und erklären als all jene „Implementierer, Evaluierer und Fokussierer, die heute die politische Rhetorik prägen."[124]

Im September 1980 wurde Franz Josef Strauß auf seiner Wahlkampfreise von dem Journalisten Hans Ulrich Kempski begleitet. Kempski beobachtete, wie Strauß allerorten mit Ovationen empfangen wurde, wie er sich an der Zahl seiner Zuhörer berauschte und nach mehrstündiger Rede mit dem Hubschrauber des Bundesgrenzschutzes entschwand: „Man muß Strauß im Hubschrauber begleitet haben, um nachzuempfinden, was in diesem Mann vorgehen mag, wenn er nun in fünfzig Meter Höhe langsam entschwebt, während unten Tausende auf den Beinen sind, die ihm mit hochgerecktem Arm zuwinken. Ein erschöpftes Lächeln im schweißverklebten Gesicht, winkt Strauß zurück. Er wirkt wie einer, der diesen Moment rauschhaft genießt, ihn beinahe entrückt auskostet. Er scheint in eine andere Sphäre aufzusteigen. Er hat sich total verausgabt. Jede Rede ist bei ihm Schwerstarbeit. Sein Körper wippt beim Reden ständig auf und ab, seine Arme kommen nicht zur Ruhe, sein Hemd und sein Anzug sind nach jeder Rede völlig durchnäßt. Freunde führen es auf den abgekämpften Zustand des Kandidaten mit zurück, daß ihm immer wieder der Gaul durchgeht, oft blindwütig. Schlaff in sich zusammengesackt, hockt Strauß im Hubschrauber. Ihm wird ein Fläschchen mit Eiswasser zugereicht, das kühlend in die Poren eindringt, eine halbe Stunde lang erfrischend wirkt. Er schließt die Augen, döst vor sich hin. So kraftzehrend jede Rede für ihn ist, so schnell regeneriert er sich physisch. Daß die Spannkraft des Geistes nicht gebrochen wird, beweist die nächste Rede. Zwischendurch trinkt er eine Flasche Bier, einen Piccolo-Sekt sowie Apfelsäfte. Harte Drinks gibt es bis zum 5. Oktober nicht. Um diesen Vorsatz nicht zu gefährden, fliegt er unmittelbar nach der letzten Versammlung zurück nach München. Er will nicht ‚irgendwo hängenbleiben'."[125]

---

[122] Vgl. Maier, Hans: Strauß als Rhetor. Redekunst und Parlamentarismus heute, in: Zimmermann, Friedrich (Hg.): Anspruch und Leistung. Widmungen für Franz Josef Strauß. Stuttgart-Degerloch 1980, S. 261–280, S. 265f.

[123] Strauß, Franz Josef: Regierungserklärung des Ministerpräsidenten vor dem Bayerischen Landtag. 9. Wahlperiode, 4. Sitzung vom 14. November 1978, in: Kock, Peter Jakob: Der Bayerische Landtag. Ergänzungsband zur Chronik. Protokolle. Würzburg 1996, S. 240–249, S. 241.

[124] Interview mit Bundesminister a.D. Dr. Norbert Blüm am 11.11.2003 in Bonn.

[125] Kempski, Hans Ulrich: Um die Macht. Sternstunden und sonstige Abenteuer mit den Bonner Bundeskanzlern 1949 bis 1999. 2. Auflage, Berlin 1999, S. 279f.

Den zahlreichen ekstatischen Anhängern, zu denen Franz Josef Strauß auf 52 Großkundgebungen sprach, standen mindestens ebenso viele erbitterte Hasser gegenüber. Als dementsprechend polarisiert wurde der Bundestagswahlkampf im ganzen Land empfunden. Ursächlich war die Konzentration der Medien auf die beiden Spitzenkandidaten Strauß und Schmidt, die mangels zugkräftiger Sachthemen in den Vordergrund der Berichterstattung geschoben wurden wie ein personifiziertes politisches Programm. Personenzentrierte Wahlkämpfe gehörten seit Jahrzehnten zum festen Repertoire der beiden großen Volksparteien, niemals jedoch nahm die personenbedingte Polarisierung derartig spannungsreiche Ausmaße an wie im Sommer des Jahres 1980. So bildeten sich insbesondere in der heißen Phase des Bundestagswahlkampfs vielerorts Aktionsbündnisse wie die „Wählerinitiative Arbeitende Jugend für die SPD"[126] oder die Initiative „Rock gegen rechts"[127], deren Ziel in der Verhinderung eines Bundeskanzlers namens Franz Josef Strauß bestand. In Gütersloh beispielsweise wurde eine „Bürgerinitiative Stoppt Strauß"[128] gegründet, in Wuppertal ein „Anti-Strauß-Komitee"[129], in Soest eine „Initiativgruppe gegen Strauß-Kanzlerschaft"[130] und in Aschaffenburg ein „Aktionsbündnis Stoppt Strauß"[131]. Hunderttausende Menschen hefteten sich Anti-Strauß-Plaketten an ihre Kleidung, deren Aufschriften Variationen des immer gleichen Mottos waren: „Freiheit statt Strauß"; „Strauß Bundeskanzler? Um Himmels Willen!"; „Stoppt StrauSS!" (mit SS-Runen); „Strauß verhindern!"; „Frauen gegen Strauß!"; „Gott schütze uns und unser Haus vor AKW's und Josef Strauß!" und „‚... ich glaube es ist reizvoller, in Alaska eine Ananasfarm aufzubauen, als in Deutschland das Bundeskanzleramt zu übernehmen ...' F.J. Strauß, zitiert nach: Capital, Januar 1969."[132] Auf einem jener Buttons war sogar Adolf

---

[126] Vgl. Wählerinitiative Arbeitende Jugend für die SPD: Brief an Franz Josef Strauß vom 28. März 1980, in: „Sammlung Kray", 2.2/80.81, „Wahlen und Angriffe" Ordner II, Archiv für Christlich-Soziale Politik, Hanns-Seidel-Stiftung, München.
[127] Vgl. Initiative „Rock gegen rechts – Stoppt Strauß!": Anti-Strauß-Flugblatt, in: „Sammlung Kray", 2.2/80.81, „Wahlen und Angriffe" Ordner II, Archiv für Christlich-Soziale Politik, Hanns-Seidel-Stiftung, München.
[128] Vgl. Bürgerinitiative Stoppt Strauß im Kreis Gütersloh: Anti-Strauß-Flugblatt, in: „Sammlung Kray", 2.2/80.81, „Wahlen und Angriffe" Ordner IV, Archiv für Christlich-Soziale Politik, Hanns-Seidel-Stiftung, München.
[129] Vgl. Gründungsausschuß des Anti-Strauß-Komitees Wuppertal: Anti-Strauß-Flugblatt, in: „Sammlung Kray", 2.2/80.81, „Wahlen und Angriffe" Ordner IV, Archiv für Christlich-Soziale Politik, Hanns-Seidel-Stiftung, München.
[130] Vgl. o.V.: Soester Initiativgruppe gegen Strauß-Kanzlerschaft, in: Westfalenpost vom 25. April 1980.
[131] Vgl. o.V.: Aktionsbündnis „Stoppt Strauß", in: Main-Echo vom 31. Januar 1980.
[132] Vgl. Pakleppa, Ulrich: Majestätsbeleidigung. Michelstadt 1984, S. 9; Jansen, Hans-Heinrich: Stabilität und Reform. Innenpolitik 1949–1999, in: Conze, Eckart; Metzler, Gabriele (Hg.): 50 Jahre Bundesrepublik Deutschland. Daten und Diskussionen. Stuttgart 1999, S. 25–38, S. 35; o.V.: Anti-Strauß-Anstecker, in: „Sammlung Kray", 2.2/80.81, „Wahlen und Angriffe" Ordner I, Archiv für Christlich-Soziale Politik, Hanns-Seidel-Stiftung, München.

Hitler abgebildet, der mit Engelsflügeln behaftet auf einer Wolke sitzt, mit einem Fernrohr auf Deutschland hinunterschaut, dort erkennt, daß Strauß Kanzlerkandidat ist und daraufhin ausruft: „Sauber!" Wahrscheinlich hatte er eines der unzähligen Plakate gesehen, auf denen es hieß: „Sie entscheiden am 5. Oktober: Helmut Schmidt, Kanzler des Friedens – F.J. Strauß, Kandidat der Angst"[133] oder „Der Mann der Skandale und Affären darf nicht Kanzler der Skandale und Affären werden."[134] Freilich gab es auch Anti-Strauß-Aufkleber und Anti-Strauß-Flyer.[135] Ein außerordentlich vulgäres Exemplar zeigte einen Toilettendeckel, auf dessen Innenseite eine Fotografie von Franz Josef Strauß aufgeklebt war: „Für ein sauberes Deutschland-Klo 80: StrauSS am Deckel, Scheisse im Rohr."[136] Etwas origineller wirkte ein gefälschter 50-Mark-Schein, auf dem das Porträt des bekannten, aber namenlosen bayerischen Patriziers durch das Konterfei des grimmig dreinblickenden Franz Josef Strauß ersetzt worden war. Der Clou: Überall dort, wo auf einer echten Banknote „Fünfzig" gestanden hätte, war nun „Falscher Fuffziger" zu lesen.[137] Durch besondere Kreativität zeichneten sich auch die Jungsozialisten aus, die einen politischen Adventskalender für die Zeit vom 12. September bis zum 5. Oktober 1980 bastelten, hinter dessen Türchen sich Anti-Strauß-Parolen und aus dem Zusammenhang gerissene Strauß-Zitate verbargen.[138]

Üblicherweise wirkten die Anti-Strauß-Polemiken jedoch wenig originell. Manche Strauß-Hasser beschmierten ihre eigenen Fahrzeuge sogar mit Losungen wie „Stoppt Strauß! Hitler war genug!"[139] Überhaupt wurde Strauß immer wieder als

---

[133] Sozialdemokratische Partei Deutschlands: Wahlplakat zur Bundestagswahl 1980, in: „Sammlung Kray", 2.2/80.81, „Wahlen und Angriffe" Ordner II, Archiv für Christlich-Soziale Politik, Hanns-Seidel-Stiftung, München.

[134] Sozialdemokratische Partei Deutschlands: Anti-Strauß-Plakat zur Bundestagswahl 1980, in: „Sammlung Kray", 2.2/80.81, „Wahlen und Angriffe" Ordner II, Archiv für Christlich-Soziale Politik, Hanns-Seidel-Stiftung, München. Vgl. dazu auch die auf jenem Plakat beworbene Publikation: Vorstand der SPD (Hg.): Strauß. Der Mann der Skandale und Affären. Liste der Strauß-Skandale und -Affären mit Dokumenten- und Literaturverzeichnis bis 1980. o.O. 1980.

[135] Vgl. o.V.: Anti-Anti-Strauß-Aufkleber, in: „Sammlung Kray", 2.2/80.81, „Wahlen und Angriffe" Ordner I, Archiv für Christlich-Soziale Politik, Hanns-Seidel-Stiftung, München.

[136] o.V.: Anti-Strauß-Flyer, in: „Sammlung Kray", 2.2/80.81, „Wahlen und Angriffe" Ordner I, Archiv für Christlich-Soziale Politik, Hanns-Seidel-Stiftung, München.

[137] Vgl. Freundeskreis Würgegriff: Falscher Fuffziger, in: „Sammlung Kray", 2.2/80.81, „Wahlen und Angriffe" Ordner IIIb, Archiv für Christlich-Soziale Politik, Hanns-Seidel-Stiftung, München.

[138] Vgl. Jungsozialisten in der SPD (Hg.): Auf Nimmer-Wiedersehn Herr Strauß. Ein count-down Kalender mit Durchblick für die Zeit vom 12.9. bis 5.10.1980, in: „Sammlung Kray", 2.2/80.81, „Wahlkampf, Angriffe" Ordner IIa, Archiv für Christlich-Soziale Politik, Hanns-Seidel-Stiftung, München.

[139] o.V.: Photographie einer Stoppt-Strauß-Parole auf einem Kraftfahrzeug, in: „Sammlung Kray", 2.2/80.81, „Wahlen und Angriffe" Ordner I, Archiv für Christlich-Soziale Politik, Hanns-Seidel-Stiftung, München.

„Hitler von heute"[140] bezeichnet oder in irgendeiner Form mit Adolf Hitler verglichen.[141] Beispielsweise bemühte sich Kurt Hirsch, aus einer Gegenüberstellung der Sonthofener Rede mit Passagen aus Hitlers „Mein Kampf" entsprechend kompromittierende Analogien herzustellen.[142] Und auf einer Wahlkampfveranstaltung in Stuttgart wurde Strauß mit einem Spruchband begrüßt, auf dem weithin sichtbar zu lesen stand: "Mensch, ist der Hitler fett geworden"[143]. Natürlich wagte es auch Rudolf Augstein, Strauß mit Hitler zu vergleichen. Und natürlich gelang es ihm trotz des Resümees, daß Strauß kein zweiter Hitler sei, bei den Lesern mit geschickt formulierten Verknüpfungen einen faden Nachgeschmack zu hinterlassen: „Strauß denkt von sich, und hier darf man wohl sagen wie Hitler, dass er und nur er die Welt oder doch zumindest Europa vor einer Katastrophe bewahren kann"[144]. Die Wirkung solcher Assoziationen war schlimmer als die überzogenen Behauptungen der extremen Linken, die kundtaten, früher oder später werde Strauß „wie weiland Hitler" seinen Traum zu verwirklichen suchen, ein „Europa bis zum Ural unter der Vorherrschaft des deutschen Imperialismus"[145] zu schaffen. Dabei zählte Franz Josef Strauß nach wie vor zu den enthusiastischsten Vorkämpfern für die Überwindung des Nationalstaates und die Gründung der „Vereinigten Staaten von Europa". Genau aus diesem Grunde versuchte auch die DDR immer wieder, Strauß mit Hitler in Beziehung zu setzen und stellte ihn unter anderem anhand von trickreichen Photomontagen als nicht minder gefährlich, verbrecherisch und größenwahnsinnig dar.[146] Und Rolf Hochhuth bemühte sogar das Versmaß, um Strauß in Hitlers Nähe zu rücken: „Wann wirst Du, Volk, Dich solcher ‚Herren' entlausend, dem Ostrazismus unterwerfen, die da leiern: ‚Niemand kann Christ sein, ohne ihn zu wählen! Herr Jesus selber wird euch dafür lieben und wird persönlich eure Stimmen zählen, wie er einst Ablaß-Groschen gutgeschrieben! Ihr

---

[140] CSU-Landesleitung (Hg.): Pressemitteilungen und Erklärungen der CSU-Landesleitung Nr. 21/80 vom 10.7.1980, in: „Sammlung Kray", 2.2/80.81, „Wahlen und Angriffe" Ordner IIIa, Archiv für Christlich-Soziale Politik, Hanns-Seidel-Stiftung, München.

[141] Vgl. o.V.: Schon harte Sachen. Wie die Strauß-Kinder eine Uralt-Forderung ihres Vaters eintreiben, in: Der Spiegel, 48 (1994) H. 24, S. 32–33, S. 33.

[142] Vgl. Hirsch, Kurt: Die heimatlose Rechte. Die Konservativen und Franz Josef Strauß. München 1979, S. 196f.

[143] Zundel, Rolf: Macht und Menschlichkeit. ZEIT-Beiträge zur politischen Kultur der Deutschen. Reinbek bei Hamburg 1990, S. 198.

[144] Augstein, Rudolf: Strauß ist kein Hitler. Ein Kommentar zur Bundestagwahl 1980 (aus Der Spiegel, 34 (1980), H. 40), in: Bölsche, Jochen (Hg.): Rudolf Augstein: Schreiben, was ist. Kommentare, Gespräche, Vorträge. Stuttgart, München 2003, S. 189–190, S. 189.

[145] Kommunistische Partei Deutschlands/Marxisten-Leninisten, Rote Garde (Hg.): Stoppt Strauß! Verhindert ein neues '33! Herne 1980, o.S.

[146] Vgl. Oley, Hans; Hellwig, Joachim: Bilderbuch vom starken Mann. Berlin (Ost) o.J.

sollte auch knien, sollt auch knien – vor unserm Gott Idi Alpin!' Wo der die Finger faltet überm Wanst, hat schon der Hitler: ‚Gott mit uns' in jedes Koppelschloß gestanzt."[147] Hochhuth war nicht der einzige Künstler, der einen Bundeskanzler Strauß zu verhindern gedachte. Zahlreiche Kabarettisten und studentische Low-Budget-Filmer nutzten ihre mehr oder minder ausgeprägten Talente, um Strauß der Lächerlichkeit preiszugeben.[148] Beispielsweise wurde in Sachsenhausen eigens ein Anti-Strauß-Theater gegründet, in dem die bekanntesten „Strauß-Skandale" als Bühnenstück aufgeführt wurden.[149] Der spektakulärste „künstlerische" Coup gelang indes Volker Schlöndorff, der zusammen mit einigen Kollegen einen 129minütigen Film drehte, der Strauß als „reaktionäres Relikt deutscher Vergangenheit darzustellen"[150] versuchte, indem er „in regelmäßigen Abständen Trümmer und Ruinen" zeigte, „brennende Häuser, zerstörte Städte, Elend des Krieges. Und dazwischen immer Strauß."[151] Gefördert und beworben wurde „Der Kandidat" von Rudolf Augstein und der Sozialdemokratischen Partei Deutschlands.[152] Mit ähnlich gruseligen Assoziationen mischte sich auch der Deutsche Gewerkschaftsbund in das Wahlkampfgeschehen ein. Am 1. September 1980 veranstaltete er im Münchner Circus-Krone-Bau, wo Strauß vorwiegend vor dem Hintergrund von Trümmerlandschaften gezeigt wurde, einen „Anti-Kriegstag – Anti-Strauß-Tag".[153]

Da der Großteil der Anti-Strauß-Kampagne in schriftlicher Form ausgetragen wurde, versank der Buchmarkt im Frühjahr und Sommer 1980 in einer Flut von mehr oder minder aktuellen Anti-Strauß-Publikationen. Nicht selten handelte es sich dabei um provozierend betitelte kleine Heftchen ohne vollständige bibliographische Angaben, die dem Stil und der Aufmachung nach zu urteilen mit heißer

---

[147] Hochhuth, Rolf: Prozession oder 63 % für Idi Alpin, in: Kipphardt, Heinar (Hg.): Aus Liebe zu Deutschland. Satiren zu Franz Josef Strauß. München 1980, S. 36–37, S. 37.
[148] Vgl. o.V.: Mit Kabarett Wahlwerbung. Scharfe Schüsse aus München auf Strauß und Genscher, in: Neu-Ulmer Zeitung vom 12. September 1980; o.V.: „Der starke Mann …" Noch ein Film über Franz Josef Strauß, in: Frankfurter Allgemeine Zeitung vom 1. Juli 1980. o.V.: Weiterer Strauß-Film, in: Frankenpost vom 12. Juni 1980.
[149] Vgl. Pegelow, Holger: Als Franz den „Starfighter" sah, glänzten seine Augen. „Hobelbühne" spielte „Franz im Glück"/Anti-Strauß-Theater, in: Frankfurter Nachrichten vom 7. Februar 1980.
[150] Zierer, Otto: Franz Josef Strauß. Ein Lebensbild. 9. Auflage, München, Berlin 1989, S. 404.
[151] Emde, Heiner: Treibjagd auf Strauß, in: Quick vom 30. April 1980, o.S.
[152] Vgl. o.V.: SPD mietet selbst ein Kino für den Strauß-Film „Der Kandidat", in: Lindauer Zeitung vom 14. Juni 1980; Kluge, Alexander: Er war unser Held, in: Der Spiegel, 56 (2002) H. 46, S. 72–73, S. 73.
[153] Vgl. Deutscher Gewerkschaftsbund: Anti-Strauß-Plakat, in: „Sammlung Kray", 2.2/80.81, „Wahlen und Angriffe" Ordner IIIa, Archiv für Christlich-Soziale Politik, Hanns-Seidel-Stiftung, München.

Nadel und ohnmächtiger Wut gestrickt worden waren.[154] Nur wenige dieser Aufsätze, Hefte und Bücher rangierten auf hohem intellektuellen Niveau,[155] die meisten Pamphlete wärmten uralte Geschichten auf, strotzten vor Spekulationen, flüchteten sich in Diffamierungen und verbreiteten nicht belegbare oder längst als unwahr nachgewiesene Unterstellungen.[156] So hieß es in der bereits 1978 erschienenen „Dokumentation Strauß in Chile", der Faschismus in der lateinamerikanischen Diktatur sei für ihn vorbildhaft, denn Strauß sei ein Kandidat der Reaktion.[157] Weitaus deutlicher (und niveauloser) äußerte sich der Verleger Klaus Wagenbach, der in einem Aufsatz zunächst die straußschen Positionen zur Bildungspolitik aufzählte und dann in diesem Zusammenhang urteilte: „Da ist Strauß ein echter Nazi und wer mag, kann's im Kapitel ‚Persönlichkeit und völkischer Staatsgedanke' von Hitlers ‚Mein Kampf' nachlesen – kleiner Arsch, schnell geleckt."[158] Das wohl originellste Anti-Strauß-Buch zur Wahl 1980 „schrieb" Klaus Lennartz: Auf den Titel „Was würde ein Bundeskanzler Franz Josef Strauß für

---

[154] Vgl. Werner, Emil: Franz Josef Strauß. Angstmacher und Ehrabschneider. München o.J; Bauer, Hannsheinz: Geschichtsfälschung als Methode – gestern wie heute. (Mit einem Kapitel: „Strauß/Stoiber'sche „Sozialismus" – Phantasien in Bayern") Würzburg 1979; Winkel, Horst-Jürgen: Betrifft: Franz Josef Strauß. Fakten, Dokumente, Kommentare. Bonn o.J; Sekretariat „Brecht statt Strauß" (Hg.): Freiheit statt Goethe. München o.J; o.V.: Franz Josef Strauß kommt! o.O. o.J; Jungsozialisten in der SPD, Landesverband Baden-Württemberg (Hg.): Material und Dokumente zur Strategie der CSU/CDU. Tübingen o.J; Kühn, Heinz: Was ist mit Strauß? Essen o.J; Vorstand der SPD (Hg.): Nie wieder staatliche Macht für Franz Josef Strauß! Die CDU/CSU kann ihn in ihrem gegenwärtigen Zustand nicht unter Kontrolle halten. Analysen und Dokumente. Bonn o.J; Sozialdemokratische Wählerinitiative Bremen (Hg.): Die Strategie der Angst und des Schreckens. Wie Dr. h.c. Franz Josef Strauß an die Macht kommen will – auch mit Hilfe der Bremer CDU. Bremen 1975.
[155] Vgl. statt vieler: Mietsch, Fritjof: Von Ahlen bis Sonthofen. Kritische Anmerkungen zur Programmgeschichte von CDU und CSU. München 1980; Herde, Georg: F. J. Strauß, die Vertriebenenverbände und die Paneuropa-Union des Otto v. Habsburg, in: Blätter für deutsche und internationale Politik, 25 (1980) H. 1, S. 63–77; Funken, Klaus: Die erstaunlichen Wandlungen des Franz Josef Strauß in der Wirtschafts- und Finanzpolitik, in: Die neue Gesellschaft, 27 (1980) H. 8, S. 680–683.
[156] Vgl. statt vieler: Unterhinninghofen, Brigitte (Hg.): Jugend gegen Strauß. Pressedienst Demokratische Initiative (PDI), Sonderheft Nr. 12. München 1980; Pressedienst Demokratische Initiative (Hg.): Die Deutschlandstiftung – Rechte Apo von Dregger und Strauß? Wuppertal o.J; Verlag Roter Morgen (Hg.): Stoppt Strauß. Skandale, Korruption, Affairen. Die dunkle Karriere des F.J.S. vom nationalsozialistischen Führungsoffizier zum Kanzlerkandidaten. Dortmund 1979; Staeck, Klaus: Axel Caesar Strauß. Gespräch mit Günter Wallraff am 5.9.1979 in Köln anläßlich des Erscheinens seines zweiten Buches über die Praktiken der BILD-Zeitung. Edition Staeck, Staeckbrief Nr. 13. Heidelberg 1979; o.V.: Dokumentation: Angriffe auf Strauß-Gegner. 2., erweiterte Auflage, Regensburg 1980; o.V.: Strauß, nein Danke! Sonthofener Rede und Anti-DGB-Papier im Wortlaut. 2. Auflage, Hamburg 1979; Jungkommunisten im Arbeiterbund für den Wiederaufbau der KPD (Hg.): Anti-Kriegstag, Anti-Strauß-Tag. München 1979.
[157] Vgl. Anti-Strauß-Komitee (Hg.): Dokumentation Strauß in Chile. München 1978, S. 2 u. 13.
[158] Wagenbach, Klaus: Über das geistige Befinden der Republikaner angesichts eines Landesfürsten, in: Freibeuter. Vierteljahreszeitschrift für Kultur und Politik, 3/1980 S. 18–24, S. 22.

Arbeitnehmer tun?" folgten etwa fünfzig leere Seiten.[159] Von diesem Unikat einmal abgesehen waren es zumeist Karikaturen, die wortlose (oder zumindest wortkarge) Kritik an Franz Josef Strauß übten, der schon seit Jahrzehnten ein beliebtes Objekt jener humorvollen Kunst der Überzeichnung war – und bis weit über seinen Tod hinaus bleiben sollte.[160]

Den bis heute größten Bekanntheitsgrad all dieser Anti-Strauß-Publikationen, die mitunter auch in Form von Zitatensammlungen und sogar Romanen daherkamen,[161] erreichte das 1972 erstmals erschienene und in den Jahren 1976 und 1980 aktualisierte „Schwarzbuch: Franz Josef Strauß". Im Vorwort der unter Mitarbeit von Bernt Engelmann herausgegebenen ersten Ausgabe steht zu lesen: „Ist Franz Josef Strauß – Abgeordneter zum Deutschen Bundestag, Vorsitzender der CSU, Bundesminister a.D., ein Sicherheitsrisiko für unsere Demokratie? Dieses ‚Schwarzbuch' belegt noch einmal in konzentrierter Form die Serie von politischen Skandalen und Affären, die F.J. Strauß ausgelöst, in der er verwickelt war. Besonders die Jungwähler, die zur Zeit der großen Strauß-Skandale – ‚HS 30', ‚Starfighter', ‚Onkel Aloys', ‚FIBAG', ‚Spiegel-Affäre' – vielleicht noch nicht intensiver politischer Information zugänglich waren, werden sich nach der Lektüre dieses Buches fragen: Wieso ist ein Mann, der das Parlament belogen, der Grundrechte mißachtet hat, der mit dem Ruch der Korruption behaftet ist und unter dem Vorwurf steht, öffentliche Gelder verschleudert zu haben, wieso ist ein solcher Mann, der Amtsanmaßung betrieb und Druck auf die Justiz ausübte, der mit rechtsradikalen Kreisen Verbindung pflegt, in der deutschen Politik noch immer eine bestimmende Figur? Und: Wer garantiert, daß F.J. Strauß, der aus all diesen Affären ungebrochen hervorgegangen ist, nicht weiterhin dem Ansehen unserer Demokratie Schaden (und noch mehr) zufügen wird, wenn er erst einmal wieder ein Amt hat? Das ‚Schwarzbuch' und die angefügte Dokumentation bringen den Nachweis, daß Strauß seine Politik in demselben Geiste weitergeführt hat und weiterführen wird, der ihn seit nun mehr zehn Jahren zu einer der größten Belastun-

---

[159] Vgl. Lennartz, Klaus: Was würde ein Bundeskanzler Franz Josef Strauß für Arbeitnehmer tun? o.O. 1980.
[160] Vgl. statt vieler: Humann, Klaus: Mit Hammer und Säge. Strauß und seine Karikaturen. Reinbek bei Hamburg 1980; Lautenschläger, Franz; Bücking, Bernd: Bundeskanzler F.J. Strauß, Ministerpräsident F.J. Strauß. München 1980; Gerboth, Hans-Joachim; Salpeter, Wolfgang: Kleine Prominenzyklopädie. Kindereien für Erwachsene. Recklinghausen 1980; Mahn, Christina (Hg.): Franz Josef der Große. Franz Josef Strauß in der Karikatur. Zwesten 1972; Hanitzsch, Dieter: Nix für unguat. Percha am Starnberger See 1982.
[161] Vgl. Staeck, Klaus (Hg.): Einschlägige Worte des Kandidaten Strauß. 2. Auflage, Göttingen 1979; Kühn, August: Die Affären des Herrn Franz. Dortmund 1979.

gen für unsere junge Demokratie gemacht hat."¹⁶² In diesem Sinne äußerte sich auch die „Freiheit statt Strauß"-Zeitung, die ihr Erscheinen erwartungsgemäß gleich nach dem Wahltag wieder einstellte.¹⁶³ Eine Anti-Strauß-Schrift der ganz besonderen Art wurde in Form eines Briefes in Umlauf gebracht, den Konrad Adenauer am 3. November 1966 an Rainer Barzel geschrieben haben sollte. Dort hieß es: „Die Nominierung von Herrn Strauß als Kanzlerkandidat kommt aber jetzt und auch in der absehbaren Zukunft leider nicht in Frage, und zwar nicht nur aus innenpolitischen Gründen. Ich bin nämlich nicht sicher, ob er bei einer möglichen Zuspitzung der Lage die für uns lebensnotwendige Verankerung im Christlichen Abendland nicht aufs Spiel setzt. Vergessen Sie meine Worte nicht, in den USA wird sein Tun mit großer Sorge verfolgt. Schließlich bin ich nicht überzeugt, daß unsere Freundschaft mit Frankreich in seiner Person einen zuverlässigen Garanten haben wird. In dieser, wie in manch anderer Hinsicht, wäre Herr Strauß auch im neuen Kabinett unter gewisser Kontrolle zu halten."¹⁶⁴ Einem anderen veröffentlichten Brief war zu entnehmen, Strauß solle einem Parteifreund einmal geschrieben haben: „Je stärker aber unsere Wirtschaft, desto kriegsfähiger wird sie auch."¹⁶⁵ Die Recherchen ergaben schnell, daß es sich bei beiden Schreiben um Fälschungen handelte.

Um Franz Josef Strauß zu diffamieren, wurde nicht einmal auf dümmlichste Assoziationen verzichtet. Karlheinz Deschner beispielsweise verwies in den „Blättern für deutsche und internationale Politik" auf den Straußschen „Entwurf für Europa" aus dem Jahre 1966, der mit dem Kapitel „Eine Initiative für Europa" beginnt. Im Duden, so führte Deschner aus, stehe vor der Initiative das Wort Initiant, womit derjenige zu bezeichnen sei, der die Initiative ergreift. Und direkt darüber finde sich das Wort Initialzündung, worunter man die Auslösung einer Explosion verstehe.¹⁶⁶ Strauß wolle mit seiner Initiative für Europa also offenkundig eine Explosion auslö-

---

¹⁶² Roth, Wolfgang; Matthäus, Ingrid; Lasse, Dieter u.a. (Hg.): Schwarzbuch: Franz Josef Strauß. Köln 1972, S. 1. Vgl. dazu auch: Engelmann, Bernt (Mitarb.): Das schwarze Kassenbuch. Die heimlichen Wahlhelfer der CDU/CSU. Vorwort von Heinrich Böll. Köln 1973; Engelmann, Bernt (Hg.): Schwarzbuch Strauß, Kohl & Co. München 1976; Engelmann, Bernt: Das neue Schwarzbuch: Franz Josef Strauß. Köln 1980; Engelmann, Bernt: Das neue Schwarzbuch Strauß, Kohl & Co. Köln 1983.
¹⁶³ Vgl. Initiative „Freiheit statt Strauß" – Aktion für mehr Demokratie (Hg.): Freiheit statt Strauß Zeitung. Heidelberg, August u. September 1980.
¹⁶⁴ o.V.: Gefälschter Brief von Konrad Adenauer an Rainer Barzel vom 3. November 1966, in: „Sammlung Kray", 2.2/80.81, „Wahlen und Angriffe" Ordner I, Archiv für Christlich-Soziale Politik, Hanns-Seidel-Stiftung, München.
¹⁶⁵ o.V.: Gefälschter Brief von Franz Josef Strauß an einen Parteifreund, in: „Sammlung Kray", 2.2/80.81, „Wahlen und Angriffe" Ordner II, Archiv für Christlich-Soziale Politik, Hanns-Seidel-Stiftung, München.
¹⁶⁶ Vgl. Deschner, Karlheinz: F.J. Strauß, der Architekt Europas, in: Blätter für deutsche und internationale Politik, 24 (1979) H. 9, S. 1061–1076, S. 1061.

sen, vermutlich eine nukleare. Während man derartige Konstruktionen ebenso wie die im Sommer und Herbst 1980 massenhaft kursierenden Strauß-Witze gütig belächeln konnte, wurden die der Bayerischen Staatskanzlei zugestellten Drohbriefe mit großer Ernsthaftigkeit und Besorgnis entgegengenommen.[167] Manchmal handelte es sich dabei auch um Postkarten mit Aufschriften wie „Ponto † Buback † Schleyer †, der nächste ist ein Bayer!!!"[168] Und auf die Bürotür eines CDU-Bundestagsabgeordneten wurde wenige Tage vor der Wahl sogar „Tötet Strauß" gesprüht. Bezeichnenderweise riefen gerade diejenigen zur Ermordung von Franz Josef Strauß auf, die behaupteten, er habe gegen Grundrechte verstoßen und würde im Falle eines Wahlsieges den Rechtsstaat aus den Angeln heben.

Mitverantwortlich für derartige Exzesse waren sozialdemokratische Politiker, die durch ihre anstachelnden Äußerungen ein Klima der blindwütigen Gewaltbereitschaft schufen. Beispielsweise behauptete der damalige Juso-Chef und spätere Bundeskanzler Gerhard Schröder, eine „von Strauß geführte Bundesregierung würde die Bundesrepublik in einen autoritären Polizeistaat verwandeln."[169] Und der SPD-Bundestagsabgeordnete Rudolf Schöfberger bezeichnete Strauß als den „Oberhäuptling der Wucherer und Geldscheffler". Wer ihn wähle, „stimme für eine üble Symbolfigur"[170]. Der Versuch der „Machtergreifung"[171] des als „Reichsdrachentöter"[172] verspotteten bayerischen „Paten"[173], der von Burkhard Hirsch (FDP) nur noch „Ayatollah alpini"[174] genannt wurde, müsse mit aller Macht verhindert werden. All diese Äußerungen und Vorkommnisse machen deutlich, daß es sich beim Wahlkampf 1980 genaugenommen nicht um einen Kampf, sondern um einen Krieg, einen Wahlkrieg handelte, der auf allen nur erdenklichen Schlachtfeldern ausgetragen wurde. „Hetze statt Wahlkampf" titelte die Frankfurter Allgemeine Zeitung vom 18. Juni 1980, denn die schlammschlachtartige Treibjagd auf den „politischen Unhold" war in der deutschen Geschichte ohne Beispiel.

---

[167] Vgl. Hansen, Klaus: Das kleine Nein im großen Ja. Witz und Politik in der Bundesrepublik. Opladen 1990, S. 51ff.

[168] o.V.: Drohbrief an Franz Josef Strauß, in: „Sammlung Kray", 2.2/80.81, „Wahlen und Angriffe" Ordner I, Archiv für Christlich-Soziale Politik, Hanns-Seidel-Stiftung, München.

[169] Groebel, Eberhard: Polemik gegen Sachverstand. Der politische Gegner und F.J. Strauß, in: Mittelstandsmagazin, 4 (1979) H. 10, S. 12–14, S. 12.

[170] Wewer, Göttrik: Den Wahlkampf befrieden? Fairneßabkommen und politische Kultur, in: Aus Politik und Zeitgeschichte. Beilage zur Wochenzeitung Das Parlament. B 14–15/82 vom 10. April 1982, S. 29–46, S. 33f.

[171] Kogon, Eugen: Die restaurative Republik. Zur Geschichte der Bundesrepublik Deutschland. Weinheim, Berlin 1996, S. 306.

[172] o.V.: Schnaps im Kreislauf, in: Berliner Zeitung vom 30.11.1962, S. 2.

[173] Wisnewski, Gerhard: Die Fernseh-Diktatur. Kippen Medienzaren die Demokratie? Darmstadt 1995, S. 221.

[174] Falke, Jutta; Kaspar, Ulrich: Politiker beschimpfen Politiker. 2., durchgesehene Auflage, Leipzig 1998, S. 193.

Demonstration gegen eine Wahlkundgebung des Kanzlerkandidaten der CDU/CSU Franz Josef Strauß in Hamburg (August 1980).

Schützenhilfe bekam Franz Josef Strauß vor allem von dem Verleger Axel Springer, von der katholischen Kirche, von der „Bürgerinitiative stoppt Schmidt", den „Nordlichtern für Strauß", dem „Gesamtdeutschen Freundeskreis der CSU", dem „Arbeitskreis für die Aktivierung der Kriegsgeneration zum Wahlkampf '80", der Wählerinitiative „Arbeitnehmer für Franz Josef Strauß", von einigen wenigen Prominenten (wie beispielsweise Roberto Blanco, der meinte, „Schwarze müssen zusammenhalten"[175]) und einer Handvoll unionsnaher Autoren.[176] Doch obwohl Strauß sogar aus dem Ausland journalistische Unterstützung erfuhr und sich publizistisch natürlich auch selbst zur Wehr setzte, ließ sich der Eindruck, die halbe Republik sei auf den Beinen, um seinen Einzug ins Bundeskanzleramt zu

---

[175] o.V.: Arbeiten im Akkord, in: Der Spiegel, 51 (1997) H. 20, S. 206–209, S. 206.
[176] Vgl. Bülck, Jan: Die Wahl 1980 wurde zum Zweikampf zwischen Schmidt und Strauß, in: Kölnische Rundschau vom 27. August 2002; Dziewior, Alfons (Hg.): Eine Blume für Schmidt – Den Strauß für Deutschland. Taschenbuch für politische Laien. Marburg 1980; o.V.: Unser Kanzler-Kandidat! Franz Josef Strauß bekannte sich auf dem Bauernkongress der CDU am 22. Februar 1980 in Oldenburg erneut zur Landwirtschaft, in: Der Agrarbrief, 1980/4, S. 7–8; Sauter, Alfred: Jugend für Strauß – Strauß für die Jugend, in: Die Entscheidung, 28 (1980) H. 7/8, S. 19–21; Kaestner, Jürgen: Die gegenwärtige Gesellschafts- und Staatsauffassung der CSU. Frankfurt am Main 1979, S. 68f; o.V.: Zwei Jahrzehnte Rufmord an Franz Josef Strauß, in: Deutschland-Magazin, 12 (1980) H. 6, S. 6–16.

verhindern, nicht aus der Welt schaffen.[177] Dementsprechend aufgebracht bemühte sich der Vielgeschmähte, die allgemeine Anti-Strauß-Hysterie zu begründen: „Die Linke in Deutschland kämpft deshalb so haßerfüllt gegen die Union und insbesondere gegen mich, weil sie die Wahl Willy Brandts zum Bundeskanzler als einen endgültigen Einschnitt in die deutsche Geschichte ansieht, von dem aus es keine Umkehr mehr geben darf. Und wenn irgendwie die Gefahr besteht, daß der Marsch in den Sozialismus aufgehalten wird, dann kämpft die Linke mit Mitteln und Methoden, die für mich eine Kombination sind von Goebbels und dem KGB."[178] Seit Jahren beklagte Strauß, er sei das „Objekt der psychologischen Kriegführung der Linken aller Schattierungen" und habe am „eigenen Beispiel kennengelernt, daß gerade die modernen Massenmedien die Möglichkeit der psychosozialen Vergiftung, der Verfälschung des Bildes und der Verdrehung der Wahrheit bis zum Gegenteil ermöglichen."[179] Unter diesen Verfälschungen und Verdrehungen hatte Franz Josef Strauß mehr zu leiden, als zu seinen Lebzeiten bekannt wurde. Monika Hohlmeier: „Die damaligen Hetzkampagnen hatten massive Auswirkungen auf die ganze Familie. Zum einen erhielten wir zahlreiche Drohungen der schlimmsten Art, so daß kein Mitglied unserer Familie ohne Sicherheitsbeamte das Haus verlassen konnte. Daher wurden wir auf Schritt und Tritt bewacht und dennoch manchmal auf offener Straße angepöbelt. Zum anderen fühlten wir uns alle tief verletzt, da wir tagtäglich erleben mußten, daß Teile der Medien und der politische Gegner ein völlig verfälschtes Bild von meinem Vater zeichneten. Wir empfanden dies als derartig ungerecht und gemein, daß meine beiden Brüder und meine Mutter sich aufmachten und ebenfalls durch die Lande zogen, um dem öffentlich verbreiteten Klischee vom ‚bösen und unberechenbaren Strauß' auf ihre Weise entgegenzutreten. Ich habe damals meinen Vater auf vielen seiner Wahlkampfreisen begleitet und mich gelegentlich zum Entsetzen der Sicherheitsbeam-

---

[177] Vgl. statt vieler: Volker, Bernhard: Franz-Josef Strauß. Une certaine idée de l'Allemagne. Paris 1980; Zoratto, Buno: F. J. Strauß. Un combattente per l'europa anticomunista. Rom 1979; Strauß, Franz Josef: Mein Programm für Deutschlands Zukunft, in: Deutschland-Magazin, 11 (1979) H. 8, S. 7–12; CDU-Bundesgeschäftsstelle (Hg.): Die Alternativen der CDU. Bonn 1979; CSU-Landesleitung (Hg.): Tatsachen statt Lügen. Material über Angriffe auf den CSU-Vorsitzenden Franz Josef Strauß. München 1979; CSU-Landesgruppe im Deutschen Bundestag (Hg.): Die Lockheed-Diffamierungskampagne der SPD/FDP gegen Franz Josef Strauß. Eine Dokumentation. Bonn 1980; CSU-Landesgruppe im Deutschen Bundestag (Hg.): Realpolitik gegen Entspannungsillusionen. Franz Josef Strauß in der Auseinandersetzung mit der SPD. Eine Dokumentation. Bonn 1980; Schmidt, Dieter A. (Hg.): Franz Josef Strauß. München 1979; CDU-Bundesgeschäftsstelle (Hg.): Politische Graphik gegen die Menschenwürde. Dokumentation zur Ausstellung 9.-24. September 1980, Bonn, Konrad-Adenauer-Haus. Bonn 1981.

[178] Strauß, Franz Josef: Interview, in: BILD-Zeitung (Hg.): Worte zur Wahl. Sonderdruck der BILD-Zeitung. o.O. 1980, o.S.

[179] Strauß, Franz Josef: Einmal wird das Ende aller SPD-Träume kommen, in: Deutschland-Magazin, 6 (1974/75) H. 1, S. 6–15, S. 8.

ten unter die Demonstranten gemischt. Mein Gesicht kannte damals keiner, so hielt ich die Gefährdung für überschaubar. Ich wollte unbedingt verstehen, aus welchem Grund sie ihm mit so viel Feindseligkeit und Hass begegneten. Einmal mischte ich mich in eine Demonstrantengruppe und beobachtete mit Erstaunen einen aggressiven Schreier, der, während er das Schild ‚Frieden für alle!' hochhielt, lautstark ‚Warum hat dieses Schwein noch keiner umgebracht!?' plärrte. Diese Typen waren weder an Argumenten noch am Menschen interessiert, sie hatten schlicht ein festes Feindbild, das sie zerstören wollten. Geostrategisch durchdachte außen- und verteidigungspolitische Leitlinien war ihnen völlig egal. Begleitet wurde diese linke, haßerfüllte und zum Teil sogar RAF-nahe Demonstrantenszene durch das in ‚Spiegel', ‚Stern' und ‚Süddeutsche Zeitung', aber auch in manch' anderen Print- und Fernsehmedien verbreitete öffentliche Zerrbild meines Vaters, das mit der tatsächlichen Persönlichkeit kaum mehr etwas zu tun hatte. Halbwahrheiten, Verdrehungen, Tatsachen und Unwahrheiten standen in einem unentwirrbaren Verdächtigungs- und Anschuldigungsdickicht nebeneinander, das bei immer mehr Menschen den Eindruck hinterließ, daß Franz Josef Strauß wohl ein unkalkulierbares Sicherheitsrisiko sein müsse. Jeder, der meinen Vater und seine politischen Ansichten und Beweggründe kannte, war angesichts dieser menschenverachtenden Kampagne fassungslos."[180] Allerorten gegen dieses Feindbild und zahlreiche Vorurteile ankämpfen zu müssen, hat meinen Vater „menschlich zutiefst verletzt. Niemand hat bislang erfahren, daß es mitten im Wahlkampf Nächte gegeben hat, in denen ein Franz Josef Strauß um halb fünf in der Früh tief deprimiert und weinend mit meiner Mutter im Wohnzimmer saß, weil ihm auf Veranstaltungen von einer gewaltbereiten und gewalttätigen Demonstrantenszene Haß in entsetzlichem Ausmaß entgegengeschlagen" war. „Derartiges erleben zu müssen, hat ihm stark zugesetzt."[181]

Franz Josef Strauß war nicht nur wesentlich empfindsamer als das von ihm gezeichnete Zerrbild, sondern auch weitaus menschlicher und mitfühlender, wie Wilhelm Knittel zu berichten wußte: „Der ehemalige Staatsminister Neubauer hat mir einmal erzählt, daß sich Strauß regelmäßig nach seinem querschnittgelähmten Sohn erkundigte. Und als Neubauer seinen Sohn einmal zu einem großen Gartenfest mitbrachte, nahm sich Strauß viel Zeit für eine Unterhaltung mit dem behinderten Jungen. Neubauer sagte mir, etwas Vergleichbares hätte er bei keiner anderen ähnlich hochgestellten Persönlichkeit jemals erlebt."[182] Über eine noch bekümmerndere Erinnerung sprach Staatssekretär a.D. Wighard Härdtl: „1978

---

[180] Interview mit Staatsministerin Monika Hohlmeier am 30.04.2004 in München.
[181] Ebd.
[182] Interview mit Staatssekretär a.D. Dr. Wilhelm Knittel LL.M. am 20.01.2004 in Grünwald bei München.

verstarb meine Tochter mit nur dreieinhalb Jahren. Und obwohl ich nicht in der direkten Umgebung von Franz Josef Strauß arbeitete, nahm er sich sehr viel Zeit, setzte sich zu mir und bemühte sich, tröstende Worte zu finden. Während vielen anderen in einer solchen Situation schlichtweg die Worte fehlten, scheute Strauß sich nicht, mir in dieser persönlichen Krise beizustehen. Andere, die sich im Gegensatz zu Strauß allzu gern als Gutmenschen stilisierten, waren zu einer solchen menschlichen Geste nicht bereit. Von diesem traurigen Ereignis einmal abgesehen, erinnere ich mich noch an einen anderen sehr menschlichen Wesenszug von Strauß, nämlich seine tief verinnerlichte Angst vor dem Krieg. Ich war oft bei ausgedehnten abendlichen Besprechungen zugegen, die sich nicht selten bis in die frühen Morgenstunden hinzogen. Wenn dann alle wichtigen Tagesordnungspunkte abgearbeitet und auch schon einige alkoholische Getränke gereicht worden waren, kam Strauß regelmäßig auf das Thema Krieg zu sprechen. Ob es sich dabei nun um seine persönlichen Kriegserlebnisse im besonderen oder um Kriege im allgemeinen handelte – stets war diese tief verwurzelte Angst und Sorge zu spüren, diese Furcht und Abscheu vor all den schrecklichen Ereignissen, die der letzte Krieg mit sich gebracht hatte. Diese schlimmen Erfahrungen motivierten ihn spürbar, alles nur Erdenkliche zu tun, damit Derartiges nie wieder passieren konnte. Insofern gab es in bezug auf Franz Josef Strauß wohl keinen widersinnigeren Vorwurf als den des angeblichen Säbelrasselns oder der Kriegstreiberei."[183]

Doch von eben jener angeblich kriegstreiberischen Geisteshaltung waren all diejenigen, die sich ihr Strauß-Bild aufgrund von Zeitungs- und Fernsehberichten zusammengezimmert hatten, zutiefst überzeugt. Denn seine Politik, vor allem aber seine Person, wurde von den meisten Medien völlig verfälscht wiedergegeben. Diese Ansicht vertrat auch Horst Teltschik: Jedesmal, wenn ich im Auftrag von Bundeskanzler Helmut Kohl „nach München flog, hat sich Strauß mir gegenüber mit ausgesuchter Höflichkeit verhalten. Er ließ mich mit seinem Dienstwagen vom Flughafen abholen, bot mir stets sofort Kaffee an und sprach mich immer mit ‚Herr Ministerialdirektor' an, was er im Grunde gar nicht nötig gehabt hätte. Im Gespräch habe ich Strauß dann als außergewöhnlich klugen, intelligenten, charmanten, witzigen und vor allem interessierten Diskussionspartner erlebt. Immer wollte er unbedingt über alle Details der jeweiligen Sachverhalte informiert werden – ganz gleich, worum es sich handelte. Anschließend lud er mich oft zum Mittagessen ein. Franz Josef Strauß vermittelte im Rahmen persönlicher Begegnungen immer wieder ein Persönlichkeitsbild, wie man es angesichts der stets negativen Medienberichte niemals erwartet hätte. Die von den Medien geprägte veröffentlichte Meinung scheint mir daher maßgeblich an der Verzerrung seines Images

---

[183] Interview mit Staatssekretär a.D. Wighard Härdtl am 06.01.2004 in Bonn.

beteiligt gewesen zu sein."[184] Nicht nur gegenüber den Abgesandten Helmut Kohls, sondern im Umgang mit Damen hat sich Strauß stets mit ausgesuchter Höflichkeit verhalten, wie Bundesministerin a.D. Dr. Dorothee Wilms hervorhob: „Dies ist auch meinen Kolleginnen aus der Fraktion aufgefallen. Damen gegenüber benahm er sich wie ein Kavalier der alten Schule. Dies machte sich vor allem im Vergleich zu den mitunter ruppigen Umgangsformen der männlichen Kollegen bemerkbar und stand in einem krassen Gegensatz zu dem Bild, das große Teile der Medien von Strauß zu zeichnen pflegten. Strauß ist von den Medien über die Maßen negativ dargestellt worden."[185]

Definitiv nicht negativ dargestellt wurde Franz Josef Strauß in der Sendung „Drei Tage vor der Wahl", in der sich die Herren Schmidt, Genscher, Kohl und Strauß dreieinhalb Stunden lang selbst darstellen konnten.[186] Dennoch ergab eine unmittelbar darauf von der „Welt am Sonntag" in Auftrag gegebene Blitzumfrage, die Fernsehdiskussion sei vor allem zugunsten von Hans-Dietrich Genscher verlaufen. Im Gegensatz zu Strauß, der auf dem Bildschirm weitaus gedrungener wirkte als in natura und unter den heißen Studioscheinwerfern schnell ins Schwitzen kam, habe Genscher bei den Zigmillionen Zuschauern der Gemeinschaftssendung von ARD und ZDF einen äußerst positiven Eindruck hinterlassen. Notgedrungen ergriff Franz Josef Strauß am letzten Tage vor der Bundestagswahl noch ein letztes Mal in eigener Sache das Wort, skizzierte die gegenwärtige politische, wirtschaftliche und gesellschaftliche Lage, umriß seine Absichten und Pläne und bat die Wählerinnen und Wähler mit apokalyptischer Theatralik um ihre Stimmen: „Ich stehe für die freiheitlich-demokratische Grundordnung, gegen den Volksfront-Terror auf der Straße, gegen den bürokratischen Sozialismus, gegen die Zerstörung des Wertebewußtseins und gegen die kulturrevolutionäre Umwälzung dieser Werte. Ich stehe für einen Frieden in Freiheit, den wir garantieren durch die von uns wiederbelebte Atlantische Allianz, gegen die schrittweise Einbeziehung in das sowjetische Machtsystem, gegen die Kapitulation auf Raten, gegen die Unterstützung kommunistischen Machtwillens. Wer mit uns dieser Zerstörung der Demokratie entgegentreten will, wer mit uns den inneren Frieden eines freiheitlichen und demokratischen Rechtsstaates erhalten will, wer mit uns unserem Volk seine wirtschaftliche und soziale Zukunft gewährleisten will, wer mit uns besonders der jungen Generation wieder Kraft und Hoffnung für die Zukunft geben will, wer mit uns den Frieden in Freiheit sichern will, den bitte ich herzlich und dringlich, uns am 5. Oktober sein Vertrauen zu geben. Eine gute Politik und die Leistungskraft

---

[184] Interview mit Prof. Dr. h.c. Horst M. Teltschik am 19.02.2004 in Berlin.
[185] Interview mit Bundesministerin a.D. Dorothee Wilms am 05.11.2003 in Köln.
[186] Vgl. Klein, Josef: Elefantenrunden. „Drei Tage vor der Wahl". Die ARD-ZDF-Gemeinschaftssendung 1972–1987. Baden-Baden 1990.

unseres Volkes müssen wieder miteinander in Einklang gebracht werden. Ich bin bereit, unter Einsatz meiner ganzen Kraft meinen Beitrag dazu zu leisten. Meine Bitte an alle Bürger in unserem Staat geht dahin, mir am Sonntag durch die Stimmabgabe für CDU und CSU dabei zu helfen!"[187]

4. Der verhinderte Kanzler

Als am Abend des 5. Oktober 1980 die ersten Hochrechnungen vorlagen, mußte Franz Josef Strauß von einem Traum Abschied nehmen, den er sein halbes Leben lang geträumt hatte. Nur 44,5 Prozent der Wähler hatten ihre Zweitstimme den Unionsparteien gegeben. Damit hatte Strauß 4,1 Prozentpunkte weniger erreicht als Helmut Kohl, der vier Jahre zuvor fast die absolute Mehrheit eingefahren hätte. Selbst in Bayern war die Union von 60,0 auf 57,6 Prozent gefallen. Auf den ersten Blick hatte Franz Josef Strauß also allen Grund, enttäuscht zu sein. Beim zweiten Hinsehen zeigte sich jedoch, daß er mit seinen 44,5 Prozent deutlich vor der SPD lag, auf die nur 42,9 Prozent der gültigen Wählerstimmen entfallen waren. Der überaus beliebte Weltökonom und Friedenskanzler Helmut Schmidt hatte also trotz einer Steigerung um 0,3 Prozentpunkte weitaus schlechter abgeschnitten als das „gefährliche, weil unkontrollierbare Sicherheitsrisiko" namens Franz Josef Strauß. Somit waren die Unionsparteien noch immer die stärkste politische Kraft der Republik. „Ich hätte eigentlich ein bißchen mehr erwartet", gab der SPD-Wahlkampfmanager Hans-Jürgen Wischnewski unumwunden zu. Denn, so klagte ein Abgeordneter der sozialdemokratischen Partei, wir „starteten mit einem dreifachen Bonus: dem Regierungsbonus, dem persönlichen von Schmidt und der Kandidatur von Strauß. Zieht man diese drei von dem mehr oder weniger Plusminus-Ergebnis der SPD ab, dann ist für uns die Note ‚ausreichend' eher wohlwollend."[188] Als klare Gewinner der Wahl durften sich die Liberalen fühlen, die mit einem Stimmenanteil von 10,6 Prozent ihr drittbestes Ergebnis seit 1949 erzielt hatten. Im Gegensatz zu Franz Josef Strauß erkannten sie nicht, daß ihr Zugewinn der ohnehin instabilen sozialliberalen Koalition früher oder später den Todesstoß versetzen mußte. „Das ist der Anfang vom Ende Helmut Schmidts"[189], prophezeite der optimistische Verlierer noch am Wahlabend. Und er sollte recht behalten.

---

[187] Strauß, Franz Josef: Bereit zur Verantwortung (vom 4. Oktober 1980), in: Strauß, Franz Josef: Verantwortung vor der Geschichte. Beiträge zur deutschen und internationalen Politik 1978–1985. Percha am Starnberger See 1985, S. 207–214, S. 213f.

[188] Zimmermann, Friedrich: Kabinettstücke. Politik mit Strauß und Kohl 1976–1991. München, Berlin 1991, S. 101.

[189] Bickerich, Wolfram: Franz Josef Strauß. Die Biographie. Düsseldorf 1996, S. 282.

Wie die in der Folgezeit durchgeführten Wahlanalysen ergaben, hatten die Unionsparteien im Vergleich zur Bundestagswahl '76 im Norden der Republik mehr Wählerstimmen verloren als im Süden. Die in den nördlichen Bundesländern auf Wahlkampfveranstaltungen erzielten Besucherrekorde waren von Strauß & Co. also verfrüht als Zeichen von Sympathie und Zustimmung gedeutet worden. Offenkundig waren es zumeist nur Schaulustige und ergebene Anhänger gewesen, die Strauß begeistert hatte. Das Publikum hatte deftige Polemik als politische Unterhaltung erwartet und war vom Hauptredner bestens bedient worden. An der Wahlurne hatte sich die exotische Politgaudi jedoch nicht bezahlt gemacht. Damit war eingetreten, was Konrad Adenauer bereits Jahrzehnte zuvor prophezeit hatte: Strauß „ist ein sehr fähiger Mann" mit „einer vielversprechenden Zukunft, aber ich wünschte, er würde ruhiger. Ich wünschte, er würde besonnener. Er sollte nicht nur die Stimmen seiner ergebenen Anhängerschaft, sondern auch der andern gewinnen lernen. Er braucht diese Stimmen, um eine Führungsposition in Deutschland zu erringen, und er hat viel zu bieten."[190] Ruhiger und besonnener war Strauß nach der schmachvollen „Spiegel"-Affäre durchaus geworden; die Kunst jedoch, wenigstens einen Teil der Unentschlossenen oder seiner Gegner zu gewinnen, hatte er niemals erlernt. Am 5. Oktober 1980 war es ihm ja nicht einmal gelungen, alle bisherigen Unionswähler von sich zu überzeugen. Denn in „mehreren Orten, in denen er vor den Wahlen zu den Landtagen geredet hat, sind die Stimmenanteile für die CDU zurückgegangen. In Essen beispielsweise, wo er die Kampagne für die nordrhein-westfälische Landtagswahl eröffnet hatte, waren erstmals alle Wahlkreise an die SPD gefallen."[191] Sogar in seinem eigenen Wahlkreis Weilheim (mit den dazugehörigen Landkreisen Garmisch-Partenkirchen, Schongau und Bad Tölz) hatte die CSU 2,5 Prozentpunkte verloren. Außerdem waren im ganzen Land deutlich weniger Wähler zu den Urnen gegangen als vier Jahre zuvor. Der Lärm der Polarisierung hatte sie abgeschreckt. Regelrecht eingebrochen war die Union bei den katholischen Wählern, in der Wählergruppe der 18–35jährigen und der Frauen. Offenbar war kaum bekannt geworden, wie sehr sich Franz Josef Strauß stets für die Belange der Frauen eingesetzt hatte.[192] Beispielsweise hatte er von jeher den Einzug von Frauen in die deutschen Parlamente gefordert und

---

[190] Dulles, Eleanor: Adenauer und Dulles, in: Blumenwitz, Dieter; Gotto, Klaus; Maier, Hans; Repgen, Konrad; Schwarz, Hans-Peter (Hg.): Konrad Adenauer und seine Zeit. Politik und Persönlichkeit des ersten Bundeskanzlers. Band I: Beiträge von Weg- und Zeitgenossen. Stuttgart 1976, S. 377–389, S. 387.
[191] Maser, Werner: Helmut Kohl. Der deutsche Kanzler. Biographie von Werner Maser. Berlin, Frankfurt am Main 1990, S. 166.
[192] Vgl. Berghofer-Weichner, Mathilde: Franz Josef Strauß – sein Einsatz für die Familie, in: Carstens, Karl; Goppel, Alfons; Kissinger, Henry; Mann, Golo (Hg.): Franz Josef Strauß. Erkenntnisse, Standpunkte, Ausblicke. München 1985, S. 559–562, S. 561.

gefördert sowie für die Aufnahme von talentierten Abiturientinnen in die bislang nur „Jünglingen" vorbehaltene Maximilianeums-Stiftung in München gesorgt.[193] Und im Falle eines Wahlsieges hätte Strauß für nicht berufstätige Frauen bis zum dritten Kindesjahr ein hohes Mutterschaftsgeld eingeführt. Dennoch mangelte es der Politik und der Person des Franz Josef Strauß nach weiblichem Geschmack offensichtlich an Attraktivität. Der Leutnantstraum der deutschen Frau hieß eben Schmidt und nicht Strauß.

Ein Großteil der Wähler, die der Union grundsätzlich treu bleiben, die Kanzlerkandidatur von Franz Josef Strauß jedoch nicht unterstützen wollten, machten von der Möglichkeit des Stimmensplittings Gebrauch. Während sie ihre Erststimme wie eh und je der CDU oder der CSU gaben und damit den Direktkandidaten ihres Wahlkreises nach Bonn schickten, widmeten sie ihre Zweitstimme einer der beiden Koalitionsparteien, zumeist der FDP. In allen Bundesländern, insbesondere aber in Baden-Württemberg, erhielten die Liberalen auf diese Weise zahlreiche „Leihstimmen", die ihnen schon bei der nächsten Bundestagswahl wieder entzogen werden sollten. In Bayern fiel der Erststimmenüberhang noch am geringsten aus. Und dennoch: Nicht einmal in seinem Heimatland wollten alle angestammten Unionswähler von einem Bundeskanzler namens Franz Josef Strauß regiert werden.[194] In all den Jahren zuvor war der „Bonus in München (55 plus x Prozent)" immer ein „Malus in Bonn (50 minus x)"[195] gewesen. Nun aber gab es nicht einmal mehr in der bayerischen Heimat einen Bonus, denn auch die CSU hatte unter dem Kanzlerkandidaten Franz Josef Strauß mehrere Prozentpunkte verloren.

Die Frage, aus welchen Gründen Franz Josef Strauß die Bundestagswahl 1980 verloren hat, kennt viele Antworten. Strauß, so heißt es, sei seit dem Machtwechsel von 1969 immer weiter nach rechts abgerutscht und habe die politische Mitte daher unmöglich für sich gewinnen können. Vor allem in Norddeutschland sei seine polarisierende Losung „Freiheit statt Sozialismus" auf wenig Verständnis gestoßen. Ohnehin habe er als barocker Bayer im hohen Norden von vornherein kaum eine Chance gehabt. Außerdem seien viele der Union zuneigende Wechselwähler durch den gespenstischen Wahlkampf mit den „zum Teil gewalttätigen Protestaktionen von Gruppen aus dem extrem linken und alternativen Bereich"[196]

---

[193] Vgl. Schöll, Walter (Hg.): Franz Josef Strauß. Der Mensch und der Staatsmann. Ein Porträt. Percha am Starnberger See 1984, S. 49.
[194] Vgl. infas (Hg.): infas-Report Wahlen. Bundestagswahl 1980. Wahl zum 9. Deutschen Bundestag am 5. Oktober 1980. Analysen und Dokumente. 2. erweitere Auflage, Bonn 1980, S. 84.
[195] Franke, Berthold: Der letzte Wilderer oder Groß und Klein, in: Heinrichs, Hans-Jürgen (Hg.): F.J. Strauß. Der Charakter und die Maske, der Progressive und der Konservative, der Weltmann und der Hinterwäldler. Frankfurt am Main 1989, S. 46–55, S. 51.
[196] Kleinmann, Hans-Otto: Geschichte der CDU 1945–1982. Stuttgart 1993, S. 437.

abgeschreckt worden. Besonders seine „Sonthofener Strategie der massiven Konfrontation"[197] habe ihn viele Sympathien gekostet. Paradoxerweise sei Strauß zugleich aber stets viel zu zag- und zauderhaft gewesen. Des weiteren habe es ihm an der Unterstützung all jener prominenten Dichter und Denker gemangelt, die dem vierschrötigen Bajuwaren sein Wissen und seine Intelligenz übelnahmen und zeitlebens von der quälenden Furcht geplagt wurden, er könnte mit seinen Ansichten, Mahnungen, Warnungen und Rezepten Recht behalten. Überhaupt sei die bleiche Wut seiner haßerfüllten Gegner nur mit ihrer bitterlichen Verärgerung über seine außerordentlichen Kenntnisse und Fähigkeiten zu erklären gewesen. Weiterhin hieß es, Franz Josef Strauß habe über eine Redegewalt und ein Charisma verfügt, welches ihn vor dem Hintergrund der deutschen Geschichte habe verdächtig und gefährlich erscheinen lassen. Diese beängstigende demagogische Gabe in Verbindung mit seiner, wie es hieß, in der „Spiegel"-Affäre bewiesenen Geringschätzung der rechtsstaatlichen Demokratie habe ihm den Einzug ins Kanzleramt von vornherein verunmöglicht, da er weder die absolute Mehrheit erlangen noch eine Koalition mit der FDP bilden konnte.

All diese mehr oder minder zutreffenden Erklärungs- und Begründungsansätze beantworten jedoch nicht die Frage nach der eigentlichen Ursache der Straußschen Niederlage, die von einigen der damaligen Insider übrigens immer noch geleugnet wird. Friedrich Zimmermann: „Im Grunde hat Strauß die Wahl nicht verloren, denn er erhielt deutlich mehr Stimmen als der amtierende Bundeskanzler Helmut Schmidt. Das war ein ungeheurer Erfolg!"[198] Manfred Frühauf: „Strauß hat die Wahl nicht verloren! Im direkten Vergleich hat Strauß den Bundeskanzler Helmut Schmidt geschlagen. Die Unionsparteien haben mehr Stimmen erhalten als die Sozialdemokraten."[199] Und Gerold Tandler: „Strauß hat die Bundestagswahl nicht verloren! Strauß hat die Wahl zum Kanzler verloren! Franz Josef Strauß ist zweifelsohne der Gewinner der Bundestagswahl von 1980, denn er konnte weitaus mehr Stimmen auf sich und seine Partei vereinen als der amtierende Bundeskanzler Helmut Schmidt."[200]

In der Tat hatte der umstrittene Herausforderer am 5. Oktober 1980 trotz der furchtbaren Schlammschlacht ums Kanzleramt ein wirklich beachtliches Ergebnis erzielt. Dennoch hatte er die Bundestagswahl zweifelsfrei verloren. Eine Niederla-

---

[197] Apel, Hans: Die deformierte Demokratie. Parteienherrschaft in Deutschland. 2. Auflage, Stuttgart 1991, S. 200f.
[198] Interview mit Bundesminister a.D. Dr. Friedrich Zimmermann am 19.01.2004 in Planegg bei München.
[199] Interview mit Manfred Frühauf am 09.11.2003 in Bonn.
[200] Interview mit Staatsminister a.D. Gerold Tandler am 02.12.2003 in Altötting.

ge, die von vornherein völlig unausweichlich gewesen war, denn auf der einen Seite, so erläuterte Norbert Blüm, „stand der Macher Helmut Schmidt, auf der anderen Seite die polternde Kraftnatur Franz Josef Strauß. Das deutsche Bürgertum hat Schmidt vorgezogen, da es aufgrund seiner ungeheuren Sehnsucht nach Ruhe und Ausgewogenheit glaubte, sich auf diese Weise gewisse Konflikte ersparen oder minimieren zu können. Natürlich hat auch Schmidt sowohl vor als auch nach der Wahl zahlreiche Konflikte austragen müssen, doch hat er das im Gegensatz zu Strauß wie ein Manager getan und nicht wie ein Rummelboxer."[201] Daher war Strauß ein Politiker, der polarisierend wirkte. Hans Maier: „Sein Temperament, aber auch seine Sprunghaftigkeit und Unberechenbarkeit – das war etwas, das die Geister teilte, was zu Streit und Diskussionen Anlaß gab. Auch begeisterte Anhänger wiegten manchmal bedenklich die Köpfe. Dagegen wirkte Schmidt beherrschter, staatsmännischer."[202] Außerdem sei das Jahr 1980 nicht der richtige Zeitpunkt für eine Kanzlerkandidatur gewesen. Theo Waigel: „In der vorherrschenden Konstellation hatte er keine Chance. Helmut Schmidt befand sich auf dem Höhepunkt seines Ansehens. Zusammen mit Brandt, Genscher und Lambsdorff konnte er mehr Wählerstimmen auf seine Koalition vereinigen als die Unionsparteien dies vermochten." Und bei „allem Respekt hatte er meiner Ansicht nach den Zenit seiner Laufbahn zu jener Zeit bereits überschritten."[203]

Zusätzlich zu all jenen Hinweisen und Argumenten führten fast alle Anhänger und Politiker der CSU einen weiteren Grund für das Scheitern ihres Kandidaten an: Die CDU, so war allerorten zu vernehmen, habe Franz Josef Strauß nicht in ausreichendem Maße unterstützt. General a.D. Gerd Schmückle: „Ich habe damals mit einigen hohen CDU-Funktionären gesprochen, die mir ganz klar sagten, daß man ihn wissentlich ins Feuer laufen lassen wolle. In der CDU sah man Strauß als lästiges Problem an, das man loswerden wollte. Und man wußte, daß er an Ansehen und politischem Gewicht verlieren würde, wenn er die Wahl nicht gewann. Und diese Wahl war nicht zu gewinnen. Insofern unterstützte man Strauß im Wahlkampf nur soweit, daß der Anschein von Solidarität gewahrt blieb."[204] Diesen Eindruck gewannen auch Wolfgang Schäuble, Manfred Frühauf und viele andere Beobachter und Beteiligte.[205] Nur ein Drittel der CDU, so erinnerte sich Wilfried

---

[201] Interview mit Bundesminister a.D. Dr. Norbert Blüm am 11.11.2003 in Bonn.
[202] Interview mit Staatsminister a.D. Prof. Dr. Dr. h.c. mult. Hans Maier, schriftliches Interview vom 14.01.2004.
[203] Interview mit Bundesminister a.D. Dr. Theodor Waigel am 11.11.2003 in München.
[204] Interview mit General a.D. Gerd Schmückle am 27.10.2003 in München.
[205] Vgl. Schäuble, Wolfgang: Mitten im Leben. 3. Auflage, München 2000, S. 292; Burger, Hannes: Von Strauß zu Stoiber, in: Die Welt vom 05.10.1998; o.V.: Die bisherigen Kanzlerkandidaten der Union, in: Kölnische Rundschau vom 07.01.2002.

Scharnagl, habe Strauß wirklich unterstützt, „ein weiteres Drittel verweigerte sich bewußt und der Rest wartete einfach ab, ob man im Fall des Falles gratulieren oder kondolieren sollte."[206] Auch Strauß' Tochter Monika, die ihren Vater im Sommer 1980 auf seiner monatelangen Wahlkampftournee begleitet hatte, bewertete die christdemokratische Wahlkampfführung als miserabel: „Mein Vater war davon überzeugt, daß die absolute Mehrheit im Bereich des Möglichen lag. Die Voraussetzung war jedoch, daß die CDU mit dem erforderlichen Enthusiasmus in den Wahlkampf zog. Er sagte einmal: ‚Wenn wir die Wahl verlieren, dann verlieren wir sie wegen der CDU.' Und damit hat er Recht behalten. Denn als wir kreuz und quer durch Deutschland zogen, konnte ich oft genug beobachten, daß große Teile der CDU nur halbherzig bei der Sache waren. Das Engagement war vielerorts schlichtweg mangelhaft."

Diese Behauptungen ließen die befragten Christdemokraten freilich nicht auf sich sitzen. Wir „wären schlechte CDU-Wahlkämpfer gewesen," empörte sich Dorothee Wilms, „wenn wir nicht alles versucht hätten, die Wahl für uns zu entscheiden. Es ist aus meiner Erinnerung nicht wahr, daß sich die CDU damals nicht genügend eingesetzt hätte. Und es ist ebenfalls nicht richtig, daß die CDU die Niederlage von Strauß geradezu erwünscht hätte. Ich war damals selbst im Wahlkampf tätig und kann zumindest für die rheinische CDU sagen, daß wir uns nach Kräften bemüht haben, die Wahl zu gewinnen."[207] Denn, so erläuterte Norbert Blüm, man „kann keinen Wahlkampf führen, wenn man den Sieg nicht für möglich hält. Und wir haben den Sieg für möglich gehalten."[208] Außerdem ist laut Horst M. Teltschik zu beachten, „daß Franz Josef Strauß nur Kanzlerkandidat werden konnte, weil seine Kandidatur von einem Teil der CDU befürwortet worden ist. Die Entschlossenheit der CSU allein war dafür schließlich nicht ausreichend, sondern mußte durch das klare Votum der Mehrheit der CDU unterstützt werden. Insbesondere Kohl hat sich uneingeschränkt für einen Wahlsieg der Union und damit für einen Wahlsieg von Strauß eingesetzt. Ich selbst war bei vielen Wahlkampfveranstaltungen zugegen und konnte beobachten, daß sich Kohl ebenso motiviert und engagiert in den Wahlkampf stürzte wie vier Jahre zuvor."[209] Auf die Frage hin, ob es Hinweise darauf gab, daß sich Kohl zumindest insgeheim die Niederlage des Kanzlerkandidaten Strauß wünschte, antwortete sein damaliger Büroleiter Wolfgang Bergsdorf: „Nein, hierfür gab es keine Hinweise. Kohl hat sich von Anfang an mit einem

---

[206] Interview mit Wilfried Scharnagl am 11.11.2003 in Allershausen.
[207] Interview mit Bundesministerin a.D. Dorothee Wilms am 05.11.2003 in Köln.
[208] Interview mit Bundesminister a.D. Dr. Norbert Blüm am 11.11.2003 in Bonn.
[209] Interview mit Prof. Dr. h.c. Horst M. Teltschik am 19.02.2004 in Berlin. Vgl. dazu auch: Lohse, Eckart: Helmut Kohl als Oppositionsführer, in: Appel, Reinhard (Hg.): Helmut Kohl im Spiegel seiner Macht. Bonn 1990, S. 129–146, S. 136.

bemerkenswerten Engagement in den Wahlkampf gestürzt. Vor der Bundestagswahl 1980 hat er genauso viele Wahlkampfreden gehalten und mit der gleichen Energie für einen Wahlsieg der Unionsparteien gekämpft wie vier Jahre zuvor. Ob er insgeheim wünschte, hoffte oder glaubte, daß die Wahl mit einer Niederlage enden würde, vermag ich nicht zu sagen. Jedenfalls waren keine entsprechenden Hinweise zu beobachten. Ganz gleich, was Kohl insgeheim gedacht haben mag – er hat sich mit aller Kraft für einen Wahlsieg der Union und damit für den Erfolg des Kanzlerkandidaten Strauß eingesetzt."[210] Denn der erfahrene Taktiker Helmut Kohl wußte nur zu gut, was ihm und den Unionsparteien blühte, wenn er der kleinen, aber aufmüpfigen Schwesterpartei die geforderte Unterstützung versagte: „Eine verheerende Wahlniederlage hätte die mühsam errungene Einigkeit unter den Unionsparteien wieder zerstören können und die unterdrückten Spannungen wieder aufleben lassen. Der Bruderkampf durfte durch den Wahlausgang nicht provoziert werden, sondern musste auch nach dem Wahltag für alle Zeit vorbei sein."[211]

Wenngleich es viele der von Franz Josef Strauß nur mäßig begeisterten und nur aus Furcht vor dem Kreuther Gespenst gefügigen CDU-Wahlhelfer trotz des beispielhaften Vorbildes ihres Parteivorsitzenden in der Tat am nötigen Engagement vermissen ließen, bleibt jedoch die Frage, warum die Union auch in Bayern, wo der Wahlkampf allein der CSU oblag, ein im Vergleich zum Jahre 1976 um 2,4 Prozentpunkte schlechteres Ergebnis erzielte. Wie war es möglich, daß sich auch in Straußens Heimatland zahlreiche Schwarze zu den Gelben geflüchtet hatten? Was genau hatte sie von ihrem Ministerpräsidenten und Kanzlerkandidaten abrücken lassen? In jedem Falle muß es ein überregionales Phänomen gewesen sein, schließlich konnten innerhalb der bayerischen Grenzen weder die Wahlkampfführung der CDU noch eventuelle norddeutsche Ressentiments den Ausschlag gegeben haben. Wenn es aber etwas gab, was in Bayern eine vergleichbare Wirkung erzielte wie anderswo, dann waren das die Medien. Sollte es Rudolf Augstein also tatsächlich gelungen sein, sein 23 Jahre zuvor gestecktes Ziel zu erreichen und Franz Josef Strauß durch eine Pressekampagne zu verhindern? Friedrich Voss mußte die Frage, ob das jahrzehntelange Trommelfeuer des „Stern", des „Spiegel" und anderer Publikationen dieser Art einen signifikanten Anteil an Strauß' Niederlage gehabt haben könnte, nicht lange überdenken: „Ohne jeden Zweifel. Wenn es diese massive und erbitterte Kampagne des ‚Spiegel' und des ‚Stern' nicht gegeben hätte, wäre das allgemeine Strauß-Bild in der Bevölkerung ein ganz anderes gewesen. Wir hatten angesichts der immer wiederkehrenden Diffamierungen nicht die

---

[210] Interview mit Prof. Dr. Wolfgang Bergsdorf am 24.11.2003 in Bonn.
[211] Kohl, Helmut: Erinnerungen, 1930–1982. München 2004, S. 568.

geringste Chance, den Wählern den wahren Strauß zu vermitteln. Gegen diese jahrelange Indoktrination waren wir machtlos."[212] Zwar habe sich Strauß nach Meinung von Dorothee Wilms in der „Spiegel"-Affäre sicherlich nicht korrekt verhalten. „Die Art jedoch, wie dieser Vorfall noch Jahre später vom ‚Spiegel' immer wieder hochgespielt wurde, war schon unglaublich. Strauß wurde vom Großteil der Medien zur Unperson erklärt und bis zur Böswilligkeit karikiert."[213] Für Wilhelm Knittel war der „Spiegel" sogar Teil eines ausgezeichnet funktionierenden Pressekartells: „‚Spiegel', ‚Stern', ‚Frankfurter Rundschau' und politische Magazine des WDR hatten sich schon früher hinsichtlich ihrer Anti-Strauß-Publikationen abgestimmt und unterhielten ein gut koordiniertes Pressenetzwerk."[214]

Erschwerend kam hinzu, daß der „Stern", der wenige Jahre später auf die von Konrad Kujau gefälschten Hitler-Tagebücher hereinfiel, in der damaligen Medienlandschaft eine wesentlich größere Rolle spielte als heute. Henri Nannen, der Gründer und Chefredakteur jener einst auflagenstärksten Zeitschrift Europas, war, so erläuterte Wolfgang Maurus, „während des Krieges von der Deutschen Wehrmacht als Kriegsberichterstatter eingesetzt worden. Vielen anderen Journalisten war es ähnlich ergangen. Nannen hat dies nach dem Krieg sehr schnell als Fehler erkannt und war fortan bemüht, dies sozusagen wiedergutzumachen. Strauß hingegen war nie ein Propagandaopfer der Nationalsozialisten, aber es wurde immer versucht, ihn in diese Ecke hineinzustellen, weil er kein ‚Linker' war. Er hat von einer christlichen, einer bürgerlichen, einer konservativen Position aus versucht, soziale Politik und liberale Politik zu betreiben. Henri Nannen hatte sein Leben lang das Gefühl, er müsse etwas gutmachen. Strauß jedoch hatte niemals das Gefühl, er müsse etwas wiedergutmachen, weil er schon immer ein erklärter Gegner von totalitären Regimen gewesen war. Und das hat Strauß Nannen auch öfter fühlen lassen. Nannen war also bemüht, Strauß in ein Licht zu stellen, in dem Nannen sich selbst einst gesonnt hatte. Nannen war damals ein Verführter, Strauß hingegen nie. Nannen hat ihm dies meiner Ansicht nach lebenslang übelgenommen."[215] Und Nannen hatte ebenso wie Rudolf Augstein, der dringend einen großformatigen Gegner brauchte, an dem er sich emporschreiben konnte, ein halbes Leben lang Zeit, die öffentliche Meinung durch die von ihm veröffentlichte Meinung zu verzerren. Gemeinsam dichteten sie Franz Josef Strauß einen finsteren Schatten an, der sich

---

[212] Interview mit Staatssekretär a.D. Dr. Friedrich Voss am 29.10.2003 in Bonn.
[213] Interview mit Bundesministerin a.D. Dorothee Wilms am 05.11.2003 in Köln.
[214] Interview mit Staatssekretär a.D. Dr. Wilhelm Knittel LL.M. am 20.01.2004 in Grünwald bei München.
[215] Interview mit Wolfgang Maurus am 03.11.2003 in Bonn. Vgl. dazu auch: Schwerin, Juliane Gräfin von: Henri Nannen, der Stern und die Ostpolitik der sozial-liberalen Koalition. Hamburg 1999, S. 65f.

noch heute, siebzehn Jahre nach seinem Tod, nur schwerlich aufhellen läßt. Denn schließlich besteht die perfide Wirkung der Massenmedien ja gerade darin, aus immer wiederkehrenden Eindrücken im Laufe der Zeit eine parallele Realität zu erzeugen, die von der objektiveren Berichterstattung anderer Zeitungen und Zeitschriften kaum noch zu korrigieren ist.[216] Audacter calumniare, semper aliquid haeret: Verleumde nur dreist, etwas bleibt immer hängen! Völlig unmöglich war es dem Kanzlerkandidaten daher, „das aus den 60er Jahren herrührende und anhaltende Mißtrauen gegenüber seiner Person"[217] zu dämpfen, geschweige denn die öffentliche Meinung zu seinen Gunsten zu beeinflussen.

Denn ganz gleich, ob sich Franz Josef Strauß gerade im Begriff befand, die Atombewaffnung der Bundeswehr oder die Anschaffung des Starfighters durchzusetzen, ob er sich für die Stärkung der NATO oder die Ergreifung eines mutmaßlichen Landesverräters engagierte, ob er die Aussöhnung mit dem israelischen Volk oder die Schaffung der „Vereinigten Staaten von Europa" vorantrieb, ob er für die Ausweitung des Osthandels oder gegen die Ostpolitik der sozialliberalen Bundesregierung kämpfte, ob er vor dem sowjetischen Expansionismus oder der Aufwertung der D-Mark warnte, ob er sich gegen die Unterzeichnung des Atomwaffensperrvertrages oder für eine allgemeine kontrollierte Abrüstung aussprach, ob er eine konfrontativere Oppositionspolitik oder die Trennung der Unionsfraktion forderte, ob er sich für die Intensivierung der Entwicklungshilfe in Afrika oder eine schärfere Verfolgung von Terroristen stark machte, ob er despotischen, diktatorischen, totalitären oder demokratischen Machthabern die Hand schüttelte – immer und überall wurde Franz Josef Strauß von gegnerischen Politikern und feindseligen Journalisten als der böse, gefährliche, risikofreudige, machtgierige, unberechenbare, korrupte, säbelrasselnde, großmannssüchtige, zynische und chauvinistische Kriegstreiber dargestellt, der die Freiheit meucheln, die kommunistische Sowjetunion ausradieren und Hitlers Traum vom großdeutschen Reich zuendeträumen wolle. Wer immer ihm erstmals persönlich begegnete oder ihn bei seiner tagtäglichen Arbeit beobachten konnte, wunderte sich zunächst, das von den Medien geprägte düstere Charakterbild ganz und gar nicht bestätigen zu können. Denn Dichtung und Wahrheit lagen weiter auseinander, als es selbst die kritischsten „Spiegel"-Leser jemals für möglich gehalten hätten. All die eingefleischten Strauß-Gegner jedoch, die keine Möglichkeit hatten, ihren Lieblingsfeind aus der

---

[216] Vgl. Kepplinger, Hans Mathias; Donsbach, Wolfgang; Brosius, Hans-Bernd u.a.: Medientenor und Bevölkerungsmeinung. Eine empirische Studie zum Image Helmut Kohls, in: Kölner Zeitschrift für Soziologie und Sozialpsychologie, 38 (1986) H. 2, S. 247–279.

[217] Neumann, Franz: Bundestagswahl 1980: Entscheidung für die sozial-liberale Koalition und ihren Kanzler, in: Gegenwartskunde, 29 (1980) H. 4, S. 461–468, S. 461.

Nähe zu begutachten und die Reportagen gemäßigterer Blätter daher für die Schützenhilfe einer rechten Journaille hielten, sind zwangsläufig bei ihrer unversöhnlichen Haltung geblieben – und bleiben es bis heute.

„Sie haben diese Republik vor einem Kanzler Strauß bewahrt?" wurde Rudolf Augstein anläßlich des 50. Geburtstages des „Spiegels" gefragt. Seine Antwort war bezeichnend und entlarvend zugleich: „Wenn ich einen Verdienst habe – dann diesen."[218] In der Tat hat sich Franz Josef Strauß nicht, wie beispielsweise von Willy Brandt gemutmaßt wurde, selbst im Wege gestanden; Strauß hat seine Kanzlerschaft nicht selbst verhindert, sie wurde verhindert. Friedrich Voss: „Bei etwas mehr Fairness seitens der Presse wäre sein Lebensweg anders verlaufen. Man bedenke zum Beispiel seine großen Leistungen als Finanzminister. Diese hervorragenden Erfolge sind von der ‚Berichterstattung' des ‚Spiegel' und des ‚Stern' stets vernachlässigt worden. Einem anderen als Strauß hätte man Lobeshymnen gewidmet."[219] Aus eben diesem Grunde hätte es ihm nicht das geringste genutzt, sich, wie manchmal empfohlen wurde, rhetorisch zu mäßigen, sich mit staatsmännischer Zurückhaltung zu noblieren oder seine äußerliche Erscheinung mediengerecht in Szene zu setzen. Was immer Franz Josef Strauß getan hat oder getan hätte – und seine enormen Verdienste als Finanzminister der Großen Koalition belegen dies ebenso zweifelsfrei wie sein lebenslanges Streben nach der friedlichen Überwindung der nationalstaatlichen Grenzen in Europa –, es wurde oder wäre je nach publizistischer Bedarfslage heruntergespielt, heraufgespielt, verfälscht, verdreht, verschwiegen, verleugnet, verzerrt oder wie im Fall der Sonthofener Rede mit voller Absicht mißverstanden und in entsprechend aufbereiteter Form verbreitet worden.

Dank all den Augsteins, Nannens, Bölls, Grass', Engelmanns und Wallraffs, die glaubten, der deutschen Politik ihren Stempel aufdrücken zu müssen, ohne dafür vom Wähler legitimiert worden zu sein, war es auch der FDP völlig unmöglich, Strauß seine in der Tat viel zu spät gebeichtete Beteiligung an der „Spiegel"-Affäre zu vergeben, welche von den liberalen Trittbrettfahrern ebenso wie die aufsehenerregende Fibag-Affäre eiskalt ausgenutzt worden war, um Strauß seinen im Herbst 1961 begangenen Wortbruch heimzuzahlen. Doch selbst wenn Franz Josef Strauß damals standhaft geblieben wäre, hätten sich die Freien Demokraten spätestens unter dem liberalen Wirtschaftskanzler Erhard auf Straußens Kosten zu profilieren versucht. Außerdem hätte der „Spiegel" seine Hetzkampagne keinesfalls einge-

---

[218] Haller, Michael: Deutschland als Problem, als Frage und als Zielpunkt. Der politische Journalismus des „Spiegel" und der „Zeit" in den 50er und 60er Jahren, in: Wilke, Jürgen (Hg.): Massenmedien und Zeitgeschichte. Konstanz 1999, S. 625–637, S. 631.
[219] Interview mit Staatssekretär a.D. Dr. Friedrich Voss am 29.10.2003 in Bonn.

stellt. Über kurz oder lang wäre Franz Josef Strauß doch über irgendeinen von Augstein hochgespielten und von seinen politischen Gegnern instrumentalisierten Vorfall gestolpert, früher oder später hätte sich Strauß angesichts des massiven publizistischen Dauerfeuers doch einen fatalen Fehltritt geleistet, der dann eine ähnliche Wirkung gezeitigt hätte wie die inzwischen fast schon legendäre „Spiegel"-Affäre. Insofern wäre es der FDP auch nach dem Ende einer eventuell noch sehr viel länger andauernden Ära Adenauer in keinem Falle möglich gewesen, mit Franz Josef Strauß eine Koalition einzugehen. Angesichts der nach wie vor kraftvoll tönenden Anti-Strauß-Propaganda konnten und wollten sich die Liberalen ja nicht einmal nach den Jahren der Großen Koalition, in deren Verlauf Strauß eindrucksvoll unter Beweis gestellt hatte, daß er sich mit verantwortungsbewußter Leidenschaft für die res publica einzusetzen vermochte, zu einem entspannteren Verhältnis zu ihrem Buhmann durchringen. Denn eine mit Franz Josef Strauß koalierende liberale Partei wäre mit freundlicher Unterstützung von Augstein und Genossen an bzw. in der Wahlurne zur letzten Ruhe gebettet worden. Die vierte Gewalt im Staate war und blieb einfach zu mächtig. Voss: „Dies alles hatte mit Journalismus nichts zu tun. Es war ein persönlich motivierter Vernichtungsfeldzug einiger Presseoligarchen"[220], dem der obendrein von den Christdemokraten nur mäßig unterstützte und nördlich der Rhein-Main-Linie besonders kritisch beäugte Bayer trotz all seiner fast übermenschlichen Anstrengungen einfach nicht genug entgegenzusetzen hatte. Strauß: „Wenn die bürgerlichen Wähler ihre wahren Interessen erkannt und sich nicht von dem Anti-Strauß-Klischee, das ein Teil der Medien produziert hat, hätten benebeln lassen, dann wäre 1980 schon eine konkrete Chance gewesen."[221] Doch die vom Anti-Strauß-Klischee benebelten bürgerlichen Wähler erkannten ihre „wahren Interessen" nicht. Jedenfalls nicht mehr als 44,5 Prozent von ihnen.

So wurde Franz Josef Strauß, der nie beschlossen hatte, Politiker zu werden, es aber unter dem Zwang der Stunde geworden war, um vielleicht in Erfüllung seiner instinktiv verstandenen Pflicht einen Beitrag dafür zu leisten, daß die deutsche Politik nie wieder auf schreckliche Irrwege kommen solle, wie man sie bereits erlebt hatte und daß dem deutschen Volk eine dritte Katastrophe im gleichen Jahrhundert und später erspart bleiben möge, so wurde jener Franz Josef Strauß, der für die Bundestagswahl 1980 nur kandidiert hatte, um sich und seine Partei nicht der Lächerlichkeit preiszugeben, zur wahrscheinlich tragischsten Figur der neueren deutschen Geschichte: zum verhinderten Kanzler.

---

[220] Ebd.
[221] Schell, Manfred: Die Kanzlermacher. Mainz 1986, S. 123.

XI. Der „Alpenkönig" (1980–88)

1. Ein inszenierter Machtwechsel

Nach der Bundestagswahl 1980 erging es Helmut Schmidt wie acht Jahre zuvor Willy Brandt. An einer kräftezehrenden Erkrankung laborierend, widmete sich Schmidt nur mit Widerwillen der Bildung seines dritten Kabinetts. Auf den Tag genau vier Wochen dauerte es, bis er als Chef einer aus zwölf SPD- und vier FDP-Ministern bestehenden Bundesregierung vereidigt werden konnte. Von 271 möglichen Koalitionsstimmen erhielt Schmidt nur 266. Der Anfang vom Ende der sozialliberalen Koalition hatte begonnen. Unterdessen arbeitete Helmut Kohl, der heimliche Gewinner der Bundestagswahl, bereits wieder mit der ihm eigenen Beharrlichkeit an seinem Comeback. Die klare Niederlage seines kollegialen Kontrahenten hatte unbestreitbar unter Beweis gestellt, daß sich ohne Koalitionspartner kein Regierungswechsel herbeiführen ließ. Dementsprechend überwältigend fiel seine Wiederwahl zum Vorsitzenden der CDU/CSU-Bundestagsfraktion aus, die ihm zwei Tage nach der Bundestagswahl 210 von 214 Stimmen einbrachte. Mit Mut, Standhaftigkeit und taktischem Geschick hatte Helmut Kohl die Opposition innerhalb der Opposition endlich zum Schweigen gebracht.

Franz Josef Strauß, der noch am Abend der Bundestagswahl seine Niederlage eingestanden hatte, war kein schlechter Verlierer. Keine Sekunde ließ er die Öffentlichkeit darüber im Zweifel, daß der alte und neue Fraktionsvorsitzende der Unionsparteien „der natürliche Nachfolger von Helmut Schmidt wäre,"[1] falls dieser vorzeitig abdanken müsse. Die ewig unkenden Wochenmagazine schlossen daraus, der gescheiterte Kandidat, der auch auf sein neu erworbenes Bundestagsmandat verzichtete, ziehe sich nun grollend ins weißblaue Exil zurück. Der ehemals beste Mann des konservativen Lagers, so urteilte beispielsweise Matthias Geis, sei nur noch ein „polternder Komödiant"[2], der von niemandem mehr ernst genommen werde. Am allerwenigsten von Helmut Kohl. Horst Teltschik, der Kohl weitaus näher stand als der hämische „taz"- und „Zeit"-Journalist, teilte dessen

---

[1] Jäger, Wolfgang: Die Innenpolitik der sozial-liberalen Koalition 1974–1982, in: Bracher, Karl Dietrich; Eschenburg, Theodor; Fest, Joachim C.; Jäckel, Eberhard (Hg.): Geschichte der Bundesrepublik Deutschland. Band V/II: Jäger, Wolfgang; Link, Werner: Republik im Wandel 1974–1982. Die Ära Schmidt. Stuttgart, Wiesbaden 1987, S. 7–272, S. 193.
[2] Geis, Matthias: Der Überbayer, in: Die Zeit vom 26.06.2003, S. 2.

Meinung nicht. Auf die Frage hin, wie man Strauß in der CDU nach 1980 empfand und ob er an politischem Gewicht, an Ansehen und Einfluß verloren habe, antwortete der damalige Leiter des Büros des Vorsitzenden der CDU/CSU-Bundestagsfraktion: „Das würde ich nicht sagen. Zwar wußte man, daß es keine zweite Kanzlerkandidatur des Franz Josef Strauß geben würde und daß er sich in gewisser Weise nach Bayern zurückzog. Doch war und ist Bayern eines der wichtigsten deutschen Bundesländer. Strauß nutzte bis zuletzt alle sich ihm bietenden Möglichkeiten, um auf die Bundespolitik Einfluß zu nehmen und überschüttete uns im Laufe der Jahre mit einer wahren Flut an Briefen und Faxen, in denen er Hinweise formulierte, Forderungen und Bitten stellte sowie Mahnungen und Ratschläge erteilte."[3] Wolfgang Bergsdorf, zu jener Zeit Leiter des Büros des Vorsitzenden der Christlich-Demokratischen Union Deutschlands, beurteilte die Lage ähnlich: „Strauß war nach wie vor ein bedeutender Politiker mit großem Einfluß. Schließlich konnte er als Ministerpräsident des Freistaates Bayern über den Bundesrat spürbar auf die Bundespolitik einwirken. Außerdem war er Vorsitzender der CSU, die von 1982 an mehrere Minister im Kabinett Kohl stellte. Wenngleich Strauß die Bundestagswahl 1980 nicht gewann, so verlor er doch nicht an Ansehen und Bedeutung."[4] Die gleiche Auffassung vertrat man natürlich auch in den Reihen der Christlich-Sozialen Union.[5] Denn in der Tat ließ sich Franz Josef Strauß nicht zum alten Eisen werfen und mischte sich wie eh und je in alle ihn interessierenden Vorgänge ein. Und im Grunde gab es nichts, was ihn nicht interessierte. Dennoch setzte ihm das Scheitern als Kanzlerkandidat innerlich sehr viel stärker zu, als er sich anmerken ließ. Schließlich war ihm nach Ansicht von General a.D. Gerd Schmückle „die Perspektive abhanden gekommen. Mit dieser verlorenen Wahl kam für ihn – wie ich meine – eine ‚Periode der Vergeblichkeiten'. Denn ihm fehlte die Last eines schweren Amtes, das ihn weltweit forderte. Nur unter solcher Last konnte dieser ungewöhnliche Mann sein politisches Talent voll ausleben."[6]

Auf der Suche nach neuen Lasten wurde der alternde Herkules schnell fündig. Denn nachdem er sich damit abgefunden hatte, aller Voraussicht nach niemals mehr nach Bonn zu gehen, ließ er in München monarchische Zeiten anbrechen. Den Etat für repräsentative Verpflichtungen hatte er vorsorglich bereits im Jahre

---

[3] Interview mit Prof. Dr. h.c. Horst M. Teltschik am 19.02.2004 in Berlin.
[4] Interview mit Prof. Dr. Wolfgang Bergsdorf am 24.11.2003 in Bonn.
[5] Interview mit Staatsminister a.D. Gerold Tandler am 02.12.2003 in Altötting; Interview mit Staatsminister a.D. Prof. Dr. Dr. h.c. mult. Hans Maier, schriftliches Interview vom 14.01.2004.
[6] Interview mit General a.D. Gerd Schmückle am 27.10.2003 in München.

1978 um 80 Prozent erhöhen lassen.[7] Aber auch private Feierlichkeiten wie die Hochzeit seiner Tochter Monika, die am 16. Oktober 1982 den Diplomkaufmann Michael Hohlmeier ehelichte, wurden wie königliche Staatsakte begangen. An entsprechenden Ehrungen fehlte es nicht. So wurde Strauß im dritten Jahr seiner Amtszeit als bayerischer Ministerpräsident zum Ehrenbürger seiner Geburtsstadt München ernannt. Außerdem wählten ihn im gleichen Jahr wieder einmal weit über 95 Prozent der Delegierten zum Vorsitzenden der Christlich-Sozialen Union. Doch Franz Josef Strauß wollte nicht nur repräsentieren, er wollte auch regieren. Mit ungeheurer Hingabe stürzte sich der „Alpenkönig"[8] auf den Bau von Fernstraßen und Klärwerken, auf die Koordinierung von Investitions- und Förderprogrammen im Bereich der Luft- und der Raumfahrt, auf die Modernisierung des Schul- und Universitätswesens, den Weiterbau des umstrittenen Rhein-Main-Donau-Kanals und die Errichtung eines Großflughafens vor den Toren Münchens im sumpfigen Erdinger Moos. Trotz seiner Leidenschaft für epochale Großprojekte verstand sich Strauß aber immer noch als Freund und Anwalt des kleinen Mannes. Voss: „Bürgernähe ist für FJS kein Problem. Die gesunden Ansichten eines Bürgers schätzt er mehr als weltfremdes Bürokratendenken, selbst wenn es eleganter und geschliffener formuliert ist. Seit er Ministerpräsident in Bayern ist, haben die Bürger-Eingaben um 50 Prozent zugenommen. FJS beantwortet dies mit der Schaffung eines Bürgerbeauftragten, der unmittelbar bei Behörden und Ämtern, die dem Bürger Anlaß zur Klage geben, intervenieren kann, was dem Petitionsausschuß des Landtags, der sich nur an die Ministerien wenden kann, rechtlich nicht möglich ist."[9] Doch bald schon wurde Franz Josef Strauß sein regional beschränktes Betätigungsfeld als Landesfürst zu klein. Immer häufiger delegierte er die ihm rasch lästig werdenden Marginalien an Edmund Stoiber, bis dieser den Freistaat Bayern schließlich im Auftrag des „Aufsichtsratsvorsitzenden Strauß" wie ein geschäftsführender Vorstandschef managte.[10]

Der einzige größere Skandal, den die Medien im Laufe seines langen politischen Lebensweges nicht zu Ungunsten von Franz Josef Strauß aufbauschen konnten, war die sogenannte „Flick-Affäre". Im Februar 1982 gab die Bonner Staatsanwaltschaft bekannt, daß sie gegen mehrere Politiker von CDU, SPD und FDP ermittele,

---

[7] Vgl. Schneider, Herbert: Ministerpräsidenten. Profil eines politischen Amtes im deutschen Föderalismus. Opladen 2001, S. 50.
[8] o.V.: „Schnüffler ohne Nase". Die Pannen und Pleiten des Bundesnachrichtendienstes in Pullach, in: Der Spiegel, 49 (1995) H. 17, S. 40–59, S. 57.
[9] Voss, Friedrich: Den Kanzler im Visier. 20 Jahre mit Franz Josef Strauß. Mainz, München 2000, S. 185.
[10] Vgl. Deckstein, Dinah; Höbel, Wolfgang, Kurbjuweit, Dirk u.a.: Nationalpark Bayern, in: Der Spiegel, 56 (2002) H. 5, S. 68–83, S. 72; Köpf, Peter: Sto!ber. Die Biographie. München 2002, S. 123.

da diese von der Friedrich Flick KG Spenden entgegen genommen hatten. Im Gegenzug sollen der amtierende Bundeswirtschaftsminister Graf Lambsdorff und dessen Vorgänger Hans Friderichs dem Flick-Konzern die Versteuerung von 1,5 Milliarden D-Mark erlassen haben, die aus dem Verkauf von Daimler-Benz-Aktien stammten. Die Beschuldigten gaben an, das Steuergeschenk sei mit der volkswirtschaftlich besonders förderungswürdigen Reinvestition des Aktienerlöses gemäß § 6 b des Einkommensteuergesetzes zu begründen. Die einzige Partei, die in den Skandal nicht direkt verwickelt wurde, war die CSU. Zwar hatte Franz Josef Strauß über Jahre hinweg den 1972 verstorbenen Friedrich Flick sowie dessen Sohn Friedrich Karl Flick unternehmenspolitisch beraten, doch waren dafür niemals spezielle Zahlungen erfolgt, sondern – wie von anderen bedeutenden Wirtschaftsunternehmen auch – völlig legale Spenden in die Kassen der CSU geflossen. Da sich Franz Josef Strauß sehr zum Ärger Rudolf Augsteins keinen Amtsmißbrauch geleistet und auch keine privaten Geldgeschenke angenommen hatte, konnte ihm weder die juristische noch die publizistische Gewalt im Staate einen Strick aus der aufsehenerregenden Flick-Affäre drehen.

Lange bevor in der Öffentlichkeit der Eindruck entstand, Flick habe mit seinem Geld die Republik gekauft, ging es mit selbiger immer steiler bergab. Da Arbeitslosigkeit, Zinsniveau, Leistungsbilanzdefizit, Staatsverschuldung und Geldwertschwund weiter angestiegen waren, mußten sozialpolitische Einschnitte vorgenommen werden, die besonders unter den Linken der Linken Unzufriedenheit schürten. „Willy Brandt konnte den linken, ökologischen Flügel durch sein eher visionäres Politikverständnis ohne starke Neigung zur praktischen Umsetzung noch integrieren. Dem an nüchterner, praxisbezogener Machtausübung orientierten Helmut Schmidt verweigerte er sich."[11] Außerdem ließ sich der vom radikaleren Flügel der Partei gewünschte Linksruck mit den gemäßigteren Liberalen nicht machen. „Eine Korrektur des Wahlergebnisses nach links über die Köpfe der Wähler hinweg wird es nicht geben"[12], hatte Hans-Dietrich Genscher bereits in der Wahlnacht verkündet. Im Namen seiner Partei forderte er nun eine Wende in der bisherigen Wirtschafts- und Finanzpolitik, die den Vorstellungen des linken SPD-Flügels vollkommen zuwiderlief. Die Kluft zwischen den beiden Koalitionsparteien begann sich langsam aber sicher zu vergrößern.

Auch im Bereich der Ost- und Deutschlandpolitik gab es kaum etwas Erfreuliches zu vermelden. Vier Tage nach der Bundestagswahl erhöhte das Finanzministerium

---

[11] Biedenkopf, Kurt H.: Zeitsignale. Parteienlandschaft im Umbruch. München 1989, S. 28.
[12] Merck, Johannes: „Klar zur Wende?" – Die FDP vor dem Koalitionswechsel in Bonn 1980–1982, in: Politische Vierteljahresschrift, 28 (1987) H. 4, S. 384–402, S. 385.

der DDR die Mindestumtauschsätze pro Tag und Person drastisch. Außerdem waren Rentner und Jugendliche nicht mehr länger von der Umtauschpflicht befreit. Laut Norbert Pötzl zeitigten diese Maßnahmen den von der DDR gewünschten Erfolg: „Die Zahl westdeutscher Besucher ging drastisch zurück. Die schikanöse Geldschneiderei verstieß klar gegen den Geist von Helsinki und strapazierte die vielfach beschworenen Bemühungen um gutnachbarliche Beziehungen."[13] Darüber hinaus forderte Staats- und Parteichef Erich Honecker die Umwandlung der Ständigen Vertretungen in Botschaften, die Anerkennung der Staatsbürgerschaft der DDR und die Schließung der zentralen Erfassungsstelle von Gewaltakten an der Zonengrenze in Salzgitter. Wie von Franz Josef Strauß vorausgesagt, war von einem Wandel durch Annäherung auch zehn Jahre nach dem deutsch-deutschen Grundlagenvertrag immer noch nichts zu spüren.

Gleiches galt für die erhoffte Normalisierung und Entspannung im Verhältnis zur Sowjetunion, die ihre konventionellen und nuklearen Kräfte in den vorangegangenen Jahren massiv verstärkt hatte. Auf die zunehmende Bedrohung durch die sowjetische Raketenrüstung reagierte die NATO auf Anregung Helmut Schmidts mit der Ankündigung, zusätzliche atomare Mittelstreckenraketen in Europa stationieren zu wollen; es sei denn, Moskau sei zu einer Reduzierung seiner neuen Raketen vom Typ SS-20 bereit. Entweder willigten die Sowjets in Verhandlungen über die Abrüstung der bestehenden Mittelstreckensysteme in Ost *und* West bis zum Ende des Jahres 1983 ein (Verhandlungsbeschluß), oder die NATO würde in den Frontländern der Gemeinschaft 108 Raketen vom Typ Pershing-II und 464 Cruise Missiles installieren (Nachrüstungsbeschluß). Dieser prophylaktische Rüstungskontrollansatz stieß jedoch in großen Teilen der deutschen Sozialdemokratie, aber auch in all den neuen ökologisch und pazifistisch orientierten Gruppierungen, die sich im Laufe der 70er Jahre gebildet hatten, auf angsterfülltes Unverständnis und erbitterten Widerstand. „Frieden schaffen ohne Waffen!" lautete das Motto der neuen sozialen Bewegungen, die größtenteils Zerfallsprodukte der „68er" waren und allen Ernstes daran glaubten, die immer noch in Afghanistan wütende Sowjetunion mit einer einseitigen Abrüstung ausnahmslos aller konventionellen und atomaren Waffensysteme zu friedvoller Nachbarschaft bekehren zu können. Ein nach Auffassung von Franz Josef Strauß völlig absurder Gedanke. In seinen Augen litten die Nachrüstungsgegner allesamt an einer verhängnisvollen, weil realitätsfernen Bewußtseinsverwerfung: „Weite Teile unserer Bevölkerung tun so, als ob nur die eigenen Waffen, nicht aber die Waffen des potentiellen Gegners

---

[13] Pötzl, Norbert F.: Erich Honecker. Eine deutsche Biographie. Stuttgart, München 2002, S. 192.

gefährlich wären."[14] Denn: „In der sogenannten Friedensbewegung haben sich drei ganz unterschiedlich zu bewertende Gruppierungen zusammengefunden: die Zweck-, die Angst- und die Gesinnungspazifisten. Die Zweckpazifisten sind Kommunisten, in deren Augen moderne, atomare Waffen in den Händen kommunistischer Regierungen oder des Kreml wahre Segensinstrumente für Fortschritt und Menschheitsbeglückung sind, während sie dieselben Waffen in den Händen vom Volk gewählter demokratischer Politiker, Präsidenten oder Regierungschefs als verbrecherische Instrumente zur Niederhaltung der Völker und zur Aufrechterhaltung einer überkommenen kapitalistischen Ordnung verteufeln. Über ihre Bewertung muß man kein Wort verlieren. Dann finden wir in der Friedensbewegung die Angstpazifisten. Ihre Losung heißt: ‚Lieber rot als tot.' Sie sind unfähig, ihren intellektuellen Irrtum einzusehen, nämlich, daß es diese Alternative in Wirklichkeit gar nicht gibt. Wer sich für rot entscheidet, entscheidet sich auch für tot. Wenn die NATO zerbricht, ist der Ausbruch des Dritten Weltkrieges unendlich wahrscheinlicher als jetzt, wo er nach menschlichen Maßstäben so gut wie ausgeschlossen ist, weil es die Waffen selbst sind, die den Griff zum Schwert unmöglich machen. Wenn die Angstpazifisten ihren Weg zu Ende gehen könnten, würden sie die Erfahrung machen, daß sie nicht mehr gefragt werden, unter welcher Fahne sie ihren Militärdienst leisten wollen. Sie würden als Kanonenfutter für sowjetische Machtinteressen auf allen möglichen Schlachtfeldern ihr Leben riskieren und auch verlieren können. Dazu gibt es nur eine einzige Alternative und die heißt: Weder rot noch tot! Dazu kommen dann noch die Gesinnungspazifisten. Das ist ein kleines Häuflein ehrenwerter Bürgerinnen und Bürger, die ich respektiere, die ich achte, vor deren persönlicher Entscheidung ich jederzeit bereit bin, den Hut zu ziehen. Nur ist deren Maxime in der Politik nicht verwendbar. Der Gesinnungspazifismus ist das Privileg des einzelnen in einer freiheitlichen Gesellschaft. Der Verantwortungspazifismus ist der Auftrag an Staatsmänner, die auf dem Boden des christlichen Sittengesetzes verantwortlich für Frieden und Freiheit Entscheidungen treffen müssen. Die Bergpredigt ist eine uns tief bewegende Aufforderung zur Gewaltlosigkeit und zum christlichen Grundsatz der Feindesliebe. Der einzelne Christ, der sich für seine Person entscheidet, diese Mahnung zum Mittelpunkt seines Handelns zu machen, also Gewalt zu dulden und Unrecht widerstandslos hinzunehmen, kann sich daher auf die Aussage der Bergpredigt berufen. Aber das Recht des einzelnen, auf die Verteidigung seiner Freiheit zu verzichten, um sich der Gewalt zu beugen, entbindet diejenigen, die in der politischen Verantwortung stehen, nicht von ihrer sittlichen Pflicht, die Freiheit und Unversehrtheit ihrer Mitmenschen zu schützen und ungerechte Gewalt abzuwehren, weil Menschenwürde

---

[14] Strauß, Franz Josef: Die Erinnerungen. Berlin 1998, S. 482.

ohne Freiheit nicht denkbar ist. Friedenssehnsucht kann den Frieden nicht herbeizwingen, schon gar nicht dann, wenn sie mit Friedenspolitik verwechselt wird."[15]

Aus eben diesen Gründen sprach sich Franz Josef Strauß im Gegensatz zu Helmut Schmidt mehrfach dafür aus, unverzüglich nachzurüsten und erst anschließend – aus einer Position der Stärke heraus – über eine beiderseitige kontrollierte Abrüstung zu verhandeln.[16] Von einer Nullösung hielt er jedoch nichts, wie der folgende Auszug aus einer schriftlichen Fassung einer Ansprache auf dem Internationalen Politik- und Strategiesymposium der Hanns-Seidel-Stiftung darlegt: „Ich komme zu einigen Schlußfolgerungen. Erstens, wäre es denkbar, daß beide Mächte ihre Atomwaffen vernichten? Ich halte das für irreal. Das ist genauso wie die Nulloption. Daß beide Mächte ihre Atomwaffen vernichten, daß eine es tut, ohne daß die andere es tut, ist sowieso ausgeschlossen. Zweitens, wenn beide es tun würden – lauter hypothetische, theoretische Varianten – gibt es ein System der Verifikation, daß nicht einer sich doch 10 Bomben in einem Bergwerkschacht aufbewahrt und damit eine ungeheure Überlegenheit hätte in einem konventionellen Kriege. Drittens, wenn alle Atomwaffen vernichtet würden, die Produktion von Atomsprengkörpern gelingt heute jeder mittleren Industrienation in wenigen Monaten. Es brauchen ja dann nicht komplizierte Fernwaffen mit elektronischer Lenkung zu sein, es genügt ja die primitive Konstruktion von Hiroshima. Viertens, ist es für uns wünschenswert, eine Zerstörung der Atomwaffen zu erreichen? Ist es für uns wünschenswert? Dann müssen wir auf dem Gebiet der konventionellen Bewaffnung nach Quantität und Qualität gleichziehen, zumindest relativ gleichziehen. Ist der Westen dazu in der Lage und dazu willens? Fünftens, ist es reiner Zufall, daß nach dem Zweiten Weltkrieg in Lateinamerika, in Ostasien, in Afrika, im Mittleren Osten insgesamt glaube ich 130 Kriege stattgefunden haben? Mit einer Gesamtzahl

---

[15] Strauß, Franz Josef: Der Friede erstrangiges Ziel der Politik. Interview mit dem Vorsitzenden der CSU und Bayerischen Ministerpräsidenten, in: Politische Studien, 33 (1982) H. 261, S 7–12, S. 10f. Vgl. dazu auch: Strauß, Franz Josef: Der christliche Politiker und der Glaube, in: Hanns-Seidel-Stiftung e.V. (Hg.): Information 4/84: Kirche und Politik. München 1984, S. 3–11, S. 9; Strauß, Franz Josef: Der christliche Politiker und der Glaube, in: Politische Studien, 35 (1984) H. 275, S. 228–234, S. 232; Strauß, Franz Josef: Sicherheits- und Verteidigungspolitik: Friedenspolitik. Wehrpolitischer Arbeitskreis der CSU (Hg.): Informationen zur Sicherheitspolitik, Sonderverteiler 1981/8, S. 4f; Strauß, Franz Josef: Gegen politische Verwirrung und moralische Orientierungslosigkeit, in: Hanns-Seidel-Stiftung e.V. (Hg.): Information 2/83: Eröffnung des Bildungszentrums Kloster Banz. München 1983, S. 7–18, S. 11f.

[16] Vgl. Inacker, Michael J.: Politik in der Wendezeit, in: Appel, Reinhard (Hg.): Helmut Kohl im Spiegel seiner Macht. Bonn 1990, S. 73–111, S. 75. Vgl. dazu auch: Strauß, Franz Josef: Disarmament is justified only when it increases our security and safeguards peace. Interview with Franz Josef Strauß, in: Military technology, 11 (1987) H. 11, S. 119–120.

an Opfern, Soldaten, und Zivilisten, die in die Millionen geht. Und in Europa, trotz der Anhäufung der Atomwaffenpotentiale auf beiden Seiten, militärisch im Einsatz kein einziger Schuß gefallen ist. In Europa ist mit Militärwaffen in den letzten 36 Jahren nur mehr auf Übungsplätzen geschossen worden, aber nicht mehr im militärischen Einsatz. So etwas hat es in Europa noch nie in seiner Geschichte gegeben. Ich komme deshalb zu einer Schlußfolgerung, die sicherlich anfechtbar ist, wie alle Schlußfolgerungen anfechtbar sind, nämlich, nicht nur daß wir seit 36 Jahren den Frieden in Europa der Abschreckungskraft der Atomwaffen mitzuverdanken haben. Der Griff zum Schwerte, wenn das Schwert nicht A-Waffe heißt, fällt wesentlich leichter, als wenn das Schwert A-Waffe heißt, da keine der beiden Seiten Selbstmord begehen will, das ist für uns Deutsche eine bittere Schlußfolgerung, aber auch eine erfreuliche Schlußfolgerung. Veränderungen, wie sie früher durch Kriege auf der europäischen Landkarte im Lauf der Geschichte hunderte von Malen erfolgt sind, sind in Zukunft auf dem Weg des Krieges nicht mehr möglich. Das heißt für uns Deutsche – und ich ziehe diese Schlußfolgerung ohne Hintergedanken – daß das Ziel der Einheit Deutschlands, der Einheit Europas, des Selbstbestimmungsrechts der Völker nicht auf militärischem Weg in Europa erreicht werden kann. Wir bekennen uns in Deutschland ohne wenn und aber zu dieser Schlußfolgerung. Das heißt aber weiter, daß Veränderungen nicht mehr stattfinden auf den Schlachtfeldern, sondern Veränderungen stattfinden durch geistige, soziologische, psychologische und politische Entwicklungen auf der einen wie auf der anderen Seite."[17]

Daß vor allem der linke Flügel der Sozialdemokraten eine völlig andere Ansicht vertrat, stellte für den altgedienten Verteidigungsexperten kein besonderes Problem dar. Bundeskanzler Helmut Schmidt jedoch, der in der Beurteilung der strategischen Lage mit Franz Josef Strauß übereinstimmte, verlor in seiner eigenen Partei mehr und mehr an Rückhalt. Seit dem Sieg über den bajuwarischen Herausforderer hatten sich die schon seit Jahren existierenden Spannungen innerhalb der SPD ebenso wie jene zwischen den beiden Koalitionsparteien ins Unerträgliche gesteigert. Schließlich befürworteten die Liberalen nicht nur den NATO-Doppelbeschluß, sondern forderten auch eine zeitgemäßere Wirtschaftspolitik. „Wenn die SPD jetzt ihre Regierungsverantwortung abgäbe", warnte der erfahrene Herbert Wehner eindringlich, „erwarteten sie mindestens 15 Oppositionsjahre, die noch

---

[17] Strauß, Franz Josef: Chancen und Grenzen der westlichen Politik in den 80er Jahren, in: Hanns-Seidel-Stiftung (Hg.): Die Herausforderungen des Westens in den 80er Jahren. Probleme, Chancen, Aufgaben. Internationales Politik- und Strategiesymposium der Hanns-Seidel-Stiftung e.V. in München. München 1982, S. 67–84, S. 76f.

schlimmer zu werden drohten als die erste Oppositionszeit."[18] Doch der Niedergang der rotgelben Koalition war durch nichts mehr aufzuhalten. Als es Wirtschaftsminister Otto Graf Lambsdorff am 9. September 1982 schließlich wagte, ohne Rücksprache mit seinem Kanzler ein „Konzept für eine Politik zur Überwindung der Wachstumsschwäche und zur Bekämpfung der Arbeitslosigkeit" – das sogenannte „Lambsdorff-Papier" – zu veröffentlichten, welches in vielen Punkten mit den Vorstellungen der sozialdemokratischen Partei unvereinbar war, warf Helmut Schmidt die vier Minister der FDP aus seinem Kabinett. Entweder, so eröffnete er den Herren Lambsdorff, Genscher, Baum und Ertl, legten sie ihre Ämter freiwillig nieder, oder er würde beim Bundespräsidenten höchstselbst ihre Entlassung beantragen. Daraufhin traten die vier liberalen Minister am Morgen des 17. September 1982 geschlossen von ihren Ämtern zurück. Nach fast genau 13 Regierungsjahren hatte die sozial-liberale Ära ein unrühmliches Ende gefunden.

Wie sollte es nun weitergehen? Da den Sozialdemokraten ohne die FDP die nötige Mehrheit fehlte, um dauerhaft weiterregieren zu können, hätte Helmut Schmidt am liebsten nach Artikel 68 des Grundgesetzes die Vertrauensfrage gestellt, um dem Bundespräsidenten daraufhin die Auflösung des Bundestages vorschlagen zu können. Spätestens nach dessen 21tägiger Bedenkzeit hätten Neuwahlen angesetzt werden müssen, die neue Mehrheiten herbeigeschafft hätten. Dies wäre auch nach Auffassung von Franz Josef Strauß die sauberste Lösung gewesen. Schließlich war die liberale Partei seiner Meinung nach für die desolate wirtschaftliche Lage mitverantwortlich. Außerdem standen die Chancen der Union, diesmal die absolute Mehrheit zu erreichen und Helmut Schmidt mitsamt der FDP „in den Sielen sterben zu lassen"[19] allen Umfragen gemäß ganz ausgezeichnet. Doch da sich Helmut Kohl und der von Strauß als „Edelkurtisane zwischen zwei Monarchen"[20] beschimpfte Hans-Dietrich Genscher bereits auf ein konstruktives Mißtrauensvotum geeinigt hatten, welches sich auch im Verlauf der dem Bundespräsidenten zustehenden 21tägigen Bedenkzeit hätte durchführen lassen können, wurde das Ende der Regierung Schmidt/Genscher nach einem Fahrplan vollzogen, mit dem Strauß beileibe nicht einverstanden war: „Mein Ausgangspunkt war, daß ein konstruktives Mißtrauensvotum in der Bevölkerung nicht annähernd so populär sein würde wie das Eingeständnis des Scheiterns der SPD/FDP-Koalition. Helmut

---

[18] Jäger, Wolfgang: Die Innenpolitik der sozial-liberalen Koalition 1974–1982, in: Bracher, Karl Dietrich; Eschenburg, Theodor; Fest, Joachim C.; Jäckel, Eberhard (Hg.): Geschichte der Bundesrepublik Deutschland. Band V/II: Jäger, Wolfgang; Link, Werner: Republik im Wandel 1974–1982. Die Ära Schmidt. Stuttgart, Wiesbaden 1987, S. 7–272, S. 210.
[19] Zimmermann, Friedrich: Kabinettstücke. Politik mit Strauß und Kohl 1976–1991. München, Berlin 1991, S. 132.
[20] Beste, Ralf; Hogrefe, Jürgen: Das letzte Mal, in: Der Spiegel, 55 (2001) H. 12, S. 30.

Schmidt genoß auch damals noch weit mehr Ansehen als seine Partei. Zudem empfindet man in Deutschland – das gescheiterte Mißtrauensvotum gegen Willy Brandt vom April 1972 ist ein nachdrückliches Beispiel dafür – den ‚Kanzlersturz', auch wenn er parlamentarisch und verfassungsmäßig korrekt ist, als ein Stück ‚Verrat an Siegfried'. Er ist ein willkommener Anlaß für spätere Dolchstoßlegenden. Mein Vorschlag ging dahin: Helmut Schmidt muß gegenüber dem Bundestag feststellen – dies kann er durch einen einfachen Antrag erreichen –, daß er keine parlamentarische Mehrheit mehr hat. Das Risiko, daß die FDP noch einmal zur Koalition mit der SPD zurückkehren würde, war angesichts der offenbar gewordenen Zerrüttung des Regierungsbündnisses denkbar gering. Schmidt hätte dann Bundespräsident Carstens melden müssen, daß er im Parlament über keine Mehrheit mehr verfüge. Der Bundespräsident hätte den Bundeskanzler aufgefordert, es noch einmal zu versuchen, Schmidt hätte es wieder nicht geschafft. Daraufhin hätte der Bundespräsident das Parlament aufgelöst, Neuwahlen wären Ende November erfolgt. Bis dahin hätte die Autorität Helmut Schmidts von Tag zu Tag abgenommen, die Flut der Verdrossenheit und der Unzufriedenheit in der Bevölkerung wäre angestiegen, und vor diesem Hintergrund hätte es einen phänomenalen Wahlsieg von CDU und CSU gegeben, bei dem die absolute Mehrheit nicht unerreichbar gewesen wäre."[21]

Doch Helmut Kohl wollte keine absolute Mehrheit.[22] Denn dies hätte mit höchster Wahrscheinlichkeit bedeutet, in jeder Kabinettssitzung einen mit der auswärtigen Politik betrauten Franz Josef Strauß ertragen zu müssen. Und es war nicht auszuschließen, daß Kohl in diesem Falle rasch „*Kanzler unter Strauß* und nicht *Strauß Minister unter Kohl*"[23] geworden wäre. Vermutlich hätte sich Strauß nämlich kaum in die Kabinettsdisziplin einbinden lassen. Außerdem wußte Kohl nur zu gut, daß sich absolute Mehrheiten nicht dauerhaft aufrecht erhalten ließen. Deswegen favorisierte er das konstruktive Mißtrauensvotum, welches ihn zunächst einmal zum Kanzler einer schwarz-gelben Regierung erheben sollte. Über das weitere Vorgehen würde dann im Anschluß zu befinden sein. Ohne die Unterstützung der CSU-Landesgruppe jedoch war die erfolgreiche Durchführung des Mißtrauensvotums völlig unmöglich. Deshalb ließ Strauß in der festen Absicht, die Pläne seines Männerfreundes zu durchkreuzen, den Vorstand der CSU am 20. September 1982 beschließen, die Abgeordneten der Landesgruppe mögen sich Kohls Vor-

---

[21] Strauß, Franz Josef: Die Erinnerungen. Berlin 1998, S. 554ff.
[22] Vgl. Pucher, Paul: Der Pfälzer und der Bayer. Paul Pucher über die Gegenspieler Helmut Kohl und Franz Josef Strauß, in: Der Spiegel, 39 (1985) H. 35, S. 64–70, S. 68.
[23] Interview mit Bundesminister a.D. Dr. Norbert Blüm am 11.11.2003 in Bonn. Vgl. dazu auch: Verheugen, Günther: „Strauß zu unterstützen wäre Verrat an unseren Wählern", in: Der Stern v. 08.07.1982.

haben versagen. Doch seine einstige Prätorianergarde hörte nicht mehr auf ihn und ignorierte den von ihm initiierten Beschluß. Bereits Tage zuvor hatte ihr Vorsitzender Friedrich Zimmermann entgegen dem ihm bekannten Willen seines alten Freundes Strauß seinem neuen Freund Kohl die Zusage gegeben, Helmut Schmidt am 1. Oktober zusammen mit den Abgeordneten von CDU und FDP durch ein konstruktives Mißtrauensvotum zu stürzen. Schließlich bemühte sich Zimmermann „aus naheliegenden Gründen genauso wie Kohl, Strauß aus Bonn fernzuhalten, nur daß er es noch mehr kaschieren mußte als jener. Trat Strauß in die Regierung ein, wäre er die Leitfigur der CSU in Bonn, und es wurde fraglich, ob Zimmermann das Innenministerium bekam."[24] Diesen Vertrauensbruch sollte Franz Josef Strauß seinem langjährigen Gefährten, über den er immer seine schützende Hand gehalten hatte, niemals mehr verzeihen. Gegenüber Helmut Kohl und Hans-Dietrich Genscher hegte Strauß fortan außerdem den Verdacht, den Termin für Lambsdorffs Scheidebrief in verschwörerischer Komplizenschaft abgestimmt zu haben, um ihn von einer Beteiligung an der neuzubildenden Regierung abhalten zu können. Bekanntlich sollten am 10. Oktober die bayerischen Landtagswahlen abgehalten werden. Wenn Strauß aber in den ersten Oktobertagen in die Bonner Regierung eingetreten wäre, hätte er weder den Wahlkampf angemessen zu Ende führen noch einen geeigneten Nachfolgekandidaten aufbauen können. Beides wäre von den brüskierten bayerischen Wählern zweifelsfrei mißbilligt worden. Doch wenngleich ihnen dieser merkwürdige terminliche Zufall sicher nicht ungelegen gekommen sein dürfte, weisen Helmut Kohl und Hans-Dietrich Genscher den von Franz Josef Strauß häufig vorgebrachten Vorwurf, ihn auf solch intrigante Weise aus Bonn ferngehalten zu haben, bis auf den heutigen Tage zurück.

Am frühen Nachmittag des 1. Oktober 1982 stimmten 256 Bundestagsabgeordnete für das konstruktive Mißtrauensvotum, 235 dagegen, vier Mandatsträger enthielten sich. Mit sieben Stimmen über die Kanzlermehrheit hinaus wurde der nur 52jährige Helmut Kohl zum sechsten Bundeskanzler der Bundesrepublik Deutschland gewählt. Bei Bekanntgabe des Ergebnisses zollte ihm die Bundestagsfraktion der Unionsparteien „einen zwar starken, aber seltsam kurzen Beifall. Sein neuer Koalitionspartner, der bleiche und eingefallene Hans-Dietrich Genscher, beließ es bei einem kurzen Händedruck: Der langjährige Duz-Freund von Helmut Kohl wußte um den Ernst der Stunde – trotz seiner nun andauernden Regierungstätigkeit. Der fast bedrückte Gesichtsausdruck angesichts eines äußerlichen Triumphes

---

[24] Dreher, Klaus: Helmut Kohl. Leben mit Macht. 2. Auflage, Stuttgart 1998, S. 275f. Vgl. dazu auch: Hefty, Georg Paul: Kohls Fakten, in: Frankfurter Allgemeine Zeitung vom 14. Januar 2004, S. 3.

symbolisierte die Merkwürdigkeiten des Sieges von Helmut Kohl."[25] Ein Sieg, über den sich niemand so fürchterlich ärgerte wie Franz Josef Strauß, der seinen kollegialen Kontrahenten dereinst mit den Worten verspottet hatte: „Der Helmut Kohl wird nie Kanzler werden. Der wird mit 90 Jahren die Memoiren schreiben: ‚Ich war 40 Jahre Kanzlerkandidat. Lehren und Erfahrungen aus einer bitteren Epoche.' Vielleicht ist das letzte Kapitel in Sibirien geschrieben oder wo. Die CDU wird nie mehr an die Regierung kommen, und die FDP denkt überhaupt nicht daran [zu springen]."[26] Weit gefehlt, denn nun war die FDP doch gesprungen und hatte Helmut Kohl jenen letzten Steigbügel gehalten, den Strauß niemals hatte erhaschen können. Trotz aller Verbitterung sandte er seinem erfolgreichen Männerfreund gleich nach dessen Vereidigung ein Glückwunschtelegramm: „Mit Deiner Wahl zum Bundeskanzler der Bundesrepublik Deutschland ist endlich der Weg frei für einen politischen Neubeginn, den unser Volk braucht, damit es aus der tiefsten innen- und außenpolitischen Krise seiner Nachkriegsgeschichte herausgeführt werden kann."[27] Kohl auf diesem nun endlich freien Wege bei jeder passenden und unpassenden Gelegenheit ungebetene Ratschläge zu erteilen und Forderungen entgegenzuhalten, war Strauß' feste Absicht.

Mit dem (erstmals) geglückten Mißtrauensvotum vom 1. Oktober 1982 war nun bereits zum vierten Male in der Geschichte der Republik eine Umbesetzung des Amtes des Regierungschefs ohne die Mitwirkung des eigentlichen „Souveräns" vorgenommen worden. Ohne die Meinung der Wähler eingeholt zu haben, war Konrad Adenauer im Jahre 1963 durch Ludwig Erhard, Erhard drei Jahre darauf durch Kurt Georg Kiesinger und Willy Brandt im Jahre 1974 durch Helmut Schmidt ersetzt worden. Um sich von diesem Makel zu befreien und vier Jahre lang auf der Basis sicherer Mehrheiten regieren zu können, einigte sich die von Helmut Kohl geführte Bundesregierung rasch darauf, am 6. März 1983 Neuwahlen durchführen lassen zu wollen. Franz Josef Strauß tobte vor Wut. Doch ohne die volle Unterstützung seiner einstigen Speerspitze war es ihm nicht mehr möglich, diesen für die FDP günstigen Zeitpunkt zu verhindern und den von ihm gewünschten Dezember-Termin durchzusetzen, der die Liberalen, die ihn nun schon zum dritten Mal um das Amt des Bundesministers gebracht hatten, zwei-

---

[25] Hartmeier, Peter: Kohls schwierige erste hundert Tage. Der neue Bundeskanzler stößt auf Mißtrauen. Die Weltwoche vom 6. Oktober 1982, in: Vogel, Bernhard (Hg.): Das Phänomen. Helmut Kohl im Urteil der Presse 1960–1990. Stuttgart 1990, S. 206–211, S. 206.
[26] Strauß, Franz Josef: Die Rede im „Wienerwald" in München vom 24. November 1976, in: Bickerich, Wolfram: Franz Josef Strauß. Die Biographie. Düsseldorf 1996, S. 355–365.
[27] Kohl, Helmut: Erinnerungen, 1930–1982. München 2004, S. 648f.

felsfrei ausradiert hätte.[28] Doch dazu kam es nicht. Denn entgegen allen Beteuerungen seiner Getreuen und auch seiner Opponenten hatte Strauß inzwischen sehr wohl an Einfluß verloren und einen beachtlichen Teil seiner Autorität eingebüßt. Wenngleich ihn zu ignorieren nach wie vor unmöglich war, stand in Bonn doch längst niemand mehr stramm, wenn er in München seine Befehle ins Telefon bellte. Im Grunde ging es nach der im Oktober 1982 vollzogenen „Wende" hinsichtlich des CSU-Vorsitzenden stets nur noch um eine Frage: Wie hält man Franz Josef Strauß künftig am besten aus der Regierungspolitik heraus bzw. wie bezieht man ihn am besten ein, so daß er das tägliche Geschäft nicht mehr so häufig zu stören vermag? Außerdem sollte er der Union nach Möglichkeit „die rechten Wähler erhalten, sollte sie am Abdriften zu NPD oder Republikanern hindern; Strauß rechts, Geißler und Blüm oder manchmal auch der FDP-Koalitionspartner links, der Kanzler in der Mitte – so taktisch und nüchtern sah Kohl seine Aufgabe als Chef einer Volks- und Regierungspartei."[29]

Den Deutschen Bundestag aufzulösen war (und ist) gar nicht so einfach. Da die Mütter und Väter des Grundgesetzes im Jahre 1948 immer noch unter dem Eindruck der Weimarer Katastrophe gestanden hatten, war von ihnen nur ein einziger legaler Weg vorgezeichnet worden, der zur Auflösung des Parlaments führen konnte: der Artikel 68 GG. Hiernach kann der Regierungschef den Abgeordneten des Bundestages jederzeit die Vertrauensfrage stellen. Findet aber der Antrag des Bundeskanzlers, ihm das Vertrauen auszusprechen, nicht die Zustimmung der Mehrheit der Mitglieder des Bundestages, so kann der Bundespräsident den Bundestag auf Vorschlag des Bundeskanzlers binnen einundzwanzig Tagen auflösen. Doch da sich Helmut Kohl sicher sein konnte, nur wenige Wochen nach dem geglückten Mißtrauensvotum das Vertrauen der Mehrheit der Bundestagsabgeordneten immer noch zu genießen, war der einzige legale Weg zu den gewünschten Neuwahlen im Grunde von vornherein versperrt. Ein wenig außerhalb der Legalität jedoch gab es ein kleines Schlupfloch. Es mußte sich nur eine ausreichend große Anzahl an Abgeordneten der Stimme enthalten oder Kohl entgegen ihrer Überzeugung das Mißtrauen aussprechen, und schon stünde den Neuwahlen nur noch der Bundespräsident im Wege, der ob dieser offensichtlich manipulierten Vertrauensfrage dann auch so manche schlaflose Nacht verbringen sollte. Trotz schwerster verfassungsrechtlicher Bedenken folgte Bundespräsident Karl Carstens

---

[28] Jahre später beteuerte Franz Josef Strauß allerdings, er habe zu keiner Zeit einen Vernichtungsfeldzug gegen die FDP führen wollen. Eine Aussage, die durchaus bezweifelt werden darf. Vgl. hierzu: Strauß, Franz Josef: Zum Verhältnis von FDP und CSU, in: Mischnick, Wolfgang (Hg.): Verantwortung für die Freiheit. 40 Jahre F.D.P. Stuttgart 1989, S. 478–491.
[29] Bickerich, Wolfram: Der Enkel. Analyse der Ära Kohl. Düsseldorf 1995, S. 44.

letztlich dem Antrag des Bundeskanzlers und setzte nach der fingierten Beantwortung der Vertrauensfrage vom 17. Dezember 1982 die Neuwahlen für den 6. März 1983 fest.

Der in den ersten beiden Monaten des Jahres 1983 ausgetragene und von Finanz- und Wirtschaftsfragen dominierte Bundestagswahlkampf war zwar kurz, verlief aber keinesfalls schmerzlos. Während die CDU mit Slogans wie „Arbeitslosigkeit, Schulden, Pleiten. Nicht wieder SPD!" in die Schlacht zog, warb die CSU mit „Hoffnung für Deutschland / CSU / Beide Stimmen" oder auch „Lichtblick / 6. März / CSU." Auch die FDP trat recht selbstbewußt auf und plakatierte „Deutschland braucht die F.D.P. – Die F.D.P. braucht Ihre Zweitstimme". Das Motto der Sozialdemokraten „Im deutschen Interesse" wirkte demgegenüber blaß und kraftlos. Franz Josef Strauß hingegen, der sich zwei Monate lang mit kämpferischer Leidenschaft auf die von ihm verachteten Liberalen stürzte, strotzte vor Angriffslust und Energie: „Bei uns gibt es keinen Rechtsruck wie es bei der FDP einmal einen Linksruck und dann wieder einen Rechtsruck gibt, dann einen Kreuzruck und wieder einen Querruck und zum Schluß dann noch einen Auf-und-davon-Ruck."[30] Alles in allem verlief der Wahlkampf ohne besondere Vorkommnisse. Die Zahl der Anti-Strauß-Publikationen ging erstmals sogar zurück. Ohnehin hatten seine publizistischen Gegner außer den uralten An- und Vorwürfen kaum noch etwas zu bieten.[31] Als besonders einfallslos erwies sich der „Spiegel"-Verlag, der mangels aktueller Sünden noch einmal die inzwischen 20 Jahre zurückliegende „Spiegel"-Affäre aufwärmen ließ.[32]

Als am Abend des 6. März 1983 die ersten Hochrechnungen vorlagen, war der von Helmut Kohl, Hans-Dietrich Genscher und Otto Graf Lambsdorff inszenierte Machtwechsel endgültig vollbracht. Mit 48,8 Prozent erzielte die Union ihr bislang zweitbestes Ergebnis. Nur Konrad Adenauer hatte im Jahre 1957 mit 50,2 Prozent einen noch triumphaleren Sieg errungen. Und hätte der Wähler die FDP nicht über die Fünf-Prozent-Hürde hieven müssen, hätten CDU und CSU wahrschein-

---

[30] Reuther, Helmut (Hg.): Ein bayerischer Löwe. Eine kleine Sammlung von politischen Antworten zu Themen unserer Zeit und außerdem launige Bemerkungen zu bayerischen Ereignissen. Frankfurt am Main 1987, S. 5.
[31] Vgl. Bluth, Siegfried: Die korrupte Republik. Ein politisches und wirtschaftliches Sittengemälde. München 1983; Junge Presse Bayern e.V; Deutsche Jugendpresse e.V. (Hg.): Franz Josef Strauß und die freie Meinungsäußerung oder Der Teufel und das Weihwasser. München 1982; Seeliger, Rolf: Bayern – ein totaler CSU-Staat oder ein Staat der Bürger? Sozialdemokraten in der Auseinandersetzung mit der CSU und ihrer Politik im Freistaat. München 1982; Adamo, Hans (Hg.): CDU, CSU – gestern & heute. Frankfurt am Main 1983; Rutschky, Michael: Der Ministerpräsident, in: Rutschky, Michael: 1982 – Ein Jahresbericht. Frankfurt am Main 1983, S. 144–165.
[32] Vgl. Schöps, Joachim (Hg.): Die SPIEGEL-Affäre des Franz Josef Strauß. Reinbek bei Hamburg (im Februar) 1983.

lich noch besser abgeschnitten, wie der Blick auf die Erststimmenergebnisse zeigt. Laut Werner Kaltefleiter lag das tatsächliche Potential der CDU/CSU bei etwa 53 Prozent.[33] Franz Josef Strauß' Plan, die absolute Mehrheit zu erlangen und die FDP wie ein geschundenes Pferd in den Sielen sterben zu lassen, wäre also durchaus aufgegangen – zumal die Ökologiepartei „Die Grünen" mit 5,6 Prozent beinahe zum zweiten Male an der Fünf-Prozent-Hürde gescheitert wäre und die Union in diesem Falle bereits mit 48,8 Prozent die absolute Mehrheit erreicht hätte. Doch Strauß war nicht mehr der erste Mann des konservativen Lagers, er war nicht mehr der heimliche Führer der nun an die Regierungsmacht gelangten Oppositionsparteien. Ohnmächtig vor Zorn mußte er mit ansehen, wie die Liberalen dank ihres „moralisch anrüchigen Partnertausch[es]"[34] mit 6,9 Prozent wieder ins Parlament einzogen. Nicht einmal der Absturz der SPD auf 38,2 Prozent der Wählerstimmen und die Steigerung der CSU von 57,6 auf 59,5 Prozent vermochten Strauß über seine unbefriedigten Rachegelüste hinwegzutrösten. Bis ans Ende seiner Tage sollte Strauß der FDP vorwerfen, die charakterloseste Partei zu sein, die die Welt je gesehen hatte.

Ebenso wie im Herbst 1982 gelang es Helmut Kohl auch im Frühling 1983, Franz Josef Strauß mit taktischer Raffinesse aus Bonn fernzuhalten. Zwar bot er dem Vorsitzenden der für die schwarz-gelbe Bundesregierung unentbehrlichen Schwesterpartei einen Ministerposten seiner Wahl an, hatte die drei attraktivsten Ressorts jedoch bereits den Herren Genscher (Auswärtiges Amt), Lambsdorff (Wirtschaftsministerium) und Stoltenberg (Finanzministerium) zugesagt. Doch wenn Franz Josef Strauß, dessen Partei weitaus mehr Stimmen eingefahren hatte als die FDP, „seine Beteiligung an der Regierung entschlossen eingefordert hätte," dann, davon ist Theodor Waigel auch heute noch fest überzeugt, „hätte ihm niemand einen Ministerposten in Bonn streitig machen können. Er hätte Kohl gegenüber klar zum Ausdruck bringen müssen, daß die CDU zwar den Kanzler stellt und die FDP das Auswärtige Amt erhält, aber daß der CSU ohne Wenn und Aber das Finanzministerium zusteht."[35] Doch der mittlerweile 67jährige Strauß war sich wochenlang völlig unschlüssig, ob er denn überhaupt noch ohne Wenn und Aber an der Regierungsfront kämpfen wollte. Bis er sich schließlich an Theo Waigel wandte, der im Herbst '82 den Vorsitz der CSU-Landesgruppe in Bonn übernommen hatte: „Ich habe ihm damals geraten, er solle in München bleiben. Die hohe

---

[33] Vgl. Kaltefleiter, Werner: Eine kritische Wahl. Anmerkungen zur Bundestagswahl 1983, in: Aus Politik und Zeitgeschichte. Beilage zur Wochenzeitung Das Parlament. B 14/1983 vom 9. April 1983, S. 3–17, S. 3.
[34] Sontheimer, Kurt: Zeitenwende? Die Bundesrepublik Deutschland zwischen alter und alternativer Politik. Hamburg 1983, S. 14.
[35] Interview mit Bundesminister a.D. Dr. Theodor Waigel am 11.11.2003 in München.

Arbeitsbelastung eines Bundesministers wäre meiner Ansicht nach für ihn auf Dauer nicht mehr zumutbar gewesen. Ich sagte ihm, daß er noch zehn Jahre Ministerpräsident in Bayern bleiben könne, wenn ihm der liebe Gott Gesundheit gäbe, aber er werde mit Sicherheit nicht noch einmal zehn Jahre Minister in Bonn sein. Daraufhin sagte er: ‚Herr Waigel, Sie haben Recht!'"[36]

2. Die Milliardenbürgschaft

Die von Helmut Kohls Regierungsmannschaft zu bewältigenden Aufgaben waren gigantisch. Das aus neun CDU-, vier CSU- und drei FDP-Ministern bestehende Kabinett hatte sich unter anderem vorgenommen, den völlig zerrütteten Staatshaushalt zu sanieren, die lahmende Wirtschaft anzukurbeln, die Arbeitslosigkeit abzubauen, die Inflationsrate zu senken, die Steuern zu verringern und die sozialen Leistungen an die finanziellen Möglichkeiten anzupassen. Darüber hinaus versprach der Kanzler einen historischen Neuanfang, eine umfassende „geistig-moralische Wende", die all jene von der Union 13 Jahre lang beklagten Fehlentwicklungen und Irrtümer beseitigen sollte. Insofern dürfte es „zwar pointiert, aber nicht ungebührlich vereinfacht sein, wenn man feststellt, daß mit Hilfe der gewendeten FDP sich 1982/83 in Bonn in demselben Augenblick das Programm des Kanzlerkandidaten Strauß von 1979/80 in weiten Bereichen durchsetzt, in dem für Strauß selbst in Bonn kein Platz mehr gefunden werden kann. Die Bonner Tendenzwende hat einen impulsiven Tendenzwender bestätigt – und zugleich aus Bonn ferngehalten."[37]

Keine Tendenzwende sollte es hingegen in der Ost- und Deutschlandpolitik geben. Als die führenden Köpfe der neuen Regierung kurz nach der Bundestagswahl darüber berieten, auf welche Weise künftig die innerdeutsche Politik zu gestalten sei, stellte Franz Josef Strauß die Frage, ob man die bisherige deutschlandpolitische Linie weiterverfolgen oder radikal mit ihr brechen solle. Wohlgemerkt – Franz Josef Strauß stellte eine Frage! In der Folgezeit wurde von manchen wöchentlich erscheinenden Nachrichtenmagazinen behauptet, er habe nicht gefragt, sondern verlangt und gefordert. Letzteres wäre jedoch völlig unnütz gewesen, da Helmut Kohl und Hans-Dietrich Genscher einer deutsch-deutschen Eiszeit bekanntermaßen niemals zugestimmt hätten. Daher einigte man sich darauf, die sozialibe-

---

[36] Ebd.
[37] Bohnsack, Klaus: Regierungsbildung und Oppositionsformierung 1983, in: Zeitschrift für Parlamentsfragen, 14 (1983) H. 4, S. 476–486, S. 479.

rale Deutschlandpolitik grundsätzlich fortführen, künftig jedoch den Modus-vivendi-Charakter der bisherigen vertraglichen Regelungen stärker betonen, den normativen Dissens zur DDR deutlicher hervorheben und den Willen zur Wiedervereinigung nachdrücklicher artikulieren zu wollen. Die einzige Forderung, die von Franz Josef Strauß im Rahmen jenes deutschlandpolitischen Brainstormings tatsächlich erhoben wurde, bestand in der unverzüglichen Rücknahme der bereits von Helmut Schmidt ausgesprochenen Einladung Erich Honeckers.[38] So lange an der innerdeutschen Grenze die menschenunwürdigen Selbstschußanlagen und Tötungsautomaten nicht abgebaut seien, erachtete Strauß einen Staatsbesuch des ostdeutschen Staats- und Parteichefs für absolut unmöglich.

Als am 10. April 1983 der bundesdeutsche Handelsreisende Rudolf Burkert im Verlauf eines Verhöres durch die DDR-Grenzorgane am Kontrollpunkt Drewitz im Alter von nur 45 Jahren starb, durfte sich Franz Josef Strauß auf traurige Weise in seinen Ansichten bestätigt fühlen. Bei diesem schrecklichen Vorkommnis, so tönte er im Brustton der Überzeugung, handele es sich zweifelsfrei um einen Mord: „Die offizielle Lesart der DDR-Behörden, wonach Burkert an Herzversagen gestorben sei, war rundum unglaubwürdig. Zu schwer waren die Verletzungen, die bei der Obduktion des Opfers festgestellt wurden; Kopf- und Halsverletzungen sowie Blutergüsse wiesen auf Gewalteinwirkung hin."[39] Als nur sechzehn Tage später ein weiterer Bundesbürger im Verlauf einer Belehrung an einem Grenzübergang zur DDR an Herzversagen starb, sah sich Helmut Kohl angesichts der daraufhin anschwellenden allgemeinen Empörung gezwungen, ein geplantes Treffen mit Günter Mittag, dem ostdeutschen Sekretär des Zentralkomitees für Wirtschaftsfragen, platzen zu lassen. Da hierauf auch Erich Honecker seinen Besuch in der Bundesrepublik absagte, schien es auf absehbare Zeit unmöglich zu sein, mit den Spitzen des SED-Staates über einen von Ost-Berlin seit längerem ersehnten Milliardenkredit zu verhandeln, für den Helmut Kohl gerne handfeste Gegenleistungen eingefordert hätte. Während Kohl noch überlegte, auf welche Weise er den Kontakt zur DDR-Führung wiederherstellen könnte, ging Ost-Berlin bereits eigene Wege und betraute den obersten Devisenbeschaffer des Arbeiter- und Bauernstaates Alexander Schalck-Golodkowski mit der heiklen Aufgabe, eine Verbindung zu Franz Josef Strauß herzustellen. Denn ursprünglich war es Strauß gewesen, der Kohl auf den von der DDR erwünschten Kredit aufmerksam gemacht hatte: „Im Herbst 1982 ist ein Hinweis an mich herangetragen worden, daß die Regierung der DDR den Wunsch habe, einen DM-Kredit, aber als ganz normalen Bankkredit,

---

[38] Vgl. Zimmer, Matthias: Nationales Interesse und Staatsräson. Zur Deutschlandpolitik der Regierung Kohl 1982–1989. Paderborn, München, Wien, Zürich 1992, S. 145.
[39] Strauß, Franz Josef: Die Erinnerungen. Berlin 1998, S. 521.

unter bestimmten Bedingungen aufzunehmen." Darüber habe ich „dem Bundeskanzler eine Mitteilung gemacht und ihn gefragt, ob er Interesse an der Verfolgung der Sache habe. Die Antwort war eindeutig positiv."[40] Die auch heute noch immer wieder gern vorgebrachte Behauptung, Helmut Kohl habe Franz Josef Strauß in dieser Angelegenheit instrumentalisiert und für seine deutschlandpolitischen Zwecke eingespannt, entbehrt also jedweder Grundlage.[41]

In seinen Erinnerungen gibt Franz Josef Strauß an, Schalck-Golodkowski sei über Josef März, einen mit Strauß befreundeten Großschlachter, der mit der DDR bereits seit Jahren gute Geschäfte machte, im Mai 1983 mit ihm auf Tuchfühlung gegangen. Schalck-Golodkowski hingegen behauptet in seinen Memoiren das genaue Gegenteil, liefert für diesen Widerspruch aber auch gleich die passende Begründung: „Vermutlich wird ihm März mein Interesse an einem Kontakt ebenso signalisiert haben, wie er mir das Interesse von Strauß zu verstehen gab – zwei schlau ausgelegte Köder,"[42] die die beiden großen Fische gierig verschlangen. Am 5. Mai 1983 machte sich Alexander Schalck-Golodkowski schließlich auf den Weg zum Klassenfeind, zum bösesten aller bösen „Exponenten des westdeutschen Imperialismus"[43]: Am Treffpunkt, einem Parkplatz an der Transitstrecke, so schrieb Schalck-Golodkowski in seinen Erinnerungen, „erwartete mich ein 750er BMW der bayerischen Staatsregierung. Ohne Kontrollen auf westlicher und östlicher Seite passierte ich die Grenze zur Bundesrepublik und wurde nach Oberbayern chauffiert. Noch heute empfinde ich die innere Spannung, die mich überfiel, als die gepanzerte Limousine von der Bundesstraße auf einen Feldweg abbog und in der Ferne das auf einer sanften Anhöhe gelegene Gut Spöck auftauchte, das Gästehaus der Familie März. Ein bayerischer Hof wie aus dem Bilderbuch, umgeben von sattgrünen Wiesen und überwölbt von einem strahlenden weißblauen Himmel. Würde sich ausgerechnet hier eine Lösung für die Kreditprobleme der DDR finden lassen? Wie würde der Kommunistenfeind Strauß, der eben noch den Todesfall in Drewitz als ‚Mord' bezeichnet hatte, einem Vertreter des ‚SED-Re-

---

[40] Strauß, Franz Josef: Die Vorgeschichte des Milliardenkredits. Erklärung von Franz Josef Strauß, in: Deutschland Archiv, 16 (1983) H. 8, S. 889–891, S. 889. Vgl. dazu auch: Strauß, Franz Josef: Tatsachen über einen Kredit (vom 16. Juli 1983), in: Strauß, Franz Josef: Verantwortung vor der Geschichte. Beiträge zur deutschen und internationalen Politik 1978–1985. Percha am Starnberger See 1985, S. 389–393, S. 389.

[41] Vgl. o.V.: „Der macht sich wichtig". Wie Karl Wienand Stasi und Strauß gegen sich aufbrachte, in: Der Spiegel, 49 (1995) H. 6, S. 34; Pruys, Hugo: Helmut Kohl. Die Biographie. Berlin 1995, S. 273f; Deiß, Matthias: Die Führungsfrage. CDU und CSU im zwischenparteilichen Machtkampf. München 2003, S. 32.

[42] Schalck-Golodkowski, Alexander: Deutsch-deutsche Erinnerungen. Reinbek bei Hamburg 2001, S. 288f.

[43] Koch, Peter-Ferdinand (Hg.): Das Schalck-Imperium. Deutschland wird gekauft. München, Zürich 1992, S. 57.

gimes' begegnen? Meine Spannung löste sich etwas, als mich das Ehepaar Josef und Elisabeth März mit der größten Freundlichkeit, ja Herzlichkeit, begrüßte und in das gemütlich eingerichtete Wohnzimmer führte. Von dort hatte man einen herrlichen Blick auf den schilfumstandenen Rinssee und auf die Berge. Wenig später ertönte ein schrappendes Motorengeräusch, und inmitten der grünen Wiese landete ein Hubschrauber des Bundesgrenzschutzes. Lachend und winkend entstieg ihm Franz Josef Strauß. Er kam gerade vom Gelöbnis seines Sohnes Franz Georg als Soldat der Bundeswehr, sichtlich gut gelaunt und von den Gastgebern als alter Freund empfangen. Sie führten ihn ins Gästehaus, wo er mich mit kräftigem Händedruck begrüßte: ‚Herzlich willkommen, Herr Staatssekretär, im Freistaat Bayern. Ich freue mich, Sie kennen zu lernen.' Strauß sah genauso aus, wie ich ihn von Bildern her kannte. Er war mittelgroß, kräftig, hatte einen auffällig starken Nacken, ein leicht gerötetes Gesicht und wirkte jünger als seine 67 Jahre. Zu meiner Überraschung sprach er sehr ruhig, fast leise, ohne jeden rhetorischen Nachdruck. Keine Spur von dem polternden Bierzeltredner, als den man ihn bisweilen im Fernsehen erleben konnte. Strauß wirkte gelöst, gleichzeitig konzentriert, ohne Arroganz oder sonstiges Gehabe."[44] Strauß: „Erich Honecker sei betroffen über meine Mord-Äußerung zum Vorfall von Drewitz – so leitete mein mir bis dahin unbekannter Gesprächspartner die Unterhaltung ein. Ich horchte auf. Das war nicht der übliche propagandistische Ton kommunistischer Funktionäre. Sachlich legte ich meinen Standpunkt zum Fall Drewitz dar, wies den verharmlosenden Bericht der DDR-Behörden zurück, die Tatsachen bis hin zum Obduktionsbericht bewiesen etwas anderes. Aber er sei ja wohl nicht dieses Themas wegen aus Ost-Berlin gekommen, sondern um mit mir über Möglichkeiten, Formalitäten und Modalitäten eines Überbrückungskredites zur Entlastung der Zahlungsbilanz der DDR zu sprechen. Schalck-Golodkowski stimmte mir zu, beharrte aber darauf, daß er von Generalsekretär Honecker den Auftrag habe, meine Einschätzung der Vorgänge am Kontrollpunkt Drewitz anzusprechen. Ich schlug den Bogen zwischen den beiden Themen, zwischen der Behandlung von Bundesbürgern durch DDR-Grenzorgane und dem Kreditwunsch Ost-Berlins, und wiederholte meinen bekannten Standpunkt: ‚Ich bringe es auf einen Generalnenner – Sie können die Bürger der Bundesrepublik an der Grenze und in Ihrem Lande nicht als Bürger eines Feindstaates behandeln und die Währung der Bundesrepublik als die Währung eines Freundstaates in Anspruch nehmen wollen.' Das war meine lapidare Formulierung. Auf Nachfrage, was ich damit meine, erläuterte ich: ‚Die Praxis der Grenzabfertigung, das Gebrüll und Geschrei, die Schikanen, man meint ja

---

[44] Schalck-Golodkowski, Alexander: Deutsch-deutsche Erinnerungen. Reinbek bei Hamburg 2001, S. 289f.

wirklich, man kommt in einen Zuchthausstaat, wenn man bei Ihnen als normaler Tourist die Grenze überschreitet. Dieses Verhalten Ihrer Grenzorgane steht im scharfen Gegensatz zum Grundlagenvertrag – oben die schönen Worte, unten die brutale Praxis.' Schalck-Golodkowski: ‚Was verlangen Sie von uns?' Meine Antwort: ‚Das ist ganz einfach. Sie sollten unsere Bürger so behandeln, wie die Polizei in Frankreich, in Italien, Dänemark oder Schweden deutsche Bürger behandelt, wenn sie einreisen, genauso. Wir wollen einen normalen, freundlichen Umgangston, eine korrekte Abfertigung. Ich unterstütze weder Zoll- noch Devisenvergehen, die Ihre Wirtschaft ruinieren, aber Behandlung und Kontrolle müssen den zivilisatorischen Gepflogenheiten entsprechen. Die Unfreundlichkeit, das Geschrei, der Kasernenhofton müssen aufhören!' Schalck-Golodkowski: ‚Wenn wir das ändern, wären Sie dann bereit, das Gespräch fortzusetzen? Ich muß morgen dem Staatsratsvorsitzenden Bericht darüber erstatten, wie das Gespräch mit Ihnen verlaufen ist.' – ‚Dann sagen Sie ihm erstens, wie Sie hier behandelt und aufgenommen worden sind, zweitens unseren guten Willen und drittens unsere generelle Forderung. Wenn wir merken, daß sich in den nächsten Wochen etwas ändert, dann führen wir ein zweites Gespräch, sonst vergessen wir es.'"[45]

Etwa vierzehn Tage später erhielt Franz Josef Strauß vom bayerischen Bundesgrenzschutz die Meldung, die Behandlung der Reisenden habe sich an der gesamten innerdeutschen Grenze erheblich verbessert: keine Schikanierungen mehr, keine Unfreundlichkeiten, keine Brüllerei. Das daraufhin vereinbarte zweite Treffen der beiden „Pragmatiker zwischen den Fronten"[46] verlief nicht weniger harmonisch als das erste. Gleich nach der Begrüßung verlas Schalck-Golodkowski einen Brief Erich Honeckers. In dem Schreiben gab der Staats- und Parteichef verklausuliert zu verstehen, daß die DDR trotz der guten Entwicklung ihrer Wirtschaft dringend finanzielle Unterstützung benötige. Angeblich sei die Zahlungsbilanz aufgrund von übermäßigen Investitionen und Importen in eine Schieflage geraten. Zwar könne sich Honecker auch an den Rat für gegenseitige Wirtschaftshilfe der Ostblockstaaten wenden, wolle aber lieber mit der Bundesrepublik zusammenarbeiten – und wäre daher zu folgenden Gegenleistungen bereit: „Beseitigung der Selbstschußanlagen vom kommenden Herbst – 1983 – an, Änderung in Art und Ton der Grenzabfertigungen, wesentlich erleichterte Familienzusammenführungen, Verbesserungen im Reiseverkehr und weitere Punkte."[47] Franz Josef Strauß war begeistert – und stimmte zu.

---

[45] Strauß, Franz Josef: Die Erinnerungen. Berlin 1998, S. 522ff.
[46] Rathmer, Matthias: Alexander Schalck-Golodkowski. Pragmatiker zwischen den Fronten. Eine politische Biographie. Bad Nauheim 1995.
[47] Strauß, Franz Josef: Die Erinnerungen. Berlin 1998, S. 525.

Im Laufe der nun folgenden Wochen und Monate entwickelte sich zwischen Franz Josef Strauß und Alexander Schalck-Golodkowski, die nach Angaben des „Spiegel" bis zum Oktober 1988 insgesamt 239 Mal miteinander in Kontakt treten sollten, ein derartig freundschaftliches Vertrauensverhältnis, daß man sich gegenseitig sogar über empfehlenswerte Opern-Inszenierungen auf dem Laufenden hielt.[48] Vor allem aber setzte man sich ständig über die Fortschritte des gemeinschaftlich „eingefädelten" Kredites in Kenntnis. Am 29. Juni 1983 war es schließlich soweit: Die Bundesregierung beschloß, für den von einem westdeutschen Bankenkonsortium gewährten Kredit eine Bürgschaft zu übernehmen. Sollte die DDR nicht in der Lage oder nicht Willens sein, den Kredit in Höhe von einer Milliarde D-Mark gemäß der vertraglich vereinbarten Modalitäten zurückzuzahlen, würden entsprechende Forderungsabtretungen aus dem Transit- und dem Postabkommen geltend gemacht, denen Ost-Berlin freimütig zugestimmt hatte. Insofern war die vielfach zu vernehmende Vereinfachung, Franz Josef Strauß hätte einen Milliardenkredit der Bundesregierung an die DDR vermittelt, gleich aus zwei Gründen unzutreffend: Zum einen handelte es sich nicht um *Milliarden*, sondern um eine *Milliarde*, und zum anderen übernahm die Bundesregierung nur die – in letzter Konsequenz jedoch von der DDR selbst getragene – Bürgschaft.[49]

Die Quittung für seinen deutschlandpolitischen Entspannungsbeitrag erhielt Franz Josef Strauß auf dem CSU-Parteitag vom 14. Juli 1983. Seit seiner Wahl zum Parteivorsitzenden im Jahre 1961 war Strauß elfmal in diesem Amt bestätigt worden, zumeist mit über 95 Prozent der Delegiertenstimmen. Nun aber erhielt er plötzlich nur noch beschämende 77,0 Prozent. Eine schallende Ohrfeige für den langjährigen CSU-Chef. Was man in der CSU und auch anderswo nicht verstanden hatte – und mitunter auch heute noch nicht versteht –, war, daß Franz Josef Strauß, der wortgewaltigste Kritiker der sozialliberalen Ostpolitik, diese Galionsund Integrationsfigur des Antikommunismus, in Wirklichkeit weder ein Kalter Krieger noch ein krisenfreudiger Entspannungsfeind gewesen ist.[50] Dabei hatte Strauß sich schon in den sechziger Jahren in Ansprachen, Aufsätzen und Büchern immer und immer wieder für einen raschen Ausbau der wirtschaftlichen Beziehungen mit den Ostblockländern ausgesprochen und auch die Gewährung von

---

[48] Vgl. o.V.: Opern-Tips von Strauß, in: Der Spiegel, 48 (1994) H. 10, S. 16; Vogel, Hans-Jochen: Nachsichten. Meine Bonner und Berliner Jahre. 2. Auflage, München, Zürich 1996, S. 357.
[49] Vgl. Plate, Bernard von: Deutsch-deutsche Beziehungen und Ost-West-Konflikt, in: Aus Politik und Zeitgeschichte. Beilage zur Wochenzeitung Das Parlament. B 15/1984 vom 14. April 1984, S. 27–39, S. 37.
[50] Vgl. Ash, Timothy Garton: Ein Jahrhundert wird abgewählt. Aus den Zentren Mitteleuropas 1980–1990. München, Wien 1990, S. 75; Schütt, Siegfried: Theodor Oberländer. Eine dokumentarische Untersuchung. München 1995, S. 64.

Krediten angeraten:[51] „Je enger die Bindungen der westeuropäischen Nationen untereinander werden, je mehr sich durch wirtschaftliche Verflechtung die Kräfte Westeuropas potenzieren und einem gemeinsamen politischen Willen Ausdruck verleihen, desto größer werden auch die Attraktivität und die Faszination sein, die der westliche Teil unseres Kontinents auf die Völker Osteuropas ausübt. Eine solche Entwicklung läßt sich in der Praxis durch eine gemeinsame Osthandelspolitik der EWG, für die ein außenpolitisches Gemeinschaftskonzept erst die richtige Voraussetzung schafft, vorantreiben. Besonders mit einer gemeinschaftlichen Kredit- und Investitionspolitik gegenüber unseren osteuropäischen Nachbarländern können wir steigenden Einfluß auf deren innere Strukturen und auf deren außenpolitisches Verhalten gewinnen. Großbritannien und die übrigen EFTA-Länder sollten ihre Wirtschaftspolitik gegenüber Osteuropa mit den Sechs koordinieren, um so eine Zusammenarbeit einzuleiten, die in die größere politische Gemeinschaft hineinführt. Das gilt auch für den speziellen Fall des Handels und sonstiger wirtschaftlicher Verbindungen mit Ost-Berlin."[52] Diese Empfehlung hatte Franz Josef Strauß bereits siebzehn Jahre vor der unverstandenen Milliardenbürgschaft als Gast des Royal Institute of International Affairs in London gegeben. Im Jahre 1976 fügte er hinzu: „Damit habe ich hoffentlich klargestellt – und zwar so, daß nur noch Lügner und Verleumder das Gegenteil behaupten können – daß wir durchaus Verträge mit kommunistisch regierten Staaten wollen. Wir haben Verträge mit kommunistischen Staaten geschlossen, als wir an der Regierung waren. Ich habe als Finanzminister eine Reihe von Abkommen mit Erhöhung des Kreditspielraumes für kommunistisch regierte Länder genehmigt. Wir haben alles getan, was wir konnten, um auf dem Wege über wirtschaftlichen Verkehr die Menschen einander näherzubringen. Aber wir wollen keine Verträge, die so dilettantisch vorbereitet, miserabel ausgehandelt, zweideutig formuliert und in ihrer Wirkung unübersehbar sind, wie sie die Bundesregierung geschlossen hat."[53]

Wenn man seinen vielfach wiederholten Äußerungen und Stellungnahmen, seinen nachdrücklichen Aufrufen und Appellen sowie seinen eindringlichen Forderungen und Mahnungen Gehör geschenkt und sich von den verzerrenden Stigmatisierungskampagnen der straußfeindlichen Presse nicht hätte beirren lassen, so hätte man bemerken können, daß Franz Josef Strauß niemals Gegner einer wirtschaftlichen

---

[51] Vgl. Strauß, Franz Josef: Zurück ins Kabinett? Ein Interview mit dem Vorsitzenden der CSU, in: Die Zeit vom 08.04.1966, S. 9–11, S. 10.
[52] Strauß, Franz Josef: Rede des Vorsitzenden der Christlich-Sozialen Union, Franz-Josef Strauß, vor dem Royal Institute of International Affairs in London am 17. Juni 1966, in: Europa-Archiv, Zeitschrift für Internationale Politik, 21 (1966) Band 2, S. 396–403, S. 403.
[53] Strauß, Franz Josef: Worauf es ankommt, in: Bayernkurier vom 20.03.1976, S. 1–2, S. 1. Vgl. dazu auch: Wird Europa rot, bleibt Bonn nur der Pakt mit USA, in: Bayernkurier vom 30.04.1977, S. 9–10, S. 9; Kohl, Helmut: „Ich wollte Deutschlands Einheit." 3. Auflage, Berlin 1996, S. 31.

Zusammenarbeit mit dem Osten gewesen ist und eine westdeutsche Ost- und Deutschlandpolitik niemals a priori abgelehnt hatte. Noch im Jahre 1982 hatte er sich auf einem Symposium öffentlich für die Intensivierung des Osthandels ausgesprochen.[54] Sein Nein zu den sozialliberalen Ostverträgen war „nicht ein Nein zu Verträgen mit dem Osten, sondern das Nein zu dem Pfusch und Murks, den Herr Bahr als Verhandlungsführer vorbereitet hat – und dem die anderen dann zum Opfer gefallen sind."[55] Mit anderen Worten: Er war niemals gegen das *Was* der rot-gelben Ostpolitik gewesen, sondern nur gegen das *Wie* – und verständlicherweise auch gegen das *Wer*. Denn der „Schmerz, den Franz Josef Strauß über die Teilung Deutschlands und all die damit verbundenen politischen, wirtschaftlichen, sozialen und kulturellen Konsequenzen empfand, war" laut Friedrich Wilhelm Rothenpieler „ganz außerordentlich. Strauß verstand sich als ein deutscher Patriot. Die enorme Bedeutung, die er den fundamentalen deutschen Rechtspositionen der 50er und 60er Jahre – insbesondere hinsichtlich der deutschen Einheit – beimaß, motivierte ihn immer wieder zu energischer, scharfer und schonungsloser Kritik an der Ost- und Deutschlandpolitik der sozialliberalen Koalition. Damit ging Strauß als ein Vertreter einer harten Linie und einer kompromißlosen Politik gegenüber den Ostblockstaaten ins kollektive Bewußtsein ein, obgleich er sich stets nur gegen die zu nachgiebige Politik der sozialliberalen Bundesregierung gewandt hatte."[56] Die verfälschende Berichterstattung mancher Nachrichtenmagazine, die (beispielsweise) mißverständliche Äußerungen wie jene in Sonthofen durch unzulässige Kürzungen und präjudizierende Vorankündigungen noch mißverständlicher gemacht hatte, tat ein Übriges. Dies mußte selbst der sozialdemokratische Journalist Günter Gaus eingestehen. Der einstige Leiter der Ständigen Vertretung der Bundesrepublik in Ost-Berlin zählte zu den wenigen Kennern der Materie, die aufrichtig genug waren, um offen zugeben zu können, daß Franz Josef Strauß vor allem deshalb immer für eine Überraschung gut gewesen ist, „weil seine Person, seine politische Natur fast vollständig hinter den Abziehbildern verschwunden" war, „mit denen ihn seit vielen Jahren die westdeutschen Medien beklebt"[57] hatten. Denn der wahre Strauß war eben ein anderer als jener, „den die Medien erfunden haben"[58].

---

[54] Vgl. Strauß, Franz Josef: Politische Einheit und militärische Stärke des Westens, in: Schmidt, Dieter A. (Hg.): Die freie Welt in den 80er Jahren. Internationales Politik- und Strategiesymposium 1982. München 1983, S. 42–59, S. 57.

[55] Zimmermann, Ulrich: Geliebt, verkannt und doch geachtet. Franz Josef Strauß, der Mensch, der Politiker, der Staatsmann von A–Z. 2. Auflage, Percha am Starnberger See 1980, S. 43.

[56] Interview mit Dr. Friedrich Wilhelm Rothenpieler am 02.12.2003 in München.

[57] Gaus, Günter: Wo Deutschland liegt. Eine Ortsbestimmung. München 1986, S. 180.

[58] Berghofer-Weichner, Mathilde: Franz Josef Strauß – sein Einsatz für die Familie, in: Carstens, Karl; Goppel, Alfons; Kissinger, Henry; Mann, Golo (Hg.): Franz Josef Strauß. Erkenntnisse, Standpunkte, Ausblicke. München 1985, S. 559–562, S. 561.

Franz Josef Strauß' Kritik an Brandts und Bahrs Konzept des langfristigen Wandels durch kurzfristige Annäherung war also weder eine Fundamentalkritik an dem angestrebten Wandel noch eine Mißbilligung der erhofften Annäherung, sondern logische Konsequenz der festen Überzeugung, mit einer Annäherung an den Osten keinen Wandel desselben erzielen zu können. Zunächst einmal müsse durch intensive wirtschaftliche Zusammenarbeit ein Wandel herbeigeführt werden, erst dann, so Strauß, könne und dürfe eine Annäherung in die Wege geleitet werden. Diese Maxime hatte er seit dem Erscheinen seines „Grand Design" im Jahre 1965 immer wieder gepredigt. Und fast ebenso lange hatte er gefordert, die „ostdeutsche Provinz des Weltkommunismus"[59] solle erst einmal ihren guten Willen beweisen, bevor man offizielle Gespräche mit ihr führe oder gar Verträge schließe.[60] Noch im Jahre 1980 hatte er auf die Frage „Würde sich ein Bundeskanzler Strauß auch mit SED-Chef Honecker treffen?" geantwortet: „Wenn nach den Vorgesprächen mit konkreten Ergebnissen, mit wirklichen menschlichen Erleichterungen zu rechnen wäre, dann würde ich mich auch mit Honecker treffen"[61], niemals aber Vorleistungen ohne Gegenleistung erbringen! Drei Jahre später erhielt er endlich die lang ersehnte Gelegenheit, zu seinem Wort zu stehen und gemäß seinen immer wieder vorgebrachten Forderungen zu handeln. Mehr noch, er drehte das „Keine-Vorleistungen-ohne-Gegenleistung"-Prinzip sogar zu Lasten der DDR um. Denn erst als ihm gemeldet wurde, daß aufgrund seiner Vorgespräche tatsächlich handfeste menschliche Erleichterungen an der innerdeutschen Grenze zu verzeichnen waren (Vorleistung der DDR) und somit durchaus mit weiteren konkreten Ergebnissen gerechnet werden durfte (weitere zugesagte Leistungen der DDR), willigte er in offizielle Gespräche mit der SED-Führung ein und bemühte sich um den für einen Kredit erforderlichen Bürgschaftsvertrag (Gegenleistung der Bundesrepublik). Insofern stand der vielfach unverstandene Milliardenkredit voll und ganz in der bis heute weitestgehend verkannten Kontinuität seines entspannungsorientierten ost- und deutschlandpolitischen Denkens. Im Frühsommer 1983 unternahm Strauß also nichts, was er nicht schon in den sechziger oder auch in den siebziger Jahren unternommen hätte, wenn er zu jener Zeit als Außenminister oder gar Bundeskanzler mit deutschlandpolitischer Verantwortung betraut gewesen wäre. Im Grunde hätte der Milliardenkredit also weder Aufsehen erregen noch Überraschung hervorrufen müssen. Auf die Frage hin, wie sie diese Thesen bewerten

---

[59] Neubert, Ehrhart: Politische Verbrechen in der DDR, in: Courtois, Stéphane; Werth, Nicolas; Panné, Jean-Louis u.a.: Das Schwarzbuch des Kommunismus. Unterdrückung, Verbrechen und Terror. 2. Auflage, München 1998, S. 829–884, S. 829.

[60] Vgl. statt vieler: o.V.: Strauß: Menschliche Erleichterungen zählen nicht, in: Frankfurter Allgemeine Zeitung vom 10.11.1972; o.V.: Strauß kritisiert Kredite für Ost-Berlin, in: Die Welt vom 28.07.1976.

[61] Strauß, Franz Josef: Interview, in: BILD-Zeitung (Hg.): Worte zur Wahl. Sonderdruck der BILD-Zeitung. o.O. 1980, o.S.

würde, antwortete Strauß-Tochter Monika Hohlmeier: „Diese These würde ich als grundsätzlich zutreffend bewerten – und als bisher eher unbekannt. In der Tat wird bis auf den heutigen Tag übersehen, daß mein Vater Franz Josef Strauß schon in den 60er Jahren eine Politik befürwortet hat, die eine möglichst weitgehende Anbindung der ehemaligen DDR und anderer Ostblockstaaten in das westliche Banken- und Wirtschaftssystem unterstützte. Insofern befürwortete er konsequent Kredite an Ostblockstaaten zu klaren Bedingungen und bei klarer Gegenleistung. Er warf der SPD/FDP-geführten Bundesregierung in den 70ern nicht vor, daß sie Kredite gewährte, sondern daß sie das Geld verschenkte, ohne dafür ernsthafte und gleichwertige Gegenleistungen zu erhalten. Den darüber hinausgehenden politisch-ideologischen Schmusekurs hielt er für gefährlich. Sein Ansinnen war nicht das wirtschaftliche Abhängigmachen der Ostblockstaaten von Deutschland. Er ging fest davon aus, daß die sozialistische Planwirtschaft Rußland und alle anderen Ostblockstaaten früher oder später in den wirtschaftlichen Kollaps führen würde, die ständige Geldnot war sichtbar. Eine frühzeitige Anbindung an das westliche Wirtschaftssystem und damit die Möglichkeit eines erleichterten Übergangs dieser Staaten in die westliche Marktwirtschaft nach dem wirtschaftlichen Zusammenbruch Rußlands und aller Ostblockstaaten hielt er für notwendig. Mein Vater räumte dem Kommunismus keine allzu lange Lebensdauer ein. Zudem befürchtete er, daß es in Deutschland einmal zu einem Stellvertreterkrieg der großen Mächte kommen könnte und wollte deshalb mit einer finanziellen und wirtschaftlichen Zusammenarbeit ein Verbindungsgeflecht schaffen, das die Länder des Warschauer Pakts bei eventuellen Intentionen der Sowjetunion, einen Krieg gegen Deutschland zu führen, zur Ablehnung eines Waffengangs veranlassen sollte. Die wirtschaftliche Zusammenarbeit sollte also auch der Friedenssicherung dienen. Insofern steht der Milliardenkredit an die ehemalige DDR in der langjährigen Kontinuität seines politischen Denkens und Handelns."[62]

Den gleichen Standpunkt vertrat auch der spätere CSU-Chef Theodor Waigel: „Also für mich kam der Milliardenkredit nicht überraschend. Strauß hat mich in diesem Zusammenhang einmal um meinen Rat gebeten. Er wollte wissen, ob er sich für die Vermittlung dieses Krediten engagieren solle oder nicht. Ich habe ihm damals zugeraten, denn in der Tat lag diese Art der Politik in der Kontinuität seines

---

[62] Interview mit Staatsministerin Monika Hohlmeier am 30.04.2004 in München. Vgl. dazu auch: Strauß, Franz Josef: Peace and Pacificism, in: Godson, Joseph (Hg.): Challenges to the Western Alliance. An international Symposium on the Changing Political, Economic an Military Setting. London 1984, S. 33–38, S. 38; Strauß, Franz Josef: Manifesto of a German Atlanticist, in: Strategic Review, 10 (1982) H. 3, S. 11–15, S. 15; Stoiber, Edmund: Der Freistaat Bayern auf dem Weg ins 21. Jahrhundert, in: Hanns-Seidel-Stiftung e.V. (Hg.): Geschichte einer Volkspartei. 50 Jahre CSU; 1945 – 1995. Grünwald 1995, S. 291–317, S. 292.

Denkens. Beispielsweise gab es einen fast vergessenen Vorgang aus den 60er Jahren. Damals schlug er vor, daß die Bundesrepublik für einen bestimmten Zeitraum bereit sein könnte, auf die Forderung nach der Wiedervereinigung zu verzichten und der Sowjetunion 100 bis 120 Milliarden DM zu bezahlen, wenn diese sich im Gegenzug aus der DDR zurückzöge und dort das Etablieren eines demokratischen Staates ermögliche. Das war ein sehr mutiger und sehr umstrittener Vorschlag. Strauß hat schon damals der Freiheit den Vorrang vor der Einheit gegeben. Er wollte den Herrschaftsbereich des Kommunismus durch die Ausbreitung der Freiheit zurückdrängen. Von einem ähnlichen Denken war er geprägt, als sich die Möglichkeit der Vermittlung des Milliardenkredits bot. Insofern gibt es tatsächlich eine Kontinuität in seiner ost- und deutschlandpolitischen Politik. Und er hat in dieser Sache völlig richtig gehandelt, denn er wußte um die wirtschaftlichen Schwierigkeiten der DDR und deutete sie als erste Vorboten des Unterganges des Sozialismus und Kommunismus in Europa."[63] Und eben jenen galt es nach Strauß' Auffassung zu beschleunigen, wie sich Gerold Tandler erinnerte: „Strauß hat einmal zu mir gesagt: ‚Die DDR muß von der D-Mark so abhängig werden wie ein Rauschgiftsüchtiger vom Heroin!' Das bedeutet, daß er sich über den desolaten Zustand der DDR und der internationalen Gesamtsituation völlig im klaren war. Er wußte, daß die DDR auf diesen Kredit angewiesen war. Und er wußte auch, daß der geringe Handlungsspielraum, den sich Honecker damals gegenüber Moskau mühsam erkämpft hatte, wieder hätte aufgegeben werden müssen, denn im Falle eines Scheiterns dieser Kreditvermittlung wäre der zweite und letzte Ansprechpartner der Kreml gewesen. Insofern nutzte Strauß diese einmalige Gelegenheit, eine konstruktive und entspannungsorientierte Deutschlandpolitik zu betreiben, und setzte als Gegenleistung für die Kreditvermittlung vielfältige menschliche Erleichterungen durch. Es gelang ihm, die innerdeutsche Grenze ein wenig zu entschärfen und zahlreichen DDR-Bürgern die Ausreise in den Westen zu ermöglichen. Eine wahrhaft historische Leistung!"[64]

Da man vor allem in seiner eigenen Partei außerstande war, diese historische Leistung angemessen zu würdigen, veröffentlichte Franz Josef Strauß am 16. Juli 1983 im „Bayernkurier" einige „Tatsachen über einen Kredit":

---

[63] Interview mit Bundesminister a.D. Dr. Theodor Waigel am 11.11.2003 in München.
[64] Interview mit Staatsminister a.D. Gerold Tandler am 02.12.2003 in Altötting. Vgl. dazu auch: Seebacher-Brandt, Brigitte: Politik im Rücken, Zeitgeist im Sinn. Berlin, Frankfurt am Main 1995, S. 185; Nakschbandi, M. Walid: Franz Josef Strauß. Ein Deutsches Leben. BR-Sendung vom 3. Oktober 2003.

„1. Im Herbst 1982 ist ein Hinweis an mich herangetragen worden, daß die Regierung der DDR den Wunsch habe, einen DM-Kredit, aber als ganz normalen Bankkredit, unter bestimmten Bedingungen aufzunehmen. Offensichtlich hat die DDR einen Engpaß zu überwinden, in dem es ihr auch nicht leicht fällt, die Fälligkeiten aus ihren Auslandsschulden zu bezahlen. 2. Ich habe darüber dem Bundeskanzler eine Mitteilung gemacht und ihn gefragt, ob er Interesse an der Verfolgung der Sache habe. Die Antwort war eindeutig positiv. 3. In der Zwischenzeit ereignete sich der bedauerliche Grenzzwischenfall bei Drewitz, dessen Opfer ein Bürger aus der Bundesrepublik Deutschland wurde. Ich habe immer gewußt, daß es sich nicht um Mord im strafrechtlichen Sinne des Wortes handelt, aber nach meiner Überzeugung liegt vorsätzliche Körperverletzung mit Todesfolge vor. Ich habe damals in der Öffentlichkeit das Vorgehen und Verhalten der Grenzbehörden der DDR einer außerordentlich scharfen Kritik unterzogen. 4. Kurze Zeit nach dieser scharfen Kritik kam es zu einem Gespräch zwischen einem hohen Beamten der DDR, der offensichtlich von seinem Chef beauftragt war. Im Mittelpunkt dieses Gespräches standen die Verhältnisse an der Grenze, die nach meiner Meinung gründlich geändert werden müßten, und die Notwendigkeit, daß hier etwas unternommen werden müsse. Beim zweiten Gespräch, das kurze Zeit darauf erfolgte, wurde ich gefragt, ob sich an der Grenze etwas geändert hätte. Aufgrund der mir vorliegenden Meldungen, auch der Bayerischen Grenzpolizei, konnte ich, wie ich es bereits mehrmals in der Öffentlichkeit getan habe, bestätigen, daß hier eine Wende zum Erfreulichen eingetreten sei. Siehe Meldung der ‚Süddeutschen Zeitung' vom 8. Juli 1983, Seite eins! Es heißt dort, daß ein Sprecher des Bayerischen Grenzpolizeipräsidiums in München erklärt habe, die Grenzkontrollen der DDR seien nun schon seit etwa 6 Wochen freundlicher und großzügiger. Das gesamte Verhalten der DDR-Beamten sei lockerer und viel freundlicher geworden. Man müsse annehmen, daß hier von höchster Stelle entsprechende Anweisung gegeben worden sei. Ein drittes Gespräch über das Thema Kredit fand wieder einige Zeit später statt. Ich hatte Staatsminister Jenninger, der für die deutsch-deutschen Beziehungen im Bundeskanzleramt zuständig ist, gebeten, daran teilzunehmen und dieses Gespräch zu führen, weil die Entscheidung darüber nicht zu den Zuständigkeiten des Bayerischen Ministerpräsidenten gehöre. Ich habe aber nie einen Zweifel gelassen, daß ich unter gewissen Bedingungen einen solchen Kredit befürworte. 5. Über all diese Gespräche ist Bundeskanzler Kohl entweder durch mich unmittelbar oder durch Staatsminister Jenninger informiert worden. Bei einem Gespräch zwischen Helmut Kohl und mir gab er die Anregung, eine bayerische Bank sollte die Konsortialführung über die Durchführung dieses Kredites übernehmen. So habe ich mit dem Präsidenten der Bayerischen Landesbank, Dr. Ludwig Huber, gesprochen und ihn gefragt, ob er diesem Wunsch des Bundeskanzlers entsprechen wolle. Die Antwort war positiv. Am Tage nach meinem Gespräch mit Ludwig Huber rief Staatsminister Jenninger bei ihm an und erteilte ihm im Namen des Bundeskanzlers den Auftrag, die Führung des Bankenkonsortiums zu übernehmen. 6. Es handelt sich hier um einen Kredit von Bank zu Bank, für den die DDR durch Forderungsabtretung die Sicherheitsleistung übernommen hat. Ich betone: Es gibt keinen Pfennig Zinssubvention. Es besteht kein Pfennig Risiko. Die Belastung des Steuerzahlers der Bundesrepublik Deutschland ist gleich Null. Damit unterscheidet sich dieser Kredit grundsätzlich von dem leichtfertig gewährten und großzügig subventionierten Polenkredit sowie von anderen Krediten, z.B. dem Kredit an Jugoslawien. Der Kredit belastet nicht den deutschen Kapitalmarkt, sondern wird am Euromarkt abgewickelt. 7. Ich habe meine Rolle weder großspurig zu übertreiben noch aus irgendwelchen Gründen abzustreiten. Ich habe die ganze Angelegenheit vermittelt und einen solchen Abschluß befürwortet, außerdem im Auftrag des Bundeskanzlers während der Sitzung der Landesgruppe in Banz den Vorsitzenden der Landesgruppe, Dr. Theodor Waigel, informiert. Die Information beschränkte sich jeweils auf die Fraktionsvorsitzenden der Koalition einschließlich des Vorsitzenden der Landesgruppe. Eine weitere Information sollte vor der Veröffentlichung des Abschlusses nicht gegeben werden. Ich möchte mit allem Nachdruck darauf hinweisen, daß die Einfädelung, wenn man sich so ausdrücken will, von mir stammt. Die Behauptung, ich hätte gesagt, daß Kohl und Genscher die ganze Sache eingefädelt und dann mich hineingezogen hätten, ist völlig falsch und steht im genauen Gegensatz zur Wahrheit. Bundesminister Genscher hat mit der ganzen Angelegenheit nicht mehr zu tun, als daß er im Kabinett seine Zustimmung erklären ließ. Ich habe überall erklärt, daß ich die Angelegenheit an den Bundeskanzler herantragen und mich auch befürwortend dafür eingesetzt habe. 8. Es handelt sich um zwei Tranchen, wobei die Banken sich ohne weiteres bereit erklärt haben, den Betrag in der genannten Höhe aufzubringen. Ja, die Quoten mußten sogar gekürzt werden! Es ist vielleicht bezeichnend, daß die Freigabe der zweiten Tranche durch den Bundeskanzler noch am Montag nach seiner Ankunft in Moskau erfolgte. 9. Ich möchte ganz klar trennen zwischen dem Kredit zu banktechnischen Bedingungen, auf die von keiner politischen Seite irgendwelcher Einfluß genommen wurde und den politischen Beziehungen, bzw. dem Verhältnis zwischen Bundesrepublik Deutschland und DDR. Ich habe schon darauf hingewiesen, daß im Verhalten der Grenzbehörden der DDR eine spürbare und erfreuliche Änderung eingetreten ist. In diesem Zusammenhang sei darauf verwiesen, daß es sich nicht nur um den Fall Drewitz handelte, sondern daß nach den uns vorliegenden Meldungen im Laufe der letzten Jahre 23 Personen im Zusammenhang mit ihrem Grenzübergang einem Herzschlag erlegen sind, ohne daß irgendwelche äußere Einwirkung vorlag. Ich habe bei meinen Gesprächen mit Nachruck darauf hingewiesen, daß diese Situation der Angst und der Spannung beseitigt werden müsse. Ich bezeichne es auch als eine positive Entwicklung, daß die DDR jetzt offensichtlich bereit ist, Gespräche über ein Abkommen bzw. über gemeinsame Maßnahmen zur

Luftreinhaltung durchzuführen und daß auch die Frage Verschmutzung der Böden nunmehr gelöst zu werden scheint. Auch bei den Verhandlungen über die Erstattung der Postgebühren zeigt die DDR eine kooperative und kompromißbereite Haltung und erklärt sich bereit, zusätzliche Maßnahmen für Verbesserung in der Durchführung des Fernsprechverkehrs sowie des Paket- und Päckchenverkehrs zu ergreifen."[65]

Trotz all jener Tatsachen über die von Franz Josef Strauß eingefädelte Milliardenbürgschaft unterstellten ihm seine Gegner ausschließlich niedere Motive für sein deutschlandpolitisches Engagement. Im Grunde, so hieß es, sei es ihm nur darum gegangen, Macht auszuüben, sich in den Vordergrund zu spielen und die Regierung Kohl/Genscher mit seiner „Nebenaußenpolitik" in den Schatten zu stellen. Im bitteren „Bewußtsein, sein eigentliches Ziel, eine entscheidend gestaltende Rolle in der Bundespolitik, nicht erreicht zu haben"[66], habe er sich nur wichtig machen und im Gespräch halten wollen. Dafür sei Strauß, der sich nach eigenem Bekunden als pragmatischer Politiker verstand, sogar bereit gewesen, seine politischen Überzeugungen zu opfern.[67] Außerdem wurde gemunkelt, Schalck-Golodkowski habe ihn womöglich bestochen oder finanziell an der Abwicklung des Kredites beteiligt. Eine Vermutung, die vor allem „Spiegel"-Lesern glaubhaft erschien. Hatte Strauß laut Rudolf Augstein denn nicht immer schon irgendwie der „Ruch der Korruption" angehaftet? Dazu Monika Hohlmeier: „Ich habe mehrfach erlebt, wie mein Vater reagierte, wenn jemand versuchte, ihn mit Geld zu korrumpieren. Gesuche dieser Art wies er völlig unabhängig von der jeweiligen Person stets entschieden, zumeist sogar schroff zurück. Also korrumpierbar war er nicht. Daß ihm manche Leute gerne Geld hinterhergetragen hätten, ist bekannt. Und daß manche Leute mehr über ihn behauptet haben, als er jemals getan hat, um ihre eigenen Handlungen zu rechtfertigen und sich darüber hinaus viele Gestalten an ihn herangewanzt haben, um ihn auszunutzen, hat uns alle sehr geärgert. Weil mein Vater viel zu gutmütig war, tauchten in seiner Umgebung immer wieder falsche Freunde auf, die wir gerne von ihm ferngehalten hätten."[68] Falsche Freunde, die Franz Josef Strauß immer wieder in falsches Licht stellten und ihn in so mancherlei Hinsicht angreifbar machten. Seine Menschenkenntnis war eben nun mal nicht die beste.

---

[65] Strauß, Franz Josef: Tatsachen über einen Kredit, in: Bayernkurier vom 16. Juli 1983, S. 1.
[66] Gross, Johannes: Kohl schlägt Strauß, in: Capital vom 1. Juni 1983.
[67] Vgl. Strauß, Franz Josef: Das Verhältnis von Programm und Pragmatismus in der politischen Praxis, in: Aus Politik und Zeitgeschichte. Beilage zur Wochenzeitung Das Parlament. B 32–33/1976 vom 7. August 1976, S. 28–38, S. 28.
[68] Interview mit Staatsministerin Monika Hohlmeier am 30.04.2004 in München.

Weitaus mehr als der in all den Jahren immer wieder erhobene und durch nichts zu beweisende Korruptionsvorwurf ärgerte Strauß jedoch die ungeheure Nachlässigkeit des Kanzleramtes, das, so vermutete er noch Jahre später, absichtlich versäumte, seine „herausragende deutschlandpolitische Leistung in angemessener Form zu würdigen. ‚Hätte Helmut Schmidt einen solchen Erfolg errungen', so sagte Strauß damals nicht zu unrecht, ‚hätten in ganz Deutschland die Kirchenglocken geläutet.'"[69] Schließlich wurden an der innerdeutschen Grenze die grausigen Tötungsmaschinen, Splitterminen und Selbstschußanlagen nur wenige Monate nach der Übernahme der Milliardenbürgschaft tatsächlich abgebaut.[70] Dank der von Franz Josef Strauß maßgeblich mitgestalteten deutschlandpolitischen Entspannungsoffensive bekam die unmenschliche Demarkationslinie endlich ein menschlicheres Antlitz. Außerdem senkte die DDR wenig später den Mindestumtauschbetrag für Kinder und Rentner, verdoppelte die Zahl der freigekauften Häftlinge und gestattete mehr Menschen die Ausreise in den Westen als je zuvor.[71] Wenn dies Helmut Schmidt gelungen wäre, zürnte Franz Josef Strauß noch Jahre später, so wäre ein Jubeljahr ausgebrochen. Fackelzüge wären durch die Straßen marschiert und Fahnen wären geweiht worden. Und Schmidt wäre zur Ehre der irdischen, vielleicht sogar der himmlischen Altäre zum größten Staatsmann aller Zeiten erhoben worden.

Als Franz Josef Strauß am 23. Juli 1983 schließlich im Schloß Hubertusstock in der Mark Brandenburg von Staats- und Parteichef Erich Honecker empfangen wurde, war die Verwirrung unter all denjenigen Beobachtern, die Franz Josef Strauß jahrzehntelang falsch eingeschätzt hatten, perfekt. Strauß: Es war „eine Sensation, die Freund und Feind bewegte. Keiner hat sich mehr ausgekannt. Was ist da eigentlich los mit Franz Josef Strauß, wurde bei uns gefragt, und die auf der anderen Seite fragten: Was ist da los mit dem Erich Honecker, was hat der aus-

---

[69] Interview mit Dr. Friedrich Wilhelm Rothenpieler am 02.12.2003 in München. Vgl. dazu auch: o.V.: Abbau der SM 70, in: Bayerische Staatszeitung und Bayerischer Staatsanzeiger v. 23. November 1984.

[70] Vgl. o.V.: Ostberlin an Bonn: Alle Minen an der Grenze entfernt, in: Süddeutsche Zeitung vom 2. November 1985; o.V.: „Mit dem 1. Schuß treffen", in: Der Spiegel, 51 (1997) H. 36, S. 42–44, S. 44; Winkler, Heinrich August: Der lange Weg nach Westen. Band II: Deutsche Geschichte vom „Dritten Reich" bis zur Wiedervereinigung. München 2000, S. 423; o.V.: „Mittäter im Schweigen", in: Der Spiegel, 49 (1995) H. 3, S. 18–21, S. 20; Bender, Peter: Episode oder Epoche? Zur Geschichte des geteilten Deutschland. 3. Auflage, München 1997, S. 190f.

[71] Vgl. Stent, Angela: Rivalen des Jahrhunderts. Deutschland und Rußland im neuen Europa. Berlin, München 2000, S. 71; Scholtyseck, Joachim: Die Aussenpolitik der DDR. München 2003, S. 41; o.V.: Dank an Strauß. Briefe, die keines Kommentars bedürfen, in: Bayernkurier vom 24. Dezember 1983, S. 3; Schmiese, Wulf: Starb am 3. Oktober und urlaubte in Albanien: Ein Film über Franz Josef Strauß (BR), in: FAZ vom 2. Oktober 2003, S. 41.

gerechnet mit unserem Hauptgegner, mit unserem härtesten Kritiker zu schaffen?"[72] Doch Strauß und sein Gastgeber ließen sich von dem aufgeregten Gerede nicht beirren: „Gegen halb eins kamen wir am Werbellinsee an. Als wir vorfuhren, stand Erich Honecker vor dem Haus auf der Terrasse. Grüßend hob er die Hand. Ich ging auf ihn zu, bedankte mich für die Einladung. Dann waren zunächst die Fotografen an der Reihe, die in halber Regimentsstärke aus dem Westen angereist waren. Schon nach den ersten Sätzen war ich überrascht, nicht auf jene hölzerne Funktionärsmentalität zu treffen, die der Generalsekretär und Staatsratsvorsitzende bei seinen Fernsehauftritten vermittelt. Sicherlich, wenn ich ein Gespräch mit Jacques Chirac oder Ronald Reagan, mit Cossiga oder Deng Xiaoping führe, dann herrscht noch eine andere Atmosphäre"[73], schrieb Strauß in seinen Erinnerungen, denen man anmerkt, wie gerne er sich gerade nach der verlorenen Bundestagswahl des Jahres 1980 mit seiner Nebenaußenpolitik in den Vordergrund spielte. So kreiste das Gespräch mit Erich Honecker dann auch vorwiegend um außen-, sicherheits-, wirtschafts-, deutschland- und umweltpolitische Fragen, obwohl der bayerische Ministerpräsident für keines dieser Ressorts direkt zuständig war.

Nach einem langen und ausführlichen Meinungsaustausch, über den Franz Josef Strauß ein umfangreiches Protokoll anfertigte,[74] verabschiedeten sich die beiden Regierungschefs, als wären sie gute und alte Freunde. Eine Geste, die besonders den Hardlinern der CSU mißfiel, die von ihrem Vorsitzenden „Politik im Stil seiner kraftmeierischen Sprüche"[75] erwartet hatten. Da sie nicht begreifen wollten, daß die „Verschuldung des Feindes auf lange Sicht ähnlich wirksam sein kann wie eine Atombombe"[76], gründeten die Unzufriedensten unter ihnen im November 1983 die „Republikaner". Trotz einiger beängstigender Erfolge der REPs, die rechts von der CSU auf Stimmenfang gingen, versanken sie bald wieder in der politischen Bedeutungslosigkeit. Ihr schlimmster Vorwurf jedoch, Strauß habe der Ost-Berliner Gerontokratie mit dem Kredit das Leben verlängert, überdauerte das

---

[72] Strauß, Franz Josef: Die Erinnerungen. Berlin 1998, S. 543f.
[73] Ebd., S. 537.
[74] Vgl. Strauß, Franz Josef; Honecker, Erich: Niederschrift über das Gespräch Erich Honeckers mit Franz Josef Strauß am 24. Juli 1983 in Hubertusstock (Auszug). Dokument 17 (Quelle: SAPMO – BArch/DY 30, J IV/962), in: Nakath; Detlef/Stephan, Gerd-Rüdiger: Von Hubertusstock nach Bonn. Eine dokumentierte Geschichte der deutsch-deutschen Beziehungen auf höchster Ebene 1980–1987. Berlin 1995, S. 132–144.
[75] Boenisch, Peter: Kohl und Strauß, in: Appel, Reinhard (Hg.): Helmut Kohl im Spiegel seiner Macht. Bonn 1990, S. 161–167, S. 164.
[76] Fülberth, Georg: Strauß, mit Bleistift, in: Blätter für deutsche und internationale Politik, 33 (1988) H. 11, S. 1287–1289, S. 1289.

Ende der radikalen Partei bei weitem. Schließlich bewahrte der Kredit die DDR nachweislich vor einer Umschuldung ihrer massiven Devisenschulden, da Pankow das Darlehen nutzte, um seine internationale Kreditwürdigkeit zu verbessern.[77] Doch was wäre die Alternative gewesen? Schalck-Golodkowski: „Wir hätten Importe kürzen und Exporte erhöhen müssen. Der Lebensstandard wäre weiter gesunken."[78] Dies hätte möglicherweise Unruhen zur Folge gehabt, die im Gegensatz zu den Massenprotesten des Jahres 1989 sicherlich nicht zum Fall der Mauer, sondern zu einem erneuten Eingreifen der Roten Armee geführt hätten. Insofern hätte ein Aushungern der DDR ihren Zerfall paradoxerweise nicht beschleunigt, sondern eher noch verlangsamt. Aus eben diesem Grunde setzte Franz Josef Strauß auf das Prinzip der langfristigen Destabilisierung durch kurzfristige Stützung. Und das mit Erfolg, denn gerade weil er es dem SED-Regime ermöglichte, ohne die überfälligen Reformen weiterzumachen, ebnete er ihm den Weg in den Ruin. Schließlich konnten die massiven Schwierigkeiten in der Sicherung der auswärtigen Zahlungsfähigkeit durch den Milliardenkredit des Jahres 1983 und den Folgekredit des Jahres 1984 nur vorübergehend beseitigt werden. Die eingeforderten Gegenleistungen jedoch waren unbefristet. Sie bestanden darin, daß Honecker Millionen von Ostdeutschen Besuche in der Bundesrepublik ermöglichen mußte. Laut Helmut Kohl war er sich über die Folgen dieser Verpflichtung offenbar nicht im klaren: „Diese Besuche haben das Bewußtsein für die Zusammengehörigkeit der Nation geschärft und die Feindbilder der SED-Propaganda zerstört. Auf diese Weise hat das SED-Regime sich selbst das Wasser abgegraben. Im Jahre 1989 war schon jeder fünfte Bewohner der DDR mindestens einmal in der Bundesrepublik zu Besuch gewesen."[79]

3. In der Welt zu Hause, in Bayern daheim

Wenngleich Franz Josef Strauß die lästige landespolitische Alltagsarbeit schon bald nach seiner Inthronisierung als bayerischer Ministerpräsident an Edmund Stoiber delegiert hatte, war und blieb ihm die Regierung seines Heimatlandes nach eigenem Bekunden „die reizvollste politische Aufgabe, die in Deutschland zu vergeben

---

[77] Vgl. o.V.: Dank FJS gewann die „DDR" Punkte. Die neue Liste der besten und schlechtesten Schuldner-Länder, in: Welt am Sonntag vom 20. Oktober 1985. Vgl. dazu auch: Przybylski, Peter: Tatort Politbüro. Die Akte Honecker. Berlin 1991, S. 126.
[78] Schalck-Golodkowski, Alexander: „Meine Macht war das Geld", in: Der Stern vom 23. März 2000.
[79] Kohl, Helmut: Bilanzen und Perspektiven. Regierungspolitik 1989–1991, Band 2. Bergisch Gladbach 1992, S. 1038.

ist"[80]. Als „Bayernfürst"[81] wie ein „Alpenchurchill"[82] über den „Strauß-Staat"[83] zu herrschen, war ihm nach wie vor eine Ehre – aber eben eine viel zu kleine. Deshalb mischte er sich auch nach der Vermittlung der aufsehenerregenden Milliardenbürgschaft unentwegt in die Bundespolitik ein, indem er über Presse und Rundfunk Lob und Tadel verbreitete, die von der CSU in Bonn gestellten Bundesminister in München zur „Befehlsausgabe"[84] antreten ließ oder sich des Bundesrates bediente, dem er vom 28. Oktober 1983 an zwölf Monate lang vorsaß. Außerdem nahm er an allen wichtigen Sitzungen der schwarz-gelben Koalition teil – vor allem, um Helmut Kohl das Leben schwer zu machen. Theo Waigel: „Die beiden waren halt völlig anders eingestellt. Strauß, der stringent denkende Altphilologe mit einem eruptiven Temperament. Und Kohl, der über ein unglaubliches Gespür für kommunikative Politik verfügt, im direkten Gespräch enorm viel erreichen kann und überall seine Freunde sitzen hat – auch in der CSU, wovon Strauß zum Teil gar nichts wußte. Das war schon eine spannende Angelegenheit, wenn diese beiden so extrem unterschiedlichen Naturelle aufeinander trafen. Wenn zum Beispiel Strauß – stets glänzend vorbereitet – mit dicken Papieren zu einer Koalitionsverhandlung nach Bonn anreiste, dort die Papiere verteilte und von uns erwartete, daß wir das alles durcharbeiten und konkret in die Regierungspolitik einbringen – da sagte Kohl schon einmal in einer flapsigen Bemerkung: Das ist doch völlig sinnlos, diesen Wust Papier kannst Du auf der Toilette ablegen, politische Entscheidungen fallen doch völlig anders. Das waren enorme Unterschiede im Politikstil, mit dem entsprechenden Konfliktpotential."[85] Konfliktpotential existierte auch zwischen Franz Josef Strauß und seinem liberalen Lieblingsfeind Hans-Dietrich Genscher, den er ständig attackierte. Doch die Kritik aus München, so befand der Bonner Politikwissenschaftler Christian Hacke, „blieb überwiegend verschwommen, wurde selten konkret, war aber immer gegen ‚die illusionäre Entspannungspolitik' von Außenminister Genscher gerichtet."[86]

Unter Verweis auf das von Franz Josef Strauß in den 80er Jahren auf Bonn gerichtete Störfeuer wurde oft die Behauptung aufgestellt, sein gesamtes politisches

---

[80] Zimmermann, Ulrich: Unvergessen, Franz Josef Strauß – das war sein Leben. 3. Auflage, Passau 1988, S. 52.
[81] o.V.: Zuviel auf einmal, in: Der Spiegel, 52 (1998) H. 49, S. 22–25, S. 22.
[82] Falke, Jutta; Kaspar, Ulrich: Politiker beschimpfen Politiker. 2., durchgesehene Auflage, Leipzig 1998, S. 197.
[83] o.V.: So 'ne Nummer. Die Parteifreunde in der CSU bekämpfen sich neuerdings mit Hilfe der Justiz, in: Der Spiegel, 49 (1995) H. 26, S. 25–26, S. 26.
[84] Schönemann, Tyll: „Und was ist, wenn es Franz Josef nimmer gibt?", in: Der Stern vom 14. Juli 1983.
[85] Reker, Stefan: Gespräch mit Dr. Theo Waigel (CSU). Mitglied des Bundestages seit 1972, in: Reker, Stefan: Der Deutsche Bundestag. Geschichte und Gegenwart im Spiegel von Parlamentariern aus fünf Jahrzehnten. Berlin 1999, S. 257–268, S. 260f.
[86] Hacke, Christian: Die Außenpolitik der Bundesrepublik Deutschland. Von Konrad Adenauer bis Gerhard Schröder. 1. Auflage der aktualisierten Neuausgabe, Frankfurt am Main, Berlin 2003, S. 318.

Engagement habe mit Ausnahme seiner Tätigkeit als Bundesfinanzminister stets nur zerstörerische, niemals aber konstruktive Züge getragen.[87] Dem ist entgegenzuhalten, daß Strauß auch mit fast 70 Lebensjahren immer noch mit ungeheurer Leidenschaft für ein vereinigtes Europa kämpfte: „Wir müssen uns daher das Ziel setzen, wenigstens bis zum Jahr 2000 dem Ziel eines Staatenbundes nahezukommen, und dürfen die Hoffnung auf einen Bundesstaat der Vereinigten Staaten von Europa nicht aufgeben."[88] Zu jenem Bundesstaat solle gehören „die Schaffung einer europäischen Gemeinschaft mit klar ausgeprägter föderalistischer Struktur, bei der unter strikter Beachtung des Subsidiaritätsprinzips nur die Aufgaben auf europäischer Ebene angesiedelt werden, die dort unbedingt hingehören."[89] Daß Franz Josef Strauß dennoch bis zu seinem Lebensende (und darüber hinaus) immer wieder als machtlüsterner Nationalist beschimpft wurde, ist ein eindeutiges Indiz für den Einfluß des straußfeindlichen Pressekartells, welches nur berichtete, was sich publizistisch gegen ihn verwenden ließ und der Verzerrung seiner Person und seiner Politik dienlich war.[90] Aus diesem Grund ist auch Straußens Beteiligung an der Deeskalation der Libanon-Krise des Jahres 1983 kaum bekannt geworden, obwohl diese den Nahen Osten wahrscheinlich in einen großen Krieg gestürzt hätte, wenn es dem „friedensunfähigen Sicherheitsrisiko" nicht gelungen wäre, einen diplomatischen Ausweg zu finden und selbigen auf internationalem Parkett erfolgreich zu vermitteln.[91] Was war passiert? Der Libanon war zum Schauplatz eines Bürgerkrieges geworden, der Israel und Syrien angezogen hatte. Beide Nachbarländer hatten versucht, ihnen nahestehende Gruppierungen im Libanon zu unterstützen. Nur wenige Monate nach einem Abkommen vom Mai 1983, in welchem sich Israel und Syrien verpflichtet hatten, ihre Truppen aus dem Libanon abzuziehen, wurden auch amerikanische Truppen in die immer noch andauernden Gefechte hineingezogen. Die Amerikaner gehörten einer multinationalen Schutztruppe der UNO an. Eine erneute Eskalation stand unmittelbar bevor. In Washington, Jerusalem und Damaskus war den politischen Führungen sehr daran gelegen, den Ausbruch eines weiteren Krieges zu verhindern. Jedoch fehlte ein geeigneter Vermittler, der keiner der drei Parteien angehörte und auch nicht deren Interessen verfolgte. Als Franz Josef Strauß davon erfuhr, nahm er sogleich Kon-

---

[87] Vgl. Gauland, Alexander: Helmut Kohl. Ein Prinzip. Berlin 1994, S. 22.
[88] Strauß, Franz Josef: Europa am Scheideweg, in: Sohl, Hans-Günther (Hg.): Standpunkte und Perspektiven. Festschrift für Herbert W. Köhler. Düsseldorf, Wien 1984, S. 105–116, S. 116.
[89] Strauß, Franz Josef: Die europäische Einigung – Baustein des Weltfriedens, in: Habsburg, Walburga von; Posselt, Bernd (Hg.): Einigen – nicht trennen. Festschrift für Otto von Habsburg zum 75. Geburtstag am 20. November 1987. Moers 1987, S. 170–173, S. 173.
[90] Vgl. Heuser, Beatrice: The European Dream of Franz Josef Strauß, in: Journal of European Integration History, 4 (1998) H. 1, S. 75–103, S. 103.
[91] Vgl. Zimmermann, Ulrich: Unvergessen, Franz Josef Strauß – das war sein Leben. 3. Auflage, Passau 1988, S. 60f.

takt mit dem syrischen Verteidigungsminister Tlass auf, den er persönlich kannte. Danach sprach er mit Washington, um gleich darauf nach Damaskus zu fliegen. Am Ende harter Verhandlungen zogen die Amerikaner ihre inzwischen im östlichen Mittelmeer aufgekreuzte Flotte zurück. Auch die Syrer und die Israelis ließen voneinander ab und schufen damit die Voraussetzung für eine Friedenskonferenz im Jahre 1984 in der Schweiz.[92]

Dank seiner außenpolitischen Leidenschaft war Franz Josef Strauß in der ganzen Welt zu Hause, in Bayern aber war er daheim. Deswegen trieb der technikbegeisterte Ministerpräsident die weitere Ansiedlung von zukunftsträchtigen Hochtechnologien voran, die er 30 Jahre zuvor als Atomminister mit dem Bau des ersten Forschungsreaktors in Garching bei München begründet hatte. In der festen Überzeugung, daß beispielsweise eine atomare Wiederaufbereitungsanlage nicht gefährlicher sei als eine Fabrik, die Fahrradspeichen herstelle, setzte er sich jahrelang für den Bau einer solchen „WAA" in Wackersdorf bei Regensburg ein. In der Anlage sollten nicht nur abgebrannte Kernelemente wiederaufbereitet und gelagert, sondern auch Plutonium produziert werden. Dementsprechend energisch protestierten Zehntausende rote und grüne Kernkraftgegner.[93] Niemals zuvor hatten sich in der Bundesrepublik Demonstranten und Polizisten gewalttätigere Schlachten geliefert. Selbst dem hartgesottenen Franz Josef Strauß, gegen dessen Politik bereits in den fünfziger Jahren demonstriert worden war, standen die Haare zu Berge, wenn ihm von den bürgerkriegsähnlichen Ereignissen berichtet wurde. Bar jeden Verständnisses wetterte er dann: „Während der kommunistische Nachwuchs bei uns im Westen gegen den Bau von Kernkraftwerken demonstriert, wird in seinen geistigen Mutterländern im Osten Kernkraftwerk um Kernkraftwerk gebaut. Und auch Frankreich, unser großer Freund und Nachbar, hat in der selben Zeit, in der bei uns kein Kernkraftwerk mehr gebaut oder genehmigt worden ist, die Genehmigung und den Bau von 33 Kernkraftwerken mühelos – trotz der inneren Diskussion auch in Frankreich – bewältigt."[94]

Franz Josef Strauß' Begeisterung für die friedliche Nutzung der Kernkraft resultierte übrigens nicht nur aus seinem fanatischen Technikoptimismus, sondern

---

[92] Vgl. ebd.
[93] Vgl. Rinderer, Traudy: Sehr geehrter Herr Ministerpräsident! In Sachen Wackersdorf. Auszüge aus über 100 gepfefferten WAA-Briefen von einer pfiffigen österreichischen Hausfrau einem verstockten bayerischen Atompolitiker ins Stammbuch geschrieben. Hohenems 1987. Vgl. dazu auch: Strauß, Franz Josef: Im Strom der Zeit bleiben. Ohne technischen Fortschritt keine Zukunft, in: Henn, Rudolf (Hg.): Technologie, Wachstum und Beschäftigung. Festschrift für Lothar Späth. Berlin, Heidelberg, New York u.a. 1987, S. 121–126, S. 121; Henschelsberg, Wolf von (Hg.): Mir egal, wer unter mir Kanzler ist. Die neuesten Strauß-Witze sowie Zitate von ihm selbst und über ihn. Frankfurt am Main 1988, o.S.
[94] Zimmermann, Ulrich: Geliebt, verkannt und doch geachtet. Franz Josef Strauß, der Mensch, der Politiker, der Staatsmann von A–Z. 2. Auflage, Percha am Starnberger See 1980, S. 128f.

auch aus der Überzeugung, mit emissionsfreien Reaktoren über die effizienteste und umweltfreundlichste Art der Energiegewinnung zu verfügen. Schließlich waren Kohle und Öl im Grunde schon damals viel zu kostbar, um sie für die Erzeugung von Wärme und Energie einfach zu verfeuern. Außerdem belastet(e) ihre Verbrennung die Umwelt in einem nicht vertretbaren Maße. Deswegen richtete der Freistaat Bayern, viele Jahre bevor der erste saure Regen fiel, ein eigenes Ministerium für die Belange des Umweltschutzes ein. Im Jahre 1984 erhielt der Schutz der Umwelt in Bayern sogar Verfassungsrang. „Das beste Grün ist weiß-blau"[95], pflegte Franz Josef Strauß zu sagen. In diesem Punkt pflichtete ihm sogar Hans-Dietrich Genscher bei, der in seinen Erinnerungen anerkennend hervorhob, daß Bayern über eines der modernsten Gewässerschutzrechtssysteme in Europa verfügt.[96] Und kaum hatte Strauß mit seiner deutschlandpolitischen Milliarden-Initiative wieder Bewegung in die innerdeutsche Politik gebracht, da wurde unter seiner Federführung auch schon das erste deutsch-deutsche Umweltabkommen unterzeichnet.[97] Im Grunde also war der sich voller Technikbegeisterung für den Umweltschutz engagierende wirtschaftsliberale Dauermodernisierer wahrscheinlich der am wenigsten konservative Politiker, der je dem konservativen Lager angehört hatte. Es sei denn, man definiert den Begriff des Konservativen, wie Franz Josef Strauß es selbst einst tat: „Konservativ sein heißt an der Spitze des Fortschritts marschieren."[98]

Im Laufe dieses lebenslangen Marsches widerfuhren Franz Josef Strauß zahllose Ärgernisse, Enttäuschungen, Ungerechtigkeiten und Rückschläge. Von Schicksalsschlägen hingegen blieb er verschont. Bis am 22. Juni 1984 seine Frau Marianne bei einem Autounfall ums Leben kam. In der Nähe von Wildbad Kreuth war sie ohne äußere Einwirkungen von der Fahrbahn abgekommen und in eine Baumschonung gerast. Als Strauß davon erfuhr, stand er augenblicklich unter Schock. „Dieser Schicksalsschlag traf Strauß mit Brachialgewalt. Der Koloß wankte, war in den nächsten Wochen häufig kurz davor, aufzugeben und aus seinen politischen Ämtern auszuscheiden."[99] Obwohl die Ärzte einen Herzinfarkt diagnostizierten,

---

[95] Schöll, Walter (Hg.): Franz Josef Strauß. Der Mensch und der Staatsmann. Ein Porträt. Percha am Starnberger See 1984, S. 29.
[96] Vgl. Genscher, Hans-Dietrich: Erinnerungen. München 1997, S. 130.
[97] Vgl. o.V.: Erstes deutsch-deutsches Umwelt-Abkommen unterzeichnet, in: Straubinger Tagblatt vom 13. Oktober 1983; Strauß, Franz Josef: Waldsterben und Schadstoffreduzierung. Umweltdialog mit DDR und CSSR, in: Allgemeine Forst-Zeitschrift, 1983/39, S. 990–996.
[98] Mintzel, Alf: Die Christlich-Soziale Union in Bayern e.V., in: Stöss, Richard (Hg.): Parteien-Handbuch. Die Parteien der Bundesrepublik Deutschland von 1945–1980. Band 2, Opladen 1986, S. 661–718, S. 674.
[99] Zimmermann, Ulrich: Unvergessen, Franz Josef Strauß – das war sein Leben. 3. Auflage, Passau 1988, S. 58.

Ministerpräsident Franz Josef Strauß mit seinen Kindern bei der Vorstellung eines Buches über seine verstorbene Frau Marianne.

der die an einer Gürtelrose erkrankte und unter Medikamenten stehende First Lady des Freistaates Bayern „das Gaspedal voll durchtreten und dadurch die hohe Geschwindigkeit erreichen"[100] ließ, wurde in der Folgezeit viel über den Unfalltod auf freier Strecke spekuliert.

Auch Monate später war Franz Josef Strauß über den Tod seiner Frau, mit der er 27 Jahre lang verheiratet war, nicht einmal ansatzweise hinweggekommen.[101] Rast- und ruhelos reiste er nun ständig durch die Welt. Vor allem dem schwarzen Kontinent, den er immer noch als vom expansiven Sowjetkommunismus bedroht erachtete, stattete er zahlreiche Besuche ab. Schließlich war Afrika gekennzeichnet durch Rohstoffreichtum und vielfältige innere Konflikte. Strauß war der Überzeugung, die „Entwicklungsländer brauchen unsere wirtschaftliche, unsere technische, unsere finanzielle Hilfe. Sie brauchen unsere Hilfe bei der Heranbildung

---

[100] Voss, Friedrich: Den Kanzler im Visier. 20 Jahre mit Franz Josef Strauß. Mainz, München 2000, S. 269.
[101] Vgl. Strauß, Franz Josef: „Ich danke dem Schöpfer". Interview anläßlich seines 70. Geburtstages am 6. September, in: Deutschland-Magazin, 17 (1985) H. 9, 6–8, S. 6.

einer geistigen, industriellen und wissenschaftlich-technischen Führungsschicht und einer Schicht des mittleren Managements der Handwerker, der Techniker und Facharbeiter. Sie brauchen jedoch auch unsere politische Hilfe bei der Abwehr des sowjetischen Imperialismus, der durch den Export von revolutionärer Ideologie und von Waffen den friedlichen Aufbau und die Schaffung stabiler politischer und sozialer Verhältnisse zu verhindern sucht. Wir stehen hier in der politischen und moralischen Pflicht gegenüber unseren Freunden, die auf uns vertrauen. Wir stehen als Angehörige der freien Welt in der Pflicht, den Menschen in den Entwicklungsländern das Schicksal zu ersparen, nach der Entlassung aus dem alten Kolonialismus die Zwangsherrschaft kommunistischer totalitärer Diktaturen erleiden zu müssen. Europäer und Amerikaner sollten sich aber auch davor hüten, die Meßlatte demokratischer Idealvorstellungen an die Verhältnisse in den Entwicklungsländern zu legen. Wir haben dazu kein Recht. Es wäre eine gefährliche Illusion zu glauben, die elementaren Probleme der Entwicklungsländer ließen sich allein schon dadurch lösen, daß die westliche Demokratie in ihrer Idealform auf diese Länder übertragen würde. Wir dürfen nicht vergessen, auch unser Weg zur freiheitlichen Demokratie war lang. Für die Entwicklungsländer kommt es zunächst einmal darauf an, daß überhaupt stabile politische Voraussetzungen für die Organisation des wirtschaftlichen und gesellschaftlichen Lebens geschaffen werden."[102] Dennoch reagierte man in Deutschland pikiert, wenn sich Strauß von den rassistischen Führern des Apartheidsregimes empfangen ließ. Schließlich, so spottete der damalige FDP-Generalsekretär Helmut Haussmann, sei er der einzige Schwarze, der in Südafrika gut behandelt werde.[103] Dabei war Strauß ein entschiedener Befürworter des Abbaus der Apartheid. FJS: „Darum habe ich seit vielen Jahren und in vielen Gesprächen mit den Regierungen der Republik Südafrika meinen Beitrag zur Durchführung von Reformen geleistet, die man vor wenigen Jahren noch für undenkbar gehalten hätte. Es kann nicht geleugnet werden, daß bei der Beseitigung der allgemeinen Apartheid wesentliche Fortschritte erzielt worden sind. Der Abbau der Lohndiskriminierung, die Beseitigung der Arbeitsplatzreservierung für Weiße, gleicher Lohn für gleiche Arbeit, die Berufsausbildung nicht-

---

[102] Strauß, Franz Josef: Vorwort, in: Warnke, Jürgen: Auf gutem Kurs. Neuorientierung der deutschen Entwicklungspolitik. Vorwort von Franz Josef Strauß. Herford 1986, S. 9–13, S. 12f; Strauß, Franz Josef: Politik gegenüber der Dritten Welt – Verantwortung für Frieden und Freiheit, in: Hanns-Seidel-Stiftung (Hg.): Entwicklungspolitik im Wandel. München 1986, S. 220–256, S. 228; Strauß, Franz Josef: Grundgesetze deutscher Politik. Fünf wesentliche Faktoren, die maßgebend sind – Keine Lösung ohne große Opfer, in: Bulletin des Presse- und Informationsamtes der Bundesregierung vom 27. Februar 1960, Nr. 40, S. 389–390, S. 390; Strauß, Franz Josef: „Volksfront ist Sünde wider den Geist", in: Die Welt vom 16.12.1976, S. 7.
[103] Vgl. Falke, Jutta; Kaspar, Ulrich: Politiker beschimpfen Politiker. 2., durchgesehene Auflage, Leipzig 1998, S. 200.

weißer Jugendlicher, die gemeinsame Benutzung öffentlicher Einrichtungen, nicht zuletzt der Abbau einer diskriminierenden Gesetzgebung wie des Eheverbots zwischen Nicht-Weißen und Weißen und des Verbots sexueller Beziehungen sowie das neue Staatsangehörigkeitsgesetz sind entscheidende Schritte auf dem Weg zur völligen Abschaffung der allgemeinen Apartheid."[104] Ein Weg, den Franz Josef Strauß zu ebnen geholfen hatte. Leider erlebte er es nicht mehr, wie Nelson Mandela im Februar 1990 nach fast 30jähriger Haft freigelassen wurde und öffentlich verkündete, „daß es Strauß' Besuche und Gespräche waren, die maßgeblich zu seiner Freilassung beigetragen haben."[105]

Die neue Straußsche Rastlosigkeit wurde von den Gegnern des verwitweten bayerischen Ministerpräsidenten nicht nur für politisch motivierte Kritik genutzt. Auch für die weitere Verzerrung seines Charakterbildes mußte seine ungezügelte Reiselust herhalten. Wolfram Bickerich schrieb am Ende seiner Strauß-Biographie sogar, er habe sein ganzes Leben lang „etwas anderes" gesucht. Was dieses „andere" gewesen sein soll, verhehlt Bickerich jedoch. Daher vermuten nicht nur Wilhelm Knittel und Friedrich Voss, daß es sich dabei um den untauglichen Versuch handelte, „seiner Biographie auf pathetische Weise ein wenig Tiefe zu verleihen. Strauß war sein ganzes politisches Leben lang auf der Suche nach einer möglichst guten Politik. Das war es, was ihn umgetrieben hat. Er war ein Vollblutpolitiker auf der Suche nach der Verbesserung der Lebensverhältnisse der Menschen, für die er Verantwortung trug. Danach strebte er, seitdem er sich der Politik verschrieben hatte. Im Gegensatz zu Bickerich bin ich – und ich kannte ihn gut – nicht der Ansicht, daß er auf der Suche nach etwas anderem war. Er war stets ganz er selbst."[106] Und dennoch war Strauß nach dem Tode seiner Frau nicht mehr ganz der Alte. Vielmehr war er alt geworden. „Dynamische Ausbrüche, wilde, sprudelnde Wortkaskaden, gewiß, die gibt es noch", schrieb Jürgen Leinemann. „Aber sie kommen mit künstlichem Karacho. Eine seltsame Starre und Monotonie scheint Franz Josef Strauß einzuengen. Er schwitzt wie eh und je, aber unter dem Schweiß wirkt er ausgetrocknet, hölzern. Der bullige Schädel, früher oft rammbockartig, wie zum Stoß zwischen die Schultern genommen, scheint dort wie zum Schutz eingezogen. Als erwarte er Schläge. Das breite Gesicht bleibt ausdruckslos, selbst

---

[104] Strauß, Franz Josef: Südafrika und die Koalition. Rede vom 21. September 1985, in: Scharnagl, Wilfried (Hg.): Franz Josef Strauß. Auftrag für die Zukunft. Beiträge zur deutschen und internationalen Politik 1985–1987. Ausgewählt, eingeleitet und herausgegeben von Wilfried Scharnagl. Percha am Starnberger See 1987, S. 55–61, S. 57f.
[105] Biermann, Werner: Die Story: Franz Josef Strauß – ein Doppelleben. Portrait. o.O. 2002. Vgl. dazu auch: Bell, Ursula: The death of Franz Josef Strauß. A man who will be missed by his friends in Africa, in: Afrika. Review of German-African Relations, 29 (1988) H. 11/12, S. 6.
[106] Interview mit Staatssekretär a.D. Dr. Friedrich Voss am 29.10.2003 in Bonn.

wenn er die Stimme hebt. Gemütsbewegungen zeigt nur ein abrupter Wechsel der Farbe an – von kalkweiß und fettiggrau bis purpur und violett. Aber selbst dann ist aus der Ferne grau der beherrschende Eindruck, denn unter fleckiger Röte schimmert die Haut bleich. Nicht mehr alterslos feist ist sein flächiges Konterfei, wie viele Jahre lang. Sein Gesicht ist weggesackt. Schwere Augenlider, schwere Tränensäcke, schwere Wangen ziehen es herunter. Dazwischen haben sich Gräben eingefressen, die Mangel und Müdigkeit markieren."[107]

Da Franz Josef Strauß 1985 den Berechtigungsschein zum Führen von Strahlflugzeugen erhielt, kam er nun nicht einmal mehr während seiner zahllosen Flugreisen zur Ruhe. Früher hatte er sie häufig für ein Nickerchen genutzt. Und kaum war er bei seinen ausländischen Gastgebern angekommen, da rührte das flugzeugbegeisterte Aufsichtsratmitglied der europäischen Airbus Industrie, der deutschen Airbus GmbH und der Deutschen Lufthansa AG auch schon die Werbetrommel für das europäische Gemeinschaftsprojekt.[108] Nur von wenigen Auslandsreisen kehrte er heim, ohne mindestens zwei Maschinen verkauft zu haben. Dies erklärt, warum „alle Vertreter der am Airbus beteiligten Staaten, die Franzosen, Briten und Spanier die Tätigkeit von FJS als ‚hocheffizient und unverzichtbar' einstufen. Daher ist es nicht zu hoch gegriffen, wenn der Vorstandsvorsitzende des Luft- und Raumfahrtkonzerns Messerschmitt-Bölkow-Blohm (MBB), Hanns Arnt Vogels, FJS den ‚Vater des Airbus' nennt."[109] Eine ehrenvolle Auszeichnung für Franz Josef Strauß, dem es an ehrenvollen Auszeichnungen wahrhaftig nicht mangelte. Er trug nicht nur das große Bundesverdienstkreuz mit Stern und Schulterband, sondern auch den Bayerischen Verdienstorden, den päpstlichen Sylvesterorden, viele hohe ausländische Orden, die goldene Ehrenmedaille von Schongau, fünf Ehrenbürgerschaften, zwei Ehrenprofessuren und sieben Ehrendoktorhüte.[110] Außerdem war dem passionierten Piloten das Goldene Leistungsabzeichen für Motorflug verliehen worden. Aus der Zeit vor dem Beginn seiner politischen Karriere führte er

---

[107] Leinemann, Jürgen: Macht: Psychogramme von Politikern. Frankfurt am Main 1983, S. 68f. Vgl. dazu auch: Kunze, Sven: Wir haben ihn benutzt, ausgenutzt und vorgeführt, in: Heinrichs, Hans-Jürgen (Hg.): F.J. Strauß. Der Charakter und die Maske, der Progressive und der Konservative, der Weltmann und der Hinterwäldler. Frankfurt am Main 1989, S. 38–45, S. 40.
[108] Vgl. Strauß, Franz Josef: Wir brauchen die Stärkung des europäischen Pfeilers der NATO, in: Wehrtechnik vom 17. März 1985, S. 14–18, S. 14.
[109] Voss, Friedrich: Den Kanzler im Visier. 20 Jahre mit Franz Josef Strauß. Mainz, München 2000, S. 315.
[110] Vgl. Strauß, Franz Josef, in: Goyke, Ernst: Die 100 von Bonn, 1972–1976. Bergisch Gladbach 1973, S. 253–258, S. 257; Baumann, Wolf-Rüdiger; Fochler-Hauke, Gustav (Hg.): Biographien zur Zeitgeschichte 1945–1983. Frankfurt am Main 1983, S. 464; Sozialwissenschaftliche Fakultät der Ludwig-Maximilians-Universität München (Hg.): Ehrenpromotion Franz Josef Strauß. 13. Juli 1985. München 1985, S. 37; Viehbacher, Friedrich: Franz Josef Strauß und die Stadt Regensburg, in: Regensburger Almanach, Band 1990 (1989), S. 33–38, S. 33f.

noch das Goldene Sportabzeichen, das Eiserne Kreuz II, das Sturmabzeichen, das Verwundetenabzeichen und das Kriegsverdienstkreuz.

Die größte aller Auszeichnungen erhielt Franz Josef Strauß am 6. September 1985, seinem 70. Geburtstag, der ihm zu Ehren wie ein Volksfest begangen wurde. Fast zwei Wochen zogen sich die Feierlichkeiten hin, in deren Verlauf ihm über 4.000 Menschen persönlich gratulierten. „Ein Fest, das nirgendwo anders vorstellbar wäre", schrieb Rolf Zundel, der viel zu früh verstorbene „Zeit"-Journalist, „großartig bis ins Byzantinische, deftig-landsmannschaftlich bis ins Urdemokratische und überwölbt vom weißblauen Himmel bayerischer Königstradition. Wo außer in München ist das möglich? Und selbst dort wäre es für niemand anderen möglich als für Franz Josef Strauß."[111] „Ad multos annos"[112], rief man ihm zu und ließ ihm auf dem Münchner Odeonsplatz von eineinhalbtausend Blechmusikern und Posaunisten ein Ständchen bringen.[113] „Weder Königen noch Kaisern, noch einem Kanzler wurde je so aufgespielt wie Ihnen"[114], huldigte man dem Jubilar, für den das Bayerische Fernsehen sogar eine Gala veranstaltete. Auch an einer Festschrift fehlte es nicht: Karl Carstens, Alfons Goppel, Henry Kissinger und Golo Mann gaben die über 600 Seiten zählenden Erkenntnisse, Standpunkte und Ausblicke von Ronald Reagan, Alex Möller, Peter von Siemens, Michael Stürmer, Karl Schiller, Margaret Thatcher, Otto von Habsburg, Shimon Peres, Mohammed Hosni Mubarak, Walter Scheel, Helmut Schmidt und vielen anderen heraus.[115] In seinem Aufsatz „Die NATO – Gemeinsame Verteidigung gemeinsamer Werte" schrieb Lord Peter Carrington: „Ohne Übertreibung darf man sagen, daß das Atlantische Bündnis und der Platz, den die Bundesrepublik Deutschland in ihm einnimmt, ohne Franz Josef Strauß weniger stark und folglich weniger gesichert wäre. Als derzeitiger Generalsekretär des Bündnisses weiß ich mich der Zustimmung aller Mitgliedstaaten gewiß, wenn ich ihm die tief empfundene Dankbarkeit ausdrücke, die wir alle ihm schulden."[116] Und Jacques Chirac fügte in seiner „Hommage an Franz Josef Strauß" hinzu: „Strauß ist in Deutschland einer der Politiker, der den klarsten Verstand in der schwiergen Frage der Ost-West-

---

[111] Zundel, Rolf: Macht und Menschlichkeit. ZEIT-Beiträge zur politischen Kultur der Deutschen. Reinbek bei Hamburg 1990, S. 90–100, S. 90.
[112] Löwenthal, Gerhard: Ad multos annos! Zum 70. Geburtstag von Franz Josef Strauß, in: Deutschland-Magazin, 17 (1985) H. 9, S. 14.
[113] Vgl. o.V.: Strauß – In der Königsloge. Franz Josef von Bayern feiert seinen 70. Geburtstag, wie es sich für einen Landesfürsten gehört: 14 Tage lang und mit Tausenden von Gratulanten, in: Der Spiegel, 39 (1985) H. 36, S. 45.
[114] Bickerich, Wolfram: Franz Josef Strauß. Die Biographie. Düsseldorf 1996, S. 314f.
[115] Vgl. Carstens, Karl; Goppel, Alfons; Kissinger, Henry; Mann, Golo (Hg.): Franz Josef Strauß. Erkenntnisse, Standpunkte, Ausblicke. München 1985.
[116] Carrington, Lord Peter: Die NATO – Gemeinsame Verteidigung gemeinsamer Werte, in: Carstens, Karl; Goppel, Alfons; Kissinger, Henry; Mann, Golo (Hg.): Franz Josef Strauß. Erkenntnisse, Standpunkte, Ausblicke. München 1985, S. 466–475, S. 474f.

Beziehungen bewiesen hat. Im Wissen um die expansive Wesensart des Kommunismus ruft er die freien Völker stets zur Wachsamkeit und gemeinsamen Verteidigung unserer demokratischen Grundwerte innerhalb Europas und zusammen mit unseren amerikanischen Verbündeten auf."[117] Richard von Weizsäcker, der Nachfolger von Karl Carstens im Amt des Bundespräsidenten, beschäftigte sich zu Ehren des nun Siebzigjährigen mit einem Thema, das für das Verständnis der Person und des politischen Werdeganges von Franz Josef Strauß bedeutender nicht sein könnte. Er untersuchte das Verhältnis von Amt und Autorität im Laufe der Jahrhunderte und kam zu dem Ergebnis: „Franz Josef Strauß hat Geschichte gemacht. Die deutsche Geschichte der Nachkriegszeit verzeichnet in jedem Kapitel seinen Namen. Er ist weit über sein Amt hinaus eine politische Autorität."[118]

Zweieinhalb Monate nach den pompösen Feierlichkeiten zu seinem 70. Geburtstag wurde Franz Josef Strauß von 98,8 Prozent der CSU-Delegierten erneut zum Vorsitzenden seiner Partei gewählt. Das betrübliche 77,0–Ergebnis vom Juli 1983 war ein einmaliger Ausrutscher gewesen, der „große Vorsitzende" wurde wieder wie ein „Master" verehrt.[119] Dennoch ging es im Lande mit der von ihm geführten Partei kontinuierlich bergab. Hatte die Union bei der Landtagswahl des Jahres 1978 noch 59,1 Prozent der Stimmen eingefahren, so waren es 1982 nur 58,3 Prozent und 1986 nur noch 55,8 Prozent gewesen. Ein Trend, der sich bei den Bundestagswahlen fortsetzte. Von 59,5 Prozent im Jahre 1983 fiel die CSU auf 55,1 Prozent im Jahre 1987. Aber auch die große Schwesterpartei rutschte am 25. Januar 1987 von 48,8 auf 44,3 Prozent der Stimmen ab. Ebenso wie die SPD, die sich mit 37,0 Prozent nochmals verschlechterte. Die Gewinner der Wahl waren die nun 9,1 Prozent zählenden Liberalen und die mit 8,3 Prozent deutlich erstarkte „vierte Partei", die zur großen Verärgerung des bayerischen Ministerpräsidenten jedoch nicht im schwarzen, sondern im grünen Gewand daherkam. Und das, obwohl es der Regierung Kohl gelungen war, die Wirtschaft anzukurbeln, das Sozialprodukt und den Außenhandel zu steigern, die Finanzen zu konsolidieren und die Inflationsrate von 5 Prozent auf minus 0,2 Prozent zu senken.[120] Nur die Zahl der Arbeitslosen war mehr oder minder konstant geblieben. Noch am Wahlabend versuchte Strauß, seinen Groll über den Erfolg der verhaßten Grünen und der noch

---

[117] Chirac, Jacques: Hommage an Franz Josef Strauß, in: Carstens, Karl; Goppel, Alfons; Kissinger, Henry; Mann, Golo (Hg.): Franz Josef Strauß. Erkenntnisse, Standpunkte, Ausblicke. München 1985, S. 562–565, S. 563.
[118] Weizsäcker, Richard von: Amt, Person und Autorität in der Politik, in: Carstens, Karl; Goppel, Alfons; Kissinger, Henry; Mann, Golo (Hg.): Franz Josef Strauß. Erkenntnisse, Standpunkte, Ausblicke. München 1985, S. 248–252, S. 252.
[119] Vgl. o.V.: Max Strauß und sein schweres Erbe. ARD-Dokumentation vom 10.02.2003. o.O., o.J.
[120] Vgl. Strauß, Franz Josef: Erklärung des Bayerischen Ministerpräsidenten Franz Josef Strauß vor dem Bayerischen Landtag zur Mitte der Legislaturperiode am 14. November 1984. München 1984, S. 6ff.

viel verhaßteren (Blau-)Gelben im Alkohol zu ertränken. Offensichtlich hatten sich seine aggressiven Wahlkampftiraden nicht ausgezahlt, sondern eher den beschimpften Kleinparteien genutzt.[121] Alles in allem war der Wahlkampf jedoch recht unspektakulär verlaufen. Auch die Zahl der Anti-Strauß-Veröffentlichungen hatte drastisch abgenommen, ja nicht einmal mehr der „Spiegel" befand es für nötig, mit mehr als ein paar Böllerschüssen gen München zu feuern.[122] Entsprechend gering war die Wahlbeteiligung ausgefallen. Allmählich begannen die Wähler zu begreifen, daß es sich bei den künstlich hochgespielten politischen Auseinandersetzungen oftmals nur noch um Showkämpfe handelte. Die Zeit der richtungsweisenden ideologischen Grundsatzentscheidungen war längst vorbei. Und ein Franz Josef Strauß, der von der Bayerischen Staatskanzlei eine Pressemeldung herausgeben ließ, die das ganze Land davon in Kenntnis setzte, wie stolz er darauf war, den seit Jahren beschimpften Außenminister Hans-Dietrich Genscher und dessen Frau zu einem dringenden Termin in seinem Privatjet nach München mitgenommen zu haben, mußte in den Augen der Wähler zwangsläufig an Glaubwürdigkeit verlieren.[123]

Helmut Kohls Kabinett änderte sich nach der Bundestagswahl 1987 nur geringfügig. Mit neun CDU-, fünf CSU- und vier FDP-Ministern ging es in die 11. Legislaturperiode. Obwohl sich Franz Josef Strauß nach eigenem Bekunden jeden Morgen fragte, ob er Helmut Kohl stützen oder stürzen solle, (was von erheblicher Selbstüberschätzung zeugte), war er auch diesmal wieder in München geblieben.[124] In seiner Umgebung war nun des öfteren zu vernehmen, es sei ja noch nicht aller Tage Abend. Auch Konrad Adenauer sei erst im Alter von 73 Jahren zum Kanzler gewählt worden. Dennoch glaubte keiner seiner engeren Vertrauten daran, daß Strauß insgeheim hoffte, eines Tages doch noch Bundeskanzler werden zu können. Voss: „Der Vergleich mit Adenauer wurde in der Tat des öfteren gezogen, vor allem aber, weil man davon ausging, daß Strauß ein vergleichbares Lebensalter erreichen würde. In den 80er Jahren jedoch gab es keine Anzeichen,

---

[121] Vgl. Strauß, Franz Josef: Es gibt keine Mehrheit für das rot-grüne Linkskartell. Deshalb besteht kein Anlaß, die Zweitstimme der FDP zu geben. Interview mit Dieter Schröder und Christian Schütze, in: Buschbeck, Malte (Hg.): Die Wahl '87 zum Deutschen Bundestag. Interviews, Reportagen und Analysen aus der Süddeutschen Zeitung. München 1987, S. 24–28, S. 24.
[122] Vgl. Maier-Dorn, Emil: Korrekturen für Franz Josef Strauß. Großaitingen 1986; Hausin, Manfred: Mit dem Wildbrett vorm Kopf. Göttingen 1984. Die letzten monographischen Anti-Strauß-Publikationen erschienen ein bzw. vier Jahre nach seinem Tode: Frank, Maria: Die Ehre von Franz Josef Strauß und die Macht der deutschen Justiz. München 1989; Frank, Maria: Franz Josef Strauß und die Seilschaften der Justiz. 3. geänderte Auflage, München 1992.
[123] Interview mit Bundesminister a.D. Prof. Dr. h.c. Hans-Dietrich Genscher am 02.03.2004 in Bonn.
[124] Vgl. Maser, Werner: Helmut Kohl. Der deutsche Kanzler. Biographie von Werner Maser. Berlin, Frankfurt am Main 1990, S. 130.

daß Strauß hoffte oder glaubte, eines Tages doch noch Kanzler zu werden. Nach dem Wahltag 1980 war die Kandidatur von Strauß vorbei, die Angelegenheit war erledigt. Auch gab die Stimmung und die Atmosphäre der Folgejahre keineswegs Anlaß zur Hoffnung, daß sich dies noch einmal ändern würde."[125] Außerdem, so ergänzte Wilfried Scharnagl, lebte Strauß „nach 1980 bzw. nach 1982 in dem Bewußtsein, die Festung sturmreif geschossen und somit einen entscheidenden Anteil an der Wende geleistet zu haben."[126] Tandler: „Und da er als weltweit geachteter Ministerpräsident des Freistaats Bayern und Vorsitzender der Christlich-Sozialen Union nicht nur innenpolitisch, sondern auch außenpolitisch tätig sein konnte, bin ich davon überzeugt, daß er an eine verspätete Wahl zum Bundeskanzler keine Hoffnungen verschwendete."[127] Schließlich, so erläuterte Friedrich Wilhelm Rothenpieler, „war Franz Josef Strauß ein „Realist und wußte daher, daß sich für ihn die Chance einer Kanzlerschaft wahrscheinlich nicht mehr bieten würde."[128] „Aber es hat ihn verärgert und auch verletzt," erinnerte sich Monika Hohlmeier, „daß einige Zeitungen dazu übergegangen waren, ihn als alternden Mann darzustellen, als zahnlosen Löwen, der bockt und zickt, aber letztlich keine Rolle mehr spielt. Dies mag ihn dazu verleitet haben, gelegentlich auf das hohe Alter Adenauers anzuspielen und dadurch anzudeuten, daß er noch lange nicht zum alten Eisen gehörte. An eine Übernahme des Kanzleramtes hat er jedoch nicht gedacht. In Wirklichkeit hat ihn etwas ganz anderes bewegt, er beschäftigte sich nämlich insbesondere im Sommer 1988 mit der Frage, ob er das Amt des bayerischen Ministerpräsidenten niederlegen und EU-Kommissar werden oder das Amt des Kommissionspräsidenten anstreben solle. Helmut Kohl hat ihm dies mit Nachdruck angeboten. In den Sommerferien 1988 haben meine Brüder und ich mit unserem Vater eingehend darüber diskutiert. Er hätte sich einer solchen Tätigkeit sehr gerne gewidmet, schließlich hatte er sich jahrzehntelang für die Einigung Europas engagiert und genoß in vielen europäischen Ländern ein hohes Ansehen."[129]

In deutschen Gefilden verhielt sich dies freilich ganz anders. Vor allem die aufsehenerregende Flugbenzindiskussion kostete den Landesfürsten viele Sympathien – und zwar auch in Bayern. Denn im Zuge einer großen Steuerreform wollte Strauß unbedingt durchsetzen, daß die Besteuerung des zu privaten Zwecken verbrauchten Flugbenzins aufgehoben würde. Die wenigen gut betuchten Privat- und Hob-

---

[125] Interview mit Staatssekretär a.D. Dr. Friedrich Voss am 29.10.2003 in Bonn.
[126] Interview mit Wilfried Scharnagl am 11.11.2003 in Allershausen.
[127] Interview mit Staatsminister a.D. Gerold Tandler am 02.12.2003 in Altötting.
[128] Interview mit Dr. Friedrich Wilhelm Rothenpieler am 02.12.2003 in München.
[129] Interview mit Staatsministerin Monika Hohlmeier am 30.04.2004 in München.

byflieger sowie die noch weit geringere Zahl der fliegerischen Gewerbeunternehmer sollten für den Luxus, über den Wolken schweben zu dürfen, keine Flugbenzinsteuer mehr abführen müssen, während im Rahmen der gleichen Steuerreform die Abgaben für den von Millionen Autofahrern dringend benötigten Kraftfahrzeugtreibstoff ebenso angehoben werden sollten wie jene auf Tabak, leichtes Heizöl und Versicherungen. Außerdem sollten die Beiträge der Arbeitslosenversicherung erhöht, die Leistungen für junge Arbeitslose gekürzt, das Sterbegeld reduziert und die Steuerfreiheit für Zuschüsse zum Kantinenessen gestrichen werden. Als Straußens Flugbenzinpläne bekannt wurden, erhob sich ein Sturm der Entrüstung. Allerorten kam es zu Protesten und Parteiaustritten. So mancher Ortsverband beschloß sogar, die Überweisungen der Mitgliedsbeiträge an die Partei einzustellen.[130] Jahrzehntelang hatte FJS („Fliegt jetzt steuerfrei!") gepredigt, die „CSU sei nicht die Partei der Champagner-Schickeria, sondern auch Anwalt der kleinen Leute."[131] Dies glaubte dem passionierten Hobbypiloten nun niemand mehr. Im Handumdrehen geriet der ganze Fall „zum Symbol für die Unverfrorenheit der politischen Klasse, aus Eigennutz Privilegien zu schaffen."[132] Da half Strauß auch der Verweis auf die Tatsache nicht, daß der Ertrag der Flugbenzinsteuer „mit einer Größenordnung von etwa 20 Millionen DM gegenüber dem 40 Milliarden-Paket der Steuerreform ein völlig unbedeutender Posten sei"[133], was auch Wilhelm Knittel bestätigte: „Beim Problem der Flugbenzinsteuer gab es für Strauß eine objektive und eine subjektive Seite. Objektiv, also der Größenordnung des Steueraufkommens nach, war diese Steuer kaum von Bedeutung, weil die kommerziellen Flugzeuge aus Wettbewerbsgründen des internationalen Verkehrs steuerfrei bleiben mußten, also nur etwa ein Prozent des Flugbenzins von der Steuer überhaupt erfaßt wurde. Insofern empfand Strauß die Maßnahme als ungerecht und gegen den Gleichbehandlungsgrundsatz verstoßend. Subjektiv war Strauß in dieser Frage als Pilot, Nutzer von Privatflugzeugen und Fliegerkamerad – juristisch gesprochen – eben etwas ‚befangen'."[134] Außerdem konnte er laut Monika Hohlmeier bei all seinen Fähigkeiten und Erfahrungen „manchmal auch einen richtigen bayerischen Dickschädel haben. Er wußte, daß die Erhebung der Flugbenzinsteuer mehr kostet als sie an Einnahmen erbringt. Außerdem benachteiligte sie viele kleine Unternehmen, die im Zusammenhang mit der Fliegerei standen.

---

[130] Vgl. Seewald, Peter: Flächenbrand durch Flug-Benzin, in: Der Stern vom 7. Juli 1988, S. 28.
[131] o.V.: Unbeliebt machen, in: Der Spiegel, 50 (1996) H. 7, S. 75–76, S. 76.
[132] o.V.: Diskretion erwünscht. Wie Lobbyisten in Bonn Einfluß auf die Gesetzgebung nehmen, in: Der Spiegel, 51 (1997) H. 21, S. 30, S. 30.
[133] Voss, Friedrich: Den Kanzler im Visier. 20 Jahre mit Franz Josef Strauß. Mainz, München 2000, S. 320.
[134] Interview mit Staatssekretär a.D. Dr. Wilhelm Knittel LL.M. am 20.01.2004 in Grünwald bei München.

Daher betrachtete er diese Steuer nicht nur als überflüssig, sondern sogar als schädlich. Daß diese nüchternen Fakten in der breiten Öffentlichkeit auf Unverständnis stoßen würden, wollte er nicht einsehen. Alle dachten natürlich, der Strauß wolle nur steuerfrei fliegen – dabei hätte es ihn persönlich gar nicht betroffen. Da hat er die Welt nicht mehr verstanden, weil die Welt ihn nicht mehr verstand. Letztlich hat er recht behalten, denn die Flugbenzinsteuer ist ja später wieder aufgehoben worden, weil die Kosten der Erhebung die Einnahmen übertrafen."[135] Dennoch strafte ihn seine Partei am 21. November 1987 ein weiteres Mal ab: Gerade einmal 90,6 Prozent der Delegierten gaben ihm bei der Wahl für den Parteivorstand ihre Stimme.

Zweieinhalb Jahre nach dem immer noch nicht vollständig überwundenen Unfalltod seiner geliebten Frau Marianne lernte Franz Josef Strauß auf einer Geschäftsparty seines Sohnes Franz Georg eine etwa dreißig Jahre jüngere PR-Referentin kennen. Sogleich war man voneinander begeistert – und unzertrennlich.[136] So hieß es jedenfalls in der Boulevardpresse, die den ständig ruhelosen Vielflieger und seine Freundin Renate Piller auf Schritt und Tritt verfolgte. Monika Hohlmeier hingegen vertrat die Ansicht, daß sich ihr Vater nicht wirklich sicher war, ob die Frau, die ihn in den letzten Jahren häufig begleitete, den Menschen Franz Josef Strauß schätzte oder nur seine Stellung und seine Reputation anhimmelte. „Diese Ungewißheit", so Hohlmeier „hat ihn unruhig gemacht. Meine Brüder und ich waren der Ansicht, daß sie es nicht wirklich ehrlich mit ihm meinte. In dieser Ansicht sind wir dann bestätigt worden, als sie 1989 zu uns kam und unter der Andeutung, daß sie auf eine Exklusiv-Story über ihre gemeinsame Zeit mit Franz Josef Strauß im ‚Stern' verzichten würde, wenn wir sie mit 200.000 DM ‚unterstützten'."[137] Die Strauß-Kinder lehnten die Forderung ab, woraufhin Renate Piller tatsächlich zum „Stern" ging und ausführlich über ihr „aufregendes Leben" mit Franz Josef Strauß berichtete.[138]

Weitaus aufregender war jedoch, was sich am 7. September 1987 vor dem Amtssitz von Bundeskanzler Helmut Kohl ereignete. Vom Stabsmusikkorps begleitet marschierte eine Ehrenformation des Wachbataillons der Bundeswehr auf, dessen

---

[135] Interview mit Staatsministerin Monika Hohlmeier am 30.04.2004 in München.
[136] Vgl. Almqvist, Paula: Renate Piller & Franz Josef Strauß. Biografie einer Liebe, in: Stern Spezial: Biografie. Menschen, Dramen, Lebenswege, 3/2003, S. 112–116, S. 112.
[137] Interview mit Staatsministerin Monika Hohlmeier am 30.04.2004 in München.
[138] Vgl. Piller, Renate: Mein Leben mit Franz Josef Strauß, in: Der Stern vom 29. Juni 1989; Piller, Renate: Jungbrunnen für Strauß, in: Der Stern vom 6. Juli 1989; Piller, Renate: Ein starker Mann muß her, in: Der Stern vom 13. Juli 1989; Piller, Renate: Nimm mich mit, Kapitän, auf die Reise!, in: Der Stern vom 20. Juli 1989; Piller, Renate: Meine letzten Tage mit Franz Josef Strauß, in: Der Stern vom 27. Juli 1989.

Kommandeur sich nach den üblichen Kommandos plötzlich umwandte und sprach: „Exzellenz, ich melde: Eine Ehrenformation der Bundeswehr zu Ihrer Begrüßung angetreten." Der Begrüßte war Erich Honecker, der erste und letzte Staats- und Parteichef der DDR, für den in Bonn jemals der rote Teppich ausgerollt wurde. Volle fünf Tage verbrachte Honecker auf Einladung Helmut Kohls im Land des Klassenfeindes. Für viele ein Zeichen der endgültigen Besiegelung der deutschen Teilung. Denn wie schon im Jahre 1970 wurde auf bundesdeutschem Boden die geächtete „Spalterflagge" gehißt. Allerdings wurden dem SED-Chef nicht alle der einem ausländischen Staatsoberhaupt zustehenden protokollarischen Ehren zugebilligt, denn die DDR war nach westdeutscher Auffassung nach wie vor kein ausländischer Staat. Beispielsweise mußte sich Honecker mit einer verminderten Zahl an „weißen Mäusen" begnügen, die seiner Limousine während seines Staatsbesuches auf allen Wegen voranfuhren. Außerdem wurde das Bonner Diplomatische Corps „von Staatsessen und Empfängen ausgesperrt, um klarzustellen, daß es sich nicht um einen internationalen Besuch handelte."[139] Nur Franz Josef Strauß empfing Honecker wie das Oberhaupt eines voll anerkannten ausländischen Staates. Wenn das mal ein Sozialdemokrat gewagt hätte!

Dennoch ließ es Strauß bei der Begrüßung seines Gastes an deutlichen Worten nicht fehlen. Wie auch gegenüber allen anderen Gästen und Gastgebern, denen er im Laufe der vergangenen Jahrzehnte die Hände geschüttelt hatte, scheute er sich trotz aller gebotenen Höflichkeit nicht, die jeweiligen Mißstände mit der ihm eigenen Offenheit anzusprechen: „Die Grenze, die seit dem Ende des Zweiten Weltkrieges ganz Europa teilt, trifft die Deutschen besonders schwer: Sie zerreißt die Nation, sie zerschneidet Räume, die seit Jahrhunderten geschichtlich, wirtschaftlich, kulturell eine Einheit waren. Sie trennt Deutsche von Deutschen: Landsleute, Freunde, Verwandte, selbst engste Familienangehörige. Sie ist zugleich eine Trennungslinie der Weltanschauungen, der politischen Ordnungen, der gesellschaftlichen Systeme, dabei auch der Vorstellungen über die Verwirklichung von Menschen- und Bürgerrechten, von Demokratie und Rechtsstaat. Aber sie trennt nicht Interessen, die gemeinsam sind, z. B. die große Aufgabe, in Frieden mit der Natur zu leben, den Frieden zwischen den Staaten und Völkern zu erhalten. Von den 1378 Kilometern der innerdeutschen Grenze entfällt fast ein Drittel, nämlich 422 Kilometer, auf die Grenze zwischen Bayern und der Deutschen Demokratischen Republik. Was die Verhältnisse nicht nur an der bayerischen, sondern an der gesamten Grenze zwischen der Bundesrepublik Deutschland und der Deutschen Demokratischen Republik betrifft, so sind dort – entsprechend unseren Abspra-

---

[139] Pötzl, Norbert F.: Erich Honecker. Eine deutsche Biographie. Stuttgart, München 2002, S. 263.

Franz Josef Strauß und Erich Honecker im Gespräch während eines Empfangs am 11. September 1987 in München.

chen und zum Teil noch darüber hinaus – Einrichtungen, die unsere Beziehungen belasteten, abgebaut worden. Ich begrüße es außerdem sehr, daß die Abfertigung der Reisenden verbessert wurde und daß die Zahl der Reisenden in beiden Richtungen erheblich gestiegen ist. Wir verschweigen die grundlegenden Unterschiede zwischen den Systemen nicht. Aber die Verantwortung gebietet, daß wir trotzdem im Interesse der Menschen diesseits und jenseits der innerdeutschen Grenze den Weg der Zusammenarbeit weitergehen und nach Lösungen suchen, mit denen die schmerzlichen Folgen der Teilung Deutschlands wenigstens gemildert werden, mit denen die Bindungen und Verbindungen zwischen den Menschen in Deutschland erhalten, gefestigt und gestärkt werden können. Von diesem Bemühen war meine Politik seit unserem ersten Zusammentreffen im Jahre 1983 getragen. Auch wenn noch viele Fragen offen sind, über die wir gleich im Anschluß noch werden reden können, bleibt doch festzustellen: Auf der Grundlage einer mit Wirklichkeitssinn und Verständigungsbereitschaft betriebenen Politik konnten in den vergangenen Jahren bedeutsame Fortschritte erzielt werden. Unsere Aufgabe ist es, auf diesem Weg weiterzugehen. Damit werden wir zugleich den Erwartungen gerecht, die – wie ich auch aus zahlreichen Zuschriften weiß – von den Menschen in Bayern, in der Bundesrepublik Deutschland und in Ihrem Land an diese Reise geknüpft werden. Unseren Mitbürgern ist nicht mit allgemeinen Friedensbekundungen geholfen. An der Friedenssehnsucht auf beiden Seiten besteht kein Zweifel. Angesichts der Zerstörungskraft nicht nur der atomaren, sondern auch der konventionellen Waffen darf in Europa kein Krieg als Mittel zur Lösung politischer Fragen mehr denkbar sein. Er würde unausweichlich mit der Vernichtung weiter Teile unseres Kontinents enden. Freiheit nach innen, Friede nach außen schaffen Vertrauen, das die Frage der Abrüstung lösbar macht. Ich unterstütze daher alle Bemühungen, die geeignet sind, den Frieden wirklich sicherer zu machen. Anwendung von Waffengewalt und Androhung ihrer Anwendung zur Durchsetzung politischer Ziele müssen in Europa und hoffentlich bald in der ganzen Welt endgültig der Vergangenheit angehören."[140] Im Rahmen einer wenig später gehaltenen Tischrede fügte er hinzu: „Die Bundesrepublik Deutschland hält an den rechtlichen Grundsatzpositionen, die sich aus internationalem und innerstaatlichem Recht ergeben und vom Bundesverfassungsgericht in seinem Urteil zum Grundlagenvertrag bekräftigt wurden, unverbrüchlich fest, wonach das Deutsche Reich 1945 juristisch nicht untergegangen ist, die deutsche Frage offen bleibt, die Verantwortung der Vier Mächte für Deutschland als Ganzes und für Berlin fortbesteht. Wir bekennen uns zur Präambel des Grundgesetzes, wonach das ganze deutsche Volk aufgefordert bleibt, in freier Selbstbestimmung die Einheit und Freiheit Deutschlands zu vollenden. Das Ziel unserer Politik bleibt es, daß alle Deutschen und alle Völker Europas in freier Selbstbestimmung über ihre Zukunft entscheiden können. Wir wollen die Einheit der deutschen Nation erhalten. Deshalb ist es unser Bestreben, daß die Menschen ungehindert zueinander kommen und miteinander sprechen können. Wir wollen Kommunikation und nicht Abschottung. Tausend Jahre gemeinsame Geschichte und Kultur können auch durch ideologische Schranken nicht ungeschehen gemacht werden. Wir werden deshalb alles, was in unserer Kraft steht, tun, damit das Bewußtsein von der Einheit der deutschen Nation bewahrt wird. Die Mauer in Berlin, ein fast vollkommenes Netz von Sperrmaßnahmen, ein Rechtssystem, das den illegalen Grenzübertritt als Verbrechen einstuft – mit der juristischen Folge des Schießbefehls –, der Zwang behördlicher Genehmigung für den Besuch von Eltern, Geschwistern und Verwandten, all das paßt nicht mehr in die neue Phase weltpolitischer Entwicklung". Denn angesichts „der hoffentlich endgültig festste-

---

[140] Strauß, Franz Josef: Begrüßungsansprache des Bayerischen Ministerpräsidenten Franz Josef Strauß anläßlich des Besuchs des Generalsekretärs des Zentralkomitees der SED und Vorsitzenden des Staatsrates der DDR, Erich Honecker, in der Bayerischen Staatskanzlei am 11. September 1987 in München. Quelle: Information der Bayerischen Staatsregierung vom 11. September 1987, in: Bundesministerium für innerdeutsche Beziehungen (Hg.): Der Besuch von Generalsekretär Honecker in der Bundesrepublik Deutschland. Dokumentation zum Arbeitsbesuch des Generalsekretärs der SED und Staatsratsvorsitzenden der DDR, Erich Honecker, in der Bundesrepublik Deutschland im September 1987. Bonn 1988, S. 155–158, S. 155ff.

henden Tatsache, daß heute in Europa geschichtliche Veränderungen nicht mehr durch Kriege und Revolutionen geschaffen werden können, angesichts der durch Wissenschaft und Technik hervorgerufenen wirtschaftlichen Sachzwänge, angesichts der durch die modernen Medien herbeigeführten immer engeren Informationsmöglichkeiten und der damit auch verbundenen Verständigungsmöglichkeiten können wir annehmen, daß die Bedeutung der Grenzen immer mehr in den Hintergrund tritt, daß sie mehr Verwaltungseinheiten abgrenzen als politische Fronten schaffen werden. Durch den Zweiten Weltkrieg wurde die politische Landschaft Europas entscheidend verändert. Aber der Krieg darf niemals das letzte Wort haben. Wer dem Frieden dienen will, kann sich nicht ewig auf die Ergebnisse von Kriegen berufen. Freiheit nach innen, Friede nach außen schaffen Vertrauen, das auch die Frage der Abrüstung lösbar macht. Ich habe immer wieder betont und weise auch bei dieser Gelegenheit mit allem Nachdruck darauf hin: Eine europäische Friedensordnung des Rechts und der Freiheit kann nur mit friedlichen Mitteln geschaffen werden. Aufgrund der historischen Erfahrungen und angesichts der Zerstörungskraft moderner, auch konventioneller Waffen, scheidet Krieg als Mittel zur Lösung politischer Meinungsverschiedenheiten aus. Ein Krieg darf in Europa nicht mehr denkbar, nicht mehr kalkulierbar, nicht mehr führbar erscheinen. Deshalb ist und bleibt es auch Ziel unserer Abrüstungspolitik, nicht die Folgen eines Krieges zu begrenzen, sondern Kriege überhaupt unmöglich zu machen. Die Absage an den Krieg als Mittel der Politik ist für uns eine Selbstverständlichkeit, die wir nicht ununterbrochen aufs neue beschwören müssen und die von niemandem in der Welt in Zweifel gezogen werden sollte. Eine dauerhafte Friedensordnung kann aber nur zustandekommen, wenn über Abrüstungsvereinbarungen hinaus die Ursachen von Spannungen abgebaut werden. Wenn es gelingt, dieses Ziel zu erreichen, lösen sich alle Rüstungs- und Abrüstungsprobleme von selbst."[141] Die daraufhin von Erich Honecker formulierte Antwort fiel verhältnismäßig knapp aus. Zwar stimmte er den Ausführungen seines Gastgebers weitgehend zu, beharrte jedoch auf der Unabänderlichkeit der deutsch-deutschen

---

[141] Strauß, Franz Josef: Tischrede des Bayerischen Ministerpräsidenten Franz Josef Strauß bei einem Mittagessen zu Ehren des Generalsekretärs des Zentralkomitees der SED und Vorsitzenden des Staatsrates der DDR, Erich Honecker, im Antiquarium der Residenz am 11. September 1987, in München. Quelle: Information der Bayerischen Staatsregierung vom 11. September 1987, in: Bundesministerium für innerdeutsche Beziehungen (Hg.): Der Besuch von Generalsekretär Honecker in der Bundesrepublik Deutschland. Dokumentation zum Arbeitsbesuch des Generalsekretärs der SED und Staatsratsvorsitzenden der DDR, Erich Honecker, in der Bundesrepublik Deutschland im September 1987. Bonn 1988, S. 161–166, S. 163f. Vgl. dazu auch: Strauß, Franz Josef: Geleitwort, in: Jürgens, Karl-Heinz; Brüssau, Werner: Die DDR von innen gesehen. Friedberg 1988, S. 7.

Realitäten, „die ohnehin niemand rückgängig machen kann"[142]. Noch ahnte er nicht, daß denjenigen, der zu spät kommt, das Leben bestraft.

Am 28. Dezember 1987 wäre auch Franz Josef Strauß fast einmal zu spät gekommen – und vom Leben mit dem Tode bestraft worden. Nur noch für wenige Minuten hätte der Treibstoff gereicht, als er in dunkler Nacht bei Nebel, Schneefall und vereister Landebahn seine Cessna Citation II auf dem Moskauer Flugplatz zum Stehen brachte.[143] Nach unzähligen Anfragen war der bayerische Ministerpräsident endlich auch von der Sowjetunion zu einem Staatsbesuch nach Moskau eingeladen worden. Eine gute Gelegenheit, ein paar Flugstunden zu sammeln und der verblüfften russischen Nomenklatur zu zeigen, zu welchen fliegerischen Leistungen der inzwischen 72jährige Hobbypilot imstande war. Zusammen mit Theodor Waigel, Gerold Tandler, Edmund Stoiber, Wilfried Scharnagl und seinem Sohn Franz Georg wurde Strauß noch auf der Rollbahn empfangen. Waigel: In Moskau war Strauß „von einer solchen Liebenswürdigkeit und strahlte eine solche glückliche Zufriedenheit aus, daß er, der er über Jahrzehnte hinweg als Kalter Krieger abgestempelt worden war, im Kreml mit höchsten Ehren empfangen und wie ein Staatsgast herumgeführt wurde. Mit Gorbatschow sprach er drei Stunden, mit Schewardnadse, wenn ich mich recht erinnere, sogar noch länger. Damit war einer seiner Lebensträume in Erfüllung gegangen. Dies hat ihn innerlich sehr berührt."[144]

Die einleitende Frage seines Gastgebers, ob dies sein erster Besuch in der Sowjetunion sei, beantwortete Strauß mit einem Nein. Der letzte Aufenthalt läge aber mehr als 45 Jahre zurück. Daraufhin entwickelte sich ein von gegenseitiger Sympathie getragenes Gespräch über die weltpolitische Lage, die Intensivierung des Handels zwischen der Bundesrepublik und der Sowjetunion, den Kauf von 80 Airbus-

---

[142] Honecker, Erich: Toast des Generalsekretärs des Zentralkomitees der SED und Vorsitzenden des Staatsrates der DDR, Erich Honecker, am 11. September 1987 in München. Quelle: ADN am 11. September 1987, in: Bundesministerium für innerdeutsche Beziehungen (Hg.): Der Besuch von Generalsekretär Honecker in der Bundesrepublik Deutschland. Dokumentation zum Arbeitsbesuch des Generalsekretärs der SED und Staatsratsvorsitzenden der DDR, Erich Honecker, in der Bundesrepublik Deutschland im September 1987. Bonn 1988, S. 167–168, S. 168.
[143] Vgl. Frenkin, Anatolij: Franz Josef Strauß – Von München nach Moskau, in: Sabov, Alexander (Hg.): Durch die Kreml-Brille. Weltpolitiker aus russischer Sicht. Erlangen 1990, S. 49–61, S. 50.
[144] Interview mit Bundesminister a.D. Dr. Theodor Waigel am 11.11.2003 in München. Vgl. dazu auch: Waigel, Theo: Gorbatschow zu Strauß: „Sie sind ein Realist ...". Interview mit der „Augsburger Allgemeinen" vom 2./3. Januar 1988, in: Scharnagl, Wilfried (Hg.): Strauß in Moskau ... und im südlichen Afrika. Bericht, Bilanz, Bewertung. Percha am Starnberger See 1988, S. 79–82, S. 79.

sen und Gorbatschows Pläne, den Sowjetkommunismus zu reformieren.[145] „Herr Generalsekretär, Ihr Versuch einer Reform des kommunistischen Systems ist so aussichtslos wie das Rösten von Schneebällen"[146], erwiderte Strauß auf Gorbatschows Erläuterungen seiner Perestroika-Politik. Denn als erfahrener Finanz- und Wirtschaftspolitiker wußte er, daß das Bemühen, „ein ineffizientes System effizient zu machen"[147], der Quadaratur des Kreises glich. Die Schlußfolgerung lag auf der Hand: Der Anfang vom Ende des Kommunismus in Europa hatte begonnen. Zum Abschied sagte Franz Josef Strauß zu seinem Gastgeber: „Wenn all das Wirklichkeit werde, was wir besprochen hätten, dann würden in Zukunft der russische Bär und der bayerische Löwe friedlich nebeneinander auf derselben Wiese äsen."[148] Noch Monate später zitierte Gorbatschow, der in seinen Erinnerungen zugab, „daß Strauß, trotz der verbreiteten Klischees, die von unseren Journalisten bis zum Überdruß strapaziert wurden, auf mich einen starken Eindruck machte"[149], den bayerischen Ministerpräsidenten „bei allen möglichen und unmöglichen Gelegenheiten"[150]. Auch Strauß zeigte sich von der Person und den großen politischen Plänen des Generalsekretärs zutiefst beeindruckt. Nur zweieinhalb Jahre zuvor hatte er noch gewarnt: „Obwohl Moskau niemals aus seinen Vorstellungen ein Geheimnis gemacht hat, haben weite Kreise im Westen bis heute nicht verstanden, daß die Begriffe Koexistenz, Entspannung, Abrüstung, Rüstungsbegrenzung, Rüstungskontrolle für Moskau, anders als für uns, keine Werte an sich, sondern psychologisch-politische Kampfformeln sind, Instrumente zur Erringung und Sicherung der Überlegenheit der Sowjetunion."[151] Nun aber verkündete er voller Euphorie: „Gorbatschow und die neue politische Führung der Sowjetunion wollen keinen Krieg. Nach innen will man Reformen, aber keine grundsätzliche Änderung des Systems, und man will offenbar Konflikte abbauen. Es ist unsere Pflicht, auf diesem schwierigen Weg zu helfen, mit Augenmaß und Nüchternheit, ohne Illusio-

---

[145] Vgl. Strauß, Franz Josef: Die Bilanz einer Moskaureise, in: Blätter für deutsche und internationale Politik, 33 (1988) H. 2, S. 244–246, S. 244; o.V.: Süddeutsche Zeitung vom 18. Januar 1988: Airbus-Verkäufe an die Sowjetunion erneut im Gespräch, zitiert nach: Bischoff-Ehnes, Torsten: Politische und ökonomische Regulationsmechanismen in den Luftfahrtindustrien der EG und der USA. Eine politikwissenschaftliche Branchenanalyse. Essen 1994, S. 190.
[146] Interview mit Bundesminister a.D. Dr. Theodor Waigel am 11.11.2003 in München.
[147] o.V.: Franz Josef Strauß – live. Deutlich, deftig & direkt. München, Grünwald o.J.
[148] Strauß, Franz Josef: Die Erinnerungen. Berlin 1998, S. 625.
[149] Gorbatschow, Michail: Erinnerungen. Das Vermächtnis eines Reformers. Berlin 1995, S. 702.
[150] Klein, Hans: Es begann im Kaukasus. Der entscheidende Schritt in die Einheit Deutschlands. Berlin, Frankfurt am Main 1991, S. 87.
[151] Strauß, Franz Josef: Die geopolitische Herausforderung des Westens. Ziele der sowjetischen Außenpolitik. Vortrag des Bayerischen Ministerpräsidenten Franz Josef Strauß vor dem International Institute for Strategic Studies in Georgetown am 26. Juli 1985, in: Politische Studien, 37 (1986) H. 288, S. 380–391, S. 381.

nen und unter Anlegung der richtigen Maßstäbe."[152] Denn Mars, der Gott des Krieges, habe abzutreten und Merkur, den friedlichen Gott des Handels, endlich auf die Bühne zu lassen. Dennoch blieb Franz Josef Strauß weiterhin davon überzeugt, hinsichtlich einer politischen Lösung der deutschen Frage in „langen geschichtlichen Zeiträumen rechnen"[153] zu müssen: „Darum bleibe ich dabei, daß auch der Bereich des realen Sozialismus, was man bisher immer den Ostblock genannt hat, sich in einem Prozeß des Umbaues, des langsamen Wandels befindet" und daß „erst am Ende dieses Prozesses (eine Lösung) des Problems der Wiedervereinigung" Deutschlands „erwartet werden kann."[154] Wie man heute weiß, kam die Lösung jenes Problems schneller als erwartet. Franz Josef Strauß sollte es nicht mehr erleben.

4. Der „Märchentod"

Am Samstag, dem 1. Oktober 1988, brach Franz Josef Strauß auf einem Jagdbesuch im Fürstlichen Thiergarten bei Donaustauf urplötzlich zusammen. Die Nachricht von seinem Kollaps verbreitete sich wie ein Lauffeuer. Die Spekulationen über die mögliche Ursache ebenso. Renate Piller beispielsweise glaubte zu wissen, Strauß habe sich kurz zuvor eine Fischvergiftung zugezogen.[155] Eine Vermutung, die Monika Hohlmeier jedoch für abwegig hielt, da ihr Vater „bereits während des letzten Urlaubes im Sommer 1988, den er mit uns verbrachte, öfter über Unwohlsein geklagt" hatte. „Häufig hatte er Schmerzen in der Brust und ein Drücken und Ziehen im Rücken- und Bauchbereich, so daß wir den Arzt kommen ließen. Wir waren sehr besorgt, denn er machte mitunter einen sehr abwesenden, einen in sich gekehrten Eindruck und befaßte sich gedanklich sogar mit dem Tod."[156] Der „Spiegel" behauptete hingegen, Strauß hätte an einer Zuckerkrankheit

---

[152] Strauß, Franz Josef: Die Erinnerungen. Berlin 1998, S. 625. Vgl. dazu auch: Strauß, Franz Josef: An der Schwelle zu einem neuen Jahrtausend – Rückblick und Ausblick, in: Buddenberg, Hellmuth (Hg.): Umbrüche. Neue Strukturen in Wirtschaft und Gesellschaft. Herford 1987, S. 425–437, S. 436.
[153] Strauß, Franz Josef: Interview, in: Kuby, Erich: Deutsche Schattenspiele. München 1988, S. 287–302, S. 291.
[154] Frank, Henning: Interview der Woche im Deutschlandfunk mit Franz-Josef Strauß, Bayerischer Ministerpräsident und Vorsitzender der CSU. Köln 1987. Vgl. dazu auch: Strauß, Franz Josef: Von deutscher Verantwortung. Rede zur Eröffnung des 39. Tages der Heimat in Berlin am 11.09.1988. Bonn 1988, S. 1.
[155] Vgl. Piller, Renate: Meine letzten Tage mit Franz Josef Strauß, in: Der Stern vom 27. Juli 1989.
[156] Interview mit Staatsministerin Monika Hohlmeier am 30.04.2004 in München.

Die letzte Rede von Franz Josef Strauß. (39. Tag der Heimat des Berliner Verbandes der Vertriebenen im ICC Berlin, September 1988).

gelitten.[157] Auch diese Unterstellung wies seine Tochter mit Entschiedenheit zurück: „Mein Vater hat niemals an Diabetes gelitten. Aber er hatte gelegentlich einen erhöhten Blutzuckerspiegel, gegen den er Medikamente einnehmen mußte. Wenn es uns gelungen war, eine Weile auf seine Lebensweise achtzugeben, sank der Blutzuckerspiegel wieder und er brauchte auch keine Medikamente mehr. Insbesondere der ‚Spiegel' hat dies natürlich nur zu gern mit einer klassischen Diabeteserkrankung verwechselt"[158], um die angebliche charakterliche Unberechenbarkeit durch eine krankheitsbedingte Unberechenbarkeit noch zu verstärken. Auch Friedrich Voss und Friedrich Zimmermann bezeichneten das vom „Spiegel" verbreitete Diabetes-Gerücht als unwahr. Allerdings räumte Zimmermann ein,

---

[157] Vgl. o.V.: „Nur nichts versäumen, alles versuchen". Die Bemühungen der Mediziner, das Leben des Franz Josef Strauß zu retten, in: Rudolf Augstein über Franz Josef Strauß in seiner Zeit, in: Der Spiegel, 42 (1988) H. 41, S. 28–29, S. 28.
[158] Interview mit Staatsministerin Monika Hohlmeier am 30.04.2004 in München.

Strauß sei auf seinem rechten Ohr stark hörgeschädigt gewesen. „Im Verlauf einer Afrika-Safari irgendwann in den 80er Jahren feuerte einer der Jagdteilnehmer aus Versehen ein Gewehr sehr dicht an seinem rechten Ohr ab. Sein Trommelfell wurde dadurch stark geschädigt. Dennoch war er viel zu stolz, ein Hörgerät zu tragen."[159]

Ebenfalls ursächlich für den Zusammenbruch vom 1. Oktober 1988 könnte ein plötzlicher Druckabfall in 10.000 Metern Höhe gewesen sein, der sich auf einem Flug von Bulgarien nach Deutschland ereignet hatte, wie sich Dr. Friedrich Wilhelm Rothenpieler, der damalige Pressereferent des bayerischen Ministerpräsidenten, erinnerte: „In der Maschine befanden sich neben Strauß als Kapitän der Co-Pilot, Strauß' Leibarzt Dr. Argirov, sein Büroleiter Herr Amstetter und ich. Wir überflogen gerade Klagenfurt, als ich einen heftigen Schlag spürte und gleich darauf ein ohrenbetäubend lautes Geräusch zu vernehmen war. Im gleichen Augenblick fiel mir das Atmen außerordentlich schwer. Alle Passagiere im Flugzeug rangen nach Luft, denn es gab einen plötzlichen Druckabfall. Strauß reagierte sofort und leitete einen steilen Sinkflug ein, um das Flugzeug aus der sauerstoffarmen Reiseflughöhe auf etwa 3.000 Meter herabzusteuern. Diese Kombination aus Sauerstoffmangel und Sturzflug war für uns als Passagiere schon sehr unangenehm. Eigentlich hätten sofort die Sauerstoffmasken herabfallen müssen, doch die Deckenklappen hatten sich nicht vollständig geöffnet. Als wir nachhalfen und die Masken herauszogen, bekamen wir trotz der aufgezogenen Masken keinen Sauerstoff. Ich sah, daß Dr. Argirov ohnmächtig geworden war. Ich wollte mich zu ihm herüberbeugen und ihm helfen, doch es war mir unmöglich, die nötige Kraft aufzubringen. Die körperlichen Belastungen dieses Sturzfluges waren nach meinem Empfinden extrem. Trotzdem vollführte Strauß ein lehrbuchmäßiges Manöver. Der Co-Pilot, ein erfahrener Flugkapitän, der währenddessen per Funk in höchster Eile den unter uns liegenden Luftraum warnte, attestierte Strauß anschließend, daß er uns allen dank seiner geistesgegenwärtigen Reaktion das Leben gerettet hatte."[160]

Genau eine Woche später klagte Franz Josef Strauß immer noch über Unwohlsein. Dennoch besuchte er das Oktoberfest in München, um sich gleich im Anschluß von einem Polizeihubschrauber ins Jagdrevier des Fürsten von Thurn und Taxis nach Regensburg bringen zu lassen. Dort von Fürst Johannes freundschaftlich begrüßt, legte Strauß sein Jagdgewand an und bestieg einen VW-Bus, der ihn zur

---

[159] Interview mit Bundesminister a.D. Dr. Friedrich Zimmermann am 19.01.2004 in Planegg bei München.
[160] Interview mit Dr. Friedrich Wilhelm Rothenpieler am 02.12.2003 in München.

Hirschhatz bringen sollte. Der Fahrer wollte soeben den Wagen in Bewegung setzen, da sagte Franz Josef Strauß: „Halt! Der Flug war ein bißchen anstrengend. Warten Sie noch!"[161] Das waren seine letzten Worte. Dann brach er zusammen. Den offenbar gut geschulten Bediensteten des Fürsten gelang es, Strauß auf dem Rasen vor dem Jagdschloß Aschenbrennermarter wiederzubeleben.[162] Der Polizeihubschrauber, der Strauß abgesetzt hatte, machte sofort kehrt, nahm einen Notarzt auf und brachte diesen sofort zum Ort des Geschehens. Bald darauf traf der Rettungshubschrauber „Christophorus 15" ein und brachte Strauß in das Regensburger „Krankenhaus der Barmherzigen Brüder". Trotz einer sofortigen Notoperation konnten die behandelnden Ärzte nichts mehr für den bayerischen Ministerpräsidenten tun. Am Montag, dem 3. Oktober 1988, starb Franz Josef Strauß im Alter von 73 Jahren an einem akuten Herz-Kreislauf-Versagen.

„Als Franz Josef Strauß starb", sagte General a.D. Gerd Schmückle am 27. Oktober 2003 in einem Interview mit dem Verfasser, „habe ich das sehr bedauert. Aber er hat einen schönen Tod gehabt, den Tod eines Königs. Kurz zuvor ist er noch auf das Oktoberfest gegangen, hat dort eine bayerische Mahlzeit zu sich genommen, ist danach in den bayerischen Wald geflogen, brach dort von Försterbuben umgeben im Jagdgewand zusammen, woraufhin ein leibhaftiger Fürst herbeieilte. Wie im Märchen. Es war ein Märchentod! Der Tod eines großen Mannes."[163] Ein Tod, der sich auch als Gnade Gottes interpretieren läßt. Denn eine Franz Josef Strauß sehr nahestehende Person, die den bis heute unveröffentlichten Obduktionsbericht kannte, namentlich aber nicht genannt werden möchte, wußte zu berichten, daß sich bereits am Samstag, dem 1. Oktober, aufgrund von Sauerstoffmangel irreversible Hirnschäden ergeben hatten. Wäre Franz Josef Strauß aus dem Koma wieder erwacht, hätte er den Rest seiner Tage wohl mit schwersten geistigen Behinderungen fristen müssen. Aber auch abseits dieser Eventualitäten ist ihm durch seinen plötzlichen Tod ein von Schwäche und Gebrechen gezeichnetes Greisenalter erspart geblieben, vor allem aber der unausweichliche Verfall seiner Macht und die Entfremdung seiner Anhänger von ihrem Idol. „Wie eine Eiche ist er vor uns gestanden," befand Joseph Kardinal Ratzinger, „kraftvoll, lebendig, unverwüstlich, so schien es, und wie eine Eiche ist er gefällt worden."[164]

---

[161] Bickerich, Wolfram: Franz Josef Strauß. Die Biographie. Düsseldorf 1996, S. 319.
[162] Vgl. Stockinger, Günther: „Hundsmäßig eingestellt", in: Der Spiegel, 51 (1997) H. 33, S. 138–144, S. 138.
[163] Interview mit General a.D. Gerd Schmückle am 27.10.2003 in München.
[164] Kardinal Ratzinger, Joseph: Politik aus christlicher Verantwortung, in: Kardinal Wetter, Friedrich; Kardinal Ratzinger, Joseph; Defregger, Matthias: Er beugte sein Knie nur vor Gott. Predigten zum Tode des Bayerischen Ministerpräsidenten Franz Josef Strauß. München 1988, S. 9–15, S. 9.

Noch am Tage seines Todes ordnete Bundesinnenminister Friedrich Zimmermann an, im ganzen Land Halbmast zu flaggen. Der Bayerische Rundfunk unterbrach seine Sendungen und spielte auf allen Kanälen Trauermusik, die Münchner Taxiinnung gab schwarze Trauerflore für ihre Fahrzeuge aus und in allen bayerischen Gemeinden wurden Kondolenzbücher ausgelegt. „Als der Leichnam von Regensburg nach München überführt wurde", erinnerte sich Friedrich Wilhelm Rothenpieler, „war das ein Erlebnis, das mich tief bewegte. Entlang der gesamten Autobahnstrecke hatten sich auf vielen Parkplätzen und Brücken zahlreiche Menschen versammelt. Sie hatten sich dort spontan zusammengefunden, viele von ihnen mit brennenden Kerzen in der Hand, um ihre tiefe Trauer zu bekunden. Bayern nahm Abschied von einem großen Staatsmann und seinem Landesvater."[165] In seiner Heimatstadt „München erwartet den Toten eine beklommen schweigende Menge; er wird im Prinz-Carl-Palais aufgebahrt, wo sich Bundeswehr, Polizei und Gebirgsschützen in der Ehrenwache abwechseln. Daß nach schönen Herbsttagen nun Regen den Asphalt schwarz färbt, gilt sogleich als Zeichen."[166]

Nach einer Trauersitzung im Maximilianeum, einem ergreifenden Pontifikalrequiem im Münchner Liebfrauendom und einem Staatsakt in der Residenz fanden sich am 7. Oktober auf der Ludwigstraße Zehntausende Menschen ein, um Franz Josef Strauß das letzte Geleit durch seine Vaterstadt zu geben. Eine Trauerfeier, „wie sie München seit dem Leichengang seines Märchenkönigs Ludwig II. im Jahre 1886 nicht mehr erlebt hat"[167], ein Begräbnis nahe der Heiligsprechung, größer und feierlicher noch als die Beerdigung Konrad Adenauers im Jahre 1967.[168] Sechs schwarzbehängte Pferde zogen die Lafette mit dem Katafalk des verstorbenen Landesvaters über Münchens Prachtboulevard. Hinter dem mit der weiß-blauen Landesfahne bedeckten Sarg schritten die engsten Familienangehörigen des Verstorbenen, die Tochter Monika Hohlmeier, die Söhne Max und Franz Georg und die 81jährige Schwester Maria. „Es folgen 2000 Trauergäste aus der ganzen Welt: die gesamte Bundesregierung mit Kanzler Kohl an der Spitze, die

---

[165] Interview mit Dr. Friedrich Wilhelm Rothenpieler am 02.12.2003 in München. Vgl. dazu auch: Denk, Karl: Abschied vom bayerischen Ministerpräsidenten Dr. h.c. Franz Josef Strauß. Eine Dokumentation. München 1988, S. 3.
[166] Blessing, Werner K.: Pompe funèbre für F.J.S. Zur politischen Repräsentation in der Demokratie, in: Altrichter, Helmut (Hg.): Bilder erzählen Geschichte. Freiburg im Breisgau 1995, S. 299–338, S. 303f.
[167] Schröck, Rudolf: Franz Josef Strauß. Eine Bildbiographie. München 1990, S. 17. Vgl. dazu auch: Lojewski, Günther von; Burghart, Heinz; Altmann, Klaus: Franz Josef Strauß: 1915–1988. Videokassette. Bayerischer Rundfunk. München 1988; Brügmann, Claus; Höpfinger, Renate: Ministerpräsident Franz Josef Strauß. 7. November 1978 bis 3. Oktober 1988, in: Generaldirektion der Staatlichen Archive Bayerns (Hg.): „Das schönste Amt der Welt." Die bayerischen Ministerpräsidenten von 1945 bis 1993. München 1999, S. 147–170, S. 153.
[168] Vgl. Weber, Hartmut: Ein Begräbnis nahe der Heiligsprechung. Die katholische Kirche hofierte den toten Strauß, in: Lutherische Monatshefte, 27 (1988) H. 11, S. 484–486, S 484.

Vize-Regierungschefs der größten kommunistischen Staaten, Iwan Silajew (UdSSR) und Yao Yilin (VR China), Kardinal Joseph Ratzinger mit elf Bischöfen, die Ministerpräsidenten mehrerer europäischer und afrikanischer Staaten, Generäle der Bundeswehr und der NATO, zahlreiche Bankiers und Aufsichtsratsvorsitzende der deutschen Industrie, die Repräsentanten der Wittelsbacher, Bayerns reichster Mann, Johannes von Thurn und Taxis, dahinter der Staatsoperndirektor, die Fernsehintendanten und die bayerischen Volksschauspieler. Aus ganz Bayern sind Abordnungen von 800 Vereinen in bunten Trachten und mit prächtigen Traditionsfahnen gekommen. 1200 Tiroler Gebirgsschützen, deren Ehrenmitglied Franz Josef Strauß war, salutieren mit Säbeln und Vorderladern. Der Trauerzug zieht vorbei an der Schellingstraße, wo Strauß vor dreiundsiebzig Jahren geboren wurde, vorbei an der Ludwigskirche, wo Strauß getauft worden war, vorbei an der Ludwig-Maximilians-Universität, wo der Altphilologiestudent Strauß ein Einser-Examen abgelegt hatte. Es ist dunkel geworden über München, als der Zug das schwarzverhüllte Siegestor erreicht. Ein dumpfer Trommelwirbel ertönt. Ehrenformationen der Bundeswehr präsentieren das Gewehr: Dann ziehen die sechs Rösser den Sarg durch den Mittelbogen des Siegestors und verschwinden hinter einem riesigen Trauerflor. Franz Josef Strauß hat München für immer verlassen. Unsichtbar für die riesige Trauergemeinde wird der Sarg auf der Leopoldstraße in ein Auto umgeladen, das mit den sterblichen Überresten des Ministerpräsidenten ins oberbayerische Rott am Inn fährt."[169] Dort ruht Franz Josef Strauß in der am Rande der Sankt-Marinus-Klosterkirche gelegenen Familiengruft noch heute. Anderslautende Meldungen, Franz Josef und Marianne Strauß seien später in ein Ehrengrab auf dem Münchner Waldfriedhof umgebettet worden, entsprechen nicht den Tatsachen.

Niemals wird der Feind zum Freunde, selbst im Tode nicht. Dies weiß man seit Sophokoles' Antigone. Und wäre man dieses Wissens nicht teilhaftig gewesen, so hätte man es spätestens am 10. Oktober 1988 erfahren, als Rudolf Augstein einen Nachruf auf seinen Wahlgegner schrieb: „Noch heute glaube ich, daß nicht so sehr Adenauer, wohl aber ein Adenauer nachfolgender Strauß mit seiner Atomwaffen-Sucht, mit seiner Verachtung des Rechtsstaates unter der christkatholischen Haube die ja nicht gar so alte Republik in Gefahr gebracht hätte."[170] Offenbar hat der

---

[169] Schröck, Rudolf: Franz Josef Strauß. Eine Bildbiographie. München 1990, S. 18f. Vgl. dazu auch: Mintzel, Alf: Regionale politische Traditionen und CSU-Hegemonie in Bayern, in: Oberndörfer, Dieter; Schmitt, Karl (Hg.): Parteien und regionale politische Traditionen in der Bundesrepublik Deutschland. Berlin 1991, S. 125–180, S. 169.

[170] Augstein, Rudolf: Tod und Verklärung des F.J.S. Rudolf Augstein über Franz Josef Strauß in seiner Zeit, in: Der Spiegel, 42 (1988) H. 41, S. 18–27, S. 22.

Die Gruft der Familie Strauß am Rande des Friedhofes in Rott am Inn.

„Spiegel"-Herausgeber sein Leben lang niemals begreifen können oder begreifen wollen, was Kardinal Ratzinger bei der Totenmesse mit nur zwei Sätzen trefflich zum Ausdruck brachte: „Friede war das eigentliche Ziel seines Handelns, in den Schrecknissen des Krieges war ihm dies zum inneren Auftrag geworden, dem Frieden in der Welt zu dienen. Und sosehr ihm oft anderes unterstellt worden ist, die innerste Triebkraft und das tiefste Ziel all seines politischen Tuns war der Friede!"[171] Dies bestätigten auch die zahllosen Nachrufe auf Franz Josef Strauß, die unter anderem seine ungeheuren Leistungen für den Freistaat Bayern, die Bundesrepublik Deutschland, den Aufbau der Bundeswehr, die Aussöhnung mit dem israelischen Volk, die Sanierung der Staatsfinanzen in den Jahren 1966 bis 1969, die Entwicklung der militärischen und zivilen Luftfahrtindustrie in Deutschland und

---

[171] Nakschbandi, M. Walid: Franz Josef Strauß. Ein deutsches Leben. BR-Sendung vom 3. Oktober 2003. o.O. 2003.

Europa und die deutsch-deutschen Beziehungen würdigten.[172] Denn Franz Josef Strauß, so resümierte nicht nur Karl Schiller, war einer „der Großen der Nachkriegszeit in unserer Politik."[173] Ohne ihn „wäre die Geschichte der Bundesrepublik anders verlaufen."[174]

Franz Josef Strauß ist unvergessen. Überall in der Bundesrepublik geht und fährt man tagtäglich über Straßen, Plätze, Ringe, Brücken und Alleen, die nach ihm benannt wurden. Auch der Konferenzsaal in der Airbus-Zentrale in Toulouse, die Parteizentrale der CSU in der Nymphenburger Straße, der Münchner Großflughafen im Erdinger Moos und die Altenstädter Kaserne, in der er in den letzten Kriegsjahren Dienst getan hatte, tragen inzwischen seinen Namen.[175] Außerdem wurde bald nach seinem Tode die 2-DM-Münze und eine Briefmarke mit seinem Porträt verziert. Überdies wurde ein von der Hanns-Seidel-Stiftung erstmals im Jahre 1996 vergebener Preis nach ihm benannt, mit dem die Stiftung hervorragende Leistungen in Politik, Wirtschaft, Kunst und Kultur würdigt. „Insbesondere wird der Preis verliehen an Persönlichkeiten, die sich in herausragender Weise für Frieden, Freiheit und Recht, für Demokratie und internationale Verständigung eingesetzt oder die sich besondere Verdienste in den Bereichen Wirtschaft, Wissenschaft und Technologie sowie Literatur und Kunst erworben haben."[176] Unter den bisherigen Preisträgern finden sich Henry A. Kissinger, George Bush sr. und Bundespräsident Roman Herzog. Im Jahre 2005 soll der Franz-Josef-Strauß-Preis seinem einstigen kollegialen Kontrahenten Helmut Kohl verliehen werden – für dessen Verdienste um die deutsche Einheit. Eine fast schon makabere Ironie des Schicksals, denn gut ein Jahr nach dem plötzlichen Tod des Autors eines Entwurfs für Europa, dem Entwickler eines europäischen Grand Designs fiel die Berliner Mauer. Die leidgeplagte ostdeutsche Bevölkerung hatte sich erhoben und den

---

[172] Vgl. Zimmermann, Ulrich: Unvergessen, Franz Josef Strauß – das war sein Leben. 3. Auflage, Passau 1988, S. 121ff; Scharnagl, Wilfried: Bayern und Strauß. Lebenswerk und Abschied. Percha am Starnberger See 1989, S. 236; Mock, Alois: Der Europäer aus Humanismus – Nachruf auf Franz Josef Strauß, in: EDU Yearbook 1988, S. 282–283; Mohler, Armin: Tod in Bayern, in: Criticón, 1988/110, S. 260–261; o.V.: Nachtrag zu Nachrufen: Franz Josef Strauß, in: Europäische Wehrkunde, 37 (1988) H. 11, S. 622–623; Dreyfus, François-Georges: In memoriam Franz Josef Strauß (1915–1988), in: Revue d'Allemagne, 21 (1989) H. 2, S. 293–297; Schedl, Otto: Erinnerungen an Franz Josef Strauß. Der Historiker, der selbst Geschichte gestaltete, in: Die neue Epoche, 12 (1988/89) H. 111, S. 50–54, S. 50.
[173] Zimmermann, Ulrich: Unvergessen, Franz Josef Strauß – das war sein Leben. 3. Auflage, Passau 1988, S. 123.
[174] Strauß, Franz Josef: Die Erinnerungen. Berlin 1998, S. 2.
[175] Vgl. o.V.: Eine Frage der Ehre, in: Der Spiegel, 50 (1996) H. 52, S. 78ff; Krauthäuser, Josef (Hg.): Flughafen München – Franz Josef Strauß. Bayerns Tor zur Welt. Ein Portrait. Allershausen 1995; Finkenzeller, Roswin: Mit ihm zu streiten war nicht schwer. Gedenkfeier für Franz Josef Strauß, in: Frankfurter Allgemeine Zeitung vom 5. Oktober 1998, S. 6.
[176] http://www.hss.de/1759.shtml. Internetseite der Hanns-Seidel-Stiftung vom 22. November 2004.

„Limes des 20. Jahrhunderts"[177] einfach niedergerissen. Helmut Kohl: „Ich habe oft darüber nachgedacht, wie wichtig es für ihn gewesen wäre, dieses Datum, diese Bilder von der fallenden Mauer noch selbst erleben zu dürfen. Daß es soweit kam, daran hatte er ja einen ganz wesentlichen Anteil."[178] Und zwar nicht nur, weil Franz Josef Strauß die weitgehend unverstandene Milliardenbürgschaft in die Wege geleitet, sondern seit über 30 Jahren für die politische, wirtschaftliche und militärische Integration des Westens sowie eine nordatlantische Politik der Stärke gekämpft hatte, die den wirtschaftlich ineffizienten Sowjetkommunismus letztlich in die Knie zwang. Allein jener Politik der Stärke – vor allem der amerikanischen – ist es zu verdanken, daß Moskau im Jahre 1989 kaum mehr in der Lage war, sein erodierendes Imperium mit Waffengewalt zusammenzuhalten. Anderenfalls wäre am 9. November 1989 nicht die Mauer, sondern eine große Zahl ostdeutscher Demonstranten gefallen – so wie einst am 17. Juni 1953.

Auf den Tag genau zwei Jahre nach Franz Josef Strauß' Tod wurde Deutschland wiedervereinigt. Damit fällt sein Todestag symbolträchtigerweise auf den „Tag der Deutschen Einheit", für die er sein ganzes politisches Leben lang gekämpft hatte, die zu erleben ihm jedoch nicht mehr vergönnt gewesen war. Dafür blieb es ihm erspart, Helmut Kohl, dem er einst jegliche Fähigkeit zur Kanzlerschaft abgesprochen hatte, als „Kanzler der Deutschen Einheit" erleben zu müssen – „womöglich in München gerade beschäftigt mit der bayerischen Milchabgabeverordnung."[179] Ein schwacher Trost, vielleicht aber eine weitere göttliche Gnade für den barocken Alpenkönig. Im Jahre 1991 geschah dann schließlich, was Franz Josef Strauß viele Male als „Sternstunde der Menschheit"[180] bezeichnet hatte: die Sowjetunion zerfiel. Damit wurde Strauß posthum „in einer von ihm immer wiederholten zentralen Aussage bestätigt: Die Wiedervereinigung Deutschlands wird sich im Rahmen der Wiedervereinigung Europas vollziehen. Hier hat er sehr viel mehr politischen Instinkt bewiesen als Willy Brandt und Egon Bahr."[181] Doch es war eben die Tragik seines Lebens, wesentlich öfter Recht gehabt als Recht bekommen zu haben. Anderenfalls wäre Franz Josef Strauß wohl niemals ein „non-chancelier", ein verhinder-

---

[177] Dohnanyi, Klaus von: Das deutsche Wagnis. München 1990, S. 53.
[178] Nakschbandi, M. Walid: Franz Josef Strauß. Ein deutsches Leben. BR-Sendung vom 3. Oktober 2003. o.O. 2003.
[179] Boenisch, Peter: Kohl und Strauß, in: Appel, Reinhard (Hg.): Helmut Kohl im Spiegel seiner Macht. Bonn 1990, S. 161–167, S. 167.
[180] Strauß, Franz Josef: Föderalist aus Heimatliebe und Gerechtigkeitssinn. Ansprache des Bayerischen Ministerpräsidenten Franz Josef Strauß aus Anlaß des 100. Geburtstages des ehemaligen Bayerischen Ministerpräsidenten Dr. Wilhelm Hoegner am 23. September 1987 im Max-Joseph-Saal der Residenz in München. München 1987, S. 7.
[181] Hacker, Jens: Deutsche Irrtümer. Schönfärber und Helfershelfer der SED-Diktatur im Westen. 3. Auflage, Berlin, Frankfurt am Main 1992, S. 236.

ter Kanzler geworden.[182] Was nach ihm kam, vermochte niemanden mehr zu faszinieren. „Es sind Männer ohne Geschichten, freilich auch ohne Geschichte und ohne Gesicht."[183] Freund und Feind, „traurig oder erleichtert seufzend, sind sich da einig: Von seinem Schlage gibt es keinen mehr."[184]

---

[182] Vgl. Rovan, Joseph: F.J. Strauß. Mort d'un non-chancelier. Une grande figure de moins sur l'échiquier allemand. Un roi qui se divertissait, in: Documents (Paris), 43 (1988) H. 4, S. 64–66.
[183] Zander, Hans Conrad: Ode an einen gescheiterten Kandidaten. Der Stern vom 16. Oktober 1980, S. 278.
[184] Zundel, Rolf: Macht und Menschlichkeit. ZEIT-Beiträge zur politischen Kultur der Deutschen. Reinbek bei Hamburg 1990, S. 100. Vgl. dazu auch: Ziesel, Kurt: Abschied von Franz Josef Strauß, in: Deutschland-Magazin, 20 (1988) H. 11, S. 3–4, S. 3.

XII. Schlußwort

Franz Josef Strauß war ein Mann der ersten Stunde. Er zählte zu den Mitbegründern der Christlich-Sozialen Union in Bayern, er stritt im Frankfurter Wirtschaftsrat für die Soziale Marktwirtschaft, kämpfte auf der Rhöndorfer Konferenz für die Bildung einer christlich-liberalen Regierung und argumentierte im ersten Deutschen Bundestag für einen westdeutschen Verteidigungsbeitrag. Fast wäre er auch ein Mann der letzten Stunde geworden, doch sein plötzlicher Tod ließ ihn die Wiedervereinigung seines Vaterlandes nicht mehr erleben. In all den dazwischen liegenden Jahren sah er so manchen Kanzler kommen und auch wieder gehen; selbst auf den Schild gehoben zu werden war ihm nicht vergönnt. Zu groß waren die Widerstände all jener, die ihm seine Fähigkeiten neideten und seine Zugehörigkeit zum konservativen Lager verübelten. Und zu beachtlich waren seine Erfolge im Atom-, Verteidigungs- und später auch Finanzministerium. Schon aus diesem Grunde durfte Franz Josef Strauß niemals ins Kanzleramt ziehen, denn vermutlich, so mußten nicht nur die „Spiegel"-Redakteure befürchten, hätte er es wie Konrad Adenauer erst nach mehreren Legislaturperioden wieder verlassen. Schließlich verfügte kein deutscher Politiker über die nötige Kompetenz, um es in außen-, verteidigungs-, wirtschafts- *und* finanzpolitischen Sachfragen mit ihm aufnehmen zu können. Ausnahmen wie Helmut Schmidt bestätigen die Regel.

Schützenhilfe erhielten die politischen Gegner des Franz Josef Strauß vor allem vom „Spiegel"-Herausgeber Rudolf Augstein, der sich mit kindlicher Freude hinter mehreren denkwürdigen Pseudonymen verbarg, als wolle er den Eindruck erwecken, er wäre nicht der einzige, der aus dem Hinterhalt giftige Pfeile schoß. In der Tat gesellten sich bald auch andere journalistische Heckenschützen hinzu. Ihnen allen bot Strauß eine große Angriffsfläche.[1] Denn sein gelegentlich ausufernder Genuß alkoholischer Getränke, sein für manche Zuhörer erschreckend kraftvoller, nicht selten auch polemischer und von unverstandener Ironie durchtränkter Brandredestil, seine vor allem durch die „Hahlbohm-Affäre" bekannt gewordenen gelegentlichen Überreaktionen aus nichtigen Anlässen, seine ihn in den Verdacht der Korrumpierbarkeit zerrenden „gesamtkonzeptionellen Lösungen" und seine schlechte Menschenkenntnis, die ihm so manchen falschen Freund bescherte, machten es findigen Journalisten leicht, ihm mangelnde Selbstkontrol-

---

[1] Vgl. Drobig, Gerhard: Ein Politiker mit Leidenschaft, Verantwortungsgefühl und Augenmaß. Zum Tode von Franz Josef Strauß, in: Deutsche Bauernkorrespondenz, 41 (1988) H. 10, S. 394–395.

le, korrupte Vetternwirtschaft, Geringschätzung demokratischer Prinzipien und kriegerische Angriffslust zu unterstellen. Doch um wievieles leichter wäre es ihnen gewesen, ihre Gegnerschaft nur ein einziges Mal zu überdenken. Gelegenheiten hierfür gab es viele. In den Jahren 1958 und 1961 zum Beispiel, als Strauß trotz der brenzligen Berlin-Krisen einen kühlen Kopf behielt. Oder zur Zeit der Großen Koalition, als er die Staatsfinanzen ordnete und den Schuldenberg reduzierte. Oder in Sachen Europa, für dessen friedliche Vereinigung er sich immer und immer wieder aussprach. Aber das vom „Spiegel" angeführte Pressekartell wollte und konnte den einmal eingeschlagenen Vernichtungskurs nicht korrigieren. Zumal die spektakuläre Straußenjagd die wöchentliche Auflage steigerte.

Dem vom Augstein perfektionierten Skandaljournalismus hatte niemand etwas entgegenzusetzen, nicht einmal der mächtige Medienzar Axel Springer, der die Politik der Unionsparteien massiv unterstützte. Denn war irgendein Vorkommnis erst einmal erfolgreich skandaliert, ließ sich die Weste des Geschmähten nicht wieder reinwaschen. Eine erfolgreiche „Ent-skandalierung" gab (und gibt) es nicht. So wurden auf der wilden Hatz durch die Jahrzehnte viele Gerüchte gestreut und Unwahrheiten verbreitet. Franz Josef Strauß sei ein unberechenbares Sicherheitsrisiko, ein Kraftwerk ohne Sicherungen, sagten die einen. Eines mit viel zu vielen Sicherungen und von Natur aus zauderhaft, behaupteten die anderen. Die Lösung des scheinbaren Widerspruchs gab Strauß selbst. Man hätte ihm nur Glauben schenken müssen, als er mehr als einmal sagte, er spreche zwar recht hitzig, denke und handle aber sehr kühl. Auch zögerlich war er nicht. Es sei denn, er steckte inmitten einer Zwickmühle. So wie im Juli 1979, als er notgedrungen für ein Amt kandidieren mußte, das er, wie er wußte, ohne Koalitionspartner unmöglich würde erreichen können. Manch anderes Mal verließ ihn merkwürdigerweise gerade dann der Mut, wenn er ihn am nötigsten brauchte. Im Herbst 1961 zum Beispiel, als er es entgegen seiner Überzeugung unterließ, der Ära Adenauer ein vorzeitiges Ende zu setzen. Oder auch im Jahr darauf, als er die „Spiegel"-Affäre mit seinen Ausflüchten zur „Strauß"-Affäre machte. Vor allem aber 1976 in Wildbad Kreuth, als er den jahrzehntealten Traum von der vierten Partei begrub, ohne wirklich für seine Verwirklichung gekämpft zu haben. Doch vielleicht erkannte er auch hier, daß er zwischen Baum und Borke steckte. Im Frühjahr 1983 hingegen mangelte es ihm nicht an Courage und Entschlossenheit. Beherzt engagierte sich Strauß für eine Milliardenbürgschaft, was kaum jemand verstand. Dabei stand sie durchaus in der Kontinuität seines ost- und deutschlandpolitischen Denkens. Wenn Straußens hundertfach wiederholte Klarstellungen und Erläuterungen vom unentwegten Skandalgeschrei nicht immer wieder übertönt worden wären, hätte man das wissen können. Gleiches gilt für seine Besuche in Südafrika oder in Chile, wo sich der in globalen Dimensionen denkende Antikommunist empfangen ließ, ohne mit den fragwürdigen Gastgebern zu sympathisieren. Ja selbst in Peking und in Moskau trieb er mit seiner Offenheit so manchem Übersetzer die Schweißperlen auf die Stirn.

In all den Jahren von 1949 bis 1988 hat Franz Josef Strauß niemals am Steuer des deutschen Staatsschiffes gestanden. Doch zwölf lange Jahre hatte er als Offizier auf der Brücke Dienst getan. Mit an Bord war er immer gewesen. Auf der fast vierzig Jahre währenden Reise hat Strauß kraft seiner außergewöhnlichen Persönlichkeit so manche Tat vollbracht. Beispielsweise führte er die zersplitterte militärische und später auch die zivile Luftfahrtindustrie zusammen. Letztere hat den einstigen amerikanischen Giganten inzwischen längst den Rang abgelaufen und in Deutschland mehrere Zehntausend Arbeitsplätze geschaffen. Im Frühjahr 2005 wurde die Vormachtstellung von Boeing endgültig gebrochen, denn die Entwicklung des weitaus größeren Airbus A 380 sorgte für einen dramatischen Rückgang der Auftragszahlen der einst so dominanten Boeing 747. Darüber hinaus trug Franz Josef Strauß auch zur Modernisierung des einstmals ärmlichen Agrarlandes Bayern bei – und das nicht nur während seiner zehnjährigen Amtszeit als Ministerpräsident. „Eine der Ursachen des Süd-Nord-Gefälles", schrieb ihm Rolf Zundel zum 70. Geburtstag, „heißt Strauß."[2] Besonders verdient machte sich Strauß um die deutsch-französischen und die deutsch-chinesischen Beziehungen, vor allem aber um die Aussöhnung mit dem israelischen Volk. Daß er trotzdem zeitlebens mit Adolf Hitler verglichen oder gar als „Hitler Nummer zwei" beschimpft wurde, zeigt nur allzu deutlich, auf welche Weise seine Kanzlerschaft verhindert wurde: journalistische Dichtung und objektive Wahrheit lagen seit 1957 weiter auseinander als sich mit Dementis, Gerichtsurteilen und Wahlkampfwerbung überbrücken ließ. Rudolf Augstein gestand dies freimütig ein, als er im Gespräch mit einem Journalisten bekannte: „Sie wollen doch mir nicht ansinnen, daß ich objektiv gewesen sein soll? Nein, nein, das können Sie nicht. Sie können nicht solch einen wirklich potenten Gegner haben und ihm gegenüber objektiv sein."[3] Dennoch hat der Vielgeschmähte zweifelsohne Fehler gemacht. Gravierende sogar. Welcher Mensch, welcher Politiker hat das nicht? Doch keinem anderem saß ein derartig aggressives Pressekartell im Nacken wie Franz Josef Strauß. Was hätten „Stern" und „Spiegel" wohl mit ihm gemacht, wenn er wie Helmut Schmidt bei der Flutkatastrophe in Hamburg einfach seine Kompetenzen überschritten hätte? Und wie

---

[2] Zundel, Rolf: Macht und Menschlichkeit. ZEIT-Beiträge zur politischen Kultur der Deutschen. Reinbek bei Hamburg 1990, S. 93.
[3] Biermann, Werner: Liebe an der Macht. Marianne und Franz Josef Strauß. ARD-Sendung vom 14. Februar 2005. WDR 2005.

wären sie im Gegenzug mit Schmidt verfahren, wenn sich dieser als Verteidigungsminister erlaubt hätte, was er sich rechtlich nicht erlauben durfte, um einen mutmaßlichen Landesverräter an der Flucht zu hindern?

Letztlich hat die jahrzehntelange publizistische Inquisition den Metzgersohn mit ihrem politischen Exorzismus allerdings noch viel interessanter gemacht, als er es ohnehin schon war. Wenn heute vom legendären „Mythos Strauß" gesprochen wird, vom berühmt-berüchtigten Alpenkönig, dann ist dies in erster, sicherlich auch in zweiter und dritter Linie jenem Zerrbild zu verdanken, das die vierte Gewalt in rufschädigender Absicht schuf. Ähnliches läßt sich weder von Konrad Adenauer noch von Willy Brandt sagen, erst recht nicht von Helmut Schmidt oder Helmut Kohl – seinem Männerfreund, von dem Strauß so oft ausmanövriert und vorgeführt wurde. Und ist es historisch gesehen möglicherweise nicht sogar von Vorteil, daß sich Franz Josef Strauß niemals in jene Reihe vordrängen konnte, in der auch der glücklose Ludwig Erhard und der inzwischen fast vergessene Kurt Georg Kiesinger standen? Eine Reihe, die inzwischen von Staatsmännern fortgeführt wird, die sich zwar zu inszenieren wissen, aber weder auf außen- oder verteidigungspolitischem noch auf wirtschafts- oder finanzpolitischem Gebiet erwähnenswerte Kompetenzen vorzuweisen haben? Ist es also nicht gerade Straußens Scheitern, welches ihm geschichtliche Größe verleiht? Und hat er denn nicht kraft seiner Talente mehr bewirkt als so mancher Kanzler kraft seines Amtes? Sicher, für Deutschland hätte er gerne an erster Stelle Verantwortung getragen. Mehr noch als für seine bayerische Heimat, die ihm schnell zu klein geworden war. Immer häufiger entfloh er in seinen letzten Lebensjahren der freistaatlichen Enge und ging seinen nebenaußenpolitischen Leidenschaften nach. Fast hätte ihn sein notorischer Eskapismus sogar nach Kuba geführt. Ein Treffen mit Fidel Castro zu vermitteln hatte er den spanischen Regierungschef bereits gebeten.[4] Doch der Tod war schneller. Anderenfalls hätte Franz Josef Strauß die Verwirklichung seiner wichtigsten politischen Lebensziele, die Wiedererlangung der deutschen Einheit, die Wiedervereinigung Europas und den Untergang des sowjetischen Kommunismus, noch erlebt. Womöglich wäre er eines Tages sogar Präsident der EU-Kommission geworden. Zum Bundeskanzler der Bundesrepublik Deutschland hingegen hätte man ihn sicher nicht mehr gewählt. In der Rückschau offenbart sich keine Gelegenheit, die er zum Sturz des „Kanzlers der deutschen Einheit" hätte nutzen können. Außerdem hätten ihn Augstein & Co. schon irgendwie zu verhindern gewußt.

---

[4] Vgl. Brandt, Willy: Erinnerungen. 2. Auflage, Frankfurt am Main 1989, S. 295.

Bibliographie

1. Archivalien

Adenauer, Konrad: Brief an Franz Joseph Strauß vom 21.07.1952. Stiftung Bundeskanzler-Adenauer-Haus, I/11.04.

Adenauer, Konrad: Brief an Franz-Josef Strauß vom 16.11.1957. Stiftung Bundeskanzler-Adenauer-Haus, I/11.02.

Adenauer, Konrad: Brief an Franz Josef Strauß vom 18.09.1962. Stiftung Bundeskanzler-Adenauer-Haus, III/43.

Adenauer, Konrad: Brief an Franz Josef Strauß vom 16.10.1962. Stiftung Bundeskanzler-Adenauer-Haus, III/43.

Bürgerinitiative Stoppt Strauß im Kreis Gütersloh: Anti-Strauß-Flugblatt, in: „Sammlung Kray", 2.2/80.81, „Wahlen und Angriffe" Ordner IV, Archiv für Christlich-Soziale Politik, Hanns-Seidel-Stiftung, München.

CSU-Landesleitung (Hg.): Pressemitteilungen und Erklärungen der CSU-Landesleitung Nr. 21/80 vom 10.07.1980, in: „Sammlung Kray", 2.2/80.81, „Wahlen und Angriffe" Ordner IIIa, Archiv für Christlich-Soziale Politik, Hanns-Seidel-Stiftung, München.

Deutscher Gewerkschaftsbund: Anti-Strauß-Plakat, in: „Sammlung Kray", 2.2/80.81, „Wahlen und Angriffe" Ordner IIIa, Archiv für Christlich-Soziale Politik, Hanns-Seidel-Stiftung, München.

Freundeskreis Würgegriff: Falscher Fuffziger, in: „Sammlung Kray", 2.2/80.81, „Wahlen und Angriffe" Ordner IIIb, Archiv für Christlich-Soziale Politik, Hanns-Seidel-Stiftung, München.

Gründungsausschuß des Anti-Strauß-Komitees Wuppertal: Anti-Strauß-Flugblatt, in: „Sammlung Kray", 2.2/80.81, „Wahlen und Angriffe" Ordner IV, Archiv für Christlich-Soziale Politik, Hanns-Seidel-Stiftung, München.

Initiative „Rock gegen rechts – Stoppt Strauß!": Anti-Strauß-Flugblatt, in: „Sammlung Kray", 2.2/80.81, „Wahlen und Angriffe" Ordner II, Archiv für Christlich-Soziale Politik, Hanns-Seidel-Stiftung, München.

Jungsozialisten in der SPD (Hg.): Auf Nimmer-Wiedersehn Herr Strauß. Ein count-down Kalender mit Durchblick für die Zeit vom 12.09. bis 05.10.1980, in: „Sammlung Kray", 2.2/80.81, „Wahlkampf, Angriffe" Ordner IIa, Archiv für Christlich-Soziale Politik, Hanns-Seidel-Stiftung, München.

o.V.: Anti-Anti-Strauß-Aufkleber, in: „Sammlung Kray", 2.2/80.81, „Wahlen und Angriffe" Ordner I, Archiv für Christlich-Soziale Politik, Hanns-Seidel-Stiftung, München.

o.V.: Anti-Strauß-Anstecker, in: „Sammlung Kray", 2.2/80.81, „Wahlen und Angriffe" Ordner I, Archiv für Christlich-Soziale Politik, Hanns-Seidel-Stiftung, München.

o.V.: Anti-Strauß-Flyer, in: „Sammlung Kray", 2.2/80.81, „Wahlen und Angriffe" Ordner I, Archiv für Christlich-Soziale Politik, Hanns-Seidel-Stiftung, München.

o.V.: Drohbrief an Franz Josef Strauß, in: „Sammlung Kray", 2.2/80.81, „Wahlen und Angriffe" Ordner I, Archiv für Christlich-Soziale Politik, Hanns-Seidel-Stiftung, München.

o.V.: Gefälschter Brief von Franz Josef Strauß an einen Parteifreund, in: „Sammlung Kray", 2.2/80.81, „Wahlen und Angriffe" Ordner II, Archiv für Christlich-Soziale Politik, Hanns-Seidel-Stiftung, München.

o.V.: Gefälschter Brief von Konrad Adenauer an Rainer Barzel vom 03.11.1966, in: „Sammlung Kray", 2.2/80.81, „Wahlen und Angriffe" Ordner I, Archiv für Christlich-Soziale Politik, Hanns-Seidel-Stiftung, München.

o.V.: Photographie einer Stoppt-Strauß-Parole auf einem Kraftfahrzeug, in: „Sammlung Kray", 2.2/80.81, „Wahlen und Angriffe" Ordner I, Archiv für Christlich-Soziale Politik, Hanns-Seidel-Stiftung, München.

Sozialdemokratische Partei Deutschlands: Anti-Strauß-Plakat zur Bundestagswahl 1980, in: „Sammlung Kray", 2.2/80.81, „Wahlen und Angriffe" Ordner II, Archiv für Christlich-Soziale Politik, Hanns-Seidel-Stiftung, München.

Sozialdemokratische Partei Deutschlands: Wahlplakat zur Bundestagswahl 1980, in: „Sammlung Kray", 2.2/80.81, „Wahlen und Angriffe" Ordner II, Archiv für Christlich-Soziale Politik, Hanns-Seidel-Stiftung, München.

Strauß, Franz: Brief an Konrad Adenauer vom 20.10.1949. Stiftung Bundeskanzler-Adenauer-Haus, I/10.02.

Strauß, Franz: Brief an Konrad Adenauer vom 26.09.1951. Stiftung Bundeskanzler-Adenauer-Haus, I/11.04.

Strauß, Franz: Brief an Konrad Adenauer vom 11.06.1953. Stiftung Bundeskanzler-Adenauer-Haus, III/24.

Strauß, Franz Josef: Brief an Konrad Adenauer vom 04.03.1955. Stiftung Bundeskanzler-Adenauer-Haus, I/11.06.

Strauß, Franz Josef: Brief an Heinrich von Brentano vom 03.06.1955. Bundesarchiv Koblenz, Nachlaß Heinrich von Brentano, Nr. 239/181/1. Schriftwechsel Heinrich von Brentano mit Franz Josef Strauß 1955–1964.

Strauß, Franz Josef: Brief an Konrad Adenauer vom 12.10.1962. Stiftung Bundeskanzler-Adenauer-Haus, III/43.

Wählerinitiative Arbeitende Jugend für die SPD: Brief an Franz Josef Strauß vom 28. März 1980, in: „Sammlung Kray", 2.2/80.81, „Wahlen und Angriffe" Ordner II, Archiv für Christlich-Soziale Politik, Hanns-Seidel-Stiftung, München.

2. Veröffentlichte Quellen & Schrifttum (Auswahl)

Adenauer, Konrad: Erinnerungen 1945–1953. 6. Auflage, Stuttgart 1987.

Adenauer, Konrad: Erinnerungen 1953–1955. 4. Auflage, Stuttgart 1984.

Adenauer, Konrad: Erinnerungen 1955–1959. 4. Auflage, Stuttgart 1989.

Augstein, Rudolf: Tod und Verklärung des F.J.S. Rudolf Augstein über Franz Josef Strauß in seiner Zeit, in: Der Spiegel, 42 (1988) H. 41, S. 18–27.

Baring, Arnulf: Machtwechsel. Die Ära Brandt-Scheel. Stuttgart 1982.

Behrend, Manfred: Franz Josef Strauß. Eine politische Biographie. Köln 1995.

Bickerich, Wolfram: Franz Josef Strauß. Die Biographie. Düsseldorf 1996.

Birke, Adolf M.: Nation ohne Haus. Deutschland 1945–1961. Berlin 1989.

Bracher, Karl Dietrich; Eschenburg, Theodor; Fest, Joachim C.; Jäckel, Eberhard (Hg.): Geschichte der Bundesrepublik Deutschland. Band I – V. Stuttgart, Wiesbaden 1981–87.

Braun, Luitpold: Der unbekannte Strauß – Die Schongauer Jahre. Schongau 1992.

Brawand, Leo: Die Spiegel-Story. Wie alles anfing. 2. Auflage, Düsseldorf, Wien, New York 1987.

Brügmann, Claus; Hopfenmüller, Fritz: Franz Josef Strauß. Wesentliche Stationen seines Lebens. München 2003.

Carstens, Karl; Goppel, Alfons; Kissinger, Henry; Mann, Golo (Hg.): Franz Josef Strauß. Erkenntnisse, Standpunkte, Ausblicke. München 1985.

Dalberg, Thomas: Franz Josef Strauß. Porträt eines Politikers. Gütersloh 1968.

Dreher, Klaus: Helmut Kohl. Leben mit Macht. 2. Auflage, Stuttgart 1998.

Ehmke, Horst: Mittendrin. Von der Großen Koalition zur Deutschen Einheit. Reinbek bei Hamburg 1996.

Fragestunde vom 8. November 1962 zur Festnahme des „Spiegel"-Redakteurs Ahlers in Malaga, in: Verhandlungen des Deutschen Bundestages, 8. November 1962, 46. Sitzung, 4. Wahlperiode, Stenographische Berichte Band 51, Bonn 1962, S. 2013–2026.

Frederik, Hans: Franz Josef Strauß. Das Lebensbild eines Politikers. München-Inning 1965.

Görtemaker, Manfred: Kleine Geschichte der Bundesrepublik Deutschland. München 2002.

Hacker, Jens: Deutsche Irrtümer. Schönfärber und Helfershelfer der SED-Diktatur im Westen. 3. Auflage, Berlin, Frankfurt am Main 1992.

Harpprecht, Klaus: Im Kanzleramt. Tagebuch der Jahre mit Willy Brandt. Januar 1973 – Mai 1974. Reinbek bei Hamburg 2001.

Jankus, Anneke: Franz Josef Strauß und sein Verhältnis zu dem Hamburger Nachrichtenmagazin ‚Der Spiegel', in: Publizistik, 47 (2002) H. 3, S. 295–308.

Kempski, Hans Ulrich: Um die Macht. Sternstunden und sonstige Abenteuer mit den Bonner Bundeskanzlern 1949 bis 1999. 2. Auflage, Berlin 1999, S. 285.

Kepplinger, Hans Mathias: Die Kunst der Skandalierung und die Illusion der Wahrheit. München 2001.

Kirchner, Ulrich: Geschichte des bundesdeutschen Verkehrsflugzeugbaus. Der lange Weg zum Airbus. Frankfurt am Main, New York 1998.

Klein, Josef: Elefantenrunden. „Drei Tage vor der Wahl". Die ARD-ZDF-Gemeinschaftssendung 1972–1987. Baden-Baden 1990.

Kleinmann, Hans-Otto: Geschichte der CDU 1945–1982. Stuttgart 1993.

Koerfer, Daniel: Kampf ums Kanzleramt. Erhard und Adenauer. Stuttgart 1987.

Kohl, Helmut: Erinnerungen, 1930–1982. München 2004.

Krieger, Wolfgang: Franz Josef Strauß. Der barocke Demokrat aus Bayern. Göttingen, Zürich 1995.

Krone, Heinrich: Tagebücher. Erster Band: 1945–1961. Düsseldorf 1995.

Krone, Heinrich: Tagebücher. Zweiter Band: 1961–1966. Düsseldorf 2003.

Loewenstern, Otto von: Gepriesen viel, noch mehr gescholten (I). Franz-Josef Strauß: der Minister, der Bayer, das Symbol – Die ersten Stationen auf seinem Weg nach oben, in: Die Zeit vom 28.09.1962, S. 3.

Loewenstern, Otto von: Gewöhnt, sich immer durchzusetzen. Franz-Josef Strauß: Gepriesen viel, noch mehr gescholten (II), in: Die Zeit vom 05.10.1962, S. 3.

Loewenstern, Otto von: „Spezis" in der Strauß-Bilanz. Gepriesen viel, noch mehr gescholten (Schluß), in: Die Zeit vom 19.10.1962, S. 3.

Maier, Hans: Strauß als Rhetor. Redekunst und Parlamentarismus heute, in: Zimmermann, Friedrich (Hg.): Anspruch und Leistung. Widmungen für Franz Josef Strauß. Stuttgart-Degerloch 1980, S. 261–280.

März, Peter: An der Spitze der Macht. Kanzlerschaften und Wettbewerber in Deutschland. 2., überarbeitete Auflage, München 2003.

Merseburger, Peter: Willy Brandt 1913–1992. Visionär und Realist. Stuttgart 2002.

Mintzel, Alf: Geschichte der CSU. Ein Überblick. Opladen 1977.

Mintzel, Alf: Franz Josef Strauß, in: Bernecker, Walther L; Dotterweich, Volker (Hg.): Persönlichkeit und Politik in der Bundesrepublik Deutschland. Politische Porträts, Band II. Göttingen 1982, S. 196–208.

Mintzel, Alf: Gehen Bayerns Uhren wirklich anders?, in: Zeitschrift für Parlamentsfragen, 18 (1987) H. 1, S. 77–93.

MöJosef Strauß. 1915–1988, in: Gall, Lothar (Hg.): Die grossen Deutschen unserer Epoche. Frankfurt am Main, Berlin 1995, S. 535–553.

Morsey, Rudolf: Die Bildung der ersten Regierungskoalition 1949. Adenauers Entscheidung von Frankfurt und Rhöndorf am 20. und 21. August 1949, in: Historisches Jahrbuch 97/98 (1978), S. 418–438.

Morsey, Rudolf: Die Rhöndorfer Weichenstellung vom 21. August 1949. Neue Quellen zur Vorgeschichte der Koalitions- und Regierungsbildung nach der Wahl zum ersten Deutschen Bundestag, in: Vierteljahrshefte für Zeitgeschichte, 28 (1980) H. 4, S. 508–542.

o.V.: Der Primus, in: Der Spiegel, 11 (1957) H. 1, S. 11–20.

o.V.: Der Endkampf, in: Der Spiegel, 15 (1961) H. 15, S. 14–30.

o.V.: Bedingt abwehrbereit, in: Der Spiegel, 16 (1962) H. 41, S. 32–53.

o.V.: „Augstein ist in Kuba", in: Der Spiegel, 51 (1997) H. 5, S. 102–109.

Pucher, Paul: Der Pfälzer und der Bayer. Paul Pucher über die Gegenspieler Helmut Kohl und Franz Josef Strauß, in: Der Spiegel, 39 (1985) H. 35, S. 64–70.

Schalck-Golodkowski, Alexander: Deutsch-deutsche Erinnerungen. Reinbek bei Hamburg 2001.

Schindler, Peter: Datenhandbuch zur Geschichte des Deutschen Bundestages 1949 bis 1999. Gesamtausgabe in drei Bänden. Band I, II, III. Baden-Baden 1999.

Schmidt, Helmut: Weggefährten: Erinnerungen und Reflexionen. Berlin 1996.

Schmöller, Carl: Kennen Sie eigentlich die CSU? Bonn 1964.

Schmückle, Gerd: Ohne Pauken und Trompeten. Erinnerungen an Krieg und Frieden. Stuttgart 1982.

Schöll, Walter (Hg.): Franz Josef Strauß. Der Mensch und der Staatsmann. Ein Porträt. Percha am Starnberger See 1984.

Schwarz, Hans-Peter: Adenauer. Band 2: Der Staatsmann. 1952–1967. München 1994.

Siebenmorgen, Peter: Franz Josef Strauß (1915–1988), in: Oppelland, Torsten (Hg.): Deutsche Politiker 1949–1969. Band 2: 16 biographische Skizzen aus Ost und West. Darmstadt 1999, S. 120–131.

Strauß, Franz Josef (Bearb.): Kriegsbriefe gefallener deutscher Juden. Mit einem Geleitwort von Franz Josef Strauß. Überarbeitete Neuauflage der ersten Ausgabe von 1935, Stuttgart-Degerloch 1961.

Strauß, Franz Josef: Brief von Bundesverteidigungsminister Dr. h.c. Franz Josef Strauß an Bundeskanzler Dr. Konrad Adenauer vom 19.11.1962, in: Bickerich, Wolfram: Franz Josef Strauß. Die Biographie. Düsseldorf 1996, S. 328–335.

Strauß, Franz Josef: Entwurf für Europa. Stuttgart-Degerloch 1966.

Strauß, Franz Josef: Rechtspositionen nicht aufgeben, in: Ost-West-Kurier vom 13.05.1967.

Strauß, Franz Josef: Herausforderung und Antwort. Ein Programm für Europa. Vorwort von Jean-Jacques Servan-Schreiber. Stuttgart-Degerloch 1968.

Strauß, Franz Josef: Mittelfristige Finanzplanung in Bund, Ländern und Gemeinden. Göttingen 1968.

Strauß, Franz Josef: Vom Nationalstaat zum Kontinentalstaat, in: Rheinischer Merkur vom 02.02.1968.

Strauß, Franz Josef: Die Finanzverfassung. München, Wien 1969.

Strauß, Franz Josef: Zur Lage. Bonn 1971.

Strauß, Franz Josef: Referat des Landesvorsitzenden Dr. h.c. Franz Josef Strauß auf der Tagung der CSU-Landesgruppe in Sonthofen am 18. und 19. November 1974. Bonn 1975.

Strauß, Franz Josef: Gespräch mit dem Vorsitzenden der KP Chinas Mao Tse-tung vom 16. Januar 1975, in: Voss, Friedrich: Den Kanzler im Visier. 20 Jahre mit Franz Josef Strauß. Mainz, MS. 374–377.

Strauß, Franz Josef: Aufräumen bis zum Rest dieses Jahrhunderts. Franz Josef Strauß über die Strategie der Union, in: Der Spiegel, 29 (1975) H. 11, S. 34–41.

Strauß, Franz Josef: Freiheit oder Sozialismus, in: Bayernkurier vom 03.07.1976, S. 17–19.

Strauß, Franz Josef: Die Rede im „Wienerwald" in München vom 24. November 1976, in: Bickerich, Wolfram: Franz Josef Strauß. Die Biographie. Düsseldorf 1996, S. 355–365.

Strauß, Franz Josef: „Wir haben den Fuß in der Tür". Spiegel-Interview mit Airbus-Aufsichtsratschef Franz Josef Strauß über den Europa-Jumbo, in: Der Spiegel, 31 (1977) H. 20, S. 115–119.

Strauß, Franz Josef: Für Bayern an erster Stelle Verantwortung zu tragen, ist von der menschlichen und der politischen Seite her eine ebenso schöne wie große Aufgabe. München 1978.

Strauß, Franz Josef: Vorwort, in: Wald-Wagenburg, Helmut; Klein, Hans: Franz Josef Strauß. Grosser Bildband. Percha am Starnberger See 1979, S. 5.

Strauß, Franz Josef: Tatsachen über einen Kredit, in: Bayernkurier vom 16.07.1983, S. 1.

Strauß, Franz Josef: Politik gegenüber der Dritten Welt – Verantwortung für Frieden und Freiheit, in: Hanns-Seidel-Stiftung (Hg.): Entwicklungspolitik im Wandel. München 1986, S. 220–256.

Strauß, Franz Josef: Die Bilanz einer Moskaureise, in: Blätter für deutsche und internationale Politik, 33 (1988) H. 2, S. 244–246.

Strauß, Franz Josef: Die Erinnerungen. Berlin 1998.

Stücklen, Richard: Mit Humor und Augenmaß. Geschichten, Anekdoten und eine Enthüllung. 2. Auflage, Forchheim 2001.

Voss, Friedrich: Den Kanzler im Visier. 20 Jahre mit Franz Josef Strauß. Mainz, München 2000.

Winkler, Heinrich August: Der lange Weg nach Westen. Band II: Deutsche Geschichte vom „Dritten Reich" bis zur Wiedervereinigung. München 2000.

Wolf, Markus: Spionagechef im geheimen Krieg. Erinnerungen. 4. Auflage, München 2002.

Zierer, Otto: Franz Josef Strauß. Ein Lebensbild. 9. Auflage, München, Berlin 1989.

Zimmermann, Friedrich (Hg.): Anspruch und Leistung. Widmungen für Franz Josef Strauß. Stuttgart-Degerloch 1980.

Zimmermann, Friedrich: Kabinettstücke. Politik mit Strauß und Kohl 1976–1991. München, Berlin 1991.

Zimmermann, Ulrich: Geliebt, verkannt und doch geachtet. Franz Josef Strauß, der Mensch, der Politiker, der Staatsmann von A–Z. 2. Auflage, Percha am Starnberger See 1980.

Zimmermann, Ulrich: Unvergessen, Franz Josef Strauss – das war sein Leben. 3. Auflage, Passau 1988.

Zundel, Rolf: Macht und Menschlichkeit. ZEIT-Beiträge zur politischen Kultur der Deutschen. Reinbek bei Hamburg 1990.

3. Elektronische & audiovisuelle Medien (Auswahl)

Biermann, Werner: Die Story: Franz Josef Strauß – ein Doppelleben. Portrait. o.O. 2002.

Bratanov, Dimitre: Europäische Sicherheit und Möglichkeit der Zusammenarbeit. Beitrag Nr. 102, in: Koerber-Stiftung (Hg.): 40 Jahre Bergedorfer Gesprächskreis 1961–2001. Band 36, S. 48. CD-Rom. Hamburg 2001.

Gaus, Günter: Zur Person. Franz-Josef Strauß im Gespräch mit Günter Gaus. TV-Interview vom 29.04.1964.

Gaus, Günter: Zu Protokoll. Interview mit FJS. Sendedatum: 08.09.1968, Südwestfunk.

http://www.hss.de/2146.shtml. Internetseite der Hanns-Seidel-Stiftung vom 25.01.2004.

Lamby, Stephan; Rutz, Michael: Helmut Kohl – Ein deutscher Kanzler. NDR-Sendung (ARD) vom 05.01.2004. o.O. 2004.

Nakschbandi, M. Walid: Franz Josef Strauß. Ein Deutsches Leben. BR-Sendung vom 03.10.2003.

o.V.: Das Beste von Franz Josef Strauß. Compact Disk. München, Grünwald o.J.

o.V.: Franz Josef Strauß – live. Deutlich, deftig & direkt. Videokassette. München, Grünwald o.J.

o.V.: Max Strauß und sein schweres Erbe. ARD-Dokumentation vom 10.02.2003.

o.V.: ZeitZeichen. Thema: 12.08.1970. Sendedatum: 12.08.1985, Westdeutscher Rundfunk.

Paeschke, Carl-Ludwig; Zimmer, Dieter: FJS – Störenfried oder Staatsmann? Zum 10. Todestag von Franz Josef Strauß. Dokumentarfilm, ZDF. Mainz 1998.

ZDF/3Sat: Fernsehen als Zeitgeschichte. Vor 20 Jahren: Franz-Josef Strauß in der DDR. 3Sat-Sendung vom 04. 07. 2003.

4. Interviews

Interview mit Bundesminister a.D. Prof. h.c. Egon Bahr am 04.12.2003 in Berlin.
Interview mit Prof. Dr. Wolfgang Bergsdorf am 24.11.2003 in Bonn.
Interview mit Bundesminister a.D. Dr. Norbert Blüm am 11.11.2003 in Bonn.
Interview mit Otto Finger am 15.09.2003 in Bonn.
Interview mit Manfred Frühauf am 09.11.2003 in Bonn.
Interview mit Bundesminister a.D. Prof. Dr. h.c. Hans-Dietrich Genscher am 02.03.2004 in Bonn.
Interview mit Staatssekretär a.D. Wighard Härdtl am 06.01.2004 in Bonn.
Interview mit Staatsministerin Monika Hohlmeier am 30.04.2004 in München.
Interview mit Staatssekretär a.D. Dr. Wilhelm Knittel LL.M. am 20.01.2004 in Grünwald bei München.
Interview mit Staatsminister a.D. Prof. Dr. Dr. h.c. mult. Hans Maier, schriftliches Interview vom 14.01.2004.
Interview mit Wolfgang Maurus am 03.11.2003 in Bonn.
Interview mit einem ehemaligen Starfighter-Piloten am 20.10.2003 in Bonn.
Interview mit Dr. Friedrich Wilhelm Rothenpieler am 02.12.2003 in München.
Interview mit Wilfried Scharnagl am 11.11.2003 in Allershausen.
Interview mit General a.D. Gerd Schmückle am 27.10.2003 in München.

Interview mit Prof. Dr. Hans-Peter Schwarz am 08.11.2003 in Bonn.
Interview mit Staatsminister a.D. Gerold Tandler am 02.12.2003 in Altötting.
Interview mit Prof. Dr. h.c. Horst M. Teltschik am 19.02.2004 in Berlin.
Interview mit Staatssekretär a.D. Dr. Friedrich Voss am 29.10.2003 in Bonn.
Interview mit Bundesminister a.D. Dr. Theodor Waigel am 11.11.2003 in München.
Interview mit Bundesministerin a.D. Dorothee Wilms am 05.11.2003 in Köln.
Interview mit Bundesminister a.D. Dr. Friedrich Zimmermann am 19.01.2004 in Planegg bei München.

Personenregister

Adenauer, Konrad   15, 53f., 61f., 70f., 76ff., 87ff., 107f., 110ff., 124, 126ff., 140, 145f., 149, 152, 155f., 164f., 170f., 177ff., 194f., 198ff., 203f., 207, 212ff., 219f., 224, 228, 232ff., 237ff., 244, 254, 257f., 260f., 263, 275, 281, 291, 297, 325, 353, 360, 402, 426, 430, 455, 463, 472, 484, 486, 515f., 529f., 535f., 538
Ahlers, Conrad   210ff., 215, 217, 219ff., 224, 227f., 242f., 280
Albrecht, Ernst   394, 423ff., 429
Alkibiades   144
Amstetter, Herr   527
Andreae, Clemens-August   253, 260
Andropow, Jurij W.   434
Antonius, Marcus   428
Apuchtin, Frau   53
Argirov, Valentin   527
Arndgen, Josef   91
Arnold, Karl   81
Attlee, Clement R.   44
Augstein, Josef   213, 215
Augstein, Rudolf   14, 87, 149f., 170f., 188ff., 196ff., 204, 211ff., 226f., 241ff., 249f., 311, 434, 451f., 468f., 471f., 476, 501, 530, 535ff.

Baader, Andreas   295, 338, 369, 409, 413
Bahr, Egon   201, 254f., 272ff., 286, 307, 311, 324ff., 328, 336, 359, 443, 495f., 533
Balke, Siegfried   129, 152
Baring, Arnulf   293, 310
Barth, Siegfried   192
Barzel, Rainer   275, 277, 292, 313, 322, 325, 340f., 343f., 346, 349ff., 354, 365, 371f., 376, 392, 437, 455
Bauer, Franz Xaver   49, 57
Baum, Gerhart Rudolf   481
Baumgartner, Josef   60
Bayern, Ludwig II. von   529
Becker, Detlev   150

Bengtson, Hermann   28, 35
Bergsdorf, Wolfgang   391, 431, 467, 474
Besold, Anton   85
Bickerich, Wolfram   30, 218, 302, 511
Biedenkopf, Kurt H.   366, 424, 434
Bismarck, Otto von   390
Blanco, Roberto   457
Blank, Theodor   91f., 95, 104, 113ff., 117, 124f., 127f., 131f., 134f., 141, 240
Blankenhorn, Herbert   77, 264
Blüm, Norbert   285, 415, 448, 466f., 485
Boenisch, Peter   395
Bölkow, Ludwig   303f., 334, 418f.
Böll, Heinrich   471
Börner, Holger   385
Botha, Pieter W.   414
Brändle, Reinhold   410
Brandt, Rut   342
Brandt, Willy   13, 15, 167, 181ff., 201f., 254f., 263ff., 272ff., 281, 285, 287f., 291f., 296f., 307, 310ff., 317ff., 322ff., 328, 330, 337, 340ff., 345, 347ff., 355, 359, 362ff., 371, 377, 384, 389, 403, 409, 417, 430, 437, 458, 466, 471, 473, 476, 482, 484, 496, 533, 538
Braun, Eva   20
Brawand, Leo   150
Brentano, Heinrich von   91, 93, 152, 165, 187, 257
Breschnew, Leonid Iljitsch   266, 306, 312, 414
Brown, George   147
Buback, Siegfried   410, 456
Burkert, Rudolf   489
Busch, Wilhelm   282
Bush, George   532

Carlson, Major   47
Carrington, Lord Peter   513
Carstens, Karl   219, 365f., 371, 374, 401, 422f., 482, 485, 513f.

549

Carter, Jimmy   435f.
Castro, Fidel   538
Cervantes, Miguel de   233
Chaban-Delmas, Jacques   156, 158
Chalid, König   412
Chamant, Jean   305
Chirac, Jacques   503, 513
Chruschtschow, Nikita S.   169, 179, 182, 231, 297
Churchill, Winston   44, 92
Cicero, Marcus Tullius   87, 283
Clausewitz, Carl von   33
Clay, Lucius D.   66, 68
Cossiga, Francesco   503

Dahlgrün, Rolf   286
Dalberg, Thomas   14, 34, 72
Dali, Salvador   350
Danton, Georges-Jacques   145
Dehler, Klaus   263
Deschner, Karlheinz   455
Dichgans, Hans   299
Dickopf, Paul   220
Diehl, Günter   147, 292
Dollinger, Werner   184
Dönitz, Karl   42
Döring, Wolfgang   184
Dregger, Alfred   440
Dubček, Alexander   305
Dufhues, Josef Hermann   184
Dulles, John Foster   110
Dutschke, Rudolf   293, 296f.

Eckardt, Felix von   117, 185
Eden, Sir Anthony   110
Ehard, Hans   77f., 80f., 102, 152, 231
Ehmke, Horst   215, 255, 292, 326, 341, 343, 345
Ehrenberg, Herbert   385
Eisenhower, Dwight D.   96
Engelmann, Bernt   311, 416, 454, 471
Ensslin, Gudrun   295, 338, 369, 409, 413
Erbrecht, Christina   434
Erhard, Ludwig   15, 64ff., 75, 77, 106, 119, 129, 155, 178, 184ff., 257f., 260, 262f., 265f., 275ff., 280, 283, 296, 390, 426f., 430, 471, 484, 538
Erler, Fritz   165, 186, 220f.

Ertl, Josef   481
Eschenburg, Theodor   278
Etzel, Franz   178

Fahad, Kronprinz   412
Falin, Valentin M.   345
Filbinger, Hans   357
Finger, Otto   173ff., 212, 410
Fingerle, Anton   29
Fink, Conrad   86
Flake, Otto   149
Flick, Friedrich   476
Flick, Friedrich Karl   319, 476
Foertsch, Friedrich   178, 198f., 216, 232f.
Fowler, Henry H.   299
Frahm, Herbert   182f.
Franco, Francisco   218
Frank, Herr   371
Frederik, Hans   30
Freisler, Roland   417
Friderichs, Hans   476
Friedeburg, Hans Georg von   42
Frühauf, Manfred   421, 443, 465f.

Gambetta, Léon   169
Gärtner, Klaus   420
Gaulle, Charles de   158f., 257, 262f., 269
Gaus, Günter   310, 344, 442, 495
Gehlen, Reinhard   214f., 217
Geis, Matthias   473
Geißler, Heiner   432, 441, 485
Genscher, Hans-Dietrich   313, 343, 372, 383, 395, 401, 411, 432, 437, 461, 466, 476, 481, 483, 486ff., 500f., 505, 508, 515
Gerstenmaier, Eugen   184, 257, 276f., 357, 432, 434
Globke, Hans   182, 199f., 219
Göbel, Wolfgang   410
Goebbels, Joseph   31f., 436, 458
Gonzales, Lisa   332
Goppel, Alfons   204, 357, 368, 417f., 513
Gorbatschow, Michail S.   523f.
Göring, Hermann   31f., 113
Graf, Oskar Maria   20
Grass, Günter   310, 350, 471

Griesinger, Annemarie 340
Guillaumat, Pierre 158
Guillaume, Günter 363f.
Gumbel, Karl 192
Gurion, David Ben 165, 250

Habsburg, Otto von 513
Hacke, Christian 505
Hacker, Jens 255
Haffner, Sebastian 290f., 350
Hahlbohm, Siegfried 172f.
Hahn, Otto 119, 123, 148
Hallstein, Walter 112
Hamberger, Josef 57, 59
Hanauer, Rudolf 375, 432
Handlos, Franz 403
Härdtl, Wighard 384, 386, 403f., 459
Harpprecht, Klaus 403
Hart, Don 332
Hassel, Kai-Uwe von 161, 244, 257, 281, 341
Haussmann, Helmut 510
Heath, Edward 382
Heck, Bruno 98, 184, 286
Heinemann, Gustav 93f., 176, 281, 307, 365
Heisenberg, Werner 118, 123
Henkels, Walter 106
Hepp, Marcel 147
Herlihy, Donald 332
Herwarth, Hans von 146
Herzog, Roman 532
Heubl, Franz 393
Heusinger, Adolf 90, 131, 137
Heuss, Theodor 82, 145, 178
Hildebrand, Klaus 256
Hiller, Hermann 41, 49
Himmler, Heinrich 20f., 31f.
Hindenburg, Paul von 24
Hirsch, Burkhard 456
Hirsch, Kurt 451
Hitler, Adolf 21, 24, 26, 31f., 34, 38, 40, 42, 44, 101, 139, 166f., 176f., 183, 185, 274, 290, 307, 318, 363, 384, 416, 430, 450ff., 469, 537
Höcherl, Hermann 219ff., 239, 243, 281
Hochhuth, Rolf 451f.
Hoegner, Wilhelm 59, 109

Hoffmann, Heinrich 20
Hohlmeier, Michael 475
Hohlmeier, Monika 196, 202, 446, 458, 497, 501, 516ff., 525, 529
Honecker, Erich 439, 477, 489, 491f., 496, 498, 502ff., 519, 522
Hopf, Volkmar 191f., 212, 214, 229f., 278
Horlacher, Michael 60, 77f., 80
Horlacher, Wolfgang 380f., 383
Horten, Helmut 184, 186
Huber, Ludwig 499
Hundhammer, Alois 55, 60

Jäckel, Eberhard 310
Jaeger, Richard 76, 183, 297
Jahn, Friedrich 332, 406
Jenninger, Philipp 499
Jens, Walter 417
Jodl, Alfred 42
Johnson, Lyndon B. 180, 184, 299
Joseph, Maximilian II. 233

Kaiser, Jakob 53f., 76, 81
Kaiser, Leonhard 172ff.
Kaltefleiter, Werner 487
Kammhuber, Josef 157, 191f.
Kapfinger, Hans K. 195ff.
Kather, Linus 86
Katzer, Hans 340, 376, 378
Keitel, Wilhelm 42
Kempfler, Fritz 251
Kempski, Hans Ulrich 448
Kennedy, Jacqueline 184
Kennedy, John F. 179f., 184, 205, 207, 210
Keynes, John Maynard 282
Kiesinger, Kurt Georg 91, 277ff., 287, 291f., 296, 298, 307f., 310ff., 322, 484, 538
Kirst, Hans Hellmut 37, 40
Kissinger, Henry A. 13, 143, 513, 532
Klarsfeld, Beate 298
Knittel, Wilhelm 243, 386, 395, 413, 416f., 421, 423, 443, 459, 469, 511, 517
Kohl, Hannelore 401
Kohl, Helmut 277, 322, 365, 368, 370ff., 383, 385, 391ff., 398, 400f.,

404, 406ff., 422ff., 428f., 431, 433f.,
441, 460ff., 467f., 473f., 481ff., 499ff.,
504f., 514ff., 518f., 529, 532f., 538
Kohl, Michael   336
Kohut, Oswald Adolph   223
Kolb, Walter   64, 71
Kraft, Waldemar   105
Krieger, Wolfgang   15
Krone, Heinrich   113, 115, 152, 165,
177, 187, 194f., 197, 215, 219, 257, 262
Krüger, Hardy   350
Kuby, Erich   249
Kuenheim, Eberhard von   319
Kühlmann-Stumm, Knut von   265
Kühn, Heinz   385
Kujau, Konrad   469
Kunst, Hermann   432

Laegeler, Hellmuth   141
Lambsdorff, Otto Graf   466, 476, 481,
486f.
Leicht, Albert   389
Leicht, Robert   390
Leinemann, Jürgen   511
Leisler Kiep, Walther   368, 441
Lenin, Wladimir Iljitsch   294
Lennartz, Klaus   453
Lenz, Siegfried   310
Leverenz, Bernhard   432
Löns, Josef   77
Löwenthal, Gerhard   213
Lübke, Heinrich   195, 199, 258, 295,
307, 434

Mahler, Horst   297
Mahnke, Horst   150
Maier, Hans   422, 441, 443, 466
Maier, Reinhold   144, 180
Maier-Leibnitz, Heinz   129
Maleter, Pal   138
Mandela, Nelson R.   511
Mann, Golo   13, 386, 418, 513
Mansfield, Jayne   170
Marcisz, Heinz   410
Martin, Alfred   216
Marx, Karl   294, 396f.
Marx, Werner   343, 434
März, Elisabeth   491
März, Josef   490f.

März, Peter   433
Maurus, Wolfgang   249, 431, 445, 469
McCloy, John   91f.
McNamara, Robert S.   207
Meinhof, Ulrike   176f., 338, 369
Meins, Holger   338, 369f.
Mende, Erich   171, 184ff., 231, 264f.
Mendès-France, Pierre   107
Merkatz, Hans-Joachim von   244
Merseburger, Peter   342
Mertes, Werner   313
Metzger, Ludwig   223f.
Meyer, Eike   215f.
Meyer, Franz   195
Meysel, Inge   350
Mielke, Erich   434
Mikojan, Anastas   143
Mischnick, Wolfgang   313, 343
Mittag, Günter   489
Möller, Alex   260f., 315, 351, 432, 513
Möller, Irmgard   338, 409, 413
Molotow, Wjatscheslaw   361
Mommer, Karl   221
Mommsen, Theodor   28
Morsey, Rudolf   80
Mubarak, Mohammed Hosni   513
Mugabe, Robert Gabriel   414
Müller, Gebhard   78
Müller, Josef   53ff., 57, 59ff., 64, 74ff.
Müller, Vincenz   112
Müller-Armack, Alfred   64
Müller-Hermann, Ernst   366
Müller-Hillebrand, Burkhart   132,
216
Münzing, Helmut   32

Nannen, Henri   469, 471
Narjes, Karl-Heinz   374
Neubauer, Franz   459
Nikolajewitsch Kossygin, Alexej   266
Nitze, Paul   207
Nixon, Richard M.   312, 380f., 415
Noelle-Neumann, Elisabeth   190, 332
Norstad, Lauris   203

Ohnesorg, Benno   295
Ollenhauer, Erich   186
Oster, Achim   212, 221, 224, 238
Otto, Walter   27f.

Peres, Shimon   164f., 513
Pfeiffer, Anton   78
Pferdmenges, Robert   87
Philips, Linda   332
Pieler, Roland   410
Pieroth, Elmar   374, 377
Piller, Renate   518, 525
Pinay, Antoine   108
Pinochet, Augusto   413ff.
Pius XII.   151
Platon   294
Platz, Heiner   175
Pleven, René   95
Plutarch   190
Pohle, Wolfgang   389
Ponto, Jürgen   410, 456
Poppinga, Anneliese   260
Pötzl, Norbert   477
Pünder, Hermann   63, 72, 77

Quandt, Harald   235
Quandt, Herbert   319

Radford, Arthur W.   140
Raspe, Jan-Carl   338, 409, 413
Ratzinger, Joseph   528, 530f.
Reagan, Ronald   168, 503, 513
Renger, Annemarie   352
Reza Pahlewi, Mohammed   295
Ribbentrop, Joachim von   417
Rilke, Rainer Maria   32
Rische, Friedrich   101
Ritzel, Heinrich Georg   222
Robespierre, Maximilien de   171
Rommel, Manfred   278
Roosevelt, Franklin D.   92
Rosen, Henry   435
Rösing, Josef   334
Rothenpieler, Friedrich Wilhelm   426, 495, 516, 527, 529
Röttiger, Hans   131
Rousseau, Jean-Jacques   294
Rusk, Dean   299, 305f.
Rust, Josef   137

Sackarndt, Paul   249
Saevecke, Herr   220
Schäfer, Friedrich   221f.
Schäfer, Hermann   105

Schäfer, Norbert   413
Schäffer, Fritz   55, 59, 76, 83f., 87, 91, 106, 112, 152, 156, 237
Schalck-Golodkowski, Alexander   489ff., 501, 504
Scharnagl, Wilfried   414, 416, 467, 516, 523
Schäuble, Wolfgang   466
Scheel, Mildred   342
Scheel, Walter   313f., 323, 343, 345, 349f., 365, 372, 389, 422f., 513
Scheufelen, Klaus   265
Schewardnadse, Eduard A.   523
Schicklgruber, Alois   183
Schießl, Walburga   18
Schiller, Karl   281ff., 287, 291, 299, 305, 308f., 313, 343, 351, 374, 513, 532
Schleyer, Hanns-Martin   410ff., 456
Schlöndorff, Volker   452
Schloß, Lothar   195ff.
Schmeling, Max   149
Schmelz, Hans   149
Schmid, Carlo   222, 281, 292
Schmidt, Günther   302
Schmidt, Helmut   15, 144, 193, 217, 279, 292, 312f., 338, 343, 363ff., 367, 372, 383, 385, 398ff., 409, 411, 413, 415, 417f., 429f., 434, 436ff., 445, 449f., 456, 461f., 464ff., 473, 476f., 479ff., 489, 502, 513, 535, 537f.
Schmöller, Carl   251
Schmückle, Gerd   133, 136, 144f., 158, 170, 175, 194, 202, 232, 235, 244, 424, 466, 474, 528
Schnez, Albert   199
Schnieber, Willy   37f.
Schöfberger, Rudolf   384, 456
Schröder, Bundeskanzler Gerhard   236, 456
Schröder, Gerhard   187, 224, 254ff., 263, 265, 269, 272, 275, 277, 281, 307, 322, 343
Schumacher, Kurt   88, 97, 352
Schuman, Robert   382
Schwarz, Hans-Peter   14, 170, 187, 307
Schwenk, Hans-Günther   218
Scipio Africanus Maior, Publius Cornelius   247

Seeckt, Hans von 194
Seidel, Hanns 177, 231
Siad Barre, Mohammed 412
Siemens, Peter von 513
Silajew, Iwan S. 530
Sontheimer, Kurt 310
Southern, David 446
Speidel, Hans 90, 159
Springer, Axel Cäsar 297, 301, 457, 536
Stalin, Josef W. 44, 67f., 99f., 261, 273, 361
Stammberger, Wolfgang 214, 226, 230
Stegerwald, Adam 53f.
Steiner, Julius 342
Stikker, Dirk 203
Stoiber, Edmund 15f., 423, 425f., 428, 432f., 437, 475, 504, 523
Stoltenberg, Gerhard 281, 368, 371, 441, 487
Stoph, Willi 323
Strauß, Franz Georg 153, 518, 523, 529
Strauß, Franz Josef sen. 17f., 21, 23ff.
Strauß, Maria 18, 20ff., 24f., 29, 203, 529
Strauß, Marianne 152ff., 202, 234, 253, 342, 380f., 447, 508, 518, 530
Strauß, Max Josef 153, 529
Strauß, Monika 153, 434, 467, 475
Strauß, Walburga 17f., 21
Strauß, Walther 214
Struve, Detlef 340
Stücklen, Richard 83, 116ff., 219, 239, 313, 340, 343, 352, 384, 440
Stumpff, Hans-Jürgen 42
Stürmer, Michael 513
Süsterhenn, Adolf 202

Tandler, Gerold 414, 425, 443ff., 465, 498, 516, 523
Taviani, Paolo Emilio 156
Teltschik, Horst M. 408, 427, 460, 467, 473
Thatcher, Margaret 513
Thurn und Taxis, Johannes B. von 527, 530
Tillmanns, Robert 105
Tlass, Mustafa 507

Truman, Harry S. 44, 91
Tse-tung, Mao 381ff., 415
Tucher, Leonore von 25

Ulbricht, Walter 56, 102, 179, 182, 231
Ulmer, Helmut 410
Unertl, Franz Xaver 252

Vogel, Herr 366, 371
Vogel, Kurt 24
Vogels, Hanns Arnt 512
Voss, Friedrich 286, 300, 308, 310, 317, 325, 330, 333f., 337, 339, 345f., 354, 363, 380f., 393, 418, 425, 431, 444, 468, 471f., 475, 511, 515, 526
Voßler, Karl 27

Wagenbach, Klaus 453
Wagner, Leo 342
Waigel, Theodor 405, 444, 466, 487f., 497, 500, 505, 523
Wallraff, Günter 471
Weber, Adolf 64
Weber, Ulrich 278
Wehner, Herbert 183, 185f., 231, 279, 281, 291f., 297, 309, 314, 320, 326, 343, 349, 363f., 371, 384, 390, 409, 480
Weinhardt, Bernhard 303f.
Weizsäcker, Carl-Friedrich von 118
Weizsäcker, Richard von 414, 417, 514
Wendel, Joseph 152
Wessel, Kurt 250
Westermair, Martin 39
Wex, Helga 441
Weyer, Willi 184, 186
Wicht, Adolf 215, 229
Wienand, Karl 342
Wilms, Dorothee 432, 461, 467, 469
Windelen, Heinrich 340
Wischnewski, Hans-Jürgen 462
Wolf, Markus 55, 112, 342
Wörner, Manfred 340, 441
Wunder, Heinrich 218, 227
Wurster, Georg 410

Xiaoping, Teng 380f., 503

Yilin, Yao 530

Zavelberg, Heinz Günter 371
Zedelmaier, Josefine 46
Zellinger, Johannes 22, 27
Zimmermann, Friedrich 153, 184, 196, 224, 239, 346, 384, 386, 403f., 407, 413, 423ff., 441, 443, 465, 483, 526, 529
Zundel, Rolf 513, 537
Zwick, Eduard 447
Zwicknagl, Marianne 151f.
Zwicknagl, Max 151